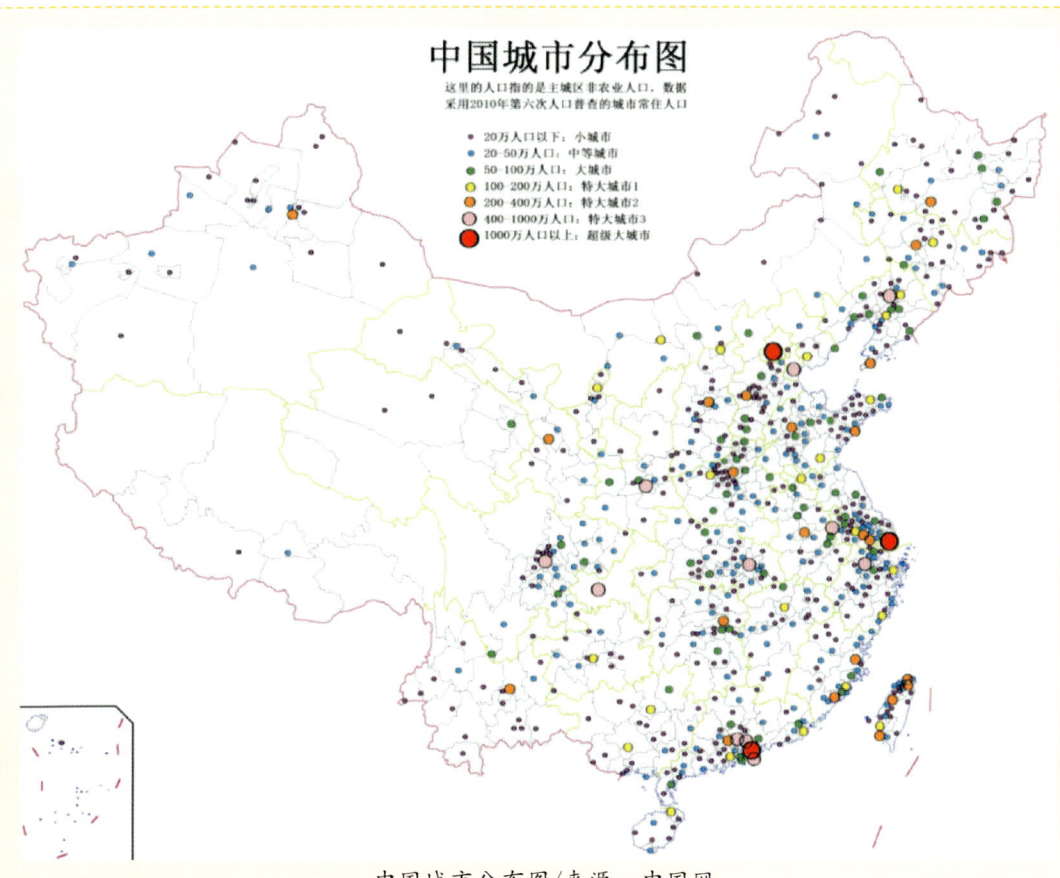

中国城市分布图/来源：中国网

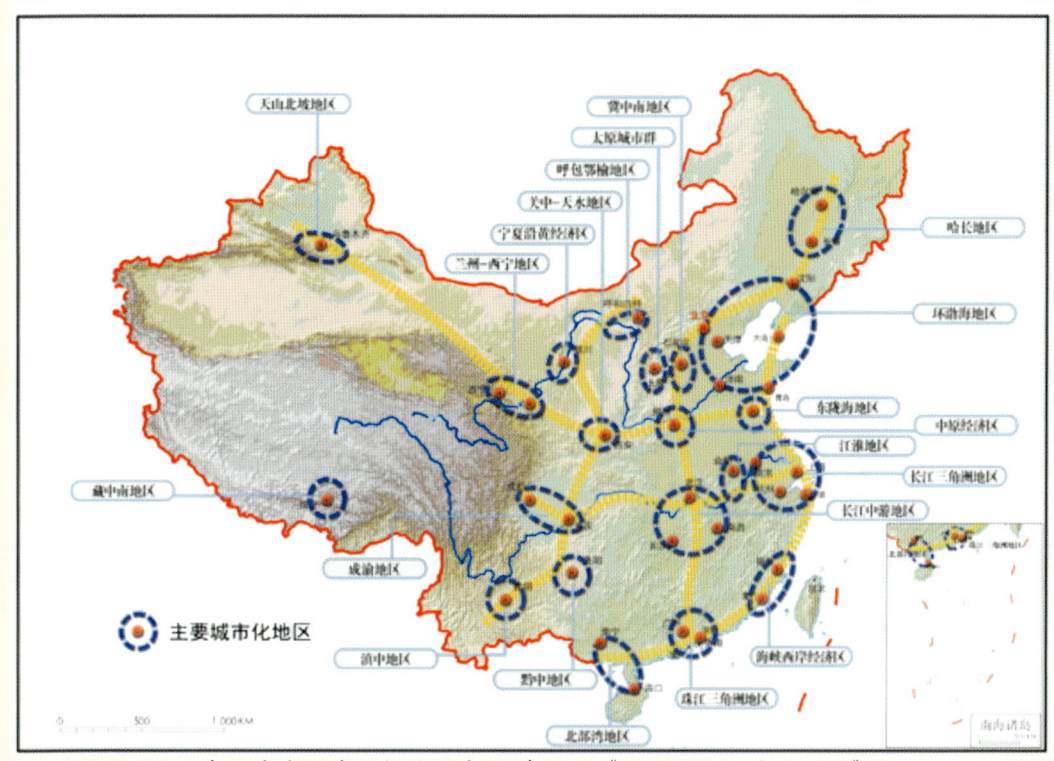

中国城市化战略格局示意图/来源：《全国主体功能区规划》

淹城遗址 位于常州市武进区，为春秋时期所筑，是中国春秋晚期城池遗存中保存最为完整的一座古城遗址。由内及外包括子城、子城河、内城、内城河、外城、外城河三城三河。

西安

洛阳

北京

南京

开封

杭州

中国六大古都

凤凰古城　丽江古城

大理古城　平遥古城

阆中古城　荆州古城

中国著名古城

香港　澳门　台北市西门町

中国保存最完整四大古代城墙

中国四大直辖市

"十二五"国家重点图书出版规划项目

陕西出版资金资助项目

中国地学通鉴

城市卷

主　编　曹小曙　颜廷真　陈忠暖　甄　峰　许志桦　曹广超

副主编　杨永春　杨景胜　马林兵　黄晓燕　薛东前　吴启焰

陕西师范大学出版总社

图书代号:ZZ16N0188

图书在版编目(CIP)数据

中国地学通鉴.城市卷/徐冠华等主编;曹小曙等分册主编.—西安:陕西师范大学出版总社有限公司,2018.1
ISBN 978-7-5613-8353-7

Ⅰ.①中… Ⅱ.①徐… ②曹… Ⅲ.①地理学—研究—中国 ②城市地理—研究—中国 Ⅳ.①K90 ②K928.5

中国版本图书馆 CIP 数据核字(2016)第 030348 号

中国地学通鉴·城市卷
ZHONGGUO DIXUE TONGJIAN CHENGSHI JUAN
主编:曹小曙 颜廷真 陈忠暖 甄 峰 许志桦 曹广超

出版统筹	刘东风
项目策划	郎根栋 卢文石
责任编辑	郎根栋
责任校对	卢文石 郎根栋
封面设计	龚心宇
出版发行	陕西师范大学出版总社
	(西安市长安南路 199 号 邮编:710062)
网　　址	http://www.sunpg.com
印　　刷	陕西金德佳印务有限公司
开　　本	850mm×1194mm 1/16
印　　张	36.75
插　　页	6
字　　数	850 千
版　　次	2018 年 1 月第 1 版
印　　次	2018 年 1 月第 1 次印刷
书　　号	ISBN 978-7-5613-8353-7
定　　价	258.00 元

《中国地学通鉴》编委会

主　　　任　刘昌明
副　主　任　高经纬　刘东风
总　主　编　徐冠华　郑　度　陆大道　管华诗
编　　　委　（以姓氏笔画为序）

马林兵	王劲峰	王恩涌	方修琦	石　朋
卢文石	卢新卫	刘　康	刘东风	刘安国
刘昌明	齐清文	芮孝芳	李天杰	李凤棠
李家清	杨永春	杨守仁	杨胜天	杨景胜
吴启焰	吴晋峰	吴殿廷	吴德星	汪新庄
宋长青	张　臣	张　量	张安定	张远广
张冶勋	张科利	陆大道	陈忠暖	罗　宏
岳冬菊	周尚意	郑　度	郑景云	郎根栋
孟　伟	封志明	赵　烨	赵　媛	郝志新
胡方荣	胡兆量	宫作民	姚　成	高经纬
索文清	党安荣	徐冠华	曹小曙	揭　毅
葛全胜	董玉祥	景才瑞	景高了	程顺有
傅伯杰	甄　峰	雷明德	蔡运龙	管华诗
樊　杰	颜廷真	薛东前		

《中国地学通鉴·城市卷》编委会

顾　　问	许学强　司徒尚纪　阎小培　宋长青　李　平
主　　编	曹小曙　颜廷真　陈忠暖　甄　峰　许志桦　曹广超
副 主 编	杨永春　杨景胜　马林兵　黄晓燕　薛东前　吴启焰
编撰人员	王大鹏　朱晓荣　高向鹏　王小莉　任惠子　李　涛
	贾春迎　柳婕妤　刘夏琼　马蓓蓓　冯　越　王　俊
	翟　青　王　波　朱晓清　黄　莹　赵　霖　谭一洺
	李甜甜　曾　文　段杨波　刘　虹　康亚丽　才　超
	曹小曙　颜廷真　陈忠暖　甄　峰　许志桦　曹广超
	杨永春　杨景胜　马林兵　黄晓燕　薛东前　吴启焰

总 序

地球科学是以地球系统(包括大气圈、水圈、岩石圈、生物圈和日地空间)的过程与变化及其相互作用为研究对象的基础学科,是研究地球内部和表面、地球与周围流体,以及与人类的相互关系等一类学科的总称。地球科学涵盖范围极其广泛,主要包括地质学、地理学、地球物理学、地球化学、大气科学、遥感科学、海洋科学和空间物理学以及新的交叉学科(地球系统科学、地球信息科学)等分支学科。地球科学的根本任务在于认识地球,合理开发利用自然资源,预防或减轻自然灾害,保护与改善人类生存环境,协调人与自然的关系,为经济、社会发展服务。

中国古代地学知识萌芽很早,至春秋战国时代已在许多方面取得了杰出的成就。战国以后逐渐形成传统的"方舆之学"。明中叶以后,徐霞客等注重实地考察、探讨自然规律,开辟了中国地学研究的新方向。但是,中国近代地学是在西方近代地学传入后开始的,张相文、竺可桢、翁文灏等为中国传统地学向近代地学的转变和发展作出了贡献。

20世纪以来,地球科学发展突飞猛进,其研究成果和科学认识对人类生存、生活质量的提高和社会可持续发展至关重要,地球科学已成为人类社会发展的支柱科学之一。中国地球科学也得到长足发展,取得许多重大成就。从地域背景来看,中国具有的许多世界上独特的自然环境和资源有利于地球科学研究的发展,例如,有"世界屋脊"之称的青藏高原对全球自然环境及其变化产生了显著影响;独具特色的东部滨太平洋成矿带和绵亘东西的中亚成矿带的地质演化和成矿条件;黄土高原是世界上黄土分布最集中、覆盖厚度最大的区域,河流泥沙含量之高,举世闻名;覆盖面积约100万平方千米之广的喀斯特(或岩溶)区,其发育程度和类型堪称世界之最;中国还是地震断裂带十分活跃的国家,有丰富的历史地震资料;中国诸多时代的地层比较完整,埋藏着独特的古生物群,是进行古生物、古人类与古环境研究的优越场所;中国海岸线漫长、海域和陆架区辽阔,生态环境独特,矿产资源丰富,物理、化学、生物和地质过程复杂,为研究陆海相互作用和边缘海形成、演化及其动力学提供了理想场所;中国地域辽阔,气候、生物与生态环境的多样性,举世瞩目。所有这些,形成了具有显著特色和优势的中国地球科学研究事业,产生了众多在国际上具有重大影响的研究成果。中国老一辈地质学家创立并发展的"陆相生油"理论,打破了西方的"中国贫油论",甩掉了中国贫油帽子;"黄土风成说"的确立,使中国黄土与海洋沉积、冰芯一起,成为全球环境变化国际对比的三大标准;叶笃正创立的大气长波能量频散理论,对动力气象学发展作出了重要贡献,"夏季高原为热源"和"大气环流有季节性变化"的理论已成为大气科学方面的经典;中国科学家对珠穆朗玛峰地区和青藏高原的综合科学考察,成为人类科学了解"地球第三极"自然环境的基础;云南澄江大批动物群化石的发现,揭示了生物进化的突发性,并将动物起源时间向前推进

5000万年。经过长期不懈的努力，中国地球科学不仅在地理学、地质学、气象学等传统地球科学分支学科研究中不断深入，在一些交叉学科如地球物理、地球化学、海洋学等领域也都取得重要突破。并为国家宏观决策提供依据，对各类自然资源能源的普查勘探与开发、天气预报与气候预测、海洋开发、国土整治与规划、农业的可持续发展、环境保护与改善、自然灾害防治、重大工程建设、空间计划实施、国防建设以及人类对自然认识的提高等起到不可替代的重要作用。因此，系统全面地分析、研究、总结中国地学各领域科学研究工作取得的一系列成就和实践状况，对进一步推动中国的社会经济建设、地球科学及其他各项事业的发展具有重大的现实意义和深远的历史意义。

在全国数十所大学和科研单位的大力支持下，我们集多方之力编纂成《中国地学通鉴》这套大型地球科学研究志书。全书由地理卷、测绘与地理信息卷、地质卷、地球物理卷、地球化学卷、地貌卷、气候卷、水文卷、土壤卷、生物卷、海洋卷、灾害卷、资源卷、人口卷、民族卷、城市卷、文化地理卷、旅游卷、国土经济卷、环境卷、地理教育卷共21卷组成。各卷内容包括中国各地学要素的综合研究概况、各学科科学研究工作的进展及取得的成就、各地学要素的区域特征、科学研究的主要信息等4部分。翔实记载了中国地球科学领域发生的重大变化和在科学研究与实践等方面取得的巨大成就，系统介绍了中国各地学要素的形成、发展、分布规律与特征等方面的研究进展，全面反映了中国地球科学各领域的研究成果、现状和发展趋势。然而，地球科学范围非常广泛，分支学科纷繁复杂，取得的研究成果和成就更是数不胜数，不是21卷书所能穷尽的。我们这里仅选择了部分重点的学科加以总结，以期能够为推动中国地球科学发展和社会经济建设提供参考与借鉴。

《中国地学通鉴》是由全国40多所大学和科研院所300多位地学领域的专家和学者先后历时5年编纂而成，涵盖了地球科学的主要领域，以经济建设为轴线的指导思想明确，因此，可广泛服务于生产建设各个部门，是制定发展战略、规划、生产布局等方面必不可少的科学参考文献，并有助于提高其科学性、求实性和效益性。全书以其全面、权威的古今发展变化资料记载，为国家的国土资源及能源开发利用、经济社会与文化事业的发展、生态环境的综合治理、科学研究工作等提供详细、可靠的信息资料并发挥积极的推动作用和强有力的支持。

在《中国地学通鉴》付梓之际，仅对参加和支持本书编纂工作的各位专家、学者以及有关部门、科研院所、大专院校表示衷心感谢！对书中所引用的书籍、文献的作者表示由衷的谢意！

由于水平能力所限，书中难免存在一些疏漏和差谬，恳请广大地学工作者和读者不吝批评。

中国科学院院士 刘昌明

2015年10月

目 录

总序 ………………………………… 001

第一篇　中国城市概况

第一章　中国城市发展简史 ………… 002
　第一节　中国城市起源和初期发展时期
　　　　　………………………………… 002
　第二节　中国封建社会城市的发展
　　　　　………………………………… 003
　第三节　中国近现代社会时期城市发展
　　　　　………………………………… 007

第二章　中国城市职能分类 ………… 010
　第一节　中国城市职能 ……………… 010
　第二节　中国城市职能分类 ………… 014

第三章　中国城市规模与空间分布 … 026
　第一节　中国城市规模等级结构的变化
　　　　　………………………………… 026
　第二节　中国城市规模分布的省际差异
　　　　　………………………………… 030
　第三节　中国城市的空间分布 …… 033

第四章　中国的城市化 ……………… 049
　第一节　当代中国城市化进程 …… 050
　第二节　中国城市化的基本特征
　　　　　………………………………… 055

第五章　中国城市规划建设 ………… 063
　第一节　中国古代城市规划与建设
　　　　　………………………………… 063
　第二节　中国近代城市规划与建设
　　　　　………………………………… 070
　第三节　中国现代城市规划与建设
　　　　　………………………………… 073

第六章　中国城市问题与可持续发展
　　　　　………………………………… 078
　第一节　中国城市问题 ……………… 078
　第二节　中国城市可持续发展 …… 084
　第三节　中国城市发展展望 ……… 086

第二篇　中国城市研究概述

第一章　中国城市地理学研究 ……… 090
第二章　中国古代城市研究 ………… 097
　第一节　中国城市起源研究 ……… 097
　第二节　中国古都迁移研究 ……… 100
　第三节　中国古城形制研究 ……… 102
第三章　中国的城市分类研究 ……… 110

第一节　中国城市分类体系及标准研究
　　　　　　　　　　　　　　　　　　110
　　第二节　中国城市分类研究现状
　　　　　　　　　　　　　　　　　　114
第四章　中国市制改革研究 …………… 121
　　第一节　中国市制改革发展历程
　　　　　　　　　　　　　　　　　　121
　　第二节　中国市制影响因素解读
　　　　　　　　　　　　　　　　　　122
　　第三节　中国市制改革模式研究
　　　　　　　　　　　　　　　　　　125
　　第四节　未来中国市制改革的发展趋势
　　　　　　　　　　　　　　　　　　127
第五章　中国城市土地利用研究 ……… 131
　　第一节　中国城市土地利用的空间结构
　　　　　　与演变研究 …………… 131
　　第二节　中国城市土地利用效率研究
　　　　　　　　　　　　　　　　　　133
　　第三节　城市土地利用机制研究
　　　　　　　　　　　　　　　　　　136
　　第四节　中国城市土地利用管治研究
　　　　　　　　　　　　　　　　　　138

第六章　中国城市规划和城市化研究
　　　　　　　　　　　　　　　　　　144
　　第一节　中国城市规划研究 …… 144
　　第二节　中国城市化研究 ……… 150
第七章　中国城市问题与可持续发展研究
　　　　　　　　　　　　　　　　　　166
　　第一节　中国城市问题研究 …… 166
　　第二节　中国城市可持续发展研究
　　　　　　　　　　　　　　　　　　171
第八章　GIS 空间分析技术在城市研究中的
　　　　应用 …………………………… 179
　　第一节　GIS 空间分析技术概述 … 179
　　第二节　GIS 空间分析技术在城市研究
　　　　　　中的应用 ……………… 184
第九章　中国城市研究展望 …………… 193
　　第一节　加强城市事象内源性分析
　　　　　　　　　　　　　　　　　　193
　　第二节　全球化、信息化与中国城市互
　　　　　　动研究 ………………… 194
　　第三节　城市研究的社会文化转向
　　　　　　　　　　　　　　　　　　196
　　第四节　城市区域差异性研究 …… 198

第三篇　中国的城市

第一章　华北地区 ……………………… 201
　　第一节　北京市 ………………… 202
　　第二节　天津市 ………………… 204
　　第三节　河北省 ………………… 206
　　第四节　山西省 ………………… 218
　　第五节　内蒙古自治区 ………… 227
第二章　东北地区 ……………………… 236

　　第一节　辽宁省 ………………… 237
　　第二节　吉林省 ………………… 248
　　第三节　黑龙江省 ……………… 258
第三章　华东地区 ……………………… 269
　　第一节　上海市 ………………… 269
　　第二节　江苏省 ………………… 272
　　第三节　浙江省 ………………… 286

第四节　安徽省 …………… 298
　　第五节　福建省 …………… 309
　　第六节　江西省 …………… 318
　　第七节　山东省 …………… 327
第四章　中南地区 …………………… 345
　　第一节　河南省 …………… 345
　　第二节　湖北省 …………… 359
　　第三节　湖南省 …………… 371
　　第四节　广东省 …………… 382
　　第五节　广西壮族自治区 … 398
　　第六节　海南省 …………… 408
第五章　西南地区 …………………… 413
　　第一节　重庆市 …………… 413
　　第二节　四川省 …………… 415

　　第三节　贵州省 …………… 429
　　第四节　云南省 …………… 435
　　第五节　西藏自治区 ……… 443
第六章　西北地区 …………………… 447
　　第一节　陕西省 …………… 447
　　第二节　甘肃省 …………… 455
　　第三节　青海省 …………… 463
　　第四节　宁夏回族自治区 … 466
　　第五节　新疆维吾尔自治区 … 470
第七章　港澳台地区 ………………… 479
　　第一节　香港特别行政区 … 479
　　第二节　澳门特别行政区 … 482
　　第三节　台湾省 …………… 486

第四篇　中国城市科学信息要览

第一章　中国城市科学研究单位 ……… 496
第二章　中国城市科学研究学术期刊 … 519
第三章　中国普通高校城市科学专业 … 525

第四章　中国城市科学大事记 ………… 545
第五章　中国城市科学主要文献 ……… 562

第一篇

中国城市概况

- 中国城市发展简史
- 中国城市职能分类
- 中国城市规模与空间分布
- 中国的城市化
- 中国城市规划建设
- 中国城市问题与可持续发展

第一章　中国城市发展简史

第一节　中国城市起源和初期发展时期

一、中国城市起源

在新石器时代早期，由于农业的发展，开始出现了以农业为主的固定居民点——原始村落，如西安半坡遗址、浙江余姚河姆渡遗址等，这些居民点就是以后形成城市的基础。

在距今大约四五千年前的原始社会晚期，某些区位条件较好的居民点形成了城市的前身——城邑。之所以称之为城邑，是因为此时还未出现以商品交换而设立的"市"。在黄河、长江、西辽河等流域发现了数十座城邑遗址，如山西襄汾陶寺城址、内蒙古阴河与英金河两岸石城、湖北江陵阴湘城址等。至于《史记·五帝本纪》中的黄帝之都、颛顼之都和帝喾之都的详情因年代久远而不可考。

随着私有制的产生，需要国家组织来保护私有财产，于是城邑就发展到具有商品交换职能的城市阶段，从而开始了"城廓沟池以为固"（《礼记·礼运》）的建设。据考古发现，中国远在4000多年前的夏代已经出现了早期城市的雏形，证实了《史记》关于"夏有方国""夏有城郭"记载。在有夏代统治的四五百年间，为了政治和军事的需要，从禹到桀曾八迁其都。基于与夏迁都相同的原因，商朝也有目的、有选择地修建过很多都城。据《尚书·书序》的记载，商人自契至汤八迁其都，汤灭夏后又有五迁。此外，在商代还有众多封侯的中心城邑和方国，如山西垣曲城址等，它们"是大范围地域内早期城市普遍发展的重要起步""是中国城市史中所谓'地方城市'发展的序幕"[1]。

伴随着城市的起源，天圆地方、太阳神崇拜等天人合一的观念也逐渐形成，并且龟卜成为商代城市选址的理论根据，促进了风水文化的孕育，使城墙呈现圆形、方形等形状。

总之，原始社会末期到夏商是中国城市起源时期，也是中国特有的规划理论风水文化和天人合一思想的孕育时期。黄河流域的城市发展尽管在开始阶段不占优势，但在夏商时期成为全国城市发展的重心。

二、两周时期城市的初步发展

在灭商之前，关中平原是周人的势力范围，位于沣水两岸的丰、镐二京是文王和武王修建的。西周建立后，镐成为国都，即宗周。

在西周开国之初，为了加强对占领区的统治，一方面在"天下之中"的伊洛盆地修建了控制东

---

[1] 邹逸麟. 中国历史人文地理(M). 北京：科学出版社，2001：303.

方的城市雒邑,从而构成了从关中平原到伊洛盆地的丰镐—雒邑城市轴心带;另一方面为了有效地控制地方,以丰镐—雒邑之轴为核心,"封建亲戚 以藩屏周",把国土分封给自己的子弟建立诸侯国。据《荀子·儒效》载,周初分封了71个诸侯国。于是,在诸侯国中就出现了众多国都性质的城市。在西周的300余年间,诸侯国发展到1200多个,于是形成了中国历史上第一次城市建设高潮。

由于诸侯国的国君都是周统治者的亲戚,在龟卜选址的基础上,城市规划注入了浓厚的礼制因素,因此各城市之间存在着浓厚的血缘宗法关系,而西周正是通过这种关系对疆域进行管理的。

在东周即春秋战国时代,是奴隶制向封建制转变的时期,天文学和地理学上的成就也丰富了城市规划的内容,铁器的使用促进了农业的发展,并进而推动了手工业和商业的发展,形成了新的城市建设高潮[1]。魏国大梁、齐国即墨等城市因处于交通枢纽或国都的地位,发展成为繁荣的商业城市,其实力甚至与王都并驾齐驱。诸侯国之间争夺土地和人口的战争,使各国加强了对城墙的修建,正所谓"筑城以卫君,造郭以守民",于是在城市中出现了"城"和"郭"2部分。其中,城是贵族居住区,郭是平民居住区。

总之,黄河中下游地区是两周时期城市发展的重要舞台,关中平原和伊洛盆地是城市发展的轴心区。城市由城郭构成,因太阳神崇拜的原因城市是坐西向东。风水规划理论和天人合一思想逐渐萌芽。

第二节　中国封建社会城市的发展

一、秦汉时期全国城市体系的形成

秦统一六国后,从全国迁徙12万户富户豪族到首都咸阳,使咸阳得到了发展。同时,实行了一系列发展经济的措施,并推行郡县制度,设置了40个郡。于是,原来被战争破坏的城市得到了恢复和发展,并出现了新型的城市,如南海、芝罘等沿海贸易中心。

汉高祖刘邦上台伊始,就在秦咸阳之南修建长安城,还下诏全国的县城必须修筑城垣,遂使地方城市得到了巩固和发展。"文景之治"为城市的繁荣发展奠定了基础。汉武帝的开疆拓土为城市的发展提供了辽阔的舞台。于是,迨至武帝时期,与秦代相比尽管城市仍主要集中分布在黄河流域,但出现了新的城市类型,如长安周围的"陵城"、北方驻军形成的军市等,共计1578座城市[2]。汉武帝在意识形态方面确立了董仲舒"罢黜百家,独尊儒术"和"天人相与"即天人合一的理念,对城市规划也产生了深刻的影响。

西汉末年的政局动荡和战乱频繁,使各地城市遭到一定的破坏。于是,光武帝下诏合并郡县,致使全国县级以上的城市只有1077座[3];又因定都洛阳,不但巩固了关中平原到伊洛平原的城市轴心地位,还推动了长江流域城市的发展,并产生了10座新城[4]。

---

[1]邹逸麟.中国历史人文地理(M).北京:科学出版社,2001:303.
[2]肖爱玲.西汉城市地理研究(D).西安:陕西师范大学,2006.
[3]顾朝林.中国城镇体系——历史·现状·展望(M).北京:商务印书馆,1992:69.
[4]董鉴泓.中国城市建设史(第3版)(M).北京:中国建筑工业出版社,2010:26.

总之,秦汉时期已形成了全国规模的水运交通网和陆路交通网[1],而这些城市就是水路交通网上控制统一王朝疆域的据点,产生了行政中心和商业集散中心,全国城市体系网络也因之形成。风水规划理论和天人合一思想初步形成,城市布局由咸阳和长安的坐西向东,改变为东汉洛阳的坐北向南,从此确立了坐北向南为中国古代城市布局的标准。

二、魏晋南北朝时期南方城市的发展

秦汉时期富庶的黄河中下游地区是城市集中分布的区域,其中长安—洛阳一线是其核心区。但在魏晋南北朝长达400余年的分裂时期,因汉魏之际战乱、西晋末年永嘉之乱、十六国时期战乱,使中原地区经济遭受到近乎毁灭性的打击。洛阳因董卓之乱而"宫室尽烧焚"[2],周围"数百里中无烟火"[3]。长安城因李傕、郭汜混战而"白骨委积,臭秽满路""二三年间,关中无复人迹"[4]。其他城市呈现"名城空而不居,百里绝而无民者,不可胜数"[5]的局面。于是,以农业经济为支撑的封建城市呈现衰败乃至灭亡的趋势,秦汉时期繁华的城市变成了一座座城市废墟,代之而起的是在豪强世族的农村庄园形成了无数的"坞壁"。

但在北方城市残破的过程中,还是出现了一点城市建设的亮色。例如,由于军事需要修建的曹魏邺城,它在布局上表现出来的中轴线、对称分布、贵族区和平民区分区规划的特点,为以后的都城规划提供了借鉴。

与中原地区城市衰败不同的是,长江流域和北方远离中原的地区城市的兴起。三国鼎立之时,建业(今南京,东晋称建康)和成都分别是吴、蜀的首都。它们作为吴、蜀的政治、经济和文化中心,带动了周围城市的发展,是长江流域城市发展的亮点。西晋末年的永嘉之乱,中原人士纷纷避乱于江南和蜀中,他们带来了充足的劳动力和先进的农耕技术,促进了城市的发展。不但使成都、建康获得了很大的发展,建康成为江南城市发展的领头羊,还兴起了京口、山阴、江陵、襄阳、番禺等城市。

西北的河西走廊因割据政权的占领而未受中原战火的波及,因而社会比较安定。随着中原避乱人士的涌入,经济也发展起来。其中心城市姑藏(今武威)迅速发展,在北凉时人口达20余万人。山陕北部的少数民族在建立政权后,也修建都城。其中,最重要的是鲜卑人拓跋珪所建的北魏平城和匈奴人赫连勃勃所建的大夏国统万城。

佛教的传入和道教的形成在文化上呈现了儒释道三足鼎立的格局,使城市出现了佛道建筑。当然,天人合一的理念仍是城市规划的指导原则,如北魏孝文帝"生于平城紫宫"[6],表明北魏都城平城是仿照紫微垣修建的。

总之,这个时期城市发展的特点是北方城市的残破和南方城市的发展,战国以来形成的长安—洛阳城市轴心解体,城市体系由黄河流域向长江流域转移,风水规划理论也在南方找到了更加合适的发展土壤。

---

[1]王育民.中国历史地理概论(上册)(M).北京:人民教育出版社,1993:263、403-405.
[2]曹植.《送应氏诗》.
[3]《三国志·吴书·孙破虏传》.
[4]《后汉书·董卓列传》卷七十二《董卓列传》.
[5]《后汉书》卷四十九《王充王符仲长统列传》.
[6]《魏书·高祖纪》.

三、隋唐时期城市的发展

隋唐时期的全国统一为城市发展提供了良好的社会环境。隋文帝杨坚修筑的大兴城（长安）和洛阳城，重构了从关中平原到伊洛盆地的长安—洛阳城市轴线。特别是大兴城的规划充分体现了易经思想，为其他城市的建设提供了蓝本。隋炀帝杨广开凿的大运河，不但把黄河流域和长江流域沟通起来，促进了南北交流，而且为以后运河城市轴线的产生奠定了基础。

唐初实行的一系列发展经济的措施，促进了商品性农业生产和工商业的发展和兴盛，迎来了贞观之治和开元盛世，至中唐全国共有1676座城市，超过以往任何朝代[1]。长安和洛阳成为世界上超过百万的特大城市，其中长安是世界上最大的城市，更加巩固了长安—洛阳一线城市在全国的地位。运河沿线产生了29座城市，其中楚州（淮安）、扬州、苏州和杭州时称沿河4大都市，运河城市轴线由此形成。大运河的开凿更加促使汉魏以来中国经济重心向长江流域倾斜，促进了长江流域城市发展轴线的形成。沿江共有52个城市，广陵、京口、夏口、江陵、成都和南京时称沿江6大都市，其中南京是沿江最大的商业城市。

此外，沿海港口贸易城市也得到了发展，其中广州是世界上最著名的港口贸易城市。在西北和东北少数民族地区也出现了一些城市，如吐鲁番的高昌、渤海国的上京龙泉府等。

中唐以后，在"安史之乱"和唐末农民起义的打击下，唐朝灭亡，城市发展陷入停滞状态。

总之，在隋唐时期，重构了长安—洛阳城市轴线，产生了运河和沿江城市轴线，全国城市体系得到重建和发展。随着儒释道融为一体，风水规划理论和天人合一思想也进入逐步成熟时期，并对以后的城市规划产生了深刻影响。但随着经济重心的南移，城市体系中心由黄河流域向长江流域转移。

四、宋元时期城市的发展

五代十国时期，持续近80年的军阀混战主要在黄河流域进行，因而对南方影响不大。相反，由于北人南迁，促进了南方沿江和沿海城市更加繁荣，从而全国经济重心又进一步从黄河流域向长江流域转移。

北宋统一后，定都东京（开封），但"国家根本，仰给东南"[2]，中原地区的社会繁荣得以延续，同时也促进了长江沿岸城市的发展。北宋全国县级以上的城市共有1483个（羁縻州县除外）[3]。北宋末年东京是全国最大的城市，人口达到百万以上，城市轴心由原来的长安—洛阳转变为洛阳—东京。10万人口以上的城市由唐代的10多个增加到40个[4]。随着大运河的疏浚，沿岸城市很快繁荣起来。

宋室南渡后，北方人民不堪女真人的统治而南迁，使南方经济得到了更深层次的开发，长江流域完全取代了黄河流域在中国的经济主导地位。南宋因失中国之半，共有893个县级以上的城市[5]。南宋首都临安是全国最大的城市，人口达130万之多。

---

[1] 顾朝林.中国城镇体系——历史·现状·展望(M).北京:商务印书馆,1992:69.
[2] 《宋史》卷三三七《范镇传》附从孙祖禹传.
[3] 据《读史方舆纪要》卷七《历代州域形势》七统计.
[4] 董鉴泓.中国城市建设史(第3版)(M).北京:中国建筑工业出版社,2010:71.
[5] 据《读史方舆纪要》卷八《历代州域形势》八统计.

在与宋并存的少数民族政权中,辽有县级以上城市 265 个[1]。金有县级以上城市 862 个[2],而且定都中都(北京),揭开了北京成为王朝时期全国最重要政治中心的序幕。西夏州级以上的城市有 28 个[3]。大理有九府四郡。

元在统一中国的过程中,除了江、浙、闽等东南沿海地区的城市未受到大的破坏外,其他地方的城市因战乱而满目疮痍。元统一后,定都大都(北京),并颁布了发展经济的措施,使各地城市逐渐恢复并发展起来,全国共有县级以上的城市 1723 座[4]。供应大都物资的漕运主要有海运和河运。这时,隋朝大运河已淤塞不通,为此元政府又开凿了京杭大运河,把最大的物资供应地与经济最发达的地区杭州联系起来,带动了运河沿岸城镇的发展,其中杭州是南方最大的城市。因海运事业发达,设置了泉州、广州、上海等 7 个市舶司,泉州取代广州成为最大的对外贸易港口。在蒙古草原也出现了城市,早在大都之前就修建了开平府城,即上都,随后又修建了和林、集宁、应昌、德宁。

总之,宋元时期的城市经济职能比以前增加了,江南经济成为全国的经济重心,于是长江下游城市带成为城市经济实力最雄厚的地区。政治中心转移频繁,从东京到临安再到大都。京杭运河城市带和东南沿海城市带因漕运而兴起。此外,在北方的蒙古草原也出现了一批城市。

五、明清时期全国近代城市格局的雏形

明清(至鸦片战争前)是中国封建社会经济发展的顶峰时期,农业、手工业较前代都有了长足的发展,并进一步商品化,而且在江南地区还出现了资本主义萌芽,由此对城市的发展产生了巨大的推动作用。

长江沿岸是城市分布最重要和经济实力最雄厚的地区。长江下游地区自元朝以来就是经济最发达的地区,长江中上游地区这时也得到了深度开发。因此,在明代 57 个主要商业城市中,有 25 个分布在本区[5],占总数的 43.9%;道光年间全国 61 个 5 万人以上的城市中,有 25 个分布在本区,占总数的 41%。大运河的疏浚使其成为南北经济联系的轴线,通州、天津等沿岸城市随之繁荣起来,其中,苏州、杭州、淮安、扬州号称运河沿岸 4 大都市。苏州位于长江和运河的交会处,在人口规模和经济规模上仅次于北京。沿海地区的城市除了在明初有短暂的繁荣外,后因政府实行抑制政策而逐渐萎缩。在华北地区的城市发展中,除了北京因为是政治中心的缘故而发展迅速外,其他城市发展较为缓慢。中西部地区城市发展呈现衰落停滞的现象,特别是关中地区已经失去了往日的辉煌,主要大城市有西安、太原、昆明、贵阳等。边远地区因得到了初步开发也出现了一些城镇,如在长城沿线外侧因移民增多、商业贸易和土地耕垦而兴起了张家口、乌兰哈达、归化城等城市[6]。

总之,由于明清时期商品经济的进一步发展,城市的发展主要体现在沿江、沿运河城市轴线的发展。沿海城市因政府的抑制政策而萎缩。边远地区也出现城镇。于是,全国近代城市格局的雏形形成了。

---

[1]据《辽史》卷三七《地理志》一统计.
[2]据《金史》卷二四《地理志》上统计.
[3]王育民.中国历史地理概论(下册)[M].北京:人民教育出版社,1993:377.
[4]据《元史》卷五八《地理志》一统计.
[5]董鉴泓.中国城市建设史(第三版)[M].北京:中国建筑工业出版社,2010:125-126.
[6]陈喜波,颜廷真,韩光辉.论清代长城沿线外侧城镇的兴起[J].北京大学学报(哲学社会科学版),2001(3).

第三节　中国近现代社会时期城市发展

一、中国近代城市的发展

1840年~1949年是中国近代社会时期,也是中国半殖民地半封建社会时期,由于帝国主义的侵略,改变了中国长期形成的单一的自给自足封建经济体制,也改变了中国城市分布的格局。具体来说,表现在以下3个方面。

首先,在清道光二十年(1840)鸦片战争后的一段时间,由于清政府与帝国主义签订了一系列不平等条约,形成了以上海为中心的南北沿海、东西沿江两条半殖民地半封建性贸易港口城市轴心带,全国共计开放商埠104个[1]。沿海地带从南到北有广州、上海、安东等20个城市,沿江从东向西有上海、南京、重庆等13个城市,西北、西南地区有张家口、伊犁、江孜等13个城市。西方特色的城市区域和建筑出现在封建特色的城市中。于是,中国的封建经济体制迅速解体,原来沿运河轴线的城市迅速衰落,这些被迫开放的商埠被纳入到世界商品市场体系中。

其次,随着铁路和公路近代交通运输体系的发展,一批近代交通枢纽城市兴起。自从清光绪二年(1876)淞沪铁路修建以后,特别是中日甲午海战以来帝国主义列强看到了铁路对掠夺资源、控制中国的重要性,纷纷在自己的势力范围内修建铁路。据统计,在中华人民共和国成立前,共修建了35条铁路干线,把哈尔滨、长春、北京、武汉、广州、南京、兰州等主要城市与煤、铁、木材等资源地连接起来,形成了郑州、石家庄、蚌埠、株洲等新的铁路枢纽城市,促进了北京、徐州等城市的进一步发展,并带动了一系列县城、小城镇的发展。公路的发展主要在西部地区,在东部地区只是铁路和水运的辅助。公路的兴起也促进了一些城镇的发展,如宝鸡、天水、广元等。

第三,由于帝国主义兴办的近代工矿业和中国官僚买办工业、民族工业的出现,导致了一系列近代工矿业城市的形成和发展。船舶制造业、出口加工业、军事工业等近代工业主要分布在沿海、沿江地带交通便利的口岸城市,这就使原来的开放城市叠加了工业性质。其中,上海、天津、青岛、武汉、广州是主要的工业城市。自19世纪60年代起,由于煤、铁和有色金属等矿产资源的开采,出现了单纯以矿业开采为经济支柱的城市。例如,阳泉、萍乡、抚顺、阜新等是煤炭城市;汉阳、大冶是铁矿城市;铜仁是汞矿城市。

总之,因帝国主义入侵而形成的近代社会半殖民地半封建性质,使中国长期以来形成的封建社会经济体制迅速解体,在沿海、沿江地带形成了一系列开放商埠,而内地和边疆地区仍是传统的封建城市。西方的城市规划理论被引进中国,中国长期以来被奉为圭臬的风水规划理论也开始走下神坛。近代社会的城市开始向政治、经济、交通、贸易中心演化,从而奠定了具有分区中心城市的现代城镇体系的雏形。

---

[1] 顾朝林.中国城镇体系——历史·现状·展望(M).北京:商务印书馆,1992:133-138.

二、中国现代城市的发展

1949年中华人民共和国成立以来是中国现代城市发展时期,这个时期可以分为3个阶段[1],城市数量由1949年的136个(其中,中央直辖市12个、省辖市55个、专署辖市69个)增加到2013年的661个。

1949年~1957年是发展起步阶段。1949年~1952年是三年经济恢复和发展时期,随着社会主义新制度的建立,对京津沪等大城市的棚户区进行改造,建立城建管理结构,并要求各城市进行规划。到1952年底,全国城市数量增加到160个。1953年~1957年是"一五"时期,把"苏联模式"的规划理论引入中国,认为城市的主要职能是工业生产,从此真正改变了长期以来以风水文化作为规划理论的做法。在苏联专家的帮助下,全国150多个城市完成了初步规划或总体规划的编制工作。到1957年底,城市数量增加到176个。

1958年~1977年是城市波动阶段。1958年~1960年是"大跃进"时期,在"左倾"思想影响下,城市建设为适应工业发展的需求也出现了"大跃进",城市增加到199个。1961年~1965年是工业化调整时期,城市规划被完全否定,并在内地进行"三线"建设,出现了一些"干打垒"式的低标准、大分散、乡村型城市,城市数量下降到169个。

1966年~1976年的"文革"时期是城市发展的停滞时期,在盲目下放城市居民和知识青年到农村的同时,大量资金的投入使"三线"建设进入高潮,从而导致老城无力发展,新城很少建成。期间,只有攀枝花市和唐山市因特殊情况进行过规划。在这10年间,城市人口增长极其缓慢,新设城市只有1个,到1976年底共有188个城市,完全违背了城市增长的规律。

1978年以后是稳定快速发展阶段。1978年~1989年是城市规划的恢复和重建时期,中央做出了"控制大城市规模,合理发展中等城市,积极发展小城市"的决策,各地城市开始了总体规划和详细规划的编制工作,并为城市规划立法,使城市发展进入了正常轨道。特别是经济特区的设立,促进了深圳等新兴城市的发展。风水文化得到重新认识,并逐渐应用到城市规划和建筑设计中。于是,新设城市达241个,新建制镇达5764个。

进入20世纪90年代,城市建设进入了快速发展时期。各城市进行了第三轮城市总体规划编制工作,把城市规划的整体性、多层次性、连续性、经济性等融为一体,但也出现了规划过程中"有法不依,执法不严"的现象。

进入21世纪后,中国城市的发展处在一个变革与传统、机遇与挑战并存的复杂的社会、经济环境中[2]。总的来说,有以下4个主要特征:

首先,1980年代以来,信息技术的快速发展,使得全球化成为可能。在此过程中,某些城市成为全球经济的区域或全球的节点城市,而且越来越多的经济和社会资本向这些城市聚集,萨森(1990,1994)等将这类城市称为全球城市[3]。在西方人的眼里,伦敦、纽约、巴黎和东京传统上被认为是"四大世界级城市",同时,它们也被视为全球资本主义的象征。但是,近年一些观点认为,还应包括亚洲的大城市,例如中国香港、上海和北京。

其次,城市作为一个区域的中心,通过极化效应集中了大量的产业和人口,获得快速发展。随

---

[1] 董鉴泓.中国城市建设史(第3版)[M].北京:中国建筑工业出版社,2010:383-385.
[2] 甄峰,万绪才,张越.21世纪中国城市发展与城市规划[J].城市发展研究,1999(2):23-26.
[3] 顾朝林.中国城市发展的新趋势[J].城市规划.2006,30(3):26-31.

着规模的扩大和实力的增强,其对周边区域产生辐射带动效应,形成一个又一个的城市圈或都市圈。伴随着城市规模的扩大和城际交通条件的改善,相邻城市辐射的区域不断接近并有部分重合,城市之间的经济联系越来越密切,相互影响越来越大,最终形成城市群。目前,中国存在最为重要的3大城市群,它们分别是珠江三角洲城市群、长江三角洲城市群和京津环渤海城市群。

再次,城市功能的全球化与城市区域规模的巨型化,进一步刺激了面对面交流的需要。高速和快速交流成为特别重要的城市发展趋势。因此,城市交通迅速发展。航空交通、高速铁路、高速公路,特别是近年来的城市轨道交通的发展,不仅便捷了城市体系内各城市之间的交流,而且使得交通沿线,特别是车站等节点周围进行大规模重建成为可能,进而又促进城市经济的发展和空间的重构。香港地铁的"地铁+物业"模式,就是一个成功的例子。

最后,城市文化的重新定位成为城市发展的重要内容。城市建设既不能盲目照搬国外或其他城市的发展模式和建筑风格,也不能大搞仿古建筑,而是要充分挖掘传统文化的精髓,同时吸纳健康的外来文化。

我们必须认识到,中国城市的建设和发展在取得令人瞩目的成就的同时,也存在诸多突出的共性问题亟待调整和改进,例如,城市基础设施的落后、"千城一面"、交通拥堵、空气污染严重等城市病已经出现。这就要求我们用科学的城市规划理念指导城市建设。新世纪的城市规划要以可持续发展为先导,在加强规划理论研究的同时,重视城市规划技术的革新,并推动其法制化的进程。简言之,城市规划要加强其社会调控功能,以保证城市的快速发展,并寻求其与社会公平、效率和生态环境保护之间的最佳平衡。

总之,中华人民共和国的建立使中国城市的发展获得了新的生命力。尽管在城市发展过程中走了很多弯路,但经过改革开放,把城市规划纳入到法制和科学的轨道,中国传统的风水文化和天人合一思想得到重新认识和运用,从而使中国的城市出现新的面貌。

第二章　中国城市职能分类

　　城市职能是指城市对城市本身以外的区域在经济、政治、文化等方面所起的作用。这种对城市职能的看法普遍地存在于国内地理学相关研究领域。而国外地理学界则对城市职能的理解更为广泛，认为人们在城市中进行的各种生产、服务活动均属于城市职能范畴。城市职能研究是地理学对城市研究的重要领域，是确定城市性质、制定城市发展战略和编制城市规划的基础性工作，具有重大的理论和实践意义。

第一节　中国城市职能

一、城市职能的要素与基本属性

1. 城市职能三要素

　　20 世纪 80 年代末和 90 年代初，周一星相继发表了 2 篇有关中国城市工业职能的研究论文，较为系统地提出"城市职能三要素"理论，即城市间工业职能的差异由专业化工业部门、职能强度和职能规模这 3 个要素来反映。其中，①专业化工业部门，可能是一个部门，也可能是几个工业部门；②职能强度，取决于城市工业的专业化程度。若某部门的专业化程度很高，则该部门产品的输出比重也高，职能强度则高，反之亦反；③职能规模，有些小城市工业的职能强度虽高，对外服务的绝对规模却不一定大；相反，一些大城市某些部门在城市工业结构中所占的比重并不高，但产品输出的绝对量却可能很大。

　　城市职能三要素，互有联系，缺一不可。明确专业化部门是首要的。在职能强度很高的专业化城市之间，职能规模的差异常常退居次要地位。但在专业化程度并不高的综合性城市，职能规模往往是构成城市职能差异的主要因素。职能三要素的概念不仅适用于城市工业职能分类，也适用于包括政治、经济、文化等多职能的城市分类（周一星，1995）。

2. 城市职能基本属性

（1）结构属性

　　任何一个城市的职能都是由若干个职能要素或者职能组分所构成的，这些组分分属于不同的城市职能域，即政治职能域、文化职能域、经济管理职能域和生产服务职能域。它们之间的配比和组合关系支配着城市职能体系的发展和变化。其中，政治职能域大致可以分成 3 个组分，如行政职能、立法职能、司法职能等。文化职能域包括科技、教育、历史文化、对外文化交流等组分。经济管理职能域是指城市对生产、服务职能的管理活动。生产和服务职能域包含工业、矿业、建筑、商贸、交通、旅游、金融等多个组分。

　　城市职能的结构属性就是城市职能各个组分及其相互关系的反映。根据城市职能的结构属性,可以将城市划分为4类:单一职能城市、专业化城市、多样化职能城市、综合性城市。城市职能组分的多样性和相互间的结构关系对城市和区域的发展有着不可忽视的影响。

(2)空间属性

城市经济活动的影响是有空间性的,有的职能组分影响范围很小,有的职能组分则影响很广,这种衡量职能影响范围的量度就是职能尺度。各个组分的职能尺度及其相互间的关系构成了城市职能的空间属性。

城市的职能尺度可以分成3个层次。一是低层次的,职能尺度为城市实体地域,职能组分大多是用于维持城市的正常运转和满足城市居民的基本生活需要;二是区域性的,职能尺度为城市的腹地区域。由于"任何一个城市都是在一定地域范围内起着职能作用的中心",所以这种职能必然是综合性的,是由多种职能组分构成的;三是跨区性的,这类职能大多是由高度专业化部门承担的,专业性强,职能组分较少,但是职能影响尺度较广。

二、中国城市职能发展、形成特点及其影响因素

1. 中国城市职能发展历史

在夏、商时期,作为政治的统治中心的城市职能就已经出现。随着国家政体的变化,城市建设体制不断变革,导致了中国早期城镇体系内各城市职能类型主要有(顾朝林,1992):

(1)政治、军事、经济三位一体的都城及诸侯首邑　直到春秋时期,一般城市商业、手工业也还没有得到多大的发展,而仅仅作为奴隶主贵族的统治中心,都城及众多的诸侯首邑发展成集政治、军事、经济三重职能为一体的全国或地方中心城市。这类城市经过列国长期吞并虽为数不多,但工商业比较发达,人口较多,规模较大,是新兴的封建城市的代表。

(2)商业贸易型城市　西周时城邑中已出现了固定的集中市场,至春秋时期交通发达的地方出现了许多工商业占有相当地位的大城市。至春秋末叶,市制变成为城市广大居民的公共交换场所,其规模之宏阔,市肆之繁荣,导致了一批商业贸易城市的形成。如洛阳、邯郸。这类城市原来多属诸侯国的都城或首邑,后因这些诸侯国被兼并而降为一般城邑,其中多数仍是一定地区的政治中心,不过就其职能而言,城市的经济作用已显得更为重要了。

(3)手工业中心城市　春秋战国时期由于技术发展,交换增加,一些手工业中心也渐次形成。如楚国的宛(今南阳市)和棠溪(今西平县西北)是全国著名的冶铁中心;商丘"百工居肆",为有名的手工业中心。不仅如此,战国时期的城市还出现了2种手工业区的布局方式:其一,环绕宫廷布置;其二,将手工业作坊集结在外郭城。

至隋、唐时期,城市职能更加多样化:商品性农业促进了手工业的发达导致以新兴手工业为主的城市兴起;随着商业兴起,以港口城市为主的交通城市崛起;边防军事重镇和大城市外围草市的兴起,成为中国小城镇发展的伊始。五代、宋、元时期,城市经济职能进一步突出,经济性城市开始进一步分为工商型城市、商业型城市和手工业型城市。自19世纪60年代起,由于工、矿、交通等新兴事业发展,引起了对煤炭的大量需求,中国早期的矿业城市(镇)兴起。随着新中国的成立,中国城市职能类型进一步发展和完善,同济大学等出版的《城市规划原理》一书中,以城市的经济结构和用地结构方面的定性分析为基础,将中国城市按职能分为5种基本类型:①工业城市,又分为多种工业城市和单一工业为主的城市;②交通港口城市,又分为铁路枢纽城市、海港城市、内河港埠;③省和地区的中心城市;④县镇;⑤特殊职能的城市,又分成革命纪念地和风景游览城市。

2. 中国城市职能形成特点及影响因素

中国的城市职能在几千年的城市发展历程中具有其独特的形成特点：城市职能在长期变化的历史背景下具有其历史性，且中国城市的政治职能突出，经济文化职能依托政治职能发挥作用；城市职能受国家区域政策影响显著；科教、文化等职能集中在城市内部，乡村该类职能薄弱等。中国城市职能的形成主要受下列因素影响：

（1）历史政治因素　中国城市悠久的发展历史造就了城市职能的历史性，长期的中央集权形成了中国城市强有力的政治职能。历史上城市政治职能的演化成为城市兴衰的重要因素，使中国城市的政治、经济、文化职能高度集中，融为一体，在地域上有很强的一致性。城市经济、文化职能的强弱很大程度上依赖政治职能的强弱。今天，中国城市的经济职能已大为加强，许多沿海城市的经济辐射范围已超出其行政范围，但政治职能仍在城市职能构成中起重要作用。

（2）国家区域发展政策取向　中华人民共和国成立以后的60多年是中国城市经济职能形成与发展的最主要阶段，中国的区域发展政策取向经历了一个从沿海向内地，又从内地向沿海的演化过程。"三线"建设时期，生产要素大规模向内地转移，内地原有工业城市经济职能大为加强，新生的高度专业化的城市得以发展。1979年以后，中国实行改革开放政策，上海、广州、天津等沿海大城市再次成为全国经济建设重点地区，经济职能迅速加强，并向全国辐射。1985年以后，中国的改革开放政策由沿海向内陆沿边扩展，沿边城市的商贸职能迅速发展，形成一个新的职能体系——边境贸易城市职能体系。中国城市保险业、咨询业、金融业的发展使城市的信息传输职能、金融职能迅速形成，北京、上海、天津正向全国性和区域性金融中心发展。

（3）城乡差异强化了城市的文化职能　中国城乡之间存在的巨大经济差异使城乡之间也同时存在较大的文化差异。科学、教育集中于城市，城市文化对周围地区起着示范与引导作用，使城市具有强大的文化吸引力，城市成为地区文化中心。

三、中国城市职能现状及转化

城市职能是不同时期社会经济因素和地理环境因素综合作用的结果，城市的发展成长过程，就是城市职能不断转化演变的过程。

1. 中国城市职能的现状

过去中国由于受到计划经济思想的影响，片面强调城市作为工业生产基地的功能，孤立地建立地域生产综合体，而把第三产业的发展同城市的寄生性等同起来，城市的服务职能没有得到应有的重视。这种重生产、轻流通、轻服务，忽视价值规律、商品生产和市场作用的思想使中国城市产业结构大跨度错位，第二产业超前明显，第三产业严重滞后。与第三产业萎缩相随的是城市活力的日益衰减和城市地位的逐渐下降。第三产业的不发达，成了制约中国城市中心职能发挥的主要因素之一。因此，加快发展第三产业，建立以城市为中心的服务体系已成为中国城市建设的当务之急。

2. 中国城市职能转化的动力

目前，中国城市多处于工业化阶段，受到产业结构演变客观规律作用，要求第二产业由低级向高级转化，第三产业由传统型转向新兴服务业。同时还受到新时期国际国内形势的影响。首先，世界经济趋向一体化，要求作为国家经济建设重点和对外联系枢纽的城市必须扩大职能的外向度，城市的经济活动不再局限于自身，而是服务于全国乃至世界，并使城市经济、社会、文化的发展与国际发展相联系和融合,以主动的态势进入一体化国际发展体系中,更需要在国内选择建设几个区位佳、实力强的国际性城市,作为中国城市走向世界的先锋和主导。其次,国内经济体制由计划经济转向市场经济,市场的发展成了城市发展的基本推动力。随着生活水平的提高,城市居民不再满足于吃饱穿暖,对文化娱乐、卫生保健、旅游购物等服务行业提出了更高要求。主要表现在城市作为贸易集散地的中心作用日益突出,城市内部的金融保险、信息咨询、房地产等各种服务业蓬勃兴起,各类商品市场的繁荣带动生产与服务业的迅速发展(孙樱,1995)。

3. 中国城市职能结构的动态变化特征

根据许峰、周一星等人对1990年~2000年中国城市职能结构类型变化进行分析得到的研究成果,中国城市职能类型变化呈现出如下动态特征:

(1)中国城市职能类型演变首先呈现出明显的外向型导向特征,尤其是处于东部沿海和陆路口岸的门户城市,在全球劳动分工体系的重构过程中,其职能规模和职能层次均有较大提升。例如,位于珠江三角洲的广州由1990年的"大区级最重要的特大型综合性城市"转化为"全国性特大型综合性城市"。其次,随着中国经济快速发展,边境贸易的增多,陆路门户城市的职能类型也发生了较大变化。例如,满洲里由"小型高度专业化的煤炭工业城市"转变为"行政和其他第三产业职能明显的高度专业化商业城市"。可见,外商投资、出口贸易、边境贸易是导致中国城市职能类型发生变化的重要因素。

(2)职能类型转变表现出以信息技术为依托的变化特征。2000年分类得到的全国、大区级综合性城市较之1990年均拥有较高的新兴机械制造业职能,信息技术是导致中国城镇体系职能结构重构的核心因素之一。这一结论与"长波理论"的理论假设是相一致的,即城市职能结构的演变是有周期性的,这一周期变化主要受技术变迁的影响,职能类型转变表现出以信息技术为依托的变化特征。

(3)中国城市职能类型演变也呈现出明显的中央集权式特征,城市行政管理职能不断强化。最突出的表现是全国城市行政职能的平均就业比重由1990年的0.63%提高到2000年的3.28%。其次是"其他第三产业职能明显的高度专业化行政中心城市"的数量较之1990年明显增多。此外,除特大型城市外,所有规模级具有行政管理职能的城市比重较之1990年均有较大提高,其中,中等规模级城市提高最明显,由1990年的19.83%提高到46.56%。在某种意义上,行政管理职能的强化符合中国自上而下集权式管理的需要。

(4)"旅游城市"和具有"其他第三产业"职能的城市数量明显增多,各自的专业化程度也明显提高。新型"旅游城市"主要来自以往的"综合性城市""建筑业城市"和"工业城市"。例如,延安由"旅游职能明显的综合性城市"转变为"行政、其他第三产业职能明显的旅游城市",曲阜由"地方中心性建筑业占重要地位的城市"转变为"建筑业占重要地位的旅游城市"等。从"其他第三产业"职能来看,较之1990年,大、中规模级具有其他第三产业职能的城市比例明显上升。

此外,"撤县设区"、新设"直辖市"和"综合改革配套试验区"等行政区划和政策调整也会强烈影响到中国城市职能类型的变化。例如,重庆设直辖市、武汉全部"撤县设区"后,二者职能规模骤然变大,分别由"大区级特大型综合性城市"转化为"全国性综合性城市"。从长期来看,这些问题可以通过进一步完善"市人口"统计标准和相关统计指标而得到解决。

第二节　中国城市职能分类

一、城市职能的分类方法

自 20 世纪 20 年代以来,城市职能分类的方法不断丰富和发展,经历了一个从简单到复杂、从定性到定量、从采用单指标到多指标的发展过程。英国城市地理学家卡特(H. Carter)曾经把城市职能分类方法按发展的时间顺序分为一般描述法、统计描述法、统计分析法、城市经济基础研究方法(阿列克山德逊)和多变量分析法这 5 种方法(周一星,1995)。

1. 一般描述法

该方法是城市职能分类研究中最早运用的方法。它是由研究者首先确定一个城市类别的体系,以描述性的名称加以命名,然后研究者根据自己对每个城市的了解,分别把城市归入各个类别。在 1921 年发表的英国奥隆索(M. Auronsseau)的分类是这一方法的著名代表。

奥隆索先把城市分成 6 大类,每一大类中又分成若干小类,其内容如下:

(1)行政城市:首都、税收(关卡)城市。

(2)防御城市:堡垒城市、驻军城市、海军基地。

(3)文化城市:大学城、教堂城、文艺中心、朝圣中心、宗教中心。

(4)生产城市:加工工业城市。

(5)交通运输城市①采集城市:(矿业、渔业、林业、仓库城市);②运输城市(市场、悬瀑线、物质集散、桥头、潮线、航海起点城市);③贸易城市(出口、进口、供应城市)。

(6)游览疗养城市:疗养、观光度假城市。

他的分类高度综合,类型十分齐全,有些类别现在仍在使用,但也有一定的问题存在:他的分类过于庞杂,使类间分配不平衡,类别间有重叠。他把一些职能完全不同的城镇归并到了一起,并将职能和区位的概念混为一谈。

这种一般描述性的城市职能分类方法至今还没有失去它的实用价值。当被分析的城市较少或只要求作大致的城市分类时,一般描述方法通常就能满足需要。这类方法的致命弱点是任意性和主观性较大,分类的好坏完全取决于研究者的主观了解深度。

2. 统计描述方法

用统计描述分类法对城市进行分类要先确定分类系统,然后给每一类增加一个统计上的数量标准。采用这一方法最负盛名的是美国学者哈里斯(C. D. Harris),他在 1943 年发表的美国城市职能分类是这一类最具代表性的研究成果。

哈里斯的分类是在 1930 年的人口普查和 1935 年的经营普查(Census of Business)资料的基础上进行的。他把美国 605 个 1 万人以上的城镇分成 10 类,并给其中的 8 类规定了明确的数量指标。指标一般包括 2 部分:第一是主导职能的行业职工比重应该达到的最低临界值;第二是主导职能行业职工比重和其他行业相比所具有的某种程度的优势。满足这 2 个条件的,即认为是某城市的主导职能,归入相应的城市类。

用劳动力结构的资料为城市主导职能规定一个定量指标,是统计描述法比一般描述法进步的地方,因此这种方法被后人一再借用。不过,统计描述法中的定量指标没有统一标准,是作者凭经验作出的主观决定,不易被其他人所理解。该方法仍然没有超脱描述性分类的性质,不同的只是由以前的定性描述变成了数量描述,仍然没有解决城市分类只反映一个主导职能的局限性。

3. 统计分析法

随着各个国家和地区的劳动力结构资料的不断完善,城市职能分类研究已经不满足于人为地制定数据指标进行分类,而是开始探索如何用一个比较客观的统计参数来对城市主导职能进行判定。这种用客观统计参数衡量城市主导职能的方法,就是统计分析方法。在该方法的实践中,先后使用到了平均数和标准差作为统计参数。

1953年波纳尔(L. L. Pownall)首先把区位商引入城市职能分类。他在对新西兰进行城市分类研究时,把城市分成7个规模组,计算了每一规模组城市6种行业的平均就业比重,然后算出各个城市对各行业平均比重的正偏差。任何大于某平均比重的城市部门,就是城市的主导职能。

日本小笠原义胜1954年所做的日本城镇职能分类同样是建立在行业平均就业比重基础上进行的。在研究中,他基于行业平均就业比重制定了日本标准型城镇的职工构成,各城镇按照它们与标准型城镇职工构成的正偏差进行分类。

1955年纳尔逊(H. J. Nelson)对美国897个1万人以上的城镇进行了著名的职能分类研究。他把美国国情普查中24个行业归并成9种经济活动,分别计算897个城镇9种活动的劳动力结构百分比,绘制了9个部门劳动力百分比的城镇频率分布曲线,并计算所有城镇每种活动的职工百分比的算术平均值和标准差,以高于平均值加一个标准差作为城镇主导职能的标准,以高于平均值以上几个标准差来表示该职能的强度。

1959年韦布(J. W. Webb)在研究美国明尼苏达州小城镇的一篇论文中提出了职能指数,并将其定义为某城镇某种经济部门的就业人口在该城镇总就业人口中的百分比与某经济部门就业人口占全区域城镇就业人口的百分比的比值与该城镇此经济部门就业人口在该城镇总就业人口中的百分比的乘积。职能指数既包含了某部门在区域中的地位,也包含了该部门在城市中的地位。韦布本人虽然没有把职能指数用于城市职能分类,但它对于职能分类无疑是有价值的。

4. 城市经济基础研究的方法

阿列克山德逊和麦克斯韦尔(J. W. Maxwell)是城市经济基础研究方法的代表人物。

阿列克山德逊认为城市职能分类不应当以城市的整个经济结构作为分类的基础,应该扣除掉城市非基本部分以后,在城市基本部分的结构基础上来进行。在这样的理论指导下,他把美国864个1万人以上的城市的36个行业的职工百分比,按行业把全部城市的职工比重从小到大排列,并画出累计分配曲线,并从累计分配曲线中找出第五个百分位的城市的职工比重作为这一行业的K值,某城市大于K值的部门即是这个城市的形成部门。

麦克斯韦尔在对加拿大进行城市职能分类时,基础资料虽然和前人一样,均是劳动力的部门结构资料,但他在对资料分析处理进行分类时,采用了城市的优势职能、城市的突出职能和城市的专业化指数等多项指标,在一定程度上考虑了城市规模对城市基本部分结构的影响。

5. 多变量分析法

随着统计资料的日益丰富,除劳动力以外的社会、经济、文化领域的各种城市统计资料也日益齐备。同时,由于计算机技术的发展,人们驾驭大量的复杂变量进行客观性的分类成为可能。在西方社会里,特别是进入城市化高级阶段的发达国家,城市的社会问题日益突出,客观上也需要寻找这些城市问题发展的规律性。在以上背景下,一种不同于传统方法的多变量分类法发展起来了。当20世纪60年代地理学的计量化运动发展到高峰的时候,也正是这种城市分类方法最盛行的时候。常用的分析技术是主因素分析和聚类分析。

多变量分析法首先把所有的城市资料按 $n \times m$ 矩阵的形式排列起来。每一行对应于一个城市,每一列对应于城市特征的一个变量。然后分别进行行与行和列与列之间的相关分析,得到两套新的相关系数矩阵。在矩阵中,行的相关系数矩阵反映城市之间相似性的程度,列的相关系数用来量测城市各个特点变化的相似性。

运用该方法所进行研究的最大的一个资料矩阵可能要数贝利1968年的美国城市分类。他收集了1762个城市的97个变量。这样庞大的资料矩阵,若用人工分析,工作量难以想象,而计算机做起来却轻而易举。石水照雄也曾运用该方法对日本189个城市的50个变量进行因素分析,达到城市职能分类的目的。

二、中国城市职能分类

1. 区域性城市职能分类

20世纪80年代中期以来,中国广泛开展的区域城镇体系规划,大多数都包含城镇职能分类的内容(周一星,1995)。

已故地理学者孙盘寿曾对西南3省的城镇职能进行分类。在四川、贵州、云南3省22个城市和515个非农业人口2000人以上的镇(包括部分乡村中心),只取工业、运输、科教文卫和机关团体4个部门作为类别基础,对工业城市又取7个工业部门划分工业职能。他运用纳尔逊的平均值加一个标准差的方法进行分类,只有9个城市能分入4个类别,13个城市没有一个部门达到标准,成了综合性城市。而后孙先生又做了许多补充调整,采取2种分段处理。一是把22个城市和515个镇的职能类型分别处理,重点放在城市;二是在城市的职能分类中,对城市的基本类型和城市的工业类型又分别处理,然后加以综合。

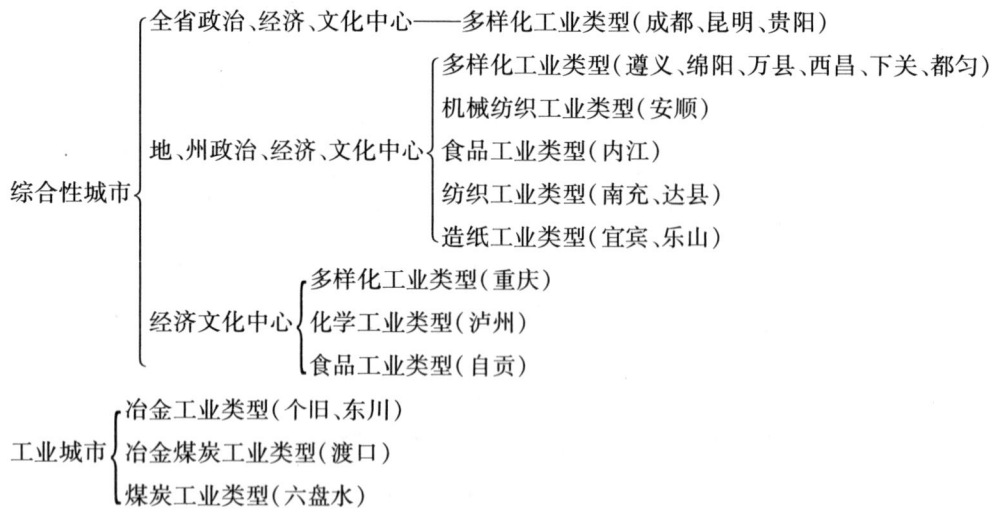

图 1-2-1　西南3省城市职能分类(孙盘寿,1984)

2. 全国性城市职能分类

西方国家全国性职能分类研究开始较早,现在高潮已经过去。而在中国,由于必要的相关资料的缺乏和系统性的不足,全国性的城市职能分类这一个城市地理里传统的热门课题,在中国的研究却开展较少。

1985年中国城市统计年鉴首次公布全国295个城市(包括辖县)各工业部门的产值及其他有关资料,为进行全国城市的工业职能分类提供可能。周一星先后于1988年和1991年发表了2篇全国城市工业职能分类的文章,提出了"城市职能三要素",解决了理论方法论的问题,顾朝林于1992年发表的《中国城市体系》一书中,提出了一个一般描述式的基本职能类型表,把职能体系分成政治中心、交通中心、矿工业城镇和旅游中心等4个体系及若干亚体系和若干子集来加以阐述,覆盖了当年的大部分城市,但基本上是定性式的。

张文奎在1990年发表了《论中国城市职能分类》一文,这是中国第一篇综合性城市职能分类的论文。作者利用1986年的统计资料,进行了可贵的探索。但是,因为当时不具备必要的资料,分类结果存在一些不足之处:许多典型而专业化的工业城市,特别是以低产品附加值为主的中小工业城市没有被分出来;一些重要的交通枢纽城市被漏掉了,而把许多大运量的重型工矿业城市分了进去;以食品、建材、电力等工业为主的专业化、甚至高度专业化的城市都被分入了"一般工业城市"类使用;由于用境外游客数指标来区分城市的旅游职能,势必排斥了以国内游客为主的旅游城市;其他几种职能的分类指标也存在一些不足。

周一星1997年在《再论中国城市的职能分类》一文中,更加系统和准确地对中国城市职能进行了分类。作者利用1991年国家统计局首次公布的1990年全国465个城市市区(即不含辖县)分行业社会劳动者人数资料,以剔除、归并和新增3种方式对资料进行了处理,把中国465个城市分成4个职能大类、14个职能亚类和47个职能组。其中,作者对不到20个城市位置进行了微调,把数量不多的由高度专业化采掘业城市组成的一个大类归并到第三大类,成为现在第三大类的第六亚类。经调整后的结果给出了三级分类体系,并与过去的城市职能分类结果相衔接。

表1-2-1 中国城市职能分类结果及职能特征

Ⅰ 全国最重要的超大型综合性城市	
Ⅰ1 全国最重要的超大型综合性城市(3个)	
Ⅰ1A 以行政、旅游、其他第三产业为主的全国综合性城市	北京
Ⅰ1B 以工业为主的全国综合性城市	天津
Ⅰ1C 以工业、其他第三产业为主的全国最大综合性城市	上海
Ⅱ 大区、省区级大型、特大型综合性为主的城市	
Ⅱ1 大区级特大型综合性城市(13个)	
Ⅱ1A 大区级最重要的特大型综合性城市	沈阳、武汉、广州
Ⅱ1B 大区级特大型综合性城市	南京、西安、哈尔滨、重庆、太原、成都、长春、济南、大连、青岛
Ⅱ2 省区级大型、特大型综合性为主的城市(22个)	
Ⅱ2A 以工业为主的省区级大型、特大型综合性城市	石家庄、南昌、吉林、齐齐哈尔、兰州
Ⅱ2B 以其他第三产业为主的省区级大型、特大型综合性城市	合肥、福州、郑州、长沙、杭州
Ⅱ2C 以其他第三产业和建筑业为主的省区级大型、特大型综合性城市	呼和浩特、南宁、贵阳、昆明、乌鲁木齐
Ⅱ2D 大型特大型工业城市	鞍山、抚顺、唐山、邯郸、包头、本溪、淄博

(续表)

Ⅲ 中小规模为主的专业化或综合性城市	
Ⅲ1 建筑业占重要地位的城市(46个)	
Ⅲ1A 地方中心性建筑业占重要地位的城市	菏泽、奎屯、巢湖、内江、临川、奉化、曲靖、西宁、界首、遂宁、福清、叶城、桦甸、曲阜、湘乡、涿州
Ⅲ1B 地方中心性建筑业特别突出的城市	孝感、玉溪、保山、渭南、定州、日照、清远、阳江
Ⅲ1C 工业职能明显、建筑业占重要地位的城市	德阳、临清、临沂、金昌、侯马、茂名、即墨、舞钢、莱阳、广汉、诸暨、溧阳、东台、青州、胶南
Ⅲ1D 工业职能明显、建筑业特别突出的城市	宜昌、仪征、胶州、启东、东阳、华阴、沙河
Ⅲ2 商业城市(53个)	
Ⅲ2A 工商业城市	深圳、潮州、四平、老河口、锦州、自贡、佳木斯、厦门、开封、新乡、汕头、漯河、宜宾、丹江口、江门、许昌、益阳、霸州、黄岩、阿城、瑞安、荣城、海城、义乌、南宫、峨眉山
Ⅲ2B 行政和其他第三产业服务职能明显的商业城市	津市、白城、乌兰浩特、铁岭、珠海、冷水滩、惠州、钦州、随州、蛟河、肇东、洪湖、开原、公主岭、双城、洮南、密山、天门
Ⅲ2C 交通运输职能明显的商业城市	安庆、信阳、赣州、九江、宿州、石狮、福安、仙桃、汕尾
Ⅲ3 中小型为主的综合性城市(91个)	
Ⅲ3A 以工业为主的综合性城市	鄂州、泊头、青铜峡、椒江、通化、三明、衢州、新余、辽阳、洛阳、保定、襄樊、南平、岳阳、衡阳、潍坊、临海、江山、涟源、辛集、文登、醴陵
Ⅲ3B 以工业、交通运输为主的大中型综合性城市	盐城、中山、芜湖、蚌埠、镇江、烟台、株洲、宁波、张家口、牡丹江、连云港、徐州、柳州、宝鸡、东莞
Ⅲ3C 以交通运输业、建筑业为主的综合性城市	永安、乐山、济宁、三门峡、德州、金华、泉州、天水、辉县、广元
Ⅲ3D 以商业、建筑业为主的综合性城市	南充、滨州、临夏、咸阳、莆田、遵义、武穴、安陆、黄州、新沂、汨罗、宣州、宿迁、诸城、淮安
Ⅲ3E 商业、行政和其他第三产业职能明显的综合性城市	朝阳、平凉、荆门、涪陵、都匀、运城、肇庆、安达、宜春、石首、枣阳
Ⅲ3F 以工业、交通运输业为主的中小型综合性城市	淮阴、滁州、汉中、临汾、吉安、雅安、龙岩、安顺、石河子、常德、漳州、邵阳、榆次、达县、枝城、当阳、樟树、卫辉
Ⅲ4 工业城市(53个)	
Ⅲ4A 高度专业化的工业城市	黄石、湘潭、葫芦岛、个旧、铜陵、马鞍山、嘉峪关、冷水江、莱州、丹阳、萧山、张家港、龙口、奉化、常熟、海宁、江阴、白银

(续表)

Ⅲ4B 专业化的工业城市	邢台、北安、焦作、图们、蒲圻、丹东、安阳、佛山、营口、潜江、兰溪、龙井、瓦房店、江油
Ⅲ4C 其他第三产业职能明显的高度专业化工业城市	无锡、苏州、常州、威海、洪江、沙市、十堰
Ⅲ4D 商业或交通运输业职能明显的工业城市	泰州、嘉兴、湖州、温州、景德镇、南通、绍兴、扬州、余姚、慈溪、宜兴、昆山、济源、沁阳
Ⅲ5 采掘业城市或采掘业占重要地位的城市(47个)	
Ⅲ5A 交通运输职能明显的采掘业城市	阜新、大同、牙克石、武安
Ⅲ5B 专业化的工业、采掘业城市	浑江、辽源、合山、资兴、北票、淮北、乌海、铜川、鹤壁、平顶山、六盘水、阳泉、伊春、石嘴山、尚志、耒阳、敦化、珲春、铁力、霍州
Ⅲ5C 专业化的小型矿业城市	新泰、华蓥、汝州、禹州、应城、河间、丰城
Ⅲ5D 采掘业占重要地位的城市	枣庄、泸州、韩城、萍乡、韶关、赤峰、娄底、长治、莱芜、淮南、攀枝花、黄骅、瑞昌、莱西、平度、滕州
Ⅲ6 高度专业化的采掘业城市(21个)	
Ⅲ6A 高度专业化的石油工业城市	盘锦、濮阳、克拉玛依、大庆、玉门、东营、任丘
Ⅲ6B 行政职能明显的高度专业化的矿业城市	晋城、锡林浩特、东川、朔州、霍林郭勒、德兴
Ⅲ6C 高度专业化的煤炭工业城市	义马、七台河、鹤岗、满洲里、双鸭山、鸡西、铁法、古交
Ⅳ 小型的高度专业化为主的城市	
Ⅳ1 高度专业化的旅游城市(8个)	
Ⅳ1A 行政、其他第三产业职能明显的高度专业化的小型旅游城市	五大连池、井冈山
Ⅳ1B 工业职能明显的高度专业化的旅游城市	承德、都江堰
Ⅳ1C 高度专业化的小型旅游城市	黄山、大理、兴城、韶山
Ⅳ2 高度专业化及专业化的交通运输业城市(40个)	
Ⅳ2A 高度专业化的交通运输业城市	哈密、开远、鹰潭、格尔木、漳平、兴化、德令哈
Ⅳ2B 商业、行政或其他第三产业职能明显的高度专业化的交通运输业城市	百色、集宁、怀化、河池、西昌、海拉尔、秦皇岛、赤水
Ⅳ2C 专业化的交通运输业城市	廊坊、库尔勒、湛江、沧州、阜阳、上饶、凯里、龙泉
Ⅳ2D 商业、交通运输业城市	衡水、梧州、六安、万县、周口、邵武、商丘、郴州、吴忠、绥化、驻马店、北海、通辽、贵池、丰镇、舟山、沅江
Ⅳ3 边境或偏远地区高度专业化的行政和其他第三产业城市(12个)	
Ⅳ3A 边境或偏远地区高度专业化的行政和其他第三产业城市	二连浩特、黑河、恩施、塔城、凭祥、畹町、敦煌、博乐、通什、阿图什、同江、利川
Ⅳ4 高度专业化的商业城市(15个)	
Ⅳ4A 其他第三产业职能明显的高度专业化的商业城市	扎兰屯、海口、梅河口、广水、富锦、九台、榆树、大安、扶余、邓州
Ⅳ4B 行政和其他第三产业职能明显的高度专业化的商业城市	三亚、绥芬河、临河、宁德、河源

(续表)

IV5 专业化部门不很突出的城市(41个)	
IV5A 综合性城市	安康、玉林、昭通、喀什、吉首、南阳、兴义、武威、张掖、亳州、贵港
IV5B 旅游职能明显的综合性城市	吐鲁番、延安、桂林、武夷山、大庸
IV5C 交通运输、其他第三产业服务职能明显的专业化行政城市	聊城、永州、忻州、梅州、和田、咸宁、伊宁、东胜、楚雄、酒泉、阿勒泰、榆林、西峰、铜仁、丽水
IV5D 行政职能明显的专业化的其他第三产业城市	延吉、绵阳、阿克苏、银川、昌吉、集安、麻城、乐陵、商州、海伦

资料来源：根据周一星、孙则昕等(1997年)表二简化.

三、中国城市职能体系

现代城市是经济、社会(含政治、文化等)和物资三位一体的有机实体。因此，中国城市体系中城市基本职能类型的划分，主要依据以下3个主要方面：

(1)作为社会实体的城市　在中国城市体系中，城市作为社会实体，3000多年来形成一个自上而下的行政管理系统，以及相互之间的文化、社会活动，也就具有显著的政治职能和文化职能。这种强有力的政治(行政)职能对其经济、文化的发展影响巨大，具有相当明显的地域中心作用。因此，我们将其划分为以行政职能为主的综合性城市，其中包括全国性、区域性和地方性3个层次。值得指出的是，随着中国以城市为中心的经济网络的形成和"市带县"管理体制的全面铺开和落实，这类以行政为主的综合性城市职能将逐步向以行政—经济职能(或经济—行政职能)为主转化，而且将进一步得到发展，成为中国城市体系的中坚部分。

(2)作为物资实体的城市　在中国城市体系中，城市作为物资实体，不仅是物资(商品)的生产者，而且也是消费者。人们的经济活动和城市之间的商品交流和流通发生紧密的联系，城市必然具有交通和流通的职能。自先秦以来，中国城市体系内这类城市即有所发展。至近代，由于轮船、铁路、公路等交通方式的发展，交通型和流通型城市已成为中国现代城市体系对外开放、物资和"能量"交流的所在。根据城市体系内各城市对交通方式的不同依赖性，可将这类城市划分为以交通职能为主和以流通职能为主2种城市。

(3)作为经济实体的城市　在中国城市体系中，尤其在现代城市体系内，城市作为经济实体，是现代生产力的载体。在这个载体上有着高度集中、高度专门化分工和高度协作的经济网络，它在地域上的地位和作用必然是人类社会经济活动在空间上的投影，具有突出的经济职能。在中国古代城市体系中，这类城市不多，其经济职能大都是寄生于行政职能为主的城市上的。自近代以来，尤其是现代城市体系，由于近现代工业技术的迅速发展，城市几乎都成为现代工业发展的据点。因此，这类城市是以经济职能为主的城市。并且，依据制成品原料采集、加工和流通三大环节，又可细分为矿业城市、加工业城市和流通城市。流通城市由于对现代交通的依赖性，对行政中心的依附性，可以划为另一类城市。

此外，在中国城市体系内，由于特定的地理位置及不同的历史发展基础，还有一批有特殊职能的城市(镇)，如旅游城市(含历史文化名城)、科学城等以文化职能为主的城市。

由于城市职能复杂多样，相互交织，大部分城市兼有若干种城市职能类型。但总的看来，中国城市职能体系分为2大类：一类是以综合职能为主的综合性城市，这类城市按城市行政等级形成城市管理等级网络，共同构成满足各种社会需求的综合职能体系。但是在综合性城市中，职能类型组合也存在较大差异，这种差异是城市职能体系划分的标志。第2类是由于资源开发、交通位置或某种专门化产业发展而形成的专业化城市。

1. 行政中心城市体系

中国历史以长期稳定的中央集权统治形成了具有严格等级层次的行政管理系统，并由此而形成多级行政中心城市。中国行政中心城市体系，按行政区划分为4个等级层次：首都、省会城市、地区级中心城市和地级市、县城和县级市。中国城市现代行政职能的地域划分格局在相当大程度上是历史的延续，是一种较为稳定的行政管理网络，不同等级城市之间有界线分明的从属关系。

（1）第一级行政中心——首都北京　首都北京是全国的政治中心、行政管理中心、对外国际交往中心。北京是世界著名的文明古都和现代文化名城，丰厚的历史遗迹与现代科学文化教育事业相融合，构成北京特有的文化职能。北京是全国第二大综合性产业城市，是华北地区最重要的工业基地，许多工业部门在全国占有重要地位。为了加强北京作为全国政治中心城市的职能，北京的城市职能正发生着显著变化。首先，北京的金融职能、信息中心职能不断加强，各种金融机构、大型投资公司不断向北京汇集。其次，重型工业比重下降，向低耗能、少污染的机械电子工业、高新技术产业和耐用高档消费品工业发展。北京还是全国最大的交通和通讯枢纽，是国际、国内人流、物流和信息流的集散中心。

（2）第二级行政中心——省会城市　省会城市是中国各省区的行政管理中心。大部分省会城市都具有上千年的悠久发展历史，历史上也多为各种行政管理中心。省会城市由于其行政职能产生的强大的辐射力和向心力，形成与其行政职能相一致的经济职能；大部分省会城市都是省域内最大的综合性产业城市和省域文化中心。省会城市集政治、经济、文化为一体的特征，体现了中国城市政治、经济、文化高度集中的规律。各个省会城市作为省域行政中心，其行政职能等级是相同的，但是不同省会城市由于自然环境、发展历史、社会文化背景的差异，其经济职能类型与职能规模有较大差异。其中一些省会城市已发展成为大区域经济中心，成为区域经济发展的核心城市和全国重要的工业基地。这些城市包括沈阳、哈尔滨（东北地区经济中心城市），武汉（华中地区经济中心城市），广州（华南地区经济中心城市），西安（西北地区经济中心城市）。而另一些位于偏远地区的省会城市，城市规模较小，经济辐射范围也较小，在全国职能体系中影响力较弱，如拉萨、西宁、银川。

除上述省会城市外，上海、天津、重庆3个直辖市和大连市、宁波市、厦门市、青岛市、深圳市等5个计划单列市，是非省会城市中具有大区域经济及文化职能的城市，在中国城市职能体系中占有省会城市或比省会城市更为重要的地位。

（3）第三级行政中心——地区级行政中心城市和地级市　地区级行政中心城市是省会城市以下的次级行政管理中心城市，同时也是省域内次级经济、文化中心。到1994年，全国共有地区级中心城市168个（不包括省会城市）。在地区级行政中心城市中，大部分是由传统州府发展而来的，是历史行政区划的延续。这类城市历史悠久，长期以来是地区政治、经济、文化中心。城市职能多样，多为综合性城市，与周围地区有密切的传统联系，有较大的人口和经济规模，综合服务职能较强。另一类地区级城市是由于某种专业化产业部门的发展而聚集了一定的人口、设施、资金，或借助于国防建设而发展起来的，属新兴工业城市。这类城市发展历史短，职能单一，与周围地区联系较松散,地区中心职能较弱,如石油工业城市克拉玛依、煤炭工业城市六盘水等。在地区级行政中心城市中,有一些是省内几个地区的经济文化中心。有的城市位于省区边界地区,对邻省相邻地区也有较大的经济、文化辐射作用,是跨省区中心城市。有的地区中心城市一方面是地区级行政管理中心,同时又是某一经济部门职能较强的专业化城市。

（4）第四级行政中心——县城和县级市　县城是县域政治、经济、文化中心,是中国城乡经济的结合点。县城是农副产品集散中心,初级加工中心,是国家对农业地区执行具体行政领导的中心,长期以来为农业服务是县城的主要职能。近年来,随着农村工业经济的发展,县城成为农村工业的集聚点和生长点,一部分工业发展水平较高的县撤县建市,成为县级市。中国目前已有县级市410个,其中313个县级市为县域政治、经济、文化中心。大部分县级市是20世纪70年代以后设立的,除少数高度专业化的县级市外,大部分县级市为综合性小城市。

2. 交通中心城市体系

交通运输职能是城市的重要职能。中国交通枢纽城市主要位于这些纵横通道的结点上。

（1）交通中心城市职能类型　按交通方式,中国城市体系的交通中心职能可分为4个亚系,即铁路枢纽、港口城市、航空中心、公路网中心。许多交通枢纽城市都是具有全国、大区、省区和地区意义的综合性中心城市,同时兼有若干种交通职能,是综合性运输枢纽。

铁路枢纽城市　尽管铁路建设在中国仅有100多年的历史,但作为新兴的铁路枢纽城市,它既是铁路运量的集中地和列车交接站,又是组织铁路运输生产的中心环节。它们大都形成具有全国、大区和省区意义的政治中心、经济中心、工业基地和水陆联运中心。这些城市与国家铁路网结合,共同形成了中国自近代以来比较完整的一种新型交通中心体系。中国现已形成铁路网络结点170个,其中干线结点66个,在干线结点处形成45个铁路枢纽,这些铁路枢纽承担着中国铁路绝大部分的车流集散、解编和客货集散任务。

港口城市　港口城市分为海港城市和河港城市。沿海港口城市是中国对外开放的窗口,在中国城市体系中占有重要地位。2011年,中国年货物吞吐量1亿吨以上的海港城市共有17个,内河港口9个,其中宁波—舟山港以6.94亿吨居世界首位。集装箱吞吐量100万箱以上的港口19个,其中上海港以3173.97万标准箱居世界首位。大型和较大型港口城市集中了全国海港货物吞吐量的绝大部分。港口城市在交通中心城市体系中具有不同的职能和地位,并且形成与铁路交通干线相衔接的腹地范围。

航空交通中心城市　航空运输是城市综合运输体系的重要组成部分,在长距离和国际客运方面具有重要作用。2007年,中国大陆民航航班专用机场已发展到152个,其中年旅客吞吐量超过1000万人次的机场达到10个。中国重要的航空港城市有北京、上海、广州、成都、桂林、厦门、西安7座。

（2）综合性交通枢纽城市职能组合　中国已形成的主要交通枢纽城市大多数是具有全国、大区、省区意义的综合性中心城市,是多种运输方式在空间上的组合节点,运输职能的不同组合,形成不同类型的综合交通枢纽。城市规模与交通枢纽等级和类型组合有密切关系。中国非农业人口在100万以上的特大型综合性城市有32个,其中28个是交通枢纽城市,占特大城市数量的87.5%。50万~100万人口的大城市36个,其中20个是交通枢纽城市,占大城市数量的55.5%。20万~50万人的中等城市有161个,其中25个为交通枢纽城市,占15.5%。20万人口以下的小城市有341个,仅有13个为交通枢纽城市,占小城市数量的3.8%。城市规模越大作为综合枢纽的运输职能越完善,一般都是主干枢纽城市。

(3)口岸城市职能体系 口岸是国家对外开放的前沿,是城市体系职能结合的重要组成部分。1979年~1985年,中国口岸主要集中在沿海地区广东、福建、江苏、浙江、山东等省的大中城市。1986年以来,中国恢复和扩大开放了边境口岸,一些边陲小镇变成了新兴城市。同时,长江沿江河运口岸的安徽芜湖、江西九江、湖北武汉、江苏江阴等港口相继对外开放。内陆城市则开辟航空口岸,促进内陆地区对外开放。口岸城市与其运输网络系统相结合形成口岸城市交通职能体系。按出入境运输方式,口岸分为水运口岸、空运口岸和陆运口岸,其中海运口岸是中国进出口运输的主要方式。中国边境口岸是从20世纪80年代中期开始发展起来的,是一新兴城市职能体系。1985年以前,中国开放口岸主要集中于沿海地区。从1986年开始,中国开始恢复和扩大开放边境口岸,目前已经开放的国家一类边境口岸(含界河)已有70多个。边境口岸的开放和边贸的发展促进了边境口岸城市的形成与发展,到1994年全国已有边境口岸城市25个,形成边境口岸城市体系。

3. 工业城市体系

在现代城市职能构成中,工业职能是内部构成最复杂、分类难度最大的职能系统;同时,工业职能也是进行城市职能分类的主要依据。城市工业职能分类的主要指标是:工业专业化部门的类型、规模和职能强度。中国各级行政职能城市大多数为综合性城市,这些城市虽然也有主导产业部门,但一般工业门类齐全,没有突出的职能强度很高的专业化部门。但也有相当一部分城市受特种因素影响,某种或数种产业部门在城市职能组合中占突出地位,形成专业化城市。

(1)能源(煤炭、水电)工业城市 中国能源资源以煤炭为主体,水力资源也十分丰富。中华人民共和国成立后能源工业成为中国国民经济发展的基础和最重要的部门之一,相应形成了以煤炭、水电开发组成的能源工业城市。中国是世界上煤炭资源最为丰富的国家之一,原煤产量居世界首位。中国煤田相对集中于华北、东北、西北、华东北部、河南和云南、贵州等省,山西省煤炭储量最多,相当于全国煤炭探明总量的30%。煤炭工业城市主要分布于上述地区,是在煤炭资源开采、利用的基础上形成和发展起来的一类能源工业城市。从现状工业部门结构看,这类城市职能结构可分为3种类型:①单纯型煤炭工业城市;②以煤炭开采为中心的多职能复合型城市;③煤炭开采逐渐衰落,其他职能替而代之的变异型城市。另外,中华人民共和国成立以来中国先后建成17处主要水电站,在此基础上建设了椒江、三门峡、宜昌、丹江口、青铜峡等5座新兴水电城市。

(2)石油和化学工业城市 中国石油工业是中华人民共和国成立以后才发展起来的,20世纪50年代初发现和开发了克拉玛依油田和青海冷湖油田。1959年发现了著名的大庆油田,此后又相继开发了大港、胜利、冀中、辽河、江苏、河南、江汉、长庆、延长等油田,已形成20多个油气生产基地。在石油开采和加工的基础上形成了一批专业化石油城市,除此之外,中国一些大中城市石油加工工业在城市职能体系中也占重要地位,是中国石油工业首要的年产基地。化学工业常与其他工业部门组成联合企业,如石油—化工、钢铁—煤化工、有色冶金—基本化工、煤炭—煤化工等类型的联合企业,所以化学工业在中国大型工业城市中占有重要地位,但专业化程度较高的化工城市数量较少。

(3)冶金工业城市 冶金工业城市包括钢铁工业和有色金属工业(铜、铅、锌、铝、钨、金、银等)。中国专业化冶金工业城市与相应的矿产资源分布相对一致。中国铁矿资源主要分布于辽宁鞍山和本溪、山西五台和岚县、河北冀东、北京密云、内蒙古白云鄂博、四川攀枝花、辽宁铁岭、河北邯郸、山东莱芜、湖北大冶、海南石碌等地区。中国钢铁工业发展是一个从沿海向内地扩展的过程,"一五"期间改、扩建鞍钢,"二五"期间建设了包钢、武钢,"三五"以后建设了攀枝花钢铁基地和其他内地钢铁工业基地,一批以钢铁工业为主导产业部门的城市迅速发展。专业化有色金属工业城市也是随相应矿产资源开发而形成的。铜矿资源主要分布于江西德兴、湖北大冶、安徽铜陵、云南东川,在这些地区形成相应铜矿开采和冶炼生产基地。云南个旧是主要的锡矿产地,形成著名锡都。甘肃金昌拥有中国最大的硫化镍矿床,在世界同类矿床中居第2位,"三线"建设时期重点开发形成新兴冶金工业城市。甘肃白银也是中国著名的有色金属生产基地。除专业化冶金工业城市外,中国大型钢铁联合企业和大型有色金属冶炼企业主要位于大型综合性工业城市中,虽然其产值在市工业总产值中占的比重较低,不是专业化职能很强的产业部门,但在全国同类工业中却占有相当重要的地位,是全国性生产基地,其职能规模大于或相当于专业化冶金工业城市。这些城市包括北京、上海、太原、武汉、成都、重庆、西宁、乌鲁木齐、湘潭、江油、张家口等。有色金属工业占重要地位的综合性工业城市有天津、沈阳、淄博、郑州、黄石、株洲、贵阳、昆明、兰州等。

(4)机械、电子工业城市 中国城市机械工业占较大比重,1991年全国479个城市中,机械工业产值占全部城市工业总产值的20%。综合性工业城市职能构成中,机械工业都占相当比例,现已形成了上海、北京、哈尔滨、长春、洛阳、西安、兰州等大型机械工业生产基地。但从城市的主要职能看,这些城市大都是中国大型综合工业基地,不属于以机械工业为主的专业化工业城市。"三线"建设时期,国家在"三线"地区重点投资建设了一批机械工业企业,一批专业化新兴机械工业城市由此兴起,如十堰、安顺等城市。中国电子工业是中华人民共和国成立以后才发展起来的新兴高技术产业。由于机械工业与电子工业之间有密切的产业关联,所以机械工业发达的大城市同时也是电子工业生产基地。"三线"建设时期,国家在"三线"地区重点投资建设了一批电子军工企业,奠定了内地电子工业的基础,同时也形成了若干电子工业城市,典型的如四川省的绵阳市。20世纪80年代起,南方沿海开放城市大力发展电子工业,形成新兴电子工业城市,如深圳、珠海、海口等都已发展成为专业化程度较高的电子工业城市。

(4)轻加工工业城市 轻加工工业城市主要有纺织工业城市、食品工业城市、造纸工业城市、皮革工业城市、森林工业城市。

纺织工业城市 纺织工业是中国传统的而且分布特别广泛的轻加工工业部门,已形成6大纺织工业城市集聚区。此外,在中国西北的兰州、呼和浩特、乌鲁木齐、伊宁、和田,西南的昆明、贵阳等城市也发展了毛纺和棉纺织工业,尤其伊宁、和田的纺织工业已成为城市的主导工业部门。就目前全国毛纺织工业看,上海、天津和北京3大城市仍不失为中国3大毛纺织工业中心。东北哈尔滨是中国亚麻集中产区,历来为全国最大的亚麻梳、纺、织、染中心。随着中国新兴化纤纺织部门的兴起,金山卫、仪征、辽阳等城市正形成为中国化纤纺织工业中心。

其他专业化轻工业城市在中国城市体系中,有相当一批中小城市在当地农牧资源加工利用基础上发展成以某一轻加工行业为主导的、专业化程度较高的城市职能体系,主要包括食品工业城市、造纸工业城市、皮革工业城市、森林工业城市。食品工业城市包括粮食加工、食用油脂、肉类加工、制糖、制盐、制茶、卷烟、罐头等众多类型,专业化食品工业城市在中国城市体系职能构成中占较大比重。造纸、森林、皮革等专业化城市与相应原材料分布有很大的一致性,具有区域性特征。

4.旅游中心城市体系

中国旅游业作为一个新兴行业,是从1978年以后才迅速发展起来的。1978年以来,中国评定了118处国家级风景名胜区,旅游开放城镇已达644座。旅游业的发展首先促进了一批大中城市旅游职能的形成。旅游中心城市是中国旅游业的管理中心、旅游交通中心、旅游服务中心和旅游景点集中分布区。随着中国重点旅游区的开发和旅游配套设施的大规模建设,迅速形成了一批以旅游业为支柱产业的专业旅游城市。不同区域层次的旅游职能城市共同构成中国旅游活动组织网络。

中国旅游城市职能体系中职能规模与专业化程度相互背离,具有较强旅游中心职能的城市都为特大型和大型综合性城市,如北京、上海、西安、杭州、广州等城市都是中国一级旅游中心城市。专业性旅游城市大多数为20世纪80年代以后新发展起来的小城市,是一个新的专业化城市职能体系。

参考文献:

[1]周一星,布雷特肖.中国城市包括辖县的工业职能分类[J].地理学报,1988,43(4):287-298.
[2]张文奎,刘继生,王力.论中国城市的职能分类[J].人文地理,1990,5(3):1-8.
[3]田文祝,周一星.中国城市体系的工业职能结构[J].地理研究,1991,10(1):4-32.
[4]顾朝林.中国城市体系[M].北京:商务印书馆,1992:248-274.
[5]顾朝林.中国城镇体系——历史·现状·展望[M].北京:商务印书馆,1992:16-90.
[6]周一星.城市地理学[M].北京:商务印书馆,1995:203-222.
[7]孙樱.试论新时期城市职能研究的必要性[J].城市规划,1995(5):22-23.
[8]许学强,周一星,宁越敏.城市地理学[M].北京:高等教育出版社,1997.
[9]张复明,郭文炯.城市职能体系的若干理论思考[J].经济地理,1999,19(3):19-23.
[10]杨永春,赵鹏军.中国西部河谷型城市职能分类初探[J].经济地理,2000,20(6):61-64.
[11]杨万钟.经济地理学导论[M].上海:华东师范大学出版社,2003:187-192.
[12]许学强,周素红.20世纪80年代以来我国城市地理学研究的回顾与展望[J].经济地理,2003,24(4):433-440.
[13]宋曼萍.城市职能转型与空间结构演化研究——以徐州市为例[D].南京师范大学,2004.
[14]田光进,贾淑英.中国城市职能结构的特征研究[J].人文地理,2004,19(4):59-63.
[15]韩延星,张珂,朱竑.城市职能研究述评[J].规划师,2005,2(8):68-70.
[16]季小妹,陈忠暖.我国中部地区城市职能结构和类型的变动研究[J].华南师范大学学报(自然科学版),2006,(4):128-136.
[17]徐红宇,陈忠暖,李志勇.中国城市职能分类研究综述[J].云南地理环境研究,2005,17(2):33-36.
[18]许峰.中国城市职能结构的新变化——基于五普分县资料的分析[J].现代城市研究,2008(11):63-71.
[19]许峰,周一星.我国城市职能结构变化的动态特征及趋势[J].城市规划,2008,15(6):49-54.
[20]林先扬,陈忠暖.长江三角洲和珠江三角洲城市群职能特征及其分析[J].人文地理,2003,18(4):79-83.
[21]刘云刚.中国资源型城市的职能分类与演化特征[J].地理研究,2009,28(1):153-159.
[22]樊福卓.城市职能的概念性分析框架——以长三角为例[J].上海经济研究,2009(9):61-71.
[23]肖雪,王珂.2012年中国港口行业研究报告[EB/OL].[2012-08-10].http://www.lhratings.com.

第三章　中国城市规模与空间分布

第一节　中国城市规模等级结构的变化

城市规模主要用来衡量城市的大小。一般来讲,城市规模包括城市人口规模和城市用地规模。由于城市是大量人口和社会经济活动的集聚地,通常人口规模是衡量城市规模的决定性指标。按城市聚居人口多少可以区分城市规模大小,各国的具体分级标准不尽一致。在中国,一般将百万人口以上的城市称为特大城市,50万~100万人口为大城市,20万~50万人口为中等城市,20万人口以下为小城市。

一、中国早期城市规模等级结构

1. 西周时期

城邑建设体制和营建等级制度将城邑分为3级:王城、诸侯城、都。城隅高度,都只允许五雉,诸侯城七雉,王城九雉;经纬度宽度,王城九轨,诸侯城七轨,都五轨(表1-3-1)。

表1-3-1　西周城市等级与用地规模组合状况

级别	用地规模/万里	封国	县城	王、诸侯、卿大夫采邑
1	81	王城方九里		
2	49	公方七里		
3	25	侯伯方五里		
4	9	子男方三里	大县城方王城三之一	大都不过三国之一
5	3.24			中五之一
6	1		小县城王城九之一	小九之一

资料来源:顾朝林.中国城镇体系——历史·现状·展望[M].北京:商务印书馆,1996:31.

2. 春秋战国时期

此时期将人口多、规模大的城市称"国",反之称"都";土地肥沃,耕地产量高,可供养较多的城市人口,则城市分布密度、城市人口规模均大,反之则小;形成了由里而乡,由乡而县,由县而国,县载于各府的以军统政的地方行政系统与闾里什伍制度。

二、中国封建社会城市规模等级结构

1. 秦汉时期

此时期形成了以小城市为主的城市等级系列,秦时是首都—郡城(诸侯国都)—县城3级城市等级;汉代是首都—司隶校尉部、十二州刺史部驻所—郡、国(王国)、属国都尉都城—县邑、道、公国、侯国治所驻地的四等级(表1-3-2)。

表 1-3-2 东汉时期城市等级规模表

等级	行政区	数量	%	城市名
Ⅰ	都城	1	0.09	雒城
Ⅱ	刺史部驻所	12	1.12	高邑、蓟县、晋阳、陇县、雒县、龙编、汉寿、历阳、临淄、郯县、昌邑、缁县
Ⅲ	郡级驻所	97	9.01	怀县、安邑、弘农、高陵、长安、槐里、南皮、乐城、信都、甘陵、卢奴、廮陶、邺县、邯郸、元氏、高柳、沮阳、涿县、渔阳、土垠、阳乐、昌黎、襄平、高句丽、朝鲜、长子、阴馆、善无、云中、九原、离石、肤施、临戎、富平、临泾、冀县、下辨、狄道、允吾、姑臧、南郑、角乐得、居延、禄福、敦煌、它乾城、江州、阴平、成都、汉嘉、武阳、邛都、朱提、故且兰、滇池、不韦、番禺、广信、合浦、布山、胥浦、西卷、宛县、西陵、江陵、临浣、临湘、泉陵、吴县、山阴、宛陵、阴陵、舒县、南昌、黄县、剧县、临济、东平陵、平原、开阳、彭城、郴县、广陵、奉高、鲁县、卢县、东平、任城、定陶、濮阳、陈留、相县、睢阳、陈县、阳翟、平舆
Ⅳ	县级驻所	966	89.78	略
	合计	1076		

资料来源：顾朝林. 中国城镇体系——历史·现状·展望[M]. 北京：商务印书馆，1996：51.

2. 魏、晋、南北朝、隋、唐时期

隋代与秦汉大致相当，仍施行郡、县二级制。唐代形成都城—道级驻所城市—府州级驻所城市—县城—镇及草市 5 级城镇等级。南朝首都建康（今南京）在梁武帝时（502～548）是中国都城发展史上第 1 个人口超过百万的特大城市，也是当时全世界最大的城市。第 2 座是北魏都城洛阳，大业六年（610）全城人口达到百万以上。

据不完全统计，封建割据，作为国都兴建起来的区域中心城市有 11 座：洛阳、成都、建业（南京）、长安（西安）、平阳（山西临汾）、襄国（河北邢台）、邺（河北临漳）、龙城（辽宁朝阳）、蓟（北京西南）、盛乐（内蒙和林格尔北）、平城（大同）。与秦汉时期相比，府、州城市数增加较快（表 1-3-3）。

表 1-3-3 东汉至中唐时期城市规模等级结构变化表

级别	东汉时期			中唐时期		
	城市等级	城市数	%	城市等级	城市数	%
1	国都	1	0.09	国都	2	0.11
2	校尉部、刺史部治所城市	13	1.21	道驻所城市	12	0.72
3	郡级城市	97	9.01	府驻所城市	314	18.74
4	县级城市	966	89.69	县级城市	1348	80.43
合计		1077	100.00		1676	100.00

资料来源：顾朝林. 中国城镇体系——历史·现状·展望[M]. 北京：商务印书馆，1996：69.

3. 五代、宋、元时期

宋代形成首都—路城—府、州城（监、军城）—县城—镇—市 6 级等级系统。元代又演化为首都—省会—路城—府城—州城—县城—镇—市 8 级等级系统。地区性经济中心城市（中等城市）网络出现，按照城市商税征收规模，宋神宗熙宁十年（1077）中国城市等级如表 1-3-4。隋唐时期，县制废置频繁，至宋元时期，中国城镇体系内县级城镇网已基本形成，以后元、明、清 3 代均以县作为行政区划的基层单位。

表1-3-4 北宋(1077)城镇(商税)统计表

等级规模 (商税:千贯)	城镇数/个	城镇名(部分)
大于400	3	东京(开封)、兴元(汉中)、成都
200~400	5	巴(重庆)、彭(彭县)、永康、梓(三台)、遂(遂宁)
100~200	19	(缺)
50~100	30	杭州、秦州(甘肃天水)、楚州、(淮安)、襄州(襄阳)、真州(仪征)、苏州、庐州(合肥)等
30~50	51	江宁(南京)、扬州、虔州(赣州)、真定(河北正定)、衢州(浙江衢县)、湖州、大名(北京)、京兆(西安)、福州、西京(洛阳)、盐山(河北盐山县)、广州、密州(山东诸城)、凤翔(陕西凤翔县)、潭州(长沙)、成都、锦州、郓州(山东东平县)、晋州(陕西临汾)、并州(太原)、陕州(河南陕县)、德州等
10~30	95	越州(绍兴)、洪州(南昌)、赵严口(山东济阳)、高邮(江苏高邮县)、南京(商丘)、梓州(四川三台县)、兴元(陕西南郑县)、秀州(嘉兴)、婺州(金华)、绵州(四川绵阳)、棣州、蕲口镇(湖北蕲春县)、高宛(山东高青县境内)、浙江场(杭州)、常州、岳州(湖南岳阳)、温州(浙江永嘉)、黄州(湖北冈冈)、润州(镇江)、固镇(陕西凤县)、遂州(四川遂宁)、汉州(四川广汉)、永静军(河北东光)、台州(浙江临海)、傅家岸(山东东平)、泗州(江苏泗洪)、利州(四川广元)、邓州(河南邓县)、涟水县(江苏涟水)、蕲州(湖北蕲川)、南康军(江西星子)、青州(山东益都)、明州(浙江宁波)、无为军(安徽无为县)等
小于10	108	(略)

资料来源:顾朝林.中国城镇体系——历史·现状·展望[M].北京:商务印书馆,1996:92.

4. 明清时期

明清时期,形成首都—省城—府(州)城—县城—镇5级等级系统。

市镇间人口规模等级差别开始形成,农村集镇大量兴起,小城镇人口增长迅速。城市规模等级结构具有小城市(包括县城和镇)占绝对优势,中等城市居中,大城市相应发展,呈金字塔形的分布特征(表1-3-5)。

表1-3-5 明清时期全国城镇规模等级统计表

等级规模	城镇数/个	城市(镇)名称
特大城市 (大于100万)	8	南京、北京、苏州
大城市 (50万~100万)	约9	扬州、杭州、广州、汉口、福州、佛山、天津、上海、厦门
中等城市 (20万~50万)	约100	松江、镇江、淮安、常州、仪真、湖州、嘉兴、建宁、武昌、荆州、南昌、吉安、临江、清江、开封、济南、济宁、德州、临清、桂林、太原、平阴(临汾)、蒲州(永济)、成都、重庆、泸州、九江、浒墅(苏州西)、芜湖、宁波、廉州(合浦)、沙市、河间、保定、宣化、西安、徽州、东昌(聊城)、池州、徐州、泉州等
小城市及镇 (包括县城)	2000多	略
农村集市	4000~6000	略

资料来源:顾朝林.中国城镇体系——历史·现状·展望[M].北京:商务印书馆,1996:115.

5. 半殖民地、半封建社会时期(1840~1949)

城市两极化明显,大城市迅速增长,小城市为主体,中等城市很少。大城市首位度高,且比较发达,主要类型有:殖民地型港口贸易城市、新兴工矿城市、新兴铁路枢纽性城市、新辟商埠的老城市。小城市主要有:农村小市集、近代交通小城镇、近代工矿业小城镇、战时小城镇。

人口5万~20万的小城市占城市总数的85.2%,人口占城市总人口的45.9%。其中,5万~10万人口的小城市达113个,其数量和人口分别占全国的60%、25%;10万~20万人口的小城市有48个,其数量和人口分别占全国的25%、20%。这一时期中国中等城市数量仅18,表明城市两极化的总特征。

三、中国现社会城市规模等级结构

1. 新中国时期(1949~1985)

1949年~1985年,城市数达到324个,其中新设城市223个,人口由2820.3万人增长到11 825.9万人。中国城市人口的增速快于镇人口的增速。中国城市形成了首都、省会、地区中心或省辖市、县城或县级市、建制镇5个等级(表1-3-6)。

表1-3-6 中国城镇体系层次系统表(1985)

层次	等级系统	城市数	城市名称
1	首都	1	北京
2	省会城市(包括直辖市、自治区首府)	31	天津、石家庄、太原、呼和浩特、沈阳、长春、哈尔滨、上海、南京、杭州、合肥、福州、南昌、济南、郑州、武汉、长沙、广州、南宁、成都、贵阳、昆明、西安、兰州、西宁、银川、乌鲁木齐、拉萨、台北、香港、澳门
3	地区中心和省辖市(包括地级城市、自治州、盟首府)	241	邯郸、邢台、保定、张家口、承德、廊坊、沧州、衡水、唐山、秦皇岛、大同、阳泉、长治、晋城、忻州、榆次、临汾、运城、包头、乌海、赤峰、集宁、锡林浩特、海拉尔、通辽、东胜、临河、乌兰浩特、大连、鞍山、抚顺、本溪、丹东、锦州、营口、盘锦、阜新、辽阳、铁岭、朝阳、吉林、四平、辽源、通化、浑江、白城、延吉、齐齐哈尔、鹤岗、双鸭山、鸡西、大庆、伊春、牡丹江、佳木斯、七台河、绥化、黑河、徐州、连云港、淮阴、盐城、扬州、南通、镇江、常州、无锡、苏州、宁波、温州、嘉兴、湖州、绍兴、金华、衡州、淮南、淮北、芜湖、铜陵、蚌埠、马鞍山、安庆、黄山、宿州、滁州、巢湖、屯溪、六安、阜阳、厦门、三明、莆田、泉州、漳州、龙岩、景德镇、萍乡、新余、九江、鹰潭、上饶、宜春、抚州、吉安、赣州、青岛、淄博、枣庄、东营、烟台、济宁、泰安、德州、滨州、临沂、菏泽、聊城、开封、平顶山、洛阳、焦作、鹤壁、新乡、安阳、濮阳、商丘、周口、许昌、驻马店、信阳、南阳、黄石、襄樊、十堰、沙市、宜昌、荆门、鄂州、孝感、咸宁、恩施、株洲、湘潭、衡阳、邵阳、岳阳、郴州、永州、娄底、怀化、常德、益阳、吉首、韶关、深圳、珠海、汕头、佛山、江门、湛江、茂名、惠州、梅县、肇庆、海口、柳州、桂林、梧州、北海、河池、玉林、钦州、百色、重庆、自贡、渡口、泸州、德阳、绵阳、广元、遂宁、内江、乐山、宜宾、涪陵、万县、南充、达县、雅安、西昌、六盘水、遵义、安顺、凯里、都匀、东川、昭通、曲靖、玉溪、保山、个旧、楚雄、大理、铜川、宝鸡、咸阳、延安、渭南、汉中、金昌、白银、天水、嘉峪关、平凉、西峰、武威、张掖、酒泉、临夏、石嘴山、吴忠、克拉玛依、石河子、吐鲁番、哈密、和田、阿克苏、喀什、库尔勒、昌吉、博乐、伊宁、塔城、阿勒泰、基隆、新竹、台中、高雄、台南、嘉义

（续表）

层次	等级系统		城市数	城市名称
4	县级城市	县级市	75	（略）
		县城	1926	（略）
		合计	2001	—
5	建制镇（不含县城）		5656	（略）
	合计		7930	—

资料来源：顾朝林．中国城镇体系——历史·现状·展望[M]．北京：商务印书馆，1996：228-229．

2. 中国现代时期（1985~今）

（1）国际化城市逐步显现　全球城市有香港、上海；国际性城市有北京、深圳、青岛、大连；边贸与出口基地城市有珠海、满洲里、东兴、阿拉山口、二连浩特。

（2）国家枢纽城市层次明显　国家枢纽城市划分为大区、区域性、省域和地区中心城市4个等级。大区中心城市包括沈阳、天津、武汉、南京、广州、西安、重庆；区域性中心城市包括哈尔滨、郑州、长沙、杭州、宁波、苏州、厦门、兰州、乌鲁木齐、成都和昆明；省域中心城市主要是各省省会城市，包括长春、济南、呼和浩特、石家庄、太原、合肥、南昌、福州、海口、银川、西宁、南宁、贵阳等；地区性中心城市一般是地级市，如大庆、包头、唐山、芜湖、徐州、十堰、九江等。

第二节　中国城市规模分布的省际差异

中国城市规模省级分布有2个特点：一是特大城市规模标准不断提高；二是规模省际差异不断加大。

一、中国大都市分布的省际差异

中国大都市分为大区域性、省级和地区级3个层次，大区域性大都市包括北京（全国性中心城市）、天津（华北区域性中心城市）、沈阳、哈尔滨（东北区域性中心城市）、广州（华南区域性中心城市）、上海（华东区域性中心城市）、武汉（华中区域性中心城市）、重庆、成都（西南区域性中心城市）、西安、兰州（西北区域性中心城市）。

中国大都市的分布具有明显的地域不平衡现象，特大城市以直辖市为主，大城市主要分布在江苏、山东、河南、湖南、广东、河北等省份（表1-3-7）。

表1-3-7　中国特大城市与大城市分布（2008）

省（市）	特大城市（>1000万）	大城市（500万~1000万）
北京	北京	—
天津	—	天津
河北	保定	石家庄、唐山、邯郸、邢台、沧州
山西	—	—
内蒙古	—	—

(续表)

省(市)	特大城市(>1000万)	大城市(500万~1000万)
辽宁	—	沈阳、大连
吉林	—	长春
黑龙江	—	哈尔滨、齐齐哈尔、绥化
上海	上海	—
江苏	—	南京、徐州、苏州、南通、淮安、盐城、泰州、宿迁
浙江	—	杭州、宁波、温州、台州
安徽	—	安庆、阜阳、宿州、六安、亳州
福建	—	福州、泉州
江西	—	赣州、宜春
山东	临沂	济南、青岛、烟台、潍坊、济宁、泰安、德州、聊城、菏泽
河南	南阳、周口	郑州、开封、洛阳、平顶山、安阳、新乡、商丘、信阳、驻马店
湖北	—	武汉、襄樊、荆州、黄冈
湖南	—	长沙、邵阳、岳阳、常德、衡阳、永州、娄底
广东	—	广州、湛江、茂名、汕头、梅州、揭阳
广西	—	南宁、桂林、贵港、玉林
海南	—	—
重庆	重庆	—
四川	成都	绵阳、南充、宜宾、达州
贵州	—	遵义
云南	—	昆明、曲靖、昭通
陕西	—	西安、咸阳、渭南
甘肃	—	—
宁夏	—	—
青海	—	—
西藏	—	—
新疆	—	—

资料来源:国家统计局城市社会经济调查司.中国城市统计年鉴2009[M].北京:中国统计出版社,2010:50.

二、中国城市等级规模分布的省际差异

根据2008年城市统计资料:①山东、四川(含重庆)、河北(含京、津)、河南和江苏(含上海)的城市等级规模系列相当完整,等级规模较高;②浙江、广东、广西、安徽、陕西的城市等级规模系列相对完整;③新疆、西藏、青海、海南等省份,以小城市和小城镇为主,城镇等级规模系列不完整(表1-3-8)。

表1-3-8　中国分省区城镇等级规模系列(2008)

地区	≧1 000万人	500万~1000万人	300万~500万人	100万~300万人	<100万人
辽宁	0	2	4	8	0
河北(含京津)	2	6	4	1	0
山东	1	9	3	4	0
江苏(含上海)	1	8	4	1	0
浙江	0	4	3	3	1
福建	0	2	4	3	0
广东	0	6	7	6	1
广西	0	3	5	4	1
海南	0	0	0	1	1
黑龙江	0	3	0	8	1
吉林	0	1	2	5	0
山西	0	0	8	3	0
内蒙古	0	0	2	6	1
安徽	0	4	4	7	1
江西	0	3	4	4	0
河南	2	9	3	3	0
湖北	0	5	3	4	0
湖南	0	7	4	2	0
四川(含重庆)	2	4	11	1	0
云南	0	3	0	5	0
贵州	0	1	2	1	0
西藏	0	0	0	0	1
陕西	0	3	4	2	1
甘肃	0	0	2	7	3
青海	0	0	0	1	0
宁夏	0	0	0	4	1
新疆	0	0	0	1	1

资料来源:国家统计局城市社会经济调查司.中国城市统计年鉴2009[M].北京:中国统计出版社,2010:50.

第三节 中国城市的空间分布

随历史演变,城市空间分布不断发生变化,城镇密度达到新的水平。城市在空间集聚成经济区和城市群。

一、空间分布

1. 西周时期

城市主要集中在黄河中游,少量分布在汾河、渭河谷地。

2. 春秋战国时期

这一时期,城市分布向南扩展达到汉水谷地。到战国末期,主要集中在陕西关中的泾渭谷地到潼关以东的黄河中下游地带,以及淮河流域、长江流域、巴(重庆)、蜀(成都)、吴(苏州)、越(绍兴)、楚郢(江陵)等地也有零星分布。城市形制由规整转向"不必中规矩",就某个特定的区域或城市而言,群组地域结构明显。

3. 秦汉时期

地域空间较先秦时期有很大变化,不少昔日繁华都市渐趋衰颓,新的城市在更广泛的范围内兴起。首先,全国城市网络基本形成,随着郡县的进一步推行,城市分布范围进一步扩大(表1-3-9)。

表1-3-9 东汉时期城市地域分布表

地区	校尉部刺史部	郡城数/个	县城数/个	合计/个	%	郡城数/县城数
黄河流域	青州	5	58	63	5.9	1:11.6
	兖州	8	77	85	8.0	1:9.6
	司隶	6	92	98	9.2	1:15.3
	冀州	9	89	98	9.2	1:9.9
	并州	8	79	87	8.2	1:9.9
	小计	36	395	431	40.5	1:11.8
淮河流域	徐州	4	55	59	5.6	1:13.8
	豫州	5	86	91	8.6	1:17.2
	小计	9	141	150	14.1	1:15.7
长江流域	扬州	6	84	90	8.5	1:14.0
	荆州	7	101	108	10.2	1:14.4
	益州	11	65	76	7.1	1:5.9
	小计	24	250	274	25.8	1:10.4
东北	幽州	10	65	75	7.1	1:6.5
西南	交州	6	35	41	3.9	1:5.8
西北	凉州	12	80	92	8.7	1:6.7
合计		97	966	1 063	100.00	1:9.96

资料来源:顾朝林. 中国城镇体系——历史·现状·展望[M]. 北京:商务印书馆,1996:55.

其次,形成了建立在自然分工、自然经济基础上的以大、中城市为中心的10大经济区(表1-3-10)。

表 1-3-10　秦汉时期的城市经济区域

城市经济区域	中心城市
关中地区	长安
陇右地区	天水、陇西、北地、上郡等地
巴蜀地区	成都
三河地区	河东:杨、平阳;河内:温、轵;河南:洛阳
燕赵地区	邯郸、燕
齐鲁地区	临淄
梁宋地区	陶、睢阳
颍川、南阳地区	颍川、宛
三楚地区	西楚:江陵、陈;东楚:寿春、合肥
南越地区	番禺

资料来源:顾朝林.中国城镇体系——历史·现状·展望[M].北京:商务印书馆,1996:57.

4. 魏、晋、南北朝、隋、唐时期

首先,人口大规模南移,城镇分布范围扩大,空间分布重心由黄河流域转移到长江流域(表1-3-11);其次,形成沿运、沿江发展轴。隋大运河城市发展轴线,沿岸的楚州(淮安)、扬州、苏州、杭州在当时并称4大都市。沿长江城市发展轴线,南朝首都建康(南京)为长江下游大港;广陵(扬州)、京口(镇江)、夏口(汉口)、江陵、成都与南京并称长江流域6大都市。

表 1-3-11　中唐时期县级城市分布的空间变化

地区	东汉时期			中唐时期		
	行政区	县城数	%	行政区	县城数	%
黄淮海河流域	青州	58		河东道	81	
	兖州	77		河南道	131	
	司隶	92		都畿道	37	
	冀州	89		京畿道	37	
	并州	79				
	徐州	55				
	豫州	86				
	小计	536	55.49	小计	286	21.80
长江流域及东南沿海	扬州	84		淮海道	10	
	荆州	101		江南东道	80	
	益州	65		江南西道	65	
	交州	35		岭南道	163	
				山南东道	72	
				山南西道	55	
				剑南道	151	
	小计	258	29.50	小计	596	45.43
西南				黔中道	43	
				南诏	69	
				吐蕃	2	
				小计	114	8.69
东北	幽州	65	6.73	河北道	183	13.95
北方				关内道	62	4.73
西北	凉州	80	8.28	陇右道	71	5.41
合计		966	100.00	合计	1312	100.00

资料来源:顾朝林.中国城镇体系——历史·现状·展望[M].北京:商务印书馆,1996:71-72.

5. 五代、宋、元时期

中国核心城市在空间上发生了一系列转移：唐至北宋，从西京（长安）——东都（洛阳）向西京（洛阳）——东京（开封）转移；北宋至南宋，由东京（开封）向临安（杭州）转移；至元建立大一统帝国，由临安（杭州）向大都（北京）转移。中国经济重心转向东南沿海地区，全国性都城建于北方，形成政治中心与经济重心相分离的局面。

6. 明清时期

这一时期，江南市镇蓬勃兴起，沿海大中海港城市相对停滞和衰落，小型地方港口城镇兴起与发展。沿江、沿运城市发展轴线进一步发展，长江与运河交会的浒墅关、镇江、扬州等都是著名的城市，沿江的江宁（南京）、芜湖、安庆、汉口、重庆等地也发展成为重要商埠城市。大运河流域，通州、天津、德州、聊城、张秋、济宁、韩庄、淮阴、扬州、镇江、常州、无锡、苏州、嘉兴、杭州、临清、淮安均以人物殷阜著称于世。

边陲地域城镇分布扩展。西南地区的云、贵、川、湖、广等地区；西北地区，如归绥（呼和浩特）、张家口、多伦诺尔（多伦）、库伦（乌兰巴托）、迪化（乌鲁木齐）、喀什噶尔回城、伊犁、哈密、阿克苏和西宁等地；东北地区在明末后金时期，奉天地区的辽阳、海城、凤凰城、熊岳、锦州、宁远（兴城）、广宁（北镇）、新民、金州、复州、盖平、镇江城（丹东）、抚西城（抚顺）、清原、铁岭、开原、昌图；吉林地区的吉林、宁古塔、伯都纳、阿勒楚克、三姓拉林、珲春；黑龙江地区的瑷珲、墨尔根、齐齐哈尔、布特哈、呼伦贝尔、呼兰等城镇逐渐兴起；台湾地区，清康熙二十三年（1684）设1府3县，府治台湾（台南），还有凤山（高雄县）、嘉义、彰化3县城，至光绪二十一年（1895）日本侵占台湾，有清一代在台湾省新建5座县城。

7. 半殖民地、半封建社会时期（1840~1949）

第一，东北城市集聚区形成，政治中心长春，工业中心沈阳、哈尔滨，军事基地牡丹江、旅顺，钢铁工业中心鞍（山）本（溪），煤炭中心抚顺，辽阳、金州、安东（丹东）的轻纺工业也发展起来。

第二，沿海城市、沿江城市轴带兴起，上海、北平（北京）、广州、天津、南京、汉口、香港、杭州、青岛、沈阳等10个50万人口以上的大城市，除汉口、沈阳外，均集聚沿海地带，形成了以上海—南京、武汉和重庆为核心的3大城市群集区。

第三，台湾南、北2大地区的台北、高雄、台南、基隆、台中成为全岛人口增长中心，奠定了今日台湾城市空间分布的基本格局。

8. 新中国时期（1949~1985）

中国城市空间分布有2个层次：第一层次，以北京、上海、广州—香港为核心，沿海、沿江为枢纽，形成的具有"T"字形的点—轴地域结构系统；第二层次，是在第一层次基础上派生的以各省会为核心的城市群体。

9. 中国现代时期（1985年以来）

通过大区、区域和地方，即Ⅰ级、Ⅱ级、Ⅲ级三级城市体系的叠加，可以获得2003年中国城市空间分布情况（表1-3-12）。

表 1-3-12 中国城市体系空间组合表（2003）

Ⅰ级	Ⅱ级	Ⅲ级	包含城市
北方城市体系	北京体系	北京体系	北京、天津、唐山、秦皇岛、张家口、承德、廊坊、保定、沧州、大同、朔州、集宁、赤峰、锡林浩特、安国、河间、任丘、泊头、黄骅、霸州、高碑店、涿州、迁安、遵化、三河、凌源、乐陵、二连浩特、霍林郭勒、丰镇
		天津体系	天津、唐山、秦皇岛、迁安、霸州、任丘、河间、泊头、沧州、黄骅、乐陵
		大同体系	大同、丰镇、集宁、朔州
		石家庄体系	石家庄、藁城、鹿泉、新乐、定州、晋州、辛集、深州、衡水、冀州、南宫、阳泉
		邯郸体系	邯郸、邢台、沙河、武安、安阳、林州、鹤壁、濮阳
		青岛体系	青岛、胶南、日照、诸城、安丘、高密、胶州、即墨、潍坊、寿光、昌邑、平度、莱州、莱西、海阳
		烟台体系	烟台、威海、文登、荣城、乳山、莱阳、招远、栖霞、龙口、蓬莱
		济南体系	济南、章丘、淄博、青州、东营、滨州、禹城、德州、临清、聊城、肥城、泰安、莱芜、新泰
		济宁体系	济宁、兖州、曲阜、邹城
		郑州体系	郑州、晋城、焦作、沁阳、巩义、荥阳、辉县、新乡、卫辉、开封、登封、新密、新郑、禹州、长葛、许昌、平顶山、舞钢、漯河、周口、项城、驻马店
		洛阳体系	洛阳、孟州、偃师、济源、义马、汝州
		三门峡体系	三门峡、运城、灵宝
		西安体系	西安、延安、韩城、永济、华阴、渭南、铜川、兴平、商洛、安康、万源、汉中、宝鸡、咸阳、天水、平凉、固原、西峰
		太原体系	太原、古交、榆次、原平、忻州、榆林、离石、汾阳、孝义、介休、霍州、临汾、侯马、河津
		包头体系	包头、呼和浩特、东胜、临河
		海拉尔体系	海拉尔、额尔古纳、牙克石、根河、满洲里
	沈—哈体系	沈阳体系	沈阳、灯塔、辽阳、鞍山、海城、营口、大石桥、盖州、盘锦、北宁、阜新、本溪、抚顺、新民、铁岭、铁法、开原、通辽、双辽
		锦州体系	锦州、葫芦岛、凌海、兴城、朝阳、北票
		大连体系	大连、庄河、普兰店、瓦房店
		丹东体系	丹东、凤城、东港
		长春体系	长春、吉林、公主岭、四平、辽源、梅河口、磐石、桦甸、敦化、蛟河、九台、德惠、舒兰、大安、松原
		通化体系	通化、白山、临江、集安
		白城体系	白城、乌兰浩特、洮南
		延吉体系	延吉、图们、龙井、珲春、合龙
		哈尔滨体系	哈尔滨、阿城、双城、榆树、五常、尚志、肇东、绥化、铁力、海伦、北安、五大连池、黑河
		鸡西体系	鸡西、密山、七台河、虎林、穆棱、绥芬河、牡丹江、海林、宁安
		佳木斯体系	佳木斯、鹤岗、双鸭山、富锦、同江、伊春
		齐齐哈尔体系	齐齐哈尔、大庆、安达、讷河、阿尔山
	兰—乌体系	兰州体系	兰州、白银、临夏、中卫、定西、合作
		嘉峪关体系	嘉峪关、酒泉、玉门、敦煌
		银川体系	银川、石嘴山、乌海、灵武、青铜峡、吴忠
		西宁体系	西宁、武威、张掖、金昌、德令哈、格尔木
		乌鲁木齐体系	乌鲁木齐、米泉、阜康、五家渠、昌吉、吐鲁番、哈密、库尔勒、奎屯、乌苏、克拉玛依、塔城、阿勒泰、石河子
		阿克苏体系	阿克苏、阿拉尔、图木舒克、和田、阿图什、喀什、伊宁、博乐

(续表)

Ⅰ级	Ⅱ级	Ⅲ级	包含城市
南方城市体系	上海体系	上海体系	上海、无锡、常州、苏州、南通、盐城、杭州、宁波、嘉兴、湖州、绍兴、金华、衢州、舟山、丽水、黄山、上饶、宁国、武夷山、常熟、张家港、江阴、东台、宜兴、启东、昆山、如皋、吴江、泰兴、金坛、太仓、靖江、海门、大丰、平湖、桐乡、海宁、临安、富阳、余姚、慈溪、上虞、奉化、诸暨、义乌、东阳、兰溪、嵊州、龙泉、江山、永康、建德
		无锡体系	无锡、常州、张家港、宜兴、金坛、泰兴、靖江、江阴
		杭州体系	杭州、绍兴、临安、富阳、诸暨
		宁波体系	宁波、舟山、奉化、余姚、上虞、慈溪
		金华体系	金华、永康、兰溪、衢州、江山
		南京体系	南京、淮安、兴化、高邮、天长、扬州、江都、泰州、姜堰、扬中、仪征、镇江、丹阳、句容、马鞍山、滁州、明光、合肥、巢湖、宣州、芜湖、铜陵、桐城、六安
		徐州体系	徐州、淮北、永城、宿州、亳州、商丘、菏泽、滕州、枣庄、临沂、邳州、新沂、宿迁、连云港
		淮南体系	淮南、蚌埠、阜阳、界首
		台州体系	台州、临海、温岭、温州、乐清、瑞安、福鼎
		福州体系	福州、长乐、福清、莆田、宁德、福安、建阳、建瓯、邵武、南平、三明、永安
		厦门体系	厦门、龙海、漳州、龙岩、漳平、南安、泉州、晋江、石狮
	武汉体系	武汉体系	武汉、信阳、随州、广水、安陆、麻城、钟祥、荆门、当阳、宜昌、枝城、枝江、松滋、荆州、石首、岳阳、临湘、蒲圻、咸宁、潜江、仙桃、天门、应城、汉川、孝感、黄冈、鄂州、黄石、大冶、武穴、瑞昌、九江、安庆、贵池
		襄樊体系	襄樊、宜城、枣阳、老河口、丹江口、十堰、邓州、南阳
		长沙体系	长沙、萍乡、株洲、湘潭、常德、益阳、娄底、津市、沅江、汨罗、浏阳、湘乡、醴陵、冷水江、张家界、涟源、韶山
		衡阳体系	衡阳、邵阳、郴州、永州、怀化、耒阳、资兴、武冈、洪江、常宁
		南昌体系	南昌、新余、鹰潭、宜春、吉安、临川、高安、樟树、贵溪、丰城
		景德镇体系	景德镇、德兴、乐平
		赣州体系	赣州、南康、瑞金、井冈山
	重庆体系	重庆体系	重庆、恩施、吉首、南充、泸州、遂宁、宜宾、铜仁、毕节、遵义、昭通、怀化、赤水、利川、华蓥、达川、阆中、巴中、广安、合川、永川、江津、南川
		成都体系	成都、雅安、自贡、德阳、绵阳、内江、乐山、广元、西昌、资阳、简阳、都江堰、邛崃、峨眉山、广汉、什邡、绵竹、江油、崇州、彭州、眉山
		贵阳体系	贵阳、清镇、安顺、六盘水、福泉、都匀、凯里
		昆明体系	昆明、攀枝花、兴义、曲靖、楚雄、玉溪、个旧、思茅、景洪、大理、保山、潞西、瑞丽、开远、宣威、安宁、丽江、临沧
		拉萨体系	拉萨、日喀则
	广州体系	广州体系	广州、惠州、深圳、河源、佛山、清远、东莞、珠海、江门、肇庆、中山、韶关、阳江、梧州、连州、乐昌、南雄、英德、罗定、从化、四会、开平、增城、云浮、高要、恩平、阳春、台山、鹤山、岑溪、贺州
		汕头体系	汕头、汕尾、梅州、陆丰、兴宁、潮州、揭阳、普宁
		湛江体系	湛江、茂名、北海、信宜、高州、廉江、化州、雷州、吴川
		海口体系	海口、文昌、琼海、万宁、通什、三亚、东方、儋州
		南宁体系	南宁、玉林、百色、钦州、凭祥、贵港、防城港、东兴、北流、桂平、崇左
		柳州体系	柳州、桂林、宜州、河池、合山、来宾

资料来源:顾朝林,于涛方,李王鸣,等.中国城市化:格局·过程·机理[M].北京:科学出版社,2008:37-40.

二、城镇密度

1. 城市密度

2008年,江苏省城市密度最高,达到每万平方千米有4个城市,山东省、浙江省达到3个城市以上;辽宁、河南、湖北、海南达到2个城市以上;上海市、河北、福建、广东、吉林、山西、安徽、江西、湖南、宁夏达到1个城市以上;其余省区、直辖市的城市密度低于每万平方千米1个城市;西藏、青海的城市密度最低(表1-3-13)。

表1-3-13 中国城镇密度分析表(2008)

省区名	城市密度		镇密度		城镇密度	
	城市数	个/万平方千米	镇数	个/万平方千米	城镇数	个/万平方千米
辽宁	31	2.06	572	38.14	603	40.20
北京	1	0.60	142	84.49	143	85.13
天津	1	0.91	116	105.44	117	106.36
上海	1	1.72	109	187.94	110	189.65
河北	33	1.73	969	51.01	1002	52.74
山东	48	3.21	1111	74.06	1159	77.26
江苏	40	4.00	930	93.0	970	97.0
浙江	33	3.30	747	74.7	780	78.0
福建	23	1.91	590	49.26	613	51.17
广东	44	1.99	1139	51.67	1183	53.69
广西	21	0.92	702	30.44	723	31.36
黑龙江	30	0.66	467	10.14	497	10.80
吉林	28	1.56	423	23.61	451	25.17
山西	22	1.47	563	37.40	585	38.87
内蒙古	20	0.19	458	4.17	478	4.33
安徽	22	1.69	908	69.85	930	71.52
江西	21	1.31	770	48.13	791	49.44
河南	38	2.39	856	52.98	894	55.86
湖北	36	2.01	733	40.66	769	42.66
湖南	29	1.38	1101	52.44	1130	53.81
重庆	1	0.12	580	70.48	581	70.60
四川	32	0.67	1821	37.94	1853	38.60
云南	17	0.45	580	15.27	597	15.71
贵州	13	0.76	691	40.65	704	41.40
西藏	2	0.016	140	1.17	142	1.18
陕西	13	0.68	907	47.80	920	48.48
甘肃	16	0.41	462	11.83	478	12.25

(续表)

省区名	城市密度		镇密度		城镇密度	
	城市数	个/万平方千米	镇数	个/万平方千米	城镇数	个/万平方千米
青海	3	0.05	135	1.89	138	1.90
宁夏	7	1.07	98	14.85	105	15.92
新疆	22	0.13	229	1.42	251	1.57
海南	8	2.35	181	53.23	189	55.59
合计	655	0.68	19 234	20.06	19 889	20.76

资料来源:国家统计局城市社会经济调查司.中国城市统计年鉴2009[M].北京:中国统计出版社,2010:3.中华人民共和国国家统计局.中国统计年鉴2009[M].北京:中国统计出版社,2010:3.

2. 镇密度

2008年,上海是中国镇密度最高的,每万平方千米镇数超过187;其次是北京、天津、山东、江苏、浙江、重庆等直辖市、省,在70个以上;再次是安徽、辽宁、河北、福建、广东、广西、山西、江西、河南、湖北、湖南、四川、贵州、陕西、海南等大部分省区,在30以上;西藏、青海、新疆的镇密度最低,低于2(表1-3-13)。

3. 城镇密度

2008年,中国城镇密度是20.76个/万平方千米,直辖市和东部沿海地区是城镇密度最高的地区,中国城镇密度主要表现为东密西疏的空间分布特征(表1-3-13)。

三、城市经济区

京津唐、长江三角洲和珠江三角洲是中国的经济核心区,在此基础上,把中国经济地域划分为北方区、东中区和南方区3个一级城市经济区和11个二级区。(表1-3-14)

表1-3-14 中国二级城市经济区组织方案

二级区	中心城市	核心区	腹地
华北	北京、天津	京津唐	京、津、河北、山西、内蒙古4盟3市、河南北部
华东	上海、南京、杭州	长江三角洲	上海、江苏、浙江、安徽、江西北部
华南	广州、香港、深圳、澳门	珠江三角洲	广州、湖南、广西、海南、江西南部
东北	大连、沈阳	辽中南地区	辽宁、吉林、黑龙江、内蒙古东3盟1市
西南	重庆、成都	四川盆地	重庆、四川、云南、贵州
西北	西安、兰州	关中和兰州地区	陕西、甘肃、青海、宁夏
新疆	乌鲁木齐	乌、石、哈天山北坡	新疆
西藏	拉萨	1江3河地区	西藏
山东	青岛、济南	山东半岛	山东
福建	厦门、福州	闽东南地区	福建
湖北	武汉	武汉地区	湖北、河南南部

资料来源:周一星,张莉.改革开放条件下的中国城市经济区[J].地理学报,2003,58(2):281.

1. 京津城市经济区

范围包括北京、天津、河北、山东、山西5省市区和河南大部分(南阳、信阳地区除外),内蒙古、江苏、安徽部分地区。整个经济区按8个Ⅱ级城市经济区组织（表1-3-15）。

表1-3-15 京津城市经济区构成表

Ⅱ级城市经济区	城镇群	城市组成	城镇群特色
京津	北京城镇群	以北京为中心,包括廊坊、涿州、兴隆、通州、昌平	以政治、文化职能为主
	天津城镇群	以天津为中心,塘沽为副心,包括杨柳青、汉沽、大港、任丘、沧州、泊头、黄骅	华北经济中心
	唐山城镇群	以唐山为中心,包括秦皇岛、王滩、坨子头、昌黎	以煤、铁、建材、旅游和港口综合开发为特色
	承德城镇群	以承德为中心,包括隆化、丰宁	以旅游为主
	张家口城镇群	以张家口为中心,包括张北、宣化	皮毛资源加工为特色
	保定城镇群	以保定为中心,包括定州、望都、新城	农副产品加工为主
石家庄	石家庄城镇群	以石家庄为中心,包括井陉、辛集、衡水、南宫	以农副产品加工为特色
	邯郸城镇群	以邯郸为中心,包括邢台、沙河、武安	能源、冶金、纺织工业为主
济南	济南城镇群	以济南为中心,包括泰安、德州、聊城、临清、莱芜、新泰	以机械、农副产品加工、交通为特色
	淄博城镇群	以淄博为中心,东营为副心,包括青州、寿光、滨州、乐陵	以石油、盐化工和重工业为特色
青岛	青岛城镇群	以青岛市为中心,包括日照、潍坊、诸城、高密、平度、胶州、即墨、安丘、昌邑	外向型经济城镇群
	烟台城镇群	以烟台为中心,包括威海、龙口、荣成、文登、莱州、莱阳、招远、石岛、桃村	以轻工、食品加工业为主,黄金开采为特色的外向型经济
徐州	临沂城镇群	以临沂为中心,包括沂水、苍山、台儿庄、岚山头	以建材和农副产品加工为主
	济宁城镇群	济宁为中心,包括菏泽、兖州、滕州、曲阜、枣庄、东明、定陶、成武	煤炭、油气资源开采利用和农副产品加工
	商丘城镇群	以商丘为中心,包括永城、夏邑	煤炭开发、烤烟等农副产品加工为主
	淮北城镇群	以淮北为中心,包括临涣、宿州、淮西、灵壁 以阜阳为中心,包括亳州、涡阳、界首	煤炭子城镇群 农副产品加工为主
	徐州城镇群	以徐州为中心,连云港为出口,包括宿迁、新沂、运河沿岸、邳州	煤炭、建材、重型机械、海洋化工和对外贸易为特色
郑州	新乡城镇群	以新乡为中心,包括安阳、鹤壁、焦作、济源、辉县、濮阳、范县、内黄	能源和原材料生产为主
	郑州城镇群	以郑州为中心,开封、漯河为副中心,包括平顶山、许昌、驻马店、周口、淮阳、密县	以煤炭、原材料、烤烟等农副产品加工为主
	洛阳城镇群	以洛阳为中心,包括三门峡、义马、伊川、临汝、陕县、巩义、卢氏	以能源、原材料为特色
太原	长治城镇群	以长治为中心,包括安泽、潞城、晋城、阳城、高平	煤炭、电力、煤化工
	临汾城镇群	以临汾为中心,包括侯马、河津、垣曲、运城、平陆	有色冶金、盐、煤化工
	太原城镇群	以太原为中心,包括榆次、沂州、古交、清徐、阳泉、离石、孝汾、汾西、霍县、介休、平遥	煤炭、钢铁、机械、化工
	大同城镇群	以大同为中心,包括五寨、原平、平朔、五台、浑源、神府	煤炭、电力、煤化工
包头	包头城镇群	以包头为中心,包括呼和浩特、临河、集宁、乌海、东胜、准格尔、白云鄂博 以锡林浩特为中心,包括二连浩特、差干诺尔	煤炭、钢铁、有色冶金为主 牧区城镇和能源、无机化工、皮毛加工为主

资料来源：根据顾朝林等. 中国城市地理[M]. 北京：商务印书馆, 2002：274-282 整理.

2. 广州城市经济区

广州城市经济区,地处中国东南沿海,包括广东、广西、海南、港澳地区和台湾省所辖的地区。整个经济区按3个Ⅱ级城市经济区组织（表1-3-16）。

表 1-3-16　广州城市经济区构成表

Ⅱ级城市经济区	城镇群	城市组成	城镇群特色
广州	汕头城镇群	以汕头为中心,包括榕城、棉城、澄海、黄冈、海门、棉湖、流沙、惠来、甲子、碣石、海丰、汕尾、陆丰 以梅县为中心,包括兴宁、水寨、汤坑	沿海港口出口加工 农副产品出口加工
广州	广州—香港城镇群	以广州、香港为中心,包括深圳、东莞、佛山、番禺、大良、中山、珠海、澳门、惠州、河源、清远、怀集、肇庆、云浮、开平、新会、台山、容奇	珠江口城市圈 以出口加工为主
广州	韶关城镇群	以韶关为中心,包括乐昌、英德、连州、南雄	以重工业为主
广州	赣州城镇群	以赣州为中心,包括宁都、瑞金、于都、崇义、大余、全南、定南、信丰	以有色金属和森林资源开发为特色
海口	海口城镇群	以海口为中心,包括杨浦、儋县、白马井	外向型经济、对外出口加工
海口	清澜城镇群	以清澜为中心,包括长坡、加积、万城、乌场港	东部沿海城镇群
海口	三亚城镇群	以三亚为中心,包括通什、陵水	以旅游为特色
海口	八所城镇群	以八所为中心,包括昌化、石碌	冶金、石化、建材等重工业基地和现代化畜牧业基地
海口	湛江城镇群	以湛江为中心,包括茂名、阳江、阳春、高州、化州、电白、吴川、徐闻	以石油化工、海洋化工、磷化工为主
南宁	梧州城镇群	以梧州为中心,包括桂平、玉林、贵县、贺县、苍梧、平南、容城、北流、富川	以有色金属和农副产品为特色
南宁	柳州城镇群	以柳州为中心,桂林、河池为副心,包括全州、平东、合山、来宾、融水、宜山、南丹、鹿寨、融安、兴安、荔浦、阳朔、龙胜	以能源、原材料开发为特色
南宁	南宁城镇群	以南宁为中心,包括黎塘、凭祥、崇左、渠黎、苏圩、五塘、钦州、防城港、北海、樟圩	以机械、有色金属、化工、食品、造纸等为特色

资料来源:根据顾朝林等.中国城市地理[M].北京:商务印书馆,2002:303-309整理.

3. 沈阳城市经济区

沈阳城市经济区地处中国东北,包括辽宁、吉林、黑龙江3省及内蒙古3盟1市所辖的地区,按4个Ⅱ级城市经济区组织(表1-3-17)。

表 1-3-17　沈阳城市经济区构成表

Ⅱ级城市经济区	城镇群	城市组成	城镇群特色
沈阳	大连城镇群	以大连为中心,旅顺、金州为副心,包括瓦房店、庄河、普兰店	以机械、轻纺、石化工业为主的工业、外贸和旅游基地
沈阳	大连城镇群	以丹东为中心,大东港、大孤山、凤城、岫岩、宽甸	东北最大的金融信息中心和综合港口群
沈阳	大连城镇群	以营口为中心,包括盘锦、盖州、鲅鱼圈、大石桥、大洼、田庄台、熊岳	轻纺、电子工业为主的工业—港口综合体 石油化工为主
沈阳	沈阳城镇群	沈阳市、鞍山市、抚顺市、铁岭市、辽阳市和本溪市	
沈阳	锦州城镇群	以锦州为中心,包括锦西、大凌河、南票、华山、杨家杖子、葫芦岛、大笔架山、兴城 以朝阳为中心包括义州、阜新、北票、凌源	沿海子城镇群 内地子城镇群
沈阳	赤峰城镇群	以赤峰市为中心,通辽为副心,包括霍林郭勒	东北能源供应基地

(续表)

Ⅱ级城市经济区	城镇群	城市组成	城镇群特色
长春	长春城镇群	以长春为中心，包括公主岭、四平、双辽（郑家屯）、九台、农安、德惠 以吉林为中心，包括口前、蛟河、舒兰、榆树 以辽源为中心包括梅河口、烟筒山、磐石、辉南、东丰	以机械工业为主 以基本化工、煤炭为主 以能源开发为主
	白城城市群	以白城为中心，包括洮安、大安、扶余、乌兰浩特和阿尔山	从能源、旅游、农副产品开发为主
	通化—延吉城镇群	以通化为中心，包括浑江、集安、松江河 以延吉为中心，包括龙井、图们、珲春、和龙、汪清、敦化	子城镇群
哈尔滨	哈尔滨城镇群	以哈尔滨为中心，包括大庆、安达、绥化、五常、尚志、肇东、肇源、双城、阿城、呼兰、海伦、明水、青冈、望奎	以石油、化工、精密机械为主
	牡丹江—佳木斯城镇群	以牡丹江、佳木斯为中心，包括鹤岗、伊春、双鸭山、富锦、名山、同江、饶河、宝清、依兰、七台河、鸡西、密山、莲花、林口、八面通、绥芬河、镜泊湖	以能源工业为主
齐齐哈尔	齐齐哈尔城镇群	以齐齐哈尔为中心，包括北安、嫩江、讷河、克山、拜泉、依安、富裕、龙江	重型机械生产基地
	加格达奇城镇群	以加格达奇为中心，包括牙克石、扎兰屯、根河、满归、黑河、五大连池、呼玛	林业采伐加工
	海拉尔城镇群	以海拉尔为中心，包括满洲里、大雁、伊敏河及呼伦湖	煤炭开采、农畜产品加工

资料来源：根据顾朝林等. 中国城市地理[M]. 北京：商务印书馆，2002:267~273 整理。

4. 重庆城市经济区

重庆城市经济区是以四川盆地和云贵高原为主体的自然经济地域单元。范围包括四川、云南、贵州 3 省和重庆市。整个经济区按 5 个Ⅱ级城市经济区组织（表 1-3-18）。

表 1-3-18 重庆城市经济区构成表

Ⅱ级城市经济区	城镇群	城市组成	城镇群特色
成都	成都城镇群	以成都为中心，绵阳、乐山、内江为副心，包括广元、江油、绵竹、德阳、什邡、广汉、都江堰、三台、射洪、遂宁、邛崃、简阳、资阳、资中、眉山、峨眉、雅安、五通	以机械、电子、轻纺工业为特色
	攀枝花城镇群	以攀枝花为中心，包括西昌、德昌、盐原、昭觉、石棉、龚咀、铜街子、锦屏、二滩、桐子林、米易、会（东）宁（南）、雷波、木里	冶金、能源
重庆	重庆城镇群	以重庆为中心，包括江津、合川、长寿、涪陵和綦江、万州、达州、万源、奉节	机械工业为主 农副林特产品加工为主
	自贡城镇群	以自贡为中心，包括泸州、宜宾、隆昌、荣昌、内江、资中、永川、溪罗渡、向家坝、筠连、叙（永）古（蔺）	食品、化工、能源

(续表)

Ⅱ级城市经济区	城镇群	城市组成	城镇群特色
贵阳	贵阳城镇群	以贵阳为中心,包括黄果树、安顺、平坝、清镇、龙里、惠水、修文、息烽、开阳、瓮安、福泉	以有色金属、磷化工、卷烟为特色
	凯里城镇群	以凯里为中心,包括贵定、都匀、独山、榕江、镇远和玉屏	以电子、机械、木材加工和造纸为特色
	遵义城镇群	以遵义为中心,包括南白、桐梓、松坎、仁怀、正安、印江、铜仁	以冶金、能源为特色
	六盘水城镇群	以六盘水为中心,包括纳雍、织金、黔西、金沙、大方、毕节、赫章、威宁、兴仁、兴义、册亨	以煤炭开采为主
昆明	昆明城镇群	以昆明为中心,包括呈贡、宜良、华宁、玉溪、晋宁、易门、楚雄、曲靖	机械、卷烟、冶金、磷化工开发为主
		东川、一平浪、会泽、田坝、昭通、水富	有色金属、水电、煤炭、化肥
	个旧城镇群	以个旧为中心,包括开远、文山、红河、墨江	有色金属开采为主的原材料工业
	思茅城镇群	以思茅为中心,包括四家村、景洪	热带作物加工、水电开发为主
大理	大理城镇群	以大理为中心,包括丽江、漫湾、兰坪、小湾、功果、弥渡、永胜、华坪和六库	以水电、有色金属开发为特色
	保山城镇群	以保山为中心,包括腾冲、芒市、畹町、云县、临沧	以林特药茶加工、旅游和边境贸易为特色

资料来源:根据顾朝林等.中国城市地理[M].北京:商务印书馆,2002:297-303整理.

5.西安城市经济区

西安城市经济区属于中国内西北区域,包括陕西(除汉中、安康地区)、甘肃、宁夏和青海部分地区。整个经济区按2个Ⅱ级城市经济区组织(表1-3-19)。

表1-3-19 西安城市经济区构成表

Ⅱ级城市经济区	城镇群	城市组成	城镇群特色
西安	西安城镇群	以西安为中心,包括咸阳、渭南、商州、宝鸡、金堆、兴平、杨凌、华阴	以电子工业为主,机械、纺织、有色金属等为特色
	铜川城镇群	以铜川为中心,包括韩城、合阳、澄蒲、大荔、黄陵、彬县、陇县	煤炭城镇群
	延安城镇群	以延安为中心,包括榆林、绥德、靖边、吴起	能源型城镇群
	平凉城镇群	以平凉为中心,包括西峰、华亭、庄浪、长武	能源和农副产品加工

(续表)

II级城市经济区	城镇群	城市组成	城镇群特色
兰州	天水城镇群	以天水市为中心,包括成县、西和、礼县、武都、武山和固原	电子、能源和原材料工业
	银川城镇群	以银川为中心,包括青铜峡、大柳树、石嘴山、石炭井、灵武、吴忠、中卫	能源和有色金属工业
	兰州城镇群	以兰州为中心,包括刘家峡、盐锅峡、白银、靖远、宝鸡、临夏、定西、永登、黑山峡	以能源、有色金属矿产资源开发为主
	武威城镇群	以武威为中心,包括金昌、山丹、张掖、酒泉、嘉峪关、玉门、敦煌、安西	以有色冶金、钢铁、石油、机械和农副产品加工为特色
	西宁城镇群	以西宁为中心,包括大通、热水、青海湖、龙羊峡、赛什塘、同仁、门源、平安	以水电开发为主,有色金属开采为辅

资料来源:根据顾朝林等.中国城市地理[M].北京:商务印书馆,2002:283-286 整理.

6. 上海城市经济区

范围为上海市、浙江省、江西省、江苏省(除徐州、连云港)和安徽省(除阜阳、宿州 2 市)。整个经济区按 5 个 II 级城市经济区组织(表 1-3-20)。

表 1-3-20 上海城市经济区构成表

II级城市经济区	城镇群	城市组成	城镇群特色
上海	上海城镇群	以上海市区为中心,金山卫和吴淞(宝山)为两翼,包括嘉定、安亭、青浦、松江、闵行、浦东、高桥、朱家角和芦潮港	经济、贸易和金融中心
	苏锡常城镇群	以苏州、无锡、常州为中心,包括江阴、张家港、昆山、常熟、宜兴、溧阳、靖江	轻纺电子工业
	通盐城镇群	以通榆公路为骨干,南通港为窗口,包括南通、如皋、海安、东台、盐城、阜宁、射阳、洋口	轻纺
南京	南京城镇群	以南京为中心,包括镇江、马鞍山、滁州、丹阳、六合、大厂、龙潭、浦口、江浦、板桥、东山和尧化	以机械、电子、化工、石油、原材料、港口为主
	扬州城镇群	以扬州为中心,包括淮阴、淮安、仪征、泰州、高港、兴化	以农副产品加工为主
杭州	杭嘉湖城镇群	以杭州为中心,嘉兴、湖州为副心,包括萧山、富阳、临平、盐官、德清、长兴、桐乡、海宁、海盐、平湖、嘉善、乍浦	丝绸和外贸加工型
	宁波城镇群	以宁波—北仑为中心,包括绍兴、上虞、诸暨、余姚、慈溪、舟山、奉化、海宁	外贸型
	金华城镇群	以金华、衢州为中心,包括义乌、永康、兰溪、新安江、淳安、龙游、江山	食品、纺织、化工
	温州城镇群	以温州为中心,椒江、丽水为副心,包括临海、天台、黄岩、龙湾、瑞安、紧水滩、龙泉	以海洋水产、柑橘等农副产品加工为特色
合肥	蚌埠城镇群	以蚌埠为中心,包括淮南、寿县、叶集、霍邱、明光	食品、煤炭
	合肥城镇群	以合肥为中心,包括六安、巢湖、庐江	农副产品加工
	芜湖城镇群	以芜湖为中心,包括铜陵、安庆、当涂、裕溪口、获港、贵池、宣州、望江、潜山	轻纺、有色金属和港口为主
	黄山城镇群	以黄山为中心,包括屯溪、宁国、祁门	风景旅游兼林茶特产为特色

(续表)

Ⅱ级城市经济区	城镇群	城市组成	城镇群特色
南昌	南昌城镇群	以南昌为中心,包括樟树、丰城、进贤、临州、南城 以九江为中心,包括庐山、星子、湖口、瑞昌、德安	机械、纺织、食品为主 建材、石化、纺织、食品工业和风景旅游
	景德镇城镇群	以景德镇为中心,包括鹰潭、波阳、乐平、德兴、贵溪、上饶	全国最大的铜生产基地和驰名中外的瓷器生产中心
	新余城镇群	以新余为中心,包括宜春、吉安、井冈山、上高、万安	以煤铁开采冶炼为主

资料来源:根据顾朝林等.中国城市地理[M].北京:商务印书馆,2002:287-292整理.

7. 乌鲁木齐城市经济区

乌鲁木齐城市经济区是中国地理上的外西北区(表1-3-21)。

表1-3-21 乌鲁木齐城市经济区构成表

城镇群	城市组成	城镇群特色
吐鲁番城镇群	以吐鲁番为中心,包括鄯善、七泉湖、大河沿、托克逊	果品酿造和铁、煤、盐等原材料开发为主
乌鲁木齐城镇群	以乌鲁木齐为中心,包括昌吉、阜康、米泉、吉木萨尔、奇台、木垒	煤炭及农副产品加工为主
乌苏城镇群	以乌苏为中心,包括克拉玛依、石河子、奎屯、独山子、沙湾、玛纳斯	石油开采加工、轻纺机械、交通枢纽、农副产品加工

资料来源:根据顾朝林等.中国城市地理[M].北京:商务印书馆,2002:310-311整理.

8. 拉萨城市经济区

拉萨城市经济区位于喜马拉雅山和冈底斯山之间,雅鲁藏布江谷地和藏南山地地区(表1-3-22)。

表1-3-22 拉萨城市经济区构成表

城镇群	城市组成	城镇群特色
林芝城镇群	以林芝为中心,包括八一、波密、墨脱、日敏、日果	以水电、木材采伐加工为特色
拉萨城镇群	以拉萨为中心,包括泽当、当雄、羊八井、尼木、浪卡子、贡嘎、加查、朗县、亚东、帕里	水电、农牧资源加工、传统手工业、旅游职能为主
日喀则城镇群	以日喀则为中心,包括仁布、江孜、拉孜、萨嘎、岗来、古如、仁庆顶、帕布、彭错木、定日、聂拉木	水电、旅游、畜产品加工为主

资料来源:根据顾朝林等.中国城市地理[M].北京:商务印书馆,2002:312~314整理.

9. 济南城市经济区

以青岛、济南为中心发育较好的城市密集区、独立的外贸经济联系系统和巨大的人口规模(表1-3-23)。

表1-3-23 济南城市经济区构成表

城镇群	城市组成	城镇群特色
济南城镇群	以济南为中心,包括青岛、潍坊、淄博、菏泽	独立的外贸经济联系系统

资料来源:根据顾朝林等.中国城市地理[M].北京:商务印书馆,2002:312-314整理.

10. 福州城市经济区

福州城市经济区，地处中国东南沿海，涵盖整个福建省（表 1-3-24）。

表 1-3-24　福州城市经济区构成表

Ⅱ级城市经济区	城镇群	城市组成	城镇群特色
福州	福州城镇群	以福州为中心，包括马尾、沙埕、三都澳、罗源、涵江、宁德、琯头、福清、福安、平潭、南屿、潭头、金峰、海口、龙田、高山	外向型经济
	厦门城镇群	以厦门为中心，包括莆田、湄洲湾、德化、南安、泉州、石狮、漳州、东山、诏安	闽南三角区外向型经济
	三明城镇群	以三明为中心，包括龙岩、永安、漳平、沙县、长汀、河田、坎市	以重工业为主
	南平城镇群	以南平为中心，包括建瓯、建阳、邵武	煤、电、木、竹生产为主

资料来源：根据顾朝林等. 中国城市地理[M]. 北京：商务印书馆，2002：303~309 整理.

11. 武汉城市经济区

武汉城市经济区，地处长江流域中游，包括湖北、湖南 2 省及豫南盆地。整个经济区按 2 个 Ⅱ 级城市经济区组织（表 1-3-25）。

表 1-3-25　武汉城市经济区构成表

Ⅱ级城市经济区	城镇群	城市组成	城镇群特色
武汉	武汉城镇群	以武汉为中心，包括黄石、鄂州、广济（武穴）、孝感、安陆、咸宁、蒲圻、麻城、应城、大冶、浠水、兴国（阳新）、黄梅、蔡甸、金口、纸坊、阳逻、葛店、黄陂、新洲	以冶金、机械、港口职能为主
	沙市城镇群	以沙市为中心，包括荆门、钟祥、沙洋、京山、天门、潜江、仙桃、石首、洪湖	以食品、纺织等农副产品加工为主
	宜昌城镇群	以宜昌为中心，包括当阳、远安、宜都、枝城、古老背（红花套）、长阳、枝江、三斗坪、秭归 以恩施为中心，包括来凤、利川	以水电水运枢纽、高耗能（钢铁、磷化工）工业为特征 以林特产品加工为特色
	襄樊城镇群	以襄樊为中心，包括十堰、老河口、丹江口、浪花、枣阳、随州、广水、神农架、房县、宜城、胡集	轻纺、机械、农林土特产品加工
	南阳城镇群	以南阳为中心，信阳为辅心，包括邓州县、云阳、镇平、潢州、固始、商城、明港	以能源及农副产品加工为主
长沙	岳阳城镇群	以岳阳为中心，包括常德、津市、张家界、石门、慈利、益阳、沅江、汨罗	轻工、化工
	长株潭城镇群	以长沙为中心，株洲、湘潭为副心，包括醴陵、浏阳、攸县、湘乡 以邵阳为中心，包括娄底、冷水江、新化	有色冶金、机械、轻纺、食品为主 以煤炭、钢铁、电力为主
	怀化城镇群	以怀化为中心，包括吉首、洪江、溆浦、沅陵	水电、林特产加工、风景旅游为特色
	衡阳城镇群	以衡阳为中心，包括衡山、耒阳、常宁、郴州、资兴、冷水滩、永州、道县	以有色金属、水电开发为主

资料来源：根据顾朝林等. 中国城市地理[M]. 北京：商务印书馆，2002：293—296 整理.

四、中国城市群

1992年,中国形成了5个"超大型城市群"(沪宁杭、京津唐、珠江三角洲、辽宁中部和四川盆地),及8个近似城市群的城镇密集区(中原地区、湘中地区、关中地区、福厦城市地带、哈大齐城市地带、武汉地区、山东半岛和台湾西海岸)。

至2004年,中国已形成13个城市群,具体情况如表1-3-26、表1-3-27。中国城市群是国家城市体系的一个重要组成部分。今后10年~20年,中国大城市的人口数量都将有较大幅度的增长,营建大规模、高密度的21世纪城市群空间,是中国面临的一大挑战。

表1-3-26 中国城市群列表

城市群	中心城市	组成城市
长三角	上海、南京、杭州、苏州、无锡	宁波、常州、镇江、南通、扬州、泰州、湖州、嘉兴、绍兴、舟山
珠三角	广州、香港、深圳、澳门、珠海	佛山、惠州、肇庆、东莞、中山、江门
京津唐	北京、天津、唐山、秦皇岛	保定、廊坊、张家口、承德、沧州
辽中南	沈阳、大连、抚顺、本溪、鞍山	营口、盘锦、辽阳、铁岭
福厦	福州、厦门、泉州、漳州	莆田
山东半岛	济南、青岛、烟台、威海	淄博、东营、潍坊、日照
长株潭	长沙、株洲、湘潭	
武汉	武汉、鄂州、黄石	黄冈、孝感、咸宁、天门、仙桃、潜江
中原	郑州、洛阳、开封	焦作、新乡、平顶山、许昌、漯河、济源
吉中	长春、吉林、四平、辽源、松原	
哈大齐	哈尔滨、大庆、齐齐哈尔	绥化
成渝	成都、重庆	德阳、眉山、乐山、资阳、内江、遂宁、南充、达州、绵阳、自贡
关中	西安、咸阳、宝鸡	渭南、铜川

资料来源:根据苗长虹.中国城市群发育与中原城市群发展研究[M].北京:中国社会科学出版社,2007:43-38整理.

表1-3-27 中国城市群主要经济指标及其占全国/省区比重(2004)

城市群	总人口数/万人	土地面积/平方千米	GDP/亿元	总人口占全国比重/%	土地面积占全国比重/%	GDP占全国比重/%	总人口占省区比重/%	土地面积占省区比重/%	GDP占省区比重/%
全国/省区	129 984	9 638 173	136 847	100	100	100	100	100	100
长三角	7656	100 237	27 602	5.89	1.04	20.17	55.10	47.57	80.95
珠三角	2714	54 743	13 575	2.09	0.57	9.92	32.68	30.45	84.63
京津唐	6049	167 202	16 085	4.65	1.73	11.75	64.87	77.27	99.51
辽中南	2821	81 673	6730	2.17	0.85	4.92	66.91	55.37	97.93

(续表)

城市群	总人口数/万人	土地面积/平方千米	GDP/亿元	总人口占全国比重/%	土地面积占全国比重/%	GDP占全国比重/%	总人口占省区比重/%	土地面积占省区比重/%	GDP占省区比重/%
福厦	2181	41 090	5045	1.68	0.43	3.69	62.12	33.19	83.35
山东半岛	3941	73 311	10 180	3.03	0.76	7.44	42.93	46.99	65.72
长株潭	1264	28 106	1919	0.97	0.29	1.40	18.87	13.27	34.20
武汉	3068	57 962	3806	2.36	0.60	2.78	51.00	31.18	60.31
中原	3981	58 719	4932	3.06	0.61	3.60	40.97	35.16	55.95
吉中	1886	88 000	2903	1.45	0.91	2.12	69.60	60.12	98.13
哈大齐	2342	151 720	3719	1.80	1.57	2.72	61.36	33.35	70.14
成渝	8435	208 919	7610	6.49	2.17	5.56	71.20	36.82	82.53
关中	2205	55 367	2061	1.70	0.57	1.51	59.52	26.90	71.49
合计	48 543	1167 049	106 167	37.35	12.11	77.58			

资料来源:根据苗长虹.中国城市群发育与中原城市群发展研究[M].北京:中国社会科学出版社,2007:43-38 整理.

参考文献:

[1] 姚士谋.中国城市群[M].合肥:中国科技大学出版社,1992.
[2] 顾朝林.中国城镇体系——历史·现状·展望[M].北京:商务印书馆,1996.
[3] 顾朝林.中国城市地理[M].北京:商务印书馆,2002.
[4] 顾朝林.经济全球化与中国城市发展——跨世纪中国城市发展战略研究[M].北京:商务印书馆,2003.
[5] 周一星,张莉.改革开放条件下的中国城市经济区[J].地理学报.2003,58(2):271-284.
[6] 苗长虹.中国城市群发育与中原城市群发展研究[M].北京:中国社会科学出版社,2007.
[7] 顾朝林,于涛方,李王鸣,等.中国城市化:格局·过程·机理[M].北京:科学出版社,2008.
[8] 国家统计局城市社会经济调查司.中国城市统计年鉴2009[M].北京:中国统计出版社,2010:3.
[9] 中华人民共和国国家统计局.中国统计年鉴2009[M].北京:中国统计出版社,2010:3.

第四章　中国的城市化

城市是现代文明的标志,是经济、政治、科技、文化、教育的中心,是人类社会发展的引擎,是现代经济活动的基本环境,是建立现代生产和消费关系的基础。而作为一种世界性的社会经济现象,城市化是人类文明与社会经济发展的普遍规律与必然趋势。纵观世界历史,一个国家工业化、现代化的过程也是逐步实现城市化的过程,工业化是成为城市化的动力源泉,而在知识和信息为主要特征的21世纪,城市已经成为工业乃至整个经济发展的倍增器。

城市化既是人类社会发展的必然趋势,又是动态演变过程。城市化研究是一个不断更新完善的过程,从区位论、结构论、人口迁移论、非均衡增长论到产业集群理论,乃至生态学派理论、城市经济增长阶段论等的演进过程,体现了对城市化发展规律认识的深化。国际论争主要围绕大城市评价、农村城市化、小城镇化、人口城镇化、反城市化等问题展开,而国内关于城市化问题的研究主要围绕城市化道路、模式与动力机制等方面展开。

中国要实现全面建设小康社会的奋斗目标,必须加快城市化步伐,发挥城市的中心作用。改革开放以来,中国城市发展迅速、城市化进程的速度达到世界同期的2倍,但与世界发达国家相比,中国城市化程度仍然十分落后,而城市化率的不同导致了国家社会财富聚集能力的差异。因此,加快中国的城市化进程是发挥城市中心作用,提高经济效益的必由之路。

城市化是一个争论甚多的概念,在国外,城市化通常被理解为人口在城市及其周围地区集中以及城市人口比重上升的过程。但不同的学科对城市化有不同的定义:社会学家从人类行为方式的角度考察,认为城市化是人们行为方式和生活方式由农村社区向城市社区转化的过程;人口学家强调城市化是农村人口不断向城市集中的过程;地理学家视城市化为一种地理景观,认为城市化是乡村地域向城市地域的转化过程;经济学家侧重于产业结构的变化,认为城市化是人们从农业向非农业部门转变的过程;历史学家则认为,城市化是一个变传统农业社会为现代工业社会的历史过程。不同学科从本学科的基本特征出发,给予"城市化"不同的概念和内涵。由于对城市化定义的原则和方法存在着分歧,R.罗西在社会科学词典中采用一种综合观点给城市化下定义:①是城市中心对农村腹地影响的传播过程;②是全社会人口逐步接受城市文化的过程;③是人口集中的过程,包括集中点的增加和每个集中点的扩大;④是城市人口占全社会人口比例的提高过程,它既包括人口和非农业活动在城市环境中规模不同的地域集中过程、非城市型景观逐渐转化为城市景观的地域推进过程,还包括城市文化、城市生活方式和价值观在农村的地域扩散过程(王放,1999)。

在实际研究过程中,定义城市化需要考虑到简单易行、具有可比性、易于量化和便于测度等因素,故主要从人口和经济2方面对城市化进行阐述。

第一节　当代中国城市化进程

中国作为世界第一人口大国和经济发展相对滞后、并在过去实行高度计划经济体制的社会主义国家,城市的发展虽已有几千年的历史,而中国城市化的进程却仅起步于中华人民共和国成立后的短短几十年,其城市化的历程具有相当的典型性。总体而言,中国的城市化经历了起步阶段到自发阶段,再到自觉阶段的过程。

一、中国城市化的起步

城市化进程,即城市化发展的历程、阶段。虽然中国城市的发展源远流长,早在公元前21世纪~公元前17世纪就已出现了古代城市的雏形,但由于3000多年的封建社会制度和近代史上近百年的半封建半殖民地社会制度的统治,中国长期停留在以农业经济为主的发展阶段,实行高度计划经济体制,经济发展相对滞后,城市化进程极其缓慢。近代以来,殖民者入侵中国的同时也给中国带来了工业文明,中国随之出现了以工业产业为主的近代意义上的城市。但是,殖民主义的掠夺不仅破坏了中国经济的完整性,遏制了传统产业的发展和民族工业的壮大,而且由于其在中国建立起来的工业产业是以资源掠夺为目的,因而随之发展起来的城市都是资源型的。殖民主义对资源的破坏性开采和疯狂的掠夺,使这些城市从诞生的那天起就是先天不足的,它们不是工业自然发展和积聚的结果,而是帝国主义列强掠夺中国资源的"副产品",至今仍给中国经济特别是城市经济带来极大问题。实际上,在中国近代并没有真正意义上的工业化和城市化,整个近代中国城市的发展都是畸形的,是殖民地半殖民地性质的。

直至20世纪50年代,随着中华人民共和国的成立,才宣告了中国现代经济的开始,拉开了真正意义上中国工业化的大幕。随着殖民统治的摆脱和民族独立的实现,与世界上许多的发展中国家一样,中国走上了一条以资本技术密集型的重工业化为主导并带有强烈赶超意识的工业化道路,从而经济崛起以及农村社会经济有所发展。自此,中国的城市化出现了崭新的局面,中国城市化的进程随之开始起步。

二、当代中国城市化发展历程

纵观当代中国城市化的发展历程,大多认为自1949年以来,中国城市化进程大致经历了2个阶段,即以改革开放为界,前30年的自发阶段和后30年的自觉阶段。

其中,第一阶段又可以细分为工业化起步的正常上升期(1949~1957)、"大跃进"及国民经济调整时期的剧烈波动期(1958~1965)、"文革"时期停滞徘徊时期(1966~1977)。

1. 城市化发展的自发阶段

从中华人民共和国成立到改革开放之前的30年,中国城市化发展处于自发阶段。在这个阶段,国家一直采取严格限制城市发展的政策,对城市化也缺乏深入的理论研究,城市化实际上是在国家工业化的带动下不自觉地实现的。这个阶段又经历了3个时期:

表1-4-1 中华人民共和国成立以来历年城市数量和城市化率

年份	城市数量	城市化率	年份	城市数量	城市化率	年份	城市数量	城市化率
1949	136	10.6	1970	176	17.4	1991	479	26.37
1950		11.2	1971		17.3	1992	517	27.63
1951		11.8	1972		17.1	1993	570	28.14
1952	157	12.5	1973	181	17.2	1994	622	28.62
1953		13.3	1974	181	17.2	1995	640	29.04
1954		13.7	1975	185	17.3	1996	666	29.37
1955		13.5	1976	188	17.4	1997	668	29.92
1956		14.6	1977	188	17.6	1998	668	30.35
1957	178	15.4	1978	192	17.92	1999	667	30.89
1958	176	16.2	1979	216	18.96	2000	663	36.22
1959	183	18.4	1980	223	19.39	2001	662	37.66
1960	199	19.7	1981	233	20.16	2002	660	39.09
1961	208	19.3	1982	245	21.13	2003	660	40.53
1962	174	17.3	1983	289	21.62	2004	661	41.76
1963		16.8	1984	295	23.01	2005	661	42.99
1964	171	18.4	1985	324	23.71	2006	656	43.90
1965	172	18	1986	353	24.52	2007	655	44.94
1966		17.9	1987	382	25.32	2008	655	45.68
1967		17.7	1988	434	25.81	2009	655	46.59
1968		17.6	1989	450	26.21	2010	657	49.68
1969		17.5	1990	467	26.41			

资料来源:历年《中国城市统计年鉴》《中国人口统计年鉴》.

王放.论中国城市化——兼论现行城市发展方针[D].北京:中国人民大学,1999.

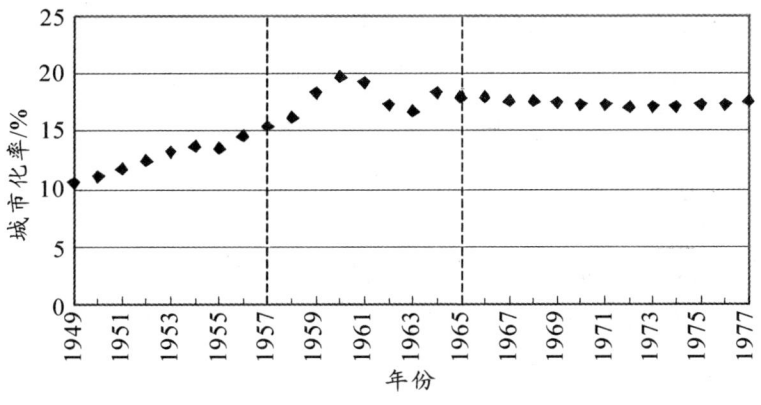

图1-4-1 自发阶段的城市化水平变化

(1) 正常上升时期(1949~1957)

这是国民经济恢复和第一个五年计划顺利实现的时期,这一阶段是中国农村人口向城市迁移与工业化迅速发展,城市化速度加快的阶段。

1949年,中华人民共和国刚成立时,全国仅有城市136个,城市人口3949万人,占全国总人口比重为10.6%。随着国民经济的恢复、社会秩序安定,原先受战争影响迁往农村的人口陆续回到城中。1952年,中国城市总人口为7163万,占总人口的比例为12.5%。1953年开始,为了进一步恢复国民经济,城市经济发展的重点是变消费城市为生产城市,优先发展重工业,为此,全国重点确保156项大工程上马,一批重点城市扩建,吸收了大批农村人口进入城市和工矿就业,使城镇人口增长较快。而土地改革充分调动了农民的生产积极性,农业生产连续丰收,也为城市化的发展奠定了良好的农业基础。随着"一五"时期国家重点工业项目的陆续完成,不仅原有的一些工业城市得到扩展,一批新的工业城市也建立起来,到1957年城市数目增加到178个,城市总人口为9949万,城市化水平为15.4%,城市化得到较快发展。

总的说来,"一五"时期的成绩是主要的,但该时期城市化进程基本上是非理性的。当时照搬前苏联的经济体制,过分强调工业尤其是重工业,忽视第三产业的发展,对今后国民经济的长远发展带来了深远的不利影响。

(2) 剧烈波动时期(1958~1965)

这段时期国民经济大起大落,工业项目大上大下,城市人口大进大出。具体表现为:

1958年~1960年大跃进时期。受错误经济政策影响,政府提出全民大办工业,强调赶英超美,以钢为纲,工业发展以全民大炼钢铁为中心,许多工业项目盲目上马;与此同时,在农村开始农民公社化运动,生产力受到极大束缚,粮食连续2年大幅度减产。1958年颁布了在中国城市化进程中最具有历史意义的《中华人民共和国户口登记条例》。这一户籍制度将农村人口和城镇人口人为地分割为农业人口和非农业人口,国家对这2种人员的就业、教育、医疗、住房、社会保障等实行有差别的社会福利待遇。在"一五"期间城镇人口增长较快的基础上,仍有大量的农村劳动力涌入城镇就业,使市镇人口继续猛增,3年内城市化水平急升至19.7%。而城市公用事业和基础设施负担过重,粮食和消费品供应紧张,工农业发展严重失调,出现了"过量城市化"的现象,即人口增长超过了当时经济发展水平的承受能力,是一种畸形的、过度的、脱离农业基础的增长。

1961年~1963年调整时期。面对国民经济失调,从1962年开始被迫调整国民经济,停止大规模基本建设、精简工业、压缩城镇人口、减少城镇。在这期间,全国有2000多万城镇人口返回农村,撤销了一大批城市,1963年比1961年城市数目减少了近40个,城市化水平骤降2.5个百分点,只有16.8%。这是一段逆城市化时期。

1964年~1965年回升时期。这一时期在一定程度上经济形势有所好转,城镇人口扭转落势开始增加。但由于市镇的设置标准经调整后更严格,所以,经济增长并没有带来城市化水平明显的提高,到1965年城市化水平小幅提高到18.0%。

这一时期客观上促进了"三线"地区的城市化进程,却不利于中国城市化的整体良性发展。

(3) 徘徊停滞时期(1966~1977)

1966年~1977年是中国"文化大革命"的十年动乱时期。从1961年~1965年经过5年的调整,国民经济有所好转,但是,接踵而来的文化大革命却再一次使中国经济遭受严重破坏,几乎濒临破产的边缘,严重地影响了中国的城市化进程。"文革"期间"上山下乡"、工厂内迁等,使得大约有2000多万城市青年、学生干部和知识分子被迫迁往农村,城镇生产力受到极大打击。另一方面,由于中美、中苏关系紧张,国家又把大量的资金用于"三线建设",即在战略上把中国的人口密集区自东向西划分3条战线,将大量的科学、技术、设备和人员转移到"三线"地区,将许多军工企业和重工业企业从沿海迁往内地,工业建设大分散、小集中,对城市建设的投资微乎其微,导致新建的城市很少。12年间城市化水平从1966年的17.9%到1978年的17.9%,完全停滞不前。1971年后,"上山下乡"运动逐渐停止,随着"五小工业"的发展,城镇企业单位也开始从农村人口中招收职工。因此,城市化进程开始缓慢恢复,但由于农村人口增长速度更快,城市化水平仍有所下降,1972年更是回落到17.1%。中国城市化步履维艰,元气大伤。

总体而言,改革开放之前30年的城市化水平的提高实际上是经济发展、特别是工业发展的"副产品",是不自觉的产物,工业化的迅速推进并没有带来城市化水平的同步提高,它严重滞后于工业化水平。不仅如此,由于限制城市发展的政策和"先生产,后生活"的大背景,导致城市功能不健全,给之后城市的建设和发展带来了许多问题。

2.城市化发展的自觉阶段(1978年以来)

改革开放以来,城市化发展迅猛,进入自觉发展阶段。文化大革命结束以后,尤其是自1978年党的十一届三中全会召开以来,中国进入了改革开放的时代,政治经济形势发生了深刻的变化。随着农村经济的快速发展,乡镇企业的崛起,大量农村剩余劳动力摆脱了土地和农业的束缚,向城镇和非农产业转移,有力地推进了中国农村城市化进程。而城市的繁荣和发展,又大大促进了中国现代化建设,中国城市化进入了加速发展阶段。这一阶段也经历了3个时期:分别是农村体制改革推动城市化发展时期、以城市经济改革推动城市化发展时期、整体推进时期。

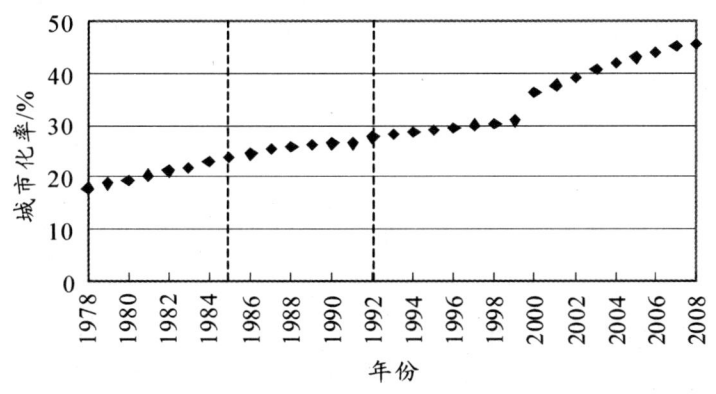

图1-4-2 自觉阶段城市化水平的变化

(1)农村体制改革推动城市化发展时期(1978~1985)

该时期是在农村改革的不断深入和乡镇企业的异军突起、城乡集贸市场开禁、下乡知识青年返城等政策落实的基础上,结束了城市化停滞不前的局面。

首先,大批在"文革"期间下放农村的知识青年和其他人员返回城镇,高考的全面恢复和迅速发展也使得一批农村学生进入城市,导致城市人口在20世纪70年代末、80年代初陡增;其次,从1979年开始的家庭联产承包责任制为中心的农村经济体制改革,使中国长期存在的农业剩余劳动力开始转移和农村产业结构转变。进入80年代以后,随着乡镇企业的蓬勃发展,大量农业剩余劳动力进入非农产业就业,在集镇务工经商,推动了小城镇的发展;第三,1984年开始在全国范围内进行的城市经济体制改革以及从1979年开始的对外开放政策的实施,如4个经济特区的建立、沿海港口城市的开放等,使得中国城市的中心作用得到了充分地发挥,极大地促进了城市经济的发展,使之能吸收更多的农业剩余劳动力。城市化率由1978年的17.92%提升到1985年的23.71%,年均提高0.8个百分点。

(2)以城市经济改革推动城市化发展时期(1986~1992)

在这一时期,国家经济改革的重点由农村转到城市。随着改革的深入,各地纷纷建立开发区和工业园区,三资企业发展迅猛,新型城镇和小城市首先在沿海地区快速发展。国家制定了有利于城市发展的政策,调整了设市标准和设县标准,人口管制政策也开始松动,允许农民自带口粮进城办第三产业,促进了城市化水平的提高。1992年,城市化率达到27.63%,比1985年提高了3.92个百分点。

(3)城市化进入整体推进时期(1993年以来)

珠江三角洲、长江三角洲和京津唐环渤海地区出现了现代化的城市群,辽东半岛和胶东半岛的城市群也获得了较大的发展,城市功能不断完善,面貌日新月异。农村小城镇建设也出现了较快地发展,内涵不断丰富,功能不断完善。到2008年,城市化率已经达到45.68%,比1992年提高了18个百分点;2009年达到46.59%;2010年达到49.68%。

中国经济体制由计划经济向社会主义市场经济的转轨更起到推波助澜的作用,城市劳务市场进一步开放,户籍管理制度逐步改革,城市粮油计划供应制度废除,这一切都加速了农村劳动力向城市的迁移和流动,促进中国城市化快速发展。

总之,从1978年起中国经历了持续30多年的工业化、城市化高速发展。城市总数已由改革开放初期的216个增加到目前(2013年底)的661个,虽然城市数目的增加主要受市镇设置标准的影响,并不能完全真实地反应城市化的发展状况,但设市城市数目的增加在一定程度上仍可以作为衡量城市化发展水平的指标之一。

三、中国城市化历程的理论研究

20世纪70年代以前,国外学者主要探讨的是中国作为具有悠久历史文化传统的国家,却一直未能实现资本主义,因而未能实现西方式的城市化。

其中马克斯·韦伯和杰尔斯(Weber and Gerth,1951)认为,儒教作为中国的统治思想,客观上阻碍了中国的资本主义和城市化发展,促进了乡村主义的壮大。以费正清(John K. Fairbank)为代表的"冲击—反应"模式和以利文森为代表的"传统—近代"模式的美国中国现代史研究团队认为,中国社会基本上处于一个长期的循环往复或停滞状态,尽管总有突破传统社会框架的内部动力,但只有到19世纪中叶遭遇西方列强冲击后才发生向近代社会的巨变。以斯坦福大学施坚雅为代表的美国年轻学者则倡导以中国为出发点进行实证研究,他在1949年~1950年运用克里斯塔勒中心地理论在四川城镇东南25千米处的集市做了田野调查,并采访许多定居海外的中国移民,参阅地方志写成了《中国农村的集市贸易和社会结构》。

到了20世纪70年代,尤其是1979年以后,改革开放积极推动中国加入世界城市化的大潮,海外学者开始对中国城市化进行系统研究,这些研究涉及城市的诸多方面,包括城市人口、城市体系、城市规模结构、大城市作用、小城镇发展及农村城市化等,但研究的重点仍较多地集中在对中国独特城市化模式的探讨上。在解释中国城市化的动力和特色以及城市化进程为什么在相当程度上落后于工业化时,提出了许多不同的观点和学说。美国学者劳伦斯(Laurence J. C.)、赛尔(Cell C. P.)等提出了反城市主义学说,认为根深蒂固的反城市主义是造成中国城市化发展缓慢的主要原因。英国柯克比(Krikby,1985)发表不同看法,提出工业战略说,认为新中国城市化缓慢增长是由于过分注重既定的工业化大目标,忽略了城市基础设施建设和农村经济的扩大再生产,而将大量的资金集中于重工业建设,从而削弱了城市进一步发展的动力。英国坎农(Cannon,1990)进一步阐释,认为中国工业向"三线"地区分散化的布局是特定历史背景下的务实选择,而这种分散化的工业布局在很大程度上阻碍了中国城市化的发展。20世纪90年代后期的一些研究开始综合考虑农业、工业对中国城市化的联合影响(Young and Deng,1998)。

美国华裔学者章生道在解释中国独特城市化过程的原因时认为,中国存在着城市二元体系,即一个源于本国封建社会后期的传统城市体系和一个源于资本主义发达国家影响的城市体系。从这2个体系的相互变化,可以找到中国城市化进展缓慢的内在原因。中国城市化过程有其独特性,西方对第三世界国家二元结构研究的理论并不能有效解释中国的实际,有必要发展新的定义和理论来研究像中国这样具有较强国家目标和浓厚意识形态的城市化过程,新中国的城市化应当是城市二元体系与农村—城市均衡发展。美籍华裔学者陈金永则认为,中国的"城市化"不足可以用社会主义的工业偏爱的发展逻辑来加以诠释。

香港学者薛凤旋认为,中国的城市化过程受到其社会经济体系的深刻影响,的确有其独特性。纵观1949年以来的发展,尽管其城市人口增长缓慢,有些年份甚至呈下降趋势,但中国的城市化政策既不是"反城市主义",也不是"城市偏爱",甚至不完全是"工业导向型"的,而是一种更为复杂的过程,需要进一步加以综合研究,因为城市化并不是只用人口的城市化程度这种单一指标来衡量,还应该包括其他过程,诸如城市化程度的时空变异、城市中心的数量和质量的增长、城市中心的性质变化以及城乡关系等等。

大陆学者通过对中国城市化过程的研究,概括了中国自1949年以来的城市化发展阶段。从宏观方面讲,中国城市化动力包括产业结构转换力、科技进步推动力、地区或国家的经济作用力、制度与政策调控力。有关研究成果从5个方面概括促进中国城市化的动力为:国家有计划投资、大城市自身发展与扩散、乡村城市化、刺激外资引进与发展地方经济。一些学者强调工业化和国家政策因素的关系,有的则强调沿海开放地区城市化动力是计划经济体制、乡镇企业和外向型经济。简而言之,中国城市化是由国家有计划投资建设和乡镇企业或个人投资发展乡镇企业的二元城市化动力机制。城市地理学者基于各地区动力体制结构的不同,研究了城市化地域差异。

总而言之,中国城市化的进程有其独特性,在中国的社会经济体制和政策的影响下,呈现出与世界城市化进程截然不同的特点,城市化发展阶段波澜曲折,对此学者们给予了理论介绍和解释。

第二节 中国城市化的基本特征

当代中国的城市化是在一种特殊历史条件下展开的社会变迁过程。以外力逼迫的开埠通商为契机,城市商业化和工业化的初步发展固然显示了城市化文明和进步的一面,而自然经济基础之上的农业衰败和工业化的低度发展又凸显了城市化过程中传统和落后的另一面。城市化既带动了城乡社会的历史进化,又伴随着太多的苦难与代价,两者同样都是真实的。纵观中国60多年来城市化的发展历程,其最突出的特征是城乡分割的二元体制及工农业两极对峙的二元发展格局,以及在这种格局下体现的基本特征。

一、中国城市化的阶段特征

在发展中国家的城市化进程中,工业优先、城市优先和发展不平衡的现象是极为普遍的。虽然,城市化是以农业在国民收入和劳动就业中的份额连续下降,工业及其他产业份额不断上升,城市人口份额持续上升为显著特征的经济社会结构转变过程,是国家现代化发展中的一般规律。但是,由于发展中国家所面临的问题和国际环境不同于发达国家,发展中国家的城市化过程,"往往呈现出一种二元模式及与之对应的二元体制"。这一特征在中国最为突出。

二元模式这一概念最早是由1979年度诺贝尔经济学奖得主、发展经济学大师刘易斯(W. Arthurlewis)在1954年提出的。他认为,发展中国家工业化、城市化的特点是二元的,传统农业的剩余应向现代工业转移,以实现工业化和城市化。这个二元经济模型(dualeecnomymodel)在此后得到不断的补充、完善和扩展,大体上符合了发展中国家的现代化发展的现实状况,因此成为被普遍认可和使用为分析后发展国家城市化、工业化过程的理论框架。用这一理论观点去考察中国60多年城市化的发展历程,可以发现,中国的二元体制集中表现为城乡分割的二元社会结构。而二元模式则以1978年为界,在2个不同的历史时期有着不同的表现形式。

城乡分割的二元体制,"在中国具体表现为户籍身份制等14种具体的制度"。长期以来,这种体制沿袭因循,在城市的生产、生活等方面产生了不可低估的驱动作用。随着改革开放的深化和市场经济体制的逐步建立,这一体制有所松动,但尚未发生根本性的改变。城市仍然集中了社会中的大部分福利,在就业、住房、医疗、福利、教育及社会保障等方面,仍与户籍密切相连,城乡居民在身份、地位上仍有较多的差别。城市仍然是经济、政治发展、商业服务和文化娱乐的中心。随着中国现代化进程的加快,人们对这一体制的弊端及其存在的合理性、必要性提出了愈来愈多的质疑,并在近年来逐步探讨和实施城乡一体化方案。

这一体制存在于一定的历史时期,具有一定的合理性或符合国情。中华人民共和国成立之初,由于中国的工业化、城市化启动和推进的特殊条件和环境,要在短期内实现工业化、城市化的发展目标,只能选择这种二元体制。60多年来,这一体制在动员、组织、集聚巨额资金以保证现代化的起步和发展,提高中国现代化整体水平及将农村的人才和资源通过一定渠道转移到城市和工业等方面,发挥了巨大而不可替代的作用。中国60多年来能够独立自主和在一定时期内较为稳定地进行现代化建设,与这一体制的确立及其长期存在是有着密切联系的。二元体制的产生和存在是中国特殊条件和一定时代背景下的产物。

1. 1978年以前城市化的主要特征

中国城市化的二元模式,也称为二元社会结构,是指政府对城市和市民实行"统包",而对农村和农民则实行"统制"。具体制度的差异造成的城乡之间的巨大差异,构成了城乡之间的壁垒,阻止了农村人口向城市的自由流动。在1978年以前的主要特征是:

(1) 城市化被动发展，城乡分离

改革开放以前，在计划经济体制背景下，中国城市化是由政府推动的，利用国家计划拨款的资金，发展工业、建设城市；在重工业优先发展的战略思想指导下，通过工农业产品剪刀差为工业化积累资金，从而实现了经济的高速增长，城市化率也迅速提高。然而这一增长未能长久保持，从1959年起经济开始急剧衰落。这是因为一方面压制了农业的发展，使大量农业劳动力滞留在土地上；另一方面，由于重工业对劳动力的排斥作用（据统计，每亿元投资，用在轻工业能容纳劳动力1.6万人，用在重工业只能容纳5000人）（苏少之，1949年~1978年中国城市化研究），加上户籍制度对城乡居民的差别化待遇进一步加大了城乡间收入及生活水平差距的扩大，大量农民向城市迁移，而城市有限的就业机会只能被城市新增人口占用，不能有效地带动城市化水平的提高。带来的问题还有，在城市结构上，大中小城市发展失衡，在大中城市扩张的同时，小城市小城镇日渐衰落；城市功能方面，城市发展偏重于生产功能和政治功能，服务功能极弱，第三产业发展水平很低。

(2) 城市化落后于工业化

为了保证工业化的顺利推进，政府通过强有力的制度构筑起各种限制城乡人口流动的屏障，限制农村人口向城市的转移。例如，通过户口、就业、商品粮、住房等管理措施，使城镇人口没有过度膨胀，使农民留在土地上，形成了城乡之间的二元经济结构。据有关专家学者统计，在1952年~1978年，中国的非农业增加值比重由49.5%上升到71.9%，年均增长0.86个百分点；非农业就业人口比重由16.5%上升到29.5%，年均增长0.5个百分点（叶裕民，中国城市化之路：经济发展与制度分析）。此时期，中国工业增长迅速而城市发展相对滞后，城市化与工业化产生严重分离，这也是导致中国城市化停滞不前的根本原因。

(3) 城乡受到政治过度约束

在改革开放之前，由于实行严格的计划经济模式，政府以行政力量，通过制定法律法规、制定和执行公共政策等手段，主导中国城市化进程。城市化的大起大落和曲折发展主要受到政治运动的影响，市场的作用微弱。

政府在人口向城市迁移、要素向城市集聚、城市的内部结构调整和外部扩张、城市之间的竞争与协调，以及城乡关系调整等方面都由政府来决定，而忽视了对城市化本身的规律性，特别是内在动力机制的探讨和尊重。

政府主导城市化进程有其优势所在，诸如能够在短时间内聚集大量的人力、物力和财力，进行统一的规划布局、协调推进、力量动员等，实现城市的跨越式发展，但是，城市化过程不是一个自然的渐进过程，而是受到政策的巨大影响，城市的级别、规格以及城市的建设和产业布局，都属于政府的行政决策，容易导致过度重视某一功能（如经济、政治、军事），忽视整个城市的协调发展；重视城市的规模扩展，忽视城市内部功能的协调等等。行政决策的结果是人为地干预城市化进程。

2. 改革开放后30年城市化的主要特征

改革开放以来，确定了社会主义市场计划体制，城乡二元结构格局逐步有所松动，城市化的动力机制发生了根本性变化。1980年，中国改革的重点逐渐转移到城市，城市建设发生了一系列变革，推动城市化发展的基础开始转向市场方面，投资主体向多元化方向发展，除了政府投资、乡村基层社区集体和农民个体投资外，还有大量外资也发挥了重要作用，城市化的动力机制已转向多元结构，这是中国城市化进入新阶段的本质性变化。

1979年至今的中国城市化二元模式,体现为随着改革开放而出现的农村非农产业和小城镇的发展,城市工业和农村工业的发展,导致了由双重工业化引发的双重城市化的新格局。在原有的以城市为中心的发展格局之外,还有正在高速运行中的以农村为中心的发展格局,这些都成为中国城市化加快发展的动力。这是十一届三中全会以来,在指导思想上拨乱反正,经过几次重大突破,对现代化发展战略进行重大调整和不断完善的结果。伴随着改革开放的不断深化和经济增长方式正在发生根本性的转变,中国城市化进程中出现了一些显著地结构性变化。

(1)农村工业和小城镇的快速发展,形成了城市工业化与农村工业化,整体城市化与农村城市化齐头并进的局面,展现着中国城市化进程中的鲜明特征。

(2)随着工业化向外向型发展,城市化的发展也趋于开放化。对外开放已形成了由沿海到内地渐次推进的全方位、多层次的城市化开放格局,使城市化的发展逐步具有了世界性,从中正产生着一批国际化的都市。

(3)中小城市迅速发展,大城市人口比重大幅度下降。城市的功能逐步健全,服务性产业迅速发展。城乡之间的联系日趋紧密,城市现代化的辐射功能增强,城乡共同发展的格局开始形成。

(4)人口流动加速,城市对农村剩余劳动力的吸纳能力大大增加,城市化水平提高较快,城市化已进入中期发展阶段。

二、中国城市化的总体特征

从总体上看,中国城市化呈现如下特征:

1. 城市化的动力由单一向多元转变

中国城市化经历了一个由改革开放前波动起伏、发展缓慢,到改革开放后速度明显加快,持续健康发展的演进过程,国家对城市化的推进由被动转为主动。在计划经济阶段,城市化的动力机制基本上是政府主导的,政府既作为城市化战略的制定者,又是城市化制度的供给者,还是城市化进程的执行者和城市化绩效的评定者。在市场经济体制阶段,形成了政府与市场、工业与第三产业、国家战略与地方需求、城市的拉力与农村的推力等多种多元力量共同推动的城市化发展格局。

2. 城市化与经济发展的关系渐趋协调

在中国的城市化进程中,城市化与经济发展的关系由不协调逐步趋于协调。

在中国城市化进程中,出现了城市化严重滞后于工业化的局面。一方面,表现在城市化进程与产业结构转变的偏离,1952年~1978年全国非农业增加值占国内生产总值的比重上升了22.4%,而城市化率仅提高了5.46%;另一方面,表现在城市化进程与就业结构转变的偏离,同期中国非农业就业比重上升了13%,远高于城市化率5.4%的提高值。

改革开放后,调整了重工业优先发展的模式,第三产业受到重视,在市场化的推动下,城市化得到迅猛发展,滞后于经济发展的状况逐步改变。1979年~2009年非农产业增加值占国内生产总值的比重上升了20%以上,而城市化率也提高了24%。这一时期城市化逐步适应了经济社会发展的需要,与经济发展之间的关系渐趋协调。

也有学者不同意中国城市化进程滞后的观点,提出中国存在"隐性超城市化"问题。该观点认为:中国的城市人口是按城市户口统计的,而工业生产的GDP有很大一部分是乡镇企业和进城打工的农民生产的,如果把这部分人生产的GDP都算在城市人口身上,就掩盖了进城农民和乡镇企业农民对工业生产和经济增长的贡献,人为地造成了城市化滞后的假象。应该从实际经济过程出发,把乡镇工业职工、外出打工者及他们相应的家庭人口也算入城市人口才比较合理。这个观点尚没有得到官方统计口径的认可和学术界的认同。

3. 城市规模不断扩大,城市体系日趋合理

城市数量的增加和城市人口规模的扩大,是城市化的重要表现形式。中华人民共和国成立以来,中国城市规模体系在动态变化中不断加速发展,正形成多层次的城市体系。

中华人民共和国成立初期,大城市寥寥无几,1949年在132个城市中100万人口以上城市仅有10个,占7.6%。在1949年~1978年的城市发展过程中,一方面,原有的城市规模在不断扩大,大中城市的数量不断增多;另一方面,在大中城市发展的同时,由于城乡的分割,商品经济的萎缩,劳动密集的小型工业发展不足,新形成的小城市的数量却不多,形成了城市结构头重脚轻的格局。小城市和小城镇的发展不足,成为城市化进程的严重障碍。

改革开放以来,中国小城镇发展呈现新局面,小城镇数量迅速增长。1978年全国仅有建制镇2 173个,且以县城关镇和工矿镇为主。2008年末全国共有建制镇19 234个,比1978年增加了17 061个。新建的建制镇大多由原乡建制发展而来,是分布广泛的乡村中心,并正在发展成为以农业服务、商贸旅游、工矿开发等多种产业为依托的、各具特色的新型小城镇。与农村工业化的发展相伴而生的小城镇的发展打破了城乡分割的体制,推动了中国城镇化发展。2008年全国城镇人口达6.07亿人,城镇人口占总人口比重为45.68%,比1978年提高了28个百分点。据第6次全国人口普查数据,2010年全国城镇人口接近6.66亿人,城镇化率达到49.68%。小城镇人口占城镇总人口的比重由1978年的20%上升到45%以上,2007年全国建制镇建成区面积为2.8万平方千米,人口密度5459人/平方千米,小城镇集聚效应逐步显现。

科学的城市发展战略的实施,使得中国的城市发展结构日趋合理。2008年在655个城市中,市区总人口100万以上人口城市达122个,占18.6%;50万~100万人口城市达118个,占18%;50万以下人口城市达415个,占63.4%,详见表1-4-2。

表1-4-2 不同时期各级城市规模数量

城 市	1949年	1965年	1978年	1993年	2008年
城市合计	132	171	193	570	655
200万以上人口	3	13	10	32	41
100万~200万	7		19		81
50万~100万	6	18	35	36	118
20万~50万	32	43	80	161	151
20万以下	84	97	49	341	264

注:人口规模的划分以城市市区总人口为标准.

数据来源:国家统计局.中国城市统计年鉴2009[M].北京:中国统计出版社,2010;许学强,周一星,宁越敏.城市地理学(第2版)[M].北京高等教育出版社,2009.

中国城市体系规模结构从城镇数量的分布来看,呈宝塔形,结构基本合理。几十年来,中国城市发展方针跟城市化进程紧密联系在一起,城市规模体系也在动态变化中。回顾城市发展方针,

第一个五年计划时期,城市建设方针是"重点建设,稳步前进",取得了较好的效果,围绕重点项目建成新工业城市,如太原、包头、兰州、西安、武汉等发展成大城市或特大城市;20世纪50年代后期,由于中国与西方的关系、中苏关系、大陆与台湾关系都很紧张,此时的城市发展战略是从"集中"转向"分散",强调"控制大城市规模和发展小城镇",整个六七十年代城市人口反向流入农村,大城市发展极为缓慢,小城市也没有发展起来;此后"控制大城市规模,合理发展中等城市,积极发展小城市"作为国家较长一段时期的城市发展总方针。直到国家"十五"规划确定的"走大中小城市和小城镇协调发展的多样化城市化道路"的方针,才又一次指明了中国城市化方向。经过多年发展,在全国范围内已初步形成以大城市为中心,中小城市为骨干,小城镇为基础的多层次城市体系。

中华人民共和国成立以来,关于大中小城市发展重点的讨论很多,包括:①小城市重点论;②大城市重点论;③中等城市发展论;④城乡一体化论(城乡融合论);⑤大中小合理结构论。实践证明,处于城市体系不同层次的大中小城市承担着各自特定的不可替代的功能,一个有相当规模的国家,永远是由大量不同规模的市镇组成的。小城镇在吸纳农村剩余劳动力、推动农村经济发展、提高农村居民生活质量等方面发挥了重要作用。但是,小城镇在农村经济社会发展的战略地位不应延伸为在城市化进程中的主体地位,不能独立于中国城市化整体进程之外,自成体系,而只能是城市化进程的一个组成部分。小城镇以与农业、农村、农民联系直接便捷等特点,在吸纳农村剩余劳动力、推动农村经济社会发展等方面已经并将继续发挥重要作用。大城市则承担着人居中心和经济增长极核作用,而且仍将是知识技术创新中心和国际竞争"航空母舰"。

一个城市的规模主要取决于经济社会发展的客观需要及其自然资源的支持能力,各规模等级的城市都要有大发展,它们的发展不是对立的,而是互补和相互联系的。对一个城市来说,人为控制或鼓励人口进入,只能延缓或加快这个城市的扩张速度,而不能决定其最终规模。

面对繁重的城市化任务和未来经济全球化的挑战,中国的各规模城市将继续发展,努力发挥各自的功能和作用,为城市化进一步发展保驾护航。

4. 城市布局不平衡,区域集群化趋势

由于自然环境、区位条件、经济发展水平以及历史发展基础等影响因素的不同,中国城市化发展存在着明显的地域差异。区域间城市化的发展始终维持着东部地区相对较高、中西部地区相对较低的格局,发展水平自东向西呈梯度递减态势。从区域城市化水平看,城镇和城镇人口相对集中于东部地区。东部沿海地区城市化水平较高,城镇密度高;而在中、西部地区,城市化表现为城市规模扩张的极化阶段,城市数量少,城市化水平较低,城乡二元结构明显。东部地区以不足10%的面积,集中了全国44%的城镇人口、35%的建制市和32%的建制镇,而占全国国土面积2/3的西部地区,仅拥有22%的城镇人口、25%的建制市和35%的建制镇。东部地区城镇密度远高于中部、东北和西部地区。从城市化率来看,东北和东部地区分别为55.53%、54.12%,中、西部地区分别为38%、35.72%。

在空间发展格局上,伴随着城市化进程的加快和区域经济的快速发展,在发展条件相对优越、经济相对发达的地区,城市发展的区域集群化趋势日趋明显。改革开放初期,城市化处于起步阶段,小城镇发展迅速,在空间上广泛布点、分散布局。到20世纪90年代中期后,城市化进入中期加速发展阶段,大中城市集聚效应不断增强,数量增加和规模扩张加快。随着经济的快速发展,优势地区大中小城市和小城镇普遍发展,若干以特大城市为核心的城市群加速成长。以长江三角洲、珠江三角洲、京津唐等为代表的城市密集地区,凭借其良好的经济社会基础和区位条件,保持了更快的发展势头,城市化水平迅速提高,城镇数量日益增多,城镇密度不断加大,成为城镇、经济、人口集聚的重点地区,在推进城市化进程和经济社会发展中的作用越来越突出。

城市群的形成和发展,是中国城市化进入快速发展阶段,区域城市发展的一个显著特点和趋势。总体上看,全国正在逐步形成若干不同层次、不同规模、不同发育程度的城市群。从规模大小和影响范围来看,城市密集发展的空间形态可以划分为全国性、区域性、地区性3个不同层次,即长江三角洲、珠江三角洲和京津唐等全国性城市群,辽中南、山东半岛、闽东南、中原、江汉平原、成渝、湘中、关中、皖中等区域性城市群,以及一些省区内部具有地区性影响的、以中小城市(镇)为主体的、整体规模较小的地方性城镇群,呈现多层次发展的特点。从发育程度来看,城市群的形成发展大体适应了区域工业化和城市化的进程,发展水平各不相同,具有阶段性差异。长江三角洲和珠江三角洲城市群,发育相对成熟,城镇分布密集,规模等级结构完整,呈网络化发展态势。其他城市群,正处于形成和成长阶段。这些已经和正在形成的城市群,吸纳了大量非农产业和人口,实现了经济要素更大规模、更大范围的聚集,提升了要素配置的整体效率,对推动城市化进程起到了明显的带动作用。城市群在城市化和经济社会发展中的作用日益突出,因而越来越受到国家的重视。

城市群的形成和发展,正在把中国的城市化和区域经济发展推进到更高的水平。随着经济全球化和区域化的日益深入,城市群在世界和国家经济发展中扮演着日益重要的角色。国家之间的经济竞争,在地域空间上已更多地表现为城市集群之间的竞争。城市发展的区域化趋势,既是中国区域经济和城市化进程发生深刻变化的重要体现,同时又对中国城市和区域经济发展产生着重大影响。

参考文献:

[1] 王建廷.21世纪中国城市化进程与城市人才培养的战略研究[J].城市,2003(1):3-11.

[2] 周毅.城市化研究述评[J].中国特色社会主义研究,2010(1):100-105.

[3] 顾朝林,于涛方,李王鸣.中国城市化格局·过程·机理[M].北京:科学出版社,2008.

[4] 袁野.城市、城市化与中国城市化进程的研究[D].重庆:重庆大学,2001.

[5] 窦烨明.人口迁移与中国城市化进程[J].青年文学家,2009(20):6-7.

[6] 于洪俊,宁越敏.城市地理概论[M].合肥:安徽科学技术出版社,1983.

[7] 国家统计局.中国城市统计年鉴(历年)[M].北京:中国统计出版社.

[8] 国家统计局人口和社会科技统计司.中国人口统计年鉴(历年)[M].北京:中国统计出版社.

[9] 王放.论中国城市化——兼论现行城市发展方针[D].北京:中国人民大学,1999.

[10] 康就升.中国城市化道路研究概述[J].学术界动态,1990(6):56-59.

[11] 许学强.中国城市地理[M].北京:高等教育出版社,1997.

[12] 周蜀秦.中国城市化60年:过程、特征与展望[J].中国名城,2009(10):19-24.

[13] 钱陈.城市化与经济增长的主要理论和模型评述[J].浙江社会科学,2005(2):190-197.

[14] 顾朝林.新时期中国城市化与城市发展政策的思考[J].城市发展研究,1999(5):6-13.

[15] 薛凤旋.中国城市与城市发展理论的历史[J].地理学报,2002(6):723-730.

[16] 许学强. 中国城市分布及其演变的几个特征[J]. 经济地理,1983(3):205-212.

[17] 杨春志、顾文选. 城市化是人类文明发展的必然[J]. 城市发展研究,2000(1):3-5.

[18] 姚士谋,吴楚材,赵梅,等. 我国城市化过程中的几个关键问题[J]. 城市规划,1997(6):30-31.

[19] 姚士谋. 中国的城市群[M]. 合肥:中国科技大学出版社,1992.

[20] 周一星. 论中国城镇化的地域差异[J]. 城市规划,1983(2):17-22.

[21] 周一星. 中国的城市地理学——评价与展望[J]. 人文地理,1991(2):54-58.

[22] 周一星,曹广忠. 改革开放20年来的中国城市化进程[J]. 城市规划,1999(12):8-14.

[23] 钟水映,胡晓峰. 对中国城市化发展水平滞后论的质疑[J]. 城市问题,2003(1):16-19.

[24] 于涛方. "中国城市化格局、过程及其机理研究"进展[J]. 地理研究,2007,26(3):636.

[25] 行龙. 近代中国城市化特征[J]. 清史研究,1999(4):23-22.

[26] 王芳. 国际城市化发展模式与中国城市化进程[J]. 求索,2010(4):55-57.

[27] 王明军. 基于中国城市化进程的新思考[J]. 甘肃科技纵横,2008(4):9-10.

[28] 唐茂华. 建国以来中国城市化的阶段性特征及其展望[J]. 兰州商学院学报,2008(6):61-66.

[29] 陈秀山,王洋. 中国城市化进程的基本特征与存在问题研究[J]. 井冈山大学学报(社会科学版),2010(1):47-53.

[30] 杨波,朱道才,景治中. 城市化的阶段特征与我国城市化道路的选择[J]. 上海经济研究,2006(2):34-39.

[31] 陈资灿. 21世纪中国城市化的十大特征[J]. 特区与港澳经济,2000(10):23-25.

[32] 孙颖杰,王姝,邱柳. 中国城市化进程及其特征研究[J]. 沈阳工业大学学报(社会科学版),2009(3):220-224.

第五章　中国城市规划建设

城市规划是指城市人民政府为了实现一定时期内城市经济社会发展目标,确定城市性质、规模和发展方向,合理利用城市土地,协调城市空间布局和各项建设所作的综合部署和具体安排。城市规划的根本作用是作为建设城市和管理城市的基本依据,是保证城市合理地进行建设和城市土地合理开发利用及正常经营活动的前提和基础,是实现城市社会经济发展目标的综合手段。

城市规划的任务是根据国家城市发展和建设方针、经济技术政策、国民经济和社会发展长远计划、区域规划,以及城市所在地区的自然条件、历史情况、现状特点和建设条件,布置城市体系;确定城市性质、规模和布局;统一规划、合理利用城市土地;综合部署城市经济、文化、基础设施等各项建设,保证城市有秩序地、协调地发展,使城市的发展建设获得良好的经济效益、社会效益和环境效益。

城市规划工作的基本内容是依据城市的经济社会发展目标和有关生产力布局的要求,充分研究城市的自然、经济、社会和区域发展的条件,确定城市的性质,预测城市发展规模,选择城市用地的发展方向,按照工程技术和环境的要求,综合安排城市各项工程设施,并对各项用地进行合理布局。城市规划工作具有技术性、艺术性、政策性、法制性、民主性、综合性、地方性、实践性等基本属性。

编制城市规划应遵循的原则包括:城市规划要为发展生产力服务;城市规划必须从实际出发、符合中国国情;城市规划应当贯彻合理使用土地、节约用地的原则;城市规划应当贯彻物质文明建设和精神文明建设并举的原则。

第一节　中国古代城市规划与建设

一、先秦时期古代城市规划思想的萌芽

随着社会生产力的提高,剩余积累和私有制的产生,至夏代建国前后,中国产生了最早的"雏形城市"。初期城市的主要功能是在保护人们不受侵害的同时进行社会管理、社会生产和社会教育。在河南偃师二里头发现了距今3600年前的宫殿遗址,一般认为是迄今所发现的最早的城市遗址。

早在夏商时期的"雏形城市"中就已经产生了初步的城市分区思想,城市的重要部位是奴隶主及其上层统治人员的宫殿及住宅区,周围是奴隶的手工作坊和简陋住地,城外分布有墓地。为了人们保障生命和财产的安全,城市被土墙和壕沟包围,仅开少量的门供臣民出入。夏代对中国古代经济和城镇发展的最大贡献在于进行了伟大的治水工程和为了避免或减少洪水灾害而对土地进行的第一次全面原始的勘测,为殷商和西周的城市兴起和哺育城市规划思想成长奠定了基础。

商代前期的城市遗址,目前已发现6座,其中除4座位于黄河中下游地区外,另外2座分别位于长江中上游,即湖北黄陂的盘龙城和四川广汉的三星堆。商代较著名的城市包括位于今河南安阳的殷墟和郑州商城遗址。由于商代崇尚占卜迷信和帝纣的荒淫,在城市规划建设上反映出盲目性的特征。

周代是奴隶社会发展的重要时代,是奠定礼制城市规划思想的时代,也是古代城市规划开创理论和总结实践的重要时代。周代筑城的技术及理论反映在周代的诸多古籍中,其中《周易》《周礼》《管子》都记载了周代的重要的城市规划思想。《周易》对古代城市规划的影响主要体现在4个方面:一是创立了"象天法地"象征主义规划方法;二是建立了"形胜"环境规划的观念;三是明确了古代城市建设"数理"关系的重要性;四是创立了城市规划追求崇高精神境界的思想。周代对城市规划思想理论建立有重大影响的是礼制的创立,忠实地体现礼制思想是贯穿古代城市规划发展的主轴。《周礼》对中国古代城市规划的影响,不仅体现在提出了古代都城建设外部形制规式,还涉及了封建国家的政治、文化、哲学、社会、伦理、民俗、艺术观念等众多方面。其将等级制思想贯穿于城市规划建设中,森严的等级制是导致古代城市严整、有韵律感、程式化的主要原因。并建立了以礼乐思想为基础的城市规划的艺术观,将礼制的秩序和音乐的韵律推广运用到城市的建筑空间布局。《管子》较系统地论述了中国古代城市制度及其规划思想和理论,其对城市规划问题的论述包括了城址选择、城市发展与经济发展的关系、城市规模的确定、城市用地功能划分、道路网布局、城市水源、城市排水、城市地图运用、地形勘察等方面的内容。《管子》对中国古代城市规划思想与理论的重大影响主要体现在3个方面:一是最早阐述了生产发展与城市发展的关系,提出开垦土地、发展农业生产、发展商业是城市发展的基础;二是提倡"因天才,就地利"的因地制宜思想,成为与《周礼》提倡的礼制等级思想并驾齐驱的2种规划体系;三是创立了较全面的古代城市功能分区理论,包括城乡的分区及城市的分区。

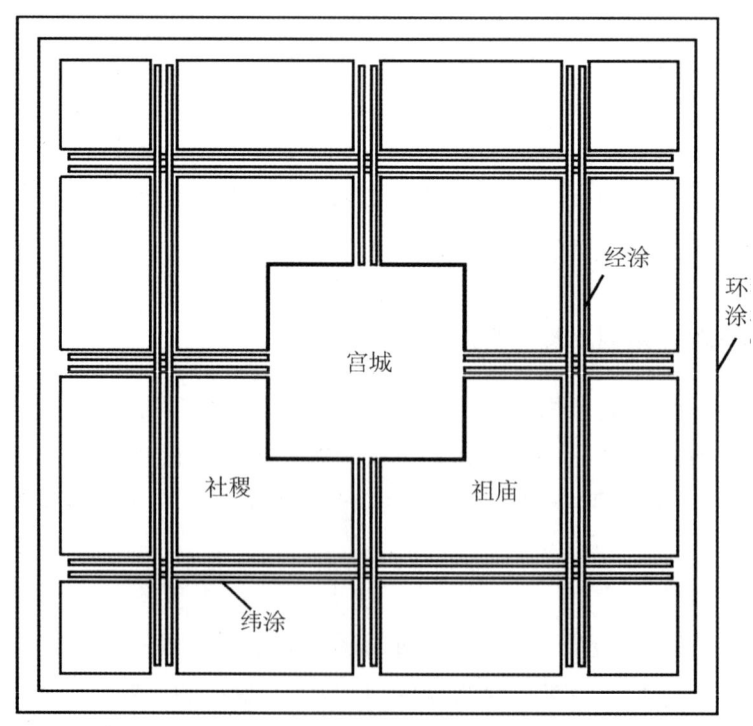

图1-5-1 周王城形制

周代的城市规划建设以都城建设为主,西周早期都城丰京及镐京城址在西安西南沣水的东南岸,迄今已发现较集中的周代遗址,但尚未进行详细探查。至周武王时期,西周在洛阳附近新建王城(洛邑)及成周2个城市,这是中国古代最重大的首次城市规划,有明确的规划目的及方法。当时主要采用了"相土"的规划方法,这是由古代的哲学思想、自然科学观念综合发展的一种处理城市与环境关系的建设方法,是古代城市规划建设的重要理论基础。东周时代城市规划建设发展具有多样化的筑城思想,各国都城的规模均较大,如燕下都、赵邯郸、齐临淄、曲阜市鲁城、郑韩故城、淹城等。且王城—郡城—县城的郡县制城市体系在东周正式形成。

从历史总进程看,夏商周时代是古代社会从氏族社会转入奴隶制社会,又继而转入封建制社会的初期城市发展的重要时代,因而是古代城市的一些重要特征开始形成的时代。

二、秦汉至南北朝时期城市规划建设的初步发展

从秦汉至南北朝是大统一又走向分裂的时代,这一时期是社会的大动荡、大分化时期,也是经济和城市发展最为活跃的时期。

秦以军事手段统一全国,在城市规划中也特别注重军事设施的建设。首先,在都城建设中反映炫耀武力、歌颂帝王功绩;其次,尽情享用胜利果实,肆意扩大规模。秦代重视整体防御的规划建设,将各国的长城连接起来组成统一军事城防系统。在都城建设中,受到古代《周易》和原始祭祀山川等思想的广泛影响,使春秋时期的"象天法地"规划思想得到进一步运用发展。秦都城咸阳在秦统一全国的过程中不断扩建,宫殿群规模宏大,建筑布局规划精致独特,规划中应用的"相土尝水"的方法已经成熟,对后代的都城建设有着重大影响。除了都城的建设,秦在道路、城镇交通网络、军事防御系统、水利建设等方面都有着开创性的成果。总之,秦代是中国古代城市规划思想发展的一个重要阶段,自秦代之后,中国城市规划已逐渐脱离多元化的自在发展的局面,受到古代帝王专制权利和迷信思想的影响,开始蒙上一层专权神秘主义色彩,这种思想与汉代以后提倡的"独尊儒术"的政治主张结合在一起,遂形成适应于封建社会的一套城市规划方法,一直延续了2000多年。

汉代一度军事经济强盛,国土扩展大,加上文化思想开始繁荣,其城市规划对后世影响深远。汉在惠帝时即开始国都长安的规划建设,历时20年。受到春秋战国时代长期战乱和规划思想多样化的影响,西周的一些规正的规划制度在汉初并未得到重视,汉长安的外形并不规则,也没有明显的轴线,宫殿区、官衙、居民区相互穿插混杂。至公元前104年的武帝时代开始采用董仲舒的"罢黜百家,独尊儒术"的主张,使汉代政治思想发生重大变化。独尊儒术完全用社会伦理替代原来的儒家学术思想,成为一种以封建等级制度为核心的伦理制度。最先在城市规划中产生明显影响的事例是王莽时代倡导的城市礼制建筑。到东汉国都规划中的"礼制思想"有了进一步的发展。东汉迁都洛阳,城址为原周代的洛邑,其规划与汉长安有很大的不同,为正规的长方形,宫殿与居民区明显的划分开来。此外,秦汉时期在军事防御体系上的重要建设工程就是建立了统一的长城,反映了当时军事工程技术达到空前水平。从中国古代历史发展的长河来看,秦汉长城的连接建设对社会地域文化的差异起到重要影响,是区别农业地区与牧业地区的重要分界线,也是历代的城市规划与建设方面的一道重要分界线。

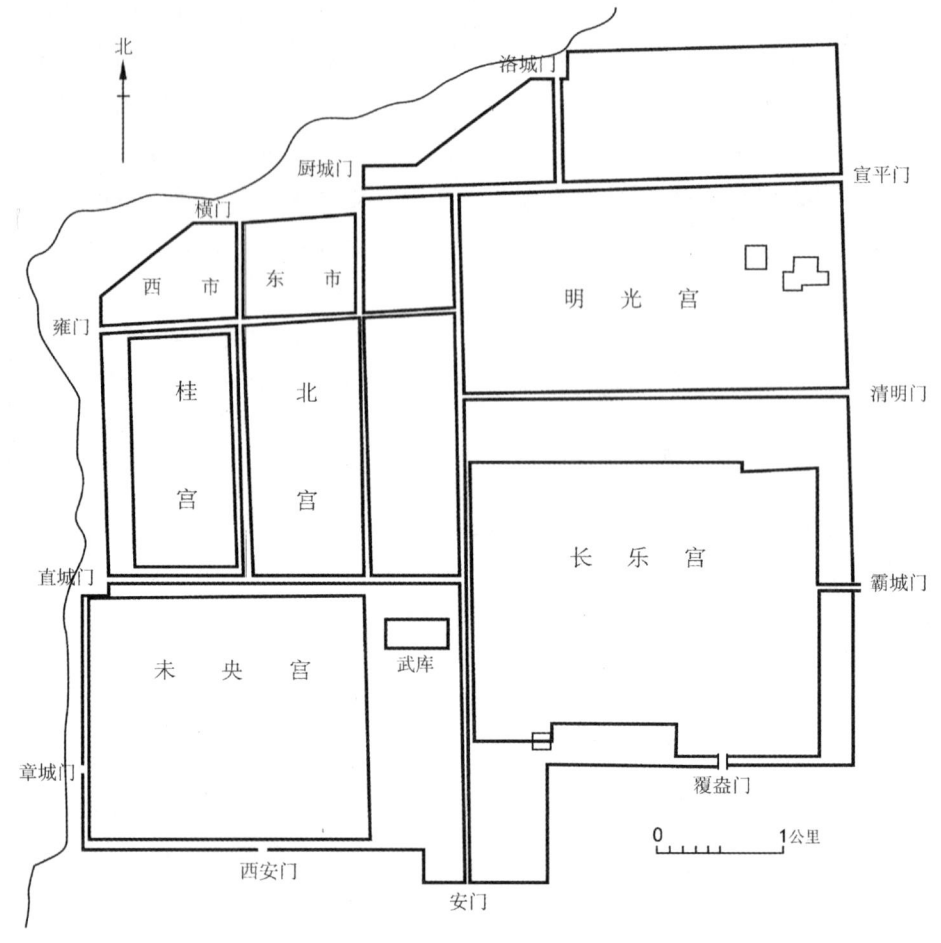

图 1-5-2　汉长安城

汉室灭亡后,全国出现三国鼎立,西晋、东晋、南北朝对峙分裂的局面,长达 300 多年。三国时代战争频繁,军事思想再次得到发展,使"象天法地"的规划思想得到进一步发展。这一时期的城市规划建设也同时受到礼制思想的影响,出现了如曹魏邺城的杰出的城市规划。曹魏邺城的轴线对称、宫城居中、前朝后寝、功能分明的城市布局是中国古代第一个比较全面体现礼制思想的都城,在规划史上具有重要作用。两晋、南北朝时代是宗教蓬勃发展的时代,宗教对社会生活产生了重要影响,在城市规划建设方面的重要体现是石窟寺的建设。影响中国古代文化和建筑城市规划的 3 大著名石窟寺——敦煌莫高窟、大同云冈石窟、洛阳龙门石窟都始建于南北朝。南北朝时期寺庙的大量建设,丰富了历史文化内涵和城市的功能,也拓展了城市范围,在建筑的轮廓线方面增加了魅力,对古代城市规划作出重要贡献。三国、两晋、南北朝是战乱纷飞的时代,北方和南方都频繁经历朝代更迭,但总的来说这段时期内的城市规划建设主要集中在洛阳和建康 2 个地区。洛阳自东汉至魏晋均为都城,三国至西晋虽屡遭破坏,但均经过修复,城基础无大变动。南朝都城建康(建邺)亦为历史名城,最早的城址为春秋末年越国灭吴国后建的越城,位于今南京中华门外秦淮河的南岸。三国时,孙权于公元 211 年迁都于此,称建邺。为了军事上的需要,孙权曾于 220 年迁都到武昌,229 年又还都建邺。吴国的建邺位于石头山以东,覆舟山以南,秦淮河以北,内城称苑城,主要宫殿为太初宫。至东晋时代,建邺城开始扩展,孝武帝时又有进一步扩大,苑城成为宫城的后苑,也称台城。宫城的正门向南正对外城的宣阳门,形成南北轴线,基本奠定了建邺城的格局。

三、隋至两宋时期城市规划建设的快速发展

隋唐时代是中国封建时代社会经济文化最繁荣昌盛的时期,隋唐长安城、洛阳城的巨大规模和浓重文化气息,精致和完整的规划布局,是中国封建社会经济、科技、文化发达的重要标志和最好的体现。

隋代是中国又一次大统一的开始,虽然只有37年时间,但对中国古代经济社会发展影响较深。隋代在治理国土方面的突出成就在于沟通了南北大运河,对城市发展布局产生了很大影响,江南地区从此成为经济重要地区,沿河城市杭州、嘉兴、苏州、常州、镇江、扬州、淮阴等都有相当大的发展,特别是扬州成为历史上繁华的一代都会。隋的城市发展大大超过了秦,在隋代全国有郡194个,是秦时的4.85倍,县1225个,较秦增加了50%左右,隋的郡县比为1:6.5,大大大于秦的1:20,表明中间规模层次的城市数量逐渐增加,从而显示中国城市规模体系渐趋成熟化。隋代建造了规模宏大的大兴城和洛阳城。大兴城位于关中,在汉长安的东南,是古代历史上新建的规模空前的大城市。大兴城由宇文恺规划,主导思想是兴建一座能代表大帝国的空前宏伟的大城市。大兴城在规划技术上解决了很多以前未能解决的问题。首先,在选址方面,恰当地处理了与汉长安城的关系;其次,很好地利用了地形;三是很好地解决了水源问题,从南面山地引水,解决城内宫城、皇城、坊里的用水需求。

唐代实现了空前的统一,政治、经济、文化、科学技术和城市建设都得到了很大地发展。唐代的城市规划建设成就首先反映在都城建设上,国都长安建于隋大兴城的基础之上,规模宏伟、里坊整齐、寺庙众多、街道规整,引水河道密布,功能布局合理,成为中国严整布局的都城的典型。除了都城的建设有突出的成就外,唐代的一般州县城市及商业城市也较发达。据统计,唐代城乡人口超过10万的大城市有15个,包括北方的长安、洛阳、汴州(开封)、太原、魏州,南方的扬州、成都、苏州、常州、杭州、湖州、会稽(绍兴)、宣城、丹阳、广州。其中扬州是唐代最具代表性的地方城市。唐代的城市建设受到传统文化和外来文化(如佛教)的双重影响,宗教建筑有很大的发展,典型代表包括山西南禅寺大殿和五台山佛光寺大殿。唐代在行政区划上也有了重大变化,在郡之上设道,全国分为15道,道驻地通常为区域中心城市,形成首道—道治—郡府—县城4级行政中心为主体的城市体系。

两宋时期经济文化一度繁荣,北宋时城乡人口超过10万的大城市,增加到40个。城市的发展和市民阶层的抬头,也影响了城市的布局和面貌。一般认为,在两宋时代产生了一次"城市革命",具体表现在3个方面:一是城市商业空前繁荣,传统的里坊制被打破,店铺密集的商业街代替了严格管理的坊里和集中的市肆;二是新型的城市聚落——镇、市开始出现。镇及草市起源于南北朝时期,最初的镇属于边地军事系统中的低级驻军单位,至宋代,镇逐渐向地方行政系统转化,其中经济功能突出者,成为县城以下的城市型聚落,又可分为交通型、商业型、手工业型等不同职能类型;三是大中城市继续发展,首先出现百万人口的特大城市。除了开封和临安外,南宋的平江府是宋代一般地区性的府城代表。苏州平江府图碑是中国古代除战国中山王陵图之外,最著名的规划图,反映宋代的科学技术发展到很高的水平。在两宋时期还产生了中国古代最大的港口城市广州和泉州。

北宋都城东京(开封)城市人口近100万人,是中国有史以来较为确信的第一个百万人口城市,也是当时世界上最大的城市,开封的3套城墙、宫城居中、井字形道路系统等对以后都城的规划影响很大,开封城的发展反映了封建社会中城市经济的进一步发展和市民阶层的抬头,商业分

布城市各处,为旅客和一般市民服务的服务行业增加,夜市出现。南宋都城临安(杭州)也是两宋时代的代表性大城市。其城市规划建设一方面尊重一些礼制的规定,将皇宫区规划得对称规正;另一方面,街道的布局却因地制宜,与山河很好地结合。同时,临安城的建设受到宗教的影响,在临安城内外分布着许多寺院,城内有57处,加上近郊共达300余处。

在两宋同时,北方相继出现了辽、西夏、金等少数民族统治的政权与宋同时并存。辽、西夏、金时期,辽南京、金中都的选址,决定了北京地区以后成为全国政治中心。辽代都城南京(北京)城较注重佛教寺庙的建设和北部风景区的开拓。辽代遗存的佛教寺庙众多,以山西大同善化寺、北京天宁寺为代表。风景区如御苑大宁宫、避暑地的钓鱼台等。西夏都城兴庆(银川)城市遗址毁坏,情况不明,遗存的西夏王陵规模巨大。金早期的都城上京龙尔府仿北宋东京规划修建,建设规模较小,后迁都至原辽南京,称中都。中都的建设借鉴了汉族城市传统,在对辽南京的扩建中,北面保留辽代城墙的不动,以更好地保护双塔寺、钓鱼台、三海地区的庙宇和自然风光,体现了古代城市规划在保护自然和人文环境方面所形成的优秀传统。

四、元、明、清时期城市规划建设的成熟

从元开始,中国作为一个统一的国家就再未分裂过,元、明、清3代的统一局势,造就了中国城市发展史上最为雄伟、辉煌的都城——北京。但是,从总体看,元、明、清时期的城市发展未能在宋代的基础上取得全面突破,甚至在清代有所倒退。

元代是古代史上一个较为特殊的朝代,是少数民族第一次统一全国,并发动了震撼欧洲的西征,还全面向汉族文化学习,使元代的城市规划与建设呈现出鲜明的特点。主要表现在:一是注重交通的畅通,使水陆交通干线上的城镇得到长足发展。元代打通了欧亚的陆上交通,使丝绸之路更加畅通,沿途城镇发展较快,新开凿通惠河,使运河运输深入到大都城内,从杭州经苏州、镇江、扬州、淮阴、兖州、德州、天津、通州直达大都的1500多千米沿河城镇得到了恢复和发展,大大促进了沿海地区的社会经济发展;二是多民族文化繁荣并存,在城市规划上出现不少的创新实践。在元大都的规划建设中,事先有严密的计划和准备,在进行十分详细的地形测量的基础上,以周礼思想进行总体规划,基本符合礼制精神。同时,元大都又能因地制宜利用自然地形条件,将规则的宫殿与不规则的苑囿有机结合,而且结合蒙古民族草原帐房布置特点,将一个庙宇的中心阁作为全城的几何中心,并且布置了一种横排式的胡同——街巷平面格局,体现出元代城市文化的多元性和创造性;三是中西文化交流水平的进一步提高。元代发展了自唐宋以来的发达的海上航行贸易,进一步促进了城市规划建设的开发格局,西方宗教、科技文化开始大量传入。

明代是古代封建社会发展到后期的重要时期。一方面,封建制度发展的水平很高,恢复原有儒家礼制趋向更加明显,封建等级制更加森严,反映在都城规划建设中的礼教思想日见浓重;另一方面,科学技术日渐发展,工商贸易发达,城市中资本主义有了萌芽。明宫殿建设遵守礼制,使中国古代城市规划的传统又一次得到总结、继承和发展。明北京城规模宏大、结构严谨、中轴线突出、布局对称,是中国城市规划史上最辉煌的杰作。其布局继承了历代都城规划的传统,是传统宗法礼制思想的集中体现。明北京的商业区市肆分布与元大都有很大不同,明代行会制度发展,同类商业相对集中,城市内有些地区形成集中交易或定期交易的市。明北京的居住区与元大都相仿,以胡同划分为长条形的居住地段。总的来看,明代的城市规划受功利主义影响较深,南京城、北京城的建设都是在前期都城基础上加以修补改造完成;其次,封建礼制制度在明代登峰造极,在城市规划中有大量体现。在北京和南京的规划中,凡是宫殿区的一切布局结构都依儒家的思想如法炮制；再次，明代注重工程技术的改进和运用，为适应火炮攻城，进行了普遍的城墙防卫设施的加固工作，调整了布局结构（如官署、学官、武庙、钟楼、鼓楼的扩建、修缮，城门、城楼、瓮城的改造）。各地的卫、所、军事体制的配备，长城沿线内外的城堡分布建设，对外贸易港口与军事港口的布置等，都作出了统一安排，形成了全国性防御体系。这一阶段发展的显著特点是城市规划更加精细，技术上追求完美，如蓬莱水城、领海威远城、居庸关长城、山海关长城、大同城都是这一时期重视工程技术的典型。

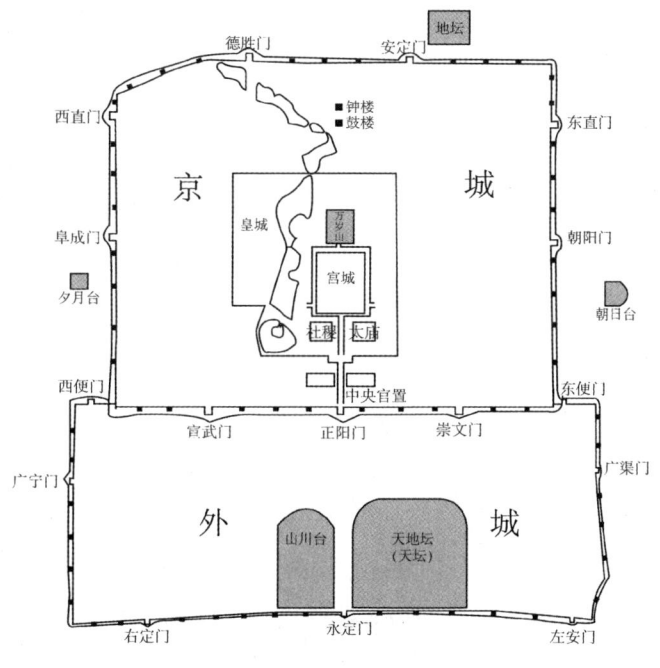

图 1-5-3　明北京城

清代的城市规划与建设主要利用了明代的基础，进行调整改造，城市发展停滞不前。清北京利用明北京作为都城，城市范围、官城及干道系统均未变动，唯有居住地段有所改变，将内城一般居民迁至外城，内门驻守八旗兵并设营房。北京城市人口在明末已近百万，在清代城市人口继续增加，超过了 100 万人。清在古典园林规划和住宅建设上，取得了很大的成就：一是建立了一批大型皇家园林丰富了城市景观，使城市文化内涵得到升华，在城市环境规划方面是一种突破。具有代表性的有承德避暑山庄、外八庙、北京西北部的三山五园等；二是园林规划设计技术日益精炼。建筑规划技术极其丰富，创造出很多想象力异常丰富的布局结构和特有空间，可以在相当大的区域内不雷同地变化，达到和谐统一。同时，常常可以把域内外景物有机的组织在一起，相得益彰。如北京城西苑、北海琼岛、南海瀛台、颐和园后山、承德避暑山庄等的规划建设中都有所反映；三是创造了造园"意境"。使园林规划建设与传统哲学文化思想进一步结合，创造了具有深刻文化思想的造园"意境"。在清代园林中，流露着古代传统的老庄和周易古典主义思想风范。

与园林建设的成就相对应，清代在住宅规划建设上也取得了突出的成绩。其技术上的成熟与进步主要体现在：一是妥善解决了住宅与城市街巷（胡同）、河道、商业、运输、内外交通的关系。在元代以后的北京城，形成以狭长胡同为主的住宅布局方式。在南方江浙一带形成前河或后河临街的多重院落住宅布局，是胡同方式的另一种体现。这种住宅的布局方式解决了一般住宅不宜进深太大，引起交通太长的问题；而前后临河解决了用水和水上交通、商业和便利的问题；二是以院落为单元组合基础的住宅，加上庭院和花园，全面满足了封建社会中对天、地、人、礼多种信仰的需要；三是南方大型院落住宅内部，组合功能复杂，显示了极高的技术水平。

第二节　中国近代城市规划与建设

中国近代史从清道光二十年（1840）的鸦片战争起至1949年中华人民共和国成立。1840年鸦片战争后，资本主义的生产方式，现代工业、金融、商贸业，随着帝国主义的侵略大规模侵入中国。至1911年辛亥革命推翻满清政权，军阀长期混乱，中国一直处于半殖民地位。1931年日本占领东北，1937年发动"七七事变"，全面侵略中国。在长期殖民与反殖民的斗争中，西方的生产方式和城市建设模式对中国的城市建设产生了重要影响。沿海城市变化较大，兴建了一批洋行、货栈、近代工厂、铁路、码头、银行、办公楼、娱乐场、电影院、跑马场、旅馆、公寓、教堂、学校等建筑。其中，上海、广州、青岛、大连、南京、北京、厦门、福州、沈阳、哈尔滨、长春、武汉、太原、南通等是反映这一时期规划和建筑思潮的典型城市。

中国近代的城市规划主要遭到外国侵入势力的控制和影响，以西方外来城市规划技术的推广为主，属于嫁接型城市规划，并非中国社会、经济、文化自身发展的结果，是一部"外国城市规划的接受与影响史"，西方化是中国近代城市规划的重要特点。

近代中国城市的发展具有两大特点：

一是呈现出二元结构的城市体系。一方面，资本主义工商业首先在沿海沿江城市中出现，随后波及东北和内地广东地区，形成一批近代工商业城市。其中，上海、天津、大连、青岛、广州、重庆等城市迅速崛起，其地位逐渐超过邻近的苏州、北京、济南、成都等传统城市。由于上海等城市代表了更为先进的生产力，它们逐渐成为全国或大区的经济中心，并形成以它们为中心的商品生产、流通的经济网络乃至城市网络。另一方面，广大内地城市的变化不大，它们很少受现代经济的影响，其职能基本上仍起中心地的作用。这样，中国近代城市体系由一元的以及各级行政中心城市为主体的结构，转向以近代工商业城市为一方、传统的中心地城市为另一方的二元结构。在这个二元结构中，近代工商业城市居于统治地位。

二是城市发展速度加快，区域差异明显。随着资本主义工业的发展，产生了不少新兴城市，它们多为矿业或工矿业城市，如抚顺、鞍山、本溪、唐山、焦作、大冶、萍乡、玉门等。由于中国煤铁资源主要分布在北方地区，使新兴城市也多位于东北及华北地区。这样，自魏晋南北朝以来，中国城市主要在南方发展的趋势发生逆转，北方再次成为城市的主要发展区，其中东北成为中国近代城市化速度最快的地区。20世纪40年代初，沈阳人口接近百万，长春人口达80多万，哈尔滨、大连人口超过70万，加上抚顺、鞍山、本溪、吉林等城市，形成工业城市密集带。资本主义在南方的发展主要是在条件较好的长江中下游地区和珠江三角洲等地，其中一些地理位置优越的城市发展尤快。如上海、武汉、重庆、南京、广州等城市。在长江三角洲，还形成由上海、苏州、无锡、常州等城市组成的城市密集带的雏形。但是，在很多交通不便，又没有什么特殊资源和外来经济条件刺激的地区，城市发展不快，甚至有所衰落，与内地偏远地区城镇的情况相似。广大西部地区是近现代城市化进程中最落后的，除了在抗战期间部分城市的发展受到短暂刺激外，由于缺乏现代经济的支撑，绝大多数城市的发展处于停滞状态，从城市职能到空间结构基本保持前工业社会城市的特征。

从城市规划技术来看，中国近代的城市规划发展可以分为自发式发展为主和外来式发展为主

2个不同的发展过程。自发式发展指的是由本国政府、管理技术人员、业主主导的,运用中国本地技术为主,吸收西方技术为辅的方法进行的城市规划建设;外来式发展指的是以外国占领者、技术人员主导的,主要用国外的技术进行的城市规划建设。

一、自发式城市规划建设的发展

自发式发展大部分局限于一个城市局部地区的规划,在自发式发展过程中,形成了明显的中国传统建筑的近代风格。在城市总体规划方面,得到了局部实施的有南京、南通、上海、广州、厦门、沈阳、福州、武汉等城市。

南京主要是以中山北路、中路、东路及通往下关为主的干道建设和以新街口广场商业区开发实施,下关地区港区、车站和工厂、仓库、商业贸易设施的建设,奠定了南京城以后的总体发展格局;另外,中山陵规划,一些重要的政府建筑、车站的建筑形式(如下关车站、中央医院、南京博物馆、国民党外交部等),新住宅区(鼓楼北、湖南路)、别墅区规划,也是近代中国最具影响的实例。

南通主要是创造性的规划了一城三镇,使三镇具有不同功能,用公路和航道连接起来,并与长江海运连接,同时以当时"新式"规划了5处公园、博物馆、技工学校等,使南通成为一座新型繁荣的城市,创办人张謇当时学习西方,中西合用的思想倾向很强。但总的来看,南通一城三镇的规划构想只是一种初步的以实用为主的规划方法,这在近代城市规划建设中较为少见。

上海1936年前后的国民党上海特别市的新区规划是典型的自发式城市规划建设,1946年国民政府拟定《大上海都市计划初稿》进行上海总体规划(图1-5-4,图1-5-5),但是,这些规划的绝大部分都没有实现,规划方法也是一般地模仿当时的欧洲常用的广场、干道网,只是在中心区的规划方面,特意的采用了中国传统的大屋顶建筑形式,在当时是一种抵制外来文化侵略的表现。近代上海的建筑充斥着外来建筑的风貌,但也有一些反映本国民族传统又结合近代新技术的建筑,如外滩中国银行大楼、南京大新公司、上海青年会等。

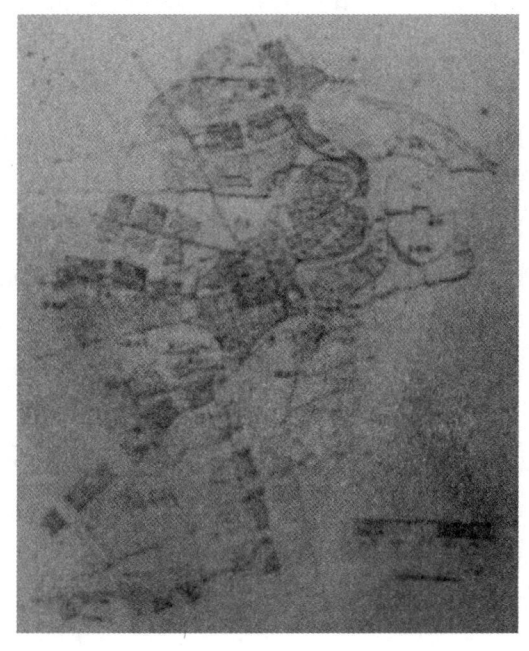
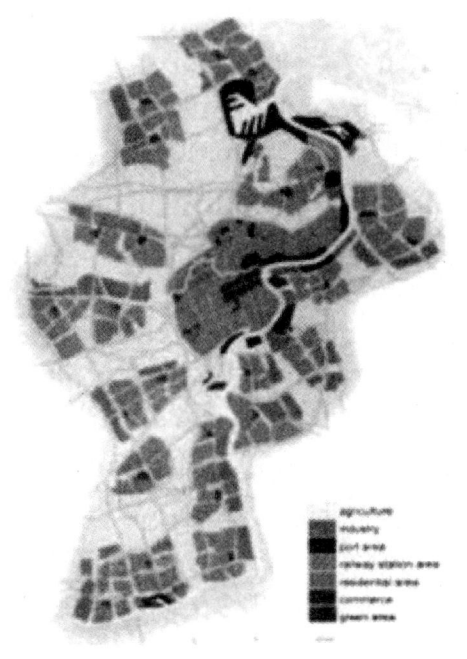

图1-5-4 大上海都市计划二稿草图　　图1-5-5 大上海都市计划三稿草图

资料来源:李百浩,郭建,黄亚平.上海近代城市规划历史及其范型研究[J].城市规划学刊,2006(6):83-91.

广州是开埠较早的城市，也是中西文化最早碰撞的城市。自发式发展规划技术在广州也有不少反映，如黄埔地区的开发，以中山纪念堂、市政府公署、革命烈士纪念堂为主轴的新的城市轴线的建立。

厦门自发式发展的重要地区在厦门本岛的西南沿海，包括东西向的厦禾路和南北向的中山路，东至厦门大学，西至员当湖，另一处是集美镇。这都是以华侨领袖陈嘉庚先生为首的海外商业界人士自主开发、规划建设的。

沈阳是近代中国在东北地区与外来势力进行直接对抗的主要城市，因此在城市中建立了一系列军工厂、铁路、商埠区、新区、官邸、洋行、戏院、澡堂、菜市场等。规划了沈阳火车总站、东站。沈阳的规划反映了较初步的、以实用为主、借抄欧洲城市规划的尝试，规划设计带有明显的原始性，强烈反映了地方性。

福州的自主发展主要受清末洋务运动办工业的影响，在离城区30千米的闽江下游马尾建立大型工厂和欧美侵略势力对抗。马尾的发展是近代中国城市开发、规划新区的重要先例。

武汉也是洋务运动的产物，因其地处内地长江、汉江交会处，地位更加重要。武汉的自发式规划主要体现在汉阳兵工厂的规划建设上。

二、外来式城市规划建设的发展

西方城市规划对中国近代城市规划的影响是深远和广泛的，使得中国近代的城市规划体现了很浓烈的西方性格。外来式城市规划建设不仅表现在租界等地区的城市规划的直接模仿，还得益于中国留学生的对于西方城市规划体系的引入和外国人的直接参与，其接受过程也是由被动的接受转变为主动的学习运用。

总的来看，外来式规划技术有3大特点：十分炫耀外国侵入者的文化，鄙视中国文化；掠夺性目的非常明显，城市最好的港湾被选为码头，最便利的地方兴建车站和工厂、仓库，环境最好的地方兴建殖民者的住区和休闲区，在沈阳、大连、上海、青岛、长春、哈尔滨等城市规划中都有体现；技术上比较成熟，方法制度规范，特别是城市中心区和外国人居住区的布局与建设大都按照制度，遵守技术规范。

外来式城市规划建设的典型地区包括各城市的租界，及东北、青岛、上海、广州等沿海城市的局部地区。东北地区的城市对外交通、铁路线网和站点布局、港口码头的建设都主要采用了国外的城市规划技术。如大连的港湾站枢纽，鞍山、沈阳工业区的工业编组线路和站场的建设等。东北地区城市中的租借地的规划，也主要采用的是国外近代城市规划技术。青岛城市总体规划功能分区明确，切合当地实际，城市南部海岸作为居住、商贸、文化用地，而西部胶州湾作为港口、码头和仓库，正是受到西方近代功能分区城市规划思想影响的产物。上海租界的城市规划管理制度严格，参照了西方研究建筑后退制度。

在城市风貌和建筑风貌上来看，近代城市也主要受到国外城市规划技术的影响。如青岛德占区的整体风貌完整、统一；沈阳、大连、长春的部分公共建筑主要由当时的一些日本青年建筑师设计完成，代表建筑包括大连车站、市署、高等法院、港湾站、秋林公司，沈阳东北旅馆、市署、沈阳满铁办公楼等。此外，北京、天津、上海、广东、武汉、重庆等地区受外来城市规划影响，风格多种多样。

图 1-5-6　海口老街

图 1-5-7　天津近代城市图

总之，中国近代城市规划建设遭受到严重挫折，不能按照自身规律不断演变前进，一度陷入混乱的局面，城市规划上表现出的殖民化、半殖民化特征较明显。近代中国城市规划从总体上讲，在吸收、发扬、创新中国古代文明方面，在曲折中探求学习西方先进技术方面取得了一定成果。但是这期间的大部分城市仍处于封建社会的经济条件下，发展缓慢。

第三节　中国现代城市规划与建设

1949年以后，中国步入一个新的历史阶段，作为一种社会经济和空间现象的城市化也开始了新的进程。中国现代的城市规划建设经历了5个发展阶段：初创（1954~1960）、挫折（1961~1972）、复苏（1973~1983）、法制建设（1984~1992）、社会主义市场经济体制建立后的规划建设（1993年以来）。

一、现代城市规划建设的初创（1954~1960）

中华人民共和国成立后，经过3年国民经济恢复，从1953年起，进入第一个五年计划时期，开始进行有计划地大规模经济建设。"一五"时期，为适应经济建设发展，满足建设新工业区、改造旧城区的需要,国家建立了城市规划设计、审批、管理的工作部门,这一阶段城市规划部门主要做了3项工作:一是沿用苏联城市规划的编制原则和程序、技术经济分析方法及构图手法,编制重点建设城市的规划;二是为国家重点建设项目设计提供技术资料;三是参加重点建设项目的联合选厂。

"一五"时期进行了大部分重点建设城市的规划编制工作,在城市总体规划方面,西安、兰州、太原、洛阳、包头等都是较好的案例。其中洛阳确定了"脱开旧城建新城,新城建成,回过头来改造旧城"的规划原则。实践证明,这对保证重点工业建设和保护历史文化名城都起了好的作用。兰州城市布局和交通干线的布置,充分发挥了因地制宜的特点,使建设项目沿黄河河谷几块阶地分布,从旧城向西到七里河、西固延伸40多千米,组成带状的分散组团结构。

至"一五"中后期,北京和各省会城市,都先后开始编制总体规划或初步规划,安排了数以百计的建设项目。到1957年末,国家先后审查批准了太原、西安、兰州、洛阳、包头、成都、大同、湛江、石家庄、郑州、哈尔滨、吉林、沈阳、抚顺、邯郸15个城市的总体规划和部分详细规划。这一时期,国家计划得到较好落实;重大建设项目选址,大都经过联合选厂,基本上符合厂址选择要求和城市规划原则;尤其是重点建设城市确定的城市性质、发展方向和人口规模分析,都较为确切;对城市空间的组织安全也较为落实。

二、现代城市规划建设的挫折(1961–1972)

20世纪60年代~70年代的城市规划受到"左"的错误思想干扰,出现了曲折和徘徊。从1960年11月召开的全国计划会议宣布"三年不搞城市规划"之后,城市规划事业走过了10余年的曲折路程。全国各地纷纷裁减甚至撤销规划机构,大量精简规划人员。这一阶段,除了四川省渡口市(现攀枝花市)因安排大型钢铁企业的急需,组织力量编制总体规划,以及河南等省部分县市编制详细规划之外,其他各省市的规划工作基本上都处于停顿状态。1963年10月,国务院总理周恩来在北京饭店召开第2次城市工作会议,明确了"各大中城市应当编制城市的近期建设规划,并且修改原有的总体规划。"这是一次为缓解城市规划事业严重困境而进行的努力,但当时由于政治运动干扰、城市多种矛盾交织,以及规划人员奇缺等原因,这一要求并未得到实现。

1964年~1965年间编制的唯一的总体规划——攀枝花市城市规划,是国家经委城市规划局和四川、云南2省规划人员的集体创作,是一个较成功的规划。攀枝花市坐落在川、滇2省交界处,金沙江两岸的深山峡谷之中,缺少建设用地,大型钢铁厂不得不布置在平均7%的坡地上,一般城市用地都超过30%的坡度。规划从实际出发,因地制宜,沿金沙江两岸按产业性质分组分片,组成6片全长33千米的带状组团。在高山峡谷之中,成功地规划了一座以大型钢铁工业为主的新兴城市。

三、现代城市规划建设的复苏及发展(1973~1983)

1973年9月,国家建委城市建设局召开城市规划座谈会。这是经过10多年规划工作停顿之后首次举行的,对全国恢复城市规划工作是一个有力推动。座谈会讨论了建委草拟的《关于加强城市规划工作的意见》《关于编制与审批城市规划的暂行规定》《城市规划居住区用地控制指标》3个文件稿。会后,西安、广州、天津等不少城市先后恢复规划机构,陆续开展起规划编制和规划管理工作。1974年5月,国家建委将重新修订的《关于城市规划编制和审批意见》《城市规划居住用地控制指标》2个文件颁发试行。这使十多年来被废除的城市规划有了新的规范性依据。

在规划实践方面,1976年年底完成了重建唐山的总体规划和详细规划,取得突出成果。唐山总体规划采取了3片建设的组合结构,以干道和铁路将老市区、东矿区和丰润新区3大片联结成一个整体。并在老市区铁路以南,保留了7处有代表性的地震遗迹,供后人参观、考察用。

1978年3月,国务院召开第3次城市工作会议。会议制定并报请了中共中央批准的《关于加强城市建设工作的意见》明确要求:"全国各城市,包括新建城镇,都要根据国民经济发展计划和各地区具体条件,认真编制和修订城市的总体规划、近期规划和详细规划,以适应城市建设和发展的需要。"

1980年10月,国家建委召开全国城市规划工作会议。会议系统地总结了城市规划的历史经验,批判了不要城市规划和忽视城市规划的错误;讨论了《中华人民共和国城市规划法草案》稿;并要求全国各城市在1982年底以前完成城市总体规划和详细规划的编制。

截止到1986年底,全国有96%的设市城市和85%的县镇编制完成总体规划。其中,设市城市中,80%的总体规划已经审批完毕。

1980年12月,国家建委正式颁发《城市规划编制审批暂行办法》和《城市规划定额指标暂行规定》2个技术性文件。

1984年,以中国城市规划设计研究院为主,协助深圳市规划局编制完成了《深圳经济特区总体规划》。此规划的特点是:考虑到城市发展的多变性和可用地沿海岸呈带状分布的特点,总体布局采取沿东西干线成组团带状发展的结构,自东向西划分为罗湖、南头、蛇口等组团,以适应不同时期,不同建设项目和投资者多种选择的需要;并使城市保持时间、空间相对独立发展的灵活性;同时符合其自然条件的特点。深圳经济特区规划,为经济大发展时期的城市规划,特别是新兴工商业城市的规划提供了一个好的范例。

四、现代城市规划的法制建设(1984~1992)

1984年1月,国务院颁布《城市规划条例》,对城市规划的任务、方针和政策,城市规划的编制和审批,旧城区改造,土地使用规划管理,建设规划管理等,做出了明确规定。这是中华人民共和国成立以来城市规划和建设管理方面的第1部法规。从此,中国现代城市规划事业步入了法制建设阶段。

1989年12月26日经人大常委会表决通过,国家主席明令公布了《中华人民共和国城市规划法》,这是中国城市规划方面的第一部国家法律。《城市规划法》颁布后,建设部立即提出要以《城市规划法》为核心,尽快建立健全包括法律、行政法规、部门规章,以及地方法规、地方规章和行政措施在内的城市规划法规体系。之后不久建设部陆续制定公布了《建设项目选址规划管理办法》《城市规划编制办法》《城市国有土地使用权出让转让规划管理办法》和《开发区规划管理办法》等文件。《中华人民共和国城市规划法》明确规定:"城市新区开发和旧区改建必须坚持统一规划、合理布局、因地制宜、综合开发、配套建设的原则。"对旧区改建,特别强调要"加强维护、合理利用、调整布局、逐步改善"。改进城市的用地使用和空间布局,使其功能更加合理,环境更加方便、舒适、优美,是现代城市规划的核心问题。中国城市规划部门为实现这一目标,作了不懈努力,成效卓著。

这一阶段的城市规划工作,在以下3方面发挥了重要的推动作用:一是有效地控制特大城市和大城市规模,促进了中小城市的发展,城镇布局渐趋合理,一些特大城市如北京、上海、天津、沈阳,积极建设卫星城镇,对控制中心城的工业和人口起到一定作用;二是推动城市综合开发和配套建设。随着城市规划法制建设的加强,城市规划在指导新区开发和旧区改建中越来越发挥出主导作用。安徽合肥长江路改造是这时期旧区改造的典型;三是较好地解决了城市近期建设与远景发展的矛盾。

五、社会主义市场经济体制建立后的规划建设(1993年以来)

1992年10月,中共十四大提出建立社会主义市场经济的改革目标;特别是十四届三中全会之后,中国经济体制改革取得了重大进展,社会主义市场经济体制初步建立;公有制为主体、多种所有制经济共同发展的基本经济制度已经确立;全方位、宽领域、多层次的对外开放格局基本形成。

改革的不断深化,对城市规划事业提出很多新的课题。经过不断地探索与实践,规划观念、规划内容和范围、规划程序、规划技法等等,都有了不少变化。有的大城市,由于市场经济发展较快和机动车保有量迅猛增加,城市对内交通和对外交通的问题日益突出,解决交通问题已经成为进一步调整城市布局结构的关键性因素。住宅商品化和房地产业的兴起,特别是城市土地有偿使用制度的实施,对城市规划和规划管理工作产生的影响极大。城市规划的视野,不仅局限在城市本身,已经从所在地区范围来研究城市的发展了。

总的来说,社会主义市场经济体制建立后的规划建设在规划认识、规划方法、规划内容上都有了重要的变化和发展:

第一,城市的地位和作用被重新认识。城市不仅是国家的生产基地和生活基地,而且是组织国家经济活动、构建健康社会、创造人居环境以及进行科学文化教育活动的重要场所。城市规划的作用,也从过去较为单一的设计性质,提高到综合协调的地位,成为政府宏观调控资源配置的工具。可以说,今天中国的城市规划已逐渐从计划经济时期的"被动式"转向了"主动式"。它既是指导城市发展的战略,又是城市建设的蓝图,也是城市管理的依据。

第二,规划方法上多方面拓展。城市规划的方法随着任务、要求的变化,从计划经济时期以设计为主向多个方面拓展。首先,表现在不同于计划经济时期仅仅以国民经济计划为根据的城市规划,新时期的城市规划已扩展到区域研究的层面,涵盖了城市经济、社会、空间、环境等各方面发展战略的制定,城市各种专项问题的研究等;其次,现代城市设计的理论和方法在中国的城市规划领域中得到重视和推进,虽然城市设计并未纳入自计划经济时期以来一直沿用的中国现行的城市规划体系之中,但是,为了塑造更宜人的城市三维实体空间,城市设计已成为一种重要的方法。新时期大量的城市设计实践,为落实城市规划、创造美好城市空间起了重要作用;最后,在城市管理上,从城市规划区内的建设项目选址、用地规划到建设方案的设计都具有相应的规范和措施。城市研究、城市设计、城市管理越来越成为中国现代城市规划的3个重要"支柱"。

第三,在规划内容上更为丰富。随着科学技术的进步以及社会生活和人们价值观念的变化,城市规划的内容比计划经济时期丰富了很多,比较突出的有:首先,在城市交通规划方面,随着大城市人口和用地规模的迅速增长,交通出行方式的变化,机动车数量的骤增以及市际间交通运输方式的发展,开始重视城市交通网络的整体规划设计,城市道路系统规划也改变过去仅以"构图形式"为主的做法,而考虑快速交通的通道、交通枢纽和停车场所的综合设置;其次,在城市历史环境保护规划中,重视城市历史文化遗址,保护城市历史文脉。历史文化名城都编制了专门的保护规划,与城市总体规划同步审批;最后,在城市居住区规划方面,随着国家经济体制逐步转向市场经济,城市住宅的建设量大为增加。最大的变化是住房体制的改革,从福利性转变为商品性,住房的类型、标准、形式多样化,居住区规划从设计理念、空间组合、设施配置、环境处理等一系列要素上都起了极大的变化。城市居住环境、生活质量得到很大提高。

第四,在规划理念上科学创新。主要体现在3个方面:一是对全球城市化进程和城乡居住环境问题的关注增加,以及世界范围环境保护意识的崛起和可持续发展思想的提出,对中国现代城市规划理念的形成产生了重要的影响,提出了人居环境的理念;二是城市发展方针的调整。面临21世纪全球经济发展的新形势、新格局,中国的城市发展方针在近年来已审时度势地作了一定的调整,由"严格控制大城市,积极发展中小城市"转变为强调要普遍发挥各类、各级城市的积极作用及有重点、有条件地发展小城镇;三是"多学科交叉融贯"方法论的建立。计划经济时期设计性质的城市规划以建筑、园林和工程学科为基础,而今天的城市规划已经在很大程度上呈现出新的"面貌",地理学、经济学、社会学、环境科学、信息科学、决策科学等很多学科和它们的先进理论和技术已运用到规划中来。一种在现代条件下的"交叉融贯"的方法论应运而生,并开始建立起来。

城市规划是人们在对城市深刻认识的基础上,对城市(可预见的)未来的策划和安排,在中国现代城市发展的新的征程中,城市规划将会作出更大的贡献。

参考文献:

[1] 周一星. 城市地理学[M]. 北京:商务印书馆,1995.

[2] 贺业钜. 中国古代城市规划史[M]. 北京:中国建筑工业出版社,1996.

[3] 许学强,周一星,宁越敏. 城市地理学[M]. 北京:高等教育出版社,1997.

[4] 李百浩. 中西近代城市规划比较综述[J]. 城市规划汇刊,2000(1):43-44.

[5] 李百浩、韩秀. 如何研究中国近代城市规划史[J]. 城市规划,2000,24(12):34-36.

[6] 邹德慈. 中国现代城市规划发展和展望[J]. 城市,2002(4):3-7.

[7] 张器先. 中国现代城市规划事业的发展历程[J]. 城乡建设,2004(6):42-45.

[8] 汪德华. 中国城市规划史纲[M]. 南京:东南大学出版社,2005.

[9] 郑卫,丁康乐,李京生. 中国古代城市规划制度变迁与城市意向模式转型[J]. 城市规划学刊,2009(1):103-108.

[10] 黄立. 中国现代城市规划历史研究(1949~1965)[D]. 武汉:武汉理工大学,2006.

[11] 郭建. 中国近代城市规划范型的历史研究[D]. 武汉:武汉理工大学,2003.

第六章　中国城市问题与可持续发展

现代城市集聚了区域内的人口、物质、资金、信息和技术等生产生活要素,具有高水平的基础设施和高效率的财富积累能力,是人类生产生活的主要场所和区域社会经济活动的中心。20世纪90年代以来,经济的快速增长,尤其是市场经济的发展为中国城镇化的快速推进注入了极大的动力。据第六次人口普查结果显示,截至2010年末,中国的城镇化率已达到49.68%。在城市繁荣发展的同时,一些在发达国家城市发展过程中出现过的资源环境、经济、社会和文化等方面的问题也相继在中国凸显,如何实现城市的健康、持续发展,成为了政府和学者共同思考和迫切需要解决的现实问题。

第一节　中国城市问题

一、城市资源环境问题

1. 城市资源问题

中国虽然国土面积广阔,资源总量丰富,但是庞大的人口数量使人均资源占有量相对不足,多种资源的人均占有水平均低于世界均值。加之近30年来工业化和城市化进程的快速推进和粗放型、低效率的资源利用方式,资源问题逐渐成为制约中国城市健康持续发展的重要瓶颈。

(1) 城市水资源问题

中华人民共和国成立以来,中国城镇直接取用水的增长速度一直快于城镇人口的增长速度(图1-6-1)。到2004年,中国缺水城市达到370多个(图1-6-2),年缺水量近64亿立方米。中国的缺水城市主要以资源型缺水为主,同时还存在着大量的工程型缺水城市和水质型缺水城市。

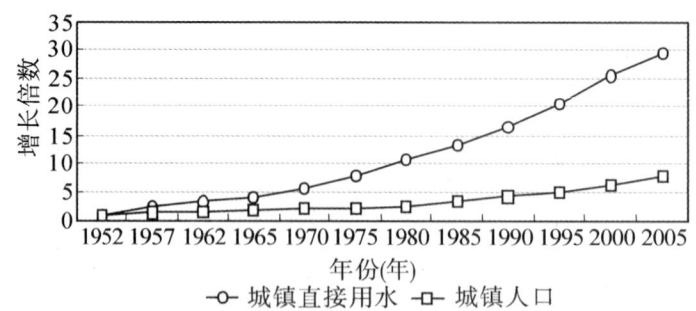

图1-6-1　中国城镇直接用水和城镇人口增长情况(1952~2005)

数据来源:根据《中国统计年鉴》《中国水资源公报》等相关数据整理.

水资源短缺不仅直接造成城市用水紧张,影响城市的正常生产生活,还引发了地面沉降、城市地下漏斗等一系列城市问题,危害到城市生态平衡和道路、建筑安全,甚至迫使企业或城镇搬迁。

另外，由于城市用水和工业用水的经济效益高于农业用水，大量原本应该流入农田的灌溉用水被截流进入城市和工厂，在一定程度上导致粮食减产，危害国家粮食安全。

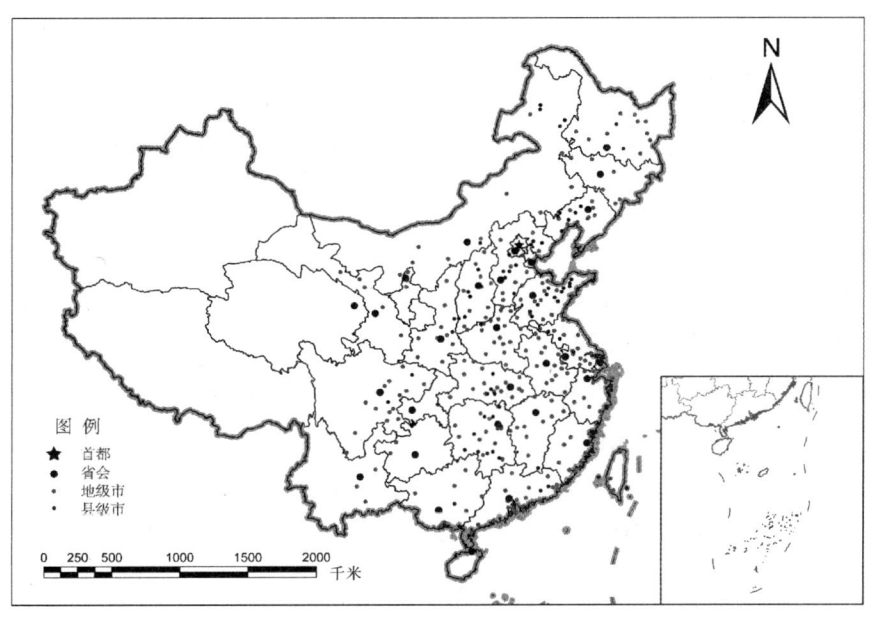

图 1-6-2　中国缺水城市分布图（2004）

数据来源：张雷．中国城镇化进程的资源环境基础［M］．北京：科学出版社，2009．

（2）城市能源问题

随着现代化水平的提高，城市对能源资源的依赖性将表现得愈发突出。中国是一个能源消费大国，但是煤炭、石油和天然气的人均可开采量分别只相当于世界人均水平的55.4%、11.1% 和4.3%。同时，能源利用效率低下，能源总利用率不到30%。因此，能源资源将是制约未来中国城市快速、可持续发展的重要瓶颈要素。2000年以来，"电荒""油荒"等表征城市能源供需矛盾的现象频繁出现，全国多处出现电力供应紧张、汽油和柴油短缺，能源价格也有了大幅增长。中国当前和未来要实现城市能源的稳定供给，就必须调整产业结构，提高能源利用效率，积极开发新能源（表1-6-1）。

表 1-6-1　中国城市能源消费现状与预测

年份	1985	1988	2003	2005	2010	2020
全国能耗/亿吨标煤	7.6	9.3	17.1	22.5	26.0	35.0
全国人口/万人	105 851	111 026	129 227	130 756	140 000	155 000
全国人均能耗/(吨标煤/人·年)	0.72	0.84	1.32	1.89	2.00	2.26
城市人口/万人	25 094	28 661	52 376	56 212	63 000	75 000
城市化率/%	23.71	25.81	40.53	43.0	45.00	48.38
城市人均能耗/(吨标煤/人·年)	2.665	2.840	2.997	—	3.841	4.433
能源增长率/%	—	6.78	14.03	—	6.38	3.23

（3）城市土地问题

在城市化快速发展的今天，中国的城市土地利用领域存在着严重的城市盲目扩张、土地资源浪费、土地利用结构不合理、效益低下和土地资源开发破坏生态环境等现象。集中表现为城市用地侵占耕地、建设用地总量失控、开发区建设占地失控和土地圈占撂荒等。此外,近年来由城市土地资源开发引发的生态环境问题日益凸显,出现了土地肥力下降、土地沙化和盐碱化等现象,严重制约了城市的可持续发展。

2. 城市环境问题

对于城市这种以人工生态系统为主导的复合生态系统来说,城市环境问题的实质是指不恰当的人类开发行为对大气、水、土壤等生态环境要素自然平衡的破坏,最终使城市环境向着不利于人类生存和发展的方向演化。现阶段中国的城市环境问题主要表现为城市空气污染、水污染、噪声污染、固体废弃物污染和光污染等。

(1) 城市空气污染

城市空气污染是指人类生产和生活活动向大气排放的各种污染物超过了城市环境所能容纳的极限,使城市空气的质量发生恶化,进而对人们的生产、生活、健康及建筑物、设备财产等方面直接或间接地产生破坏性影响。中国以煤炭为主的能源结构,造成城市空气污染主要体现出煤烟型污染特征:即城市大气环境中总悬浮颗粒物浓度普遍超标、二氧化硫污染保持在较高水平。21世纪以来,中国的城市空气质量呈现出好转的发展态势。机动车尾气成为中国城市大气新的重要污染源。

表1-6-2显示了1999年~2009年中国的城市空气质量状况。对比分析可知,近10年来中国的空气总体质量有所改善:①城市空气质量达到国家二级标准的城市数量增加了11.4个百分点;②酸雨的空间分布格局虽未发生明显变化,但强度有所减小;③废气中的固体污染物排放状况总体上得到了控制,但二氧化硫的排放量有所增加。

表1-6-2　中国城市空气质量对比(1999~2009)

		1999年	2009年
空气总体质量	达到国家二级标准的城市所占比例	66.9%	78.3%
	达到国家三级标准的城市所占比例	40.5%	16.2%
酸雨	分布状况	长江以南,青藏高原以东的广大地区及四川盆地。华中、华南、西南及华东地区存在酸雨污染严重区域,北方局部地区出现酸雨,酸雨区面积占国土总面积的30%	主要集中在长江以南、青藏高原以东地区,主要包括浙江、江西、湖南、福建、重庆的大部地区以及长江、珠江三角洲地区
	pH<5.6的城市所占比例	40.6%	38.7%
废气中的主要污染物排放状况	二氧化硫排放量/万吨	1857.5	2214.4
	烟尘排放量/万吨	1159.0	847.2
	工业粉尘排放量/万吨	1175	523.6

数据来源:1999年、2009年《中国环境状况公报》。

(2) 城市水体污染

水体污染是指外来物质进入水体的数量达到破坏水体原有用途的程度。目前,中国的绝大多数城市都存在着或重或轻的水体污染现象。水体污染的主要来源是城市工业废液和居民生活废水,近十几年来,居民生活废水在城市废水中所占的比重迅速增大。

目前,在中国的城市陆地地表水系中,水体污染主要呈现以下特征:①以面源污染为主;②北方水系污染较为严重,南方水系水质总体良好;③城市周边湖泊(水库)的富营养化问题突出。在城市地下水水系中,地下水水质好坏分布较为分散,总体说来是深层地下水水质优于浅层地下水,开采程度低的地区优于开采程度高的地区。在中国4大海区中,黄海和南海水质基本良好,渤海、东海分别为轻度污染和中度污染。

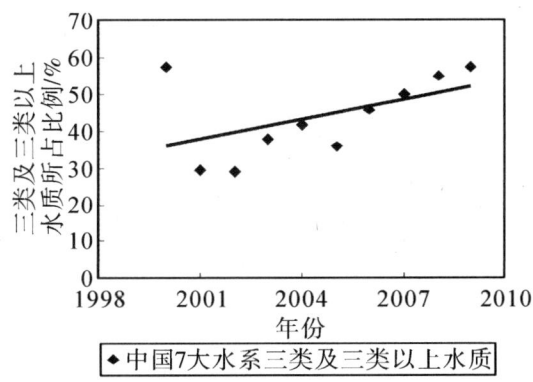

图1-6-3 近10年中国7大水系水质变化状况(1999~2009)

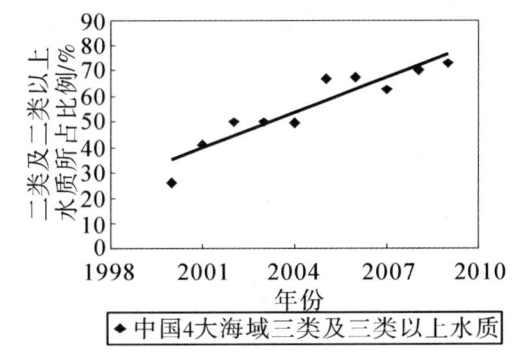

图1-6-4 近10年中国四大海域海水水质变化情况(1999~2009)

(3)城市噪声污染

20世纪80年代,中国的城市噪声环境质量曾一度整体下降,主要原因是没有足够重视日益突出的道路交通噪声。自1995年,中国开始对城市道路交通噪声和区域环境噪声进行监测,城市噪声污染状况有所好转。1999年,中国区域噪声环境质量较好的城市比例为59%,至2009年,该比例上升到76.1%。目前,中国城市环境噪声控制正在由固定噪声源治理向流动噪声源治理转移,由大环境的噪声治理向小环境的噪声治理转移。

(4)城市固体废弃物污染

城市固体废弃物主要来自工业固体废弃物、建筑固体废弃物和生活垃圾。中国城市生活垃圾的产生规模和速度增长迅速,当前存量已近70亿吨,年增长率高达10%,居世界首位,有1/3以上的城市均深陷垃圾围城的困境。目前,中国对固体废弃物的处理还以填埋和简单处理为主,远远不能满足城市发展的需要。而且由于长期缺乏科学的管理体系和配套的处理处置技术,大部分固体废弃物未经处理而直接填埋,造成严重的环境污染和潜在危机。

（5）城市光污染

城市光污染是指现代城市产生的过量或不适当的光辐射对人类生活和生产环境造成不良影响的现象,主要是指白天城市里的装饰用料反射强光以及夜幕降临后,商场、酒店上的广告灯、霓虹灯光对人视觉的影响等。城市光污染可以划分为白亮污染、人工白昼和彩光污染3类。相关研究表明,光污染会对人眼的角膜和虹膜造成伤害,引起视疲劳和视力下降。中国高中生近视率达60%以上的主要原因是视觉环境受到污染。此外,城市光污染会影响司机的视线,由城市光污染造成的交通事故频现。

二、城市经济问题

中国的城市经济问题主要表现为注重城市实体经济的增长,忽视了服务经济的发展,城市的自我发展能力和可持续发展能力不足。具体表现在以下2个方面:

第一,注重工业和建筑业的增长,忽视服务经济的发展。长久以来,中国的城市经济主要依靠工业产业的增长,造成城市物耗、能耗过高,城市生态系统压力过大,不利于城市经济的持续发展。发展服务经济可以从根本上改变城市经济高能耗、高物耗、高资源需求量的局面,从而实现城市资源、生态与经济的良性循环。

第二,注重生产能力建设,忽视城市经济自我发展能力的培养。中国的城市经济往往重视城市主要产业、主要企业的生产产量和产品价值的增长,而对培育城市经济自我发展能力的相关问题,如城市规划与社区发展、人力资源培养与开发、城镇居民消费模式等问题重视不够。

三、城市社会问题

1. 城市住宅问题

近十几年来,城市化的高速推进带来了城市人口的迅速膨胀,使城市住宅需求量激增,住房价格持续攀升。但是,由于居民收入与房屋价格的失衡,当前,中国许多城市的住宅有效需求不足。为了解决这一问题,国家出台了发放住房补贴、开放住宅二级市场、改革租金、进一步发展住房抵押贷款、建设廉价租赁房等一系列政策。城市住宅问题除了表现为房价居高不下,住房紧张外,还表现在某些开发商在市场利益的驱动下,片面追求住房建设速度和规模,致使房屋质量低劣,使用寿命减短。

2. 城市就业问题

中国城市就业问题主要表现在以下几个方面:

第一,人口基数大,劳动力资源过剩。1996年~2004年中国经济活动人口增加了7058万人,年均增长1.26%,预计未来几年里,劳动力供给数量越来越庞大,就业形势不容乐观。

第二,就业难点多。中国现阶段主要有3大群体的就业问题直接关系到城市的和谐与可持续发展,即进城务工的农村劳动力、下岗职工和高校毕业生。

第三,就业难与用工荒并存。2004年,珠江三角洲、长江三角洲等相对发达地区先后出现了"民工荒""技工荒"现象。这与中国的人力资源培育结构、国家劳动力保障制度、西部大开发政策、中央新农村政策和企业的管理制度等密切相关。

3. 城市交通问题

由于城市基础设施和公共服务水平严重滞后于城市化速度,城市交通问题成为当前困扰中国各级城市的重要问题。中国的城市交通问题首先表现为交通拥堵。近年来,中国家用汽车数量迅速增长,但由于建设速度、城市空间与布局结构的限制,大部分城市的道路承载力不能满足需求,交通拥堵现象十分普遍和严重。另一方面,城市停车场的容量也明显不足。许多城市不得不采取限行、提高停车场收费等牺牲市民生活品质和提高市民交通成本的措施来缓解城市交通压力。其次,城市交通问题还带来了污染及其他伴生的环境问题,如过量的交通流量会导致空气污染、噪声加剧,会引发对老建筑物有破坏作用的强烈振动和城市视觉冲击等。

4. 城市贫困问题

城市贫困人群是指城市中经济收入和消费支出均远低于社会平均水平,难以或只能勉强维持基本生活的城市居民。现阶段中国在经济体制、产业结构、社会福利等方面的转型,在一定程度上促使了城市贫困现象的产生。从人员构成看,中国的贫困人口主要包括下岗人员、失业人员、在职低收入人员、"三无"人员、失地农民及其他人员。从行业上看,城镇贫困人口集中在制造业、批零餐饮业、社会服务业、建筑业等低工资、低收入行业。从地域上看,中国的城市贫困现象几乎在各个城市都存在,在中西部地区较为集中,并有进一步向中西部集聚的趋势。林、矿等资源枯竭型城市是城市贫困问题的集中高发区域。

5. 城市犯罪问题

进入21世纪以来,中国城市内部的贫富差距不断增大,城市犯罪成为影响城市和谐发展的重要问题。城市低收入人群、贫困群体和外来务工人员成为城市犯罪的高发人群,其集聚地也成为城市治安的重点监测区域。城市犯罪多以暴力犯罪为主,近年来又出现了以暴力的形式危害社会公共安全的发展倾向。城市犯罪给社会的稳定和人民的生命、财产安全带来了巨大的危害,应从关注城市弱势群体、健全财富分配机制等方面予以重视和根治。

6. 城市人口老龄化问题

中国已于1999年10月提前进入人口老龄化国家行列,而且人口老龄化速度世界罕见。中国的人口老龄化现状向经济、社会发展、社会福利制度和医疗制度都提出了严峻的挑战。在经济发展方面,老龄化的人口结构将加重中国的经济负担,并且劳动人口减少,影响社会财富的创造,同时也会使社会消费发生相应变化。在社会发展方面,老龄人口数量的增加对社会保障制度、医疗保险制度、闲暇活动、文化教育、居住环境乃至法律法规等都会产生新的需求。在社会福利方面,数量巨大的老年人口养老问题将主要依赖于社会福利制度解决,而中国现有的社会福利制度和机构在观念和管理方面对养老社会化的准备严重不足。在医疗保险方面,老年人患病率高,恢复慢,住院时间长,对医护人员和设施的需求量将增加,而且老年患者经济收入低,医疗费高且得不到保障。

四、城市文化问题

中国在城市建设的过程中往往只注重经济增长等一系列硬性指标,而忽略了提升城市的文化保护和建设,具体表现在以下几个方面:首先,是城市文化特色的缺失,即在城市建设和发展中盲目模仿,使城市的地域特色、民族特色和历史文化特色被模糊或消失,同时城市的风俗习惯、地域意识也逐渐淡化。这种"千城一面"的直接后果就是城市历史的断裂和城市个性的消亡;第二,城市文化资源的保护不力,开发的深度与广度有待扩展。部分城市受经济利益的驱动将公益文化设施改为商业用途,在文化资源开发中存在着"对有形资源重视多,对无形资产利用少;对现有资源使用多,对潜在资源挖掘少;对自家资源管得多,对盘活资源协商少"的现象;第三,城市化进程中对文化建设重视不够,文化基础设施不足,群众性、公众性的文娱活动开展较少。

第二节　中国城市可持续发展

一、城市可持续发展的概念与内涵

1. 提出背景

中国朴素的可持续发展理念源自于"天人合一、天人和谐"的思想。从这种思想出发,得出了人要与万物为友,与自然和谐一致的结论。这与现代的可持续发展思想在精神内核上是一致的。工业革命以来,高效的城市生活在给人们带来效益和便利的同时也产生了许多负面效应,如城市住房拥挤、交通堵塞、就业压力增大、环境污染加重、贫富差距扩大和社会治安严重恶化等问题。城市病的出现影响了城市居民的生活质量,增加了城市的运营管理成本,产生了一系列的社会经济问题。在这种背景下,当代可持续发展理念便应运而生了。

2. 概念及内涵

目前,一般认为"可持续发展"的正式定义源于1987年世界环境与发展委员会向联合国提交的一份题为《我们共同的未来》的报告,即"建立在使资源环境条件得以持续和发展的基础上,既满足当代人的需要,又不对后代人满足其需要的能力构成危害"。可持续发展强调长远利益和代际公平,同时涵盖了环境、经济和社会3方面的内容。它的核心思想是:人类应协调人口、资源、环境和发展之间的相互关系,在不损害他人和后代利益的前提下追求发展。

城市作为人口、经济、信息高度聚集的地理空间,它的可持续发展是人类社会实现可持续发展的关键所在。城市的可持续发展可以定义为:在一定的时空尺度上,以最少的劳动、技术、资金和资源消耗,取得城市增长、城市结构变革和城市进步所产生的集聚效益,从而既满足当代城市的发展需求,又满足未来城市的发展需求。中国政府于1994年通过《中国21世纪议程》,提出了中国城市可持续发展的目标是:建设规划布局合理、配套设施齐全,有利工作、方便生活,住区环境清洁、优美、安静,居住条件舒适的城市。自从城市可持续发展这一命题提出后,不同的学者从不同的角度对其内涵进行了深入的讨论,概括如下:

(1)资源角度　有学者认为,城市可持续发展是一个城市不断追求其内在的自然潜力得以实现的过程,其目的是建立一个以生存容量为基础的绿色花园城市。另有学者认为,城市要想可持续发展,必须合理地利用其本身的资源,寻求一个友好的使用过程,并注重其中的使用效率,不仅为当代人着想,同时也为后代人着想。这2种观点均从城市发展的基础——资源这一角度入手,着重说明了资源及其开发利用程度间的平衡是可持续发展必须遵循的原则。

(2)环境角度　从环境角度出发,认为城市可持续发展是公众应不断努力提高区域及自身社区的自然、人文环境,同时为全球可持续发展作出贡献的过程。恰林基指出绝对不能随意地把这些环境问题留给后代或更大范围、甚至全球,这是一种责任和义务。他从这一特性出发称可持续城市为责任城市。环境问题是城市可持续发展所面临的一个基本问题,需要用环境生态规律来解决。

（3）经济角度　经济学家认为，可持续发展是："持续经济增长或社会福利水平的持续提高""社会总资产（包括自然资产和人造资本，如技术、机器等）不随时间变化而降低的一种状态""在环境资产不致减少的前提下，资源利用的效益达到最大化"。还有的学者认为城市可持续发展是围绕生产过程这一中心环节，通过科学地布局农业、工业、交通等城市活动，促使城市新的结构、功能与原有结构、功能及其内部的和谐一致，这主要是通过政府规划行为达到。世界卫生组织（WHO）提出，城市可持续发展应在资源最小利用的前提下，使城市经济朝更富效率、稳定和创新方向演进。

（4）社会角度　世界自然保护同盟（INCN）、联合国环境规划署（UNEP）和世界野生生物基金会（WWF）（1991）在其发表的报告中提出可持续发展的定义为："在不超出生态系统蕴涵能力情况下改善人类的生活品质"。它着重论述了可持续发展的最终落脚点是人类社会，即改善人类生活品质，创造美好的生活环境。耶夫塔克提出，城市可持续发展在社会方面应追求一个人类相互交流、信息传播和文化得到极大发展的城市，以富有生机、稳定、公平为标志，而没有犯罪等。恰林基也指出可持续城市社会特性包含充分发挥生态潜力为健康的城市服务和市民广泛参与城市建设2个方面。

二、中国城市可持续发展面临的挑战

由于中国人口众多，且农业人口所占比例大，城市化起步晚，所以，中国城市可持续发展过程中面临着来自经济、社会、资源、环境等各个方面的挑战。主要表现为：在经济方面，城市化水平滞后于经济发展，城市产业结构亟待升级，社会经济地域发展不平衡，东西部经济社会发展水平差距较大；在社会发展方面，城市人口老龄化、就业与城市贫困带来的各种挑战，人口素质有待提高；在资源环境方面，城市资源短缺与浪费叠加，环境恶化状况不容乐观。关于此问题在前面第一节城市问题中已经具体论述，在此不再赘述。

三、城市可持续发展战略的实施途径

1. 在认识领域，建立可持续发展的新型伦理观

要保障可持续发展的顺利实施，首先必须在人们的认知领域有所突破，建立可持续发展的新型伦理观。具体包括以下几个方面：首先要确立人与自然、人与人和谐相处的理念；其次，形成与可持续发展理念相符合的生活时尚，崇尚绿色环保的生活方式；再次，确立全新的幸福观，注重人与人之间思想感情的交流；最后，培育与可持续发展相适应的伦理规则，树立对子孙后代的责任感。

2. 在制度领域，推进制度创新，为城市可持续发展建立制度保障

在经济领域实现可持续发展，必须转变经济体制，建立科学的现代企业管理制度，使企业成为自主经营和自负盈亏的商品生产者，这样才能避免不顾经济效益而只关注产值增加的误区，使企业走向集约式的高效增长道路。在资源环境领域，政府可以通过市场干预手段与行政手段相结合的方式来保障城市的可持续发展，如制定并强制执行环境保护标准，根据资源环境有偿使用原则征收环境税，按开发、利用、破坏资源环境的程度征收环境费，以及对有利于环境改善的行为给予补贴等。

3. 在城市规划领域，充分体现可持续发展思想

作为现代城市建设与管理的基本依据，城市规划应始终把可持续发展思想贯穿其中。霍华德

(Howard)的花园城市、赖特(Wrigh)的广亩城市、佩里(Perry)的邻里小区和戈登斯(Geddes)的生态城镇规划都表现了城市规划学者们对城市可持续发展问题的重视。在现代城市规划领域里,20世纪80年代末与90年代初期,美国部分新锐规划师提出了"新城市主义""城市村庄"以及欧洲社区委员会提出了"紧凑城市"等概念,他们从土地利用角度,表现了既要为城市居民提供良好的生活空间,注重生态环境质量,又要高效利用城市土地的思想,现已成为指导当代城市规划的重要理念。

4. 在管理领域,充分调动社区和公民的力量

公民与社区是城市的基层细胞与单元,在城市可持续发展过程中扮演着越来越重要的角色。对公民与社区进行可持续发展的宣传、教育和培训,使广大居民明确保护城市可持续发展能力的权利和责任,是落实可持续发展的重要途径之一。如建设绿色社区、节能节水、垃圾分类、绿色消费等,把城市的可持续发展战略落实到了公民的日常生活之中。与此同时,要充分发挥公众参与的作用和舆论工具的监督作用。重大建设项目特别是对民众可能有危害的项目,进行可行性论证和群众听证。

第三节 中国城市发展展望

中国未来城市的发展应以建设和谐城市和增强城市的可持续发展能力为指导思想,在关注传统城市之间、城乡之间关系的同时,关注新城市空间的探索。关注城市的资源环境消耗,建设生态城市和低碳城市。关注城市社会结构和居民生活质量,建设和谐安定的幸福城市。

一、在内部空间领域,实现城市之间、城乡之间统筹发展

随着信息化和全球化的快速发展,现代城市被纳入到一个庞大的发展体系之中,城市之间的作用关系空前加强,以城市群为代表的城市集团成为区域竞争、乃至全球竞争的主体。截至2002年,中国已形成13个城市群,沿海地区的城市群发展水平较高,而中部和西部的城市群发展水平较低。相较于单个城市,城市群有利于实现资源的合理配置和环境的可持续发展,是中国未来城市发展的重要方向。首先,城市群的高集聚效应、高能级的经济吸引力和辐射力有利于实现资源的集约利用和最佳配置;其次,城市群对其周围地区有强烈的辐射带动作用;第三,发展城市群有利于地区间实现产业结构的合理分工、优势互补。

城乡二元结构是当前中国的重要国情,截至2009年底,农业人口仍占中国人口总数一半以上。因此,积极发展中小城镇,实现城乡统筹发展是中国未来城市发展的另一重要方向。中小城镇建设应产业先行,通过产业转型和转移推动农村非农化,如发展特色农业,提升新型工业、合理发展农村第三产业,逐步实现农村工业化和农业产业化,提高农业的科技含量和实现技术创新等。

二、在外部空间领域,寻求新的广阔发展空间

人口规模不断扩大,但是地球的容纳空间却十分有限,所以,许多发达国家已经把寻求城市空间的触角拓展到海洋和太空,这也是未来中国城市寻求发展空间的探索方向。在部分国家,建设海洋城市已经成为现实。例如,日本神户的人工岛以及在纽约、伦敦、大阪、阿姆斯特丹、香港等城

市建设的海上机场。未来的开发还要深入海底,建立没有污染的海底城市,或者在寸草不生的大沙漠上建立人工的生态城市。有的国家已经开始了实验,例如,在美国佛莱蒙州的威鲁士基,就已建起一座有巨大顶盖的自动控温城市。在太空建立空间站则是很多年以前的事情了,而未来的太空城市规模将更大,容纳的人口将更多。可见,从海底到遥远的太空,人类寻求新的城市发展空间的梦想正逐步变为现实。

三、在资源环境领域,建设生态城市与低碳城市

近几十年来,生态城市和低碳城市等理念已逐渐被人们所熟悉、倡导和践行。他们的提法虽然不同,但是其精神内涵一致,即主张建立宜居的城市生活环境,实现人与自然的和谐相处。生态城市是以环境容量和生态承载力为前提,从全局和系统的角度应用生态学原理,建立起来的人与自然和谐共处,物质循环良好,能量流动畅通的生态系统。目前,建设生态城市行动较早的发达国家已经取得经验和成效,但在世界范围内对于生态城市的建设仍然处于总体探索阶段。中国陆续提出并广泛开展的国家卫生城市、园林城市、环境保护模范城市、文明城市等创建工作,以及部分城市间组织的山水城市、森林城市等特色城市建设活动,都分别从不同领域积极探索生态城市建设,积累了有益经验。2009年,随着哥本哈根联合国气候大会的开幕,低碳城市成为一种全新的城市理念,在这种理念的指导下,循环经济、绿色经济、低碳经济、两型经济等概念迅速涌现出来,其本质内涵为"节能与减排",其发展的目标为"人与自然的和谐共生共存",其衡量标准为"低投入、低能耗、低排放、高效益"。

四、在社会发展领域,构建安定和谐的幸福城市

改革开放30年来的经济高速增长为和谐城市建设奠定了物质基础,今后中国城市发展的方向,是逐步建立起一个较为完善的公共服务和社会安全保障体系,构建安定和谐的幸福城市。应从就业、分配、"三农"、社保、住房、医疗卫生、教育、环境和社会福利等10多个方面,全面加强民生建设。需要注意的是,构建和谐城市并不等于实现社会绝对公平,社会和谐是相对的,差异性和谐才是现实的和具体的。考察差异性和谐存在的历史必然性及其现实维度,探寻解决差异性和谐问题的有效措施,将是中国和谐城市建设过程中亟需关注和解决的重要问题。

参考文献:

[1] 段小梅. 我国城市可持续发展中的环境问题[J]. 城市问题,2002(2):49.
[2] 彭里. 论我国土地资源的可持续利用[J]. 水土保持研究,2006,13(2):30-32.
[3] 李洪欣,宁永胜. 我国的能源形势与和平发展战略[J]. 改革与战略,2009,25(7):44.
[4] 卢忠宝. 环境约束下中国经济可持续增长研究[D]. 武汉:华中科技大学,2010(5):70.
[5] 梁竞,张力小. 中国省会城市能源消费的空间分布特征分析[J]. 资源科学,2009,31(12):2087-2089.
[6] 王明浩,肖翊. 对城市住宅若干问题的剖析[J]. 城市发展研究,2010,17(9):8-12.
[7] 罗哲,易艳玲. 和谐社会视角下的中国城市就业问题探讨[J]. 城市社会,2007,3(14):82-84.
[8] 何飞龙. 大学生就业难的原因及对策研究[J]. 教育与职业,2011,1(3):86.
[9] 汪克夷,汪颖. 我国大城市交通发展的问题及对策[J]. 城市交通,2003(2):42.
[10] 张帆. 城市发展与城市交通网络的扩张[J]. 统计与决策,2004(11):63.
[11] 王旭. 对我国城市贫困问题的探析[J]. 甘肃农业,2006(10):91.

[12] 王发曾. 城市发展进程中的犯罪问题究因[J]. 中州学刊,2008(1):100-102.

[13] 马传栋. 论城市经济的可持续发展[J]. 理论学刊,2002,9(5):61-63.

[14] 肖文,王平. 我国城市经济增长效率与城市化效率比较分析[J]. 城市问题,2011(2):16.

[15] 杨章贤,刘继生. 城市文化与我国城市文化建设的思考[J]. 人文地理,2002,8(4):27.

[16] 向德平,田北海. 论我国城市文化建设存在的问题及对策[J]. 武汉大学学报(社会科学版),2003,3(2):254.

[17] 王立,王兴中. 城市社区生活空间结构之解构及其质量重构[J]. 地理科学,2011,1(31):224-226.

[18] 张俊军,许学强,魏清泉. 国外城市可持续发展研究[J]. 地理研究,1999,6(2):207-208.

[19] 凌亢. 中国城市可持续发展评价理论与实践[M]. 中国财政经济出版社,2001(7):11-14.

[20] 郭培章. 中国城市可持续发展研究[M]. 北京:经济科学出版社,2004:12-17.

[21] 海热提,涂尔逊,杨志峰,王华东. 关于城市可持续发展理论的思考[J]. 中国环境科学,1998(18):13-14.

[22] 周航,钱久军. 城市建设和城市的持续发展[J]. 宁波大学学报(理工版)1998,11(1):91-94.

[23] 徐清梅,张思锋. 中国城市群几个基本问题的观点述评[J]. 城市问题,2002(1):19.

[24] 项光勤. 世界城市圈理论及其实践对中国城市发展的启示[J]. 世界经济与政治论坛,2004(3):17.

[25] 李忠盛. 扬州市推进城乡统筹发展的思路及启示[J]. 宏观经济管理,2010(8):72.

[26] 苗长虹,王海江. 中国城市群发展态势分析[J]. 城市群,2005,4(12):12.

[27] 高静,李爱莉,卢玉敏. 关于我国生态城市建设的理性思考[J]. 特区经济,2011(2):298-299.

[28] 邹玉娟. "低碳化"与中国经济可持续发展[J]. 生态经济,2010(7):28-29.

[29] 黄滔. 发展循环经济建设低碳城市[J]. 资源环境,2010(6):36.

[30] 胡利平. 和谐社会建设中需要重视的差异性问题[J]. 西北师大学报(社会科学版),2009,6(46):100-102.

第二篇

中国城市研究概述

- 中国城市地理学研究
- 中国古代城市研究
- 中国的城市分类研究
- 中国市制改革研究
- 中国城市土地利用研究
- 中国城市规划与城市化研究
- 中国城市问题与可持续发展研究
- GIS 空间分析技术在城市研究中的应用
- 中国城市研究展望

第一章　中国城市地理学研究

一、中国城市地理学的发展历程

中国城市研究主要涉及经济、社会、地理、建筑等多个学科，其中地理学尤其城市地理学的研究成果对城市发展作出了巨大贡献。城市地理学是研究在不同地理环境下，城市形成发展、组合分布和空间结构变化规律的科学，它既是人文地理学的重要分支，又是城市科学学科群的重要组成部分。城市地理学的研究对象是城市地域，其任务就是去揭示和预测世界各国、各地区城市现象发展变化的规律性。相对于地理学悠久的发展历史以及西方城市地理学的研究而言，中国的城市地理学起步较晚，到目前为止仍然是一门年轻的学科。作为人文地理学的重要分支，城市地理学在中国的发展也随着人文地理学的发展而变化，大致可以划分为下面3个阶段。

1. 1949 年以前

中国自秦汉以后，基本上是一个中央集权的封建统一国家，经济也基本是持续发展的，这有力地推动了中国地理学的发展。《汉书·地理志》等的出现标志着中国传统地理学的形成。中国奴隶社会时代的一些早期典籍，如《尚书》《礼记》《周礼》《诗经》《管子》等，就已经记载了奴隶主阶级对城邑、聚落的一些地理知识。这方面的许多珍贵记录集中反映在先秦时期城址选择的地理原则和城市规划的思想等方面。在以后近2000年中，中国传统地理学主要在疆域地理志、记述和考察国内与域外地理、地图、方志等方面取得了许多成果。同时，由于传统地理学的束缚，中国地理学长期停滞在描述的阶段，缺乏理论概括。

19世纪初，随着西方传教士的东来，一些西方地理学的汉文小册子开始出现在南洋、广州、福州、宁波与上海，这些以研究全地球的地理状况及其分布规律为特点的记述，受到了以文献考据为基本方法的中国地理学学者的重视。鸦片战争结束以后，许多人认为清政府失败的原因是由于科学技术的落后，所以在各方面提倡向西洋学习，故这一时期的中国地理学受欧美的影响最为深刻。一方面中国派遣许多留学生赴欧美留学，包括学习地理；另一方面有不少外国地理学家到华考察。这促使了中国传统地理学向近代地理学的学术转型，这一历史过程大致发生在19世纪中叶到20世纪初的清末。1909年张相文等创立的"中国地学会"，标志着中国近代地理学的萌芽。20世纪初叶，许多赴欧美留学的学生开始回国，其中以竺可桢、丁文江、翁文灏为代表，是公认的中国近代科学地理学形成和发展的开创者。他们将西方地理学的研究方法和实践工作经验带回中国，又亲手培养了一批地理人材，不少人接着在西方深造，取得学位，为国家服务。从1921年起，多所大学相继设立了地学系或地理系，1934年成立了"中国地理学会"，同年出版会刊《地理学报》。

"九一八"事变以后，中华民族命运处于存亡之秋。形势迫使地理学界的有识之士，认识到开展地理研究在抗战建国中的重要性。1934年~1936年，胡焕庸教授先后发表了一系列人口地理学的论文，深入分析了自然、经济、社会等因素对人口的综合影响。其中《中国人口之分布》一文特别注意地形、气候、水文和农业要素对中国人口分布及区域人口容纳量的相互关系,并首创了以等值线密度表现的"中国人口分布图"。1941年,著名气象学和地理学家竺可桢教授曾撰《抗战建国与地理》一文,阐述抗战建国中开展地理研究的重要性。1942年夏,师从胡焕庸、李旭旦等教授的陈尔寿先生的学士学位论文《重庆都市地理》发表在《地理学报》,被称为中国城市地理学的发轫之作。王德基教授率队所完成的《汉中盆地地理考察报告》(1946)是一部不可多得的区域地理著作,是抗战时期中国地理研究的重要成果之一。

综观这一阶段,西方地理学思想及研究方法的引入促进了中国地理学研究的转型,人文地理学研究开始形成雏形,研究领域几乎在人文地理的每个分支全面展开,在人地关系论、经济地理、人口地理、城市地理、文化地理、政治地理、军事地理等各地理分支领域都取得一定进展。城市地理学成果以单个城市的研究为主,如南京、无锡、重庆、昆明、成都等,面上的研究较少,理论探讨则更是稀少。

2. 1949年~1980年

中华人民共和国成立以后,整个地理学的科研和教育工作得到迅速发展,但在自然地理和人文地理之间还是存在着不平衡。人文地理学相对落后,其分支学科经济地理一花独放。少数经济地理学工作者把城市作为经济活动的中心,对城市进行了少量的研究。由于农业在中国经济建设中占有重要地位,而且农业有显著的区域差异性和对自然环境的依赖性,因此,地理学,包括经济地理学的研究重点是为农业生产服务。当时的城市地理学研究在整个地理学中仍然是一个十分薄弱的环节。但是,还是有着不少的城市地理学研究成果,如鲍觉民1956年撰写的《天津都市聚落与发展》以及《天津》等城市地理著作。

1961年,在中国地理学会经济地理专业委员会内成立以严重敏(华东师范大学)、孙盘寿(中国科学院地理研究所)、仇为之(北京大学)3人组成的人口居民点地理组。1962年12月在长春召开了以研讨西方国家地理学现状为主题的学术会议,这在当时的中国尚属首次。会议提交的12篇论文中涉及人口、城市地理学的论文有5篇,即胡焕庸教授的《法国研究人口地理学近况》、严重敏等的《资本主义国家城市地理学研究动向》、孙盘寿的《美国人口和居民地理研究概况》、邵清于的《美国城市地理学中关于内部结构的若干理论》及何百根等的《美国各类城市的某些人口特点及其区域差异》。这次会议及其随后由商务印书馆出版的会议论文集《资本主义国家经济地理学的研究动向》,为长期闭塞的中国地理学界带来一股清风,开阔了人们的视野。"克里斯泰勒中心地学说"开始被介绍到中国,城市地理相关课程也在主要的地理院校和科研机构设立。

20世纪70年代中期,因"文革"而中断10年的中国城市地理学得以复苏。当时,席卷全球的计量革命、信息革命深入中国城市地理研究领域,科学主义、人文主义开始影响中国城市地理研究。随着国家对经济发展的重视,这一时期中国城市地理学开始进入迅速成长的轨道,城市地理学的研究对国土开发实践也呈现出旺盛的生命力。由于城市规划工作受到重视和普遍开展,带来了城市地理研究工作的迅速发展。为了配合国家建设的需要,国内有些大学相继开展了城市与区域规划的研究与实践工作。1977年,南京大学率先在经济地理学专业的基础上开设城乡规划专业,随后北京大学、中山大学、杭州大学等大学地理系也相继设立了经济地理与城乡规划专业,开展了综合性大学(理科)在城市规划工作中的广泛参与。1979年,华东师范大学在国内首次招收城市地理学研究方向的研究生。广大城市地理工作者积极参与城市与区域规划,不断开拓进取,逐渐走出了一条理科与工科相结合的城市规划道路。

3. 1980年以来

1978年以后，中国进入改革开放的新时代，随着城市与区域经济的发展，城市地理学研究也开始走上了全面繁荣的道路，中国城市地理学成为地理学界最为活跃的研究领域之一。20世纪80年代，中国城市地理学研究进入历史以来最旺盛的时期，全国各大学地理系和相关地理研究所都相继在城市地理学的基本理论和实践领域有所拓展，基本建立了既具有中国特色又基本与国际接轨的城市地理学学科体系。1979年12月~1980年1月在广州召开的中国地理学会第4届代表大会上，李旭旦（1911~1985）教授第1个提出了"复兴中国人文地理学"的战略口号，受到了会议的拥护。由于多方努力，1983年7月正式成立了中国地理学会人文地理学专业委员会，具体负责推进经济地理以外的人文地理分支的发展。1985年在无锡召开了第1次全国性的城市地理学术讨论会，着重讨论了中国城市化及城市地理学的发展问题。1977年南京大学率先在经济地理学专业的基础上开设城乡规划专业，随后北京大学、中山大学、杭州大学等大学地理系也相继设立了经济地理与城乡规划专业，开展了综合性大学（理科）在城市规划工作中的广泛参与。此后，南京大学、北京大学成立了具有甲级资质的城市规划设计研究院，中山大学、华东师范大学、杭州大学等相继成立了城市与区域研究中心（系）。20世纪80年代中期以后，全国主要师范院校的地理系也纷纷开设了城市地理学课程，并参加了所在地区的城市规划和研究工作，城市地理学在大学地理系的课程设置中确立了自己的地位，从事城市地理研究的工作者不断增多，中国城市地理学研究呈现方兴未艾的态势。1990年中国地理学会经济地理专业委员会和人文地理专业委员会在上海开会，决定成立城市地理学组，促进城市地理学的发展。1994年，中国地理学会设立城市地理专业委员会，说明了中国城市地理学研究开始逐渐走上了稳定、持续的发展道路。

城市地理学的教学与研究方面，也取得和积累了大量的成果。1983年于洪俊、宁越敏编著了《城市地理学概论》，首次系统地引进了西方的城市地理学研究思想、方法与内容，推动了中国城市地理学的发展。后来，许学强、朱剑如的《现代城市地理学》（1988）、崔功豪的《城市地理学》（1992）、周一星的《城市地理学》（1995）、许学强、周一星、宁越敏的《城市地理学》（1997）、顾朝林的《中国城市地理》（1999）等一批教材相继出版，加之其他关于中国城市化与城市发展问题的专著，中国的城市地理学在理论研究与实践发展方面都走到了学术的前沿。如今，城市地理学的教学与研究已成为几乎每一个大学地理系和地理研究所的重要组成部分，也是国内城市规划学科必修的课程。城市地理学研究队伍不断壮大，城市规划学、社会学等相关学科也开始关注城市地理学，并从事城市地理问题研究。主要教学研究机构正在形成各自的研究特色和风格，如北京大学主要进行中国城乡划分标准、城市发展规模、城市化与经济发展内在联系、城市土地利用等方面的研究；南京大学主要侧重城市化、城镇体系、城市总体规划研究，近年来又进行区域城市化、信息城市以及城市社会地理研究；中山大学主要进行城市化、城市系统和珠江三角洲城市系统的实证和理论研究，近年来又把研究重点放在穗港澳城市带形成机制和中国大都市走向国际化的研究等方面；华东师范大学则把研究重点放在中国最大城市上海，致力于上海市内部空间结构的研究；中国科学院地理科学与资源研究所侧重于工业城市和京津唐区域城市系统的研究，专门开展了中国城市地理研究；南京地理与湖泊研究所主要进行城市群，尤其是闽南三角区域城市系统研究和长江三角洲城市化研究；还有其他大学和研究机构进行了各有特色的研究。

中国经济的迅速起飞导致中国经济和社会的迅速转型，为中国城市地理学的发展带来了难得的机遇。回顾过去30年，中国城市地理学在引进国外相关理论的基础上，结合中国的具体实践进行研究,不断开拓创新,基本建立了既具有中国特色又基本与国际接轨的城市地理学学科体系。城市地理学研究领域日益拓宽,研究手段和方法不断更新,研究成果的应用价值不断凸显。改革开放后,学术界率先提出中国城市化(或称城镇化)的发展问题,城市化也成为中国城市地理学者最早和始终关注的研究领域。20世纪80年代,中国城市地理学主要进行宏观及中观研究,如国家和区域城市化和城市系统的研究。80年代末90年代初,宏观和中观研究不断深化,微观研究开始增多,如对城市内部交通、环境、用地、就业、空间结构的研究。近些年来,城市地理学又开始关注全球化、信息化与城市发展问题,城市化与城市转型成为学术界研究的重点与热点。总体来讲,中国城市地理研究已由静态描述走向过程分析和动态机制研究,在研究方法上,逐步由定性走向定量与定性分析相结合,数学方法逐步被运用于城市地理研究,不断引进新技术和新手段,使研究水平大大提高。"城市发展""城市化""城市群""城市空间组织""城市问题""城市社会空间""信息城市""宜居城市"等成为当前城市地理学领域不断出现的关键词,尤其是在城市化与城市发展方面,中国城市地理学家在中国城市化、郊区化动力机制以及都市连绵区研究等方面都形成了自己的理论,中国城市地理学家还对中国城镇体系规划的编制和发展作出了重要的贡献。同时,对比西方来看,中国城市地理学更好地实现了从知识生产到知识应用、反馈、知识再生产的良性循环,这是中国城市地理学的一个特色。

二、中国城市地理学研究进展

近年来,中国城市地理学研究既注重秉持"理论—假设—验证—理论"的研究范式,强调科学问题和科学价值的实现,又致力于解决本土问题的"实用研究",基本立场是"洋为中用",强调国外理论和方法"引进—消化—吸收—应用—创新"的实用研究方法(刘云刚、许学强,2010)。具体研究对象、研究方法、研究领域、研究团队等的变化表现在如下几个方面(许学强,2009;姚士谋等,2003)。

1. 中国城市地理学研究与国家经济建设的热点总体同步

城市本身是一个"面",它的内部有各种构成要素的演变和组合问题。但从区域角度来看,城市也是一个"点"。几乎每个城市都是一个地区的经济、政治或文化中心,每个城市都有自己的影响区域(腹地或集散区)。分析近几年中国城市地理学的相关研究成果发现,中国城市地理学研究中"点"的研究比重相对减少,而"面"的研究的比重相对增加;理论方法研究的论文比重相对减少,而案例研究的比重逐步上升。在研究区域上,中国城市地理学研究与国家经济建设的热点搏动总体同步,中国城市地理学研究的区域重点在城市化快速推进的东部沿海,以美国、(前)苏联、英国等外国城市为对象的研究迅速减少,研究尺度逐步下降,代之是微观、可实证的研究主体,研究区域也日趋集中,关于北京、广州、南京、广东、深圳、东北、辽中南、江苏、京沪地区的研究位居前列。当前中国城市地理学的这种不足,即对外国城市关注较少,对更大尺度的全球城市体系以及更小规模的中小城市、中西部城市及发达省区内部的一般城市的关注不足,应在今后研究中有所改观(刘云刚、许学强,2010)。

2. 在城市化、城市群/圈等领域积极参与国家战略和城市建设实践

作为城镇体系或者城镇化的主流形态,城市圈(群/经济区)的相关研究在近几年明显增加,城市空间结构研究20世纪90年代以来增加明显,城市功能和城市化的研究始终是一个热点领域。2000年以来城市地理学领域重点基金共有2项:分别是"中国的城市变化及其自组织的空间动力

学(2004~2007,周一星)"和"中国城市化格局、过程及其机理研究(2005~2008,顾朝林)"。通过对2005年以来在城市地理学项目下立项的自然科学基金情况的统计,发现关于城市化以及城市群、城市体系的研究多达30余项,从中也反映出近年城市地理学的主要方向。另一方面,更进一步受西方理论的影响,CBD、社会区、郊区化、绅士化等问题也得到了中国语境下的研究关注。

城市化是中国城市地理学最早并持续关注的研究领域。改革开放之初,首先是地理学家借鉴国际城市化发展的总趋势,总结新中国30年来城市化过程曲折发展中的经验和教训,在国内率先提出需要开展中国城市化的研究。南京大学在全国率先开展了对中国城市化问题的研究,吴友仁(1979)就"中国社会主义城市化道路"发表探讨性论文,由此揭开了中国城市化研究的序幕。2000年后的城市化研究则主要围绕城市结构变化和城市管制问题(交通、居住、生态、人口等)展开,具体内容包括城市化格局、城市化过程以及动力机制研究等(顾朝林等,2008)。

不断深入的城市体系/城市群的理论、实证和规划研究。20世纪80年代开始结合城镇体系规划的编制实践,形成了经典的3大结构——等级规模结构、职能结构和空间结构的分析范式(宋家泰等,1988;顾朝林,1992);90年代,城市经济区的划分、中心城市及不同层次城镇体系、全球化下的城市体系研究和新技术方法的应用等成为热点;2000年后,更多学者将注意力集中到了更小尺度的城市圈、城市群、都市连绵区、都市区等研究单元,建立了一系列面向规划的城市区域空间形态新概念(胡序威等,2000)。①城镇体系理论和实证研究。近年来,城市地理学者继续开展了对城镇体系的研究;同时一些学者引入分形与分维理论,以定量与定性相结合的方法,开展了对城镇体系空间结构的研究。②城镇体系规划实践。在80年代南京大学地理系宋家泰、顾朝林等城镇体系规划"三个结构一个网络"的理论基础上,近年来,在全国、省市、区域等层面,城市地理学家面对国际经济全球化和国内经济市场化的实际,又开始尝试探讨新的城镇体系规划理论和方法,进一步加强对城镇体系动态演变、合理模式、结构调整和科学预测的研究。在全国城镇体系规划、长江三角洲地区、京津冀地区区域规划以及珠江三角洲、辽中南都市圈等区域规划的相关工作也都充分运用了城市地理学的相关研究成果。

3. 强调定量和计量手段的科学研究成为潮流

随着计算机、GIS等分析技术的日益成熟,以及相关数据可获取性的提高,近年来中国城市地理学研究中的数量方法应用具有明显增多的趋势。这些方法中,既包括20世纪80年代即开始应用的相关分析、因子主成分分析、聚类分析、重力模型等简单的计量,也有如分形、生态足迹、神经网络及GIS/RS技术、城市建模等新的技术方法。在城市地理学研究中,强调定量和计量手段的科学研究正在悄然成为一种潮流,研究方法数量化趋势明显(刘云刚、许学强,2010)。

4. 积极开辟和强化中国城市地理学研究的新基地、新力量

(1)强化与国际和海外城市地理学家的学术交流。近年来,通过"中日城市化专题研究""中日韩青年地理学家大会",在中国城市地理学年会邀请国际学者等方式,不断扩展与日本、欧美乃至其他新兴国家的城市地理学交流。在中国台湾、香港、澳门,英国等也逐渐团结和凝聚了一大批海外研究学者,以海外华人学者为主体的中国城市地理研究队伍也已形成一定规模,形成"学科共同体",共同促进中国城市地理学的研究力量强大。

(2)积极扶持处于快速上升期的城市地理学研究基地。如2010年在福州师范大学举办城市地理学年会、2011年在安徽师范大学举办的城市地理学年会等,年会期间积极邀请新疆、宁夏、贵州、甘肃、陕西、云南、山西等中西部地区有关研究人员参加。

(3)扩大城市地理学家的研究"阵地"和影响范围。除了传统的地理系或学院以及研究所外,在建筑学背景的城市规划领域,城市地理学研究与应用迅速扩大,清华大学、同济大学、东南大学、天津大学等建筑学专业以及国家建设部、规划设计院(如中国城市规划设计研究院、江苏省城乡规划研究院等)等开始成为中国城市地理学研究的重要基地。在这些领域,也形成了"制度化"的研究团体,如城市地理学研究的重要平台——中国城市地理专业委员会除了紧密加强与人文地理学、经济地理学、旅游地理学、自然地理学等紧密合作外,以从更长远的战略目标实施角度,积极发展在建筑学领域工作的中青年学者。

5. 以更开放、更创新的视野,积极开创前沿性、战略性的新研究领域

近几年,在经济全球化、全球气候变化等大趋势下,在中国工业化、城镇化、信息化的大背景下,中国城市地理学以更加积极的态度,以更开放的姿态、更创新的视野,开创城市地理学的新研究领域。在传统的城市地理学的重要研究对象——城市空间结构方面,除了地域空间结构、城市群等继续深化研究外,2000年以来加强了对城市结构形成的解释,如探讨职住分离、单位的作用、交通引导等等,GIS、元胞自动机等新技术也逐渐用于城市内部结构的描述和演化模拟。在全球化影响方面,中国城市地理学者在此背景下主要探讨了一些与全球化进程相连接的中国城市区域的发展,并将全球化用于对若干城市区域动态特征的解释,如开发区、新产业空间、新社会空间、城市贫困等等。在应对全球气候变化方面,城市地理学者对城市可持续发展研究、低碳城市、生态城市、生态城市规划、低碳城市规划等的研究也迅速升温。相关的探讨包括城市形态、土地利用、城市结构、产业模式、交通建设、居民行为等等。

此外,在社会转型与空间重构方面,中国城市地理研究特别关注城市制度—经济—社会的三重转型推动下的城市规模扩展、功能重组,以及在此背景下中国城市从物质空间到社会空间的全面重构过程。地理学者关注原有功能区出现的各种新空间类型,如新的产业空间、新居住空间、新商业空间、新行政空间等、新单位空间、新消费空间、边缘化空间、犯罪空间、全球化空间等,并探讨由此产生的各种新的社会极化、空间分异等地理现象。

6. "推出年青人"计划初现成效

近几年来,在城市地理专业委员会主任顾朝林、宁越敏等带领和支持下,城市地理专业委员会实施"推出年青人"计划,包括设置"年度中国城市地理学优秀青年论文奖"评选、包括"城市化与城市发展中青年创新论坛"以及组织年青人进行国外城市地理学名著的翻译工作,极大地壮大了城市地理学的研究队伍,提升了城市地理学的研究水平,并且这些"计划"已经逐步制度化,形成了城市地理学的重要平台。

根据普赖斯提出的确定核心作者计划,2005年~2010年间核心作者人数及其论文数都在增长,核心作者比重及其论文比重也处于回升趋势。整个研究队伍中,中国城市地理学研究队伍的代际交替已经完成,核心作者中青年的学科角色日益重要,学科发展将步入一个新时期。

参考文献:

[1] 陈玉英.21世纪以来中国城市地理学研究动向[J].河南大学学报(自然科学版),2009,39(3):280-285.

[2] 城镇合理规模组.研究城镇合理规模的理论和方法[M].南京:南京大学出版社,1986.

[3] 崔功豪.城市地理学[M].南京:江苏人民出版社,1992.

[4] 顾朝林.中国城市地理[M].北京:商务印书馆,1999.

[5] 顾朝林,徐海贤.改革开放20年来中国城市地理学研究进展[J].地理科学,1999(8):320-331.

[6] 顾朝林. 中国城镇体系[M]. 北京:商务印书馆,1992.

[7] 洪俊. 试论城市地域结构的均质性[J]. 地理学报,1983(3):241-250.

[8] 沈道齐,崔功豪. 中国城市地理学近期进展[J]. 地理学报,1990(6):163-168.

[9] 宋家泰. 城市总体规划[M]. 北京:商务印书馆,1985.

[10] 孙盘寿,杨廷秀. 国外城镇职能分类法概述[J]. 地理译报,1983(1):32-36.

[11] 孙盘寿,杨廷秀. 西南三省城镇的职能分类[J]. 地理研究,1984(3):17-28.

[12] 王兴中等. 中国城市社会空间结构研究[M]. 北京:科学出版社,2000.

[13] 武进. 中国城市形态结构特征及其演变[M]. 南京:江苏科学技术出版社,1990.

[14] 许学强,周素红. 20世纪80年代以来中国城市地理学研究的回顾与展望[J]. 经济地理,2003,23(4):433-440.

[15] 许学强,周一星,宁越敏. 城市地理学[M]. 北京:高等教育出版社,1997.

[16] 许学强,朱剑如. 努力发展中国的城市地理学[J]. 经济地理,1986(1):10-14.

[17] 许学强,朱剑如. 现代城市地理学[M]. 北京:中国建筑工业出版社,1988.

[18] 阎小培. 近年来我国城市地理学主要研究领域的新进展[J]. 地理学报,1994(6):533-542.

[19] 姚士谋. 中国大都市的空间扩展[M]. 北京:中国科学技术出版社,1998.

[20] 于洪俊,宁越敏. 城市地理概论[M]. 合肥:安徽科学技术出版社,1983.

[21] 甄峰,刘晓霞,刘慧. 信息技术影响下的区域城市网络:城市研究的新方向[J]. 人文地理,2007,22(2):76-80,71.

[22] 周一星. 城市地理学[M]. 北京:商务印书馆,1995.

[23] 周一星,史育龙. 建立中国城市的实体地域概念[J]. 地理学报,1995(4):289-301.

[24] 周一星,孙则昕. 再论中国城市的职能分类[J]. 地理研究,1997(1):11-22.

[25] 邹振环. 晚清西方地理学在中国——以1815至1911年西方地理学译著的传播与影响为中心[D]. 复旦大学,2001.

[26] 于涛方,吕拉昌,刘云刚,等. 中国城市地理学研究进展与展望[J]. 地理科学进展,2011,30(12):1488-1497.

[27] 刘云刚,许学强. 实用主义VS科学主义:中国城市地理学的研究取向[J]. 地理研究,2010,29(11):2059-2069.

[28] 姚士谋,王成新,朱振国. 城市地理学研究新的领域思考[J]. 经济地理,2003,23(5):625-629.

[29] 许学强. 百年来中国城市地理学研究回顾与展望[J]. 经济地理,2009,29(9):1412-1420.

[30] 胡序威,周一星,顾朝林,等. 中国沿海城镇密集地区空间集聚与扩散研究[M]. 北京:科学出版社,2000.

第二章 中国古代城市研究

第一节 中国城市起源研究

城市是在原始社会解体并向奴隶社会过渡时期,由于手工业从农牧业中分离出来而形成的。城和市是两个不同的概念,是构成城市的基本元素。所谓"城"是指防御城垣,在当时包括土墙、沟池、木栅栏3类。所谓"市"是指城垣内为定居居民提供货物交换的场所,其位置在井附近。人们每天在井中打水时顺便交换货物,这是随着手工业的发展而形成的。据现有考古资料,分布于中国黄河流域和长江流域较为典型的史前城址大约有五六十个,这些城邑有些已经发展到较为成熟阶段,成为史前社会宗教、政治、文化的中心,也可以说这就是城市的起源[1]。下面以半坡遗址、藤花落遗址和陶寺遗址为例,探讨原始聚落中"城"和"市"的起源,以及二者是何时有机地结合在一起的,这与学术界关于城市起源四大假说中的防御说和集市说是一致的[2]。

一、半坡遗址的选址与布局

在人类演化的过程中,中国古代猿人的生活方式是餐风露宿,基本上是通过原始的本能选择巢居、穴居等居住方式,居住的是大树和天然洞穴。后来经过漫长的认识、适应与选择自然的阶段,在大约6500多年前出现了属于仰韶文化的陕西西安半坡村落,它是黄河流域一处典型的母系氏族公社村落遗址。

在选址上,它位于浐河东岸的二级阶地上,阶地高于河床10米~20米,距水源近,可以避免水患,其南北东三面为白鹿原(图2-2-1)。这个所谓的浐河岸边的高地就是"凸地"[3],这个凸地就是风水文化上正弓内的吉地,也就是所谓的"攻位于汭",这样的选址不但使生活、生产用水方便,也使交通比较便利。

在土地利用和村落规划上,村落由3个不同的功能分区组成——居住区、墓葬区、制陶区及农耕区。居住区外由2条壕沟环绕,内壕在聚落前期之初或后期之末存在,后因人口的增加和村落的扩展而消失[4];外壕呈南北略长、东西较窄的不规则圆形,其深、宽各约5米~6米。具有防御功能的壕沟在后来演变为城市的城墙。外壕西北、东北是公共墓地。陶窑场和农耕区分布在外壕东侧,有一跨壕木桥与居住区相连。3个功能区的布局是比较合理的,把核心区——居民区放在壕沟内,是为了防备野兽的袭击和敌对部落的攻击。陶窑场和农耕区安排在东面是为了用水的方便。至于把墓区放在距离很近的西北或东北,在方位上并没有什么风俗上的讲究,如姜寨聚落遗

---

[1] 李令福. 中国古代都城的起源与夏商都城的布局[J]. 太原大学学报,2001(3)5-8.
[2] 顾朝林. 中国城市地理[M]. 北京:商务印书馆,2004:8-9.
[3] 于希贤. 中国古代风水文化的理论和实践[M]. 北京:光明日报出版社,2006:45.
[4] 钱耀鹏. 关于半坡聚落及其形态演变的考察[J]. 考古,1999(6):69-77.

址的墓地是位于聚落的东南部[1],但距离村落近的原因有2点。其一是图腾崇拜,也就是发展到后来的祖先崇拜,氏族成员希望能得到死去祖先的保佑,在祭祀时比较近便,如位于下室的山顶洞人公共墓地也是距离居住区——上室很近。在这个意义上说,墓区相当于阶级社会的"左祖右社"中的"祖"。其二可能是这些地方在当时有限的生产力条件下,利用起来比较困难,只好作为荒地或墓地处理。

居住区因壕沟环绕而呈一不规则的圆形,圆形或方形的住房沿壕沟内侧分布,中间空阔之地就是中心广场。在这些房子中有方形或圆形的火塘。在广场西侧坐落着一间长方形的大房子,面积约160平方米,它是氏族成员公共集会议事的场所,也供老年人、儿童和病残人员居住,或者是本族酋长接待外族客人的地方[2]。大房子的门朝向东方,即面向中心广场,与跨壕木桥一起位于东西中轴线上,这种规划思想与当时的太阳神崇拜有关,许多古代城市和陵墓的方向也是坐西向东的,后世风水理论中所谓的"紫气东来"即源于此。其他小的住房都环绕着这间大房子而分布,这些小房子的朝向都对着大房子,呈"向心性"房屋布局[3],使大房子与中心广场成为整个聚落规划的中心,这表明大房子是村落最重要的公共建筑。

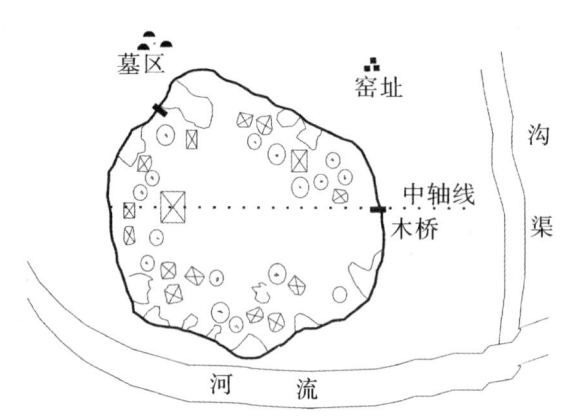

图2-2-1　半坡遗址(据杨鸿勋改绘)

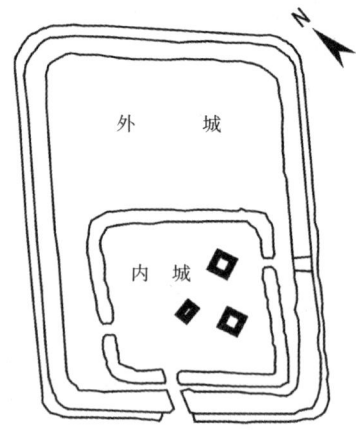

图2-2-2　藤花落遗址(据张驭寰改绘)

二、藤花落遗址的选址与布局

连云港市开发区中云乡西诸朝村南部的藤花落遗址属于龙山文化时期,是中国迄今发现的首例内外双重城墙结构的史前城址。因此,藤花落遗址对研究城市的起源具有重大意义。

据考古挖掘资料[4],藤花落遗址的发生年代可追溯到距今7000多年前,比半坡原始村落还要早。在距今约4500年前的龙山文化时期,出现了古代城市的雏形。

在选址上,藤花落遗址位于南云台山和北云台山之间的谷地冲积平原上,土壤肥沃,并有河流经过。从外城墙的抗洪功能、护城河和城内大片的水稻种植,可知当时河流水源充足。尽管该河流现已消失,但从遗址存在几千年的历史看,当初在选址上必定选在河流岸边的"凸地"上。

---

[1] 杨鸿勋.仰韶文化居住建筑发展问题的探讨[J].考古学报,1975(1):39-73.
[2] 西安半坡博物馆.西安半坡[M].北京,文物出版社,1982:3.
[3] 张云.半坡遗址三十年研究综述[J].文博,1989(2):73-80.
[4] 周润垦,李洪波,张浩林,高海燕.2003~2004年连云港藤花落遗址发掘收获[J].东南文化,2005(3):15-19;孙亮,陈刚,刘厚学,项剑云,李虎仁.江苏连云港藤花落遗址考古发掘纪要[J].东南文化,2001(1):35-38;张驭寰.中国城池史[M].天津:百花文艺出版社,2003:1-3.

在布局上,藤花落古城由内外2道城墙组成(图2-2-2)。外城平面呈圆角长方形,城墙外还有一道护城河,属于稻作农业生产区。内城平面呈圆角方形,有城垣、道路、城门和哨所等,属于生活居住区。很显然,两重城墙的修建是为了防御,与半坡遗址的圆形壕沟有一脉相承的关系。

由于地形的关系,外城南门和内城南门均朝向西南,并且基本在一条中轴线上,但稍有错位。位于一条线上且稍错开的规划理念是为了降低西南风的风速,这对后来城市城门的设计有重要的指导意义,也是风水文化的起源,如唐宋都城中轴线上的城门就是考虑到风水因素而没有布局在一条线上。由于外城南门是最主要的大门,因此在修建时不惜在城门中间和两侧用杀死的活人来奠基。这表明了当时人们的鬼神观念,有权者用活人陪葬来看守城门,盛行鬼神观念,商朝的殉葬之风概因于此,对南门的如此重视也表明了当时人们太阳神崇拜的思想。此外,在外城墙里侧有供祭祀用的燎祭坑。

在内城发现的房址中,有一个总面积近100平方米的大房子,奠基坑内有一成年的完整猪骨架,猪头方向与门道一致,呈西南向。从房址的睡炕、奠基坑及附属建筑等情况表明,该房主的身份地位很高,这表明等级观念已经形成。此外,在内城东北部还发现了一个面积达300多平方米的红烧土广场。

此外,从出土的具有实用性和艺术性的陶器、石器、玉器来看,当时已有一批独立的、经验丰富的、技术娴熟的手工业者,"市"的概念已经形成。

三、陶寺遗址的选址与布局

山西襄汾陶寺遗址就是所谓的平阳尧城,是距今3900年～4300年间的文化,比藤花落遗址文化略晚。它位于今襄汾县东北约7千米的陶寺村西南部,西有汾水,东南临近塔儿山,地势呈东高西低缓坡状,沟壑纵横。根据考古发掘[1],陶寺城址分为早期小城和中期大城。

早期小城是伊耆氏亦即陈隆氏所筑,平面呈圆角长方形(图2-2-3)。根据南部发现的大面积夯土建筑基址,其西部当属下层贵族居住区,中部当属宫殿区。殿堂部位的夯土中发现有2具作为人祭的人骨架。中期大城是在尧即帝位后,在小城基础上扩建的。大城平面为圆角长方形。其中,东墙沿用小城东墙而继续向南延伸;西墙或被冲毁,或以大沟为屏障;北墙位于小城北墙以北;南墙有2条,A墙近似曲尺形,两墙相接形成一刀形闭合小城,内有大型建筑基址,可能是兼观天象授时与祭祀为一体的多功能建筑。在遗址东南部是3万多平方米的墓葬群。

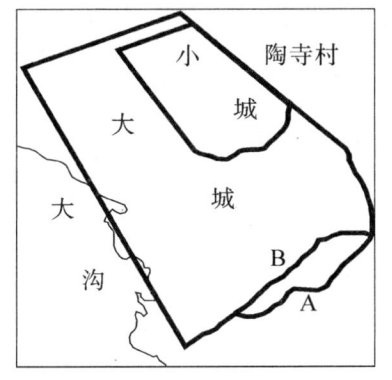

图2-2-3 尧城遗址示意图(据曲英杰改绘)

---

[1] 曲英杰. 史记都城考[M]. 北京:商务印书馆,2007:8-18.

从城内出土的木匣、木盘、陶器、乐器、武器、玉器、铜器等手工业产品,以及晚期小城内的宫殿区成为石器和骨器加工作坊的事实,可以看出"市"的功能。

总之,从半坡遗址、藤花落遗址和陶寺遗址的选址与布局可以看出,时间跨度从母系氏族社会的繁荣时期到父系氏族社会末期,古代城市就是在这长约4000余年的时间里起源的。与之相伴随的是,中国特有的规划思想——风水文化也是在这个时期逐渐萌芽的。从选址上看,原始城市都处于河流和山地的围合之中,既用水方便,又无洪涝之灾。从布局上看,源于半坡聚落内外壕沟的藤花落遗址内外城墙、护城河和平阳尧城的大小城,半坡聚落的东西中轴线和藤花落遗址中的近似南北向的中轴线,墓葬或燎祭坑位于遗址东部或城门前的事实,供氏族成员任意出入的方形大房子和宫殿区等中心建筑物等级秩序的确立,以及"市"因发达的手工业而形成,为《周礼·考工记》关于都城形制的确定奠定了基础。

第二节　中国古都迁移研究

已故历史地理学家史念海先生把古都分为广义和狭义两种。所谓广义是指曾做过一个独立王朝或者政权政治中心的城市,现有217处;而狭义是在广义的基础上,具有较长而不是短暂的建都年代,其遗址的地理位置在目前城市中能确定的城市,现有65处[1]。本文在这65处古都中选取了位于关中平原、伊洛盆地、开封平原、北京小平原、长江下游地区的西安、洛阳、开封、北京、南京、杭州等建都历史最为悠长的城市,来论述中国古都的迁移

史前时期的黄河中下游地区,地势开阔,组织疏松的黄土和冲积土壤利于简陋工具的耕耘,河网交错,湖泊众多,而且气候具有暖温带—亚热带的特点,远比今天温暖湿润,动植物资源丰富。因此,非常适合完全依靠自然恩赐的原始人的生存。《周礼》《史记》等文献记载的所谓三皇五帝之都就位于这个区域,大致相当于今天山东的曲阜,河南的淮阳、新郑、濮阳、偃师、虞城,河北的涿鹿,山西的翼城、临汾、永济一带[2]。除了在山西临汾发现尧都陶寺遗址外,其他均未有考古发现。因此,关于三代之前的古都大多是传说,不可信。

公元前21世纪~公元前11世纪中期的夏商时期,气候仍然温暖湿润的黄河中下游地区,是夏商人们活动的主要区域。

有夏一代,夏人曾在河南中部洛阳平原及其附近和山西西南汾河下游一带修建过多座都城,以致文献中有夏人八迁其都之说。有商一代,商人也在黄河中下游的河南、山东、河北等地修建过许多都城,自契至汤八迁其都,汤灭夏后又有五迁。

夏商都城的迁移除了政治军事原因外,如商人前八迁是受异族人逼迫或开拓领土而迁都,灭夏后的五迁是为了向外拓展而把王都放在国防第一线上[3],生态环境的压力是另一个重要原因。当时人们的生存完全依靠周围土地的产出,而在技术落后,完全依靠自然提供的土壤肥力有限的条件下,一块土地在经过几次轮耕后,土地的生产力必将消耗殆尽,致使人们不得不到新的土地上

---

[1] 王社教. 中国古都的故事[M]. 济南:山东画报出版社,2007:42.
[2] 顾朝林等. 中国城市地理[M]. 北京:商务印书馆,2004:17.
[3] 杨升南. "殷人屡迁"辨析[J]. 甲骨文与殷商史(第2辑)[M]. 上海:上海古籍出版社,1980.

发展和修建都城[1]。夏商都城在河洛地区的兴建,为以后这个地区都城的建立奠定了基础。

自商代末期黄河中下游地区进入了一个明显的气候恶化转折期,呈现干旱化的趋势[2]。气候的变化是西周建都丰镐的主要原因[3]。泾河中游的黄土高原沟壑区是先周人生活的地区,尽管属于半干旱的环境敏感带,在温暖湿润的气候下,还能维持周人的生存,但随着干旱程度的逐步加剧,周人就迁到水资源较为丰富的关中盆地西部的周原,建立了初级城市歧邑。灭商后就在关中盆地中部的沣河两岸修建了丰京和镐京,这是因为这里地势低平,水资源丰富。

3 从周厉王起的150年间,黄河中游遭到了长期严重的旱灾[4]。于是,北方游牧民族南迁,公元前771年犬戎攻占镐京,周平王只好迁都洛邑。洛邑的位置在今洛阳市王城公园一带,周围有涧水、瀍水、洛水,可谓水资源丰富。此外,龟卜筮占等风水因素也是都城选址的一个重要原因,这是因为鬼神观念在当时占据主导地位,不但修建都城如此,就是各国之间战争的结果基本上也与龟卜的吉凶一致[5]。都城从关中平原到伊洛盆地,为古代城市轴心带的形成奠定了基础,而且这2个区域四面围合的态势也促进了古代城市规划理论风水文化的形成。

秦和西汉定都关中平原,一是此地久为秦国所经营,建立都城的基础好;二是正值风水文化的形成时期,关中平原四周的秦岭东部余脉——伏牛山、西部陇山山脉、北部北山山脉与黄土高原、南部秦岭同风水理想模式中的青龙、白虎、玄武、朱雀完全吻合。秦都咸阳位于渭河北岸、九嵕山之南,根据风水文化中"山水俱阳"的特点,故名咸阳。由于渭河不断北移,使北岸侵蚀为陡崖[6],造成北岸城区的滑塌,再加上源于黄土高原的北岸支流少且含沙量高,而源于秦岭山脉的支流多且水质好,使秦后期就向渭河南岸发展。汉兴之后,鉴于咸阳宫周围水质不堪用,就在南部的西北麓,巧妙地利用渭河曲折的形状,按照北斗星和南斗星在风水文化中趋吉避凶的意象,修建了"斗城"之状[7]。

自西汉后期,黄河中下游地区又进入了干旱时期,致使黄河、渭河水量减少,泥沙增多,漕运物资不能满足都城人口的需求,而洛阳盆地肥沃的土地、充沛的水源、便利的交通、良好的风水是东汉光武帝定都于此的主要原因。于是,东汉定都洛阳,在白马寺附近的洛河岸边修建了都城。

尽管洛阳风水极佳,但常常受到旱涝灾害的袭击,洛阳南城墙多次被洛河洪水冲毁[8],人民生命财产受到威胁。因此,在6世纪气候回暖的情况下,鉴于洛阳水灾频仍、长安气候干爽的情况下,隋唐遂定都与洛阳风水不二的关中平原。

隋唐长安城之所以选择在渭河南岸的二级阶地龙首原上,一是地势高亢,无洪水侵袭之险,周围环绕的八水可替代渭河以解决城市供水问题;二是从风水因素看,龙首原南麓的6条高坡与乾

---

[1] 段昌群.人类活动对生态环境的影响与古代中国文明中心的迁移[J].思想战线,1996(4):75-88.
[2] 竺可桢.中国近五千年来气候变迁的初步研究[J].中国科学(A辑),1973(2):168-189;黄春长.环境变迁[M].北京:科学出版社,1998:146-149;葛全胜,郑景云,刘健.过去2000年中国东部冬半年温度变幅与周期[J].气候变化研究展,2006(3):108-112;朱士光,王元林,呼林贵.历史时期关中地区气候变化的初步研究[J].第四纪研究,1998(1):1-11;张丕远,王铮,刘啸雷,张军煌.中国近2000年来气候演变的阶段性[J].中国科学(B辑),1994(9):918-1009.下文关于气候变迁的观点除说明外皆引于此.
[3] 李燕,黄春长,殷淑燕,仇立慧.古代黄河中游的环境变化和灾害——对都城迁移发展的影响[J].自然灾害学报,2007(6):8-14.
[4] 郭琦,史念海,张岂之.陕西通史·西周卷[M].西安:陕西师范大学出版社,1997.
[5] 黄开国,唐赤蓉.诸子百家兴起的前奏——春秋时期的思想文化[M].成都:巴蜀书社,2004:63.
[6] 陕西师范大学地理系.西安市地理志[M].西安:陕西人民出版社,1988:125-155;甘枝茂,桑广书,甘锐.晚全新世渭河西安段河道变迁与土壤侵蚀[J].水土保持学报,2002(2):129-132.
[7] 陈喜波,韩光辉.汉长安"斗城"规划探析[J].考古与文物,2007(1):69-72.
[8] 洛阳市地方史志编纂委员会.洛阳市志[M].郑州:中州古籍出版社,1995:32-34.

卦爻辞相对应[1],体现了长安城天人合一的理念。

在唐朝后期,其后又进入了凉爽干燥期。降水量减少,长安城内的人工渠塘相继干涸,河道泥沙的淤积使漕运不畅;建筑用材和燃料柴禾使周围山地原始森林几近殆尽,造成山地涵养水分能力下降,使黄河中游地区的水土流失严重;北方的战乱尤其是西晋末年的八王之乱和唐代中叶的安史之乱,使北方人口大量南迁,于是长江流域经济得到了逐渐发展,在唐末宋初赶上并超过黄河流域。因此,北宋就定都地势开阔平坦、水路交通便利的开封,开封周围的河流水道能把南方的物资漕运京城,又在风水上起到围护的功能,特别是金水河与天之银河相映衬。

金灭北宋后,南宋建都临安(杭州),这是在女真贵族的武力逼迫下不得已而为之。当然,临安在五代以来就是东南最繁华的城市,能充分满足统治集团的物质需求。

金元明清4代定都北京,这是由于北京特殊的地理位置决定的。北京处于塞外和中原的过渡地带,是控制双方的理想据点,而且京杭大运河和海上漕运能便利地把物资运输到京城,因此无论对女真族、蒙古族、满族等游牧民族还是对明成祖朱棣来说,均视其为一重要砝码[2]。南宋理学大师朱熹认为北京居"正天地中间,好个风水。山脉从云中发来,云中正高脊处""前面一条黄河环绕,右畔是华山耸立,为虎。自华来至中,为嵩山,是为前案。遂过去为泰山,耸于左,是为龙。淮南诸山是第二重案。江南诸山及五岭,又为第三重案"[3]。朱熹对北京为风水宝地的论述是定都的理论根据,并在明朝得以实现。

此外,南京因具有龙盘虎踞的风水区位,曾在分裂时期做过300余年的都城。明灭元后,因南京是以朱元璋为首的江淮集团的统治中心,故定都于此。

第三节 中国古城形制研究

天圆地方是风水文化中阴阳学说的一种体现,也是中国传统文化的精髓之一。这种观念是原始人对天空和大地的直觉印象形成的,它在对礼制产生影响的基础上,进而影响了中国古代城市的形制,促进了中国古代规划思想风水文化的形成,所谓"法天象地"即源于此。就古城形制而言,可根据天圆地方观念粗略分为仿生学原则和仿星学原则两大类。此外,受太阳神崇拜影响的原因,古城的朝向有坐西向东或坐北向南2种。天圆地方和太阳神崇拜思想反映了天人合一的传统哲学理念。所谓天人合一中的"天",指的是神灵,包含天和地2个方面。这是因为古人有万物有灵的观念,把大地、山川、树木等都视为神灵,但这个神灵要受天上神灵所统帅,于是就把天和地合为一体了。因此,天人合一有天、地、人合为一体之意,与《周易》中的天、地、人"三才"的理念是一致的。具体来说,古城的形制如下所述。

一、以仿生学原则为主的形制

仿生学原则是北京大学于希贤教授提出来的[4]。他认为,中国古代的城市是一个由城墙、城

---

[1]《元和郡县图志·关内道》.
[2] 邹逸麟. 中国历史人文地理[M]. 北京:科学出版社,2001:106.
[3] 黎清德. 朱子语类(卷二):天地下·理气下[M]. 北京:中华书局,1986.
[4] 于希贤,于洪. 中国古城仿生学的文化透视[J]. 城市规划,2000(10):42-45.

壕所围合组成的生命活体,所谓仿生学就是把城市取象于某种生物的形象和灵气,取之于当地特有的山水灵气,形成区别于其他城市的独特个性。其实,仿生学原则是根据"地方"理念延展而来的,仿生学的"生"不仅仅指某种生物,而应该与美术理论上"写生"的"生"意义一致,这样才能与"法天象地"中的"象地"意义吻合,也就是"近取诸身"。因此,笔者认为,古代聚落中的仿生学应该是仿照地面上代表祥瑞的有生命的动植物和无生命的物体而布局的原则。

1. 方形城池

方形城的形制完全是受"地方"影响所致,自藤花落遗址和陶寺遗址首创方形城垣以来,郑州商城、西周城、东周城等都继之呈方形,由此形成了《周礼·考工记》中的王城图(图 2-2-4)。饱含礼制因素的中国古代规划思想风水文化与王城图的理念是一致的。"风水"观念是伴随着中国文明的发展而发展的,但这个词组首次出现在晋郭璞《葬书》中。如图 2-2-5 所示,文字竖排是古人的行文格式。"风"的篆体字外面结构是"几",这个"几"字形就构成了玄武、青龙和白虎,"虫"字上面的一撇就是吹来的风,下面的"虫"字就代表包括人类在内的动物(据说人就是由虫变来的[1]),正所谓"风动虫生"[2]。篆字"水"位于下面,其形状如同蜿蜒的河流,就是朱雀。生命体居中的理想风水模式如同王宫面南背北居中而坐一样,正是因王城图和风水文化的影响,中国古城的平面形制绝大部分都是方形的,建筑沿中轴线对称分布,如曹魏邺城、隋唐长安城、明清北京城等。此外,某些城池受地形的影响,呈不规则形状或多变形,如明清锦州府城有盘城之称、宋瓜洲有簸箕城之称、清安溪县城有犁城之称,其实这种形制是方形的变体。

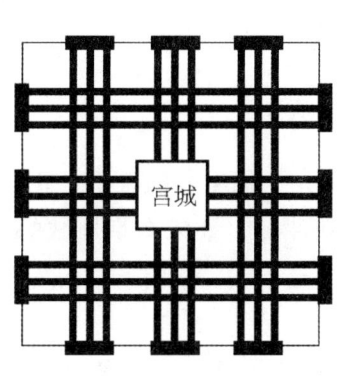 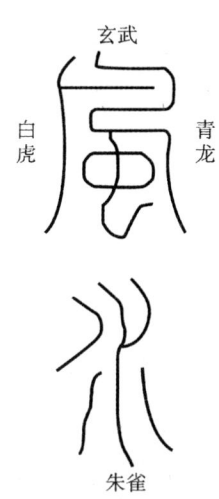

图 2-2-4 周王城平面想象图　　图 2-2-5 "风水"意象(颜廷真绘制)

2. 动物形城池

在中国的传统文化中,某些动物具有神秘和吉祥的意象,能给城市带来祥瑞,因而成为城市的形制[3]。

(1)"人"字形城　西夏兴庆府城的"人"字形布局也是仿生学原则的一个特例[4]。兴庆府城

---

[1] 伍皓. 从虫到人:生命演化序列排出[J]. 新华文摘,2002(4)38-39.
[2] 许慎《说文解字·风》.
[3] 陈喜波. 中国古代城市"取物比类"文化现象透视[J]. 城市问题,2003(2):9-13.
[4] 颜廷真,陈喜波,曹小曙. 略论西夏兴庆府城规划布局对中原风水文化的继承和发展[J]. 地域研究与开发,2009(2):75-79.

即西夏国都城,现为宁夏银川市老城兴庆区。外城呈长方形。"相传以为人形"[1]表明城市平面布局是"人"字形。但"人"字形的布局到底是什么样子呢?文献没有记载。由于以后的城市都是在兴庆府旧城基础上修建而成的,可以从明清宁夏府城图看出,当时的政府中枢道署、都察院都位于城市的西北或偏于西北的位置,表明宫城位于兴庆府的西北部,这就是"人"字形的"头部";那些酷似人的四肢、脖颈是主要干道,寺庙、军营、仓库、民舍、内学、太学等各种机构位于"腹胸"和"四肢"上(图2-2-6)。这种规划布局与西夏民族敬拜鬼神的社会习俗有关,因为西夏之俗"所居正寝,常留中一间,以奉鬼神,不敢居之,谓之神明,主人乃坐其傍"[2]。当然,这种布局也可能是借鉴了风水思想和中医的穴位理论,而中医的穴位理论也与风水有着密切联系。

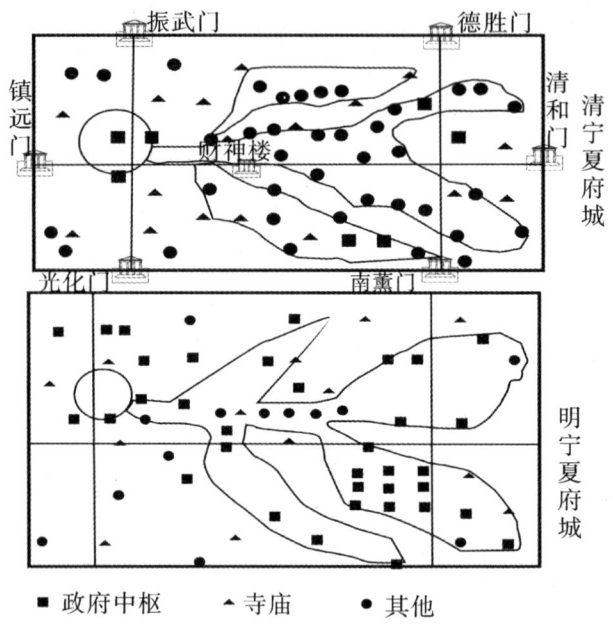

图2-2-6 "人"字形的银川古城(据颜廷真)

(2)牛城 在古代农业社会中,牛的勤勉和任劳任怨的品质是人们丰收的希望。此外,在八卦中,坤卦为牛,属土,而土克水,因此水患较多的城市被修建为卧牛状。北宋东京外城的形状不是正南正北的方正形状,而是近似菱形,"状如卧牛",其中保利门是牛头,宣化门是牛脖子[3]。此外,明代安徽亳州城、河北阳原城和邢台城也是卧牛城。

(3)龟城 龟为四灵之首,不但是长寿的象征,还具有天、地、人之象。圆形的龟背像天,方形的腹部像地,而龟的头部又是男根的象征。因此,《国语·周语》载有黄帝把龟作为族徽,以龟为图腾。商代对龟更是敬若神灵,事事均借助"龟卜"预测未来,龟也就成为某些城市形制的重要特征。西周淹城就是一座龟城[4]。如图2-2-7所示,淹城有3道城墙和3道护城河。3道护城河如同龟甲上的3道线,外城河、内城河和子城河相当于龟甲上的缘盾外线、肋盾线和脊盾线,外城、内城、子城就相当于龟甲上的缘盾、肋盾、脊盾,因此淹城是古人依据龟的形状设计出来的。此外,春秋时期吴国国都、江苏盱眙县古泗州城、山西平遥城、吉林旧城(永吉)等也是龟城。

---

[1]乾隆《宁夏府志》卷五《城池》.
[2]《梦溪笔谈》卷十八《技艺》.
[3]徐梦莘:《三朝北盟会编》卷六十六.
[4]顾博贤.法天象地淹君城——中国第一龟城探析[J].常州工学院学报(社科版),2007(4).

(4) 凤凰城　凤凰是古代传说中的百鸟之王,也被喻为四灵之一的朱雀,与龙同为汉族的图腾,是吉祥和谐的象征。因此,中国共计15个城市有凤凰城之称,其得名大多因地势或传说有关,而与城市平面布局无关。据陈喜波研究,只有明代大同城是根据传说而修建为凤凰形制(图2-2-8)。明洪武五年(1372),徐达筑砖城,也就是现在的旧城。古城东西长三里,南北长三里半,因而东西短而南北长,被当地人称之为"凤凰单展翅"。南关为凤头,北头为凤尾,大同旧城为凤体,东西两关为凤翅。东关大而西关小,因而西关为受伤的翅膀。

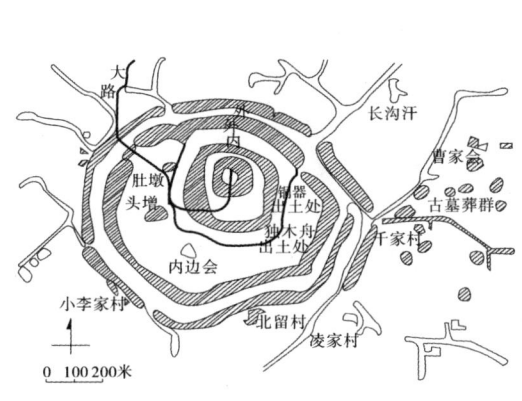

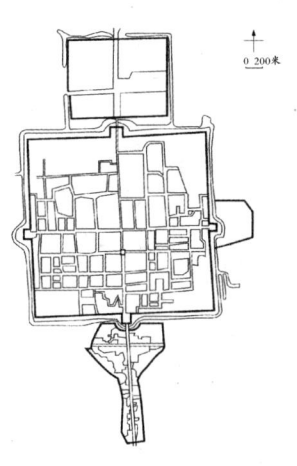

图 2-2-7　西周淹城(据董鉴泓)　　　　　图 2-2-8　明朝大同城(据董鉴泓)

(5) 其他动物形象的城池　白虎神是中国古代道教的守护神,是四灵之一,也成为古代城市借鉴的对象。明代开州被称作虎城:"开州土城,前方后圆,号卧虎城,周二十七里,宋熙宁间筑,金元至国朝皆因之"[1]。

鲤鱼以其外形和多子特征成为古代的图腾崇拜物,中国传统年画中"年年有鱼(余)"的形象和鲤鱼跃龙门的故事,就是人们对美好生活的期盼。元代以来的福建泉州城因形制似鲤鱼而得名鲤鱼城。《闽书》载:"门直东湖之嘴,早日初升,湖光潋滟,如鱼饮湖水者然,因号为鲤鱼城。"这是因为城垣形状似鲤鱼,周围有8个城门。小东门是鲤鱼的嘴,前面的湖像一块珍珠,形成鲤鱼吐珠的意象。这样,城市就不再是毫无生命的物体,而是具有灵魂的活生生的城市。

此外,古代城池还有做成牛眼形、金鸡抱卵形、雁阵形等。

3. 植物形城池

在中国的传统文化中,某些植物的花朵和果实具有趋吉纳祥的作用,因而也被用来作为古城规划的意象。

(1) 梅花城　傲雪盛开的梅花象征着坚韧不拔、自强不息的精神品质,被誉为是中华民族的精神象征,与兰、竹、菊并称四君子,也是传春报喜的吉兆。清代南阳六关自成一堡,状如梅萼,故称梅花城(图2-2-9)。梅花城是在当地山川形态的基础上,充分利用地理环境而形成的。这使得南阳城不仅交通便利和商业繁荣,而且还具有很强的军事防御和防洪功能[2]。

(2) 葫芦城　葫芦在中国传统文化中具有特殊的意义。葫芦多籽,因而具有生殖崇拜的象征,而且葫芦与"福禄"谐音,在道教中也常以葫芦比喻仙境。明代南京城的形状非常典型,恰似一个

---

[1] 正德《大名府志》卷一《疆域志》.
[2] 黄光宇,叶林. 南阳古城的山水环境特色及营建思想[J]. 规划师,2005(8):88-91.

大葫芦。清代江苏的盐城形状也是模仿葫芦,因此又名瓢城,"以其形似瓢也"[1]。元明广西崇左城是依山水之势形成的葫芦城,它取宝葫芦的灵气,只有一条大路从葫芦口进城,四座城门临江而开。

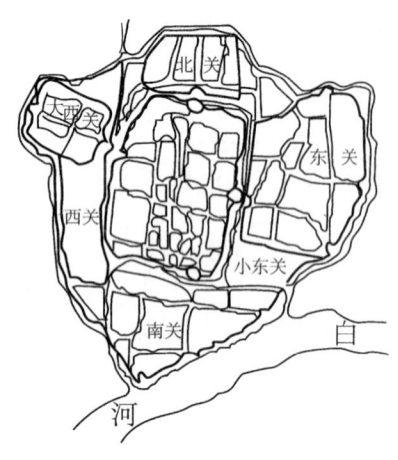 

图2-2-9　南阳六关梅花城(据黄光宇)　　图2-2-10　四川罗城(据季富政《巴蜀古镇》)

4. 生产用品形城池

罗城古镇位于四川乐山市南部、犍为县东北部,明末崇祯年间修建。它坐落在一个椭圆形的山丘上,形如一艘硕大的船,故有"船城"之称(图2-2-10)。明清时期这里是一个重要的物资集散中心,但不临江河,年年干旱,是远近闻名的"旱码头",因而此地年年有各种形式的"求雨"活动。人们认为,有船就会有水,也就能使罗城免于旱灾,于是就修建了船形街。街面是船底,两边的房屋是船舷,中部的戏楼是船舱,东端的灵官庙是船的尾篷,西端的天灯石柱是篙竿,灵官庙右侧长22米的过街楼是船舵。此外,罗城商贾云集,同在一艘正扬帆起航的大船之中,也有"同舟共济"之意[2]。由于"船城"有祥瑞之气,澳大利亚洛克斯市的中国城就是以罗城"船形街"为母本修建的。

二、以仿星学原则为主的形制

仿星学原则,是根据"天圆"理念延展而来的,是仿照天空的星象进行城市布局的原则,与"法天象地"中的"法天"意义吻合,也就是"远取诸物"。

1. 圆形城

圆形城的形制完全是受"天圆"影响所致。从仿生学意义上讲,西周淹城就是一座龟城,但其圆形的护城河和城墙又完全体现了仿星学原则。明清安徽桐城地处大别山之东麓,东南临长江,是中国历史上唯一一座圆形城池(图2-2-11)。

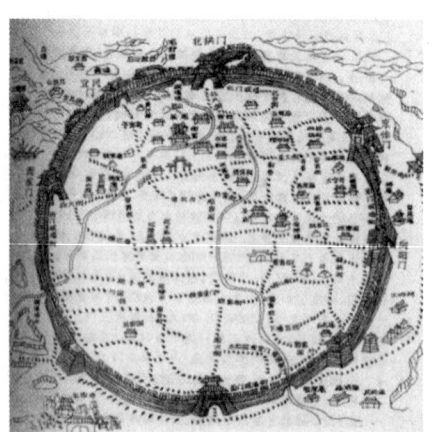

图2-2-11　明清安徽桐城

---

[1] 乾隆《淮安府志》卷五《城池》.
[2] 李健,曾绍伦,杨方琳.罗城历史文化名镇旅游资源特色与可持续发展探讨[J].生态经济,2005(11):103-105.

2. 散点形城

秦咸阳城是一座典型的布局对应天空星象的散点形城。战国时期咸阳城的布局与当时中原大国一样,是西"城"与东"郭"相连接的方形城,朝向是坐西向东[1]。秦始皇在统一六国的过程中,开始扩大都城的规模,着重向渭河以南发展。这时,风水文化作为古代的规划思想,经过战国时期的发酵,在秦汉时期逐渐形成。在图2-2-12中可以看出,秦咸阳城周围的地形与天空中的四象是对应的:青龙—秦岭和黄河,白虎—陇山山脉,玄武—北山山脉和黄土高原,朱雀—秦岭。《三辅黄图》记载了咸阳城扩建的思想:"因北陵营殿,端门四达,以则紫宫名胜帝居,渭水贯都,以象天汉,横桥南渡,以法牵牛"[2]。因此,咸阳城是按照"仿星学"原则布局的。从图2-2-13可以看出天地的对应关系:咸阳宫—紫微垣,渭河—天汉(银河),阿房宫—营室宿,信宫—南斗,横桥—阁道星,宜春苑—天苑,兰池宫—奎宿,手工业作坊区—织女,甘泉、章台诸宫—五车,厩苑—天囷等。于是,咸阳城的布局呈现散点状。皇宫对应紫微垣的理念也成为以后都城规划的中心点。

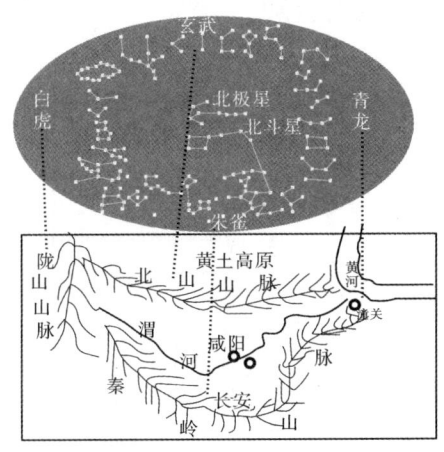

图2-2-12 咸阳周围地形与星象的对应(颜廷真绘制)

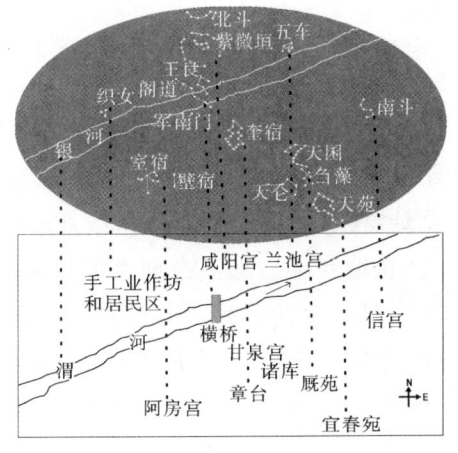

图2-2-13 咸阳城的布局与星象的对应(颜廷真绘制)

在每年10月黄昏时分,北极星巍然不动,营室星正当南中天,银河居中东西横跨;地上渭

---

[1] 杨宽. 中国古代都城制度史研究[M]. 上海:上海人民出版社,2003:99.
[2] 《三辅黄图》卷一《咸阳故城》.

水两岸的宫殿正好对应着天空中的星象:咸阳宫对应着紫微垣,渭水对应着银河,阿房宫对应着营室宿,横跨渭水的复道对应着天上的阁道星,周围的宫殿也是灿若群星,拱卫皇居。此时咸阳城与天空星象融为一体,"天上群星与地上的宫殿交相辉映,时空达到了最完美的结合,这壮丽的景色充分体现了秦咸阳作为宇宙之都的磅礴气势和大秦帝国与日月同辉、与天地同在的不可一世之风范"[1]。

3. 斗城

斗星指的是北斗星和南斗星。汉代人对北斗星的信仰主要体现在以下4个方面:一是北斗的定时作用;二是北斗与天上众星相互联系,由北斗可以找见二十八宿;三是"斗为帝车",这是在阴阳五行、天人感应思想影响下数术意义上的北斗观念;四是北斗类似于后世的地狱阎罗,扮演了司命主神的角色,掌管人死后的灵魂[2]。至于南斗星,指的是北方七宿中的斗宿,南斗有6颗星,其形状也很像北斗。《史记·正义》载:"南斗六星为天庙,丞相、大宰之位,主荐贤良,授爵禄;又主兵,一曰天机。"表明南斗在人间的地位仅次于北斗。此外,当时还存在"南斗注生,北斗注死"的民俗观念。因此,斗星也被用作都城规划的意象。

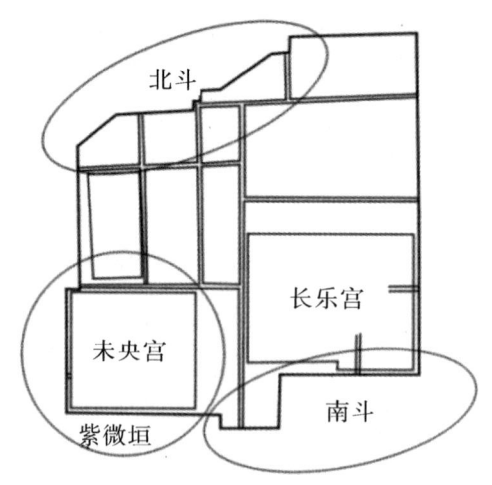

图 2-2-14　西汉长安斗城(据陈喜波)

据陈喜波等人的研究[3],汉长安城之所以被称为"斗城",是因蜿蜒曲折的北城墙西北段形如北斗,南城墙中部突出部分和东段曲折如南斗(图 2-2-14)。此外,未央宫是作为天空中的紫微垣来设计的,因为当时有未央宫就是紫微宫的说法[4]。在八卦方位中,乾代表西北、天,坤代表西南、地。紫微垣在天与乾对应,皇宫在地与坤感通。在地支所代表的方位中,未在西南,对应坤卦所在的位置。故"未央"即地之中央,所以未央宫地处长安西南隅,其含义是处于地之中央感通与天之中央的宫廷建筑。再加上秦国祚短,刘邦不承认其为水德,认为自己才是代周而成为"以水德王天下"的正统,因此承秦制以十月为岁首。坤卦在历法上代表着十月,未央宫位于长安城的西南,正是表达了汉代肇始于水德的用意。因此,汉长安城的规划是通过天空中紫微垣、北斗星、南斗星来体现天人合一的理念,这样就使皇帝在心理上能得到上天的庇护,达到长治久安的目的。

---

[1]陈喜波、李小波.中国古代城市的天文学思想[J].文物世界,2001(1).
[2]张黎明.汉代的北斗信仰考[J].北京科技大学学报(社会科学版),2009(2):122-126.
[3]陈喜波、韩光辉.汉长安"斗城"规划探析[J].考古与文物,2007(1):69-72.
[4]辛氏撰.三秦记(载刘纬毅:《汉唐方志辑佚》)[M].北京:北京图书馆出版社,1997.

东晋温州城是在郭璞的指导下而建的"斗城"[1]。"初,谋城于江北。郭璞取土称之,土轻。乃过江登西北一峰,见数峰错立,状如北斗,华盖山锁斗口。谓父老曰:'若城绕山外,当聚富盛,但不免兵戈水火。城于山,则寇不入,斗可常保安逸'。因城于山,号斗城"[2]。很显然,郭璞充分考虑到当时的战乱背景,把人们对北斗星的信仰与和平安康的憧憬同温州城的选址联系起来。温州城以附近的9座山象征北斗九星(图2-2-15)。这9座山分别是:"华盖山,在县治正东,一名东山,城跨其上,郡城九斗山,此山锁其口。……山回九里,遥望似华盖,故名""松台山,在县治西,又名净光山,城跨其上""郭公山,在县治西北,城跨其上,晋郭璞登此卜城,故名""海坛山,在县治东北,亦名东山,城跨其上""积谷山,在府治东南隅""巽吉山,在城东南二里,当郡治巽位""黄土山,在巽吉山侧""仁王山,在城南五里""灵官山,在仁王山西"[3]。其中,"松台、郭公、海坛、华盖为斗魁,积谷、巽吉、仁王为斗柄,黄土、灵官为左右辅弼"[4]。城池就建在代表斗魁的四座山上,跨山而修,增加了城市的防御功能。

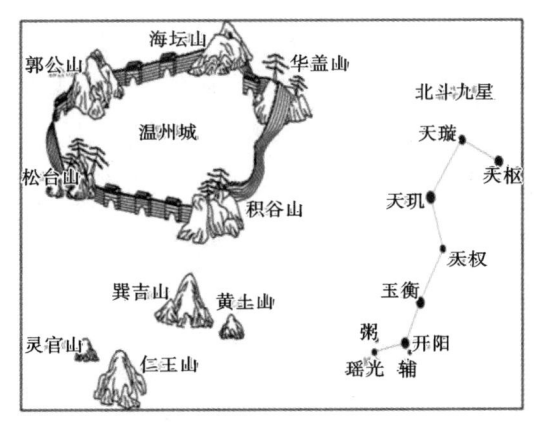

图2-2-15 温州斗城　　　　　　图2-2-16 统万城的形制(据邓辉)

此外,十六国时期匈奴人赫连勃勃所建大夏国都城统万城的平面尽管是方形的,但内城西墙曲折的形状和相间点缀的敌台、角楼是按照北斗星的形状修建的,体现了"法天"的"远取诸物"的原则(图2-2-16)[5]。

---

[1] 陈喜波."法天象地"原则与古城规划[J].文博,2000(4):15-19.
[2] 嘉靖《温州府志》卷一《城池》.
[3] 光绪《永嘉县志》卷二《舆地二·山川》.
[4] 乾隆《温州府志》卷四《山川》.
[5] 邓辉,夏正楷,王琫瑜.利用彩红外航空影像对夏国都城统万城的再研究[J].考古,2003(1):70-79.

第三章 中国的城市分类研究

第一节 中国城市分类体系及标准研究

一、城市分类的必要性

任何一种分类都是根据对象的相似性和差异性特点，把它们归并成若干组群，使每个组群内部保持高度的相似性，组群之间保持高度的差异性。这是研究事物个性与共性的一种常用的科学方法。地理学研究对象的多样性和复杂性，使分类方法一直为每一个地理分支学科大量运用。

中国城市的人口、面积悬殊，地理环境各异。城市总人口、城市非农业人口、市区总面积、市区建成区面积之间的差异非常大。同时，城市分布也很不均衡，几乎散落在国土的每一个角落，它们有的依山傍水，自然条件优越，有的则地理环境十分恶劣。

另外，中国城市的经济、社会发展也极不平衡，基础设施状况不一。各市在教育科技、居民生活、医疗卫生、治安环保等社会发展方面以及在市内交通、邮电通讯、居民住房、供电、供水、供气等基础设施方面的发展水平参差不齐。

改革开放以来，部分城市被赋予了特殊地位。目前，这些名称不一的经济特区城市、沿海开放城市、计划单列城市、经济体制综合改革试点城市等，正在从不同的角度发挥着各自的优势。城市之间的差异如此之大，说明了各市具有互不相同的市情，客观上要求我们在整体上研究城市的相关问题时，不能完全套用一个尺寸、一个模式，而必须对城市进行科学的分类。

二、城市职能研究的理论基础

针对城市职能的研究，涉及城市职能概念、职能结构、职能分类以及职能体系等方面，这些方向的研究与经济基础理论、区域发展优势理论、空间结构理论、区位论这4大理论体系的发展息息相关（韩延星、张珂，2005）。

(1) 经济基础理论　该理论是 H. 霍伊特于 1939 年提出的。根据这一理论，在城市经济中，所有产业可以划分为 2 个部分：基础产业和服务性产业。前者的生产除少量供应当地消费之外，主要是为城市之外地区的需要而进行的，因此可以为城市带来新的收入；后者的生产主要是满足本城市居民的消费需要，因此仅仅只是在城市内进行收入转移。经济基础理论认为，基础产业是城市经济力量的主体，它的发展是城市发展的关键。

(2) 区域发展优势理论　区域发展优势理论主要包括亚当斯密的绝对优势论、大卫李嘉图的比较优势论和迈克尔的竞争优势论。城市职能研究中的城市基础设施投资的叠加效应、资源禀赋论、产品生命周期论等都是基于区域发展优势理论产生和发展的。

（3）空间结构理论　空间结构理论是一定区域范围内社会经济各组成部分及其组合类型的空间相互作用和空间位置关系，以及反映这种关系的空间集聚规模和集聚程度的学说。它的研究为城市功能区划奠定了基础。

（4）区位论　主要包括：杜能的农业区位论、韦伯的工业区位论、克里斯泰勒的中心地理论和廖什的市场区位论等。区位论对城市产业布局的合理性、城市的功能区域划分以及城市体系的职能结构等方面的研究起到了推动作用。

三、城市分类标准研究

城市的特征性是多方面的，因此可以从许多角度对城市进行分类研究。目前，世界各国对城市的分类，尚无统一的标准。根据不同的分类目的，出现不同的分类方法。其中，最为常见的是城市规模分类和城市职能分类。

1. 以城市的二维形态为标准

武进以城市伸展轴组合关系、用地聚散状况和平面几何形状，将中国城市的外部形态划分为集中型和群组型两大类。集中型城市又分为块状、带状、星状形态3种。群组型城市又分为双城、带状群组和块状群组形态3种。不同的城市形态直接影响城市内部各部分之间联系的便捷程度和社会、经济以至环境生态效果。

2. 以城市所在地形地貌为标准

周一星把中国城市按其所在的区域地形将城市分为10类：①滨海城市。有2种情况，一种是城市建成区直接面海（如大连、青岛）；一种是城市位于短小河流的河口，距海很近（如椒江、温州）。它们多依托优良港湾或便利的海运条件而形成发展，这类城市所在的滨海平原极为狭窄，背靠着低山丘陵是其共同的特点。②三角洲平原城市。城市距海远近与三角洲大小有关，但一般来说距海较近。与滨海城市的差异在于周围平原广阔，水网稠密，土肥人众，农产资源丰富是城市形成发展的主要优势。以南方长江三角洲和珠江三角洲的密集城市群最为典型。北方的河口三角洲开发尚不充分。③山前洪积冲积平原城市。这是中国城市形成发展中最重要的一种区域地形类型。山前堆积平原地形平坦、土壤肥沃而有坡度，水源丰富又排灌条件良好，为古代陆路交通线开辟和古代城市发育提供了优良环境，这种影响一直延续到近现代的城市分布。这类城市在中国北方分布十分广泛，尤以华北平原外侧沿着燕山南麓、太行山东麓、淮阳丘陵北麓、鲁中南丘陵山地外缘的一连串城市数量最多。在祁连山北麓、天山南北麓、川西山地东麓等也很典型。④平原与低山丘陵相邻接的城市。这类城市处在窄狭平原和低山丘陵的交接地带。城市本体虽是平原地形，并都临河，但因平原狭窄，间有残丘起伏或周围一侧地形破碎。最典型的是镇江以上长江中下游平原边缘的城市。在古代它们都具有城市建设所必备的良好防卫、交通、农业基础等条件。⑤低山丘陵区的河谷城市。低山丘陵地貌在中国有大面积分布，这类城市多位于河谷，临河是其共同特点。当低山丘陵区的河谷平原较宽阔时，如湘江平原，城市地形较平坦；当河谷平原比较窄小时，城市则有山城特点，如重庆。当河谷平原成盆地状时，如"金衢盆地"，则城市均靠盆地边缘。不论位处哪一种河谷平原，城市周围多地形破碎，起伏较大。这类城市在江南丘陵区数量最多、最典型。⑥平原中腹的城市。城市位于广阔的平原面上，不临海、不背山、面坡小、地势低平甚至低洼。

在古代,这种区域的城市发展条件相对较差。同在华北平原,但平原中腹,城市发展相对稀而小的状况与平原外围洪积、冲积平原城市多而密恰成鲜明对照。华北平原中部较大而且历史上著名的城市几乎都沿纵贯平原南北的大运河一线分布。⑦高平原上的城市。数量很少,都分布在开阔平坦、海拔在1000米上下的蒙古高原面上。⑧高原山间盆地和各地的城市。在中国地形二级阶梯的高原上,绝大多数城市均集中在相对低平的山间盆地或谷地,并滨临河流。典型的如位于云贵高原坝子和谷地中的城市、黄土高原上河谷盆地里的城市。⑨中山谷地城市。在海拔500米~3000米的中山地区,相对高差较大,城市一定位于狭窄的河谷平原,如南平、三明、汉中、十堰、攀枝花、西昌。⑩高山谷地城市。在3000米以上的高山地区,城市极少。必定在河谷之中,如拉萨。

杨永春(1999)将城市分为如下几类:①两面临山的城市,包括盆地式、三面环山城市,即(狭义)河谷型城市;②单面临山的城市,其余方向向平原敞开的城市;③单面临山,单面临海的城市,即依山傍海的城市;④处于广阔平原的城市,即平原型城市,当今世界城市发展的主流类型;⑤腹地为大平原的临海型城市,当今世界城市发展的主流类型;⑥海岛城市;⑦太空城市。

通过对各类城市与地形地貌条件的关系分析,可以发现城市形成发展对自然条件的强烈依赖作用以及城市分布的规律性,它们在用地、形态、职能和规模等方面都各有一定的特殊性(周一星,1992)。

3. 城市的发生学分类

按照城市发生发展的不同历史因素,可以进行城市的发生学分类。

把半殖民地半封建时期的中国城市分为6类:①某帝国主义国家独占的城市(哈尔滨、大连、青岛等);②某几个帝国主义国家共同侵略下的城市(上海、天津、汉口等);③发生局部变化的封建传统城市(北京、济南、西安等);④因近代工商业的发展与交通枢纽的建设而兴起的城市(唐山、南通、蚌埠等);⑤衰落中的传统手工业、商业和旧的交通要道上的城市(临清、淮阴等);⑥仍以封建农业经济为主的广大内地城镇(阜阳、寿县等)。

中国的设市城市按历史基础分为3种:①1952年底以前有市建制的城市作为老城市;②把中国开展有计划的大规模社会主义建设以来,从原来县城基础上发展起来的城市称为有历史基础的新设城市;③把原来没有多少历史基础,设市前不过是一个小镇、矿点或小村,甚至完全从一片荒原上平地而起的城市称为新城市。

上述2种分类方法都属于对城市进行发生学的分类(周一星,1992)。

4. 城市按人口规模的分类

反映城市规模有许多指标,其中最常用的是城市人口规模,即城市中非农业人口的数量。由于世界各国经济发展水平不同,人口数量各异,城市人口规模的划分标准也不一样。

中国是一个人口众多的国家,也是城市化水平较低的国家,城市人口处于高度的集聚状态。同时,随着城市化的发展,大批农业人口将向城市转移。因此,中国城市人口规模的划分标准,应该从中国国情出发。

周一星建议在不触动行政区划的前提下,建立反映城镇景观实体界限的新的统计标准。用城镇实体范围内的总人口来反映城镇规模。规模等级可按下表的建议分类。

表 2-3-1 对中国城镇人口规模分类的建议

超级城市	超级大城市	500 万人以上
特大城市	特大城市 1 级	200～500 万人
	特大城市 2 级	100～200 万人
大城市	大城市	50～100 万人
中等城市	中等城市 1 级	20～50 万人
	中等城市 2 级	10～20 万人
小城市	小城市	5～10 万人
小城镇	小城镇 1 级	2～5 万人
	小城镇 2 级	2 万人以下

500 万人以上的超级城市一般是国家级中心城市（上海、北京，以及香港），大区级中心城市一般是 200 万～500 万人规模级（天津、沈阳、哈尔滨、武汉、广州、西安、重庆）。省级中心城市大部分是 100 万～200 万人级，少数是 50 万～100 万人级。中等城市的下限标准放宽到 10 万人是为了缩小和世界标准的距离。今后设市标准可放宽到 5 万人。2 万～5 万人将是一般县城的规模级，属于重点小城镇。2 万人以下是一般小城镇和城镇型居民区的尺度。

5. 城市按行政等级分类

城镇的行政等级分类在中国这样的国家有特殊的重要性。中国设有建制的市镇按行政级别可分 4 类：①直辖市，由国务院直接管辖，行政地位相当于省级，下设区和县；②地级市，行政地位相当于地区或自治州一级，可设区，绝大多数领导若干个县；③县级市，行政地位相当于县，下辖镇和乡，不设区；④建制镇，绝大多数是县辖镇，少数建制镇归区辖或市辖。若细分，内部还有一些差异（图 2-3-1）。

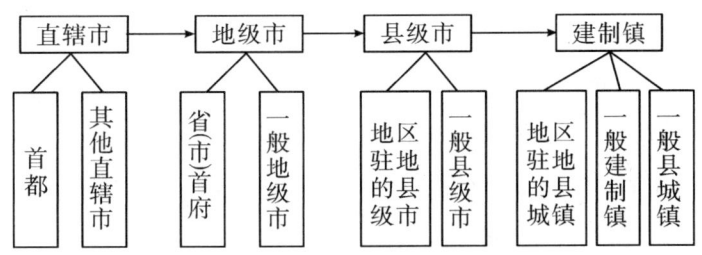

图 2-3-1 中国城镇的行政等级

1980 年代中国实行改革开放政策，国家在深圳、珠海、汕头、厦门 4 个城市设置经济特区，指定 14 个城市为沿海开放城市，还定有 15 个计划单列市。这些城市在某些方面享有特殊的政策，与同级别城市又略有不同。（周一星，1992）

6. 按城市职能分类

和以上各种城市分类相比，城市的职能分类更具有综合性、能更深刻地揭露城市的本质，因而也更重要。研究城市职能分类的高度地理学意义，也吸引了地理学家更多的注意力。

城市职能是从整体上看一个城市的作用、分工和特点，指的是城市与区域的关系、城市和城市的分工，属于城市体系的研究范畴。城市内部的各个区可以有自己的职能。城市职能分类的实质就是把城市的主导职能抽取出来，对多个城市进行比较、归并。

自 1920 年代以来，城市职能分类的方法不断丰富和发展，经历了一个从简单到复杂、从定性到定量、从采用单指标到多指标的发展过程。英国城市地理学家卡特(H. Carter)曾经把城市职能分类方法按发展的时间顺序分为一般描述法、统计描述法、统计分析法、城市经济基础研究方法(阿列克山德逊)和多变量分析法这5种方法(周一星,1995)。(参见第一篇第二章)

7. 其他的城市分类标准

除了上述6种城市分类标准外,还有其他城市分类的标准。

单一的分类方法有其特殊的作用,但是不能概括一个城市的"全貌"。为了反映一个城市管理工作的实际运行情况,从城市行政管理体制改革的需要考虑,从城市机构编制的合理配备考虑,有必要对城市进行综合分类。

三、城市分类中应注意的问题

城市分类多采用多指标综合分析的方法。其主要步骤是筛选分类指标,确定指标权重,规范数据分值,测算综合指数,按各市指数高低进行排序和分类。其间有几个问题需要注意:

1. 如何选择分类指标

用多指标综合分析方法进行城市分类,首要的问题是究竟选择哪些指标作为分类参数。分类指标的选择要尽可能全面地反映出每一个城市的基本情况和综合实力,既能突出重点,又能反映出城市行政管理的特点、管理幅度和工作量。从全面衡量一个城市的角度来说,一些重要的指标一定被考虑在内。这样才不影响分类的科学性、合理性。

从中国的国情、市情看,较完整的分类指标系统至少包括城市的自然状况、经济状况、社会发展状况和基础设施等情况,指标过于单一或简单化,无法全面、正确反映一个城市的综合实力。

2. 城市分几类为宜

在城市分类中,城市分几类是个非常重要的问题。究竟分几类为宜,我们认为需要从实际出发,以正确的数据运算为前提,在科学测评的基础上,经过深入地研究分析后确定。

3. 分类是一次性分类还是动态性分类

随着各个城市的迅速发展,各项指标都有所变化,综合指数也相应发生变化,人们自然会提出,这次城市分类是一次性的,还是动态性的。如果是一次性的,势必使一部分市的综合实力已经达标却仍旧屈居其下,造成管理上的矛盾。如果是动态性的,就需要明确其实行动态管理的方法以及与此相联系的机构编制的增减情况。

从研究的角度分析,一次性城市分类和动态性城市分类都有许多问题值得推敲,操作上也有困难。究竟采用哪种方式为好,还应结合深化管理体制改革,进行专题研究。

第二节 中国城市分类研究现状

在城市分类中最为常见的是城市规模分类和城市职能分类。

近几年,国内外城市分类的研究热点是城市职能分类。

一、城市职能分类研究

1. 国外研究现状

城市职能分类研究是城市研究的重要领域。自20世纪20年代英国学者奥隆索(M. Anrousscou)首次从城市职能的角度对城市分类进行研究开始,几十年来,随着人们对城市及其职能认识的不断深入,相关领域资料的日益完善,分类方法得到很大发展,城市职能的分类研究也经历了一个由定性描述向定量分析转变的过程。

表2-3-2 城市职能分类体系

分类体系	关注点	代表人物(年份)	主要成就或观点
体系 I	城市类型	奥隆索(1921)	根据职能专门化、位置和地位,将城市分为6大类
		哈里斯(1943)	以不同的临界值为标准,将美国城市分为10大类型
		波纳尔(1953)纳尔逊(1955)	根据区位商的计算结果,将城市分为7类,开创了城市类型命名的综合定量的先河
分类体系	关注点	代表人物(年份)	主要成就或观点
体系 II	职能要素	萨姆巴特(1902)	将城市职能分为基本职能和非基本职能2大部分
		哈里斯(1943)	提出主导职能(Dominant Function)术语
		麦克斯韦尔(1956)	提出优势职能,突出职能、专业化指数
		J.W.韦伯(1959)	提出职能指数
		H.卡特(1972)	提出中心地职能、交通职能、特殊职能
		M.纽曼(2002)	提出战略职能

表2-3-3 城市职能的理论基础溯源

理论体系	分支或阶段	代表人物	对城市职能研究的启迪
经济基础理论		霍伊特、安德鲁斯、蒂鲍尔、阿列柯山德逊	区位商法、正常城市法、最小需求量法
区域发展优势理论	绝对优势论比较优势论竞争优势论	亚当·斯密·大卫李嘉图迈克尔·波特	城市基础设施投资的叠加效应"资源禀赋论",产品生命周期论产业集群发展是客观规律
空间结构理论	城市内部地域结构理论	伯吉斯、霍伊特、哈里斯、迪更生、墨菲、戴维斯、赫伯特、罗利	城市职能及地理映像:城市功能区
	城市外部地域结构理论	佩鲁、缪尔达尔、弗里德曼、松巴特、沙利	城市职能的核心:城市基本职能
区位论	农业区位论	杜能	城市周围产业地带的经济合理性
	工业区位论	韦伯、龙哈德、罗舍尔	区位因子的相互作用和决定作用
	城市区位论	克里斯泰勒、齐夫	城市等级规模体系
	市场网理论	费特、廖什、瑞利	城市腹地或市场服务区的划分
	一般区位论	埃萨德、胡佛	对有关区位学说的合并或修正
	新工业区位论	艾伦·斯考特	交易成本的作用

1960年代后,各学科相互渗透的倾向越来越强烈,许多传统的研究方法也被赋予了新的内容。尤其是电子计算机技术的推广,使许多过去无法实现的地理系统的研究设计成为现实,这种趋势

推动着城市职能分类的研究步入现代化阶段。1965年麦克斯韦尔（J. W. Max, Vell）对加拿大80个城市的分类博采众长，开始突破单要素的框框，采用多个指标，初步考虑城市规模的因素，表达方法新颖直观，具有代表性。与此同时，当地理学的计量化运动发展到高峰时，运用多变量分析方法对城市进行分类的尝试日渐增多，最常见的分析技术是主成分分析和聚类分析。

城市职能分类，由定性到定量是一个巨大的进步。但是由于众多学者从不同的角度对此进行相关研究，采取的标准也不相同，结果相差也很大，最突出的弱点是每个作者确定的标准往往带有强烈的本学科领域特色，且主观任意性强。

2. 国内研究现状

中国对城市职能分类研究总的来说落后于西方发达国家，但是经过几十年的发展，取得了一些符合中国实际国情的研究成果。回顾总结前人所进行的中国城市职能分类研究，能对继续深入开展该领域的研究起到一定作用。

（1）中国城市职能研究阶段

中国城市职能分类研究的阶段与主要成果从研究的阶段性来看，中国城市职能分类研究可以分为3个时期：

一是研究初步展开时期（20世纪80年代）。

改革开放为中国城市的发展注入了崭新的活力，为适应这一新的形势，区域城镇体系规划在中国广泛开展，其中就包含了城镇职能分类的内容。限于资料收集的难度和研究经验的缺乏，这一时期尚未能展开大区域范围的城市职能分类研究。《西南3省城镇的职能分类》是这一时期最具代表性的研究成果。它将西南3省所有城镇列入分类范围，对城市和镇的职能分类分别进行处理。城市是其分类的重点，不仅进行了城市基本类型的划分，而且对城市工业职能也作出分类。城市基本类型的划分采用工业、运输邮电、机关团体和文教卫生4个部门的职工比重，城市工业职能类型的划分萃取了工业部门中冶金、煤炭、化学、机械、食品、纺织、造纸7个部门职工比重，以达到纳尔逊提出的平均值加一个标准差的职能分类标准为基础，附加此职能部门在本市部门结构中居首要地位，作为基本类型划分的依据，把城市各种职能在全部城市中所居地位作为辅助指标，将22个城市划分为工业城市和综合性城市2大基本职能类型和9个工业职能类型。由于数据的缺乏，对镇的职能分类则更多地采用定性的方法。

二是研究发展时期（1980年代末～1990年代末）。

从20世纪80年代末以后，城市统计资料逐步得到完善，为展开全国范围的城市职能分类的研究提供了可能。地理学者利用这一有利条件，展开全国城市的统一职能分类研究，促进了这一时期研究的发展。依据这一时期中国处于工业化和城镇化的前期阶段，工业构成绝大多数城市发展的基本要素的现状，周一星、田文祝等人先后对中国城市的工业职能进行了2次分类，运用多变量聚类方法将全国295个城市的16个反映城市工业部门产值结构的变量（冶金、电力、煤炭、石油、化学、机械、电子、建材、森林、食品、纺织、缝纫、皮革、造纸、文教艺术制品和其他工业16个部门的产值比重）和3个反映城市工业规模的变量（工业总产值、工业职工数、工业企业数）进行聚类，共分出3个大类、19个亚类和54个职能组。

1990年《人文地理》杂志发表了《论中国城市职能分类》一文，对工业职能分类进行了改进和提高：所采用数据的统计口径得到改进；对分类结果进行深入研究。《论中国城市的职能分类》是首次对全国城市职能的综合分类研究。选取了人均工业产值、人均客货运量、人均社会商品零售总额、人均在校学生数、科技人员数为指标,运用纳尔逊分类方法,对工业、交通运输业、商业、教育、科技5种主要城市职能进行定量分类;以各城市的行政职能和旅游统计资料为基础,从定性的角度对旅游、政治及综合性职能进行分析,将当时全国321个城市共划分出10大职能类型。这在当时缺少统一口径指标数据的情况下,将各类指标结合起来使用,并均与城市人口规模相联系,使得各城市各项职能作用的强弱程度与各城市规模相关联,这是中国综合性城市职能分类的一次有益尝试。顾朝林于1992年出版的《中国城市体系》一书中,提出了一个一般描述式的基本职能类型表,把职能体系分成政治中心、交通中心、矿工业城镇和旅游中心等4个体系及若干亚体系和若干子集来加以阐述,覆盖了当年的大部分城市,但基本上是定性式的。

三是研究逐步完善时期(20世纪末以来)。

由于研究经验的积累,数据资料的更容易获取等便利因素,这一时期城市职能分类研究成果比以往时期有大幅度增长。不论是研究区域的范围和分类选用的数据指标,还是分类方法的运用和分类结果的应用等方面,都呈现出逐步完善的趋势。

从研究区域范围来看,既有单个省份城市职能分类,也有经济联系紧密区域的城市职能分类,还有以城市群为对象的职能分类研究和对某一特殊类型城市的职能分类研究。从分类选用的指标数据来看,一般选用城市市区(不含辖县)的行业就业人口比重为基础数据,或依据研究需要将15个统计行业进行各种归并。

陈忠暖首次在国内采用对各城市就业人口进行基本和非基本分离的方法,依据各行业的基本就业人口来进行职能分类。继而又考虑到城市外来人口增多的现实,对城市规模人口进行了修正。这些对原始数据的处理,使得用于分类的数据在理论上更贴近城市职能的本质含义。此外,还有将三次产业的就业人口比重作为城市职能分类的重要参考基础的成果。

从分类运用的方法来看,出现了新的方法组合和新的分类方法的运用。陈忠暖、杨士弘运用因子分析和多变量聚类方法的组合,较前时期多变量聚类和统计分析之方法,在城市群体的职能特征和对职能类型的解释命名上更为清晰和客观。有学者将产业构成分析与统计分析相结合,得到比较理想的分类结果。凌怡莹、徐建华将竞争型人工神经网络模型,也称Kohonen模型运用于城市职能分类的研究,利用神经网络在模式识别和分类方面的优势以提高分类的速度和客观性,为城市职能分类提供了一种新的方法。

从分类结果的具体应用来看,林先扬、陈忠暖在中国2大城市群不同的职能特征对比的分析中,揭示出它们的共同特征和主要差异,同时从自然条件、地理区位、历史基础、文化传统、形成机制以及发展状况等方面展开成因分析,并探讨了2大城市群的职能发展态势;陈国生、凌怡莹、杨永春等人分别对湖南省城市、长江三角洲地区城市以及中国西部河谷型城市的职能特点和问题,提出了一些优化城市职能体系建设的政策和具体措施。

另外,也有学者在城市职能理论研究上做出了有益的探索。张复明、郭文炯认为,城市职能组分的配置关系所确定的结构属性和由城市职能的影响尺度及范围所反映的空间特征是城市职能的2个基本属性,可以用职能层次、职能规模和职能强度来表征城市职能的等级、量态和同比3大重要特征。汪明峰认为城市原有职能的增强和新职能的获取是城市间竞争的本质。还有学者提出信息技术发展能通过对城市经济、文化、管理和基础设施建设的影响引起城市职能的转变。城市职能理论的探索是城市职能分类研究中不可缺少的一环,可以推动相关研究向更深的层次展开。

中国的城市职能研究与西方国家有明显区别,一方面我们较少进行城市职能的分类研究,另一方面伴随各地的城市规划,地理学者广泛参与了城市性质、城市功能定位的研究。这种状况的出现与中国的国情有关。城市职能分类是在国家或区域层面对一群城市的职能进行比较,因此需要比较详细的城市就业方面的统计数据,如纳尔逊分类方法采用了美国1万人口以上的897个城市的就业指标。中国城市统计长期缺乏分行业的就业数据,只提供相应的产值数据。由于计划经济时期重工业发展,轻服务业的发展,工业是绝大多数城市最主要的经济部门,若不对工业行业加以细分,必然使中国城市职能分类失去意义。以上这2个原因使得中国学者很难照搬西方学者的城市职能分类研究模式。周一星和布雷特肖在1988年合作进行了《中国城市工业职能分类》研究。该文的贡献是在城市工业职能分类中考虑到了城市规模的影响,以判断一个城市在区域工业发展中的地位,从而避免了纳尔逊分类法不考虑城市规模影响带来的问题。在城市职能基本—非基本概念研究方面,阎小培强调了生产性服务业的外向功能,从而对经济基础理论予以新的解释。

总的来说,中国城市职能分类的研究经过几十年的发展,取得了一些符合中国实际国情的研究成果,但是在研究的深度、分类方法的创新、研究成果的应用等方面还有待取得创新和进步。主要有:①城市职能是把握城市主要特征的最专业的学术名词。《中华人民共和国城市规划基本术语标准》对城市职能的认定,更强调了其作为衡量"城市在一定区域中的社会、经济发展中所起的作用、承担的职责和分工"的专业术语的合理性和权威性。②对城市经济职能或产业职能的研究较为深入,这可以从城市职能研究的文献贡献率上反映出来。③城市职能的理论基础、分类方法与公式模型不断地推陈出新,定量分析和实证研究相对成熟。

(2)中国城市职能分类研究的展望

进入21世纪,中国城市的发展面临着新的机遇和挑战。在经济全球化和区域一体化的趋势下,城市现有不合理的职能结构需要及时调整。城市职能分类研究为适应新的现实将出现新的发展趋势。

一是研究对象的拓展。城市的发展要求城市职能分类研究对象不断拓展,现今这种拓展包括2个方面:

全国整体城市职能分类仍需继续进行。快速的经济发展引起城市的职能结构变化频度加快,密切关注全国城市整体的职能结构变化具有重大的现实意义。最近的一次全国整体城市职能分类依据的是1990年中国城市统计数据的分析,距今的这段时间正是中国改革开放全面开展阶段,城市处于加速发展建设时期,城市职能结构类型发生了巨大的变化。进行全国整体城市职能分类研究,对于了解中国目前城市职能的整体状况,制定全国性城市发展方针政策是迫切而重要的。

开展城市群职能分类研究。城市群的发展模式能提高城市的竞争力,这在世界许多国家都得到了很好的验证。中国城市群具有良好的发展趋势:长江三角洲和珠江三角洲是中国经济增长的2个极核,2个地区的城市群在不断的发展完善之中;环渤海地区和京津唐地区也出现了城市群的发展雏形;在华中一些地区也已具备了城市群形成的条件。城市群优势的发挥取决于各城市职能的协调,开展城市群之间的职能分类比较研究和城市群内部各城市职能的分类研究能为城市群的协调发展提供参考。

二是研究方法的创新。在以往的职能分类研究中,所应用的绝大部分都是基于统计分析、聚类分析这些较为传统的方法。主成分分析的运用,尤其是竞争型人工神经网络模型的运用等相对较新,是城市职能分类研究方法的新尝试。专业化部门、职能强度、职能规模是城市职能分类一般要考虑的3个要素。从现有的分类方法来看,对专业化部门和职能强度2个要素的反映直接、清晰,对职能强度的测度则比较间接。

综合考虑专业化部门、职能强度、职能规模3大要素,全面客观合理地对城市职能类型进行研究的方法有待挖掘。

三是数据指标体系的完善。总体来说,可用于城市职能分类的数据指标体系是不断趋于完善的。如何选用数据指标,对所选数据进行怎样的处理使之更客观地反映城市职能是决定分类结果是否真实可信的重要基础。行业就业人口是城市职能分类中应用最为广泛的基础数据,精确地衡量城市外来人口对城市职能的影响、分离城市基本人口和非基本人口问题仍是采用行业就业人口数据时需要深入探讨加以解决的。行业就业人口无疑是现今城市职能分类研究中最易获取、最习惯应用的指标数据,但它却难以反映由于劳动生产率不同所造成各城市经济规模效益的差异,因此有必要对其进行补充和完善。

四是研究成果的充分利用。分类并不是城市职能研究的最终目的,更重要的是要对分类的结果应用到区域协调发展、城市群的整体规划中,使之更具有实际意义。中国城市职能分类研究偏重于分类方法的运用和分类结果的阐释,而对分类结果的具体运用比较缺乏。从已有的成果来看,大多数研究只对分类结果进行概略的成因分析,提出一些城市发展的措施。类似于利用城市职能结构类型与经济效益等其他要素的相关分析没有得到广泛展开。没有出现通过分析2个时间断面的城市资料,以得出城市职能结构的动态变化的过程性研究尝试。今后,城市职能分类结果与社会发展相结合,与科学发展前沿相结合将成为城市职能分类研究的一项重要内容。

二、新城市分类研究

在先进的工业国,为了解决大城市问题,首先建设新城市。在第三世界国家里,首先出现了国家或地区的发展,建设了具有发展战略据点作用的新城市。有学者提出新城市分类方法,来分析新城市分类的情况。

1. 现有的新城市分类类型

新城市的类型大致可分为3类:第一是以功能及目的分类;第二是以城市的自足性分类;第三是以城市的地理位置分类。

许多分类方式是功能及目的为主。以朴锺和的新城市分类类型为代表,举例如下:①在特区以集中开发产业为目的的新产业城市与产业基地背后的新城市;②解决大城市问题为目的的新城市(这里具体包括迁移大城市区域人口、行政功能、中心功能、污染工业以及乱建居住区);③重点开发特别落后地区的新城市;④为了建设学院城市而开发特定区域的新城市。

目的的分类方式给人一种包罗性的印象。但与其说是分析的结论,不如说是为了片面地说明现象而进行罗列。

自足性的分类方式以大卫斯(J M. Davis)的新城市分类类型为代表举例。他以新城市自足性的程度可分为6种:①具备多样的经济条件使得大部分居住者都能在本地区找到工作成为自给自足性的新城市;②依存于一种主力产业的半独立性新城市;③居住者的雇佣或服务几乎全部依赖于现有的母城市的新卫星城;④扩张开发大城市周围的小城市成为的新城市,别名扩张城市;⑤在现有大城市郊区开发的大规模的住宅区;⑥通过在现有大城市内大规模的再开发建设,就是所谓城市中的新城市。

自足性的分类方式作为分析的模式揭示新城市前进的方向是非常有益的。但作为新城市分类有些正在褪色。

空间位置的分类是根据空间位置的不同而分类的。美国的住宅和城市开发法把城市开发类型分为 4 种:扩张城市、弛立城市、卫星城市、城市内的新城市。

空间位置的分类具有城市规划学的意义,但这种模式仍然不是从分析得出的结论,只能片面地说明一些现象。

2. 根据新城市生成要因制定新城市分类类型

有学者研究把新城市生成要因看成 2 个要因,即解决大城市问题和发展战略据点。通过用这 2 个要因分类新城市,并得出结论。

(1)能够分析出现有的新城市开发现况,可以预测将来开发新城市的趋势。

(2)发现在分析和说明现况方面比现有的分类方法稍好一点。

(3)缺点是因为分类范围不连续,当作正确的分析工具有一定局限。

参考文献:

[1]顾朝林.中国城市体系[M].北京:商务印书馆,1992:248-274.

[2]顾朝林.中国城镇体系:历史·现状·展望[M].北京:商务印书馆,1992:16-90.

[3]周一星.城市地理学[M].北京:商务印书馆,1995:203-222.

[4]许学强,周一星,宁越敏.城市地理学[M].北京:高等教育出版社,1997.

[5]杨永春.中国河谷型城市研究[J].地域研究与开发,1999,18(3):61-65.

[6]杨永春,赵鹏军.中国西部河谷型城市职能分类初探[J].经济地理,2000,20(6):58-61.

[7]杨万钟.经济地理学导论[M].上海:华东师范大学出版社,2003:187-192.

[8]许学强,周素红.20 世纪 80 年代以来我国城市地理学研究的回顾与展望[J].经济地理,2003(7):434-440.

[9]徐红宇,陈忠暖,李志勇.中国城市职能分类研究综述[J].云南地理环境研究,2008(3):34-36.

第四章 中国市制改革研究

广义的市制是指城市管理体制,包括城市行政组织结构、职能结构、行政管理方式和行政运行机制的总和,是国家政治体制的重要组成部分。严格意义上的市制是指城市建制制度,也称城市行政区划体制(刘君德、汪宇明,2006),是一个国家根据政治统治与行政管理的需要,遵循有关法律规定,综合考虑地理条件、经济联系、民族分布、人口密度、历史传统、文化背景等因素,在国土上建立起一个由若干层级、不等幅员的行政区域所组成的体系(孔令琪、何志达,2009)。中国现行的行政区划有4级:省(自治区、直辖市、特点行政区)—地级市(地区、自治州、盟)—县(县级市、市辖区)—乡镇。

市制研究是一门综合性的多学科的边缘科学,与地理学、政治学、社会学、经济学、人口学、民族学、历史学、统计学、管理学等学科有着十分密切的联系。由于行政区划是中国城市布局和建设的重要手段,其影响着区域自然资源的开发、生产要素的空间流动和配置及经济活动的空间组织。因此,研究中国市制的相关问题具有重要的意义,有利于中国长治久安和繁荣富强。中华人民共和国成立以来,不同学科从自身学科特点出发对中国市制的发展进行研究,并不断有新的学科加入相关领域的研究。

第一节 中国市制改革发展历程

一、中华人民共和国成立~20世纪80年代初期,设市的主要模式都是"切块设市"模式

切块设市是把一个县(市)的发达部分划出来,单独设立一个县级市。1949年~1954年期间,中国的行政区划变动相当频繁,直到1954年10月行政区划才基本定型。1954年以来行政区划相对稳定,至1980年底,中国城市数量共223个。

切块设市模式,从严格意义上的城市发展与城市景观来看有其可取之处。但是,在改革开放、农村剩余劳动力大量转入非农生产领域、商品经济迅速发展的大潮中,城乡分割的壁垒不断被冲击,这种模式的弊端便日渐显露(戴均良,2000)。实践表明,传统的切块设市弊端明显:市县分设、城乡分割,人为割断了城乡经济之间的有机联系;市县同城,重复建设、相互矛盾;增加市县政区数量,增设机构,增加管理层级,导致行政效率低下。最主要问题是市县矛盾很突出,因为新设立的市一般是以原县域镇为基础,地盘较小,经过一段时间的发展,市的发展空间受到限制,与周边的县不可避免地会发生种种矛盾。为解决这个问题,20世纪80年代初期,有关方面开始积极探索"整县改市"模式和"撤地设市"模式,实行"切块设市"和"整建制改市"2种模式并行(李开宇、魏

清泉,2007)。

二、1980年以来,撤县设市、地市合并成为市制调整的重要形式,推广市带县体制

1982年,中共中央以51号文件发出了改革地区体制、实行市领导县体制的通知,年末首先在江苏省试点,1983年开始在全国试行。1983年2月15日,中共中央、国务院又发出《关于地市州党政机关机构改革若干问题的通知》,要求"积极试行地、市合并",目的是想要精简机构。地市合并后来演变成了地区改市,主要调整形式包括:①地市合并,指地区与地级市合并,将撤销地区所属的县级行政区划归地级市,相当于地区并入地级市;②地改市、县级市改区,指将地区改为地级市,将地区行政公署所在的县级市改为市辖区,相当于县级市升格为地级市后与地区合并,这种类型最为普遍;③地改市、县改区,指将地区改为地级市,地区行政公署所在的县改为市辖区,相当于县直接改为地级市后与地区合并;④将一个地区分割成(给)2个以上地级市(地区)。

1986年2月3日,民政部向国务院上报了《关于调整设市标准和市领导县条件的报告》,国务院于4月19日以国发[1986]46号文件批转各地试行。报告提出,目前的城乡状况发生了很大的变化,为了适应这种新情况,不仅应该把达到标准的镇改为市(即所谓"切块设市"),而且还应该把符合条件的县撤县设市(也称为"整县改市")。1993年以后,每年都新设立几十个县级市,但已经没有一个是切块设市的了。整县改市模式对切块设市模式的基本替代表明,县级市与地级市一样,也已经从城市型行政建制转变成一种广域型行政建制(于鸣超,1999)。

从1983年起,随着市领导县体制和撤县设市政策的试行,在中国"设市热潮"中,城市数量从1980年的223个很快增至1990年的467个,并于1992年~1994年形成撤县设市高峰,至1996年底,全国城市数已增至666个,地级市和县级市数量急剧增长。至1998年底,全国的地区数从170个减少到66个,地级市数从109个增加到227个。1997年,国家"冻结"撤县设市。随着部分中心城市的撤县(市)设区的调整,中国城市数量不增反降。到2005年底,城市数量下降为661个,县级市减少到374个。

虽然撤地设市、地市合并有其时代的合理性,但是从其发展历程和实践看,撤地设市和地市合并形成的地级市也随着对市领导县体制的质疑而备受责难。地级市强化了中国城市型政区的地域型政区性质,进一步模糊了城市型政区与地域型政区的界限。同时,市领导县体制在以后社会经济的发展中出现了不可避免的"市县争利"及"小马拉大车"的现象,进一步暴露了撤地设市及地市合并模式的弊端。

第二节 中国市制影响因素解读

由于各种要素的相互作用,市制实际是一个相对复杂的事物。

在实际工作中,行政区划涉及全国各个部门和地区,既有行政管理工作,又有经济利益、资源的平衡工作,既关系到整个国家利益,又和一定地区群众的切身利益有关。它涉及政治、法律、经济、文化、民族、人口、资源、环境、交通、城市、生产力布局等诸多因素。从中国市制发展历程来看,主要是政治因素和经济因素在起主导作用。从现有的研究来看,国内具体研究市制影响因素的文

献不多,学者们主要讨论了以下几个影响因素:政治因素、经济因素、国防因素、资源因素、自然条件、交通因素以及民族因素。

一、1949年~1978年,由于政治形势波动较大,政治因素在市制变更中起主导作用

市制作为中国政治体制的重要组成部分,政治因素无疑是其主要的影响因素之一。行政区划便于国家进行行政管理和领导,这是行政区划的出发点和根本目的(陈雄、李植斌,2003)。

1949年~1978年,中国政治体制和行政权力对市制的影响占据了主导地位,超越了经济因素。中国最早设立市建制的地方是中央和重要的地方政权所在地,现有城市中这类城市建制最早,如中国最早的几个建制市——广州市、武汉市、南京市等,都主要是因为政治因素而建市的(戴均良,2000)。1954年以后,中国行政区划相对稳定。由于这一期间政治形势波动较大,各级行政机构名称与层级有过几次调整。"文革"期间各级权力机构改称"革命委员会"。1979年以后,各级"革命委员会"改称人民政府;撤销了"人民公社",复称为乡或镇;"地区"不再作为省与县之间的一级政权机构,而是作为省府的派出机关,称行政公署。

1978年以来,中国明确"以经济发展为中心"的发展战略。此后,政治因素虽然仍属于重要影响因素起作用,但其不再作为主导影响因素,而是服从于经济因素,服从于整个国家的大政方针。

二、改革开放以后,在"以经济发展为中心"的大政方针指导下,经济因素上升为主导因素影响中国市制的调整

行政区划,必须服从社会主义经济建设的需要,尽可能地与自然形成的经济区相协调,以便于组织经济运行,促进区域生产力的发展(陈雄、李植斌,2003)。

中华人民共和国成立以后,区域经济中心设市不断增多,改革开放以前的切块设市大多数是因经济发展到一定规模而设市的。改革开放以后,因经济因素设市的比重越来越大,在设市标准中经济指标列入了国家颁布的设市标准之中,而且经济指标项目在增多(戴均良,2000)。

戴均良在《中国市制》一书中主要阐述了经济因素影响市制的2个方面。"①大多数地区由于工商贸易业的发展而形成较大的城区规模,并成为较大范围的区域经济中心,为进一步促进这个中心地区的经济发展,发挥其中心辐射功能作用,因此在这里设立市的建制。如广东省的佛山市、河南省的三门峡市、湖南省的湘潭市等,都主要是由于经济发展的需要在镇的基础上切块设市。②有些地方经济发展水平不高,但为了加快某一区域经济的发展需要而设立市的建制,就是通过设市的行政手段促进地区经济发展。如深圳市在设市之前是一个不发达的小集镇,因其紧邻香港的有利地理条件而设市,经过十几年的发展成为国内外知名度较高的超大城市;又如福建省石狮市,设市前原为晋江县的一个镇,经济发展水平也比较低,通过设市加快这里的发展。"

三、中华人民共和国成立以来,在不同的时期,出于国家安全需要,中国在军事要塞、战略要地及边境均设市

国防因素在中华人民共和国成立初期对市制的影响较大。随着中国的繁荣昌盛,国防因素逐渐淡出人们的视线,相关研究极少。

中华人民共和国成立以来,在不同的时期,出于国家安全需要,中国在军事要塞、战略要地及

边境均设市,譬如镇江市、威海市、黑河市及满洲里市等(戴均良,2000)。

四、中华人民共和国成立以来,出现了不少资源型城市

中华人民共和国成立以来,出现了不少资源型城市。存在大量矿产资源的地域,由于资源的开发快速推进了当地工业化的进程。大量集聚的人力、物力及财力产生了大量的服务需求,为满足当地的需求,原先已有的地区功能和性质发生位移和突变,转换成为资源开发工业服务的"资源型城市"。重要工矿业基地因而得以设市,如大庆市、铜陵市、马鞍山市、攀枝花市、包头市等。

在历史上的某个时点上,因为发现并大规模开发矿产资源,迅速崛起的资源开发型工业逐渐成为城市经济的主体。工业化进程明显加快,区域内原有的封闭、落后的经济社会状况得到了进一步改观,一个建立在矿产资源开发产业之上的,规划、协调、服务、监督资源开发产业发展的新的政府呼之欲出——城市形成的社会需求上升并得以强化。而与资源型工业相匹配的一三产业迅速兴起、城市功能进一步完善,于是一个特色鲜明的资源型城市便渐渐形成(张景杰,2003)。

五、在中国,交通枢纽和重要港口通常设市

交通对市制的直接影响较小,往往是由于某地区的交通条件改善,带动了当地经济的发展。当地区经济发展到一定规模时得以设市,以满足当地经济继续发展的需要。因此,交通因素往往是透过经济因素产生作用。

因交通因素而设市往往表现在重要交通节点上。在中国,交通枢纽和重要港口通常设市,如大连市、鹰潭市等(戴均良,2000)。

六、历史,照顾地域文化、民族习惯及民众意愿影响中国行政区划的设置

国家的统一,社会的稳定,人民的团结,区域内部民族的团结,从来就是中国事业取得辉煌成就的基石。民族、历史、文化和民俗等都属于社会范畴,是市制的重要因素,实质上这也是一个政治原则问题(陈雄、李植斌,2003)。

中国是一个历史悠久的文化之邦,各地区人民的社会、文化、历史、民俗等都有差异,人们在长期的社会联系中互相影响、互相融合,形成了社会的共同性,因此为中国的行政区打下了社会、文化、历史的深刻烙印。所以,进行行政区划或进行行政区划的改革与调整,必须尊重这种历史观,要考虑历史,照顾地域文化、民族习惯及民众意愿。中国的行政区划已有近4000年的历史,现行的行政区划是逐步演变而来的,这是行政区划的历史继承性。我们应该本着参照历史、实事求是的态度搞好当前的行政区划工作(陈雄、李植斌,2003)。

七、中国行政区划应尽可能考虑与国土自然—生态区域保持一致

中国国土面积辽阔,地形丰富而复杂。行政区划应尽可能考虑与国土自然—生态区域保持一致。这样不仅有利于充分利用行政手段,合理开发利用区域国土资源,协调区内资源开发利用中的各种矛盾,而且有利于区域内部环境的综合整治,协调区域内部资源和环境与经济发展的冲突,促进和改善区内的自然—生态环境(陈雄、李植斌,2003)。

犬牙交错的行政边界将给行政管理带来种种困难,无助于经济区域的形成,不利于商品流通。

一定范围内的自然地理单元,容易形成相应的经济区划,如果在此基础上设置行政区划,既有利于行政管理的实施,又有利于区域经济的专业化(刘小龙,1999)。

第三节 中国市制改革模式研究

中国设市模式的发展历程表明,在不同的发展阶段运用了不同的设市模式以适应行政管理和社会经济的发展。当旧的设市模式不适应社会经济发展时,新的设市模式便应运而生。市制是中国行政体制的重要组成部分,对国家政治稳定、经济发展和社会进步产生着巨大的作用,现在尤为如此。

随着社会经济的快速发展,中国城市化进程加快、城市规模日益扩大,城市地区行政区划调整日益频繁,引起越来越多学者的关注。特别是在改革开放以后,社会各界对市制改革模式进行了大量的探讨。从现有的研究来看,主要包括以下几个方面:

一、提出中国行政区划层级不合理,应变更层级

中国目前的实际行政区划有4级:省(自治区、直辖市、特别行政区)—地级市(地区、自治州、盟)—县(县级市、市辖区)—乡镇。许多学者在变更层级上做文章,将中国行政区划层级与其他国家相比较。"目前世界上的大多数国家实行的是两级制和三级制,占总数的2/3以上。采用四级制及以上的国家仅占其中的约1/9,数量很少,且大多为发展中国家,中国目前的行政区划层级过多且混乱"(梁木生、王红卫,2005)。也有学者对此保留意见,"管理层次应保持适度是毋庸置疑的,但这个适度并没有客观的标准,历史和国别比较都是相对的"(刘小康,2006)。

1. 由于"市管县"无法避免市县争利和"小马拉大车"等现象,不少学者提出"县市平等,省直接管县"的改革模式

"减少宏观管理层次,增加地方第一级管理幅度,构建省直接管理县(市)的公共行政体制"(孙学玉、伍开昌,2004;戴均良,2004;汪宇明,2004)。对于这一提法,部分学者提出不同的声音:"调整行政区划以适应经济区,值得商榷,因为以往'市管县'也是出于如上目的"(刘小康,2006);"阻碍区域经济发展的根本因素是行政区经济而不是行政区本身,重要的不是一个省能管理多少个下级行政单位,而是要管哪些内容。一个区域是否为市,不在于是否有市的标签,而是在于其是否实现了产业、人口集聚"(张仲梁,2002)。

2. 部分学者提出县、市分等或县辖市模式

"由地(市)管县到省(区)管县不可能一步到位,必须建立过渡机制,包括:市县分等、省以下设地方政府联合体、划小省区、合并市县、扩大乡镇规模等"(马春笋,1996),"县分等代替县改市,市分等代替县级市升地级市"(黄志明,1999)。"县改市不如县管市……一个百万人口的大县,其中的市可能只有10万~20万人,其余的人口仍归县管辖"(刘纯彬,2004)。新时期城市行政区改革应该是取消市管市、试行县辖市(刘君德,2003)。

此外,都市圈的形成和区域一体化的发展产生了诸多新问题和需求,都市区联合政府或地方政府协调机构的设立被越来越多的学者作为解决方案提出(刘君德、王德忠,1996;顾朝林,1999)。

"省(区)下设地方政府联合体作为协调机构"(李军超,2006)。龚敏、洪木妹(2006)提出缩小厦门与漳州两地经济增长差距的一种有效方式,就是靠政府力量推动行政区划调整完成厦漳合并,促进中心城市的建设发展。毛蒋兴(2009)以广西北部湾城市群为例,探究了符合城市群发展、有利于城市群区域经济协调发展、能发挥城市群最大增长极的规模效应的城市群健康发展的行政区划调整模式。

二、提出应调整行政区规模

主要包括两大方面的讨论:

1. 缩小省级行政区划的规模

"增设省级行政区到50个~60个;改自治区为自治省,改直辖市为都会省"(马述林,1996);"将全国划分为60个省级行政区:12都、36省、8自治省、4特别行政区"(贺曲夫,2004);更多的学者则是提议通过增设直辖市来缩小省区规模(陈占彪,2003;高翔、王乃昂,2005;金太军,2006)。有些学者则提出一些较为中肯的意见,"分省虽然可以在一定程度上加强中央对省级政府的调控能力,但是并不能从根本上解决这种行政区经济带来的矛盾。运用行政手段对区划进行调整,只能起到辅助作用而不能解决根本问题"(孙展,2004);"地方政府行政管理的效率与辖区大小无关"(朱秋霞,2005)。

2. 扩大区、县、乡(镇)行政区划的规模

庞森权(2001)对四川省进行了案例研究,"县级行政区域的规模大于和小于测算出的平均值,且不超出一定的范围,则其规模都是比较合理,切实可行"。张光(2005)以福建县级行政区为例从实证角度给出了论证,"福建县级行政成本呈现出明显的规模经济现象:人口规模较大的县的人均财政支出,显著低于人口规模较小的县;人口规模较大的县的财政供养人员和政府雇员负担,明显低于人口规模较小的县。为了解决县乡级政府财政困难、行政效率低下的问题,福建应当进行重新划分县行政区域、撤小县并大县的行政改革。数据表明,这个结论也适用于中国许多其他省份和自治区"。

三、地方自治

部分学者认为行政区划的核心不在于层级、规模上的变更或调整,并提出"地方自治"的市制改革模式。直辖市、计划单列市、省会、地级市、地区改为都、府、州,为上级地方自治单位,简称地方自治体;按新标准设立的市(5万人口)、镇、坊(街道),为下级地方自治单位,简称社区自治体,省、县为非自治的地方行政体,村作为准自治体(华伟、于鸣超,1997)。省、县暂时保留为非自治的地方行政体,未来的省不是自治团体,不是法人,而且有中央派出机构和地方自治体联合体的双重地位(于鸣超,1998)。在中国未来的新市制中,建制市的基本特征应当是:城市型而非广域型行政建制;基层而非中间层行政建制(少数大城市例外);城市自治体而非单纯的地方行政单位(于鸣超,1999)。

四、专项研究成果,研究特定区域的市制改革模式

范今朝(2004)研究了1979年以来浙江省行政区划调整变更的过程及作用,认为应该在时机

成熟时修改宪法、法律,确立新的行政区划体系和政府管理体制;在不与现行法规冲突的情况下,关注小城镇行政区划体制的创新和城市、乡村基层政区自治的推进。佘丽敏、许学强(2005)等分析了佛山行政区划调整的特点和利弊,提出佛山整合发展面临的主要问题:"诸侯"观念没有得到完全消除;地方政府行为有待规范;缺乏一个强大的中心城区带动市域整合发展;产业布局分散;基础设施衔接不畅等,最后提出了整合发展的对策。张二东(2005)以河北省乡镇行政区划改革调整为例,深入探讨河北省乡镇行政区划调整的必要性及其内容,归纳总结了河北省乡镇行政区划调整的模式方法,提出中国乡镇行政区划体制改革趋向是乡镇自治。王开泳、陈田(2006)以广州市为例,总结其行政区划调整的成功经验,分析了现行城市行政区划调整过程中需要关注的问题,并探讨了中国大城市地区行政区划调整思路和方向。罗怀良、许可等(2008)分析和探讨了四川省中华人民共和国成立以来县级行政区划调整的特点及存在的主要问题,提出四川省未来应加强县级行政区划调整的科学研究。林耿、柯亚文(2008)以广州、佛山、惠州和汕头为例,对其行政区划调整后的城镇化水平进行测度,认为城市的结构状况和城市系统发育水平直接影响行政区划调整的效果。提出发达地区的强中心型城市(如广州)适宜撤市(县)设区,发达地区的弱中心型城市(如佛山)行政区划适宜有序调整,次发达地区的弱中心型城市(如惠州)和一般发展水平地区的强中心型城市(如汕头)应暂缓行政区划调整。

此外,部分学者对于市制改革模式持中肯意见。"激烈变动的行政区划会给地方经济带来不稳定,简单的行政区划兼并后,行政区划的壁垒又会以新的形式、在新的地域形成"(张京祥、吴缚龙,2004)。"行政区划手段应该慎用,不要滥用,要充分论证……行政区划改革的方向应该在于政府职能的转变上"(刘君德,2005)。

第四节 未来中国市制改革的发展趋势

目前,中国市制面临的主要问题包括:行政区划层级过多,导致财政支出过大,政令受阻,效率低下;现有省级行政区划设置的个体间差异较大;城市辐射功能弱化,地区发展不平衡;一些经济实力较弱的地级市实行市管县,存在着"小马拉大车"的现象,这些地级市不仅不能起到辐射和带动的作用,还与所属经济实力较强的县之间在经济发展和体制创新等方面存在许多矛盾,束缚了县域经济的发展;都市圈的发展要求打破行政区划壁垒对区域经济合作的阻碍等等。面对现行市制存在的问题,未来中国市制应如何改革?其发展趋势与方向是目前市制研究的热点。

纵观诸多学者的观点,未来中国市制改革的发展趋势主要包括以下几点:

一、区域一体化对市制调整与改革的需求

目前,中国区域一体化的发展趋势不断加大,从长株潭一体化、长三角一体化和珠三角一体化再到目前的长吉一体化,均要求创新市制,为一体化消除障碍。行政壁垒是制约区域一体化发展的主要因素。行政区划形成的篱笆,阻碍了区域资源要素的合理流动和优化配置,地方利益为大的前提使得区域一体化的成员城市迟迟未能实现彼此之间的合作对接。

李开宇、魏清泉(2007)提出未来中国城市行政区划调整重点应集中在调整和优化大城市及特

大城市市辖区空间结构、多种模式设市和创新城市群、都市圈战略下的城市行政区管理模式,以及积极谨慎地进行镇、村的区划调整,推进农村城市化等方面。

魏衡、魏清泉等(2009)提出未来中国城市化中的行政区划调整研究的重点是理顺撤县(市)设区后的城市管理体制,市辖区范围调整,城市群的行政区划调整与管理体制等方面。

二、在大的国家市制背景下,探索多种模式设市

行政区划要在一定的地域空间内运行,而中国地大物博,不同区域在地理条件、经济联系、民族分布、人口密度、历史传统、文化背景等方面相差甚远。实施统一的市制导致对不同区域发展产生阻碍是不可避免的。因此,各地区根据自身的实际情况在市制方面作出合理的创新和调整显得很有必要,以适应城市发展的需要。

一种设市模式和标准是很难适应中国不同地区城市发展的需要,多种模式共存是唯一出路。为了容纳庞大的新增城市化人口,在未来加强大中城市建设的同时,必须增加城市数量、合理拓展城市空间;必须进行市制改革,探索多种模式设市(李开宇、魏清泉,2007)。

三、注重对市制改革方案的论证

从目前的研究来看,不同学科对中国市制的改革均提出了不少方案,但大部分都缺乏论证环节,方案的可行性令人质疑。改革开放的实践证明了渐进式改革是中国唯一可行的改革方式。市制改革触动了中国行政体制中深层次的部位,行政区划变更面临经济利益的重新分割、新的行政机构的建立及运转及行政管理人员的重新配备与安置等等诸多问题,如果多方面的条件都还不成熟的情况下大幅度实行行政区划改革,必然要带来混乱。因此,对市制改革方案进行论证势在必行。

在大城市快速扩展过程中,适时进行行政区划的调整是必要的,但并不是所有的城市与区域经济的冲突都要通过行政区划来解决。目前来看,调整的幅度和范围,调整的目标和原则,调整的运作机制和实施措施等,都需要经过深入的科学论证方能实施执行(王开泳、陈田,2006)。

四、完善行政区划体制,开展行政区划立法

目前,中国市制在行政区划调整的科学论证、审批、执行等各个环节都存在很多问题,需要开展行政区划的立法工作,理顺行政区划调整的程序,完善修订城市行政区划调整的标准(王开泳、陈田,2006)。未来市制调整工作的重点在于规范行政区划调整程序,加强制度创新,要积极评估行政区划调整的后续影响,并及时采取措施予以补正(谢涤湘,2009)。

参考文献:

[1] 刘君德,汪宇明.制度与创新:中国城市制度的发展与改革新论[M].北京:商务印书馆,2006.

[2] 孔令琪,何志达."大部制"改革对中国行政区划改革启示[J].公共管理,2009(24):87-88.

[3] 戴均良.中国市制[M].北京:中国地图出版社,2000.

[4] 李开宇,魏清泉.我国城市行政区划调整的问题与发展趋势[J].规划师,2007,23(7):76-79.

[5] 于鸣超.中国市制的变迁及展望[J].战略与管理,1999(5):78-89.

［6］陈雄,李植斌.城市化中我国行政体制改革与行政区划调整的性质及其原则[J].江西行政学院学报,2003(6):86-88.

［7］张景杰.资源型城市的含义、形成过程及特点[BE/OL].[2003-11-07].http://www.docin.com/p-571174.html

［8］刘小龙.论中国行政区划的调整及其相关问题[J].青年思想家,1999(1~2):34-36.

［9］梁木生,王红卫.我国行政区划整体改革初探[J].经济管理文摘,2006(1):26-33.

［10］刘小康.行政区划改革:视角、路径及评价[J].北京行政学院学报,2006(3):21-25.

［11］孙学玉伍开昌.当代中国行政结构扁平化的战略构想——以市管县体制为例[J].中国行政管理,2004(3):79-87.

［12］戴均良.适应我国现代化进程要求推进行政区划改革[J].红旗文稿,2004(3):6-9.

［13］汪宇明.中国省直管县市与地方行政区划层级体制的改革研究[J].人文地理,2004(6):71-74.

［14］张仲梁.看不见的城墙(上篇)——城市化进程中的行政区划问题[J].中国统计,2002(3):19-21.

［15］马春笋.对国家结构与地方政府关系的探讨——兼论我国行政区划体制改革的方向[J].地方政府管理.1996(6):10-12.

［16］刘纯彬.中国行政区划改革探讨[J].社会,2004(5):28-29.

［17］刘君德.新时期中国城市型政区改革的思路[J].中国行政管理,2003(7):48-54.

［18］刘君德,王德忠.中国都市区行政区划改革若干问题探讨[J].浙江学刊,1996(2):18-22.

［19］顾朝林.我国大都市地区行政区划体制改革设想[J].中国方域:行政区划与地名,1999(3):5-8.

［20］李军超.我国市管县体制的反思及变革途径选择[D].开封:河南大学,2006.

［21］龚敏,洪木妹.厦门与漳州两地经济增长分析:兼论行政区划调整与中心城市建设[J].东南学术,2006(1):35-41.

［22］毛蒋兴,何力,欧阳东,徐彬.基于区域经济协调的城市群行政区划调整研究——以广西北部湾城市群为例[J].商业研究,2009(4):60-64.

［23］马述林.论省级行政区划体制改革[J].战略与管理,1996(5):10-16.

［24］贺曲夫.中国省级行政区划改革研究[D].长江:湖南师范大学,2004.

［25］陈占彪.中国区域政治经济的理论与实践[D].上海:华东师范大学,2003.

［26］高翔,王乃昂.中国一级行政区划改革调整研究[J].兰州大学学报(社会科学版),2005(4):126-129.

［27］金太军,汪旻艳.现行省级行政区划改革的系统思考[J].南京师大学报(社会科学版),2006(1):10-15.

［28］孙展.质疑中国分省传闻[J].新闻周刊,2004(17):30-32.

［29］朱秋霞.行政区划与地方财政体制:几个相关的理论问题[J].经济社会体制比较,2005(1):35-39.

［30］庞森权.蠡测县级行政区域的合理规模——以四川省县级行政区域为例[J].中国方域:行政区划与地名,2001(3):22-25.

［31］张光.规模经济与县政区划:以福建省为例的实证研究[J].福建金融管理干部学院学报,2005(5):27-33.

［32］华伟,于鸣超.我国行政区划改革的初步构想[J].战略与管理,1997(6):1-10.

［33］于鸣超.中国省制问题研究[J].战略与管理,1998(4):18-30.

［34］范今朝.1979年以来浙江省行政区划调整变更的过程及作用——兼论中国未来行政区划改革走向[J].经济地理,2004(4):449-453.

［35］佘丽敏,许学强,袁媛.佛山行政区划调整与整合发展研究[J].热带地理,2005,25(3):228-232.

［36］张二东.新时期中国乡镇行政区划调整与体制改革的理论与实践——以河北省乡镇行政区划调整为例

[D]. 石家庄:河北师范大学,2005.

[37] 王开泳,陈田. 对中国大城市行政区划调整的思考——以广州市近年来行政区划调整为例[J]. 城市问题,2006(7):70-75.

[38] 罗怀良,许可,李逸永,等. 四川省建国以来县级行政区划调整研究[J]. 云南地理环境研究,2008,20(2):24-29.

[39] 林耿,柯亚文. 广东省行政区划调整对城镇化的影响[J]. 地理与地理信息科学,2008,24(4):50-56.

[40] 张京祥,吴缚龙. 从行政区兼并到区域管治——长江三角洲的实证与思考[J]. 城市规划.2004(5):25-30.

[41] 刘君德. 县下辖市:尝试一种新的政区制度[J]. 决策,2005(4):34-35.

[42] 魏衡,魏清泉. 城市化进程中行政区划调整的类型、问题与发展[J]. 人文地理,2009(6):55-58.

[43] 谢涤湘. 快速城市化时期的行政区划调整研究[J]. 现代城市研究,2009(4):82-87.

第五章　中国城市土地利用研究

中国现代城市土地利用研究至今已经历了近半个多世纪的发展历程。中华人民共和国成立初期,中国的城市土地利用研究基本上处于空白状态。20世纪50年代,城市土地建设规划成为中国城市土地利用研究领域的主要工作。80年代以后,治理与保护并举的理念成为城市土地开发利用的指导思想。90年代以来,城市土地利用研究受到学术界和政府的广泛关注。受计量革命和"3S"(RS,GIS,GPS)技术的影响,中国的城市土地利用研究出现了定量化、多尺度、跨时空的发展趋势,研究方法和水平有了质的飞跃。

总体来看,中国的城市土地利用研究主要包含以下几个方面的内容:土地分类、统计分析与标准规范研究,城市土地利用的经济区位研究,城市土地利用的空间结构与动态演变研究,城市土地利用机制研究,城市土地利用的规划与管理。总结60多年来中国城市土地利用研究的理论和实践成果,对于合理利用城市土地资源、提高城市土地使用效率、优化城市空间结构、促进中国城市化的健康持续发展具有重要的意义。

第一节　中国城市土地利用的空间结构与演变研究

20世纪80年代,城市土地利用的空间属性成为地理学的热点研究领域。城市土地利用的空间属性不仅表现为城市用地在空间上的静态结构和格局,也表现为时间上的动态演变和过程。

一、城市土地利用空间结构与演变的理论研究

1. 城市土地利用空间结构的理论研究

城市土地利用空间结构是指在城市发展过程中,各种社会经济活动在地域空间上的投影,是城市社会经济发展阶段、类型和内容的空间反映。其研究始于20世纪80年代中期,主要涉及地域分异理论、区位理论、系统空间配置理论、结构功能论、报酬递减理论、地租理论、土地产权理论、景观生态理论及系统科学理论等。目前中国关于城市土地利用空间结构的理论研究尚未形成系统化的体系。

空间形态研究是城市土地利用空间结构研究中最基础、最重要的研究内容。城市土地利用空间形态可以划分为"圈层式""放射式"和"跳跃式",在城市发展的不同阶段会表现出不同的形态特征和空间结构。随着研究的深入和成果的丰富,中国关于城市土地利用空间结构的研究可以划分为以下几种学派:时空形态学派认为城市土地利用的空间结构呈现出轴向增长、同心圆式增长、扇形增长及多核增长等多种形态,并将"圆形城市"作为城市形态的理想类型;区位经济学派着重分析各种经济变量的动态变化对城市土地利用的影响,并通过情景分析模拟了农业土地转化为城市用地,或城市土地再开发的最佳时机和强度;社会行为学派注重研究与空间格局、空间过程相关

的个体决策行为,强调人的价值观念和主观能动性对城市土地利用结构的影响;政治经济学派关注不同目标、不同权力、不同影响力的利益集团在城市土地开发过程中的行为模式和作用,将城市空间结构划分为政府行为决策主导模式、开发区主导模式和房地产开发主导模式等类型。

2. 城市土地利用空间结构演变的理论研究

城市土地利用空间结构的演变是指由若干子系统组成的城市用地系统,在内、外部驱动力的作用下,按照由初级向高级、由简单向复杂、由无序到有序,无穷适应与调整地发展、演变、组合、分化和重组的过程。近30年来,中国城市土地利用空间结构演变的理论研究主要集中在过程研究和驱动力研究2个方面。在过程研究方面,城市土地利用空间结构遵循着"集聚—拥挤—分散—新的集聚"的一般演变规律,在研究过程中主要关注2个领域:一是城市用地的外延型扩展,主要表现为特大城市及大城市建成区规模的急速扩张与膨胀;二是城市用地的内涵型优化,主要表现为城市内部不同类型用地的数量变动、结构优化与布局调整;在驱动力研究方面,研究表明,经济发展、技术进步、城市规划、制度变革、房地产开发以及城市居民行为模式等因素是促进城市土地利用空间结构演变的主要驱动力。

二、城市土地利用空间结构与演变的方法研究

20世纪90年代中期以前,城市土地利用的研究方法比较传统和单一,数据来源以统计数据和野外实测数据为主。随着学科的发展和以"3S"技术的普遍应用为标志的技术革新,90年代中期以后,城市土地利用的研究方法有了革命性的进展。当前关于城市土地利用空间结构与演变的研究方法主要有:①信息论,通过信息熵的高低反映城市土地利用的均衡程度;②自组织理论,通过研究城市土地利用系统的自组织模式深入了解系统的整体性质、特点及子系统间的相互作用关系;③分形理论,主要研究城市土地利用系统在形体、功能、形态、信息等方面的自相似性;④元胞自动机模型,主要思想为将元胞与城市土地利用类型相对应,根据一定的转换规则和时间间隔设定,就可以模拟城市土地利用的时空演化;⑤人工神经网络方法,是一种以生物体神经系统的工作原理为基础建立的网络模型;⑥人工免疫系统方法,即利用AIS理论分析城市土地利用系统的时空分布、作用机理以及模拟城市土地利用系统的演化等;⑦系统动力学方法,主要思想为将主要驱动力与城市土地利用类型置于统一的系统中,是一种从土地利用变化内部关系入手的综合研究方法。

三、城市土地利用空间结构与演变的实证研究

1. 城市土地利用空间结构的实证研究

20世纪90年代中期以后,中国地理学界对城市土地利用空间结构的实证研究达到了较高的水平。中国城市规划设计研究院的周建明从城市规划角度出发,对深圳市土地利用空间结构提出了"点—轴"等级、"两带"发展和"组团离散"相结合的空间结构优化模式(1998);中山大学的阎小培教授以广州市为例,论述了双中心城市结构的形成过程(1999);中国科学院南京地理与湖泊研究所的姚士谋研究员指出南京市域的空间扩展方向与交通网络密切相关(2001);北京大学的吕斌教授提出青岛市城市空间未来发展应形成"一湾、两翼、三极"的城市空间发展格局(2004);北京大学俞孔坚教授以北京市东三乡为例,借助景观安全格局理论和方法,为城市规划和土地规划中保障城市生态安全提供了新的研究思路(2009)。

2. 城市土地利用空间结构演变的实证研究

中国关于城市土地利用空间结构演变的实证研究主要出现在"3S"技术的广泛应用之后,研究内容涉及城市土地利用空间结构演变的背景、过程、特征、规律、模式、影响因素、作用机制和产生的效益等方面。中国科学院地理科学与资源研究所的刘彦随研究员以乐清市为例,提出城镇化过程是节约土地、提高土地利用率的有效途径(1998)。中国科学院地理科学与资源研究所的张文忠研究员认为城市化水平的提高与城镇用地的扩展、城市空间格局演变关系密切(2003);北京大学的周一星教授根据分形理论,根据北京市建设用地集聚分形的标度区建立了一种新的城市范围定义(2006);北京大学俞孔坚教授运用景观安全格局理论和GIS技术,提出城镇扩张中精明保护与精明增长的有效途径(2010)。

五、优化城市土地利用空间结构对策研究

针对优化城市土地利用空间结构,学者们从城市规划学、经济学、地理学和生态学等角度展开对策研究。城市规划学界指出应强化城市空间结构规划和城市土地利用规划的控制和引导作用,促进城市用地合理、有序扩展。经济学界提出的优化模式有地租导向模式、城市土地管理模式和产业优化模式。地理学界提出的对策有:根据城市性质及各类用地的社会需求量,实行分区集约布局;盘活城市存量土地,控制城市用地供给时序;通过城市空间结构与形态的优化实现区域土地利用结构的优化,建立以公交为导向的城市土地利用方式等。生态学界将城市作为"社会—经济—自然"复合生态系统,从物质能量流、生态协调系数等方面为城市土地利用结构优化研究开辟新的视角。

六、城市土地利用空间结构与演变的研究展望

当前,中国城市土地利用空间属性的研究特点表现为:描述性分析多,演绎性分析少;一般性讨论多,针对性研究少;总结性研究多,理论提炼少。在未来的发展过程中,中国城市土地利用空间属性的研究将会得到不断的强化和突破性的拓展,主要表现在以下几个方面:①规律总结和理论升华将成为城市土地利用空间属性领域的重点研究命题和突破口;②"3S"技术以及元胞自动机等新技术在研究城市土地利用空间属性领域将发挥越来越重要的作用;③快速城市化地区的土地利用变化敏感区域,如城市近郊区、城乡结合带等将成为未来城市土地利用空间属性研究的重点区域;④城市总体规划、城市空间结构规划将始终是城市土地利用空间属性研究的重点实践领域;⑤不同区域背景下的多主体的城市土地利用空间属性比较研究将逐渐引起研究重视。

第二节 中国城市土地利用效率研究

城市土地利用效率是衡量城市化的质量水平和可持续发展程度的重要指标。中国对其研究起步较晚,20世纪90年代,随着耕地资源短缺和城市土地利用粗放低效并存现象的出现,提高土地使用效率、集约利用城市土地逐渐引起学术界和政府的关注。

一、城市土地利用效率的理论研究

中国城市土地利用效率研究引入和借鉴了国外的相关理论,如最早研究土地集约利用的杜能

农业区位论、地租理论、报酬递减律理论、田园城市理论、有机疏散理论、城市论、景观生态理论、土地利用的多功能性理论、生态系统服务功能和价值理论及可持续发展理论等。城市土地利用效率包括宏观和微观2个层次：宏观上主要指城市土地利用的经济效益、社会效益和环境效益；微观上主要指城市土地利用的结构效率和边际效率。

土地集约利用是城市土地利用效率研究中最受关注的领域，其概念最早来自于地租理论中对农业用地的研究，随着实践经验的积累和学科的发展，学者们从不同角度对城市土地节约利用的概念和内涵进行了界定，主要可以分为以下2种类型：①从土地利用效果出发，认为城市土地集约利用应包括土地产出高效化、土地布局和结构合理化、土地利用效益综合化；②从空间尺度出发，认为城市土地集约利用应包括宏观、中观和微观层次，其中宏观层次强调城市土地利用的综合效益、中观层次强调用地功能和结构的合理性、微观层次侧重于单块土地的投入产出效益。

二、城市土地利用效率的方法研究

中国当前城市土地利用效率定量研究的主要思路为：在综合评价的基础上，用多元化、综合化、定量化的方法核算城市土地利用的效率、集约化程度及潜力。常用的研究方法有：极限条件法、统计分析法、综合评分法、层次分析法、静态模糊评价法、地理信息系统评价法、综合指数评价方法等。以下将从评价内容研究、评价指标研究、评价模型研究3个方面具体阐述其方法研究。

1. 城市土地利用效率的评价内容研究

中国针对城市土地利用效率的研究可以划分为2大主题：一主要是针对城市当前的土地利用规模、强度、效益等进行现状综合评价；二是进行潜力评价，主要是以国家标准和有关行业规定为依据，从研究对象的自然和社会经济特点出发，进行情景分析和预测，核算在不增加城市土地供应总量的前提下，城市土地利用的经济效益、生态效益和社会效益的发展潜力。

2. 城市土地利用效率的评价指标研究

指标体系法是国内外学者在城市土地利用效率研究中普遍采用的一种定量研究方法，其中评价体系的构建与评价指标的选取是指标体系法的核心内容。中国国土资源部专门颁布了《城市土地集约利用潜力评价技术方案》，用以指导城市土地利用效率评价的实践工作。

城市土地利用效率评价指标体系的构建和具体指标的选取，应遵循科学性、整体性、层次性、区域性、动态性、前瞻性和可操作性的原则。中国城市土地利用效率评价指标领域的研究工作可以划分为以下几类：①从综合角度建立评价指标体系，认为集约化、高效化和协调化是城市土地利用效率评价的3个主要考察方面，评价指标应包含4方面的内容，即制约土地集约利用的指标、城市土地集约利用程度指标、城市土地利用经济效益指标，城市土地集约利用趋势和可持续度指标。②从不同空间层次构建评价指标体系，其中宏观评价是以整个城市为评价对象，评价指标主要包括城市空间格局合理性、土地利用强度、土地产出效率和土地可持续利用等；中观层次的评价对象是不同功能的城市分区，根据功能不同分别设计了工业区、商业区和居住区等评价指标体系；微观层次则是以地块为评价对象，评价指标主要包括容积率、经济产出和环境指数等。③从整体角度出发，构建土地集约化综合指数等综合指标来衡量城市土地利用效率。

3. 城市土地利用效率的评价模型研究

中国城市土地利用效率领域常用的研究模型有：①综合评价模型，即从城市土地利用的社会效益、经济效益和生态环境效益出发，构建城市土地利用效率的多属性综合指标；②主成分分析法,即把多个指标通过降维简化为一个或几个指标,用以反映原来多个指标的绝大多数问题;③层次分析法(AHP),即将系统分析简化为逐层因素相对于上级因素的权重问题,或相对重要性的排序问题,将各层因素的权重经过加权综合得到相对于总目标的最高层的相对重要性权重,据此制定政策和选择方案;④数据包络分析法(DEA),即通过考虑多种投入(即资源)的运用和多种产出(即服务)的产生来比较提供相似服务的多个服务单位之间的效率。DEA 是 2000 年以后用于城市土地利用效率评价的重要方法,可以清晰地表征城市土地利用的投入和产出状态。

三、城市土地利用效率的实证研究

中国科学院生态环境研究中心的胡聃研究员从复合生态系统理论出发,建立了城市绿地综合效益评价指标体系(1994);华中农业大学的张安录教授以提出通过施行城市土地置换工程、实行功能分区、注重城市个性发展等措施提高土地利用效率(2005);中国科学院地理科学与资源研究所的方创琳研究员指出大都市边缘区乡镇经济增长方式的转变与土地集约利用程度具有极强的耦合关系(2007);中国科学院南京地理与湖泊研究所的杨桂山研究员通过构建小城镇土地集约利用综合评价指标体系,将小城镇划分为土地利用效益制约型、土地利用程度制约型、城镇基础设施制约型和城镇土地可持续利用制约型 4 种类型(2010);北京大学的冯长春教授通过对北京市东城区存量土地集约利用潜力进行评价,得出老城区存量土地集约利用潜力值(2010)。

四、提高城市土地利用效率的途径研究

基于中国城市土地利用效率低下的客观现实,为缓解城市土地资源供应压力,促进城市良性扩展,提高城市土地利用效率一直是中国土地利用研究领域的重要命题。中国关于提高城市土地利用效率的途径研究主要包涵行政手段研究、经济手段研究、法律手段研究和社会手段研究四大领域。具体包括:①基于城市化发展规律的相关途径的探讨,如充分利用城市中心的土地、旧城改造与城市边缘新区的快速发展相结合、分区集约利用城市土地以达到盘活存量土地的目的、通过技术革新来提高土地利用效率等;②基于市场调节机制的相关途径的探讨,如通过基于区域比较优势的国内、国际分工提高城市土地利用效率、通过集聚效应和规模经济效益的发挥来提高城市土地利用效率等;③基于政府宏观调控机制的相关途径的探讨,如建立和完善城市土地利用的市场机制、适度行使国家行政调控职能、健全土地管理法规,明晰土地利用的各项权利、制定科学合理的城市发展规划,实行严格的城市土地用途管制等;④基于公众参与机制的相关途径的探讨,如保障公众在城市土地利用方面的知情权和监督权、建立城市土地利用的听证制度等。

五、城市土地利用效率的研究展望

当前中国关于城市土地利用效率的研究主要是偏重于整体性和综合性研究,尚未深入到城市土地利用效率所涉及的具体问题和深层问题,缺乏能够指导城市土地利用效率提高的理论总结,在研究方法上也需要进一步的甄别和完善,因此需要从以下几方面进行完善:①在学科属性上,应从城市规划学、土地规划学、经济学、行政管理学等多学科的角度开展全面、系统、微观和动态的研究;②在研究视角上,城市产业结构、产业布局与城市土地利用效率的时空耦合关系将成为城市土地利用效率研究的重点研究领域和突破口;③在研究尺度上,应以多层次、分区域的思想为指导,将大城市、中小城市和小城镇的城市土地利用效率进行分类研究和比较研究;④在研究方法上,积

极开展"3S"技术、系统动力学模型、人工神经网络等现代方法、模型和技术的融合和应用研究;⑤在指标体系上,应制定标准城市的土地利用效率评价指标体系,并根据不同的城市在标准城市的基础上进行因素修正;⑥在对策建议上,应针对现实原因和深层原因,积极探索提高城市土地利用效率的措施。

第三节 城市土地利用机制研究

优化城市土地利用结构、提高城市土地利用效率的目标需要借助相应的配套机制来实现。所谓城市土地利用机制,是指激励和约束城市土地利用的各种力量的总称,集中表现为2种力量,即市场机制和政府干预。在中国现阶段的经济体制下,市场机制在城市土地利用中发挥基础性的作用,政府干预是在市场经济内部对城市土地利用进行干预,以弥补市场机制的缺陷。

一、城市土地利用的市场机制研究

1. 市场机制的内涵研究

城市土地利用的市场机制包括供求机制、价格机制和竞争机制3个基本方面,三者有机联系、相互作用。市场机制对城市土地资源的配置与再配置是通过土地市场价格信号的变动实现的。土地的价格反映了供求关系,是供求机制作用的结果。市场通过价格机制的运作启动了竞争机制,竞争关系的展开促进了土地资源的配置过程,进而影响和调节供求关系(见图2-5-1)。

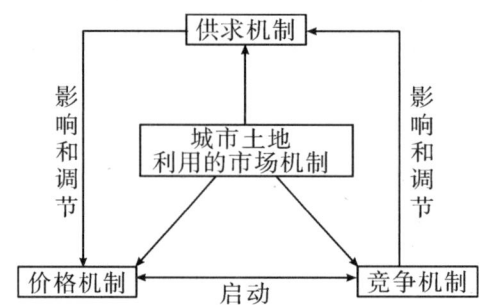

图2-5-1 城市土地利用的市场机制

2. 市场机制的研究内容

中国城市土地资源的市场化进程起步较晚,市场机制在运营过程中存在着较多有待研究、解决的问题。中国学界对城市土地利用的市场机制的研究可以划分为3大类:

一是利用马克思地租理论或西方经济学的基本理论与方法来研究中国城市土地利用的市场机制。主要研究结论有:①利息率下滑和地租量递增的双重影响是导致城市地价上涨的主要原因;②城市土地的增值形态可以划分为投资性增值、供求性增值和收益性增值3大类;③人们对未来收益的良性预期将会促使土地增值。

二是通过土地需求和供给行为来分析城市土地利用的市场机制。主要表现在:①将经济学中的市场供需平衡理论应用于城市土地市场;②利用数量模型模拟城市土地市场供给和需求的数量与结构动态变化;③将城市土地利用进行功能细分,预测不同用途的用地需求量,并据此进行供给配置和调整;④将影响土地利用市场机制的因素进行细分,关注各个因素对土地市场供需均衡的影响方向和程度。

三是通过重点研究城市土地隐形市场来剖析城市土地利用的市场机制。中国城市土地资源配置实行行政划拨和出让转让2种方式,这2种用地方式导致了中国土地隐形市场的存在。土地隐形市场是在法律规定的范围之外,以隐蔽的形式展开的土地交易行为,目前在中国城镇土地交易中非常常见。研究表明,隐形市场是中国土地利用领域的重要特点,也是需要重点研究和管理的领域。隐形市场对城市土地利用市场机制运行的影响具有两面性:一方面,对缓解城市土地供求矛盾、调整城市产业结构和用地结构、提高土地资源配置效率具有一定的积极意义;另一方面,其交易由于失去国家控制,缺乏法律监督和政策管理,对土地利用市场机制的正常运行造成了诸如国家土地收益的大量流失、干扰土地市场、城市土地带来的增值易被隐形交易者独自享有等消极影响。

二、城市土地利用的政府干预机制研究

1. 政府干预机制的内涵研究

政府干预机制指政府以土地资源规划为导向,通过金融、法律、税收等手段来控制、调整城市土地利用的规模、强度、效益及空间特征等。城市土地利用的政府干预机制研究的理论基础主要有:市场失灵理论,城市土地商品的特殊性理论和城市土地所有权的公有制理论。在市场经济体制下,政府干预机制是土地利用市场机制的重要补充。

2. 政府干预机制的研究内容

按照干预目标的差异,目前中国城市土地利用的政府干预方式可以划分为以下4类:①旨在总量控制和整体设计的土地利用总体规划;②调整城市内部土地利用空间结构和布局的城市规划;③调节土地收益分配的城市土地税收;④针对城市土地市场信息不完善的不动产登记制度。

第一,土地利用总体规划,指在一定区域内,根据区域的自然与经济社会条件,按照可持续发展的要求对土地资源的开发、利用、治理、保护在时间和空间上所作的总体安排和布局。国土资源部审议通过的《土地利用总体规划编制审查办法》对土地利用总体规划的编制、内容、审查和报批等项作出了明确规定(2009)。早在20世纪90年代初,国内学者通过研究,将土地利用规划制度失效的原因归纳如下:①土地管理体制及土地产权、审批等制度的不健全;②转型时期经济社会快速发展的复杂性、土地市场机制的不健全,与规划对市场反应的迟钝性增大了土地利用总体规划编制与实施的难度;③规划理论及方法研究滞后。

第二,城市规划,确定了城市发展的规模和方向,调节了城市土地供给,调整了城市内部土地利用的外部性。作为一种重要的政府干预手段,城市规划也对城市土地利用的市场机制产生了一些负面影响:从供给的角度看,城市规划将相互之间有冲突的土地用途分开,使一些土地不能任意转换用途,导致在某一时期某一地域用于某种用途的土地减少,从而使某种土地价格上升;从需求角度看,由于规划区消除了某些地区土地利用的外部性,保持了该地区的优美环境,又引起该地区土地需求的增加,引发土地价格的上升。

第三,城市土地税收,中国基本构建了以土地、房地产的取得、保有、交易为征税环节的城市土地税收体系。土地税收作为一种经济手段,在保护土地资源、提高土地利用率、调节土地收益公平分配、组织财政收入等方面起到了积极作用。当前中国的城市土地税收体系还存在着以下问题:①以税代租、名税实租等现象扭曲了城市地租应有的干预作用;②在一定程度上造成地方政府靠多批地来获取收益,导致城市土地资源无序开发。

第四,不动产登记制度,由于中国没有统一的不动产登记制度和不动产登记机关,导致登记机关呈分散状态,在一定程度上造成了混乱,增加了土地市场的交易成本。

三、完善中国城市土地利用机制的对策研究

随着中国经济体制改革的深入,市场机制与政府干预机制作为城市土地利用中2种基本力量,不断进行着博弈与合作。协调市场机制与政府干预机制的关系,充分发挥二者在城市土地开发与配置中的积极作用。首先,需要完善中国现有的土地产权制度,坚持城市土地国有制;其次,强化市场机制在土地市场资源配置中的基础性作用;第三,完善政府对市场机制的干预和引导作用,规避市场机制的风险,弥补市场机制的缺陷,培育良性发展的土地资源管理体制。

1. 完善土地利用市场机制的对策研究

市场力量薄弱、市场机制乏力是当前中国城市土地市场存在的最基本问题。针对中国当前土地市场化经营中存在问题的主要对策建议如下:①转变土地供应机制,彻底转变以服务经济为目标的土地资源管理模式;②改变土地供给方式的"双轨制",取缔土地交易的隐形市场;③完善土地储备制度,提高土地资源配置的市场化程度;④建立土地资产运营监管机制,健全国有土地使用权招标拍卖运作机制;⑤明确土地的经营权和收益权等各种权益;⑥加强法制建设,规范各级政府和各土地市场主体的土地交易行为,营造规范有序的法制环境。

2. 完善土地利用政府干预机制的对策研究

由于地方政府是地区土地市场的管理者、需求者以及唯一供给者,因此,完善土地利用的政府干预机制着重取决于地方政府在土地资源上的管理目标和能力。首先,政府的土地资源管理必须以社会经济可持续发展为目标;其次,政府应善于运用手中的规划、政策、经济等干预手段,引导市场机制发挥积极作用,规避市场机制的盲目性等消极特点,培育良性发展的土地资源管理体制;第三,政府必须对城市土地交易过程中产生的各种社会问题予以重视和解决,对弱势群体进行扶植和救助,如失地农民的补偿与再就业问题等。

第四节 中国城市土地利用管治研究

目前国内专门研究城市土地管治方面的成果相对较少,大部分研究是与城市土地利用的市场机制和政府干预机制研究相结合,以政策指引和城市规划为主要的管治实施领域,重点探讨政府在城市土地利用管治中的主导地位和作用。

一、城市土地利用管治概念与内涵研究

根据用全球管治委员会的定义,城市土地利用管治是各种公共的或私人的个人和机构,管理城市土地利用的诸多方式的总和,是相互冲突的不同利益得以调和,并且采取联合行动的持续的过程。管治主体为政府、盈利性组织和公众,三者各司其职,其目标为共同促进城市土地的可持续利用。城市土地管治具有5个特征:主体的多元化、基础的协调性、目标的综合性、手段的多样化和过程的持续互动性。

二、城市土地利用管治的内容研究

中国当前的城市土地管治研究主要强调政府在土地利用管治中的主导性作用。现有研究主要集中在政策指引和规划管理2个方面。

1. 政策指引

政策指引的主体是政府管理部门，主要包括城市土地征用与征购、土地储备、城市土地供应和城市土地整理等方面。

（1）土地征用与征购　土地征用是国家为了公共利益的需要，依法将集体所有土地征收归国家统一调配使用的土地配置行为，具有强制性和补偿性的特点。中国现阶段实行的关于土地征用权的法律规定主要来自《宪法》和《土地管理法》，主要包括征地补偿和征用程序2方面。其中，征地补偿包括土地补偿费、安置补助费以及地上附着物和青苗的补偿费；征用程序包括拟定征地方案、审查批准、方案公告、征地补偿登记、制定土地补偿与安置方案、组织实施、清理土地等。土地征购是指国家在出于非公共利益需要土地时，在市场机制的作用下，通过订立合同的方式购买获得土地的行为。

（2）土地储备　土地储备指政府国土资源管理部门为实现调控土地市场、促进土地资源合理利用目标，依法取得土地，进行前期开发、储存以备供应土地的行为。中国学者对土地储备制度的功能、运作过程、储备模式、绩效和完善措施等内容进行了多方面的研究。从功能上讲具有增加财政收益、促进土地市场健康发育、推进城市土地整理的功能；从运作过程上讲包括土地收购、土地储备和土地出让3大环节；从储备模式上讲包括市场主导型模式，政府市场综合型模式，行政指导、市场运作与土地资产管理相结合的模式，社会储备模式，"双储双控"模式；从绩效上讲，肯定了中国城市土地储备制度的一系列积极意义，并指出了存在的问题。

（3）土地供应　城市土地供应分为一级市场土地供应和二级市场土地供应。土地一级市场供应者是政府部门，政府将全民所有土地的使用权让渡给用地者，即进行土地出让。土地出让是根据社会和经济发展要求、城市规划、供地计划和市场需求等，政府将征用、收购、整理后的储备土地，通过招标、拍卖、挂牌出让和划拨等方式，向社会公开、公平地提供土地使用权的过程。中国目前对城市土地出让的研究多集中在土地出让的方式及产生的问题领域。土地二级市场供应者是现有的土地使用者，即进行土地使用权转让者。土地使用权转让是土地使用者将土地使用权再转移的行为，包括非自主转让与自主转让。非自主转让主要是指征用划拨，自主转让包括出售土地、出租土地、以地换房和以地合资等。

目前，中国城市土地供应中存在供应量不足、供应方式失当、供应计划随意性强、政府未承担起宏观调控职责等问题，原因在于政府利益立场偏差、政府行为能力不足及行为缺乏监督。学界针对解决上述问题的研究可以总结为2种类型：一是城市土地供应计划的制订，二是城市土地供应方式的选择。城市土地供应计划的制订可起到方便政府实施土地管理、为用地者提供决策依据、调节市场供需及实现土地供应的引导作用。其计划制定要与土地利用总体规划和城市规划相协调，与城市的用地发展方向、产业发展目标和环境发展目标相结合，与土地市场供需相结合。在城市土地出让方式选择上，建议政府制定详细的土地出让目录，有选择性地使用招标、挂牌和拍卖等交易方式，完善招标出让方式，制定合理的标底价格或进行限价，建立与健全监督保证机制。

（4）土地整理　城市土地整理指在既定的城市空间范围内，按照城市发展规划和土地利用总体规划的要求,采用一定的措施和手段,调整城市土地利用结构,改善城市用地环境,提高城市土地的利用率和经济产出率,提高城市的现代化水平,以实现经济、社会、生态的可持续发展。主要包括以下内容:①挖掘城镇存量建设用地潜力,盘活利用城镇闲置土地,实施旧城改造和企业退二进三;②探索实行新的征地拆迁补偿安置办法,有计划地实现城市郊区农用地向城市建设用地的转用;③加强部门协调,制定政策措施促进"三集中一调整",即工业项目向开发区集中,农民住宅逐步向中心村和小集镇集中,乡镇企业逐步向工业园区集中;④大力推行"城中村"改造。从运作程序上讲,城市土地整理可归纳为5个步骤:选择土地整理单元、设计土地整理规划方案、审批城市土地整理方案、组织实施城市土地整理、检查验收并确权登记。

目前,该领域研究处于初级探索阶段,相关成果较少。借鉴国外城市土地整理的成功经验,中国城市土地整理应充分吸收城市土地整理的整合思想,建立包括"区域—城市—城市社区"多级城市土地整理体系,并充分利用现代技术和手段,迅速准确地把握城市用地现状。

2. 规划管理

在规划领域,实现城市土地利用管治主要是指城市总体规划、城市土地利用规划、城市建设控制性详细规划。城市总体规划决定了城市土地的分期供给水平,城市土地利用规划为城市土地开发提供秩序引导,城市建设控制性详细规划对土地的利用方式、开发强度等进行具体的限制和规定。

(1)城市总体规划 城市总体规划是指依据国民经济和社会发展规划,结合当地情况和现状特点等,统筹兼顾、综合部署,为确定城市的规模和发展方向,实现城市经济和社会的发展目标,合理利用城市土地,协调城市空间布局等所作的一定期限内的综合部署和具体安排,是城市规划编制工作的第一阶段,是城市建设和管理的依据,在城市土地利用管治方面有着重要的指导意义。其任务包括:①制定城市的经济和社会发展目标;②确定城市的发展性质、规模和建设标准;③安排城市用地的功能分区和各项建设的总体布局;④布置城市道路和交通运输系统;⑤制订规划实施步骤和措施。

(2)城市土地利用规划 城市土地利用规划是对城市内部各类土地的供应与需求、开发与利用、保护与整治等进行的统筹安排,以确定各类土地的用途及其合理利用的目标、规模、结构、利用方式、整治和保护的重点及步骤等,是对城市土地资源进行合理组织利用和经营管理的一项综合性的技术经济措施,是城市土地利用管治的重要组成部分。其任务包括:①查清土地资源、监督土地利用;②确定土地利用的方向和任务;③合理协调各部门用地,调整用地结构;④落实各项土地利用任务;⑤保护土地资源,协调经济效益、社会效益和生态效益之间的关系,协调城乡用地之间的关系,协调耕地保护和促进经济发展的关系。

(3)城市建设控制性详细规划 控制性详细规划是以城市总体规划、分区规划和土地利用规划为依据,以落实总体规划意图为目标,以土地使用控制为重点,详细规定建设用地的性质、使用强度、空间环境和各类用地的适建情况,是将土地利用规划设计与开发管理相结合,将总体规划的宏观控制要求转化为微观的控制要求,是实施土地利用管治的具体操作指导规划。其主要任务为:确定建设地区的土地使用性质和使用强度的控制指标、道路和工程管线控制性位置以及空间环境控制等。

三、城市土地利用管治的实证研究

中国科学院地理科学与资源研究所的刘彦随研究员对苏南现代化进程中的土地问题进行了

分析,提出城市土地利用管治的有效措施(1998);华中农业大学的张安录教授已探讨了南方丘陵地区土地整理的运作模式与方法(2004);北京大学的吕斌教授在对深圳"城中村"研究的基础上,提出了"城中村"改造的总量分布和改造强度(2006);北京大学的冯长春教授对创新土地市场供应模式进行了研究(2009)。

城市规划是城市土地利用管治的重要实践领域。中华人民共和国成立以来,为适应大规模工业建设和针对旧城改造展开城市规划工作,20世纪60年代~70年代处于停滞状态,80年代起城市规划的理念开始得到普及和提高。"六五"期间,城市总体规划的编制和审批工作在全国城镇普遍展开。1989年,长沙、北京、南京3个城市开始修订总体规划。1990年《中华人民共和国城市规划法》的颁布,为实现城市规划的土地资源管治功能提供了法律保障。90年代以来,城市特色与城市形象的塑造成为城市规划的新热潮。2000年以后,中国的城市规划越来越关注城市的非物质功能和可持续发展能力,城市文化与城市生态的建设和保护成为城市规划的重要指导思想。

四、城市土地利用管治的研究展望

随着中国城市规模的不断扩大和城市职能的不断强化,未来中国的城市土地利用管治研究将持续关注以下问题:第一,明确城市土地管治的目标;第二,从城市土地产权入手,对城市土地产权制度进行调整和改革;第三,从市场内部进行梳理,健全城市土地市场机制;第四,政府自身应通过确立新的理念,加强城市土地资源管治能力建设。

参考文献:

[1] 刘盛和,吴传钧,陈田.评析西方城市土地利用的理论研究[J].地理研究,2001.20(1):111-119.

[2] 周建明.中国城市土地利用的理论与实践[M].北京:中国建筑工业出版社,2009.

[3] 孟繁盈.土地利用规划中土地利用空间结构和布局研究进展[J].国土与自然资源研究,2009(4):46-48.

[4] 袁丽丽.城市土地空间结构演变及其驱动机制分析[J].城市发展研究,2005(1):64-69.

[5] 周建明.城市土地利用空间结构研究——以深圳为例[J].城市规划汇刊,1998(2):22-29.

[6] 阎小培.广州信息密集服务业的空间发展及其对城市地域结构的影响[J].地理科学,1999,19(5):405-410.

[7] 冯志强.城市土地利用空间结构演变研究[D].郑州:解放军信息工程大学.2006.

[8] 姚士谋,顾朝林,Kamwing Cheng.南京大都市空间演化与地域结构发展策略[J].地理学与国土研究,2001,17(3):7-11.

[9] 张忠国,吕斌,王志美.近现代青岛城市规划与空间结构转型[J].城市问题,2004(6):35-38.

[10] 方创琳,蔺雪芹.武汉城市群的空间整合与产业合理化组织[J].地理研究,2008,27(2):397-408.

[11] 俞孔坚,乔青,李迪华,等.基于景观安全格局分析的生态用地研究——以北京市东三乡为例[J].应用生态学报,2009,20(8):1932-1939.

[12] 刘盛和.城市土地利用扩展的空间模式与动力机制[J].地理科学进展,2002,21(1):43-50.

[13] 薛东前.城市土地扩展规律和约束机制——以西安市为例[J].自然资源学报,2002,17(6):729-736.

[14] 朱英明,姚士谋,李玉见.我国城市化进程中的城市空间演化研究[J].地理学与国土研究,2000,16(2):12-16.

[15] 姚士谋,帅江平.城市用地与城市生长[M].合肥:中国科学技术大学出版社,1995.

[16] 许彦曦,陈凤,濮励杰.城市空间扩展与城市土地利用扩展的研究进展[J].经济地理,2007.27(2):296-301.

[17] 摆万奇.深圳市土地利用动态趋势分析[J].自然资源学报,2000,15(2):112-116.

[18] 刘彦随.市域城镇化土地利用扩展机制与规律分析[J].热带地理,1998,18(4):372-377.

[19] 张文忠,王传胜,薛东前.珠江三角洲城镇用地扩展的城市化背景研究[J].自然资源学报,2003,18(5):575-582.

[20] 姜世国,周一星.北京城市形态的分形集聚特征及其实践意义[J].地理研究,2006,25(2):204-212.

[21] 俞孔坚,王思,李迪,乔青.北京城市扩张的生态底线——基本生态系统服务及其安全格局[J].城市规划,2010,(2):19-24.

[22] 袁利平,董黎明.我国不同职能类型城市的用地水平分析[J].中国土地科学,2001,15(3):35-38.

[23] 王晓川.运用规划手段不断提高城市土地使用效率[J].中国土地科学,2003,17(4):43-47.

[24] 陈爽,姚士谋.中小城市土地利用不合理原因剖析[J].城市研究,1998(4):37-41.

[25] 王庆坤.城市化进程中土地利用效率极其评价研究[D].济南:山东农业大学.2007.

[26] 胡聘.城市绿地综合效益评价方法探讨——天津实例应用[J].城市环境与城市生态,1994(1):18-22.

[27] 刘彦随,方创琳.区域土地利用类型的胁迫转换与优化配置——以三峡库区为例[J].自然资源学报,2001,16(4):334-340.

[28] 刘彦随,彭留英,陈玉福.东北地区土地利用转换及其生态效应分析[J].农业工程学报,2005,27(11):175-178.

[29] 董珂.国家干预下的市场经济——中国城市土地利用的可持续发展之路[J].城市规划,2000(2):16-19.

[30] 毛蒋兴,闫小培,王爱民,等.20世纪90年代以来中国城市土地集约利用研究述评[J].地理与地理信息科学,2005,21(2):48-52.

[31] 邵晓梅,刘庆,张衍毓.土地集约利用的研究进展及展望[J].地理科学进展,2006,25(2):85-95.

[32] 陈莹,刘康,郑伟元.城市土地集约利用潜力评价的应用研究[J].中国土地科学,2002,16(4):26-29.

[33] 王永慧,严金明,张丽.土地集约利用潜力和机制分析[J].中国土地,2006(5):37-39.

[34] 协邵华,徐国彬,张晋丽.浅议中国城市土地的集约化利用[J].资源科学,1999,21(3):59-62.

[35] 方先知.土地利用效率测度的指标体系与方法研究[J].系统工程,2004,22(12):22-26.

[36] 国土资源部.城市土地价格调查与集约利用潜力评价实施方案[S].2001.

[37] 汪波,王伟华.城市土地集约利用的内涵及对策研究[J].重庆大学学报(社会科学版),2005,11(5):16-18.

[38] 张富刚,郝晋珉,姜广辉,丁忠义.中国城市土地利用集约度时空变异分析[J].中国土地科学,2005,19(1):23-29.

[39] 朱天明,杨桂山,万荣荣.城市土地集约利用国内外研究进展[J].经济地理,2009,29(6):977-983.

[40] 高佩华,高秋华.城市土地集约利用潜力评价系统的开发与应用[J].东北测绘,2003,26(2):49-51.

[41] 郑瑞忠.中国城市土地利用效率研究[D].大连:东北财经大学.2005.

[42] 陈莹,张安录.城市更新过程中的土地集约利用研究——以武汉市为例[J].广东土地科学,2005,4(5):14-20.

[43] 宋吉涛,方创琳,宋吉强,班茂盛,等.大都市边缘区乡镇土地集约利用与增长方式转变评价指标体系研究——以北京市海淀区北部新区4镇为例[J].资源科学,2007,29(4):170-178.

[44] 朱天明,杨桂山,苏伟忠,李峻峰.兴化市小城镇土地集约利用综合评价研究[J].长江流域资源与环境,2010,19(1):24-29.

[45] 冯长春,程龙.老城区存量土地集约利用潜力评价——以北京市东城区为例[J].城市发展研究,2010,17(7):86-92.

[46] 赵贺.中国城市土地利用机制研究[M].北京:经济管理出版社,2004.

[47] 罗嗣云.我国城市土地利用机制研究[D].重庆:重庆大学.2008.

［48］钱文荣.中国城市土地资源配置中的市场失灵、政府缺陷与用地规模过度扩张[J].经济地理,2001,21(4):456-460.

［49］杨明清.加强土地供应计划的宏观控制[A].中国土地使用制度改革的研究——中国土地学会学术年会论文集[A].1992.

［50］孟星.城市土地的政府管制研究[D].上海:华东师范大学.2005.

［51］汪晖.城乡结合部的土地征用:征用权与征地补偿[J].中国农村经济.2002(2):40-46.

［52］肖艳.中国城市土地利用管治研究[D].天津:天津大学.2006.

［53］赵小风,黄贤金,肖飞.中国城市土地储备研究进展及展望[J].资源科学,2008,30(11):1715-1722.

［54］芦杰、余明全.我国城市土地储备制度的绩效分析与完善建议[J].国土与自然资源研究,2009(3):20-21.

［55］陈士银,周飞.城市土地储备制度:绩效、困境及其完善[J].城市问题,2007(2):20-23.

［56］夏显力,李世平,赵敏娟.城市土地整理研究[J].地域研究与开发,2003,22(1):66-68.

［57］刘彦随,鲁奇.苏南现代化进程中的土地问题及对策[J].地理科学进展,1998,17(2):78-83.

［58］董捷,张安录.南方丘陵地区的土地整理——以广西上思县为例[J].中国土地科学,2004,18(2):53-55.

［59］吕斌,周琦.深圳市近期"城中村"改造的规划控制及策略思考[J].中国国土资源经济,2006(6):11-14.

第六章　中国城市规划和城市化研究

第一节　中国城市规划研究

从20世纪70年代中期开始,特别是改革开放以来,城市地理学者先后承担了各类城市总体规划、详细规划和各项专题规划,将城市地理学的理论引入到城市规划中去,提高了城市规划的科学性。南京大学从1976年开始即接受教育部委托,陆续举办城市规划培训班,成为中国城市规划人才培训基地,出版了中国第1部城市规划专著《城市总体规划》,承担了建设部《城镇合理规模理论和方法》项目,在国内城市规划界首开城市规模的系统研究。北京大学、中山大学、杭州大学等先后参与到城市规划中去,培养了一批经济地理与城乡规划专业人才。中国地理学家在参与城市规划过程中,着重在确定城市性质、预测城市规模、进行城镇用地分析和用地评价等方面为编制城市总体规划提供科学依据,从而使传统以建筑为主体的城市规划增添新的理论、方法和内容。

一、城市用地分析和用地评价研究

城市用地分析和用地评价是城市总体规划的前提。用地分析包括对地形地貌、地质灾害、水文地质、工程地质、地基承压力等自然条件和社会经济条件、区位条件、技术条件的调研,然后进行综合平衡,编制城市规划用地评定图。在计划经济条件下,有些学者就城镇用地问题,城市土地综合经济评价所采取的理论和方法进行了探讨(董黎明,1989);有些着重对自然条件和经济条件的分析,探讨土地使用的价值和价格(赵民,1986)。在计划经济向市场经济转轨的过程中,土地由无偿划拨变为有偿使用,给城市规划带来了许多新的问题。20世纪90年代以来,学者们相继对城市土地区位、土地定级、土地评估、市区土地利用以及如何协调好国家、开发商和市民之间的利益关系等问题展开了讨论。城市地理学家将在发挥对土地自然条件、区位条件评定优势的基础上,结合体制转换、经济增长方式转变、环境承载力对土地利用的影响,综合平衡,提出城市规划期限内城市用地的规模、用地发展方向,合理进行城市土地利用规划,为城市规划提供科学依据(闫小培,1993)。

二、城市性质研究

城市性质是指城市在国家或社会经济发展中所承担的主要职责和功能,确定城市性质是城市规划的一项重要内容。随着中国城市地理学者广泛参与城市规划,城市性质的研究成为城市职能研究的应用领域。而伴随着城市发展战略研究的兴起,城市性质的研究而后更多地被称之为城市功能定位。该研究集成了地理学、经济学、管理学等不同学科的理论和观点,例如,经济学中的产业结构理论,管理学中的竞争力理论,因而具有很强的综合性和应用性。中国地理学家通过对城市发展的区域条件分析,依据国家或地区的社会远景发展规划,确定城市在区域中的主要职责和功能以及其发展方向,为城市总体规划提供依据(周一星、张勤,1984)。周一星(1991)在研究城市工业职能成果基础上,提出了城市职能研究的三要素理论,对城市职能的划分、具体城市性质的确定提供了理论和方法。其他学者对城市在区域城镇网络中的地位、城市发展方向、城市职能等作了大量的实证分析,为城市规划工作的开展提供了科学的依据(丁景熹,1984)。

三、城市规模研究

城市规模包括城市的人口规模和用地规模,主要指人口规模。预测城市人口增长的趋势和探讨城市的合理规模是地理学家在编制城市规划中的主要任务之一。随着中国城市化水平的提高,城市规模也在不断扩大,这一方面会产生聚集效应,使土地、基础设施的利用效率提高,产业间的联系更紧密,并由此带动其他相关产业的兴起,使城市的经济总量像滚雪球般地增长。但另一方面,城市规模过度膨胀,也会带来额外的代价,如交通拥挤、环境污染严重、治安状况恶化、管理难度和管理费用急剧上升等。所以,在中国,城市规模问题——也就是在城市化发展的过程中,究竟是以大城市为主,还是以中小城市为主,或者重点发展小城镇——一直是学术界和政府部门争论的一个焦点。在争论过程中逐步形成了小城镇重点论、中等城市重点论、大城市重点论、大中小并举论、因地制宜论、两头重点论等多种观点,其中,又以大城市重点论和小城镇重点论2种截然对立的观点最具代表性。在过去30年中,中国地理学家更多的工作是对城镇人口合理规模的理论探讨、人口规模的预测以及如何控制大城市市区人口规模的研究。

四、城市生态规划理论与方法研究

城市生态规划方法是一种以现代生态学为基础和依据的规划思维方法。黄光宇从4个方面分析了生态城市规划设计方法,强调以生态为导向的整体规划设计方法。俞孔坚认为尊重生态过程,进行景观和城市规划是生态规划的核心,在城市扩展过程中,应把维护景观生态过程与格局的连续性作为城市规划的主要内容。有些学者从景观生态学原理出发,在城市规划中开展了景观生态规划研究,如山地城镇的景观生态规划方法探讨。20世纪90年代以来,城市规划研究生态内容的地位日益突出,城市生态规划与建设的理论研究与技术探索,从某种程度上讲已成为城市规划研究前沿课题的重要标志,越来越多的学者开始关注城市环境,将生态环境观念作为可持续发展战略的一个重要组成部分来研究,如转变认识观念,促进人居环境的可持续发展、现代城市发展与环境保护,走向一种生态观念、生活方式、生产模式变革与可持续发展战略的实施,生态规划和生态设计将逐渐成为建设可持续发展城市的有效手段。

五、城镇体系研究

随着城市规划与区域规划工作在全国范围内的全面铺开,城市体系的研究逐步受到重视。近30年来,城市地理学者广泛开展了城市体系理论研究、区域城市体系实证研究以及城镇体系规划实践。

城镇体系理论研究。顾朝林(1987)首先将城镇体系地域组织结构归纳为地域空间结构、等级规模结构、职能类型结构和网络系统4个方面。宋家泰、顾朝林、周一星、许学强等就城镇体系规划理论与方法进行了研究。杨吾扬等(1987)对城市体系科学定义,城市体系的级别—数目—规模对应模式进行了理论推导和实验验证。后来相关的研究内容广泛涉及城镇体系的界定、理论框架的构建,各种不同层次(省域、市域、县域等)城镇体系的现状特征、划分标准、发展趋势等。虞蔚等(1989)还从分析城市之间、城市与区域之间的主要经济联系方向、信息流的联系强度等出发来研究区域城镇之间的联系。近年来,城市地理学者继续开展了对城镇体系的现状特征、形成机制,信息产业对城市体系影响的研究(顾朝林,1997);同时,一些学者引入分形与分维理论,定量与定性相结合,开展了对城镇体系的空间结构研究(陈彦光,1998)。

区域城镇体系实证研究。过去近30年中,中国城市地理学者广泛开展了对不同等级行政区域、流域、经济区域的城镇体系研究。最初,中国科学院的一些地理研究机构和部分大学地理系先后承担了辽中南、京津唐、湘东和长春地区的城镇体系研究(中国科学院地理研究所,1992)。较早进行中国城市体系研究的城市地理学者有南京大学宋家泰、顾朝林,北京大学周一星、杨吾扬,中山大学许学强等。顾朝林《中国城镇体系》一书系统全面地研究了中国城镇体系的起源、产生、发展,中国城镇体系的自组织结构——地域空间结构、等级规模结构、职能类型结构和网络系统结构,并就中国城镇体系发展条件,城镇化水平及城镇人口增长,国家地域开发等对中国城镇体系发展的影响以及对中国城镇体系发展的前景特征作了科学的轮廓展望。此后,区域城镇体系研究重点从沿海、沿江发达地区向内陆地区深入(宋家泰等,1988)。

城镇体系规划实践。在20世纪80年代,南京大学地理系宋家泰、顾朝林等汲取国外经验,结合中国实际,提出了城镇体系规划"三个结构一个网络"的理论,为城市规划部门广泛接受并应用。城市地理学者开始承担编制了全国许多省市各个层次的城镇体系规划任务。南京大学相继在80年代和90年代为建设部举办城镇体系规划培训班,培养了大批城镇体系规划人才。建设部城市规划司及时总结经验颁布《城镇体系规划编制办法》,对省域、市域、县域及其他特定区域的城镇体系规划规范编制程序,明确了相关的城镇体系规划编制标准,并在《城市规划法》中被确定下来。近年来,面对国际经济全球化和国内经济市场化的实际,地理学者又开始尝试探讨新的城镇体系规划理论和方法,不再仅仅停留在对"三结构一网络"的一般分析,进一步加强对城镇体系动态演变、合理模式、结构调整和科学预测的研究。欧阳南江等在珠江三角洲开展的城市群规划中突出整体协调与可持续发展思想,丁元等在浙江省城镇体系规划中密切注意区域社会经济发展与城镇体系的关系,从而探讨更利于区域可持续发展的城镇体系规划。

六、城市空间结构研究

城市体系空间网络结构是城市体系研究中最具理论色彩的部分,克里斯泰勒和廖什2位德国学者奠定了中心地理论,其后,贝里等美国学者进一步发展了中心地理论。早在1964年,严重敏就翻译了克里斯泰勒的中心地理论,把中心地理论介绍到中国。1980年后,中心地理论、空间扩散、核心—边缘、增长极等学说先后被介绍到中国。中国学者对城市体系空间结构的研究更为强调城市体系的空间组织,并与20世纪80年代以来各种区域层面的发展规划紧密相连,因而具有明显的中国特色。80年代,对城市地域空间结构的研究主要是基于对外国理论进行翻译介绍的基础上,相继对城市地域结构的概念、类型,地域结构的演变规律、动力机制、合理模式、个别城市地域结构的特征等问题进行了探讨。90年代,大城市地域结构优化、中心城市的扩散机制及空间发展趋势等问题成为城市地理学者研究的重要方向(宁越敏、严重敏,1993);主要加强了对大城市地域结构演变规律、扩散趋势、功能用地结构变迁等新趋势的探讨(余罡,1992)。近30年来,城市地理学者主要开展了以下几方面研究工作。

1. 城市市场空间研究

20世纪80年代以来,城市地理学者相继就城市内部各项功能用地、空间组织和大城市工业、人口的有机疏散以及产业结构调整对城市空间结构的影响做了大量研究工作。随着改革开放的深入,中国第三产业尤其是商业获得了迅速发展,地理学者的研究重点转向城市市场空间结构的探索,先后对北京、上海、广州、长春、西安、南京等大城市商业网点布局进行了实证研究。这些研究通过实地调查,采用定量与定性相结合的方法,对商业中心的规模、结构和等级体系进行了分析,提出了优化商业地域结构功能组织的方案。90年代开始,一些学者相继开展了城市CBD理论研究,并对北京、上海等城市CBD进行实证研究。通过对城市CBD的结构分析,指出了其发展中存在的问题,并对CBD的良性发展提供了可行性规划方案。

2. 城市形态研究

从20世纪80年代开始,一些学者围绕个别城市的城市形态作了探讨(申维丞,1996),同时也进行了对不同城市形态组合形式的规律性研究,如同心圆式、多中心式、组团式、带形城市等城市形态的分析(杨悟生,1981)。武进《中国城市形态、结构、特征及其演变》(1990)一书通过对国内数百个城市形态和内部结构的研究,从社会、经济、文化和自然等角度,探讨了中国城市形态发展演变的动力学机制,并预测其发展趋势,提出了合理的发展模式。还有许多学者开展了对具体的海港城市、河口城市等城市形态的发展演变和布局形态的研究以及中国城市空间结构模式的发展研究。在对中国大都市增长的空间过程的研究中,概括出城市发展具有从同心圆圈层式扩展形态走向分散组团形态、轴向发展形态乃至最后形成带状增长形态的发展规律(顾朝林,1994)。这些研究成果为进一步探讨中国城市地域结构打下了坚实的基础。

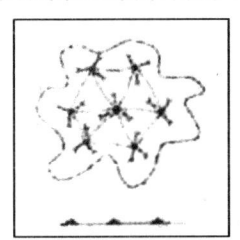
松散式多中心结构

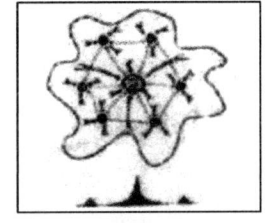
郊区式多中心结构

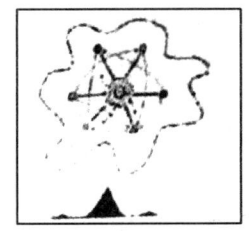
极不均衡式多中心结构

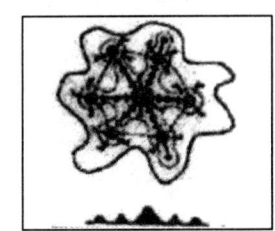
舒展式紧凑多中心结构

图 2-6-1　中国都市空间结构:多中心网络结构的4种模式

资源来源:韦亚书,赵民.都市空间结构与绩效[J].城市规划,2006,30(4):9-16.

3. 城市边缘区研究

20世纪80年代中期,南京大学在国内率先开展了城市边缘区研究,顾朝林(1985)、崔功豪(1990)、武进(1990)、林炳耀(1991)、涂人猛等发表了一系列研究成果。顾朝林等(1992,1993)通过对北京、上海、广州、南京等大城市的实地调查,在探讨中国城市边缘区的基础之上,对中国大城市边缘区的人口特性、社会特性、经济特性、土地使用特性、地域空间特性等进行了系统研究。孙胤社(1995)认为中国城乡边缘区的形成有自己的特点,它不同于国外的"居住导向型",而主要是"工业导向型"。近年来,随着市场经济的初步确立,大城市边缘区的内容有了新的变化。张建明、许学强等(1997)在对城市边缘区研究成果回顾的基础上,尝试性地提出了城市边缘区研究的新课题。目前,一些学者对大城市边缘区的空间演变机制、大城市边缘区可持续发展、大城市边缘区的成长机制等问题进行了可贵的探索。伴随着中国大城市的迅猛发展,城市边缘区研究已成为中国城市地理学研究的重要领域之一。

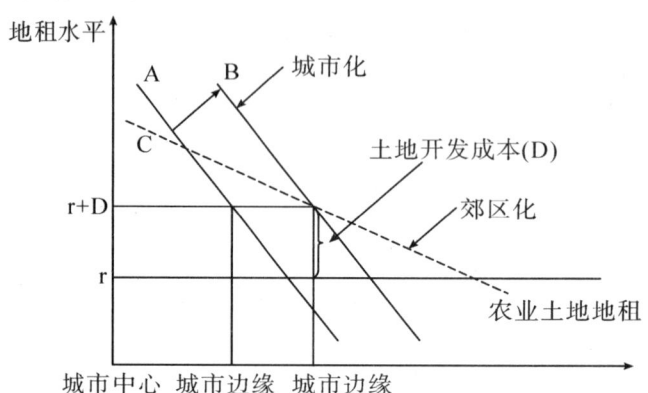

r 代表农业地租,D 代表土地开发成本,A 代表城市土地地租,B 代表城市土地地租曲线 A 平移后的位置,C 代表城市土地地租曲线 A 旋转后的位置

图 2-6-2 城市边缘区演进的动力机制

资料来源:付柠.我国城市边缘区的发展与调控研究[D].长沙:中南大学,2006.

4.城市经济区和中心城市的研究

顾朝林在 1991 年就提出了中国城市经济区区划体系的构想。宁越敏和严重敏也在 1993 年就提出了要加快高等级中心城市国际化的步伐,形成若干个各具特色的国际城市;优先发展中心城市的生产服务业的重要观点。周一星和张莉(2003)从改革开放的视角对中国城市经济区进行了研究,把中国经济地域划分为 3 个一级城市经济区和 11 个二级经济区。周一星(1982)在分析中国城市概念和城镇人口统计口径时,提出了都市连绵区这一概念,以与戈特曼的大都市带这一概念相对应。

七、城市经济和社会地理研究

城市内部空间结构是传统城市地理学的又一个重要研究领域。从 20 世纪 80 年代初起,中国城市地理学家开始对上海、北京、广州等大城市的地域结构、市场空间结构、中心商务区、感应结构、社会区等进行了大量研究,使中国城市地理的研究体系更为完善。90 年代后,中国的改革开放进入到一个新的发展阶段,城市经济和社会发展迅速,这使中国城市地理学家对单个城市的研究不再局限于城市内部空间结构的研究,而是与其他学科交叉扩展到更广泛的领域。

从 20 世纪 80 年代初起,国际城市学界就开始关注经济全球化和信息化背景下的城市发展问题,提出了世界城市、全球城市等新的概念。中国地理学界对新国际劳动空间分工、世界城市等理论的关注起步于 90 年代初。宁越敏最早系统介绍了这些理论,其后提出产品内分工已成为新国际劳动分工、新的表现形式的观点。伴随信息技术对城市发展的影响日益显著,美国著名学者卡斯特尔率先开展信息化城市的研究。中国学者阎小培在 20 世纪 90 年代中期已经开始研究信息产业对城市发展的影响作用,她对信息产业与城市经济发展、城市社会结构变化和城市地域结构变化进行了全面的分析。刘卫东、甄峰(2004)分析了信息化对社会经济空间组织的潜在影响。最近几年,中国的互联网城市研究也开始兴起。汪明峰、宁越敏(2002)尝试建立一种评价中国互联网城市可达性的方法,并对五大骨干网络的空间结构和节点可达性进行了分析,结果表明中国互联网基础设施的空间格局整体上趋于均衡,节点可达性基本遵循原有的城市等级体系。

当代中国正在发生巨大的社会变迁,城市社会结构、城市社区类型、城市阶层关系都发生着翻天覆地的变化,这为中国城市社会地理学的研究提供了广阔的空间。城市社会空间是一个新的研究领域,顾朝林(1997)率先开展城市社会极化的研究。王兴中(2000)比较系统地研究了中国城市社会空间结构,柴彦威(1996)研究了中国城市内部生活空间特征和时间利用特征。刘玉亭(2005)以南京为实证,全面系统剖析了中国转型期城市贫困的产生机制、结构特征,分析了城市贫困阶层的居住空间、日常生活空间和感知空间。

八、城市规划管理相关研究

在相关理论与模型研究方面,从20世纪中以来,西方城市研究理论界主要经历了50年代～60年代的数量化革命;70年代～80年代初,对"数量化"的反思,多学科交叉的"多元化"发展;80年代中期以后,交叉学科和空间技术支持下的大城市综合模型研究等几个阶段。近年来,国内学者也开展了大量的模型和理论研究,主要涉及相关的赛柏地理学、技术的发展、网络城市研究、与技术的应用相关的城市建模研究等。其中,基于GIS的研究是重要的内容之一。近年来,GIS在很大程度上开拓了城市研究者的思路,推动了城市地理学向微观的社会、行为、心理研究与宏观的物质空间研究相结合,静态的城市现象描述与动态的演化模拟相结合,定性的分析、判断、总结与定量的归纳、解析、模拟相结合的方向发展。其中,与城市规划管理密切相关的方向,包括借助GIS模拟城市发展演变,从而理解其发展演变的动态性,揭示城市微观行为与宏观结果。利用GIS及数量建模方法,结合社会、经济分析进行研究等正成为城市研究中很活跃的一个发展方向。越来越多的学者根据相关技术的发展,研究了不同工具相互关联,共同为城市规划及其管理提供服务的手段,如WebGIS、组件GIS、三维GIS和移动GIS,多媒体系统和网络技术支持下的桌面多媒体网络会议系统等。

在国内,技术在规划管理中的应用主要开始于20世纪80年代。较早的如广州于1984年底,开展了规划区820平方千米的航空遥感综合调查,1987年成立了"广州市城市规划自动化中心",开展了一系列关于核心技术研究、数据库建设、专项规划管理系统的研发等;北京市也于1983年开始开展了"北京航空遥感综合调查应用"的国家级重点研究项目。之后,1987年7月,当时的城乡建设与环境保护部在昆明召开了中国城市规划界第1次在技术应用领域全国性的会议"遥感技术、计算机技术在城市规划中的应用交流会",推动了技术在城市规划中的应用发展。90年代是城市规划管理化建设的大发展阶段,各大城市纷纷建设自己的规划管理系统。然而,由于技术上的局限和对系统框架设计的考虑不周,以及管理上的原因等,造成了浪费,主要体现在数据无法共享、使用面窄、文学系统与图形系统无法关联、数据不精确而作废等方面。于是,标准化问题受到了重视,各地也相继制定了各自规划管理系统建设的规范,如广东省制定了《城市规划管理系统建设指引》等;数据共享与安全问题也受到了关注。越来越多的学者和系统建设者也在探讨GIS、MIS和CAD等技术集成,研究集规划设计、辅助审批和规划图形建库一体化的电子报批理念等;探讨数据共享问题和数据的产权问题等深层次的话题。近年来,随着网络技术的发展,城市规划网站建设也正如火如荼地开展,如2000年开通的"中国城市规划行业网"、广州市的"规划在线"网站及各地的相关规划网站等。

第二节 中国城市化研究

改革开放之初,首先是地理学家借鉴国际城市化发展的总趋势,总结新中国30年来城市化过程曲折发展中的经验和教训,在国内率先提出需要开展中国城市化的研究。南京大学在全国率先开展了对中国城市化问题的研究,1980年吴友仁就"中国社会主义城市化道路"发表探讨性论文,由此揭开了中国城市化研究的序幕。1982年严重敏和宁越敏对中华人民共和国成立以来中国城市化的趋势和城市体系演变进行了分析,该文首次分析了中华人民共和国成立后中国城市化的阶段性波动的特点。1981年,姚士谋和吴楚材率先提出了中国农村人口的城市化问题。1982年,周一星撰文研究城市化水平与经济发展水平之间的关系,该文总结出了世界各国城市化水平与人均国民生产总值之间的关系曲线,并据此预测2000年中国的城市化水平。其后,许学强进行了类似的研究。从以上早期几篇论文看,早期中国城市化研究既借鉴了西方学者城市化研究的理论,又凸现中国城市化的研究特色,即关注中国城市化的特殊性,这种特点一直影响到今天的中国城市化研究。

进入20世纪90年代后,中国城市地理学界对中国城市化的研究进一步深入,不再局限于采用数理统计方法研究中国城市化的规律问题,而是转向更深层次的机理研究,在城市化动力机制和郊区化的理论研究方面取得明显的进展。这是因为90年代以来中国的改革开放进入到一个新的阶段,一方面从计划经济向社会主义市场经济转型,另一方面受经济全球化的影响日益加深,使中国城市化的发展更趋复杂和多样性,这是发达国家从未遇到过的现象,对中国城市化出现的新问题需要新的理论予以解释。

一、城市化道路论与理论研究

最初,关于中国城市化问题的研究重点是围绕中国城市的发展方针展开的。20世纪80年代初以后的10多年间,关于城市化道路的争论十分热烈,主要有小城市论、大城市论、中等城市论、多元发展论、城市体系论等。

由于最初的城市化道路之争是从发展小城镇是中国"城镇化"的正确道路的立论开始的,城市规模就成了最初讨论的中心,并由此形成了"小城镇论"及与之相对的"大城市论",随后又派生出"中等城市论"与"大中小论"等。"小城镇论"的立论依据主要是"国情与乡情",持此论者一方面考虑到中国的大城市存在诸多城市问题,另一方面,他们认为,在乡镇企业成为吸纳农村剩余劳动力主要渠道的前提下,由于地缘关系紧密,农民进入小城镇比进入大中城市的成本要低一些,这样可以降低城市化的成本。同时,他们也看到了小城镇可以把城乡2个市场较好、较快地连接起来,迅速地促进农村二三产业的发展,从而大量地吸纳农村剩余劳动力,缓解农村人多地少的矛盾,促进农业规模效益的提高和农民收入的增长。这一主张既符合当时发展乡镇企业的要求,又符合政府的城市发展方针,影响很大,成为这一时期中国城市化道路的主流观点;这一理论在主张走小城镇化道路的同时又主张农民就地转移,"离土不离乡",过分强调了"小城镇""小"与"分散"的特征。不同于前者,"大城市论"直指"小城镇论"忽视城市规模效益的缺点,明确指出大城市具有远大于小城镇的规模效益,并根据对国外城市化发展过程的考察,认为存在"大城市超前发展的客观规律",进而指出中国应当走主要发展大城市的城市化道路。至于"中等城市论",则主要是对前二者观点的折中。

周一星(1992)认为不存在统一的能被普遍接受的最佳城市规模,城镇体系永远是由大中小各级城镇组成的,企图以规模来调控城市的发展与建设,没有抓住问题的关键。指出各级城市都有发展的客观要求,并结合城市发展的客观规律提出了"多元论"的城市化方针,这一观点后来被越来越多的学者所认同。此外,夏振坤与李享章(1988)提出了城市化道路的"三阶段论",认为人口向城市或城镇的转移具有垂直与平面2种不同的形式,应当在不同的阶段走不同的道路,即第一阶段以向小城镇转移为主,第二三阶段则主要是向城市转移。还有其他的学者结合对中国城市化动力机制的分析,提出了"二元城镇化战略",即"设想发展2种城镇圈带:第一种是发展像长江三角洲、珠江三角洲、京津唐和辽中南这种城镇比较密集的城镇圈带;第二种是发展市管县这种城镇圈带,即通过加强主体城市和延续城市(市管县的县城)之间的网络建设来加强市管县内镇的城镇化"。孟晓晨(1990)在运用经济学模型分析方法对中国城市化机制研究的基础上,提出了中国城市化道路的"双轨归一说",即在目前中国的城市化过程中,农村人口向城市的空间迁移和向非农业的职业转移不能同时实现,因而现实中"我们选择的城市化是双轨的,一轨是直接的城市化,2个转移同时完成;一轨是滞后的城市化,先职业转移后空间迁移。最终必将双轨归一,实现完全的城市化。"

在20世纪80年代初期,中国城市学界对于城市化理论开始做了一些一般性的阐述,正是由于城市化道路问题的提出,人们才开始关注城市体系的理论,关注城市规模分布的理论,对于城市规模效益也做了许多探索。同时,把发展经济学的一些理论如二元论等结合到城市化机制的分析之中。但是,城市化一般理论的研究大多没有得出十分确定的结论;而具体的城市化理论研究又过分地关注中国城市化发展个性的一面,对城市化理论进行深入而全面的研究则显得很不够。可以说,城市化理论研究在一开始就出现了偏差。1989年12月《城市规划法》的颁布,积极发展小城镇成为了官方的选择。此后一段时间,对于中国城市化道路的争论就不再那么热烈了。

随着1993年经济出现过热,中央政府开始进行财政紧缩,直到1997年经济实现了软着陆,期间又发生了东南亚金融危机,这些都转移了人们的注意力。危机过后,人们发现一个我们不曾经历过的"相对过剩"时期的到来。但对城市研究领域而言,人们则发现中国面临着严重的所谓"城市短缺"。于是,城市化再次在新的意义上成为中国经济社会研究以及实践的热点。以中共中央、国务院2000年"11号文件"的发布以及城市化问题被列入国家"十五规划"为标志,城市化问题从民间"热"到了中央。

坚持大城市化道路的研究者,其观点更加鲜明。如在房维中、范存仁(1994)和王小鲁(1999)关于中国城市的规模效益以100万~400万人口为最好的理论基础上,樊纲认为"对于中国这样的人口众多的国家来说,今后50年再出现50个~100个200万人口以上的大城市并不算多"。这是典型的大城市说的代表。此外,于晓明(1999)著文重提"大城市超前增长"是普遍规律,进而认为"建大城市,走集约化之路是中国城市化的必由之路"。为此,合理的选择不是严格控制大城市,而是要有重点地积极发展大城市。他的主要观点仍是大城市规模效益好于小城镇,综合效益好于小城镇。

有的学者认为应该以发展县城或县域中心城镇为主（辜胜阻等,2000）。这是一个显著的变化,标志着小城镇论者群体分化为"县城重点论"与"主要建制镇论"2部分。胡少维（1999）从发展经济、开拓市场的角度指出,增加农民需求是保证全国消费增长的关键。而提高农民收入的根本措施就是要减少农民,于是认为"发展小城镇就成为必然的选择"。另一个坚持小城镇化道路的理由是"大城市饱和说"。这个论点与前一时期"大城市病说"是一脉相承的,只不过增添了新的内容,即由于近年中国的大城市也出现了失业,我们面临着大城市失业与农村大量剩余劳动力的双重压力。为此,我们不能走大城市膨胀的"拉美式""过度"城市化道路（国风,1998）。这里显然隐含着这样的认识前提,即认为在中国不能允许大城市过度人口集聚,以防止出现城市贫困化。但是,对于这一点并没有有说服力的研究成果,而事实证明,拉美的"过度"城市化也并没有人们想象的那么可怕。

越来越多的学者都成为城市化道路的"多元化论"者或"多样化论"者。其中,叶裕民（1999）强调大城市要发展与控制并重,小城镇则要以集中为主,要上规模;刘福垣（1999）提出让市场去选择与调节;刘勇和杨伟民的观点相似,主张走多样化的城市化道路;崔援民和刘金霞（1999）则认为,应当将集中型与分散型城镇化道路相结合,并要"实行区域性城市化发展战略"。

一些学者超越了对小城镇化道路或支持或反对的框架,从一个新的角度提出了问题。郭鸿懋（1999）提出"中国需要一个科学的城市化发展战略"。赵燕菁（2000）对"从国际竞争的角度"构筑完整的城市发展政策做了阐述,他指出,应当把从国际竞争角度提出的城市发展政策与从国内发展角度提出的其他城市发展政策"统一到一个完整的逻辑一致的框架内"。这表明,全面认识城市化的要求已经出现。

由国务院体改办牵头、联合国发展计划署资助、全国11个部委办参加的大型研究项目对于中国城市化的制度问题做了更具体全面的分析解剖,尤其重视对具体制度进行有效的改革。总起来看,对城市化有关制度的研究在中国可以分为2个阶段:20世纪90年代中期以前,主要集中于对计划经济体制下的城乡二元结构进行剖析与批判,总体上着眼于二元结构向一元体制的转化;90年代中期以后,制度研究的视野更加广阔,特别是在西方制度经济学各阶段各流派思想的启发下,研究的重点开始向系统的城市化制度创新方面努力,但全面系统的理论阐述成果还不多。

二、城市化动力机制研究

城市化是一个历史的演进过程,其动力机制在不同的发展时期有着不同的表现形式。改革开放以前,推动中国城市化的动力主要来自于国家的政策、宏观经济布局、大型项目建设等政府行为,即"自上而下"的一元化动力机制;随着农村家庭联产承包责任制的实施,乡镇企业迅速发展,成为促进中国小城镇发展的重要力量,形成了"自上而下"与"自下而上"并存的二元化动力机制;同时,由于中国社会处于经济转型之中,经济转型影响到社会的方方面面,其对城市化的影响也不可避免;之后,中国市场机制逐步完善,在城市建设中企业和居民发挥着越来越大的作用,城市化的动力机制逐步由二元转向多元化。特别是中国参与世界经济的程度日益提高,许多国际因素也将影响着中国的城市化进程,这些因素主要包括:国际贸易的迅速扩大、国际劳动地域分工的加深、跨国公司的扩展、信息技术与产业的发展、金融业务的扩大、外国直接投资的委托加工贸易的增加、信息经济一体化。

概括起来,中国城市化因动力机制的不同主要存在几种主要模式:

1. "自上而下"的动力机制

"自上而下"的动力机制强调的是政府作用在城市化进程中所起的主导地位,其中政府的行政决策及相关的制度安排起了主要作用,包括生产力的宏观布局及产业结构的调整、城镇规划、开发区的建设等方面的政府行为,户籍制度、就业制度、社会保障等制度安排。这一机制在改革开放之前是中国城市化的绝对动力,现在也起着关键的作用,其经济基础是计划经济。中华人民共和国成立以后,受当时国际环境的影响,中国的经济建设是在封闭的条件下进行的。为了迅速改变工业落后的面貌,制定了重工业优先发展的战略决策。城市成为工业化建设的主战场,先后建成了一大批资源型城市和工业城市,如包头、鞍山、攀枝花、兰州等,老的工业基地如上海、北京、天津也得到了一定的发展。改革开放以后,尽管中国实行的是渐进式改革方式,政府在经济生活中的作用正逐渐由直接转为间接,但其影响仍是不可忽视的。何流、崔功豪(2000)通过对南京市的城市化过程研究表明,自1995年开始南京市政府在城市建设中推行"以地补路"政策,对市政建设项目给予补偿用地,以此带动城市基础设施建设。城市规划作为政府的空间政策是其宏观调控的手段之一,以保证城市建设的整体效益的最大化。规划对城市开发的控制和引导都是对城市空间扩展的促进和对用地结构的优化。胡智勇(2001)认为,对南京市而言,改革开放后30多年来,自上型的动力机制一直主导着城市的生长。刘西锋、李诚固和谭雪兰(2002)研究了东北地区城市化的特征与机制,认为东北地区特殊的重化工业发展历史为其城市职能体系及结构体系的建立奠定了物质基础;不同时期重大项目的布局促进了其城市职能地域体系的构建;但随着中国经济体制从传统计划经济向现代市场经济转变,使长期在国家计划投资体制下形成的东北地区城市体系受到严重冲击,城市发展动力明显不足。李春华、张小雷和王薇(2003)通过对新疆城市化过程特征的研究,认为新疆城市的建立和发展较多依靠国家对资源开发项目或基础设施项目的计划投资和城镇政策的推动。其城市化在很大程度上是靠外来力量的资金、技术的注入来发展的,城市化机制是一种自上而下型的城市化。

2. "自下而上"的动力机制

"自下而上"动力机制凸显了中国改革开放后农民自身要求加入城市化进程的强烈需求。其经济基础是家庭承包责任制和乡镇企业。国家体改委中国小城镇课题组(1996)以中国改革开放后小城镇飞速发展为背景,分析了农村乡镇企业发展的动力。结论是农村非农产业的迅速发展和农村非农就业人数的增加,以及随之而来的农民人均收入的增加和社区各种收入的增长直接产生了农村城市化的动力。表现在:农民自身要求加入城市化进程的强烈需求;社区发展的公共需求也是小城镇发展的强烈动力。石忆邵(2002)总结了江浙的城市化模式的特征:浙江省首先利用高速的农村工业化,促进大量的农村人口涌向城镇,尤其是依托乡镇企业和专业市场带动小城镇联动发展,推进自下而上的农村城市化;江苏省从以发展小城镇为特征的农村城市化起步,主要依靠农村内部非农产业的发展和从事非农产业的农村人口的集聚,形成新的城镇,实现农村内发型城市化。朱磊、诸葛燕(2002)提出了温州模式:民营经济和专业市场的兴起,是温州城市化的启动点和推动力。

3. 多元化主体推动的动力机制

多元化主体推动的动力机制肯定了政府、企业、农民以及城市居民等各种经济主体对城市化及郊区城市化的促进作用。其经济基础是社会主义市场经济。宁越敏(1998)分析了20世纪90年代中国城市化动力机制的特点：以多元城市化动力替代以往单一的或以二元为主的城市化动力。即80年代以来，为发挥地方政府发展当地经济的积极性，中央政府的部分经济决策权逐步下放，基层地方政府通常把资金投入开发区或基础设施建设之上，而不是直接投资新企业的建设上，通过进行基础设施建设创造良好的投资环境来吸引国内外资金。企业投资在推动中国城市化，特别是乡村城市化中的作用明显加强。随着土地制度的改革及由此产生的房地产市场，形成了新的城镇人口集聚机制，现今农民要居住在镇上比过去要容易得多；随着城市住房分配制度的改革，越来越多的城市居民在郊区购买住宅，从而带动了郊区城市化的进程。路永忠、陈波翀（2005）认为，随着中国加入WTO，城市化快速发展将更多依赖于国际贸易和制度创新，国际贸易通过工业化与城市化发生联系，拓展了对中国非农产业的市场需求，对城市化快速发展的贡献也不容忽视。丁万钧、李诚固（2004）研究了长春市城市化动力机制和支撑体系：长春市从吸引外资和内资、经济结构调整、农业产业化、发展高新技术等不同层面多要素全方位的启动，来推动城市化发展进程，形成了多元化的城市化动力格局，这为长春市城市化快速发展提供了动力保障。

4. 外力型和内力型的动力机制

外力型和内力型的动力也叫推、拉动力机制，该机制强调城市化动力产生的内因和外因。陈扬乐（2002）认为，制约农村城市化的内因是指区域本身所固有的、对农村城市化的发展性质、方向和特征以及城镇的功能、规模等起决定性作用的各种自然和人文要素，主要有区域资源条件、地理位置、生产力水平、社区政府、社区的企业和社区的个人主体等。由内因引起的动力即为内力，与之对应的是"内生城市化"，如苏南模式。影响农村城市化进程的外因是指来源于区域以外、加速或延缓农村城市化发展进程并影响农村城市化的性质、方向和特征以及城镇规模、功能等的各种自然和人文要素，主要有境外投入、宏观政策的变化、重大工程项目的建设、行政中心的变更、行政区划和管理因素的变动等。由外因引起的动力即为外力，与之对应的是"外生城市化"，如珠江三角洲的农村城市化。陈浩（1996）研究表明，农村劳动力大量外流，是在中国特定历史背景和社会经济条件下的一种非农化和城市化的权宜现象，劳动力外流的动力机制是农村地区对劳动力的外推力，城镇对农村劳动力的内拉力，发达地区、尤其是城市对农村劳动力产生巨大吸引力。李惠娟（2001）表达了同样的观点：农村剩余劳动力转移的动力机制是农村对农业劳动力的外推力；非农业和城镇对农业劳动力的内拉力。赵永革（1996）也认为人口、耕地条件构成中国农村非农化发展的基本推力。丁万钧、李诚固研究了长春市城市化动力机制，认为城市化内力——长春市中心城市集聚力显著增强；城市化外力——城市化外向度明显提高。

5. 产业结构演进型动力机制

城市化是工业化的直接结果，工业化又是产业结构不断演进升级的结果，特别是在21世纪，知识经济初见端倪，包括信息产业在内的第三产业对城市化的推动作用日趋突出。信息化可以有效地扩大城市的规模，提升城市的质量，将成为继工业化之后城市发展的新一轮动力机制。汪冬梅、刘廷伟（2003）和陈柳钦（2005）认为，农业发展给城市化提供基础动力，工业化是城市化的核心动力，第三产业发展给城市化以后续动力。赵君、肖洪安（2004）的研究结论是工业化是城市化的直接产生和推动力量；经济结构的优化演进为城市化的进程提供了持续动力。杨荣南、张雪莲（1996）通过对战后台湾省产业结构的演进分析，根据不同发展阶段三次产业的产值结构、就业结构、投资结构的变化，分析了其对城市化进程的影响，得出产业结构演变所形成的农业与非农业地位的消长、比较利益的差异及劳动力吸收率的更迭造成城市化动力更迭，是台湾省城市化的动力机制的结论。段杰、李江(1999)和张新生、何建邦(1996)认为,城市发展的基本动力是产业向城市集聚以获得聚集效益;科技的进步,必然使城市的产业结构多样化,产业结构的变化必然引起城市空间格局的变化。刘西锋、李诚固、谭雪兰等认为,第三产业的快速发展及传统工业结构的调整,高新技术产业的发展,促进了东北地区城市,尤其是大城市服务职能的增强及城市产业结构技术含量、层次化水平的提高。孙新雷、郭鸿雁(2003)认为工业化是推动河南省城市化发展的最基本动力。杨德刚、李秀萍、韩剑萍(2003)认为产业结构升级转换仍将是新疆城市化的主要动力。杜作锋(2001)认为,信息化带动工业化,促进产业结构升级转换,进而推动城市化;信息化促使市场体系演进,推动着城镇体系升级;信息化带来新型城市间劳动地域分工,参与全球城市体系竞争,发展高技术产业和高技术区成为城市化的一条途径。方维慰(2003)认为信息化对城市化的促进性作用表现在:信息化将减轻实物型资源和距离摩擦作用对城市发展的限制,拓展城市的发展空间;信息化将推动城市产业结构的高级化,创造更多的就业机会,以吸纳农村剩余劳动力;信息化将增强城市在区域中的辐射、扩散功能,缩小城乡差距;信息化将有助于农村实现农业现代化和产业化,带动乡村城市化;信息化将在一定程度上治愈城市化过程中的"城市病"。

6. 要素推进型动力机制

要素推进型动力机制从比较利益的角度,强调区域要素在城市化过程中的重要作用。闫小培、林彰平(2004)通过对20世纪90年代中国城市发展空间差异变动的分析认为,随着社会主义市场经济体制的建立,决定了资源、劳动力、资本和信息等生产要素的流动主要受市场支配,它们总是流向那些比较效益高的地区。中国东部沿海地区理所当然比中西部地区更具有市场竞争优势,境外资本、技术的转移,国内产品加工、技术的扩散,民间资本的投资以及消费,日益配合政府的政策导向和制度安排而成为推动东部沿海地区城市发展的多元动力。相比较而言,中西部地区城市发展投资长期依赖财力本来很薄弱的地方政府,城市发展的动力显得十分单一而且力度不够。同理,东部沿海地区北部,尤其是辽宁,因为重型结构的国有工业企业较多,在经营体制转换过程中运转失效,城市发展的动力自然亦不如南部。刘西锋、李诚固、谭雪兰(2002)认为丰富的矿产资源是东北地区得天独厚的城市体系形成条件,矿产资源的开发又打下了东北地区近现代城市体系形成的良好基础。

7. 制度变迁形成的动力机制

随着中国改革开放的逐步推进,社会的各项制度也处于变革之中。特别是与计划经济直接相关的户籍制度、人口流动制度、各种社会福利保险制度等的变革,以及市镇设置标准的下降和设市设镇模式的变化,对中国城市化的进程产生了极大的推动作用。殷存毅、姜山(2003)对东莞和昆山城市化的研究表明,制度是外生型城市化的核心要素和主要动力机制,这就是东莞和昆山城市化实践给人们的启示。黄雪丽(2005)在论证了城市化是交易费用为正的过程的基础上,通过对中国城市化实践的分析,得出结论:制度安排是中国城市化的重要动力机制。政府所提供的政策,一方面降低城市化的交易成本,节省组织成本,另一方面通过推动工业化,加速了城市化的进程。路永忠、陈波翀(2005)认为,城市化快速发展更多依赖于国际贸易和制度创新,制度创新通过降低城市化的交易成本和系统风险,减少了城市化势能的损失,并且增加了农村剩余劳动力城市化决策预算约束线的纵截距和斜率,从而导致了城市化水平的快速增长和社会福利水平的大幅度提升。叶裕民(2001)认为,制度对城市化的影响包括2个方面,一是直接对城市化的作用和影响,包括户籍制度、就业制度、土地制度、社会保障制度、行政管理制度、城镇建设和投融资体制、市镇建设的有关法律制度；二是通过工业化的作用而间接地对城市化发生作用和影响，包括民间资本积累与投资的激励机制、企业制度、投融资体制、财税制度。

8. 教育对城市化的促进作用

城市化与教育之间存在着良性的互动关系。中国快速的城市化进程给政治、经济、文化等方面带来了巨大的冲击，教育也不能例外。同时，城市化的外延表现为城市数目的增多、城市空间结构的扩张、城市人口数量的膨胀；城市化的内涵则强调城市的经济效益和城市人口素质的提高。人口素质提高的制约因素是多方面的，其中关键在教育（包括正规教育、非正规教育和不规则教育）。教育是农业劳动力提高素质步入现代城市生产活动的前提，是农村人口打破传统生存和生活观念，融入现代城市生活的基本要求。没有现代化的教育支撑的城市化是低质量的城市化，是没有发展后劲的。教育对城市化的促进作用表现在城市化的最终目标——人口素质的提高、人的全面发展上。张妍(2005)分析了城市化与教育的互动效应，从教育促进农村人口向城镇集聚、促进人力资本和人口素质提高及促进产业优化和升级3方面说明了教育对城市化的推动作用。邹晓平(2005)认为，教育的普及程度决定着城市化的有效规模，教育的高度决定着城市化的可能深度。还有学者从高等教育(郭书君等，2005)、职业教育(陈选能，2006)和农村教育(厉以贤，2004)分析了教育对中国城市化的促进作用。随着中国经济运行质量的提高，其运行模式由粗放转为集约，特别是进入21世纪以来，经济全球化、信息化的特征日益显现，在现代化的生产过程中，新的科技和管理经验越来越普及，对劳动力素质的要求越来越高。这就要求在城市化过程中要注重人口素质的提高，不只是人口户籍的改变，而人口素质的提高关键在于教育，教育对中国21世纪城市化的动力效应将日益突出。

由于城市化的复杂性及动态变化性，其动力机制在空间上表现为多层次复合性，在时间上则表现出动态演进性。中国乡村城市化的历史进程呈动态变化趋势，尽管中国城市化的自上而下的动力机制在20世纪80年代以前的30年间保持了较长时间的稳定性，但随着经济体制的转轨，自下而上的动力机制在中国的乡村城市化进程中发生了作用，而且在经济全球化的背景下，随着中国市场经济的进一步的活跃，乡村城市化的动力由一元转为二元共存，再向多元转变已是时代的发展趋势。中国乡村城市化的动力机制会随着经济体制的进一步深化改革和在经济全球化的历史潮流中变得越来越复杂(税伟等，2005)。傅崇兰、周明俊(2003)回顾了50年来中国城市化动力机制的演变，认为有以下特点：农业的基础作用影响显著、工业化的推动作用被弱化、政策因素的影响巨大、市场化的作用长期以来未充分得到发挥、科技进步的推动力不足、自下而上的城市化逐渐成为重要动力源。周一星、曹广忠(1999)综述了改革开放以来中国城市化的新机制：城市化的推动主体由一元向多元转变；一系列制度向市场化体制的转变；市镇设置标准的下降和设市设镇模式的变化。孙中和(2001)的研究则表明，改革开放以来，中国城市化的动力因素发生了本质的变化，国家超经济强制因素的减少及市场因素的增加，导致中国城市化得到了突飞猛进的发展。主要体现为以下4个方面：农村工业化推进；比较利益驱动；农业剩余贡献；制度变迁促进。胡智勇(2001)对南京市城市化的动力机制研究后认为，对南京市而言，改革开放后20多年来，自上型的动力机制一直主导着城市的生长；实现了工业产值"三分天下有其一"的乡镇企业，对于乡村地域的城市化起了重要的促进作用；进入20世纪90年代以后，对外联系的日益深入使得南京城市化出现了新的外来动力。吴莉娅、顾朝林(2005)认为，经济全球化为城市化带来新的动力，促使江苏城市化动力机制由自上而下和自下而上转变为多元城市化机制，外资成为江苏城市化新的动力机制。

三、乡村地区城市化研究

1978年以来,在全国广大农村地域逐步开展了以联产承包责任制为主的经济体制改革,大量剩余劳动力被解放出来,并逐步转移到第二三产业。20世纪80年代中后期,乡镇企业异军突起,特别是沿海发达地区,乡镇企业成为农村城市化的重要推力。此时,地理学者开展对乡村地区城市化的研究,在理论研究和实践应用中取得了较大的进展,大量研究论文不断见诸相关文献。研究表明:沿海城镇密集地区和特大城市周边地区是中国乡村经济最为发达的地区。这些地区的经济以农业为基础,以乡镇企业为龙头,在外资的刺激下,加速了乡村工业化,也推动了乡村地区城市化。由于农村富余劳动力的转移方式不同,城市化动力机制不同,形成了不同的乡村城市化模式。在长江三角洲地区,劳动力以就地转移为主,城市化发展方式主要表现为"乡镇企业-小城镇"模式。这种乡村城市化模式具有明显的地域差异,概括为自发型的城市化模式(如温州模式)(刘红星,1987)和辐射型的城市化模式(如苏南模式)(张小林,1996)。由南京大学郑弘毅主编,中国科学院地理研究所、北京大学、中山大学、杭州大学、华东师大等学者参与研究撰写的《农村城市化研究》(1998)一书系统论述了农村城市化的基本理论、动力机制、指标体系以及地域差异,对长江三角洲、珠江三角洲、京津唐、辽中南等地区的乡村地区城市化进行了实证分析,并就乡村地区城市化的几个重要研究领域作了积极有益的探索(甄峰,1998)。近年来,城市地理学者还围绕城乡一体化的内涵、理论框架、动力机制、城乡一体化规划等问题进行探讨。提出城乡一体化是社会发展的必然趋势,城乡一体化包括城乡政治、经济、生态、人口、文化、空间融合等内容,城市化和农业产业化是其动力机制,城乡统一市场的建立是其核心。城乡一体化要"以人为本",城市规划是其保证。在实践上,政府部门和学术界进行了"市带县""县改市"、小城镇建设等体制改革探索,通过试点比较和归纳总结,提出了诸如珠江三角洲"以城带乡"模式、上海"城乡统筹规划"模式、北京"工农协作、城乡结合"模式、城乡互动发展模式等若干具有代表性的城乡一体化模式。期间,有学者对上海、东北城乡一体化进行了研究。钟荣魁(1994)认为城乡一体化只不过是想造就一种城乡低层次平衡发展的局面,是计划经济发展模式,是地方保护主义发展模式;魏清泉(1997)认为城乡融合是城市化的特殊模式;甄峰(1998)提出城乡一体化不是城乡"一样化"和"平均化",它是中国城镇发展模式的必然选择;袁奇峰、易晓峰和王雪等(2005)认为中国当前仍然是依靠传统工业带动城市化快速发展的时代,过早提出城乡一体化不一定有益于经济和社会的持续发展。此外,有的学者还对异地城市化进行了研究(胡兆量,1997)。

四、城市化特征研究

从20世纪80年代开始,北京、上海、广州、南京等地的城市地理学者分别从全国范围内就城市化的各种专题展开了讨论,对城市化的特点作了各种分析,提出了不同时期、不同地域的城市发展战略(跨世纪中国城市发展研究课题组,1997)。

20世纪80年代初,中国城市化特征表现为"城镇人口增长较慢;通过计划和行政措施,不断调整城镇人口比例;广大农村地区亦工亦农的人口大量增长"。90年代,对城市化与经济、社会转型的互动认识更为深入,辜胜阻(2000)更进一步提出,"中国城镇化及其基础——工业化是由政府发动的,城市化和农村城镇化并举,城镇化对非农劳动力的吸纳能力低,城市构成不协调,农村劳动力职业转换先于地域转换";故此,"二元社会结构、地区差异、城市吸纳力不足与农村推力有余、乡村工业化与城市化相伴而行、以小集中为主多渠道并存的农业人口转移方式、实行有计划的宏观控制"等形成了中国社会主义市场经济启动期的特征。进入21世纪,在继续讨论人口、地域、产业等关注焦点的基础上,可持续理念的深入使学者们关注城市化的生态特征,提出诸如"持续的加速性、极度的不平衡性、与经济发展的相依存性、城镇化与市场化的相伴随性、解决三农问题出路的唯一性、资源保护和破坏的双重性"等中国城市化特征表述。

许多学者对城市化发展速度、城市化发展趋势作了大量的研究,普遍认为,中国城市发展具有阶段性,必须科学地预测城市化发展的历史进程。在今后一段时期内,中国城市化将呈加速发展的趋势;大都市将成为中国城市化进程中最引人注意的地区,同时也是中国未来城市化最具活力的地区。在未来相当长的一段时期内,由于"二元经济结构"的继续存在,中国城市化发展水平不可能向西方国家那样快速增长上去,东西部城市化差距还将继续扩大。许多学者还就具体省域的人口城镇化特点、城市化发展水平、城市化与区域经济发展的关系、不发达地区的城市化研究、城市化与流动人口、城镇布局以及城市群体空间等的关系进行了多方面分析。还有学者对城镇人口统计口径、城乡划分标准、城市化水平的计算方法及测定作了研究。对中国城市化的水平和速度的研究可以分为3个方面:①城市化水平测度中"城市""城市人口"等概念的质疑和改进。由于城镇建制标准调整,城镇的范围在不断变化。而几次人口普查对"城镇人口"的统计标准并不一致。所以,不仅不同时间段的城市化水平测度结果不具可比性,即使是同一次人口普查,不同省区之间的城市化水平也缺乏可比性。许学强等和阎小培等概之以"中国统计之谜"。②城市化水平测度方法的探索和改进。包括人口城市化水平指标的改进、土地城市化指标改进,以及采用人口、经济、社会和居住环境因子构建综合指数,运用灰色关联分析、SPSS分析、采用DEA(数据包络分析)等测度城市化水平。从发展趋势看,综合指标和指标体系似乎更能说明城市化的复杂状况。③中国城市化水平"度"的思考。一些学者认为中国城市化水平滞后,钟水映和胡晓峰(2003)指出其存在方法论的缺陷;葛永军、许学强、阎小培(2003)和周一星认为中国城市化水平与经济发展相适应,20世纪80年代~90年代"城市化与非农就业水平之间的偏差呈逐步缩小",中国城市化应适度发展、目标不可过高;陈彦光和罗静等(2006)推算出2005年前后中国城市化速度达到峰值、城市化水平饱和值为80%左右。所以,应该更多地关注城镇化的质量。

五、城市化过程研究

根据城市化水平、社会经济发展状况、重大历史事件等,研究者们对中国城市化过程进行阶段划分,归纳各阶段发展特点,尽管对中国城市化过程的阶段数量和起止时间的意见并不统一,但基本同意改革开放前后是一个转折点,90年代是又一个转折点。中华人民共和国成立后,中国城市人口有很大增长,但城市化进程波动较大,城市化水平提高较慢。1964年~1980年,中国城镇人口发展主要集中在中小城市,小城镇没有得到应有发展,但特大城市人口得到了控制。至1988年,人口城市化已进入城市化的早、中期。1978年后近20年的时间内,中国城市化过程结束了大起大落,实现了持续增长,进入中期加速阶段;城市化发展的区域重点发生转移:东部快于中西部,南方快于北方;小城市在城市体系中的地位提高,大城市人口的实际增长率大幅度回升;城市适度走向国际化;大城市已经开始了郊区化过程;都市区和都市连绵区形成;城市内部的社会分化在扩大。赵士修(1996)认为,改革开放以来中国城市化进程是正常的。但也有学者对此提出不同意见,朱正举和于文学(2000)认为目前中国城市化进程尚不具备加速腾飞的基本条件,城市化进程处在一个两难境地。陆大道、姚士谋(2007)认为,近10年来中国城镇化脱离了循序渐进原则,出现了"冒进式"城镇化的现象。也有学者针对某一阶段或某一区域进行城市化过程的研究,如黄盛璋对张家港市的研究,何春阳、史培军、陈晋等(2002)对北京,高向东和吴文钰(2005)对上海,林桂兰和左玉辉(2007)对厦门城市化过程的研究。

人口增长速度、数量、密度、迁移,社会、经济发展,政治因素,制度、制度创新,城市规划,生态文化因素等是中国城市化过程的影响因素。其中土地制度改革、产业政策和主导产业选择非常重要,如城市规划、产业发展政策等政府行为和3000年城市发展形成的旧有城市格局和古都风貌从根本上决定了现代北京城市发展的基本过程;以同心圆式环形道路与放射形道路为基本骨架的城市建设格局对上海郊区化扩散方式有重要影响。

六、城市化空间研究

中国城市地理学界在20世纪上半叶初步探讨了中国城市的分布,无锡、重庆、成都、南京、包头等的区位、城市构造、轮廓和功能等。80年代,对城市地域空间结构的研究主要是基于对外国理论进行翻译介绍的基础上,相继对城市地域结构的概念、类型、地域结构的演变规律、动因机制、合理模式、个别城市地域结构的特征等问题进行了探讨。90年代以来,大城市地域结构优化、中心城市的扩散机制及空间发展趋势等问题成为城市地理学者研究的重要方向;主要加强了对大城市地域结构演变规律、扩散趋势、功能用地结构变迁等新趋势的探讨。

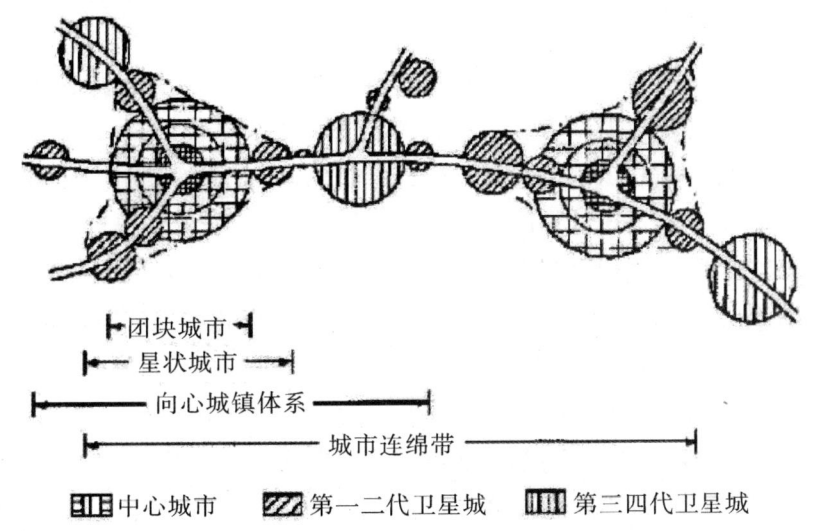

图2-6-3 城市化过程中城市空间格局的发展变化

资料来源:王国志.长春市城市空间发展格局研究[D].上海:东北师范大学,2007.

城市—区域关系研究。城市与区域是相互依存的关系,城市借区域而立,区域借城市而兴。宋家泰(1980)首倡"城市—区域观",该理论强调城市的总体规划与布局必须把城市与区域统一起来,城市发展与区域间具有不可分割的动态关系,具有多层次、开放型的特点。按照这一理论,城市总体规划必须以区域发展为基础来确定城市发展性质、发展规模以及城市空间布局,多层次的"城市—区域"体系是中国城市经济区的本质特征。区域分析和区域规划是城市规划的基础,城市规划是区域规划的深化和具体化,必须改变传统的"就城市论城市、就区域论区域"的做法,使城市规划思想和方法取得了突破性的进展。据此,区域自然条件、经济条件、社会条件的分析工作作为城市发展研究、城市规划的基础得到广泛开展(胡序威,1984)。这一时期,还有学者在区域调查的基础上展开了区域经济开发及其模式研究(顾朝林等,1995)、中心地理论在城市规划中的推广应用(杨吾扬,1985)、城市规划中的区域分析(崔功豪,1982)、城市郊区范围的划分(王平虬,1981)、城市经济区的影响因素分析和经济区划等实践工作(陈田,1987)。区域层面的城市研究还包括城镇密度和区域中的城市空间分布、中国城市时空变化和城市用地扩展类型、中国城市发展空间差异、效率及其变动特征、城市实体地域、区域中的城市空间再组织。目前,通讯技术发展迅速,随着经济全球化的来临,城市的区域范围扩大,垂直联系加强,"城市—区域"观也被赋予了新的内容。沈建法(2005)认为市场化和全球化正在重组尺度体系,城市化的尺度调整在中央政府、地方政府、企业和市民等不同尺度上均有发生。

半城市化是从乡村到城市的过渡。学者们对半城市化的定义、类型、主要特征、形成原因和发展趋势等进行了研究。半城市化地区为"已经初步具备城市的某些特点和功能,但尚未被划为城市的地区,在中国主要是城乡结合部、小镇、乡和非农产业发达的村",主要是由于非农产业,特别是制造业投资在城郊和乡村而引发的。半城市化地区以非农化程度高、工业发展和土地开发极为分散、不稳定的外来人口为主体、"都市里的村庄"现象严重、各自为政的农村型管理体制等为主要特征。这类地区的小城镇还将经历"自下而上"逐步逐级的集聚发展。

郊区化研究。20世纪90年代起,中国城市地理学者开始关注郊区化的问题。郊区化是继城市化后的一个新的发展阶段,是都市区形成的动因。但与城市化着眼于宏观、区域的乡—城人口迁移过程不同,郊区化主要从单个城市的角度考察人口的空间集聚与扩散。郊区化始于20年代~30年代的欧美发达国家,盛于50年代以后。中国是一个发展中国家,总体上仍处于城市化阶段。但中国的地区发展差异较大,上海、北京等个别城市从80年代就开始出现了郊区化现象,90年代后郊区化现象扩散到更多的城市。周一星、宁越敏等学者选取北京、沈阳、杭州、上海、广州等城市,通过采用不同时期人口普查的数据考察这些城市人口分布的空间变化,发现上述城市已出现郊区化的现象。但是中国城市的郊区化有其独特性,与英国学者彼得·霍尔提出的城市演变模型不完全相同。宁越敏认为,造成沿海大城市郊区化的原因有二:一是区域经济发展的不平衡使农村人口大量向沿海地区转移,使得沿海地区总体上仍处于城市化的发展阶段;二是90年代后沿海城市的建设速度大大加快,大量户籍人口从中心城区向郊外迁移,导致中心城区人口的绝对下降。中国城市发展的高速度导致"时空压缩"效应,使一些大城市在较短的时间里就从城市化阶段进入到郊区化阶段(以常住户籍人口为衡量标准)。这些因素的综合作用对区域人口产生拉力,对城市(中心区)人口产生推力。2种不同迁移力量的互动,使90年代中国大城市同时出现人口集聚的城市化和人口扩散的郊区化2种现象,其后果是大大促进了都市区的形成。

城市群研究。从城市群、城市带到都市连绵区概念的提出,反映了城市化空间研究对发达城市地区研究在纵向上不断深入过程。城市群作为一种地域组织源于一个城镇化区域里相邻城市的相互作用,即城市群的出现和发展都是城市发展到较高阶段普遍的产物。20世纪80年代末,在中国经济发达地区相继出现城市密集区。结合国外经验和中国经济发达区城镇发展的特点和趋势,城市地理学者相继开展了对城市密集区的研究。最早进行城市群体专门研究的是南京大学李世超(1987,1989),他从介绍戈特曼的城市带理论入手,探讨了长江中下游城市带形成条件、历史动力、现状特点和未来发展构想。崔功豪、杜国庆、李世超相继撰文对城市带特征和形成条件进行了研究,姚士谋(1992)、许学强(1992)等分别对长江三角洲、珠江三角洲城市的特征、发展趋势等作了系统深入的分析。

都市区和都市连绵区研究。都市区和都市连绵区是城市群发展到高级阶段的表现形式,20世纪80年代随着戈特曼大都市带学说被引进中国,中国城市地理学家对这种巨大的城市空间组织开始感兴趣并在国家自然科学基金委员会的支持下开始进行研究。1986年周一星对中国的都市区和都市连绵区进行了定义并制定了便于研究的统一标准,顾朝林等在建设部《跨世纪中国城市发展战略》研究时就都市区与都市连绵区的发展政策进行了探讨。在国家自然科学基金的资助下,国内9所院校的城市地理学者于1994年~1997年间对中国沿海珠江三角洲、长江三角洲、京津唐、辽中南等4个城市密集地区进行了实证研究。这次研究提出了判断都市连绵区成型的指标和都市连绵区发展演变的5个阶段,认为1990年代的中期,珠江三角洲和长江三角洲已达到都市连绵区的标准,而京津唐和辽中南2个地区尚处于都市连绵区的发展过程之中。中国城市地理学者对长江三角洲、珠江三角洲等都市连绵区的研究对这些区域其后的规划起了积极的作用。2000年胡序威、周一星、顾朝林等完成了"东部沿海城镇密集地区空间集聚与扩散研究"。顾朝林等在建设部《跨世纪中国城市发展战略》研究时就都市区与都市连绵区的发展政策进行了探讨。随着研究深度的加大,有的学者认为都市区是一个大的人口核心以及与其有密切社会经济联系的具有一体化倾向的邻接社区的组合,都市连绵区是许多都市区连绵而成的城市密集地带,如珠江三角洲由6个都市区组成、长江三角洲由13个都市区组成。近期有关都市区和都市连绵区的研究重点集中在长江三角洲、珠江三角洲,主要进行都市区与都市连绵区形成和发展规律、分布特点、形式、动态过程和空间结构特征等的研究。宁越敏(1998)、阎小培(1997)、李王鸣(1996,1998)等从都市区的界定入手,分析了长江三角洲、珠江三角洲都市区的特征,探讨了都市区和都市连绵区形成的主要因素和形成机制;何春阳、陈晋和史培军等(2002)模拟和预测大都市区城市发展演变过程;黄勇和朱磊(2003)、陈睿和吕斌等(2007)对科学的大都市区规划进行探索;谢志清、杜银和曾燕等(2007)的研究表明长江三角洲城市带空间扩展具明显增温效应,大都市带是中国城市化的方向,都市区已经成为当代区域发展的基本细胞和城市化的主流组织模式。

七、中外城市化比较研究

城市化研究一直是城市地理学研究的重点,20世纪90年代以来,国内学术界在逐渐认识中国城市化的独特性的同时,努力寻求与国际城市化研究前沿的接轨,这也成为中国城市化研究的主流方向。这一领域的研究表现在2个方面。

一方面,表现为城市化理论的探讨,如现代西方城市社会学、城市地理学对城市化的研究成果的引入,例如对曼纽尔·卡斯特城市化思想的引进,"政治、权力、房地产利益、社区动员和社会冲突是理解城市化动力的关键要素",以及对西方城市地理学主要研究领域新进展的介绍和评价等。顾朝林从初期城市化的动力机制分析入手,进行了城市化的国际研究,包括工业化背景下的世界城市化过程,概括了第三世界城市化理论研究的6个框架,即经典与传统方法、自上而下的发展范式、历史主义方法、激进主义政治经济学——依附方法论、自下而上的发展范式及后现代主义方法,分析了全球化背景下世界城市化的过程,并试图通过这些分析建立一个中国城市化研究的国际交流平台,最后提出中国的城市化不同于其他国家。但这还需要学者们共同努力创建中国城市化研究的基本理论框架。

另一方面,表现为"外为中用"的中国城市化实践的探索。国内学者对世界城市化的特点、问题,水平对比、逆城市化、发展趋势等进行了分析。同时还对具体国家,如美国城市化的过程、趋势、特征,日本城市形态、发展过程、趋势,加拿大城市化,法国的城市化与城乡一体化,新加坡城市化,韩国非均衡城市化模式,缅甸仰光城市化道路等进行了分析和探讨。日本的世界城市东京的持续增长(大都市圈三产加速集聚、临海副中心建设、修建筑波快线、横滨新型港口城市建设)、区域性城市停滞、地方城市的衰退等新动向,美国的中等城市发展、新型的大城市地区逐渐多中心化乃至无中心化和城市系统集群化,法国的城乡一体化等对中国城市化未来发展均有借鉴价值。国内学者提出城市化应有适宜比重,重视城市规划、交通、通讯建设,建设信息化城市、多中心大都市地区,并对中国城市的国际化、城市化道路提出建议,认为中国城市化要借鉴国外城市化的主要教训,避免欧洲、日本、美国、拉美、非洲城市化发展过程中出现的城市问题。

八、全球化对城市化的影响研究

国内学者对全球化与城市化的研究是逐步深入的,在早期,仅有少数学者认识到即使在冷战时期,国际政治经济战略格局对中国城市化依然有重要影响;把外资作为一个重要的外在变量或动力,研究其对国内某一区域(主要集中在对珠江三角洲的研究)城市化的动力作用和引发后果。随着全球化理论和国际城市化理论研究的国际接轨,国内学者逐渐把中国"重新"纳入世界城市发展的框架中,从世界范围的政治、经济、文化互动,特别是产品、劳动力、资金、技术等的自由流动出发,对中国城市化进行讨论。

全球化正在影响中国的城市化进程,对城市空间结构由"二元"空间结构模式向融合多核心网络模式发展、转变产生了深刻的影响。城市巨型工程是全球化影响城市和区域发展的一般过程的缩影,且日益成为一种新的人文现象和景观。全球化时代,新的城市网络体系正在形成,参与全球化进程国际性城市建设至关重要。中国应以枢纽城市为主体,重构适应全球化趋势的国家城市体系空间结构,建设与全球化相配套的国家城市体系支撑系统,进行国家城市体系重建,应对知识经济与全球化,必须实行新的城市发展观念及战略性思路。因而,国内研究者应从现有的全球化与空间研究着手,对世界城市、都市化、城市—区域的形构、跨国空间的联结、都市空间结构的转换、区域不均衡和社会极化等未来在全球化进程中所进行的研究主题提出初步的响应和可能的讨论。

九、区域城市化研究

中国是一个区域发展差异很大的国家,城市化水平同样存在着较大的区域差异,由此引起中国城市地理学家的极大关注。其中许学强较早研究了中国城市化发展的省际差异,通过因子分析,认为影响中国城市化省际差异的2个主因子分别是工业化因子和人口密度因子。区域城市化研究在中国城市化研究中占有极大的比重,从大的区域范围来看,主要集中在东部地区各省市,中西部地区较少,东部地区又主要集中在珠江三角洲和长江三角洲地区,还有学者进行城市化的地区比较研究。

珠江三角洲。对珠江三角洲城市化研究主要集中在城市化动力机制、发展模式、空间结构演化、跨境城市化和区域一体化、城市边缘聚落发展和半城市化、发展战略、可持续发展等方面。从研究焦点上看,很明显地表现为由对"外生"变量、自下而上、农村工业化、隐性城市化等的关注向双轨城市化、大都市区等的关注转变。制造业由香港向广东的转移并未表现向大城市中心空间集聚的倾向,资本的流入和制造设备的引进,加速了中国农村工业化的步伐,改变了当地百姓的文化、行为和生活方式。深圳借助于香港资本流入等因素成为现代化的大都市,香港跨境向深圳、珠江三角洲经济腹地扩散,促进了其产业升级和国际贸易、金融和航运中心地位的巩固。香港城市形态表现为"商业中心职能的加强和商业中心区的扩大,原工业区的重构,以及整个城市社会地理的再分化等方面"。外部因素的挑战、政府间缺乏沟通和协调、经济合作层次低、基础设施衔接不协调等是港深两城协调发展存在的问题。而20世纪80年代~90年代,珠江三角洲城市化有扩散的倾向,又选择性地集中在新发展的经济特区,其后出现了国家主导的城市化在主要的城市中心集中的新趋势,"双轨城市化"的复杂现实,对现有基于城市或小城镇的城市化理论提出了挑战。外向型经济带动、镇域"簇群经济"作用、外省劳动力贡献、行政力量推动和大中城市的规模化扩张等促使城市化加速,城镇建筑覆盖核心增长与交通指向扩展非常显著。东莞的半城市化,以及中心镇城市化对珠三角城市空间结构的影响逐渐增强,由松散布局——渐进扩散式的"点—轴"模式向"点—轴—集聚区"模式的转变也印证了这一点。

长江三角洲。长江三角洲地区城市化进程研究比较早。近期对长江三角洲城市化的研究主要集中在以下方面:长江三角洲城市用地扩张、城市合作、巨型城市区、城市化发展趋势和发展战略;江苏城市化特征、发展趋势、区域差异和发展模式、动力机制、环境效应;浙江城市化动力机制和转型、道路等。苏南模式弊端日益明显,需要进行体制、管理模式、组织模式等的创新。增强工业化的空间集聚效应迫在眉睫。工业化主导、外向型经济带动、都市圈经济作用、民营经济贡献、行政力量推动等是城市化加速发展的主导因素。相关政策指引着经济发展的方向,而经济发展的速度始终是用地扩展的主导影响因子。也即"关于亚洲大城市带的一般结论,必须建立在对地方性经济变革认识的基础之上"。1979年~2005年,长三角城市用地增长呈明显的加快趋势,城市用地空间结构的分维和稳定性特征具有一定的波动性,城市生长表现出"一核二带""二核三带""四核四带"和"五核五带"的空间轨迹,城市空间演化的最大特征和基本发展趋势就是城乡一体化。长三角城市化将推动特大城市的发展、完善大城市的中心功能、积极发展中小城市、加强重点中心镇的建设,形成多中心网络状的巨型城市区域。省际边界区域的"水平城市化模式"具有边缘性、断裂性和竞合性等特征,在边界"切变"效应的作用下,竞争性往往大于合作性,甚至会引起恶性竞争。长三角的实证研究表明,城市合作是否有效取决于合作的机制、过程、性质和领域,以及伙伴的选择、伙伴关系形成中利益相关者的作用。

东部其他地区。对东部其他地区城市化研究的内容包括:对山东城市化水平进行综合测度、农村城市化框架和内动力、基础设施和服务设施发展与城市化之间的关系、半城市化研究;北京城市化发展趋势及郊区应采取的对策;东北的辽中城镇群的改善发展模式、东北城市化与产业变动关系、东北城市组群整合关系及其调控机制和海岸带城市化带来的环境影响等。

中部地区。中部地区城市化研究包括安徽、山西、湖北、江西等省。总体而言,由于区内大都市区发育基本上仍处于初期阶段,如太原大都市区,"经济外向度、民众投资、消费能力尚不够强",所以对中部地区城市化的讨论基本上仍然集中于城市化特征、水平、影响因素分析等传统领域。

西部地区。改革开放后,中国西部城市化较少被学术界关注,西部大开发战略实施以后,有关西部大开发中城镇化道路的选择、城市化发展战略、城市化模式、发展问题等的讨论日渐丰富,对具体省市的城市化过程、特征研究也逐渐增多。制度因素在西部城市化过程中起决定性作用,交通在城市及城市带发展上非常重要,开发区建设也成为城市经济—社会空间极化演变的机制之一。

参考文献：

[1] 周一星,张勤.关于中国城市规划中确定城市性质问题.地理研究,1984,4(1):29-31.

[2] 田文祝,周一星.中国城市体系的工业职能分类[J].地理研究,1991,10(1):12-23.

[3] 丁景熹.苏锡常通在上海经济区城镇群体中的地位和作用[J].地理科学,1984,4(3):207-212.

[4] 孙盘寿.中国城市人口规模的变化[J].地理学报,1984,39(4):345-358.

[5] 董黎明.城市土地综合经济评价理论方法初探[J].地理学报,1989,44(3):323-333.

[6] 赵民.城市土地多因子经济评价[J].城市规划汇刊,1986,(4):33-40.

[7] 闫小培,许学强.广州市中心商业区土地利用特征、成因及发展[J].城市问题,1993(4):14-20.

[8] 吴友仁.中国社会主义城市化道路[J].城市规划,1979(5):13-25.

[9] 夏宗.关于中国城市化进程及其发展变化的回顾[J].城市规划汇刊,1992(2):5-14.

[10] 张庭伟.对城市化发展动力的探讨[J].城市规划,1983(5):59-62.

[11] 严国芬.对中国城市化动力机制的分析[J].城市规划,1988(1):39-41.

[12] 薛凤旋,杨春.外资:发展中国城市化的新动力——珠江三角洲个案研究[J].地理学报,1997,52(3):193-206.

[13] 许学强.珠江三角洲的发展与城市化[M].广州:中山大学出版社,1988.

[14] 宁越敏.新城市化进程——90年代中国城市化动力机制和特点探讨[J].地理学报,1998,53(5):470-477.

[15] 薛凤旋,杨春.外资影响下的城市化——以珠江三角洲为例[J].城市规划,1995(6):21-27.

[16] 许学强,叶嘉安.中国城市化省际差异[J].经济地理,1986,41(1):8-22.

[17] 邹军,刘晓磊.城乡一体化理论研究框架[J].城市规划,1997(1):14-15.

[18] 刘红星.温州城镇化特点分析和水平预测[J].城市规划,1987(2):39-43.

[19] 张小林.苏南乡村城市化发展研究[J].经济地理,1996,16(3):27-32.

[20] 郑宏毅.农村城市化[M].南京:南京大学出版社,1998.

[21] 甄峰.城乡一体化理论及其规划探讨[J].城市规划汇刊,1998(6):28-31.

[22] 胡兆量.北京"浙江村"——温州模式的异地城市化[J].城市规划汇刊,1997(3):28-30.

[23]《跨世纪中国城市发展战略研究》课题组.中国城市跨世纪发展若干战略问题[J].城市规划,1997(1):23-26.

[24] 马清裕.中国城镇化的特点及其发展趋势的初步研究[J].经济地理,1983,3(2):126-131.

[25] 林志群.对城镇化历史进程的几点认识[J].城市规划,1984(5):29-36.

[27] 周一星.城市发展战略要有阶段性的观点[J].地理学报,1984,39(4):359-369.

[28] 胡序威.对中国城镇化水平的剖析[J].城市规划,1983(2):23-26.

[29] 张文范.中国西部地区城市化问题.经济地理,1992,12(1):19-22.

[30] 马清裕.省域人口城镇化特点及其相关因素的分析[J].地理研究,1990,9(1):1-9.

[31] 周一星.关于明确中国城镇概念和城镇人口统计口径的概念[J].城市规划,1986(3):10-15.

[32] 沈迟.关于城市化水平计算方法的探讨[J].城市规划,1997(1):22-23.

[33] 周干峙.城市化和可持续发展[J].城市规划,1998(3):8-9.

[34] 黄光宇,陈勇.生态城市概念及其规划设计方法研究[J].城市规划,1997(6):17-20.

[35] 俞孔坚,叶正,李迪华,等.论城市景观生态过程与格局的连续性——以中山市为例[J].城市规划,1997(4):14-17.

[36] 刘健.转变认识观念及其规划设计方法研究[J].城市规划,1997(7):17-20.

[37]边学芳,吴群,刘玮娜.城市化与中国城市土地利用结构的相关分析[J].资源科学,2005,27(3):73-78.

[38]冯健,刘玉.转型期中国城市内部空间重构:特征、模式与机制[J].地理科学进展,2007,26(4):93-106.

[39]张志斌,李雪梅.城市产业结构调整与空间结构优化的研究:以兰州市为例[J].干旱区资源与环境,2007,21(12):1-5.

[40]刘艳军,李诚固,徐一伟.城市产业结构升级与空间结构形态演变研究:以长春市为例[J].人文地理,2007,22(4):41-45.

[41]朱玉明.城市产业结构调整与空间结构演变关联研究:以济南市为例[J].人文地理,2001,16(1):84-87.

[42]赵新平,周一星.改革以来中国城市化道路及城市化理论研究述评[J].中国社会科学,2002(2):132-138.

[43]周心琴,张小林.中国乡村地理学研究回顾与展望[J].经济地理,2005(2):285-288.

[44]税伟,陈烈,任杰,等.我国乡村城市化道路的起源和演变[J].商业研究,2005(23):1-5.

[45]钱紫华,孟强,陈晓键.国内大城市边缘区发展模式[J].城市问题,2005(6):11-15.

[46]张文新.中国城市郊区化研究的评价与展望[J].城市规划汇刊,2003(1):55-58.

[47]姚士谋.城市用地与城市生长[M].合肥:中国科技大学出版社,1995.

[48]冯健,周一星.郊区化进程中北京城市内部迁移及相关空间行为——基于千份问卷调查的分析[J].地理研究,2004(2):227-242.

[49]阎小培,周春山,冷勇等.广州CBD的功能特征与空间结构[J].地理学报,2000(7):475-486.

[50]安旭东,高中贵,彭补拙.农村城市化影响下的土地资源持续利用初探——以长江三角洲地区为例[J].人文地理,2002(1):60-64.

[51]蔡军.城市化滞后于经济发展的制度化因素分析[J].城市规划,2006(1):67-72.

[52]曹广忠.发达地区县域城市化水平量测与城市化道路选择——青岛市城阳区个案研究[J].经济地理,2001(2):213-217.

[53]曾青春,刘科学.中国城市化与经济增长的省际差异分析[J].城市问题,2006(8):58-63.

[54]柴彦威.郊区化及其研究[J].经济地理,1995(2):48-53.

[55]陈波翀,郝寿义,杨兴宪.中国城市化快速发展的动力机制[J].地理学报,2004(6):1068-1075.

[56]陈波翀,郝寿义.试论中国城市化快速发展道路[J].人文地理,2005(5):44-47.

[57]许抄军,罗能生,王家清.我国城市化动力机制研究进展[J].城市问题,2007(8):20-25.

[58]顾朝林,吴莉娅.中国城市化研究主要成果综述[J].城市问题,2008(12):2-12.

第七章 中国城市问题与可持续发展研究

改革开放以来,随着中国工业化和城市化进程的推进,在城市社会经济繁荣发展的同时,城市环境、交通、住宅和社会等方面的问题也相继凸显,在此形势下,作为城市发展研究在新形势下的深化和延伸,城市可持续发展成为政府和学者共同思考和迫切需要解决的现实问题。

由于城市问题以及城市可持续发展本身的复杂性,它几乎成了整个社会科学所共有的研究对象。人口学、地理学、社会学、经济学、政治学、规划学等都将其作为自己的热门课题。地理学更多的是从人地关系以及空间角度对城市问题和城市可持续发展进行研究。本章主要基于地理学视角对中国城市问题以及城市可持续发展2个方面研究进展进行综述。

第一节 中国城市问题研究

一、中国城市环境问题研究

城市环境问题主要有大气污染、水污染、噪声污染、垃圾污染等。中国城市环境问题研究始于20世纪70年代初期,国内学者对城市环境问题的研究成果,基本上集中在对城市环境问题成因以及解决措施等方面进行分析。

1. 城市环境问题成因

城市环境问题是由城市经济、社会、环境三者之间的协调关系被破坏,资源的不合理利用和浪费所造成的。具体说来,有这样几方面的原因:一是人口的增长和经济的发展超出了环境承载能力和环境容量;二是资源的利用率低,增加了废弃物排放的可能性;三是不尊重生态规律,不以反映城市生态规律的理论为指导组织经济、社会生活,不能合理使用土地与空间,建筑布局、工业布局混乱,从而破坏城市的生态系统,减弱城市生态系统的调节机能(许学强,1997)。杨永春等人(2004)以西部部分河谷型城市为例,讨论了影响该类城市发展的自然灾害、环境污染和热岛效应等城市环境问题,认为工业化过程与城市化过程、地形条件、工业的空间布局、建设用地结构不合理和城市建设的间接效应等是造成目前西部河谷型城市环境问题突出的主要原因。

2. 城市环境问题解决措施

对城市环境问题的解决涉及城市人口、资源、环境等方面协调发展的问题。国内学者对城市环境问题的解决措施做了较为全面的探讨(覃子建,2000;王琪,2001;朱美荣,1999等),具体可以概括为以下几个方面:①确立新的中国城市的环境战略和目标规划;②建立合理的城市体系和城市结构;③制定严格的城市规划和科学的城市环境综合整治规划,依法实施;加快产业结构调整,严格控制资源能源消耗高、污染严重的工业在城市发展;转变消费观念和消费模式,改变落后的城市能源和资源利用方式;④加强对汽车尾气排放的强制性监管,限制小汽车数量,完善并健全城市公共交通体系,开发利用电能、磁能及天然气等清洁能源;⑤合理征收环境保护费,从环境经济责任和经济措施入手,才能削减城市的污染源,削减城市污染物排放量,削减城市污染负荷;⑥重视市民城市环境意识和公共城市环境意识提高。

近年来,学者在相关理论研究的同时,开展、参与了很多实证研究,如张立生,姚士谋(1999)分析评价了长江流域城市的生态环境态势与问题,提出了走城市可持续发展之路是唯一战略选择,而建设现代化的山水园林生态城市是最有效的途径;杨士弘(1994)以广州市为例,对城市环境与经济协调发展进行了预测,在此基础上提出若干实现环境与经济协调发展的调控对策和措施。

二、中国城市交通问题研究

20世纪80年代,国内地理学界专门针对交通问题的研究不多,进入90年代,特别是90年代后期,随着城市的发展,交通问题成为很多城市发展的制约因素之一,受到广泛重视,在城市地理学界出现了一批研究成果。概括而言,主要研究交通问题表现、问题与对策等内容,侧重于案例研究,与其他相关领域专家一同为交通问题出谋划策。

1. 城市交通问题表现形式

城市交通中存在的问题主要有:①交通拥挤。交通拥挤是城市交通中最为明显的问题,它破坏了使用机动车的中心目的——提高人与货物的可达性,使经济付出了极大代价;②交通事故。交通事故不但会给交通使用者的身心健康造成严重的危害,还会造成巨大的直接或间接经济损失;③交通污染。城市环境问题的恶化与城市交通污染之间密不可分,城市交通所产生的废气、噪音与扬尘已经成为城市环境污染的主要来源;④公共交通问题。主要表现在公共交通投资不足以及各种公共交通方式缺乏整合以及有效地衔接;⑤步行问题。很多城市都在为改善道路交通进行规划,如加宽机动车道,但却很少考虑步行者的需求,步行者的易达性很差,步行者设施缺乏;⑥停车问题。在城市中心区,人多车多空间少,停车场与汽车数量很不相称,停车也最困难。

2. 城市交通问题成因

中国城市交通问题的产生主要是认识上、规划上和管理体制方面的问题。首先是认识上的原因,长期以来,中国重生产建设,轻城市建设,故基础设施投资少;其次是城市规划上的原因。中国大多数城市是在中华人民共和国成立前形成的,一般没搞过城市规划,没有完善的道路系统。中华人民共和国成立以后,由于中国城市经济发展的战略和城市总体规划未定,致使城市道路交通规划缺乏科学依据,因而使城市道路交通长期处于被动的应付状态,形不成新的完善的道路系统;第三是交通管理体制上的原因,主要表现在决策系统缺乏权威性、没有完善的反馈系统等方面(许学强,1997)。

3. 城市交通问题解决措施

张文尝、马清裕等(2010)的《城市交通与城市发展》在系统的总结了中国城市化和城市交通发展历程基础上,深入分析了城市交通与城市功能区、城市空间结构的相互作用机理,并在此基础上借鉴国外发达国家的经验,提出了中国城市交通与城市发展之间相互协调的对策。吕兴宇(2003)认为应优先发展轨道交通系统和公交系统,自行车也是一种方式,小汽车则需要严格控制,并提出了建立城市可持续发展的交通系统;在自行车交通方面,赵晓峰(2000)提出了建立自行车专用道路系统、发展自行车+公交车出行模式、改善自行车停车条件等方式,中国的城市交通提供新的思路;城市交通运输系统的政策策略实际是关于成本和利润的分配政策,如城市交通运输堵塞定价,它带来的是出行者支付交通运输服务费方式的基本变化(曹小曙,2006)。王晓明(2005)在分析北京市当前城市停车存在问题的基础上,从规划的角度提出了采用区域差别化的停车策略、合理利用停车设施资源、依托公交枢纽建立停车换乘系统、调整政策、加强管理等解决停车问题的建议。

在案例研究方面,曹小曙(2000)分析了广州城市交通与土地利用的互动关系,及目前城市交通与土地利用存在的主要问题,提出了解决问题的办法之一为土地利用规划与城市交通规划一体化;邓毛颖(2000)通过分析广州市居民出行规律、特征,提出了广州市未来交通发展的对策和建议;李渊等(2007)以芜湖市为例,从城市土地合理利用的角度提出了城市交通可持续发展对策,加强城市交通规划与土地利用规划的协调、建立公共交通导向的土地利用布局模式、促进城市次中心发展和土地混合利用等。

今后10年是中国城市交通发展的关键时期,预测到2015年,中国汽车拥有量将达到9000万辆,城镇人口将突破8亿,城市交通矛盾将更加突出。今后,建立可持续的城市交通模式、加快城市交通智能化改造、发展城市公共交通、推行交通需求管理和便利非机动出行将是城市交通问题研究重点。需要注意的是,中国城市发展的模式、背景与国外城市之间存在较大的差异,在借鉴国外研究的基础上,将新技术应用于实证研究之中,开展国内城市的案例研究,并依此提出相应的建议等工作具有较好的现实意义。

三、中国城市住宅问题研究

改革开放以来,随着住房制度的改革,住房紧张、居住环境差、房价高等各类城市住宅问题凸显出来,引起了学者的极大关注,对住宅问题研究涉及住宅的合理供给、有效需求、住宅产业化,以及住宅和房地产业与环境的协调持续发展等诸多方面。

地理学者对此问题也给予了一定关注。分别从住房空间结构(张兵,1995;李植斌,1997,1998;董昕,2001等)、住宅区位和居住选址方面(杜德斌,1996;张文忠,2001,2003;阎小培,2001等)、居住空间分异(吴启焰,2001)和居住郊区化(柴彦威,2000;刘长岐,2003等)展开分析。如张文忠(2002)就北京市近年来住宅区位空间的变化特征和发展趋势进行了分析,认为住宅空间的分布和扩展与交通通道具有关系密切,主要交通干线沿线、高速公路出入口和轨道交通站点周边地区是住宅空间集中区和住宅区开发的最佳区位。在住宅郊区化方面,柴彦威(2000)以大连市为例,分析了居住郊区化的现状特征、微观机制及其发展趋势,认为居住郊区化将是大连城市可持续发展的必然趋势。在模型构建方面,周春山(2005)分析了广州市的住房空间结构,建立了住房结构的模型。

四、中国城市社会问题研究

1. 就业问题

中国城市就业问题的研究起步较晚,主要集中在改革开放以后,研究内容主要集中在城镇就业问题现状、成因以及对策等方面。从地理学角度对城市就业问题进行探讨的还很少。

(1)城市就业问题产生原因

胡鞍钢(2001)认为中国城镇的失业是以结构性失业为主的综合性失业,并将其原因归纳为:①产业结构的变动;②生产技术进步;③经济运行的深层矛盾;④经济体制转型的结果;⑤资本深化的结果。刘伟德(2001)通过对就业与人口城市化水平进行关联分析,提出中国低人口城市化水平是导致当前城乡高失业率的深层次原因。针对资源型城市特殊情况,一些学者提出要把资源型城市的环境修复工作当作一个新兴产业来培育,把这个产业和矿工的就业和再就业结合起来。

概括而言,中国城市就业问题产生原因主要为:①人口和劳动力数量大,经济发展水平低,劳动力需求小于供给;②经济结构调整过程中裁减分流的冗员与结构性失业和下岗;③城镇隐性失业严重且逐渐显性化;④农村剩余劳动力数量巨大,劳动者素质较低;⑤低人口城市化水平。

(2)城市就业问题解决对策

对中国城市就业问题的解决是一个复杂而庞大的系统工程,涉及深化经济体制、人口、资源、环境等方面协调发展的问题。国内学者对城市就业的解决措施做了较为全面的探讨,具体而言,主要包括以下几方面:①必须有效控制人口和劳动力数量增长;②发展经济,提高国家产出水平;③合理劳动力配置结构;④加速推进人口城市化过程,大力发展第三产业;⑤重视人力资本提高,发展教育和培训,努力提高人口和劳动者素质。

地理学者主要是从空间差异性角度对城市就业问题进行了分析,如梁艺桦(2006)对城镇失业人口省际差异进行深入分析与探讨,并研究其与城市化的耦合关系,指出城镇失业人口省际差异表现为"四区、一带"格局;白冰冰(2004)研究了上海市非正规就业的空间形态,同时分省(自治区、直辖市)比较了中国非正规就业的区域差异,非正规就业的地区空间差异主要表现在:中部地区非正规就业比重普遍偏高,东部次之,西部地区最低。

2. 贫困问题

城市贫困作为新时期社会经济生活中的重大现实问题,已引起多学科多角度的关注和探讨,其中又以社会学和经济学方面的研究文献居多,地理学是最近几年才涉足这一课题的。从内容来看,国内对城市贫困问题的研究主要集中在城市贫困的概念、测度、成因特征以及对策等方面。

(1)城市贫困概念 国内对于城市贫困的认识大致包括2种观点:第一种认为城市贫困是纯粹的物质生活困难,界定为个人或家庭生活水平达不到社会可接受的最低标准,缺乏某些必要的生活资料和服务,生活处于困难境地;第二种认为城市贫困不仅是物质的匮乏,更重要的是缺乏本应得到的平等权利而处于特定社会、特定时期基本生活水准之下的状况,其中知识、信息和文化的贫困更是城市贫困阶层发展的主要障碍(袁媛,2006;苏勤,2003;关信平,1999)。

(2)城市贫困测度 中国地区发展差异较大、各个城市的财政状况不同,建立全国统一的"城市贫困线"比较困难,大多主张依据各个城市的情况、采用绝对和相对标准来测度城市贫困。城市绝对贫困标准:"最低生活保障线"代表了各个城市制定的"贫困线"标准,也有学者提出城市最低生活标准和当地贫困居民实际生活水平相结合的综合法,确定方法有恩格尔系数法、市场菜篮法等。城市相对贫困标准:根据社会其他成员的生活水平来确定一个相对贫困线,如按照国际贫困线法基本上以一个地区中位家庭月均收入的50%~60%作为该地区的贫困线(国城调,1997;唐钧,1998)。

(3)城市贫困特征 贫困人员构成特征:由于城市贫困阶层的构成极为复杂,因而该群体的稳定性较弱,流动性较强,表现为人员构成处于不断的变动状态,群体整合性较弱。城市贫困阶层主要由以下几类人员构成:①无劳动能力、无依靠、无收入来源者;②停产半停产或严重亏损的国有、集体企业的困难职工;③部分失业人员、下岗职工和离退休职工;④无业人员和职业不固定人群;⑤农转非人群和外来人口等。空间分异特征:国内地理学界的部分学者,近年来也注意到城市贫困的空间分异现象,主要集中于对北京等大城市流动人口聚落分布,以及社会极化和空间分异的机制研究,指出当前尤其是在大城市已经出现了以贫困人口为主体的集中分布的贫民区(顾朝林,1997;马清裕,1999;阎小培,1999;吴启焰,1999)。刘玉亭(2003)以南京市为例,从地理空间、行为特征角度对中国转型期城市贫困阶层的产生背景、结构特征及成因机制进行了研究,研究表明受制于经济条件,城市贫困阶层日常活动类型单调、内容贫乏,在以家庭住所为中心、以家和街道范围为主体的狭小空间范围内活动,通勤和购物空间范围都较小。

(4)城市贫困成因　许多学者一致指出,中国当前的城市贫困人口主要是结构性贫困人口,是在新旧体制转换过程中城市各阶层关系重新调整定位的结果(赵晓彪,1998;王磊,1999)。其主要原因是:①经济结构和产业结构的调整;②经济体制的改革。从高就业、低收入的计划经济体制向市场配置资源、追求效益最大化的市场经济体制转轨过程中,企业多年积累的隐性失业显性化,导致大量的下岗、失业人群;③物价上涨和通货膨胀对低收入群体尤其是老年离退休人群的严重冲击;④社会保障制度改革滞后进一步加剧了城市贫困问题。

(5)城市贫困的解决措施　多数学者认为解决中国新城市贫困的根本出路在于深化体制改革,具体包括实施扩大就业的经济增长政策;健全社会保障体系;完善劳动力市场体系;调节收入分配机制;强化职业教育与培训工作等。张京祥(2000)引入了城市管治的概念,认为中国城市在新时期正面临着新城市贫困等一系列新问题,究其原因与中国传统的政府单一纵向管理机制深刻相关,提出要加强城市规划与建设的制度创新;杨宜勇(2000)、王嗣(1997)均则认为推进户籍制度改革,采取积极的城市化发展战略是扩大就业和消除城市贫困的重要措施;王静霞(2002)、王颖(1998)则指出新时期的城市规划也要注意解决就业安置和提高居民生活环境质量。此外,一些学者提出要强化城市社区管理功能,促进城市管理模式由纵向的单位管理向横向的社区管理转变(孙峰华,1998;唐钧,1999)。

随着以下岗、失业人口贫困和城市外来人口贫困为主的新城市贫困现象出现,对新城市贫困问题的研究成为未来中国城市贫困问题研究的主要趋势。具体内容包括新城市贫困与城市化发展研究、新城市贫困与城市社会空间结构分异研究、研究理论基础与方法研究等。

3. 老年人问题

进入21世纪后,老龄化问题已经成为全世界关注的焦点之一,亦成为多学科的研究对象,地理学者也不例外,将社会学视角与地理学视角相结合,对城市老龄化问题进行了研究。主要是从空间角度入手,分析整个社会环境背景中老年人日常活动和社会体系之间的匹配关系,总结城市老年群体的活动特征(柴彦威,2002);张纯、柴彦威等人(2007)运用时间地理学方法,通过对北京市3个典型城市社区中老年人24小时活动日志的问卷调查,描述北京城市老年人日常生活活动类型的一般时空特征;柴彦威、李昌霞(2005)以中国老年人日常消费行为状况的问卷调查为基础,对北京、深圳和上海3个城市的老年人购物空间圈层结构的比较研究,从宏观层面揭示出中国城市老年人日常购物行为的空间特征;孙樱、陈田等人(2001)通过对北京市区50个退休老人四季休闲行为的跟踪调查,揭示大城市老年人口日常生活行为、休闲活动的基本特征及其时空分异规律。

随着地理学与社会科学研究视角逐渐融合和研究方法的相互补充,从个人行为入手,结合社会制度的剖析和城市环境机理的分析,有关老年人行为活动的研究将会逐步得到深化和细化。

第二节 中国城市可持续发展研究

城市可持续发展涉及的范围较广,本节重点讨论城市可持续发展的内涵、主要影响因素,以及城市可持续发展的机制、模式、战略和综合评价。

自1992年联合国环境与发展大会以来,可持续发展成为各界共同关注的话题。顾朝林首先从研究国外城市可持续发展的角度出发,在分析国外城市可持续发展研究主要内容的基础上,提出了中国城市可持续发展研究方向:①城市可持续发展的综合研究;②大都市可持续发展研究;③中小城市可持续发展研究;④小城镇可持续发展研究。此后,一些学者重点开展了城市住区可持续发展研究,如中国城市住区发展之路初探、西安住区可持续发展的现状、问题与对策、城市住区生态学及可持续发展探讨等,分别从分析城市住区的现状出发,在开发利用和城市生态保护之间寻找制衡点,构建生态宜人城市,有针对性地提出了城市住区可持续发展的主要对策。张新生认为城市可持续发展有其特殊的内涵,它是一个时空复合的反馈—调控过程,必须在时空复合空间上研究城市系统的演变,并在地理信息系统、空间分析和可视的空间表达支持下,建立了空间增长动力学过程模拟系统。目前,城市可持续发展研究侧重于城市可持续发展指标体系的建立和城市持续发展的满意度分析。城市可持续发展是一个动态的过程,在不同阶段、不同区域,其评价方法和指标会有所不同,城市可持续发展研究正在不断向纵深发展。

一、城市可持续发展的内涵

城市可持续发展(Sustainable Urban Development)包括了资源、环境、经济发展、社会发展等方面的内容。由于城市可持续发展系统本身的复杂性,不同的学者从不同的角度对其内涵进行了深入的讨论。G.豪霍顿和C.亨特在《可持续城市》一书中将城市可持续发展定义为:居民和各种事物采用永远支持"全球可持续发展"目标的方式,在邻里和区域水平上不断努力以改善城市的自然、人工和文化环境的城市;郭培章(2004)认为,城市可持续发展是指在一个特定的城市区域和自然空间内,以节约资源、提高技术、改善环境等为主要手段,推动城市经济增长、财富增值、社会进步,优化城市结构、功能并使其与外部的资源、环境、信息、物流和谐一致,在满足城市当前发展需求和正确评估城市未来需求的基础上,满足城市未来发展需求。地理学者多是从人地关系入手进行城市可持续发展探讨。王如松(1993)、海热提·涂尔逊(1998)从微观、中观、宏观3个方面定义了城市可持续发展概念,认为城市可持续发展从微观上而言是城市的结构、功能、规模由小到大、由低级到高级、由非可持续到可持续的变化过程;从宏观上而言是城市由"量空"演变、"质空"演化向"时量质空"进化转变的过程;张新生等(1997)从城市系统演变的角度出发,认为城市可持续发展是一个是时空复合的反馈—调控过程。

综合上面的见解,可以说城市可持续发展是指在一定的时空范围内,以长期持续的城市增长及其结构、功能变化,实现高度发展的城市化和现代化,从而既满足当代城市发展的现实需要,又不对未来城市的发展需求构成威胁的发展方式。它包括城市经济、环境（空间）、社会可持续发展3个子系统。其中，城市经济可持续发展是条件，环境（空间）可持续发展是基础，社会可持续发展是保证。相比于"城市发展"单纯强调发展的方式，"城市可持续发展"更注重发展的科学性、合理性、安全性及协调性（海热提·涂尔逊，1998）。

城市可持续发展的内涵主要概况为以下几个方面：第一，解决城市可持续发展中的人口问题；第二，实现自然资源的可持续利用；第三，保持良好的生态环境；第四，建设完善而先进的城市基础设施体系；第五，保持特定的历史文化内涵，建立正确的城市行为价值观。

二、城市可持续发展的影响因素

城市可持续发展是一个复杂的巨系统，涉及因素很多且彼此间关系错综复杂。不同的城市面临着不同的问题和解决途径，这里着重分析城市可持续发展的一般影响因素。

1. 自然因素

自然环境是人类生产与活动的背景要素。它所提供的自然资源赋存和地理区位条件成为影响城市可持续发展的重要基础。人类通过自己的智慧和劳动可以局部改变自然环境，但是更重要的还是要学会去适应环境，自然因素对城市可持续发展的影响主要体现在以下几个方面：

资源条件。资源系统是城市区域可持续发展系统中的重要组成部分，资源的储量大小和经济效益转化能力、资源的消耗速度与恢复速度，以及资源的地区分布均匀与否都影响到城市区域的物质生产能力与可持续年限。城市对资源的消耗，特别是对非再生资源的消耗，虽然满足了当代城市发展的需求，但其必然成为今后长期稳定和可持续发展的限制因素。

区位条件。区位条件是一个城市固有的区域属性，其绝对区位一般不可更改，但是相对区位，如经济区位与交通区位等，却经常随着自身及周边发展环境的变化而发生变化。因此区位条件是城市可持续发展的静态影响要素，也是动态影响要素之一。

生态环境。包括城市区域的气候、水文、植被、光热、土壤等基础自然条件和生态系统改善与退化状况，是影响城市可持续发展中"自然"对"人"承受能力和自我恢复能力的重要影响因素。

2. 经济因素

经济是城市发展的核心，许多领域的发展最终都要体现在经济的增长上。但是经济的增长可以由不同的途径来实现，正是这些增长途径的差异导致了城市可持续发展水平的差异。

城市经济增长方式。经济增长方式的选择是城市经济发展水平的产物，也是社会文明程度的体现。根据资源—效益比率可以分为粗放增长与集约增长；根据产业的技术含量可以分为传统技术产业与高新技术产业；根据工艺流程类别可以分为污染工序与非污染工序等。同样是经济增长，选择方式的不同对资源的消耗量和生态环境的破坏程度有很大的差别，从而导致城市可持续发展水平出现很大差异。

城市发展外部环境。主要通过影响区域与外界之间能量的释放与吸收来影响城市可持续发展的潜力系统。城市可持续发展系统内绝大部分要素具有流动性，因此城市间物质与能量的交换可以调节一个城市可持续发展水平和能力。例如，生产的全球化使得生产要素、技术，以及环境污染等在国家、地区、城市之间发生大规模转移，无疑会改变一个城市原有的可持续发展系统。

产业发展。城市发展水平与城市第二三产业的发展是分不开的。第二三产业的发展推动了城市化进程的加快,相应也成为城市可持续发展的主要支持系统。在城市产业中,工业是现代城市发展和壮大的主要动力,工业化必然带来城市化。以服务业为主体的第三产业不断发展,逐步取代工业成为城市发展的主要推动力量,城市产业主体从工业向第三产业的转移,是城市走向成熟的标志,即主要表现为城市基础设施的完善和人民生活水平的提高,其中,第三产业对劳动力的吸纳,对城市化水平的提高起着越来越重要的作用。

城市基础设施。城市交通、电力、供水、通讯等基础设施,是城市可持续发展的必要前提条件。从基础设施和工业化的关系来看,基础设施建设和工业发展是相辅相成的。工业发展对交通、能源、通讯等基础设施提出了要求,以解决其市场和原料等问题,并为基础设施的不断增长提供新的技术设备。从基础设施的产业属性来看,基本上属于第三产业。因此,基础设施建设的过程也就是城市产业的发展过程。

3. 社会因素

社会因素是一种潜在性较强的影响因素,它主要通过观念来影响人的行为,并进而影响人类对待自然界的态度和人类活动对自然生态环境的反馈效应。

思想观念。思想观念具有地域性和时代性特征,一个地区长期的文化传统对其生产生活方式有着潜在的影响作用,它影响到城市发展的方向与质量。

城市文化。城市文化主要以城市人口文化素质、文化存在形式和物态存在形式表现,它们密切联系、相互交融,成为联结全体居民的精神纽带,形成了城市持续发展的凝聚力,有助于吸引和集聚人才、技术、资本,有助于形成城市居民向上的精神风貌,这样可以减少犯罪,从而降低安全的成本。良好城市文化的保持和发展可以增加城市持续发展的各种社会价值、经济价值,降低持续发展的成本。

4. 政治因素

城市可持续发展是一种发展模式的选择,而这种选择的权利和执行的力度很大程度上取决于政府领导者的意愿与倾向,政治力量在城市发展方向和具体的经济政策、环境政策、社会规范制定中具有很大的影响力。另外政治力量也是城市可持续发展调控系统中的一支重要力量,它是各项具体战略措施和执行手段得以顺利实现的根本保障。

三、城市可持续发展的机制

城市可持续发展机制,是一个综合性的有机体,涉及诸多方面,其主要包括3个系统,即城市发展规划的编制系统、城市经济体制改革的策划系统、城市基本建设的协调系统。这3个系统各自独立而又相互联系,共同作用于城市的可持续发展(程飞龙,1996)。石秀华(2009)研究了资源型城市可持续发展机制,提出了资源型城市需要建立和实施3个机制:资源开发补偿机制、衰退产业退出机制和新兴产业扶持机制。

城市发展一般经历启动期、发展期、成熟期、顶峰期。当达到顶峰期时,城市的人口、环境容量、资源等限制性因子制约了城市的发展。为了实现城市可持续发展,就要辨识限制因子并使之转化为有利因子,这样可持续发展才能实现。确认和克服限制因子是要花费代价的,如果代价足够大,城市无力支付,则可持续发展就不会发生,从而引发城市衰退。技术和经济因素并不是城市发展的内在驱动力,人既是城市发展的组织者和调控者,又是可持续发展的实践主体。既然人是城市的实践主体,而城市的本质是人的聚集,衡量城市可持续发展与否的关键是城市能否满足人不断增长的需求。正是人确认和克服城市发展的限制因子,使其向有利于可持续城市的方向转变。城市可持续发展的内在动力源于人的自我完善和发展需求以及社会组织结构的变迁。科学的城市发展战略和城市规划有利于实现城市的可持续发展,有远见的主动的决策,可有足够的时间和空间来克服城市发展的限制因子,促进城市可持续发展(图2-7-1)。

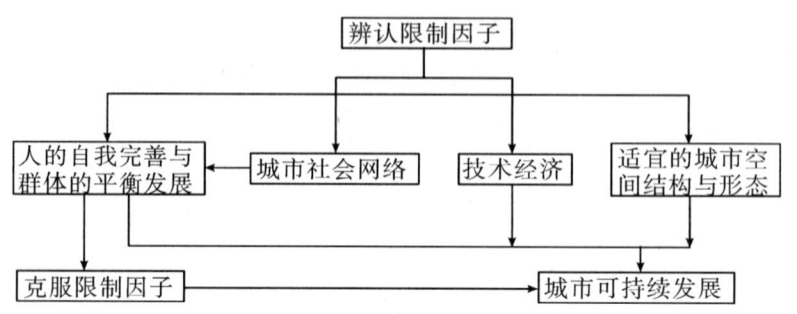

图2-7-1 城市可持续发展机制(凌亢,2000)

四、城市可持续发展的模式

1. 生态城市发展模式

生态城市是根据生态学原理,综合研究生态—经济—自然复合生态系统并应用生态工程、社会工程和系统工程等现代科学与技术手段而建设的社会、经济、自然可持续发展,居民满意、经济高效、生态良性循环的人类住区,建设生态城市是寻求城市持续发展的有效途径,它代表国际城市的发展方向,中国城市地理学者在这方面也开展了大量的研究工作。建立生态城市发展模式,实质就是增加城市吸引力和持续性,根据生态城市"家"的功能,也就要完善生活居住环境,完善城市公共设施,城市园林绿化率,排污自净能力以及人均道路占用面积等。加强对旧城改造,增加对城市基础设施的投入,提高城市相对容量,是建立生态城市的重要途径。

2. 资源型城市可持续发展模式

实现资源型城市的可持续发展,必须改变以矿产资源开发为基础的城市发展模式,以转变成以发展循环经济为主导理念,在优先保护水资源、生态环境的基础上,改造传统产业,延伸下游产业的可持续发展,同时,加强培养人才和企业生产的科技力量,积极发展高新产业,从而促进资源性城市的可持续发展。

3. 城市群可持续发展模式

城市除了以它集聚效应而显示出生命力之外,另就是其辐射带动效应,一个中心城市能带动周围城市的发展,周围城市群(带)的发展又能促进本区域经济的发展和综合实力的提高,因此在提高中心城市综合实力的同时,也要十分注重周围城市带(群)的发展,既要发展中心城市,又要形成城市带的发展模式,以带动整个区域经济的发展。如长江三角洲以"上海—南京—杭州"为中心的城市带,珠江三角洲以"广州—深圳"为中心的城市带,华北平原以"北京—天津"为中心的城市带。

4. 可持续发展城市空间结构

紧凑的多中心型城市。紧凑多中心的城市能限制城市蔓延。紧凑性是可持续发展的城市空间结构的一种重要的设计理念,多中心是城市空间发展的一种趋势。

空间发展受控的城市。城市的发展应是受控的。通过建设环城绿带、设定城市增长边界等措施对城市周围隐含着巨大环境价值的环境用地、农田和土地资源进行保护,控制城市发展的模式和城市密度。

多样性发展的城市。多样性对可持续发展的城市是本质性的,可持续发展的城市的多样性主要体现在混杂的城市用地、多样性的城市空间以及多样性的文化等方面。多样性并不意味着城市的发展是分散的,恰恰相反,多样性的城市是紧凑的,紧凑城市意味着更多异质的事物、人群集中在有限的空间里,更有利于不同阶层人更多的面面交流。

公共交通导向的城市。可持续发展的城市需要有发达的公共交通来支撑,是公共交通导向的城市,有利于降低社会和环境的费用,有利于城市的多样性,更有效率。

五、城市可持续发展战略

《中国21世纪议程》指出,中国可持续发展城市的目标是:建设成规划布局合理、配套设施齐全,有利工作,方便生活,住区环境清洁、优美、安静,居住条件舒适的城市。近几年,上海、北京、广州等大城市为贯彻实施《中国21世纪议程》,分别将可持续发展战略纳入市"九五"计划和远景规划中。如跨世纪中国城市发展战略研究课题组所做的中国城市跨世纪发展若干战略问题研究,提出了在迈向全球经济一体化过程中,中国城市发展应采取的战略策略。

综合各方面研究,城市可持续发展战略主要包括:首先,控制人口增长是可持续发展的关键,加强人口和环境的科学教育,树立可持续发展观念。对常住人口和流动人口实行总量调控。落实计划生育指标,控制人口自然增长。其次,合理配置城市资源,调整城市产业结构。主要包括集约用地;加强能源技术开发及其成果转化;加强水资源管理及其合理开发利用,解决北方城市存在的水资源严重匮乏问题;促进新兴产业经济的增长,大力发展服务业。第三,加速构建城市生态框架,加速工业结构生态化建设。积极合理地发展城市农业。城市要持续发展,需要完善气流通道,协调水利,通过狭长的绿色通道以及"绿楔""绿脉"布局和桥梁、道路涵洞的生态设计,恢复城市外部生物基因的正常输入和主城区生物基因的自然调节,使城市的动植物群落之间相适宜。最后,建立城市可持续发展的经济机制,建立对可持续发展评估监督的机制。改革现行的绿化机制,开创城市绿化新模式。推进环保市场化还须有政府进行调控。

六、城市可持续发展综合评价

城市发展是一个比较复杂的过程,包含了自然、经济、社会等各方面要素彼此消长的过程,因此,要想真正地评价一个城市是否朝可持续方向演进,也是一个比较复杂的过程,国内外学者多用城市可持续指标(Sustainable Indicator)来评价这一过程。城市可持续指标是反映城市经济、社会和环境长久健康发展的根本要素和可持续发展的标尺。因此,建立城市可持续指标对评价和调控城市可持续发展具有重要意义。

一些学者用复合法(层次分析法-AHP)作了一些尝试。海热提·涂尔逊(1997)把城市发展各要素综合为"发展持续度""发展协调度""发展水平"3个指标,最后目标为"发展满意度",来综合评定城市可持续发展,并应用到乌鲁木齐城市可持续发展研究中,得出乌鲁木齐市的可持续发展满意度低于全国城市满意度的平均值;吴林娣等人(1995)和杨贤智等人(1996)把评价城市可持续发展的指标归纳为"经济指数""社会指数"和"环境指数",并最终合并为"综合指数"("协调度"),同时应用该方法把上海与国际上的大城市来比较,得出上海城市的发展,目前为不协调发展水平,但到2010年将达到比较协调水平;罗锐等人(1992)利用自然生态系统、经济系统和社会生活文化生活3个复合指标评价了城市生态系统的发展水平;凌亢(2000)将城市发展各因素综合为"可持续发展水平""可持续发展能力""可持续发展协调度"3个指标综合为"可持续发展度",对北京、广州、重庆等20个大城市的可持续发展状况进行了综合评价,比较各大城市的可持续发展现状差距、发展潜力,从各大城市可持续发展度排序来看,凡是重视环境保护的城市,其得分值较高,如上海市、北京、广州、深圳等地,环保重视不够、资源利用不充分的城市,其得分值较低,如西安、济南等地。

中国目前正处于城市化快速增长时期,城市如何发展,是摆在城市决策者面前的一个重要问题。城市可持续发展作为一种全新的发展观,已被人们所认可。尽管大量学者对城市可持续发展进行了研究,但如何科学确定测度城市可持续发展的指标体系,如何测算环境污染的损失,如何建立城市可持续发展的运行机制、如何在可持续发展条件下进行城市规划和更新等等问题都是未来城市可持续发展研究所关注的焦点。同时,对于城市可持续发展的研究,不同学科的专家学者应在各自研究领域的基础上,加强相互间的交流,运用系统综合的方法研究城市可持续发展,从而为城市发展提供决策。

参考文献

[1] 罗锐,卢志华. 城市生态系统的预测与综合评价的思想体系[J]. 城市环境与城市生态,1992,5(2):32-34.

[2] 中国21世纪议程——中国21世纪人口、环境与发展白皮书[M]. 北京:中国环境科学出版社,1994.

[3] 杨士弘. 广州城市环境与经济协调发展预测及调控研究[J]. 地理科学,1994,14(2):136-143.

[4] 顾朝林. 论中国城市持续发展研究方向[J]. 城市规划汇刊,1994(6):1-9.

[5] 吴林娣,方国伟. 环境与社会、经济协调发展评价指标体系初探[J]. 上海环境科学,1995,14(7):2-5.

[6] 张兵. 我国城市住房空间分布重构[J]. 城市规划汇刊,1995,(2):37-41.

[7] 周一星. 城市地理学[M]. 北京:商务印书馆,1995.

[8] 杜德斌,崔裴. 论住宅需求、居住选址与居住分异[J]. 经济地理,1996,16(1):82-90.

[9] 程飞龙. 建立城市可持续发展机制[J]. 城市发展研究,1996(6):21-23.

[10] 杨贤智,方蕾,秦佩芬. 上海与国际大都市经济、社会、环境的比较研究[J]. 上海环境科学,1996,15(8):1-3.

[11] 许学强,周一星,宁越敏. 城市地理学[M]. 北京:高等教育出版社,1997.

[12] 周干峙. 发展我国大城市交通的研究[M]. 北京:中国建筑工业出版社,1997.

[13] 李植斌. 我国城市住区社会经济空间结构的变化[J]. 人文地理,1997,(6):18-22.

[14] 国城调. 中国城镇居民贫困的测量[J]. 社会保障制度,1997(4):64-67.

[15] 顾朝林,C·克斯特洛德. 北京社会极化与空间分异研究[J]. 地理学报,1997,52(5):385-393.

[16] 城镇贫困问题课题组. 城镇贫困及有关体制建设问题[J]. 管理世界,1997(3):192-200.

[17] 王嗣均. 中国户籍制度改革:市场经济发展的必由之路[J]. 人口研究,1997,21(3):33-35.

[18] 张新生,何建邦. 城市可持续发展与空间决策支持[J]. 地理学报,1997,52(6):507-517.

[19] 姚士谋,王彪,许秀敏. 城市可持续发展的空间层面分析[J]. 城市发展研究,1997(5):37-39.

[20] 跨世纪中国城市发展战略研究课题组. 中国城市跨世纪发展若干战略问题[J]. 城市规划,1997,21(1):23-25.

[21] 海热提·涂尔逊,王华东,王立红,等. 城市可持续发展的综合评价[J]. 中国人口、资源与环境,1997,7

(2):46-50.

[22] 尹怀庭.我国大城市交通问题及其发展对策[J].经济地理,1998,18(3):94-98.

[23] 李植斌.我国城市住区空间结构变化的初步研究[J].城市研究,1998(4):54-57.

[24] 唐钧.中国城市居民贫困线研究[M].北京:中国社会科学出版社,1998.

[25] 赵晓彪,施小梅.城市贫困人口问题初探[J].人口学刊,1998(1):37-40.

[26] 孙峰华.社区发展的若干问题与社区地理学在社区发展研究中的作用[J].地理科学进展,1998,17(3):51-55.

[27] 王颖.老龄化——城市规划的社会学课题[J].城市规划,1998(5):57-64.

[28] 海热提·涂尔逊,杨志峰,王华东,等.论城市可持续发展[J].北京师范大学学报(自然科学版),1998,34(1):124-130.

[29] 张果.我国城市可持续发展模式探讨[J].四川师范大学学报(自然科学版),1998.21(3):372-376.

[30] 朱美荣.跨世纪中国城市环境问题和城市环保战略思考[J].经济地理,1999,19(2):76-81.

[31] 张立生,姚士谋.长江流域城市生态环境问题与跨世纪持续发展战略[J].长江流域资源与环境,1999,8(3):229-235.

[32] 俞燕.保护城市自行车交通及建立城市绿色交通系统[J].城市研究,1999,75(2):37-40.

[33] 关信平.中国城市贫困问题研究[M].长沙:湖南人民出版社,1999.

[34] 王磊,徐祥生.城镇贫困人口问题研究[J].北京大学学报(哲社版),1999,36(1):130-138.

[35] 马清裕,陈田.北京城市贫困人口特征、成因及其解困对策[J].地理研究,1999,18(4):400-406.

[36] 阎小培.改革开放以来广州城市社会结构变化研究[J].中山大学学报(社会科学版),1999(2):70-78.

[37] 吴启焰,崔功豪.南京市居住空间分异特征及其形成机制[J].城市规划,1999(23):23-25.

[38] 唐钧.城市贫困家庭的社会保障和社会支持网络[J].社会学研究,1999(5):105-118.

[39] 张俊军,许学强.中国城市可持续发展研究进展[J].地域研究与开发,1999,18(1):22-25.

[40] 覃子建.我国城市环境问题及其对策[J].中国人口资源与环境,2000(10):53-54.

[41] 曹小曙,杨帆,阎小培.广州城市交通与土地利用研究[J].经济地理,2000,20(3):74-77.

[42] 邓毛颖、谢理、林小华.基于居民出行特征分析的广州市交通发展对策探讨[J].经济地理,2000,20(2):109-114.

[43] 赵晓峰.自行车交通——一种适合国情的城市交通改良手段[J].城市交通,2000(3):32-35.

[44] 柴彦威,周一星.大连市居住郊区化的现状、机制及趋势[J].地理科学,2000,20(2):127-132.

[45] 张京祥.管治及城市与区域管治[J].城市规划,2000,24(6):36-39.

[46] 杨宜勇.城市化创造就业机会与城市就业空间分析[J].管理世界,2000(2):121-128.

[47] 凌亢.中国城市可持续发展评价理论与实践[M].北京:中国财政经济出版社,2000.

[48] 王琪.城市环境问题[M].贵阳:贵州科技出版社,2001.

[49] 董昕.城市住宅区位及其影响因素分析[J].城市规划,2001,25(2):33-39.

[50] 吴启焰.大城市居住空间分异研究的理论与实践[M].北京:科学出版社,2001.

[51] 阎小培,周春山.广州市及周边地区商品房的开发与分布[J].地理学报,2001,56(5):570-580.

[52] 胡鞍钢,杨韵新.就业模式转变:从正规化到非正规化——我国城镇非正规就业状况分析[J].管理世界,2001(2):69-78.

[53] 刘伟德.中国人口城市化水平与城乡就业问题探讨[J].经济地理,2001,21(4):427-430.

[54] 孙樱,陈田.北京市区老年人口休闲行为的时空特征初探[J].地理研究,2001,20(5):537-546.

[55] 刘冰.上海城市停车问题的对策研究[J].城市规划汇刊,2002(2):34-38.

[56] 张文忠,孟斌,吕昕.交通通道对住宅空间扩展和居民住宅区位选择的作用[J].城市规划汇刊,2002(2):34-38.

[57] 张文忠,刘旺.北京市住宅区位空间分异特征研究[J].城市规划,2002,26(12):86-89.

[58] 王静霞.新世纪中国城市规划的发展展望[J].城市规划,2002,26(2):19-22.

[59] 柴彦威,刘璇.城市老龄化问题研究的时间地理学框架与展望[J].地域研究与开发,2002,21(3):55-59.

[60] 吕兴宇.城市交通可持续发展研究[J].辽宁交通科技,2003(1):50-52.

[61] 刘长岐,甘国辉、李晓江.北京市人口郊区化与居住用地空间扩展研究[J]经济地理,2003,23(5):666-670.

[62] 苏勤,林炳耀,刘玉亭.面临新城市贫困中国城市发展与规划的对策研究[J].人文地理,2003,18(5):17-21.

[63] 刘玉亭.中国转型期城市贫困问题研究——社会地理学视角的南京实证分析[D].南京:南京大学,2003.

[64] 陆大道.中国区域发展的理论和实践[M].北京:科学出版社,2003.

[65] 杨永春,刘志刚.中国西部河谷型城市的发展及其环境问题[J].干旱区资源与环境,2004,18(2):80-85.

[66] 白冰冰.上海市非正规就业的发展及其城市空间形态研究[D].上海:华东师范大学,2004.

[67] 王晓明.关于北京停车问题的思考[J].城市交通,2005,8(8):32-35.

[68] 张文忠,刘旺,孟斌.北京市区居住环境的区位优势度分析[J].地理学报,2005,60(1):115-121.

[69] 周春山,陈素素,罗彦.广州市建成区住房空间结构及其成因[J].地理研究,2005(1):77-88.

[70] 夏丽丽.转型时期广州城市社会问题探析[J].城市问题,2005(1):75-79.

[71] 柴彦威,李昌霞.中国城市老年人日常购物行为的空间特征[J].地理学报,2005,60(3):401-408.

[72] 曹小曙,薛德升,阎小培.城市交通运输地理发展趋势[J].地理科学,2006,26(1):111~117.

[73] 梁艺桦,谷天锋.城镇失业人口省际差异及其与城市化耦合分析[J].经济地理,2006,26(1):122-127.

[74] 袁媛,薛德升,许学强.转型时期我国城市贫困研究述评[J].人文地理,2006(1):93-99.

[75] 孙久文,张佰瑞.城市可持续发展[M].北京:中国人民大学出版社,2006.

[76] 张纯,柴彦威.北京城市老年人的日常活动路径及其时空特征[J].地域研究与开发,2007,26(4):116-120.

[77] 陆大道,姚士谋,李国平,等.基于我国国情的城镇化过程综合分析[J].经济地理,2007,27(6):883-887.

[78] 李渊,鲁成树,王娟.基于土地利用的城市交通可持续发展研究——以安徽省芜湖市为例[J].安徽农业科学,2007,35(26):8337-8339.

[79] 石秀华,吴汉军.资源型城市可持续发展机制分析[J].理论月刊,2009(8):35-38.

[80] 张文尝,马清裕.城市交通与城市发展[M].北京:商务印书馆,2010.

第八章 GIS 空间分析技术在城市研究中的应用

第一节 GIS 空间分析技术概述

地理信息系统(GIS)是一门处理地理(空间)数据的综合信息技术,属于技术地理学的范畴,它为资源与环境的管理和规划以及地理学的研究提供了一个革命性的工具。GIS 技术必须和 RS、GPS 技术有机结合起来,才能发挥其各自最大的技术潜力。GIS 技术在中国到 20 世纪 80 年代初在一些科研单位和大学开始研究,在城市地理中 GIS 技术主要用于对基础资料的分析处理,输出成果图,如运用 SPOT 影像和地理信息系统分析方法获得北京棚户区、农村居民点和别墅区分布图,以此来研究城市社会区空间结构。MapInfo 和 Arc/Info、GENEMAP 等软件在规划中的空间数据处理、图形的输入输出中得到了广泛应用,如广州珠江新城土地开发信息系统研究、济南市城市规划管理信息系统的设计与开发、十堰市城市规划与管理信息系统的研制与开发等,南京大学先后完成了南京市城市规划信息系统设计,常州、沙市、洛阳的城市信息系统的规划与设计,出版了城市规划管理信息系统,完成了 GIS 技术舟山航空城城市规划,深圳城市水土流失遥感分析和动态监测、城市水土保持规划以及采用 GIS 技术支持的江苏及浙江 2 省土地分等定级估价研究等。

一、GIS 空间分析的定义

GIS 可以支持一系列与地理信息分析相关任务,它既可以从地理学角度来检索数据,以达到获取地理知识的目的,还可以利用 GIS 来建立模型和检验模型,获取特定的专业知识。关于空间分析,国内外不同研究者给出了不同定义,国内的郭仁忠(2001)将空间分析定义为基于地理对象的位置和形态特征的空间数据分析技术,其目的是提取和传输空间信息;张成才(2004)认为空间分析就是利用计算机对数字地图进行分析,从而获取和传输空间信息;Haining(1994)认为空间分析是基于地理对象的空间布局的地理数据分析技术;Landis(1995)认为空间分析是指为了制订规划和决策,应用逻辑模型或数学模型来分析空间数据的技术。美国的 M. F. Goodchild 教授曾给空间分析给出比较系统的定义:①空间分析是一系列分析空间数据的技术;②空间分析的目的是检验模型和获取知识;③空间分析既可以采用推理方法,也可以采用归纳的方法;④空间分析可以采用简单或直觉的方法。

空间分析与传统的统计分析有很大的区别。一般的统计方法所获得的分析结果往往无法反映地理现象与空间关系,其分析的结果是与空间无关的。尽管 GIS 空间分析有时需要采用常规的统计分析方法,但也不能将空间分析与统计分析等同起来。GIS 空间分析不仅要分析实体的属性数据,更要分析它们的空间位置、分布特点和空间关系等与地理空间有关的信息,即空间分析的结果依赖于地理事件的空间分布特征,而且通过空间分析可以发现隐藏在空间数据之后的重要信息和一般规律,这是一般统计方法所不能胜任的。

GIS空间分析是对空间数据进行的分析操作,这些空间数据除了包含与地理现象的位置、形态、空间布局有关的数据外,还包括数据间的空间关系、空间过程和空间规律。GIS空间分析的目的是完成对空间数据的分析操作,得到分析结果,应用到实际问题中,空间分析所涉及的应用主要有以下6个方面:①查询操作,即使用一定的查询语言,为某些已知问题查找相应结果;②量算操作,即得到空间几何对象的长度、面积、高程等常用数据的操作;③描述和总结操作,即对已有的一些规则、假设、结论等,使用GIS能识别的语言来解释和归纳;④推理操作,即根据某些假设,为这些假设寻找结论的一系列操作过程;⑤优化模拟操作,这是GIS空间分析的一个特有的操作,应用大量空间数据,根据一定的模型,对复杂的地理现象进行模拟,或对已有模型,优化其模型参数,使该模型能够提高模拟地理现象的精度;⑥假设和验证,人类知识发展的过程就是不断验证已有的假设,并提出新假设的过程,GIS空间分析也可以针对空间数据提供假设和验证操作。

二、GIS空间分析的一般方法

1. 叠置分析

叠置分析(Overlay analysis)是GIS空间分析中最常用的,同时也是重要的分析方法之一(邬伦,2001)。叠置分析可以有效地综合多种地理因素,从它们中间提取隐含的空间信息。GIS是以图层的方式存储和管理不同专题的空间数据和属性数据,将地理空间实体对象按照各要素专题类别逐层来表示,将一个区域的复杂地理对象用若干地理覆盖范围相等但内容不相同的简单专题数据图层来存储,这样能有效地管理和使用反映复杂地理现象的空间数据,但具体应用中,需要把这些不同的图层综合考虑,叠置分析就是为了解决这一问题而提出来的。

叠置分析需要使用同一区域,具有相同空间参考的2个图层。叠置分析将包含感兴趣的空间要素对象的多个数据层进行叠加,产生一个新要素图层。该新图层综合了原来多层实体要素所具有的属性特征。叠置分析的目标是分析在空间位置上有一定关联的空间对象的空间特征和专题属性之间的相互关系。多层数据的叠置分析,不仅产生了新的空间关系,还可以产生新的属性特征关系,能够发现多层数据间的相互差异、联系和变化等特征。从原理上来说,叠置分析是对新要素的属性按一定的数学模型进行计算分析,其中往往涉及逻辑交、逻辑并、逻辑差等的运算。根据操作要素的不同,叠置分析可以分成点与多边形叠加、线与多边形叠加、多边形与多边形叠加;根据操作形式的不同,叠置分析可以分为图层擦除、识别叠加、交集操作、均匀差值、图层合并和修正更新等多种类型操作。

2. 缓冲区分析

缓冲区分析(Buffer)是对选中的一组或一类地图要素(点、线或面)按设定的距离条件,围绕其要素而形成一定缓冲区多边形实体,从而实现数据在二维空间得以扩展的信息分析方法。缓冲区应用的实例有:污染源对其周围的污染量随距离而减小,确定污染的区域;为失火建筑找到距其500米范围内所有的消防水管等。

缓冲区是地理空间目标的一种影响范围或服务范围在尺度上的表现。它是一种因变量,由所研究的要素的形态而发生改变。从数学的角度来看,缓冲区是给定空间对象或集合后获得的它们的邻域,而邻域的大小由邻域的半径或缓冲区建立条件来决定,因此对于一个给定的对象A,它的缓冲区可以定义为:

$P = \{x \mid d(x,A) \leq r\}$($d$一般是指欧式距离,也可以是其他的距离,其中r为邻域半径或缓冲区

建立的条件)

缓冲区建立的形态多种多样,这是根据缓冲区建立的条件来确定的,常用的对于点状要素有圆形,也有三角形、矩形和环形等;对于线状要素有双侧对称、双侧不对称或单侧缓冲区;对于面状要素有内侧和外侧缓冲区。虽然这些形体各异,但是可以适合不同的应用要求,建立的原理都是一样的。点状要素,线状要素和面状要素的缓冲区示意图,如图2-8-1。

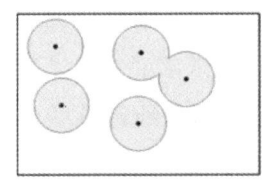 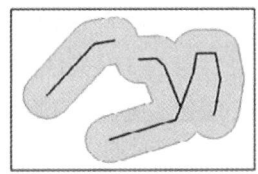 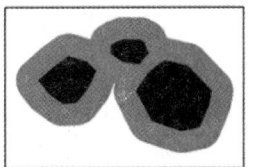

　　点状要素的缓冲　　　　线状要素的缓冲区　　　　面状要素的缓冲区

图 2-8-1　点、线和面状要素的缓冲区

3. 网络分析

网络分析是空间分析的一个重要方面,是依据网络拓扑关系(线状要素之间、线状要素与结点之间、结点与结点之间的连接、连通关系),并通过考察网络元素的空间、属性数据对网络的性能特征进行多方面的分析计算。网络分析的基本功能是基于几何网络的特征和属性,利用距离、权重和规划条件来进行分析得到结果并且应用在实际中,它主要包括路径分析、地址匹配和资源分配3个方面:

(1) 路径分析

最佳路径分析,分为静态和动态2种,静态的是指确定用户权值关系后,即给定每条弧段的属性,当需求最佳路径时,读出路径的相关属性,求最佳路径;动态的是指实际网络分析中权值是随着权值关系式变化的,而且可能会临时出现一些障碍点,所以往往需要动态地计算最佳路径。

N 条最佳路径分析,确定起点、终点,求代价较小的几条路径,因为在实践中往往仅求出最佳路径并不能满足要求,可能因为某种因素不走最佳路径,而走近似最佳路径。

最短路径,确定起点、终点和所要求经过的中间点、中间连线,求最佳路径。

动态分段技术,给定一条路径由多段联系组成,要求标注出这条路上的千米点或要求定位某一公路上的某一点,标注出某条路上从某一千米数到另一千米数的路段。

(2) 地址匹配

地址匹配实质是对地理位置的查询,它涉及地址编码。地址匹配与其他网络分析功能结合在一起,可以满足实际工作中非常复杂的分析要求。所需要输入的数据,包括地址表和含地址范围的街道网络及待查询地址的属性值。

(3) 资源分配

资源分配网络模型由中心点(分配中心)及其状态属性和网络组成。分配有2种方式,一种是由分配中心向四周输出,另一种是由四周向中心集中。这种分配功能可以解决资源的有效流动和合理分配。其在地理网络中的应用与区位论中的中心地理论类似。在资源分配模型中,研究区可以是机能区,根据网络流的阻力等来研究中心的吸引区,为网络中的每一连接寻找最近的中心,以实现最佳的服务。还可以用来指定可能的区域。

三、GIS 空间统计分析

GIS 空间统计分析是利用 GIS 技术对空间数据进行统计分析,包括空间形态的度量、空间分布及假设检验、空间相关分析方法、空间内插。空间统计分析与 GIS 的各种实际应用之间具有密切联系,是 GIS 一个重要的快速发展领域。空间统计分析是在复杂的现实地理世界中探索(地学)信息的最简单的方法之一,空间统计是透过空间数据的位置信息来建立数据间的统计关系。现实地理世界中,不能很好地用数学模型来表达,为了解决复杂地理实体间的众多的不确定因素,空间统计试图对空间数据以统计方法挖掘空间变化规律。

空间数据统计分析与属性数据的一般统计方法有很大差异,主要体现为:①空间数据并非对立存在,而是在 N 维空间具有某种相关性,且这种相关性随着空间分辨率的变化不同而发生变化;②空间数据一般都以地球作为参照系统,所以一组空间观测值获取的是地球某些信息,不具有冗余特征。因为对地理实体的数学描述是极其复杂的,而属性数据的一般统计分析方法则是建立在独立样本的基础上,注重统计分析技巧与方法,因而应用在空间数据上具有很大局限性,所以对于描述世界地理实体的大量空间数据,需使用特定的空间统计方法。

1. 主成分分析

地理环境是多要素的复杂系统,在进行地理系统分析时,多变量问题是经常会遇到的。变量太多,无疑会增加分析问题的难度与复杂性,而且在许多实际问题中,多个变量之间是具有一定的相关关系的。

主成分分析是设法将原来众多具有一定相关性(比如 P 个指标),重新组合成一组新的互相无关的综合指标来代替原来的指标。通常数学上的处理就是将原来 P 个指标作线性组合,作为新的综合指标。最经典的做法就是用 $F1$(选取的第一个线性组合,即第一个综合指标)的方差来表达,即 $\mathrm{Var}(F1)$ 越大,表示 $F1$ 包含的信息越多。因此,在所有的线性组合中选取的 $F1$ 应该是方差最大的,故称 $F1$ 为第一主成分。如果第一主成分不足以代表原来 P 个指标的信息,再考虑选取 $F2$ 即选第二个线性组合,为了有效地反映原来信息,$F1$ 已有的信息就不需要再出现在 $F2$ 中,用数学语言表达就是要求 $\mathrm{Cov}(F1,F2)=0$,则称 $F2$ 为第二主成分,依此类推可以构造出第三、第四、……第 P 个主成分。

在用地理学统计分析中,涉及的统计变量较多,变量太多会增加计算量和增加分析问题的复杂性,用较少的新变量代替原来较多的变量,而且使这些较少的新变量尽可能多地保留原来较多的变量所反映的信息,减少统计变量,而使得的信息量损失较少。主成分分析正是适应这一要求产生的,是解决这类题的理想工具。

2. 回归分析

回归分析是分析 2 个、2 个以上变量间的关系,根据其关系形态,选择一个合适的数学模型,用来近似地表示多个变量之间的平均变化关系。这个数学模型的一般函数关系式为:$y=f(x_1,x_2,\cdots x_n)$,其中 y 是因变量,$x_1,x_2,\cdots x_n$ 是一组自变量,f 为函数关系,即回归方程。根据回归分析的变量个数、回归曲线的形态和回归变量的特征分为一元线性回归、多元线性回归、非线性回归、趋势面分析和空间回归分析。

(1)一元线性回归　一元线性回归分析是用于分析一个自变量(X)与一个因变量(Y)之间线性关系的数学方程,是最常用的回归分析方法,被称为经典回归模型。

(2)多元线性回归　多元线性回归分析是一元线性回归的直接推广,其包含一个因变量和 2 个或 2 个以上的自变量,分析一个因变量 Y 和多个自变量 X_i 之间在数量上相互依存的线性关系。

(3)非线性回归　在实际问题中,当变量之间的相关关系不是线性相关关系时,不能用线性回归方程描述它们之间的相关关系,需要进行非线性回归分析,回归函数往往是较复杂的非线性函数。

(4) 趋势面分析　趋势面分析法是针对大量离散点信息,从整体插值角度出发,来进行趋势渐变特征分析的最简单的方法。趋势面分析中另一个重要特性就是揭示了分析区域中不同于总趋势的最大偏离部分。这个特性是非常重要的,因为地理分析中,取样往往存在很多人为因素和非人为因素的影响,通过趋势面分析可以找出这种与整体格格不入的信息特征,然后按照一定的准则进行剔除,然后再分析求解最佳趋势结果。

3. 空间自相关分析

由于空间数据都具有空间自相关的特性,通常认为一个区域单元上的某种地理现象或某一属性值是与邻近区域单元上同一现象或属性值相关的。空间自相关性的存在打破了大多数传统统计分析中采样相互独立的基本假设,将传统统计方法应用于与地理位置相关的数据时,通常不能获取这些数据的空间自相关性,因而会引起各种问题。空间自相关反映的是一个区域单元上的某种地理现象或某一属性值与邻近区域单元上同一现象或属性值的相关程度。空间自相关研究的是空间实体与其相邻实体之间的相似程度,目前,普遍使用空间自相关系数为 Moran I 指数,全局 Moran I 计算公式如下:

$$I = \frac{\sum_{i=1}^{n}\sum_{j=1}^{n} w_{ij}(x_i - x_m)(x_j - x_m) / \sum_{i=1}^{n}\sum_{j=1}^{n} w_{ij}}{\sum_{i=1}^{n}(w_i - x_m)^2 / n}$$

其中,x_i 是地理要素 i 的属性值,x_m 是所有要素属性值的均值,w 是空间权重矩阵的所有元素的和。

利用 Moran I 可以度量空间自相关性,发现观测值在空间分布的差异性和相关性。当 Moran I 为正时,在距离 d 的范围内的观测值有趋同的趋势;当 Moran I 为负时,在距离 d 的范围内的观测值有不同的趋势;当 Moran I 为零时,观测值属于独立随机分布。

四、空间聚类分析

聚类分析是数据挖掘领域中的一项重要的研究课题,聚类技术在统计数据分析、模式识别、图像处理等领域有广泛应用。所谓聚类,就是根据相似性对数据对象进行分组,通过发现数据的分布特征,使得每一个聚类中的数据有非常高的相似性。空间聚类是指将数据对象集分组成为由类似的对象组成的簇,这样在同一簇中的对象之间具有较高的相似度,而不同簇中的对象差别较大,即相异度较大。作为一种非监督学习方法,空间聚类不依赖于预先定义的类和带类标号的训练实例。由于空间数据库中包含了大量与空间有关的数据,这些数据来自不同的应用领域。例如,土地利用、居住类型的空间分布、商业区位分布等。空间聚类方法通常可以分为四大类:划分法、层次法、基于密度的方法和基于网格的方法。

(1) 划分法　设在 d 维空间中,给定 n 个数据对象的集合 D 和参数 K,运用划分法进行聚类时,首先将数据对象分成 K 个簇,使得每个对象对于簇中心或簇分布的偏离总和最小。聚类过程中,通常用相似度函数来计算某个点的偏离。常用的划分方法有 K - 均值(K - means)法和 K - 中心(K - medoids)法。

(2) 层次法　该法通过对给定的数据对象集按层次进行分解,形成一棵以数据子集为节点的树。层次法可分为凝聚和分裂 2 类方法。运用凝聚法进行聚类时,首先将每个数据对象视为一个簇,然后根据某些准则(例如,2 个子簇中心的距离),由低向上,直到所有子簇被合并成为一个簇,或满足某个终止条件。分裂聚类则相反,该法首先将所有数据对象放在一个簇中,然后按照两个子簇中心距离最小准则,将一个簇分裂为若干个子簇,直至每个对象自成一簇,或达到某个终止条件。

(3)基于密度的方法 绝大多数基于划分方法的空间聚类算法都是基于对象之间的距离进行聚类,这类方法只能发现球状的类。基于密度的聚类方法与之不同,其主要思想是只要邻近区域的密度(对象或数据点的数目)超过某个阈值,就继续聚类,这样可以过滤"噪声"数据,发现任意形状的类,代表性算法有 DBSCAN、OP-TICS 和 DENCLUE 算法。

(4)基于网格的方法 基于网格的空间聚类方法采用了一个多分辨率的网格数据结构。该类算法首先将数据空间划分为有限个单元的网格结构,所有的处理都以单个的单元为对象。这样处理的一个突出的优点就是处理速度快,通常与目标数据库中记录的个数无关,只与把数据空间分成多少个单元有关。代表算法有 STING、Wavecluster 和 CLIQUE 算法。

第二节 GIS 空间分析技术在城市研究中的应用

一、基于 GIS 技术的城市空间可达性计算

在城市规划、经济地理、交通地理研究领域中,空间可达性(Accessibility)是衡量一个城市的空间结构、交通状况、土地利用合理性的重要指标,在这些研究领域得到广泛的应用。可达性的大小受到 3 个方面的因素影响:土地使用因素、交通因素和个体因素。其中,土地使用因素包括土地的使用性质(如居住、工作、购物、文化娱乐等)和土地使用的空间分布(如位置、规模、强度等);交通因素包括交通需求、交通供给(含交通工具因素)、出行距离及时间等;个体因素包括个人需要、个人能力及个体其他属性等。如今,可达性所应用的研究范围非常广泛,关于可达性的定义仍没有一个比较精确的定义,一般来说,可达性是指利用一种特定的交通系统从某一给定区位到达活动地点的便利程度。Karst T. Geurs(2004)在其综述中,将可达性评价计算方法分为 4 类:①基于基本交通设施的方法(Infrastructure – based measures);②基于区域位置的方法(Location – based measures);③基于个人行为的方法(Person – based measures);④基于收益效用的方法(Utility – based measures)。通过对近年来研究文献的分析发现,可达性研究应用的目标和范围在扩大,研究者提出的计算方法更加多用,引入的计算变量和地理空间数据也更加丰富,这都是归因于 GIS 技术的发展和使用。GIS 技术具有强大的地理空间数据管理能力和二次开发能力,能对地理空间数据进行各种处理转换、空间分析、网络分析和可视化表达。随着 GIS 在可达性计算中的应用,极大推进了可达性的研究工作,已提出的可达性计算方法有很多,其中,有 2 个基本的要素,一是某一给定区位到达活动地点的"距离"量度,二是"距离"的计算方法,这 2 个要素的计算,极大地需要借助 GIS 技术才能完成。因此,比较典型的基于 GIS 技术的可达性计算方法分为 3 类:引力法、移动搜索法、网格划分法。

1. 引力法

引力法是源于牛顿的重力模型,用于商业区研究,考虑了节点与商业中心的关系,同时还考虑

了距离的衰减,它借用了物理学中的重力模型,认为城市等地实体的空间效应随距离而衰减,与万有引力有相似的数学表达方式。城市对城市外的某地点的影响,称之为城市在该点的引力,它是作为引力因子的地理实体与距离衰减效应双重作用的结果的影响,称之为城市在该点的引力,它是作为引力因子的地理实体与距离衰减效应双重作用的结果。一个地方的通达性是它所在的系统中所有其他地理实体施加的影响的总和。其基本公式为:

$$A_{ij} = G \frac{M_i M_j}{d_{ij}^\alpha} \quad (1)$$

式中 G 为常数,M_i 为 i 点发生交通的引力,M_j 为 j 点吸引交通的引力,d_{ij} 为 i 点到 j 点的交通成本,a 为距离衰减系数,一般取值在 1~3 之间。

将(1)式简化为 $A_{ij} = \frac{M_i}{d_{ij}^\alpha}$,即单约引力模型。当考虑研究区域内所有吸引点时,$i$ 点总引力为 $A_i = \frac{\sum M_j^i}{d_{ij}^\alpha}$,由于 M 和 d 均有量纲,而且在总引力点不一致时,结果难以比较,为消除量纲,便于比较,有人对模型进行了改进:

$$T_{ij} = \sum_i f_{ij} \times d_{ij} \quad (2)$$

f_{ij} 为从 i 点出发到 j 点的单约引力与总引力的比,即 $f_{ij} = A_{ij}/A_i$。

显然,引力法的计算的核心是节点间通过某种交通网络的"距离"计算,只有借助 GIS 的网络分析功能,能极大地提高计算效率。

2. 移动搜索法

移动搜索法是以某点为中心画一个圆或正方形作为滤波窗口,用窗口平均值(或)点密度作为该点的值,将窗口在研究区域内移动,直到得到所有位置的平均值。利用该思路可以测量供需可达性:假设一个提供服务点的极限距离为 λ,并以研究分区中心为圆心,λ 为半径建立圆形搜索域,搜索域内的服务提供量与服务需求量的比值被定义为该研究分区的空间可达性。两步移动搜索法是对一般移动搜索法的改进,它分别以供给点与需求点为基础,移动搜索 2 次:

(1)对每个服务提供点 j,搜索所有离 j 距离阈值 λ 范围(即 j 的搜索区)内的需求点 k,计算供需比 R_j:

$$R_j = \frac{S_j}{\sum_{k \in \{d_{kj} \leq \lambda\}} D_k} \quad (3)$$

d_{kj} 为 k 和 j 之间的距离,D_k 为搜索区内的需求量($d_{kj} \leq \lambda$),S_j 为 j 点的总供给。

(2)对每个需求点 i,搜索所有在 i 距离阈值 λ 范围内的供给点 j,将所有的供需比 R_j 加在一起得到 i 点的可达性:

$$A_i^F = \sum_{k \in \{d_{kj} \leq \lambda\}} R_j = \sum_{k \in \{d_{kj} \leq \lambda\}} \left[\frac{S_j}{\sum_{k \in \{d_{kj} \leq \lambda\}} D_k} \right] \quad (4)$$

d_{ij} 为 i 和 j 之间的距离,R_j 是 i 搜索区($d_{ij} \leq \lambda$)内的供给点 j 的供需比。越大,则可达性越好。

两步搜索法能揭示较大区域内详细的空间分布差异性,距离或交通时间阈值越大,不同地区可达性差异越小,空间平滑程度越高,并且考虑了需求方与供应方可跨研究分区的潜在相互作用,在利用 GIS 工具实现起来相对简单。

3. 网格划分法

无论是引力法还是移动搜索法,需要将研究区域进行分区(行政分区或交通分区)来评价可达性结果,主要有2个缺点:其一,是计算单元(小区)的划分无标准方法,采用不同的方案划分小区,小区的尺寸和形状不一样,计算所得的可达性值也会不一样;其二,分区的方案受限于已有数据,往往空间粒度不够细,分区的粒度决定计算结果粒度。为了避免这些问题,有研究者提出网格划分的方法来计算可达性。

该方法的核心思想是:将研究区域划分成等距的网格,对每个网格赋予一定的属性值,如服务能力、人口、交通阻抗等,通过搜索网格间的距离,按照一定的方法计算可达性的值。

以引力法为例,将网格分2种类型,一种是服务需求网格,一种是服务提供网格,每一服务需求网格获取某项服务的可达性定义为:所有服务提供网格的服务吸引力与从该需求网格开始克服中间网格的阻力到达提供服务网格的比值的和。

$$A_j = \sum_{j=1}^{n} \frac{M_j}{C_{ij}^{\partial}} \quad (5)$$

A_i 为服务需求网格 i 的可达性值;M_j 是服务提供网格 j 的质量(服务能力);C_{ij} 是服务需求网格 i 到服务提供网格 j 的交通成本;a 为 i 和 j 之间的距离摩擦系数。

如果考虑强调每个网格内的人口因素,则有:

$$A_i = \frac{\sum_{j=1}^{n} P_i * M_1}{\sum_{j=1}^{n} P_i * C_{\partial ij}} \quad (6)$$

P_i 为 i 网格内的人口密度。

经过网格的交通阻抗有3种计算方法:

(1)速度法 以经过该网格的交通线类型和等级来确定。根据设计规范,每种类型的交通线都有相应的设计速度,不同类型和等级交通线所经过的网格被赋予了对应的设计速度,如果有多条交通线同时经过一个网格,那么这个网格中就被赋予了多个速度,无交通线经过的网格赋予默认基本速度。

(2)道路密度法 一个区域的道路网络密度,是衡量该区域道路交通整体发展情况的重要标志,密度越高,交通越发达。通过网格切分,比较容易地计算得到每个网格内的网格道路密度,网格道路密度与经过该网格的交通阻抗反相关。

(3)土地利用类型法 城市土地利用与交通相互联系、相互影响,交通发展与土地利用相互促进。不同的土地利用形态,决定了交通发生量和交通吸引量,决定了交通分布形态,在一定程度上决定了交通结构。不同的土地利用类型,对交通产生的阻力是不同的,因此可以根据土地利用类型来模拟交通阻抗。

在引力法中,通常要依赖于空间的简化,将研究分区(如行政分区、交通分区等)抽象为节点,用该节点的引力值来代表整个分区的引力值,其结果不能跨越研究分区,并且需要较多的数据支持,供给与需求的空间位置、交通网络、出行时间、距离衰减函数中的摩擦系数等,而这些数据并不能轻易获得。相对于引力法,移动搜索法需要的参数更少,更容易计算一些,但移动搜索法主要适用于解决供给-需求模式下的可达性计算,适用范围较窄。基于网格的方法数据来源获取相对容易,将研究区域以网格方式进行划分,避免了一般的空间简化方法所带来的不确定性,计算结果及其表达不再受限于研究分区(如行政分区、交通分区),并且空间粒度可以随网格间距大小进行调整,可以很容易根据需要提高可达性计算的精度,网格划分法无论从数据获取还是计算过程都比较容易理解,但网格划分的尺度对计算结果的影响较大,还无法找到一种合理设置网格间距的评价方法。

GIS 技术在可达性计算中发挥的作用越来越大,它提供的空间数据管理功能、空间叠置分析功能、网络分析功能、栅格数据处理功能、地图可视化表现功能成为当前可达性计算的基本技术支撑。目前,通用 GIS 平台难以直接用于各种条件下的可达性计算过程,已有的 GIS 集成工具也无法较为全面地涵盖各种可达性度量方法。在完善的可达性度量体系建立之后,利用现有 GIS 软件提供的二次开发能力,将可达性计算方法模型集成到 GIS 软件平台中,将是地理空间可达性研究与应用的发展方向。

二、基于元胞自动机(CA)的城市扩张模拟

元胞自动机 CA 由元胞、元胞空间、邻域、规则及时间 5 要素组成,是一种空间、时间和状态离散,由局部空间关系和规则驱动宏观格局变化的"自下而上"的网格动力学模型。它具有强大的空间运算能力,可以有效地模拟复杂系统时空演化过程。近年来,CA 已被越来越多地运用在城市模拟中,取得了许多有意义的研究成果。CA 模型中的基本要素是元胞,元胞可以定义为网格,因此能十分方便地与 GIS 集成起来。CA 和 GIS 的集成使二者在时空建模方面相互补充,能使 CA 模拟出与实际情况更为接近的模拟结果。一方面,GIS 为 CA 城市模拟提供了大量空间信息和强大的空间数据处理平台。城市扩展模型常常与土地利用、交通和其他经济、环境因素有关,GIS 适合提供这些变量的丰富空间数据;另外,GIS 还能够对模拟结果进行可视化,方便 CA 模型的校验和决策支持。另一方面,CA 能增强 GIS 空间动态建模的功能,可作为 GIS 空间分析的引擎。传统 GIS 在处理地理现象的时间过程上存在一定的局限性,而许多研究表明,CA 能更容易地模拟各种现象随时空变化的动态性。因此,许多学者把 CA 与 GIS 结合起来用于模拟城市的发展。

1. CA 的基本原理

CA 是在 20 世纪 40 年代由 Ulam 首先提出,后被 Von Neumann 用来研究自组织系统的演变过程。其最主要的特点是复杂的系统可以由一些很简单的局部规则来产生。元胞是 CA 的最小单位,而元胞空间是元胞的主要属性。根据转换规则,元胞可以从一个状态转换为另一个状态。转换规则是基于邻近函数来实现的。可用数学符号表示一个标准元胞自动机的四元组:$A = (Ld, S, N, f)$

式中,A 代表一个元胞自动机系统;L 表示元胞空间;d 是一正整数,表示元胞自动机内元胞空间的维数;S 是元胞的有限的、离散的状态集合;N 表示一个所有领域内元胞的组合(包括中心元胞);f 表示转换规则。

元胞自动机是一种时间、空间、状态都离散,空间的相互作用及时间上的因果关系皆局部的网格动力学模型。它是一个数学、物理学、计算机科学和系统科学等多学科的交叉的边缘邻域,是复杂系统的重要研究方法之一。元胞自动机模型"自下而上"的研究思路,强大的复杂计算功能、固有的平行计算能力、高度动态以及具有空间概念等特征,使得它在模拟空间复杂系统的时空动态演变方面具有很强的能力。近年来,人们对元胞自动机模型的兴趣大增,原因是这类简单的模型能十分方便地复制出复杂的现象或动态演化过程中的吸引子、自组织和混沌现象。因此,目前元

胞自动机被广泛应用于模拟各种物理系统和自然现象。

元胞自动机作为一种具有时空动态特征的动力学方法,具有模拟二维空间演化过程的能力,该方法被广泛应用到地理学的诸多领域。目前,利用CA模型研究地理过程的复杂行为是地理建模研究的一个重要领域,以Batty、Clarke et al为代表在这方面作出了许多有益的工作。其中,元胞自动机在城市增长、扩展和土地利用演化方面的模拟研究最早,同时也是当前元胞自动机应用研究的热点。此外,元胞自动机模型还应用于地形地貌、土壤侵蚀的模拟研究,滑坡泥石流灾害的模拟研究,森林火灾的模拟研究,交通流的模拟研究等。

2. CA模型在城市空间变化模拟中的应用

基于CA的城市动态模型可把CA的表达式具体理解为:A为城市系统;L为城市空间范围,用大小相等的网格单元表示;d表示城市空间的维数;S为城市用地的类型;N为城市单元及其邻域组合;f为城市用地类型转换时各种规则参数的确定。城市动态模型可分为3部分:一是土地利用类型层面,包括居民区用地、商业用地、工业用地、农用地、空闲地和其他用地;二是交通层面,包括街道和道路2部分;三是控制因素层面,用来控制和影响上述的土地利用和交通用地层。

由于CA模型被认为是一种扩展的地理信息系统,随着GIS技术的迅速发展,CA与GIS的集成引起了很多学者的兴趣。所有这些研究大大推动了CA模型在城市模拟中的应用,GIS为CA的规则制定提供了重要的信息来源,CA的空间不再是固定不变的,借助GIS可以把空间的分异性引进CA模型中。CA模型和GIS的集成,一方面,增强了GIS的时空动态建模功能,将CA作为动态空间模拟的一种框架纳入GIS分析中;另一方面,GIS提供的强大空间处理能力可以为CA模型准备数据和定义有效的元胞转换规则以及对模拟结果进行可视化,方便CA模型的校验和决策支持。

CA模型与GIS的耦合使得城市CA模型的模拟功能得到显著的提高,二者在时空建模方面相互补充。首先,CA模型能增强GIS空间动态建模的功能,可作为GIS空间分析的引擎。尽管GIS在空间分析和空间决策方面得到很好的应用,但在动态空间建模和操作方面仍有很大的局限性;其次,CA模型由于具有强大的时间建模能力,从而能够丰富GIS现有的时空分析功能,当前GIS软件则较难实现时空动态建模功能。城市系统的模拟需要嵌入不确定的因素或者用户期望的因素,从而模拟出不确定性的城市系统或者用户所预期的城市形态。传统GIS在处理地理现象的时间过程上存在一定的局限性,而许多研究表明,CA模型能更容易地模拟各种现象随时空变化的动态性,这是因为CA模型非常适合于复杂系统的模拟,能更好地模拟真实城市的发展。

GIS能够为CA模型提供高分辨率的空间定位信息和真实数据。GIS提供的大量空间信息可以作为CA模型需要的各类空间变量和约束条件。资源环境约束条件数据可以从GIS获取并可方便地导入到CA模型中。CA模型与GIS的耦合能获取空间变量与城市增长之间关系的信息。可操作的城市模型常常与土地利用、交通和其他经济、环境因素相关,GIS适合提供这些空间数据。

在过去几十年里,卫星遥感数据为许多学科提供了丰富的地面信息,这些信息可作为CA模拟的经验数据,也可用作检验数据。高分辨率遥感影像为CA模型提供了大量准确的时空信息。其中,土地利用数据是城市CA模型中非常重要的数据,这些数据可以通过遥感数据的分类方便地获得。此外,遥感数据是栅格数据,可以方便地运用到CA模型中,遥感数据能使CA产生与实际更接近的模拟结果。

许多学者提出了各种CA模型用来模拟城市复杂系统,由于城市系统具有自身的特殊性,城市CA模型需要对传统的标准CA模型进行一些改变,以达到模拟结果与真实情况更为接近的目的。

城市系统受到社会因素和人类干预的影响很大,很多城市现象通过简单的局部规则无法解释,如交通的改变和政府决策可以改变城市发展的方向。这些外力或外部因素可作为模型的约束条件反映在转换规则中。城市 CA 模型用来模拟真实城市发展将变得复杂,尤其是模拟土地利用模型变化时尤为复杂,需要考虑更多的外部因素作为模型的约束条件。

CA 还可以模拟多种土地利用类型间的转换以及进行土地利用规划。区位竞争选址问题也可以通过相应得 CA 模型来解决。在每一次迭代过程中,土地利用的转变是通过所有转换函数共同作用决定的。通过将规划目标嵌入转换函数中来控制土地利用的变化。如在 CA 模型中可以把保护区作为约束条件嵌入。在某限定区约束条件可以约束、限制或放宽某种土地利用类型的转变,自动形成保护区,将规划目标嵌入模型中,研究城市可能的发展模式,从而可以评估规划政府政策对土地利用变化的影响。

三、基于 GIS 的城市空间分形研究

城市空间形态是城市实体的地域空间投影。随着城市化进程的不断加快,城市空间形态也正在发生着急剧的变化。对城市空间形态的研究已成为地理学、城市规划、社会学的焦点问题。城市空间形态是城市建设和规划的重要依据之一,空间形态的合理与否直接影响到城市内部各组成部分的合理布局,影响到城市发展的综合效果、城市与其周围腹地的联系程度、交通组织和城镇群合理分布以及关系到城市生产、生活质量、城市改造、城市合理发展方向等一系列问题。因此,对城市空间形态的研究是一项具有重要意义的工作。

在中国,城市形态的研究也受到广泛的关注,城市形态是构成城市发展变化的空间形式特征,是城市"有机体"内外矛盾的结果。城市的空间形态不仅是自然环境和物质空间实体,也是一个社会场所和行为知觉场所。城市这一特定的现象在特定的时间里,性质往往由少量的因素所决定,其外部空间边界是具体的、明确的。然而,城市的空间边界又是不规则的,运用简明可行的几何法对外部空间形态进行定量分析,通常选择规则几何图形作为不规则城市空间特征的参考系,进行特征点、特征线或特征面的比较,得出不规则图形特征的近似数据。

分形理论的提出,为研究复杂的城市空间形态提供了有力的理论依据。分形是非线性动力学的一种奇异几何现象,是那些表面破碎无规,但实际上具有标度不变性的几何形态的总称。分形的主要几何特征是它的结构不规则性和复杂性,主要特征量应是关于这种不规则性和复杂程度的度量,自相似性是重要的分形特征。而对城市形态的研究表明,城市外部空间形态具有自相似性,其生长和演替具有内在的自组织、自相似和分形生长的能力,反映了城市有机体生长的普遍规律。

研究分形的主要工具是分形维数,维数表示一个集合在空间上的占有程度,维数越大,空间区域内含有分形片段的机会也就越大。点是零维,线是一维,面是二维,体是三维,而分形的维数是分数,常用的分维有:Hausdorff 维数、盒维数、相似维数、信息维数、关联维数等。计算维数的方法也是多种多样,在城市外部空间形态的研究中,顾及到城市外部的几何形状特征及其度量关系,从周长和面积 2 方面考虑计算外部空间形态的分形特征。分形维数刻画了客观事物内在性质的数量特征。

城市领域的分形严格意义上说是一种物理分形。因为无论城镇的规模还是城市的空间,它都是受人的活动限制的。城市规划是涉及政治、经济、建筑、艺术等多领域的交叉学科,一个城市随着社会的变迁有其自身的发展规律。研究城市可以从分形理论、混沌理论或全息论等多方面进

行。如城市空间的发展受地域、交通等条件的影响是可以预测的,是有序的。但在时间上是模糊的、混沌的。对城市发展速度的研究或许用模糊理论、混沌理论为佳;又如透过工业或商业等某一行业的发展研究城市的整体发展或其他行业的发展或许运用全息理论为好。

1. 城镇体系规划的分形特征

城镇体系规划是在一定的地区范围内对整个国民经济建设进行的总体部署,区域规划的任务是建立合理的区域生产和生活体系,其中,最主要的是拟定地区城镇居民点体系的分布,确定城镇居民点体系等级及中心城镇。一方面,城镇体系在结构形态上表现为自相似;从省域范围看,其城镇居民点体系分布为省(会)、市、县3级结构,而从市域范围看其城镇居民点体系分布为市、县、镇3级结构;从县域范围看,其城镇居民点体系分布为县、镇、村3级结构;另一方面,区域内的城镇之间有着多层次的空间自相似结构城镇道路体系、中心布局、空间尺度及分布等,无论城镇大小都有与人们生活相适应的分布体系,其内在空间的集聚、演变、增长、发展,反映了城镇生态空间的分形生长规律,即城镇的分形生长能力在无序、随机、复杂的表象下面隐含着局部与整体、局部与局部之间的本质联系和运动规律。可以说我们熟悉的"中心地理论""花园城市""卫星城"理论等都是城镇体系分布规律的反映,是分形理论在城市规划理论中的重要表现。

2. 城市功能结构的分形特征

城市功能在一个城市的整体与部分之间也明显地表现出自相似的分形特征,城市有四大功能"居住、工作、休憩、交通"。一个城市有其各自相对独立又互有联系的体系,城市的各个分区亦具有该系列体系。各级公共中心的设置如市中心、区中心、小区中心等在功能、服务对象、规模、空间形态等方面都呈现出无规律级差的自相似特征;城市道路中的主干道、次干道、支路、小路。在不同尺度的空间上具有自相似特征。其复杂的交通流线和网络机理通过流畅完整的等级道路交通实现其功能是分形生长能力的具体体现;另外,城市的人口密度分布、绿化布置、城市地价等,在空间上都按市中心区中心、小区中心呈自相似的"无规律"级差变化。由此可见部分与整体的相似已成为人们认识空间、进行城市系统分析的重要依据。

3. 城市生活空间形态的分形特征

我们的生活空间小到住家、大到城市都有公共空间和独立(私密)空间。以下仅对城市规划领域中的若干分形特征进行简单论述,以期能运用分形理论来思考、研究城市规划发展的某些问题。空间之分往往独立(私密)空间围绕公共空间,公共空间是独立(私密)空间联系的纽带。对于住户(家)而言,起居室就是公共空间,卧室围绕起居室布置;对于居住组团而言,组团中心就是公共空间,若干住宅单元环绕组团中心布置;对于居住小区,小区中心就是公共空间,若干个组团围绕小区中心布置;同样若干个小区环绕社区中心布置形成居住区的公共空间;若干个城市社区围绕城市中心布置形成城市的公共空间。它从空间尺度、人口分布、交通流量等都似乎隐含着各自的分形几何变化,这都有待我们进一步的探讨。另外,街道、广场、公园等的规划设计特别强调空间的序列组织和空间形态的收放变化,无论序列长短、空间形态变化都有着分形的自相似特征。

将 GIS 的空间分析技术和分形几何理论有机结合,从数量上确定城市空间形态的构成,空间分布特征及动态演变的可控参数等,对于深入认识空间形态的复杂性及其发展演变起到有力的辅助作用。城市内部和外部形态分维数的变化与人类活动有着密切的关系。在 GIS 环境下研究外部形态信息图谱,建立"形态描述函数",利用分维数与社会经济因素的相关关系可以深入分析城市空间形态的发展机理。将分形方法与 GIS 空间分析技术有机结合,不仅可以有助于我们认识地理事物的本质规律,而且还可以对其空间数据进行深入挖掘,寻找其内在的互动机制,有助于我们城市研究的真正内涵。

参考文献:

[1] 陈军,赵仁亮.GIS空间关系的基本问题与研究进展[J].测绘学报,1999,28(2):95-102.

[2] 龚健雅.地理信息系统基础[M].北京:科学出版社,2001.

[3] 郭仁忠.空间分析[M].北京:高等教育出版社,2001.

[4] 邬伦,刘瑜,张晶.地理信息系统——原理、方法和应用[M].北京:科学出版社,2001.

[5] 吴立新,史文中.地理信息系统原理与算法[M].北京:科学出版社,2003.

[6] 张成才,秦昆,卢艳.GIS空间分析理论与方法[M].武汉:武汉大学出版社,2004.

[7] 柳盛,吉根林.空间聚类技术研究综述[J].南京师范大学学报(工程技术版),2010,10(2):57-62.

[8] 柯长青,欧阳晓莹.基于元胞自动机模型的城市空间变化模拟研究进展[J].南京大学学报(自然科学),2006.42(1):103-110.

[9] 齐康.城市的形态[J].南京工学院学报,1982(3):14-27.

[10] 段进.城市空间发展论[M].南京:江苏科学技术出版社,2000.

[11] 黎夏,刘凯.GIS与空间分析原理与方法[M].北京:科学出版社,2006.

[12] 王桥,毋河海.地图信息的分形描述与自动综合研究[M]武汉:武汉测绘科技大学出版社,1998.

[13] 董连科.分形理论及其应用[M].沈阳:辽宁科学技术出版社,1991.

[14] 李后强,汪富泉.分形理论及其在分子科学中的应用[M].北京:科学出版社,1997.

[15] 刘继韩,陈延光.城镇体系空间结构的分形维数及其测算方法[J].地理研究,1999,18(2):171-178.

[16] 林炳耀.城市空间形态的计量方法及其评价[J].城市规划汇刊,1998(3):42-45.

[17] 姚士谋.中国大都市的空间扩张[M].合肥:中国科学技术大学出版社,1998.

[18] 王法辉.基于GIS的数量方法与应用[M].北京:商务印书馆,2009.

[19] 马林兵,曹小曙.一种启发式A*算法和网格划分的空间可达性计算方法[J].地理研究,2008,27(1):93-99.

[20] 俞孔坚,段铁武,李迪华,彭晋福.景观可达性作为衡量城市绿地系统功能指标的评价方法与案例[J].城市规划,1999(8):8-11.

[21] 张莉,陆玉麒,赵元正.基于时间可达性的城市吸引范围的划分[J].地理研究,2009,28(3):903-815.

[22] 马林兵,曹小曙.基于GIS的城市公共绿地景观可达性评价方法研究[J].中山大学学报(自然科学版),2006,45(6):111-115.

[23] 周廷刚,郭志达.基于GIS的城市绿地景观引力场研究——以宁波市为例[J].生态学报,2004,24(6):1158-1163.

[24] 杨育军,宋小冬.基于GIS的可达性评价方法比较[J].建筑科学与工程学报,2004,21(4):27-32.

[25] Karst T. Geurs, Bert van Wee. Accessibility evaluation of land – use and transport strategies: review and research directions[J]. Journal of Transport Geography, 2004(12):127-140.

[26] Yu K J, Duan TW, Li DH,. Landscape accessibility, a measurement of the function of urban green system[J]. City Planning Review,1999,23(8):8-11.

[27] WeiLuo, Fahui Wang. Measures of spatial accessibility to health care in a GIS environment: synthesis and case study in the Chicago region[J]. Environment and Planning,2003,30:865-884.

[28] J. R. Ritsema van Eck, T. de Jong. Accessibility analysis and spatial competition effects in the context of GIS – supported service location planning[J]. Computers, Environment and Urban Systems,1999,23:75-89.

[29] Davidson, K. B. Accessibility in Transport/land – use Modeling and Assessment[J]. Environment and Planning, 1997, A9:521-528.

[30] Haining R. Designing spatial data analysis modules for geographical information systems in spatial analysis and GIS. 1994, Fortheringham and Regerson: Taylor&Francis Press.

[31] Paul A L, Goodchild M F. Geographical information system[M]. volumn 1, principal and technical issue, second edition, 2004.

[32] Michael Batty. Paul Longley Fractal Cities [M]. Academic Press, London, 1994.

[33] Alex Ana's, Richard Arnett, Kenneth A. small. Urban Spatial Structure[R]. University of California Transportation Centerort). 2001, 12:1-8.

第九章　中国城市研究展望

进入 21 世纪以来,中国的城市化已经成为世界经济增长与社会发展的驱动因子之一,成为国内外研究关注的焦点。在新经济与全球化的作用下,城市空间发生了深刻的变化,现代的城市空间正在由工业时期的"物理空间",向人化的"人文空间"、信息下的"网络空间"的技术空间转型,需要以全新的角度审视这种变化。同时,由于发展仍然是中国城市研究关注的重点问题,中国城市地理学仍需围绕中国城市经济社会发展的主题,特别是要关注工业化、城市化、信息化、市场化和全球化背景下中国城市发展的空间性和区域性问题,进一步发展、壮大中国特色的城市地理学,并为中国城市研究作出更大的贡献。

第一节　加强城市事象内源性分析

进入 21 世纪,中国城市地理学研究的哲学范式开始向多元化发展。首先是批判现实主义在城市空间研究中的应用,表明城市地理学强调的不是描述普适性规律,也不是表述琐碎经验,而是通过分析城市社会现象,解释现象因果机制,进而利用具体、抽象、深入、广泛、逆推等研究方法,揭示城市空间形态、结构和空间行为的形成机制。中国城市地理学研究不再局限于采用数理统计方法研究中国城市化的规律问题,需要转向更深层次的机理研究,尤其是关于城市事象的内源性要素和机理的分析。

一、研究视角的变化

全球化的加速也促使城市研究通过"国际视角"来审视"中国城市",这可能产生西方理论的"普适性"与中国国情的"特殊性"之间的有趣碰撞。一方面,西方研究者认为,中国作为当今世界上经济发展最快的国家,其主要城市已呈现出发达国家城市所具有的主要城市特征和城市问题,因此,西方城市理论框架可能也适用于对中国城市的诠释与预测。另一方面,研究者们也注意到,中国城市的历史传统和发展机制与西方城市有着深刻的差异,由此产生的社会空间形态时常与西方"形相近而神相远"。

在许多重要场合下,中国城市地理学家呼吁除了和西方学派的交流外,更重要的是要努力创建城市地理学的"中国学派"(顾朝林,2007 年华东师范大学城市地理学年会)。这就需要用中国城市的特殊性来反观西方理论,通过国际视角来研究中国城市的最大价值所在,逐渐将中国城市发展所产生的新现象、新规律、新解释纳入国际主流的城市研究领域。

二、深入分析城市事象的内源性因素

20 世纪 90 年代兴起的社会发展理论与 60 年代兴起的现代化理论的区别,主要就在于社会发展理论是一个更强调内源性、本土化的发展理论。尤其是在全球化的影响下,一个城市、区域乃至

国家能否具有较强竞争力,关键要看是否能够找到适应自身历史、文化特点的发展道路,是否能够将传统的资源有效地转化为现代化的动力。可见,现代化与内源性、本土化有着某种微妙的历史和现实的联系。因此,内源性是社会发展的一个重要法则已越来越被人们广为接受。需要从各城市、区域的实际情况出发,包括所特有的历史、文化、社会结构、现有的人力、物力、技术、财政、资源及其国情所特有的限制,自主地决定自己的发展径路、发展方式和发展战略,同时保持其文化特性,促进各个城市个性的真正充分发展。

内源性分析强调传统是社会发展的重要而宝贵资源。当前,在中国的社会发展进程中,传统的影响依然强劲。不仅如此,在社会急剧转型的今天,对传统的重新关注在实现社会秩序稳定方面发挥了重要的作用。同样重要的是,在其他社会领域中构建的更符合实际的传统,可以有效解决家庭、企业、社会里出现的紧张状态。在和谐城市建设中,要以科学发展观为指导,逐渐渗透内源式发展的思想,坚持以人为本的理念,实现由要我参与向我要参与的方面转变。这在复杂外部环境下,寻找影响城市发展的内源性因素对于理解城市、规划和管理好城市是非常重要的。

第二节　全球化、信息化与中国城市互动研究

随着信息技术的发展,经济全球化、全球城市、全球城市体系、数字城市等问题受到普遍关注。全球化、信息化的背景下,任何区域或城市的发展都不可能在一个封闭的系统进行。区域内部的联系、区域内部与区域外部、全球市场的联系都显得非常重要。区域城市网络化的过程也已被纳入到了国际城市网络化过程之中。可以说,当代中国城市发展的背景比西方发达国家城市化高潮时期以及大多数发展中国家面临的状态和问题更加错综复杂,这既是中国城市研究面临的重大机遇又是巨大的挑战。一方面,迫切需要建立具有中国特色的城市化研究理论与方法体系;另一方面,急切需要解决中国城市化过程中所面临的种种实际问题。

一、全球化影响下的中国城市发展

20世纪70年代末以来,西方新技术革命成果在生产和组织中的广泛应用,以及全球化经济的逐步深入,加快了世界经济发展进程,也导致了大量新城市现象的产生。这些新出现的城市现象,不但催生出若干新的城市经济增长元素,也启发着人们对原有经济模式的思考和研究。全球化与经济发展也推动了中国城市新的基础设施的建设。在不到30年的时间里,许多城市建成了机场、港口、地铁、通讯系统、互联网等现代基础设施。作为世界上最大的发展中国家,中国的城市化已经成为新一轮世界城市化浪潮的重要组成部分。由于中国的城市化既要完成未来的任务,又要同时解决历史遗留下来的众多问题,这就决定了在全球化背景影响下,中国的城市化发展可能超越西方国家城市化发展的一般规律,出现许多新的情况和新的变化。这使得中国的城市发展与城市化在新的环境下出现了更多的研究主题和新的发展特征。

全球化的影响,使得城市经济在影响要素、变化过程、增长机制、空间形态等方面发生了巨大的变化。在这样的背景下,城市不同空间层面往往突破了原有的组织和距离限制,呈现出更多新的互动关系,城市的功能已经超越了区域和国家层面,在全球空间发挥作用。全球化的力量也将推动中国城市进入一个开放的、互动的多级城市网络体系,在这个体系中每个城市都有着各自的

等级定位,它们相互依赖、制约,形成合作关系,谋求共同发展,同时又相互竞争,以期打破原有的城市功能等级秩序,获得重新定位。因此,这方面的研究将基于全球化背景的中国城市化战略、国家城市体系重构与城市内部空间重组。研究的焦点集中在国家策略与地方空间的形成、国家角色与全球化的资本、跨国公司的作用以及对地方和区域的影响、新的企业网络与企业集团、创意产业与创意城市、新的城市发展与城市体系、城市竞争力与空间重组等方面。理论研究重点是探究不同发展阶段的城市化驱动机制,探讨中国城市化的特点、成因、方向、路径以及区域差异,着重探讨制度、技术进步、产业转型、消费变化及环境伦理等新因素对城市化的作用机理,以及中国如何应对全球化及融入全球城市网络体系。

宜居城市与低碳城市的研究正成为中国城市地理学界关注的热点话题。21世纪以来,随着联合国人居环境署的成立并将城市宜居性定为主题,标志着全球人居环境和宜居城市建设进入了新阶段。在中国,宜居城市作为近年来城市发展追求的主要人居目标,受到广泛关注。宜居城市的规划与建设既是一个过程,更是一个不断发展的目标。全球化加速了城市间的竞争,而如何使城市更加宜居和环境友好,就成为城市与区域政策考虑的重要内容。宜居性被作为确保全球投资和赢得更好的地方经济活力的主要方式,以及城市福利的重要方面。对宜居城市的研究也从居住本身转移到了如何提升城市的宜居性。可见,在世界全球化、出现的网络社会、增加的机动性、环境、经济、健康和社会的重要性背景中,创造一个更加可持续和宜居的城市已经给地方政府和行为者压力,从而强化了城市管治、城市规划和设计。同时,城市地理学家日益关注:在城市化进程中以低排放、高能效、高效率为特征来进行"低碳城市"的规划设计与建设;通过产业结构调整和发展模式转变,使低碳经济促进经济增长,增加就业机会;制定生态城市建设战略规划,推动地方政府、金融企业通过政策激励和融资支持,驱动技术创新和资本流动,在城市中推广能有效节能减排的低碳技术,在危机中寻找新的经济增长点,积极发展"低碳城市"。

二、信息化影响下的中国城市发展

信息时代是一个社会经济活动知识化与智能化的时代。进入20世纪90年代以来,知识、信息开始逐渐成为学术界、政府及商界的时髦词汇。信息技术开始全面地渗透到了生产与生活领域,经济发展正逐渐由对土地、劳动力和资本的大量投入向信息、知识、通讯等投入转变。城市在全球的地位与作用日益突现,城市成为知识产品的研究开发中心、生产中心、流通中心和消费中心。信息技术对区域经济、区域空间、城市结构的影响引起了越来越多地理学家的关注和重视。在这样一个新的背景下,从地理学的视角研究信息时代的新空间与事物,探讨信息技术与城市发展、空间变化之间关系,是今后城市地理与城市研究应该关注的重点领域。这将为地理学研究提供新的对象与思维,对于重构和丰富地理科学理论具有重要意义。

信息技术并没有导致"地理学的终结"。相反,在信息革命的作用下,城市地理学研究范式发生了新的转型,也出现了新的研究内容与重点。某种程度上可以说,信息革命正在引发一场国内的地理学与城市地理学研究的革命性变化。这一领域研究对于中国城市研究来讲仍然具有较大的挑战性,无论是在研究范式、研究方法上,还是在数据的采集及技术的应用上。信息技术的广泛应用也为城市地理学研究带来了新的方法与技术尝试。结合GIS技术的进步,借助于网络技术和虚拟现实技术,城市地理学可以去处理更为复杂的数据系统,为城市地域空间演化等空间分析与模拟仿真提供了新的技术支撑。互联网技术将成为人们获取信息的重要途径,除传统的土地利用、城市规划、空间结构等领域的研究,新增的政府管理、社区管理、商业性娱乐经营等都将依赖互联网生存,城市信息数据库的数据将会涵盖有关城市发展的各个领域。

今后应该重点关注的是新的信息技术与城市空间之间的互动,包括城市经济地理布局、城市空间结构变化、智慧城市、新的行为空间,以及新的城市与区域规划方法、技术的探索。互联网技术及互联网产业的发展,将极大地促进城市的智能化发展,城市形态也将发生适应性变化。不仅要探讨新的空间形态对空间结构及组织的影响,还应加强对空间表现背后的社会、经济等效应的探讨与分析,推进研究深度,提出更加具备借鉴意义的高层次的结论与观点。有关城市研究的信息系统开发优化、社会经济各领域的城市信息数据库建设、各类信息系统的管理等也将成为新宠。

第三节 城市研究的社会文化转向

20世纪80年代以来,西方国家的城市地理学出现了社会、文化转向,这是由发达国家所处的发展阶段所决定的。随着城市化、工业化战略的深入,中国的社会转型和经济转轨将使城市社会文化问题越来越凸显,诸如失业、阶层分化、社会极化、城市管理、日常生活空间、城市犯罪和社会公平等将持续影响着城市发展。社会经济的发展,城市化水平的提高促使城市居民的生活水平、文化素质以及需求层次逐步提升,其日常生活方式和消费结构亦不断优化,提高城市的生活品质成为当代城市政府和市民共同追求的目标。新技术也在重塑新的城市社会和文化空间。因此,在和谐社会建设的大背景下,中国城市研究也将会更多地关注城市发展与空间的社会与文化尺度,关注城市非物质空间研究,以更好指导中国21世纪的城市发展。

一、城市社会及行为空间研究

20世纪70年代以来,国外对城市空间的研究已从经济空间转向社会空间,且研究焦点集中于城市社会生活空间质量方面,对城市生活空间质量的研究也已从经济空间因素为主题的评价转向对社会空间因素为导向的评价,形成了"以人为本"的生活空间质量评价的主流。城市社会生活空间的分布模式、布局规律、形成机制以及解决或减轻城市社会生活空间问题的政策成为城市社会地理学界的核心议题之一。城市地理学研究内容表现出明显的社会化趋势,许多城市地理学家,成了城市社会学家。这反映城市地理与社会学的交叉研究明显,学科界限模糊。相对而言,中国学者在对城市社会生活空间方面的研究上起步较晚,尤其是对人的生活尺度的研究成果仍然较少。

城市地理学对城市贫困问题日益关注,通常是结合城市社会空间结构特征及其演变的分析,研究内容涉及城市外来人口、下岗失业贫困人口及日常活动空间、意向空间、贫富差距和阶层分化、社会空间结构转变等,研究对象城市主要是北京、广州、深圳、南京等大城市。随着中国进入老龄化社会,对城市老龄化问题,也逐渐成为了城市研究的新领域。

城市社区居民行为等微观研究将是中国城市地理学研究前沿。随着经济发展,居民生活质量的提高,消费者的空间行为与城市休闲娱乐场所的和谐关系日渐重要,这将对城市社区、居民消费行为、居民休闲行为等微观研究提出要求,并将成为中国城市地理学研究的前沿方向。城市休闲研究将成为城市经济与社会和谐发展的重要平台。信息革命使人类生产、生活方式发生了翻天覆地的变化,产生价值观、幸福观的质的改变。休闲将成为人们生活的重要组成部分,并将占用越来越多的时间、空间和设施,致力于发展休闲功能的城市越来越多,如成都、杭州、昆明、丽江、三亚、桂林等均将休闲功能作为城市发展的重要课题。目前,在社会、经济、建筑、哲学、体育等领域已经开展了多视角、多层面的休闲研究,成果较为丰富。虽然城市地理学在21世纪以来关于主要休闲方式之一的城市旅游研究成果也较丰富,且涉及了不同研究领域,如从城市功能区角度,研究城市居民的休闲游憩活动集聚区——RBD;从城市性质角度,研究旅游城市;从城市社会发展角度,研究城市休闲空间,但在所有关于城市休闲的研究成果中,城市地理学界的成果微乎其微。相反,在所有学科领域,关于城市的研究成果中,城市地理学研究最有成效,而且对城市发展的指导意义最强。因此,休闲应成为21世纪城市地理学研究新动向,并成为主要研究领域。

二、城市文化空间研究

文化和城市是相互关联的,由于地方文化对社会、经济和环境发展的贡献。在现代城市,个人的生存模式和生活方式越来越少作为一个区域生活方式的表现。文化和地理区域的相一致性正在减少,这导致了强调在全球和数字世界中识别性的建设问题。全球化使中国城市文化进入了一个开放、互动的关系中,各地域文化、中西方文化不断交融合璧,在这过程中独具特色的地域文化传统逐渐被同化,文化趋同和城市特色消失成为城市发展面临的挑战。由于计算机的大量普及,社会信息交流将显得非常频繁,从而使得各种文化交融、并存成为可能。在这多元文化并茂的时代,如何重新定位城市的文化功能,创建社会主义精神文明将成为城市发展的重要研究课题。

城市文化空间是城市文化活动的空间载体,城市文化的空间呈现,以及文化群体(文艺、创意群体)在城市特定空间上的集聚。在这些新条件下赛伯文化和城市文化的互动,快速增长的文化产业,以及亚文化群体的出现,城市文化空间正在加速被重新塑造。全球层面内部的现代文化产业已经在城市经济增长中发挥了越来越重要的作用,正在不可避免地转型城市空间。随着全球化和信息化影响的加速,如何重新构建城市识别性成为文化与城市研究领域的焦点,基于网络媒体的新文化空间与城市空间的关系也将是城市地理学关注的话题。

在当前城乡统筹的背景下,需要重视城乡文化的一体化发展。城乡文化一体化不是城乡一样化,相反,它承认城乡文化的不同,并强调城乡文化在异质性、独特性与互补性等基础上的协调发展。随着城市化战略的持续推进,城乡之间的互动将不断强化,城乡文化交流和互动将会日益频繁。城乡间的交流须依靠实质空间、经济活动、人口流动、基础设施、技术转移、组织管理等来完成,因此,文化一体化就要求城市与乡村在上述内容中体现一种平衡和制约关系。

第四节 城市区域差异性研究

进入21世纪以来,中国城市化在数量和质量方面都得到了快速的发展。自20世纪90年代,加速进入城市化时期,城市化水平不断提高。2008年,全球已有超过半数人口居住在城市中。根据联合国《世界城市展望》(2008)的预测,到2050年这一比例将上升至70%。中国城市化进程的独特性也引起了全球层面的关注。而事实上,中国的城市化已经与全球城市化密切相关,并出现了部分融合的趋势。然而,地理学家也非常关注,中国是一个区域发展差异很大的国家。20世纪

90年代以来,中国区域经济增长速度的不同,城市化水平、速度呈现明显的地域差异性。总体来说,城市化水平仍然呈东、中、西部地带递减的趋势,但东西部地区的差距不断拉大。同时,中国经济体制的转轨使城市面临着一系列新的矛盾和问题,许多重大的实践问题仍然需要城市地理学家进行研究和解决。

一、城市群(带)空间组织研究

城市群功能是由城市群区域各种结构性因素决定的城市群的机能或能力,是城市群在一定尺度范围内(世界、国家、省级、地区)政治经济社会活动中所具有的能力和所起的作用。随着经济全球化、信息化进程的加速,生产要素在全球范围内重组,区域城市化和城市区域化成为城市—区域发展的全球性趋势。以城市带为主体的区域间的竞争优势将逐步取代单个大城市之间的比较优势,成为国家经济竞争的主要表现。快速城市化影响下的城市圈/群、城市内部结构变化日益成为城市地理学重要的研究领域。

《中华人民共和国国民经济和社会发展第十一个五年规划纲要》中就明确提出:"要把城市群作为推进城镇化的主体形态,逐步形成以沿海及京广京哈线为纵轴,长江及陇海线为横轴,若干城市群为主体,其他城市和小城镇点状分布,永久耕地和生态功能区相间隔,高效协调可持续的城镇化空间格局。"因此,科学规划城市群内各城市功能定位和产业布局,缓解特大城市中心城区压力,强化中小城市产业功能,增强小城镇公共服务和居住功能,完善城市化布局和形态,解决社会经济建设中不断出现的矛盾和问题,为领导部门决策提供依据,将是中国城市地理学需要重点考虑和研究的方向。一方面,需要深入研究城市群发展的相关理论,为城市群竞争力的培育与提升、核心功能的打造与空间组织的优化提供科学的决策依据。另一方面,加强对城市群地域的实证研究,以及不同城市群地区的比较研究,为区域和城市发展提供有效的实践指导。

二、城市化发展战略与对策研究

城市化已经作为国家的基本发展战略,成为关系到经济社会全面发展的重大议题。城市化战略的持续推动,也将是今后较长一段时间内中国城市经济增长的重要动力。当前的城市化发展已经开始从规模拓展为主逐渐向功能完善转变,关注注重城市功能的提升,走功能型城市化道路,提高城市服务能力,促进城市转型和功能提升,促进社会和谐发展。尽管如此,仍将快速进行的城市化过程,陆续还会出现一系列尖锐矛盾,迫切需要及时的科学认识和解决之道。城市地理学研究城镇形成、发展的地理条件,城市规划与城市总体布局,城市分布、建设与环境保护的关系等,这对于城市化战略的顺利实施和城市化过程中城市问题的解决是至关重要的,仍然需要强化城市地理学中城市化研究的主导性。

城市化战略的持续推进,中国也将继续面临着越发严峻的资源与环境压力。同时,城市环境污染、交通拥堵、住房紧张等城市问题也将不断出现。在"格局—过程—机制"的系统思维框架下,加强新经济要素,社会、文化与政治等因素在人文过程中的作用,强调从人类需求与空间行为入手来研究人对环境的作用以及人对环境变化的适应性。结合构建"和谐社会"的目标,加速启动社会地理、文化地理、行为地理领域的理论与方法论研究。

同时,由于中国发展中不平衡、不协调、不可持续问题依然突出,主要是经济增长的资源环境约束强化,投资和消费关系失衡,收入分配差距较大,科技创新能力不强,产业结构不合理,农业基础仍然薄弱,城乡区域发展不协调,就业总量压力和结构性矛盾并存,社会矛盾明显增多,制约科学发展的体制机制障碍依然较多。

中国城市地理学家一直非常关注城市化的区域差异问题,提出了差异性城市化战略等思路。在城乡统筹与区域协调发展的大趋势下,我们必须科学判断和准确把握发展趋势,充分利用各种有利条件,探讨合理的区域城市化战略,加快解决突出矛盾和问题。探索研究跨区域合作机制和地区互助政策,消除市场壁垒,促进要素流动,引导产业有序转移,促进城市与区域的协调持续发展。

参考文献:

[1] 顾朝林. 中国城市地理[M]. 北京:商务印书馆,1999.

[2] 顾朝林,徐海贤. 改革开放20年来中国城市地理学研究进展[J]. 地理科学 1999,(8):320-331.

[3] 宁越敏. 建设中国特色的城市地理学:中国城市地理学的研究进展评述[J]. 人文地理,2008(2):1-5.

[4] 王兴中. 中国城市社会空间结构研究[M]. 北京:科学出版社,2000.

[5] 许学强,周素红. 20世纪80年代以来我国城市地理学研究的回顾与展望[J]. 经济地理,2003,23(4):433-440.

[6] 许学强,周一星,宁越敏. 城市地理学[M]. 北京:高等教育出版社,1997.

[7] 姚士谋. 中国大都市的空间扩展[M]. 北京:中国科学技术出版社,1998.

[8] 甄峰,刘晓霞,刘慧. 信息技术影响下的区域城市网络:城市研究的新方向[J]. 人文地理,2007,22(2):76-80.

[9] 甄峰,郑俊,罗绍荣. 城市宜居性评价及规划建设途径[J]. 城市问题,2009(10):29-34,40.

[10] 中国地理学会. 地理科学学科发展报告(2006~2007)[M]. 北京:中国科学技术出版社,2007.

第三篇

中国的城市

- 华北地区
- 东北地区
- 华东地区
- 中南地区
- 西南地区
- 西北地区
- 港澳台地区

第一章　华北地区

华北地区北至中蒙边境,南靠秦岭淮河,东临渤海和黄海,西邻青藏高原。包括北京、天津、河北、山西和内蒙古自治区,总面积156万平方千米,人口1.59亿[1],是中国政治、经济、文化中心和主要粮食生产基地。

表3-1-1　华北地区行政单元(2009)

华北区	人口/万人	面积/平方千米	城镇化率/%	所辖县、区
北京市	1755	16 410.5	85.0	16
天津市	1228	11 919.7	78.0	16
河北省	7034	188 800	43.0	172
山西省	3427	156 579	46.0	119
内蒙古	2 422	1 180 000	53.4	101
合计	15 866	1 553 709.2	52.6	424

华北地区共有城市81个。其中城市人口超过1000万超大城市有北京、天津、保定;超过300万的特大城市有石家庄、邯郸、唐山等19个;超过100万的大城市有乌兰察布、秦皇岛、呼伦贝尔等13个;超过50万的中等城市有任丘、河间、藁城等16个;小于50万的小城市有汾阳、介休、安国等30个。

华北地区有1个中国超大型城市群:京津唐城市群(图3-1-1);近似于城市群的城镇密集区2个:以山西太原为中心的城镇密集区和呼包鄂金三角地区。

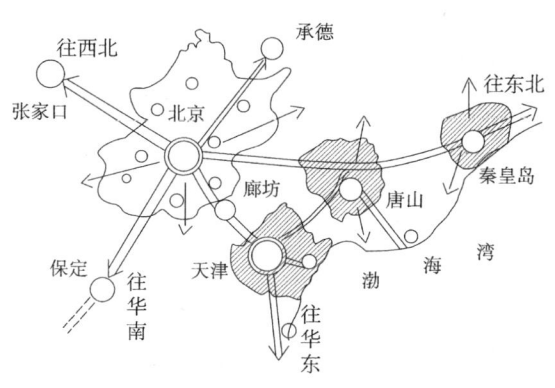

图3-1-1　京津唐城市群

---

[1] 本章中的面积、人口等数据若无特别说明,即为2009年数据。

第一节 北京市

一、区位与行政区划

北京简称京,地处华北平原西北边缘,背靠太行山余脉和燕山山脉,面对辽阔的华北平原。辖14区、2县(2010年7月原东城区和崇文区合并成立新的东城区,西城区和宣武区合并成立新的西城区),总面积16 410.5平方千米、市区面积1368.32平方千米、建成区面积1289.3平方千米,常住人口1961万(六普)。2012年完成生产总值17 801亿元。

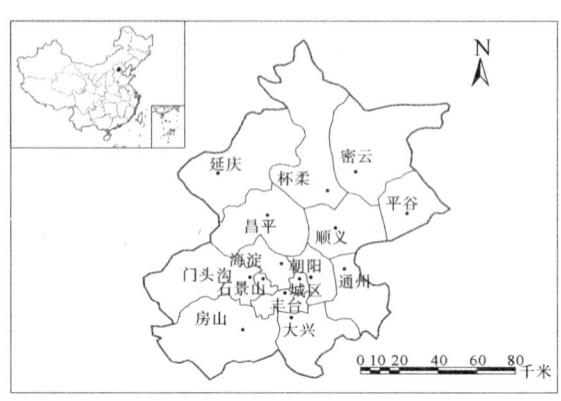

图3-1-2　北京市行政区划图

二、建制沿革

北京最早见于文献的名称叫做蓟,辽蓟城为陪都,金迁都燕京改名中都,元至元八年(1271)为元朝都城,元至元十三年(1276)新城全部建成,1949年成为中华人民共和国的首都。北京是一座有着3000余年建城史和850余年建都史的历史文化名城,历史上有4个朝代在此定都,以及数个政权建政于此,是"中国4大古都"之一。

三、城市职能

中央党政军领导机关所在地;邦交国家使馆所在地,国际组织驻华机构主要所在地,国家最高层次对外交往的主要发生地;国家主要文化、新闻、出版、影视等机构所在地,国家大型文化和体育活动举办地,国家级高等院校及科研院所聚集地;国家经济决策、管理,国家市场准入和监管机构,国家级国有企业总部,国家主要金融、保险机构和相关社会团体等机构所在地,高新技术创新、研发与生产基地;国际著名旅游地、古都文化旅游,国际旅游门户与服务基地;重要的洲际航空门户和国际航空枢纽,国家铁路、公路枢纽。北京是中华人民共和国的首都、直辖市和国家中心城市,是中国的政治、文化和国际交流中心,具有一定的国际影响力,是世界上最大的城市之一。

四、经济发展

北有军都山,西有西山,东南是永定河、潮白河等河流冲积而成的、缓缓向渤海倾斜的平原。山地有煤、铁等多种矿物和花岗石、大理石等优良建筑材料。西部和北部山区重点发展山区特色农业;平原地区重点发展高附加值的农业。工业大力发展高新技术产业和现代制造业,鼓励发展服装、食品、印刷、包装等都市型工业,限制和转移高消耗、重污染的产业。聚集了大部分国有大型企业总部,其中包括中国石化、中国石油、国家电网、中国电信、中国移动通信、中国联通等企业。2010年"世界500强"中有21家企业总部位于北京市,高居全球城市第1名,大量境外跨国公司在北京建立中国地区总部。第三产业大力发展金融、文化创意、旅游会展等优势服务业，着力培育商务服务、体育休闲等新兴服务业，稳步提升物流、商贸、房地产等基础服务业。北京是综合性产业城市，综合经济实力保持在全国前列，2012年全年实现地区生产总值17 801亿元，较上一年增长7.7%，三次产业结构为0.8:22.8:76.4。

五、交通运输

北京市城区的路网结构以矩形环状为主，道路多以此为依托，与经纬线平行网状分布。先后依托城市扩展，建设了二三四五和六环路，总长度超过500千米的北京新"七环路"已经形成半圆。截至2012年，全市公路里程21 454千米，城市道路里程6282千米，轨道交通线路长度442千米。2010年全市立交桥数共有381座，京哈、京沈、京津唐、京石、八达岭、京承、京开等多条高速公路过境。全市铁路总里程962千米，京秦铁路、京哈铁路、京沪铁路、京九铁路、京广铁路、京原铁路、京包铁路、京承铁路、京通铁路等多条铁路干线汇集于此。2012年全市机动车拥有量520.9万辆，城市交通面临更大考验。北京首都国际机场是亚洲第1大国际机场，目前已开通200多条国际国内航线，通往世界主要国家及地区和国内大部分城市，2009年吞吐旅客超过6388.1万人次。北京已与世界上所有国家和地区通邮，国内直拨电话可达所有城市，国际直拨电话可达200多个国家和地区。

六、城市建设与规划

《北京城市总体规划(2004~2020)》定位为中华人民共和国的首都，是中国的政治中心、文化中心，世界著名古城和现代化国际城市。提出构建"两轴—两带—多中心"的城市空间结构。两轴指沿长安街的东西轴和传统中轴线的南北轴，两带指"东部发展带"和"西部发展带"，多中心指在市域范围内建设多个城市职能中心。在此基础上形成"中心城—新城—镇"的市域城镇结构。

七、文化发展

2010年有公共图书馆25个，注册博物馆156座；有线电视入户率为90%；出版报纸259种，期刊3030种，图书15.5万种；国家综合档案馆17个，以文化馆、图书馆为核心的公共文化服务体系基本建成。北京市文化产业发展方向和重点：促进公益性文化事业繁荣兴旺，推动经营性文化产业蓬勃发展；构筑满足不同群体需求的文化设施结构体系；加强区(县)级青少年活动中心、文化馆和图书馆的建设，保证街道(乡镇)及社区文化设施的配套建设。

八、旅游资源

北京市对外开放旅游景点达200多处，共有文物古迹7309项，99处全国重点文物保护单位(含长城和京杭大运河的北京段)、326处市级文物保护单位、5处世界文化遗产、1处世界地质公园(北京房山世界地质公园)、5处国家地质公园、15处国家森林公园、2处国家级风景名胜区(八达岭—十三陵、石花洞)。有世界上最大的皇宫紫禁城、祭天神庙天坛、皇家花园北海、皇家园林颐和园和圆明园，还有天安门广场、八达岭长城、慕田峪长城、十三陵、香山公园、奥体中心体育馆以及世界上最大的四合院恭王府等名胜古迹。历史名人有马致远、王实甫、郭守敬、纳兰性德、康熙皇帝、乾隆皇帝、耶律楚材、萧太后、于成龙、明安图、高君宇、曹雪芹等。

有很多地方特色的民风习俗：北京小吃、京剧、京韵大鼓、相声、舞台剧、铁板快书、景泰蓝、牙雕、毛猴、漆雕、赛蝈蝈和蝈蝈笼、吹糖人、捏面人等等。京味小吃的代表有豆汁儿、豆面酥糖、酸梅汤、茶汤、小窝头、茯苓夹饼、果脯蜜饯、冰糖葫芦、艾窝窝、豌豆黄、驴打滚、灌肠、爆肚、炒肝等。

北京是唯一入选世界15大购物之都的内地城市，拥有百余家大中型购物商场。王府井大街、前门大栅栏、西单商业街是北京的传统商业区；国贸商城、东方新天地、中关村广场是近年来新崛起的商业巨擘。

第二节 天津市

一、区位与行政区划

天津市简称津，别名津门、津沽等，地处华北平原东北部，环渤海湾的中心。东临渤海，北依燕山，海河五大支流汇流处，海河是天津的母亲河。辖12市辖区、1副省级区（滨海新区，由原塘沽区、汉沽区、大港区以及天津经济技术开发区等区域整合而成）、3市辖县。总面积11 919.3平方千米，人口1293.8万（六普），外来常住人口299.17万。2012年完成生产总值12 855.14亿元，

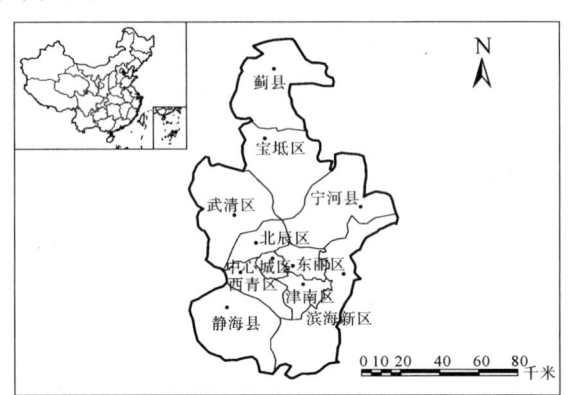

图3-1-3 天津市行政区划图

二、建制沿革

天津始于隋朝大运河的开通；唐中叶以后，成为水陆码头，在宝坻设置盐仓；北宋归辽国管辖，在武清设立了"榷盐院"；元朝设"海津镇"，为漕粮运输的转运中心；明改名天津，即天子经过的渡口之意，作为军事要地，开始筑城设卫，称天津卫；清朝升为天津府，辖5县1州；清咸丰十年（1860）被辟为通商口岸后，成为中国北方开放的前沿和近代中国"洋务"运动的基地；1949年中华人民共和国成立后，将天津作为直辖市。

三、城市职能

中华人民共和国的直辖市，国家中心城市；现代制造和研发转化基地；中国北方国际航运中心和国际物流中心，区域性综合交通枢纽和现代服务中心；以近代史迹为特点的国家历史文化名城

和旅游城市;生态环境良好的宜居城市。2006年国家将天津定位为"环渤海地区经济中心、国际港口城市、北方经济中心、生态城市",并将"推进滨海新区开发开放"纳入国家战略。

四、经济发展

农业重点发展设施农业、精品农业、加工农业等现代都市型农业,大力发展养殖业。狠抓农业设施化、园区化、标准化和产业化经营。建成了以设施化、园区化生产为主的华北地区蔬菜、畜产品、水产品等名、特、优、新农产品重要生产基地。工业发达、门类齐全,是中国近代工业的发祥地,初步形成了航空航天、石油化工、装备制造、电子信息、生物医药、新能源新材料、国防科技、轻工纺织等8大优势产业。加快形成以支柱产业和高新技术产业为主体,以都市型工业为重要补充的新型工业结构;壮大石油和海洋化工、汽车和装备制造、现代冶金等支柱产业;重点开发高新技术产业。截至2010年,世界500强跨国公司已有147家在天津设立了分公司和办事处,投资项目共396个,合同外资额达81亿美元。以滨海新区为载体成为中国金融企业、金融业务、金融市场和金融开放等方面的重大改革的先试先行的示范区。已经成为全国南北物资交流的重要枢纽和辐射东北、西北、华北地区的商品集散地。2012年全市实现生产总值12 885.18亿元,比上年增长13.8%,三次产业结构为1.3:51.7:47。

五、交通运输

天津市由铁路、公路、水路、航空和管道5种运输方式构成了四通八达的交通运输网络;具有先进的电信通信网和便利的邮政网。全市交通邮电业的从业人数约33万人。2012年全市交通运输、仓储和邮政业增加值完成721.04亿元。此外,近几年来津滨轻轨、快速路和地铁线的开通使天津交通更加便捷通畅。

六、城市建设与规划

《天津市城市总体规划(2005年~2020年)》定位为环渤海地区的经济中心,要逐步建设成为国际港口城市、北方经济中心和生态城市。提出"一轴两带三区""双城双港、相向拓展、一轴两带、南北生态"的城市空间布局,以中心城区和滨海新区核心区为主副中心,建立由主副中心、新城、中心镇和一般建制镇组成的4级城镇体系。中心城区实施海河综合开发改造,加强历史文化名城保护,加快城市住宅建设,调整工业、仓储用地布局,完善道路交通系统,加强环境建设,加快"城中村"改造,提升金融、商贸、科教、信息、旅游等现代服务职能;滨海新区建设海滨休闲旅游区、海港物流区、滨海化工区、临港产业区等功能区;新城承担疏解中心城人口,聚集新的产业、带动区域城镇发展的任务。

七、文化发展

2010年有文化馆18个、博物馆18个、公共图书馆31个。有广播节目21套,广播和电视综合人口覆盖率保持100%。有线电视用户达到255.24万户。天津市文化产业发展方向:完善公共文化设施网络;推进文化信息资源共享工程;积极开展丰富多彩、健康向上的群众文化活动;切实维护低收入人群及其他特殊群体的基本文化权益;制定文化产业发展规划。

八、旅游资源

天津是著名的历史文化名城。有全国重点文物保护单位 15 处,市级重点文物保护单位 113 处,区县级重点文物保护单位 100 多处。被列为世界文化遗产的黄崖关古长城,有各种造型的烽火台 20 多座。主要名胜有天后宫、五大道租界区、意式风情区、西开天主教堂、水上公园、海滨旅游度假区、大沽口炮台等。历史久人有:曹锟、曹锐、赵普、张名山、严修、张伯苓、赵丽蓉、马三立等。

天津 4 大民间艺术:泥人张彩塑、杨柳青年画、魏记风筝和刻砖刘;天津三绝:狗不理包子、十八街麻花、耳朵眼炸糕;特色小吃:糖礅、大饼鸡蛋、茶汤儿、果仁张、蹦豆张、石头门坎素包、面茶、杨村糕干;特色早点:煎饼果子、锅巴菜、老豆腐、果子、烫面炸糕、卷圈、荷包蛋、糖果子、果篦儿、面茶;天津特产:天津甘栗、天津冬菜、天津大白菜、独流老醋。2012 年完成生产总值 26 575 亿元,居全国第 6 位。

第三节　河北省

河北东与天津毗连,西与山西为邻,北部与内蒙古交界,面积 18.9 万平方千米,常住人口 7185.42 人万(六普),有满、回、蒙、壮族等 53 个少数民族。辖 11 个地级市、36 个市辖区、22 个县级市、108 个县、6 个自治县。省会石家庄。2005 年规划建设"一线两厢"发展格局,即以石家庄、保定、廊坊、唐山、秦皇岛 5 市为中间一线;以邯郸、邢台、衡水、沧州为南厢,打造全省新的经济增长极;以张家口、承德为北厢,加大扶持力度,增强其自我发展能力。

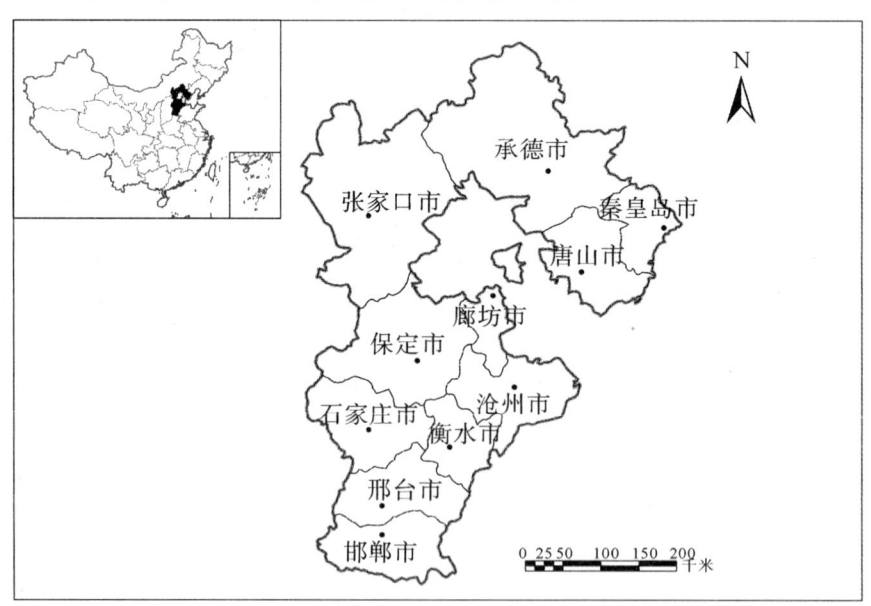

图 3-1-4　河北省行政区划图

一、各地级市发展概况

1. 石家庄市

石家庄,旧称"石门",简称"石",河北省省会,地处河北中南部、华北平原腹地,北靠京津,东临渤海,西倚太行山,是首都的南大门。辖6区(桥东、桥西、新华、长安、裕华、井陉矿区)、5市(鹿泉、新乐、藁城、晋州、辛集)、12县(正定、深泽、无极、赵县、高邑、元氏、栾城、井陉、平山、灵寿、行唐、赞皇)、1个高新技术开发区。总面积1.58万平方千米、人口1016.3788万(六普),其中市区面积455.8平方千米、市区城市人口规模286.2万(2010)。

石家庄为中国唯一一个因铁路而兴的大城市。清光绪二十八年(1902)兴建卢汉(京汉铁路)铁路在石家庄设站,1925年始设石门市,1947年改称石家庄市,1958年改为县级市,1960年升为地级市,1968年河北省会迁此。是全省的政治、经济、科技、金融、文化和信息中心,国家对外开放的城市,京津冀都市圈第三极核心城市,全国重要的医药、纺织工业中心城市,重要的现代服务业和生物产业基地之一,华北重要商埠。城市规划保持"1+4"都市区结构不变,正定、滹沱新区、鹿泉、栾城、藁城分别实行组团式发展。

石家庄市矿产有灰岩、白云岩、建筑石材等,井陉矿区以盛产优质焦煤著称于世,被誉为全国10大煤炭生产基地之一。工业形成以医药、食品、机械、化工、纺织五大行业为特色工业。农业盛产小麦、棉花等作物。正在全力打造"中国药都""全国纺织基地""华北重要商埠""北方特色农业区"和区域性高新技术产业中心为主导的支柱产业。京广铁路、石太铁路、石德铁路交会于石家庄市,朔黄铁路横穿该市北部;京深、石太、石黄、青银、石济、张石高速公路和107、307、308等到国家级公路在市域内纵横交错;主要航空枢纽是石家庄正定国际机场,是经国务院批准的国际口岸机场。2012年地区生产总值完成4500.2亿元。

全市现有全国重点文物保护单位25处,省级文物保护单位141处,各类文物景点多达1200余处,有国家级自然保护区——驼梁、国家级风景名胜区2处(苍岩山、嶂石岩)、省级风景名胜区2处(封龙山、天桂山)、国家级森林公园1处(五岳寨)、省级森林公园7处(仙台山、驼梁、南寺掌、赤支、龙州湖、西柏坡等);还拥有国家历史文化名城——正定、省历史文化名县——赵县、国家核定"千年古县"4个(赵县、井陉、赞皇和行唐),以及省级旅游度假村4处(蟠龙湖、苍岩山、温塘、嶂石岩)、国家级和省爱国主义教育基地6处。历史名人有魏征、刘禹锡、乐毅、赵佗、赵云、刘琨、魏收、李峤、李锋、李吉甫、李德裕、曹彬、曹太后、史天泽、李冶、白朴、韩山童、梁梦龙、赵南星、苏味道、高怀德等。主要特产有赵州雪花梨、行唐大枣、赞皇金丝大枣、行唐龙兴贡米、藁城宫面、缸炉烧饼、金凤扒鸡等。

2. 承德市

承德,旧称"热河",地处河北东北部,滦河与武烈河交会处,是环京津、环渤海和冀辽蒙交界地区的重要城市,是连接华北、东北两大经济区的交通枢纽,内蒙古东部地区的重要出海通道。辖3区(双桥、双滦、鹰手营子矿区)、8县(围场、丰宁、隆化、滦平、平泉、承德、宽城、兴隆)、1个高新技术产业开发区。总面积3.95万平方千米、建成区面积81.29平方千米,人口372.96万(2010年末)、中心城区人口57万,有满、蒙等少数民族25个。承德历史悠久,是红山文化的发祥地之一、中国历史文化名城,近代史上有200年的陪都历史。清康熙四十二年(1703)开始兴建避暑山庄,乾隆五十七年(1792)建成;雍正元年(1723)设热河厅,雍正十一年(1733)设承德直隶州,1929年为热河省省会,1948年设承德市,1960年升为地级市。是河北省地级市(省辖市)、中国十大风景名胜、旅游胜地40佳、国家重点风景名胜区、国家甲类开放城市。现规划定位为国家历史文化名城、山水园林城市、连接京津冀辽蒙的区域性中心城市。规划市域城镇体系为"一核三带"空间结构,中心区形成由老城区、北区、西区和南区4个组团式结构。

境内有滦河、潮河、辽河、大凌河4大水系,是京津唐的重要供水源地、华北地区最大的食用菌生产基地、中国北方地区重要的中药材生产基地。钼、银、铜、铅、锌和花岗岩、大理石等矿产丰富,是中国除攀枝花外唯一的大型钒钛磁铁矿基地,黄金产量居河北省第1位。钒钛制品和清洁能源为2大战略支撑产业,绿色食品、旅游、部件及仪器仪表为3个后备产业,形成"2+3"5大主导产业加速发展的格局,经济发展注重发挥旅游、资源、区位3大优势。交通的承载和辐射能力大大增强,构筑以"一环八射"高速公路为核心的综合交通网络,形成面向京津、通达辽蒙、辟通港口的交通枢纽和蒙东、辽西至京津唐的煤电能源通道。2012年全市实现地区生产总值1180.9亿元。

承德是亿年以前侏罗纪世界生物发祥地,古建筑文化、佛教文化、中原儒文化和多民族交融的民风民俗、自然资源构成了非物质文化遗产的资源宝库,有全国和省级重点文物保护单位44处,名胜有避暑山庄、外八庙、磬锤峰国家森林公园、木兰围场国家森林公园等。历史名人有林藻、黄滔等。主要特产有避暑山庄丝织挂锦、承德木雕、蕨菜、民间剪纸、滕氏布糊画、杏仁露,著名的土特产品有杏仁,大扁、板栗、榛子、蕨菜(又称吉祥菜)、坝上蘑菇、欧李(钙果)等。

3. 张家口市

张家口又称"张垣""武城"。地处河北省西北部,京、冀、晋、内蒙古交界处,是沟通中原与北疆、连接中西部资源产区与东部经济带的重要纽带。辖4区(桥东、桥西、宣化、下花园)、13县(宣化、张北、康保、沽源、尚义、蔚县、阳原、怀安、万全、怀来、涿鹿、赤城、崇礼)、2管理区(察北、塞北)和1个高新区、1个产业集聚区。总面积3.68万平方千米、市区面积845平方千米,常住人口423.55万(六普)、市区人口43万,有回、满、蒙古等26个少数民族。

张家口市是一座有着悠久历史和灿烂文化的北方名城,曾经是东方人类故乡,是奠定中华民族融合统一的重要圣地、中国北方重要的物资集散地和对欧贸易的重要陆路商埠、华北地区重要工业基地。春秋战国即为北方边陲重镇;明设宣府镇,张家口遂以外长城著名关隘而得名;清末成为陆路大商埠,为誉满中外的"皮都";1928年~1952年为原察哈尔省会,1939年置张家口市,1982年定为省辖地级市。现行规划定位为冀西北地区的中心城市,连接京津、沟通晋蒙的交通枢纽。规划形成由中心城区(桥东、桥西城区)和宣化城区、下花园城区组成的城市采取"一中心二组团"组团式布局结构。

张家口市地形特点以阴山山脉大马群山分水岭为界,分为坝上、坝下2个自然区域,坝上高原区地势较平坦,草原广阔,多内陆湖泊(淖),岗梁、湖泊、滩地和草坡、草滩相间分布,是典型的波状高原景观;南部坝下地形复杂,山峦起伏,丘陵与河谷盆地相间分。较大的内陆河有安固里河、大清河、五台河、洋河、桑干河等,有水库121座。矿产主要有铁、锰、金等。工业已形成能源、机械、冶金、化工、轻纺、毛皮、皮革等支柱行业。农业已初步形成葡萄与玉米制种、畜产品加工、错季蔬菜等8个跨县(区)的支柱产业。京张铁路是中国第1条自主建设铁路;通泰大桥是世界上跨度最大的下承式钢结构悬索拱桥,也是国内第1例主梁为下承式钢结构悬索拱桥。2012年张家口市地区生产总值1233.67亿元。

有国家级和省级重点文物保护单位92处,主要名胜有赐儿山、云泉寺、黄帝战蚩尤战场、泥石湾旧石器时代遗址、长城关隘大境门、明代建筑清远楼、塞外明珠官厅湖、坝上草原度假村、翠云山滑雪场等。历史名人有郦道元、王振、蔡泽、魏象枢、康世恩、李直夫、董存瑞等。特产有崇礼的口蘑、蕨菜、贡米、大杏扁,宣化的牛奶葡萄、龙眼葡萄,怀来的长城干白干红葡萄酒、柴沟堡熏肉、怀安豆腐皮、蔚县剪纸、鹦哥绿豆等;地方风味小吃有一窝丝、莜面窝窝羊肉汤、山药鱼、油炸糕、手把羊肉、正宗涮羊肉等。

4. 秦皇岛市

秦皇岛,简称秦,因公元前215年中国的第1个皇帝秦始皇东巡至此,并派人入海求仙而得名,是中国唯一一个因皇帝尊号而得名的城市。地处河北东北部,南临渤海,北依燕山,位于环渤海经济圈中心地带。辖3区(北戴河、山海关、海港区)、4县(抚宁、昌黎、卢龙、青龙),总面积7812.4平方千米、市区面积383平方千米,总人口298万(2010)、市区人口76万,有满、回、朝鲜等41个少数民族。

秦皇岛商周时期为孤竹国中心区域,元朝忽必烈将中书省平滦路设在此地,后改为永平府,明朝曾在此设立盐署,清乾隆二年(1737)在山海关设临榆县,1948年置秦榆市,1949年改称秦皇岛市,为河北省省辖市。现行规划定位为中国著名的滨海旅游、休闲、度假胜地,环渤海地区重要的综合性港口城市,国家历史文化名城。规划构筑"一带两点三轴"的市域城镇空间结构,滨海地区形成"4+2组团"式城镇空间布局结构。

秦皇岛地貌特征为北部山区—低山丘陵区—山间盆地区—冲积平原区—沿海区。有滦河等流域面积大于30平方千米的河流54条、水库283座,地下水资源丰富。粮食作物主要有玉米、水稻、小麦、甘薯、花生等,林果资源有苹果、梨、葡萄、山楂、水蜜桃、板栗、核桃等。海岸线长162.7千米,水产品生产分为海水捕捞、海水养殖和淡水养殖3大类。优势矿有含金、铁、水泥灰岩及非金属建材,青龙县是中国"万两黄金"县之一。产业结构为"三二一"型,建材、金属压延、化工、机电、食品饮料为五大支柱产业,农业形成肉鸡、葡萄酿酒、粮油加工、玉米淀粉、海洋水产、甘薯、生猪、蔬菜、牛羊、果品等10个特色产业。港口、仓储、交通运输业在第三产业中占有很大比重。是全国首批沿海开放城市,港口、机场、铁路、公路、高速公路及水、电、气、通讯等基础设施齐全,文化体育设施发达。秦皇岛港是一个多功能综合性的现代化港口,世界第一大能源输出港。2012年全市完成地区生产总值1139.17亿元。

秦皇岛素有"京津后花园"之美誉,集山、河、湖、泉、瀑、洞、沙、海、关、城、港、寺、庙、园、别墅、湿地、滩涂、候鸟与珍稀动植物等为一体,形成了以长城、滨海、生态为主要特色的旅游资源体系。有国家和省级文物保护单位23处,名胜有山海关、避暑胜地北戴河、南戴河旅游度假区、昌黎黄金海岸、燕塞湖等40多个旅游景区。历史名人有石广生、刘秉义等。特产有铁板蟹、干贝、海蟥鱼、梭鱼、墨斗鱼、带鱼、鱿鱼、海螺、毛蚶、门帘、项链、珍珠挂件、贝堆、贝雕、人造琥珀、砖雕、京东板栗、石门核桃、葵花苹果、昌黎蜜梨、玫瑰香葡萄、南大寺水蜜桃、苦杏仁等。

5. 唐山市

唐山市地处河北东部,环渤海湾中心地带(南部为著名的唐山湾),南临渤海,北依燕山,是连接华北、东北2大地区的咽喉要地和极其重要的走廊。辖2市(遵化、迁安)、6区(路南、路北、开平、古冶、丰南、丰润)、6县(滦县、滦南、乐亭、迁西、玉田、唐海)、4个开发区(唐山高新技术产业开发区、南堡经济开发区、海港经济开发区、芦台经济开发区)、1个管理区(汉沽管理区)、1个工业区(曹妃甸工业区)。面积1.7万平方千米,其中陆地总面积13 472平方千米,海域面积3568平方千米,建成区面积200平方千米(2010),全市户籍总人口757.73万(2010)、市区人口390万,有满、回、蒙古等47个少数民族。

唐山因市区中部的大城山(原名唐山)而得名。清光绪二十四年(1898)设唐山镇,1938年升为唐山市,1949年为河北省辖地级市,1976年遭地震破坏后重建。是一座沿海现代化大城市、环渤海区域中心城市、河北省域中心城市、河北省经济中心、沿海开放城市。现行规划定位为河北省经济中心城市,环渤海地区以能源原材料工业和新兴工业为主的制造业基地。规划中心城区空间结构延续片区式的布局结构;丰城区完善"一市三城"的分散式城市布局结构;古冶区形成"一心四片,外围三点"的总体结构。

唐山气候温和,地貌多样,土质肥沃,是多种农副产品的富集产区,被称为"京东宝地","京东板栗"驰名中外,素有"冀东粮仓"之美誉。大陆海岸线总长229.7千米,已开发的岸线主要用于港口航运、水产养殖和盐业,是渤海湾的重要渔场、原盐集中产区,南堡盐场是亚洲最大盐场。石油、天然气、石灰岩、黄金等储量丰富,为全国焦煤主要产区、全国3大铁矿区之一。支柱产业有精品钢铁、装备制造、综合化工、现代物流、高新技术、旅游休闲、服务产业、电力行业、新型建材、高效农业;农业形成了乳业、瘦肉型猪、果菜、板栗、花生、水产品6大龙头经济和肉羊、甘薯、花卉、食用菌、林产品加工5大新兴产业;工业已形成煤炭、钢铁、电力、建材、机械、化工、陶瓷、纺织、造纸等10大支柱产业,机电一体化、电子信息、生物工程、新材料4个高新技术产业群体扎实起步。是中国近代工业发祥地之一,中国第1座现代化煤井、第1条标准轨距铁路、第1台蒸汽机车、第1袋水泥、第1件卫生瓷均诞生在这里,被誉为"中国近代工业的摇篮"和"北方瓷都"。是中国北方重要的对外门户,东北亚重要的航运中心、物流中心、环渤海新型工业化基地,全国性综合交通枢纽城市、新亚欧大陆桥东方桥头堡、中国物流节点城市,是华北通往东北的咽喉地带,构成了非常便捷的现代化交通网络。2012年完成地区生产总值5861.63亿元。

唐山市有国家和省级文物保护单位61处,清东陵是中国现存规模最大、建筑体系最完整的皇家陵寝,被列为世界文化遗产;有长城关隘、乐亭三岛、水下长城、抗震纪念广场、唐山抗震纪念馆、景忠山、菩提岛、金银滩、李大钊纪念馆及其故居等众多人文自然景观。历史名人有曹雪芹、成兆才、张广厚、李大钊、伯夷、叔齐、公孙瓒、程普、韩当、韩德让、张佩纶、马占山、裴文中、贾兰坡、吴德等。"不食周粟""老马识途"、戚继光"改斗"等典故都发生在这里。唐山是中国评剧的发源地,评剧、皮影、乐亭大鼓被誉为"冀东三枝花"。特产有棋子烧饼、芦花鸡、万里香烧鸡、万里香粉肠、刘美烧鸡、白菜大饹馇、蜂蜜麻糖、花生酥糖、唐山酥糖、四远香山楂排糕点、开平麻花、油炸大排叉、炸肉馅饹馇盒、香薰鹌鹑蛋、五香煮蚕豆、炸菜丸子、磨盘柿、京东板栗、东路花生、玉田孤树金丝小枣、柏各庄大米、迁安书画纸、唐山陶瓷、乐亭柳编、皮影人、葫芦烙画、竹木简、干花、玉田泥人。

6. 廊坊市

廊坊位于河北省中部偏东,地处京津2大城市之间,被誉为"京津走廊上的明珠"。辖2市(霸州、三河)、2区(广阳、安次)、6县(固安、永清、香河、大城、文安、大厂)、2个国家开发区(廊坊经济技术开发区、燕郊开发区),总面积6429平方千米,常住人口为435.88万(六普),市辖区面积908万平方米、人口79万(2008),有回、满等48个少数民族。

19世纪初廊坊还是一个偏僻小村,清光绪二十三年(1897)京山铁路建成通车,并在此设站,之后才渐成集镇。光绪二十六年(1900)曾发生震惊中外的"廊坊大捷"。1949年廊坊设镇,隶属安次县,1950年安次县政府迁驻廊坊,1982年改为廊坊市,1989年升为地级市。现行规划定位为京津冀城镇群重要区域中心城市,承接京津城市部分职能,以发展高新技术产业和现代服务业为主的生态宜居名城。规划在坚持市区"小三点组团"城市空间布局的基础上谋划"大三点组团"的城市群空间布局结构。

廊坊土地资源比较丰富,地势平坦开阔,地层深厚,土壤类型多样,适宜种植多种作物。矿产主要有石油、天然气、煤、熔剂白云岩、水泥用灰岩、紫砂陶瓷用粘土、海泡石以及地下热水、矿泉水等矿产资源等。农业以畜牧、蔬菜、林果花木为3大主导产业,工业已形成电子信息、汽车零部件、木材加工及家具制造、金属制品、食品加工、会展旅游业6大主导产业。港口、机场、铁路、公路、高速公路及水、电、气、通讯等基础设施齐全,境内有30多条(其中5条铁路干线、4条高速公路、8条国家和省级公路)国家和省级主要铁路、高速公路、国家公路干线纵横穿越,是中国铁路、公路密度最大的地区之一。2012年全市地区生产总值实现1793.9亿元。

廊坊是中国优秀旅游城市、国家环保模范城市、国家园林城市、全国绿化模范城市和国家节水型城市,有国家和省级文物保护单位17处,主要名胜有宋辽古战道、"廊坊大捷"遗址、香河第一城、文明中华城、新世纪步行街、文化艺术中心等。历史名人有韩延徽、吕端、史天泽、张华、史天倪、郝经、张绍曾、韩婴、孙毅、李莲英、韩复榘等。

7. 保定市

保定市位于河北省中部,太行山北部东麓,冀中平原西部,辖4市(定州、涿州、安国、高碑店)、5区(南市、北市、新市、白沟新城区、国家级高新技术产业开发区)、18县(易县、徐水、涞源、定兴、顺平、唐县、望都、涞水、清苑、满城、高阳、安新、雄县、容城、曲阳、阜平、博野、蠡县)、1新区(中国电谷大王店产业园区),总面积2.21万平方千米、人口1101.7万,其中市区面积312.3平方千米、建成区面积96.81平方千米、市区人口近120万。

保定市始建于元代,素有"京畿重地""首都南大门"之称,历史上燕国、中山国、后燕立都之地,清代八督之首,为"冀北干城,都南屏翰"。曾为河北省会,1948年设为地级市。为大北京经济圈中的两翼之一,北京主要卫星城、对外开放城市。现行规划定位为国家级历史文化名城、冀中地区中心城市。规划市域"一带两轴"的城镇空间结构;中心城区为"两带两区三组团"的城市结构。

保定是兼有平原、湖泊、湿地、丘陵、山地、亚高山草甸的地区,矿产有铜矿、钼矿、锌矿等。建成了7个国家级商品粮基地县、8个果品基地和8个牧渔基地,全市农产品商品率已达63%,农业产业化率达31%,初步形成农业高新技术产业;形成了以汽车制造和新能源为支柱产业、机电、纺织、食品、建筑建材和信息产品制造等优势产业,重点发展了皮毛皮革、石雕、中药材、辣椒、草莓等产业基地。拥有四通八达的交通网络,建有保定江城机场。为全国首先开通3G网的10个城市之一,也成为同时拥有2个3G网的3个中国城市之一(另外2个为上海和无锡)。2012年全市地区生产总值达到2720.9亿元。

保定是中国优秀旅游城市,有各级文物保护单位592处、国家5A级景区2处、国家4A级景区8处、世界地质公园2处、国家重点风景名胜区1处、国家地质公园3处、国家森林公园4处、5处国家非物质文化遗产、5处国家级工农业旅游示范点,主要名胜有宋辽古栈道、晋察冀烈士陵园、易县清西陵、满城陵山汉墓、古莲花池、直隶总督署、白洋淀、野三坡、涞源凉城、涿州影视城等。历史名人有荆轲、郭隗、刘备、赵匡胤、郦道元、祖冲之、关汉卿、杨继盛、盖叫天、祖逖、佟麟阁、商震、孙岳、孙承宗、张世杰、祖恒、张飞、孙连仲、廉颇、李延年、卢思道、崔峒、郎士元、崔护、卢仝、卢照邻、卢纶、贾岛、卢挚、李茂贞、张弘范、魏忠贤、刘春霖等。特产有雄县红小豆、满城草莓、易县磨盘柿、阜平大枣、顺平红富士苹果、曲阳鸭梨、唐县小尾寒羊、涞源虹鳟鱼、望都辣椒、安国中药材、留史皮毛、皮革及毛纺、顺平肠衣、白沟箱包、安新羽绒、容城服装、曲阳石雕、高阳纺织等。

8. 沧州市

沧州市地处河北省东南部,东临渤海,北靠京津,与山东半岛及辽东半岛隔海相望。辖4市

（泊头、任丘、黄骅、河间）、2区（运河、新华）、10县（沧县、青县、献县、东光、海兴、盐山、肃宁、南皮、吴桥、孟村）、1个开发区，总面积1.3万平方千米、人口713.4万（六普）、市区面积227平方千米、市区人口51.567万（六普），少数民族以回族居多。沧州渤海新区包括黄骅市、海兴县、中捷产业园区、化工产业园区和南大港产业园区，面积2375平方千米，海岸线130千米，总人口54.6万，于2007年7月成立。

沧州因濒临渤海而得名。北魏孝明帝熙平二年（517）设立沧州，1913年沧州改称沧县，1949年设沧县专区，1958年设沧州市（县级），1983年升为河北省直辖市。沧州是西煤东运新通道的出海口和冀中南、鲁西北以及晋陕和内蒙古等西部地区对外开放的桥头堡、著名"杂技之乡""武术之乡"。现行规划定位为环渤海地区重要的交通枢纽和以运河文化为特色、石油化工为主导产业的沿海港口城市。规划形成"一城三区七组团"的城市布局结构。沧州新城位于沧州市主城西部，规划面积约28平方千米，定位为沧州市"行政、文化、会馆、教育、体育"中心。

沧州是河北省粮、棉、油集中产区之一，京津无公害蔬菜主要供应基地和中国北方知名的优质牧草基地、畜牧生产基地；金丝小枣、冬枣、鸭梨等是传统的出口创汇产品，是著名的"鸭梨之乡"和"金丝小枣"之乡；拥有129.7千米海岸线，海洋捕捞、海水养殖已具规模，盛产鱼、虾、蟹、贝类等海产品，渤海对虾、梭子蟹享誉海内外；是全国4大产盐基地之一。石油、天然气丰富，有华北、大港2大油田。农业通过发展畜牧、蔬菜、牧草和林果4大产业及旱碱地开发工程，初步形成了市场牵龙头、龙头带基地、基地连农户的发展格局。工业已形成石油化工、管道装备、五金机电、纺织服装、食品加工5大支柱产业，化工、轻纺、机械、铸造、电缆、建材、管件、医药、食品、工艺美术为骨干行业，是河北省重要的化工基地。地处环渤海中心地带，是河北省确定的"两环"（环京津、环渤海）开放一线地区，也是京津通往东部沿海地区的交通要冲，自古有水旱码头之称；黄骅港是一个多功能、现代化、综合性的国际港口。2012年全市地区生产总值完成2811.9亿元。

有全国和省级重点文物保护单位33处、国家4A级景区1个、景点88处，主要景点有沧州铁狮子、献县汉墓群、泊头清真寺、海丰镇遗址、纪晓岚墓地、献县单桥、黄骅古贡枣园、海兴小山火山遗迹、东光铁佛寺、沧州清真北大寺、泰山行宫、武帝台、盘古庙、白洋淀等。历史名人有扁鹊、张之万、张之洞、郑愔、冯道、纪昀、尹吉甫、毛亨、刘长卿、贾耽、王翱、冯国璋等。特色产品主要有献县扣件、河北冬菜、孟村弯头、盐山管件、肃宁裘皮、沧州金丝小枣、泊头鸭梨、渤海对虾、河间驴肉火烧、献县草编、献县补花等。

9. 衡水市

衡水市地处河北东南部，辖2市（冀州、深州）、1区（桃城）、8县（枣强、武邑、武强、饶阳、安平、故城、景县、阜城），总面积8815平方千米，全市常住人口434.077万（六普），市区人口52.2万（六普），有少数民族37个。

衡水历史悠久。隋开皇十六年（586）置衡水县，1947年建市，1949年设衡水专区，1964年改为衡水镇，1970年改称衡水地区，1982年衡水镇升为衡水市（县级），1996年改设地级衡水市。现行规划定位为京津石技术成果实验推广转化基地、京津石农副产品供应加工基地、以特色产业为重点的配套加工制造业基地、独具北方特色的湿地生态旅游基地、区域性商贸物流中心。规划形成"三轴两区"的市域城镇总体空间结构；中心城区为"一体两翼"组团式空间布局结构。

衡水地处古漳河、滏阳河冲积平原，境内有较大河流9条，分属海河水系的4个河系，衡水湖为华北平原上仅次于白洋淀的自然淀泊。重要矿产有石油、地热、矿泉水和砖瓦用粘土资源等。已形成以金属制品、化工医药、汽车零配件、纺织服装、食品加工为支柱产业的工业体系,作为火炬计划特色产业基地,工程橡胶产业迅速发展。境内铁路、公路纵横交错、四通八达,2010年12月24日大广高速京衡段通车使衡水成为"东出西联、南北通衢"的重要节点、河北省第2大交通枢纽。京沪214微波、京九广、津石、济石太银4条国家一级干线和省中环、南环、石衡光缆、石唐微波等省级干线在衡水境内交织,使衡水成为通讯地理上的"黄金十字点",成为河北省及石家庄后的第2个电路汇接中心。2012年实现地区生产总值1011.5亿元。

有国家和省级文物保护单位35处,主要名胜有孔颖达墓、衡水湖、宝云寺、竹林寺、景帝舍利塔等。这里是著名经济学家孔颖达的故乡,曾涌现出北燕帝冯跋等9位皇帝、"文景之治"的窦太后等20余位后妃,蒙恬传笔艺、苏护献妲己、曹操战袁绍、窦建德起义等皆在这里发生,其他历史名人还有窦婴、董仲舒、高适、冯保、窦太后(汉景帝)、冯跋、冯太后(北魏)、窦建德、孔颖达、高士廉、高欢、高泽、高湛、高澄、苏定方、张颌、高颎、魏知古、李义府、高长恭、崔骃、邱彤等。名特产品有衡水老白干、武强年画、衡水金鱼、鼻烟壶、衡水毛笔、深州蜜桃、安平丝网、饶阳杂面、饶阳豆腐脑、故城龙凤贡面、衡水湖烤鸭蛋、衡水内画壶、PC板材、工程橡胶、阜城鸭梨等。

10. 邢台市

邢台市简称为"邢",雅号卧牛城,地处河北省南部,太行山脉南段东麓,华北平原西部边缘,位于冀晋鲁豫4省要冲。辖2市(沙河、南宫)、15县(清河、宁晋、内丘、广宗、邢台、任县、临西、新河、隆尧、柏乡、威县、临城、平乡、南和、巨鹿)、2区(桥东、桥西)、2个管理区(大曹庄管理区、七里河新区)、1个高新技术产业开发区。总面积1.25万平方千米,常住人口710.41万(六普),市辖区面积133平方千米、人口56万,有回、蒙、满等12个少数民族。

邢台历史悠久,是仰韶文化发源地之一,已有3500余年的建城史,是"商殷之源、祖乙之都、邢侯治国"。历史上曾4次建国、3次定都,素有"鸳水之滨、襄国故都、依山凭险、地腴民丰"之誉。禹夏属冀州,商周为邢国,秦汉为巨鹿,晋隋改襄国,唐宋金称邢州,元明清为顺德府,1945年9月建立邢台市,1984年升格为省辖市。是冀南重要的中心城市和新型工业基地、中国田径之乡、中国七夕文化之乡和中国太阳能建筑城。现行规划定位为冀南重要的中心城市,以发展钢制品、煤化工、装备制造为主的新型工业基地,历史文化和生态旅游名城。打造新型产业基地、西联东出重要枢纽、生态旅游名城。主城市新规划确定为"一城四区两心四轴"的城镇总体布局结构。

邢台土地肥沃面积广阔,西部为太行山和丘陵,东部是华北平原,河流属于海河流域子牙河和黑龙港2大水系,全市未利用土地22.3万公顷;西部山区盛产板栗、核桃、苹果等干鲜果品,东部平原是全国优质粮和棉花生产基地,素有"粮仓棉海"之称。蕴藏着黑色金属、辅助原料、煤炭、化工原料、建材原料及其他金属原料、地下热水、矿泉水等矿产,有17种居河北省前5位,其中蓝晶石储量为全国第1,瓷土、石膏储量位居华北第1,有华北南部最大的火力发电厂,是华北地区最重要的能源基地。形成了以能源、冶金、机械、建材、纺织、食品、化工、医药等为主要门类的工业体系,辖区内有世界最大的羊绒及制品集散地、被誉为"世界羊绒之都"的清河县,世界最大的绿色能源太阳能单晶硅生产基地宁晋县,世界最大的方便面生产基地,中国最大的自行车及零件生产加工基地平乡县,中国最大的轴承生产销售集散地临西县,邢台经济开发区有国家光伏高新技术产业化基地。地处环渤海经济区腹地,已成为连接东部沿海地区、华北地区和中原地区的重要交通枢纽。2012年地区生产总值完成1532.0亿元。

悠久的历史孕育了灿烂的邢都文化、邢窑文化、黄巾文化、武术文化、古代科技文化、七夕爱情文化、冀南革命文化、尧山文化、李唐文化、扁鹊医药文化、戏曲民俗文化、成语典故文化等。有各级文物保护单位134处、国家级非物质文化遗产10项,主要名胜有崆山白云洞国家级地质公园、峡谷群、张果老山、云梦山、小西天、殷商遗址、邢窑遗址、扁鹊庙、汉牡丹、唐代开元寺、明朝清风楼等。历史名人有李牧、李春、冯唐、张果老、郭威、柴荣、宋慈、刘秉忠、孟知祥、孟昶、张昌龄、魏征、孙伏伽、张角、扁鹊、宋璟、郭守敬等。特产有华龙面、晶牛玻璃、恒利制药、蓝鸟家具、鲸鱼轮胎、柏乡铁花、任县草编、邢州白瓷、清河黑陶、临城根雕、广宗盆景、临西木鱼、威县三白西瓜、沙河马场梨、隆尧泽畔藕和鸡腿大葱、邢枣仁、巨鹿枸杞和金银花、邢台板栗、宁晋雪花梨和鸭梨、临西酱菜、平乡黄芽白、串枝红杏、今麦郎方便面、华龙面、空心挂面、古顺酒、泥坑酒、隆泉酒、天牛啤酒、桐泰祥糕点等。

    11. 邯郸市

    邯郸市位于河北省南端,西依太行山脉,东接华北平原,与晋、鲁、豫3省接壤,辖1市(武安)、4区(丛台、邯山、复兴、峰峰矿区)、14县(邯郸、临漳、成安、大名、涉县、磁县、肥乡、永年、邱县、鸡泽、广平、魏县、馆陶)和1个经济技术开发区,总面积1.2万平方千米,市区面积457平方千米,2010年总人口约1000万,其中城市人口180万,主要有回、蒙古、壮族等30多个少数民族。

    邯郸历史悠久,文化灿烂,是中华文明的重要发祥地之一,早在8000年前,这里就有人类繁衍生息,孕育了新石器早期的磁山文化;战国时期,邯郸作为赵国都城达158年之久;秦为天下三十六郡郡治之一;汉代与长安、洛阳、临淄、成都共享"五都盛名";东汉末年曹魏集团在南部邺城一带建都;1949年置邯郸镇,1953年设县级邯郸市,1954年升为地级市。是对外开放城市、全国经济体制改革试点城市。现行规划定位为国家历史文化名城,冀晋鲁豫接壤地区中心城市,进一步完善"1+8"组团式都市区发展规划。

    境内主要河流有南运河水系的漳河和子牙河水系的滏阳河及其支流。主要作物有小麦、玉米、稻谷、棉花、花生等,是全国主要的粮棉、禽蛋、蔬菜生产基地和全国确定的小麦、棉花、玉米等5种主要农产品优势产区,素有"北方粮仓""冀南棉海"之称,形成了鸡泽辣椒、临漳獭兔、馆陶蛋鸡、魏县鸭梨等10个特色产业之乡。为全国著名的煤炭和高品位的铁矿石产区,拥有丰富煤、铁资源,被誉为现代"钢城""煤都"。工业门类较为齐全,为全国重要的冶金、电力、煤炭、建材、纺织、日用陶瓷生产基地。商贸物流发达,形成了一大批轻纺、汽贸、建材、钢铁等流通企业,建成了一批辐射全国的大型批发市场。区位交通条件优越,居晋冀鲁豫4省要冲和中原经济区腹心,是华北地区重要的交通枢纽,邯郸国际机场是国家重点发展的干线机场。2012年全市地区生产总值为3023.7亿元。

    悠久的历史孕育了磁山文化、赵文化、女娲文化、北齐石窟文化、建安文化、广府太极文化、梦文化、磁州窑文化、成语典故文化、边区革命文化等十大文化脉系。有各级文物保护单位550余处、国家级非物质文化遗产20多种,境内有武灵丛台、129师司令部旧址、太行五指山、赵王城、古邺城、娲皇宫、南北响堂寺、磁山文化遗址、京娘湖等景区景点。历史名人有赵武灵王、蔺相如、荀子、赵奢、王莽、毛遂、王政君、公孙龙、高树勋、赵胜、赵括、韩令坤、韩重赟、赵简子、赵衰、赵武、赵高、潘美、王充等。主要名优特产有圣旨骨酥鱼、丛台酒、鸡泽辣椒、曲面、大名核桃乌纹枣、红杏、五百居香肠、馆陶御贡酱包瓜、魏县鸭梨、永年大蒜、标准件、驴肉香肠、临漳扒兔等。

二、各县级市发展概况

    1. 辛集市   1986年3月撤销束鹿县,设辛集市,面积951平方千米,人口61.59万(2010)。有

"直隶一集"之称。是国务院批准的对外开放市、全国卫生城、文化先进市、体育先进市,是全国优质棉、小麦、瘦肉型猪生产基地,河北省优质棉出口基地,中国最大的皮革产销基地之一,辛集钡盐集团是目前世界上最大的钡盐生产基地和出口基地,辛集汽缸厂是全国最大的汽缸盖专业生产厂之一。辛集农民画、辛集皮贴画历史悠久。2012年完成生产总值341.58亿元。

2. 晋州市 1991年撤县设市,面积619平方千米,人口53.77万(2010)。地处山麓平原与低洼平原的过渡地带,资源丰富,盛产小麦、玉米、花生、豆类、芝麻和蔬菜、水果等,尤其是鸭梨、葡萄、瘦肉型猪3大主导产业发展迅猛,是全国闻名的粮、棉、油生产基地,中国鸭梨之乡、全国绿化先进县、河北省养猪标准化生产基地、石家庄市养猪良种繁殖体系先进县。民营企业发展迅猛,目前形成轻纺、建材、农产品加工等支柱产业。建成了布匹、木材、蔬菜、粮食、小食品等5大城区专业批发市场。2012年完成生产总值200.9亿元。

3. 藁城市 1988年7月撤县设市,2014年9月撤市设石家庄市藁城区,面积836平方千米,人口77.51万(2010)。是河北省会石家庄"1+4"组团城市之一。地貌为典型的山前倾斜平原,地下水资源丰富,盛产小麦、玉米、花生、鸭梨及四季蔬菜,有"河北粮仓""燕赵天府"之称,为国家商品小麦基地、秸秆养牛示范基地和河北省粮食生产基地、瘦肉型猪养殖基地。形成了化工、建材、轻纺、食品、机电、医药等初具规模的优势行业。禽蛋市场是全国北方最大禽蛋交易市场。2012年完成生产总值490亿。

4. 新乐市 1992年10月撤县设市,面积625平方千米,人口48.77万(2010)。地处华北平原腹地,历史上有"九省通衢、三辅重地"之称。农业形成了以西瓜、花生、蔬菜和奶牛、优质瘦肉型猪为主导的"三种两养"五大特色农业经济格局,是河北西瓜之乡、河北花生之乡、全国粮食生产基地县(市)、食品工业基地县(市)。工业方面,形成了以医药化工、电子机械、食品加工为支柱,以热力发电、新型建材、工艺美术为补充的产业结构。第三产业形成了以规模型商贸企业为龙头、以特色专业批发市场为骨干、以城乡集贸市场为补充的城乡市场体系。2012年完成生产总值156.2亿元。

5. 鹿泉市 1994年5月由获鹿县改为鹿泉市,2014年9月撤市设石家庄市鹿泉区;面积603平方千米,人口43.29万(2010)。农业以小麦、棉花、蔬菜种植为主,农副土特产品众多,主要有菠菜、乒乓球葡萄、澳洲龙虾等,建成了奶牛养殖、优质瘦肉型猪、无铅松花蛋和新兴鱼饲料四大龙头企业,是国家粮食、小杂果、瘦肉型猪和肉牛生产基地。工业逐步形成了建筑材料、冶金机械、轻工食品、医药化工4大主导行业。着力培育发展了高新技术产业、新型建材、乳业、旅游业等特色主导产业。2012年完成生产总值290亿元。

6. 遵化市 1992年2月撤县设市,面积1507平方千米,人口73.7万(2010)。境内地貌呈"三山两川"之势,素有"畿东第一城"之称。是全国百强县市、国家级商品粮基地县(市)、国家级瘦肉型猪基地县(市)、国家级苹果基地县(市)、农业部首批无公害农产品加工基地、全国板栗之乡、京津绿色蔬菜供应基地、省食用菌之乡、全省首个无公害果品生产基地县(市)。初步形成了钢铁、建材、机械制造、食品加工、电力能源、医药化工6大支柱产业。现行规划中定位为唐山市北部中心城市。2012年完成生产总值485.26亿元。

7. 迁安市 1998年10月撤县设市,面积1208平方千米,人口72.82万(2010)。地处燕山南麓,滦河岸边,环渤海环京津一级经济开发区内,2011年提升为副地级市。是河北最发达、最富有的县级市,全国百强县市。铁矿资源丰富,铁精粉年产量居全国县级地方铁矿首位,素有"铁迁安"

之称。形成了冶金铸造、水泥建材、地毯服装、造纸包装、医药食品、电线电缆、化工等7大支柱工业,书画宣纸全国闻名,地毯业在全国同行业名列第2。农业大力实施"菜篮子、花卉、苗木、绿色食品"4大工程。建有白羊峪旅游风景区、灵山旅游风景区、龙山风景旅游风景区、红峪山庄旅游风景区4个旅游风景区。2012年完成生产总值900.9亿元,居河北省首位。

8. 霸州市 1990年1月撤县设市,面积797.88平方千米,人口62.3万(2010)。位于京津保三角地带中心,属环京津、环渤海城市群,为华北地区重要的交通枢纽。为对外开放城市、全国明星县市、全省首批小康县市、河北省县域经济发展十强县(市)。西部盛产小麦、玉米、大豆、棉花、西瓜和蔬菜;东部更是苹果、鸭梨、桃、杏、葡萄等鲜果主产区,素有"东部摇钱树,西部聚宝盆"之称。主要矿产资源有石油和天然气、地热。经济结构以民营经济为主,形成金属加工、玻璃加工、木材加工3大产业集群,为全国6大家具产业基地之一。2012年完成生产总值318.4亿元。

9. 三河市 1993年3月撤县设市,面积633.62平方千米,人口65.2万(2010)。地处京津唐"金三角"地带,因近泃河、鲍邱河、洵河三水而得名,是中国最大的县级飞地、环京津经济圈的主要市县之一,被誉为"京东明珠"。土地肥沃,灌溉便利,物产丰富,综合经济实力名列河北"三强"、跻身全国"百强"。形成了印刷装订、食品加工、建筑建材、电子信息、生物制药、新材料、现代高效农业等产业体系,建立了信息产业园、生物制药园、软件园和农业高新技术产业园。农业产业化发展势头强劲。"畜牧、蔬菜、林果、花木"4大主导产业不断壮大。2012年完成生产总值425.1亿元。

10. 涿州市 1986年9月撤县设市,面积742.5平方千米,人口60.35万(2010)。地处京津保三角地带,素有"天下第一州""幽燕沃壤""督亢膏腴"之称,是"三国文化"的发祥地、全国县级区划中涌现名人最多的一个,为国家甲级开放城市。地质构造属太行山山洪冲积扇,地势平坦,土质肥沃,拥有丰富的水利、地热和沙石料资源。农业主产小麦、玉米、稻谷。形成了铝加工、机加工、精细化工、汽车零部件和包装印刷5大支柱行业。独特的区位优势使其成为中国南资北移、南企北扩,进军北京的"桥头堡"和汇纳百川的最佳商贸集散地。2012年完成生产总值203.4亿元。

11. 定州市 1986年3月撤县设市,面积1274平方千米,人口116.52万(2010)。环京津经济圈的主要市县之一。为联合国工发组织确定的国际绿色产业示范区、全国最具投资潜力中小城市百强、全国中小城市综合实力百强、全国创建无公害农产品生产示范基地县(市)、河北省蔬菜之乡、全国鸭梨之乡、全国粮食生产先进市、全国农业科技入户示范工程示范县(市)、华北地区重要交通枢纽。电力、汽车、焦化、乳业为4大支柱企业,民营经济形成了铸造轧钢、钢网编织、体育用品、纺织加工等优势行业。粮食、油料进入全国百强,农业形成奶牛、生猪、蔬菜、花木4大特色产业。为北方区域性物资集散中心。2012年完成生产总值244亿元。

12. 安国市 1991年5月撤县设市,面积486平方千米,人口37.03万(2010)。位于京津石三角中心地带,处于环京津和渤海经济圈。为国家对外开放县(市)、优质粮繁育基地。盛产小麦、玉米、药材、花生、鸭梨、苹果等,是河北省粮食生产基地和鸭梨生产基地。已形成铸造、造纸、酿酒、缫丝、纺织、塑编、木材加工、机械制造等8大工业体系。盛产药材,药业是其优势支柱产业,是中国中药材集散地之一,素以"药都"和"天下第一药市"驰名中外。2012年完成生产总值92.7亿元。

13. 高碑店市 1993年4月撤销新城县设市,面积628平方千米,人口64.03万(2010)。地处河北中部北津保三角腹地,是国务院批准的对外开放城市、环京津经济圈的主要市县之一。土地肥沃,淡水资源充足,物产丰富,农业基础坚实,被国务院列为淮海农业综合开发试点市和油料生产基地、国家商品粮基地,盛产小麦、玉米、花生、大豆、瓜果、土豆、胡萝卜等农作物,建成了胡萝卜生产基地和花生生产基地,畜牧业已成为农业发展的第1大产业,是国家瘦肉型猪养殖基地和京津生猪活储基地。拥有汽车制造、食品加工、箱包加工、炉具铸造、建筑建材5大支柱产业,建成铸造、风机、水泥、化工、建材、炉具、工艺美术、箱包等8大企业集团。2012年完成生产总值117.62亿元。

14. 泊头市 1946年设市,是河北省最早的县级市,后几经废、设,面积1333平方千米,人口81.03万(2010)。位于京津冀经济圈内,环渤海经济带中,是河北省新兴城市、河北平原东部交通要冲和物资集散地、著名的中国铸造之乡、中国汽车模具之乡、河北省唯一的环保设备产业试点市和河北省舰船用泵研发生产基地、驰名中外的鸭梨之乡、金丝小枣之乡、全国鸭梨无公害生产示范县(市)和河北省农产品加工示范基地。2010年完成生产总值160亿元。

15. 任丘市 1986年3月撤县设市,面积1012平方千米,人口83.35万(2011)。地处京津冀经济圈,属环京津、环渤海经济开放带,是国务院确定的对外开放市。综合实力居河北"十强"和全国百强县市。石油、天然气、地热资源丰富,是中国第1个碳酸盐大油田——华北油田的主要油气田产区之一。形成了石化、铝型材、摩托车、石油钻采设备及石化装备制造、铁路机车及电器配件制造等特色主导产业,中国重要的石油化工基地、铝型材产业基地和三轮摩托车产业基地。农业形成了"鸡、鸭、鱼、菜"4个主导产业。以龙山文化、仰韶文化为底蕴。白洋淀旅游景区闻名中外。2012年完成生产总值543.6亿元。

16. 黄骅市 1989年7月撤县设市,面积2400平方千米,人口45万(2012)。是为纪念黄骅烈士而改名。处于环渤海、环京津的枢纽地带和东北亚经济圈的中心位置。地处华北平原,盛产小麦、玉米、大豆、高粱、苹果、鸭梨、冬枣、金丝小枣等,是中国冬枣之乡。海域水质肥沃、饵料丰富,有鱼、虾、蟹、贝、藻5大类上百种海产品,产量占河北省近一半,尤以东方对虾、渤海梭子蟹、快鱼、平鱼、目鱼最为名贵;是全国海盐生产基地之一,自古以"渔盐之利雄天下"而著称。蕴藏着丰富的石油、天然气等资源,是大港油田的主产区。已形成工业、乡镇企业、海洋产业、农业4大经济支柱产业。作为西煤东运的龙头,已成为沿海地区重要的煤炭集散地。黄骅港为西煤东运的第2大通道。2012年完成生产总值240亿元。

17. 河间市 1990年10月撤县设市,面积1333平方千米,人口81.03万(2010)。古称瀛洲,地处冀中平原腹地。农林牧土特产丰富,盛产小麦、玉米、油料、棉花及杂粮,是国家粮食生产基地和优质棉生产基地、"天津鸭梨"和"沧州金丝小枣"的重要生产基地,已培育起优质粮棉、速生林、畜牧、酱菜加工4大主导产业。工业已形成电线电缆、保温材料、汽车配件、餐具加工、通讯器材、轻纺化工6大特色支柱产业,为中国电线电缆生产基地、中国北方汽车配件和保温材料的重要生产基地。是西河大鼓的发祥地。2013年完成生产总值251亿元。

18. 冀州市 1993年9月撤县设市,面积917.2平方千米,人口36.2万(2010)。古代是上古九州之一。地处华北平原腹地,地势较为平坦,土壤质地适中,土层深厚,农业主产小麦、棉花、玉米、谷子,是全国优质棉生产基地;有鱼、虾、芦苇等水产资源,培育壮大辣椒、食用菌、速生林"一红一白一绿"3大特色产业,是省内最大的食用菌产地,被国家农业部命名为中国辣椒之乡和中国食用菌之乡。采暖铸造、化工、玻璃钢3大战略支撑产业和农产品加工、汽车配件、医疗器械3大区域优势产业发展迅速。2013年完成生产总值81.6亿元。

19. 深州市 1994年7月撤县设市,面积1245.2平方千米,人口56.61万(2010)。地处河北平原中部,滹沱河古冲积扇前缘。为全国优质棉、粮食、花生和蜜桃生产基地、黄淮海平原开发试验区。蕴藏着丰富的石油、天然气、煤和地热资源。工业企业有机械加工、化工颜料、建筑建材、农副产品加工、服装制造、生物化工等8大骨干行业,是全国农产品加工示范基地。已形成农资市场、果品市场、花生市场、畜禽市场4个专业市场。武术享誉全国,是形意拳的发源地。2013年完成生产总值125.6亿元。

20. **南宫市** 1986年3月撤县设市,面积863平方千米,人口46.9万(2010)。位于河北省东南部的冀、鲁2省交界处,是国务院批准的对外开放城市。属黄河冲积平原,土地广袤,土壤肥沃,气候温湿,盛产小麦、玉米、谷子、薯类、豆类、花生、芝麻、蔬菜等农产品,是全国商品粮基地县(市)、全国节水农业示范县(市)、全国优质棉基地县(市)、河北棉花之乡、河北韭菜之乡、河北省无公害农产品生产基地,农业初步形成了优质棉花、无公害蔬菜、畜牧养殖3大主导产业。自然资源有太阳能、风能、生物质能。工业已经形成了羊绒、羊剪绒、棉花加工3大主导产业和毛毡、食品加工、机械加工3大特色产业,是亚洲最大的羊剪绒生产加工基地。2012年完成生产总值78.53亿元。

21. **沙河市** 1987年2月撤县设市,面积958平方千米,人口49.84万(2010)。地处河北、山西、山东、河南4省接壤地带,是承东启西、沟通南北的重要通道和支点。南水北调中线工程总干渠纵贯市域,是全国著名的无烟煤、铁矿石和绢云母瓷土产地。以采矿、建材、医药化工、纺织、畜牧养殖等主导的特色产业具有较强的竞争力,是华北乃至全国重要的玻璃、煤炭、铁矿石、球磨铸铁、炭黑、饲料工业基地。重点建设了优质粮、干鲜果、速生丰产林、奶牛、蛋鸡、饲料、蔬菜等八大农业基地。药材、柿饼、核桃、板栗等是传统的出口产品。有秦王湖、北武当山等著名风景区。2012年完成生产总值204.7亿元。

22. **武安市** 1988年9月撤县设市,面积1818平方千米,人口81.9万(2010)。地处晋、冀、鲁、豫4省交界地带,是一座以工业为主,各行业全面发展的新兴城市、全国县域经济基本竞争力百强县(市)。为全国重点产煤县(市)和全国4大富铁矿基地之一。工业经济已形成冶金、煤炭、建材、机械、电力、轻工、化工、食品等8个行业,电力、通讯发达。农业经济初步形成了生猪、干果、食用菌等农业特色产业。自古商贾云集,素有"小北京"之称,现在物流配送、连锁经营、电子商务等新型物流业发达。是磁山文化发源地、中国优秀旅游城市、国家园林城市。2012年完成生产总值580.44亿元。

第四节 山西省

山西省地处黄土高原东翼,黄河以东,太行山之西,简称晋。基本地形是中间为盆地,东西侧为山,被人们称为"表里山河"。面积15.66万平方千米,2010年总人口3571万,有满、回、蒙等34个少数民族。现辖11个地级市、23区、11个县级市、85县。省会太原。在"十二五"规划中,山西省的定位是:以建设国家新型能源和工业基地为基础,努力建设全国重要的现代制造业基地、中西部现代物流中心和生产性服务业大省,早日建成中部地区经济强省和文化强省。规划以太原都市圈为核心,形成"一核一圈三群"的格局。2012年完成生产总值12 112.8亿元。

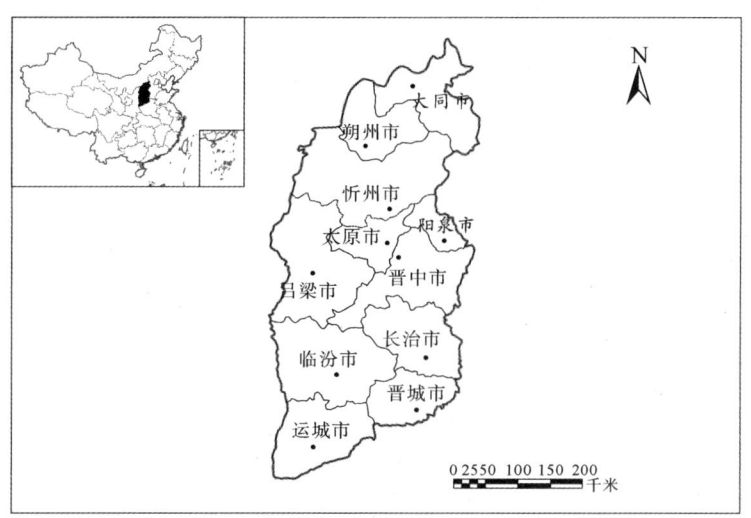

图 3-1-4　山西省行政区划图

一、各地级市发展情况

1. 太原市

太原市别称并州,古称晋阳,也称"龙城"。地处山西腹部,太原盆地北端。辖 1 市(古交)、6 区(小店、迎泽、杏花岭、尖草坪、万柏林、晋源)、3 县(清徐、阳曲、娄烦)和 2 个国家级开发区(太原市经济技术开发区、太原市高新技术开发区)、2 个省级开发区(太原工业园区、太原不锈钢生态工业园区),总面积 6988 平方千米、建成区面积 330 平方千米,总人口 420.16 万(六普),市区户籍人口 320 多万。有汉、回、满等 35 个民族。

太原具有 2500 多年的悠久历史,曾经是唐尧故地、战国名城、太原故国、北朝霸府、天王北都、中原北门、九边重镇、晋商故里。自古为军政要地,历史上有晋阳、冀州、并州、太原郡、太原府之称,1927 年改为市。是山西省的政治、经济、文化、教育、科技、交通、信息中心,是全国重要的能源重化工城市,国家园林城市,2011 年被列为国家历史文化名城。现行规划定位为中部地区重要的中心城市,全国重要的新材料和先进制造业基地,历史悠久的文化古都。规划形成"双城双区"的城市空间布局。

太原濒临汾河,三面环山,自古就有"锦绣太原城"的美誉。黄河第 2 大支流——汾河自北向南横贯全境。主要农作物有小麦、水稻、玉米、谷子、高粱、豆类、薯类等,晋祠水稻以优质著称全省;主要经济作物有蔬菜、棉花、油料、甜菜、药材等。矿藏丰富,以煤最多,其次有大量的石膏、石灰石、耐火粘土、铁矿及少量的锰、铜、白云石、石英砂等。已形成了以能源、冶金、机械、化工为支柱,纺织、轻工、医药、电子、电力、食品、建材、精密仪器等工业门类。已形成航空、铁路、公路的立体交通网络,太原武宿国际机场是国内干线和首都国际机场的备用机场;太原站是南北同蒲线、石太线、京原线等 6 条铁路干线的中枢。2012 年地区生产总值为 2311.43 亿元。

太原的名山、石窟、寺院、庙宇、湖泊、森林、温泉、溶洞、峡谷、河流、古建筑、古遗址、名人故居、历史文化纪念地、博物馆等旅游资源丰富,有国家和省级重点文物保护单位 45 处,有晋祠、天龙山石窟、上兰村窦大夫寺、西山大佛、双塔寺和市内的崇善寺、文庙、纯阳宫、古清真寺、晋阳湖及太山、天龙山、龙山、蒙山等名胜古迹。历史名人有姬虞、狐偃、郭淮、狄仁杰、王之涣、王昌龄、王维、王允、祁奚、常惠、孙绰、温峤、王翰、王僧辨、温庭筠、李存勖、李克用、石敬瑭、刘知远、刘崇、慕容延钊、王全斌、王溥、呼延赞、乔吉、傅山、王琼、米芾、罗贯中等。地方特产有晋祠大米、清徐葡萄、太原玉雕、太原仿古铁器等,有炒莜面、刀削面、"三倒手"硬面馍、拨鱼、豆腐脑、砍三刀、孟封饼、面麻片、桂花元宵等特色小吃。

2. 大同市

大同市位于山西省北部大同盆地的中心、黄土高原东北边缘,介于内外长城之间。辖5区(平城、御东、口泉、新荣、云冈)、7县(大同、阳高、天镇、浑源、广灵、灵丘、左云),全市面积14 126平方千米、市区面积2080平方千米、建成区108平方千米(2010),全市常住总人口331.8万人(六普)、市辖区常住人口173.75万人(2010),有蒙、满、回等少数民族。

大同在历史上一直是北方中国的中心城市,素有"三代京华,两朝重镇"之称。秦置平城县,北魏天兴元年(398)于此定都,北齐天保七年(556)改称恒安镇,北周置云中县,隋改为云内县,辽重熙十七年(1048)置大同县(为辽陪都,称西京),明清设大同府,1949年建大同市。是山西省第2工业城市和第2大城市,大同地区的政治、经济、文化中心,华北地区较有影响力城市之一,素有"中国雕塑之都""凤凰城"和"中国煤都"之称。现行规划定位为历史名城、能源重镇、晋北中心,确定文化名城、旅游名都、生态名邑、经济强市的发展目标,规划形成"一主两副,扇形组团"型的城市空间结构。

市区三面环山,御河纵贯南北。农作物以谷子、玉米、土豆、小麦、莜麦、胡麻、蔬菜等为主。矿产资源主要有煤炭、石灰石、高岭土、耐火粘土、石墨等,现已探明的煤炭储量为376亿吨,大同煤田是中国主要煤田之一,为国家重要的能源基地。初步形成了以煤炭、电力为支柱产业,冶金、机械、建材、化工、轻纺、制药、食品等工业门类比较完整的工业体系。农业方面,培育壮大畜牧、林草、优质杂粮、蔬菜4大农业特色产业。为晋冀蒙3省(区)和大同各县的交通枢纽,有大同倍加造机场。2011年3月设立了大同市影视文化产业园区和魏都影视基地。2012年全市GDP为931.3亿元。

大同是在中国历史上地位显著的古都、艺都、佛都、军都、融合之都、改革之都,享有"佛国龙城"之誉,有国家和省级文物保护单位49处,名胜有云冈石窟(被列入世界文化遗产名录)、悬空寺、华严寺、善化寺、平型关战役遗址等。历史名人有北魏孝文帝元宏、北剂3位皇帝之母娄太后、西魏北周名将独孤信等。拥有东方亮小米、浑源黄芪、灵丘苦荞面、大同县黄花、大同莜面、浑源凉粉、广灵五香瓜籽、阳高杏脯、大同铜器、广灵剪纸、大同烧麦、五香画眉驴肉等名优产品。

3. 朔州市

朔州地处山西省西北部,桑干河上游,大同盆地南沿,长城两侧。辖2区(朔城、平鲁)、4县(山阴、应县、怀仁、右玉)和1个开发区,总面积10 662平方千米,市区(朔城区)面积1793平方千米,全市常住人口171.486万(六普)、市区(朔城区)常住人口50.53万(六普),有满、蒙古、回族等20个少数民族。

朔城区秦筑马邑城,西汉置马邑县,北魏孝明帝寿昌二年(526)改为朔州,隋炀帝大业三年(607)改马邑郡,唐高祖武德四年(621)复名朔州,宋徽宗宣和五年(1123)置朔宁府,元复为朔州,1912年改为朔县,1988年设朔州市,朔县改称朔城区。为煤炭之都、电力之城、陶瓷之地、乳品之乡、生态之园。现规划建设成为全国重要的煤电能源基地,全省重要的乳制品、陶瓷和建材生产基地,为能源基地服务的生态园林城市。规划中心区形成"三区多心、绿带环结"的空间布局结构。

境内西、南、北三面环山,中和东部是平川,河流均为桑干河支流。主要农作物有玉米、马铃薯、谷子、莜麦、荞麦、豌豆、黍子、胡麻等,是北方著名的小杂粮生产基地、全国著名的奶牛和肥羔羊养殖基地、山西省主要的生态畜牧基地。已探明的矿产资源有煤炭、石灰岩、高岭土、铁矿石、铝矾土、长石、石英等,煤炭储量丰富,原煤产量居全国前列。已初步形成以煤、电、奶为支柱产业,兼有陶瓷、食品、机械、建材、化工、轻纺、医药、冶金及耐火材料等较为完整的工业体系和以农牧业为主导、农林牧副渔综合发展的格局,煤电工业实力雄厚,是中国重要的能源工业基地。2012年全市地区生产总值完成1007.1亿元。

有国家和省级文物保护单位24处,名胜有应县木塔、崇福寺、杀虎口、内外长城、掌柜窑、峙峪旧石器遗址等。历史名人有班婕妤、三国大将张辽、北齐名将斛律金、斛律光、唐代开国元勋尉迟恭、明朝首辅王家屏等。名优特产有五花营村的羊肉、朔州黄酒等。

4. 阳泉市

阳泉地处黄土高原东缘,山西东部,太行山西麓的山间盆地之中。辖3区(城区、郊区、矿区)、2县(盂县、平定县)和1个省级开发区,总面积4452平方千米、市区建成区面积70平方千米(2010),全市总人口136.85万(六普),其中城镇人口87.23万,有回、满等33个少数民族。

现今的市中心原是一片荒滩,光绪三十一年(1905)正太铁路在阳泉设站,至1936年才形成一个有3万余人的小集镇,属平定管辖。1947年设阳泉市,1949年设阳泉工矿区,1951年阳泉工矿区改设阳泉市,属省直辖。是一座新兴工业城市,晋东政治、经济、文化中心。现行规划定位是全国重要的能源基地,特种新型材料为主的工业城市,山西省东部地区的区域中心,晋东地区的商品集散中心。规划市区为组团式结构,由阳泉组团、荫营组团、平定组团组成。

境内四周群山环绕,中部为黄土丘陵,流水切割十分破碎;河流有滹沱河和桃河及其支流。农村以种植业为主,主要农作物有谷子、玉米、高粱、小麦、豆类、薯类、油料以及蔬菜和瓜果类等。煤的分布很广,为全国无烟煤基地之一,硫化铁、铝矾土储量居全国第1,素有"煤铁之乡"之誉。工业已初步形成以能源为基础,冶金、化工、机械、建材为支柱,轻工纺织、食品、电子等门类齐全的体系,采掘、冶金、化工等工业尤为发达。阳泉在山西省第1家实现了程控联网。2012年地区生产总值为602.0亿元。

有国家和省级文物保护单位11处,名胜有娘子关、藏山、关帝庙、"百团大战"主战场——狮脑山遗址等。历史名人有赤章曼伯、许世绪、吕思诚、张士贵等。特产有平定黄瓜干、砂货、铁货,盂县核桃、花椒,阳泉煤雕、醋等。

5. 长治市

地处山西东南部,东倚太行山,西屏太岳山,南部与晋城市毗邻,北部与晋中市交界。辖1市(潞城)、2区(城区、郊区)、10县(长治、长子、屯留、壶关、黎城、平顺、襄垣、武乡、沁县、沁源)和1个高新开发区,总面积13 896平方千米、人口333.456万(六普),其中市区面积344.6平方千米、人口76.5万(六普),有回、满等13个少数民族。

长治古称上党。商、周为黎国地,战国时为韩别都。秦置上党郡,隋置上党县,明嘉靖年间始设长治县,1945年建市,1951年改省直辖,1958年划归晋东南专署,1975年复由省直辖。现行规划定位是综合功能的区域性中心城市。新区建设将根据"水边的五彩石"这一开发主题,在新区城市空间上规划了"绿、紫、蓝、红、橙"的五色物质空间。

地处黄土高原东南部,为太行山、太岳山所环绕,构成高原地形,通称"沁潞高原",又称"上党盆地",山地、丘陵、盆地纵横交错。河流以浊漳河为主,漳泽水库是长治市区工农业用水的主水源。粮食作物主要有谷子、玉米、小麦、马铃薯等,经济作物有棉花、麻皮、油料、党参等,经济林以苹果、柿子为主,养蚕事业历史悠久。矿产有煤、铁、硫磺、耐火粘土、大理石、锰、石膏等,罗期布、潞布煤矿是山西省的主要煤矿之一。工业以煤炭、炼焦、化工、钢铁、电力、机械为主导行业。交通发达,建有长治飞机场。2012年全市地区生产总值为1328.6亿元。

有国家和省级文物保护单位85处,名胜有中村申家宅院、平顺的七宝塔、长子的法兴寺、襄垣的仙堂寺、沁源的圣寿寺、太行山大峡谷、老顶山森林公园、太行水乡、灵空山、武乡溶洞、八路军总部旧址等。历史名人有舜、尧、法显、冯奉世、石勒、豫让、魏征等。主要名优特产有沁州黄小米、潞麻、潞党参、黄芪、连翘、木耳、沁源松蘑菇、黄花菜、花坡蕨菜、黎城柿饼、绵核桃、平顺大红袍花椒、马铃薯、长子青椒等。

6. 忻州市

忻州位于山西中北部,辖1市(原平)、1区(忻府)、12县(代县、繁峙、静乐、定襄、五台、神池、五寨、岢岚、偏关、河曲、保德、宁武),总面积25 472平方千米,常住人口306.75万(六普),其中市区面积1954平方千米、人口54.47万(六普)。

忻州古称秀容,有"晋北锁钥"之称,历代为兵家必争之地。春秋时期为晋地,战国时属赵,隋开皇十八年(598)始称忻州,1912年改为忻县,1983年设忻州市,2000年升为地级市。现行规划定位为山西省重要的轻工、食品加工基地和新兴的煤、电、铝综合性工业基地,以宗教古建文化、黄河文化和自然生态为特色的旅游经济区,黄河中游重要的水土保持与生态防护林建设基地。规划形成"一主(主城区)四次(城北开发区、城南工业区、西南九龙岗生活区、顿村旅游服务区)加一绿环"的城市空间结构。

境内为秦晋黄土高原的一部分,地形崎岖,多为山地丘陵,有黄河、汾河、滹沱河、桑干河等河流。以种植高粱、玉米为主,辣椒、油枣、海红、谷子、马铃薯、豌豆、大豆、胡麻、莜麦、党参等都以其特有的品质饮誉国内外,享有"小杂粮王国"之美誉,有玉米、高粱商品粮基地、油料基地、小杂粮基地、水稻基地、制种基地、海红果和油枣基地,依托特色农业优势,实推进现代农业试验区、雁门关生态畜牧经济区、优质杂粮经济区建设。矿产以煤炭、铁矿、铝土矿、金红石等矿种为主,储量大、分布集中、品位高、易开采。已初步形成煤炭、电力、化工、冶金、机械、建材、轻纺、食品等门类齐全的工业体系。2012年地区生产总值为620.9亿元。

忻州文化积淀深厚,有"摔跤之乡""民歌海洋"之誉,著名的"忻口战役""平型关大战"、火烧阳明堡飞机场等战斗就发生在忻州。旅游资源独具特色,山、水、庙、关、林、泉、洞等名胜古迹遍布,有国家和省级文物保护单位79处,著名景点有五台山、管涔山森林公园、雁门关、禹王洞、芦芽山、赵杲观、顿村温泉度假村等。历史名人有"杨家将"、元好问、白朴、徐继畲、刘渊、刘聪、阎锡山、徐向前、续范亭、薄一波、赵尔陆、徐永昌等。特产有代县辣椒、保德油枣、河曲海红、五台山蘑菇、同川梨、代县金蜜梨、五台石砚、代县木漆器等。

7. 吕梁市

吕梁市位于山西省中部西侧,因吕梁山脉由北向南纵贯全境而得名。辖2市(汾阳、孝义)、1区(离石)、10县(交城、文水、中阳、柳林、交口、兴县、岚县、临县、方山、石楼),面积21 095平方千米,常住人口372.7万(六普)、市区人口32万(六普),有蒙古、彝、满等32个少数民族。

吕梁春秋属晋,战国归赵,秦汉属太原郡,隋唐宋元分属石州、汾州、隰州、岚州、并州,明清分属太原府、汾州府,1971年设吕梁地区,2003年撤地区设市。现规划定位为山西西部区域中心城市,太原都市圈西部中心城市,吕梁市政治、经济、文化中心,辐射陕、甘、宁、蒙的交通枢纽,为离、柳能源煤电区提供综合服务的山水园林城市。

全境为典型的黄土高原地貌,区内沟壑纵横,山峦起伏,梯田环绕,是山西的贫困地区之一。是全国著名白酒、红枣、核桃、沙棘生产基地,被誉为"白酒之源""红枣之都""核桃之乡""沙棘之府"。矿产主要有煤、铁、铝矾土、白云岩、煤气层等。主导产业集中在煤炭、焦化、冶炼、酿造、建材、农副产品加工6大行业。形成了铁路、快速公路交通网络。2012全市地区生产总值达1230.4亿元。

有国家和省级文物保护单位78处,有古建筑、古遗址、古窟寺、石刻、壁画等文物古迹5014处、现代革命遗址和革命纪念建筑物133处、各类自然风景区11处,主要景点有庞泉沟、北武当山、玄中寺、名镇碛口、名村西湾等。历史名人有宋之问、华国锋、武承嗣、武三思、狄青、武士彟、武则天、于成龙、刘胡兰等。特产有交城小吃栳、孝义剪纸、吕梁名吃合棱则、红枣、小杂粮、柳林碗脱、汾酒、沙棘、汾阳核桃、绣花、面塑、皮影等。

8. 晋中市

位于山西中部,东依太行,西临汾河,辖1市(介休)、1区(榆次)、9县(太谷、祁县、平遥、灵石、寿阳、昔阳、和顺、左权、榆社),总面积16 408平方千米、人口325万(六普),市区面积1311平方千米、人口63万(六普),有回、满等26个少数民族。

作为中华文明的发祥地之一,商代后期出现城邑,春秋时期开始设县,秦置榆次县,1948年设榆次专区,1968年改称晋中地区,1999年设立地级晋中市。现规划定位为太原都市圈的核心组成部分,山西省重要的高等教育中心、商贸物流枢纽和先进制造业基地,文化底蕴深厚的宜居城市。规划形成"一带两轴紧凑式"城市布局结构。

晋中地处黄土高原东部边缘,山地、丘陵、平川呈阶梯状分布,东部山地岭高坡广、林木丰茂,是全市重要的林产品基地;中部丘陵岗峦起伏,草种繁多;西部平川地势平坦,土质肥沃,素为发达的农业区。是全省粮食、蔬菜、畜产品、干鲜果的主要产区之一,蔬菜和畜禽产品综合产量连续多年位居全省第1。钛铁矿和铬铁矿保有储量居山西省之首,是全国10大煤炭基地之一。晋中是晋商故里,纵横商界600年,曾经创造过举世瞩目的经济奇迹。现已形成机械、纺织、建材、冶金、化工、电子、煤炭、轻工、食品等10多个工业门类,有全国最大的纺机厂、液压件厂及钡盐基地、民用锅炉生产基地。是山西省的交通枢纽和太原市的南门户。2012年晋中市地区生产总值为985.9亿元。

有国家和省级文物保护单位110处,有太谷城、平遥古城、双林寺、资寿寺、乌金山、绵山、石膏山、榆次常家庄园、祁县乔家大院、渠家大院、灵石王家大院、太谷曹家大院、太谷孔祥熙宅院等景区景点。历史名人有祁奚、王允、文彦博、祁隽藻、王维、温庭筠、温彦博、孔祥熙等。传统名产有洪山陶瓷、推光漆器、剪纸、榆社鹿茸等,小吃有刀削面、猫耳朵、甜荞面凉粉、平遥碗托、平遥牛肉、昔阳吊炉小烧饼、洋芋擦尖、刀拨面等。

9. 临汾市

地处山西西南部,地处汾水之滨而得名。辖2市(侯马、霍州)、1区(尧都)、14县(曲沃、翼城、襄汾、洪洞、古县、安泽、浮山、吉县、乡宁、蒲县、大宁、永和、隰县、汾西)和2个省级经济技术开发区,总面积20 275平方千米,常住人口431.66万(六普),其中市区94.4万(六普),有回、满等25个少数民族。

临汾古称平阳,是华夏民族的重要发祥地之一和黄河文明的摇篮,又因上古帝尧曾建都于此,有"华夏第一都"之称。战国初期韩建都平阳,西晋永嘉三年(309)都平阳,隋开皇三年(583)置临汾郡,1950年设立临汾专区,1970年专区改地区并设立县级临汾市,2000年撤地设市。现行规划定位为唐尧文明圣地、新兴产业之都、和谐宜居城市,以精细化工和旅游服务为支柱产业的晋南地区重要中心城市。城市发展方向为西扩东改北引南优。规划中心城区形成"两带三轴三城九区"的空间发展结构。

临汾"南通秦蜀,北达幽并,东临雷霍,西控河汾",整个地区大致呈"二川三山五丘陵",有黄河、汾河、昕水河、沁河、浍河、鄂河、清水河7条河流和郭庄、龙祠、霍泉3大名泉。土地类型多样,宜林宜草面积大,但森林覆盖率低,水土流失较为严重。盛产小麦、棉花、玉米、谷子、烟叶、西瓜等,经济林有葡萄、苹果、核桃、柿、板栗、桑、梨、瓦氏椋子、山楂等,是华北地区重要的粮棉生产基地,素有"棉麦之乡"和"膏腴之地"美誉,林牧业相对发达。煤、铁、石膏、石灰岩、白云岩、膨润土、花岗岩、大理石、油页岩、耐火粘土等矿产在省内及全国均占重要地位。已形成以煤炭、焦化、冶金、电力、装备制造为骨干,煤化工、旅游、农副产品加工、物流业为配套的多元产业体系,是山西省新型能源和工业基地建设的重要组成部分。2012年全市地区生产总值为1220.5亿元。

有国家和省级文物保护单位109处、国家4A级旅游景点3处,具有以丁村古人类遗址等为代表的人类文明之源,以陶寺遗址、尧庙、尧陵等为代表的中华文明之源,以晋侯墓等为代表的三晋文明之源的"三源"文化内涵,非物质文化种类繁多,被誉为"梅花之乡""剪纸之乡"和"锣鼓之乡"。历史名人有晋文公、帝尧、郑光祖、赵鞅、霍去病、荀子、法显、卫青、卫子夫、霍光、赵盾、郅都、贾南凤、彭真、柴绍等。土特产主要有黑木耳、猴头、松香、生漆、佛手和烟草等,名贵中草药有菖蒲、竹节人参、灵芝、芋肉、贝母、党参、山茱萸、甘草、五加皮、苍术、藿香等。

10. 运城市

地处山西西南部,位于晋陕豫3省交界处、黄河金三角经济圈黄金位置,北依吕梁山、东崎中条山、西南与陕西省、河南省隔黄河相望。因"盐运之城"而得名。辖2市(永济、河津)、1区(盐湖)、10县(绛县、夏县、新绛、稷山、芮城、临猗、万荣、闻喜、垣曲、平陆),总面积14 106平方千米,人口513.48万(六普)、市区人口68万(六普)。

运城古称河东,是中华民族的最早发祥地之一。舜都蒲坂、禹都安邑以及夏的都城,春秋时统属晋国,魏国建都城安邑(今夏县禹王城一带),秦置安邑县。1947年设运城市,1970年重设运城地区,2000年撤地区设市。现行规划定位为晋南和晋陕豫黄河金三角地区重要的中心城市,具有河东文化特色的工贸旅游城市,城市布局为"一主两副"城市组团。核心空间结构发展以现代服务业为重点的第三产业,内圈层发展成为核心城市的工业生产区、都市农业区和都市功能外延区,外圈层作为黄河金三角产业的疏散地承担经济圈"全国独特资源基地"的生产运输职能。

运城市地势平坦,气候温和,土壤肥沃,光照充足,是传统的农业大区,山西省乃至全国的麦棉、花生基地,负有盛名的10大农产品是小麦、棉花、苹果、稷山板枣、王过酥梨、绛县山楂、蒲州柿子、临晋酱玉瓜、万荣大黄牛、存宝花生米。矿产有煤、铁、铜等。工业以化工、机械、冶金、电力、建材、食品加工、纺织、酿造等行业为主,初步形成了冶金、日用化工及煤化工和医药、机械及精密铸造、新型材料及玻璃器皿、农副产品加工、旅游业为龙头的第三产业等具有区域特色的6大产业群体,是山西能源重化工基地的重要组成部分、山西省新兴的工业基地。农业形成了初具规模的果、畜、菜、粮、棉5大主导产业。交通发达,运城关公机场已通航。2012年全市地区地区生产总值完成1068.1亿元。

运城市是中国古代文化的重要发祥地之一,有国家和省级文物保护单位152处、国家级风景名胜区1处、国家级森林公园2处,有芮城永乐宫、永济普救寺、鹳雀楼、蒲津渡大铁牛、历山原始森林、中华宰相第一村等名胜,历史上"黄帝战蚩尤""嫘祖养蚕""后稷稼穑""舜耕历山""禹凿龙门"以及曾显赫扬名一时的文臣武将名人关羽、柳宗元、王通、王勃、王维、司马光、薛仁贵、封常清、吕洞宾、杨贵妃、关汉卿等都在这里留下了许多典故与传说,闻喜裴家名人辈出(裴秀、裴炎、裴休、裴行俭、裴度等,共出了59位宰相,大将军59人)。特产有闻喜煮饼,稷山麻花、板枣、柿子、柿饼、柿酒,运城相枣,芮城麻片,酱菜,平陆百合,新绛云雕、螺钿,蒲州青柿、黄河鲤鱼、无核蜜枣、黄河滩莲,垣曲炒琪等。

11. 晋城市

地处山西东南部,东枕太行,南临中原,西望黄河,北通幽燕,是山西通往中原的重要门户。辖1市(高平)、1区(城区)、4县(泽州、阳城、沁水、陵川),总面积9490平方千米、人口227.9万(六普),其中城区面积141平方千米、人口48万(六普),有回族等33个少数民族。

晋城市古称泽州,是华夏文明的发祥地之一。隋开皇初年设置泽州府,唐高祖武德三年(620)设晋城县,1983年撤县设市,1985年升为地级市。是中国花鸟动画之都、非物质文化遗产名市、中国城市信息化城市。现行规划定位为山西省东南部重要的门户城市,服务于能源、煤化工基地和旅游的区域中心城市,具有太行山地特色的现代宜居城市。城市布局为"两区四片"组团式结构。

晋城为太行、太岳和中条诸山环抱,沁河、丹河两大河流绿水环绕,地下水比较丰富,是中国华北地区相对的富水区。野生动植物资源可观,是全国5大山楂生产地区之一和山西省天然保健食品生产基地、北方重要的蚕茧产地和丝绸生产基地。矿产以煤铁为主,有"煤铁之乡"的盛誉。工业以煤炭、冶金、建材、化工、机械、电力、纺织、缝纫、皮革、食品、文化用品为主,是中国煤炭工业基地、华北最大的蚕茧产地和丝绸生产基地。铁路、公路交织成网。2012年全市地区生产总值为1011.6亿元。

有国家和省级文物保护单位98处,名胜有下川遗址、历山自然保护区、蟒河自然保护区、皇城相府、棋子山、佛子山、西溪真泽宫、锡崖沟挂壁公路和高平长平古战场等。历史名人有高僧慧远、陈廷敬、王国光、贾景德、田从典、张敦仁、张慎言、赵树理等。地方特产有大理石、猴头、灵芝、玻璃制器、陵川党参、山西香果、泽州甜柿、红山楂、晋城红果、晋城砖雕木雕剪纸等,地方小吃有阳城烧肝、阳城枣糕、卷白馍、油糊角、巴公烧大葱、羊肉李吃抓、高平十大碗、高平猪头肉夹火烧、高平烧豆腐等。

二、各县级市发展概况

1. 古交市 1988年2月撤县设市,面积1526.59平方千米,人口20.51万(2010)。位于太原市西部山区,吕梁山脉东麓,峰峦叠嶂,沟谷纵横,汾河由西向东横贯。矿产丰富,依矿而立,缘矿而兴,为吕梁山东麓的交通枢纽和商品集散地、连接省城太原和晋西北的现代化工矿城市、太原的卫星城市。古交煤田煤质优良,是全国最大的主焦煤生产基地。地方工业形成了煤、焦、铁、建材4大支柱产业,林牧业和第三产业开发潜力巨大。2011年完成生产总值35.38亿元。

2. 潞城市 1994年4月撤县设市,面积612.5平方千米,人口22.69万(2010)。位于山西省东南部,太行山西麓,上党盆地东北边缘,商殷时代有"微子国""潞子国"之称,生物资源、水资源、矿产资源丰富,有闻名三晋的华北第2大泉辛安泉、亚洲最大复合肥生产基地天脊煤化集团、亚洲最大火力发电厂王曲电厂,为国家园林城市、全省小康县(市),一个以煤焦、化工、建材、冶金为主要支柱产业的新兴城市。农、林、牧、副、渔业全面发展。2012年完成生产总值97亿元。

3. 原平市 1993年6月撤县设市,面积2556平方千米,人口49.12万(2010)地处山西北中部,农业以粮食作物为主,主要以玉米、高粱、谷子、小麦为大宗,以商品粮、制种、畜牧、经济林、蔬菜等5大基地建设为主体,素有"东山摇钱树,西山聚宝盆,中间米粮川"之称,是山西省最大的水果产区之一、全国酥梨生产基地、山西省玉米和高粱定点制种基地、全国最大的青椒制种生产基地、山西省商品粮生产基地和蔬菜生产基地。初步形成以化工、煤炭、机械、冶金、建材等5大产业为主体的工业体系。为山西省重要的铝业基地、忻州市域次中心、太原都市圈北翼重要的交通与商贸物流枢纽城市。2012年完成生产总值105.2亿元。

4. 汾阳市 1996年8月撤县设市,面积1176平方千米,人口41.62万(2010)。位于山西省腹地偏西,太原盆地西缘,吕梁山东麓,因东濒汾河水而得名。黄土丘陵区水土流失较为严重;平原地区水源充足,土壤肥沃,人口稠密,交通方便,是粮棉产区。为全国商品粮生产基地、全国食品工业强市、中国核桃之乡、中国小米之乡、汾酒之乡和全省优质谷子、瘦肉型猪生产基地。汾阳地秧歌为国家级非物质文化遗产保护项目,有全国砖结构第1高塔——文峰塔、杏花村汾酒古作坊。2012年完成生产总值115.3亿元。

5. 孝义市 1992年2月撤县设市,面积937平方千米,人口46.88万(2010)。位于吕梁山脉中段东麓,晋中盆地西南隅。唐贞观元年因"邑人郑兴孝行闻于朝",唐太宗亲赐"孝义"一名,是古老文明和现代繁华的聚汇之地。综合经济实力位居全省县(市)域第1,是全国百强县、中国和山西省重点产煤地之一、国家铝工业的主要开发基地、全国肉鸭养殖加工基地、民间艺术之乡。为太原经济圈新型重化工产业基地、晋秦物流要道和晋西运输枢纽、吕梁和陕北等地区的物资集散中心、以特色民间文化为底蕴的园林城市。2012年完成生产总值390.1亿元,居山西省首位。

6. 介休市 1992年2月撤县设市,面积743平方千米,人口啫0.66万(2010)。位于山西省中南部,太丘山北侧,汾河南畔。春秋时期晋介子推割股奉君、归隐绵山,与母俱焚死,故更名介休县。是正在崛起的年轻的区域性中心城市,素有陕晋通衢之称,是三晋腹地的重要交通枢纽、南同蒲沿线最大的货运站、中国重要的焦煤产地。农作物主要有小麦、大豆、高粱、玉米、水稻、谷子、棉花、油料、蔬菜、瓜果等。基本形成了煤焦、钢铁、建材、机械、化工、轻纺6大产业群。2012年完成生产总值151亿元。

7. 侯马市 1958年设市,是山西省最早的县级市,1963年撤销,1971年8月再次建市,面积221平方千米,人口24万(2010)。位于山西省南部、汾河与浍河交会处,处于临汾、运城、晋城3市及晋秦豫3省的三角中心位置。地势平坦,土地肥沃,气候温和,四季分明,环境优美,是山西省首批农业农村现代化试点市、晋南重要的交通枢纽、全国5大物流重镇之一、全国生态环境建设示范市、全省首座园林城市,有世界上储量最大、质量最好的主焦煤田。主要粮食作物有小麦、玉米、大豆、薯类等,主要经济作物有棉花、果树、蔬菜、油葵等。初步形成了生化制药、精密铸造、清洁能源和农副产品加工等4大新兴产业。商贸繁荣物流活跃。赵氏孤儿、魏绛和戎、悼公复霸、九合诸侯、六卿专政、三家分晋等历史典故丰富了中华民族的文化宝库。2012年完成生产总值90.99亿元。

8. 霍州市 1989年12月撤县设市,面积764平方千米,人口28.29万。位于山西中南部,与临汾、晋中盆地交界,扼山西南北交通之要冲,"霍"是山西省内最古老的地名之一。森林、牧草、矿产和水力资源都很丰富。粮食作物有小麦、玉米、谷子、大豆、薯类等,经济作物有棉花、油葵、油菜和各种蔬菜。工业有电力、机械、橡胶、陶瓷、水泥、化肥、汽修、粮食加工、酿造等,是山西省能源重化工基地之一。名胜古迹甚多,有中国古代10大名山"中镇"霍山等。2011年完成生产总值77.94亿元。

9. 河津市 1994年1月撤县设市,面积580平方千米,人口39.55万(2010)。位于汾河和黄河汇流的三角地带,商建耿国。地下水资源丰富,并建有禹门口黄河提水大型水利工程。农业形成了粮食、蔬菜、水果、畜牧4大特色产业带。矿藏有煤、硫铁、石灰石、铝矾土、石英石等。工业有采煤、制铝、炼焦、建材、机械、水泥、化肥、发电、炼铁、纺织和运输等,是国家铝电工业基地。建筑业发达,素有"鲁班之乡"盛誉。有"鱼跃龙门"的禹门口、成语"相敬如宾"出处地清涧"如宾乡"等景点。2012年完成生产总值184.7亿元。

10. 永济市 1994年1月撤县设市,面积1217平方千米,人口44.47万(2010)。位于晋秦豫"黄河金三角"区域中心,古称蒲坂,史为舜都,是中华民族的发祥地之一,古蒲州城是古代全国6大雄城之一。农业主产小麦、棉花、淡水鱼等,是全省优质粮食生产基地、优质棉花生产基地、全省最大的水产养殖基地。电力开发、电机制造、铝铁深加工、纺织印染、化工、制药、油脂加工、肉鸡加工、芦笋加工和乳制品加工"十大企业集团"不断得到发展壮大。旅游资源十分丰富,现存文化遗址、宝寺名刹、名人故里、山川名胜多达140余处,是晋南黄河根祖文化旅游区的龙头。2012年完成生产总值119.4亿元。

11. 高平市 1993年5月撤县设市,面积980.35平方千米,人口48.49万(2010)。位于山西东南部,泽州盆地北端,太行山西南边缘。是中华民族人文始祖炎帝的故里、中国历史上著名的长平之战的发生地、太行太岳革命老区和闻名全国的煤铁之乡、黄梨之乡、生猪之乡、上党梆子戏剧之乡。属资源型缺水和水质污染性缺水并存的地区。农业坚持"三种"(种菜、种桑、种果)、"三养"(养猪、养蚕、养兔)、"三加工"(生猪加工、果蔬加工、丝麻加工),拉长加粗3条龙型产业链,打造煤化工园区、生物医药饲料园区、冶铸建材机械制造园区、轻工食品园区等4大工业园区和现代农业示范园区、南北2大物流园区、文化产业园区7大园区。2012年完成生产总值234.7亿元。

第五节 内蒙古自治区

内蒙古自治区地处中国北部边疆。西北紧邻蒙古和俄罗斯,首府是呼和浩特市。全区总面积118万平方千米,人口2470.63万(六普),以蒙古族和汉族数量最多,蒙古族占总人口的17.65%。

现辖9个地级市、3个盟、11个县级市、17个县、49个旗和3个自治旗。内蒙古自治区发展规划：突出发展中心城市，加快呼和浩特、包头、鄂尔多斯城市建设，强化其中心城市地位；大力发展口岸城市；重点加强中小城市，积极扶持盟市所在地及重点城市；择优扶持小城镇。2012年完成生产总值15 988.34亿元。

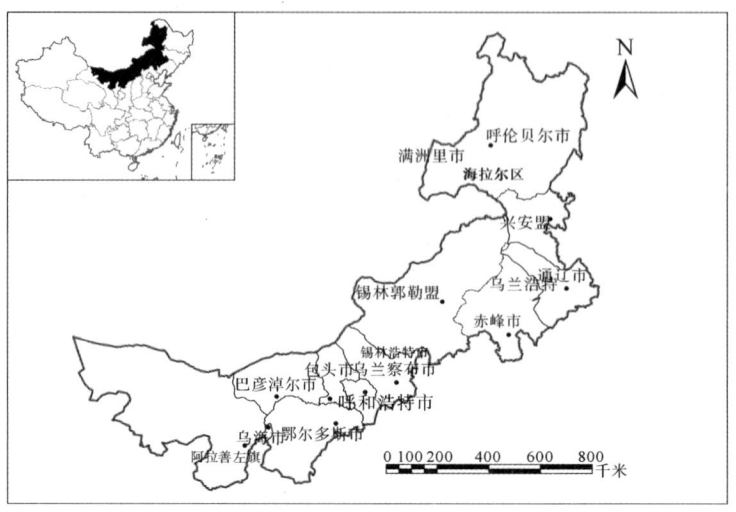

图3-1-5　内蒙古行政区划图

一、各地级市发展情况

1. 呼和浩特市

地处内蒙古中南部，辖4区（新城、回民、玉泉、赛罕）、4县（托克托、和林格尔、清水河、武川）、1旗（土默特左旗）和1个国家级开发区，总面积17 200平方千米，常住人口286.66万（六普）、市区人口208万，有蒙、汉、满等36个民族。

呼和浩特是座有400多年历史的塞外名城，原分为新、旧2城。旧城建于明万历九年(1581)，相传是土默特蒙古部首领俺答汗及其夫人三娘子所建，初时谓之库库和屯，明命名为"归化"；新城建于清雍正十三年(1735)，名为归绥县。1928年设归绥市，1954年改名为呼和浩特市。呼和浩特蒙古语意为"青色城市"，是国家新能源汽车试点城市、"中国乳都"，与包头、鄂尔多斯、松原一起称为中国北方经济增长四小龙。现行规划定位为内蒙古首府和政治、经济、文化中心，采用"集中组团式"布局形态。

境内北部大青山和东南部蛮汉山为山地地形，南部及西南部为土默川平原地形；河流有大黑河、小黑河等，矿产有煤、泥炭、石墨、大理石、花岗岩等20多种。工业以乳业、电子信息业、电力、生物制药业、冶金化工业5大产业集群为主，除传统的民族用品工业、轻纺工业外，制糖、卷烟、乳品、医药、化工、冶金、电力、建筑材料等工业都已形成较大规模，是重要的毛纺织工业中心之一。农业着力发展乳业、专用玉米、马铃薯、蔬菜、肉类、牧草6大主导产业。第三产业重点发展物流、旅游、房地产、金融等行业。交通发达，呼和浩特白塔国际机场是内蒙古第1大航空枢纽。2012年全市地区生产总值实现2475.57亿元。

呼和浩特是中国历史文化名城、国家森林城市、中国优秀旅游城市，有国家和省级文物保护单位43处，名胜有葛根塔拉草原、昭君墓、哈达门国家森林公园、乌素图旅游开发区、哈素海旅游度假村、大青山避暑山庄等，呼和浩特市又被誉为"召城"，有着丰富的召庙文化，有大召寺、五塔寺、席力图召、乌素图召等。历史名人有王昭君、宇文泰、宇文毓、宇文觉、宇文邕、宇文护、宇文宪、三娘子。特色饮食主要有烤全羊、涮羊肉、手把羊肉、烤羊腿、炸羊尾、血肠、肉肠、羊杂碎、稍美（烧麦）、焙子、莜面、马奶酒、奶茶、奶皮子、奶豆腐、奶酪、油香、馓子、牛肉干等。

2. 包头市

包头，源于蒙古语"包克图"，蒙古语意为"有鹿的地方"，所以又叫鹿城。地处内蒙古高原的南端，阴山山脉横贯该市中部。辖6区（东河、昆都仑、青山、石拐、白云鄂博矿区、九原）、1县（固阳）、2旗（土默特右旗、达尔罕茂明安联合旗），总面积27 768平方千米、城市建成区面积360平方千米、市中心区面积315平方千米，常住人口265.04万（六普）、市区人口209.73万，有蒙、汉、回等31个民族。

包头早在5000年前就有人类聚居，直至清乾隆时期才形成了2条小街的村落，嘉庆十四年（1809）包头村改为包头镇，1923年平绥（现京包）铁路延至包头后成为中国西北地区商业重镇，有水旱码头之称。1926年设县，1938年设市，1945年实行市县并存，1953年撤县留市。是内蒙古自治区最大的工业城市、第1大城市，国家重要的基础工业基地、国家森林城市。现行规划定位为中国重要的工业基地，京津呼包银经济带重要的中心城市，内蒙古自治区的经济中心。规划强化"一市两城多组团多中心"城市空间布局结构，突出山、城、河、绿的城市格局特色。

有北部高原、中部山地、南部平原3个地形区域，黄河流经境内，公路、铁路2桥并行飞架黄河南北，先后修建了多座黄河提水工程和中小型水库。北部丘陵地区大都种植干旱作物；北部草原盛产绵羊、山羊、牛、马、骆驼等牲畜；南部平原区土质肥沃，盛产小麦、糜黍、甜菜、向日葵、玉米、高粱及蔬菜、瓜果。市中心的赛汗塔拉草原是全国唯一的都市草原。著名的白云鄂博是举世罕见的金属共生矿山，铌的储量居全国之首，稀土储量居世界之最，是名副其实的"稀土之乡"。工业形成了以稀土冶金及应用、钢铁、有色金属、纺织、电子、铝业、化工、建材、电力、重型汽车、工程机械等门类比较齐全的体系，中国最重要的稀土、钢铁、冶金、机械制造、军工基地之一。畜牧业鼓励育肥牛、羊的生产，发展狗肉、兔肉等特种养殖。第三产业重点发展商贸流通、运输物流、旅游、房地产、金融服务、信息服务等产业。是连接中国华北、西北最为重要的重要交通枢纽和中国西部重要的邮电通讯中心，现已基本形成了铁路、公路、航空综合交通网络。2012年包头市地区生产总值达3409.5亿元。

有国家和省级文物保护单位有14处，名胜有五当召、秦长城、梅力更、九峰山、响沙湾、希拉穆仁草原等。历史名人有吕布、云亨等。特色餐饮有小肥羊火锅、莜面、沙葱包子、手扒肉、烤全羊、拔丝奶豆腐、羊肉稍麦、饸饹面等。

3. 鄂尔多斯市

"鄂尔多斯"为蒙古语，意为"宫帐守卫"。鄂尔多斯市位于内蒙古自治区西南部，地处鄂尔多斯高原腹地，毗邻晋陕宁3省区，三面黄河环绕，南临古长城。辖1区（东胜）、7旗（达拉特旗、准格尔旗、鄂托克前旗、鄂托克旗、杭锦旗、乌审旗、伊金霍洛旗），总面积8.7万平方千米，常住人口194.06万（六普），以蒙古族为主体、汉族占多数。

鄂尔多斯历史悠久，清顺治六年（1649）清设伊克昭盟，光绪三十三年（1907）设东胜厅，1912改为东胜县，1983年改县为市，2001年撤盟和县级市设鄂尔多斯市。现行规划定位为西部重要的能源化工产业服务中心和富有蒙元文化特色的生态型旅游城市。城区为"一轴两区四组团"布局。

地貌类型多样，主要分为东部的丘陵沟壑区、西部的高平原区、北部的库布其沙漠区、南部的毛乌素沙漠区、中部的波状高原区和北部黄河南岸的平原区,黄河境内流长728千米,河网密布,地下水储量大。农业以畜牧业为主,盛产阿尔巴斯白山羊,为中国绒城、世界羊绒产业中心。矿产有煤炭、石油、天然气、油页岩、碱、芒硝、食盐等,是中国煤炭产量最大的城市。工业以煤炭、电力、热力、建材、石油、炼焦、纺织、化学原料及化学制品业为主。是全国重要的能源基地和内蒙古呼包鄂金三角的重要组成部分,与松原、呼和浩特、包头一起被称为"中国北方经济增长四小龙"。现代服务业重点发展的领域为金融业、房地产业、信息、社区服务业、中介业。2013年全市实现地区生产总值3656.8亿元,位居自治区第一。

鄂尔多斯是人类文明的发祥地之一,萨拉乌苏文化、青铜文化源远流长,历史上匈奴文化、西夏文化、中原文化、蒙古文化等多种文化汇合交融,为秦晋文化与草原文化南北交融的"歌海舞乡"。有国家和省级文物保护单位37处,旅游景点有成吉思汗陵、"河套人"故地、朱开沟文化遗址、十二连城、油松王和神奇响沙、鄂尔多斯草原、世珍园旅游区、库布其沙漠度假村、碧海阳光国际温泉度假村、秦直道、王爱召、百眼窟、转龙湾旅游度假村、昭君坟、准格尔召、百眼井、郡王府、黄河峡谷等。历史名人有成吉思汗、蒙哥、忽必烈、席尼喇嘛等。

4. 乌海市

乌海市位于内蒙古自治区的西南部,东邻鄂尔多斯高原,西接阿拉善草原,南连宁夏平原,北望河套灌区,是华北与西北的结合部、宁蒙陕甘经济区的结合部和沿黄经济带的中心区域。辖3区(海勃湾、海南、乌达),总面积1754平方千米,常住人口53.29万(六普),有汉、蒙、回、满等25个民族。

1961年成立乌达市和海勃湾市,1976年2市合并成立乌海市,并成为内蒙古自治区的第3个地级市。有黄河明珠、书法之城、沙漠绿洲、葡萄之乡、乌金之海、塞外煤城之美誉。现行规划定位为蒙宁交界以文化、旅游、山水宜居为特色的中心城市,内蒙古自治区重要的工业基地。形成核心带状组团"中"字型空间结构。按照城区"一靠三集中"原则,大力调整城市空间发展布局,推进3个城区向黄河靠拢,实施了滨河新区和乌达滨河西区建设,拉大了城市框架。

乌海市水土光热资源丰富,是优质葡萄生产基地。黄河流经乌海市105千米,黄河海勃湾水利枢纽工程于2010年4月26日开工建设。优质焦煤占全自治区已探明焦煤储量的60%左右。乌海是一座新兴的资源型工业城市,形成了能源、煤化工、建材、冶金4大支柱产业,是西北地区重要的煤化工基地,国内电石、硅铁等高载能产品的重要产地。农业培育壮大葡萄、蔬菜、乳肉3个产业。第三产业有商贸流通、运输物流、餐饮、酒店和娱乐等传统服务业,大力发展旅游、房地产、社区服务等新兴服务业。交通铁路、公路为主,乌海机场已通航。2012年全市实现地区生产总值562.56亿元。

乌海的文化具有浓厚的企业文化、移民文化和新兴的城市文化相结合的色彩。有省级文物保护单位3处,有桌子山岩画群、四合木、石炭纪硅化木奇峡谷、胡杨岛、金沙湾古汉城遗址、满巴拉僧庙、明代烽火台等景点。

5. 呼伦贝尔市

地处内蒙古东部,是中俄蒙3国的交界地带,与俄罗斯、蒙古国有1723千米的边境线。是全国面积最大的一个地级市,辖5市(满洲里、牙克石、扎兰屯、额尔古纳、根河)、1区(海拉尔)、7旗(莫力达瓦达斡尔族自治旗、鄂伦春自治旗、鄂温克族自治旗、陈巴尔虎旗、新巴尔虎左旗、新巴尔虎右旗、阿荣旗),总面积25.3万平方千米,常住人口254.93万(六普),市区面积1440平方千米、人口

34万(2010),有31个民族。

呼伦贝尔市是中国北方少数民族和游牧民族的发祥地之一。清雍正十二年(1734)建立海拉尔城,1913年为呼伦县,1940年设海拉尔市,1954年成立呼伦贝尔盟,2001年升为地级呼伦贝尔市。现规划定位为中俄蒙跨境经济合作圈的绿色农业、出口创汇农业基地、旅游服务基地。城区为"一城两翼,两翼起飞"和"青山环抱,两水依依"城市空间布局结构。

呼伦贝尔属亚洲中部蒙古高原的组成部分,由东向西地跨森林草原、草甸草原和干旱草原3个地带,大兴安岭东北—西南纵贯中部,岭西的呼伦贝尔草原是世界4大草原之一,被称为世界上最好的草原;岭东为低山丘陵与河谷平原,形成种植业为主的农业经济区。拥有额尔古纳河、克鲁伦河、雅鲁河等3000多条河流,呼伦湖、贝尔湖等500多个湖泊。矿产有煤炭、石油、铁、锰、铜、锌、钼、芒硝、萤石等,其中煤炭开发占主导地位,以伊敏河煤矿、扎赉诺尔煤矿、宝日希勒煤矿、大雁煤矿为开发主体。是重要的能源、粮食、林业、畜牧业生产基地。工业大力培育煤炭、电力、化工、冶金、绿色食品产业、进出口产品加工7大主导产业集群。农业围绕乳、肉、粮油加工等主导产业。第三产业重点发展行业为商贸流通业、交通运输及现代物流业、金融保险业、旅游业、房地产业等。有8个国家级一二类通商口岸,其中满洲里口岸是全国最大的陆路口岸;有海拉尔东山机场和满洲里西郊机场。2012年全市地区生产总值达1335.22亿元。

呼伦贝尔是全国6大重点旅游开发区之一,有"绿色净土""北国碧玉"之美誉。有国家和省级文物保护单位13处,名胜有呼伦贝尔大草原、西山国家森林公园、呼伦湖、北山侵华日军要塞遗址、巴彦呼硕旅游景区、莫尔道嘎国家森林公园、嘎仙洞、达斡尔风情园、朝鲜人家、牙克石凤凰山庄及凤凰山滑雪度假区、满洲里国门、满洲里中俄互市贸易区、红花尔基原始樟子松国家森林公园等。土特产品有草原白菇、黑木耳、炒米、费乌瑞它、甘草、榛子、沙果、笃斯、山里红、金针菇等。

6. 通辽市

地处科尔沁草原腹地。辖1市(霍林郭勒市)、1区(科尔沁)、5旗(科尔沁左翼中旗、科尔沁左翼后旗、库伦旗、奈曼旗、扎鲁特旗)、1县(开鲁),总面积约6万平方千米,常住人口313.9万(六普),有蒙、汉、满、回、朝鲜等32个民族。

蒙古民族的发祥地之一,也是红山文化和富河文化的发祥地。清朝崇德元年(1636)建哲里木盟,1914年设同僚镇,1931年建通辽县,1951年改为通辽市,1999年撤盟和县级市设地级通辽市。现行规划定位为自治区东部的中心城市,以发展绿色产业为基础的草原城市。功能为内蒙古自治区东部的绿色产业城市,绿色农畜业产品科研、生产和集散中心,中国北方地区重要的铁路和公路交通中心,以煤电为主体的能源中心,内蒙古自治区东部的民族文化教育中心。

地处松辽平原西端,属于蒙古高原递降到低山丘陵和倾斜冲击平原地带。矿产有煤、石油等,瞩目的"801"矿富含铌、钽、铍、锆等稀有金属和重稀土,天然硅砂的储量居全国之首,是全国重要的型砂、玻璃用砂生产基地,东北地区重要的能源生产基地。境内草场广阔,西门塔尔牛、科尔沁牛、中国美利奴细毛羊、科尔沁细毛羊、科尔沁马等畜种享誉国内外。盛产玉米、小麦、水稻、大豆及小杂粮等农产品,是国家重要商品粮基地和国家重要的畜牧业生产基地,被誉为"黄牛之乡"。工业重点行业有煤炭、电力、食品、纺织、化工、建材、医药、冶金、机械等,农畜产品加工、煤电转化、医药化工、建材为4大工业支柱产业。第三产业主要是交通枢纽和商业金融。2012年全市实现地区生产总值达1691.85亿元。

享有安代艺术之乡、中国民族曲艺之乡、版画艺术之乡、中国马王之乡的美誉。有国家和省级文物保护单位17处,已经形成以原始草原、沙漠风光、民族风情、国家级自然保护区为骨架的旅游格局。历史名人有孝庄文皇后、嘎达梅林等。地方特产有扎鲁特山杏核、扎鲁特绿豆、科尔沁沙地麻黄、罕山羊绒、道德红干椒、科尔沁肉牛、库伦荞麦、通辽蓖麻。

7. 赤峰市

赤峰因城区东北角有一座赭红色的山峰而得名,位于内蒙古自治区东南部,蒙冀辽3省区交会处。辖3区(红山、元宝山、松山)、7旗(阿鲁科尔沁旗、巴林左旗、巴林右旗、克什克腾旗、翁牛特旗、喀喇沁旗、敖汉旗)、2县(林西、宁城),总面积90 275平方千米,建成区面积81平方千米,常住人口434.12万(六普),其中市辖区人口132万、中心城区89万,有30个民族。

有史文明以后,赤峰成为中国北方各少数民族活动的中心,是草原青铜文化和契丹、辽文化的发祥地。清乾隆四十三年(1778)置赤峰县,光绪三十二年(1906)升为直隶州,1946年热北专署改为昭乌达盟,1983年撤盟设市。现规划定位为北方山水园林城市,内蒙古自治区东部的中心城市,总体空间布局采用集中组团式布局结构。

赤峰呈三面环山,西高东低,多山多丘陵的地貌特征;有老哈河、西拉沐沦河、乌尔吉沐沦河、叫来河和贡格尔河五大水系,常年蓄水的天然湖泊70余处。种植小麦、谷子、玉米等粮食作物和甜菜、油葵、烤烟、药材等经济作物;肉牛、细毛羊、肉羊、白绒山羊、瘦肉型猪、肉鸡、蛋鸡等畜禽饲养在自治区举足轻重,羊毛、羊绒生产在全国占有重要地位。主要矿产有煤、石油、金、银、铜、铅锌、钨、铁、莹石、大理石等,是国家重点黄金产地,位居全国前三位。已初步形成了以肉、乳、菜、草为主的农牧业产业化发展格局和以矿业、能源、医药、食品为主的工业经济体系,成为中国重要的绿色农畜产品生产加工基地、连接东北和华北地区的能源供给基地、国内重要的有色金属原料及精深加工基地。2012年全市地区生产总值达1569.35亿元。

赤峰是红山文化发祥地,著名的玉雕龙就是城市的代表,草原、沙漠、冰臼、石林、温泉等自然资源和红山文化、草原青铜文化、契丹、辽文化、蒙元文化等人文资源富集,现已发现古人类文化遗址6800多处,有国家和省级文物保护单位41处。名胜有辽上京遗址、喀喇沁王府、玉龙景区、冰臼奇观、贡格尔草原、勃隆克沙漠、其甘沙漠、达里诺尔湖、第四纪冰川遗迹、红山、南山生态园、克什克腾国家地质公园、马鞍山等。历史名人有辽萧太后、耶律阿保机等。土特产有达里名鱼、鹿系补品、宁城老窖酒、巴林美石、林西水晶、长城挂毯、青铜制品等,风味食品有哈达火烧、哈达饼、对夹、手扒肉、烤全羊、奶制品、草原肉饼等。

8. 乌兰察布市

乌兰察布系蒙古语,汉译为"红色的山口",也称"乌市"。地处内蒙古中部。辖1市(丰镇)、1区(集宁)、4旗(察哈尔右翼前旗、察哈尔右翼中旗、察哈尔右翼后旗、四子王旗)、5县(卓资、化德、商都、兴和、凉城),总面积5.5万平方千米,常住人口214.36万(六普),有蒙、汉、满等20多个民族。

乌兰察布自古以来就是北方各兄弟民族杂居的地方。清朝天聪年间正式命名为乌兰察布,1923年改为集宁县,1951年平地泉镇改为集宁市,1958年撤平地泉行政区归乌兰察布盟,2003年设地级乌兰察布市。现规划定位为内蒙古中部重要的新型能源产业基地,呼包鄂城镇群对接京津冀地区的交通门户、中国连接蒙古以及俄罗斯等北亚对外开放的国际性的门户城市,内蒙古自治区连接东北、华北、西北3大经济区的重要枢纽节点城市,风电之都,京津生态屏障。城市规划通过强化轴向骨架生长,构建十字型城镇空间,形成"一主一副,两通道"的城镇点轴空间发展格局,中心城区空间结构为"两轴、两带、四片多组团"。

地形自北向南由蒙古高原、乌兰察布丘陵、阴山山脉、黄土丘陵4部分组成;是内蒙古自治区的畜牧业大市,牲畜以羊、牛、马、驼为主;全国马铃薯最大的生产基地之一、内蒙古自治区最大的多种杂粮和杂豆的生产基地,莜麦、荞麦、大麦种植独具特色;绿色蔬菜种植已形成一定规模,主要特色产品有胡萝卜、西芹、圆葱、大白菜、甘蓝、荷兰豆等。工业重点发展电力、冶金、化工、建材等产业集群,积极培育煤炭矿产采掘、机械制造、高新技术等产业;农业培育乳、肉、薯(菜)和饲草饲料等主导产业;第三产业以现代服务业为重点打造区域性物流中心和草原文化旅游中心。地处呼包银经济隆起带和京津唐经济圈的结合部,属环海经济区的范畴。是京包线、集二线、集张线、集通线铁路的交会点,连接东北、华北、西北3大经济区的交通枢纽,也是中国通往蒙古、俄罗斯和东欧各国的重要国际通道。2012年完成生产总值1569.35亿元。

有国家和省级文物保护单位14处。名胜有葛根塔拉草原、辉腾锡勒草原、黄花沟、明徐低楼、唐代单于大都护府遗址、二龙什台国家森林公园、元赵王城遗址、九龙湾、百灵庙(吉祥湾)、玫瑰营镇天主教堂、苏木山森林公园、乌兰察布岩画、永兴湖诸景、岱海、老虎山生态公园等。

9. 巴彦淖尔市

巴彦淖尔蒙古语意思是"富饶的湖泊"。位于内蒙古西部举世闻名的河套平原和乌拉特草原上,被誉为"塞上江南,黄河明珠,北方新城,西部热土"。辖1区(临河)、2县(五原、磴口)、4旗(乌拉特前旗、乌拉特中旗、乌拉特后旗、杭锦后旗),总面积65 788平方千米,常住人口166.99万(六普),着蒙、汉、回等20多个民族。

秦汉曾置临河县,因近黄河得名;1912年改为五原县,1929年复改临河县,1984年撤县设市,2003年12月撤盟和县级临河市设巴彦淖尔市。现行规划定位为内蒙古西部中心城市之一,以开发绿色产品和新型工业为主的河套园林城市。规划为"两纵两横倒开字形"城镇空间布局形式。

巴彦淖尔水资源、光照资源丰富。乌拉特草原盛产牛、羊、马、驼,二狼山白绒山羊和戈壁红驼驰名中外。硫铁矿储量4.69亿吨,居全区第1。矿山工业、冶金工业、高载能工业、化学工业和绿色农畜产品加工业为支柱产业,农业以牛奶、绒毛、小麦、油料、瓜果菜六大系列农畜产品为主,形成乳、肉、绒、粮油、蔬菜瓜果、饲草料、炒货、酿酒、林苇、药材等10大农畜产品深加工系列,成为中国有色金属加工基地和绿色食品生产加工基地。第三产业重点发展交通运输、现代物流和金融服务业。地处以京津为龙头的"呼包银兰青"经济带上,是国家西部大开发的重点区域,自治区向北开放的前沿阵地,内蒙古西部的物流中心、商贸中心、交通枢纽。2012年全市完成地区生产总值813.3亿元。

巴彦淖尔是著名的古战场、农垦区、游牧区及民族聚居区,有国家和省级文物保护单位9处,名胜有乌梁素海、黄河水利观光旅游区、人根峰、五原义和渠带状公园、头道桥度假村、甘露寺、乌兰布和沙漠旅游区、纳林湖旅游景区、乌后旗恐龙化石区、乌拉特梭梭林—蒙古野驴生态旅游区、希热庙宗教旅游区、乌盖佛教文化旅游区、小九寨沟旅游区、小庙沟地质旅游区、小佘太历史文化观光区、隆胜星月国家级农业旅游示范点、镜湖休闲度假旅游区等。地方特产有河套蜜瓜、向日葵、黑瓜籽、河套苹果梨、西瓜、二狼山白绒山羊、肉苁蓉、番茄制品等。

二、各县级市发展概况

1. 满洲里市　1941年1月设市,是内蒙古最早的县级市,面积732平方千米,人口30万

(2012)。原称"霍勒津布拉格",蒙语意为"旺盛的泉水",1901年因东清铁路的修建而得名,俄语为"满洲里亚",音译为"满洲里"。是一座独领中俄蒙3国风情、中西文化交融的中国最大的沿边陆路口岸城市,素有"东亚之窗"的美誉。有国家级的中俄互市贸易区、边境经济技术合作区、国家大型煤炭能源基地扎赉诺尔矿区和自治区级东湖创汇农业区。承继远古文明的扎赉诺尔文化,源远流长,是国家首批沿边开放城市,与40多个国家和地区建立了广泛的贸易关系。被誉为"北疆明珠"。2012年完成生产总值1759亿元。

2. 扎兰屯市　1983年10月撤布特哈旗设市,面积16 800平方千米,人口42.1万(2012)。因清朝在此设立扎兰衙门而得名,是全国重要的商品粮基地和糖料基地、绿色农业示范区,以奶源基地建设为主导,以生猪、肉牛、肉羊、大鹅、獭兔等畜产品基地和野猪、狍子、鹿、狐、貉等特种养殖基地为支撑的畜牧业规模不断壮大,是俄蒙商品进入中国内地的第1个重要城市。城市的总体规划强调两山环抱、一水中流。是国家重点风景名胜区和中国优秀旅游城市,山险、石怪、水秀、林茂、兽奇、鸟异,素有"塞外苏杭""北国江南"之美誉。2012年完成生产总值148.6亿元。

3. 牙克石市　1983年10月撤喜桂圆旗设市,面积2.759万平方千米,人口35.4万(2012)。满语意为"要塞",史称扎敦昂昂、雅克萨。重点培育新型森林工业、煤炭、化工、冶金、电力、特色农畜产品和森林绿色食品、高新技术等7大优势产业。滨洲、牙林、博林3条铁路在此交会,是欧亚大路桥的咽喉和进入大兴安岭林区的门户。现行规划着力打造"森工之都、冰雪之乡"城市品牌,推进市区"北扩东移",逐步形成"品"字形布局。2012年完成生产总值190.2亿元。

4. 根河市　1994年4月撤销额尔古纳左旗设市,面积19 659平方千米,人口中15.7万(2011)。是蒙语"葛根高勒"的谐音,意为"清澈透明的河"。大兴安岭山地构成了本市地貌的总体,森林资源是主体资源,发挥森林资源优势进行林木产品精深加工,重点支持狐貂、獭兔、驯鹿产业和野生浆果、卜留克、食用菌、山野菜、中草药等特色产品的开发。2012年完成生产总值34.92亿元。

5. 额尔古纳市　1994年撤销额尔古纳右旗设市,面积2.8万平方千米,人口8.4万(2012)。额尔古纳河流域是蒙古人发祥地,境内留有蒙古祖先穴居遗址。是驰名中外的呼伦贝尔大草原的重要组成部分,优良品种三河牛、三河马养殖基地。以乳业、有机食品和绿色食品加工业、能源矿产开发业、俄罗斯资源落地加工业为主,注重风能、太阳能等新能源的开发。有黑山头、室韦2个国家一类口岸。城市建设上以打造国际化魅力小城镇为目标。2012年完成生产总值37亿元。

6. 霍林郭勒市　1985年11月设市,面积585平方千米,人口10万。素有"塞北城"之称,是一座新兴的绿色能源工业旅游城市。霍林郭勒因有大面积储量丰富的煤炭资源而著名,近年来迅速崛起的煤电铝巨型工业,使其成为内蒙古东部和东北地区重要的能源基地。现行规划定位为"现代能源密集型工业城市"和"草原生态城市"。2012年完成生产总值295亿元。

7. 丰镇市　1948年9月设市,后几经撤、设,面积2722平方千米,人口33.55万(2013)。为对外开放城市,是西北地区主要杂粮交易中心之一。地处晋冀蒙3省区交界处,是自治区对外开放、发展外向型经济的窗口和前沿,为华北地区的重要电力能源基地,农业实现了种植业主导型向养殖业主导型的实质性转变。在新区构建"一轴、一环、一门户""两心、四点、八片"格局。2013年完成生产总值152亿元。

8. 乌兰浩特市　1947年5月设市,1964年撤销,1980年7月恢复,面积865平方千米,人口32.71万(2010),蒙古语意为"红色的城市",原名王爷庙,因清朝第三代札萨克图郡王鄂齐尔在此建立家庙而得名。位于大兴安岭南麓、科尔沁草原腹地,是兴安盟的首府。有阿尔山—松贝尔国际性季节开放口岸,是联合国开发计划署规划的第4条欧亚大陆桥东出口。形成冶金、卷烟、机械制造、酿造、乳品等6大支柱产业;农业形成了优质稻米生产基地,奶牛、肉牛、肉羊生产基地,沙果生产基地,烤烟生产基地和中药材开发基地。是旅游、度假、避暑胜地。2012年完成生产总值130.0亿元。

9. 阿尔山市 1996年设市,面积7408.7平方千米,人口4.8万(2011)。全称"哈伦阿尔山",蒙古语意思为"热的圣水"。横跨大兴安岭西南山麓,是兴安盟林区的政治、经济、文化中心,全国纬度最高的城市之一、中国最小的城市、新兴的边境旅游城市,内蒙古东部旅游热线的精华之地,呼伦贝尔—兴安草原生态游的重要支撑点,联合国规划的中国阿尔山—蒙古国乔巴山铁路的交会处。阿尔山矿泉是世界最大的功能型矿泉之一。阿尔山—松贝尔口岸是中蒙边境第3大陆路口岸。农牧业产业化得到了长足发展。2012年完成生产总值12.73亿元。

10. 锡林浩特市 1983年10月撤销阿巴哈纳尔旗设市,面积1.49万平方千米,人口25.5万(2012)。蒙古语意为"丘陵之城",位于锡林郭勒草原中部,锡林郭勒盟首府。素有"草原明珠"的美誉,是内蒙古首批"中国的优秀旅游城市"之一。有阿尔善油田、乌兰图嘎煤田、阿尔善宝拉格温泉疗养地,天然草牧场资源丰富,牧养绵羊、内蒙古细毛羊、山羊、黄牛、马、丹麦牛、中国草原红牛、北京黑白花牛为畜中珍品。畜牧业为基础产业,工业以畜产品加工、建材、采矿为主。2012年完成生产总值194.54亿元。

11. 二连浩特市 1966年1月设市,面积4015.1平方千米,人口8.8万。蒙古语意为斑斓湖之城。是正在崛起的新型口岸城市、国家甲类开放城市、沿边开放城市,对蒙古国开放的最大公路、铁路口岸,重要的商品进出口集散地。世界闻名的"恐龙之乡",是中国最早载入国际生物史册的恐龙化石产地。广袤富饶的锡林郭勒大草原是闻名遐迩的纯天然牧场,发展了蔬菜生产基地,形成了以木材、矿产品、畜产品、建材、服装、食品生产加工为主的口岸加工业。2012年完成生产总值70亿元。

参考文献:
[1] 华北区各省市区政府网站.
[2] 华北区各省市区统计局网站.
[3] 华北区各省市区旅游局网站.
[4] 华北区各省市区规划局网站.
[5] 华北区各省市区城市总体规划.
[6] 华北区各省市区"十一五"发展规划.
[7] 华北区各省市区地方志.
[8] 华北区各省市区2012年统计年鉴.
[9] 华北区各省市2012年国民经济和社会发展公报.

第二章 东北地区

东北地区现在指由中国的黑龙江、吉林和辽宁3省构成的区域,简称"中国东北"或"东北"。截至2008年底,东北行政区域土地面积686 847平方千米,人口为10 520.71万人,是新中国的老工业基地。东北地区辖辽宁、吉林、黑龙江3省,89个城市,其中副省级城市4个,分别是沈阳、大连、长春、哈尔滨;地级市30个(辽宁12个、吉林7个、黑龙江11个);县级市55个(辽宁17个、吉林20个、黑龙江18个)。

表3-2-1 东北地区城市辖市情况一览表

省级	地级及以上城市	下辖的县级城市	省级	地级及以上城市	下辖的县级城市	省级	地级及以上城市	下辖的县级城市
辽宁	沈阳	新民	吉林	长春	九台	黑龙江	哈尔滨	尚志
	大连	瓦房店			榆树			双城
		普兰店			德惠			五常
		庄河		吉林	桦甸		齐齐哈尔	讷河
	鞍山	海城			蛟河		鸡西	密山
	抚顺				舒兰			虎林
	本溪				磐石		鹤岗	
	丹东	东港		四平	公主岭		双鸭山	
		凤城			双辽		大庆	
	锦州	凌海		辽源			伊春	铁力
		北镇		通化	梅河口		佳木斯	同江
	营口	大石桥			集安			富锦
		盖州		白山	临江		七台河	
	阜新			白城	洮南		牡丹江	绥芬河
	辽阳	灯塔			大安			海林
	盘锦			松原				宁安
	铁岭	调兵山		延边朝鲜族自治州	延吉			穆棱
		开原			图们		黑河	北安
	朝阳	北票			敦化			五大连池
		凌源			珲春		绥化	安达
	葫芦岛	兴城			龙井			肇东
					和龙			海伦

第一节 辽宁省

辽宁位于中国东北地区的南部,是中国东北经济区和环渤海经济区的重要结合部,是东北地区通往关内的交通要道,也是东北地区和内蒙古通向世界、连接欧亚大陆桥的重要门户和前沿地带。

辽宁省下辖副省级城市2个(沈阳、大连)、地级市14个、县级市17个。总面积为14.69万平方千米,总人口4374.63万(六普),其中城镇人口2716.79万。2012年完成生产总值24 801.3亿元,列全国第7位。

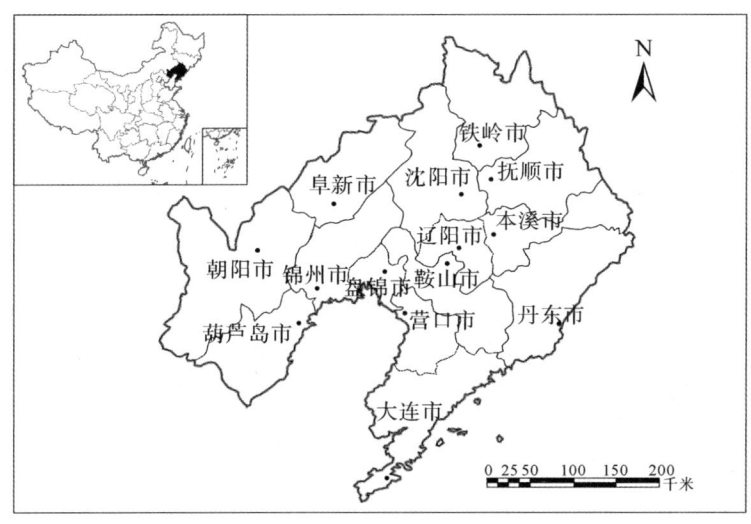

图3-2-1 辽宁省行政区划图

一、副省级市和各地级市发展情况

1. 沈阳市

沈阳,号称"东方鲁尔,同时有着共和国长子之美誉",因地处古沈水(浑河支流)之北而得名。辽宁省省会,东北第1大城市,东北地区的中心城市,中国7大区域中心城市之一,中国15个副省级城市之一,全国的工业重镇和历史文化名城。地处东北地区南部,辽宁省中部。辖10区(和平、沈河、皇姑、大东、铁西、东陵、于洪、沈北新区、苏家屯、棋盘山开发区)、1市(新民)、3个县(辽中、康平、法库),全境面积12 948平方千米、市区面积3495平方千米、建成区面积近800平方千米,常住人口为810.617万(六普)、市区人口515.4万,有满族、朝鲜族、回族、锡伯族和蒙古族等少数民族。

沈阳地区蕴育了辽河流域的早期文化,是中华民族的发祥地之一。春秋战国时期为燕国的重镇方城,西汉始称"侯城",唐改称沈州,元(1296)改为沈阳路,明初设沈阳中卫,清太祖天命十年(1625)迁都于此更名盛京,清顺治十四年(1657)设奉天府,1923年设立奉天市,1929年改为沈阳市,1953年为中央直辖市,1954年改为辽宁省辖市,1994年升为副省级城市。现规划定位为辽宁省省会、国家中心城市、国家先进制造业基地、国家历史文化名城,全国装备制造、东北地区商贸物流和金融3大中心。规划城市结构为"分散组团式"布局形式。

地形以平原为主，山地、丘陵集中在东南部，辽河、浑河、秀水河等途经境内，属温带半湿润大陆性气候，沈阳市主要产业类型为汽车及其零部件产业、装备制造业、电子信息、化工医药等，工业门类已达到142个，规模以上工业企业3033家，是中国最重要的装备制造业基地。拥有东北地区最大的民用航空港，全国最大的铁路编组站和全国最高等级的"一环五射"高速公路网，有5条干线在此交会并连接着8条支线、东北第1大的航空港沈阳桃仙国际机场，高速公路四通八达。2010年4月沈阳经济区成为国家新型工业化综合配套改革试验区。2012年全市实现地区生产总值（GDP）6606.8亿元。

沈阳有国家级和省级文物保护单位39处、国家A级旅游景区33家、国家工农业旅游示范点11家，沈阳故宫、北陵（昭陵）、东陵（福陵）3处世界文化遗产保护单位，另有张氏帅府、新乐遗址、中共满洲省委旧址、周恩来少年读书旧址、棋盘山国际风景旅游开发区、陨石山风景区、怪坡风景区、南关天主教堂等风景名胜。历史名人有郭松龄、车向忱、爱新觉罗·努尔哈赤、皇太极、唐韵笙等。特产有辉山牛奶、中街大果、德氏冷饮、老高太太糖葫芦、八王寺汽水、雪花啤酒、老龙口酒、沈阳陈酿酒、不老林糖、克拉古斯香肠、重工菠萝火腿、雄洲牛煮三锅、榆园酸菜、康福月饼、沈阳红药、沈阳羽毛画、彩石镶嵌画等。

2. 大连市

大连位于辽东半岛最南端，西北濒临渤海，东南面向黄海，有大小岛屿260个。是东北、华北、华东以及世界各地的海上门户，是重要的港口、贸易、工业、旅游城市。辖3市（瓦房店、普兰店、庄河）、1县（长海）和6区（中山、西岗、沙河口、甘井子、旅顺口、金州），还有开发区、保税区、高新技术产业园区3个国家级对外开放先导区，长兴岛临港工业区、花园口经济区和长山群岛海洋生态经济区，总面积12 574平方千米、老市区面积2415平方千米，常住人口669.04万（六普）。

早在6000年前，我们的祖先就开发了大连地区。魏晋称三山，唐称三山浦，明清称三山海口、青泥洼口，清光绪二十五年（1899）始称大连市，1953年为中央直辖市，1954年改为辽宁省直辖市，1985年确定为计划单列市，1995年升为副省级市。是全国14个沿海开放城市之一，辽宁省重要沿海港口城市，省内第2大城市，东北主要的对外门户，东北亚重要的国际航运中心、国际物流中心、区域性金融中心。2011年全国两会定位为振兴东北老工业基地的龙头及国家级战略辽宁沿海经济带开发开放的核心城市。规划形成由中心城区、新城区、金州城区和旅顺口城区组成的组团式城市布局。

区内山地丘陵多、平原低地少，喀斯特地貌和海蚀地貌发育，有黄海流域和渤海流域两大水系。农作物有水稻、水果、花生等8大类别，盛产苹果、山楂、葡萄、黄桃和鱼虾、鲍鱼、刺参、扇贝、紫海胆、螺类等海珍品，素有"苹果之乡""水产品基地"等美誉。农业以粮食、水产、水果生产为主，实行多种经营，形成了水产、水果、蔬菜、畜牧、花卉等5大优势产业。工业已形成以石化、电子、机械、轻纺服装、冶金建材、食品医药等行业为主的工业体系，作为中国第1个"创建软件产业国际化示范城市"，被确定为国家软件出口基地和半导体照明产业化基地。正在建设以高新技术和新兴产业为先导，大型石化工业、电子信息产业和软件、先进装备制造业和船舶制造4大基地为支撑，新型材料、服装、家具、饮料和农产品深加工等优势产业快速发展的新型工业体系。大连金融业与航运业发展迅速，已成为中国北方地区金融物流中心城市。有哈大高铁、沈大铁路、大连周水子国际机场和大连金州湾国际机场（在建）、沈大高速、丹大高速、201国道、202国道；大连港是中国著名港口，现有84个现代化专业泊位。2012年全市实现地区生产总值7002.8亿元。

大连市是北方著名的旅游城市,风景名胜众多,有国家5A级景区3处、4A级6处,其中以旅顺口区白玉山景区、日俄监狱旧址博物馆、棒棰岛风景区、滨海路风光、星海广场最具代表。主要特产有海参、海带、鲍鱼、对虾、扇贝、香螺、红虾酥心糖等。

3. 鞍山市

鞍山地处辽东半岛中部,因市南郊有一对形似马鞍的山(满语思额穆阿林,意为马鞍形的山)而得名。辖4区(铁东、铁西、立山、千山)、1市(海城)、2县(台安、岫岩)及1个鞍山高新区。总面积9252平方千米、城区面积797平方千米,总人口364.59万(六普)、市区人口约170万,有汉、满、回、朝鲜、蒙古、锡伯等32个民族。

早在2万年前,人类就在这里繁衍生息。战国秦汉置郡县,明洪武二十八年(1395)修筑鞍山城,1937年鞍山建市,1949年设中央直辖市,1954年改为地级市。是东北地区最大的钢铁工业城市,中国第1钢铁工业城市,有"共和国钢都"的美誉,是新中国钢铁工业的摇篮。现定位为中国重要的钢铁工业基地,辽宁省中南部地区重要的中心城市。规划由市中心区以及汪家峪、营城子大孤山、齐大山、汤岗子、千山等组团组成的"组团式"结构布局。

东南为千山山脉延伸部分,中部为低山坡岗丘陵区,长大铁路以西系辽河、浑河、太子河冲积平原,较大的河流有辽河、浑河、太子河、大洋河、哨子河。盛产水稻、玉米、大豆、高粱以及花生、麻、烟等,是辽宁省商品粮生产基地,南果梨是鞍山著名特产;储量最丰富的矿产有铁、菱镁矿、滑石、玉石、大理石、石灰石、花岗岩、硼等,铁矿储量居全国之首,岫玉探明储量占世界的60%,岫岩县为"中国玉都"。工业以钢铁为主,正在打造钢铁深加工、菱镁新材料、装备制造、化工新材料、光电5大产业集群。鞍山是辽东半岛最早的对外开放城市,地处环渤海经济区腹地,是沈大黄金经济带的重要支点,是辽宁中部城市群与辽东半岛开放区的重要连接带。2012年全市实现地区生产总值2628.7亿元。

鞍山是中国优秀旅游城市,拥有世界第一玉佛、亚洲著名温泉、国家名胜千山、中华宝玉之都和祖国钢铁之都5大旅游品牌。名人有吕正操、黄显声、尚可喜、阎宝航、张作霖、张学良等。特产有南果梨、牛庄馅饼、岫岩玉雕等。

4. 抚顺市

"雷锋城"抚顺地处辽宁省东部,东与吉林省接壤,西与沈阳,北与铁岭毗邻,南与本溪相望。辖4区(新抚、望花、东洲、顺城)、3县(清原、新宾、抚顺)、2个经济技术开发区(抚顺经济开发区、抚顺胜利经济开发区)、1个高新技术产业开发区。总面积11 272平方千米,市区面积为1300多平方千米,全市户籍人口222万(六普)、常住人口人口213.8万(六普)、市区人口138.4万,有少数民族33个。

抚顺是一座历史悠久的古城,是清朝的发祥地。汉设玄菟郡,明洪武十七年(1384)修筑抚顺城,1937年置抚顺市,1948年为中央直辖市,1954年改为地级市。现规划定位为辽宁中部城市群的副中心城市,全国重要的石化工业和现代制造业基地之一,融工业遗产展示、生态旅游为一体的北方山水宜居城市。中心城区的空间结构为"带状组团多中心"的城市空间布局。

抚顺东部和南部山峦起伏,森林茂密,属长白山系龙岗山脉;北部为丘陵;西部为浑河冲积平原。河流众多,有大中型水库64座。森林覆盖率居全省第1位,红透山铜锌矿的规模和储量居全省前列,素有"煤都"之称。工业有煤矿、石油、冶金、发电、化工、轻纺、机械、电子、建材、造纸等,形成了以石化、煤炭、冶金、化工、机械等5大行业为主的工业体系,是国家重要的能源、原材料工业基地,东北重要的石化基地、冶金和装备制造基地,共和国功勋卓著的老工业基地(第一桶石油、第1吨铝、第1吨特钢、第1台机械式挖掘机)。2012年全市完成地区生产总值1242.4亿元。

有4A级景区5家、省级以上森林公园6个,主要名胜古迹有雷锋烈士陵园和纪念馆、平顶山惨案遗址纪念馆、元帅林陵园、全国大水库之一的大伙房水库和萨尔浒风景区、汉代古城遗址、劳动公园山、元代高尔山新城遗址和佛塔、清代关外三陵之首的永陵宫、赫图阿拉城、铁背山界藩城、萨尔浒山城、红河谷漂流、皇家海洋主题乐园等。特产有煤精雕刻、抚顺琥珀、根雕、鹿茸、人参、林蛙等。

5. 本溪市

本溪旧名"本溪湖",为"中国枫叶之都"。地处辽宁省东部。设4区(平山、明山、溪湖、南芬)、2县(本溪、桓仁)及本溪经济技术开发区。总面积8411平方千米、市辖区面积1526平方千米,常住人口为170万(六普)、市区人口96万,有汉、满、回、朝鲜、蒙等26个民族。

清光绪二年(1876)始建桓仁县,三十二年(1906)置本溪县,1939年设本溪湖市,1949年曾设中央直辖市,1954年改为地级本溪市。本溪规划建设"三都五城","三都"即钢都、药都、枫叶之都;"五城"即国家环保模范城、国家卫生城市、国家森林城市、国家旅游城市、全国双拥模范城。现定位为辽宁省东部的中心城市,以钢铁、化学工业为主的综合性工业城市。逐步形成1个中心(主城区)、2个副城(石桥子、北台)、4个边缘组团(南芬、歪头山、火连寨和下马塘)的城市布局结构。

自然地貌为"八山一水半分田,半分道路和庄园",有大小河流200余条,主要为太子河、浑江、草河3大水系;森林覆盖率达73.5%,是辽宁中部城市群重要的水源涵养林区和辽东天然次生林区,森林资源和水资源丰富,人参、辽细辛、辽五味等北药驰名中外。已发现铁、铜、锌、石膏、大理石等8大类矿产。特殊的地理位置和小气候孕育了品种多、数量大的中草药材,人参、辽细辛、辽五味等北药驰名中外。工业经济发展历史悠久,是中国重要的老工业基地,主要有冶金、机械、化工、建材、纺织、医药、轻工、电子、有色金属、煤炭等行业,近年做强做优冶金支柱产业,加快培育现代生物医药、旅游和钢铁深加工制品3大接续产业。交通、商贸发达。2012年完成地区生产总值1112.37亿元。

本溪市拥有国家、省级风景名胜区26处,国家、省级重点文物保护单位35个,集山、水、林、泉、洞为一体,素有"燕东胜境"之称,著名的有桓仁五女山高句丽山城、本溪水洞、九顶铁刹山、关门山等。特产有辽砚、长宽猪蹄、根雕、蝴蝶翅画、参茸、铁刹山酒、野生山核桃乳、冻梨、香菇、榛蘑、黑木耳、榛子、蕨菜、刺嫩芽、大叶芹等。

6. 丹东市

丹东市地处辽东半岛东部,鸭绿江与黄海的汇合处,地处东北亚的中心地带,是东北亚经济圈、环渤海经济圈重要交会点,是连接朝鲜半岛与中国及欧亚大陆的主要陆路通道,是中国万里长城的最东端起点和中国万里海疆的最北端起点,具有沿海、沿江、沿边的独特优势。辖3区(元宝、振安、振兴)、2市(东港、凤城)、1县(宽甸)和1个国家级边境经济合作区,总面积15 030平方千米、市辖区面积830平方千米,总人口244.47万(六普)、市区人口76万。

丹东地处祖国边陲,历朝都是军事要塞,西汉设西安平县、武茨县,唐朝总章元年(668)置安东都护府,辽建宣州、开州、穆州和来远城,金元置婆娑府,清光绪二年(1876)置安东县,1937年设安东市,1949年为辽东省省会,1965年安东市改名丹东市。丹东是以工业、商贸、物流、旅游为主体的沿江沿海沿边城市,国家级边境经济合作区,中国最大最美的边境城市。现定位为辽宁省重要的边境口岸、港口城市和辽东地区的中心城市。规划形成由老城区、安民新区以及蛤蟆塘、五龙背等城镇组成的组团式布局结构。

丹东依山、临江、面海,风景优美,气候宜人,夏无酷暑,冬无严寒,素有"北国江南"之美誉,是最适合人类居住的城市之一。分为北部中低山区、南部丘陵区、南缘沿海平原区3类规模较大的地貌单元;淡水资源丰富,拥有鸭绿江、浑江、瑷河、大洋河等河流1000多条;森林覆盖率达66%。主要粮食作物有玉米、水稻、大豆。大陆海岸线长120千米,沿海有大鹿岛、小鹿岛、獐岛等岛屿。矿产丰富,"丹东绿大理石"被誉为"理石之冠"和"稀世之品",硼储量占全国的95%,有"中国硼海"和"硼都"之誉。工业历史悠久,造纸、纺织、服装、日用品等产业极具竞争力,以农副产品加工业、交通运输设备制造业、能源工业、金属矿开采及冶炼压延加工业、纺织服装业、机械设备制造业等6大产业为主,是全国最大的草莓、板栗和贝类养殖生产和出口基地。商贸服务业、物流业蓬勃发展,是辽宁省最重要的出口商品集散地。地处东北亚的中心地带,也是规划中的东京至首尔至北京国际大通道的核心枢纽站,中国也是亚洲唯一一个同时拥有边境口岸、机场、高铁、河港、海港、高速公路的城市。2012年实现地区生产总值1015.3亿元。

丹东是全国优秀旅游城市和辽宁省园林城市,境内江、河、湖、海、山、泉、林、岛等自然景观开发形成国家、省级以上旅游风景区、自然保护区和森林公园24处,著名的有鸭绿江风景名胜区、凤凰山国家风景名胜区、天华山风景名胜区、五龙山、虎山长城等,形成赴朝旅游、边境旅游、温泉洗浴、海滨度假、高尔夫球场等特色项目。

7. 锦州市

地处辽宁省西南部,北依松岭山脉,南临渤海辽东湾。辖3区(古塔、凌河、太和)、2市(凌海、北镇)、2县(义县、黑山)和3个省属新区(松山新区、锦州经济技术开发区、龙栖湾新区)。总面积为10 301平方千米、市辖区面积535平方千米,总人口312.65万(六普)、市辖区人口91万,有汉、满、蒙古、回、朝鲜等30多个民族。

锦州是一座有着2000多年历史的文化名城,"老马识途"的故事、著名的"松锦大战"都发生在这里。辽代建锦州,清康熙元年(1662)设锦县,康熙四年(1665)设锦州府,1913年废府设县,1937年始设锦州市,1954年为省辖市,以后2次成立锦州专区,1968年撤区改市。是中国环渤海经济圈的重要开放城市,素享盛名的商贸重镇,现代优秀旅游城市。现定位为辽宁省重要的工业、港口城市,辽宁省西部地区的中心城市。规划以渤海大道为纽带连接锦州市主域区和锦州港区,共同组成一个哑铃型的城市空间布置形态。

锦州地貌结构为"三山一水三分田,二分道路和庄园";大凌河、小凌河、女儿河横贯境内;海岸线总长105千米,是辽宁省主要产盐区之一。矿产资源有石油、天然气、煤炭、石灰石、膨润土、萤石、花岗岩等,膨润土储量为亚洲第1。是辽西重要工业城市,曾创造出第1支半导体晶体管、第1块石英玻璃、第1根锦纶丝、第1台电子轰击炉等21项新中国第1的产品,已形成以石油化工、机械电子、轻工纺织为支柱,兼有造纸、冶金、电力、建材、医药、食品、塑料制品、汽车配件、输变电设备等行业的工业群体,光伏、汽车及零部件、精细化工、新型材料等新兴产业集群快速壮大,钛白粉、单晶硅切片、汽车安全气囊、石英制品、汽车起重机等一系列高科技产品居国内领先地位。农业重点建设农产品产业带,发展"一牧两水一菜"4大产业。锦州扼"辽西走廊"东端,是连接中国东北地区和华北地区的交通枢纽,东北地区唯一同时具有海港、空港、铁路、公路和管道运输的枢纽城市。铁路、公路交织成网;锦州港是中国沿海最北部的一类开放商港;锦州机场可起降大中型客机的机场;有输送大庆和盘锦油田原油的输油管道,有锦州炼油厂至锦州港的原油、成品油输油管道;锦州通讯枢纽工程的投入使用,使锦州成为辽西乃至东北地区重要的通讯中心,为区域性中心城市和现代物流中心城市奠定了天然的基础;2012的实现地区生产总值1248.5亿元。

锦州是全国优秀旅游城市和全国创建文明城市工作先进市,有国家级文物保护单位5处,国家级森林保护区1处,有笔架山、义县奉国寺、医巫闾山、青岩寺、辽代帝王陵墓群、辽沈战役纪念馆、古塔公园、北普陀山、翠岩山等风景。历史名人有创立前燕的慕容光、后燕的慕容垂、西燕的慕容泓等。特产有锦华烧鸡、锦州什锦小菜、北镇鸭梨、道光廿五百年贡酒、沟帮子熏鸡、玛瑙雕刻等。

8. 葫芦岛市(原锦西市)

地处辽宁省西南部,南临渤海湾,京沈线上重要的城市之一,国家36个沿海开放城市之一,有"中国筝岛"之称。辖3区(龙港、连山、南票)、1市(兴城)、2县(绥中、建昌)、1个国家级专利技术园区(葫芦岛高新技术产业开发区)、7个省级开发区。总面积10 415平方千米、市辖区面积2303平方千米,总人口262.35万(六普)、城镇人口108.98万。

葫芦岛最初为海岛名称。光绪三十二年(1906)设锦西县,1985年撤县设市,1989年升为省辖市,1994年更名为葫芦岛市。现定位为辽宁西部城市群区域性金融中心城市和重要港口城市。规划形成"一核一带三心三轴"的城镇体系空间结构。

拥有耕地22.6万公顷、森林36.54万公顷、森林覆盖率为35.4%、牧草地6.3万公顷等,有山区果园13万公顷,其中包括有称之为"亚洲第一大果园"的前所果树农场,优质特色高效经济作物有花生、马铃薯、大根萝卜等。海岸线261千米,有5个岛屿,盛产鱼、虾、贝类等各种海产品,海底油气资源储量十分可观。已发现钼、铅、锌、石油、天然气等矿产资源,是国家重要的有色金属基地、世界3大钼矿生产基地之一。石油化工、船舶机械、有色金属、能源电力为4大支柱产业,初步形成石化产品深加工、聚氨酯、有色金属深加工、新兴能源装备制造、海洋工程装备及船舶修造、泵业制造、新型建材、农产品深加工、泳装、数字产业等10大产业集群。是东北地区进入关内的重要门户,素有"关外第一市"之称。公路、铁路、海运、空运和底下管道运输构成了立体运输网络。2012年全市地区生产总值(GDP)实现719.3亿元。

葫芦岛市是中国优秀旅游城市,有景区景点55处、文物保护单位127处,著名风景名胜有兴城古城、葫芦山庄、龙湾海滨、兴城海滨、神路笔架山、菊花岛、宁远古城、三山跳石沟、九门口长城、龙潭大峡谷、灵山森林公园、大小虹螺山、白狼山。特产有板石沟大枣、猕猴桃、辽西火锅、杏仁小米粥等。

9. 营口市

地处辽东半岛西北部,大辽河入海口左岸,西临渤海辽东湾。辖4区(站前、西市、老边、鲅鱼圈)、2市(大石桥、盖州)及1个营口国家经济技术开发区、1个辽宁(营口)沿海产业基地(省级)、1个营口高新技术产业开发区(省级)。总面积为5402平方千米、市辖区面积663平方千米,人口242.85万(六普)、非农业人口88万,有31个民族。

清同治五年(1866)始设营口海防同知厅,清宣统元年(1909)置营口直隶厅,1913年改为营口县,1938年改称营口市。现定位为中国东北重要的港口城市和先进制造业基地,辽宁中部城市群和辽宁沿海经济带上的区域中心城市。城市规划确定"背山面海、带状组团、快捷联络、依水建城"的空间发展战略,确定了由8个组团组成的"沿海带形城市"空间结构。

地势自东南向西北倾斜,形成东部山区、中部丘陵、西部平原的地貌特征;主要有大辽河、大清河、碧流河等河流150余条,有大中型水库4座。为全国优质稻米生产基地、东北著名的水果和水产品生产基地。海岸线长122千米,有80多种海淡水产品,对虾、中华鳌绒河蟹闻名中外,有辽宁省唯一的虹鳟鱼养殖基地和百里盐田。矿产资源中滑石、硼石、钾钠长石、硅石和金矿石贮量在中国位居前列,菱镁矿为世界4大镁矿之一,有"华夏镁都"之称,地热资源丰富。营口是轻工、纺织工业基地,主要以冶金、机械、石化、家电、纺织、轻工为主,轻工业以卷烟、家电、乐器、制造四大传统骨干行业为主,构建钢铁、石化、装备制造、镁质新型材料、轻纺、高新技术产业、现代物流业、商贸服务业等8大产业群。清咸丰元年(1861)被辟为通商口岸,被誉为"东方贸易总汇"和"关外上海",营口港为全国主枢纽港之一,有2条跨市输油管道通向营口港、有1条跨省输油管道经过境内,营口机场正在建设。2012年全市实现生产总值1381.2亿元。

营口风景名胜以盖州上帝庙、望儿山、仙人岛、金牛山遗址、盖州钟鼓楼最为著名。特产有营口大米、营口大酱、酱油、盖县苹果、盖县西瓜、葡萄、李子、海蜇、飞蟹(梭子蟹)、赤甲红、虾爬子(又名皮皮虾)、玻璃牛、对虾、河蟹、淡水鱼、骚夹子、鲅鱼、青鱼等。

10. 盘锦市

位于辽宁省西南部,辽河下游南岸,南临辽东湾。是中国北方的生态名城,辽宁省西部沿海的一座新兴石油化工城市,也是中国沿海对外开放城市之一。辖2区(双台子、兴隆台)、2县(盘山、大洼)。总面积4071平方千米、市辖区面积256平方千米,常住人口139.25万(六普)、市区人口60万,有35个民族。

汉高祖十二年(前195)域内设置房县,清顺治元年(1644)设海城县,清光绪三十二年(1906)置盘山厅,1913年设盘山县,1966年置盘锦垦区,1970年改为盘锦地区,1984年设盘锦市。现定位为国家重要的能源基地,辽宁省中西部地区具有水乡特色的综合性石油化工城市。规划采用紧凑连片的双心组团式结构。

地处辽河三角洲中心地带,地面平坦,多水无山,辽河、大辽河、绕阳河、大凌河等河流21条,坑塘星罗棋布,适宜淡水养殖的水面达7万公顷,中华绒螯蟹的产量居全国之首,是北方最大的河蟹人工孵化和养殖基地。盘锦大米闻名于国内外,是辽宁省重要的商品粮基地和优质大米基地。苇田规模居全国之最,是重要的造纸、建材原料基地。海岸线长118千米,滩涂6.19万公顷,鱼、虾、蟹资源蕴藏量占辽东湾蕴藏总量的70%,是辽宁省著名的文蛤出口基地,被誉为"渤海金滩"。生态农业是盘锦农业发展的主题,初步建成了优质大米、河蟹、海淡水鱼、有机蔬菜、畜禽、芦苇等特色农业生产基地。储有丰富的石油、天然气、井盐、煤、硫等矿藏,中国第3大油田——辽河油田坐落于此,是全国最大、世界第4大特种油生产基地。在深度60米~100米深层藏有厚度47米~77米的盐卤水。已形成石化及精细化工、农产品加工、塑料加工及配套、沥青及防水建卷材、石油装备制造、船舶修造及配套等6大产业集群。陆路交通的枢纽地位日益明显,立体式的城市交通格局正在形成。2012年全市地区生产总值完成1279.5亿元。

盘锦平原地貌、稻田、苇海、草原、井架、红海滩、珍稀鸟类与河流交织成美丽壮观的图画,风景名胜有双台河口自然保护区、红海滩、中国辽河碑林等。

11. 阜新市

阜新市位于辽宁省西北部,是辽宁西部的交通要道。辖5区(海州、新邱、清河门、细河、太平)、2县(彰武、阜新)和1个开发区,总面积10 445平方千米、市辖区面积564平方千米,常住人口为181.93万(六普)、市区人口78万。

阜新市历史悠久,有少数年代归中原王朝直辖,多数年代是少数民族割据政权的管辖地,属边塞地区。清光绪二十九年(1903)置阜新县,1940年设阜新市。现定位为辽宁省西北部地区的中心城市。规划逐步形成由主城区、清河门区、新邱区等组成的组团式布局。

地处内蒙古高原和东北辽河平原的中间过渡带,大体为"四山五丘一平原"的地貌特征。有细河、绕阳河、柳河、牤牛河、秀水河、养息牧河等河流160多条,有大青沟水库、巨龙湖水库、闹德海水库、佛寺水库。水旱灾害频繁,水土流失严重。阜新市是土地资源较富庶的地区,是辽宁和全国粮食、畜牧业生产基地之一,粮食、牛、羊人均生产量均居全省首位。萤石、硅砂、沸石的储量居辽宁省之首,著名的药用麦饭石、玛瑙石、黄金储量可观,海州露天煤矿是全国第1座现代化露天煤矿,阜新矿区是全国4大主力矿区之一,阜新发电厂曾是亚洲第2大的火力发电厂,为"煤电之城"。形成了包括机械、化工、电子、建材、纺织、轻工、医药等一批工业群体,装备制造业、农产品加工、能源等为支柱产业。2011年全市地区生产总值为470.4亿元。

阜新境内风景名胜众多,有查海遗址博物馆风景区、海棠山国家自然保护区、大清沟水库旅游景区、瑞应寺风景区、海州矿国家矿山公园风景区、那木斯莱自然保护区、阜新"万人坑"红色旅游风景区、张三丰故居、十家子玛瑙城风景区、关山风景区、乌兰木图山风景区等。特产有大扁杏、元葱、红袍杏、玛瑙、花生、蒙族馅饼、清沟鱼宴等。

12. 辽阳市

地处辽东半岛城市群的中部。辖5区(白塔、文圣、宏伟、弓长岭、太子河)、1市(灯塔)、1县(辽阳),总面积4743平方千米、市辖区面积573平方千米,常住人口185.88万(六普)、市区人口71万。

辽阳是一座有着2400年悠久历史的古城,历史上先后曾有6个地方割据政权在此建立国号、定都,是东北建城最早的城市。辽阳古称襄平,西汉置辽阳县,辽设辽阳府,金设辽阳路,元设辽阳行省,清先后置府、县、州,1913年改为辽阳县,1938年置辽阳市,1965年设省辖地级市。是新兴的现代石化轻纺工业基地。现定位为石化产业为主的现代工业城市,辽中南地区的中心城市之一。规划形成平行沈大发展轴带的"一体拓展,两翼并重"的发展布局结构。

地处辽东低山丘陵与辽河平原的过渡地带,地貌类型齐全,分异规律清楚,层状地貌典型,地貌分区规整。有流程10千米以上的河流29条,组成了太子河、浑河2大水系。农业较为发达,西部平原土质肥沃,盛产水稻、玉米和淡水鱼,享有"粮仓"之称;东部山区林果茂盛,盛产山楂、南果梨,是国家、省商品粮基地和瘦肉型猪、淡水鱼养殖重点地区。煤、铁、硅石、菱镁、云母、石膏、粘土等资源丰富,硅石、白云母分别占全省总量的60%和70%,矿产保有量居全省第1位;铁矿、石膏、水泥灰岩、熔剂灰岩储量也居全省前列。工业包括石油化纤、轻工、纺织、冶金、化学、机械、电子、建筑材料、能源、医药和食品加工等十几个主要行业,是国家化纤工业重点基地之一,有全国最大的制药机械厂和全国造纸机械、工业纸板生产基地。农业建起了9大优质农产品生产基地,培育了10大主导产业和10条产业链,以高产优质粮田、蔬菜温室大棚、畜牧业(黄牛、生猪、肉鸡)、林果业、淡水养殖业五项开发为重点的"高产、优质、高效"农业纵深发展。铁路、干线公路交织面网。2012年全市地区生产总值实现1010.3亿元。

辽阳有许多著名的历史人文景观和美不胜收的风景区,主要有墓群壁画、高句丽燕州城(白岩城)、八宝琉璃井、白塔、清风寺、古城墙遗址、东京城、东京陵和曹雪芹高祖曹振彦名碑、曹雪芹纪念馆、汤河旅游风景区、石洞沟森林公园、参窝水库旅游区等。历史名人有罗绣锦、靳辅、图海、佟世思、王尔烈等。特产有香水梨干、塔糖、汤河鲜鱼、老世泰糕点、老杨头烧鸡等。

13. 铁岭市

地处辽宁省北部，松辽平原中段。为煤电能源之城、红楼文化之乡、小品艺术之乡、体育冠军之乡。辖2区（银州、清河）、2市（调兵山、开原）、3县（铁岭、西丰、昌图）、2开发区（铁岭经济开发区、铁岭高新技术产业开发区）。面积12 980平方千米、市区面积638平方千米，常住人口271.77万（六普）、市区人口44.6万，有30个少数民族。

铁岭历史悠久，远在7000年前的新石器时代，这里就有人类生息活动。唐玄宗开元元年（713）改富州，辽神第二年（917）辽太祖改为银州，明洪武二十六年（1393）置铁岭卫，康熙三年（1664）废卫设县，1937年置铁岭市，1984年升为地级市。现规划定位为沈阳经济区的副中心城市，新兴的能源和绿色农产品生产加工基地。规划构建"一核三轴三区"的市域城镇体系空间结构。

自然概貌大体是"四山一水四分田，一分道路和庄园"，东部山区属长白山余脉，是主要林业基地；以辽河流域为主的中西部平原，地势平坦，土壤肥腴，盛产多种农作物和经济作物，是主要产粮区。铁岭素有"辽北粮仓"之称，拥有4个全国商品粮基地县，是辽宁省畜牧业生产基地。发现金、银、铝、锌、铁、石灰石、煤、硅灰石、矿泉水等矿藏，是辽宁省最重要的能源生产基地。现有机械、电子、冶金、煤炭、橡塑、食品、制革、医药、化工、纺织等35个工业产业。地处东北亚中心的辽宁中部城市群，是吉林、黑龙江2省通往其他省市和出海港口的重要通道，铁路纵横交错。2012年全市地区生产总值实现981.4亿元。

有省级文物保护单位22个，风景名胜主要有龙首山、帽峰山、柴河水库、象牙山风景区、清河省级旅游度假区、凡河五角湖景区、长蟒锁谷、冰砬山国家森林公园、城子山风景区、铁岭八景。特产有铁岭大葱、开原大蒜、昌图豁鹅、铁岭山楂、开原榛子、西丰人参、鹿茸等。

14. 朝阳市

地处辽宁西部，南临河北省，北接内蒙古自治区。地处京、津、唐和东北城市群中间，是东北通往关内的咽喉要道。朝阳面向沿海，背依腹地，地理位置优越。辖2区（双塔、龙城）、2市（北票、凌源）、2县（朝阳、建平）、1个自治县（喀喇沁左翼蒙古族自治县）。总面积为19 699平方千米、市区面积1141平方千米，常住人口304.46万（六普）、市区人口60万。

朝阳是一座历史名城，朝阳古代文化源远流长。西汉设置郡县，清代乾隆四十三年（1778）置朝阳县，1958年设朝阳市。现定位为环渤海经济圈辽冀蒙交界地区中心城市，著名的史前文化遗产地与历史文化名城，朝阳的政治、经济、文化中心，打造环渤海经济圈辽冀蒙交界地区的经济强市和中心城市与新兴文化旅游名城。市域城镇体系为"双核、一带、三轴、多点"的空间发展格局；中心城区将以老城为中心，沿大凌河向西南和东北2翼实施轴向延展，并形成"两带、三核、八组团"的结构格局。

地表层峦叠嶂，丘陵起伏，峡谷相间，沟壑纵横，结构为"七山一水二分田"，主要河流有大凌河、小凌河、青龙河、老哈河。是全省棉、油、杂粮的重点产区，棉花和杂粮产量居全省第1，油料产量居全省第2位；有大量的畜产品资源，猪、牛、羊、鹅、鸭的饲养量相当可观；羊毛、蜂蜜、皮革产量在全省占有重要位置；果品资源十分丰富，为全省第2大果品产区。已探明储量的矿产有46种，锰储量居东北之首，钼产量居全国第2位，是全国8大黄金主产区之一，膨润土、大理石等储量大、品质好。农业形成了种植业、养殖业、林果业等3大支柱产业,有杂粮、大枣、花卉、葡萄酒等特色产业基地。工业形成了冶金、煤炭、轻工、机械、电子、建材、纺织、化工、医药、食品饮料、造纸等门类比较齐全的工业体系。是东北通往关内的咽喉要道。2012年全市地区生产总值实现921.3亿元。

风景名胜主要有牛河梁红山文化遗址、东山嘴祭祀遗址、朝阳双塔、努鲁尔虎山自然保护区、桃花山风景区、凤凰山风景区。历史名人有安禄山、史思明、李光弼、尹湛纳希、赵尚志等。特产有朝阳麻花布、山杏仁、酸枣仁、孙家湾大枣等。

二、各县级市发展概况

1. 新民市 1993年6月撤县设市,面积3352.5平方千米,人口67.2万是一座集区位、交通、资源等优势于一体的新兴城市、辽宁省商品粮基地之一。境内森林资源、石料资源和油气资源等十分丰富,有辽河油田的开采基地。全国著名农业大县(市),农业形成了粮食、优质米、蔬菜、林果、西瓜、菜籽、生猪、牛羊、禽蛋、淡水鱼10大生产基地,是沈阳市副食品生产基地和国家商品粮、优质米、瘦肉型猪生产、淡水鱼开发基地,辽宁省现代化农业示范市。2012年完成生产总值435亿元。

2. 瓦房店市 1985年1月撤销复县设市,面各3793.5平方千米,人口120万(2012)。自然构成大体是"六山一水三分田",是闻名中外的"苹果之乡"和国家重点果品生产基地,海岸线长461.2千米,复州湾盐场是全国4大盐场之一,是国家海参、对虾重点养殖基地。金刚石储量占全国已探明储量的54%,被誉为新兴的"东方钻石城"。有辽南工业重镇之称,是中国轴承工业的发祥地,有"中国轴承故乡"的美誉。形成了海产品、果品、农业土特产品、建材产品、机械产品和矿产品6大出口基地和一批出口专营企业。2012年完成生产总值977亿元,居辽宁省首位。

3. 普兰店市 1991年11月撤销新金县设市,面积2923.37平方千米,人82.67万。东西接渤、黄2海,海岸线长65千米,冷热矿泉水驰名中外。是大连重要的粮食、蔬菜、水果和水产品基地,辽宁省渔业和水果生产基地,国家粮食、肉牛、肉鸡、瘦肉型猪出口商品生产基地。风景名胜众多,主要有老帽山、二龙山国家森林公园、碧流河水库风景区、白云山风景区、九龙山风景区等。2012年完成生产总值770亿元,居辽宁省第3位。

4. 庄河市 1992年9月撤县设市,面积3900平方千米,人口91.31万。南濒黄海。淡水资源非常丰富,有大中小水库44座、河流79条,有现代农业园区25个,是国家商品粮生产基地、重要的"苹果之乡"。海岸线长285千米,港养对虾产量居全国第1,有"东方贝库"之称。风景名胜以冰峪风景名胜区、大孤山风景名胜区、海王九岛风景旅游区最为著名。2012年完成生总值750亿元。

5. 海城市 1985年1月撤县设市,面积2732平方千米,人口109万(2012)。是全国粮食、水果、畜牧业、柞蚕、乡镇企业生产基地之一,素有"渤海奥区"之誉。蕴藏量最大的菱镁矿占全球储量的1/3,滑石储量居世界之首,地热温泉和优质矿泉水资源驰名中外。通过"两城、两市镇"和园区建设,确立了"1大基地、7大产业、17个产业集群"的产业发展定位和"百万人口生态型世界镁都"的城市定位。形成了中国西柳商贸城、南台箱包、海城建材等比较完备的市场体系。有白云山风景区、汤岗子温泉、三岔河湿地等风景名胜。2012年完成生产总值790亿,居辽宁省第2位。

6. 东港市 1993年6月撤销东沟县设市,面积2396平方千米,人口64万。地处辽东半岛东端,南临黄海,东依鸭绿江,隔江隔海与朝鲜半岛相望,为中国海域最东北端,有"海角"之称。属东北亚经济圈核心地带,是连接中、韩、朝3国的交通枢纽,欧亚大通道的必经之地,中国唯一的沿江、沿海、沿边城市。有港湾养殖和滩涂养殖的基地,是中国虾、贝主要生产和出口基地之一,中国优质水稻的主要产区之一,辽宁省著名的"鱼米之乡",全国最大的优质草莓生产基地。高岭土储量居全国第1。有大孤山、鸭绿江口滨海湿地、獐岛等著名风景名胜区。2012年完成生产总值510亿元

7. 凤城市 1994年撤县设市,面积5513平方千米,人口59万。地近黄海北岸,自然概貌是"八山半水一分田,半分道路和庄园",为全国商品牛生产基地、绒山羊生产基地、板栗生产基地、国家粮食自给工程建设市、国家对外开放县(市)。砂金和脉金储量较大,为全国黄金生产重点产区之一;硼矿储量占全国固体硼矿总储量的63%;红柱石储量居亚洲第1、世界第3;"丹东绿""凤凰绿"等大理石产品被东南亚国家誉为"理石之冠"。有凤凰山、玉龙湖、蒲石河原始森林、大梨树花果山、赛马溶洞群、爱河鸽子洞等旅游资源。2012年完成生产总值423.5亿元。

8. 凌海市 1993年6月撤销锦县设市,面积2682平方千米,人口62万。南临辽东湾,是一座美丽的沿海开放城市,素有"辽西走廊上一颗明珠"之美誉。自然地貌结构大体分为"四山二水四分田",境内"山、平、洼、海"俱全,海岸线长83.7千米,是辽宁省重点产粮基地市(县)之一、辽宁省滩涂养殖对虾大县(市)之一。中国最北方的沿海开放城市、被国务院列入环渤海经济圈重要地区之一,拥有许多诸如锦州采油厂、中国最大凸版纸生产企业——金城造纸集团有限公司及锦州东港电力有限公司等国有大中型企业。民间文化活动异彩纷呈,书法、剪纸、绘画、摄影在辽宁省占有一席之地,是全国文化先进市。2012年完成生产总值252亿元。

9. 北镇市 1995年3月撤县设市,面积1694平方千米,人口53.3万。是全国著名的"书画之乡"和粮食生产基地,形成了以医巫闾山为线7个乡镇的林果经济带、以102国道为线10个乡镇的高效种植业经济带、以沈山铁路为线7个乡镇的粮食养殖业经济带,被省和国家命名为全国平原绿化先进县(市)、生态农业重点县(市)、粮食生产基地县(市)、花生生产基地县(市)、生猪生产重点县(市)、高效农业先进县(市)、小麦生产重点县(市)。风景名胜有医巫闾山风景区、大洋影视城等。2013年完成生产总值148.4亿元。

10. 兴城市 1986年12月撤县设市,面积2147平方千米,人口55万(2011)。地处辽东湾西岸,东南濒临渤海。兴城市区属于条带状城市,新兴城市区将由组团式城市发展格局构成。位于环渤海经济圈的中部,辽宁沿海经济带的西部起点,是华北与东北两大经济区的节点城市、中国泳装名城、中国书法之乡、中国3大泳装生产基地之一、东北最大的清洁能源基地、东北最大的花生集散地、国家优质果生产基地、中国航母训练基地。海沙蚕属兴城特产。是集城、泉、山、海、岛于一体的优秀旅游城市和旅游度假胜地、中国温泉之城。2012年完成生产总值128.07亿元。

11. 大石桥市 1992年11月撤销营口县设市,面积1612.11平方千米,人口72万。地处辽河下游左岸,历史上以古今战场而闻名,是长大铁路上的一个交通要道。以盛产菱镁石、硼石、滑石著称,素有"中国镁都"之称,是世界4大镁矿之一。是国家确定的绿色食品生产基地和优质米生产基地,有全国最大的耐火材料生产基地、10大出口商品生产基地。2012年完成生产总值515亿元。

12. 盖州市 1992年11月撤县设市,面积2945.91平方千米,人口72.32万。西濒辽东湾,是国家批准的对外开放城市。地貌特征为"六山三水一分田",淡水资源丰富,有玉石洞、石门水库;海岸线长50多千米,海蜇产量居全国之首。盖州绒山羊被誉为"国宝",被国家确定为农业产业化示范县(市)、无公害水果示范县(市)、秸秆养羊示范县(市),是全国重要的优质果品生产和出口

基地、海蜇生产和出口基地、绒山羊生产基地。独具一市连三港（大连港、营口港、鲅鱼圈港）之利，已初步形成"一城一泉三山三海"观光旅游格局。2012年完成生产总值288亿元。

13. 灯塔市　1996年8月撤县设市，面积1332.6平方千米，人口51.3万。位于辽阳市的北部，浑河以东，太子河以北，被沈阳、辽阳、鞍山、本溪环抱。整体地貌为"二山一水七分田"。有"北国鱼米之乡"的美誉，已形成了以水稻为主的商品粮基地、以"辽红"山楂为主的林果基地、以瘦肉型猪和庭院大棚蔬菜为主的肉菜基地，以及清养鲤鱼为主的淡水鱼基地，是省优质优势农产品生产示范县（市）。煤炭和铁储量较大，但由于过量开采煤炭，已有部分城镇发生地陷。2012年实现生产总值238亿元。

14. 调兵山市　1981年9月设铁法市，2002年更名调兵山市，面积262.9平方千米，人口25.5万。相传北宋时期金国兀术曾在此调兵遣将而得名。调兵山是融入东北各民族起源发展的过程中不可缺少的发祥地之一，是一个多民族源流的集散地，在长久的历史发展中孕育了丰厚的特色文化，其中以金文化最具代表性。煤炭储量约占辽宁省总储量的1/3，煤炭工业为支柱产业，是辽宁省最主要的煤炭生产基地。是国家级园林城市、国家级平安城市、全国卫生先进城市、省级园林城市。2012年完成生产总值180亿元。

15. 开原市　1988年撤县设市，面积2825平方千米，人口58万。是辽北古城。全境为"六山半水三分田，半分道路和庄园"。是全国百强县、国家重点产粮区和商品粮基地，形成了绿色稻米、良种繁育、苗木花卉、优质水果、蔬菜、烟叶6大种植业基地，开原工业区规划建设了4个专业产业园（装备制造机械加工、食品工业、五金建材塑料模具、太阳能光伏）和1个产业基地（开原循环经济物流产业基地）。风景名胜有咸州古城、象牙山风景区、白鹭洲野生动物保护区、砬子山森林公园等。2012年完成生产总值470亿元。

16. 凌源市　1992年2月撤县设市，面积3278平方千米，人口65万。因大凌河发源地而得名，地处辽宁西部边陲，辽宁、河北、内蒙古3省（区）交会处，是连接京沈两大都市群、沟通内蒙古腹地与沿海港的重要交通接点城市。大体上是"七山一水二分田"。石灰石、膨润土、铁、黄金等储量大、品位高，是辽宁省重点产金地之一。农业保持地、畜牧业、经济林3大主导产业已初具规模，花卉产业已成为一个新兴的支柱产业，是中国北方最大的反季节无公害蔬菜生产基地、销售集散地和省级优势农产品示范基地、全国4大苦杏仁生产基地之一、全国优质米麦开发县（市）、旱作农业基地示范县（市）、杂交种子生产基地。2011年完成生产总值175亿元。

17. 北票市　1985年4月撤县设市，面积4583平方千米，人口62万。由煤矿开发而得名。是一个"七山一水二分田"的丘陵山区，地表、地下水资源和煤炭资源丰富。保护地蔬菜已初步形成产业化，有东北最大的以西红柿为主的批发市场。是野山杏和山枣的主要产地。古生物化石资源主要是上园四合屯鸟化石，产有中华龙鸟、圣贤孔子鸟、粗状原始祖鸟、长趾辽宁鸟以及鹦鹉嘴鸟，哺乳动物类五尖张和兽、金氏爬兽化石，四合屯为国家级鸟鱼化石地质遗迹资源自然保护区。名胜主要有大黑山国家森林公园、惠宁寺、白石水库、桃花山风景区等。2011年完成生产总值195.03亿元。

第二节　吉林省

吉林简称"吉"，位于中国东北地区中部，处于日本、俄罗斯、朝鲜、韩国、蒙古与中国东北部组成的东北亚的腹心地带。北接黑龙江省,南接辽宁省,西邻内蒙古自治区,东与俄罗斯接壤,东南部以图们江、鸭绿江为界,与朝鲜民主主义人民共和国隔江相望。东西长650千米,南北宽300千米。东南部高,西北部低,中西部是广阔的平原。2012年完成生产总值11 937.82亿元。

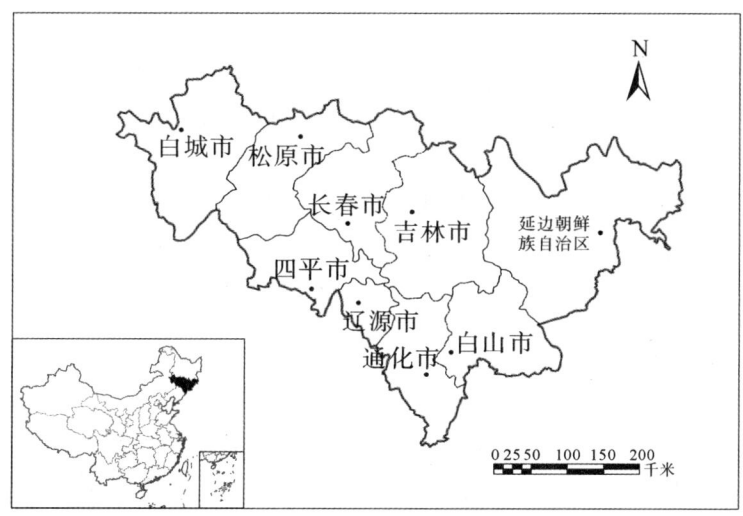

图 3-2-2　吉林省行政区划图

吉林省辖长春1个副省级城市,吉林、四平、通化、白山、辽源、白城、松原7个地级城市和延边朝鲜族自治州,20个县级市。总面积18.74万平方千米,常住人口2746.23万(六普),人口密度为147人/平方千米。2012年完成生产总值11 937.82亿元。

一、副省级市及各地级市发展情况

1. 长春市

地处东北平原中央,是东北地区天然地理中心,东北亚几何中心,东北亚十字经济走廊核心。辖6区(南关、朝阳、宽城、二道、绿园、双阳)、3市(榆树、德惠、九台)、1县(农安),有高新区、经开区、净月新区、西新区(汽车开发区)、东北先导区、九台经开区。总面积20 604平方千米、市区面积4906平方千米、四环内建成区(核心建成区)面积379.94平方千米、五环内建成区面积660.19平方千米(五环—绕城高速以内),常住人口767.71万(六普)、6大主城区及4大开发区总人口487.6万(四环路以内),有汉、满、蒙、回、朝鲜、锡伯、壮等46个民族。

长春来自约7000年前古老的肃慎语"茶啊冲",是古代肃慎祭天时候的祈福之语。始建于公元前2130年,两汉称天罡城、扶余王城,唐置书山府,金朝置隆州白龙府、宽城府,元明城灭废墟,清设长春厅、长春府、长春县,1947年设长春市,1949年为吉林省辖市,1989年为计划单列市,1994年为副省级市。是中国最大的汽车工业城市和新中国电影工业摇篮,素有汽车城、电影城、文化城、光电之城、科技文教城、大学之城、森林城、雕塑城、会展之都、东方波士顿、国际轨道交通之都等称谓,有"东方底特律"和"东方好莱坞""东方洛杉矶"的美誉。现规划定位为吉林省省会,全省政治、经济、文化、商贸中心,是全国重要的汽车工业、农产品加工业基地和科教文贸城市。规划形成中心城区由1个中心团和3个外围团(兴隆团、富锋团、净月团)构成的"分散组团式"城市形态结构。

长春位于东部低山丘陵向西部台地平原的过渡地带,形成"一山四岗五分川"的地貌格局,平原面积较大,第二松花江(西流松花江)、饮马河、伊通河纵贯其间。地处世界3大黄金玉米带——

吉林黄金玉米带的核心区域,农业高度发达,是中国重要的商品粮基地之一,粮食总产量、商品量、商品率均居全国大城市之首。是中国汽车、电影、光学、生物制药、轨道客车等行业的发源地,现已形成了以交通运输设备制造业为主体的工业体系,中国第一汽车集团公司是中国最大的汽车工业科研生产基地。长春是沿边开放城市,拥有国际、国内航线34条,铁路、公路四通八达。拥有独立科研与技术开发机构98个,中国科学院和中国工程院院士27位,在光学电子、激光技术、高分子材料、生物工程等方面的研究居全国领先地位,有的已经达到国际先进水平。2012年全市实现地区生产总值4456.6亿元。

长春市有净月潭国家森林公园、动植物园、世界风景园、长春世界雕塑公园、长春电影城、东方好莱坞、长影世纪城、伪满皇宫博物院等风景名胜。特产有干豆腐串、熏肉大饼、酱骨头、东北家常熬鱼、红烧丸子、满族八大碗、人参汽锅鸡、烧鹿尾、羊肉烧芸豆、朝鲜冷面、回宝珍饺子、李连贵熏肉大饼、渍菜白肉火锅等。

2. 吉林市

吉林市原名"吉林乌拉",满语意为沿江的城池。地处东北腹地长白山脉向松嫩平原过渡地带的松花江畔,三面临水、四周环山,环绕的群山和回转的松花江水使吉林形成"四面青山三面水,一城山色半城江"的天然美景。辖4区(船营、昌邑、龙潭、丰满)、4市(蛟河、桦甸、舒兰、磐石)、1县(永吉)和1个高新区、1个经济技术开发区。总面积27 120平方千米、市区3636平方千米,常住人口441.47万人(六普),有汉、满、朝、回、蒙等35个民族。

吉林是人类在东北较早栖息和开发的重要地区之一。西汉为扶余国前期首都秽城,乾隆十二年(1747)置吉林厅,1913年置吉林县,1945年设吉林市。现定位为吉林市是吉林省重要的中心城市,东北地区以化工为主的工业基地,具有中国北方特色的旅游城市。规划形成"南居、中商、北工"的城市空间格局,南部新城规划为"一心一轴两岸四片区"的形成结构。

吉林市有"远迎长白,近绕松花"的形势,中山山区—低山丘陵区—峡谷湖泊区—河谷平原区的地貌。土地、水利、矿产、森林、野生动植物资源均高于全国平均水平,特别是水利资源蕴藏量较大,有流域面积20平方千米以上、流长10千米以上的干支河流374条及丰满、白山、红石3座大型水电站;东部山区素有"林海"之称。有金、银、铜、铝、镍、钼、煤、油母页岩、铀、铁、锰、钛、稀土以及建材用矿藏等,钼、镍为中国第2大矿床,有色金属、贵金属矿储量居全省首位。吉林市是吉林省第2大城市,国务院批准的甲级开放城市,工业基础雄厚。"一五"时期国家156个重点工程有7项在吉林市建设。有长图、牡图、吉沈、吉舒、烟白、拉滨、朝开、和龙等干支线8条铁路;有国道2条,省道6条,县道28条;全市河流通航里程550千米。2012年吉林市GDP达到2430亿元。

吉林是中国北方著名山水城市。风景名胜主要有龙潭山、小白山、朱雀山、北山、玄天岭、桃源山、松花湖、北大湖滑雪场、文庙博物馆、金日成读书纪念馆、南湖瀑布、金蟾岛、龙潭山鹿场、官马溶洞、黄河水库等。

3. 四平市

地处松辽平原中部,吉林省西南部,辽吉内蒙古3省(区)交界处。辖2区(铁东、铁西)、2市(公主岭、双辽)、2县(梨树、伊通)和辽河农垦管理区、四平经济开发区、四平红嘴经济开发区,总面积14 323平方千米、市辖区面积1007平方千米,常住人口338.63万(六普)、市区人口61.8万,有36个民族。

四平市是满族的发祥地和集居地之一,是满族的"祖宗肇兴之所"。清光绪四年(1878)始设奉化县,清光绪二十四年(1898)沙俄修建东清铁路南满洲支线时设五站,清光绪二十九年(1903)南满支线全线通车定名为四平街站,1937年设四平街市,1941年伪满洲国置伪四平省,1958年10月设四平专(地)区,1983年撤地区设四平市(地级市)。现定位为东北地区重要的交通枢纽,吉林省重要的工业基地,省城南部中心城市和生态宜居城市。规划形成"一主两副四带"的市域城市镇空间结构,中心城区空间结构为"一城两翼,两心三带"。

四平市地貌类型多样,地域性差异明显,土地资源比较丰富,食用野生植物有蕨菜、蘑菇、山里红等50多种,药用植物有人参、甘草、五味子、枸杞子、黄麻等293种。土壤肥沃,农业发达,农作物以玉米、大豆、水稻最为著称,其次为高粱、谷子、小麦等;经济作物以葵花籽和甜菜产量较多,其次是花生、蓖麻、烤烟、瓜果等,素有东北3大粮仓之一的美誉,是全国重点商品粮基地和畜产品生产加工基地。有煤、银、金、铝、锌、天然气、硅灰石、石灰石、钠基膨润土、石英砂和陶石等矿产,银储备量据亚洲第1。有农产品深加工制造业、机械加工制造配套业、能源、冶金、化工、建材、医药、食品、轻纺、电子等10大优势产业,被誉为"中国换热器之城"。位于哈大铁路、平齐铁路、四梅铁路的交会处,是吉林省最重要的交通枢纽之一。2012年全市年实现地区生产总值1122.6亿元。

四平市有2代皇后的故乡——"叶赫"、四平战役纪念馆、伊通满族民俗馆、叶赫风景名胜区、山门二郎山庄风景区、伊通大孤山旅游区、四平解放烈士纪念塔、转山湖水库、四平英雄广场、四平山门风景区等。风味小吃有李连贵熏肉大饼、伊通烧鸽子、手扒肉、黏食、满族火锅、奶合子、"小麻仙"麻辣烫等。

4. 辽源市

辽源,因位于东辽河源头而得名。地处东北腹地,吉林省中南部,被誉为东辽河畔的一颗明珠。辖2区(龙山、西安)、2县(东丰、东辽)。总面积5125平方千米、市区面积429平方千米,常住人口117.66万(六普)、市区人口47.2万。

辽源于东晋永和二年(346)建城,距今已有1600多年历史,辽源龙首山山城是渤海国夫余府。清代这里被辟为皇家"盛京围场",康熙皇帝曾钦敕"皇家鹿苑",光绪二十八年(1902)弛禁后设立西安县,1948年设西安市,1952年改为辽源市,1953年为吉林省直辖市,1983年定为地级市。是吉林省中南部区域性中心城市,吉林省的重要工业基地。现规划建成中国东北中部地区现代工业与现代服务业并举的区域性中心城市。规划形成"一轴一带一中心多组团网络化"的城市结构。

为长白山余脉与松辽平原过渡地带,属低山丘陵区,河流纵横,水库池塘星罗棋布,山、丘、台、谷交错分布,地理概貌为"五山一水四分田"。盛产大豆、玉米、高粱、水稻等。矿产主要有煤炭、铁、铜、铅、锌、金、银、水泥用石灰岩、水泥用大理岩、水泥用粘土、硅灰石、陶瓷土、伊利石、饰面用石材等。辽源因煤而立,因煤而兴,属于典型的煤炭资源枯竭型城市。拥有以纺织、服装、轻工、塑料、机械、化工、医药、煤炭为骨干的33个行业,新材料工业是近年重点发展的工业,轨道车辆结构铝型材、建筑铝型材、钢背复合材料轴承、碳纤维、自有润滑材料、辐照交联电缆、氨纶等具备一定的生产能力,在国内处于领先地位。境内有四梅线铁路、辽西铁路,公路四通八达。2012年全市完成地区生产总值605.13亿元。

辽源享有中国梅花鹿之乡、中国琵琶之乡、中国农民画之乡、中国二人转艺术之乡等,主要景点有东辽河源头碑亭、寿山、龟山、龙首山公园、南照山公园、杨木湖度假区、八一湖旅游区、石驿古栈道、东丰皇家鹿苑、东丰龟岛旅游度假区等。

5. 通化市

地处中国东北东部,吉林省东南部,东北东部大通道的重要枢纽,边境线长203.5千米,是中国对朝3大口岸之一。辖2区(东昌、二道江)、2市(梅河口、集安)、3县(通化、辉南、柳河)、3省级开发区,总面积15 698平方千米、市区面积761平方千米,常住人口232.52万(六普)、市区人口50.7万(2010),有汉、满、朝鲜、回等24个民族。

历史文化悠久。6000多年前就有人类在这里居住,是高句丽文化、满族萨满文化的发祥地。古称东边,光绪三年(1877)改称通化县,1931年为伪通化省省会,1942年设通化市,1945年~1954年为安东省省会,1954年设通化专区,1970年改称通化地区,1985年升为地级市。是吉林省东南部和东北东部最大的区域中心城市,国家批准的边境开放城市。现规划定位为吉林省东南部中心城市。规划形成"两区两轴一带"的市域城镇空间结构;都市区形成"一主二辅四组团"的空间布局结构。

境内2/3以上的面积为山区,属长白山系;有大小河流1000余条和水库306座,水资源、森林资源丰富,是重要的人参种植基地,有"绿色立体资源宝库"之称,被誉为中国中药之乡、葡萄酒之乡、人参之乡、优质大米之乡和滑雪之乡,与云南的西双版纳和四川的峨眉山并称中国"3大天然药库"。农作物以玉米、高粱、水稻、大豆为主,是吉林省商品粮基地。黑色金属、有色金属、贵重金属、非金属和能源矿产在境内分布较广,有中国钢铁城、中国松花砚之乡之称。农业形成林特产品加工、种药材种植、园艺特产等特色产业。工业形成冶金、医药、食品3大支柱产业,生物医药、新材料、新能源、节能环保、高端装备制造业、文化、旅游等战略性新兴产业发展迅速,是生物产业国家高技术产业基地。地处东北亚经济圈腹地,为吉林省距出海口最近的城市,有通沈高速公路、通丹高速公路、梅沈高速公路、通丹铁路等,通化机场和通化陆港开工建设。2012年全市地区生产总值达到605.13亿元。

有各种文化遗址900多处、国家级文物保护单位10余处、国家A级以上景区13处、国家森林公园6个、国家工农业旅游示范点6个,有靖宇陵园、罗通山城、五女峰国家级森林公园、千叶湖滑雪场、高句丽王城、洞沟古墓群、辉发古城、古墓壁画、千叶湖、万发拨子遗址、玉皇山公园、云峰湖、三角龙湾、鸭绿江国境旅游区、金厂滑雪场、龙湾自然保护区、龙湾国家级森林公园等风景名胜。通化满族剪纸是中国3大民族剪纸之一。历史名人有杨靖宇、高志航等。

6. 白山市

地处吉林长白山西侧,南与朝鲜惠山市隔鸭绿江相望,国境线长454千米。辖2区(浑江、江源)、1市(临江)、3县(靖宇、抚松、长白),总面积17 485平方千米、市区面积2736平方千米、建成区面积40平方千米,常住人口129.66万(六普)、市区人口61.2万,有满、回、朝鲜、蒙古、壮、锡伯等37个少数民族。

光绪二十八年(1902)置临江县,宣统元年(1909)置林长海道,1960年撤临江县设浑江市,1985年升格为地级市,1993年更名为白山市。是东北东部重要的节点城市和吉林省东南部重要的中心城市,新兴工业城市。现规划打造具有竞争力的区域中心城市,成为吉林省东南部中心城市,打造经济中心、旅游中心和交通节点,形成"三核一带三轴多点"的生态城镇化空间布局。

地处长白山腹地,山峰林立,绵亘起伏,沟谷交错,河流纵横,有著名的白山电站和云峰电站。森林覆盖率达83%,是中国的主要木材产区之一,全国重要的人参种植、加工、销售集散地,东北"三宝"——人参、貂皮、鹿茸角的故乡,素有立体资源宝库、长白林海、人参之乡之美称。硅藻土储量居中国第1位,煤炭储量居吉林省第1位,天然矿泉水储量丰富。能源、矿产冶金、旅游为3大支柱产业;农业有矿泉水、人参、医药、林产品加工、特色农产品5大特色产业;已形成以煤炭、木材、电力、医药工业为支柱,以冶金、机械、塑料、造纸、纺织工业为骨干的门类比较齐全的工业体系,木材综合利用、能源、有色金属冶炼及加工、特产药材和塑料制品等行业在国内占有重要地位。建有长白山机场。2012年全市实现地区生产总值600.6亿元。

风景名胜主要有长白山天池、长白山锦江大峡谷、露水河国际狩猎场、寒武—奥陶系地质构造剖面保护区、花山温泉、长白山温泉度假村、太平湖、灵光塔、望天鹅峡谷、苇沙河旅游度假区、长白山迷宫、松桦恋等。

7. 松原市

位于吉林省中西部,地处哈尔滨、长春、大庆三角地带,松嫩平原南端,松花江畔,与包头、呼和浩特、鄂尔多斯一起被称为"中国北方经济增长四小龙"。国家天文台将1997年发现的一颗小行星命名为"松原星"。辖1区(宁江)、4个县(长岭、乾安、扶余、前郭)、3个省级开发区(松原经济技术开发区、农业高新技术开发区、查干湖旅游经济开发区),总面积21 090平方千米、市区面积1269平方千米、建成区面积56平方千米,常住人口288.1万(六普)、市区人口61万。

松原市意即松花江、嫩江平原上的新兴城市。西汉曾建扶余国,1913年置新城县,后改为扶余县,1987年设扶余市,1992年撤扶余市设松原市(地级)。为吉林省西部现代化区域中心城市,现规划定位为全国重要的石油开采基地之一,吉林省石油天然气化工、农产品深加工基地,吉林、黑龙江、内蒙古3省区交界地区的中心城市。规划形成"一心一轴四区"的市域空间结构;中心城市区形成"一心两翼三区五片"的城市空间结构。

资源富集,素有"粮仓、肉库、渔乡、油海"之美誉。资源特点可以用"一黑、一黄、一绿、一白"来概括,"黑"指地下有以石油为主的丰富矿产资源,有吉林油田;"黄"指地处世界黄金玉米带上,是全国重要的商品粮基地,盛产玉米、大豆等作物;"绿"指地处世界三大草原之一的科尔沁草原和松嫩平原的交会处,有草原面积53万公顷;"白"指境内有"三江、一河、一湖"(第一松花江、第二松花江、嫩江、拉林河、查干湖),江河总径流量398亿立方米。工业形成了石油开采、石油炼制、化工、医药、轻工、食品、建材、纺织、机械、电力等门类较为完整的工业体系,近年重点发展了石油化工、农畜产品加工两主导产业和生化制药、建筑材料、商贸旅游3个新兴产业。境内有4条铁路和5条国省干线公路通过,交通网络四通八达,水运条件得天独厚,建有松原港。2012年全市地区生产总值实现1605.4亿元。

风景名胜有查干湖、长山明珠园、莲花源、哈达山、乾安泥林、宁江森林公园、龙华寺、大金得胜陀颂碑、慈云寺、龙凤山水库等。特产主要有"四粒红"花生、大蒜、红小豆、芦苇、蒲公英、地榆、地骨皮、玉米碴、"莲花"莲籽米、马铃薯粉条、"松宝"面粉、系列干菜、春岭荞面粉等。

8. 白城市

位于吉林省西北部,嫩江平原西部,科尔沁草原东部。辖1区(洮北)、2市(大安、洮南)、2县(通榆、镇赉)、3个省级开发区(白城经济开发区、大安经济开发区、查干浩特旅游经济开发区)、5个工业集中区(白城工业园区及洮北、通榆、镇赉、洮南工业集中区)。总面积25 745平方千米、市区面积2525平方千米,常住人口203.3万(六普)、市区人口58万,有汉、蒙、满、朝、回等30个民族。

白城市历史悠久,辽设长春州,金承安三年(1198)设泰州,光绪三十年(1904)设靖安县,1914年改洮南县,1938年改为白城县,1958年设白城市,1993年升为地级市。现规划定位为吉林省西部地区政治、经济、文化中心,吉林省重要的农产品加工业和能源基地。规划形成"一心带五片"的城市布局形式。

地处大兴安岭山脉东麓平原区,沙丘、森林、草原、沼泽、江河湖泊相间分布,形成了"沙丘榆林、湖泊水域、蒲草苇荡、羊草草原"4大生态景观,低洼地带散布着湖泡700多个,有向海、莫莫格2个国家级自然保护区和一个包拉温都省级自然保护区。人均耕地、草原、宜林地、水面、芦苇面积及光热资源都居全省首位。是国家级大型商品粮基地市、全国节水型井灌区建设示范市,被列为全国农业4大开发区之一和国家生态建设示范区,为水稻、烤烟、肉牛、芦苇、棉花、淡水鱼、油料、糖料、杂粮杂豆等农产品的重要产区。有比较丰富的石油资源、风力资源以及天然气、煤、石灰石等矿产资源。工业以纺织服装、汽车配件、机械建材、食品医药和造纸印刷等行业为主。已形成了铁路、公路、水路组成的交通运输网络,嫩江右岸的大安港是东北3省唯一的内河港口,东风附近有一座小型机场,新规划的白城长安机场已动工建设。2012年全市实现地区生产总值615.4亿元。

风景名胜主要有姜家甸草原风情旅游区、郁洋淀苇海观光区、查干浩特民俗村、生态观光园、月亮湖水库、白城古文化遗址等。特产有鹦哥绿豆、黑水西瓜、福顺辣椒、万宝粉条、大安白鹅、通榆草原红牛、瀚海珠牌葵花仁、棉纱、无纺布、毛纺呢绒、电缆、汽车发动机连杆、石油机械和沙棘、芦荟系列酒及吉鹤、鹤城、月亮湖牌香烟等。

二、各县级市发展概况

1. 九台市　处于长吉2大特大中心城市之间的交通走廊地带和长吉经济圈的核心位置,因位于法特哈边门(在今舒兰市法特镇)向西南的第9个边台而得名。1988年8月撤县设市(2014年10月撤市设区),面积2875平方千米,人口84万(2011)。自然呈"一水三山六分田"特征。是清代柳条边上的百年古镇,作为关东长春文化圈的重要组成部分,形成了包括剪纸文化在内的地域特色文化,是国内外闻名的中国萨满文化之乡。工业集中区实施了生态畜牧产业园、六街工业小区建设。景点主要有卡伦湖、金穗山庄、鹿鼎山(八台岭)民俗文化村、东湖(石头口门水库)等。2012年完成生产总值360亿元。

2. 榆树市　因城南一片榆树林而得名。处于长春、吉林、哈尔滨3市构成的三角区中心。1990年12月撤县设市,面积4722平方千米,人口130.6万(2011)。处于世界著名的黄金玉米带上,素有"粮豆之乡""松辽平原第一仓"的美誉,是全国农产品加工业创业基地、国家级生态示范区、吉林省著名的产粮大市、全国重点商品粮基地县(市)之一。特色农业形成了专用玉米、绿色稻米、无公害蔬菜、马铃薯、红白云豆、烟叶、珠葱、肉葫芦、西瓜甜瓜、林果10大产业。畜牧业发展迅速,专业化、特色化牧业小区初具规模,畜禽饲养量居全省县(市)之首。基本形成了以农产品加工业为主的地方工业体系。风景名胜有五棵树沿江旅游区、霸湖旅游区、花园山旅游区、小乡旅游区、雷劈山旅游区、青鼎山旅游区等。2011年完成生产总值301.23亿元。

3. 德惠市　有一江(松花江)、四河(饮马河、伊通河、沐石河、雾开河),素有"九河下梢"之称,有较大湖泊55处、水库12座。1994年8月撤县设市,面积3435平方千米,人口100万。是国家重点商品粮基地。大棚蔬菜、畜禽养殖、特色农业及林果业的发展迅速,瓜菜等"五大特色产区"规模不断扩大,绿色水稻等"十大绿色食品生产基地"形成规模优势,已建成各类农业园区120个,农业标准化生产基地8万公顷,先后被国家命名为粮食生产先进市、菜篮子工程先进市、中国松花江大米之乡和中国肉鸡之乡,是国家"高优高"农业示范区。2010年完成生产总值268亿元。

4. 舒兰市 1992年10月撤县设市,面积4557平方千米,人口67万(2010)。境内水资源丰富,有第二松花江、细鳞河、霍伦河、拉林河等大小92条江河和有各类蓄水工程434座,全市养鱼水面5000公顷,拥有年产3亿尾的东北鱼苗良种孵化基地;是全国唯一的球粘土基地,被誉为中国软质球粘土之乡;是全国唯一的商品林蛙种苗培育基地、吉林省主要水稻产区之一、国家重要商品粮基地和绿色食品生产基地。是集生态风光、宗教文化、历史遗迹、民俗民风为一体旅游城市,有森林公园、亮甲山、凤凰山、九顶莲花山、新安旅游风景区、完颜希尹古墓、黄鱼圈、老黑沟惨案遗址、沙河水库等风景名胜。2012年完成生产总值185.5亿元。

5. 桦甸市 1988年9月撤县设市,面积6624平方千米,人口45.05万(2012)。地貌结构特征为"八分山林,一分田,一分草地、村屯、道路和水面"。境内二道松花江、第二松花江、辉发河3大水系,连接着251条中小河流,水力资源开发利用潜力巨大,有世界闻名的白山发电厂和全省知名的红石发电厂。是吉林省林业重点市和木材生产基地之一、吉林省产粮基地县(市)之一。农业形成了6条龙型经济,即中药材和林蛙种、养、加工、经销产业化,山野菜采集、加工、经销产业化,山野菜收购、加工、经销产业化,瘦肉型猪饲养、屠宰、外销产业化,白瓜籽种植、加工、外销产业化,肉牛繁育、饲养、销售产业化。桦甸黄金驰名中外,是国家主要生产基地之一。是饮誉中外的关东三宝人参、貂皮、鹿茸角的产地。2012年完成生产总值271.6亿元。

6. 蛟河市 1989年9月撤县设市,面积6235平方千米,人口45.2万(2011)。有"红叶之城,山水蛟河"之称。整个地面大致可概括为"八山一水一分田"。是吉林省主要林区和木材出产基地之一,以林蛙、食用菌、中草药材为代表的野生动植物资源开发利用潜力很大。是全国四大花岗岩产地之一,镍矿探明储量居全省第2位,为中国第5大石材基地。地处吉林市东大门,素为战略要地和南北东西陆路交通之咽喉。蛟河是一座以"生态、自然、森林、红叶"为特色的中国优秀旅游城市。2012年完成生产总值214.4亿元。

7. 磐石市 1995年8月撤县设市,面积3960平方千米,人口53.6万。地貌可概括为"七山一水二分田",由180条河流组成,水库塘坝近800座,水资源十分充沛。森林覆盖率达45%,野生资源丰富,各种山珍、野菜每年大量销往国外,建有东北最大的食用菌生产基地,人参、紫貂、梅花鹿、林蛙、山鸡、畜禽等多种经营和畜牧业生产都具有较大规模。是全国商品粮基地县(市)之一,素有吉林省中南部粮仓之称。是中国3大石墨产地之一,硅灰石储量占全国储量的1/4,石灰石、方解石等按县级储量计算均排在全国之首,镍的储量居全国第2位,是全国10大非金属矿业开发基地之一。处于以长春为中心,沈阳、哈尔滨3小时经济圈中心地带,交通、电力、通讯事业发展迅速。2012年完成生产总值285.1亿元。

8. 公主岭市 1986年11月撤县设市,面积4027平方千米,人口中110万(2012)。原名公主陵,为清乾隆皇帝三女儿的衣冠冢,日本侵华时期改为公主岭。有大小河流43条、蓄水工程166座,地势平坦,土质肥沃,适宜各种农作物、经济作物和瓜果蔬菜生产,素有中国"玉米黄金带"之美誉,是国家重点商品粮基地、玉米出口基地和畜牧业发展基地。石油、天然气和煤在全市矿业经济中占有重要地位,膨润土储量居亚洲之首。是吉林省交通运输的咽喉要道,交通发达,是东北地区重要的交通枢纽。2012年完成生产总值448亿元,居吉林省首位。

9. 双辽市 1996年5月撤县设市,面积3121.2平方千米,人口42万(2010)。地处八百里瀚海边缘,东、西辽河之滨,水资源、土地资源丰富,玉米、大豆、高粱、谷子和杂豆在国际、国内市场上享有盛名,油料、糖料、蔬菜、黄烟、药材、花生等种植业均形成一定规模,是吉林省粮食生产和出口的重要市县之一、全国肉羊基地县(市)、全国瘦肉猪基地县(市)、全国生态示范县(市)、吉林省西部的铁路和公路交通中心。2012年完成生产总值180亿元。

10. 梅河口市　1985年2月撤销海龙县设市,面积2174平方千米人口62万。位于长白山西麓,辉发河上游,荷塘星罗棋布,以能源工业、医药工业、食品工业为主导产业,构建能源、食品和包装冶金"3大产业群",打造吉林省东南部最大的能源生产地、全国最大的果仁生产集散地、全国最大的鹅鸭肝生产地、吉林省东南部绿优米生产加工集散地、全国油田抽油泵管生产地、东北海绵钛生产地、北方电化铝生产地"8大生产加工地"。是吉林省东南部交通要冲和东北地区重要的交通枢纽之一、辽吉2省东部物资集散地之一。2012年完成生产总值247.8亿元。

11. 集安市　1988年3月撤县设市,面积3217平方千米,人口23万。东南与朝鲜隔鸭绿江相望,是中国对朝3大口岸之一,新兴的边境、生态、文化旅游城市。是一个"八山一水半分田"的山区市,河流众多,水资源十分丰富,建有2座大型电站和4大库区,是"鱼米之乡",大米在清朝是贡米。森林覆盖率81.4%,盛产几十种名贵中药材和大量土特产品,以长白山中药材为基础的医药工业正在崛起。是中国东北的边陲重镇和长白山地区商品的重要集散地。素有"东北小江南、国家生态园"之称,是集自然秀色、人文古迹、边境风光为一体的旅游城市。2012年完成生产总值83.04亿元。

12. 临江市　1993年11月撤县设市,面积3008.5平方千米,人口16.7万(2012)。地处长白山腹地,鸭绿江畔。素称"长白山立体资源宝库",自然资源极为丰富。境内有大小河流154条,水流湍急,落差较大,水力资源理论蕴藏量51万千瓦,并有矿泉、温泉多处,现已建成水电站16座;森林覆盖率达83%以上,被誉为"中国高山红景天之乡"和"国家北药基地";硅藻土和白云石储量及品位居全国第1。以山参、园参和细辛为主的中草药的生产,以山芹菜、蕨菜、刺嫩芽为主的绿色食品的开发,以红松果仁、山葡萄、大慈梨为主的特色果品,以封沟养蛙和鹿、狍等深加工为主的野生经济动物的饲养等生态效益型特色产业全面形成。设有国家一类口岸。2012年完成生产总值83.5亿元。

13. 大安市　1988年8月撤县设市,面积4879平方千米,人口45.84万(2011)。地处松嫩平原腹地,境内"一江两河"(嫩江、洮儿河、霍林河)环绕,是吉林省著名的淡水鱼产地,素有"鱼米之乡""骏马之乡"的美称。形成了汽车配件、石油钻采、食品加工和以裘皮、轻革、服装产品为龙头的出口创汇4个工业基地。处在嫩江流域中央城市和吉林省对外开放的前沿位置上,是联结东北3省1区及中、俄、日3国的交通关键和商品集散地,大安港已对俄开放。风景名胜有五间房水岛乐园、嫩江度假村、东沟湿地狩猎场等。2012年完成生产总值120亿元。

14. 洮南市　1987年5月撤销洮安县设市,面积5108平方千米,人口44万。因位于洮儿河南岸而得名。是一座历史悠久的古城,素有"千年古城、百年府县"之称。是国家商品粮基地县(市)、粮棉大县(市)、国家级优质细毛羊基地县(市)、吉林省最大的鲜奶奶源基地、全国最大的山杏生产基地、全国有名的杂粮杂豆之乡、辣椒之乡、绿豆之乡、西瓜之乡和粉条之乡、吉林省毛纺织工业基地之一。地处东北3省与内蒙古东部交界的中心,交通便利。2012年完成生产总值115亿元。

15. 延吉市　1953年从延吉县析置设市,是吉林省最早的县级市之一,面积1748.3平方千米,人口52.4万(2010)。位于吉林省东部,长白山脉北麓。布尔哈通河和烟集河把市区分割成南、北、西3个自然区域,横跨2河之上的5座大桥,把整个市区连为一体。森林、土特产资源丰富,人参、貂皮、鹿茸被誉为东北三宝,盛产苹果梨、人参、鹿茸、烟叶及各种山野菜,种植和养殖资源主要有水稻、玉米、大豆、蔬菜、家畜、家禽、参茸及熊胆等。形成食品、医疗器械、医药、IT产业等特色鲜明的新兴产业。处于东北亚经济圈的腹地,是"金三角"内中国方的一个支撑点,形成了公路、铁路、航空、海运齐全的交通运输网。有"教育之乡""歌舞之乡"和"足球之乡"等诸多美誉。2012年完成生产总值301亿元。

16. 图们市 1945年设市,是吉林省最早的县级市,1954年改为镇,1965年重设,面积1142.65平方千米,人口12.8万(2010)。地处吉林省东部,长白山脉东麓,图们江下游,大体为"八山半草半水一分田"。是国家甲级边境开放城市,具有沿边、沿江、沿交通线和近海特点的吉林省最大的边境口岸城市。农副产品有水稻、大豆、烤烟、鹿茸等。已形成造纸、石油化工、塑料、针纺、木材加工、机械仪表、医药食品、建材、煤炭等门类比较齐全、以加工业为主的工业格局,是吉林省最大的民族塑料用品生产加工基地。处于联合国开发计划署确定的东北亚经济合作开发区"大小金三角"结合部,交通十分便利,图们口岸是吉林省唯一有铁路和公路与朝鲜相通的国家一类口岸。2012年完成生产总值38.82亿元。

17. 敦化市 1985年2月撤县设市,面积11 957平方千米,是吉林省面积最大的县级市,人口48万(2012)。地处吉林省东部山区,长白山腹地,牡丹江发源地。原名敖东城(亦称阿克敦)留存了清代古城池的名字,敦化取自四书《中庸》"大德敦化"一语,含有"以德管理"之意。水力资源、野生植物资源丰富,鹿茸产量居全国之首,是国家重点林区之一,东北东部重要的木制品、中药材和农副产品集散地。林产工业是工业生产的基础,有纤维板、胶合板、木制家具等骨干工厂,工业基本上形成了以木材加工、中成药、建材、造纸等为主的综合加工体系,矿产、能源、食品、机械、物流、旅游等后备优势产业获得长足发展。是长吉图开发中心节点城市,独特的地理优势将成为长吉图先导区的重要支持部分。2012年完成生产总值156.7亿元。

18. 龙井市 1988年5月撤县设市,面积2591平方千米,人口17万(2012)。龙井原名六道沟,是满族的发祥地和龙兴之地,今天龙井地名发源于井泉。位于吉林省东南部,长白山东麓,东南方向隔图们江与朝鲜相望,是中国境内朝鲜族居住最集中、朝鲜族民俗文化保存最完整的城市。地形四面环山,中部为盆地,境内多河流。是苹果梨原产地、中国苹果梨之乡,中国苹果梨、红晒烟、黄牛、细毛羊生产基地,吉林省商品粮生产基地和农业综合开发实验基地,有亚洲最大的苹果梨种植园、吉林省最大的人工养熊基地、国家级天佛指山松茸自然保护区。工业形成了制浆造纸、医药、化工、食品、机械加工等支柱和优势产业。农业不断壮大绿色大米、烟叶、黄牛养殖、劳动力转移四大主导产业,发展了食用菌、速生丰产林、精品果园、药材等优势产业。有三合、开山屯2个国家一级陆路开放口岸。2012年完成生产总值35.1亿元。

19. 珲春市 1988年6月撤县设市,面积5145平方千米,人口22.1万(2012)。地处吉林省东南部的图们江下游、中朝俄3国交界地带。是一个新兴的边境开放城市、近海口岸旅游城市。有珲春、春化、敬信等几个沉煤盆地,有吉林省最大的煤田。盛产人参、鹿茸、蜂蜜、哈什蚂等名贵滋补药材和松茸、木耳等土特产品。已形成能源水电、木制品加工、纺织服装、电子信息、医药保健、有色金属、建筑材料、农副海产品和一般加工业九大工业产业,能源水电、木制品加工、纺织服装和信息电子4大行业发展迅速。有3个国家一类口岸、1个二类口岸、1个国家级经济开发区。2012年完生产总值125.2亿元。

20. 和龙市 1993年7月撤县设市,面积5043.87平方千米,人口31.5万(2011)。取于土名和龙峪,和龙峪系满语"山谷"之意,因位于群山环绕、山岳合拢的山间谷地故名。河流纵横,泉水较多,分布较广。森林覆盖率高达81.5%,矿产资源、野生动植物资源丰富,生态环境保留完好,是海内3大自然药材库之一。农业以农作物种植为主,畜牧业和饲养业也比较发达,初步形成了绿色大米、大豆、苹果梨、蔬菜、烟叶生产基地,被联合国工业发展组织列为"中国高科技绿色食品原料基地建设和深加工示范区"。工业形成以食品、林产品加工、轻工、化工、采矿为骨干的体系。2011年完成生产总值43.2亿元。

22. 扶余市　地处松嫩平原东北部边缘、吉林省西北部。1987年11月撤县设市,1992年6月改为松原市扶余区,1995年7月重设扶余县,2013年1月重新撤县设市。面积4658平方千米,人口77.17万(2011)。地处平原区,以河间台地地貌为主,台地周围沿江河有河谷平原,松花江、拉林河流经,有较大湖泊14个。耕地面积大,居全省第3位,灌溉发达,农产品以玉米、大豆著成,为粮食和水产的重要地区、全国重点商品粮基地。扶余油田分布于市境西部,是中国已建成的石油生产基地之一。工业有农机修造、水泵、电机、石油化工、纺织、造纸、印刷和食品等,基本形成以粮食和农副产品加工及农业肥料制造为主的工业体系。扶余为商贸重地,流通活跃。四粒红花生、红小豆、大蒜、白瓜子等名扬中外。旅游资源丰富。2012年生产总值实现330亿元。

第三节　黑龙江省

黑龙江省下辖城市30个,其中副省级城市1个(哈尔滨)、地级市11个、县级市18个。总面积46万平方千米,总人口3831.22万(六普)。2012年完成生产总值13 691.6亿元。

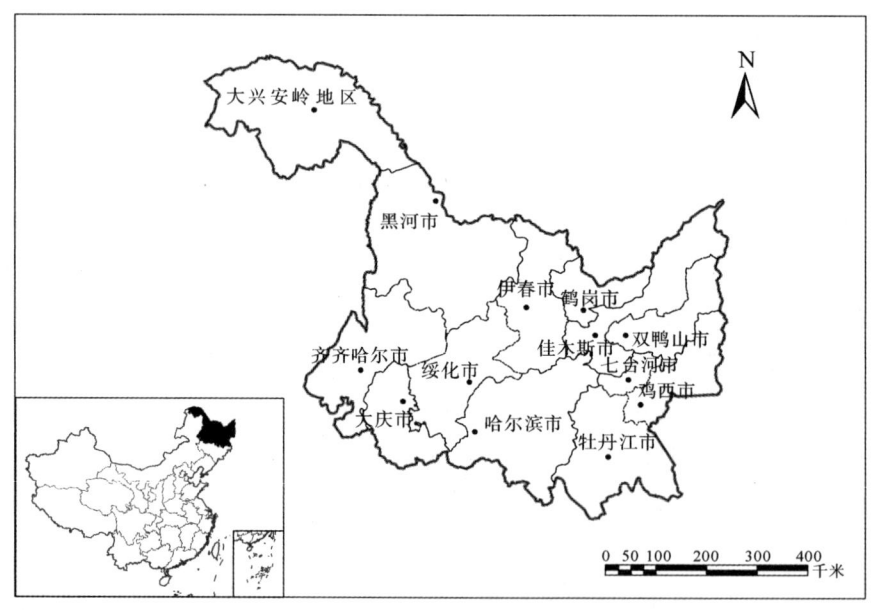

图3-2-3　黑龙江省行政区划图

一、副省级市和各地级市发展情况

1. 哈尔滨市

哈尔滨是黑龙江省省会,地处中国东北北部地区,黑龙江省南部。辖8区(南岗、道里、道外、香坊、松北、平房、呼兰和阿城)、3市(尚志、双城、五常)、7县(宾县、方正、依兰、巴彦、木兰、延寿、通河），总面积5.3万平方千米、市区面积7086平方千米，总人口1063.6万（六普）、市区人口587.9万，48个少数民族。

光绪二十九年（1903）中东铁路建成，标志着哈尔滨城市的形成；1934年为滨江省会，1954年为黑龙江省会，现为副省级城市。中国东北北部的政治、经济、文化和交通中心，东北北部地区最大的中心城市，著名的历史文化名城和旅游城市，素有"共和国长子""冰城""天鹅项下的珍珠""东方莫斯科""东方小巴黎"以及"冰城夏都"等美称。现规划定位为黑龙江省省会，中国东北地区重要的中心城市，国家重要的制造业基地，国家历史文化名城。规划形成可持续发展的"一江两城九大组团"的主城区空间结构。

地域广阔，土地肥沃，雨水充沛，空气清爽，是中国重要的商品粮生产基地，大豆、马铃薯、亚麻、甜菜等农产品产量居全国之首；林业用地包括用材林、经济林、薪炭林、防护林等，有黄太平、大秋果、苹果、葡萄等温带果木林，以及特种经济林、黑豆果等；名贵药材、野生食用植物资源丰富。矿产主要有硫铁矿、熔炼水晶、蛇纹岩、砷以及石棉、硅石、饰面用大理岩、稀散元素碲等。装备制造、食品、医药、石化为四大优势产业。哈尔滨地处东北亚中心位置，被誉为欧亚大陆桥的明珠，是第一条欧亚大陆桥和空中走廊的重要枢纽，水运航线遍及松花江、黑龙江、乌苏里江和嫩江，并与俄罗斯远东部分港口相通，哈尔滨太平国际机场是东北地区乃至东北亚的重要空中交通枢纽之一。2012年全市地区生产总值为4550.1亿元。

哈尔滨是中国著名的历史文化名城和旅游城市，著名的风景名胜有防洪纪念塔、文庙、极乐寺、圣索菲亚教堂、俄罗斯风情的中央大街、萧红故居、亚布力滑雪旅游度假区、镜泊湖、五大连池、扎龙自然保护区等。历史名人有完颜阿骨打，宪颜宗弼、完颜宗望等。土特产品有貂皮、猪鬃、马尾、黑木耳、猴头蘑、黑加仑、蕨菜、蜂王浆、椴树蜜等。

2. 齐齐哈尔市

齐齐哈尔古称龙城、龙沙、龙江、黑水等，位于黑、吉、蒙3省区交界处，黑龙江省西南部。辖7区（龙沙、建华、铁锋、富拉尔基、昂昂溪、碾子山、梅里斯达斡尔族）、1市（讷河）、8县（甘南、龙江、克山、克东、依安、拜泉、泰来、富裕）、1个国家级高新技术开发区（南苑经济技术开发区）、1个省级开发区（富拉尔基开发区）、1个省级工业示范基地（讷河市希望科技园）。总面积42 469平方千米，市区面积4310平方千米，总人口536.7万（六普）、市区人口142万。

齐齐哈尔始建于金太宗天会三年（1125），先后为嫩江省、黑嫩省、黑龙江省的省会，1954年改为省辖市。是黑龙江省西部地区的政治、教育、经济、科技、文化、商贸和交通中心，现规划确定了"生态市园林城、绿色食品之都、装备工业基地、生态旅游胜地、历史文化名城"的发展定位。规划城市布局为"中心组团式"结构，由中心城区和4个外围组团（富拉尔基、昂昂溪、碾子山和梅里斯）构成。

齐齐哈尔北部和东部是小兴安岭南麓，中部和南部为嫩江冲积平原。有嫩江、诺敏河、雅鲁河等江河170余条和湖泡800余个。是国家商品粮基地、畜牧业基地和绿色食品生产基地、"中国绿色食品之都"，主要农作物为小麦、玉米、高粱、谷子、大豆、马铃薯等。矿产储量较大的有石英砂、石灰石、大理石、火山石、沸石、麦饭石、玄武岩、花岗岩、硅藻土、膨润土、石油、天然气等。是国家在"一五""二五"期间投资建设的重工业基地、国家老装备工业基地、国家振兴东北老工业基地战略实施重点城市之一、黑龙江省重点发展工业城市之一，已形成以机械、冶金、化工、食品为主体，以轻工、纺织、电力、医药、建材等行业为重点，门类比较齐全的工业体系，初步形成了农副产品精深加工的新兴产业格局。为建设中"哈大齐"工业走廊的核心城市之一。2012年全市地区生产总值实现1153.8亿元。

齐齐哈尔有扎龙自然保护区、龙沙公园、卜奎清真寺、乘寺、劳动湖、昂昂溪新石器文化遗址、万善寺、关帝庙、明月岛等风景名胜。特产有冰刀、猎枪、北大仓及丹顶鹤四条屏、富裕老窖、麦饭石、龙江小米、港进粉丝、泰来四粒红花生、泰来绿豆、克东腐乳、依安大白鹅、依安紫花油豆角、讷河马铃薯、甘南葵花籽、拜泉芸豆、手工刺绣、芦苇手工艺画、桦树皮手工艺画等。

3. 鹤岗市

位于黑龙江省东北部，北隔黑龙江与俄罗斯相望，东南临松花江。辖6区（兴山、向阳、工农、南山、兴安、东山）、2县（萝北、绥滨），面积14 648平方千米、市区面积4575平方千米，人口105.87万（六普）、城区人口68.8万，有蒙古、回、苗、壮、朝鲜、满、锡伯等27个民族。

1939年设鹤立县，1945年置兴山市，1949年改称鹤岗市，1960年升格为地级市。现规划定位为黑龙江省东北部地区的中心城市之一，国家重要的能源城市。规划主城区沿小鹤立河逐步形成由向阳、工农、南山、兴安、河西、城东等组成的组团式城市布局结构。

鹤岗地处松花江、黑龙江2江汇合的夹角地带，小兴安岭向三江平原的缓冲区，林木资源丰富，盛产木材和野生动植物。地势平坦，土地肥沃，盛产水稻、玉米、大豆和各种经济作物，是黑龙江省重要的商品粮生产基地之一。是典型的农、牧、渔结合区，发展生猪、奶牛、肉牛等养殖业及乳品、肉类等食品加工业潜力巨大，黑龙江流域盛产鲤鱼、鲟鱼、大马哈鱼、三花五罗等名贵鱼种。以煤炭为主的矿产资源型城市，煤炭储量丰富，是国家重要煤炭基地之一；石墨产量、出口量均占全国1/3，有"亚洲第一石墨矿"；黄金储量丰富。是东北重要的老工业基地、全省重要的煤电化工基地。依托235千米边境线、5000吨级黑龙江黄金水道、43万吨口岸过货能力和松花江大桥、支线机场、城际铁路项目的推进，成为连接中俄贸易桥头堡、经贸大通道和对外加工区。2012年全市地区生产总值达到358亿元。

鹤岗是黑龙江流域文明的发祥地，中华、俄罗斯、犹太3大古老文明的交会地，清金文化、抗联文化、知青文化、俄犹文化、少数民族文化的融合地。名胜及纪念地有中俄黑龙江三峡、苇场丹顶鹤自然保护区、小兴安岭原始森林公园、煤海公园、松鹤公园、东山万人坑、奥里米古城等。土特产有木耳、蘑菇、猴头菇、松子、鹿茸、元皮等。

4. 双鸭山市

地处黑龙江省东北部，东隔乌苏里江与俄罗斯比金市相望，北临辽阔的三江平原，南面是连绵的群山。辖4区（尖山、岭东、四方台、宝山）、4县（集贤、友谊、宝清、饶河）、1个省级经济技术开发区。总面积23 202平方千米、市区面积1767平方千米、建成区面积81.5平方千米，人口146.26万（六普）、市区人口57万人、建成区人口31万，有少数民族35个。

双鸭山是满族的发源地之一，历史上曾经是挹娄王国古都。因矿设市，由煤而兴，1954年成立矿区政府，1956年设双鸭山市，1966年升为地级市。是黑龙江省东部城市发育带核心层城市、黑龙江省重要的区域性中心城市，是黑龙江省唯一一个兼有大煤田、大粮仓、大森林、大湿地、大农场的城市。现规划定位为黑龙江省重要的煤炭产业基地，以煤化工、电力、建材产业为重点的综合型工业城市。规划形成"一横三纵"城镇分布格局；中心城区形成多中心组团式线型布局的结构形式。

双鸭山森林茂密，是全省商品木材供应基地之一，有野猪、狍子、熊、鹿等野生动物及蘑菇、木耳、山野菜等丰富的土特产;是多鱼之乡,野生鱼有鲫鱼、鲤鱼、白鱼、黑鱼、狗鱼、细鳞鱼、泥鳅、老头鱼、柳根、马口等18种。农业盛产大豆、玉米、水稻等作物,为全省重要的商品粮和经济作物基地。煤炭储量占黑龙江省总储量的54%,有黑龙江省第1大煤田,是中国10个特大煤田之一;有全省唯一的大型磁铁矿。商业繁荣、工业发达、教育医疗先进,是集煤炭、电力、钢铁、农业等产业开发为一体的新兴工业城市,煤、电、钢、粮、化、新能源、新建材为7大主导产业,煤炭、冶金等重工业发达、高新技术产业迅速兴起。国家一类客货口岸——饶河口岸与俄罗斯的比金市隔乌苏里江相望。2012年地区生产总值为586亿元。

双鸭山市有大菩堤寺、青山国家森林公园、东升湿地国家森林公园、七星河湿地国家级自然保护区、双兴生态旅游区、珍宝岛等风景名胜。

5. 鸡西市

地处黑龙江省东南部,完达山麓穆棱河畔,东、东南与俄罗斯交界。辖6区(鸡冠、恒山、滴道、梨树、城子河、麻山)、2市(虎林、密山)、1县(鸡东)。总面积22 531平方千米、市区面积2234平方千米,总人口186.2万(六普)、市区户籍人口92万(2010),有汉、满、朝、回、蒙等23个民族。

原为荒山野甸,宣统元年(1909)发现煤炭进行开发后人口渐增。1936年林口—密山铁路建成在此设鸡西站(以位于鸡冠山之西得名),1941年置鸡宁县,1949年改鸡西县,1956年撤县设市。现定位为中国重要的煤炭生产基地,黑龙江省南部重要的商贸中心和商品集散地。规划形成"一核多心,点轴发展"的市域城镇空间布局结构。

地形以山地、丘陵、平原为主体,地貌特征是"五山一水四分田",最大河流是穆棱河,湖库有兴凯湖、哈达河水库。气候温和,雨量适度,无霜期长,耕地、草场、林地、荒原等都有较大面积的分布,野生动植物资源丰富,盛产大豆、水稻、小麦、玉米和蔬菜等。主要矿产有煤炭、石墨、硅线石、钾长石、大理岩、黄金、铂、钯、矿泉水等,是黑龙江省重要煤城,有"石墨之都"之称。鸡西是一座以煤炭生产为主的资源型城市,工业已形成以煤炭、冶金、电力、非金属、建材、机械、化工、轻纺、森工、食品为主要行业,主导产业与后续产业、替代产业相衔接的新的工业格局。大农业、特色农业的格局逐步形成,建成绿色食品基地12个,畜牧业、水产业为重点的养殖业成为农村经济的支柱产业。现已开通密山和吉祥2个国家一级陆路口岸,鸡西兴凯湖机场是中国最东部的支线机场。2012年实现地区生产总值582.3亿元。

鸡西创造了灿烂的古代渔猎文明——新开流文化,有兴凯湖、乌苏里江、虎头地下军事要塞、珍宝岛、神顶峰、虎头关帝庙、麒麟山、卧龙湖、哈达河、八楞山、凤凰山、北大荒书法艺术长廊、辽金古城遗址、鸡西恒山国家矿山公园等旅游景区。

6. 大庆市

地处松嫩平原中部,誉为"绿色油化之都,天然百湖之城,北国温泉之乡"。辖5区(萨尔图、龙凤、让胡路、红岗、大同)、4县(肇州、肇源、林甸、杜尔伯特蒙古族自治县)、1个高新技术产业开发区。总面积21 219平方千米、市区面积5107平方千米,常住人口290.45万(2010人口普查)、城区人口164.65万(六普),有满、蒙古、朝鲜、回等少数民族31个。

大庆是随着油田的勘探开发而产生的。光绪二十四年(1898)沙俄修建中东铁路时在此建立萨尔图站;1913年置安达县;1959年9月26日位于大同区北面高台子附近的"松基三井"喷出了工业油流,遂定名为大庆油田,随后置大庆区;1960年撤安达县置安达市;1964年撤安达市恢复安达县(现安达市),设安达特区;1979年安达特区更名为大庆市。是中国最大的陆上油田和重要的石油化工基地。现规划定位为中国重要的石油、石化工业基地,以高新技术产业为主的高科技现代化城市,黑龙江省西部重要的区域性中心城市。规划形成组团式城市空间布局结构。

有嫩江、松花江等河流,150多个天然湖泊,湿地遍布城区;自然草原辽阔,为全省第1。盛产玉米、高粱、大豆等,是全国重要的乳业基地、畜牧强市、绿色食品强市、水产品大市。油气、天然气储量巨大,地热资源富集。在稳定石油经济、发展非石油产业经济基础上,发展了装备制造、新能源、石油化工、高新电子、新型现代化农业、生物工程、医药、新材料、信息产业和服务外包、文化创意产业等,形成了以石油化工、农产品精深加工、机械装备制造、现代服务业和现代农业五大接续产业。绿色特色农业快速发展,形成了万寿菊、红干椒、葵花籽、苇草等15个特色产业区,成为全国著名的绿色食品生产基地。境内铁路、公路网已经形成,是亚欧大陆桥的中转站和黑、吉、内蒙古3省区的交通枢纽。2012年实现地区生产总值4000.5亿元。

风景名胜主要有铁人王进喜纪念馆、龙凤湿地、连环湖、莲花湖、杜尔伯特靠山大草原、当奈湿地、大青山遗址、大庆国家森林公园、世界石油文化公园、白金宝塔遗址、阿木塔旅游度假村、草原赛马场、郭氏生态湖、九龙旅游区、龙虎台、衍福寺、果成寺、正法寺等。

7. 伊春市

伊春以汤旺河支流伊春河得名。位于黑龙江省东北部,地处小兴安岭腹地,与俄罗斯隔江相望。辖1市(铁力)、1县(嘉荫)、15区(伊春、南岔、带岭、西林、金山屯、美溪、翠峦、乌马河、友好、上甘岭、五营、红星、新青、汤旺河、乌伊岭)、16个林业局,总面积32759平方千米,总人口114.8万(六普),其中非农业人口109.38万人。

1949年置伊春镇,1952年设伊春县,1957年撤县设伊春市(地级),1964年撤伊春市设伊春特区,1970年改为伊春地区,1979年撤地区恢复伊春市(地级)。是座美丽的林业城市,是国家的重要木材生产基地。现规划定位为中国林都,全市的政治、经济、文化中心,以山林产品综合开发、旅游业为主的中国北方生态园林城市。规划形成多中心组团式的带形城市格局。

地貌特征为"八山半水半草一分田",有大小河流702条、水库8座,有世界上面积最大的红松原始林,誉为"红松故乡""祖国林都",森林覆被率达到83.8%,野生动植物资源丰富。有金、银、铁、铅、锌、铜、钼、铝、锡等金属矿藏,黄金储备量居全省首位;非金属矿产资源有石灰石、大理石、水晶石、玛瑙石、花岗岩、珍珠岩、紫砂陶土、褐煤等。以木材精深加工、森林生态旅游、特色种养与加工、冶金及矿产开发、绿色能源等5大优势特色产业为主体。境内有哈佳铁路、汤林铁路及伊春至铁力、鹤岗、嘉荫等公路;伊春林都机场正式通航;边境线长2495千米。2012年全市生产总值实现260.0亿元。

旅游以山川林海著称,森林、冰雪、河流等旅游资源独具特色,有五营国家森林公园、汤旺河林海奇石风景区、嘉荫恐龙国家地质公园、桃山狩猎场、廻龙湾国家森林公园、茅兰沟地质公园等风景区。

8. 牡丹江市

地处黑龙江东南部,东与俄罗斯远东接壤,是中国大陆最大的边贸城市之一、北方著名旅游城市,享有"中国雪城""鱼米之乡""塞北江南"等美誉。辖4区(东安、西安、爱民、阳明)、4市(绥芬河、宁安、海林、穆棱)、2县(林口、东宁)。面积40583平方千米、市区面积1353平方千米、建成区73平方千米,人口279.87万(六普)、市区人口94.7万,有少数民族38个。

牡丹江市是随着铁路修建而兴起的城市,光绪二十七年(1901)沙俄修筑中东铁路建牡丹江站,1937年成立伪牡丹江省和牡丹江市,1958年为地辖市。是黑龙江省重要的综合性工业城市、对俄经贸城市和旅游城市,也是黑龙江省东南部的经济、文化、交通中心。现规划定位为中国东北地区重要的风景旅游城市,黑龙江省东南部地区中心城市。规划形成由主城区和外围铁岭河镇、桦林镇和温春镇等组成的组团式城市布局结构。

地形以山地、丘陵为主,为"九分山水一分田",有300多条河流、湖塘823个及镜泊湖、莲花湖等22座水力发电站、1座火力发电站、4座热电站、7座余热发电站、2座风力发电站。沿江河平原区地势平坦,耕地集中连片,水源条件好,是全市水稻主产区,盛产水稻、小麦、大豆、烤烟和西瓜。森林覆盖率62.3%,是黑龙江省主要木材生产基地,林区土特产资源十分丰富。已发现的矿产有煤、黄金、大理石等78种。工业形成了造纸、电力、煤化工、石油化工、制药、汽车配套、木材加工等支柱产业。农业形成了肉牛、生猪、食用菌、果菜4大主导产业。处于哈尔滨—牡丹江—俄罗斯海参崴—日本新潟和哈尔滨—牡丹江—图们—日本海两条国际大通道的要冲,与俄罗斯接壤的边境线长211千米,境内的绥芬河铁路口岸、公路口岸、东宁公路口岸、牡丹江航空港4个国家一类口岸是中国与俄罗斯进行贸易的重要口岸;形成了立体化结构的现代交通网络,交通便利,四通八达。2012年全市实现地区生产总值1092.7亿元。

享有"塞外江南""中国雪乡""中国雪城"等诸多美誉,主要景点有镜泊湖、牡丹江雪堡、牡丹江八女投江英烈群雕、海林威虎山城、牡丹江吊水楼瀑布、地下森林、中国雪乡、海林横道滑雪场、三道关国家森林公园、唐渤海国遗存、宁古塔遗存、中东铁路遗存等。

9. 佳木斯市

地处中国东北的松花江、黑龙江、乌苏里江汇流而成的三江平原腹地,是中国最东端的城市。辖4区(前进、向阳、东风、郊区)、2市(同江、富锦)、4县(桦南、桦川、汤原、抚远),总面积32 704平方千米,总人口255.2万(六普)、市区人口88.17万(六普),有42个少数民族,其中赫哲族是佳木斯特有民族。

佳木斯原名"甲母克寺噶珊""嘉木寺屯",为满语,意译为"站官屯"或"驿丞村"。原为松花江畔渔村,光绪十四年(1888)设东兴镇,1910年3月1日(清宣统二年正月二十日)正式置桦川县(县署驻东兴镇),1925年东兴镇改为佳木斯行署,1934年设市,1985年地市合并,实行市管县体制。现规划定位为黑龙江省东北部中心城市,以绿色食品工业和轻工业为主的内陆口岸开放城市。

幅员辽阔,资源丰富,以黑土地为主,是世界上仅有的3块黑土平原之一,适宜大规模农业与现代化机群作业,形成了大量农业垦区,是国家重要的商品粮基地和农业综合开发试验区。奶牛、肉牛、生猪、鸡、鹅、鸭已初步形成产业能力,山产品、水产品及绿色果蔬产品初具规模,极好地绿色环境资源孕育着粮食深加工、肉制品加工、乳制品加工、绿色特色产品加工等农业产业化龙头企业。矿产储备以黄金、煤炭、石油、天然气、饰面石材、矿泉水为主。形成了绿色食品、机械制造、医药化工3大支柱产业。边境线长达580千米,为铁路、公路、水运、航空、邮电、通讯的枢纽,通往太平洋国际经贸大通道的国际性旅游、贸易的城市,强大的运输、商品集散能力及交通枢纽打造了佳木斯的物流中心地位。2012年全市地区生产总值完成660.4亿元。

佳木斯有三江湿地、汤原大亮子河森林公园、同江街津口森林公园等风景名胜,有原始生态游、冰雪特色游、赫哲民俗游、异国风情游、革命缅怀游等旅游项目。绿色特色产品有神鱼、大米、金锣冷鲜肉、希波肉串、光明乳制品以及鲑鱼、鲟鱼、鲑鱼籽、鲟鱼籽、黑木耳、蕨菜、刺嫩芽等。

10. 七台河市

位于黑龙江省东部的张广才岭与完达山脉两大山系衔接地带，辖3区(桃山、新兴、茄子河)、1县(勃利)、1个农场、1个省级开发区。总面积6221平方千米，总人口92.04万(六普)，其中非农业人口50.91万人。

七台河市区原为勃利县一小山村，1958年开发建设，1950年设七台河镇，1965年设七台河特区，1970年为县级市，1983年升为省辖市。是一座因煤而生、缘煤而兴，以煤为主、多业并举的综合性工业城市。规划由新兴、北山、金河、桃山、茄子河构成的组团式的城市发展形态。

地处低山丘陵区，城市中心区"三山两湖一条河"，形成了"城在山水中、山水在城中"的独特山水园林风光。有倭肯河、挠力河2大水系、34条河流和21座大中小型水库。植被属于"长白山植物亚区"，草木茂盛，动植物资源丰富。农作物有玉米、大豆、小麦、高粱、水稻、亚麻、烤烟等，林业、渔业、庭院经济发展迅速。蕴藏有石墨、沸石、澎润土、大理石、黄金等多种矿产资源，其中煤炭资源十分丰富，煤种齐全、品质优良，是全国3大保护性开采煤田之一、全国重要的煤炭和电力生产基地、东北最大的优质焦煤和焦炭生产基地、黑龙江省唯一的无烟煤生产基地。工业以煤炭、电力为龙头，打造了木制品、食品、医药、机械制造、新材料等接续产业集群。牡佳、七勃铁路在境内形成"T"字形网络，高等级公路四通八达。2012年全市地区生产总值实现298.9亿元。

有吉兴河水库旅游风景区、石龙山水库旅游风景区、桃山水库旅游风景区、桃山公园、仙洞山公园、西大圈国家森林公园、青松岭森林公园、万宝山滑雪场等风景名胜。名优特产有"双叶"家具、煤雕、橡木酒具、古筝、二胡等。

11. 黑河市

地处中国东北边陲，与俄罗斯阿穆尔州隔江相望，是中国首批沿边开放城市。辖2区(爱辉、合作)、2市(北安、五大连池)、3县(嫩江、逊克、孙吴)。总面积68 726平方千米，总人口167.39万(六普)，其中非农业人口97.58万人，有汉、满、回、蒙古、鄂伦春、达斡尔等31个少数民族。

清康熙二十二年(1683)清康熙在瑷珲设黑龙江省将军衙门，1945年设黑河地区，1980年改爱辉县为黑河市，1993年撤地区设地级黑河市。现规划建设成为一个有特色的国际贸易、国际旅游和中国北方地域文化、民族文化、中西文化相融合滨水生态园林型的现代化口岸城市。

黑河地处大兴安岭东部、小兴安岭北部，群山连绵起伏，沟谷纵横，总体上为"六山一草一水二分田"。土地、森林、草原、水利、矿产和野生动植物资源极为丰富，形成了边境地区独有的资源优势。是国家重要的商品粮基地、国家重要的黄牛生产基地。金、铜、玛瑙石、石灰石、矿泉水等15种矿藏储量居全省之首，多宝山铜矿为全国第2大铜矿，五大连池矿泉水与法国维西矿泉、格鲁吉亚、高加索矿泉并称世界3大冷泉。积极构筑资源精深加工和出口导向型工业群体工程，重点发展煤炭、水电、矿泉水、铜开采、木制品、建材等优势产业。农业立足于建设高纬度寒地高效农业开发带，大力发展外向型农业、绿色农业和优势农业，积极发展畜牧业。已形成铁路、公路、水运、航空立体效能交通网络，中俄黑龙江大桥、机场扩建等交通建设工程正在实施。有黑河、孙吴、逊克3个国家一类口岸，1991年大黑河岛中俄边民互市贸易市场正式开通，并设有以发展对俄经贸合作和出口导向型工业为重点的国家级边境经济合作区，形成了小额贸易、边民互市贸易、边境旅游、对外经济技术合作等共同发展的多元化边境贸易的格局。2012年全市地区生产总值366.2亿元。

黑河有五大连池天然火山地质博物馆、爱辉古城、鄂伦春与达斡尔少数民族聚居地、小兴安岭林海等风景名胜。

12. 绥化市

地处黑龙江省中南部、松嫩平原的呼兰河流域。辖1区(北林)、3市(安达、肇东、海伦)、6县(望奎、兰西、青冈、庆安、明水、绥棱),总面积34 964平方千米、市区面积2723平方千米,总人口541.64万(六普)、市区人口87.77万,有满、朝鲜、回、蒙古、达斡尔、锡伯等31个少数民族。

清光绪十一年(1885)设绥化直隶厅,光绪三十一年(1905)由厅升府,1913年由府改县,1982年撤县设市,1999年设地级绥化市。是一个新兴的工业城市。现规划定位为哈尔滨都市圈的副中心城市,绥化市域的政治、经济、文化、交通和信息中心,黑龙江省的重要交通枢纽,中国重要的寒地绿色产业基地。规划形成绿色空间分隔的组团状城市布局。

地势东北高,西南低,即由低丘陵、高平原过渡为河谷平原。属松花江水系和呼兰河水系,江河沟泡遍布。有林面积80万公顷,西部有广阔的草原,动植物资源十分丰富。是国家大型商品粮基地和农副产品出口创汇基地,甜菜、亚麻、烤烟3大经济作物基地,以草食动物为主的牧业生产基地,还是全省最大的绿色食品之乡,是国储备粮大区之一。探明的矿产资源有石油、铁矿、煤炭、大理石、石灰石、石英石等。已拥有以食品、化工、医药、建材、机械、纺织等6大产业为支柱的比较完整的工业体系。交通便利,有滨北、滨佳、滨洲铁路和哈大、哈黑、哈伊、明沈4条主要公路,伊春至绥化高速公路、绥化至北安高速公路正在建设。2012年全市地区生产总值为1058亿元。

绥化市有肇东金代八里城遗址、安达日军731侵华罪证遗址、海伦东方红水库、望奎卫星庙山公园和原始森林旅游带等风景名胜。

二、各县级市发展概况

1. **尚志市** 1988年9月撤县设市,面积8910平方千米,人口38.5万(2010)。为纪念抗日民族英雄赵尚志,将珠河县更名为尚志县。呈"八山半水分半田"之势的山区。尚志是英雄之城、国家一类革命老区、资源大市、全省主要林区和木制品集散地、中俄陆海联运的重要通道、哈牡绥黄金线上的重要节点,是国务院确定为哈牡之间唯一副中心城市和哈尔滨都市经济圈卫星城市之一,综合实力位居全省10强县(市)之列。已成为哈牡之间重要的区域性物流中心、信息中心和文化中心,建成了全国最大的木耳批发大市场。"亚洲第1滑道""中国第1碑墙""天下第1印""土改文化第1村"等一批景点、景观也已成为闻名全国的知名品牌。2012年完成生产总值216亿元。

2. **双城市** 1988年撤县设市,2014年5月撤市设哈尔滨市双城区,面积3112平方千米,人口82.6万(2010)。又称双城堡,是黑龙江省的南大门、东北历史名城,满族发祥地之一,有"南有辽阳府,北有双城堡"之说。水资源、土地资源丰富,是全国闻名的粮食生产大县(市)、全国食品工业百强县(市)、全国"两高一优"农业示范县(市)、秸秆养牛示范县(市)、黑龙江省畜牧业生产重点县市(市),年奶产量居全国第1位(市),大农业—大畜牧业—大加工业—大市场的产业化格局已经形成。2012年完成生产总值360亿元,居黑龙江省第2位。

3. **五常市** 1993年8月撤县设市,面积7512平方千米,人口88.1万(2010)。原名欢喜岭,清咸丰四年(1854)设"举仁、由义、崇礼、尚智、诚信"5个甲社,取其"三纲五常"之意,得名五常。京旗文化和金源文化的发源地、黑龙江省人口第1大县(市),素有"六山一水半草二分半田"之称,有河流397条、自然泡沼400多个、水库43座,土地肥沃,是国家重要的商品粮基地、全国水稻生产5强县(市)和10大粮食生产先进县(市)标兵之一、全省木材生产基地之一、全国科技工作先进县(市),中国著名的大米产区,五常大米素有"贡米"之称,为"中国名牌"。2012年完成生产总值

275亿元。

4. 讷河市 1992年9月撤县设市，面积6674平方千米，人口75万(2013)。因讷漠尔河横贯境内而得名。资源丰富，土地肥沃，水域辽阔，素有"黑土明珠""北国粮仓"之美誉，为全国百名产粮大县(市)、全国卫生城、中国马铃薯之乡、中国甜菜之乡、黑龙江省经济10强县市、全国和黑龙江省"大豆振兴计划"重点县(市)。绿色蔬菜享誉国内外，畜牧业发达，已形成黄肉牛养殖带、蛋鸡养殖带、山绵羊养殖带、生猪养殖带、水产品养殖带和绿色养殖园区，基础母牛居全省第2位。2012年完成生产总值108.4亿元。

5. 密山市 1988年撤县建市，面积7724平方千米，人口43.38万(2010)。以境内蜂蜜山得名。南与俄罗斯相望，处在东北亚"金三角"之中，又位于对俄出口黄金通道上。地貌特征为"三山二水五分田"，湖河库泡泽星罗棋布，生态环境良好，土地肥沃，水源丰沛，素有"鱼米之乡"之称，是国家产粮大县(市)、商品粮基地县(市)、黑龙江白瓜子收购加工的大型基地、优质大米生产基地、全省造林绿化先进市、全省小城镇工程建设先进市、中国航空事业摇篮、人民装甲兵诞生地、中国电器制造工业摇篮、新中国火药制造工业摇篮、中国人民空军摇篮、中国民间剪纸艺术之乡、白鱼之乡、大豆之乡。密山口岸(国门)里有世界上最短的界河桥——白棱河桥，有兴凯湖、北大荒书法长廊、铁西森林公园、蜂蜜山、北大荒开发建设纪念馆等风景名胜。2013年完成生产总值137.7亿元。

6. 虎林市 1996年10月撤县设市，面积9334平方千米，人口31.2万。古为肃慎地，是赫哲族世居地。地处乌苏里江的左岸，东与俄罗斯联邦隔水相望。地广人稀，是一个以农业、绿色食品产业、边境贸易、旅游业、制药业、制酒业、畜牧业等产业为主的新兴口岸城市。江河纵横，水资源及食用菌、野生浆果等、蜜源植物丰富，是国家确立的东北黑蜂保护区和黑龙江重要的蜂产品生产基地、国家级生态示范区、国家重要的商品粮基地、国家重点木材生产基地。境内荟萃了塞北大森林、大湿地、大冰雪、大界江、大农业等自然生态资源以及乌苏里江国家森林公园、珍宝岛湿地自然保护区等7个国家、省、市级自然保护区，有珍宝岛、虎头要塞、乌苏里江、虎头关帝庙、乌苏里江第一塔、"天下第一虎"、神顶峰、月牙湖等旅游资源。2012年完成生产总值135.4亿元。

7. 铁力市 1998年9月撤县设市，面积6620平方千米，人口39万。原名铁山包，为鄂伦春、蒙古族游牧之地。素有"八山一水一分田"之称，森林资源、水资源储量十分丰富，典型的农林交错地区，是省和国家创建国家级生态示范区的试点城市、东北地区最大的木材生产、加工集散地、人参生产基地，刺五加、黄芪、五味子等中药材的种植位居全省前列，绿色水稻、绿色大豆、日光节能温室蔬菜、生猪、肉牛等产业基地，有桃山天然狩猎场、桃山国家森林公园、桃山原始林、桃山古洞、狩猎场、滑雪场、铁力日月峡森林公园和鸟语林等风景名胜。色水稻、速冻玉米、林蛙、林灌鸡为铁力"四宝"。2013年完成生产总值78亿元。

8. 绥芬河市 1926年设市，是黑龙江省最早的县级市，面积460平方千米，人口16万。位于黑龙江省东南部，东南绥芬河上游，滨绥铁路终点，东与俄罗斯接壤，是黑龙江省边境口岸城市，中国首批沿边扩大开放城市。林业资源丰富，具有较高经济价值的野生植物资源主要有玫瑰、山葡萄、草莓、蕨菜、黄花菜、薇菜、黄芪、五味子、龙胆草、刺五加、芍药、贝母、百合、柴胡、桔梗、苍术、益母草、穿地龙、木耳、蘑菇等。有机械、纺织、酿酒、建材、食品等工业，对外贸易和旅游业为两大支柱产业。地处东北亚经济圈的中心地带，是目前中国通往日本海的最大陆路贸易口岸，1997年设立中俄绥—波互市贸易区，初步成为了一个以国际区域物流为重点、以铁路运输为主体、以陆海联运为链接的区域性物流中心城市。2012年完成生产总值111.3亿元。

9. 宁安市 1993年5月撤县设市,面积7924平方千米,人口44万。旧称"宁古塔",地处镜泊湖滨、牡丹江畔。地貌呈"七山一水二分田"格局,为低山丘陵区。水力资源、森林资源丰富,土地肥沃,气候温和,享有"塞北小江南"美誉,是一个古老、美丽、富饶的城市,唐代渤海国上京龙泉府遗址是当今世界保存最完好的中世纪都城遗址、镜泊湖是世界第2大高山堰塞湖、鬼斧神工的火山口地下森林为国家级森林公园、神奇莫测的火山熔岩洞、具有满族民族特色的渤海风情园,令人梦绕魂牵。是全国文化先进市(县)、全国烤烟生产先进市(县)、全国科技先进市(县)、全国文明村镇建设先进市(县)、黑龙江省历史文化名城、黑龙江省综合经济实力10强县(市)。2011年完成生总值117亿元。

10. 海林市 1992年7月撤县设市,面积9772平方千米,人口42.2万(2012)。素有林海雪原、威虎山城、中国雪乡、中国虎乡、中国猴头菇之乡之称。海林因林而立,因林而兴,是典型的资源型城市,地貌特征是"九山半水半分田",水利水力资源充沛,林木资源富饶,旅游资源有"雪、虎、山、水、情"5大特色,有威虎山、佛手山、中国雪乡3个国家级森林公园和莲花湖国家级地质公园等。为国家可持续发展试验区、联合国人居署可持续城市计划试点市、全国经典旅游景区、中国特色魅力城市、中国优秀旅游城市。2012年完成生产总值151.9亿元。

11. 穆棱市 1995年4月撤县设市,面积6187平方千米,人口30万(2011)。以穆棱河得名,东与俄罗斯接壤,南连绥芬河,既处在东北亚"金三角"之中,又位于对俄出口的黄金通道上。素有"九山半水半平原"之称,是中国大豆之乡、中国红豆杉之乡、国家名晒烟基地、国家绿色食品标准化种植基地、国家绿色肉牛标准化研制基地。风力资源丰富,有独特观赏价值的风力发电、肉牛加工等工业旅游基地。为全省10强县(市)、九小龙县(市)、全国科技先进市、中国民营经济最佳投资市、中国金融生态市、中国魅力中小城市200强、中国最佳文化旅游休闲城市、全国农村金融产品创新试点市。2012年完成生产总值152.1亿元。

12. 同江市 1987年2月撤县设市,面积6164平方千米,人口30万。古名"拉哈苏苏",赫哲语意为"老屋",是中国"六小"民族之一赫哲族主要聚居地。地处黑龙江省东北部松花江与黑龙江2江交汇处南岸,北隔黑龙江与俄罗斯犹太自治州相望。同江。地域辽阔、土质肥沃、山清水秀、草丰林茂,被誉为"塞外鱼米之乡",为全国粮食生产先进县(市)、北方重要的木材加工基地。处于东北亚地区中、日、俄、韩经济核心地带,是中国沿边开放带上重要的国际口岸城市、黑龙江省东北部对俄及太平洋沿岸国家和地区的窗口和桥梁。2012年完成生产总值87.9亿元。

13. 富锦市 1983年3月撤县设市,面积8227平方千米,人口45万。地处三江平原腹地,松花江下游南岸。水草资源丰足,市域水面辽阔,泡沼星罗棋布,江渠阡陌纵横,为世界上仅有的3块冲积黑土平原之一,发展绿色食品生产得天独厚,为全国优质水稻、小麦、大豆、玉米、白鹅、种羊重点产区,是中国大豆之乡、中国东北大米之乡,享有"北国粮都"之美誉。为铁路、公路、水路3路相通的国家一类开放口岸城市,是三江平原的重要交通枢纽、全国粮食生产先进市、全国绿色农业示范区、全国文化先进市。2012年完成生产总值170.4亿元。

14. 北安市 1982年12月撤县设市,面积6313平方千米,人口19万(2013)。地处松嫩平原边缘,是中国最北部的交通枢纽、由哈尔滨通往黑河市以及俄罗斯及东欧国家旅贸大通道的必经中转站、黑龙江省北部的电力供应及邮政转运和信息的传输中心。农业是市域经济的支柱产业,是黑龙江省大豆振兴计划县市、国家级生态示范市、全国粮食高产创建县(市)、省无公害农产品产地认定与产品认证一体化推进试点市、省现代农业整县推进试点和省新农村建设典型市（县）、黑龙江省重要的老工业基地、全省工业示范基地。2012年完成生产总值83.3亿元。

15. 五大连池市（原德都县） 1983年10月设市，面积9874平方千米，人口37万。是黑龙江面积最大的县级市。地处小兴安岭与松嫩平原的过渡地带，河流纵横交错，泉眼星罗棋布，为继法国维希之后世界第2、亚洲第1个矿泉城。林特产品资源、风能、生物质能资源丰富，是重要的木材生产基地、国家商品粮基地、黑龙江省重要的绿色特色农产品产地、中国唯一的矿泉水之乡、中国10大休闲城市、中国县域旅游百强县（市）、中国最佳保健养生城市。有中国最大的森林湿地、中国东北最大的红松母树林、享有"神州第一漂"的大沾河漂流，是中国唯一的白头鹤种群繁殖地。2012年完成生产总值42.7亿元。

16. 安达市 1984年11月撤县设市，面积3586平方千米，人口82万。地处松嫩平原腹地。地势平坦，土质肥沃，光能资源丰富，是全国商品粮大县（市）之一、国家级无公害农产品示范基地、东北地区蔬菜生产基地，属于世界著名的玉米带、奶牛带，是世界3大优质草场之一，植被以驰名中外的羊草为主，是亚洲东部特有建群植物种，素有"世界明珠"美誉。奶牛业发达，奶牛存栏全国县（市）级之首，是全国著名的奶牛之乡和肉牛基地。旅游业主打"4个第1"的品牌，即打造大庆石油开发第一站、打造龙江湿地第1旅、打造哈大齐生态休闲第1园、打造世界牛文化第1城。2012年完成生产总值330亿元，居黑龙江第3位。

17. 肇东市 1988年9月撤县设市，面积3905平方千米，人口90.3万（2010）。地处松嫩平原中部，松花江北岸，素有"半林半水六分田、三分大草原"之称。是农业资源大市，食品工业名城，哈尔滨、大庆、齐齐哈尔黄金经济带上的重要城市，全省奶牛、肉牛、生猪、家禽、水产品的主要养殖区，国家商品粮、畜禽养殖基地和农产品加工基地。2012年完成生产总值402.7亿元，居黑龙江省首位。

18. 海伦市 1989年12月撤县设市，面积4667平方千米，人口83万。以海伦河得名。地处于世界3大黑土地——松嫩平原腹地，素有"粮仓""大豆和玉米之乡"的美誉，是哈黑黄金经济带上的重要节点城市、国家商品粮基地和农业现代化实验基地、国家重要的农副产品生产基地和绿色食品示范区。剪纸工艺历史悠久，有"剪纸之乡"之称。砂金、煤炭等矿产资源储量丰富，有待开发。2012年完成生产总值100亿元。

第三章 华东地区

华东地区，简称华东，指东部沿海一线的上海市、江苏省、浙江省、安徽省、福建省、江西省、山东省。华东地区以丘陵、盆地、平原为主。气候以淮河为界线，淮河以北为温带季风气候，以南为亚热点季风气候，雨量集中于夏季，冬季北部常有大雪。全区自然环境条件优越，物产资源丰富，农业基础好，产值高，制造业、服务业发展较快，经济发展水平在全国处于领先地位，是中国经济文化发达地区之一。华东地区集中了大批高等院校和科研机构，拥有上海、南京、杭州、合肥、南昌等科教名城和上海、南京、苏州、扬州、杭州、绍兴、金华、歙县、泉州等一大批国家历史文化名城，人力资源优势显著，文化底蕴深厚。

华东地区城市密集，城市化进程较快，城镇数量居全国首位。特别是长三角地区，城镇体系完整。上海作为全球城市，核心地位突出。南京、苏州、无锡、杭州、宁波等特大城市在区域乃至全国占有重要地位。区域内城镇密集，江阴、昆山、晋江、绍兴等一批各具特色的城市具有很强的发展活力。此外，山东省济南以及沿海的日照、青岛、威海、烟台，浙江省温州、台州、义乌，江苏省北部连云港、盐城、徐州，福建省福州、厦门、泉州，安徽省合肥、黄山、蚌埠等城市也具有很强的发展潜力，是次区域中的核心城市。江西省城镇化水平较低，仅为32%。华东地区城镇发展同时存在明显的地区差异，不仅以上海为中心的长三角地区与内地的安徽之间存在巨大的发展差距，在各省区内部也存在较大的内部差异，如苏南与苏北、皖南与皖北、浙东北与浙西南、鲁西北与鲁西南、闽东部沿海与闽西山区都具有明显的发展差距。

第一节 上海市

一、上海市区位及行政区划[1]

上海简称"沪"，别称"申"，位于长江三角洲东端，长江入海口南岸，东濒东海，南临杭州湾。地处中国漫长海岸线的最正中，中国沿江发展轴和沿海发展轴的结合部，亚洲第1大河长江的入海口以及亚太城市群的地理中心，交通便利，腹地广阔，地理位置优越。

上海市现辖中心城区9区（黄浦区、徐汇区、长宁区、静安区、普陀区、闸北区、虹口区、杨浦区）、郊区8区（闵行区、宝山区、嘉定区、浦东新区、金山区、松江区、青浦区、奉贤区）、1县（崇明县），2009年撤南汇区并入浦东新区；2011年6月8日撤销黄浦区和卢湾区，设立新的黄浦区。总面积6340平方千米，全市常住人口2301.91万（六普），是中国第1大城市；城镇人口占总人口89.3%，城镇化水平居全国首位；人口密度3631人/平方千米，是全国人口密度最大的城市之一。

---

[1]本节除注明外，人口、经济数据为2009年底数据。

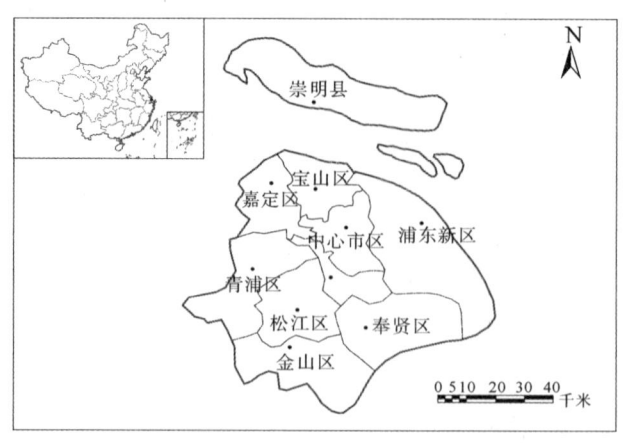

图 3-3-1　上海市行政区划图

二、上海市历史沿革

上海历史悠久,已有 2000 多年历史。春秋为吴国地,战国时为楚国春申君封邑,开始建城。"申城"是上海地区最早的城市。后来申城城址几经变迁,地名已经过多次更改。终于在三国时期于佘山附近固定了下来,唐天宝十年(751)设置华亭县(县城即今松江区松江镇),属苏州管辖,标志着上海地区建县之始。南宋咸淳三年(1267)在上海浦西岸设上海镇,至元二十九年(1292)设上海县,此标志着上海建城之始。明代在华亭、上海地区设立松江府。清代设立苏松太道,驻地上海县。1927 年设上海特别市,1930 年改称上海市,1949 年设为直辖市,为中国 4 个直辖市之一。2012 年完成生产总值 20 101.33 亿元。

三、上海市城市建设与规划

改革开放以来,上海紧紧围绕城市现代化发展战略目标,加大城市建设投资,相继建成了洋山深水港、东海大桥、浦东国际机场、上海南站等标志性重大城市建设工程。黄浦江上相继建成南浦、杨浦、徐浦、卢浦、奉浦、松浦 6 座大桥,以及外环越江隧道、翔殷路、大连路、延安东路、复兴东路、打浦路、上中路 7 条越江隧道。大力发展轨道交通,形成"一环七射八换乘"的网络运营格局,交通网规模居全国之首。随着上海"申"字形高架道路网的建设,形成了上海中心区的立体化交通网络。沪杭高速上海段、沪宁高速上海段、沪青平高速等一批高速公路相继建成通车,上海高速公路总里程已达到 637.4 千米,高速公路网基本实现"15 分钟进入、30 分钟互通、60 分钟抵达"的目标。上海生态环境得到显著提升,环境质量持续改善。

四、上海市职能定位

上海是国际大都市和国际经济、金融、贸易、航运中心之一,中国重要的经济中心和航运中心,同时是长三角地区的第 1 大城市、区域中的核心城市,对区域发展起到重要的辐射带动作用。是中国最大的综合性工业城市及最大的机械制造业中心,工业体系结构日趋完善、技术实力雄厚,同时也是中国重要的交通枢纽和通信中心,水陆空交通发达,拥有现代化的通讯体系。在商业、金融、科技、信息领域,是中国的中心并在国际上也具有重要地位。此外,上海也是全国 4 大科研教育中心。

现规划定位为中国重要的经济中心和航运中心,国家历史文化名城,并将逐步建成社会主义现代化国际大都市,国际经济、金融、贸易、航运中心之一。规划形成"中心城—新城—中心镇—集镇"组成的多层次的城镇体系及由沿海发展轴、沪宁、沪杭发展轴和市域各级城镇等组成的"多核多轴"空间布局结构。

五、上海市经济发展

1949年以前,上海是远东地区第1都市和全球3大金融中心之一。当时的上海汇集了一大批金融机构,外滩一带外国金融机构汇聚,形成"东方华尔街"。抗日战争和解放战争时期,上海的经济发展受到严重挫伤,金融中心的地位后被东京、新加坡和香港取代。

如今的上海重新焕发光芒,经济总量居全国城市第1,并在2009年GDP超过香港。2012年实现生产总值(GDP)20 101.33亿元,三产结构为0.7:39.9:59.4,人均GDP及人均可支配收入均居全国各省区及直辖市首位。上海是全球最大的黄金现货交易中心,全球第2大股票市场中心、第2大期货市场中心和第2大钻石交易中心。同时,上海也是世界第2大港,集装箱吞吐量居世界第1。金融业经济总量居全国第1,汇集了全国最多的本国和外资银行总部以及跨国公司总部。同时,上海是目前中国的商业之都,中国最大的海外游客目的地。工业发达,工业产值占全国的1/10,主要产业有轻纺、冶金、石油化工、电子产业及汽车、航空航天产业。正向建成国际经济、金融、贸易和航运中心的目标迈进!

六、上海市文化发展

上海是中国大陆文化中心之一,其文化是在中国江南传统文化的基础上,与欧美等各国文化融合而逐步形成的,既传统又时尚,具有开放而又自成一体的独特风格,被称为"海派文化"。多次举办大型文化活动,并建有许多全国一流的文化设施,包括上海大剧院、上海博物馆、上海图书馆、上海影城、上海书城、上海城市规划展览馆等。每年上海还举办国际艺术节、国际电影节、国际文化服饰节等一系列国内外大型文化交流活动。上海是近代亚洲电影的发源地,拥有中国最丰富的戏曲资源,并产生具有地方特色的滑稽戏和沪剧。也是中国乃至亚洲近代流行音乐的发源地,中国新文学的重镇。上海是中国大陆第2大教育中心,现拥有100多所科研机构、100多所专业技术培训机构以及10万余科研人员。高校云集,全市共有普通高等学校(含独立学院)66所,有4所985工程院校、10所211工程院校。本地风味的菜肴称作本帮菜,以浓油赤酱、咸淡适中、保持原味、醇厚鲜美为特色,常用的烹调方法以红烧、煨、糖为主,品味咸中带甜,油而不腻。海派旗袍是上海红帮裁缝创造力的不世杰作,是上海作为曾经世界5大时尚之都的永恒印记。

七、上海市旅游

上海市是中国历史文化名城、中国优秀旅游城市。上海作为一座具有光荣革命传统的城市,留下了无数革命遗址。同时作为素有"东方巴黎"之称的国际化大都市,鳞次栉比的摩天大厦、楼宇群落象征了上海的繁华发达。而在现代化的背后,上海又展现出其独特的江南古典风情的韵味。同时,上海素有"美食天堂""购物乐园"之称,拥有世界各国的饮食文化和经典时尚的购物激情以及浓郁的商业气息。旅游胜地有"中共一大"会址、孙中山故居、宋庆龄故居、鲁迅纪念馆等历史性建筑,豫园、古猗园、曲水园、醉白池、秋霞圃等5大名园,东方明珠广播电视塔、金茂大厦、上海环球金融中心等观光处,也有上海浦西外滩并列的一幢幢具有西欧古典风格的大楼等等。

上海已经举办6届F1大奖赛中国站的比赛和5届网球大师赛,重要体育赛事带来的体育旅游成为上海热点之一。2009年11月迪士尼乐园正式落户上海,预计2014年建成,成为全球第6个建设迪斯尼乐园的城市。2010年5月1日~10月31日举办的上海世博会更是吸引了全世界游客的参观。历史名人有徐阶、黄道婆、顾维钧、陈云、顾野王、陆逊、陆机、陆云、陆杭、董其昌、钱大昕、胡厥文等。

第二节 江苏省

江苏省位于长江、淮河下游,黄海、东海之滨,境内平原辽阔,地势较低平。北有江淮平原,南有长江三角洲,北部及西南边境为丘陵山地,河湖众多,水网密布,素有"水乡"之称。现(2013年11月)辖1个副省级城市、12个地级市、23个县级市、24个县,总面积10.26万平方千米,总人口7865.99万[1](六普)。

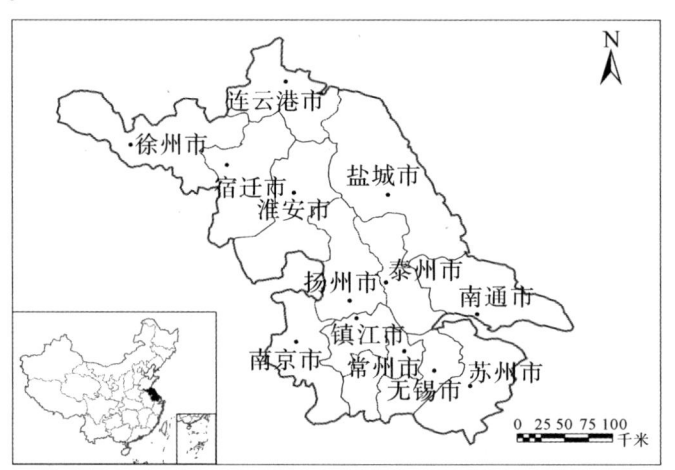

图 3-3-2 江苏省行政区划图

早在西周时期江苏已有城市兴起,吴国时期宁镇一带、苏州一带曾成为吴国都城,拥有当时最高的冶金水平。汉代以后,南京成为中国南部经济文化中心,自隋后扬州成为南北交往要冲的城市。明清时苏州成为全国最繁华的工商业都会和文化中心,南京、苏州等地是中国资本主义萌芽的发祥地。江苏得名于清朝江宁和苏州2府之首字,自古便是富饶之地、鱼米之乡。2012年完成生产总值54 058.2亿元,居全国第3位。

一、副省级市及各地级市发展情况

1. 南京市

南京,简称"宁",别名石城,位于江苏省西南部,长江下游沿岸,是长江下游地区重要的产业城市和经济中心。辖11区(玄武、鼓楼、白下、秦淮、下关、建邺、栖霞、雨花台、浦口、江宁、六合)、2县(溧水、高淳),总面积6597平方千米、市区面积4730.74平方千米,总人口800.468万(六普)、市区户籍人口545.97万(2009),有51个民族。

---

[1]本节中所有总人口数均指常住总人口。本节中所有人口、区划数据若无注明,均为2008年底数据。

已有2400多年建城历史,战国时代楚国置金陵邑,东汉吴主孙权筑石头城,称建邺,后东吴、东晋、南宋、齐、梁、陈在此建都,故称"六朝金陵"。永乐元年(1403)始称南京,1927年设南京特别市,1949年为中央直辖市,1952年为地级市,1990年为副省级市。现规划定位为名古都,江苏省省会,国家中心城市;城市职能是国家历史文化名城、国家综合交通枢纽、国家重要创新基地、区域现代服务中心、长三角先进制造业基地、滨江生态宜居城市。规划形成"两带一轴"城镇空间结构;都市区内形成"一带五轴"的城镇空间布局结构。

地貌为宁镇山脉的一部分,低山山陵占全市总面积的64.52%。长江南京段长度约95千米;江南有秦淮河,江北有滁河,境内2条主要的长江支流,其河谷平原为重要农业区,有玄武湖、琵琶湖、紫霞湖、莫愁湖、石臼湖和固城湖等。野生动物资源丰富繁多。工业以电子信息、石油化工、汽车机械、生物制药、食品饮料、仪器仪表等产业占有重要地位,是中国重要的综合性工业生产基地。服务业发达,是长江三角洲商业、贸易、金融、旅游、物流中心城市之一。建立了全方位、立体化、大运量的交通运输网络,铁路、公路、水运、空运、管道5种运输方式齐全,拥有现代化的通讯体系,是华东地区重要的交通、通讯枢纽。为全国4大科研教育中心城市之一,是全国重要的高教、科研基地,拥有一批国内一流的高校和科研机构。2012年全市完成地区生产总值7201.57亿元。

南京为中国历史文化名城、中国优秀旅游城市,名胜古迹众多,主要有中山陵、秦淮河、夫子庙、玄武湖、莫愁湖、雨花台、总统府等。历史名有秦桧、邓廷桢、王贞仪、秦大士、焦竑、陶弘景等。特色小吃有回味鸭血粉丝、狮王府狮子头、尹氏鸡汁汤包、莲湖糕团店、"忘不了"酸菜鱼、绿柳居等。

2. 苏州市

苏州,古称姑苏,现简称苏。位于江苏省东南部,长江南岸的入海口处,太湖之滨。辖7区(金阊、沧浪、平江、虎丘、吴中、相城、吴江)、5市(常熟、张家港、太仓、昆山),总面积8848平方千米,总人口1046.6万(六普)、市辖区人口407.4万(六普),是江苏人口最多的城市。

苏州有文字记载以来的历史已有4000多年,春秋吴王阖闾元年(前514)建城,隋开皇九年(589)始称苏州,以城西南的姑苏山得名,1949年设市,1983年改为地级市。苏州是江苏省的经济、对外贸易、工商业和物流中心,重要的文化、艺术、教育和交通中心,4个中国重点环境保护城市之一。现规划定位为国家历史文化名城和重要的风景旅游城市,是长江三角洲重要的中心城市之一。规划中心城区形成"十字轴带,五楔渗透,多心多点,绿廊相通"的"T轴双城两片"城市空间结构。

地势低平,河港交错,湖荡密布,土地肥沃,物产丰富,雨量充沛,平野稻香,碧波鱼跃,农副物产十分丰富,主要种植水稻、麦子、油菜,出产棉花、蚕桑、林果,是闻名遐迩的"鱼米之乡""丝绸之府"。是全国发展最快的城市,以电子、纺织、冶金、化工和装备制造为支柱产业,高新产业和新兴产业发展迅猛。境内有京沪铁路、京沪高铁、沪宁城际高铁和多条高速公路,长江及京杭运河贯穿,有中国乃至亚洲最大的内河航运港口、江苏第1大港——苏州港。是江苏省的东南门户,上海的咽喉,苏中和苏北通往浙江的必经之地。2012年全市生产总值为12 011.65亿元,经济总量位居全国地级市首位;人均GDP达到11.4万元,成为全国人均产出最高的城市之一。

苏州是吴文化的发祥地和集大成者,亦为中华文明的重要发源地,素以山水秀丽、园林典雅而闻名天下,有"江南园林甲天下,苏州园林甲江南""东方威尼斯""东方水都"之称。现已成为山、水、城、林、园、镇为一体,古典与现代完美结合、古韵今风、和谐发展的国际化大都市。有2个国家历史文化名城(苏州、常熟)、10个中国历史文化名镇(昆山周庄、吴江同里、吴中角直、吴中木渎、太仓沙溪、昆山千灯、昆山锦溪、常熟沙家浜、吴中东山、张家港凤凰),保存较好的古镇(如吴江的黎里、盛泽、平望,太仓浏河等)、中国历史文化名村(吴中东山村、明月湾),中国首批10大历史文化名街之二的平江路、山塘街。拙政园、留园、网师园、沧浪亭和退思园等古典园林蜚声中外,虎丘、寒山寺等令人流连忘返。历史名人有阖闾、夫差、顾况、范成大、唐伯虎、文征明、仇英、祝枝山、顾炎武、张旭、陆龟蒙、高启、吴宽、沈周、冯梦龙、文震孟、金圣叹、毛宗岗、沈德潜、陆探微、顾雍、朱买臣、姚广孝、徐乾学、徐元文、归有光、顾鼎臣、王锡爵、钱谦益、沈钧儒、李公朴、沙千里、史良、王造时、章乃器、邹韬奋、顾颉刚、叶圣陶等。特产有苏绣、桃花坞木刻年画、虎丘婚纱、津津豆腐干、碧螺春茶叶、长江刀鱼、太湖银鱼、阳澄湖大闸蟹、松鼠桂鱼、叫化鸡等。

3. 扬州市

旧称维扬、广陵,地处江苏省中部,长江与京杭大运河交会处,南临长江,北接淮水,中贯京杭大运河,素有江北门户之称。辖3区(广陵、邗江、江都)、2市(高邮、仪征)、1县(宝应),总面积6634平方千米、市辖区面积2310平方千米,总人口445.98万(六普)、市辖区人口约229万人。

春秋时吴王夫差开邗沟、筑邗城,隋代废郡改州始称扬州,1949年设扬州市,1954年升为地级市,1983年撤扬州专区,改为省辖地级市。2011年11月13日撤县级江都市,设扬州市江都区。是长江三角洲重要的工商业港口城市,上海经济圈和南京都市圈的节点城市。现规划定位为国家历史文化名城,具有传统特色的风景旅游城市,长三角核心区北翼中心城市。规划在市域范围内构建"一带一轴"的城镇空间组织结构;中心城区构成"一核两轴三区"的空间结构,形成"绿水楔入"的紧凑团块状形态。

北部地形为丘陵,其余大部为长江三角洲漫滩冲积平原,地势平坦,河湖密布。盛产粮棉油及水产品等。拥有丰富的石油、天然气、煤炭、地下温泉和矿石等矿产资源。机械、电子、化工、建材、食品、手工艺等工业发达,电气机械及器材、交通运输设备、化学原料及化学制品为3大支柱产业,新能源、新材料、新光源为"三新"产业。扬州剪纸、刺绣、灯彩、绒花等手工艺和工艺美术品在国际上享有盛名。为全国首批10大出口商品基地之一,对外贸易发展迅速。交通主要有公路、铁路、水运等方式,有京沪高速、沪陕高速、扬溧高速、启扬高速及沿江高等级公路、安大、淮江、盐金、仪扬等国省干线公路和宁启铁路;有航道184条,构筑了"三纵四横"的内河主航道网,扬州港主港区六圩港区是国家一类开放口岸。2012年全市实现地区生产总值2933.2亿元。

扬州是首批优秀旅游城市和历史文化名城,有重点文物保护单位和文物古迹147处,著名景点有瘦西湖风景区、个园、何园和文昌阁等。历史名人有张若虚、鉴真、秦观、史可法、吴三桂、郑板桥、朱自清等。扬州学派、扬州八怪、扬州戏曲、扬州工艺、扬派盆景、雕版印刷、淮扬美食使扬州在中国文化领域独树一帜,异彩纷呈。特产有漆器、玉器、绒绢、纸花、贝雕、春卷、特色炒饭、酱菜、牛皮糖、扬州"三把刀"(理发刀、修脚刀、厨刀)、高邮双黄蛋等。

4. 连云港市

古称海州、又名港城,取连岛、云台山首字命名。位于鲁中南丘陵与淮北平原的结合部,陇海铁路终点(亚欧大陆桥东方桥头堡),东濒黄海。为首批14个沿海对外开放城市之一。辖3区(新浦、连云、海州)、4县(东海、灌云、赣榆、灌南)和1个国家级经济技术开发区,总面积7444平方千米、市区面积1463平方千米,人口439.4万(六普)、市区人口92万。

由于陇海铁路及港口的修建,1935年由东海、灌云各划出一部分成立连云市,1949年与新海市合并成立新海连市,1961年更名连云港市,1962年升为地级市。现规划定位为中国沿海中部沟通东西、连接南北的区域性中心城市,国际性港口工业城市,现代化的滨海旅游城市。规划市域城镇结构为"两轴一心";形成连云港多中心状态的以"井"字型的生态绿地为本底,以"T"字型快速通道和主干公路网为骨架的组团式发展结构。

境内有平原、海洋、高山齐全,河湖、丘陵、滩涂等。水系属于沂沭泗水系,主要排洪河道新沂河、新沭河等均从市内入海,故有"洪水走廊"之称,有水库168座。农作物有水稻、小麦、棉花、大豆、花生,盛产林木、瓜果、桑茶、竹、药材、草场及野生和水生植物。海岸类型齐全,标准海岸线162千米,海州湾渔场为中国8大渔场之一。矿产主要有海盐、磷矿、金红石、蛇纹石、水晶、石英及大理石等,淮北盐场为全国4大海盐产区之一,有"水晶之都""中国石英之乡"的美誉。以海洋化工、制盐、医药、电子、食品、建材、轻纺为支柱产业,新医药、新材料、新能源产业优势明显。新医药产业以其"强、大、新"的独特优势领跑同行业,核能(田湾核电站)、太阳能、生物质能、风能等新能源产业发展形成一定规模,有中国药港、东方风谷、新能源之都之称。以港口为中心的海陆空立体交通网络初步形成,是中国10大交通枢纽之一、新亚欧大陆桥东方桥头堡,陇海线、京广线、京九线、京沪线等铁路通过;公路对外交通已全部实现高速化;连云港白塔埠机场为军民合用机场;港口作为一种资源是连云港市最具有特色的一大优势,连云港是全国10大海港之一,为中国重要的综合性国际贸易枢纽港。2012年地区生产总值为1603.42亿元。

著名风景有花果山、连岛海滨浴场、锦屏山、鱼湾、海州湾、高公岛、桃花涧等。土特产有葛藤粉、水晶饰品、汪恕有滴醋、云雾茶、灌云豆丹等。历史名有徐福、鲍照、胡松年等。

5. 镇江市

镇江,古称"宜""朱方""丹徒""京口""润州""南徐州"。位于江苏南部,京杭运河与长江交会处,是长江下游地区重要的交通枢纽和物质集散地。辖3区(京口、润州、丹徒)、3市(句容、丹阳、扬中)和2个国家级开发区、6个省级开发区、5个国家级高新技术产业基地,总面积3848平方千米,市区面积1088.58平方千米,总人口311万(六普)、市区人口117.7万。

镇江名称的演变反映了镇江一直是重要的政治中心和兵家必争之地。隋炀帝拓宽江南运河因"镇守江防"而得名。秦始设丹徒县,宋置镇江府,1924年更名镇江县,1928年设镇江市,1949年分设镇江市和丹徒县,1954年为江苏省直辖,1983年升为地级市。是南京都市圈核心层城市、工贸和旅游城市,沿海开放城市。现规划定位为中国历史文化名城,长江三角洲重要港口,风景旅游城市和区域中心城市。规划城市总体布局结构由"一城两区"逐步优化为"一城两翼",城市发展空间由原来"一"字型发展调整为沿江沿路"T"字型发展。

全市低山丘陵以黄棕壤为主,岗地以黄土为主,平原以潜育型水稻土为主。有河流60余条,以人工运河为多,长江流经境内长103.7千米、京杭大运河境内全长42.6千米,并在谏壁交会,库容10万立方米以上的水库107座。矿产有铁、铜、锌、钼、铅、银、金等金属矿藏和石灰石、膨润土、白云石、大理石、磷、耐火粘土、石膏、石墨等非金属矿藏。有世界主要的锚链生产基地、全球单厂规模最大的高档铜版纸生产基地、中国最大的汽车发动机缸体和醋酸生产基地,正逐步成为以机械、化工、造纸3大主导产业,电子信息、新材料、交通设备、食品、电力5大优势产业,船舶及船用设备、工程电器、五金工具、眼镜、香醋等10大产业集群为主体的长三角地区重要的先进制造业基地。是一座区位独特、条件优越的交通枢纽城市,是长江与京杭大运河、吴文化与楚文化、上海经济圈和南京都市圈的交会点,区位优势突出,水陆交通发达。2012年全市实现地区生产总值

2630.1亿元。

镇江是一座具有悠久历史的江南文化名城,是吴文化的重要发祥地,不仅是"甘露寺刘备招亲""白娘子水漫金山""白蛇传""牛郎织女""董永和七仙女""梁祝"等传说的发源地,也是《文心雕龙》《昭明文选》《梦溪笔谈》等巨著的诞生地。有"城市山林"之誉,名胜有金山、北固山、焦山、茅山、宝华山、南山风景保护区等。历史名人有刘裕、孙权、萧统、刘义庆、米芾、张玉书、刘鹗、李公朴、茅以升、吕凤子、潘玉良、吕淑湘、华罗庚、戴伯韬等。

6. 无锡市

江苏省东南部,长江三角洲江湖间走廊部分,太湖流域的交通中枢,北倚长江,南濒太湖,西依锡山、惠山,素有"太湖明珠"美誉。辖7区(崇安、北塘、南长、滨湖、锡山、惠山、无锡新区)、2市(江阴、宜兴),总面积为4787.61平方千米、建成区面积为216.5平方千米,总人口610.73万、市区人口354.23万。

无锡是吴文化的发祥地之一,早在春秋战国时期,已是当时的经济、文化中心,拥有3000多年的历史。西汉高祖五年(前202)始置无锡县,元贞元年(1295)升为无锡州,明洪武二年(1369)复为无锡县,1949年设立无锡市。是长三角先进制造业基地、服务外包与创意设计基地和区域性商贸物流中心、职业教育中心、旅游度假中心。现规划定位为长江三角洲的中心城市之一,国家历史文化名城,重要的风景旅游城市。中心城区形成"七片一带"的总体布局结构,构筑"山水城林"一体的城市总体框架。

无锡河网密布,水美土肥,物产丰富,自古就是著名的鱼米之乡、中国4大米市之一。矿产资源主要是粘土矿、石灰石、大理石等非金属矿。是一座现代化工业城市,中国民族工业的发源地之一,全国轻纺、微电子、机械工业名城。拥有电子信息、机电一体化及汽车制造、高档纺织及服装、生物医药以及新材料5大制造业支柱产业,是中国重要的集成电路芯片、新型元器件、光纤通信产品的设计及生产基地之一;有物联网、新能源与新能源汽车、节能环保、生物、微电子、新材料与新型显示、软件与服务外包、工业设计与文化创意等8大战略性新兴产业,正在打造"硅谷""液晶谷""药谷"3大产业集群。自明起素有布码头、钱码头、窑码头、丝都、米市之称,对外贸易发达,是沿海地区重要的外贸出口商品生产基地之一。现已形成由铁路、公路、水路、航空配套组成的立体交通网络。2012年实现地区生产总值7568.15亿元。

以丰富而优越的自然风光和厚重而悠长的历史文化,成为全国10大旅游观光城市之一,主要名胜有太湖鼋头渚、锡惠公园、蠡园、梅园、马山、江阴的黄山炮台、宜兴三洞、灵山、中影视城等。历史名人有舜、泰伯、梁鸿、顾恺之、李绅、顾祖禹、徐霞客、倪瓒、薛福成、钱穆、王选、薛暮桥、孙冶方、华蘅芳、秦邦宪、潘汉年、钱钟书、周培源、钱伟长、荣毅仁等。传统4大特产为酱排骨、油面筋、惠山泥人、阳山水蜜桃;太湖"三白"为银鱼、白虾、白鲦鱼;其他特产有惠山"大阿福"、宜兴紫砂壶、三凤桥酱排骨、油面筋、水蜜桃、惠山金刚肚脐、惠山腊烧片(已失传)、马山杨梅、无锡小笼、拱北楼阳春面、聚丰园腐乳肉等。

7. 南通市

位于江苏省东部,东抵黄海,南望长江,是苏北主要门户,素有"江海明珠""扬子第一窗口"之美誉。辖3区(崇川区、港闸区、通州区)、3市(如皋市、海门市、启东市)、2县(海安县、如东县)和南通经济技术开发区,总面积8001平方千米、市区面积349平方千米,人口728.28万(六普)、市区人口113.46万(六普)。

南通因涨沙冲积成洲,成陆至今已有5000多年的历史。五代后周显德五年(958)筑通州城,明万历二十六年(1598)筑新城,清置南通州,1912年设南通县,1949年撤县设市,1950年升为地级市。中国首批对外开放的沿海城市之一。现规划定位为国际港口城市、区域经济中心、历史文化名城和宜居创业城市。规划形成中心城市"一核三片区"互动并进的特大型城市发展格局。

南通地处长江下游冲积平原,海洋性气候明显,是沿海地区土地资源最丰富的地区之一,土壤肥沃,盛产水稻、蚕茧、棉花、油料等作物。集"黄金海岸"与"黄金水道"优势于一身,拥有长江岸线226千米,水产资源十分丰富,是全国文蛤、紫菜、河鳗、沙蚕、对虾的出口创汇基地,吕四渔场是全国四大渔场、世界9大渔场之一。已探明的矿产资源主要有铁矿、石油、天然气、煤、大理石等。作为中国近代工业的发祥地,拥有良好的工业基础,建筑、纺织、石化、港口、造船、新能源、机械、电子信息是其知名的产业,为国家船舶高新技术产业化基地,家纺、茧丝绸等为省级特色产业基地。新长铁路、宁启铁路穿境而过;沈海高速(G15)、沪陕高速(G40)、启扬高速(S28)、通锡高速(S19)、通洋高速等高速公路和世界级的大桥——苏通长江公路大桥和正在建设的崇启长江大桥;建有南通兴东机场;南通港是中国10大港口之一,也是长江水系江河运输直达中转的枢纽。2012年地区生产总值为4558.7亿元。

在中国近代文化科教史上,创办了第1所师范学校、第1座民间博物苑、第1所纺织学校、第1所刺绣学校、第1所戏剧学校、第1所中国人办的盲哑学校和第1所气象站等7个第1,被称为"中国近代第1城"。是人居环境最佳的城市之一,著名的教育之乡、建筑之乡、体育之乡和长寿之乡。著名景区有南通濠河风景区、南通狼山风景区、南通博物院苑、如皋水绘园。历史名人有张謇、李渔、季方等。特产有蓝印花布、西亭脆饼、正场薰糕、石港乳腐、南通缂丝、刘桥菜刀、刘桥南通长牌、兴仁猪头肉、通东薄荷、南通鹞子(风筝)、通绣、五总毛靴、狼山鸡、季德胜蛇药片、王氏保赤丸、四宜糕团等。

8. 常州市

别称"龙城",位于长江之南、太湖之滨,与苏州、无锡联袂成片,构成了苏锡常都市圈。辖5区(天宁、钟楼、戚墅堰、新北、武进)、2市(金坛、溧阳),总面积4385平方千米、市辖区1864平方千米,人口459.2万(六普)。

常州是一座有着2500多年历史的文化古城,是季子故里。周灵王二十五年(前547)置延陵邑,西汉高祖五年(前202)改毗陵县,西晋惠帝永兴元年(305)为晋陵,隋开皇九年(589)置常州,1949年设常州市,1953年升为地级市。近代工业发祥地,现代装备制造城,银领摇篮,科教名城,又是一座在改革开放中崛起的新兴工业城市。现规划定位为长江三角洲地区重要的中心城市之一,现代制造业基地,文化旅游名城。规划市区形成"一城四片"的结构形态,主城区形成"一体两翼八组团"的空间结构。

地貌类型属高沙平原,山丘平圩兼有。地处北亚热带与中亚热带过渡地带,四季分明,土壤肥沃,河网密布,雨量充沛,日照充足,气候宜人,山、水、田资源丰富,生态环境优越,生物种类繁多,有多种野生植物、传统家禽良畜和珍禽野味、中草药材等。传统农业发达,素称"鱼米之乡"。以农机制造业、输变电设备制造业、汽车及配件制造业、新型纺织服装业4大支柱产业为龙头,带动电子信息、新型材料工业、生物医药及精细化工3大新兴产业的发展,高效农业产业集聚效应显现。有着十分优越的区位条件和便捷的水陆空交通条件,常州港为国家一类开放口岸。2012年全市实现地区生产总值3969.8亿元。

旅游业发展迅速,为中国优秀旅游城市,名景区有中华恐龙园、淹城春秋乐园、滆湖、横山、库克苏克大峡谷、中华孝道园、环球动漫嬉戏谷、天宁禅寺、天宁宝塔等。历史名人有季札、钟子期、萧道成、萧衍、萧统、陈济、唐荆川、段玉裁、龚自珍、储光羲、戴叔伦、于敏中、赵翼、吴阶平、瞿秋白、张太雷、恽代英、公朴、史良、华罗庚、刘海粟、陆小曼等。特产主要有宫廷梳篦、萝卜干、大麻糕、芝麻糖、银丝面、根雕、金坛刻纸、梳篦、乱针绣、汉画砖刻屏、留青竹刻等。

9. 徐州市

位于江苏北部,华北平原东南部,是全国重要的交通和铁路枢纽,能源基地和工业基地,"徐州"都市圈的中心城市。辖5区(云龙、鼓楼、贾汪、泉山、铜山)、2市(邳州、新沂)、3县(睢宁县、沛县、丰县),总面积、市辖区面积11 258平方千米、2938平方千米,人口858.05万(六普)、市辖区人口278万。

徐州古称彭城,已有5000多年文明史,帝尧时彭祖建大彭氏国,彭城因而得名。春秋为宋彭城邑,西汉、东汉、三国时曹魏和西晋等国都,东汉末年始称徐州,1945年置徐州市。现规划定位为国家历史文化名城,全国交通主枢纽,陇海—兰新经济带东部和淮海经济区的中心城市,商贸都会,建设以工程机械为主的装备制造业基地、能源工业基地、现代农业基地和商贸物流中心、旅游中心,成为淮海经济区的中心城市。规划形成"双核心五组团"的城市空间格局。

地属华北平原的东南部,域内大部为平原,河流纵横交错,湖沼、水库星罗棋布,废黄河斜穿东西,京杭大运河横贯南北,有水库91座以及众多的桥、函、渠、闸等水利设施,初步形成具有防洪、灌溉、航运、水产等多功能的河、湖、渠、库相连的水网系统。是国家粮棉生产基地、优质农副产品生产加工出口基地、秸秆养畜示范区、林业科技开发试验示范区和5大蔬菜产区之一,是中国银杏之乡、苹果之乡、全国4大胶合板加工基地之一。全国重要的煤炭产地、华东地区的电力基地,有煤炭、井盐、铁、钛、大理石、石灰石等矿产。拥有中国世界纪录协会多项世界之最、中国之最,基本形成了装备制造、能源、徐州商圈、食品及农副产品加工业4大支柱产业,新医药、电子信息、环保设备等新兴产业,煤炭、电力、建材、轻纺、冶金等传统产业。被誉为"北国锁钥,南国门户",自古便为兵家必争之地,素称"五省通衢",为中国重要水陆交通枢纽和东西、南北经济联系的重要"十字路口"。2012年全市实现地区生产总值4016.58亿元。

徐州是彭祖文化、两汉文化的发源地,也是徐文化的集大成者。著名景点有徐州汉文化景区、龟山汉墓、沛县汉城、徐州汉城等。历史名人有彭祖、徐偃王、刘邦、解忧公主、张道陵、李临昇、李璟、李煜、李蟠、李可染、刘禹锡、刘开渠、萧一山。特产有易牙五味鸡、符离集烧鸡、霸王别姬、鸳鸯鸡、乐天鸭子、纪妃伴龙颜、地锅草鸡、徐州三鲤、四孔鲤鱼、龙门鱼、梁王鱼、彭城鱼丸、愈灸鱼、鼋汁狗肉、东坡回赠肉、捆香蹄、太虚丸子、众星捧月、冬瓜四灵、蝴蝶徽子、蜜三刀、苔干、丰县苹果、沛县冬桃、邳州银杏等。

10. 泰州市

地处江苏中部,长江北岸,是承南启北的水陆要津,长三角的中心城市之一,有凤凰城的美誉、"水陆要津,咽喉据郡"之称。辖3区(姜堰、海陵、高港)、3市(泰兴、兴化、靖江),面积5793平方千米、市区面积685.3平方千米,人口461.86万(六普)、市区人口95.5万。

泰州古称海阳、海陵,汉置海陵县,南唐烈祖升元元年置泰州,1912年置泰县,1949年置泰州市,1996年升为地级市。是国家历史文化名城、全国双拥模范城市和中国宜居城市,以工业为主的工商业城市。现规划定位为中国医药名城和长江三角洲先进制造业基地、江苏省长江南北联动发展的枢纽城市、滨江生态宜居旅游城市。规划构建"一核一带两片"的城镇空间发展格局。

境内大部为江淮2大水系冲积平原,河湖密布,农业资源丰富,素有鱼米之乡、银杏之乡、水产之乡的美誉,是国家重要的商品粮、优质棉、瘦肉型猪、淡水产品、优质银杏生产基地和蔬菜生产加工出口基地。形成以机电、化工、纺织、食品、轻工、医药、建材等为主体的支柱行业,生物医药、精细化工产业、新能源和IT产业特色鲜明,是全国最大的医药生产科研基地,建有"中国医药城"——中国唯一的国家级医药高新技术产业开发区。自古以来,泰州就是里下河地区通江达海的门户,水陆交通便捷,区位优势明显。公路、铁路纵横交错;江阴大桥使长江天堑变通途,是泰州与上海、苏南的快速通道;苏中入江达海的5条重要航道在此交会,是沿海与长江"T"型产业带结合部,以国家一类开放口岸——泰州港为主体的内河港口群初具规模;泰州引江河集引、排、航等功能于一体,被誉为"中国的莱茵河"。2012年全市地区生产总值2701.67亿元。

名胜有光孝寺、安定书院、日涉园、望海楼、梅兰芳纪念馆、园博园、溱湖风景区、垛田风光、孤山风景区、泰山公园、梅兰芳公园、东河风景区等。历史名人有施耐庵、郑板桥、刘熙载、朱东润、梅兰芳、丁文江等。特产有梅兰宴、蟹黄汤包、刀鱼、鲥鱼、河豚、黄桥烧饼、梅兰春酒、靖江肉脯、泰兴白果、中庄醉蟹、溱湖八鲜、泰州"三麻"、刁铺羊肉等。

11. 盐城市

位于江苏沿海中部,东临黄海,辖2区(亭湖、盐都)、2市(东台、大丰)、5县(响水、滨海、阜宁、射阳、建湖)和1个国家级经济技术开发区、1个城南新区,总面积16 972平方千米,是江苏省面积最大的市,人口820.37万(六普),市辖区面积1779平方千米、市辖区人口161.5万。

西汉武帝元狩四年(前119)建盐渎县,东晋安帝义熙七年(411)更名为盐城县,以"环城皆盐场"而得名;1945年曾析置盐城市,1949年置盐城专区,1983年设地级盐城市。现规划定位为江苏沿海中心城市,新兴工业城市,海洋经济服务基地。规划主城区形成"一城六片"的组团状布局结构。

全市地势平坦,分为里下河平原区、黄淮平原区和滨海平原区,河渠纵横,水乡特色显著,号称"百河之城"。物产富饶,盛产稻、麦、棉、大豆、油菜、花生、蔬菜和水果,鱼、蟹、对虾、贝类等水产品的养殖发达,素有"鱼米之乡"的美称,著名的商品粮、油料和水产品基地之一,粮棉油、桑果菜和禽蛋鱼等主要农产品的种养规模和总量均位居全省首位。海岸线总长582千米,是中国唯一无赤潮的内海水域,海洋及动植物资源丰富、石油天然气资源蕴藏较多。电力、天然气是盐城的2大主要能源。拥有汽车、纺织、机械、化工4大主导产业。由铁路、公路、水路、航空4种运输方式构成了四通八达的交通运输网络;具有先进的电信通信网和便利的邮政网;有国家二类开放口岸陈家港、国家对外开放一类口岸大丰港、滨海港、射阳港等;建有盐城南洋国际机场。2012年全市实现地区生产总值3316.28亿元。

盐城生态环境独具特色,有"东方湿地、仙鹤故乡"之称。主要景点有盐城湿地生态国家公园、大丰麋鹿国家级自然保护区、九龙口、马家荡、大纵湖、董永与七仙女文化园、枯枝牡丹园、泰山寺等。历史文化名人有陆秀夫、陈琳、张士诚、王艮、柳敬亭、郝柏村、乔冠华、胡乔木等。特产有鱼汤面、藕粉圆、生炝条虾、白炖鲻鱼、奇园蟹黄包、首乌糕、四鳃鲈鱼、糖麻花、阜宁大糕、伍佑醉螺、大纵湖醉蟹、龙冈茌梨等。

12. 宿迁市

地处江苏北部,属于陇海经济带、沿海经济带、沿江经济带的交叉辐射区。辖2区(宿城、宿豫)、3县(沭阳、泗阳、泗洪)和1新城、1技术开发区和1工业园,总面积8555平方千米,人口471.56万(六普)。

宿迁是世界生物进化中心之一,也是人类起源中心之一,被誉为地球上的"生命圣地",有"下草湾人文化遗址"。秦置下相县,东晋设宿豫县,唐代宗宝应元年(762)改称宿迁,1949年设新安县,1987年设宿迁市,1996年升为地级市。现规划定位为全国知名的改革创新先锋城市,沿海大开发承东启西的重要门户,华东地区著名的生态宜居城市,长江三角洲北翼新兴的工商创业城市。规划中心城区形成"北进南连两河串,一主两辅滨水城"的总体布局框架。

境内平原辽阔、土地肥沃、河湖交错,农作物、林木、水产、畜禽种类繁多,盛产粮食、棉花、油料、蚕茧、木材、花卉及银鱼、鳗鱼、甲鱼、螃蟹、青虾等50多种水产品,螃蟹产量全国第1,银鱼出口量江苏第1,是中国商品粮基地、中国意杨第1故乡、杨树之乡、水产之乡、名酒之乡、花卉之乡和蚕茧之乡。矿产资源丰富,石英砂、陶土储量超5亿吨,蓝晶石、黄砂储量居省辖市之首。已形成食品、酿酒、纺织、建材、电子、化工、机械等具有地方特色的工业体系,机械电子、金属冶炼与压延、纺织服装、食品饮料、木材加工、化工医药等6大产业呈现出集群发展态势。交通十分便利,水陆干线四通八达。2012年全市地区生产总值达到1516.77亿元。

风光秀美,生态优越,荣获"2009中国最佳生态旅游品牌名城",知名景点有洪泽湖湿地自然保护区、龙王庙行宫、项王故里、嶂山森林公园、虞姬公园等。历史名人有项羽、虞姬、刘世勋、鲁肃、袁枚、朱瑞、徐偃王、张相文等。特产有宿晓红葡萄、铁球山楂、水晶山楂糕、"黄狗"猪头肉、黄花菜、五香大头菜、骆马湖银鱼、埠子车轮饼等。

13. 淮安市

位于江淮平原中部,苏北腹地,江苏北部中心城市和省重要的交通枢纽。辖4区(清河区、清浦区、楚州区、淮阴区)、4县(金湖、盱眙、涟水、洪泽)、1个经济开发区,面积8962平方千米,人口479.99万(六普)。

秦置淮阴县,唐为淮阴郡,宋后为淮安,1958年设淮阴市,1964年更名清江市,1983年复更为淮阴市(地级市),2000年改为淮安市(原县级淮安市改为楚州区)。现规划定位为国家历史文化名城,江苏省重要的交通枢纽,苏北腹地中心城市。规划中心城区形成"三轴四带多组团"的空间结构。

全境平原广袤,土地肥沃,粮丰林茂,水域广,河湖交错,水网纵横,盛产水产、蔬菜、林果、各类禽畜及优质粮油等农副土特产品,形成了蔬菜、畜禽、生猪、水产、林木等五大主导产业,是全国闻名的绿色农副产品生产基地。有岩盐、芒硝、凹凸棒土、石油、天然气等非金属矿产,已经探明的岩盐储量居世界首位。是新兴的工业城市,初步形成了以特钢、电子信息和化工新材料3大千亿产业为主体,化工、机械、冶金、纺织、烟草等有一定基础,生物工程、节能环保、新材料等高新技术产业正在兴起的工业体系。历史上与扬州、苏州、杭州并称运河线上的"4大都市",有"运河之都"之称。公路、铁路、水路四通八达,是南下北上的交通要道、长三角北部区域的交通枢纽。2012年全市实现地区生产总值1920.91亿元。

有著名的"下草湾文化"和"青莲岗文化"遗址,名胜有关帝庙、吴承恩故居、第一山公园、钵池山公园、铁山寺森林公园、楚秀园、古镇河下、古淮河生态园等。历史名人有韩信、枚乘、梁红玉、吴承恩、关天培、张束、周信芳、阎若璩、周恩来等。淮安与扬州为淮扬菜的主要发源地,淮扬菜与鲁菜、川菜、粤菜并称为中国4大菜系。

二、各县级市发展概况

1. 昆山市 1989年撤县建市,面积927.68平方千米,人口164.7万(六普)。地处长江三角洲太湖平原,地势平坦,河网密布,湖泊众多,是著名的江南水乡。农产品以稻谷、小麦、油菜子为主,猪、蚕饲养普遍,禽蛋、淡水鱼产量大。是上海经济圈中一个重要的新兴工商城市、中国大陆经济实力最强的县级市,有轻纺、机械、电子、化工、建材等工业门类。交通便捷、教育发达、国际化水平高,为国际资本投入的高密度地区、外商投资产出的高回报地区和经济发展的高增长地区。拥有国家级经济技术开发区、国家级高新技术产业开发区、综合保税区等著名园区。是中国优秀旅游城市、国家园林城市、国家生态示范区,有"中国第1水乡"周庄,是"百戏之祖"昆曲的源地。2012年完成生产总值2730亿元,列全国县级市首位。

2. 张家港市 1986年9月撤沙洲县设张家港市,面积999平方千米,人口91.02万(2012)。地处长江三角洲沿江平原,是沿海和长江2大经济开发带交会处的新兴港口工业城市、全国排名第3的经济强县(市),基本形成了以工业为主体,规模经济、民营经济和外向经济"三足鼎立"的混合型经济发展新格局,形成了冶金、机电、化工、纺织、粮油食品、建材等优势产业。国际贸易商港张家港港是全国唯一的内河港型保税区。是国家第一批卫生城市、环境保护模范城市、全国生态市、中国优秀旅游城市、国际花园城市、全国文明城市。2012年完成生产总值2050.6亿元,居全国第3位。

3. 常熟市 1983年3月撤县设市,面积1263平方千米,人口106.7万(2010)。境内地势低平,水网交织,素有"七溪流水皆通海,十里青山半入城"之说,水产资源十分丰富。经济繁荣,物产丰富,商贸发达,素有"锦绣江南鱼米乡"之美誉,是全国百强县(市)。为传统的轻纺工业城市,近年来重工业得到了加快发展,已形成了以装备制造业、电子信息产业、汽车零部件产业、光伏太阳能产业、生物医药产业等新兴产业为重要增长点的工业经济格局。中国常熟服装城为中国第一服装市场,常熟港为国家一级口岸、中国10大内河港之一。是国家历史文化名城、中国优秀旅游城市、国家园林城市、国家环保模范城市、全国畅通工程模范管理城市、国际花园城市。是吴文化的发祥地之一,素有"文化之邦"的美称。2012年完成生产总值1870.19亿元。

4. 吴江市 1992年2月撤县设市,2012年9月撤市设苏州市吴江区,面积1176.6平方千米,人口8.05万(2012)。境内河道纵横,湖荡密布,水产资源丰富,主要农作物有水稻、小麦、油菜和蚕桑、苗木等,素有"鱼米之乡""丝绸之府"的美誉,是全国综合经济实力百强县(市)。工业以丝绸、纺织、电缆、机械、电子、冶金、轻工、化工、建材、食品为主,生态农业、旅游农业发展较快。"东方丝绸市场"和"江苏省大发电器市场"全国闻名。为中国优秀旅游城市,有同里古镇。2012年完成生产总值1341亿元。

5. 太仓市 1993年3月撤县设市,面积620平方千米。人口94.7万(2012)。地处长江三角洲冲积平原,地势平坦,河流纵横,土地肥沃,是新型港口城市、江苏省最发达的县(市)之一,列全国百强县(市)前10强。主导产业为现代物流、石油化工、电子能源、精密机械、轻工食品、纺织服装等,是全国最大的高级润滑油的生产基地、华东地区最大的LPG清洁能源基地、江苏省最大的PVC生产基地、亚洲最大的自行车生产基地。太仓港是国家一类口岸、集装箱中转港,也是江苏省重点建设的"江苏第一港"。自古为文化之乡,形成了独特风格的娄东文化,有全国桥牌之乡、武术之乡、龙狮之乡、民乐之乡等称号。为国家环境保护模范城市、中国优秀旅游城市、国家园林城市、国家生态市。2012年完成生总值955.12亿元。

6. 高邮市　1991年2月撤县设市,面积1963平方千米,人口81.74万(2012)。境内河湖交错,资源蕴藏丰富,碧波荡漾的高邮湖是江苏省第3大淡水湖、全国第6大淡水湖。是全国中小城市综合实力百强、全国最具投资潜力中小城市百强县(市)、中国中小城市科学发展百强县市。农业主要有水稻、小麦、油菜籽、棉花等种植业;养殖业主要有淡水鱼、虾、蟹和鸡、鸭、鹅、猪、兔、羊及特种水禽、家禽等;林果、桑蚕、药材、外贸农产品亦很丰富。工业拥有机械、电子、纺织、化工、轻工、建材等门类,服装纺织与箱包鞋、电线电缆、农副产品加工、汽摩配、医药化工与塑料、电动工具、灯具等行业为支柱产业,建成国家级司徒农业综合开发高新科技示范区、高邮鸭蛋原产地域产品保护区、全国罗氏沼虾养殖标准化示范区和一批省、市农业高科技示范园区、养殖基地。2012年实现生产总值343亿元。

7. 仪征市　1986年撤县设市,面积901平方千米,人口56.24万(2012)。古有"风物淮南第一州"之称。物产资源丰富,有大量的树种、植物、砂石、地下水等资源。为全国商品粮基地县(市)、全国3大席乡之一、著名的茶叶生产基地、风鹅生产基地、杞柳制品出口基地和全国最大的雨花石蕴藏地,林、茶、果、禽、渔,蔬菜等农业产业化基地初步形成。形成以纺织、汽车、机电、化工等为主体的现代工业格局,是全国重要的化纤、汽车、化工工业基地,全国科技先进市、国家级生态示范区、全国卫生城市、全国中小城市综合实际百强市、全国环境整治优秀城市、全国平原绿化百佳市。2012年完成生产总值370.27亿元。

8. 句容市　1995年4月撤县设市,面积1385平方千米,人口62.22万(2012)。是一个历史悠久、文化底蕴深厚的江南城市,素有"南京新东郊、金陵御花园"之美誉。地貌特征为"五山一水四分田"。是中国综合实力百强县(市)、中国最早对外开放的地区之一,开放型经济、个体私营经济发展迅猛,农业已形成了茶叶、草莓、花卉、水蜜桃、葡萄、无花果、茅山老鹅等众多农副产品基地;工业不仅拥有机械、化工、建材、轻工(包括服装、玩具礼品、五金工具)等传统产业,还发展起了自行车、电子、新材料等新型产业。是中国优秀旅游城市,有茅山、宝华山、瓦屋山等著名风景区。2012年完成生产总值336.86亿元。

9. 丹阳市　1987年12月撤市设市,面积1047.31平方千米,人口96万(六普)。是著名的"鱼米之乡",是沿海对外开放城市、全国百强县(市)、全国商品粮生产基地、全国科技进步工作先进县(市)、科技进步综合实力百强县(市)、全国科普示范县(市)、江苏省生态农业市。农产品以稻谷、小麦、棉花、油料为主,副业有蚕、家禽饲养和鱼、蚌养殖等。已形成了纺织、服装、木业、化工、机械、冶金、电子、新型建材、灯具、摩托车和汽车配件、皮鞋、眼镜、五金工具等多个行业为主体的工业体系,精细化工、新型建材、通讯信息等新兴产业迅猛发展,为国家火炬计划新材料产业基地,全国6大磁卡、IC智能卡生产基地之一、江苏省五金工具出口基地、中国眼镜生产和出口基地,亚洲最大的铝箔、钻头、人造板制造基地。华东灯具城、中国汽配城等专业市场全国知名。有"江南文物之邦"之美称,文物古迹众多。2012年完成生产总值830.5亿元。

10. 扬中市　1994年9月撤县设市,面积232平方千米,是江苏最小的县级市,人口28.08万(2012)。为长江岛城,水田肥沃,物丰富庶,素有"长江小威尼斯""鱼米之乡"的美誉。是首批对外开放城市、首批国家级生态示范区、全国农村综合实力百强(县)市、全国科技进步先进市、全国文化先进县(市)、中国河豚美食之乡。乡镇企业起步较早、发展快,现有机械制造、电气产品、轻纺服装、精细化工、电子等30多个行业,并形成了工程电器、硅橡胶、钎焊材料、精细化工、电子测量测试仪器、复合肥等6大产品基地,是著名的"工程电器岛"。2012年完成生产总值360.2亿元。

11. 江阴市 1987年4月撤县设市,面积987.53平方千米,人口中59.5万(六普)。地处太湖水网平原北端,长江冲积平原南部,是历史上著名的军事重镇和重要商港、吴文化的组成部分,有"江海门户""锁航要塞""延陵古邑""春申旧封""忠义之邦"之称。是长江下游新兴的滨江工业港口城市和集水、公、铁于一体,江、河、湖、海联运的重要交通枢纽城市。位居中国经济百强县(市)第2名。形成了特种金属材料、纺织新材料、精细化工新材料、光电通信材料等主导产业,以及与之相关的精密机械、生物制药、生态农业等产业集群。建成亚洲最大的EPS生产基地、全国最大的子午线轮胎钢帘线生产基地、全国最大的特钢生产基地和全国最大的港口机械出口基地。"中国第一次村"华西村即位于江阴。江阴港为一类对外开放口岸。2012年完成生产总值2535.4亿元。

12. 宜兴市 1988年1月撤县设市,面积1996.6平方千米,人口107.73万(2012)。古称"荆邑",是国家历史文化名城、著名的陶都和江南水城、全国百强县(市)、江苏省重点发展的三级I类新兴中心城市,江苏省重要的工业、旅游城市,苏浙皖3省接壤地区的商贸服务中心。境内河流密布、纵横交叉,灌溉、运输方便,已形成了以环保设备、电线电缆、精细化工、陶瓷、冶金、化纤织造、服装服饰为主的产业集群,以及包括机电、轻工、新材料、新能源等行业门类齐全、布局合理、协作配套能力较强的工业体系。是环保之乡、教授摇篮、中国优秀旅游城市、国家园林城市、国家卫生城市、国家环保模范城市、全国生态示范区、国家生态市、国家可持续发展实验区、国家科技进步示范县(市)。2012年完成生产总值1085.98亿元。

13. 如皋市 1991年2月撤县设市,面积1476.9平方千米,人口145万。江海平原最早成陆的地区、长江三角洲最早见诸史册的古邑、民国时期的中华第1大县、中国沿海最早对外开放的县(市)之一、全国中小城市综合实力百强县(市)、全国县域经济基本竞争力百强县(市)、长三角最具投资价值城市。电子、化工、医药、食品、机械等是工业的强势产业;农业已形成花木盆景、优质油米、创汇果蔬、优质生猪、如皋黄鸡、优质桑蚕等6大特色基地。是中国长寿之乡、中国优秀旅游城市、中国花木盆景之都、江苏省文明城市、江苏省卫生城市、江苏省园林城市。2012年完成生产总值590.17亿元。

14. 海门市 1994年6月撤县设市,面积1001平方千米,人口90.76万(2012)。地处黄海之滨,位于长江和沿海2大开放带的交会点上,是中国黄金水道与黄金海岸"T"字型的结合点,素有"江海门户"之称,是国务院最早批准的对外开放县(市)之一、全国综合实力百强县(市)。气候宜人,环境优美,物产丰富,交通发达,经济繁荣,被誉为"江滨乐土、粮棉故里",海门山羊、江海河鲜、四色宝豆等农副产品远近驰名。全国著名的科技之乡、教育之乡、纺织之乡、建筑之乡,建成了全国最大的、被国务院经济发展中心列为"中华之最"的绣品专业市场——江苏叠石桥绣品城。2012年完成生产总值73.7亿元。

15. 启东市 地处万里长江入海口东侧,三面环水,形似半岛,集黄金水道、黄金海岸、黄金大通道于一身,是出江入海的重要门户,也是江苏日出最早的地方。1989年11月撤县设市,面积1208平方千米,人口112.38万(2012)。是全国首批沿海对外开放地区之一、全国农村综合实力百强县市、全国科技百强县市、中国明星县市、建筑之乡、教育之乡、版画之乡。这里平原绿野、气候宜人、物产丰富、风光秀丽,被誉为"江海明珠"。工业已形成纺织、丝绸、机械、化工、医药、轻工、建材、电子8大支柱产业。农业以粮食、棉花、油菜种植为主,养殖猪、山羊、家禽、蚕等,副业以沿江沿海捕捞为主。是全国唯一的中华绒螯蟹苗繁育基地、全国最大的天然文蛤养殖基地、全国最早的纺织服装出口基地。吕四渔场是中国4大渔场之一。2012年完成生产总值589.14亿元。

16. 金坛市　1993年11月撤县设市,2015年4月撤市设常州市金坛区,面积976.7平方千米,人口55.31万(2012)。地势自西向东倾斜,俗称"二山二水六分田"。为宁、沪、杭三角地带之中枢,是中国农村综合实力百强县市、全国百强县市、全国百家明星县市、全国首批80家小康县市、中国科技实力百强县市、中国绿茶(名茶)之乡、中华绒螯蟹之乡、中国出口服装制造名城,有"苏南第一矿"的金坛岩盐矿。农业主产稻谷、小麦、茶叶、红橡芋、绒蟹等,已初步形成了优质水稻、优质河蟹、青虾、茶叶、蔬菜、蚕桑、花木、食用菌、苗猪、肉鸭等10大农副产品生产基地。已初步形成机械、冶金、电子、建材、化工、医药、丝织、丝绸、服装食品等20个行业的工业体系。2012年完成生产总值373.81亿元。

17. 溧阳市　1990年8月撤县设市,面积1535.87平方千米,人口78.99万(2012)。为全国综合实力百强县(市)、全国百家明星县(市)、全国首批小康县(市)、首批中国50家投资环境诚信安全区、全国科技实力县(市)、中国出口服装制造名城、全国粮食生产先进单位、中国绿茶(名茶)之乡、中华绒螯蟹之乡、全国重要的农副产品生产基地、江苏省传统的重点林区和干果林生产基地县(市)、国家级板栗和茶叶生产基地、江苏省"建筑之乡"。形成了金属冶炼及加工、机械装备制造、输变电设备制造、新型建材4大支柱产业,以生产丝绸而闻名。现代农业颇具特色,是江苏省唯一的全国丘陵山区综合开发示范县(市)。中国优秀旅游城市、国家卫生城市、国家环保模范城市、中国民间艺术(刻纸)之乡、全国平原绿化先进县(市)。2012年完成生产总值559.2亿元。

18. 邳州市　1992年8月撤县设市,面积2088平方千米,人口178万(2012)。是苏北、鲁南水陆交通枢纽,最具活力、最具魅力的现代化新兴城市,是全国综合实力百强县(市)、全国绿色小康县(市)、全国科技进步先进市,国家商品粮和银杏、肉兔生产基地。是全国农业大县(市),银杏产业为全国GAP基地。工业形成板材家具、环保化工、机械制造3大主导产业,食品医药、纺织服装、港口物流、石膏建材、电力能源、精细冶金6大特色产业,新材料、新能源、生物技术和新医药、节能环保4大新兴产业。大蒜市场为全国定点市场,邳州港为全国大型内河港口之一。中国优秀旅游城市、全国绿化先进市,农民画、民间剪纸享誉全国。2012年完成生产总值513.49亿元。

19. 新沂市　1990年撤县设市,面积1616平方千米,人口107.15万(2012)。是苏北重要的工业城市、华东重要的交通枢纽之一、东陇海产业带中心节点城市、全国综合实力百强县(市)。农业资源丰富,广阔的平原、肥沃的土地,适宜种植各种粮食、经济作物,适宜发展水产、林业、畜牧业,可为农副产业加工提供丰富的物产资源,是江苏重要的绿色、环保、有机农业生产基地。初步形成了精细化工、纺织服装、绿色食品、机械冶金、资源加工等5大产业板块,新能源、新材料、新医药、新环保、服务外包等五大新兴产业加快集聚。江苏省文化先进市、江苏省卫生城市、江苏省文明城市、全国体育先进市、全国科技进步先进市。2012年完成生产总值350亿元。

20. 姜堰市　1994年撤县设市,2012年12月撤市设泰州市姜堰区,面积927.52平方千米,人口79.31万(2012)。位于长江北岸,系海水、江水、淮水交会之处,素有"三水"之别称。为全国综合实力百强县(市)、全国科技实力百强县(市)、全国首批生态示范区、联合国授予"生态农业全球500佳"、江苏省小康县(市),素有鱼米之乡、银杏之乡、建筑之乡、教育之乡的盛誉。生态农业为主体,有99个无公害农产品生产基地、64个无公害农产品、13个绿色食品,是江苏省重要的农副产品生产基地、上海"菜篮子"工程供应基地,全国优质粮、优质棉的供应基地,全国著名的商品粮、银杏、瘦肉型猪、水产品生产基地。工业形成机电、医药化工、纺织服装、食品加工4大支柱产业。旅游业已形成以"一湖一镇一地一园"为主体的特色品牌。2012年实现生产总值405.86亿元。

21. 泰兴市 1992年撤县设市、面积1172平方千米,人口119.83万(2012)。是沿海开放城市之一、全国综合实力百强县(市)、长江走廊上一座新兴的滨江工贸城市。全境为长江下游三角洲冲积平原,土地肥沃,特产丰饶,农业以种植三麦、水稻、花生、大豆为主,副食品以生猪、禽蛋、淡水鱼为多。是闻名中外的银杏之乡、建筑之乡、教育之乡、小提琴之乡、减速机之乡,是国家重点的瘦肉型猪、优质银杏生产基地和蔬菜生产加工出口基地。溪桥二氧化碳气田是全国最大的二氧化碳气田。工业以机械、纺织、轻工、化工、电子、食品、建材为主。工业形成以机电、化工、纺织、食品、轻工、医疗、建材等为主体的支柱行业。2012年完成生产总值543.55亿元。

22. 兴化市 1987年撤县设市,面积2393.35平方千米,人口中57.28万(2012)。地处长三角经济区核心地带,是一座新兴的旅游城市、全国县域经济基本竞争力百强县(市)、全国中小城市综合实力百强县(市)、中国农村综合实力百强县(市)、全国科技实力百强县(市)、全国科技进步先进市、全国"科技富民强县"试点市、国家级生态示范区、全国小城镇建设示范镇、中国不锈钢之乡、中国生态河蟹养殖第1县,粮、油、禽蛋、畜产品、水产品十分丰富,素有"鱼米之乡"美称,是著名的商品粮、优质棉花基地、水产品生产与集散基地。机械、冶金、化工、医药、纺织、食品及农副产品加工业为主导行业。有全国最大的不锈钢产业物流交易市场、亚洲最大的钢帘线生产企业、亚洲最大的香葱生产和脱水蔬菜加工基地、中国最大的粮食市场等。2012年完成生产总值512.36亿元。

23. 靖江市 1993年7月撤县设市,面积673平方千米,人口66.66万(2012)。处在沪宁长江水道的中心点,襟江近海,是上海都市圈的组成部分,长江下游少有的集公路、铁路、水运于一体的交通枢纽城市,沿海开放城市之一,全国百强县市。稻、麦、油菜、大豆为主要农作物,野生植物、栽培植物种类繁多,粮食、蔬菜、花草、瓜果、药材丰富。形成了机电及汽车配件、医药及精细化工、纺织服装、船舶修造等主要工业门类,并将"机电一体化、新材料、生物医药、电子信息"四大高新技术领域作为未来发展方向。有中国最大的高速精密电机研发公司、国内产量最大的微电机生产基地,是名符其实的中国家用电器动力的源泉地;有中国最大的维生素C生产企业、中国最大的汽车锁制造企业、国内相对集中的汽车传动轴制造企业群、中国第2大造船企业、中国第1大民营造船基地、中国最大的内陆港、世界最大的船舶用锚链制造企业;有号称泵阀之乡的新桥镇、空调之乡的孤山镇、美食之乡的季市等。2012年完成生产总值600.85亿元。

24. 东台市 1987年12月撤县设市,面积3221平方千米,是江苏省面积最大的县级行政区、人口113.59万(2012)。东抵黄海,南望长江,素有"黄海明珠金东台"的美誉,是首批沿海对外开放城市、中国明星县(市)、全国科技进步示范市、国家级生态示范区、国家级农业产业化示范市、全国百佳全民创业示范县(市)、中国产业发展能力百强县(市)、中国城乡建设范例城市、中国不锈钢制品产业基地、长三角最具投资潜力城市。东台海上风电场是世界上单体最大的近海风电场。农业誉满全国,农林牧渔总产值全国领先、江苏第1,是国家级农产品生产商品粮、棉、瘦肉型猪、山羊和优质商品油基地。已形成机械、轻纺、建材、食品等为支柱的较为完整的工业体系,不锈钢、丝绸、电脑绣花、发绣、五金工具等特色产业集群初具规模,电子电器、新材料等新兴产业也在蓬勃发展。中国优秀旅游城市、全国绿化模范县(市)、中国最具特色宜居城市。西溪古镇是神话传说"天仙配"的发祥地。2012年完成生产总值506.69亿元。

25. 大丰市 1996年8月撤县设市,2015年8撤市设盐城市大丰区,面积3059平方千米,人口70.7万(六普)。是全国百强县(市)、全国首批生态建设示范市、国家首批可持续发展实验区、国家社会发展综合实验区、中国21世纪议程示范市、国家级卫生城市、全国城市环境综合整治优秀城市、中国麋鹿之乡、全国10大产棉县(市)之一、联合国粮农组织确定的"持续农业与农村发展实验区";有亚洲最大的滩涂湿地,被联合国列入世界重要湿地名录;特经蔬菜是全国闻名的绿色食品生产基地;有世界最大的麋鹿自然保护区,全国最大的淡水小龙虾、斑点叉尾鱼、泥螺、紫菜、海水蔬菜种养殖加工基地。大丰港是国家一类对外开放口岸、大陆地区首批对台直航港口,为江苏沿海对外开放的综合型中型商港。2012年完成生产总值393.36亿。

第三节　浙江省

浙江省地处长江三角洲南翼,东临东海,地貌丰富,北为水网密集的冲积平原,东为沿海丘陵,南为山地,另有舟山群岛等海岛地貌。浙江隶属吴越文化,历史悠久,文化积淀深厚,是有名的"鱼米之乡、丝茶之府、文物之邦"。早在战国时期,就有城会稽——今绍兴出现,到了五代十国时期,由于浙江一带没有受到战乱影响,经济和城市建设有了迅速发展,丝绸、制瓷、造纸、制茶业等处于当时中国领先地位,杭州、湖州等城市日益发展起来,及至南宋定都杭州后达到了一定高度,市肆繁荣,商贾云集。浙江全省范围内城镇的崛起是在改革开放之后,以私营经济为主的民营企业的迅速发展推动了城镇发展,现(2013年10月)辖2个副省级市(杭州、宁波)、9个地级市(温州、绍兴、湖州、嘉兴、金华、衢州、舟山、台州和丽水)、33个市辖区、21个县级市、35个县、1个自治县,陆域面积10.18万平方千米,海域面积26万平方千米,总人口5442.69万[1](六普),已经形成了以杭州、宁波、嘉兴、绍兴为核心的环杭州湾V型城镇连绵区和温台沿海I型城镇连绵区。2012年完成生产总值34 606亿元,居全国第4位。

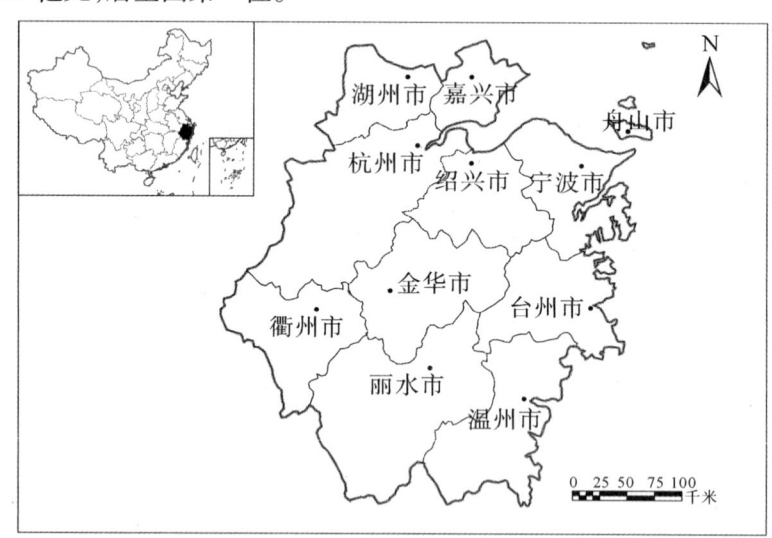

图3-3-3　浙江省行政区划图

一、各副省级市和地级市发展情况

1. 杭州市

位于浙江省北部,东南沿海北部,是浙江省省会、国家副省级城市、长三角南翼中心城市,辖8

---

[1]本节所涉及的行政区划与人口数量无注明的均为2009年底数据,人口数据为常住人口。

区(拱墅、西湖、上城、下城、江干、滨江、余杭、萧山)、3 市(建德、富阳、临安)、2 县(桐庐、淳安),总面积 1.66 万平方千米、市辖区面积 3068 平方千米,人口 870.04 万(六普),其中城镇人口为 637.27 万。

杭州有着 2200 年的悠久历史,是中国 7 大古都之一。秦设钱唐县,梁武帝太清三年(549)升钱唐县为临江郡,陈后主祯明元年(587)置钱唐郡,隋开皇十一年(591)在凤凰山依山筑城,元改杭州路,明清为杭州府,1927 年置杭州市,1949 年升为省辖市,现为副省级市。中国江南最富庶的长江三角洲(杭州、上海、苏州)南翼中心城市和浙江省经济中心,长三角第二大城市,"东南第一州",浙江省政治、经济、文化、科教中心,东南沿海开发开放的重要窗口。现规划确定了"一主三副六组团"的城市格局,形成"一主三副、双心双轴、六大组团、六条生态带"开放式空间结构模式。

杭州有着江、河、湖、山交融的自然环境,构成了"八山、半水、分半田"的地形格局,京杭大运河和钱塘江穿城而过,江河纵横,湖泊密布,物产丰富,是全国著名的农作物高产区,素有鱼米之乡、丝绸之府、茶叶之都、花果之地、人间天堂之美誉。农业重点发展茶叶、花卉苗木、水产、节粮型畜禽、蔬菜、竹业 6 大优势产业,大力培育水果、干果、蚕桑、中药材、蜂业五大特色产业,着力提升粮油、生猪等传统产业,积极发展生态农业、休闲农业、设施农业等新兴产业。有大中型非金属和金属矿床,临安、昌化出产一种世界罕见的鸡血石,为收藏石和图章石中的珍品。经济发达,创造了一批世界之最、中国之最。主要形成了服装、软件、文化创意、旅游等优势产业。是国家信息化试点城市、电子商务试点城市、电子政务试点城市、数字电视试点城市和国家软件产业化基地、集成电路设计产业化基地,致力于打造"滨江天堂硅谷",以信息和新型医药、环保、新材料为主导的高新技术产业为杭州的一大特色和优势;通讯、软件、集成电路、数字电视、动漫、网络游戏等 6 条"产业链"正在做大做强。是长江三角洲区域中重要的中心城市和中国南北部交通枢纽。2012 年全市实现地区生产总值 7803.98 亿元。

历史悠久,风景秀美,江河湖山交融,因西湖而闻名天下,是国家历史文化名城和最著名的风景旅游城市之一,曾获"联合国人居奖"和"国际花园城市"的名号,有"人间天堂"之称。有全国重点文物保护单位 25 个,著名的旅游胜地有瑶琳仙境、桐君山、雷峰塔、岳庙、三潭映月、苏堤、六和塔、宋城、南宋御街、灵隐寺、跨湖桥遗址等。历史名人有孙权、许敬宗、钱镠、钱俶、商辂、岳飞、朱淑真、于谦、张岱、贺知章、夏衍、梁实秋、章太炎、郁达夫、戴望舒、陈叔通、杭立武、钱学森、盖叫天等。特产有杭州丝绸、西湖龙井、西湖藕粉、径山茶、抗白菊、西湖绸伞、雪水云绿茶、萧山萝卜干等。

2. 宁波市

宁波,简称甬,位于浙东地区,北临杭州湾,是国家副省级城市、计划单列市、沿海开放城市、著名侨乡、长三角南翼中心城市之一。辖 6 区(海曙、江东、江北、鄞州、镇海、北仑)、3 市(慈溪、余姚、奉化)、2 县(宁海、象山)、8 个国家级开发区(宁波经济技术开发区、宁波保税区、大榭开发区、宁波出口加工区、慈溪出口加工区、杭州湾新区、宁波国家高新技术产业开发区、宁波梅山保税港区、宁波石化经济技术开发区),总面积 9365 平方千米,人口 760.57 万(六普)。

宁波历史悠久,是具有 7000 多年文明史的"河姆渡文化"发源地。春秋时为越国地,秦置鄞、鄮、句章 3 县;唐置鄞州、明州,为"海上丝绸之路"的起点之一,与扬州、广州并称为中国 3 大对外贸易港口;宋置庆元府,与广州、泉州同时列为对外贸易 3 大港口重镇;明洪武十四年(1381)改为宁波府;鸦片战争后被辟为"5 大通商口岸"之一;1927 年设宁波市,1949 年为省辖地级市,1983 年宁波地区与宁波市合并,1987年成为计划单列市,现又晋升为副省级市。现规划定位为中国东南沿海重要的港口城市,长江三角洲南翼经济中心,国家历史文化名城。中心城区形成二区T轴为主体的面向杭州湾的开放式空间布局结构,沿滨海形成三江片、镇海片、北仑片相对独立的带状组团式布局结构。

地势西南高、东北低,地貌分为山地、丘陵、台地、盆地和平原,余姚江、奉化江在市区"三江口"汇成甬江,流向东北,经招宝山入东海。自古以"四香"(米香、鱼香、书香、墨香)名扬天下,物产极为丰富。地处长江入东海口,港湾曲折,岛屿星罗棋布,是中国盛产海鲜的主要区域之一;春晓油气田位于宁波市东南约350千米的东海西湖凹陷区域。是长江三角洲南翼的经济中心城市和重化工业基地、中国华东地区重要工业城市、浙江省经济中心,工商业发达,是国内经济最活跃的区域之一。拥有石化、装备制造、纺织、造纸、电子信息等优势产业集群。有各类商品交易市场650多个。是浙东交通枢纽,陆、海、空、水立体交通发展迅速,杭州湾跨海大桥的建成使宁波进入了上海2小时交通圈;宁波港是中国货物吞吐量第1大港(2012年宁波—舟山港货物吞吐量7.44亿吨)集装箱吞吐量则列全国第4大港口。2012年全市实现地区生产总值6524.7亿元。

宁波是历史文化名城和首批全国优秀旅游城市,有溪口—雪窦山国家级风景名胜区、东钱湖风景名胜区、天童国家森林公园、保国寺、它山堰、南溪温泉、四明湖、石浦渔港、招宝山、四明山等旅游风景。历史名人有:严光、阚泽、虞喜、虞世南、史浩、张孝祥、王应麟、胡三省、方孝孺、王阳明、王华、黄宗羲、张苍水、万斯同、全祖望、叶恭绰、蒋介石、蒋经国。主要特产可分为海鲜、海干产品、特色食品、时令果品、传统工艺品、服装等几大类。

3. 温州市

位于浙江东南部、瓯江下游南岸,东濒东海,是中国数学家的摇篮、中国山水诗的发祥地、中国南戏的故乡、中国民营经济发展的先发地区与改革开放的前沿阵地。辖3区(鹿城、龙湾、瓯海)、2市(瑞安、乐清)、6县(永嘉、洞头、平阳、苍南、文成、泰顺),总面积11 784平方千米、市辖区面积1187平方千米,人口912.21万(六普)、市辖区人口303.95万。

温州古为瓯地,也称东瓯,唐高宗上元二年(657)始置温州,明清为温州府,1949年设地级温州市,1980年撤销专署实行市管县。是一座港口城市、国家沿海开放城市、浙江3大经济中心之一,浙东南第1大都市,浙南经济、文化、交通中心。现规划定位为中国东南沿海重要的商贸、工业、港口、旅游城市,浙南闽东北的区域中心城市,具有滨海山水特色的历史文化名城。规划都市形成"一主二辅五组团"的空间结构。

地势是由西南向东北呈现梯形倾斜,有河流150余条,人工河道纵横交错。沿海平原是主要产粮区,以水稻为主,经济作物有柑橘、茶叶、枇杷、杨梅、甘蔗等60余种,西部山区有大量的林产品资源。陆地海岸线长355千米,形成磐石等天然良港,岛屿436个,有洞头、北麂、南麂、乐清湾等渔场,近海大陆架盆地蕴藏着丰富的石油和天然气资源。明矾石储量占全国总储量的80%,苍南矾山镇有"世界矾都"之称。温州是中国民营经济发展的先行区,创造了著名的"温州模式",温州人以"商行天下"而闻名。工业经济的主导行业有电气制造业、鞋革制造业、通用设备制造业、电力生产和供应业、塑料制造业、服装制造业、交通运输设备制造业、化学原料及化学制品制造业、金属制品业、黑色金属冶炼及压延加工业等十大行业,并形成了35个国家级生产基地,产生了许多知名品牌。综合通讯能力位居全国地级市前列,机场、铁路、港口、公路及高速公路构成了立体交通网络,温州港是全国最大的沿海集装箱码头之一。2012年全市地区生产总值(GDP)为3650.06

亿元。

温州山、江、海交融,旅游资源得天独厚,有雁荡山、楠溪江、南麂岛海洋自然保护区、江心屿公园、乌岩岭、玉苍山、铜铃山等著名旅游风景区。历史名人有王十朋、叶适、孙诒让、夏鼐、苏步青、高则诚。

4. 湖州市

地处浙江省北部,因北濒太湖得名,辖2区(南浔、吴兴)、3县(德清、长兴、安吉)、2个国家级开发区(湖州国家级经济技术开发区、长兴国家级经济技术开发区),总面积5818平方千米、中心城市建成区95平方千米(2010),人口289.35万(六普),其中市区人口110万(2010)。

湖州是一座具有2300多年历史的江南古城,楚考烈王十五年(前248)始置菰城县,秦汉置乌程县,隋仁寿二年(602)置湖州,1912年废湖州府合并乌程、归安2县为吴兴县,1949年设吴兴市,1950年改为湖州市(县级),1983年撤地建市。现规划定位为浙江省北部太湖南岸中心城市,以丝绸文化为代表的历史文化名城,长江三角洲地区的现代化工贸城市。规划形成"一中心两圈层三轴线"的城镇空间结构,中心城区采用集中组团式布局。

西部以山地、丘陵为主,东部为平原水网区,平原河网湖荡密布,库容10万立方米以上水库149座,俗称"五山一水四分田"。有煤、铁、石灰石等矿藏,长广煤矿是省内最大的原煤基地。产业原以丝绸纺织、建材业为主,机电制造、金属材料和现代轻工产业发展也很迅速。是以上海浦东开发开放为龙头的长江三角洲地区"先行规划、先行发展"的14个重点城市之一。交通发达,有全国一流的内河铁路、公路、水运中转港。2012年全市地区国民生产总值为1661.97亿元。

湖州是一座江南古城,有众多自然美景和历史人文景观,孕育了"太湖、竹乡、名山、湿地、大宅门、古生态"6大旅游品牌,如太湖度假区、莫干山、铁佛寺、古镇南浔、安吉竹海等。历史名人有曹不兴、陆修静、沈约、陆羽、孟郊、钱起、赵孟頫、陈霸先、凌蒙初、潘季驯、陈立夫、陈果夫、张静江、蔡启樽、蔡升元、严我斯、俞樾、吴昌硕、戴季陶、陈其美、朱家骅、钱三强、赵九章等。特产有丝绸、羽毛扇、长兴板栗等。

5. 嘉兴市

位于浙江省东北部,东临大海,南倚钱塘江,北负太湖,素有鱼米之乡、丝绸之府之称。辖2区(南湖、秀洲)、3市(平湖、海宁、桐乡)、2县(嘉善、海盐),总面积3915平方千米,人口450.17万(六普)。

嘉兴是新石器时代马家浜文化的发祥地,距今7000年前市境就有先民从事农牧渔猎活动。秦置由拳县,三国始称嘉兴,1949年设嘉兴市,1983年升为地级市。现规划定位为浙江接轨上海、竞合苏南的门户型都市地区,长三角南翼新兴的现代服务业基地、浙江省科技创新和文化职教的先进地区、环杭州湾先进制造业的重点发展地区,吴越古韵与现代文明交相辉映的城乡和谐发展地区及融汇江南水乡和江海特色的生态宜居型都市地区。城镇体系规划"三结构一网络"的布局结构,规划形成"一主(嘉兴)五副城(平湖、嘉善、海盐、海宁、桐乡)、一新城(滨海新区)十五镇、三轴两环"的网络型组合大城市。

市境地势低平,平原被纵横交错的塘浦河渠所分割,田、地、水交错分布,形成"六田一水三分地"。嘉兴既有"鱼米之乡""衣被天下"的富足,又有"百工技艺与苏杭等"的繁华,经济发展始终处在领先地位。畜牧、特种养殖、花卉、优质水果产量大幅增加,旅游观光和生态休闲农业发展加快,有纺织、电气、化纤、化工、通用设备、冶金工业等六大支柱行业,大力发展临港工业、装备制造业、高技术产业和特色优势产业,临港工业重点发展了石化、钢铁、机械设备、造纸、新型建材、电子信息等。拥有秦山核电站和嘉兴发电厂,是重要的能源基地。地处长江三角洲杭嘉湖平原腹心地带,是长江三角洲重要城市之一,处于江、海、湖、河交会之位,扼太湖南走廊之咽喉,区位优势明显,嘉兴港为国家一类对外开放口岸。2012年全市国内生产总值2884.94亿元,所辖5县(市)均列入全国综合实力百强县前50强,所有县(市、区)均被命名为"浙江省小康县",市和所有县(市)均被国家科技部评为科技进步先进市、县。

嘉兴是水乡泽国,环境优美,是中国优秀旅游城市和国家园林城市,自然风光以潮、湖、河、海并存驰誉江南,境内有南湖、西塘、乌镇、海宁钱江潮、平湖九龙山海滨浴场等著名景点。历史名人有顾况、刘禹锡、陆贽、沈曾植、王国维、沈钧儒、茅盾、徐志摩、丰子恺、张乐平、黄昆、陈省身、金庸等。特产有五芳斋粽子、南湖菱、文虎酱鸭、三珍斋八宝饭、新塍月饼、蓝印花布、汾湖蟹、平湖蜂蜜、平湖糟蛋、平湖西瓜、杭白菊、嘉善黄酒、乌镇姑嫂饼、乌镇丝绵、槜李荷叶粉蒸肉、八珍糕 杨庙雪菜、斜桥榨菜、凤桥水蜜桃、洪合蜜梨、黄沙坞蜜橘、海盐大头菜、南北湖虎鲻鱼、王店三元鸡、洪合濮院羊毛衫等。

6. 绍兴市

地处浙江省中北部、杭州湾南岸,是鲁迅先生故里,素有"会稽天下本无俦"的美誉,号称"海内巨邑、泱泱大邦"。辖2区(越城、上虞)、2市(诸暨、嵊州)、2县(绍兴、新昌),总面积8256平方千米、建成区面积95平方千米、广义建成区面积200多平方千米(4+2组团),人口491.22万(六普)、市区人口89万、广义市区人口270万。

绍兴古称会稽,始建于公元前490年。是中国第1个朝代"夏"的诞生地,是古代九州之"扬州"的中心,春秋五霸之越国首都,两晋的会稽国都和南宋临都,夏商周时期成名已久,也是两晋、南北朝、隋、唐、宋等时期的10大城市,东南地区的政治经济文化中心;明清置绍兴府;1912年山阴、会稽2县并为绍兴县;1949年分设会稽、绍兴县,1950年合并为绍兴县,1981年析出绍兴县设绍兴市,1983年升为地级市。是长三角区域中心城市,华东天然交通枢纽,民营经济第1城,中国品牌之都,中国经济民富强市,联合国人居奖城市和全球纺织中心。现规划定位为国家历史文化名城,具有江南水乡特色的文化和生态旅游城市,长江三角洲先进的工贸基地。着力构建大绍兴都市圈(交通枢纽、商务集聚、旅游名城、新兴产业),重现东南巨郡风采。规划市域城镇体系空间结构为"一个密集区、两大组群、三条轴线";中心城区形成"一心三片三楔"的空间布局结构。

绍兴全境河道密布,湖泊众多,有主要湖泊30多个、水库554座,素以"水乡泽国"之称,可概括为"四山三盆两江一平原"。水资源、动植物资源丰富,矿产资源主要有铁、铜、金萤石、石灰石、石煤、瓷石土、硅藻土等,硅藻土储量为全国之最。经济发达,为长江三角洲第三经济模式的发祥地。农业形成蔬菜、生猪、茶叶、淡水产品、花卉苗木等5大特色主导产业;工业形成现代纺织、机械电子、节能环保、医药化工、食品饮料等五大支柱产业,先进装备制造产业、新材料产业、生物医药产业、节能环保产业、新能源产业、新兴信息产业等新兴产业发展迅猛,位列中国6个品牌之都。绍兴商帮(越商)是中国第1大商帮,绍兴是全国的纺织品贸易中心,在面料、领带、袜业、伞具等传统产业方面占据产能高地。2012年全市完成生产总值3620.1亿元。

绍兴历史悠久,是中华文明的发祥地,国家历史文化名城和中国优秀旅游城市,唯一融"中国山水"和"诗画江南"于一体的东方名城,自古有"东南山水越为首,天下风光数会稽"的美誉,是公认的"山清水秀之城、历史文物之邦、名人荟萃之地",是有名的桥乡、水乡、酒乡、书法之乡。著名风景有鉴湖、镜湖、东湖、五泄飞瀑、西施故里、梁祝景区、绍兴温泉城、兰亭国家森林公园、会稽秦望山、桃花源等。历史名人有舜、禹、勾践、王充、嵇康、陆游、王冕、徐渭、章学诚、欧冶子、徐锡麟、周作人、周建人、邵力子、陆游、蔡元培、秋瑾、鲁迅、马寅初、竺可桢、范文澜、朱自清等。特产有兰花、丝绸、平水珠茶、茴香豆、霉干菜、黄酒、香糕、大菱、河蟹、金银箔、花边、王星记纸扇、锡箔、乌蓬船、滩簧、越瓷等。

7. 金华市

位于浙江中部，素有"江南邹鲁""文物之邦"之称，是浙江第4大中心城市、长江三角洲8大区域中心城市。辖2区(婺城、金东)、4市(兰溪、义乌、东阳、永康)、3县(武义、浦江、磐安)，总面积10 918平方千米、市区面积2044.68平方千米、建成区面积68.79平方千米，人口536.16万(六普)、市区人口92.38万人。

金华历史悠久，古属越国地，秦入会稽郡，三国吴宝鼎元年(266)始置东阳郡，南朝陈天嘉三年(562)改为金华郡，1949年置金华市，1985年撤地区设地级金华市。现规划职能定位为辐射浙江中西部和"四省九地市协作区"的区域性中心城市，长江三角洲重要的先进制造业基地，金衢丽产业带核心区，浙江中西部地区的交通信息枢纽、商贸金融与现代物流集聚区、科技教育文化中心。规划构筑"一主二副三块四轴"的浙中城市群结构框架，中心城区形成"一个核心区六大功能区"的组团式城市总体布局。

地形以丘陵和盆地为主，基本特征为"三面环山夹一川，盆地错落涵三江"。森林覆盖率达57.60%，动植物资源极为丰富，种植业和养殖业较为发达，是一个传统的农业大市，形成了粮油、生猪和肉制品、奶牛乳品、水果蔬菜、中药材和食用菌、茶叶、花卉苗木、特种水产等农业主导产业。有萤石、水泥用灰岩、饰面用花岗石、建筑石料、钾长石、矿泉水、地热水等优势矿产，萤石储量最为丰富，是国内主要产地之一。工业形成金属制品、纺织、交通运输设备制造、电气机械及器材制造、通信设备计算机及其他电子设备、化学原料及化学制品制造等6大行业，汽车产业、制药业和小商品制造业是其主要优势产业。交通便捷，是浙江和华东重要的交通枢纽，形成了铁路、公路、水路和航空的综合运输网络。2012年全市实现生产总值(GDP)2700.12亿元。

旅游资源丰富，山川秀丽奇绝，有国家级和省级文物保护单位47处，有双龙洞景区、天宁寺、八咏楼、横店影视城、永康方岩、兰溪六洞山地下长河、浦江仙华山、武义郭洞—龙潭、磐安花溪、大盘山等旅游景点。历史名人有骆宾王、贯休、宗泽、吕祖谦、陈亮、宋濂、李渔、张志和、黄宾虹、胡应麟、王象之、吴晗、艾青、施光南、严济慈等。传统名优特产有金华火腿、金华酥饼、东阳木雕、义乌南枣、金丝蜜枣、金华佛手、宣平莲子等。

8. 衢州市

位于浙江省西部，钱塘江上游，金华衢州盆地西端，闽浙赣皖交界处，素有"四省通衢"之称。辖2区(柯城、衢江)、1市(江山)、3县(龙游、常山、开化)、1个衢州国家经济技术开发区，总面积8841.12平方千米，人口212.27万(六普)。

衢州是一座有1800年历史的江南重镇。春秋为越国姑蔑之地，战国属楚，秦置太末县，东汉初平三年(192)分太末县置新安县，晋太康元年(280)改新安为信安，唐武德四年(621)分婺州于信安置衢州、后改信安为西安，明清置衢州府，1912年改西安县为衢县，1949年设衢州市，1985年升为地级市。现规划定位为闽浙赣皖4省边际中心城市、生态园林城市、国家历史文化名城。规划形成"一心一环，一主七重四点"的"Y"形主轴城镇空间结构。

境内以山地及丘陵为主,动植物资源丰富,为传统农业大市,经济林有油茶、板栗、柑橘、茶叶、柿等,系浙江木材、毛竹、柑橘、油茶、茶叶主要产区,农村经济以种植和销售柑橘为产业,是浙江省最大的绿色特色农产品生产基地,拥有中国柑橘之乡、中国龙顶名茶之乡、中国蜜蜂之乡、中国胡柚之乡等18个农特产之乡。主要矿产有石煤、石灰岩、黄铁矿、叶蜡石、大理岩、耐火粘土、铀矿等。形成化工、机械、建材、黑色金属冶压、造纸、木材加工、纺织、电力等为主要工业行业,为国家化工基地,氟硅、五金产业集群逐步形成。交通十分便捷,陆、水、空交通网四通八达。2012年全市完成国民生产总值982.75亿元。

衢州是国家级生态示范区,属于全国9个生态良好的地区之一和全国12个具有国际意义的生物多样性分布中心之一,有1个国家级自然保护区、2个国家级和3个省级森林公园、34个省级自然保护区,全市森林覆盖率达71%。旅游资源丰富,是中国优秀旅游城市,有烂柯山、孔氏南宗家庙、江郎山、古田山、龙游石窟、三衢石林、钱江源、衢州节理石柱等风景。历史名人有徐安贞、徐徽言、赵抃、余端礼、程宿、汪应辰、留孟炎等。特产有龙顶、胡柚、猕猴桃、发糕、三头一掌、根雕、西砚、莹白瓷、椪柑、竹炭、黄花梨、白鹅、猕猴桃、白菇、方山茶、龙顶茶等。

9. 台州市

位于浙江中部沿海地区,辖3区(椒江、黄岩、路桥)、2市(临海、温岭)、4县(玉环、天台、仙居、三门),全市陆地面积9413平方千米、海域面积8万平方千米,人口596.88万(六普)、市区人口144万。

先秦为瓯越地,汉武帝元封元年(前110)置回浦乡,西汉始元二年(前85)置回浦县,三国太平二年(257)置临海郡,唐武德五年(622)置台州,1949年设台州专区,1994年设地级台州市。现规划定位为浙江沿海中部区域性中心城市,工贸型现代化港口城市;主要职能为"长三角"南翼的重要节点城市,全国民营经济的创新示范区,中国东南沿海重要的现代化制造业基地与商贸中心,浙江中部沿海重要的港口城市、交通节点和旅游集散地,台州市域政治、经济、文化中心。规划市域城镇空间布局为"一核两心三带";构建"一心六脉四组团"的中心城区空间结构,形成多组团网络式的城市空间体系。

台州居山面海,平原丘陵相间,形成"七山一水二分田"的格局。中国著名的果品基地,有"中国果品圣地"之称。拥有大陆海岸线745千米,海洋渔业资源丰富,海域面积和水产产量居浙江省首位,是中国黄金海岸线上一个新兴的组合式港口城市、中国重要渔区,盛产大黄鱼、带鱼、鲳鱼等数十种经济鱼类。能源大市,集火电、水电、风电于一体的台州湾综合能源小区已初步建成,有温岭江厦潮汐试验电站、括苍山风力发电场。中国股份合作制经济的摇篮、中国当前两大经济模式之一的"温台模式"的创始者,民营经济的比重占了台州经济总量的97%以上。产业以制造业为主,包括汽摩、医药、模具、塑料、工艺礼品、家用电器等,基础工业有电力能源、汽摩配件、医药化工、家用电器、塑料模具、服装机械、水泵阀门、工艺美术、新兴材料、鞋帽服装,是中国重要的加工出口基地和小商品集散地、华东重要的能源基地、中国微型家用轿车之都、中国摩托车之都、中国医药之都、中国缝纫机之都、中国模具之都、中国塑料制品之都、中国工艺礼品之都、中国阀门之都、中国罐头食品之都,人均收入在长江三角洲16个城市中位居第1,城镇居民轿车拥有量全国第1。交通发达,港口众多。2012年全市实现地区国民生产总值2927.34亿元。

台州自然风光雄奇秀丽、古朴庄严、玄远清幽,人文景观源远流长、内涵丰厚,以"佛、山、海、城、洞"为特色,有国家级旅游风景区、文物保护单位、地质公园、森林公园等10多个,拥有风景名胜区天台山、长屿洞天和国家历史文化名城临海。历史名人有道济(济公)、王一宁、王居安、叶兑、张伯端、张元勋、应大猷、陈璩、陈孚、吴荑、何宽、徐庭筠、谢深甫、王士性、齐召南、谢道清、戴复古、周至柔、陈克非、赵师渊等。特产有食饼筒、天台乌药、临海麦虾、橘花蜜、黄岩蜜橘、玉环柚、仙居杨梅、温岭草鸡、三门青蟹、天台山云雾茶、临海蟠毫、仙居云峰茶、黄岩龙乾春等。

10. 舟山市

位于杭州湾外缘东海的舟山群岛,由1390个岛屿组成,是中国第1个以群岛设市的地级行政区划(2010年设立的三沙市是第2个以群岛设市的地级市),辖2区(定海、普陀)、2县(岱山、嵊泗),全市区域总面积2.22万平方千米,其中海域面积2.08万平方千米、陆域面积1440平方千米,人口112.13万(六普)。

舟山群岛开发历史悠久,早在5000多年前的新石器时代,舟山群岛上就有人居住。春秋属越,称"甬东"(甬江之东),又喻称"海中洲";唐开元二十六年(738)置翁山县,北宋熙宁六年(1073)设昌国县,元初升县为州,明洪武二年(1369)改州为县,清康熙二十六年(1687)更名定海县,1953年成立舟山专区,1967年改称舟山地区,1987年撤地区设舟山市。现规划定位为中国重要的海洋渔业基地和海洋开发基地,现代化的港口和海岛旅游城市。规划以一个中心、"一主三副"4条轴线构成城镇空间结构形态;城市发展的空间形态为三组团二点带状城市组群。

处于中国东部黄金海岸线与长江黄金水道的交会处,背靠长三角广阔经济腹地,是中国东部沿海和长江流域走向世界的主要海上门户。东临太平洋,是远东国际航线要冲,也是中国大陆唯一深入太平洋的海上战略支撑基地。为中国海鲜之都、海洋经济强市。拥有非常丰富的风能、潮汐能、潮流能以及海底油气、矿产等资源。具有发展海洋工程装备、海洋新能源、海洋生物产业、海水利用等新兴产业的良好条件和基础优势。"港、景、渔"是舟山最大的海洋特色资源,渔业发达,素有"东海鱼仓"和"祖国渔都"之称,是中国最大的海产品生产、加工、销售基地。拥有渔业、港口、旅游3大优势,形成临港工业、港口物流、海洋旅游、现代渔业等4大基地。全市港湾众多,航道纵横,水深浪平,是中国屈指可数的天然深水良港,临港工业发达,是全国重要的修造船基地,舟山港是宁波—舟山港的重要组成部分。舟山群岛新区(2011年7月成立)是首个以海洋经济为主题的国家级新区。2012年全市实现地区生产总值851.95亿元。

舟山被誉为"千岛之城",是著名的佛教圣地和海岛休闲旅游度假胜地、中国优秀旅游城市、海洋文化名城、海上花园城市,拥有"海天佛国"普陀山、嵊泗列岛等国家级风景名胜区和岱山、桃花岛省级风景名胜区、著名渔港沈家门,以及全国唯一的海岛历史文化名城定海。历史名人有金维映、汤浚、三毛、包祖才等。国际沙雕节、南海观音文化节、中国海鲜美食节名,中国海洋文化节(岱山)闻遐迩,跻身中国10大节庆城市行列。

11. 丽水市

位于浙江省西南部,浙闽2省的结合处,辖1区(莲都)、1市(龙泉)、7县(景宁、缙云、青田、遂昌、云和、庆元、松阳),总面积1.73万平方千米,人口211.70万(六普),是浙江省面积最大而人口最稀少的地区,还是全国最大的畲族聚居地。

丽水市古称处州,始名于隋文帝开皇九年(589),迄今已有1400多年的历史;唐大历十四年(779)置丽水县,明清为州、府,1985年撤县设市,2000年升为地级市。现规划定位为长江三角洲南翼地区山水人居与生态旅游城市,特色制造业基地和浙江西南部中心城市。规划形成"一江双城"的城市空间布局结构。

以中山、丘陵地貌为主,是个"九山半水半分田"的地区,生态环境良好,森林覆盖率79.1%,被誉为"浙南林海",山地农业发达,食用菌、竹木、果蔬及中药材是农业发展的优势产业。工业以加工制造业为主,如金属产品、皮革、塑料、纺织、竹木加工等。浙西南的交通枢纽,是韩国南海岸水产品集散、加工的中心,是太平洋的门户,也是国际海运的前锋地带,有港口3处,丽水新港是国际贸易港。2012年全市完成生产总值885.17亿元。

丽水清纯山水、风雅古朴,集"奇、峻、清、幽"于一地,汇"峰、林、洞、瀑"于一域。拥有仙都风景名胜区、青田石门洞、中国畲乡之窗、丽水南明山、东西岩、云中大漈景区等国家级、省级风景区多处;龙泉凤阳山、庆元百山祖等国家级、省级自然保护区3处;仙宫湖等省级森林公园7处;龙泉大窑遗址等国家级、省级文保单位17处。历史名人有刘基、陈言、章乃器、杜光庭、陈诚、叶绍翁、陈慕华等。

二、各县级市发展概况

1. 建德市 1992年4月撤县设市,面积2964平方千米,人口50.9万(2012)。因三国时吴王孙权封将军孙韶建德侯得名,中国海洋文明发祥地之一。地表以分割破碎的低山丘陵为特色,水资源丰富,有新安江水库千岛湖、富春江水库,是全国重点产茶县(市)、浙江省重点商品材基地和大棚草莓基地、出口创汇莲子基地、杭州市重点柑橘基地。境内古迹众多,江、湖、岩、洞、瀑、雾等自然景观丰富多彩。为中国优秀旅游城市、全国绿化模范城市、全国生态示范区、全国10大世外桃源、中国特色魅力城市200强、国家卫生城市、中国草莓之乡、中国有机茶之乡、中国优质柑橘之乡、中国碳酸钙产业基地、中国五金工具产业基地、中国和谐城市绿色环保示范城市。2012年完成生产总值247.2亿元。

2. 富阳市 1994年1月撤县设市,2014年12月撤市设杭州市富阳区,面积1831平方千米,人口65.6万(2012)。为"八山半水分半田"的丘陵半山区,典型的江南山水城市。是国务院首批沿海对外开放县(市)、全国百强县市、中国明星县(市)、全国科技实力百强县(市)、全国商品粮基地和重点产茶产茧地区、全国卫生城市、全国城市环境综合整治优秀城市、国家园林城市、中国优秀旅游城市、中国白板纸基地、中国球拍之乡、国家(富阳)光纤光缆产业园、浙江第2竹乡、长三角最具投资价值的10个县(市)之一、运动休闲之城、中国10大特色休闲基地。2012年完成产值541.4亿元。

3. 临安市 1996年撤县设市,面积3124平方千米,人口52.59万(2010)。是南宋首都。全国综合实力百强县(市)、全国基础教育先进县之一、全国科技兴林示范县、国家级生态示范区、中国优秀旅游城市、国家农业综合开发项目区、国家森林城市、国家现代林业建设示范市、书画艺术之乡、中国山核桃之乡、中国名特优经济林山核桃之乡、中国竹子之乡、中国山地户外运动基地、中国10佳可持续发展城市、国家级生态市、绿色硅谷、中国竹笋美食之都。湖光、山色、巨树、溶洞、峡谷、飞瀑、温泉等形成了临安独特的自然风光,有浙西大峡谷、天目山、大明山等。2012年完成生产总值380亿元。

4. 慈溪市 1988年10月撤县设市,面积1361平方千米,人口104.19万(2012)。因治南有溪,东汉董黯"母慈子孝"传说而得名。位于东海之滨,林木果品繁多,盛产果蔬等农特产品,海涂资源极为丰富,系严重缺水地区。是全国百强县市、长三角南翼的工商名城、具有国际影响国内一流的生产和制造基地,个体私营经济发达,26个一村一品、一镇一名品的块状经济已占全市工业总产值的30%,各镇都建有工业园区。产业以加工制造业为主,家电(中国3大家电生产基地之一)、轻纺、打火机、轴承(中国最大的微小型轴承出口基地)为4大特色。拥有青瓷文化、围垦文化、移民文化3大传统的区域特色文化。2012年实现生产总值948.29亿元,居浙江省首位。

5. 余姚市 1985年7月撤县设市,面积1501平方千米,人口84.45万(2012)。位于浙东平原区,河流纵横交错,多湖塘水库,矿产、动植物资源丰富。物产丰富,农业历史悠久,农林牧副渔各业齐会,是中国杨梅之乡、中国榨菜之乡、中国茭白之乡、中国蜜梨之乡和中国红枫之乡,有蔬菜、竹笋、茶叶、果品、畜禽、水产6大农产品商品基地。工业基础扎实,既有塑料、仪表、机械、制笔、灯具、汽车配件等加工制造支柱产业,还是全国商贸市场大市之一,有中国塑料城、中国轻工模具城、中国裘皮城、中国有色金属材料城等专业市场。是河姆渡文化的发祥地。是全国经济实力百强县(市)、全国卫生城市、全国科技先进(县)市、全国体育先进(县)市。2012年完成生产总值711.77亿元。

6. 奉化市 1988年10月撤县设市,面积1268平方千米,人口48.35万(2012)。地处长江三角洲南翼的东海之滨,是宁波市的副中心城市、全国甲类开放区。地貌特征为"六山一水三分田",东部沿海,河网纵横,土地肥沃,自然资源丰富,地方特产众多,经济作物品种丰富,形成了水蜜桃、竹笋、芋芳头、花卉苗木、草莓、海水养殖6大主导农产品。有电子通信、服装服饰、气动液压、新型材料、生物医药和绿色食品等6大主导产业。为全国"双百强"县(市)、著名的旅游城市、中国服装之乡、"红帮"裁缝的故乡、中国水蜜桃之乡、中国芋芳头之乡、全国环境综合整治优秀城市。2012年完成生产总值274.39亿元。

7. 瑞安市 1987年4月撤县设市,面积1271平方千米,人口119.05(2010)。是温州大都市南翼中心城市、浙江省重要的现代工贸城市和历史文化名城、"温州模式"的重要发祥地。是一座具有1700多年历史的江南古城,自古市井繁华,商贸发达,现已形成汽摩配件、机械电子、塑料制品、鞋类、精细化工、纺织服装等6大支柱产业,大批名优产品在国内外享有盛誉,是中国汽摩配之都、塑料薄膜产业基地、印刷包装及医药机械全国产销基地、全国闻名的精细化工生产基地,形成了有较强竞争能力的行业规模优势和产业配套优势。境内群山起伏,溪涧纵横,自然景观颇具壮美清幽的特色,属旅游资源大市,拥有寨寮溪等7大风景胜区。2012年完成生产总值559.32亿元。

8. 乐清市 1993年9月撤县设市,面积1223.3平方千米,人口138.93万(2010)。气候温和,水土肥沃,自然资源丰富,素有"旅游胜地""鱼米之乡"之称,在温州、台州、宁波、舟山沿海走廊中,乐清历来是主要的经贸集散地。乐清是民营经济"温州模式"的发祥地,股份合作经济给乐清工业经济发展开创了"黄金时代",现形成了以低压电器、电子、机械、仪表、服装、皮革、船舶修造、工艺美术等为主导行业的工业体系。黄华七里港区是中国20个重点港口之一。2012年完成生产总值599.08亿元。

9. 平湖市 1991年6月撤县设市,面积537平方千米,人口48.9万(2012)。位于浙江省东北部杭嘉湖平原,东临上海市,南濒杭州湾,是江南著名的"鱼米之乡",素有"金平湖"之美誉。为全国综合实力百强县(市),农业实现了灌溉地下化,已建成10个现代农业园和多个特色农业园,是国家级商品粮、油基地和中国"西瓜之乡"。工业已形成了服装、光机电、箱包、纸业4大特色支柱产业,荣获"中国出口服装制造名城"称号,是省级光机电特色产业基地、中国包装纸生产基地、中国软箱包出口生产基地、中国童车生产基地和卫生洁浴重要生产基地。乍浦港是浙北唯一的进出口海港和国家一类开放口岸。2012年实现生产总值423.2亿元。

10. **海宁市** 1986年撤县设市,面积668平方千米,人口66.03万(2010)。位于杭嘉湖平原南端。历史悠久,文化灿烂,素有鱼米之乡、丝绸之府、皮衣之都、文化之邦、旅游之地的美称。尤以灯、潮、名人三大文化独具地方特色。是典型的江南水乡、经济文化强市、观潮旅游名市、现代中等城市。经济发达,是全国综合实力百强县(市)、全国首批沿海开放县(市),桑苗、斜桥榨菜、盐官汪菜、上河青甘蔗、小湖羊皮、瘦肉型猪等是传统的名特优产品,皮革、家纺、经编、电子、化工(医药)等为区域特色产业。为中国皮革之都、中国纺织产业基地和中国经编名城、全国科技工作先进县(市)、全国教育先进县(市)和浙江省教育强市、文化先进县(市)和体育先进县(市)、中国民间艺术之乡。"海宁潮"是世界著名的自然景观。2012年完成生产总值575.62亿元。

11. **桐乡市** 1993年4月撤县设市,面积727平方千米,人口81.58万(六普)。位于浙江省北部杭嘉湖平原腹地,居沪、杭、苏金三角之中。地势平坦,河网密布,气候四季分明,自然环境优美,一派江南水乡景象,素有鱼米之乡、丝绸之府、百花地面、文化之邦之美誉。是全国综合实力百强县(市)、浙江省经济发达县(市)和首批小康县(市)、全国首批开放县(市)。农业资源十分丰富,有众多的名优特产,为全国蚕茧主要产区、中国著名特产杭白菊的原产地,小湖羊皮、晒红烟是传统出口产品,盛产槜李、榨菜,已形成了丝绸及服装、毛纺针织、建筑材料、机械电子、化工医药、食品加工、皮革及制品、化学纤维等8大支柱产业。乌镇是江南水乡"小桥、流水、人家"的典范。2012年完成生产总值525.58亿元。

12. **诸暨市** 1989年9月撤县设市,面积2311平方千米,人口115.79万(2011)。越国故都、西施故里,位于浙东会稽山西麓,是绍兴大都市圈南翼的城市副中心,地形以丘陵为主,呈"七山一水两分田"之势。是全国综合实力百强县(市)、中国优秀旅游城市、浙江省旅游经济强县市、首批国家现代农业示范区、中国袜业之都、中国珍珠之都、中国香榧之都、中国无公害茶叶之乡、中国名品衬衫之乡、中国民间文化艺术之乡、国家园林城市、国家卫生城市、国家环保模范城市、浙江省首个生态市。袜业、珍珠、铜加工及新型材料、机电装备制造、纺织服装、环保新能源等6大工业产业集群。2012年完成生产总值810.7亿元,居浙江省第2位。

13. **上虞市** 1992年10月撤县设市,2013年10月撤市设绍兴市上虞区,面积1406平方千米,人口77.85万(2012)。位于曹娥江中下游,呈"五山一水四分田"的格局。由一个以生产粮棉为主的农业县(市),已发展成为以先进制造业为主导、形成了机电、化工、轻纺、建材、食品等5大行业以及伞件、铜管、手套袜业、电光源、汽配等8大块状经济的滨江生态型中等城市。是绍兴大都市圈的城市副中心和商贸繁荣区、全国农村综合实力百强县(市)、国家县级最佳商贸城市、浙东新商都、国家园林城市、中国伞城、中国英台之乡、中国孝德文化之乡、中国民间艺术之乡、中国建筑之乡、中国杨梅之乡、中国葡萄之乡、中国铜管之乡、浙江樱桃之乡、四季仙果之都、全国科技工作先进县(市)浙江省生态旅游名城、浙江省文化名城。拥有杭州湾南岸唯一的出海港口——上虞港。2012年完成生产总值571.05亿元。

14. **嵊州市** 1995年撤县设市,面积1789平方千米,人口73.43万(2010)。素有"东南山水越为最,越地风光剡领先"之美誉。是绍兴都市圈的南部副中心、工业旅游新城、全国第1批经济开放县(市)、全国县域经济基本竞争力百强县市、中国围棋之乡、领带之乡、竹编之乡、茶叶之乡、建筑之乡、全国文化先进县(市)、全国科技先进县(市)、全国农村初级电气化县(市)、全国第2大剧种越剧的发源地。领带、电机、厨房用具、针织服装、茶叶为5大支柱产业,是全国最大的精制珠茶加工出口基地、中国3大链轮出口基地之一、亚洲最大的电声配件生产基地、丝针织服装生产基地、小功率电机生产基地。2012年完成生产总值360.04亿元。

15. 义乌市　1985年撤县设市,面积1105.46平方千米,人口75.3(2012)。位于浙江省中部,长期以来一直坚持"兴商建市"的发展战略,走出了一条富有自身特色的发展之路。义乌的产业发展以服装、饰品、工艺品、化妆品等制造业为主,重视市场的培育和发展,是全球最大的小商品集散中心、世界第1大市场,具有很大的国际影响力,义乌国际商贸城是中国首个4A级购物旅游区。全国县域经济基本竞争力百强县市。2012年完成生产总值360.04亿元。

16. 东阳市　1988年5月撤县设市,面积1793平方千米,人口80.44万(2010)。位于浙江省中部,是全国县域经济基本竞争力百强县市、浙江省首批小康县(市)之一。东阳工业和建筑业发达,已经形成了电子、医药、服装、工艺美术、建筑建材为支柱的产业结构。历史文化悠久,拥有"工艺美术之乡"的美誉,东阳木雕是首批国家级非物质文化遗产。文化朴茂,素有"勤耕苦读"之风,历史上英才辈出,是浙江省教育强市。横店影视城是亚洲最大的外景拍摄基地、国家5A级旅游区。2012年完成生产总值373.02亿元。

17. 永康市　1992年10月撤县设市,面积1049平方千米,人口57.7万(2012)。古称丽州,位于浙江省中部的低山丘陵地区,地理特征为"七山一水二分田"。是全国县域经济基本竞争力百强县市、中国休闲运动车之都、中国门都、中国口杯之都、中国金融生态城市,为全国最大的五金产品生产基地和集散中心、重要的汽车整车及零部件生产基地。方岩景区为国家重点名胜风景区。"一城两翼二组团"的中等城市框架初步形成。2012年完成生产总值392.35亿元。

18. 兰溪市　1985年5月撤县设市,面积1313平方千米,人口66.6万(2012)。地处钱塘江中游、金衢盆地北部边缘,地理特征为"六山一水三分田",自古有"三江之汇""六水之腰""七省通衢"之称。全国首批对外开放县(市)、浙江省小康县市、中国优秀旅游城市、黄大仙故里、中国兰花之乡、中国杨梅之乡、中国蜜蜂之乡、中国织造名城。棉纺织、装备制造、天然药物为3大主导产业。有"三江两山双洲八大景"。2012年完成生产总值231.13万元。

19. 江山市　1987年11月撤县设市,面积2019平方千米,人口60.29万(2012)。地处浙闽赣3省交界,是浙江省西南门户和钱江源头之一,素有"东南锁钥、入闽咽喉"之称。是"长三角"和"珠三角"辐射内陆的"桥头堡"、浙江省的西南大门、老工业基地、历史人文名城、国家级生态示范区、中国优秀旅游城市、中国金融生态城市、全国绿色小康县、中国最具投资潜力中小城市百强、中国白菇之乡、中国蜜蜂之乡、中国白鹅之乡、中国猕猴桃之乡。农业形成粮油及食用菌、畜禽、蜜蜂、茶叶、果蔬等"1+5"农业主导特色产业;工业形成以建材、化工2个传统产业和机电、电光源、木业加工、消防器材及高新技术等"4+X"特色产业为主要支撑的产业体系。旅游景观突出体现"奇、古、特"。2012年完成生产总值215.68亿元。

20. 临海市　1988年3月撤县建市,面积2203平方千米,人口102.88万(六普)。位于省境东南部沿海、灵江中下游,是浙江中部沿海的一座古城新市,属沿海经济开放区。是中国历史文化名城、全国农村综合实力百强县(市)、为中国股份合作经济重要发源地之一,经济发达,形成了以水果、蔬菜、水产、畜牧、兔业、茶叶、笋竹等7大系列为主的农业经济产业链,名、优、特产项目数以百计,向称"鱼米之乡,柑橘之县",为全国林业基地县和茶叶基地县。沿海分布头门、雀儿岙等大小岛屿,有渔业和盐业。为国家历史文化名城,素有"小邹鲁"和"文化之邦"的美誉。服装、机电、化工、建材、轻纺、食品饮料成为主要工业产业,有亚洲最大的纽扣生产基地和中国最大的眼镜产销地。2012年完成生产总值395.65亿元。

21. 温岭市　1994年3月撤县设市,面积926平方千米,人口136.68万(2011)。地处长江三角洲地区的南翼,三面临海,东濒东海,是一座在改革开放中迅速崛起的滨海城市。是全国农村综合实力百强县(市)、中国明星县(市)、全国农民收入先进县市、全国科技先进县市、全国质量兴市先进县市和全省目前唯一的国家级可持续发展实验区。工业经济形成了摩托车及汽摩配件、泵与电机、鞋帽皮塑、家用炊具及金属制品、船舶制造、建筑建材6大支柱行业,成为中国小型泵业名城、中国小型空压机之都、中国帽业名城、中国水泵出口基地、中国空压机出口基地、中国小型电机出口基地、中国鞋类出口基地和国家出口电机的质量检测基地。形成西瓜、果蔗、草鸡、高橙、大棚葡萄和现代渔业6大优势农业产业带,为中国高橙之乡。建有水产、鞋革、电器、钢铁等10大具有地方特色的骨干专业市场。2012年完成生产总值705.95亿元。

22. 龙泉市　1990年12月撤县设市,面积3059平方千米,是浙江省最大的县级市,人口28.93万(2013)因剑而得名,凭瓷而生辉。位于浙江省西南部浙闽赣边境,素有"瓯婺入闽通衢""驿马要道,商旅咽喉"之称。境内层峦叠嶂,溪流纵横,凤阳山的黄茅尖为江浙第1高峰,山上凤阳湖为浙江第1高湖。森林茂密,素有"浙江林海"之称,是浙江省的毛竹中心产区之一、著名的青瓷之都、宝剑之邦、世界香菇栽培发源地、中国食用菌10大主产基地县、中华灵芝第1乡和浙江省农业特色优势产业食用菌产业强县,被誉为"处州十县好龙泉"。2012年完成生产总值85.65亿元。

第四节　安徽省

安徽省位于中国东南部,居华东内陆,是中国东部襟江近海的内陆省份,也是长江三角洲地区无缝对接的纵深腹地。交通条件便利,资源条件优越,矿产储量居全国前10位,水资源蕴藏总量居全国前20位。安徽城市发展历史悠久,早在原始社会末期,淮北、江淮地区为部落方国领地。清朝康熙六年(1667)始建省,省会安庆。1952年成立安徽省人民政府,省会合肥。

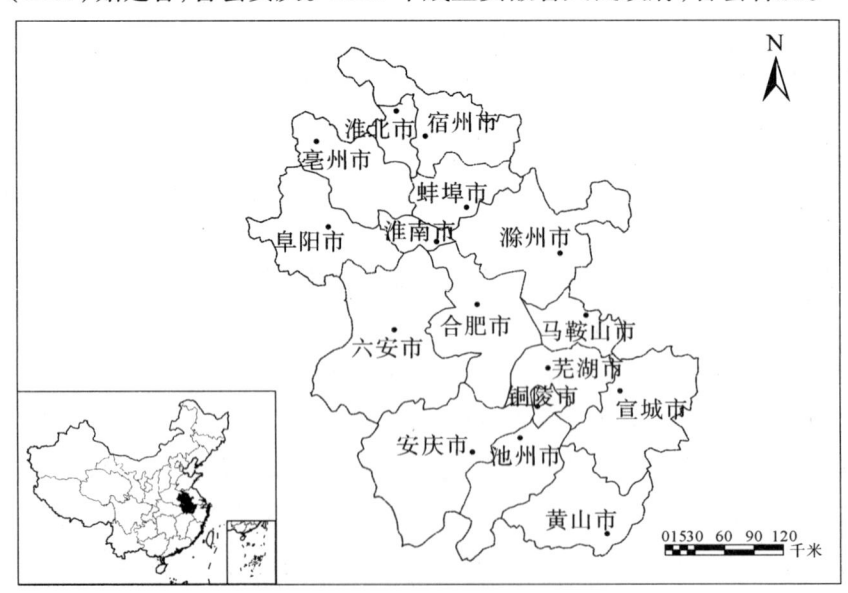

图3-3-4　安徽省行政区图

中华人民共和国成立初期,安徽只有合肥、蚌埠、芜湖、安庆、淮南5座城市,城市小而少,城市经济落后。20世纪80年代以后,安徽省在经济快速发展的基础上加强中心城市的建设,大、中、小城市规模结构有了明显改善,城市经济力量也有所增强,逐步形成了合肥、蚌埠、芜湖3座区域性的中心城市或经济中心。至2012年,安徽省共辖16个地级市、6个县级市,全省实现生产总值17 212.1亿元,位列全国14位。

一、各地级市发展情况

1. 合肥市

位于安徽中部,长江淮河之间、巢湖之滨。辖4区(庐阳、瑶海、蜀山、包河)、1市(巢湖)、4县(肥东、肥西、长丰、庐江)、3个国家级开发区,总面积11 408.48平方千米,其中巢湖水面面积769.5平方千米、市区总面积838.52平方千米、市区建成区面积为339平方千米,常住人口745.7万人[1](六普)、市区常住人口328万。合肥因东淝河与南淝河在此汇合而得名(一说因古时庐州由合州改名而得名),素以"淮右襟喉、江南唇齿""三国旧地、包拯故里"闻名于世。秦汉建合肥县,隋为庐州治,1912年置合肥县,1949年置地级合肥市。现规划定位为安徽省省会,全国重要的科研教育基地、现代制造业基地和区域性交通枢纽,长江中下游重要的中心城市之一。规划城镇空间组织结构为"一核一圈五轴"。

地处江淮丘陵,沿巢湖一带形成冲积平原,地势平坦,土地肥沃,圩畈绵延。被列为全国唯一的科技创新型试点市。是以制造加工业为主的新兴工业城市,形成了汽车、装备制造、家用电器、化工及轮胎、电子信息及软件、新材料、生物技术及新医药、食品及农副产品深加工等8大重点产业,高新技术产业突飞猛进,成为全市最富活力的支柱产业之一。具有承东启西、接连中原、贯通南北的重要区位优势,国家级皖江城市带承接产业转移示范区的核心城市,交通发达,形成立体化交通网络,是全国重要的区域性综合交通枢纽,合肥港是全国28个内河主要港口之一,拥有合肥骆岗机场。2012年全市地区生产总值为4164.34亿元。

合肥是一座绿色城市、生态城市、全国园林城市、中国优秀旅游城市,名胜有桴槎山、丰乐生态园、紫蓬山、舜耕山、巢湖、圆通山、四顶山、周公山、大蜀山、双凤湖旅游度假区、冶父山森林公园、逍遥津、三国遗址公园、包公园、六家畈古民居、欧洲风情街、吴复墓石雕群、三河古镇等。历史名人有杨行密、李鸿章、包拯、周瑜、刘铭传、段祺瑞、李翰章、张树声、周盛波、聂士成、叶志超、李经方、李经羲、龚心湛、贾德耀、段芝贵、吴光新、卫立煌、吴忠信、刘和谦、罗本立、郑为元、郭寄峤、刘和鼎、丁之发、汤尧、王亚樵、冯玉祥、李克农、张治中、杨振宁等。主要土特产有四大名点(麻饼、烘糕、寸金、白切)、撮镇狮子头、石塘驴巴、梁园小憨、长丰草莓、肥西米酒、三河米饺、羽毛扇、巢湖银鱼、大闸蟹、虎皮金桔蛋、竹黄雕刻等。

2. 芜湖市

位于安徽省东南部,市区坐落在长江与青弋江交汇处。辖4区(镜湖、弋江、鸠江、三山)、4县(芜湖、繁昌、无为、南陵)、3个国家级开发区,总面积5988平方千米、市区面积1064.7平方千米、建成区150平方千米,人口384.21万人(六普)、市区人口123.9万。

春秋时设邑,因鸠鸟繁多而得名"鸠兹",距今已有2 500余年;汉武帝元封二年(前109)置芜湖县;明代时期芜湖港开辟;清代时期形成巨大的米业市场,为"4大米市"之首;1949年设地级芜

---

[1] 本节中所涉及的行政区划与人口数量无注明的均为2010年底数据。

湖市。安徽省的经济、文化、交通、政治次中心,是国务院批准的沿江重点开放城市、南京都市圈成员城市。现规划定位为全国创新型城市、安徽省次中心和皖江示范区核心城市、长江中下游地区重要的综合交通枢纽、区域性经济文化中心和先进制造业基地、滨江特色旅游城市。规划形成主城区"带状组团式"的结构形态;市域城镇体系空间结构为"一核三轴多点"。

芜湖是一座滨江山水园林城市,半城山半城水,平原丘陵皆备,河湖水网密布,有"云开看树色,江静听潮声"之美誉。历史上农业、手工业、商业颇为发达。现制造业较发达,初步形成了建材、汽车及汽车零部件、电子电器3大支柱产业,为中国最大的水泥生产基地,亚洲最大的PVC管材、型材生产基地,全国最大的余热发电装备生产基地,全国最大的超白光伏玻璃生产基地,中国第2大家用空调器生产基地,全国排名第3的铜基材料基地,全国前列的光电产业基地。地处长江中下游,是国家级沿江开放城市,安徽省改革开放的窗口和前沿,建立了国家级对外籍轮开放的外贸码头、国家级出口加工区。芜湖港是长江水运第5大港、煤炭能源输出第1大港和安徽省最大的货运、外贸、集装箱中转港,国家一类口岸;裕溪口港是安徽省最大的内河煤港;芜湖长江大桥是中国迄今为止公、铁两用桥跨度最大的桥梁。2012年全市地区生产总值1873.63亿元(不含沈巷镇)。

芜湖是一个滨江山水园林城市、国家卫生城市和国家优秀旅游城市,繁昌县"人字洞"是古人类考古学上的重大发现,有"长江巨埠,皖之中坚"之称。主要景点有赭山公园、丫山风景区、马仁奇峰国家森林公园、天井山国家森林公园、天门山、赤铸山、褐山、镜湖公园、汀棠公园、陶辛水韵等。历史名人有王之道、顾世澄、徐文达、恽代英、阿英、王稼祥等。特产有铁画、三刀三画、傻子瓜子、弋江贡篮、无为剔墨纱灯、大闸蟹、腐乳、五香螺蛳、弋江羊肉、广善酥、无为板鸭等。特产有"三刀三画"(铁画、堆漆画、通草画、剪刀、菜刀、剃刀)、傻子瓜子、"四鱼"(鲥鱼、刀鱼、鲑鱼、黄鳝)、大闸蟹、芜湖腐乳等。

3. 蚌埠市

蚌埠市简称蚌,别名珠城。位于安徽东北部、中国南北分界线,京沪铁路和淮南铁路的交会点,淮河穿城而过。辖4区(龙子湖、蚌山、禹会、淮上)、3县(怀远、五河、固镇)、1个国家及开发区、6个省级开发区,全市面积5952平方千米、市区面积601.5平方千米、建成区面积104平方千米(2010),人口360.64万人、市区人口105万。

由于古代盛产河蚌,从而得名"珠城"。秦置钟离县,明洪武年间先后改为中立县、临淮县,并析置凤阳县,1947年又凤阳县析置蚌埠设市,1952年为省辖市。是安徽省重要枢纽城市、皖北地区的商贸中心与加工制造业中心和邮电通讯指挥调度中心。现规划定位为华东地区重要的交通枢纽,全省重要的加工制造业基地,皖北中心城市。规划形成"一主多组团"的城市空间发展结构。

辖区大部分处于淮北平原南端,黄、涡、北淝、浍、沱、潼河以及茨淮新河先后入淮,河口一带多积水成湖,较大的有四方湖、香涧湖、沱湖、天井湖等。农作物有小麦、豆类、薯类、棉花、烟草等,农副产品资源丰富,盛产粮、油、蔬菜、肉类和水产品等,固镇花生产量居全国前列,怀远石榴在国内享有盛誉,五河螃蟹蜚声海内外。矿产有金、铁、钛、花岗岩、大理石、石英石等。工业以食品、轻纺为主,并拥有机械、化工、医药、电子、建材等行业,部分产品生产数量和质量位列全国乃至全球前列,是安徽省重要的工业基地。中国著名的水陆交通枢纽城市、华东运输网的重要组成部分、安徽淮河的航运中心、皖北的公路运输中心,交通便捷,公路、铁路、水运、四通八达,蚌埠港为淮河第1大港。2012年全年完成生产总值(GDP)890.22亿元。

蚌埠市作为安徽省的旅游集散地之一、皖北的旅游中心。旅游资源丰富,蚌埠市山水相连,自然风光秀丽多姿,人文景观,名胜古迹众多。有大禹治水圣地涂山、和氏璧发现之地荆山、三国曹操屯军之地曹山、霸王别姬的垓下古战场、龙子湖公园、淮河荆山峡等。历史名人有大禹、启、卞和、陈胜、桓温、桓荣、桓冲、桓玄、常遇春、史玉柱等。特产有怀远石榴、沱湖蟹、固镇石雕茶壶、蚌埠玉雕、笛膜、大蚂虾、湖沟烧饼等。

4. 淮南市

位于安徽中部偏北,淮河中游,辖5区(田家庵、潘集、谢家集、八公山、大通)、1县(凤台)、毛集社会发展综合实验区、淮南经济技术开发区、山南新区,总面积2596.4平方千米、市区面积1566.4平方千米、建成区面积110多平方千米,常住人口233.39万(六普)、城市人口113.3万。

夏商属"淮夷"地,春秋属楚地,秦置寿春县,汉高祖四年(前203)置淮南国、后改为淮南郡,1949年设淮南煤矿特别行政区(地级),1950年建县级淮南市,1952年建省辖淮南市。为国家对外开放城市、安徽省重要的工业城市。现规划定位为安徽省北部的重要中心城市,国家重要能源基地。规划市域结构为"一个中心、五个片区、三级轴带",城市总体布局为"五片区、多组团"式。

淮南北滨淮河,南依舜耕山,大小湖泊星罗棋布,可谓"山水平秋色,彩带串明珠"。"淮南虫"被誉为"地球上的生命鼻祖"。盛产水稻、小麦、油菜等,黄牛、奶牛、山羊及淡水养殖初具规模,是白色豆腐的发源地。煤炭资源极为丰富,是中国5大煤田之一,被称为"建在金库上的城市""华东工业粮仓",为全国亿吨煤基地、华东火电基地和煤化工基地。目前已发展成为以煤炭、电力、化工医药为主体,兼有纺织、电子、机械、造纸、食品、建材、轻工、高新技术等门类较为齐全的新型工业城市,装备制造业发展迅猛。处在中国承东启西、南北相接的过渡带上,区位优越,交通便捷,铁路运输网络发达。2012年全市完成地区生产总值781.8亿元。

淮南八公山、舜耕山、上窑山"三山鼎立",淮河、高塘湖、瓦埠湖"三水环绕",形成了湖光山色相辉映,山、水、城融为一体的独特城市风貌。其他景点主要有焦岗湖、龙湖公园、古寿州窑遗址、茅仙洞、峡山口等。历史名人有刘安、廖运周、廖运泽、蔡世济等。特产有淮南豆腐、淮南牛肉汤、上窑粗条馓子、夏集面圆、芦集绿豆圆、洛河豆饼等。

5. 马鞍山市

位于安徽省东部、长江下游南岸,辖3区(金家庄、花山、雨山)、3县(当涂、和县、含山)、1个国家级开发区、6个省级开发区,全市土地面积4042平方千米、市区规划面积715平方千米,全市户籍人口为228.3万(2010),其中非农业人口81.37万人。

马鞍山作为六朝古都南京的畿辅、荆州至建康的门户,在历史上有着独特的地位,是一座具有深厚历史文化底蕴的城市。秦始皇二十六年(前221)置丹阳县,隋开皇年间始属当涂县,1954年设马鞍山镇,1955年8月设马鞍山矿区(县级),1956年设省辖马鞍山市。是一座新兴钢铁工业城市,为南京都市圈核心层城市和皖江城市带成员城市,是安徽融入长三角、推进东向发展和长三角城市向内地延伸的重要门户。现规划定位为长江中下游地区重要的现代加工制造业基地和滨江山水园林城市。规划城市总体布局结构呈带状组团发展,形成"一主一副两带"的空间结构形态。

马鞍山以资源立市,工业基础较为雄厚,地处长江下游宁芜—罗河成矿带,是中国7大铁矿区之一、全国10大钢铁工业基地之一,钢铁工业为经济主体,现已基本形成钢铁、汽车、电力、机械、建材、纺织、轻工、医药等多门类工业发展体系,是全国科技兴市试点城市和国家863新材料产业化基地城市。水陆空交通便捷,马鞍山港是长江10大港口之一、国家一类口岸,对外全面开放。2012

年全市地区生产总值达1232亿元。

马鞍山"九山环一湖,翠螺出大江",山、水、城融为一体,是一座具有典型江南风韵的山水园林城市、国家卫生城市、国家园林城市、国家环保模范城市、中国优秀旅游城市,主要景点有濮塘风景区、采石矶风景名胜区、李白墓园、甄山寺、横山遗址等。历史名人有周兴嗣、潘庭坚、陶安、杨纫章、黄钺、夏燮等。特产有东华绿松石饰品、洪滨丝画、黄池酱菜、采石茶干、海狮巾被、博望香菜、大H型钢等。

6. 淮北市

位于安徽北部,地处苏鲁豫皖4省交界、淮海经济区腹心,辖3区(相山、杜集、烈山)、1县(濉溪),总面积2741平方千米、城市规划区面积420平方千米、建成区100平方千米,人口218万,其中城区户籍人口135.4万。

淮北市古称相邑、相县,别名相城。约4000年前原始社会末期,中国"上古五帝"之一的颛顼在现淮北市府所在地相山建城。秦置相县,1959年置省辖濉溪市,1971年改为淮北市。现规划定位为皖东北地区的综合性工业城市和中心城市,国家重要的能源城市。规划形成一个城市组团和一个城市"绿心"的布局结构。

淮北气候宜人、光照充足,农作物有粮、棉、油、果、菜、药、麻、丝等,生物资源极为丰富,是国家和安徽省重要的粮、棉、畜禽、蚕桑等农副产品生产基地和全国塌陷土地复垦示范区。矿产颇丰、品种繁多,其中以煤为最,为中国的5大煤炭基地之一,以原煤为动力的坑口发电为华东电网的主力军之一。基本形成了煤炭、电力、纺织、酿酒、建材、冶金、化工、生物制药等为支柱协调发展的工业体系。京沪、陇海、符夹等铁路纵横东西南北,6条国道、省道以及京福、连霍高速公路穿境而过,青龙山河港已通航。2012年全市实现地区生产总值(GDP)620.5亿元。

淮北有相山风景区、黄里风景区、龙脊山风景区、乾隆湖风景区、南湖湿地公园、化家湖、临涣古城、共姬墓、濉溪老城石板街等旅游景点。历史名人有华元、蹇叔、桓谭、刘馥、嵇康、刘伶、戴逵、傅友德等。土特名产有刻绫画、口子酒、口子糕点、老城辣汤、留香阁毛笔、棒棒茶、濉溪酱菜、大庄葡萄、黄里石榴、黄里笆斗杏、百善硬面大卷、双堆面鱼等。

7. 铜陵市

位于安徽省南部、长江下游南岸,辖3区(铜官山、狮子山、郊区)、1县(铜陵)和国营普济圩农场,面积1113平方千米、市区面积237平方千米,人口73.99万。

铜陵是中华民族青铜文化的发源地之一,为"古铜都"。铜的采冶始于商周,东汉置铜官镇,唐设铜陵县,1956年建地级铜官山市,1958年改为铜陵市。是一座新兴的工贸港口城市,是全国综合配套改革、优化资本结构、国有资本运营改革等试点城市。现规划定位为全国铜产业基地、电子材料产业基地,长江中下游重要的工贸港口城市,皖中南中心城市。规划城市空间布局形成"一城三区、一主两副"的组团式形态。

铜陵市气候温和,雨量充沛,农业生产以粮食和经济作物为主,粮食作物有水稻、小麦等,经济作物主要有棉花、大豆、油菜、花生、芝麻、茶叶、苎麻、油桐、大蒜、生姜等;泡桐资源丰富,素有桐乡之称;铜陵牡丹(亦称"凤丹")与洛阳、菏泽牡丹齐名;养育的"江豚"等珍稀动物世所罕见。金、银、铜、铁、锡、生姜、老蒜、麻为铜陵八宝。工业以铜工业、化工等为主导产业,装备制造、纺织服装、电子元器件及基础材料产业呈集群化发展态势。地处上海与武汉、南京与九江的正中心,中国著名的黄山—九华山旅游风景区的北大门,安徽省实施"两点一线"开发开放战略的交叉点,铜陵港是对外籍轮开放的国家一类口岸,是皖中南交通枢纽城市之一。目前已建立了华东地区最大的铜产品市场。2012年全年实现地区生产总值620.5亿元,人均生产总值、人均财政收入位跃居全省第1。

铜陵铜文化特色尤为明显,城市依山襟江邻湖,自然环境优美,风景名胜有铜官山、五松山、天井湖公园、葛仙洞公园、凤凰山、大通—胥坝沿江景区、大明寺、上清凉寺与下清凉寺等。历史名人有盛度、陈翥、佘翘、黄进芳、章啸衡、陈尚和等。特产有铜工艺品、铜陵凤丹、野雀舌、铜陵生姜、铜陵茶干、铜陵泡桐、铜陵大豆、铜陵苎麻、铜陵大蒜、铜陵酥糖等。

8. 安庆市

位于长江中下游北岸、皖鄂赣3省交界处,有"万里长江此封喉,吴楚分疆第一州"及"八省通津"之美称。辖3区(迎江、大观、宜秀)、1市(桐城)、7县(怀宁、枞阳、潜山、太湖、宿松、望江、岳西)、1个国家级开发区、10个省级开发区,总面积15 398平方千米、市辖区面积821平方千米;2010年人口普查结果,全市常住人口为531.1万、户籍人口618.7万,市辖区常住人口78万、户籍人口75.5万。

历史悠久,为中国传统戏剧黄梅戏之乡。2000多年前为皖国,安徽省简称"皖"即源于此。南宋绍兴十七年(1147)置安庆军,嘉定十年(1217)建城,自清康熙六年(1667)到抗战胜利一直是安徽省的省会,1949年设县级安庆市,1951年升为地级市。是皖西南中心城市、安徽省"皖江开发"的重点城市之一、长江沿岸著名的港口城市、中国民族工业的发源地。现规划定位为皖鄂赣3省交界区域中心城市,先进制造业基地,综合交通枢纽,现代化历史文化名城,滨江山水园林城市。规划中心城区形成"一城两翼,两心七片、山水交融、环状组团"的城市空间结构形态;市域城镇呈"一圈两带三轴"的空间结构。

安庆地貌丰富多样,总体特征西北部是大别山中低山区,东南部为长江洲圩滩地,中部丘陵起伏,间有低山、湖泊。有沿大别山森林生态系统和沿江湿地生态系统2大生态功能区。为全国重要的粮棉油、水产品和畜禽生产基地、安徽省淡水鱼主产区。矿产资源丰富。作为安徽省重要的石油化工、汽车零部件制造和纺织加工业基地,已形成石油化工、轻纺、机械电子、建材和食品5大支柱产业。是安徽省重点对外开放城市之一、连接武汉和南京2大经济圈的区域纽带城市之一、国家一类口岸和对外籍轮开放口岸。2012年全市地区生产总值(GDP)1359.7亿元。

安庆是国家历史文化名城、国家园林城市、中国优秀旅游城市,素有"文化之邦""戏剧之乡""禅宗圣地"的美誉。山景、水景、石景、树景、洞景融为一体,风景名胜有天柱山、菱湖风景区、独秀园、花亭湖、巨石山、嬉子湖、龙眠山、大龙山、小孤山、白崖寨、鹞落坪、妙道山、浮山、薛家岗等。历史名人有何如宠、小乔、方苞、齐之鸾、张英、张廷玉、何其巩、张恨水、陈独秀、刘大櫆、姚鼐、吴汝纶、刘若宰、龙汝言、陈延年、陈乔年、赵朴初、邓稼先、叶笃正等。特产有鲥鱼、鲚刀鱼、大闸蟹、墨子酥、油酥饼、桐城丰糕、桐城蒿子粑、石牌贡糕、天柱山瓜蒌籽、江毛水饺、鸡汤炒米、山粉丸子、胡玉美系列酱、安庆馄饨、海口包子、豆子粑、菱角、望江挑花、潜山舒席及桐城小花、岳西翠兰茶叶等。

9. 黄山市

位于安徽最南端、新安江上游,是"世界遗产"名录著名黄山风景区所在地,辖3区(屯溪、徽州、黄山)、4县(歙县、休宁、黟县、祁门)及黄山国家级风景区、黄山经济开发区、黄山高铁新区,总面积9807平方千米、市辖区面积1342平方千米,人口135.9万(2010人口普查)、市辖区人口

46.07万。

黄山市原名徽州,南朝置新安郡,宋徽宗宣和三年(1121)改徽州,1949年设徽州专区,1983年设县级黄山市,1987年升为地级黄山市。现规划定位为世界著名的现代国际旅游城市、长三角旅游中心城市之一、皖浙赣省际中心城市、华东区域性次交通枢纽。规划构成"一群二片两轴"的城镇体系空间结构;中心城区形成屯溪组团+开发区新城区组团+岩寺组团"两主一副"的多中心组团结构。

地处山区、岭谷交错,新安江是全市的主要河流,蕴孕着丰富的森林资源,是全国林茶和水果药材的重要产地之一、华东地区重要的木材产地。旅游业发展为国民经济的主导产业,工业主要有印刷业和记录媒介的复制业、饮料制造业、化学原料及制品、医药、交通运输设备、电器机械及器材、仪器仪表制造业等。徽州是徽商的发祥地,明清时期徽商称雄中国商界500多年,有"无徽不成镇""徽商遍天下"之说。安徽省主要交通枢纽城市之一。2012年全市地区生产总值(GDP)达424.9亿元。

黄山市最大的特点是旅游资源丰富,景观独特,徽派文化底蕴十分丰富,是中国3大文化区域之一。全市拥有2处世界遗产,10处国家级重点风景名胜区、自然保护区、森林公园、地质公园,8处全国历史文化名城、名村和国家级历史文化保护街区,17处国家级文物保护单位,6项国家非物质文化遗产。有黄山风景区、齐云山、屯溪老街、皖南古村落西递、宏村等著名景点。历史名人有朱熹、戴震、毕昇、方腊、詹天佑、汪道昆、黄宾虹、陶行知等。特产有祁红、屯绿、黄山毛峰、太平猴魁、香菇、石耳、笋衣、笋干、蕨菜、徽州贡菊、徽州雪梨、三潭枇杷、黄山猕猴桃、歙县金橘、黟县香榧、徽墨、歙砚等。

10. 阜阳市

地处安徽西北部,黄淮海平原南端、淮北平原的西部,是皖西北重要的门户、淮海经济区重要组成部分。辖3区(颍州、颍东、颍泉)、1市(界首)、4县(临泉、太和、颍上、阜南)、10个省级开发区,总面积9775平方千米,2010年人口普查常住人口为759.99万、户籍人口1014.8万、市辖区人口168万,为安徽人口最多的城市,城镇化率32.4%。

阜阳历史文化悠久,早在新石器时代就有人类居住。西周胡子国,秦置汝阳县,唐改为颍州,清雍正十三年(1735)更名阜阳,1948年设阜阳市,1996年升为地级市。现规划定位为全国重要的铁路交通枢纽,以加工制造、商贸物流为主的皖西北中心城市。规划以颍东区为中心,颍州、颍泉为纽带,形成"三区四片组团式"的城市空间布局结构;构架"两河一湖、三区五片、多中心、卫星城组团式"布局结构。

阜阳是个农业大市,地处黄淮海平原—江淮平原,在中国南北气候分界线秦岭、淮河一线的交界处,地势平坦,四季分明,雨量适度,光照充足,适宜各类农作物和动植物生长繁育,盛产小麦、水稻、红薯、棉花、玉米、大豆和水果、蔬菜、薄荷、中药材等,是国家重要的农副产品基地、全国秸秆养牛示范基地和山羊板皮重点产地,铸就了"百亿江淮粮仓"的名片。煤炭、天然气资源蕴藏丰富。形成了煤炭开采和洗选、废弃资源和废旧材料回收加工、电力和热力、化学原料及化学制品制造、农副产品加工、纺织服装等为主题的工业产业。阜阳交通便捷,是华东二通道的起点,"米"字形铁路枢纽、"井"字形高速公路网、纵横交错的公路网、星罗棋布的淮河水系构建了四通八达的立体交通网,为综合性交通枢纽。历来商业繁盛,自古为舟车接舆、万商云集之地,现已成为沿淮城市群及周边地区的区域性物流中心、中部区域性现代商贸物流中心之一。是全国重要的劳务输出基地。2012年全市实现地区生产总值962.5亿元。

旅游景点有文峰塔、奎星楼、颍州西湖、阜阳生态园、迪沟生态乐园、八里河、张庄公园等。历史名人有管仲、鲍叔牙、甘茂、甘罗、吕蒙、刘福通、倪嗣冲等。特产有阜阳咸鸭蛋、红薯粉丝、太和樱桃、临泉毛笔等。

11. 宿州市

位于安徽最北部，与苏鲁豫3省11个市县接壤，史有"皖北大门""徐南形胜"之称。辖1区（埇桥）、4县（砀山、萧县、灵璧、泗县），总面积9787平方千米、市辖区面积面积2868平方千米，常住人口535.3万（六普）、市辖区人口178.5万，城镇化率33.2%。

历史悠久，春秋为宿国地，隋开"通济渠"，唐置宿州，1912年改为宿县，1950年撤县设市，1998年升为地级市。现规划定位为皖东北中心城市，淮海经济区和京沪铁路沿线重要的加工业基地和商贸物流中心之一。规划构建"一主二星"的城市空间布局结构。

宿州平原广袤、沃野千里，气候适宜，生物繁茂，自然资源丰富，名特产品众多。盛产小麦、玉米、大豆、山芋、棉花、花生、蔬菜以及苹果、梨、桃、葡萄、湖桑等，拥有全国最大的连片水果产区。大理石、煤炭储量丰富，是两淮煤田的重要组成部分，大理石储量居全省之首，灵璧奇石为中国"四大奇石"之一。农业结构初步形成畜牧、水果、蔬菜、种子4大主导产业；已基本形成食品、纺织、建材、能源、医药等5大支柱产业。淮海经济区腹地、长江三角洲经济带西缘，是陇海经济带的龙头，又是欧亚大陆桥的桥头堡；是承接东部沿海发达地区向内陆辐射的前沿，又是南北经济文化交会的要冲。著名的中国酥梨之乡、中国中部鞋都。2012年全市地区生产总值完成914.95亿元。

宿州是中国书画艺术之乡、中国书法艺术之乡、中国马戏之乡、中国民间艺术（钟馗画）之乡、中国观赏石之乡、泗州戏之乡。文化积淀丰厚，名胜古迹众多，比较著名的有皇藏峪风景区、五柳风景名胜区、涉故台、虞姬墓、九女坟、林探花府、闵子骞祠及墓等。历史名人有闵子骞、朱温、刘开渠、王子云、萧龙士、邓愈、卓然、李百忍、尉天池、梅纯一、孙叔平、邓伟志、李炳淑、杨在葆、刘世龙等。

12. 滁州市

位于安徽东部、长江下游北岸，是古都金陵的江北屏障，号称"开天首郡，金陵锁钥"。辖2区（琅琊、南谯）、2市（天长、明光）、4县（来安、全椒、定远、凤阳），总面积13 398平方千米、市辖区面积1367.9平方千米，常住人口453.354万（六普）、市辖区人口56.23万。

滁州，古州名，州名缘于涂水（滁河）。秦属东城县，汉属全椒县，东晋置顿丘县，梁置南谯州，隋改为滁州，1912年设滁县，1982年建滁州市，1992年升为地级市。现规划定位为皖东中心城市，长三角区域现代制造业基地和生态旅游城市。规划形成"一区三轴"的扇形空间模式和"两主一副"发展轴线；中心城市总体布局结构为"三片区六组团和一风景区"构成的开放型、生态化的布局结构。

滁州市域跨长江、淮河2大流域，地貌可分为丘陵区、岗地区和平原区3大类型，稻香鱼肥、物产富饶，动物资源、次生林木、竹、中药材资源丰富，盛产水稻、小麦、鱼虾、油菜等，素有"鱼米之乡""水产之乡"的美誉，是全国大型商品粮生产基地、优质棉、瘦肉型猪、淡水产品生产基地和蔬菜生产加工出口基地，有"安徽第1粮仓"之称。绢云母、岩盐、石膏、芒硝等非金属矿产资源储量居华东之冠，水、电、气等要素资源丰富。是一座以家电设计制造及硅能技术研发为特色产业的新兴工业贸易城市，工业经济现已形成了家电、装备模具、汽车、建材、纺织、化工、农副产品深加工、非金属矿深加工等8大支柱产业,为安徽省首家电子信息产业基地、国家家电设计与制造特色产业基地、中国家电及装备制造业基地、新兴的工贸城市。作为"南京都市圈"核心城市之一、皖江示范区的一翼、国家级"皖江城市带承接产业转移示范区"第1站,交通四通八达,建有滁州港。2012年地区生产总值为970.7亿元。

人文荟萃,山水秀美,有国家级风景名胜区、国家级森林公园、国家级重点文物保护单位7处,省级自然保护区和重点文物保护单位11处,有名山、名亭、古关、古寺、历史文化遗址等自然人文景观100多处。其中琅琊山、醉翁亭、凤阳明皇陵、白鹭岛风景区、皇甫山国家森林公园自然保护区等景观驰名中外。历史名人有鲁肃、郭子兴、朱元璋、朱权、沐英、王弼、冯胜、李善长、胡惟庸、蓝玉、徐达、汤和、朱标、朱棣、朱载堉、朱奇、吴敬梓、王贞仪等。土特产有明光绿豆、滁菊、来安花红、南谯茶叶、大闸蟹、银鱼、滁州鲫鱼、雷官板鸭、天长芡实、琅琊酥糖、马厂酥笏牌、凤阳瓢豆腐、天长甘露饼、炉桥桥尾等。

13. 六安市

位于安徽西部,大别山北麓,俗称"皖西"。辖2区(金安、裕安)、5县(寿县、霍邱、金寨、霍山、舒城)、1个省级开发区,总面积17 976平方千米、市辖区面积3583平方千米、建成区面积44.2平方千米,常住人口561.17(六普)、市辖区人口164.4万。

六安故称皋城,已有4000多年的历史,初为皋陶后裔封地,后为古六国、楚六邑。秦设六县,汉武帝时改为六安国,1912年设六安县,1978年撤县设市,1999年升为地级市。现规划定位为大别山北麓中心城市,安徽省省会经济圈副中心城市,区域交通枢纽,安徽省加工制造业的重要基地之一,具有滨水园林特色的现代化城市。规划城市整体结构为"一环两心三轴四区"。

六安地势呈梯形分布,形成山地、丘陵、平原3大自然区域。有淠河、史河、杭埠河等7条主要河流,淠史杭沟通航灌综合利用工程,是中国最大的人工灌区,也是世界7大人工灌区之一。物产富集,盛产粮、棉、油、茶、麻、丝绸、蔬菜、林果等110多种农副产品,为全国粮、油、猪、禽高产区,素有江淮粮仓、白鹅王国、茶药宝库、丝绸之府、水电之乡的美誉,是全国最大的羽绒集散地、全国重要的商品粮油基地,优质粮油、板栗、蚕桑、茶叶、高山蔬菜、白鹅、生猪、中药材、奶业、草竹柳编已成为竞争力较强的农业特色产业。矿产主要有金、银、铅、锌、钼、橄榄岩、明矾石、花岗岩、矿泉水等。钢铁、汽车零部件、机械制造、纺织服装、食品饮料、电力、医药化工、农副产品原加工等产业发展迅速。交通区位优势明显,是沿海、中原和西部地区梯度发展的过渡带和东西部经济交流的转接点,具有承东启西、贯通南北、联系沿海、发展中原的功能和特征,是安徽东进西出的桥头堡、合肥经济圈副中心城市、皖江城市带承接产业转移示范区和国家级交通枢纽城市、承接东部沿海地区经济辐射和产业转移的前沿地带。2012年全年地区生产总值为918.2亿元。

六安历史悠久,是中华民族古代文化发源地之一,皖西文化源远流长,皋陶文化特色鲜明,也是著名的革命老区,人文、自然景观以及自然资源十分丰富。经典景点有大别山国家地质公园、天堂寨、万佛湖、寿县古城、八公山、铜锣寨、佛子岭水库、横排头、淠河水利风景区等。历史名人有皋陶、英布、周瑜、李公麟、孙家鼐、孙叔敖、吕夷简、吕公著、周祖培、许继慎、蒋光慈、王明、未名四杰(韦素园、台静农、李霁野、韦丛芜)、洪学智、皮定均等。特产有六安瓜片、霍山黄芽、霍山石斛、迎驾贡酒、临水酒、漫水河百合、霍邱柳编、八公山豆腐、淠河玉、舒城贡席、一品斋毛笔、六安大麻等。

14. 宣城市

位于安徽东南部,与江浙2省接壤,是东南沿海沟通内地的重要通道。辖1区(宣州)、1市(宁国）、5县（郎溪、广德、泾县、旌德、绩溪），总面积12 340平方千米、市区面积2533平方千米，2010人口普查常住人口为253.29万、户籍人口277.8万、市区人口77.25万。

宣城历史悠久，自古便有"南宣北合"一说，自西汉设郡以来已有2000多年的历史。春秋称爰陵，秦初置爰陵县，汉更名宛陵县，晋太康二年（281）析置宣城郡，隋改为宣州，1949年曾析置宣城市，1950年撤销并入宣城县，1980年撤县设宣州市，2000年升为地级宣城市。现规划定位为皖东南中心城市，安徽毗邻苏浙地区的现代工贸城市，和谐宜居的山水旅游城市。规划形成"一心一群三副四带"的城乡空间结构；中心城区形成"一城、三片区"的城市空间结构。

地势南高北低，地貌复杂多样，自然资源丰富，全市森林覆盖率55%，林产品有板栗、蜜枣、山核桃等，产量在全省名列前茅，是中国绿茶之乡、毛竹之乡、山核桃之乡、元竹之乡、宣纸之乡、苎麻之乡、蚕桑之乡。矿产资源丰富，尤其是水泥用石灰石。已初步形成了以机电、汽车零部件、农产品深加工、轻纺、冶化、医药、建材为主导的工业体系。地处皖南山区与长江下游平原城市的结合部，是连接浦东开发与皖江开发的陆上纽带，皖江城市带承接产业转移示范区一翼，区位优势明显，交通便捷。2012年全市实现总产值757.5亿元。

宣城是"徽文化"的核心区域之一，以宣纸、宣笔、徽墨为代表的中国文房四宝之乡。域内襟山带水，风景绝佳。为中国山水园林城市、历史文化名城。主要景点有石佛山、敬亭山、横山、太极洞、龙川、桃花潭、鳄鱼湖、江村、障山大峡谷、鼓角楼、赤滩古镇、查济古镇等。历史名人有梅尧臣、施闰章、吴玉如、吴作人、胡雪岩、胡宗宪、胡适、梅文鼎、周紫芝、梅鼎祚、沈有客、梅青、王稼祥等。特产有南湖银鱼、水阳河蟹、水东蜜枣、广德毛竹、板栗、宁国山核桃、敬亭绿雪茶、涌溪火青茶、宣纸、宣笔、旌德三麻、绩溪蚕丝、徽墨、水东琥珀枣、郎溪瑞草魁、宣木瓜等。

15. 池州市

位于安徽西南部，北临长江，是长江南岸重要的滨江港口城市。辖1区（贵池）、3县（东至、石台、青阳）和1个国家及开发区、4个省级开发区及九华山风景区，总面积8271.7平方千米、市区面积2432平方千米，人口159.68万（六普）、市区人口64万。

池州历史悠久，西汉元封二年（前109）置石城县，隋改为秋浦县，唐置池州、贵池县，1988年设贵池市，2000年晋升为地级池州市。现规划定位为世界级旅游休闲目的地，长江三角洲地区的循环经济基地，皖南生态宜居城市和历史文化名城。规划市域形成"一轴一带三片区"的城镇体系空间结构；中心城区形成"滨江环湖、五区三片"的布局结构。

池州市域地形为东南高、西北低，自南向北呈阶梯分布，有3大水系10条河流，拥有丰富的生态农业资源，自古就有"江南鱼米之乡"之称，是国家重要的商品粮、优质棉、出口红茶、茧丝绸和速生丰产林基地。其中有色金属矿产储量居安徽省首位。已初步形成建材、非金属矿开采、有色金属冶炼、化工、轻纺、机械、农副产品深加工等支柱产业。地处皖江城市带、长江经济带，是皖江城市带承接产业转移示范区城市，池州港为长江干线重点港口之一、国家一类口岸；318国道、206国道、铜九铁路、沿江高速、合铜黄高速、安景高速和建设中的池州九华山机场、宁宜城际铁路共同构成便捷的立体交通网络。2012年全市地区生产总值417.4亿元。

池州是安徽省"两山一湖"（黄山、九华山、太平湖）旅游区的重要组成部分、中国第1个国家生态经济示范区、省级历史文化名城，佛文化、诗文化、茶文化、酒文化、戏文化、傩文化源远流长。拥有九华山、升金湖、牯牛降、老山、十八索、秋浦河、杏花村、九子岩等风景名胜。历史名人有费冠卿、周馥、黄观、张乔、姚依林、许世英等。

16. 亳州市

位于皖西北边陲,黄淮平原南端,是全国四大药都之首、中国白酒大基地。辖1区(谯城)、3县(涡阳、蒙城、利辛)、2个省级开发区、2个省级工业园区,总面积8374平方千米、主城区面积75平方千米,常住人口485万(六普)。

亳州是一座具有3000多年历史的文化古城,是中华民族古老文化的发祥地之一。春秋建焦城,后楚灭陈筑谯城,秦置谯县,北周为亳州,1912年改为亳县,1986年设亳州市,2000年升为地级市。现规划定位为国家级历史文化名城、中华药都、以中医药和食品加工为主的新型轻工商贸旅游城市。规划构成"一带一心三核"的城镇体系空间结构;主城区空间格局为"一廊一环六带多点"。

辖境与黄河决口扇形地相连,地势平坦,主要河道涡河由西北向东南贯穿全境。拥有药材、酿酒、果蔬、烤烟、畜禽、蚕桑、黄牛等资源和经济优势,盛产中药材,为全国最大的黄牛产区,素有"药都""酒乡""黄牛金三角""桐乡"之美誉,盛产小麦、大豆、玉米、棉花、烟叶等粮经作物,是全国重要的药材、商品粮、优质棉、优质烟、优质茧、优质农副产品生产基地,皖北最大的蔬菜生产基地、全国蔬菜生产大市。重要矿产资源主要有煤、铁、铜、地热、矿泉水、煤层气。作为皖北地区的老工业基地,拥有机械制造、酿酒、卷烟、医药、纺织、食品、化工、建筑建材、印刷等十几大门类。2012年实现地区生产总值715.66亿元。

亳州是中国优秀旅游城市、国家历史文化名城,有国家、省、市级文物保护单位200余处,名胜花戏楼、曹操地下运兵道、华祖庵、古井酒文化博览园、曹操公园、白鹭洲风景区、天静宫、兴华农业综合示范庄园、万佛塔、郑店子风景区、陈抟庙景区。历史名人有帝喾、商汤、老子、张良、华佗、曹操、曹丕、曹植、曹仁、曹洪、许褚、夏侯惇、夏侯渊、夏侯玄、朱粲、陈抟、鲁宗道、花木兰、李绅、曹霸、薛凤祥等。特产有亳州药材、亳州牛肉、苏赵梨、周瓦粉丝、豪门贡菊冰茶、铜关粉皮、三官核桃、义门苔干、观堂大蒜、曹氏鱼头、华佗焖鸭、古井贡酒、高炉家酒等。

二、各县级市发展情况概况

1. 巢湖市　1984年设市,面积2063平方千米,人口89万(2010)。因湖而得名。位于安徽中部,濒临长江,环抱巢湖,水系发达,自古就号称"三百六十汊"。2011年7月撤地级市设县级巢湖市。为著名的鱼米之乡、旅游大市。盛产粮、油、棉、麻、蔬菜及水果等,是全国粮、棉、油生产基地县(市)之一,巢湖银鱼、白米虾和大闸蟹被誉为"巢湖三珍"。电石用灰岩、水泥用泥灰岩、冶金用白云石岩储量居全省第1位,为全国最大的水泥建材基地、全国最大的渔网生产基地和全国10大钢构生产基地之一。集长江天险、湖光山色于一体,汇名泉名洞、奇石奇花于一身,湖光、江涛、温泉、奇花,堪称"巢湖四绝",著名旅游风景区。2012年完成生产总值192.6亿元。

2. 桐城市　1996年8月撤县设市,面积1472平方千米,人口75.86万(2012)。位于安徽省中部偏西南、长三角经济协作区。历史悠久,为江淮文化圈的发祥地和集中地,享有"文都"盛誉。"青草香"大米、"桐城小花"茶、"龙眠山"茶油、桐城水芹等一批名特优农产品具有较强的市场竞争力;印刷包装、机械加工、羽绒制品等行业优势逐步形成,现为全国印刷包装3大基地之一、重要的汽配基地、全国最大的玻纤生产基地、全国最大的羽绒被出口生产基地、全国最大的制刷生产基地、华东最大的蛋鸭生产基地。系对外开放城市、全国商品粮基地、国家级科技工作先进市、全国农村能源综合建设县(市)和全国乡镇企业百强(县)市。2012年完成生产总值196.61亿元。

3. 界首市　1989年撤县建市,面积667平方千米,人口78.8万(2012)。位于安徽省西北部,地处京九经济带和欧亚大陆桥经济带交会处,面向以上海为中心的华东经济圈,背靠中原腹地,是东西进出的重要门户,具有广阔的发展空间。是全国优质小麦、优质棉花、优质山羊、优质黄牛生产基地,安徽省粮、棉、油、肉主产区,华东地区最大的优质马铃薯生产基地,农业形成了马铃薯生产、蔬菜瓜果花卉、畜禽养殖、食用菌生产4大支柱产业,工业形成以医药、塑料化工、纺织制鞋、食品酿造、机械制造、金属冶炼为支柱的产业体系。为"中国民间文化艺术剪纸之乡"。2012完成生产总值100.8亿元。

4. 天长市　1993年12月撤县设市,面积1770平方千米,人口63万(2013)。是唐玄宗李隆基为纪念自己的生日而特设的县。位于安徽省最东端,东部滨临高邮湖。为南京都市圈协作城市、长三角经济区重要的配套加工业生产基地。被评为全国中小城市综合实力百强县市,为国家首批商品粮基地县(市)、商品油料基地县(市)、中国仪表电缆生产基地、中国电子元件生产基地、中国玩具生产基地、石油产区、中国孝子之乡、中国百合之乡。工业主要有线缆、化工、电子、机械、食品、医药、建材、玩具、仪器仪表等。三角圩汉墓群出土的数百件国家一二级文物举世瞩目,被列为"全国考古十大新发现"之一。2012年完成生产总值211.29亿元。

5. 明光市　1994年5月撤县设市,面积2335平方千米,人口52.27万(2012)。位于安徽省东部,南枕江淮分水岭,北临淮河,境内南部为低山区,中部为丘陵,北部为平原。农业资源丰富,是国家商品粮、小杂粮、优质烟基地县(市)、平原绿化先进县(市)和全国水产百强县(市)。盛产绿豆、花生、黑瓜子、芝麻、冬瓜、银杏、莲籽、芡实、菱角、银鱼、河虾等,形成了泊岗银杏、自来桥冬瓜、石坝、涧溪"明光绿豆"、管店、三界等地花生、紫阳甜叶菊、桥头芦蒿、女山湖水产养殖、三关养羊业、涝口养牛业等特色农业生产基地。为南京都市圈的协作城市,也是皖江城市带承接产业转移示范区的成员城市。是一座以食品、建材、机电和非金属矿产4大支柱产业的新兴工贸城市。为皖江地区重要的经贸信息服务中心。2012年完成生产总值92.51亿元。

6. 宁国市　1997年撤县设市,面积2487平方千米,人口呀38.8万(2012)。位于安徽省东南部,天目山北麓,东临苏杭,西靠黄山,境内风景秀丽、名胜众多,生态环境良好,为全国山区综合开发示范市。境内自然资源丰富,土特名产荟萃,元竹、笋用竹面积和产量均居全省首位,享有"中国山核桃之乡"和"中国元竹之乡"称号。综合经济实力连续多年居安徽县市首位、为省内唯一的全国百强县市,橡胶汽车零部件、电容器、耐磨球、林产品加工为4大主导行业;现代农业重点开展了木竹用材林、盆景花卉及优质苗木、经济林果基地建设,出口无公害农产品栽培基地、优质畜禽养殖繁育基地和高效生态农业科技示范园建设。2012年完成生产总值183亿元。

第五节　福建省

福建位于中国东南沿海,与台湾省隔台湾海峡相望,地势总体上西北高东南低,西部和中部多山地,东部沿海为丘陵、台地和滨海平原,海岸线绵长、海港众多。福建历史悠久,是"海上丝绸之路""郑和下西洋"、伊斯兰教等重要文化发源地和商贸集散地。总面积12.4万平方千米,辖厦门1个副省级市和福州、泉州、莆田、三明、漳州、南平、龙岩、宁德8个地级市、26市辖区、14县级市、45

县,总人口[1] 3627万。福建地区秦时始设闽中郡,三国时出现了其史上第1个城镇——晋安,随着不断发展,福建渐成为吴国对外通商口岸;唐代得名福建,"八闽"之称始于元代;泉州在元宋2代成为世界上最大商港之一,福州、厦门在清末被辟为通商口岸。到20世纪二三十年代,福建城市进入了百年来较为良好的发展状态,以福州和厦门为核心的城市体系初步建立。中华人民共和国成立后,作为对台前线,城市发展较慢,改革开放以后福建城市发展迅速,形成了以福、厦、泉为中心的海峡西岸城市群,2009年城镇化水平为51.4%。2012年完成生产总值19 701.78亿元。

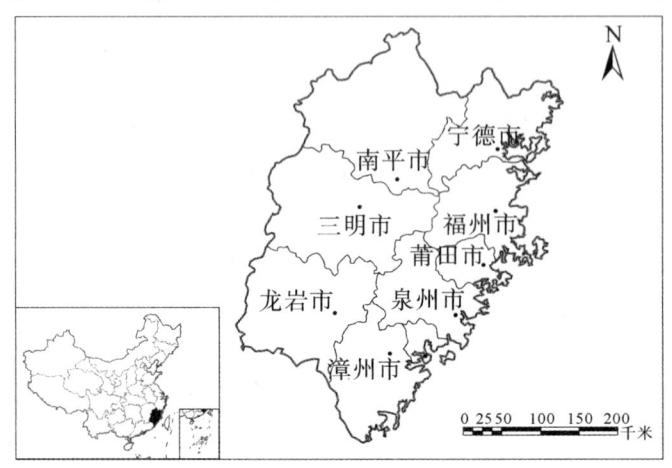

图3-3-5 福建省行政区划图

一、副省级市和各地级市发展情况

1. 厦门市

位于福建东南部,背靠漳州、泉州平原,濒临台湾海峡,面对金门诸岛,由厦门岛、鼓浪屿、内陆九龙江北岸的沿海部分地区以及同安等组成,辖6区(思明、湖里、集美、海沧、同安、翔安),陆地面积1573平方千米、海域面积300多平方千米,人口353.13万(六普)。

远古时,因为白鹭栖息之地,厦门岛故称"鹭岛"。晋太康三年(282)置同安县,明洪武二十年(1387)始筑厦门城,清顺治七年(1650)郑成功置思明州、后改为厦门厅,1933年设厦门市,1949年设地级市。现为副省级城市、全国15个计划单列市之一、全国首批实行对外开放的4个经济特区之一。现规划定位为中国东南沿海中心城市、海湾城市、港口风景旅游城市。规划构建"一心两环、一主四辅八片"海岛与海湾组团组合式空间布局结构。

厦门地处闽东南沿海丘陵平原南部,形成丘陵和带状平原,岛上以丘陵为主。海岸线曲折,岛屿星罗棋布。经济发达,人均GDP、工业总产值、地产工业品出口交货值长期居全省第1,电子、化工、机械、汽车是支柱产业,机维修、视听类电子产品、感光材料、钨制品在亚太地区占据重要地位。现已形成立体化交通,建有厦门高崎国际机场和规划中的厦门翔安国际机场;厦门港是一个条件优越的海峡性天然良港,海岸线蜿蜒曲折,港区外岛屿星罗棋布,港区内群山四周环抱,港阔水深,终年不冻,历史上就是中国东南沿海对外贸易的重要口岸,跻身国内10大和国际百大集装箱港口之列;众多桥隧连接全市岛屿。服务业发达,现代服务业、科技创新中心和国际航运中心,国家"十二五"规划明确提出推进厦门两岸区域性金融服务中心建设。2012年实现地区生产总值2817.07

---

[1] 本节中所涉及的行政区划与人口、经济情况无注明的均为2010年底数据。所有人口均指常住总人口。

亿元。

厦门风景秀丽,环境整洁,是现代化国际性的旅游海港城市、国家园林城市、中国优秀旅游城市,曾荣获"国际花园城市"和"联合国人居奖","城在海上,海在城中"是厦门无可争议的特色。著名景点有鼓浪屿、集美归来堂、万石植物园、厦门大学、海沧大桥、同安影视城、集美园博苑、南普陀寺等。历史名人有苏颂、陈化成、陈嘉庚、马约翰、林巧稚等。

2. 福州市

福州简称"榕",位于福建东部,闽江下游,国家首批对外开放沿海港口城市,全国著名的侨乡和台胞祖籍地。辖5区(鼓楼、台江、仓山、马尾、晋安)、2市(福清、长乐)、6县(闽侯、连江、罗源、闽清、永泰、平潭)和琅岐经济区,总面积1.2万平方千米、市区面积1786平方千米、建成区面积220.22平方千米,总人口711.5万(六普)、市区人口292.17万。

福州于西汉初(前202)建城,唐开元十三年(725)设福州都督府,1946年设市,历史上长期作为福建的政治中心。现规划定位为福建省省会、海峡西岸经济区的中心城市、国家历史文化名城。规划构建"一主一区两副"的城镇体系格局;中心城区形成"一区三轴八新城"的空间布局结构。

福州属于典型的河口盆地,盆地四周被群山峻岭所环抱,背山依江面海,气候宜人,地理环境优越,是中国3大温泉区之一,有温泉城之雅称、"江南胜地"之美誉。海岸线曲折,多港湾岛屿,港口众多,为全国3大养殖基地之一,有全国闻名的闽中渔场和闽东渔场,盛产大黄鱼、带鱼、鲳鱼、海鳗、真鲷、石斑鱼等。叶腊石、花岗石、硅砂等非金属矿在全省乃至全国都占有一定地位。是东南沿海传统的商贸重镇和海峡西岸新兴的工业城市,主要有机械、食品、轻工、家电、化工等部门。是中国最早开放的5个通商口岸之一、中国东南沿海重要的贸易港口和海上丝绸之路的门户,是大宗进出口货物的集散地;建有福州义序机场和长乐国际机场。福州马尾是中国近代海军的摇篮。2012年全市实现地区生产总值4218.28亿元。

福州是中国优秀旅游城市、国家历史文化名城,宗教文化丰富,有"佛国"之称,独具滨江滨海和山水城市风貌,著名景点有鼓山、乌山、屏山、华林寺、西禅寺、三坊七巷等。历史名人有李纲、叶向高、林则徐、严复、林纾、林觉民、萨镇冰、林徽音、沈葆桢、董奉、陈宝琛、林祥谦、高士其、陈景润、郑振铎、张钰哲、侯德榜、冰心、黄乃裳、陈运和等。特产有橄榄、福橘、龙眼、荔枝、芙蓉李、茉莉花茶、寿山石雕、脱胎漆器、木画、木雕、纸伞、贝雕、瓷器、牛角梳等。

3. 泉州市

泉州又称鲤城、刺桐城、温陵。位于福建中部沿海、台湾海峡西岸,是古代"东方第1大港""海上丝绸之路"起点、全国著名侨乡、台湾汉族同胞主要祖籍地及福建省3大中心城市之一。辖4区(鲤城、丰泽、洛江、泉港)、3市(石狮、晋江、南安)、5县(惠安、永春、安溪、德化、金门)和泉州经济技术开发区,陆地面积11 015平方千米、海域面积11 360平方千米,人口812万(六普)。

泉州历史悠久,经济开发在周秦时期就已开始。三国吴永安三年(260)置东安县,南朝梁天监间置南安郡,唐久视元年(700)置武荣州,唐景云二年(711)改泉州。宋、元时期泉州港被誉为"东方第1大港",与埃及的亚历山大港齐名。1950年设泉州市,1985年升为地级市。现规划定位为国家历史文化名城,海峡西岸经济区中心城市之一、现代化工贸港口城市。规划市域形成"一区两翼多支点"的城镇空间结构;中心城区形成"一湾四区多组团"的空间布局结构。

泉州依山面海,境内山峦起伏,丘陵、河谷、盆地错落其间,俗称"八山一水一分田"。自然灾害较为频繁,主要为旱、涝、风害等。海域辽阔,海岸线总长541千米,有大小港湾14个、岛屿208个。

以"砂、石、土"为主的非金属矿产资源是具有地方特色的优势矿产。工业发达,产值居全省第1,已形成纺织服装鞋业、建材建筑业、工艺制品业、食品饮料业、机械制造等5大传统优势产业,培育石油化工业、电子信息业、旅游业等3大主导产业,形成一批在全国有影响力的产业集群,地方区域品牌和企业品牌相映生辉,中国驰名商标和中国名牌数量均居全省第1、全国前列。是中国历史上对外通商的重要港口,有着上千年的海外交通史,自唐代开埠即为中国南方4大对外通商口岸之一,宋元时期泉州港跃居4大港之首,以"刺桐港"之名驰誉世界,现代泉州交通发达,拥有一类口岸3个、二类口岸7个。但服务业欠发达,城市中心性不强。2012年全市地区生产总值达4726.5亿元。

泉州是全国首批历史文化名城,历史文化积淀丰厚,名胜古迹星罗棋布,文物瑰宝举世瞩目,素有"海滨邹鲁""世界宗教博物馆""光明之城"的美誉,拥有国家级文物保护单位20处、省级40处,名胜有涂门街、东湖公园、五里桥、洛阳桥、蔡氏古民居、开元寺、崇武古城、牛姆林、清水岩、清源山、黄金海岸、深沪湾、仙公山、岱仙瀑布等。历史名人有欧阳詹、俞大猷、李贽、郑成功、施琅、何朝宗、何乔远、李廷机、王慎中、黄宗汉、李光地、施世纶、卢琦、曾从龙、梁克家、吕惠卿、曾公亮、留从效、叶飞、洪承畴、李光前等。

4. 莆田市

莆田史称"兴化",因盛产荔枝,故又称"荔城"。位于福建省沿海中部,世界妈祖文化中心。辖4区(城厢、涵江、荔城、秀屿)、1县(仙游)及湄洲岛对外开放旅游经济区,陆域总面积4200平方千米,总人口277.85万(六普)。

莆田历来为闽中政治、经济、军事、文化中心,是一个物华天宝、人杰地灵、文化昌盛、经济繁荣而又充满生机活力的古府新市。南朝陈光大二年(568)置莆田县,1983年设莆田市。现规划定位为海峡西岸重要的中心城市和新型港口城市,以妈祖文化为主题的生态旅游城市,福建省历史文化名城。规划构建"三轴两带三城六区"的市域空间结构;中部主城形成"一心三片"的空间格局。

著名的兴化平原与逶迤的木兰溪、延寿溪、秋芦溪构成了莆田江南水乡的秀美景色。物产丰富,品类繁多,是福建著名的粮食、甘蔗和水果产区之一,盛产稻谷、甘蔗、花生、黄麻、茶叶、龙眼、荔枝、枇杷、文旦柚4大水果驰名中外。海岸线长343.6千米,渔业兴旺,水产富饶,盛产鳗鱼、对虾、梭子蟹、丁昌鱼等海产品,沿海区域盛产原盐,有湄洲湾、兴化湾、平海湾3大海湾,湄洲湾港为世界少有的天然深水港,秀屿港已开辟为国家一类口岸。主要矿产蛇纹石储量占全省70%。工业以鞋革、电子、食品、机械、建材等产业为支柱,鞋城、啤酒城、电子城、工艺城等美誉远播;农业已形成水产、水果、畜牧、食用菌、蔬菜5大生产基地。2012年地区生产总值为1202.79亿元。

莆田市历史上素有"文献名邦"之誉,拥有丰富的旅游资源,人文景观和自然景观遍布山区、沿海和平原,自古就有莆田县四季景、莆田二十四景、仙游四大景、沿海十二景的说法,古迹众多,有妈祖、南少林、三清殿、壶公山、木兰溪、九鲤湖、古谯楼等景点。历史文化名人有林默、林兆恩、蔡襄、郑樵、刘克庄、陈俊卿、柯维骐、林润、郑侨、陈洪进、蔡京、蔡卞等。特产有南日鲍、莆田枇杷、莆田桂圆、度尾文旦柚、金沙薏米、仙游皮蛋、兴化龙眼、木雕等。

5. 三明市

位于福建中部连接西北隅,福建的重工业基地,闽西重要的交通枢纽。辖2区(梅列、三元)、1市(永安)、9县(明溪、将乐、大田、宁化、建宁、沙县、尤溪、清流、泰宁),土地总面积2.29万平方千米,人口250.34万(六普)。

汉武帝时置东冶县，1936年设立三元特别行政区，1940年析置三元县，1956年成立三明县，1960年撤县建市，1983年升为省辖三明市。现规划定位为福建省重要工业城市，以基础性工业及综合性加工工业为主的工业城市，闽西北中心城市。规划构筑"两区四组团"的城市空间结构。

境域以中低山及丘陵为主，有"八山一水一分田"之称。森林覆盖率达76.8%，享有福建"绿色宝库"的美誉，是福建省的重点林区，也是全国集体林区改革试验区、全国集体林区林业产权制度改革唯一试点和海峡两岸现代林业合作实验区。是福建省主要商品粮基地和农副产品生产基地。工业基础雄厚，是福建省重要的原材料工业基地，拥有冶金、化工、煤炭、机械、纺织印染、塑料、造纸、森工、建材、电子、医药等门类齐全的工业体系，初步形成冶金及压延、机械与汽车零部件、林产工业、矿产品加工、生物医药"4+1"产业集群，集聚全省最大的钢铁、化肥、造纸、化纤等生产企业。自古即为闽中连接闽西北的通衢，居于水陆要冲，现形成了公路、铁路、水运、航空相配套的交通网络。2012年全市地区生产总值为1339.29亿元。

三明市是国家园林城、中国优秀旅游城市，旅游资源丰富，主要旅游风景区有金湖、玉华洞、桃源洞、鳞隐石林、天鹅洞、淘金山、格氏栲自然保护区、大佑山、瑞云洞、龙栖山、九阜山、金铙山、闽江源、明溪紫云等。历史名有罗从彦、黄慎、伊秉绶、邹应龙等。

6. 漳州市

地处福建沿海南部，素有"海滨邹鲁"之美称，是著名的侨乡和台湾祖居地，辖2区（芗城、龙文）、1市（龙海）、8县（漳浦、平和、东山、长泰、华安、诏安、云霄、南靖），陆地面积1.26万平方千米，人口480.99万（六普）。

漳州系全国历史文化名城，唐垂拱二年（686）建州，1951年置漳州市，1985年升为地级市。现规划定位为工贸港口城市，花果之都，国家历史文化名城，闽东南中心城市之一，区域性交通枢纽。规划形成"一中心两线三点"的城市空间布局结构。

漳州地处漳州平原，河网密布，青山碧水，山川秀美，气候宜人，物产丰饶，拥有丰富的植物、水产、水电、矿产和温泉资源，盛产大米、青梅、甘蔗、花生、烟叶、黄麻、茶叶、水果、蔬菜、花卉、药材和其他特产，是福建南部的"鱼米花果之乡"、全国农业最发达的地区之一，对台农业、高优农业和外向型农业特色明显，确立了水产和林果2大支柱产业，建成了全省最大的高优创汇农业基地、绿色食品基地和农产品加工基地，为经国务院批准的国家级外向型农业示范区和海峡两岸（漳州）农业合作实验区。海岸线全长680多千米，海域为著名的渔区。作为新兴工业城市，已初步建成以名、优、特产品为依托、以乡镇企业为基础、有地方特色的轻型工业体系，主要工业生产行业有纺织、机械、电子、食品、包装、建材、制罐、医药等，确立了食品、机械、电子、电力4大支柱产业和建材、旅游2个重点产业。是闽西南的商贸重镇。2012年全市实现地区生产总值2017.8亿元。

漳州是国家园林城市、中国优秀旅游城市、富有亚热带风光的滨海城市，名胜有三平寺、云岩洞、漳州土楼、滨海火山国家地质公园、宋城赵家堡等。历史名人有陈政、陈元光、丁儒、黄道周、张燮、蔡新、沈福文、沈柔坚、林语堂、许地山等。特产有水仙花、茶花、兰花等"3大名花"，青梅、芦柑、荔枝、香蕉、龙眼、柚子、菠萝等"7大名果"，各种海产干货、八宝印泥、片仔癀、珍珠膏、珍贝漆画饰板、水仙花牌风油精等。

7. 南平市

位于福建省北部，武夷山脉北段东南侧，闽浙赣3省交界处，俗称"闽北"，是福建北大门。辖1区（延平）、4市（邵武、建阳、建瓯、武夷山）、5县（顺昌、浦城、光泽、松溪、政和），面积2.63万平方千米,户籍人口313.9万,常住人口264.55万(六普)、市区常住人口46.79万。

南平是福建开发最早的地区之一,汉建安元年(196)设南平县,西晋太康初年改为延平县,唐武德三年(620)设延平军,宋为剑浦县,元大德六年(1302)复称南平县,1956年设南平市,1994年升为地级市。现规划定位为闽北中心城市,福建沿海—内地交通枢纽。规划市区由"一城四片"(中心城区、来舟王台片区、西芹片区、夏道片区和大横片区)构成以交通线为主轴的串珠状布局。

南平具有中国南方典型的"八山一水一分田"特征。森林资源丰富,有"南方林海""中国竹子之乡"之称。是多类茶区,形成武夷岩茶、闽北水仙、正山小种、政和白茶、工夫红茶、茉莉花茶等优势品牌。为农业大市,有7个国家级、8个省级商品粮基地县(市),被誉为"福建粮仓",是全省最大的良种奶牛和乳制品供应基地。铌钽矿储量居亚洲第1位、世界第2位,石灰石、花岗岩、黄金、硫铁矿、萤石矿、蛇纹石矿、石墨矿等矿石储量居全省第1位。是福建的老工业基地,造纸业发达,木竹加工、纺织服装、精细化工、食品加工、电线电缆等为支柱产业。形成铁路、公路、航空、水路相配套的立体交通体系。2012年全市实现地区生产总值996.76亿元。

南平是福建文化的发源地之一、闽越文化的摇篮,被誉为"闽邦邹鲁"和"道南理窟"。名胜古迹主要有武夷山、九峰山、茫荡山、溪源峡谷、石佛山、明翠阁、开平寺等。历史名人有延平四贤(杨时、罗从彦、李侗、朱熹)、黄裳、柳永、游酢、严羽、李纲、陈陶、真德秀、宋慈、蔡元定、杨荣、袁枢等。特产有武夷岩茶、正山小种、政和白茶、笋干、香菇、光饼等。

8. 龙岩市

位于福建省西部,通称闽西,国家革命老区,"将军之乡"。现辖1区(新罗)、1市(漳平)、5县(永定、上杭、连城、长汀、武平),中心城区建成区面积36.3平方千米,人口255.95万(六普)。

曾经是远古时代"古闽人"的天堂,是"闽越人"的祖籍地和"南海国"的国都所在地及其中心区域,是河洛人的祖居地之一,也是享誉海内外的客家聚居地。唐天宝元年(742)由新罗县更名为龙岩县,1981年设龙岩市,1996年升为地级市。现规划定位为闽粤赣3省边区的交通枢纽,闽西的政治、经济、文化中心,山水园林式现代化工业城市。规划形成"一城五组团"的城市空间布局结构。

龙岩是福建省最重要的3条大江——闽江、九龙江、汀江的发源地。水力资源丰富,是福建3大林区之一,森林覆盖率居全省首位,是中国最大的绿茶种植基地,盛产食用菌、晚熟龙眼等果蔬佳品和大黄鱼等名优特海产品。农产品主要为稻、烤烟、茶叶和亚热带水果,其中烤烟、芦柑、水蜜桃、地瓜干、盐酥花生等具有良好的发展前景。金、铜、铁、煤、高岭土等16种矿产储量居全省首位,马坑铁矿是华东第1大铁矿,紫金山铜矿是全国第2大铜矿,东宫下高岭土矿是全国4大优质高岭土矿之一。农业产业化经营,工业主要有机械、烟草、建材、钢铁、铜5大产业。地处闽南沿海与珠三角和闽粤赣3省结合部,是海峡西岸经济区延伸两翼、对接两洲、拓展腹地的交通枢纽与重要通道。2012年全市地区生产总值为1374.65亿元。

龙岩市是福建省新兴的旅游区,是崛起的旅游胜地,主要风景名胜有国家级风景区连城冠豸山、国家级自然保护区梅花山、国家级历史名城长汀、国务院文物保护单位古田会址、世界独一无二的永定土楼、新罗龙崆洞、汀江客家母亲河等旅游区和风景名胜,形成了特色的"一楼一山一洞一址一城一区一江"的"七个一"旅游网络。历史名人有上官周、邓子恢、杨成武、刘亚楼等。

9. 宁德市

位于福建东北部,东临浩瀚的东海,是福建东北翼中心城市,全国农村开放促开发扶贫综合改革试验区。辖1区(蕉城)、2市(福安、福鼎)、6县(霞浦、柘荣、寿宁、古田、屏南、周宁)、1个经济开发区,土地总面积1.345万平方千米、海域面积4.46万平方千米,人口339.03万(六普)。

晋太康三年(282)设温麻县,唐武德六年(623)改为长溪县,后唐长兴四年(933)置宁德县,1988年撤县设市,1999年升为地级市。现规划定位为闽东中心,海滨港口城市。规划市区形成"一区四园五团五环七中心"的布局结构。

地形以丘陵山地兼沿海小平原相结合为特点,溪流纵横,水电资源十分丰富。是中国产量最多、品种最全的重要食用菌产区,银耳、香菇产量均居全国首位。广阔的山地盛产林、茶、果、竹等经济作物,茶叶、食用菌、四季柚、槟榔芋、晚熟荔枝、晚熟龙眼、油柰、无核柿、板栗等畅销海内外。畜牧业特产有福安花猪、福安水牛、古田黑番鸭、闽东山羊等,是中国唯一的大黄鱼、鸳鸯自然保护区和全国著名的食用菌、茶果之乡。海岸线漫长曲折、港湾众多、海岛棋布,海域辽阔,盛产着大黄鱼、对虾、石斑鱼、二都蚶、剑蛏等海味珍品,有三沙湾、沙埕、三沙、赛岐等天然良港,深水码头岸线居福建首位,三沙湾宁德城澳港和福安白马港区已对外籍船舶开放。产业基础良好,已经初步形成了电机电器、船舶修造、医药化工、建筑建材、食品加工、汽摩配件、电力能源等7类重点产业。2012年实现地区生产总值1077.73亿元。

宁德依山傍海,山峦叠嶂,景色秀丽,旅游资源丰富多彩,独具特色。著名名胜有太姥山、白云山、九龙漈瀑布、鲤鱼溪、鸳鸯溪、支提山、霞浦赤岸、临水宫、翠屏湖、三都澳、杨梅州风景名胜区等。特产有芙蓉李、古田油木柰、古田竹编、霞浦贝雕和软木画、茶叶、绿竹笋、红曲、蜜沉沉酒、油茶、竹枕、剪刀、蒸笼、猕猴桃、茉莉花、洋中香菇、四季柚、福鼎芋、大黄鱼、六都草莓、晚熟龙眼、晚熟荔枝等。历史名有陈普、阮大成、余复、阮登柄、林聪等。

二、各县级市发展情况

1. 福清市　1990年12月撤县设市,面积2430平方千米,人口128.23万(2011)。简称"融",雅称玉融,地处福建省海峡西岸经济区中部枢纽和省会中心城市福州南翼,是一座古老而又年轻的城市,全国首批综合改革试点县市、全国村镇建设试点县市、全国著名侨乡。历史悠久,素有"海滨邹鲁,文献名邦"之美誉。已基本形成电子、塑胶、食品、玻璃、医药、电力能源6大支柱产业,为全球最大的电脑显示器生产基地、全国最大的吹气塑料玩具和沙滩鞋出口基地、全国最大的烤鳗和对虾加工出口基地。福清是国家一类开放口岸。有石竹山、大姆山草场、灵石山、目屿岛等名胜。2012年完成生产总值607.25亿元,居福建省第2位。

2. 长乐市　1994年2月撤县设市,面积658平方千米,人口69.42万(2012)。位于闽江口南岸,福州的门户,是国内屈指可数的空海"两港"城市、国家颁布的沿海开放市(县)之一、全国百强县(市)、中国著名侨乡、"全国双拥模范城"和"全国最佳旅游品牌目的地"。历史悠久,有唐、宋、元、明、清历代名胜古迹60余处,是明代著名航海家郑和七下西洋的启锚地。农业经营产业化,盛产蘑菇、生猪等;工业以纺织和冶金为支柱,是中国纺织产业基地市、中国纺织产业集群试点市;民营企业雄厚,纺织、钢铁、食品、电子、水泥等是长乐人的民营企业。松下深水港区与闽江口洋屿港区为国家一类对外开放口岸和首批对台海上直航港口。2012年完成生产总值436.88亿元。

3. 晋江市　1992年撤县设市,面积721.7平方千米,人口198万(六普)。位于福建东南沿海,泉州市东南部,晋江下游南岸,素有"声华文物、雄称海内""泉南佛国"之美誉。三面临海,地势由西北向东南海面倾斜,呈波状起伏梯级分布。是中国的鞋服生产基地和中国陶瓷重镇、国家体育生产基地和福建省装备制造业重点基地。民营经济高度发达,中国经济百强县(市),"晋江模式"被誉为中国农村经济发展4大模式之一,经济发展形成以市场经济为主、外向型经济为主、股份合作制为主、多种经济成分并存共同发展的格局和运行机制，现已形成纺织鞋服、建筑建材、食品饮料、机械制造和工艺制品5大支柱产业。是中国品牌之都，拥有一大批名牌企业。2012年完成生产总值1223.69亿元，居福建省首位。

4. 石狮市　1987年12月设市，面积160平方千米，常住人口63.37万（六普）。地处福建省东南沿海，三面临海，以服装闻名于世，是中国纺织服装生产基地和集散地，拥有中国纺织服装名城——石狮服装城。中国经济百强县（市）和福建省渔业十强县市，拥有祥芝、东埔等国家级渔港。产业特色明显，已形成以纺织服装为主导，以五金机械、印刷包装、鞋业鞋材、体育用品、食品饮料、电子信息为支柱的产业体系。石湖港跻身中国港口内贸集装箱码头5强。2012年完成生产总值500.1亿元。

5. 南安市　1993年撤县设市，面积2036平方千米，人口141.8万（六普）。位于福建省东南沿海，与台湾岛隔海相望，是全国著名的侨乡、举世闻名的"海上丝绸之路"的起点和民族英雄郑成功的故乡。曾一度是闽南地区政治、经济和文化中心，为福建沿海经济开放区的新兴城市。依山傍海，山清水秀，森林资源、水资源、水产资源十分丰富，为全国秸秆氨化养牛示范县（市）、全国龙眼生产基地县（市）。工业尤其是乡镇企业迅猛发展，全市已建成100个工业小区，形成石料建材、水暖消防器材、建筑陶瓷、塑料化工、针织服装、五金机械、雨具箱包、食品罐头等8大支柱产业，机械汽配、电子信息、家私装饰、工艺制品4大新兴产业异军突起。全国中小城市综合实力百强县市、全国商标百强县（市）。2012年完成生产总值658.99亿元。

6. 永安市　1984年9月撤县设市，面积2942平方千米，人口35万（2012）。别名"燕城"，位于闽中偏西，多山地丘陵，有"九山半水半分田"之称，森林资源集存量大，水力资源潜力极大，素有"金山银水"之称，竹林人均占有量居全国第一，是经国务院批准的南方集体林区改革试点区之一。新兴的工业城市和重要的能源、原材料生产基地，已形成纺织、林竹、汽车及零部件、建材、化工及化纤等5大主导产业。是中国优秀旅游城市，拥有桃源洞—鳞隐石林、天宝岩、安贞堡、上坪竹海、贡川古城等景点。是闽西北与闽南的交通枢纽和重要的物资中转、集散地。2012年完成生产总值248亿元。

7. 龙海市　1993年5月撤县设市，面积1128平方千米，人口22.08万（2010）。位于福建南部沿海，是国家持续高效农业示范区、海峡西岸对台农业合作试验区，全国县域经济基本竞争力百强县市，被评为全国中小城市综合实力和最具区域带动力中小城市"双百强""中国全面小康成长型百佳县（市）"和"中国10佳可持续发展城市"，福建省重要的农产品出口创汇基地之一，水仙花的故乡，素有"鱼米花果之乡"的美称。已拥有形成了电力工业、金属加工、电气器材、食品加工、金属制品、食品制造、交运设备7大支柱产业和电力能源、家用电器、金属制品、粮油工业、罐头食品5大产业集群。招银港区是首批对台直航口岸、对外开放一类口岸和对金马直航货运口岸。2012年完成生产总值481.87亿元。

8. 邵武市　1983年10月撤县设市，面积2851.6平方千米，人口30.57万（六普）。地处闽西北中低山丘陵西部，是闽北革命根据地、闽西北交通要道和物资集散地。是福建重点林区和四大林产加工中心之一、全国全省商品粮基地县（市）之一、闽北"林海粮仓"。水利资源丰富，萤石储量全省第1。农业以畜牧、水产、林竹、烟叶、茶叶等为基础产业，为全国6大烟叶出口基地之一。形成以林产加工、化工、纺织、电力、造纸、有色金属等为支柱的工业体系，草酸、高纯石墨产销量居全国第1位，氢氟酸产量居全国第4位。景点有天成奇峡、和平古镇、沧浪阁、黄氏峭公祠等。2012年完成生产总值146.4亿元。

9. 武夷山市　1989年撤崇安县设武夷山市，面积280平方千米，人口23.4万（六普）。地处闽西北中低山丘陵北部，素有"碧水丹山"之誉，闻名中外的武夷山风景名胜区及武夷山自然保护区主要部分位于境内。物产资源丰富,是江南著名的粮区、林区、茶叶产区,福建省重要的商品粮基地,武夷岩茶为全国10大名茶之一,茶王"大红袍"更是世间极品。水资源丰富,花岗岩储量居全省首位。产业以旅游业为支柱,是闽北的重要交通中心、福建省重要的旅游接待基地和闽北旅游服务中心、国家一类航空口岸。2012年完成生产总值98.13亿元。

10. 建瓯市 1992年10月撤县设市,面积4233平方千米,是福建省面积最大的县级行政区,人口53.89万(2010)。简称芝城,位于福建省北部,闽江上游,是福建省面积最大、闽北人口最多的县级市。境大部分处闽西北中低山丘陵,山川秀美,古迹繁多,林业资源、水资源、旅游资源较为丰富,素有"金瓯宝地""绿色金库""竹海粮仓""酒城笋都"之称,木竹、茶果、畜禽3大农业主导产业和粮食、蔬菜、食用菌、锥栗等13个重点农产品优势明显,为全国商品粮基地市和粮食生产交售先进市、全国重点林业县(市)、全国绿色小康县(市)、全国经济林产业示范县(市)。竹木加工、食品加工和机械化工为工业支柱产业,是中国竹炭产业基地、国家火炬计划——建瓯笋竹科技特色产业基地。民俗文化、茶文化、酒文化、竹文化、根艺文化繁荣活跃。2012年完成生产总值140.99亿元。

11. 建阳市 1994年撤县建市,2014年5月撤市设立南平市建阳区,面积3383平方千米,人口34.5万(2012)。位于福建省北部、建溪上游,是福建最早设立县治的古城之一,素有"七贤过化之乡"和"理学名邦""南闽阙里"之称。地处闽西北中低山丘陵中部,适宜动植物生殖繁衍,有"嘉禾之乡"的美称;为全国南方重点林区之一、白茶生产基地,素有"林海竹乡"的美称,原始森林里有众多珍稀树种、名贵药材、珍禽奇兽,被誉为昆虫世界、蛇类王国、鸟的乐园、世界生物圈保护区,为国家级生态示范区。茶叶、竹业、果业、畜牧业等重点产业及特色农产品基地发展迅速;逐步建立了电力、机械、化工、食品、森工、造纸、建材、纺织、服装、医药、皮塑、采矿等工业生产体系,形成食品加工、制药、蓄电池、竹木加工、机械制造5大企业簇群,成为闽北重要工业基地。2012年完成生产值111.47亿元。

12. 漳平市 1990年8月撤县设市,面积2951.1平方千米,人口24万(2012)。又名菁城,位于福建省西南部,是闽西东大门。有"九山半水半分田"之称。是著名的林区、果区,也是著名的矿区,素有"金山银水绿宝"之美誉,盛产花卉、茶叶、毛竹、蔬菜、水果等,是福建省唯一的烟煤生产基地。为中国花木之乡和中国杜鹃花之乡、国家森林公园、4A级景区、南方重点林区、国家可持续发展实验区、国家农业综合开发县、中国绿色食品原料基地县(市)(茶叶)、中国名茶之乡、全国重点产茶县(市)。已形成拥有建材、化工、矿产、电力、机械、森工、造纸、食品等门类比较齐全并具有一定规模的新型工业城市。是闽、粤、赣3省边区19个县(市)的物资集散地。2012年完成生产总值146.6亿元。

13. 福安市 1989年撤县设市,面积1880.1平方千米,人口65万。位于福建东北部,三面环山,南面临海,是海西东北翼的交通枢纽和闽浙赣内陆的重要疏港通道,全国科技工作先进市、体育先进市。既是沿海开放城市,又是综合改革试验区、革命老区、少数民族聚居区。农业资源丰富,主产稻谷、薯类、小麦,盛产芙蓉李、橄榄、水蜜桃,是全国花茶基地和福建省商品粮生产基地。工业目前已形成以电机电器、船舶修造和食品加工3大主导的产业体系,轻工、建筑建材、水电、包装印刷、冶金铸造、农药化工、机械制造等产业也形成一定规模,素有中国电机电器城、中国中小电机出口基地、全国第2大船舶修造基地、中国茶叶之乡、南国葡萄之乡、中国绿竹之乡、中国保健按摩器发源地之誉。2012年完成生产值270.93亿元。

14. 福鼎市 1995年10月撤县设市,面积1526.3平方千米,人口52.9万(六普)。位于福建省东北部,东南濒东海,海疆辽阔,港湾众多,岛屿星罗棋布,有沙埕港、杨岐港、秦屿港、硖门港、崳山港、姚家屿港、桐山港、八尺门内港等港湾。农业特色明显,是"中国白茶之乡",白茶在品质、种植面积、产量上都是全国第1,是福建省最大的有机茶生产基地、闽东重要的海水网箱养殖基地和全省10大渔业县(市)之一。工业发展迅速,初步形成食品、医药化工、石材加工、汽摩配件、合成革、泵阀制造等优势产业。福鼎是闽越和瓯越文化发源地之一,自古以来就是闽浙边界经济文化交流中心和商贸重镇,深厚的道教、佛教、儒教文化和独具特色的畲族文化、饮食文化、茶文化等源远流长。旅游资源丰富,有太姥山岳、晴川海滨、九鲤溪瀑、福瑶列岛等4大景区。2012年完成生产总值215.76亿元。

第六节　江西省

江西,简称"赣",位于长江中下游南岸,东邻浙江、福建,南连广东,西靠湖南,北毗湖北、安徽,为长江三角洲、珠江三角洲和闽南三角洲地区的腹地。总面积16.69万平方千米,约占全国陆地面积的1.74%。境内除北部较为平坦外,东西南部三面环山,中部丘陵起伏,形成一个整体向鄱阳湖倾斜而往北开口的巨大盆地。境内水系发达,河流纵横,湖泊水库星罗棋布,地处环西太平洋成矿带,区内矿产资源丰富,是中国主要的有色、稀有、稀土矿产基地之一。2012年完成生产总值12 948.5亿元。

截至2010年底,全省共设22个城市,有11个地级市(南昌、九江、景德镇、萍乡、新余、鹰潭、赣州、宜春、上饶、吉安、抚州)、20个市辖区、10个县级市、70个县,建制镇904个。城镇化水平为32%。从城市空间分布来看,大致形成了以浙赣线为界,北多南少、北强南弱的格局。从总体发展格局来看,初步形成了以省会南昌为核心,以浙赣线和京九线为发展轴带,以九江、赣州、景德镇、吉安、上饶、鹰潭、新余、宜春、萍乡、抚州等城市为支柱,其他设市城市和县城为骨干,众多的建制镇为基础的城镇体系框架。但江西城市化进程严重滞后,成为该省城市群发育的阻力,与全国发达地区相比,江西的城市化水平低,城市经济实力弱,城市群发育严重不足。

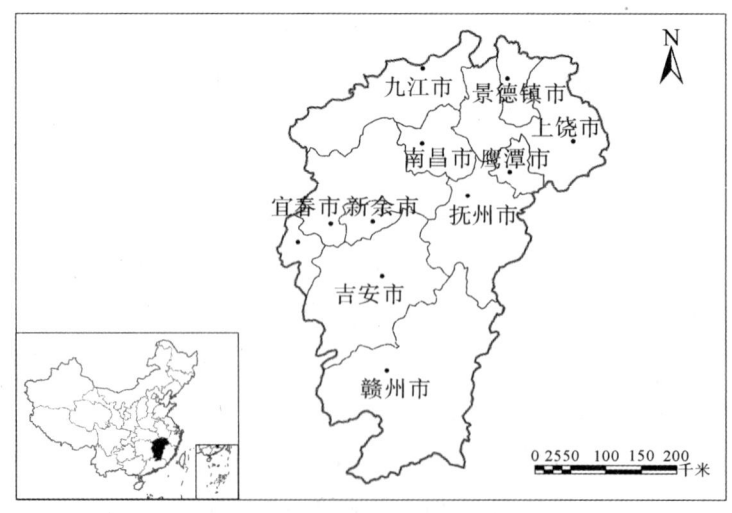

图3-3-6　江西省行政区划图

一、各地级市发展情况

1. 南昌市

南昌市,又名豫章、洪城,地处江西省中部偏北,赣江、抚河下游,濒临上饶鄱阳湖。为国家内陆重点开放城市,辖5区(东湖、西湖、青云谱、湾里、青山湖)、4县(南昌、新建、进贤、安义)及红谷滩新区、南昌高新技术产业开发区、南昌经济技术开发区、小兰经济开发区、桑海经济技术开发区、长陵外商投资工业园,总面积7 402平方千米、建成区面积109平方千米,常住人口504.25万(六普)、市区人口235.78万(六普)。

南昌是一座历史悠久的文化古城,汉高祖五年(前202)修筑"灌城",并取"昌大南疆"和"南方昌盛"之意,定名"南昌"。1926年置南昌市,1949年设地级市。城市现有5环,有跨湖、跨江大桥23座,主要跨江型拉索大桥6座。现规划定位为江西省省会,全省政治、经济、文教、科技和信息中心,国家历史文化名城,长江经济带中游地区重要的中心城市。规划中心城区形成"以赣江为主轴,一江两岸,南北两城,双核拥江,组团式、网络状发展"的总体空间格局。

南昌市山、丘、岗、平原相间,江河湖塘星罗棋布,具有"西山东水"的自然地势,是一座名副其实的水城,拥有异常丰富的水资源,城市因水而发,缘水而兴,南昌古民谚就有"七门九州十八坡,三湖九津通赣都"之称。农业形成了优质大米、优质果品、瘦肉型猪、特种水产等"10大主导产品",是中国重要的商品粮和农副产品的生产基地。矿产资源以非金属建材矿为主。汽车制造、冶金、机电、纺织、化工、医药等现代化工业体系和以电子信息、生物工程、新材料、软件、服务外包等为代表的新兴高新技术产业在国内外具有一流的水平,是国家3大创新制造业城市。为中国东南部重要的经济城市,鄱阳湖生态经济区核心城市,长三角、珠三角、闽东南经济地区及国外大型产业与总部转移对接基地,国家综合交通枢纽,承东启西的大区位优势突出。商业发达,是沿海地区商贸辐射中西部的重要中转枢纽,形成了"城内大商场,城郊大市场,城外大物流"的格局。2012年实现地区生产总值3000.52亿元。

南昌是国家重要性历史文化名城、红色革命根据地、中国优秀旅游城市、文明花园城市、国家园林城市、卫生城市、世界10大动感都会之一,新中国第1面军旗升起之地,被誉为"未来都会,绿色之都"。风景名胜众多,旅游资源丰富,有滕王阁、梅岭、八一起义纪念馆、青云谱、百花洲、绳金塔等旅游景点。历史名人有徐稚(徐孺子)、许逊、王定保、宋齐丘、董源、巨然、晏殊、陈恕、京镗、刘时中、汪大渊、胡俨、魏良辅、欧阳斌元、八大山人(朱耷)、喻嘉言、彭元瑞、裘曰修、曹秀先、王猷定等。

2. 九江市

九江位于赣皖鄂3省交界,是沿江对外开放城市、长江沿岸经济重镇和江西省副中心城市,有江西北门之称。辖2区(浔阳、庐山)、2市(瑞昌、共青城)、9县(九江、武宁、修水、永修、德安、星子、都昌、彭泽)及八里湖新区、九江国家经济技术开发区、庐山风景名胜区,总面积1.88万平方千米、市区面积550平方千米、建成区面积100平方千米(2010),常住人口575万(六普)、市区人口70万(六普)。

九江古称江州,秦设九江郡,汉高祖六年(前201)置柴桑县,汉文帝设寻阳县,隋开皇九年(589)置江州,1914年改为九江县,1917年设九江市,1936年复为九江县,1949年重设九江市,1980年升为省辖市。现规划定位为沿长江经济带及沿京九经济带的重化工生产基地与纺织工业基地,中国重要的旅游中心城市之一,江西省重要的机械工业与建材工业生产基地,江西省南北向的昌九经济走廊北端的重点,湘东鄂东皖西赣北地区的重要中心城市。城市空间布局为双环内聚外扩式的组团结构。

九江地貌较为复杂,地形变化较大,呈"六山二水分半田,半分道路和庄园"之势。水资源、生物资源十分丰富,鄱阳湖水域是中国最早的渔业基地、现今世界上最大候鸟越冬栖息地、中国最大的淡水湖泊。金、锑、锡、萤石储量居全省首位,铜居第2,钨居第3。形成了以电子通讯、汽车制造、纺织服装、食品饮料、港口物流为骨干的工业体系。现代交通已形成水、陆、空立体交通网络,九江港为国家一类口岸,发达的水陆交通使九江成为古代中国著名的"4大米市""3大茶市"之一,使享有"三江之口,七省通衢"的九江成为天下"眉目之地",成为军事重镇及商业、文化交流中心。2012年全市地区生产总值为1420.1亿元。

九江为中国优秀旅游城市、全国园林绿化城市、中国10佳宜居城市、中国魅力城市,旅游资源丰富,有庐山、石钟山、龙宫洞、鄱阳湖等景点。历史名人有陶侃、陶渊明(九江县)、黄庭坚(修水县)、江万里、王韶、余玠、雷发达、余庆鳌、蒋干等。特产有武宁棍子鱼、庐山鲜笋、羽绒制品、大理石、庐山云雾茶、湖口豆豉、鄱阳湖银鱼、小山竹、湖口糟鱼、云山云雾茶、庐山石鱼、彭泽鲫、桂花茶饼、桂花酥糖、金星砚、黄老门生姜、修水哨子等。

3. 景德镇市

景德镇市,位于江西东北部,西北与安徽省东至县交界,是国家对外开放城市、中外著名的瓷都,辖2区(昌江、珠山)、1市(乐平)、1县(浮梁),总面积5256平方千米、建成区面积73平方千米,常住人口158.75万(六普)、市区人口19.22万(六普)。

景德镇东晋称新平镇,唐武德四年(621)置新平县,宋真宗景德元年(1004)因镇产青白瓷遂以皇帝年号为名置景德镇,明清时与佛山、汉口、朱仙镇并称4大名镇,1927年设景德镇市,1953年为省辖市。现规划定位为中外著名瓷都,国家历史文化名城,赣东北的中心城市。规划建设"一城三区九组团"的空间布局,

坐落在黄山、怀玉山余脉与鄱阳湖平原过渡地带,是典型的江南红壤丘陵区,市区处于群山环抱的盆地之中,易形成水患。农业主要是水稻种植,是江西省环鄱阳湖水稻种植区的重要组成部分、全国商品粮基地之一、全国优良种猪繁殖基地、江西省重点产棉区、茶叶生产加工基地。森林资源十分丰富,瓷石、高岭土和煤炭蕴藏最具特色,高岭土在国际陶瓷界具有影响,是江西省的3大产煤区之一。景德镇由于制瓷历史悠久,瓷器产品质地精良,对外影响大,"瓷都"两字成了景德镇的代名词。现形成了以日用瓷为主体,机械、电子、家用电器制造、飞机、汽车、能源、食品加工、茶叶加工、制药等共同发展的工业体系。景德镇是江西省环鄱阳湖经济圈的重要城市、赣东北地区的重要工业基地和商品粮生产基地、中国唯一的直升飞机生产基地。中国陶瓷城号称世界上规模最大的陶瓷专业市场。2012年全市实现地区生产总值628.25亿元。

景德镇是鄱阳湖生态经济区重要组成、国家重要的山水生态历史文化名城、中国优秀旅游城市、国家生态园林城市、全国文明卫生城市,陶瓷文化影响深远,有湖田古窑遗址、明清园、瑶里、景德镇陶瓷馆、锦绣昌南中国瓷园、龙珠阁、洪岩仙境、金竹山寨、怪石林等旅游景点。

4. 萍乡市

萍乡市位于江西省西部,湘赣2省边界,是江西对外开放的西大门。辖2区(安源、湘东)、3县(上栗、芦溪、莲花)、1个萍乡国家经济技术开发区,总面积3824平方千米、建成区面积41平方千米,常住人口185.45万(六普)。

萍乡人文历史丰厚辉煌,春秋时因楚昭王在此地得"萍实"而得名。三国吴帝孙皓于宝鼎二年

(267)设立萍乡县,1960年设萍乡市,1970年升为地级市。现规划定位为江西省重要的新型工业城市,重要的商贸、旅游、文化城市,赣湘边界地区重要的区域中心城市。规划中心城区逐步形成"一主一副"的空间布局结构。

萍乡素有"七山半水分半田,一分道路和庄园"之称,农业素以精耕细作闻名,是江西有名的水稻高产区;养殖业发达,淡水鳗鱼、甲鱼、梅花鹿、黑山羊、野鸡、红脸鸭、美国鸽王等一大批特色产品蓬勃发展,"秋江两头乌"花猪驰名省内外;无公害蔬菜、花卉苗木、中药材、山羊、优质稻五大工程和市生态农业科技示范基地取得明显成效。水力资源丰富,以煤著名,享有"江南煤都"之美称,还有铁、瓷土等矿藏。工业非常发达,是中国近代工业起始最早的城市之一、江西省重要工业城市,形成了以煤炭、机械、冶金、化工、建材、陶瓷等较为完备的工业体系。历来为赣西的商品集散地,是赣湘交通中心。2012年全市实现地区生产总值733.06亿元。

萍乡保存下来的傩文化之丰富完整,是中国革命圣地、中国工人运动发源地之一,有武功山、杨歧山、孽龙洞、东源溶洞、孔庙、宝积寺、横龙洞等旅游资源。历史名人有吴希、刘元卿、李有棠、文廷式、刘凤诰、张国焘、吴运铎等。

5. 新余市

新余市位于江西省中西部,浙赣铁路线上,辖1区(渝水)、1县(分宜)和仙女湖名胜风景区、高新技术经济开发区、孔目江生态经济区、仰天岗管委会,总面积3181平方千米、渝水区面积1785.92平方千米、建成区面积46平方千米,常住人口113.89万人(六普)、渝水区人口83.95万(六普)。

新余市历史悠久,三国吴宝鼎二年(267)析置新渝县,因主川袁河中游原称渝水得名,唐天宝元年(742)为新喻县,元贞元年(1295)升为新喻州,明洪武二年(1369)改州复县,1957年更名新余县,1960年撤县设市,1983年升为地级市。现规划定位为国家光伏、新能源和江西钢铁产业基地,鄱阳湖生态经济区副中心,环境优美的山水旅游城市。规划形成"一带一廊双核五区"的城乡空间结构。

地处赣西中低山与丘陵区,多数山地,大体是"六山半水二分田,分半道路和庄园"。新余以工业发展迅速和城市建设日新月异而受到人们的瞩目,是江西省工业化水平最高、城市化速率最快的城市。建成了以钢铁、新能源和新材料为支柱,以冶金、机械、化工、轻工、纺织、能源、建材为主的工业体系,被誉为钢铁之城、太阳能之城,是全国唯一的国家新能源科技城、中国光电产业最佳投资城市、江西全省经济发展的"小巨人",因为发展迅速,其经济发展模式被称为"新余现象"。2012年实现地区生产总值830.32亿元。

新余为中国10大最具安全感城市、全国卫生城市、国家节能示范城市、国家园林城市、国家森林城市,有仙女湖、蒙山、万年桥、大岗山瀑布、仰天岗森林公园等旅游景点。历史名人有卢肇、王钦若、傅抱石、刘敞、严嵩、黄子澄等。特产有新余蜜橘、观巢巨峰葡萄、马洪皮蛋、马洪酒、干白鱼、干鱼块、蜂蜜、花粉、蜂王浆、笋干、甜茶、仙女湖纯正茶油、羽仙酒、仙龙火腿、新余夏布等。

6. 鹰潭市

鹰潭市位于江西省的东北部,信江中下游,是新兴的工业城市和发展中的旅游城市。辖1区(月湖)、1市(贵溪)、1县(余江),总面积3554平方千米、建成区面积61.9平方千米,常住人口112.49万(六普)。

鹰潭因市区龙头山麓一深潭"涟漪旋其中,雄鹰舞其上"而得市名。唐永泰元年(765)置贵溪县辖鹰潭,称鹰潭坊,清乾隆三十年(1765)置鹰潭巡检司,同治三年(1864)设鹰潭镇,1957年升为县级鹰潭镇,1979年设鹰潭市,1983年升为地级市。现规划定位为鹰潭市域政治、经济、文化、商贸和信息中心,南方重要的交通枢纽,铜产业工业基地,以道教文化为特色的山水旅游胜地和区域商贸物流中心。都市区形成"一心二轴多级增长的带状组团式"的发展格局。

地属南岭准地槽边缘的信江凹陷带。农业资源丰富,盛产稻谷、大豆、花生、黄麻、柑橘等,大力发展特色农业,已形成了水稻、三元杂交猪、南方早熟梨、花生、笋竹、葛根、天师板栗、蔬菜、茶叶、绿化苗木、花卉十大具有地方特色的优势产业。银矿储量为国内之首,特种矿以铀为主,红石遍布。是新兴的铜业、能源和化工基地,被誉为"中国铜都",已初步形成包括冶金、电力、化工、机械、建材、医药、食品、仪表等在内的门类繁多的工业体系。地理位置优越,背靠江西腹地,面向长江三角洲和闽南"金三角",是江南重要的交通枢纽、国家甲类对外开放城市和沿铁路干线重点发展城市,鹰潭港是信江沿线重要港口。2012年全市实现地区生产总值482.17亿元。

鹰潭是国内罕见的古越族文化宝库、龙虎山为中国正一派道教发祥地,有龙虎山、嗣汉天师府、龙虎山丹霞地貌等旅游景点。历史名人有陆九渊、夏言、吴迈、邹韬奋等。

7. 赣州市

赣州市位于江西南部,赣江上游,又称赣南,是客家人主要聚居地之一。辖1区(章贡)、2市(南康、瑞金)、15县(赣县、信丰、大余、上犹、崇义、安远、龙南、定南、全南、兴国、宁都、于都、会昌、寻乌、石城)、2个管辖区(章江新区、赣州经济技术开发区),总面积39 380平方千米、建成区面积71.2平方千米,常住人口830万(六普)、户籍总人口897万(2010)、中心城区人口69.26万。

秦始皇三十三年(前214)置南野县,汉高祖六年(前201)置赣县,宋高宗绍兴二十三年(1153)改为赣州,1949年析赣州镇设赣州市,1999年升为地级市。现规划定位为省域副中心城市、赣粤闽湘4省通衢的区域性现代化中心城市、国家历史文化名城、山水生态宜居城市。中心城区形成"一脊两带、三心六片"的空间布局结构。

处于南岭、武夷山、诸广山3大山脉交接处,属于江南丘陵地带、亚热带的南缘,群山环绕,江河纵横密布,概称"八山半水一分田,半分道路和庄园"。森林矿产资源丰富,是中国重要的南方速生林区、中国商品林基地和重点开发的林区之一。土地肥沃,农业发达,是中国南方精品农业的主要基地和示范区,养殖业和种植业发展很快,已形成了以脐橙为主,甜柚、甜橙、蜜橘等多种名特优水果相结合的中国重要的水果生产基地,被誉为"世界橙乡"。是全国重点有色金属基地之一,钨储量世界第1,稀土储量中国第2,有"世界钨都""稀土王国"之称。已形成有色金属矿采选、食品加工、烟草、非金属矿物、有色金属矿冶炼及压延加工、通用设备制造、电力生产和供应为主体工业产业,地产、稀土、脐橙3三大产业成为赣州崛起新的增长点。处于东南沿海地区向中部内地延伸的过渡地带,是内地通向东南沿海的重要通道之一、中部6省加工贸易梯度转移重点承接地。2012年全市地区民生产总值达1508.43亿元。

赣州是国家历史文化名城、全国卫生城市、中国优秀旅游城市、国家园林城市、全国著名的革命老区,有江南宋城、客家摇篮、千里赣江第一城、绿色之都等美誉,有通天岩、八境台、郁孤台、苏维埃革命遗址群、宁都起义指挥部旧址、宝葫芦农庄、阳岭、九连山、三百山等旅游景点。历史名人有钟绍京、曾几、魏禧、郑獬、高行健、陈奇涵、肖华、赖传珠等。特产有赣南脐橙、沙地板鸭、梓山酱油、会昌酱干、寻乌蜜橘、兴国鱼丝、兴国红鲤鱼、赣州蜜饯、信丰红瓜子、南安板鸭、赣州苦瓜酒、酸枣糕等。

8. 宜春市

宜春市位于江西省西北部,辖1区(袁州区)、3市(樟树、丰城、高安)、6县(靖安、奉新、上高、宜丰、铜鼓、万载),总面积18 669平方千米、建成区面积32平方千米,常住人口543.97万。

宜春古称袁州,汉高祖六年(前201)筑城,置宜春县,因城西美泉"夏冷冬暖,莹媚如春,饮之宜人"而得名。1979年设宜春市,2000年升为地级市。现规划定位为赣湘边际区域重要的中心城市和山水城市、生态城市、宜居城市。中心城区形成"一心一轴六板块"的空间布局结构。

境内以丘陵、山地为主,水资源、生物资源、矿产资源极为丰富,是江西重点林区和全国重点毛竹产区,钽铌矿是中国最大钽铌锂原料生产基地,锂矿可开采量占全国89.3%,硅灰石储量约占全国1/4,原煤、岩盐、石灰石储量列江西第1。古称"农业上郡",今谓"赣中粮仓",是全国重要的商品粮、油茶、优质苎麻生产基地,生产了全省1/6左右的粮、棉、油、猪和水产。形成了医药、食品、建材、机电、能源5大支柱及化工、采矿等产业组成的工业体系。2012年全市实现地区生产总值1247.6亿元。

宜春是中国佛教"禅林清规"的发祥地、全国第1批生态试点城市之一,素有"山明水秀,土沃泉甘,其气如春,四时咸宜"之称,历来为"江南佳丽之地,文物昌盛之邦"。有明月山国家森林公园、宜春台、三爪仑森林公园等旅游景点。历史名人有、刘慎虚、郑谷、刘恕、刘敞、揭奚斯、胡仲尧、邓王番、袁继咸、张自烈、朱轼、宋应星、邓子龙、熊雄、吴有训、夏征农等。特产有花炮、夏布、干椒、南庙豆腐、罗峰茶、芝麻片、高安腐竹、灰埠豆豉、香菇、笋干、茶油、土纸、板栗、朱砂李、椪柑、猕猴桃、表心纸、百合等。

9. 上饶市

上饶市简称饶,位于赣东北,东联浙江、北接安徽、南挺福建,辖1区(信州)、1市(德兴)、10县(上饶、广丰、玉山、婺源、波阳、余干、万年、弋阳、横峰、铅山)和三江新区、上饶经济开发区。总面积2.28万平方千米、建成区面积35平方千米,常住人口657.97万(六普)、市区人口41.62万(六普)。

上饶得于"山郁珍奇,上乘富饶"之名,素称"富饶之地"。东汉建安(约205)年间置上饶县,1950年设上饶市,2000年升为地级市。现规划定位为赣浙闽皖4省交界地区重要的中心城市、交通枢纽和旅游服务中心,上饶市域政治、经济、文化中心。中心城区规划形成"五片区、两组团、复合中心"的片区式布局。

上饶基本地貌以山地、丘陵、湖泊为主,地理形势是2条山脉夹1条大河拥抱中国最大的淡水湖。农业主产稻谷、大豆、油菜子、蔬菜、水产。德兴铜矿是亚洲最大的铜矿,金、银储量分别占全省的86.6%和65%以上,上饶、广丰磷矿是江南8大磷矿之一,黑滑石储量居世界之首。工业以铜材加工、客车、纺织服装、机械制造、制茶、照相机、电子仪表、医药化肥为主。居于浙赣闽皖4省结合部和长三角经济区、海西经济区、鄱阳湖生态经济区交会处,自古有"豫章第一门户"和"四省通衢"之称,是江西省对接长三角的最前沿。凭借独特的区位优势,牵江浙、出沪宁、携八闽、达粤桂,货畅其流,人行其便,铸就了发展大商贸大流通的黄金地段。2012年实现地区生产总值1265.4亿元。

上饶是中国优秀旅游城市、中国大学生最喜欢的旅游城市、中国最佳浙商投资城市、江西省旅游资源最丰富的城市,有三清山、五府山、灵山、婺源、龟峰、梧风洞、大鄣山卧龙谷、黄岗山、赭亭山、万年神农宫、鹅湖书院、葛仙山、铅山河口古镇、上饶集中营旧址等旅游景区。历史名人有吴芮、张潜、洪迈、朱熹、辛弃疾、姜夔、江永、蒋仕铨、詹天佑、方志敏等。特产有鄱阳三色鱼、鄱湖银鱼、铅山红茶、上饶白眉、婺源绿茶、信江鱼、信江石、龙尾砚、天桂梨、南瓜干、茄子干、辣椒干、万年贡米、玉山罗纹砚、鄱湖白莲、大溪铜剪刀、余干乌黑鸡等。

10. 吉安市

吉安市位于江西省西南部,赣江中游,罗霄山脉中,现辖2区(吉州、青原)、1市(井冈山)、10县(新干、峡江、吉水、吉安、永丰、安福、永新、泰和、万安、遂川)和井冈山国家级经济技术开发区,总面积24 922平方千米、建成区面积29平方千米,常住人口481.03万(六普)、市区人口53.86万(六普)。

吉安古称庐陵、吉州,秦设庐陵县,隋开皇十年(590)改吉州,元成宗元贞元年(1295)设吉安路,1914年设吉安县,1950年设吉安市,2000年升为地级市。现规划定位为赣中南地区的中心城市,井冈山红色旅游之都,省级历史文化名城。规划城区形成"一城三片、两水三岸、多中心多组团"的城市空间格局。

吉安以山地、丘陵为主,河流众多,为"七山半水两分田,半分道路和庄园"。自然资源十分丰富,是国家重要的木本油料基地、国内5大杉木种植区之一,国内湿地松、竹木、油茶等经济林的重要生产基地,大小水电站遍布。已形成了电子、食品、医药、电力、冶炼、建材等6大工业支柱产业和以草食畜禽、花卉苗木、特种水产、优质粮油、无公害蔬菜、林产化工为主的6大农业主导产品,为国家电子信息科技创新基地、国家风能产业基地、国家加工贸易产业基地。有良好的区位优势,北与长江三角洲对接,东与闽江三角洲毗邻,南与华南经济圈呼应,是至关重要的"黄金走廊"。2012年全市实现生产总值1006.26亿元。

吉安是孕育庐陵文化的人文故郡、创造井冈山精神的红色摇篮、江南历史文化名城,是中国科举考取进士最多的城市、中国诞生将军最多的城市,素有"江南望郡"和"文章节义之邦"的美誉。旅游景点独具风姿,自然风光秀丽迷人,文化古迹众多,革命旧居聚集,有井冈山、青原山、白鹭洲书院、文天祥纪念馆、庐陵文化生态公园、渼陂古村、钓源古村、武功山、汤湖温泉等旅游景点。历史名人有文天祥、欧阳修、杨万里、解缙、罗洪先、刘沆、周必大、江万里、胡铨、杨士奇、邹元标、刘峙、罗伦、胡广、刘同声、陈循、彭时、陈文、康克清、余秋里等。特产有小山竹、花斑竹、猴头杜鹃、银杏、楠木、檫树、木耳、香菇、香口健身茶、武功山云雾茶、井冈山翠绿茶、芙蓉李、猕猴桃等。

11. 抚州市

抚州位于江西东部,抚河上中游,东邻福建,北临鄱阳湖。辖1区(临川)、10县(东乡、金溪、资溪、南城、南丰、黎川、广昌、崇仁、乐安、宜黄)。总面积18 820平方千米、建成区面积45平方千米,常住人口391.23万(六普)、市区人口108.99万(2010)。

抚州市历史悠久,东汉永元八年(96)置临汝县,三国吴太平二年(257)建临川郡,隋开皇九年(589)始置抚州,1949年设临川市,1950年临川市并入临川县,1953年设临川县抚州镇,1969年设县级抚州市,1987年临川县和抚州市合并为临川市,2000年撤销抚州地区和临川市,设立地级抚州市。现规划定位为南昌经济圈的副中心城市,鄱阳湖生态经济区和海峡西岸经济区重要的现代工业新城和文化生态名城。规划构筑"一心四轴三区"点轴聚合发展总体空间格局,形成"一主三副、众星捧月"的指状城镇主体架构;城市空间结构为"两河三带联四区,四心四轴多组团"。

抚州地形以丘陵山地为主,岗地、谷地广布,河道密布,为"七山半水两分田,半分道路和庄园"。水能、光能、风能、生物资源丰富,素有"赣抚粮仓"之称,是国家区域性商品粮基地、中国蜜橘之乡、中国白莲之乡、中国麻鸡之乡、中国西瓜之乡。已开采利用的有铜、铀、瓷土、金、钨、煤、稀土、萤石、石墨、建筑材料等,铀矿储量为亚洲第1,盛产葛、麻、桑、棉等纺织原料。主要的支柱产业是粮食、纺织、食品工业和轻型汽车。位于长江三角洲、珠江三角洲和闽东南三角区腹地,"襟领江湖,控带闽粤",是江西连接福建、通往中国台湾和东南亚的"桥头堡",区位条件优越,交通十分便利。2012年全市实现地区生产总值825.04亿元。

抚州素有"才子之乡""文化之邦"的美誉,"临川文化,华夏奇葩",有大觉山、麻姑山、王安石纪念馆、汤显祖纪念馆等旅游景点。历史名人有晏殊、王安石、曾巩、晏几道、李觏、聂昌、陆九渊、吴澄、朱思本、危亦林、危素、谭纶、汤显祖、李绂、周建屏、赵醒侬、傅烈、舒同等。特产有南丰蜜橘、广昌白莲、崇仁麻鸡、临川西瓜、黎川茶薪菇等。

二、各县级市发展概况

1. 瑞昌市　1989年12月撤县设市,面积1442平方千米,人口45.6万(2012)。位于江西省北部,长江中游南岸。资源丰富,农林牧渔业全面发展,盛产水稻、棉花、小麦、油菜、芝麻、红薯、茶叶等;农产品苎麻被誉为"绿色金子",为省棉麻出产重点县;高山逆时令蔬菜形成产业化格局;猪、牛、羊畜牧业已趋向规模化;水产养殖,品种繁多。黄金生产名列全省榜首,享有"万两黄金市"之誉。工业有建材、纺织服装、采矿冶炼、机械制造4大支柱产业。交通便捷,信息灵通,史有"通衢"之称。旅游资源丰富。2012年完成生产总值107亿元。

2. 共青城市　2010年9月设市,面积308平方千米,人口12万。位于庐山南麓,鄱阳湖之滨,昌九工业走廊中段。为第四纪红壤丘陵地带,地势平缓。国家级生态示范区和全国农业旅游示范点、中国羽绒服装名城、国家级纺织服装产业集群基地、中国绿色名区、江西省重要的出口创汇基地、江西省首家纺织服装生产基地,纺织业形成了纺织、染整、绣花、拉链、服装生产一条龙的产业链。交通网络发达,商业辐射面广,是具有巨大的投资潜力和回报率的商业交易中心。为国内唯一的"全国青年创业基地"。2012年完成生产总值58.97亿元。

3. 乐平市　1992年9月撤县设市,面积1980平方千米,人口89.79万(2011)。位于江西省东北部,赣东北丘陵与鄱阳湖平原过渡地带,农业的自然条件优越,有"鱼米之乡"的美誉,盛产优质粮食、蔬菜、棉花、蚕桑、油料、生猪、家禽和水产,是国家商品粮基地、江西省重点产棉区、中国优良猪种繁育基地。蔬菜种植发达,是赣东北的重要蔬菜生产基地、国家无公害蔬菜生产示范市、中国农产品采集中心之一,有"江南菜乡"之称。矿产资源丰富,是全国4大产锰基地和江西省3大煤炭基地之一、亚洲最大的膨润土储藏地、江西省唯一的海泡石产地。产业以煤炭、电力、化工、纺织、机械、食物、医药、建材为主。2012年完成生产总值207.5亿元。

4. 贵溪市　1996年10月撤县设市,面积2480平方千米,人口61.15万(2011)。位于江西省东北部、信江中游,"东连江浙、南控瓯闽"。土地肥沃,农业资源丰富,是全国商品粮基地、南方最大早熟梨基地、江西省重点产材基地、长江防护林基地、国家储备粮基地。有著名的银矿、石膏矿、瓷土矿,被誉为"铜都银乡"。工业发达,经济实力雄厚,形成了铜材、光电子、建材、化工、医药食品等5大支柱产业,是亚洲最大的铜冶炼基地。具有工业、交通、商贸、信息、旅游等诸多优势和较强辐射功能,是赣东北地区中心城市、闽浙赣革命根据地的重要组成部分。2012年完成生产总值278.52亿元。

5. 瑞金市　1994年5月撤县设市,面积2448平方千米,人口67.46万(2012)。位于江西省东南边陲,武夷山脉西麓,赣江东源贡水上游,因古时盛产砂金得名。资源丰富,是江西省重要的非金属矿产地和出口创汇基地县(市)。农业初步形成了烤烟、肉牛、鳗鱼、脐橙等4大产业,赣南脐橙的主产区和全国绿色食品的生产基地。形成了食品、建材、医药生化、矿产品加工等支柱产业,发制品、箱包、家具生产成为工业经济新的增长点。地处赣闽粤三省通衢之地,是福建沿海地区辐射中西部腹地的中转枢纽,商贸物流发达。是中国革命的摇篮、全国重要旅游城市。2012年完成生产总值88.9亿元。

6. **南康市** 1995年3月撤县设市,2013年11月撤市设赣州市南康区,面积1844.96平方千米,人口80.4万(六普)。位于江西省南部,因"地接岭南,人安物阜"而得名。主要地貌类型为丘陵和山地。有中国客家歌舞之乡、中国甜柚之乡、中国脐橙之乡、中国中部家具产业基地、中国(首选)10佳家具批发市场、中国服装之城、全国先进文化县市、全国瘦肉型商品猪生产基地、食品加工基地等美誉。农业主产稻谷、甘蔗、大豆、花生,盛产柚子、柑橘、油茶、茶叶。工业以服装、建材、家具、制糖、轴承、卷烟、食品、矿产品、轻纺、机械等为支柱产业和电子信息、精细化工等新兴产业。是客家人最早聚居区之一,交通商贸发达。2012年完成生产总值122.89亿元。

7. **樟树市** 1988年10月撤清江县设樟树市,面积1287平方千米,人口59.68万(2012)。原名清江县,地处江西中部,鄱阳湖平原南缘,跨赣江中游两岸,地势平坦,河川纵横,水库、湖泊星罗棋布,为"三山一水五分田、一分道路和庄园"。主要粮食作物有水稻、大豆、红薯等,是国家商品粮基地;经济作物主要有药材、蔬菜、花生等;养殖业发达,是畜牧业百强县(市)。农业形成了药材、粮食、生猪、水禽、蔬菜、工业原料林等主导产业。药业、酒业、盐化工业成为支撑樟树地方经济的3大支柱产业,著名药都。自古有"八省通衢之要冲,赣中工商之闹市"之称,水陆交通十分便利。历史上是江西4大古镇之一。2012年完成生产总值234.02亿元。

8. **丰城市** 1988年10月撤县设市,面积2345.07平方千米,人口169.4万(2012)。位于江西省中部,为全国10大粮食生产先进(县)市、中部百强(县)市、全省10大经济发展综合先进(县)市。资源富饶,特色明显,地上盛产"黄金"(稻谷),地下储藏"乌金"(煤、钨、铜),素有煤海粮仓"金丰城"之美誉。是国家商品粮基地、国家商品渔基地,培育形成了粮食、畜禽水产、油茶苗木3大主导产业,粮食播种面积、总产居全省第1,养殖业产值比重大。能源、冶金、建材、机电、塑业等为工业5大支柱产业。是江西省南北交通要道,处江西"天"字形交通通道的中心点。2012年完成生产总值318亿元,居江西省第1位。

9. **高安市** 1993年12月撤县设市,面积2439.33平方千米,人口83.56万(2011)。位于江西省中部偏西北,低山丘陵与河谷平原相间,概称"四山一水三分田,两分道路和庄园",土壤质地肥沃,地表水和地下水资源均比较丰富,素有"赣中明珠"之称,盛产粮、棉、油、蔬、果、桑、茶、猪、牛、禽,被誉为江西的"粮仓""棉海""油库",是全国重要的商品粮基地、生猪出口、棉花生产、乌龙茶、水产、秸秆氨化养牛基地,重点发展了"牛、车、花、菜"4大主导产业。工业已形成建材、食品、轻纺、化工、采矿5大支柱产业,尤其以建筑陶瓷业闻名。2012年完成生产总值151.24亿元。

10. **德兴市** 1990年12月撤县设市,面积2101平方千米,人口(常住)29.58万(2012)。取"山川之宝,惟德乃兴"之意而定名。位于江西省东北部,赣浙皖3省接壤处,地处赣东北低山丘陵,是全国最早"百强"林业县(市)和全国科技兴林试点县(市)之一。素有"铜都""银城""金山"之美誉,德兴铜矿是世界5大斑岩铜矿之一、亚洲第1大斑岩矿山,年产铜居全国之首,年产黄金居江南之首,为全国有色金属工业的重要基地。是一个融合各地文化极具包容性的移民城市,以"铜文化""多元文化"著称。是著名的闽浙赣革命根据地。2012年完成生产总值122.11亿元。

11. **井冈山市** 1984年撤县设市,面积1276平方千米,人口16.21万(六普)。位于江西省西南部,地处湘赣2省交界的罗霄山脉中段,古有"郴衡湘赣之交,千里罗霄之腹"之称。是中国革命的摇篮、全国首批百个爱国主义教育示范基地、第1批国家级重点风景名胜区、中国旅游胜地40佳、中国优秀旅游城市、国家5A级风景旅游区。森林覆盖率达到86%,生物资源丰富。以旅游兴市,形成了造纸、瓷业、硅酸盐、花岗岩、木材加工、竹制品、土特产加工等特色工业群体;农业生产已由传统型向科技型、开发型、集约型方向转化,特种养殖、特种水产、三高旅游农业等科技示范基地建设初见成效,农业生产商品化程度明显提高。2012年完成生产总值44.04亿元。

第七节　山东省

山东省位于中国东部环渤海地区,全省可以分为内陆和半岛2部分。西北部内陆地区为平原,沃野千里,有黄河、京杭运河穿流而过;中部地势隆起,有泰山巍然耸立;东南部为沂蒙山区,丘陵连绵;东部为半岛地区,突出于黄、渤海之间。山东省自然条件得天独厚,自古以来便人口兴旺、文物荟萃,产生了许多名城。

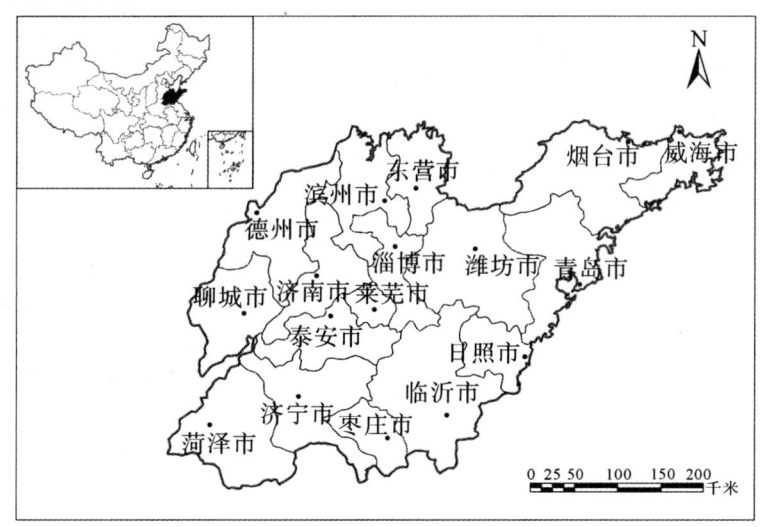

图3-3-7　山东省行政区划图

自春秋时起,便有了显赫富庶的齐都城临淄和礼乐之都鲁都城曲阜;秦汉之后,兖州、青州又成为全国著名的纺织中心;及至京杭大运河漕运兴起,济南、济宁、德州、东昌(聊城)等城市又相继崛起;到了近代,还出现了一些半殖民地半封建色彩的城市,如青岛、烟台、威海;中华人民共和国成立后尤其是改革开放后,山东省城市发展迅速,至2010年底,山东下辖2个副省级市(济南、青岛)、15个地级市(淄博、枣庄、东营、烟台、潍坊、济宁、泰安、威海、日照、滨州、德州、聊城、临沂、菏泽、莱芜)、50个市辖区、30个县级市、60个县。全省常住人口为9879.31万[1](六普)。2012年完成生产总值50 013.2亿元,仅次于广东省,居全国2位。

一、各副省级市和地级市发展情况

1. 济南市

济南又称"泉城",位于山东省中西部,南依泰山,北跨黄河,是全省的政治、经济、文化、教育中心,也是国家副省级城市和沿海开放城市,辖6区(市中、历下、天桥、槐荫、历城、长清)、1市(章丘)、3县(平阴、济阳、商河),总面积8227平方千米,人口681.4万(六普)、市区人口260万。

济南历史悠久,春秋战国为齐国之泺邑,2100多年前的汉代改称济南,汉成帝永始元年(前

---

[1]本节中所涉及的行政区划及人口数量均为2010年底数据。

16)设立济南国,宋至道三年(997)为齐州,宋政和六年(1116)升为济南府,1929年设济南市。现规划定位为山东省省会,著名的泉城和国家历史文化名城,环渤海地区南翼和黄河中下游地区的中心城市。规划构建"一心三轴十六群"的城镇空间组织结构;中心城空间结构为"一城两区"。

地处鲁中南低山丘陵与鲁西北冲积平原的交接带上,河流主要有黄河、小清河2大水系。南部山区盛产苹果、黄梨、柿子、核桃、山楂、板栗等,白莲藕、大葱、玫瑰花、芦苇等植物也有较高的产量,主要有铁、煤、花岗石、耐火粘土以及铜、钾、铂、钴等矿产,经济繁荣,具有良好的农业水土资源,悠久的蔬菜种植传统,享有"全国菜篮子"的美誉,培育出"章丘大葱""平阴玫瑰""槐荫元葱"等一批名优特农副产品,在国际市场具有较高的知名度。电子信息、交通设备、家用电器、机械制造、生物工程、纺织服装等6大主导产业在国内外有着举足轻重的地位,高新技术、信息产业发达,IT产业经济总量在中国名列第3位,是中国软件名城、国家创新型城市之一。现代服务业繁荣发达、服务功能建全。东西连通山东半岛与华中地区,是环渤海经济区和京沪经济发展轴上的重要交会点、全国重要的交通枢纽和物流中心,交通发达。2012年全市地区生产总值为4812.68亿元。

济南是中华文明中闻名世界的史前文化——龙山文化的发祥地、国家历史文化名城,自然风光秀丽,趵突泉与大明湖、千佛山并称济南3大名胜,72名泉如翡翠在济南大绿毯上镶嵌,日夜叮咚,光彩闪耀。历史名人有李清照、辛弃疾、秦琼、于慎行、张养浩、李开先、李攀龙、邹衍、墨翟、鲍照、伏生。特产有平阴阿胶、章丘大葱、龙山小米、明水香稻、黄河大米、平阴玫瑰、红玉杏、鲁绣、商河彩椒等。

2. 青岛市

位于山东半岛南端、黄海之滨,是中国重要的海滨港口城市、副省级城市和首批沿海开放城市,辖7区(市南、市北、四方、李沧、崂山、城阳、黄岛)、5市(胶南、胶州、平度、莱西、即墨),总面积11 282平方千米、市区面积1471平方千米、海域面积1.22万平方千米,常住人口为871.51万(六普)、市区人口为371.88万(六普)。

青岛历史悠久,著名文化遗址有岳石文化遗址、北阡遗址、三里河文化遗址等。宋元时期为商船寄泊之所,明设为口岸,光绪十七年(1891)为清总兵府,光绪二十三年(1897)德国以"巨野教案"为借口占领青岛,1914年日英联军占领青岛,1922年中国收回青岛并设青岛市,1929年设青岛特别市,1930年改为青岛市,1949年为省辖地级市,1986年为计划单列市,1994年为副省级城市。现规划定位为中国东部沿海重要的中心城市,国家历史文化名城,国际港口城市,滨海旅游度假城市。规划确定"依托主城、拥湾发展、组团布局、轴向辐射"的空间发展战略,中心城市构建"青岛、黄岛、红岛、崂山一主三辅"的现代化城市框架。

青岛海岸线863千米,其中大陆海岸线730千米;海湾49处,较大的有胶州湾、琅琊湾、鳌山湾、灵山湾、崂山湾、丁字湾等;海岛69个,最大的红岛(28平方千米)已经陆连为半岛。优势矿产资源有石油、黄金、石墨、饰材花岗岩、饰材大理岩、透辉岩、滑石、沸石岩,风能资源非常丰富。是中国东部沿海重要的经济中心城市,山东半岛城市群的中心城市,经济实力雄厚,拥有机车车辆、造船海工、电子家电、石油化工、汽车制造、机械、橡胶、钢铁、食品酒水、轻工等优势产业,海洋产业、生物医药、直升机制造、新能源、新材料、动漫创意、软件等新兴产业也已具有规模,港口外贸、海洋科研、旅游度假等是其特色产业,拥有海尔、海信、青岛啤酒等知名的大企业集团,品牌企业众多,被誉为"中国品牌之都"。海陆空交通条件优越,有著名天然良港、流亭国际机场、海底隧道、跨海大桥、跨海轮渡、输油管道,公路运输十分发达。2012年完成地区生产总值7302.11亿元。

青岛的城市建设颇有特色,市区建筑中西、古典现代各种风格兼容并蓄,依山傍海,是国家历史文化名城、首批中国优秀旅游城市,国家重点文物保护单位34处,景点有崂山风景名胜区、青岛海滨风景区、八大关风景区、薛家岛旅游度假区、琅琊台风景名胜区、大珠山风景区、灵山岛风景区等。著名的长寿之乡。历史名人有宁戚、田单、刘寄、徐万且、田横、郑玄、薛禄、王邦直、黄嘉善、胡峄阳、高凤翰等。特产有崂山石、"西施舌"海贝、胶州湾杂色蛤、崂山拳头菜、胶州大白菜、崂山绿茶、大泽山葡萄等。

3. 淄博市

位于山东中部,鲁中山区与鲁北平原的交接地带,北靠黄河,西邻济南。是一座独具特色的组群式城市、国务院批准的山东半岛经济开放区城市。辖5区(张店、临淄、淄川、博山、周村)、3县(桓台、沂源、高青)、12个省级以上经济开发区,总面积5968平方千米、市辖区面积2972平方千米,人口456.07万(六普)、市辖区人口312.92万(六普)。

淄博历史悠久,西周封姜尚,建立齐国;在周代作为齐国都城长达800多年,在先秦历史上有举足轻重的地位;汉唐时代是中国历史上著名的进行东西方经济文化交流的重要通道、"丝绸之路"的源头之一;1927年始置淄博,1950设淄博市,1954年升为地级市。现规划定位为山东省区域性中心城市、现代工业城市、历史文化名城。规划形成"一城两轴十三片"的市域空间布局结构;中心城区形成"一核四副"的城市布局结构。

淄博是近代以来中国工矿业开发最早的地区,是全国重要的工业城市,经济发达,主要工业有石油化工、医药、建材、纺织、丝绸、陶瓷、冶金、电子、塑料、机械等35个门类,是全国重要的石油化工基地、5大瓷都之一以及建材主产区之一,也是重要的医疗设备及基础电子元器件生产基地。区位优势、产业基础,使淄博成为山东省重要的陶瓷、建材、化工、机电、物流中心,其中淄川建材城、淄川服装城、临淄化工商城、周村纺织大世界、博山陶琉大观园、齐鲁汽车贸易城等一批大型专业批发市场辐射江北乃至全国。山东省重要的交通枢纽城市,铁路贯通,公路纵横,交通方便;是鲁中电信中枢和邮件处理中心,国际互联网以及现代化通讯业务发展迅速,对外联络畅达;为鲁中物流中心,淄博保税物流中心(B型)是山东省第3家保税物流中心,也是国内第1家"无水港"。是全国首批科技兴市试点市和国家级星火技术密集区,山东省硅酸盐、新材料、石油化工、医药、机械、冶金、丝绸、陶瓷、电子、建材等方面的重要科研基地。2012年全市实现地区生产总值3600亿元。

淄博是齐文化的发祥地、国家历史文化名城、中国优秀旅游城市、国家园林城市、国家文明城市、全国绿化模范城市,临淄故城及周围地带文物古迹浩繁,中国古代蹴鞠(足球)起源于春秋战国时期的齐都临淄。有齐长城、田齐王陵、稷下学宫、桓公台、博山淋漓湖、马踏湖、聊斋城、原山、鲁山、马鞍山等景区。历史名人有姜尚、齐桓公、管仲、李化熙、孙廷铨、孙膑、淳于意、左思、房玄龄、蒲松龄、赵执信、王渔洋、焦裕禄等。特产有淄博陶瓷、蹴鞠、临淄花边、陶瓷刀、博山琉璃、博山内画瓶、淄砚、周村丝绸、四官撑凳、临淄王牌马扎、扳倒井、蒲公酒、清真酱牛肉、周村烧饼、煮锅、卤汁羊肉、马踏湖白莲藕、宫家山药、博山酥锅、道口咸菜、黄河大米、王村醋、豆腐箱子、南韩豆腐干。

4. 烟台市

位于山东半岛中部,北濒渤海、黄海,是国家首批沿海开放城市之一,环渤海经济圈内以及东亚地区国际性港城、商城、旅游城。辖4区(芝罘、福山、牟平、莱山)、7市(龙口、莱阳、莱州、招远、蓬莱、栖霞、海阳)、1县(长岛)、1个高新区、1个经济技术开发区、1个出口加工区,总面积13 745.95平方千米、市区面积2643.60平方千米,常住人口696.82万(六普)、市区常住人口达222.77万(六普)。

烟台历史悠久,是中国古代早期文化发祥地之一。秦名芝罘,汉、晋、南北朝为东莱,隋为莱州,唐置登州、莱州;明洪武三十一年(1398)为防止海寇侵扰设烽火台,烟台由此得名;清咸丰十一年(1861)改登州为烟台,1934年设烟台特区,1938年设烟台市,1947年为省辖市,1958年改为县级市,1983年复为地级市。现规划定位为前沿城市、核心城市、港口城市、魅力城市。市域空间结构形成"两带两轴一岛"的滨海带状组团城市结构;中心城区"一核一轴三片"的布局结构。

烟台地形为低山丘陵区,沟壑纵横交错,河网较发达,盛产苹果、大樱桃、梨和葡萄,是中国北方著名的水果产地。海岸线长达909.3千米,有大小基岩岛屿63个,是全国渔业基地之一。是中国重要的黄金产地,黄金储量位居全国第1。是中国近代工业发祥地之一、中国近代邮政的发祥地,经济发达,已形成以轻纺、机械、建材、电子、冶金、医药等行业为主的工业体系,拥有汽车、数码、葡萄酒、黄金等特色优势产业,核电、船舶等产业也在兴起。以粮油、水果、水产、畜牧、蔬菜5大产业为支柱的农业产业布局已基本形成。基本形成了陆海空立体交通网络,拥有莱山、蓬莱2个国际机场,空港为国家一类开放口岸;航海业在全国占有重要地位。已成为新兴的亚太经贸城,有亚洲唯一的国际葡萄·葡萄酒城。2012年全市实现生产总值5281.38亿元。

烟台山海相拥,有金沙碧浪、蓬莱仙阁,是北方著名的旅游避暑和休闲度假胜地、中国优秀旅游城市、最佳中国魅力城市、中国最美丽城市,曾被授予"联合国人居奖"。主要景点有蓬莱阁、南山、养马岛、长山列岛、芝罘岛、昆嵛山、东炮台海滨等。历史名人有徐福、徐岳、太史慈、丘处机、戚继光、王懿荣、徐镜心、吴佩孚、杨子荣、杨朔、曲波等。特产有烟台焖子、盘丝饼、大樱桃、麻渠大糖、苹果等。

5. 潍坊市

位于半岛中部,北濒渤海,是山东蓝色半岛经济区的中心城市之一,辖4区(潍城、寒亭、坊子、奎文)、6市(青州、诸城、寿光、安丘、高密、昌邑)、2县(昌乐、临朐)、4个功能区(滨海经济开发区、高新技术开发区、综合保税区、峡山生态经济发展区),总面积1.59万平方千米、中心市区建城区面积128平方千米,常住人口为908.62万(六普)、市区人口108万。

潍坊历史悠久,源远流长,夏属青州,商属营州,汉为平寿县,隋开皇十六年(596)置潍州(设北海县),明改北海县为潍县,1948年置潍坊特别市,同年置昌潍专区,1949年潍坊特别市改潍坊市,1983年升为地级市。现规划定位为山东半岛城市群的区域中心城市。规划形成"一主五副两翼"的城镇体系空间结构;中心城市形成"一城四片区"的组团式布局结构。

潍坊南部是山区丘陵,中部为平原,北部是沿海滩涂。是一个农业大市,主产粮食、棉花、油料、蔬菜、水果、烟草、牲畜,是山东省农副产品集中产区之一,建成了寿光蔬菜、诸城肉鸡、安丘蜜桃、青州食用菌、昌乐西瓜和肉鸡等一大批名优特稀农产品生产基地。有12种矿产储量居山东省首位,其中蓝宝石、地下卤水储量居全国首位。工业发展较快,是历史上著名的手工业城市,现已形成机械装备、纺织服装、海洋化工、食品加工、造纸包装5大支柱产业,电子信息、生物医药等新兴产业发展迅速,北部沿海有盐及盐工业,潍柴集团是全球最大的船舶动力制造基地,潍坊海化集团是全国最大的海洋化工生产基地。扼山东内陆腹地通往半岛地区的咽喉,素有"胶东走廊"之称,是全国公路交通主枢纽城市,潍坊机场是全国4个航空邮件处理中心之一,潍坊港是国家一类开放口岸、羊口港一个国家二类开放口岸。2012年全市完成地区生产总值4012.43亿元。

潍坊是一座历史文化名城、著名的世界风筝都、中国优秀旅游城市,名胜古迹众多,旅游资源丰富,青云山、范公亭、山旺化石、恐龙化石、沂山国家森林公园等名胜古迹中外驰名。历史名人辈出,有晏婴、刘统勋、刘墉、贾思勰、王猛、王镇恶、郑玄、赵明诚、韩熙载、张择端、王曾、赵秉忠、王寿彭、曹鸿勋等。特产有潍坊萝卜、风筝、杨家埠年画、潍坊相框、诸城辣丝、潍坊核雕等。

6. 威海市

位于山东半岛东端,三面临海,是沿海开放城市、著名的港口及旅游城市,辖1区(环翠)、3市(乳山、文登、荣成)、2个国家级开发区,总面积5436平方千米、市区面积731平方千米,总人口280.48万(六普)、市区人口246.22万。

明洪武三十一年(1398)设威海卫,光绪二十四年(1898)被英国强租,1930年中国收回,1945年设威海卫市,1987年升为地级市。现规划定位为人居精品海湾城市;城市职能为中韩经济带的桥头堡、国际性海滨旅游度假地、山东半岛制造业基地组成部分、区域性教育科研中心、适宜人类居住的城市、市域服务业中心城市、全国重要的海洋产业基地。规划形成"一个主中心、四个副中心、三条发展带、十三个重点镇"的"A"字型市域城镇空间结构;市区为"一线多核多组团"的带型城市布局结构。

威海市属起伏缓和,谷宽坡缓的波状丘陵区,海岸线曲折,岬湾交错,多港湾、岛屿,海域广阔,浅海和潮间带有丰富的生物资源。依山傍海,兼得山海之利,对发展渔业、果业、种植业、畜牧业生产具有优势,粮食作物主要有小麦、玉米等,经济作物主要有花生、大豆等,是省重要的商品粮、花生、水果、海产品生产基地和重点产区,中国最大的渔业生产基地之一。工业基础较好,以轻工、纺织、机械、电子等行业为支柱,小型胶印机、节能电机、程控交换机等新技术在国内外市场上具有一定的覆盖率和竞争力,手工羊毛地毯、机织羊毛地毯、钓鱼竿等名优特产品以及女绣花衣、抽纱刺绣制品、丝绸、轮胎、皮革制品闻名遐迩,是传统出口商品。扼渤海海口,连南北海防,是中国北方重要的军港之一。2012全市实现地区生产总值2337.86亿元。

威海是中国第1个国家卫生城市、首批国家环境保护模范城市之一、国家森林城市、中国优秀旅游城市、联合国评为全球改善人居环境范例城市、旅游避暑胜地,曾荣获"联合国人居奖",有刘公岛、成山头、马山港、铁槎山、昆嵛山、乳山口、圣水宫、银滩、天鹅湖风景游览地。特产有胶东大花生、威海苹果、荣成黄桃、乳山阳梨等。

7. 东营市

位于山东省东北部、黄河入海口的三角洲地带,是万里黄河的海口城市、国家规划的黄河三角洲的中心城市。辖2区(东营、河口)、3县(广饶、垦利、利津)、2个开发区,总面积7923平方千米,常住人口203.53万(六普)。

东营以石油兴市。原为村名,传说因唐太宗李世民东征时曾在此设军营而得名。1983年以胜利油田基地(现东营市西城)为中心建立东营市。现规划定位为山东加工制造业基地,以石油、石油化工、盐化工为主导产业的黄河三角洲中心城市。规划中心城区形成"一城二区三中心"双组团集中布局的结构形态。

以平原地貌为主,由于历史上黄河改道和决口频繁,地表受洪水的反复冲切和淤积套叠,形成复杂微地貌。以自然资源的富饶而著称,湿地辽阔,浅海生物资源丰富,渔业、畜牧等为优势产业,特色水产品养殖快速发展,素有"百鱼之乡"和"东方对虾故乡"的美称。石油、天然气、地热资源为优势矿产,储量居全省第1位,拥有中国第2大石油工业基地——胜利油田,风能、太阳能、海洋能、地热能、生物质能等资源丰富,是重要的能源基地。以石油工业为主体,电子信息、汽车及零部件、新能源等高端产业初具规模,为中国石油化工产业区。文化旅游、现代物流、服务外包、金融保险等产业成为新的增长点。内控黄河、外濒渤海,是环渤海经济圈与黄河经济带的交会点,具有显著的区位优势。公路密度居中国沿海城市前列,东营港是黄河经济带连接东北亚最佳海陆通道中的枢纽,东营飞机场是国家二级机场,国家规划的华东10大国际机场之一。2012年全市地区生产总值达到3000.66亿元。

东营市风光奇秀,文化多元,是山东吕剧的发源地,具有独特的旅游资源。主要旅游景点有黄河口自然保护区、黄河口国家级森林公园、天鹅湖公园、清风湖公园、新世纪广场、胜利广场、胜利油田科技展览中心等。

8. 泰安市

位于山东省中部的泰山南麓,因泰山得名,是著名历史文化旅游城市,辖2区(泰山、岱岳)、2市(新泰、肥城)、2县(宁阳、东平),总面积7761平方千米,建城区面积104平方千米,人口549.42万(六普)、城区人口85万(六普)。

泰山地区是华夏文明的东部发祥地、东夷海岱文明的源头区、儒家文化的承载区,5000多年前形成了繁荣的大汶口文化,成为华夏文明史上的一个重要里程碑。西汉初设泰山郡,金天会十四年(1136)设泰安郡,1958年设泰山市,1985年改为地级泰安市。现规划定位为以泰山为依托的历史文化名城和风景旅游城市,鲁中地区中心城市之一。规划市域城镇体系形成"一心两轴五组团"的市域城镇空间结构;中心城区形成"一主一副"的空间布局结构。

境内拥有多种地貌类型,山地、丘陵、平原、洼地、湖泊兼而有之。粮、棉、油、果、蔬菜、畜牧等农产品十分丰富,有名特优苗种繁育基地、水库网箱养鱼基地、池塘精养高产基地、东平湖区名优养殖基地、泰山赤鳞鱼基地等5大水产生产基地。是中国石膏、硫、花岗岩的主要产地,水能资源比较丰富,主要工业门类有机械、电子、化工、纺织、轻工、建材、煤炭、电力、仪器、食品等,旅游、商贸、餐饮、中介、咨询、社会服务设施完善。交通发达,铁路、公路纵横成网,航运正在起步。处于山东省东部大开放和西部大开放的结合部,利于东拓西进,开展经济技术协作与联合。2012年全市实现地区生产总值2547.0亿元。

泰安是一座历史文化名城、中国优秀旅游城市,有泰山、徂徕山、莲花山、东平湖("水泊梁山"的仅存水域)等风景区。历史名人有左丘明、鲍叔牙、柳下惠、羊欣、程咬金、石介、罗贯中、羊祜、师旷、柳下跖、萧大亨、羊祉、赵国麟等。特产有宁阳大枣、肥城桃(佛桃)、泰山赤鳞鱼、泰山赤灵芝、泰山板栗、泰山核桃、宁阳大刺黄瓜、河岔山鸭蛋、汶河花生、东平湖鲤鱼、4大名药(何首乌、紫草、黄精、四叶参)、演马牛肉等。

9. 莱芜市

位于山东中部、泰山东麓,是以钢铁为主导的新兴工业城市,辖2区(莱城、钢城)、1个省级高新区和5个省级园区,人口129.85万(六普)。

莱芜古称嬴、牟,历来是兵家必争之地,春秋时期在这里发生过"长勺之战",解放战争时期华东野战军曾在此发动了著名的"莱芜战役"。春秋为牟国及齐嬴邑、平州邑地,秦置嬴县,西汉置莱芜县,1983年设莱芜市,1992年升为地级市。现已形成以莱城为中心、钢城为副中心、中心镇为支点的组团式城市格局。现规定定位为山东钢铁生产和深加工基地,山水园林城市。规划形成"两心两轴六片"的城镇总体布局。

莱芜为南缓北陡、向北突出的半圆形盆地,是山东省重要的农业产区,盛产小麦、玉米、花生、地瓜和多种蔬菜、果品,尤其是以出产姜、大蒜、大红袍花椒享誉全国,是中国生姜之乡、中国花椒之乡和中国黄金蜜桃之乡,全国著名的粮菜果畜生产基地。自然资源丰富,素有"钢城煤都"之称,是山东省重要的煤炭产区,铁矿石储量占山东省总储量的1/3,在全国占重要地位。工业基础雄厚,初步形成以钢铁工业为龙头,冶金、能源、机械、轻纺、建材为支柱,是山东钢铁生产和深加工基地、国家新材料产业化基地。2012年全市实现生产总值631.41亿元。

莱芜地处齐鲁文化的交会地带，是齐鲁文化重要发祥地，自然旅游资源有山、水、林、洞、峡、潭、瀑、泉等，有国家4A级旅游区3处、3A级旅游区4处、国家和省级工农业旅游示范点11处。为中国国际航空节的永久举办地。特产有生姜、大蒜、鸡腿葱、大红袍花椒、庙子粉皮、莱芜香肠等。

10. 日照市

位于山东东南部、黄海之滨，是一座新兴的港口城市和海滨旅游城市，辖2区（东港、岚山）、2县（莒县、五莲）和日照经济开发区、山海天旅游度假区，陆域总面积5310平方千米，海域面积6000平方千米，人口287.92万（六普）。

日照是一座年轻而古老的城市，两城镇在公元前3500年到公元前2000年时为亚洲最早的城市。夏商为东夷境地，春秋战国先后为莒、越等国境地，秦属琅琊郡，西汉置海曲县，东汉称西海县，宋元祐二年（1087）取"日出初光先照"之意置日照镇，金大定二十四年（1184）置日照县，1985年撤县设市，1989年建地级日照市。现规划定位为新亚欧大陆桥的东方桥头堡，临港工业和海滨旅游业发达的阳光城市。规划形成"双城一区"的轴向分片布局结构。

日照山区、丘陵、平原各占1/3，海岸线长168.5千米，自然资源丰富，为北方沿海富水区，是山东省粮食、花生、水产品、蚕茧、烤烟、果品、畜牧、中药材等重要产地，北方最大的绿茶生产基地，中国4大水产品苗种繁育中心之一。日照临港工业快速崛起，以钢铁、能源、机械制造、船舶修造、浆纸、食品加工、粮油加工、木制品加工、石油化工等为基本框架。位于环太平洋经济圈、泛黄海经济圈、中国沿海经济带与新亚欧陆桥经济带的结合部，是中西部沿桥地区的便捷出海口和对外开放窗口。"两港通四海、一桥系欧亚"，港口、铁路、公路、航空构建起日照的便捷交通网，日照港拥有石臼、岚山2大港区，在国家生产力布局和大宗散货运输格局中具有重要战略地位。2012年全市地区生产总值为1352.57亿元。

日照是中华文明的重要发祥地之一，是中国远古时期的太阳文化起源地，大汶口文化、龙山文化等史前文化遗址众多，以"蓝天、碧海、金沙滩"而著称，是著名的避暑度假胜地和生态城市、中国优秀旅游城市、国家园林城市、国家可持续发展实验区、水上运动之都。有万平口风景区、海滨国家森林公园、九仙山风景区等著名景区。历史名人有姜子牙、刘勰、焦竑、许瀚、丁肇中、宋平等。

11. 临沂市

临沂因濒临山东省第1大河沂河而得名，位于山东东南部、沂蒙山区，濒临黄海，南邻江苏，辖3区（兰山、罗庄、河东）9县（沂南、郯城、沂水、苍山、费县、平邑、莒南、蒙阴、临沭）3个功能性区划（临沂高新技术产业开发区、临沂经济技术开发区、临沂临港经济开发区），总面积17 184平方千米，人口1003.94万（六普），是山东省面积最大和人口最多的地级市。

临沂历史悠久，是中华文明的重要发祥地之一。秦置琅琊郡，隋置沂州，清雍正十二年（1734）升沂州为府置兰山县，1914年改兰山县为临沂县，1958年撤县设市，1994年升为地级市。现规划定位为鲁东南地区的中心城市、全国性商贸中心之一、历史文化名城、具有滨水特色的现代工贸城市。规划主城区以沂河为轴构建"一河五片"组团式空间布局结构。

临沂地处鲁中南低山丘陵区东南部和鲁东丘陵南部，河道纵横交错，山地植被比较茂密，是发展林果业、畜牧业的主要基地；丘陵地带是花生、地瓜、玉米、黄烟等作物的主要产地；临郯苍平原土层深厚，土质肥沃，是粮食和蔬菜主要产区，素有"粮仓"之誉。矿产资源、水资源丰富。形成了以轻工、纺织、机械、化工、建材、冶金、煤炭、食品、黄金、医药等为主工业体系，目前是中国最大的胶合板生产基地、山东省的建材和黄金生产基地。致力于红色旅游和商贸物流业发展，商业发达，是连接南北重要的物流城、商贸城。地理位置优越,是鲁苏的交通要道,南北交会,海陆兼济,交通便利,临沂机场为山东5大民用机场之一。2012年实现地区生产总值3012.81亿元。

临沂是知名的红色老区(即沂蒙山区)、国家园林城市、中国优秀旅游城市、中国书圣文化之乡、中国诸葛亮文化之乡,是享誉海内外的"书圣故里"、中国书法名城。主要景点有宝泉寺、盛能游乐园、汤头温泉、大宗山朗公寺、山东地下大峡谷、沂水天然地下画廊、沂水雪山彩虹谷、天上王城、蒙山、云瀑洞天、孟良崮、苍马山等。历史名人有诸葛亮、王羲之、王献之、王导、王敦、王戎、王衍、颜之推、颜师古、曾子、刘洪、王祥、荀子、蒙恬等。特产有塘米、沙沟芋头、孝河藕、郯城大油粟、黄金桃、大金星山楂、红荷包杏、苍山大蒜、牛蒡、莒南绿茶、费县奇石、蒙山全蝎、郯城银杏、金银花、沂蒙煎饼、八宝豆豉、天宝黄、沂蒙山楂、莒南板栗、蒙阴光棍鸡、沂蒙潘湖狗肉、兰陵美酒、糁等。

12. 济宁市

位于山东南部,辖2区(市中、任城)、3市(曲阜、兖州、邹城)、7县(鱼台、金乡、嘉祥、微山、汶上、泗水、梁山)、2个功能区(济宁国家高新技术产业开发区、北湖旅游度假区),总面积11 000平方千米、市中区面积381平方千米,常住人口808.19万(六普)、市区人口111.53万(六普)。

历史文化悠久,是轩辕黄帝和孔孟的故乡。夏为仍国、任国,秦称任城县,元至正八年(1348)置济宁路,明置济宁府、济宁州,1913年改为济宁县,1946年设济宁市,1983年升为地级市。现规划定位为以发展先进制造业和现代服务业为主的鲁南中心城市之一,以运河文化为特色的历史文化名城。规划都市区城镇空间为"组团型点轴结构",市域城镇空间结构为"一心三轴一带"。

鲁南泰沂低山丘陵与鲁西南黄淮海平原交接地带,地貌较为复杂,有北方著名淡水湖泊微山湖。资源优势独特,是全国重要的粮棉油基地和特色农产品基地。煤炭储量占山东省的一半以上,是国家的煤炭能源基地之一;稀土储量位居全国第2,为中国稀土之乡。形成了以工程机械及纺织机械、汽车及零部件、生物医药及食品、电子信息及光电、纺织服装及新材料等特色产业。位于鲁苏豫皖4省结合部,是连接华东与华北、中原与沿海的重要交通枢纽,往来京沪的动车组列车在兖州站停靠,京沪高铁曲阜站已建设完成并试运营,内河航运能力占全省的80%以上,济宁曲阜机场顺利通航。2012年全市实现地区生产总值3189.4亿元。

济宁,孔孟之乡、运河之都,是东方文明、中华文明的重要发祥地和儒家文化发源地,始祖文化、孔孟文化、运河文化、水浒文化、佛教文化、李白文化、梁祝文化、汉碑汉画像石文化、山水文化等10大文化交相辉映,形成了"东文西武、南水北佛、中古运河"的旅游格局。历史名人有周公旦、孔子、子路、颜回、子思子、孟子、子鱼、谷梁赤、孔安国、孔融、孔尚任、陈汤、储光羲、毕再遇、匡衡、刘表、王粲、靳云鹏、郑钧、王弼、秦九韶等。特产有玉堂酱园、济宁"三大怪"、鲁锦、彩印花布、楷雕、石雕、碑帖、尼山砚、曲阜香稻、园林花木、柳编、小尾寒羊、鲁西黄牛、微山湖四鼻孔鲤鱼、微山湖松花蛋、微山湖鳖鱼、微山湖菱香酒等。

13. 枣庄市

位于山东省南部,东依沂蒙山,南接徐州,辖5区(市中、山亭、峄城、台儿庄、薛城)、1市(滕州),总面积4563平方千米,常住人口372.93万人(六普)。

枣庄因古代神农氏(炎帝)曾在此处建立庄园、种枣树而得名。著名的台儿庄大战、铁道游击队、运河支队、鲁南战役都发生在这里,有"中国红色经典城市"的美称。秦置兰陵县,隋改为承县,金置峄州,明为峄县,1960年峄县改为县级枣庄市,1961年升为地级市。规划形成"两区三团三镇"协调发展的组团式城市远景布局结构。

枣庄市地处鲁中南低山丘陵南部地区，属于黄淮冲积平原的一部分。农业经济占重要地位，主要粮食作物为小麦、玉米、水稻，有优质梨、樱桃、桃、李子、葡萄、石榴、板栗、大枣、核桃、苹果等10大林果生产基地，是国家商品粮基地、全国著名的芸豆之乡、马铃薯之乡和无公害蔬菜栽培基地。枣庄是一个资源型城市，一个因煤而建、因煤而兴的现代化城市，是华东地区重要的煤炭能源和石膏、水泥建材基地。枣庄是京沪2大城市的节点城市，又是东部沿海和西部内陆腹地的过渡带，地理位置优越，交通便利，有枣庄港、滕州港、台儿庄港、峄城港，是山东省继济南之后第2个拥有BRT的城市。2012年全市生产总值完成1702.92亿元。

拥有始祖文化、城邦文化、运河文化、工业文化，是红色革命的热土，处于"一山、一水、两汉、三孔"黄金旅游线上，是一座充满活力、独具魅力的新兴旅游城市，为"江北水乡、运河古城"，素有"鲁南明珠"之称。有微山湖湿地、熊耳山国家地质公园、抱犊崮国家森林公园、冠世榴园生态文化旅游区、台儿庄古城等景区。历史名人有奚仲、墨子、鲁班、滕文公、毛遂、孟尝君、叔孙通、匡衡、疏广、贾三近、贺敬之等。

14. 聊城市

聊城也称"凤凰城"，位于山东西部，冀鲁豫3省交界处，辖1区（东昌府）、1市（临清）、6县（高唐、阳谷、茌平、莘县、东阿、冠县）和经济技术开发区，总面积8715平方千米、市区面积1254平方千米，常住人口578.99万（六普）、市区人口100万。

聊城历史悠久，因古有聊河而得名。秦置聊城县，1958年设市，1963年改市为县，1983年恢复市制，1997年设地级市。现规划定位为以发展能源、交通、机械、商贸、旅游业为主的国家历史文化名城。规划城市以现状为依托向东、西方向发展，形成集中组团布局形态。

聊城地形较为平缓，大部为黄河冲积平原，水利资源充足，生物资源种类繁多，煤、石油、天然气、石灰石、石膏、铁等地下矿藏丰富。现代农业发达，是中国重要的商品粮、优质棉、蔬菜、果品、畜禽生产基地和农副产品深加工和出口基地，其中高蛋白小麦、鸭梨、圆铃大枣、香瓜、小尾寒羊、鲁西黄牛等名优稀特产品驰名中外，无公害蔬菜种植面积大，食用菌栽培面积居全国首位。矿产资源丰富，煤炭、电力产业兴盛。市境商贸昌盛，农业、纺织业、印刷业、笔业、工艺品生产业、砖窑业、食品业、造船业、漕运业发达。代表中国商业文明的京杭大运河和代表农业文明的黄河在此交会，贯穿中国南北的京九铁路和连接祖国东西的胶济邯铁路及高速公路在此相交形成"黄金大十字"，不仅起着辐射和带动鲁西经济发展的中心作用，而且也是与山西、河南等内陆省份进行经济、技术、文化交流的重要通道，是中国重要的交通枢纽、能源基地、内陆口岸和辐射冀鲁豫交界地区的中心城市。2012年实现地区生产总值2145.65亿元。

聊城是国家历史文化名城，素有"江北水城""中国北方的威尼斯"之称，有光岳楼、景阳冈、海源阁藏书楼、狮子楼、东昌湖、马颊河度假村等名胜古迹。历史名人有伏羲、孙膑、武训、马本斋、季羡林、张自忠、傅斯年、孔繁森等。

15. 德州市

位于黄河下游，山东西北部，辖1区（德城）、2市（乐陵、禹城）、8县（陵县、宁津、齐河、武城、庆云、平原、夏津、临邑）、2个开发区，总面积1.03万平方千米，常住人口556.82万（六普）。

德州自秦汉以来一直为历代郡、州、府、县治所，明清是全国33个工商业大城市之一，明洪武九年（1376）设德州卫，1946年设立县级德州市，1950年建德州地区，1964年更名为德州专区，1994年撤专区设立德州市。现规划定位为冀鲁交界地区重要的交通枢纽和以工贸为主的区域中心城市。规划强化轴向骨架生长，构建指状城镇空间，最终形成"一带两翼"的城镇空间格局。

德州为典型的黄河冲积平原,黄河、京杭大运河穿境,水资源丰富,粮棉菜畜产量均居全省前列,是重要的粮棉果蔬农副产品生产基地,有粮棉重点区、粮棉瓜果区、粮枣牧区、棉粮林牧区、粮枣牧渔区、林果油渔区等。储有石油、煤炭、天然气等资源。形成了装备制造、化工、纺织服装、食品制造4大传统优势产业和生物技术、新能源、新材料、文化体育用品4大新兴产业,为电力、新能源产业基地、生物产业国家高技术产业基地,是"中国太阳城"。自古就有"九达天衢""神京门户"之称,京沪铁路、石德铁路和在建的德龙烟铁路在这里交会,是山东的北大门,华东、华北重要的交通枢纽。2012年完成地区生产总值2230.56亿元。

德州是古代农业文明、龙山文化的重要发祥地之一,黄河文化、燕赵文化、齐鲁文化源远流长,大禹文化、儒家文化根深蒂固,是中国优秀旅游城市,有大雁岛生态园、仙人湖、黄河涯万亩桃园、苏禄国东王墓、董子园、锦绣川风景区、临邑刑祀公园、新湖风景区、希森欢乐岛、中国太阳谷、文昌阁、千佛塔、金山寺等名胜。历史名人有东方朔、田雯、管辂、刘峻、祢衡、李愚、李之仪、邢侗、孟郊、葛守礼、宋哲元等。特产有德州扒鸡、乐陵小枣、德州菊花、黄河涯西瓜、美陶、德州大驴、夏津白玉鸟、黄河故道大鸭梨、宁津景泰蓝、夏津手工艺花、夏津印花蓝布、古贝春酒、禹王亭特酿、宁津3大名吃"长官包子、大柳面、保店驴肉"。

16. 滨州市

位于黄河下游、鲁北平原,地处黄河三角洲尾闾,北临渤海,辖1区(滨城)、6县(无棣、阳信、沾化、惠民、博兴、邹平)和滨州经济开发区、高新技术产业开发区、北海新区,总面积9600平方千米,常住人口374.85万人(六普)。

滨州历史悠久,商为蒲姑国,隋置蒲台县,唐置渤海县,五代置滨州,1913年改为滨县,1982年撤县设市,2000年升为地级市。是黄河三角洲的中心城市、黄河三角洲高效生态经济区的主战场和核心区域。形成"一个中心、一个龙头、南北城市带"组团式、连带型城市群框架。

全市境域横跨黄河两岸,小清河南为低山丘陵区,北为黄河冲积平原。农、林、牧、渔各业发达,现已建成棉花、蔬菜、冬枣、水产、牧草基地,是中国粮棉果蔬基地、中国畜牧养殖基地。石油和天然气储量丰富,是胜利油田的主采区;海岸线长240千米,是山东省重要的原盐生产基地和全国4大渔场之一。油盐化工发达,纺织家纺服装、油盐化工、汽车和发动机及零部件、造船及零部件、飞机及机械零部件制造、电子信息、粮油果蔬食品深加工、生物工程、现代服务业、基础设施10大产业(链)集群初具规模,陆、海、空立体化高科技产业框架正在形成。具有依河傍海的天然优势,是蜿蜒五千里渤海湾的地理轴心,京津唐和山东半岛2大经济区的结合部,环渤海经济圈与黄河经济带的交会点。2012年实现地区生产总值1987.73亿元。

滨州是黄河文化和齐文化的发祥地之一、中国"孝"文化的发源地、中国优秀旅游城市。名胜有鹤伴山国家森林公园、孙子故园、孙子兵法城、魏氏庄园等。历史名人有董永、唐赛儿、孙武等。特产有沾化冬枣、阳信鸭梨、金丝小枣、锅子饼、芝麻酥糖、丰年虫、香椿、文蛤、牡蛎、梭子蟹、梭鱼、惠民蜜桃、紫花苜蓿、张高水杏等。

17. 菏泽市

"菏泽"原系天然古泽,为"菏山"和"雷泽"简称,位于山东西南部,与豫皖苏3省接壤,辖1区(牡丹)、9县(鄄城、单县、郓城、曹县、定陶、巨野、东明、成武),总面积12 238平方千米,建城区面积62平方千米,常住人口828.78万(六普)、市区人口134.67万(六普)。

菏泽历史悠久,古称"天下之中",历史上刘邦登基称帝、曹操成就霸业、黄巢起义、宋江聚义等都发生在这里。西周属曹国、战国属齐,北周改为曹州,清雍正十三年(1735)置菏泽县,1958年改市,1962年复县,1983年复市,2000年升为地级市。现规划定位为山东省东西协调发展的西部重要增长极,以能源化工、农副产品加工和商贸物流为主的区域性中心城市。规划形成"一核两轴四组团"组团式的布局形态。

地处黄河冲积平原,地势平坦,土层深厚,沃野千里,水资源丰富,粮食作物有小麦、玉米、大豆、地瓜、高粱、谷子、小杂粮等,经济作物有棉花、花生、芝麻、油菜、烟叶、麻类、药材、瓜菜等,为全国著名的商品粮、棉、油、林、畜生产基地,全国3个农区畜牧大市之一。地下矿藏丰富,主要有煤、石油、天然气、地热和矿泉水等,矿产资源丰富,有华东储量最大的巨野煤田,拥有中原油田1/3的储量。现已形成以电力、机械、化工、医药、食品、纺织、林产品加工为主的工业体系。被山东省确定为重点发展的优质农副产品生产加工基地、能源化工基地和商贸物流基地。2012年全市实现生产总值1787.36亿元。

菏泽是著名的牡丹城、书画之乡、戏曲之乡和武术之乡。名胜有曹州牡丹园、古今园、百花园、孙膑旅游城、仿山旅游区、金山旅游区、百狮坊等。历史名人有莱朱、曹叔振铎、氾胜之、彭越、丁姬、董昭、满宠、吕后、戚夫人、李典、王叔和、王仙芝、黄巢、宋江、秦纮、王禹偁、晁公溯、晁冲之、徐鸿儒等。特产有鲁西黄牛、小尾寒羊、桐木、达驰变压器、金蛙牌农用车、天香牌毛线、华瑞面粉、王光烧牛肉、麒麟扑克等。

二、各县级市发展概况

1. 章丘市 1992年8月撤县设市,面积1855平方千米,人口106.42万(2012)。地处齐鲁腹地,南依泰山,北临黄河。资源丰富,现已探明的矿产资源有25种,是全国重点产煤县(市)、优质铝土出口基地和石灰石储区。全国综和实力百强县(市),荣获全国中小城市最具投资潜力百强、全国最具区域带动力百强和全国10佳节约型中小城市。都市农业发展迅速,为省农业现代化试点市。工业基础雄厚,形成了交通装备、机械制造、精细化工、食品饮料四大产业。是"龙山文化"的发祥地。2012年完成生产总值648.2亿元。

2. 胶南市 1990年撤县设市,2012年12月并入青岛市黄岛区,面积1837平方千米,人口84.3万(2012)。位于青岛市区的西海岸,属滨海低山丘陵区,是青岛的卫星城市,位于山东蓝色半岛经济区的核心区,是国家沿海开放城市之一、全国百强县(市)。建有张家楼蓝莓、海青绿茶、大村食用菌、琅琊海珍品等8大特色农业园区,生产的海洋产品约占国内总产量的一半,是全国高产优质高效农业示范区、商品粮基地、海藻扇贝养殖出口基地、全国经济林名优特商品生产基地、全国商品瘦肉型猪基地。以发展临港产业为主,制造业、橡胶业、海洋化工和药物产业都很发达。国家优秀旅游城市。2012年完成生产总值725.7亿元。

3. 胶州市 1987年2月撤县设市,面积1210平方千米,人口80.7万(2011)。位于胶州湾畔,是山东省首批沿海开放城市之一、全国综合实力百强县(市)、山东省首批小康县(市)之一。气候温和,四季分明,物产丰富,盛产小麦、玉米、花生、大椒、果品、蔬菜等,胶州大白菜、胶州大椒干、"里岔黑"瘦肉型猪驰名中外,蔬菜、畜牧、水产、花木4大特色农业发展迅速,是全国粮食生产基地、油料作物百强县(市)、山东省现代化农业试点县(市)。已形成机械、电子、化工、建材、轻纺、食品等主导产业体系,出口创汇连续多年居山东省县市首位,是环胶州湾经济带上重要的工业加工、仓储物流基地。历来商业比较发达。区位优越,交通发达,有全国第3个铁路集装箱编组站,是进出半岛的咽喉,重要的交通枢纽。2012年完成生产总值754.3亿元。

4. 平度市 1989年7月撤县设市,面积3166.54平方千米,人口135.74万(六普)。位于胶东半岛西部,是沿海对外开放城市、全国百强县市、胶东半岛制造业中心、青岛经济发展的潜力之都,被誉为青岛这座美丽海滨城市的"后花园"。资源丰富,基础雄厚,粮棉油肉果产量居全国县级市前列,是全国唯一粮油肉果总产均跨入百强的县市,为中国花生之乡、中国葡萄之乡、中国大姜之乡、中国肉牛之乡。形成机械配件、食品加工、家电电子、特色化工4大特色产业集群,位于中国经济强劲增长的环渤海湾经济圈、山东半岛制造业中心地带,是山东半岛连接内陆腹地的交通咽喉,交通发达。2012年完成生产总值704.47亿元。

5. 莱西市　1983年撤县设市,面积1522平方千米,人口73.6万(2011)。是沿海地区对外开放县市、全国综合实力百强县市。拥有胶东半岛最大的湖泊莱西湖(产芝水库)。农产品资源丰富,主要有花生、果品、蔬菜等,畜牧业发达,是山东省最大的奶牛养殖基地。经济以外向型经济和农业产业化为突出特色,形成了以食品加工、化工、纺织、机械、矿产、建材、电子信息业等为主体的工业结构体系。位于青岛、烟台、威海3大沿海开放城市之间,居山东省正在建设的半岛城市群和半岛制造业基地的中心。属山东最适合居住和创业的城市,是一处独具特色的湖泊型综合性生态休闲区,有"半岛明珠"之称。2012年完成生产总值529.88亿元。

6. 即墨市　1989年9月撤县设市,面积1780平方千米,人口中113.4万(2012)。以战国至北齐时的故城地临墨水而得名。东濒黄海,南依崂山,是全国最发达百强县(市)之一。海洋资源十分丰富,素有"渔盐之利",盛产对虾、贝类、鱼类等海产品。西拥千顷良田,河流经带包络,五谷丰饶,果蔬繁多,是全国粮油生产大县(市)。麦饭石、重晶石、玄武岩、花岗岩、膨润土等矿藏储量可观。基本构筑起以针织服装服饰、造船及船舶配件、电子及电子配件、食品饮料等产业集群为主的新型工业体系,是中国针织名城。区位优越,交通优势得天独厚。是国家生态示范区、中国优秀旅游城市、全国科技进步先进市。2012年完成生产总值787.97亿元。

7. 龙口市　1986年撤销黄县设立龙口市,面积893.84平方千米,人口68.83万(六普)。位于胶东半岛西北部,西北临渤海。是全国综合实力百强县(市)、全国创建无公害农产品(水果)生产示范基地县、国家级无规定动物疫病区示范区、全国工艺产品出口示范区、山东省生态农业示范县(市)、农药无残毒、放心果示范县(市)。境内建有全国唯一的低海拔大型海滨煤炭基地,沿海大陆架储藏有丰富的石油,建有亚洲最大的地下水库——黄水河地下水库。形成了机械、家电、化工、纺织、轻工、建材等6大支柱行业,新型建材、食品、电子电器、汽车关键零部件4大新兴支柱产业发展较快。全国最大的地方港——龙口港是国家一级对外开放口岸,龙口人工岛群是国家批准建设的最大海上人工岛群。2012年完成生产总值840亿元,居全省首位(全国第9位)。

8. 莱阳市　1987年4月撤县设市,面积1731.54平方千米,人口87.86万。地处胶东半岛腹地,中国首批对外开放的沿海城市。土地肥沃,物产丰富,于种植花生、地瓜、芋头、小麦、玉米、苹果、梨、葡萄、板栗、桃等,莱胡参、莱阳芋头、五龙鹅等土特产享誉海内外,素有"梨乡"之美誉。为传统的农业大市,蔬菜种植、食品加工是传统优势,农产品出口量连续多年位居全国县市区首位。已形成绿色食品、机械汽车、精细化工、生物制药4大产业集群,是传统的机械制造业基地,莱动、莱拖等机械企业曾经闻名全国。自古有"半岛陆路旱码头"之称,现已构建起现代化综合运输体系和专业化物流服务网络。是恐龙的故乡。2012年完成生产总值370亿元。

9. 莱州市　1988年2月撤销掖县设莱州废市,面积1878平方千米,人口90.2万(2008)。位于胶东半岛西北部,西与北濒临莱州湾,是沿海对外开放城市、全国农村综合实力百强县(市)、中国石都、中国草艺品之都、中国月季之乡、中国玉米良种之乡。莱州湾是中国最富饶的海湾之一,盛产多种海产品,黄金储量居全国县级市首位,卤水、菱镁矿、大理石、滑石储量居全国前列,机电、黄金、建材、盐化工为4大支柱产业,是中国黄金生产基地、盐化工生产基地、石材出口基地。莱州港是黄河三角洲区域内规模最大的深水良港,国家一类开发口岸。2012年完成生产总值578.7亿元。

10. 招远市 1991年12月撤县设市,面积1433.18平方千米,人口57.03万(2011)。地处山东半岛西北部,西北濒临渤海。为全国农村综合实力百强县(市)、全国科技实力百强市(县)、全国首批高效农业示范区。是红富士苹果在中国的发源地和最大的生产基地,为"中国红富士之乡";黄金资源遍布全境,储量丰富,素有"金城天府"之称,是全国第1产金大市(县),为"中国金都";是誉满中外的"银丝之乡",是龙口粉丝的发源地和主要产地。海岸线略呈凹形,为天然的海水浴场,盛产刺参、梭鱼、对虾及三尤梭子蟹。建设了电子、针纺、轮胎、黄金4大工业园区,已形成黄金、橡胶、针纺、电子、机械、化工、食品等8大支柱产业。2012年完成生产总值551.12亿元。

11. 蓬莱市 1991年11月撤县设市,面积1128.5平方千米,人口44.6万(2012)。位于山东半岛最北端,是全国农村综合实力百强县(市)、全国科技进步先进市。物产丰富,资源富饶,是全国优质酿酒葡萄、优系红富士苹果的主要产区,干酒产量居全国第1位,成为全省10大农业产业集群,是世界7大葡萄海岸之一。海珍品养殖业发达,是全国最大的菱鲆养殖生产基地。全国第3产金大市。形成了以旅游业、临港工业、葡萄及葡萄酒业、汽车及零部件加工业4大特色主导产业。区位优越,交通便利,有港口4个,蓬莱新港和栾家口港2处均为国家一类开放口岸。中国优秀旅游城市,名胜古迹有蓬莱阁、蓬莱水城、戚继光祠堂与牌坊、西周墓群、登州古市等。2012年完成生产总值328.5亿元。

12. 栖霞市 1995年撤县设市,面积390.52平方千米,人口42.95万(2011)。因"日晓辄有丹霞流宕,照耀城头霞光万道"的诗句而得名。盛产苹果,是中国最重要的苹果产地,被称为"中国苹果之乡"。黄金产量居全国县级市前列,滑石是全国3大开采加工出口基地之一,花岗岩是山东省最重要的生产出口基地之一。已形成以建材、机械、黄金、纺织、电子信息、医药化工、食品等行业为主体的工业体系。果品、畜牧、菌菜、粮油4大农业支柱产业优势突出。旅游景点有崮山、艾山、牙山国家森林公园、牟氏庄园等。2012年完成生产总值625.86亿元。

13. 海阳市 1996年4月撤县设市,面积1886.84平方千米,人口71.6万(2012)。位于黄海之滨、山东半岛南翼。依山傍海,物产富饶,盛产各种果蔬、粮油、水产品和矿产品,是中国最大的粮油基地之一、中国花生生产基地县(市)、中国水产品出口的重要基地,有以饲养出口鲁西黄牛、商品兔、肉食鸡、奶山羊为主的畜牧类出口基地。形成了纺织、机械、电子、建材、五金、粮油、食品、工艺品、服装、鞋类、塑胶等10多个工业体系,为北方最大的毛衫加工和出口基地、"中国毛衫名城"。地理位置极其优越,是重要的交通枢纽,有国家二级开放口岸凤城港以及大埠圈等渔商港口。2012年完成生产总值227.4亿元。

14. 青州市 1987年3月撤益都县设青州市,面积1569平方千米,人口91.9万(2012)。位于半岛中部,为古"九州"之一,是全国农村经济综合实力百强县(市)、山东半岛城市群的副中心城市之一。资源丰富,在抓好优质高产粮食生产的基础上,重点发展瓜菜、花卉、果品、畜牧4大支柱产业,形成优质瓜菜、大姜、材葫芦、银瓜、花卉、优质小麦、蜜桃、黄烟、食用菌、瘦肉猪、肉羊、肉鸡、肉牛、肉兔等特色基地。工业方面形成了机械制造、石油化工、冶炼建材3大主导产业。现有大型文化市场4处。为国家卫生城市、国家园林城市、中国优秀旅游城市、国家级生态建设示范区。2012年完成生产总值449.1亿元。

15. 诸城市 1987年撤县建市,面积2183平方千米,人口109.62万(六普)。地处山东半岛东南部,是全国沿海对外开放城市、综合体制改革试点市和乡村城市化试点市、全国综合发展百强县(市)。曾先后创造了商品经济大合唱、贸工农一体化、农业产业化、中小企业产权制度改革、为民服务联动、改制企业党建等一系列闻名全国的"诸城经验"。农业产业化的发源地,农业基础雄厚,形成了以国际市场为导向、以加工企业为龙头、以标准化基地为支撑、以专业合作社为纽带的现代化农业发展格局。已形成汽车、食品、服装纺织3大主导产业,医药化工、建筑建材、电子信息、造纸包装、木器家具5大新兴产业的工业体系。交通区位优势明显,是山东半岛重要的交通枢纽。旅游、房地产、社区服务、现代物流等新兴行业蓬勃兴起。2012年完成生产总值581.6亿元。

16. 寿光市　1993年6月撤县设市,面积2180平方千米,人口113.94万(六普)。位于山东半岛中部,渤海莱州湾南畔,是全国对外开放城市之一、"中国农村综合实力百强县(市)"、全省首批小康市。地形全部为平原,资源物产丰富,土质肥沃,宜于多种农作物生长,农业优势突出,是国家确定的粮食、蔬菜、果品、棉花、水产、畜牧综合商品基地市,是中国最大的蔬菜生产基地,为唯一的"中国蔬菜之乡"。北部地下卤水储量丰富,为全国3大重点盐业开发区之一。形成了海洋化工、农副产品加工、机械、工艺品、建筑建材、轻工等6大生产体系。全国最大的寿光蔬菜批发市场已发展成为全国的蔬菜集散中心、价格形成中心和信息交流中心。2012年完成生产总值618.1亿元。

17. 安丘市　1994年5月撤县设市,面积1526.63平方千米,人口87.36万(2012)。位于山东半岛西部,山区、丘陵、平原各占1/3,物产资源丰富,农业独具特色,安丘蜜桃、大姜、大蒜、芦笋、牛蒡、草莓、肉食鸡等名牌农产品畅销海内外,是中国最大的大葱、大姜种植、加工、出口基地,为中国蜜桃之乡、中国姜蒜之乡、中国芦笋之乡、中国草莓之乡、中国樱桃之乡和中国淡水养殖之乡。工业基础雄厚,现已形成机械制造、医药化工、食品加工、纺织服装、建筑建材5大主导产业。历来是山东半岛重要的商品集散地和贸易商埠,一大批专业批发市场和集贸市场联结城乡、辐射国内外,有全国最大的姜蒜批发市场。2012年完成生产总值221.2亿元。

18. 高密市　1994年5月撤县设市,面积1526.63平方千米,人口87.36万(2012)。地处胶东半岛和山东内陆的结合部,北依渤海。是沿海地区对外开放县(市)、全国综合经济实力百强县(市)和全国明星县(市)。土地广阔而富饶,自古有"粮仓""棉乡"的美誉,是国家商品粮生产基地县(市)、全国优质棉生产基地县(市)和商品棉出口基地县(市),确定了酿酒葡萄、蔬菜、蛋肉鸡、生猪、肉牛、桑蚕、银杏、果品、黄烟、淡水养殖10大经济产业。工业基础雄厚,是山东省重要的工业生产基地之一,形成了轻工、纺织印染、机械、电子、化工、建材、医药、酿造、服装、工艺品10大支柱产业,棉浆粕、气门嘴、双氧水、橡胶等7大工业项目规模居全国前列。加工贸易成为高密开放型经济的一大特点。交通发达,是山东半岛重要的交通枢纽。2012年完成生产总值445.8亿元。

19. 昌邑市　1994年撤县设市,面积1578.7平方千米,人口60.35万(六普)。位于山东半岛西北端,渤海莱州湾南岸。是对外开放县(市)、全国农村综合实力百强县(市)、全国首批小康达标县(市)。有山东省最大的峡山水库。海域蕴藏着大量的卤水、石油、天然气等资源。已形成肉鸡养殖、水产养殖、优质水果、优质蔬菜及菜籽、优质棉、优质桑等10大专业生产基地,成为全国商品粮和优质棉基地县(市)、全国菜篮子产品生产先进县(市)、全国平原绿化先进县(市)、山东省创汇农业示范县(市)。已形成丝绸、纺织、服装、轻工、机械、盐及盐化工、石油化工、建筑材料、工艺品、造纸等10大支柱产业和以新产品、新技术、新项目为支撑的工业群体,为中国丝绸之乡、中国印染名城。2012年完成生产总值298亿元。

20. 乳山市　1993年7月撤县设市,面积1668平方千米,人口58.1万(2012)。因境内"大乳山"而得名,是全国综合发展百强县(市)、全国县域经济基本竞争力百强县(市)和全国中小城市综合实力百强县(市)。物产资源丰富充足,海岸线长达185千米,是以生产贝类、名贵鱼种著称的沿海城市;丘陵地多,盛产水果,是胶东水果大市;产金出银,素有"金岭银滩"之美誉。形成了金属冶炼、机械汽车配件、纺织服装、食品加工、化工建材5大工业主导产业;建成了优质水果、干杂果、蔬菜、海珍品养殖等农业特色基地;以旅游业为龙头,以商贸、物流、会展、房地产为补充,构筑起了多元化的服务业发展格局。是中国优秀旅游城市和国家园林城市,成为最适合人类居住的城市之一,境内"山、海、湾、滩、岛、泉"等特色旅资源十分丰富。2012年完成生产总值369.29亿元。

21. 文登市 1988年10月撤县设市,2014年1月撤市设威海市文登区,面积1615平方千米,常住人口60.97万(六普)。位于山东半岛东部,南濒黄海。丘陵起伏,海岸蜿蜒,适宜发展农、林、牧、副、渔各业,修建了水库、塘坝、机电井、扬水站等水利设施近300处。已形成以粮食生产为主体,山、水、林、田、滩综合开发,农、林、牧、果、桑、渔、药全面发展和多层次、立体化格局,为国家粮食、花生、奶山羊、港养虾生产基地县(市),山东省果品生产、蚕茧生产、淡水鱼养殖基地县(市),全国渔业百强县(市)、全国畜牧百强县(市)。工业已形成了机械、汽车、电子、轻纺、建材、化工、食品等7大支柱行业,为全国百强县市、中国优秀旅游城市、中国工艺家纺名城、中国长寿之乡、国家园林城市、中国温泉之都。2012年完成生产总值538.4亿元。

22. 荣成市 1988年12月撤县设市,面积1392平方千米,人口71.44万(2012)。位于半岛最东端,三面环海,是沿海城市和口岸双开放城市,综合实力居全省县级市之首。渔业是全市国民经济的支柱产业和最具发展潜力的行业,为国家级海洋综合开发示范区、国家级海洋功能食品加工科技兴海示范基地、国家海洋863计划成果产业化基地、国家科技兴海示范基地、国家级海水养殖科教兴农与可持续发展综合示范县(市)和省级海洋科技成果推广示范基地。工业形成了以水产品加工为龙头,汽车、食品、造船、化工、建材等为主体的产业体系。有成山头、石岛赤山、天鹅湖、神雕山、圣水观等著名风景。2012年完成生产总值800.1亿元,居全省第2位。

23. 新泰市 1983年撤县设市,面积1946平方千米,人口139万(2012)。位于山东省中部,泰沂腹地,是全国县域经济百强县市、山东省10强县市。农作物盛产小麦、玉米、红薯、花生及各种优质干鲜果,横山丝、浮丘白草辫久负盛名,板栗、山羊板皮蜚声中外,新泰芹菜、泉里鸭蛋清朝时曾被作为贡品,形成了蔬菜、食用菌、林果、畜牧、桑蚕五5大主导产业。石灰石、钾长石、花岗石、大理石等资源丰富。工业经济向聚集化、高端化发展,形成了新能源新材料、机械装备制造、生物医药、食品加工、现代物流五大特色优势产业基地。是泰山周围人类最早进入文明时代的地区。2012年完成生产总值751.1亿元。

24. 肥城市 1992年8月撤县设市,面积1277.3平方千米,人口96.7万(六普)。地处山东中部、泰山西麓,是全国县域经济基本竞争力百强、全国中小城市综合实力百强、中国最佳投资环境城市、最佳生态宜居城市、全面小康成长型百佳县市、国家园林城市、全国新农村建设明星市、科技进步先进市、绿色小康县(市)。资源特产丰富,肥城桃是独有的宝贵资源,被国家命名为"中国佛桃之乡",全国和山东省重要的能源、建材基地,集桃木旅游商品开发、生产、展示、商贸、旅游、餐饮、购物、娱乐、会展于一体的大型专业桃木旅游商品生产加工基地,是全国粮食大县(市)和果品、蔬菜、瘦肉型猪生产基地县(市)。已形成了煤炭、电力、冶金、建材、机械、化工、轻纺、电子、食品等9大主导产业的工业生产体系。2012年完成生产总值619亿元。

25. 曲阜市 1986年6月撤县设市,面积895.93平方千米,人口64万。位于山东省西南部,是神农故都、黄帝生地、少昊之墟、商殷故国、周汉鲁都、孔子故里、中国首批历史文化名城,被西方人誉为"东方耶路撒冷",其孔府、孔庙、孔林被列入世界文化遗产,是著名旅游景点。农作物主要有小麦、玉米、高粱、谷子、绿豆、地瓜、大豆、水稻、棉花、花生、芝麻等,蔬菜、林果、桑蚕、畜牧四大生产优势明显。已形成机电汽配、电缆电源、生物医药、食品加工、古式建筑、新型建材等优势产业。文化演艺、文物复仿、影视、动漫、网络等新型旅游产业体系日趋发展壮大。设有曲阜国家级文化产业示范园区。2012年完成生产总值300亿元。

26. 兖州市 1992年9月撤县设市,2013年10月撤市设济宁市兖州区,后面积651平方千米,人口63万(2013)。位于山东省西南部,为古九州之一。素有"东文、西武、北岱、南湖"之称,是山东省鲁西南大都市的经济中心、全国县域社会经济综合发展指数和区域经济基本竞争力百强县市。地下水、电力资源丰富,兖州煤田是全国8大煤炭基地之一。是全国农业现代化建设示范市、国家商品粮基地,形成一批规模化、专业化、现代化的特色农产品生产基地和产业带。工业形成了以轻工造纸、橡胶化工、农副产品加工、机电、煤化工、医药、机械制造等7大产业集群。交通便利,有"九省通衢,齐鲁咽喉"之称,战略位置重要,是全国重要的交通枢纽、鲁西南最大的货运集散地和客运中转站。2012年完成生产总值506亿元。

27. 邹城市 1992年10月,撤销邹县,设邹城市,面积1613平方千米,人口115.74万(2011)。位于山东省西南部,古称"邹鲁圣地",是中国儒学发源地、孟子故里,素有"孔孟桑梓之邦,文化发祥之地"之美誉,国家级历史文化名城、新兴能源工业城市、全国商品粮基地、油料生产大市、中国优秀旅游城市,全国综合实力百强(县)市。农业以种植小麦、玉米、红薯、棉花为主,农副特产品以圆铃枣、栗子、香椿芽为多,大力发展特色林果生产。煤炭资源丰富,有全国特大型企业——兖矿集团和全国最大的坑口电厂之一——邹县发电厂。形成了以煤炭、电力、酿造、化工、纺织、建材等6大支柱产业为主的工业体系和形成了铁路、公路、内河航运相互交织四通八达的交通网络。2012年完成生产总值671.32亿元。

28. 滕州市 1988年3月撤县设市,面积1485平方千米,人口169.07万(2012)。位于山东省南部,古为"三国五邑"之地,素有"滕小国"之称,是古代东夷炎族后裔——滕、蕃、邾、薛等氏族的摇篮和商代始祖的发祥地,古为泗水流域的政治、经济、文化中心,是山东省人口最多的县级市、全国百强县(市)之一、国家商品粮基地、优质蔬菜基地、国家出口肉鸡标准化示范区、全国最大的蔬菜集散地、中国马铃薯之乡。水资源充裕,是北方盛名的富水区;煤炭丰富,为全国重点煤炭开发基地,素有"鲁南煤田"之称。粮油、蔬菜、林果、畜牧4大产业优势突出,形成了中西部优质粮油、北部精细蔬菜、东部名优林果4大优势产业带。形成了以煤电、机械电子、建材、食品及农副产品加工、化工纺织6个支柱产业,是鲁南的能源基地和建材基地。自古就有"九省通衢"之称,为南北交通要地和枢纽。2012年完成生产总值830.85亿元,居全省第3位。

29. 临清市 1983年撤县设市,面积957平方千米,人口16.7万(2011)。西邻卫运河,与河北省隔河相望,坑塘洼淀广布。明清运河漕运兴盛,为江北5大商埠之一,有"繁华压两京""富庶甲齐郡"之美誉。农产有小麦、棉花、梨、红枣、山楂、葡萄,为全国优质棉生产基地和山东省棉花出口基地,形成了以蔬菜、林果、畜牧、水产为主的4大产业,建成了大蒜、西瓜、芫荽、韭菜、青椒、葡萄、马铃薯、三水梨等蔬菜瓜果基地,蛋鸡、改良黄牛、甲鱼养殖等初具规模。是著名的手工业城市,工业基础较好,工业有轻纺和机械制造2大支柱,包括纺织、汽车配件、制药、食品、卷烟、电力、造纸、电机等门类,有轴承、棉纺织、农机配件3大特色产业,为"中国轴承之乡",有中国最大的轴承专业市场。大力发展文化产业,是中国北方曲艺的发祥地之一。2012年完成生产总值291.7亿元。

30. 乐陵市 1988年9月撤县设市,面积1172平方千米,人口80万(2013)。位于山东西北部,鲁冀2省交界处,素有"齐燕要塞""鲁冀枢纽"之称。农业发达,农副产品丰富,盛产棉花、小麦、玉米、大豆、花生、蔬菜、水果等农产品,是国家定点商品粮生产基地、红枣出口基地、山羊板皮加工出口基地、瘦肉型猪良种繁育基地和国家经济林示范市,素有"百里枣乡"之美称。培育了体育、五金机械装备制造、农副产品(食品)深加工、现代服务业4大主导产业和新能源、循环化工、再生资源3大先导产业。自古就是商贾重镇,现已成为鲁北冀重要的商品物资集散中心。红枣专业批发市场、杨安镇调料专业批发市场已成为全国2个最大的专业批发市场。2012年完成生产总值186.85亿元。

31. 禹城市　1993年9月撤县设市,面积990平方千米,人口52.69万(2011)。地处环渤海经济圈,是山东省会济南的"卫星城"、鲁西北的区域性中心城市之一、大禹治水之域、酿酒之乡、扒鸡之城。自然条件优越,土地资源丰富,劳动力充足,是国家重要的商品粮、优质棉、瘦肉型猪生产基地和联合国棉花技术研究基地,是华北地区第1批农业引用外资项目市、全国黄淮平原农业开发先期试点市、示范市。农业形成了玉米、大豆、畜禽、木材、棉花、蔬菜6大产业化龙型经济体系;以生物制药、高档纺织、精密机械、木材加工、食品、化工为主导的工业群体不断壮大,是全国最大的功能糖、密度板、羊绒深加工产业基地,亚洲最大的锻件、管模生产基地;商贸流通繁荣活跃,是鲁西北重要的物资集散地。2012年完成生产总值206.29亿元。

参考文献:

[1] 中国上海. www.shanghai.gov.cn.

[2] 上海统计局. 上海统计2010年鉴[M]. 北京:中国统计出版社,2010.

[3] 湖南地图出版社. 中国地图册. 长沙:湖南地图出版社,2009.

[4] 上海市文史馆,上海市人民政府参事室文史资料工作委员会. 上海地方史资料[M]. 上海:上海社会科学院出版社,1982.

[5] 张仲礼. 近代上海城市研究[M]. 上海:上海人民出版社,1990.

[6] 董鉴泓. 中国城市建设史[M]. 北京:中国建筑工业出版社,2004.

[7] 国家发展改革委员会. 长三角地区区域规划[EB/OL]. [2010-06-22]. http://www.China.com.cn/policy/txt/2010-06/22/conten_20320273_2.htm.

[8] 施镇平. 解放以来的上海行政区划调整及城乡关系变动[J]. 上海行政学院学报,2005(2):105-107.

[9] 朱自烜. 北京与上海城市规划历史比较[J]. 城市规划,1989(4):31-37.

[10] 孙施文. 近代上海城市规划史论[J]. 城市规划汇刊,1995(2):10-17.

[11] 黄富厢. 上海城市规划实施的回顾与展望[J]. 城乡建设,1999(12).

[12] 江苏省人民政府. 走进江苏[EB/OL]. http://www.js.gov.cn/tmzf/.

[13] 江苏省统计局. 2009江苏统计年鉴[M]. 北京:中国统计出版社,2009.

[14] 长三角联合研究中心. 2009长三角年鉴[M]. 南京:河海大学出版社,2009.

[15] 长江三角洲城市年鉴编委会. 2009长江三角洲城市年鉴[M]. 北京:中国工商出版社,2009.

[16] 刘长寿. 腾飞的浙江 浙江经济现状解读[M]. 杭州:杭州出版社,2005.

[17] 浙江省人民政府新闻办公室. 2005中国浙江[M]. 北京:五洲传播出版社,2005.

[18] 浙江省人民政府. 了解浙江[EB/OL]. http://www.zj.gov.cn/gb/zjnew/node3/node6/index.html

[19] 浙江省统计局. 2010浙江统计年鉴[M]. 北京:中国统计出版社,2010.

[20] 安徽省人民政府. 走进安徽[EB/OL]. http://www.ah.gov.cn/

[21] 安徽省统计局. 2010安徽统计年鉴[M]. 北京:中国统计出版社,2010.

[22] 福建省人民政府. 八闽大地[EB/OL]. http://www.fujian.gov.cn/

[23] 林星.近代福建城市体系的建立及特点[J].中共福建省委党校学报,2009(8).

[24] 尹晓波,侯祖兵.海峡西岸经济区城市群的定位及发展路径[J].经济地理,2006,26(3):473-477.

[25] 福建省统计局.2010福建统计年鉴[M].北京:中国统计出版社,2010.

[26] 山东省城乡建设委员会.山东城市与城市建设[M].济南:山东大学出版社,1987.

[27] 山东省统计局.2009山东统计年鉴[M].北京:中国统计出版社,2009.

[28] 中国在线—山东频道.http://shandong.chinadaily.com.cn/m/shandong/c/jinan.html

[29] 山东省人民政府.关于山东[EB/OL].http://www.sd.gov.cn/col/col101/index.html

[30] 2012年各市国民经济和社会发展统计公报。

第四章 中南地区

中南地区包括中国传统地理大区的华中地区和华南地区。

华中地区包括河南、湖北、湖南3省,位于中国中部、黄河中下游和长江中游地区,具有全国东西南北四境过渡的要冲和水陆交通枢纽的优势,起着承东启西、沟通南北的重要作用。截至2010年底,华中地区共有103个城市。其中,地级市有41个,县级市有61个。从地级市城市规模来看,华中地区布局了3个特大城市、13个大城市、25个中等城市。从城市空间布局来看,29个城市布局于湖南省内,36个城市布局于湖北省内,38个城市布局于河南省内。华中3省城镇化水平差异不大,其中,湖南省和湖北省的城镇化水平较为接近,分别为43.2%0和45.20%,河南省为36.00%。

华南地区在自然地理广义上指中国南岭以南地区,包括广东、广西、海南等3个省区。截至2012年底,华南地区共有74个城市,2022个建制镇。其中,副省级城市2个、地级市有36个、县级市有36个。从地级市城市规模来看,华南地区布局了5个超大城市、13个特大城市、11个大城市、6个中等城市、1个小城市。从城市空间布局来看,44个城市布局于广东省内,21个城市布局于广西壮族自治区内,9个城市布局于海南省内。华南3省区城镇化水平差异较大,广东省城镇化水平为63.40%,广西壮族自治区城镇化水平为18.62%,海南省城镇化水平为35.60%。

第一节 河南省

河南,简称"豫",省会郑州。位于中国中部偏东、黄河中下游,东接安徽、山东,北接河北、山西,西连陕西,南临湖北,东西长约580千米,南北长约550千米。全省土地面积16.7万平方千米,居全国第17位,占全国总面积的1.74%。常住人口9402.36万(六普),居全国第2。河南省自古就被认为是"居天下之中"之地,是全国重要的铁路、公路、航空、通讯和能源枢纽。

河南是中华文明和中华民族最重要的发源地,且有"中州"和"中原"之称。中国历史上绝大部分时间的政治、经济和文化中心都在河南。中国8大古都中有4大古都位于河南。河南省著名历史文化旅游景点有少林寺、龙门石窟、黄帝故里、清明上河园、殷墟和云台山、白云山、伏牛山等。河南省民族以汉族为主,语言属于北方方言。截至2013年底,全省共有17个地级市、21个县级市、88个县,城镇化水平为36.00%。2012年完成生产总值29 810.14亿元,居全国第5位。

一、各地级市发展情况

1. 郑州市

郑州市位于河南省中部偏北,北临黄河,西依嵩山,东、南接黄淮平原,是河南省政治、经济、教育、科研、文化中心。辖6区(金水、二七、惠济、管城、中原、上街)、5市(荥阳、新郑、巩义、登封、新密)、1县(中牟)和1个国家级新区(郑州新区,含郑东新区)、1个国家级高新技术产业开发区、1

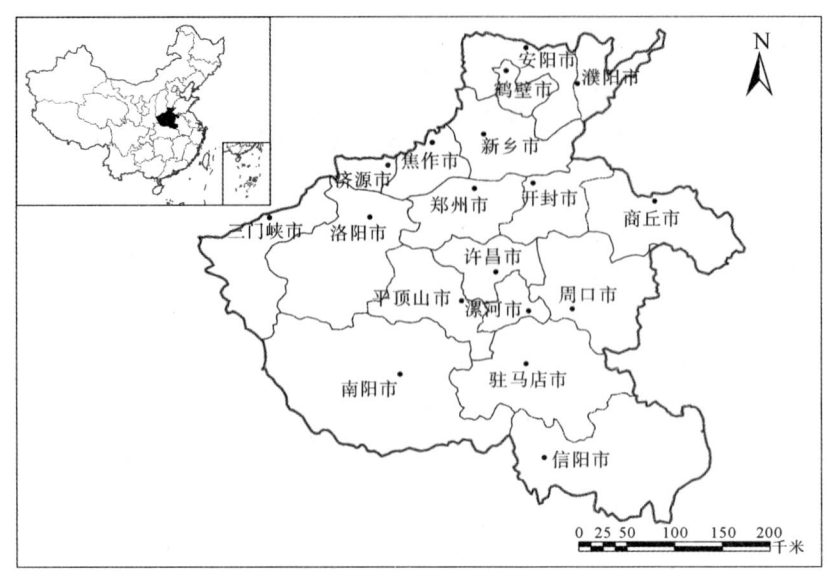

图 3-4-1　河南省行政区划图

个国家级经济技术开发区。总面积 7446.2 平方千米、建成区面积 337 平方千米,常住人口 862.65 万(六普)、市区人口 301 万。

郑州是中国 8 大古都之一,古称豫州,商汤都城,秦汉置管县、管城县,隋开皇元年(581)改荥州为郑州,1913 年改为郑县,1948 年设郑州市,1949 年为省辖地级市,1954 年河南省会由开封迁至郑州。郑州现规划定位为河南省省会,国家历史文化名城,中国中部地区重要的中心城市,国家重要的综合交通枢纽。城市建设采取"多中心、组团式"、东西为主要发展方向的布局。

郑州市横跨中国第二级和第三级地貌台阶,河流分属于黄河和淮河 2 大水系。盛产小麦、玉米、大豆、水稻、花生、棉花、经济林果等粮食作物和苹果、梨、红枣、柿饼、葡萄、西瓜、大蒜、金银花和黄河鲤鱼等农副土特产品。在纺织、机械、建材、耐火材料、能源和原辅材料产业上具有明显优势,有色金属、食品、煤炭、卷烟等为主导产业,曾是全国纺织工业基地之一,现为全国重要的冶金建材工业基地。汽车产业、先进装备制造业和电子信息产业确立为 3 大战略支撑产业,成为重点发展的产业。有交通运输、批零贸易、住宿餐饮等传统服务业,近年郑州加快发展现代物流、会展、信息、文化、旅游、房地产、金融、保险等现代服务业。地处九州之中,十省通衢,为国家级战略"中原经济区"的中心城市,中国中部地区重要的中心城市和国家重要的综合交通枢纽,郑州北站是亚洲最大的铁路编组站,国家铁路货运中心、国家公路物流中心、中南邮政物流中心、国际航空货运中心等工程促使公路港、铁路港、航空港"三位一体"的物流体系逐步形成。郑州有"商都"的雅号,是中国商业的发源地之一,又是中国国务院确立的商贸中心试点城市之一。2012 年全市完成地区生产总值 5547 亿元。

郑州是华夏文明和中原文化的重要发祥地之一、中国历史文化名城、国家园林城市、全国优秀旅游城市、中华人文始祖轩辕黄帝的故里。著名的旅游景区有郑州黄河风景名胜区、嵩山少林寺景区等。历史名人有轩辕黄帝、列子、子产、申不害、韩非子、郑国、陈胜、张良、潘安、杜审言、杜甫、李商隐、高拱、李诚、李驰航等。

2. 开封市

开封古称汴梁,位于河南省东部,豫东大平原中心,北靠黄河。辖 5 区(鼓楼、龙亭、禹王台、顺河、金明)、5 县(尉氏、杞县、通许、兰考、开封)和汴西新区。总地面积 6444 平方千米、建成区面积为94平方千米,常住人口为467.62万(六普)。

开封是中国8大古都之一,春秋时期,因郑国庄公选此地修筑储粮仓城,取"启拓封疆"之意,定名"启封";汉代景帝时(前156)更名为开封。先后有战国时期的魏,五代的后梁、后晋、后汉、后周,北宋和金7个王朝在此建都。北宋时期,开封作为都城,是中国政治、经济、军事、科技与文化中心,也是当时世界上最繁华的都市之一,城市建设规划为外城、内城、皇城,三重城郭,三条护城河,布局为开放的街道形式。1948年设开封市,中华人民共和国成立初期,为河南省省会,1954年省会迁至郑州。现规划城市功能定位是国家历史文化名城,国际文化旅游城市,中原城市群的文化、旅游、教育、休闲中心,纺织、食品、化工、医药、机械设备制造基地。规划城市空间结构为东西向簇状组团式结构形态。

开封坐落于广袤的豫东平原之上,境内无山,河流、湖泊较多,分属黄河、淮河两大水系,地下水储量丰富,素有"北方水城"之美誉。气候温和,土质肥沃,是国家小麦、花生、棉花重要产区,是国家奶山羊基地、细毛羊生产基地、淡水鱼生产基地。工业已形成农副产品加工、纺织、化工、医药、机械制造5大支柱产业,生物制药、新型建材等新兴产业发展迅速。自古战略地位十分重要,是中原逐鹿的重要战场,作为重要的交通要道,开封的区位优势进一步显现。2012年全市实现地区生产总值1212.15亿元。

开封是中国优秀旅游城市、中国历史文化名城、戏曲之乡、书画之乡、木版年画艺术之乡、盘鼓艺术之乡、菊花之乡,为河南省中原城市群和沿黄"三点一线"黄金旅游线路3大中心城市之一,拥有龙亭、包公祠、清明上河园、铁塔、大相国寺、翰园碑林、开封府、金明池等景观。历史名人有石申、张仪、信陵君、蔡邕、蔡谟、吴兢、崔颢、赵匡胤、薛居正、石守信、史可法等。特产有汴梁西瓜、杞县酱菜、五香豆腐干、桶子鸡、花生糕、麻辣花生等。

3. 洛阳市

洛阳位于河南省西部、黄河南岸,因地处古洛水之北岸而得名,"居天下之中"、素有"九州腹地"之称。辖7区(涧西、西工、老城、瀍河、洛龙、吉利、伊滨)、1市(偃师)、8县(孟津、新安、洛宁、宜阳、伊川、嵩县、栾川、汝阳)和洛阳高新区、伊洛新区。总面积15 208平方千米、市区建成区面积166平方千米,常住人口654.95万(六普)、市区人口208.2万(六普),城镇化水平达到44.17%。

洛阳为中国4大古都之一,先后有夏、商、西周、东周、东汉、曹魏、西晋、北魏、隋、唐、后梁、后唐、后晋13朝在此建都,是中国建都最早的都城。夏称斟鄩,周为王城,汉称雒阳,曹魏改为洛阳,隋为东京,唐为东都,1948年设市,1954年升为地级市。现规划定位为国家历史文化名城,河南省副中心城市,著名旅游城市。规划市域城镇空间结构形成"一心两轴三区",中心城市为"一主两副"分片组团式布局结构。

洛阳位于暖温带南缘向北亚热带过渡地带,山川丘陵交错,地形错综复杂,河渠密布,分属黄河、淮河、长江3大水系。物产资源丰富,农业突出特色,优质专用粮食、林果、中药材、烟叶、花卉苗木等6大支柱产业格局初步形成。已探明有钼、铝、金、银、钨、煤、铁、锌、水晶、铅等矿产资源,钼矿储量居全国首位,为世界3大钼矿之一。工业拥有机械电子、石油化工、冶金、建材、轻纺、食品等6大支柱产业,在耐火材料、轴承、玻璃、农机、矿山设备、有色金属加工、石化工程、航空航天、化工、隧道工程、工程防护等十几个行业领域具有国内领先水平,为中国制造业名城、新材料国家高技术产业基地,是航空航天领域企业的集中地。2012年全市地区生产总值为3001.1亿元。

以洛阳为中心的河洛地区是华夏文明的重要发祥地、"河图洛书"的故乡、华夏民族的精神故乡、古丝绸之路的起点,为中国历史文化名城、中国优秀旅游城市、国家园林城市。尤以牡丹花、龙门石窟、白马寺闻名,有"千年帝都,牡丹花城"之称。有5A级景区2处、4A级景区14家、国家森林公园7处,著名景点有龙门石窟、白马寺、关林庙、白云山等。历史名人有苏秦、贾谊、桑弘羊、韩擒虎、贺若弼、长孙无忌、李贺、玄奘、元稹、赵普、吕蒙正、欲正、房琯、朱光庭、富弼等。特产有偃师泡桐、孟津梨和黄河鲤鱼、新安柿子和樱桃、洛宁绿竹和猕猴桃、牡丹石、澄泥砚等。

4. 焦作市

焦作市位于河南省西北部,北依太行,南临黄河,辖4区(解放、山阳、中站、马村)、2市(沁阳、孟州)、4县(修武、武陟、温县、博爱)、1个省级高新技术产业开发区,总面积4071平方千米、市区建成区面积90平方千米,常住人口353.98万(六普)。

焦作是一个历史文化悠久的城市,夏称覃怀地,战国属魏,秦属三川郡,后魏属怀州河内郡,明置怀庆府,清设焦作镇,1925年设焦作市,1956年设地级市。现规划定位为中原城市群西北部区域性中心城市,国际性山水旅游城市。规划形成"一心六点三轴"的点轴状城镇空间发展结构;中心城区由7大组团组成的组团网络式布局结构。

焦作区内地貌类型有山地、丘岗、平原、滩涂,河流众多,是一个天然的地下水汇集盆地,水资源充沛。主要粮食作物有小麦、玉米、水稻,主要经济作物有花生、棉花、大豆、怀药等。有煤炭、石灰石、铝矾土、耐火粘土、硫铁矿等矿产,煤炭资源丰富,是一个因煤而建、因煤而兴的城市,曾有"煤城"之称。现已形成了以能源、机械、化工、冶金、建材工业为主,食品、轻纺、医药等工业部门综合发展的工业行业结构,是全国重点化工城市之一。地处黄河南北之通道,扼晋豫2省之要冲,自古就是豫西北地区重要的物资集散地,又是新欧亚大陆桥在中国境内的中心地带,具有承东启西、沟南通北的枢纽地位。2012年实现地区生产总值1576.32亿元。

焦作是人类始祖的发源地、武王伐纣的前沿根据地、后汉光武中兴的大本营、"正始玄风"的策源地和以八卦为灵魂的太极文化的产生地,是水利文化、度假村文化之根所在,为国家园林城市、中国城市旅游竞争力百强城市、中国优秀旅游城市,以云台山、青龙峡、青天河、神农山、峰林峡等五大景区,以陈家沟、嘉应观、焦作影视城、龙源湖公园、森林公园、朱载堉纪念馆、韩愈陵园、丹河峡谷、顺涧湖(古周城)等10大景点组成"焦作山水"旅游资源。历史名人有卜商、山涛、向秀、王弼、司马懿、司马昭、司马师、司马炎、司马睿、朱载堉、许衡、韩愈、李商隐、郭熙、曹瑾、李岩等。特产有"四大怀药"(怀地黄、怀牛膝、怀山药、怀菊花)、博爱竹器、海蟾宫松花蛋、武陟油茶、博爱姜、焦作柿饼、延陵大葱等。

5. 平顶山市

平顶山位于河南省中南部,西靠伏牛山,东接黄淮平原,辖4区(新华、卫东、湛河、石龙)、2市(舞钢、汝州)、4县(宝丰、叶县、鲁山、郏县)。总面积6301平方千米、建成区面积80平方千米,常住人口340万(六普)、市区人口102万(六普)。

平顶山春秋时为应国,以鹰为图腾,因此又称鹰城。1957年析置平顶山市,以环绕市区北面的山峰皆为平顶得名,1964年改为特区,1968年设地级市。现规划定位为以能源、化工为主的工业基地,豫中地区中心城市。规划中心城区建成以现城区为核心、东展西拓结合,以西拓为重心的梯度推进的组团集合布局结构。

全境西高东低,呈阶梯状递降,有31条河流、175座大中型水库,地下水、矿产资源丰富,有华东和中南地区最大的煤田,素有"中原煤仓"之称;盐储量居河南省第1位,是全国第2大井盐产地;铁矿石储量占河南省储量的76.3%,是全国10大铁矿之一。工业基础雄厚,煤炭工业为支柱产业,形成了以能源和原材料工业为主体,以煤炭、电力、钢铁、纺织、化工、机电、建材、食品等8大工业为支撑的新兴工业体系。2012年全市地区生产总值为1502.0亿元。

为中原城市群9个中心城市之一,被誉为中原之崛起城市。平顶山是中国优秀旅游城市、国家园林城市、中国曲艺城和中国书法城,景点主要有尧山风景名胜区、石漫滩国家森林公园、三苏坟、画眉谷、白龟山、二郎山、昭平湖、香山寺、龙潭峡等。历史名人有刘累(刘氏始祖)、沈诸梁(叶氏始祖)、墨子、冯异、姚期、韩棱、延笃、元结、马遂、王建、王衍、牛皋、李绿园、崔琦等。

6. 鹤壁市

鹤壁市位于河南省北部,太行山东麓,与华北平原接连,辖3区(淇滨、山城、鹤山)、2县(浚县、淇县)和1个经济技术开发区,总面积为2299平方千米、建成区面积为49平方千米,常住人口156.91万(六普)。

鹤壁在元代以前就已形成集镇,因相传"仙鹤栖于南山峭壁"而得名,为中国古代商朝、春秋时期卫国、战国时期赵国国都。汉置荡阴县,北周为邺县,隋为汤阴县,1957年析汤阴县地置鹤壁市。现规划定位为豫北地区中心城市之一,以循环经济为特色的新型产业基地,开放型、创新型、生态型宜居城市。规划构建"一轴三区四级"的市域城镇空间结构;形成"一核双星"的城市空间结构。

鹤壁平原、山地各半,卫河、淇河流经,农业盛产小麦、玉米、谷子、红薯、柿子、苹果等,有著名的淇河三珍:鲫鱼、鸭蛋、冬凌草。豫北黑山羊为优良畜种。矿产资源有煤、硫铁矿、陶土、铝矾土、白云岩等,是中国重要煤炭基地之一。有煤炭、机械、化工、纺织等工业。有"联合国统筹城乡就业项目城市""中国国家循环经济试点市"等称号。地处中原城市群腹地,交通便利,通讯发达,区位优势明显,为豫北"十"字综合交通的中心。2012年全市地区生产总值完成553.35亿元。

鹤壁是中国历史文化名城、中国优秀旅游城市,著名景点有大伾山、云梦山、浚县古城等。历史名人有鬼谷子、箕子、荆轲等。特产有"淇河三珍"(鲫鱼、缠丝鸭蛋、冬凌草)、柿子、核桃、香椿、龙宫花卉、小河白菜、大碾萝卜、园上大蒜、善堂大枣、王桥豆腐、五香花生米、无核枣、木鱼石等。

7. 新乡市

新乡市地处河南省北部,南临黄河,北依太行,辖4区(卫滨、红旗、牧野、凤泉)、2市(辉县、卫辉)、6县(新乡、获嘉、原阳、延津、封丘、长垣)以及2个国家级开发区(新乡高技术产业开发区和新乡经济技术开发区)、西工区、新乡工业园区、平原新区,总面积8169平方千米、市区面积422平方千米、建成区面积96平方千米,常住人口570.78万(六普)、市区人口100万(六普)。

新乡源于西汉为获嘉县的新中乡,西晋太和五年(370)建新乐城,隋置新乡县,1949年中华人民共和国成立前为平原省省会,1949年设新乡市。现定位为中原城市群的中心城市,是高新技术产业、汽车零部件、轻纺和医药工业基地,职业培训基地,现代农业示范基地,北部区域物流中心,国家城乡统筹发展实验区。城市框架为"一城三区五星环绕、两个副中心城市"的总体规划。

地处黄河、海河2大流域,大部为平原,土地肥沃、光热充沛,是中国粮棉主产区、国家优质小麦生产基地和河南省畜牧生产加工基地。拥有纺织、食品、造纸、建材、能源电力5大传统优势产业,制冷、生物与新医药、电池及新型电池材料、特色装备制造(起重、振动机械、滤材等)、煤化工、汽车及零部件等6大战略支撑产业,建成了全国唯一的国家级民营科技园区——河南长垣起重工业园区,是国内10大电池出口基地之一,是中原城市群重要城市之一、豫北的经济和交通中心、国家重要的综合交通枢纽。2012全年全市地区生产总值为1618.93亿元。

新乡为国家森林城市、中国优秀旅游城市、国家园林城市、国家卫生城市、中国金融生态城市、中国10佳和谐可持续发展城市,拥有著名景区八里沟风景区、关山国家地质公园、万仙山风景区等。历史名人有:张苍、陈平、周勃、周亚夫、娄师德等。特产有原阳大杏、延津菠菜、封丘石榴、封丘芹菜、原阳大米、封丘金银花、延津胡萝卜、封丘卷尖、汲县豆皮、辉县山楂、黄河鲤鱼。

8. 安阳市

安阳地处河南省最北部,太行山脉东麓,晋冀豫3省交会处,辖4区(北关、文峰、殷都、龙安)、1市(林州)、4县(安阳、汤阴、内黄、滑县)、1个高新技术产业开发区、9个省级集聚区,总面积7413平方千米、建成区面积为83平方千米,常住人口517.28万(六普)、市区人口114.68万(六普)。

安阳是中国8大古都之一,早在公元前1300多年,商王盘庚迁都于安阳殷都区小屯一带。秦置安阳县,汉废并入荡阴县,晋复置安阳县,1929年设地级安阳市。现规划定位为国家历史文化名城,豫北区域性中心城市。规划市域城镇空间结构为"一心两轴多点";中心城区为"一心双城三组团"的城市结构。

安阳资源充足,有丰富的农副产品资源和矿产资源,是国家规划的小麦、玉米、棉花、油料等农产品优势区域,全国优质粮油棉生产基地,被誉为"豫北粮仓",滑县是河南省第1产粮大县。煤炭、铁矿石、石灰岩、大理石等资源有丰富的储量。是河南省的重要工业基地,初步形成了以冶金、电子、机械、化工、食品、纺织、医药、电力、煤炭、烟草为主的工业体系,重点规划了冶金及金属加工、电子信息、装备制造、食品及农副产品加工、汽车零部件、煤化工、纺织与服装、医药卫生材料等8大优势产业集群。地处南北交通要冲,是中原城市群、中原经济区重要的中心城市。2012年全市生产总值完成1592.8亿元。

安阳是中国历史文化名城、中国优秀旅游城市、国家园林城市、甲骨文的故乡、《周易》的发源地、红旗渠精神诞生地、隋唐著名的瓦岗寨起义地、精忠报国民族英雄岳飞故里,这里流传着大禹治水、文王演易、妇好请缨、苏秦拜相、西门豹治邺、岳母刺字、韩陵定国寺等著名故事。拥有世界文化遗产安阳殷墟、中国文字博物馆、红旗渠、曹操陵墓魏高陵、岳飞庙等著名名胜古迹。历史名人有颛顼帝、帝喾、妇好、傅说、西门豹、商鞅、冉闵、翟让、李延寿、傅奕、韩琦、韩侂胄、岳飞、郑廷玉、郭朴、崔铣、赵紫阳等。特产有内黄花生、内黄红枣、林州大红袍花椒、山楂、核桃、板栗、龙泉花卉、滑县金旺金银花等。

9. 濮阳市

濮阳市位于河南省的东北部,黄河下游北岸,冀鲁豫3省交界处。辖1区(华龙)、5县(濮阳、清丰、南乐、范县、台前),总面积4266平方千米、建成区面积36平方千米,常住人口359.85万(六普)、市区人口65.56万(六普)。

濮阳具有悠久的历史和灿烂的古代文明,是中华民族发祥地之一,有"颛顼遗都"之称。夏为昆吾国,春秋称卫都,战国后期始称濮阳,秦代置濮阳县,1983年撤县设地级市。现规划定位为以化工工业为基础、以新兴产业为先导的综合型城市,豫东北地区区域中心城市,国家级历史文化名城。规划形成"一中心、二组团、八片区"的组团式总体布局结构。

濮阳地势平坦,属于河积平原,气候宜人,土地肥沃,灌溉便利,主要农作物有小麦、玉米、水稻、大豆、棉花、花生等,是中国重要的商品粮生产基地和河南省粮棉主要产区,畜牧养殖业已形成肉鸡、蛋鸡、品种羊、瘦肉型猪和牛5大养殖基地。矿产资源主要有石油、天然气、盐、煤等,是中原油田开发腹地。濮阳是随着中原油田的开发而兴建的一座石油化工城市,河南省确定的重点石油化工基地,着力构建石油、乙烯、肥料、玻璃制品、塑料编织和羽绒加工6大产业基地。2012年地区生产总值实现994.53亿元。

濮阳是国家历史文化名城、国家卫生城市、国家园林城市、全国创建文明城市工作先进城市、中华龙乡、杂技之乡,有戚城文物景区、中原绿色庄园等著名景点。历史名人有卫定公、大叔仪、孟絷、京房、吕不韦、吴起、李悝、濮阳兴、张大安、一行、李遑、贺王章、赵玭等。

10. 商丘市

商丘市位于河南东部,地处黄淮平原腹地,北接齐鲁,南襟江淮,素有"豫东门户"之称。辖2区(梁园、睢阳)、1市(永城)、6县(夏邑、虞城、柘城、宁陵、睢县、民权)、2个省级开发区(1个省级综合保税区,1个省级经济技术开发区)、2个省级园区和商丘新区,总面积10 704平方千米、中心建成区面积100平方千米,常住人口736.25万(六普)、中心区人口101万(六普)。

商丘是六朝古都,有着4600余年的建城史,被誉为"三商之源、华商之都"。商为商丘邑,春秋为宋国郡,明嘉靖二十四年(1545)改为商丘县,1950年撤县设市,1997年升为地级市。现定位为国家"三化"(农业现代化、工业化、城镇化)协调发展实验区、亚欧大陆桥陇海经济带重要的中心城市、国家重要的区域性现代综合交通枢纽、国家重要的区域性现代物流中心、国家级现代农业示范区、国家文化改革与发展先行区、国家区域合作示范区、中原经济区承接沿海产业转移示范区及内陆开放高地。规划明确了"一核两翼组团发展,四位一体统筹推进"的城镇化发展战略。

境内主要为黄河冲积平原区,自然条件得天独厚,物产富饶,资源丰富,盛产小麦、玉米、棉花、油料、林果、蔬菜、畜产品,被誉为"豫东粮仓",为国家现代农业示范基地。煤炭资源丰富,是全国6大无烟煤基地之一。能源精深加工业、汽车及装备制造业、医药化工业、冶金建材业、食品精深加工业、新能源新材料工业、纺织服装业等为商丘的支柱产业。煤及煤化工、铝及铝深加工、机电装备、制冷、冷链物流、生物医药、新能源新材料及农副产品精深加工业等为商丘的特色主导产业。是中国重要的煤炭能源基地、煤炭深加工基地和化工基地。地处中国东西部地区的衔接处,是国家促进中部地区崛起的"两纵两横"经济带的4大交会城市之一,区位优越、交通便捷,为中国重要的商贸物流中心、豫鲁苏皖接合部的区域性中心城市、国家重点开发的城市化地区。2012年完成地区生产总值1418.3亿元。

商丘是中国儒家思想发祥地、中国道家思想发源地、中国墨家思想发源地、中国汉梁文化发源地、中国旅游发源地、中国景区文化发祥地、中国钻木取火的发源地,中国商人、商业、商品、商文化的发源地,有三商文化、火文化、汉梁文化、姓氏文化、根亲文化、宋文化、孔祖文化、庄子文化、木兰文化、旅游文化、葛天文化、酒文化、授时文化,为国家历史文化名城、中国优秀旅游城市、国家园林城市、中国金融生态城市,拥有商丘古城、木兰祠、龙泽湖等景观。历史名有:庄周、惠施、灌婴、申屠嘉、张方平、明代仁宗张皇后、宣宗孙皇后等。特产有永城枣干、柘城三樱椒、宁陵酥梨、虞城惠楼山药等。

11. 许昌市

许昌市位于河南省中部,伏牛山脉东麓,辖1区(魏都)、2市(禹州、长葛)、3县(许昌、鄢陵、襄城)和3个现代化新城区(许昌新区、东城区、许昌国家级经济开发区),总面积4996平方千米、市区面积88平方千米、建成区面积80平方千米,常住人口430.72万(六普)、市区人口49.81万(六普),城镇化率超过41%。

许昌是中华文明的核心发源地之一,第1个封建王朝夏朝的发源地,夏都夏邑,后名阳翟。西周和春秋为许国,秦置许县,三国魏黄初二年(221)改为许昌县,1947年析置许昌市,1986年升为地级市。规划形成"一中心、五组团"的城市空间布局结构。

许昌地处暖温带季风区,自然条件优越,探索"一园九区"的模式发展,即花卉产业化示范园、无公害蔬菜生产示范区、中药材生产示范区、优质小麦产业化示范区、优质烟叶生产示范区、农作物种子产业化示范区、高效畜牧业生产示范区、农产品加工示范区、农村城镇化科技示范区。被称为"中原粮仓",有"河南的温州"的美誉。耐火粘土种类齐全,储量占全省储量的一半;铝土矿储量占全省的30%;天然油石矿矿质优良,是全国最大的油石基地之一。现代工业体系齐全,非公有制经济发达,以电力装备制造业为主体的省级重点产业集聚区打造中原电气谷,在烟草种植与加工上历史悠久,形成了集优质烟草科研、教育、种植、复烤、储运、卷烟生产、烟草机械制造为一体的烟草体系,美誉"烟草王国"。为全国最大的花木生产销售基地、全国4大中药材集散地之一,是国家批准的17家中药材交易市场之一。2012年地区生产总值达1739亿元。

许昌为中国三国文化之乡、中国大禹文化之乡、中国钧瓷文化之乡、中国腊梅文化之乡,著名的旅游景点有曹丞相府、花都温泉、神垕古镇等。历史名人有许由、韩非子、晁错、荀彧、郭嘉、徐庶、钟繇、钟会、钟嵘、马殷、吴道子等。特产有禹州钧瓷、禹州中药材、禹州粉条、襄城红薯、襄城烟叶、鄢陵腊梅、鄢陵矿泉水、长葛石象豆腐、人造金刚石、河街腐竹等。

12. 漯河市

漯河市位于河南省中部偏南,自古以来就是商埠重镇。辖3区(源汇、郾城、召陵)、2县(临颍、舞阳)、1个漯河国家级经济技术开发区,总面积为2617平方千米、建成区面积为60平方千米,常住人口2558万(2012)、建成区人口60万(六普)。

商周时期,漯河小镇就逐渐形成,因濒临隐水(今沙河)故称隐阳城;南北朝改称奇雒城,汉置郾县,隋置郾城县,元代建螺湾河镇,明嘉靖三年(1524)改为漯湾河镇,清末京汉铁路修建设漯河车站,1948年设漯河市,1986年升为地级市。现定位为国家食品工业城、豫中区域性中心城市。规划形成"一心两轴九片区"的城市总体格局。

地处伏牛山东麓平原和淮北平原交错带,沙河与澧河在此交会。形成了肉类、粮食、饮料、果蔬4大加工产业集群,是全国最大的肉食品加工基地、全国重要的粮食加工基地和中部地区重要的饮料生产基地、中国食品名城,是中西部首个、全国第2个"中国品牌城市"。曾以商贸和水陆交通发达而享誉中原,在明朝永乐年间已是"江淮百货萃,此处星辰罗"的商品集散中心,素有"水旱码头"之称。今天更是四通八达,是国家重要的干线综合交通枢纽城市和现代商贸物流中心。2012年全市实现生产总值812.4亿元。

漯河市是中国优秀旅游城市、国家园林城市、国家森林城市、中国最佳生态旅游城市,拥有许慎墓、舞阳城隍庙、开元寺、南街村景区、沙澧河风景区等景点。历史名人有许慎、王建等。特产有闪家胡辣汤、联泰五香牛肉、双汇火腿、南街村方便面、调味料、巧克力棒等。

13. 三门峡市

三门峡市位于河南省西部,豫晋陕3省交界处,辖1区(湖滨)、2市(义马、灵宝)、3县(渑池、陕县、卢氏),总面积为10 496平方千米、建成区面积40平方千米,常住人口223.39万(六普)、城区人口40万(六普)。

三门峡是伴随着黄河第1坝——三门峡水利枢纽的建设而崛起的一座新兴城市。相传大禹治水,用神斧将高山劈成"人门""神门""鬼门"三道峡谷,河道中由鬼石和神石将河道分成三流,如同有3座门,三门峡由此得名。西周属虢国,秦置三川郡,西汉为河南府,汉武帝时置弘农郡,北魏置陕州后一直延续至明清,1957年析陕县县城设三门峡地级市,1962年改为县级市,1986年复为地级市。现规划定位为豫晋陕3省交界的区域中心城市,能源、重化基础工业和加工制造业基地。规划形成"一主两副一点"的市域城镇空间布局结构;中心城区形成"一心两翼"的组团式总体布局。

三门峡地形有"五山四陵一分川"之称,资源丰富,黄(金)白(铝)黑(煤)是该市3大优势矿产资源,黄金储量、产量均为全国第2,是全省乃至全国重要的贵金属、有色金属及能源矿产基地、全国最好的高铝耐火原料基地。初步形成了能源、煤化工、铝工业、黄金生产加工、林果业生产加工5大支柱产业和9大产业链,是河南省重要的能源、煤化工、铝工业、黄金生产加工和林果业生产加工基地。地处中西部地区的结合部,是亚欧大陆桥的重要节点城市、连接豫晋陕3省、北上南下、西进东出的区域交通枢纽城市。三门峡于2002年就被联合国开发计划署列为"21世纪城市规划、管理与发展"援华项目,是中国北方唯一一个被列入该项目的城市。2012年全市生产总值达到1148.79亿元。

三门峡市是华夏文明发祥地之一、中国优秀旅游城市,有仰韶文化、虢国文化及由老子《道德经》衍化而来的道家、道教文化,紫气东来、白马非马、唇亡齿寒、完璧归赵、秦赵会盟等历史典故就发生在这里。拥有旅游景点亚武山国家级森林公园、三门峡黄河游览区等。历史名人有关龙逄、王浚、张士贵、上官仪、上官婉儿、姚崇、宋之问、高季兴、魏野、曹端、曹培元、曹靖华等。特产有灵宝苹果、灵宝大枣、贵妃杏、仰韶黄杏、牛心柿、卢氏猕猴桃、猴头、黑木耳、核桃、鹿茸(珊瑚菌)、阌莲、线椒、厥山葱、黄河鲤鱼、大鲵、生漆、矿泉饮料、卢氏麻片、仰韶酒、陕州糟蛋等。

14. 南阳市

南阳市简称"宛",位于中国最东端的大型盆地南阳盆地之中,头枕伏牛,足蹬江汉,东依桐柏,西扼秦岭。辖2区(卧龙、宛城)、1市(邓州)、10县(南召、方城、西峡、镇平、内乡、淅川、社旗、唐河、新野、桐柏)、1个南阳国家级高新技术产业开发区、2个工业管理区(南阳新区、南阳官庄工业管理区),总面积26 400平方千米、建成区面积100平方千米,常住人口1026.3万(六普)、中心城区人口100万(六普)。

战国秦昭王三十五年(前272)设南阳郡,东汉称南都(为仅次于都城洛阳的第2大都市),1948年设南阳市,1994年升为地级市。是河南省域次中心城市,豫陕鄂川渝交界处区域性中心城市,豫西南政治、经济、文化、教育、科技、物流、交通中心。现规划定位为国家历史文化名城,豫陕鄂3省交界地区重要的交通枢纽和区域中心城市。规划形成"一心两轴五板块"的市域城镇空间布局结构;中心城区形成"一河两岸四组团"的城市空间布局结构。

处于亚热带向暖温带的过渡地带,阳光充足,雨量充沛,河流众多,水资源、生物资源、矿产资源非常丰富,有10大中药材种植基地,天然碱、红柱石储量为亚洲之冠,银矿、蓝晶矿、金红石、硅线石储量居全国第1,蓝石棉储量为全国第2,铜矿、石墨储量居全省第1,黄金、石油储量居全省第2,南阳独玉为中国4大名玉之一,素有"东方翡翠"之称。农业较为发达,素有"中州粮仓"之称,是全国粮、棉、油、烟集中产地,是国家商品粮、棉基地,黄牛居全国5大优良品系之首,月季产量居全球之最。已初步形成油碱化工、机械电子、装备制造、电力能源、冶金建材、纺织、中医药、光电和汽车零部件等工业门类、14个产业集聚区。南阳核电列入国家"十二五"规划,届时将形成集水电、火电、风能、太阳能与核电为一体的清洁能源基地。为中原经济区主体区和连南启西的重要支点、全国出口商品综合基地之一,地理位置优越,交通便利。2012年全市实现生产总值2367.2亿元。

南阳是中国首批对外开放的历史文化名城之一、中国优秀旅游城市、国家园林城市,是全国楚文化与汉文化最集中的旅游区之一,也是中部地区重要的旅游胜地之一。卧龙岗旅游文化集聚区、伏牛山世界地质公园、南水北调中线渠首和桐柏淮源国家风景名胜区是南阳四大重点旅游景区景点。历史名人有熊绎、百里奚、刘秀、阴丽华、刘玄、邓禹、李严、黄忠、许攸、张衡、张仲景、张释之、范蠡、范晔、彭雪枫、姚雪垠等。特产有南阳丝绸、独山玉、南阳玉雕、南阳烙画、黄石砚、伏牛山珍等。

15. 信阳市

信阳市位于河南省南部,辖2区(浉河、平桥)、8县(潢川、淮滨、息县、新县、商城、固始、罗山、光山)、6个处级行政单位(羊山新区、南湾湖风景区、上天梯管理区、鸡公山管理区、信阳工业城、潢川开发区),总面积19 541平方千米、建成区面积62平方千米,常住人口610.87万(六普)、市区人口122.99万(六普)。

西周为申国,秦置城阳县,东汉置平春县,东晋改平阳县,隋改义阳县,北宋始称信阳县,明称信阳州,1913年复为信阳县,1949年撤县设市,1998年升为地级市。现规划定位为鄂豫皖交界地区重要交通枢纽与物流中心,工贸旅游综合发展、具有山水园林风貌的区域中心城市。规划城市结构由行政中心组团、龙山组团、老城组团、湖东组团、平桥组团、工业仓储组团、教育科研组团和南湾组团8个组团形成。

信阳处于大别山北麓与淮河上游之间,山水秀丽,气候宜人,植被茂密,素有"江南北国、北国江南"之美誉,是中国最显著的南北分界的标志地。农林渔牧产品资源丰富,水稻、油菜、红黄麻、板栗、银杏、茶叶等农产品年产量均居河南之首,是中部粮仓、国家粮食核心产区,享有"鱼米之乡"之美誉;畜牧业是农业的重要支柱产业之一,鸭、猪、鸡、鹅等饲养量大。非金属矿产资源丰富,上天梯非金属矿为亚洲第1大非金属矿。有绿色食品、高端制造、新型建材3大产业基地。介于鄂豫皖3省的结合部,三省通衢,是国家重要的综合交通通信枢纽,江淮河汉间的战略要地,豫南经济、文化、教育、物流中心,鄂豫皖区域性中心城市,中国连接南北、承东启西最重要的支点城市。2012年全市实现生产总值1408.66亿元。

信阳是中华文明最重要的发祥地之一、中国优秀旅游城市、国家园林城市、国家级生态示范市、中国著名的宜居之城、魅力之城、创业之城。有鸡公山、南湾湖、灵山寺、汤泉池、鄂豫皖苏区首府革命博物馆等著名旅游景点。历史名人有公祖句兹、春申君、孙叔敖、魏延、费祎、王审知、何景明、宋世杰、马祖常、胡煦、吴其浚、邓颖超、许世友、李德生、尤太忠等。特产有信阳毛尖、南湾湖鲢鱼、南湾湖鲌鱼、固始鸡蛋、固始土鸡、南湾湖虾(豫南湾牌)、光山青虾、潢川金桂、息县香稻丸、商城茶油、商桔梗、商天麻、商茯苓、大别山天香菜及其制品、信阳紫云英种子等。

16. 周口市

周口位于河南省东南部,东临安徽阜阳,辖1区(川汇)、1市(项城)、8县(淮阳、鹿邑、扶沟、沈丘、太康、郸城、西华、商水),总面积为11 959平方千米、建成区面积为44平方千米,常住人口895.32万(六普)、市区人口46.2万(六普)。

周口历史悠久,太昊伏羲氏在此建都,炎帝神农氏播种五谷,开创了中华民族的远古文明。古属陈国,战国末期一度为楚国都城,汉置汉阳县,隋置水县,宋为商水县,明在商水县置周家口镇。

明清时期,周家口是西北与江南物资交流的重要枢纽,曾被称为河南四大商业重镇之一。1948年设周口市,2000年升为地级市。现规划定位为以商贸流通、农产品精深加工为主,中原文化特色浓厚的豫东南中心城市。规划城镇体系空间结构为"极化核心,多城复合";城市布局结构为"一河穿城、两轴拓展、三点互动、四区共荣",形成多中心的紧密组团式结构形式。

地处豫东平原,沙河、颍河、贾鲁河交会处。是全国重要的粮、棉、油、肉、烟生产基地,国家重要的黄牛、槐山羊、生猪的养殖及肉类出口基地,已建立了以电力、机械、纺织印染、食品酿造、裘皮制革、医药化工为支柱的门类齐全的工业体系。交通便捷,公路、铁路、水路运输交织成网,四通八达。沙颍河自古以来就是通航河道,建成有周口、刘湾2大货运码头。荷花市场为豫东南最大的综合批发市场。2012年全市实现生产总值1592.38亿元。

周口是中国优秀旅游城市、文化资源大市,中华龙文化、姓氏文化、道家文化、农耕文化的重要发祥地,著名景点有太昊陵、老子故里、关帝庙、龙湖风景区等。历史名人有伏羲、女娲、老子、汲黯、蔡伦、项羽、谢安、谢道蕴、谢玄、袁绍、黄霸、谢灵运、陈抟、符彦卿、徐世隆、袁世凯、张镇芳、朱丹陛、吉鸿昌等。特产有黄金瓜、田口枣、逍遥胡辣汤、宁平麻花、淮阳黄花菜、观堂麻片、汝阳刘毛笔等。

17.驻马店市

驻马店,别称"天中""驿城""驿都",位于河南中南部,素有"豫州之腹地,天下之最中"之称。辖1区(驿城)、9县(西平、遂平、上蔡、新蔡、汝南、平舆、确山、正阳、泌阳)、1个开发区、2个特设区(工业集聚区、装备产业集聚区),总面积1.5万平方千米、建成区面积49平方千米,常住人口723.07万(六普)、市区人口58万(六普)。

古为历代官道,因设驿站而得名。西汉高祖四年(前203)置汝南邢,隋初置安昌县,隋开皇十八年(598)改郎山县,宋大中祥符五年(1012)改确山县,1949年设驻马店市,2000年升为地级市。现规划中心城区形成"三个中心、四纵四横发展轴、五大功能片区"的空间格局。

地处淮河上游的丘陵平原地区,有山地、丘陵、岗地、平原等地貌类型。属北亚热带与暖温带交会过渡的气候类型,适宜多种作物生长,是国家和省重要的粮油生产基地,素有"天下粮仓""中州油库"和"芝麻王国"之称。矿产资源极为丰富,化工灰岩、玻璃用砂、莹矿储量分别居全省第1、第2、第4位,伏牛山余脉发现世界级特大型金红石矿床。初步形成了医药、机械、化工、电子、建材、食品、粮油加工等支柱产业。地处中原地理中心、中国南北交通主通道中段,地理区位优势明显,交通快速便捷、通达四方,是商贸交往的一个新兴要地。2012年全市实现地区生产总值1386.96亿元。

驻马店市是蔡氏、金氏、江氏家族的发祥地,盘古开天地、重阳节、梁祝爱情故事、董永七仙女爱情故事的发源地之一,中国车舆文化之乡、中国冶铁铸剑文化之乡、中国嫘祖文化之乡,是省级文明城市、园林城市、优秀旅游城市。著名景点有南海禅寺、嵖岈山、杨靖宇纪念馆、薄山湖风景区、铜山、老乐山、白云山、南海禅寺、北泉寺、棠溪源风景区等。历史名人有嫘祖、孔门六贤(漆雕开、漆雕从、漆雕侈、漆雕凭、曹恤和秦冉)、李斯、桓宽、干宝、刘隐、刘岩、范缜、王省吾、杨靖宇等。

二、各县级市发展概况

1.汝州市　1988年6月撤临汝县设汝州市,面积1573平方千米,人口105.6万(2011)。位于河南省中西部,北靠巍巍嵩山,南依茫茫伏牛,西临古都洛阳,东望黄淮平原,北汝河自西向东贯穿全境。素有"百里煤海"之称,是中部地区重要的能源化工基地、中国中部经济实力20强县(市)、河南省省直管市。盛产小麦、玉米、红薯、大豆、烟叶、花生、棉花、花卉苗木、蔬菜等,已形成优质专用小麦基地、优质玉米基地、高淀粉脱毒红薯基地、瓜果蔬菜基地,无公害蔬菜、食用菌、林果业等3大产业迅速兴起,为全国小麦商品粮生产基地、全国肉类生产百强县(市)和商品猪生产基地。工业基础雄厚,形成了能源化工、水泥、铸钢、淀粉、饼干和三粉生产等6大基地,拥有能源、建材、冶金、食品4大支柱产业。是中原城市群区域性中心城市,漯平洛经济隆起带重要支撑点。2011年被确定为河南省直管试点市。2012年完成生产总值320.43亿元。

2. 济源市　1988年撤县建市,面积1931平方千米,人口67.6万(六普)。位于河南省西北部,黄河北岸,邻接山西省,号称"愚公故里、济水之源",是传说中愚公的故乡。为省直辖县级市、中原经济区充满活力的新兴中心城市。矿产资源丰富,已形成能源、化工、冶金等工业生产体系,为全国重要的铅锌深加工基地和电力能源基地、中西部地区重要的矿用电器生产基地和煤化工基地、河南省重要的盐化工和特种装备制造基地。手工艺品天坛砚为中国4大名砚之一。国家重点工程建设众多,小浪底水利枢纽工程、西霞院水库、华能沁北电厂、S28、G55高速公路等已经竣工,河口村水库、沁北电厂三期、焦作—济源和洛阳—济源城际轻轨正在建设中。王屋山、五龙口、小浪底、黄河三峡、济渎庙形成旅游业的5大品牌。2012年完成生产总值440亿元。

3. 巩义市　1991年撤县设市,面积1041平方千米,人口81.3万(2012)。位于中岳嵩山北麓,北濒黄河,以"山河四塞、巩固不拔"而得名,有"东都锁钥"之称。连续多年居河南综合实力县(市)榜首,为全国百强县(市)、全国县域经济基本竞争力百强县市、全国科技实力百强县市、全国信息化试点城市、国家级卫生城市、国家级园林城市、中国优秀旅游城市。初步形成西(村)芝(田)回(郭)鲁(庄)优质粮食作物基地、北部邙岭林果生产基地、黄河滩区高效经济作物生产基地、东南部山区无公害农产品生产基地、310沿线生猪蛋鸡养殖业基地5大农业产业布局。矿产资源丰富,工业经济发达,形成了冶金、建材、医药、化工、机械、纺织、能源等7大支柱产业。交通便捷,商贾云集。2012年完成生产总值527.4亿元,居河南省首位。

4. 新密市　1994年4月撤销密县,设新密市,面积1001平方千米,人口80万(2012)。位于河南省中部的嵩山东麓,丘陵缓起,平原间布,农业产品品种丰富,盛产小麦、玉米,特产有银花、大蒜、蜜香杏等。煤炭、铝钒土、石灰石、硅石储量丰富,素有"乌金之乡"美誉。工业形成了以煤炭、耐材、造纸、建材为主导的4大支柱产业和以电力、化工、机械、医药、轻工业为主体的格局。农业围绕"一优双高"开发和农业产业化,以发展畜牧业和林果业为重点,促使种养加、农工贸结合。电力、水资源充足,综合通信能力已跨入全国百强。是文始祖轩辕黄帝出生地。2012年完成生产总值515.3亿元,居全省第2位。

5. 新郑市　1994年5月撤县设市,面积873平方千米,人口67.3万(2012)。轩辕黄帝故里,农业主产小麦、玉米、红薯、花生,是全国重要的粮食基地县,副食品生产以生猪、禽、蛋为多,特产红枣,为"中国红枣之乡"。产业特色突出,形成了以机械、电力、建材、化工、医药、食品等为主体的产业体系。物流业已成为新郑新的经济增长点,形成了中原一流、中国独特的集公路、铁路、航空为一体的现代化立体交通网络,是中部地区人流、物流、信息流和资金流的主要汇集地。为中国综合经济实力百强县(市)、县域经济综合实力百强、中国优秀旅游城市。2012年完成生产总值486.3亿元,居全省第3位。

6. 登封市　1994年5月撤县设市,面积1220平方千米,人口64万(2010)。位于河南省中西部,中岳嵩山南麓。为中国综合经济实力百强县(市)、国家卫生城市、中国优秀旅游城市、全国文物先进县(市)。主要粮食作物有小麦、玉米、红薯等;主要经济作物有烟叶、油菜、花生、大豆、芝麻等。具有丰富的旅游资源、矿产资源和发达的电力、交通、通讯事业,旅游业发展迅猛。是中国第一个朝代夏王朝定都地、大禹文化之乡、少林国际武术发源地、李洼河南曲剧发源地、著名的"文物之乡"。拥有宋代4大书院之一的"嵩阳书院",是宋明理学的发源地之一。中岳嵩山是国家级重点风景名胜区和国家级森林公园之一。2012年完成生产总值432.5亿元。

7. 荥阳市 1993年9月撤县设市,面积908平方千米,人口63万(2010)。地上地下水资源丰富,土壤结构好,土地肥沃,盛产小麦、玉米、棉花、花生、冬桃、金银花、石榴、柿子等,是全国重要的粮食基地县。矿产资源丰富。形成了以汽车、煤电铝、医药化工、阀门、建筑机械、建材、食品轻纺7大支柱产业为主的工业体系,是中国阀门之乡、中国建筑机械之乡。为全国最具投资潜力中小城市百强、全国县域经济基本竞争力百强县(市)、象棋的故里、郑氏的祖地、黄河中下游重要的交通枢纽城市。景区集山、林、水、石、溶洞、古城堡、稀有植物为一体,素有"桂林山水甲天下,环翠风景冠中州"之美称。2012年完成生产总值475.6亿元。

8. 偃师市 1993年撤县设市,面积668.58平方千米,人口61.8万(2011)。位于河南省中西部地区,南屏嵩岳,北临黄河,是全国县域经济基本竞争力百强县(市)、全省首批小康达标县(市),综合经济实力居全省前列。为全国小麦高产、稳产、优质、低成本栽培技术的发源地,已形成了优质专用小麦和小麦良种、无公害蔬菜、鲜食葡萄、花卉苗木和奶牛养殖等5大优势产业,为国家优质专用粮生产基地。初步形成了能源电力、机械加工、石油化工、轻纺针织、建材和农副产品加工6大优势行业,建成了在中原乃至全国比较有影响的钢制家具、制鞋、针织、农用摩托车4大特色产业生产基地。2012年完成生产总值319.5亿元。

9. 沁阳市 1989年9月撤县设市,面积623.5平方千米,人口47.15万(2012)。位于河南省西北部,北依太行,南眺黄河,西邻山西。自古为豫西北政治、经济、文化的中心,素有"覃怀之城""河朔名邦"的美誉。资源能源充足,属河南省矿藏密集地带之一;水资源充沛,地下是太行山天然汇水盆地;为国家优质粮食产业工程项目市。工业经济形成铝电、煤化工、太阳能光伏材料、电动车、铝及铝深加工、玻璃钢、造纸装备及造纸等7大产业集群,是全国造纸机械之乡、玻璃钢之乡和豫西北重要的铝工业基地。古代经贸发达,是连接豫晋商贸的重要的商品集散地之一。2012年完成生产总值307.25亿元。

10. 孟州市 1996年5月撤孟县设孟州市,面积541.61平方千米,人口37万(六普)。孟州市位于黄河中下游的结合处,黄河在这里开始成为"悬河"。境内由西向东有明显的低山—丘陵—平原的过渡特征,是华北平原的西部边陲。是全国科技进步先进市、全国生态农业示范市、全国最具投资潜力中小城市百强、国家可持续发展实验区。机械加工、皮毛加工、粮食加工和电力化工为4大支柱产业。为亚洲最大的羊剪绒加工基地和集散地以及世界关注的销售中心。有裴李岗文化、仰韶文化、龙山文化遗址和韩愈陵园。2012年完成生产总值232.6亿元。

11. 舞钢市 1990年撤区设市,面积646平方千米,人口31万(六普)。位于河南中部,地处伏牛山东部余脉与黄淮平原交接地带,是一座年轻的现代化工业生态旅游城市。生态环境怡人,拥有以石漫滩国家水利风景区为中心的国家级森林公园,山水林城融为一体,是休闲度假的胜地。森林、矿产资源丰富,是全国10大铁矿之一。有钢铁、纺织2大产业,是全国特宽厚钢板生产科研基地。为国家园林城市、中国优秀旅游城市、中国冶铁文化之都、中国水灯文化之城、中国最具投资竞争力城市。2013年完成生产总值101.92亿元。

12. 卫辉市 1988年10月撤销汲县设卫辉市,面积882平方千米,人口49.6万(六普)。位于河南省北部,太行山东麓,古黄河北岸,素有"南通十省,北拱神京""北方水城"之称。是全国小麦商品粮基地、中原地区最大的禽蛋生产基地和林果蔬菜基地。初步形成建材、机械化工、纺织、农副产品深加工4个支柱产业和现代纸品、异型水箱制造2个特色产业。李源屯生猪交易市场被誉为全国最大的生猪交易市场。有比干林园、跑马岭休闲生态园、青龙洞等景区。2012年完成生产总值96.6亿元。

13. 辉县市 1988年撤县设市,面积2007平方千米,人口81.2万(2012)。地处豫晋2省之交,太行山南麓,华北平原西部,水资源、矿产、生物资源丰富,盛产果品,山楂产量居全省前列,是全国著名的山楂生产基地、省柴胡种植示范基地县(市)和国家级中药现代化示范园区基地。初步建成优质强筋小麦、绿色食品原料、瘦肉型猪、蛋鸡、波尔山羊、食用菌、无公害蔬菜等生产基地,是全国著名的小麦生产基地县(市)、全国瘦肉型猪生产基地和优质肉牛生产基地。有能源、建材、装备制造、纺织加工、药品食品5大基地行业。旅游资源十分丰富。2012年完成生产总值276.6亿元。

14. 林州市 1994年1月撤县设市,面积2046平方千米,人口102.7万(2012)。位于太行山东麓,晋冀豫3省交界处,是红旗渠的故乡、红旗渠精神的发祥地、著名的建筑之乡,为国家星火技术密集区、国家可持续发展实验区和全省综合改革试点县(市)。农林特产众多,山楂产量、品质居中国之首。工业基础雄厚,初步形成了以冶金、机械铸造、建材、轻工纺织、医药化工、农副产品加工6大产业为主的工业体系。初步形成了"八纵十四横"及一个产业集聚区的城市框架。有被国际航联誉为"亚洲第一、世界一流"的林虑山国际滑翔革基地。2012年完成生产总值419.7亿元。

15. 永城市 1996年12月撤县设市,面积2018平方千米,人口150.6万(2012)。位于河南省最东部,鲁豫皖苏4省交会处,素有"豫东门户"之称。历史悠久,气候宜人,交通便利,资源丰富,经济发达,是全国县域经济综合实力百强、全国重要的商品粮基地、优质小麦生产基地、河南省东引西进战略的桥头堡城市、河南省重点建设的区域性中心城市、全国6大无烟煤基地之一、华东工业的能源后方。经济主要为"一黑一白","白"即面粉,是国家唯一授予"中国面粉城"称号的城市,从而拉动了养殖业、运输业、塑编业、印刷业、服务业的发展;"黑"即煤,为中西部地区重要的煤炭能源生产基地、煤化工基地、铝制品加工基地。2012年完成生产总值371亿元。

16. 禹州市 1988年6月撤县设市,面积1461平方千米,人口125.96万(2011)。位于河南省中部,历史悠久,是中华民族发祥地之一,被誉为华夏第1都,以钧瓷文化、大禹文化、中医药文化著称。是中原城市群南缘的中心城市、全国县域经济竞争力百强、全国中小城市竞争力百强、中国优秀旅游城市。依托国家级基本农田保护区发展,形成了中药材、红薯、优质小麦生产基地,畜牧业发展迅速。是全国15个重点商业煤基地之一。能源、建材、机械、陶瓷、有色金属等支柱产业发展强劲,并形成产业集群。城市建设成就显著,城市规模位居河南省县级城市第1位。2012年完成生产总值408.7亿元。

17. 长葛市 1993年12月撤县设市,面积648.6平方千米,人口70万(2012)。位于豫中平原腹地,是中国民营经济最具潜力市、中国民营经济最佳投资市、中国优秀旅游城市、中国食品工业强市、河南省城镇化发展重点市、河南省产粮大县(市)、中国中部卫浴产业基地、中国蜂产品产业基地、全国小型建筑机械产业基地。工业初步形成了金刚石制造及制品、机械装备制造、电瓷电器、建筑卫生陶瓷、有色金属加工、农副产品加工、纺织服装、人造板材加工等8大产业集群,金刚石制品加工业生产规模亚洲第1、世界3强。是河南省粮食、烟叶、棉花、泡桐、特种养殖、瘦肉型猪生产基地,农业形成肉食品加工、粮食加工、蜂产品加工、板材加工4大产业链。2012年完成生产总值350亿元。

18. 义马市 1981年4月设市,面积112平方千米,是全国最小的县级市、河南最早的县级市,人口14.5万(六普),也是人口最少的市。位于河南省西部,属秦岭余脉崤山延伸地带,生物资源、煤炭资源十分丰富,素有"豫西百里煤城"之称,是全国重要的能源基地之一。为全国中小城市科学发展百强、最具区域带动力中小城市百强。主要农作物有小麦、玉米、谷子、红薯、豆类等,经济作物有油菜、烟草、芝麻、瓜类等,大力发展非粮作物的种植业和畜禽类的养殖业,形成了蔬菜、畜牧、养殖、烟叶、食用菌、经济林6大产业基地。有煤炭、煤气、电力、铬盐化工、制药等支柱工业。地处连接东部发达地区和西部资源区的结合部,是沿黄河经济带和豫晋陕黄河金三角经济协作区的重要组成部分。2012年完成生产总值167.9亿元。

19. 灵宝市 1993年5月撤县市市,面积3011平方千米,人口73.9万(2012)。位于豫晋陕3省交界处的河南省西部,北濒黄河,地表由山地、土塬、河川阶地组成,有"七山二塬一分川"之称。资源丰富,有3大宝:苹果、黄金、大枣,是国家确定的黄金生产基地,被誉为"黄金之城""硫铁王国""中国金城"。农产品类有小麦、玉米、黄豆、棉花、烟叶和花生等,为国家确定为优质苹果生产和外销基地。有函谷关、荆山黄帝铸鼎原、西坡国家史前遗址公园、亚武山国家级森林公园、黄河奇观鼎湖湾等景点。2012年完成生产总值449.9亿元。

20. 项城市 1993年12月撤县设市,面积1083平方千米,人口122万。古称项子国,位于河南省东南部、豫皖2省交界处,属黄淮平原,土地平坦,昔日有"泽国"之称。是河南省粮、油、畜产品的重点产区,是国家优质粮生产基地。以工业兴市,已形成以味精、医药、皮革为支柱,纺织、机械、电力、建材、化工为重点的工业体系,有著名的莲花味精集团。农业产业化步伐加快,优质小麦、食用菌、中药材、花卉和黄牛、槐山羊、项猪等主导农产品的绿色优势、科技优势和市场优势基本形成。是豫东南最佳的物流、人流、资金流、信息流的交会点。2012年完成生产总值201亿元。

21. 邓州市 1988年11月撤县设市,面积2294平方千米,人口175万(2012)。古称"穰",地处豫鄂陕交界,素有"三省雄关""豫西南门户"之称。是全球华裔"邓姓"的发源地、范仲淹的故里,国家对外开放城市、改革开放特别试点市。"山少岗多平原广"为邓州市的地貌特点,物产丰富,资源雄厚,盛产小麦、棉花、烟草、小辣椒、花生、豆类,畜产品资源丰富,是南阳黄牛中心产区,被国家确定为商品粮、优质棉基地县(市)、河南省油料生产和优质烟出口重要县(市)。已初步形成食品加工、化工医药、棉纺服装、建材工业、烟草加工、造纸工业等6大工业体系。2012年完成生产总值285.4亿元。

第二节 湖北省

湖北省,简称鄂,因处于洞庭湖以北,故称湖北。位于中国中南部,长江中游,北接河南省,东连安徽省,南邻江西、湖南2省,西靠重庆市,西北与陕西省为邻,面积18.59万平方千米,占全国总面积的1.94%,居全国第16位。湖北省处于中国地势第二级阶梯向第三级阶梯过渡地带,地貌类型多样,山地、丘陵、岗地和平原兼备;地质构造复杂,矿产资源丰富,已发现矿产131种;长江由西向东横贯,全省水力资源居中国第4位;气候属北亚热带季风气候,光照充足,热量丰富,无霜期长,降水丰沛,雨热同季,利于农业生产,因此享有"湖广熟,天下足"的美誉。截至2010年底,全省有1个副省级市(武汉)、11个地级市(黄石、十堰、荆州、宜昌、襄阳、鄂州、荆门、孝感、黄冈、咸宁、随州)、1个自治州(恩施土家族苗族自治州)、3个省直管市(仙桃、天门、潜江)、1个省直管林区(全国唯一林区——神农架林区)、38个市辖区、24个县级市、38个县、2个自治县。全省常住人口5723.7740万(六普)。2012年完成生产总值22 250.16亿元,居全国第9位。

图 3-4-2 湖北省行政区划图

一、副省级市和各地级市发展情况

1. 武汉市

武汉简称汉,又称"江城"。位于中国腹地中心、长江与汉江交会处,是中国15个副省级城市之一、长江中下游特大城市、华中地区的金融中心、交通中心、文化中心,有"东南巨镇"之称。辖13区(江岸、江汉、硚口、汉阳、武昌、洪山、青山、东西湖、蔡甸、江夏、黄陂、新洲、汉南)、3个国家开发区(武汉经济技术开发区、东湖新技术开发区、吴家山台商投资区),总面积8494平方千米、建成区面积500平方千米,常住人口978.54万(六普)、7个中心城区人口共560万(六普)。

长江及其最长支流汉江横贯市区,形成了武昌、汉口、汉阳三镇隔江鼎立的城市格局。东汉末年在今汉阳龟山北筑"却月城"、三国孙权在武昌蛇山筑"夏口城"、汉口明初成镇(为古代4大名镇)。武汉古称江夏,1912年设武昌县、汉阳县、夏口县,1926年改夏口县为汉口市,1949年三镇合并设武汉市。现定位为湖北省省会,国家历史文化名城,中国中部地区的中心城市,重要的工业基地、科教基地和综合交通枢纽。规划形成主城区为核心的多轴、多中心、开放式的城市空间布局。

武汉地貌属鄂东南丘陵经汉江平原东缘向大别山南麓低山丘陵过渡地区,以平原为主。是中国水域面积最大的城市之一,水域面积约占城市面积的1/4,湖泊数量达到170个,东湖为中国最大的城中湖。农业以粮食生产为主,水产品丰富。是华中地区最大的工业、商业城市,国家重点建设的工业城市,拥有钢铁、汽车、光电子、化工、冶金、纺织、造船、制造、医药等完整的工业体系。是中国首批沿江对外开放城市之一,在中国经济地理圈内,武汉处于优越的中心位置,是中国地理上的"心脏",故被称为"九省通衢"之地,四通八达的铁路、公路、水路和空中航线在这里交会。巨大的区位交通优势推动了商业贸易和现代物流业的快速发展。是国家重要的科教基地之一,在光通讯、生物工程、激光、微电子技术和新型材料等领域科技开发实力处于全国领先地位。2012年地区生产总值达8003.82亿元。

武汉是一座历史悠久而又富有光荣革命传统的城市,历史文化积淀深厚,是著名的武昌起义发生地,是国家历史文化名城、中国优秀旅游城市和"三国""三峡"旅游线路的中转站,著名的景点有黄鹤楼、东湖、归元寺、武汉长江大桥、龙泉山八王寝、道观河、盘龙城遗址、木兰山等。著名历史人物有黎元洪、程颢、程颐、徐海东等。

2. 黄石市

黄石位于湖北省东南部,长江中游南岸。是中国中部地区重要的原材料工业基地和国务院批准的沿江开放城市。辖4区(黄石港、西塞山、下陆、铁山)、1市(大冶)、1县(阳新)和1个国家级经济技术开发区,总面积237平方千米、建成区面积62平方千米,常住人口242.93万(六普)。

黄石市原为大冶县2个临江小镇(石灰窑、黄石港),1948年合并为石黄镇,1949年设石黄工矿特区,1950年置省辖黄石市。现规划定位为长江中游重要的工业基地之一,鄂东地区中心城市。规划市域城镇空间布局结构为"一主、一副、三横三纵";城区形成"双城四组团"结构形态。

黄石地形破碎,局部地方形成不完整的山间盆地,河港纵横,湖泊、水库星罗棋布,素有"江南聚宝盆"的美誉,矿产资源非常丰富,具有品种齐全、矿产集中、易采易选、共生矿产可综合开发利用等特点,有闻名中外的大冶铁矿资源。是近代中国民族工业的摇篮,现已形成黑色金属、有色金属、建材、能源、机械制造、纺织服装、食品饮料、化工医药等8个主导产业集群,素有"青铜故里""钢铁摇篮""水泥故乡""服装新城"之称。区位优势明显,交通物流便捷,是全国重点港口城市和客货主枢纽城市之一,处于京广、京九2条铁路大动脉与京珠、沪蓉、大广、杭瑞4条高速公路和长江黄金水道的交会地带,是承东启西、贯南通北之地。黄石港是长江10大良港之一,为国家一类开放口岸。2012年全市地区生产总值1040.95亿元。

黄石是华夏青铜文化的发祥地之一、国家园林城市,主要景点有黄石国家矿山公园、东方山、西塞山、小雷山、磁湖、仙岛湖、澄月岛、鄂王城城址、铜绿山古铜矿遗址、黄石长江大桥等。著名历史人物有吕调阳、伍修权、王平、余立金等。特产有劲酒、猛汉酒、黄石港饼、松花皮蛋、金柯辣椒、灵溪豆豉、爽口小萝卜等。

3. 十堰市

十堰位于湖北省西北部,汉江中上游南岸,是全国小康城市、全国城市综合实力百强、湖北省省域副中心城市(2010)。辖2区(张湾、茅箭)、1市(丹江口)5县(郧县、郧西、竹山、竹溪、房县)和1个开发区(十堰经济开发区)、1个旅游经济特区(武当山旅游经济特区),总面积2.36万平方千米、市区面积1230平方千米、建成区面积69平方千米,常住人口334.08万(六普)、市区人口76.79万(六普)。

十堰市有着悠久的历史,是中华民族的重要发祥地。现今的城区于清朝因人们在百二河和犟河拦河筑坝10处以便灌溉,由此得名十堰。1967年国家为建设第二汽车制造厂(现东风汽车公司)设郧县十堰办事处,1969年成立十堰市(县级市),1973年升格为省辖市。现规划定位为国际知名的生态文化旅游城市,国家重要的汽车产业基地,鄂豫陕渝4省(市)交界地区的区域性中心城市。规划市域城镇空间结构为"一心两带";主城区形成"三片区五组团多中心的带状组团式"城市空间布局结构。

十堰地处武当山北麓中低山区,是典型的山城,汉江自西向东横贯全境,素有"九山半水半分田"之称。水利水电资源、生物资源、矿产资源丰富,是全国重点中药材产区之一、全省黄金和白银的主要产地之一,有铌储量居世界第2的稀土矿。因车而建,因车而兴,是中国规模最大的汽车工业基地之一,拥有中国第1、世界第3的卡车基地——东风商用车公司,有"东方底特律""中国卡车之都"之美誉。有汽车、医药、纺织、化学制品、冶金、电力等主要产业,有丹江口水电站、黄龙滩水电站、十堰杨森热电厂、东风公司热电厂等众多大中型电厂。位于华中、西南、西北3大经济板块的结合部,是鄂豫陕渝毗邻地区唯一的区域性中心城市,地处5省交界处,承担着东进西出、南北相连的作用,是鄂西北部周边地区人流、物流、教育、卫生和文化的集散地。2012年全市完成生产总值955.7亿元。

十堰市是国家园林城市(城区绿化面积在全国范围内仅次于深圳市,排名第2)、中国优秀旅游城市、国家级生态示范区、全国宜居城市、中国最佳休闲旅游城市,是鄂西生态文化旅游圈上一大中心,2011年联合国环境规划署特授予了"中国区环境规划示范城市优秀案例"称号。著名景区有武当山、丹江口水库、温泉寺、四方山植物园、十八里长峡、青龙山恐龙蛋化石群、五龙河、野人谷、野人洞等。特产有魔芋、黑木耳、茶叶、杜仲、木瓜等。

4. 宜昌市

位于湖北省西部,扼长江三峡东口,是国家沿江开放城市、湖北省省域副中心城市之一。辖5区(西陵、伍家岗、夷陵、猇亭、点军)、3市(枝江、宜都、当阳)、5县(秭归、兴山、远安、长阳、五峰),总面积2.16万平方千米、市区面积4249平方千米、建成区面积100平方千米,常住人口405.97万(六普)、市区人口141.13万(六普)。

宜昌古称夷陵,因"水至此而夷、山至此而陵"得名。历为郡、州、府,清顺治五年(1648)改为"彝陵",雍正十三年(1735)升彝陵州为宜昌府、改彝陵县为东湖县,1912年改东湖县为宜昌县,1949年划宜昌县城及近郊置省辖市。现规划定位为世界著名的水电能源基地和旅游名城,长江中上游的区域性中心城市,湖北省省域副中心城市。规划市域城镇空间结构为"一心一带四廊";中心城区在空间布局上形成"双中心沿江带状多组团"的结构。

地处长江上游与中游的结合部、鄂西秦巴山脉和武陵山脉向江汉平原的过渡地带,大致构成"七山一水二分田"的格局。农业形成了水果、畜牧业、水产业、蔬菜、茶叶、中药材6大特色产业。工业形成水电、食品、化工、医药、新型建材、航天工程及海洋探测等支柱产业,作为世界水电之都、中国动力心脏,拥有举世瞩目的长江三峡水利枢纽工程、葛洲坝水利枢纽等百余处水电枢纽工程。为鄂渝湘3省市交会地,"上控巴蜀,下引荆襄",素以"三峡门户、川鄂咽喉"著称,是世界水电旅游中心、区域性交通中心、区域性信息中心、区域性商务中心和区域性科教文化中心。2012年地区生产总值为2508.89亿元。

宜昌为巴楚文化发源地、国家环保模范城市(湖北唯一)、国家园林城市、国家森林城市、中国优秀旅游城市,著名景点有三峡大坝、西陵峡口、车溪民俗、三游洞、白马洞、桃花村、黄陵庙、金狮洞、白果树瀑布、晓峰悬棺、猇亭古战场、高岚风光、葛洲坝工程、三国古战场、玉泉寺等。历史名人有屈原、王昭君等。特产有五峰茶、西河鱼、百里沙梨、宜昌柑橘、脐橙、红橙、猕猴桃、白花桃、板栗、清江鱼等。

5. 襄阳市

襄阳市地处湖北省西北部,居长江支流汉江的中游、秦岭大巴山余脉,市区被汉水分为南北2城,南为襄城,北为樊城。辖3区(襄城、樊城、襄州)、3市(枣阳、老河口、宜城)、3县(南漳、保康、谷城)、3个开发区(襄阳国家级高新技术产业开发区、襄阳国家级经济技术开发区、鱼梁洲省级经济技术开发区),总面积1.97万平方千米、建成区面积95平方千米,常住人口为550.03万(六普)、市辖区人口203.9万(六普)。

春秋战国时期置北津戍,西汉初年始建襄阳县,以县治位于襄水(今南渠)之阳而得名。西魏改称襄州,宋为襄阳府,1932年置襄阳县,1950年以襄阳县之襄阳、樊城2镇组建襄樊市,1979年升为地级襄樊市,2010年12月改为襄阳市。现规划定位为国家级历史文化名城,全国重要的铁路交通枢纽和汽车工业基地,湖北省省域副中心城市,鄂豫渝陕毗邻地区的中心城市。规划中心城区的城市空间结构为"环洲三片、外围一点、多中心发展"的沿江组团式结构;市域城镇空间布局为"一心两轴三大支点"。

襄阳市处于地势第二阶梯向第三阶梯过渡地带,水资源、生物资源、矿产资源丰富,为全国商品粮生产基地、夏粮主产区、芝麻产区、全国商品肉牛生产基地、秦巴山高香茶种植基地,初步形成了以粮食、油料、茶叶、棉花、水果、畜牧、蔬菜、林特为主的8大主导产业。是全国明星工业城市之一、三线军工企事业集中城市,已形成以轻工、纺织、机械、汽车制造、电子、医药、建材、冶金、化工、食品为主要产业支柱的工业体系,形成光电子、新材料、电子信息与技术、航空航天、汽车及零部件配套等5大支柱高新技术产业群。自古即为交通要塞,南北经济文化的交会之地,素有"南襄隘道""南船北马"之称。2012年全市地区生产总值达2501.96亿元。

襄阳为全国历史文化名城、国家园林城市、中国10大魅力城市、中国优秀旅游城市,是炎帝神农氏、汉水女神等神话传说的重要发源地和汉光武帝刘秀的诞生地,拥有丰富的人文资源和自然景观,主要景点有隆中风景名胜区、米公祠景区、襄阳王府绿影壁、鹿门山、广德寺、龙王峡漂流、野花谷、凤凰温泉、薤山等。历史名人有卞和、伍子胥、刘玄、刘秀、王逸、王延寿、蒯越、蔡瑁、庞统、马谡、廖化、习凿齿、孟浩然、张继、单懋谦等。特产有襄阳大头菜、牛油面、金刚酥等。

6. 鄂州市

鄂州位于湖北省东部,长江中游南岸,辖3区(鄂城、华容、梁子湖)和国营长港农场、湖北省葛店开发区,总面积1505平方千米、建成区面积47平方千米,常住人口104.87万(六普)。

鄂州历史悠久,东汉以前为鄂邑、鄂郡、鄂县,三国时孙权在此建都改称武昌县,1913年改寿昌县,1914年改鄂城县,1960年设鄂城市,1983年升为地级鄂州市。现规划定位为武汉城市圈内核城市和鄂东城市群中心城市,省级历史文化名城,华中地区生态旅游休闲胜地,绿色制造基地,区域性创新高地、物流中心和交通枢纽。规划建立"一主三新十特百中心村(新社区)""四位一体"的城乡空间体系;主城区形成"一心、一环、五轴、五片"的空间布局结构。

整个版图轮廓呈"三叶型",地势东南高、西北低、中间低平,湖泊、库塘星罗棋布,是全国著名的"百湖之市"、驰名中外的"武昌鱼的故乡"。农业开发了粮、油、果树、蔬菜、花卉等农作物优质高新品种、蔬菜、花卉无土栽培系列化生产,优良种畜种禽,水产苗种繁育,名特优水产品养殖,粮食、蔬菜、水果、肉食品、水产品贮藏、保鲜、干燥、加工新技术、新设备。铁、铅矿藏储量大、品质好,麦饭石在中国储量第1。为长江中游南岸的一座新兴工业城市,形成了以冶金、服装、建材、医药、化工、机械、电子、轻工为主体,电子通讯、生物工程、机电一体化、新材料、新能源等高新技术产业为支撑的工业体系。是鄂东水陆交通枢纽、武汉城市圈"全国资源节约型和环境友好型社会(简称"两型社会")建设综合配套改革试验区"的重要组成部分,历史上是鄂东南的重要商埠,现为鄂东的商品集散中心。2012年地区生产总值为560.39亿元。

鄂州是中国佛教净土宗的发源地、国内有名的"古铜镜之乡"、中国优秀旅游城市、湖北省历史文化名城、"三国旅游线"和"长江旅游带"上的重要城市，主要景区有佛教"净土宗"发祥地古灵泉寺、观音阁等。

7. 荆门市

荆门别称"荆城"，位于湖北省中部，汉江之滨。辖2区（东宝、掇刀）、1市（钟祥）、2县（京山、沙洋）和屈家岭管理区、4个省级开发区，总面积1.24万平方千米、建成区面积49平方千米，常住人口287.37万（六普）、市区人口63.29万（六普）。

荆门历史悠久，唐置荆门县，元以后设荆门州，1912年改为荆门县，1979年设荆门市，1983年升为地级市。现规划定位为鄂中区域中心城市，以石油化工、电力为特色的新兴工业城市，省级历史文化名城和生态环境良好的宜居城市。规划形成"一心两区"的城市空间结构。

地处荆山向江汉平原过渡地带，西北和中部为低山丘陵，东部和南部为平原湖区。湖泊密布，河网交织，堤垸纵横，地下水和地表水十分丰富。作为全国重要的优质粮、棉、油生产基地，水稻、棉花、油料、水果、生猪和水产品产量均居湖北省前列。钪石储量居全国之首，石膏、白云岩和水泥用石灰岩储量居湖北省第1位。有石化、磷化、建材、食品4大重点产业。是沟通南北、连接东西的重要交通枢纽，素有"荆楚门户"之称，历来为兵家和商家必争之地，已经成为中西部承接境外和沿海产业转移的重要基地。2012年地区生产总值达1085.26亿元。

荆门市是楚文化最早的发祥地之一、中国优秀旅游城市、湖北省历史文化名城。主要景区有屈家岭文化遗址、长坂坡古战场、漳河风景名胜区、大口国家森林公园等。历史名人有老莱子、孙叔敖、陆九渊、边居谊、周培公、舒成龙、聂绀弩、陈士榘等。

8. 孝感市

孝感因东汉孝子董永卖身葬父，行孝感天动地而得名。地处湖北省东北部长江以北、汉水之东，辖1区（孝南区）、3市（应城、安陆、汉川）、3县（云梦、孝昌、大悟）和开发区。总面积8941平方千米、建成区面积69平方千米，常住人口481.45万（六普）、市区人口62万（六普）。

孝感历史源远流长，夏商为古荆州之地，秦属南郡，汉属荆州江夏郡，南宋为孝昌县，五代后唐改为孝感，1983年设孝感市，1993年升为地级市。现规划定位为武汉城市圈中的战略门户新城和体现现代城市文脉和特色的生态文化新城。规划形成"一心四轴"层次清晰的多轴线城镇空间结构；中心城区形成由滚子河2岸东西2大版块区构成的"一带双城七片"的城市空间结构。

孝感地貌自南向北为平原、丘陵、山区，气候兼有南北之优，土地肥沃，是重要粮棉油生产基地。矿藏丰富，有"膏都""盐海""磷山"之称。有汽车机电、盐磷化工、轻工纺织、食品医药、金属制品等5大支柱产业，20个产业集群，航空产业、高新产业、现代贸易、先进制造等产业功能区。是武汉"1+8"城市圈中距离武汉最近的中等城市，综合交通枢纽地位凸显。2012年全市完成生产总值为1105.16亿元。

孝感是楚文化的重要发源地之一、国家孝文化城市、中国优秀旅游城市、国家森林城市，拥有古代墓葬、建筑、塞堡多处，以禹王城遗址、楚王城遗址为代表。主要风景区有董永公园、观音湖、汤池温泉、李白纪念馆、白兆山、双峰山、天紫湖等。历史名人有郧子、斗榖於菟、董永、黄香、孟宗、费袆、宋庠、宋祁、郑獬、熊赐履、乔用迁、刘仁静、刘震、王新亭、刘华清等。特产有孝感麻糖、米酒、糯米汤圆、太子米、鱼面、翰林鸡、汈汊湖莲籽、富硒莲藕、"二河三蒸"、荷月酥、沙子馍等。

9. 荆州市

荆州市地处湖北省中南部，江汉平原腹地，自古就有"文化之邦、鱼米之乡"的美誉。辖2区

(沙市、荆州)、3市(石首、洪湖、松滋)、3县(公安、监利、江陵)及荆州开发区,总面积1.4万平方千米,建成区面积120平方千米,常住人口569.17万(六普)、市区人口105.22万(六普)。

荆州古称江陵,以三国时期的荆州城而得名。秦置江陵县,唐称沙头市(简称沙市),晋、齐、梁、后唐等曾建立国都,1949年设沙市市,1994年设地级荆沙市,1996年更名为荆州市。现规划定位为鄂中南地区的中心城市,长江中游交通枢纽之一,国家历史文化名城。规划中心城区形成"一心两轴五片区"的布局结构。

荆州市以平原地区为主体,河流交错、湖泊密布。是国家重要的农业综合商品生产基地和轻纺、化工基地、华中重要的工业生产基地、"长江经济带钢腰",工业特色鲜明,形成了机械、轻工、燃化、纺织、电子等5大门类;粮食、棉花、油料、水产品总产量均居湖北省第1位,形成了一批虾蟹、鱼鳖、网箱养鳝、青鱼专养等特色养殖基地。为中国最早对外通商的内河港口城市,物流产业和水(一类口岸荆州港盐卡港、荆州长江大桥、荆岳长江大桥、规划荆岳铁路公路两用长江大桥)陆空(天河机场航站楼等)交通发达,是湖北省第2大信息枢纽节点和信息传输中心。2012年全市生产总值1196.02亿元。

荆州市是首批国家历史文化名城、国家优秀旅游城市、楚文化的发祥地之一、著名的三国古战场,拥有丰富的历史文化旅游资源,全市旅游景点呈现"一城三片"的格局:"一城"即闻名遐迩的三国古战场荆州古城,包括关公庙、华容道、荆州博物馆等,"三片"即近年来新建开发的松滋洈水风景区、洪湖渔家度假区和石首天鹅洲麋鹿自然保护区。历史名人有楚庄王熊侣、楚威王熊商、屈原、申包胥、岑参、戎昱、陈友谅、张居正、袁宗道、袁宏道、袁中道、贺炳炎、杨溥等。特产有"荆州三宝"(鱼糕、千张扣肉、八宝饭)、龙凤配、荆沙甲鱼、纸面锅块等。

10. 黄冈市

黄冈地处湖北省东部、大别山南麓、长江中游北岸。辖1区(黄州)、2市(武穴、麻城)、7县(红安、罗田、英山、浠水、蕲春、黄梅、团风)、1个龙感湖管理区,总面积1.74万平方千米、建成区面积27平方千米,常住人口616.2万(六普)、市区人口36.68万(六普)。

黄冈有2000多年的建置历史,北周置黄州,隋开皇十八年(598)设黄冈县,历为黄州、黄州路、黄州府治所,1990年设黄州市,1995年升为地级黄冈市。现规划定位为武汉城市圈核心集聚区的组成城市、黄冈市域中心城市,湖北省历史文化名城,集工贸、旅游等综合发展的滨江园林城市。中心城区形成"指状放射"型城市结构。

黄冈北部和东部为大别低山丘陵,丘陵岗地,南部为长江冲积平原,百湖千库星罗棋布,生物资源、水资源丰富。磷矿石、铁、金红石、铅、锌及金的储量较丰富,红安萤石矿是全国3大萤石矿之一,花岗石、大理石遍布。工业初步形成食品饮料、医药化工、纺织服装、建筑建材、机械电子等5大支柱产业。农业建成全国重要的优质粮油基地,蚕茧、板栗、茯苓、花生、油菜、淡水珍珠等农产品产量居湖北之冠。位于楚头吴尾和鄂豫皖赣4省交界,是"1+8"武汉城市圈的重要组成部分,具有"承东启西、纵贯南北、得天独厚、通江达海"的区位优势。2012年全市地区生产总值为1192.88亿元。

黄冈是历史文化名城,已形成东坡赤壁旅游区、大别山生态旅游区,著名景点有东坡赤壁、青云塔、天台山等。历史名人有周矞、周法尚、周㻌、吴淑、道信、弘忍、毕昇、李时珍、李四光、闻一多、黄侃、汤用彤、胡风、废名、林彪、王树声、董必武、李先念、秦基伟、韩先楚、陈锡联、郭天民、周纯全、王建安、谢富治、王诚汉、王宏坤、陈再道等。特产有罗田板栗、麻城老米酒、武穴山药、英山茶叶、罗田茯苓、糯米堆花酒、罗田楚香酒、蘑菇、蕲春石英石、娃娃鱼、茅山螃蟹、武穴酥糖等。

11. 咸宁市

咸宁市位于湖北省东南部,长江中游南岸,湘鄂赣3省交界处,辖1区(咸安)、1市(赤壁)、4县(嘉鱼、通山、通城、崇阳)和咸宁经济开发区,总面积9861平方千米、建成区面积42平方千米,常住人口246.26万(六普)、市区人口51.25万(六普)。

南唐保大十三年(955)置永安县,宋真宗景德四年(1007)改为咸宁县,1983年撤县设市,1998年升为地级市。现规划定位为咸宁市域中心城市,鄂湘赣区域性商贸物流中心,武汉城市圈生态宜居城市,中国温泉旅游名城。规划构建"一主两次一区三轴两带"的市域城镇空间结构;主城形成"一核、两轴、两带、三片"的空间布局结构。

处于幕阜山脉向江汉平原过渡地带,有"六山一水两分田,一分土地为家园"之说。资源物产极为丰富,农业以种植水稻、油料、麻类为主,副食品有猪、禽蛋、鱼类,盛产茶叶、桂花、楠竹,享有"桂花、楠竹、茶叶、苎麻、温泉之乡"之誉。形成了楠竹、桂花、茶叶、蔬菜、苎麻、苗木花卉、水果等优势主导产业。是一座新兴的工业城市,初步形成了机电、纺织、医药、建材、食品等6大工业支柱产业。是武汉城市圈建设综合配套改革试验区的重要组成部分,为武汉、长沙、南昌金三角中的中心城市,有着独特的区位优势,是南下北上的主要通道,交通发达,素有"千桥之乡""湖北南大门"之称。2012年全市生产总值达760.99亿。

咸宁有"中国温泉之乡"的称号,主要旅游景区有咸宁温泉、三国赤壁古战场、太乙洞、凤雏庵、潜山、赤壁陆水湖、通山九宫山等。历史名人有冯京、方琼、李邕、吴昌祚、王世杰、黄永胜等。特产有桂花糕、桂花糖、桂花酒、桂花茶、桂花香料、赤壁猕猴桃、猕猴桃酒、崇阳雷竹笋、银豪茶叶、咸宁剑春茶。

12. 随州市

随州市位于湖北省北部,地处长江流域和淮河流域的交会地带,是国家对外开放城市,辖1区(曾都)、1市(广水)、1县(随县),总面积9636平方千米、建成区面积86平方千米,常住人口216.22万(六普)、市区人口61.86万(六普)。

随州古称"汉东之国",历史悠久,周为随侯国,战国末期建随县,晋太康九年(228)置随国,西魏大统元年(535)设随州,隋开皇元年(581)改为隋州,宋复随州,1912年设随县,1983年撤随县设随州市,2000年设地级随州市。现规划定位为国家级历史文化名城,鄂中北新的区域经济发展中心,湖北省新兴旅游城市。规划形成"一城四片,组团布局"的空间布局结构。

地处桐柏山脉南部,紧邻河南省桐柏县,为淮河发源地,气候适宜,林木茂密,绿草成茵,果根丰富,动物繁多,石灰岩分布广泛,溶洞发育,素有"鄂北粮仓"之称,建有优质大米、优质麦、优质棉、优质茶、菜牛、瘦肉型猪、蜂蜜、食用菌八大商品生产基地,银杏、蜈蚣、蜂蜜、中药材、柞蚕等名列全国榜首,银杏、香菇、板栗、茶叶、葛根等闻名海内外,是中国兰花之乡、中国花菇之乡、中国香菇之乡。农副产品、机电产品和纺织服装为外贸出口的3大支柱。居"荆豫要冲",扼"汉襄咽喉",为"鄂北重镇",是湖北省对外开放的"北大门",国家实施西部大开发战略由东向西的重要接力站和中转站。2012年地区生产总值为590.52亿元。

随州市是中国史前文明的重要源头之一、国家历史文化名城、神农故里,闻名于世的编钟出土于此。拥有"中国编钟之乡""中国兰花之乡"等称号。主要旅游景点有曾侯乙墓遗址、神农故里厉山、大洪山、中华山等。历史名人有季梁、随侯、曾侯乙、胡紫阳、李庭芝、明玉珍、柳林等。特产有神农李、蜜枣、吉阳大蒜、香菇、茶叶、银杏等。

二、各县级市发展概况

1. 仙桃市　1986年撤沔阳县建仙桃市,面积2538平方千米,人口中155.37万(2012)。省直管市。位于湖北省中部的江汉平原,有"鄂中宝地、江汉明珠"之称。是全国百强县(市)、湖北首强县(市)、武汉城市圈西翼中心城市。农副产品资源丰富,形成优质水稻、双低油菜、优质棉花、名特水产、生态家禽蛋、商品生猪和绿色蔬菜等8大特色农业板块,是中国黄鳝之都、中国无公害果蔬10强市和中国特色农业百强示范基地。已形成食品加工、机械电子、医药化工、无纺布卫材、纺织服装等5大主导产业。以轻纺城、生态城、休闲城为城市特色,是江汉平原地区的交通枢纽、商贸中心、信息中心和物流中心。2012年完成生产总值444.2亿元。

2. 天门市　1987年8月撤县设市,面积2622平方千米,人口167.42万(2012)。省直管市。古称竟陵,意为"陵之竟也"。是闻名全国的内地侨乡、文化之乡、蒸菜之乡和棉花之乡。还是茶圣故里、状元之乡、竟陵派文学发源地,连续多年进入全国中小城市投资潜力50强之列,是武汉城市圈的重要组成部分。地势平坦,土地肥沃,生物矿产资源丰富,素有"三乡宝地"的美誉。农林业稳步向优质化、产业化、基地化发展,是全国优质棉、优质油、商品粮生产基地,湖北最大的瘦肉型猪生产基地、绿色无公害蔬菜生产基地,江汉平原最大的淡水产品养殖基地,国家速生丰产林基地。纺织服装、机械制造、水泵阀门、医药化工、轻工食品、纺机及配件等6大特色产业集群初具雏形。地理区位得天独厚,水陆交通、商贸发达。2012年完成生产总值321.2亿元。

3. 潜江市　1988年5月撤县建市,面积2004平方千米,人口103万(2012)。居湖北省中南部江汉平原腹地,境内地势平坦,河渠纵横交错,湖泊星罗棋布,气候宜人,素以"水乡园林""鱼米之乡"著称。地上盛产粮油棉,地下富藏油气盐,水利、水产、林业、矿产、农垦、畜牧资源极为丰富,有全国10大油田之一的江汉油田和由16个国有农场组成的农场群。目前已成为国家商品粮、优质棉、特种水产、速生丰产林、瘦肉型生猪、农业综合开发和农业创汇7大基地,已形成油气开采、冶金机械、医药化工、纺织服装、农副产品加工5大支柱产业。是楚文化的发祥地之一。2012年完成生产总值441.76亿元。

4. 大冶市　1994年2月撤县建市,面积1566.3平方千米,人口90万(2010)。位于湖北省东南部、长江中游南岸,有"半城山色半城湖"之称。地处武汉、鄂州、黄石、九江城市带之间和湖北"冶金走廊"腹地,世界闻名的青铜文化故里、中国近代工业的摇篮。盛产水稻、小麦、红薯、油菜、宁麻、棉花、杉松、楠竹、柑橘、当参、贝母、鳜鱼、鳖、螃蟹、莲藕,是全国商品粮基地县市、农业综合开发重点县市。矿产丰富,素有"百里黄金地,江南聚宝盆"之美誉,是全国6大铜矿生产基地之一、10大铁矿生产基地之一和建材重点产地,黄金、白银产量居湖北省之冠,硅灰石储量居世界第2。工业以冶金、机械、建材、轻工为主业,能源、化工、纺织、食品发展迅速。2012年完成410.24亿元。

5. 丹江口市　1983年撤销均县设丹江口市,面积3121平方千米,人口44.4万(2010)。位于湖北省西北部偏东、汉江中上游,是南水北调中线水源地。是全国甲类开放城市、中国优秀旅游城市、全省县域经济发展先进县(市)、湖北工业旅游型城市、中国最北缘的优质柑橘产区、水产大市,渔业资源十分丰富。丹江口水库是亚洲最大的人工淡水湖,被誉为"亚洲天池";丹江口水电站是汉江流域最大的水电站。形成了冶金、汽车零部件、医药化工、绿色食品、高新技术、纺织服装为主的工业格局。交通较发达,水、陆、空组合交通成网。武当山是著名的道教圣地。2012年完成生产总值130.7亿元。

6. 宜都市 1987年11月撤县设市,面积1357平方千米,人口36.8万(六普)。位于湖北省西南部,长江中游南岸,鄂渝湘3省市交界处,素有"楚蜀咽喉""三峡门城""鄂西门户"美誉。地貌以丘陵为主,自然资源丰富多样。发展壮大医药化工、电子、建材、食品加工4大新兴产业,改造提升能源、纺织、机械3大传统产业,形成了"4+3"工业经济特色板块,为亚洲最大的季戊四醇生产基地、中国最大的化成箔生产基地、中国最大的大环内脂类抗生素发酵基地和全省最大的卫生陶瓷生产基地。农业发展柑橘、茶叶、畜牧、水产4大特色产业,为中国柑橘之乡、中国最大的"宜红工夫茶"生产基地、中国水产健康养殖示范区、中国最大的人工养殖鲟鱼生产繁育基地和鲟鱼鱼籽酱生产基地。是湖北省发展最快的县市之一,中部地区正在快速崛起的中等城市。2012年完成生产总值345亿元。

7. 当阳市 1988年10月撤县设市,面积2159平方千米,人口48.58万(2012)。位于湖北省中部,鄂西山地向江汉平原过渡地带,物藏丰富,交通发达,经济繁荣,为湖北省经济社会综合实力10强县市、湖北省小康县市、湖北省综合经济效益10佳县(市)、是湖北省渔业10强县(市),建材、纺织、食品、能源化工4大工业支柱产业不断发展壮大;粮油、畜牧、林果、蔬菜、水产等农业支柱产业逐渐形成。农业生产主要以粮油、畜禽、林果、蔬菜、水产品为主,有国内唯一的清坪猪保种、选育场,渔业初步实现规模化经营。是著名的历史文化名城,旅游资源十分丰富。2012年完成生产总值302.2亿元。

8. 枝江市 1996年7月撤县设市,面积1310.4平方千米,人口49.6万(2010)。地处长江中游北岸,江汉平原西缘,属三峡之末,荆江之首,交通极为便利。是湖北非资源性农业强县过渡到经济强市的完美典范,农民人均收入一直位居湖北前列,是湖北县域经济10强。建有安福寺工业园(湖北省最大的果蔬食品加工基地)、宜昌化学工业园区、枝江经济开发区(重点发展化工、纺织、电子、食品、电子材料及电子元器件、机械及五金制品加工等产业),有食品酿造、化工、纺织、机械电子4大支柱产业。2012年完成生产总值292.8亿元。

9. 老河口市 1979年设市,是湖北最早的县级市,面积1032平方千米,人口53.3万(2011)。位于湖北省西北部,汉水中游东岸,鄂豫交界处,湖北省政府列计划单列市。有丘陵、平岗、平原3种地形,交通、通讯发达,电力充足。为全国优质小麦生产基地和小麦商品粮基地,农作物以小麦、水稻、棉花、油料为主,其小麦单产居湖北省之首,林、牧、副、渔全面发展。已形成以化工、机械汽车、纺织服装、建材、冶金5大行业为支柱,以精细化工、精密机械、新型建筑材料、有色金属冶炼、电子等新兴产业为先导的产业新格局。历为鄂西北商业重镇,素有"小汉口"之称。2012年完成生产总值208.19亿元。

10. 枣阳市 1988年撤县建市,面积3277平方千米,人口110万。位于湖北省西北部,鄂豫2省交界处,是汉光武帝刘秀故乡。地形以平原为主,丘陵岗地面积大,为"三山一水六分田"。地处南北过渡带,气候适宜,物产丰富,是"中国桃之乡"、全国优质棉基地、商品粮基地、全国10大粮食生产先进县(市)。金红石储量居亚洲首位,岩盐、大理石、膨润土储量均居全省首位。已形成了汽车及零部件、农副产品加工、精细化工、轻纺等4大工业支柱产业和水果、畜禽等农业支柱产业,综合实力曾进入全国百强。2012年完成生产总值370.92亿元。

11. 宜城市 1994年6月撤县设市,面积2115平方千米,人口56.46万。位于湖北省西北部,汉江中游,地貌为"四山一水五分田"。地处北亚热带季风气候,生物种类较多,资源丰富。铝土矿储量居全省第1。纺织、食品、化工3大支柱产业初具规模。农村经济特色初显,"一镇一品"特色初步形成。第三产业以饮食、休闲旅游为突破口,充分发掘楚文化底蕴,重点打响"美食宜城""休闲宜城"两大品牌。2012年完成生产总值201.9亿元。

12. 钟祥市　1992年5月撤县设市,面积4488平方千米,人口103万。位于湖北省中部,汉江中游,素有"鱼米之乡"的美誉,是国家重要优质米、优质棉和瘦肉型猪生产基地。建有温峡、石门、黄坡3座大型水库。农业综合实力较强,粮、棉、油、肉类总产量和农业增加值曾进入全国50强和全省10强,现已形成粮食、棉花、油料、生猪、鸡鸭、水果、蔬菜、食用菌等8大主导产业。磷矿石储量居全国第2位,开采量居全国第1位,素有"中原磷都"之称。工业以磷化、纺织、食品、轻工、建材、汽车零部件为6大支柱。建有较大规模的集贸市场、工业品市场和生产、生活资料市场30多个。是楚文化的重要发祥地、国家历史文化名城、中国优秀旅游城市。2012年完成生产总值297.49亿元。

13. 应城市　1986年5月撤县设市,面积1168.3平方千米,人口71万。位于湖北省中部偏东,江汉平原与鄂中丘陵过渡地带,江汉平原北部。河港纵横,西北水库密布,南部湖泊毗连,塘堰遍布。资源富集,水资源丰富,素有"膏都盐海"之称,是一座新兴的工矿城市,石膏、岩盐、温泉并称"应城三宝"。形成盐业化工、机械制造、石膏建材、食品饲料、纺织塑料五大支柱产业,建成全国最大的联碱生产、石膏开采加工和摩托车零部件生产基地,也是全省最大的盐业化工和摩托车生产基地。农业以生产粮食、棉花、油料、禽蛋、生猪、水产品为主,是全国商品粮生产基地和江汉平原农业综合开发重点市之一。是武汉城市圈的重要组团城市之一,交通便捷。2012年完成生产总值174.87亿元。

14. 安陆市　1987年9月撤县设市,面积1355平方千米,人口63万(2011)。位于湖北省东北部,桐柏山、大洪山余脉的丘陵与江汉平原北部交会地带,是楚文化发祥地,是历史上郧子国、安陆郡(安州)、德安府所在地。矿产资源和自然资源十分丰富,有"中华银杏市"的美誉。形成了以纺织、医药保健食品、建筑建材、粮油机械、农副产品加工、铝业为6大支柱产业的工业群,农业逐步建立和完善了银杏、黄牛、猪禽渔3大产业化集团。是闻名全国的漫画之乡、足球之乡、武术之乡。2012年完成生产值129亿元。

15. 汉川市　1997年撤县建市,面积1663平方千米,人口中113万(2010)。因汉水横穿县境而得名。地处江汉平原东北边缘,居汉江下游、湖北中部,河湖纵横,资源丰富,土地肥沃,粮食、棉花、蔬菜、水产品产量居湖北省前列,甲鱼、鳜鱼、河蟹、刁莲等名优产品饮誉海内外,素有"江汉明珠""鱼米之乡"之美誉,是全国商品粮、优质棉、优质猪、水产品出口基地和全国水产产业化示范区、江汉平原农业综合开发重点县(市),形成了以蔬菜、水产、畜禽、林木为主导的4大特色产业。形成了金属制品、纺织服装、食品医药3大特色产业集群,为湖北重要的食品医药生产基地。2012年完成生产总值309.43亿元。

16. 洪湖市　1987年7月撤县建市,面积2519平方千米,人口94.14万(2012)。位于湖北省南部,长江与东荆河之间,东、南、北三面为长江,地势平坦低洼,河、湖、渠交织成稠密水网,素有"百湖之市""水乡泽国"之称,淡水产品年产量连续15年位居全省县市第1、全国县市第2,形成了相对集中的特色水产经济格局。工业有纺织服装、石化设备制造、化工、医药生化、电子器件、农副产品、水产品加工等。地处著名粮仓江汉平原与鄂东南山区的经济结合部,是中国实施长江经济带开放开发战略的重点区段。旅游经济成为新的增长点,有三国"赤壁之战"火烧乌林的古战场。2012年完成生产总值144.19亿元。

17. 石首市 1986年5月撤县设市,面积1427平方千米,人口62万。以"有石孤立"于城北的石首山为名。位于湖北省南部,属平原,兼有山岗,河湖密布,河网、湖泊、洼地密集交错,堤垸较多,长江由西向东蜿蜒而过,有"九曲回肠"之称,渔业资源丰富,是国家重要的粮、棉、油和速生丰产林基地及长江4大家鱼原种基地,以意杨、果蔬、水产、畜禽为主的特色农业发展较快。工业是石首经济的主导产业,形成精细化工、木业森工、汽车配件、纺织电子等支柱产业,H酸和J酸产量全球第1,染料中间体生产规模全国第1。2012年完成生产总值108.9亿元。

18. 松滋市 1996年5月撤县设市,面积2235平方千米,人口85.28万(2012)。位于湖北省南部,长江南岸,境内山地、丘陵、岗地、平原兼有,"六山一水三分田"。有丰富的矿产资源、水力资源、旅游资源。棉花总产和猪牛羊肉总产进入全国百强县市,为国家商品粮、优质棉、长江上中游水果开发基地。系焦柳铁路与长江的交会处,是一座集工业农业商贸旅游于一体的新兴城市。初步形成了白云边酿酒、机械制造、纺织服装、农产品加工、化工建材、能源等6大产业格局。2012年完成生产总值153.31亿元。

19. 麻城市 1986年8月撤县设市,面积3747平方千米,人口120万(2010)。位于湖北省东北部,鄂豫皖3省交界的大别山中段南麓,长江中游北岸,处于武汉、郑州、合肥3大城市合围的中心位置。自然资源、旅游资源丰富,农村经济全面发展,多种经营形成蚕茧、畜禽、干鲜果、茶叶、蔬菜、菌类和药材等8大系列,形成了蔬菜、畜牧、板栗、蚕桑、菊花、老米酒等6大优势特色经济带。工业形成了汽车配件、冶金机械、纺织服装、医药化工、轻工食品等初具竞争力的5大支柱产业。是著名的"黄麻起义"策源地,"三山一村一花一线"(龟峰山、五脑山、九龙山、杏花村、古杜鹃群落、国家红色旅游线)已成著名旅游品牌。2012年完成生产总值176.39亿元。

20. 武穴市 1987年10月撤销广济县,设立武穴市,面积1200.35平方千米,人口80.14万(2012)。位于长江中游北岸,大别山南麓,鄂东边缘,地表水文网密布,物产丰富,地扼吴头楚尾,历来是鄂、皖、赣毗连地段的"三省七县通衢",素有"入楚第一门""鄂东门户"之称。为全国闻名的粮食生产大县(市)、油菜之乡和长江中下游优质水果基地,是湖北省唯一的粮棉油综合高产示范市和"吨粮田""双百棉"同时达标的县市。形成医药、化工、建材、机械、船舶制造5大支柱产业。武穴港是长江10大深水良港之一。2012年完成生产总值180.38亿元。

21. 赤壁市 1986年5月撤蒲圻县设市,1998年6月更名赤壁市,面积1723平方千米,人口52.6万(2012)。位于湖北省东南部,长江东南岸,是著名的古战场,"三国故事"享盛名。构成"六山二水二分田"的格局,资源丰富,素有楠竹之乡、茶叶之乡、苎麻之乡、猕猴桃之乡、鱼米之乡的美称,是全国10大商品茶基地之一、全国最大的苎麻基地之一、东南亚楠竹试验基地。煤炭也是主要矿产资源之一。已经打造出电力、造纸、建材、机电、纺织服装、食品等6大产业。为中国优秀旅游城市、中华诗词之乡。2012年完成生产总值244.5亿元。

22. 广水市 1988年10月撤应山县设广水市,面积2647平方千米,人口94.76万(2012)。位于湖北省北部偏东,因有全国8大名关之一的武胜关而名扬四海,素有"鄂北门户"之称。境内多山,为"六山一水两分田",河溪交错,库塘密布,林木茂密,绿草成茵,农业以粮食、畜禽、水产、蔬菜、食用菌、林果茶等6大产业为主体,是全国粮食大县、商品牛和养蜂基地,全省重要的烤烟、蒜苔(蒜砣)、银鱼、生猪出口基地。形成了以精品卷烟、造纸包装、机械制造、新型建材、医药化工、食品加工等6大产业为支柱的工业体系;地处中原腹地,南引北射,承东启西,是人流、物流、信息流的集聚区,鄂豫物资重要聚散地,西部大开发的桥头堡。是中国史前文明的重要源头之一、全国民间书法艺术之乡。2012年完成生产总值189.33亿元。

23. 恩施市 1981年11月撤县设市,面积3972平方千米,人口80.54万(2011)。位于湖北省西南部,清江上游,为恩施土家族苗族自治州首府。境内为鄂西南山地,有"鄂西林海""天然氧吧""华中药库""祖国三大后花园之一"的美誉。农业主产有玉米、水稻、红薯、小麦等,经济作物以桐、茶、漆、麻著名,恩施黑猪为优良品种。因拥有举世罕见的硒资源而被誉为"世界硒都"。有化工、轻工、机械、建材、能源、烟草、纺织、药品等产业,尤其是富硒食品产业方兴未艾。是历史古城,抗日战争时期湖北省政府曾迁此。2012年完成生产总值123.1亿元。

24. 利川市 1988年撤县设市,面积4606平方千米,是湖北最大的县级市,人口90.61万(2011)。雄居湖北"西大门",清江发源于境内。有丰富的烟叶、草场、水能、风能、天然气、矿产和旅游资源,素有坝漆之乡、黄连之乡、水杉之乡、纯菜之乡、山药之乡、歌舞之乡的美誉。有以清洁能源、轻工电子、医药化工为主的腾龙工业园,以天然气脱硫和下游产品开发为主的谋道天然气化工园,以水泥、石膏矿开发为主的石坝建材工业园,以农业科技示范、农业生态观光和农副产品加工为主的苏家桥农业科技园4大工业园区。是世界优秀民歌《龙船调》的故乡、巴楚文化交会之地,有1个洞——世界容积量最大的溶洞腾龙洞、1座寨——目前世界上保存最完美的土家古寨鱼木寨、1棵树——被称为植物活化石的"水杉王"、1口井——全国重点文物保护单位古建筑群落大水井,是中国优秀旅游城市。2012年完成生产总值75亿元。

第三节 湖南省

湖南省位于长江中下游南部,属内陆省份,因区域的大部分在洞庭湖以南,故称湖南。总面积

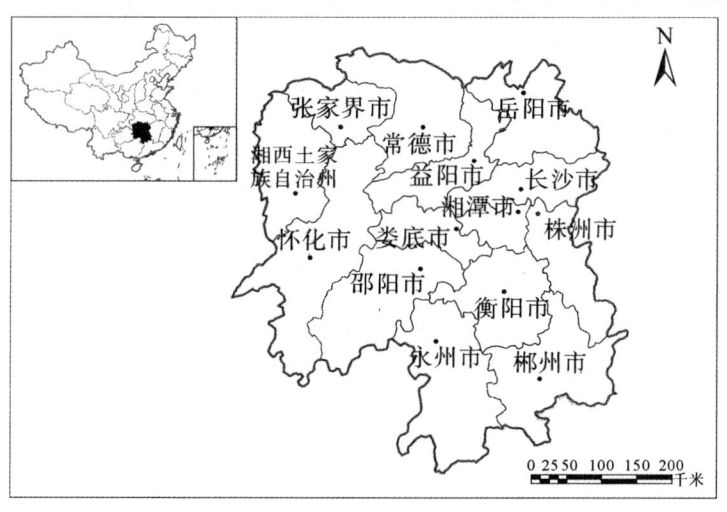

图3-4-3 湖南省行政区划图

21.18万平方千米。境内地貌类型多样,东、南、西三面环山,中部丘岗起伏,北部湖盆平原展开,沃野千里,形成了朝东北开口的不对称马蹄形地形。全省降水充沛,水系发达,水资源丰富;蕴藏着丰富的矿产资源,有"有色金属之乡""非金属之乡"之称。截至2010年底,全省共有13个地级市

（长沙、株洲、湘潭、衡阳、邵阳、岳阳、张家界、益阳、常德、娄底、郴州、永州、怀化）、1个湘西土家族苗族自治州,34个市辖区、16个县级市、65个县、7个自治县,全省常住人口6568.37万（户籍人口7078.09万,六普）,城镇化水平为43.2%。2012年完成生产总值22 154.2亿元,居全国第10位。

一、各地级市发展情况

1. 长沙市

长沙,又称"星城",湖南省的省会,位于湖南省东部,湘江下游长浏盆地西缘。辖6区（芙蓉、天心、开福、岳麓、雨花、望城）、1市（浏阳）、2县（长沙、宁乡）和4国家级开发区（长沙国家生物产业基地、长沙经济技术开发区、长沙高新技术产业开发区、宁乡经济技术开发区）,总面积11 819平方千米、市区面积1938平方千米,建成区面积320平方千米,根据2010年人口普查,长沙市常住人口704.41万、户籍人口651.2万、市区人口约363万,城市化率67.7%（2011年望城撤县改区）。

长沙有文字可考的历史3000多年,春秋战国始建城,秦始称长沙郡,两汉为长沙国都城,隋为潭州总管府,唐设潭州治所,五代十国为楚国国都,明清有四大米市和四大茶市之称,1933年置长沙市。现规划定位为湖南省省会,全省政治、经济、文化、科技中心,全国历史文化名城。规划中心城区将采取廊道式空间增长模式,构建"一轴两带、一主八片"的城市空间结构。

长沙地处洞庭湖平原的南端向湘中丘陵盆地过渡地带,水系完整,河网密布;水量较多,水力资源丰富。有独一无二的菊花石、储量居全国首位的海泡石、生产规模居全省第1的永和磷矿等矿产。经济原本偏重于第三产业,尤以媒体和娱乐业闻名,为中南地区重要的工商业城市。近年来,由于长沙大力推进新型工业化,一大批高新技术产业以及机械重工业产业得到了迅速发展,成为经济增长中最重要的支柱。拥有4个国家数字媒体技术产业化基地之一。是中国南方地区重要的交通枢纽城市,水陆空交通发达、便利,有全国最大的内河主枢纽港——霞凝新港。2012年地区生产总值达6399.91亿元。

长沙是楚文明和湘楚文化的发源地、国家历史文化名城、国家园林城市,旅游景点众多,如岳麓山风景名胜区、长沙世界之窗、湖南省石燕湖生态旅游公园、大围山国家森林公园、湖南省博物馆、雷锋纪念馆等。历史名人有欧阳询、谭嗣同、左宗棠、黄兴、萧三、刘少奇、田汉、李富春、肖劲光、许光达、甘泗淇、陶峙岳、傅角今、胡耀邦、王震、宋任穷、杨勇、李志民、唐亮、王首道、李维汉、谢觉哉、何叔衡、雷锋等。特产有"长沙三绝"（湘绣、棕编、菊花石雕）等。

2. 株洲市

株洲市位于湖南省东部,湘江下游,辖4区（天元、芦淞、荷塘、石峰）、1市（醴陵）、4县（炎陵、茶陵、攸县、株洲）、1个两型社会示范区、1个国家级高新区,总面积11 276平方千米、建成区面积105平方千米,常住人口385.56万（六普）、市区人口105.54万（六普）。

株洲有着悠久的历史文化,古称建宁,后又名槠洲,南宋绍熙元年（1190）更名株洲,1951年置株洲市,1956年升为地级市。现规划定位为湖南省重要的工业城市,长株潭地区重要的交通枢纽和中心城市之一。规划形成"一江两岸双中心、二主五次七组团"的城市空间结构。

株洲市处于罗霄山脉西麓、南岭山脉至江汉平原的倾斜地段上,物产资源丰富,为湖南省有名的粮食高产区和国家重要的商品粮基地。有交通装备制造、化工、有色冶炼及加工、非金属矿物制品、医药食品加工和金属制品6大支柱产业,是亚洲最大的有色金属冶炼基地、硬质合金研制基地、电动汽车研制基地,享有中国电力机车的摇篮、"中国电力机车之都"的美誉,创造了新中国100

多项"全国第一"。是全国两型社会综合配套改革试验区之一、全国首批重点建设的工业城市之一、湖南省"一点一线"区域经济带的重要城市、全省经济最发达的长株潭"金三角"一隅、江南重要的交通枢纽、老工业基地、中南地区有名的商贸物流中心、商业之都,株洲中心商圈被誉为"三湘第一商圈"。2012年地区生产总值达1759.4亿元。

株洲是一座历史文化古城、炎黄文化的重要发祥地、重要革命发源地之一、全国卫生城市、国家园林城市、中国优秀旅游城市、闻名全国的旅游度假胜地,有炎帝陵、灵镜湖、桃源洞等旅游景点。株洲历史名人有:夏原吉、李东阳、郭嵩焘、程潜、李立三、谭振林、陈明仁、左权、杨德志、宋时轮、耿飚、蔡申熙等。

3. 湘潭市

湘潭市别称"莲城",位于湖南省中部偏东地区,湘江中下游,是全国甲类开放城市、长株潭城市群的中心城市之一、全国两型社会综合配套改革试验区。辖2区(雨湖、岳塘)、2市(湘乡、韶山)、1县(湘潭)、2个国家级开发区(湘潭高新技术产业开发区、湘潭九华经济区),总面积5015平方千米、建成区面积71平方千米,常住人口274.85万(六普)、户籍人口288.83万(六普)、市区人口98.99万(2010)。

湘潭历史悠久,汉设湘南县,隋为衡山县,梁天监年间置湘潭县,1950年设湘潭市,1980年升为地级市。现规划定位为长株潭城市群地区的中心城市之一,湖南省重要的工业、科教、旅游城市。规划形成"一心五区、两轴两通道"的市域城镇空间布局结构;中心城区形成"一江两岸、五片一中心"的组团式城市布局结构。

湘潭地处丘陵地带,中为湘江冲积平原,气候温和,土地肥沃,物产丰富,是重要的农业产区、全国重要的粮猪生产基地,因盛产湘莲被称为"中国湘莲之乡"。是中国重要的工业基地,现已形成以冶金、机电、纺织、化工、建材5大支柱产业为主体,食品加工、电子、轻工为补充的工业体系,为全国重要的机电、锰矿、氟化盐、电解二氧化锰、精细化工基地。自古以来便是湘中重要的商业中心,早在17世纪就是全国著名的"米市"和"药都"。2012年地区生产总值为1282.35亿元。

湘潭为中国优秀旅游城市、中国书法名城、国家园林城市、湖湘文化发源地,旅游资源十分丰富,有韶山、乌石、湘潭文庙、关圣殿、鲁班殿、东台山国家森林公园、毛泽东故居、彭德怀故居等旅游景点。历史名人有蒋琬、齐白石、毛泽东、彭德怀、曾国全、谭政、陈赓、彭绍辉、黄公略、罗亦农、刘锦棠、萧三等。特产有槟榔、湘莲、龙牌酱油、灯芯糕、腊菜等。

4. 衡阳市

衡阳市位于湖南省中部,因居中国著名五岳之一的南岳衡山之南而得名。相传"北雁南飞,至此歇翅停回",故又雅称"雁城",素有"寰中佳丽"之美誉。辖5区(雁峰、石鼓、珠晖、蒸湘、南岳)、2市(耒阳、常宁)、5县(衡南、衡阳、衡山、衡东、祁东),总面积15 303平方千米、建成区面积128平方千米,常住人口714.15万(六普)、中心城区户籍人口138万(六普)。

衡阳市历史悠久,战国时期已形成一定规模的城镇。因其"扼两广,锁荆吴",地处南北要冲,既是兵家必争之地,又是各路商贾云集之地,历为湘南重镇。战国时为楚南重镇,西汉高祖五年(前202)始建酃县,三国设衡阳郡,隋开皇九年(589)置衡阳县,1941年置省辖衡阳市,1983年实行市管县制。现规划定位为湖南省南部中心城市。规划形成"一江两岸、九桥四环、南工北旅、东文西商、三横四纵、主辅相连"的总体布局结构,中心城区为"十字"型空间结构形态。

衡阳处于湖南省凹形面的轴带部分,资源丰富,被称为有色金属之乡、非金属之乡、鱼米之乡。

输变电制造、盐卤化工及精细化工、有色金属冶炼及深加工、钢铁冶炼及管材深加工、汽车及零部件等为衡阳5大产业集群,机械装备制造、轻纺及酿酒食品加工、电子信息及新材料、生物制药、非金属及建材等为衡阳5大特色产业。是国家老工业基地、全国加工贸易重点承接地、全国现代物流主枢纽城市、中南地区商贸物流金融中心、全国商务综合行政执法试点城市、国家区域性服务业中心城市、全国重要的综合交通主枢纽城市。2012年实现地区生产总值1957.35亿元。

衡阳是湖湘文化发源地、湘军发祥地、国家历史文化名城、中国优秀旅游城市、中国抗战纪念城,有南岳衡山、江口鸟洲、石鼓书院、衡州八景、天堂山、庙前地质公园、四明山、凤歧坪千洞群、岣嵝峰等旅游景点。历史名人有谷朗、罗含、欧阳彬、蔡伦、赵方、赵葵、王夫之、彭玉麟、罗荣桓、夏明翰、唐群英、洛夫等。特产有玉麟香腰、衡阳唆螺、鱼头豆腐、张飞酒、衡东中国藤茶、映武黄花菜、喜雁黄菌干、鸽来香乳鸽、黄椒子、坛子菜、乌莲等。

5. 邵阳市

邵阳市史称"宝庆",地处湘中偏西南,资江之上游,辖3区(大祥、北塔、双清)、1市(武冈)、8县(邵阳、邵东、新邵、隆回、洞口、新宁、绥宁、城步苗族自治县),总面积20 830平方千米、建成区面积57.4平方千米(2009),常住人口707.18万(六普)、市区人口67万(2010)。

邵阳是一座具有2500多年的历史古城,春秋建城,汉置昭陵县,晋武帝太康元年(280)改为邵陵,唐设邵州与邵阳县,南宋宝庆元年(1225)置宝庆府,1913年设宝庆县,1929年复邵阳县,1950年设邵阳市,1977年升为地级市。现规划定位为省域二级中心城市,历史古城,以工业、商贸为基础的湘中南重要的中心城市,交通枢纽,邵阳市域政治、经济、文化、信息中心。城市空间结构形成外围森林环抱、碧水穿城而过、绿楔点缀其间的"一带两轴四组团"的总体布局结构。

邵阳系湘中丘陵向云贵高原延伸过渡地带,以丘陵、山地为主,喀斯特地貌发育,资江与邵水交会穿城而过,大体是"七分山地两分田,一分水、路和庄园"。林木繁茂,生态良好,生物资源、水能资源丰富,是湖南省重要的水力资源基地。作为农业大市,粮食、猪牛、橘橙等产量位居湖南之首,乳业、竹松、果蔬、药材是特色农业支柱产业,水稻、柑橘、药材是农业经济的拳头产品,为全国最大的脐橙生产基地和优质辣椒基地、全省的种畜牧草良种繁育基地和奶肉牛商品基地。是"三线"建设时期建成的老工业基地,初步形成机械、纺织、食品、医药、建材、造纸、能源7大主导产业。2012年全市实现生产总值1028.41亿元。

有白水洞、崀山国家地质公园、虎形山—花瑶、云山、南山牧场、黄桑自然保护区等旅游景点。历史名人有魏源、蔡锷、石醉六、吕振羽、袁国平、蒋廷黻等。湖南祁剧、邵阳渔鼓、宝庆竹刻、滩头年画、邵阳石刻、剪纸等都是湖湘文化中的瑰宝,南山奶粉、雪峰蜜橘、无病毒脐橙、隆回三辣、武冈铜鹅、邵东黄花驰名海外,茶叶、玉兰片、金银花久负盛名。

6. 岳阳市

岳阳市位于湖南省东北部,首批沿江对外开放城市,辖3区(岳阳楼、君山、云溪)、2市(汨罗、临湘)、4县(岳阳、华容、湘阴、平江)、1个国家级经济技术开发区,总面积15 087平方千米、建成区面积93平方千米,常住人口547.79万(六普)、市区人口123.21万(六普)。

岳阳古称巴陵,又名岳州,周敬王五十年(前505)筑西糜城,秦属长沙郡罗县,西汉属长沙国下隽县,晋武帝太康元年(280)建巴陵县,隋文帝时改为巴州,隋开皇十一年(591)改为岳州,1913年设岳阳县,1961年设岳阳市,1983年升为地级市。现规划定位为国家历史文化名城和风景旅游城市、中部地区石化工业基地和现代物流中心,湖南省唯一的通江达海口岸,长江中游滨湖宜居城市。规划构建"一带两圈"(中部城镇经济发展带,北部岳—临—荣都市区和南部汨—湘—营城镇群)的城镇空间布局形态;形成中心城区"一主三副""沿江滨湖带状组团式"空间形态结构。

岳阳东倚幕阜山,西临洞庭湖,北接万里长江,南连湘、资、沅、澧四水,风景秀丽,气候宜人,土地肥沃,物产丰富,素有"鱼米之乡"的美誉,其特色为"五山二水二分田,一分道路加庄园"。有"有色金属之乡"之称。以新型工业化为支撑,形成了先进制造、光伏电子、生物医药、健康食品、现代物流5大主导产业,是中南地区重要的石油化工基地、新闻纸生产基地、电力能源基地和饲料食品加工基地。地处1湖(洞庭湖)2原(江汉平原、洞庭湖平原)3省(湘、鄂、赣)4水(湘江、资江、沅水、澧水)5线(京广铁路、武广高速铁路、京珠高速公路、107国道、长江)等多元交会点上,是湖南省的政治、文化、经贸、交通次中心城市,长江中游沿岸第2大经济贸易中心,地理位置十分显赫,素有"湘北门户"之誉。长江8大深水良港之一的城陵矶港为湖南对外开放的唯一国家一类口岸、湖南省的航运中心。2012年全市地区生产总值为2199.92亿元。

岳阳是世界龙舟文化的故乡、对外开放的甲级旅游城市、国家历史文化名城、中国优秀旅游城市、国家卫生城市、国家园林城市、中国楹联文化城市、中华诗词之市,有岳阳楼、君山岛、洞庭湖、张谷英古建筑群等旅游景点。历史名人有胡广、张尚阳、周式、黎淳、胥文相、刘璈、任弼时、苏振华、钟期光等。特产有兰花萝卜、君山银针茶、洞庭银鱼、湘莲、岳州羽扇等。

7. 常德市

常德市位于湖南省西北部,沅江下游和澧水中下游,东滨洞庭,史称"黔川咽喉、云贵门户"。辖2区(武陵、鼎城)、1市(津市)、6县(安乡、汉寿、澧县、临澧、桃源、石门)、1个国家级开发区,总面积18 190平方千米,建成区面积72平方千米,据2010年人口普查,全市常住人口571.72万、户籍人口622.59万、市辖区人口145.85万。

常德历史文化悠久,战国时代建城,距今已有2300多年,秦置临沅县,隋为武陵县,南宋后为常德府、路治,1913年设常德县,1950年设常德市,1988年升为地级市。现规划定位为湘西北地区中心城市、综合交通枢纽和生态宜居城市。规划市域城镇空间结构为"一主一副四轴";中心城区的空间结构为"一带两轴三城多片区"。

境内山区、丘陵区、平原区、湖区地貌具备,大体构成是"三分丘岗、两分半山、四分半平原和水面",土壤肥沃,气候湿润,有江南著名的"粮仓、酒市、烟都、纺城、茶乡"的美誉,粮、棉、油、茶叶、春蚕、生猪、柑橘、杨树、淡水鱼类、淡水珍珠等产量居湖南省前列,是全国重要的商品粮、棉、油、猪和鱼的生产基地,全国最大的杨树生产基地之一,形成特种水产、肉食、禽蛋、茶叶、杨树、果蔬等支柱产业,为"中国甲鱼之乡"。雄磺储量亚洲第1,金刚石、石煤、芒硝储量为全国之首,磷矿、石膏矿、膨润土等蕴藏量和产量均居全省前列,是中国有名的"非金属矿产之乡"。形成了烟草、铝业、电力、食品、纸业、纺织、机械、建材、医药、电子等主导产业。是湘西北重要的交通枢纽、能源基地和政治文化中心,也是三峡—洞庭湖、南岳衡山—张家界黄金旅游走廊的纽带与中枢。历来是繁华的商品集散地,全国10大工业品批发市场之一的桥南大市场和一批专业市场蓬勃发展。2012年全市完成地区生产总值2308.5亿元。

常德是湘楚文化的重要发祥地、中国优秀旅游城市、国家园林城市,有桃花源、夹山寺、壶瓶山、柳叶湖、嘉山、中国常德诗墙等旅游景点。历史名人有钟相、杨幺、杨嗣昌、宋教仁、林伯渠、蒋翊武、翦伯赞、丁玲、余嘉锡等。

8. 张家界市

张家界市位于湖南西北部,澧水中上游,属武陵山脉腹地,是以发展张家界旅游业为特征的新兴省辖地级市。辖2区(永定、武陵源)、2县(慈利、桑植),总面积9526平方千米、建成区面积22平方千米,常住人口167.1万(六普)、市区人口50万(六普)。

张家界原名大庸,是古庸国所在地。明初置大庸卫,因居庸水之阳得名,清置永定县,1914年设大庸县,1985年撤县设市,1988年建地级大庸市,1994年更名张家界市。现规划定位为湘鄂黔渝边区的交通和商贸中心,面向国际的新兴山水旅游城市。一城两区整体空间结构为"一心三翼两轴四带多节点";城市布局结构形成以澧水为轴带、九组团和一旅游片区布局结构。

地处武陵山脉东段,境内多山。武陵源风景名胜区拥有世界罕见的石英砂岩峰林峡谷地貌,是中国首批入选的世界自然遗产、世界首批地质公园。张家界是生物资源的宝库,森林资源、旅游资源、矿产资源丰富,镍钼矿、铝土矿和铁矿储量居全省首位,是全国10大水电基地之一,有"大理石之乡""杜仲之乡"的美誉。逐步形成了以植物活性提取物为主的绿色生物医药、以农林副产品为主的绿色旅游商品、以水能资源综合开发为主的绿色清洁能源3大产业。形成以航空、铁路和高速公路为主体的综合交通网络体系。2020年全市实现地区生产总值338.98亿元。

张家界因旅游建市,为中国最重要的旅游城市之一,拥有"国际旅游名城""全国文明风景区""感动世界的中国魅力城市"等荣誉称号。有武陵源风景名胜区、天门山国家森林公园、贺龙故居、黄龙洞、"人间瑶池"宝峰湖、国家激流回旋基地、江垭温泉、万福温泉、张家界大峡谷、五雷山、九天洞、贺龙故居纪念馆、峰峦溪国家森林公园、八大公山等旅游景点。历史名人有刘明灯、孙开华、贺龙、廖汉生、袁任远、范子瑜、杜心武、田奇隽、陈能宽等。特产有张家界酒、野生菌、石耳、杜仲、葛粉、猕猴桃、茅岩莓茶、龟纹彩石、土家织锦、板栗与尖栗、张家界椪柑、湘西黄牛、菊花芯柚等。

9. 益阳市

益阳市位于湖南省中北部。北近长江,有"背靠雪峰观湖浩,半成山色半成湖"之说。辖4区(赫山、资阳、朝阳、大通湖)、1市(沅江)3县(桃江、安化、南县)和益阳国家高新技术开发区,总面积为12 144平方千米、建成区面积50平方千米,常住人口413.3万(六普)、市区人口124.98万(六普)。

益阳因资水(古或为益水)而得名,秦置益阳县,元成宗元贞元年(1295)设益阳州,明代洪武初(1368)复为益阳县,1950年置益阳市,1994年升为地级市。现规划定位为环省会中心城市,现代化新型工业城市,宜居山水生态文化城市。规划主城区形成紧凑式发展的"一个中心、八大片区、三处公园、一条风光带、两条风景带"的布局结构。

境内由南至北呈梯级倾斜,南半部是丘陵山区,属雪峰山余脉;北半部为洞庭湖淤积平原。平原地区水资源丰富,湖泊众多,河港交织,水草丰茂,土壤肥沃,适宜种植多种作物,是粮、棉、麻、油、糖的主要生产基地,素有"鱼米之乡"的美称,苎麻产量居全国首位,芦苇、黄(红)麻、糖料产量均居全省第1,盛产鱼虾和龟、鳖、鳝、螺等小水产,为国家级的商品粮基地、商品棉基地、商品鱼基地、瘦肉型猪基地及综合商品基地;丘陵山地区森林广布,是主要林业生产基地。锰、锑、钒、石煤、硫铁矿、石灰岩储量丰富,是远近闻名的"小有色金属之乡"、全国有名的"竹子之乡"。工业以麻纺、造纸、食品、电子工业最著特色。2012年全市生产总值为1020.3亿元。

有会龙山、白鹿寺、裴公亭、秀峰湖、桃花江等旅游景点。历史文化名人有陶澍、胡林翼、周立波、段德昌、夏曦、周谷城等。特产有南县麻辣肉、陈克明面条、辣妹子食品(辣椒酱、洞庭鱼、鱼香豆豉、桔片爽等)、油中王调和油、湘安仙笋、桃江红薯粉丝(乡里红)、亿昌麻香糕、桃江腊味(腊大哥)、沅江银鱼、资江贡鱼等。

10. 郴州市

郴州市位于湖南省东南部,地处南岭山脉中段与罗霄山脉南段交会地带,辖2区(北湖、苏仙)、1市(资兴)、8县(桂阳、宜章、永兴、嘉禾、临武、汝城、桂东、安仁),总面积19 557平方千米、建成区面积41平方千米,常住人口458.18万(六普)、市区人口82.38万(六普)。

郴州市具有悠久的历史,"郴"字独属郴州,意谓"林中之城"。秦置郴县,隋开皇九年(589)置郴州,1912年复为郴县,1960年设郴州市,1994年升为地级市。现规划定位为湖南省南部门户、省级历史文化名城,依托矿产、生态资源和区位交通优势,逐步发展成为湘粤赣省际区域中心城市。规划市域"一核两轴四带"的城镇空间体系结构;中心城区远期规划为"一城二区五组团"的城市形态。

郴州位于南岭山脉北麓、长江水系与珠江水系分流地带,以山丘为主,自然资源非常丰富,铋、钼、微晶石墨的储量居全国之首,钨、铅锌储量分别居全国第3、第4位,主要有色金属探明储量占湖南省的2/3,素有"中国有色金属之乡""世界有色金属博物馆""中国银都""南方重点林区""湖南能源基地"之称。已形成有色金属、电子信息、能源、建材、食品医药、化工机械等6大强势产业。处于"珠三角""长株潭""长三角"和海西经济区、大西南2条经济带的交会腹地,是华南经济圈与内陆经济带的重要通道和节点,交通便利,四通八达。2012年实现地区生产总值1517.3亿元。

郴州为中国优秀旅游城市、中国温泉之乡,是一个以生态休闲、漂流探险、温泉健身为主要特色的新兴旅游胜地,有苏仙岭、东江湖、飞天山、万华岩、天堂温泉、莽山国家森林公园等景点。历史名人有周艺培、陈鱼、黄克诚、萧克、邓中夏、邓华、李涛、朱良才、欧阳海等。

11. 永州市

永州市位于湖南省西南部,湘江上游南岸,是湘粤桂3省交界处城市,湘西南口岸城市。辖2区(芝山、冷水滩)、9县(祁阳、东安、双牌、道县、江永、宁远、兰山、新田、江华瑶族自治县),总面积22 441平方千米、建成区面积54平方千米,常住人口518.02万(六普)、市辖区人口110万(2010)。

永州昔称零陵,是一座具有2000多年历史的古城、瑶族发源地,隋始称永州,别称"竹城",因其地有潇水、湘水,故雅称"潇湘"。秦置零陵县,东汉改泉陵县,1984年撤零陵县分设立(县级)永州市和冷水滩市,1995年设地级永州市。现规划定位为国家历史文化名城,湘、粤、桂省际区域性中心城市和现代化生态旅游宜居城市。中心城区规划形成"一圈一带一轴"的带状组团式布局结构。

境内地貌复杂多样,以丘岗山地为主,大体呈现"七山半水分半田,一分道路和庄园"的格局,潇湘2水纵贯市区,6座大桥连接两岸。水资源、生物资源、矿产资源丰富,锰、锡、稀土等矿藏储量大,品位高。初步形成了食品、机械、建材、化工、轻工、煤炭、电子、医药、冶金等门类齐全的地方工业体系。特色农业、规模农业、效益农业发展迅速,已形成了粮食、林果、畜禽、水产、蔬菜、烤烟等6大支柱产业。自古便是华中、华东地区通往广东、广西、海南及西南地区的交通要塞,也是湖南对外开放的重要门户,中南地区首个国家承接产业转移示范区之一,素有"南山通衢"之称。2012年实现地区生产总值1059.6亿元。

永州是中国山水诗的发祥地、楚文化发祥地之一、世界唯一拥有女书文化城市,有柳子庙、永州文庙、浯溪碑林、九嶷山舜帝陵、三圣湖、阳明山、江华瑶城、湘源温泉等旅游景点。历史名人有黄盖、怀素、蒋晋、赖恭、刘巴、蒋琬、李达、陶铸等。特产有香柚、香芋、香菇、红瓜子、红衣葱、道州灰鹅、江华苦茶、蓝山黑湖酒、永州薄荷、双牌竹根鼠、东安花猪、湘南黄牛、零陵麻鸭等。

12. 怀化市

怀化市位于湖南省西南部,辖1区(鹤城)、1市(洪江)、10县(中方、沅陵、辰溪、溆浦、会同、麻阳苗族自治县、新晃侗族自治县、芷江侗族自治县、靖州苗族侗族自治县和通道侗族自治县)、1管理区、1个省级开发区和1个省级工业园,总面积27 624万平方千米、建成区面积40平方千米,据2010年人口普查,全市常住人口474.19万、户籍人口509.25万、市区常住人口55.26万。有侗、苗、土家、瑶等31个少数民族。

历史悠久,古称"荆楚之地",宋代以"怀柔归化"之意设怀化砦,1942年设县,1979年设怀化市,1998年升为地级市。现规划定位为全国重要的铁路交通枢纽地,湘、桂、黔、渝、鄂5省(区、市)边区重要的中心城市。城市总体布局向"一城两片三区,四山五水结合"的形态发展,形成"山水相间、组团布局、城乡交融、共为一体"的生态型山水城市空间结构。

怀化处于武陵山脉和雪峰山脉之间,沅水自南向北贯穿全境,地形复杂,山水相间,是全国9大生态良好区域之一。自然资源丰富,开发潜力巨大,为中国10大水能基地之一的主体地带,已建成五强溪、凤滩、洪江等水电站;中国南方重点林区之一,茯苓、天麻等产量居全国第1;黄金、铜、磷3种矿藏储量在湖南省居第1、3、4位,重晶石矿藏储量在国内位居前列。初步形成了优质稻、水果、药材、油料、畜牧水产等优势农业,医药、林产、食品、电力及电化学等支柱产业初具规模并不断壮大,以商贸物流为主的第三产业迅速发展。区位条件独特,交通优势明显。自古就有"黔滇门户""全楚咽喉"之称,是东中部地区通向大西南的桥头堡和国内重要交通枢纽城市,素有"火车拖来的城市"之喻。2012年实现地区生产总值1001.07亿元。

怀化是全国双拥模范城,有芷江受降纪念坊、洪江古商城、万佛山、辰溪燕子洞、飞山寺等景点。历史名人有向警予、滕代远、粟裕等。特产有芷江鸭、新晃牛肉、麻阳椪柑/冰糖橙、靖州杨梅、沅陵灯盏窝、猕猴桃、鳄兰、沙田柚、锅贴饺等。

13. 娄底市

娄底市位于湖南的地理几何中心,辖2区(娄星区、开发区)、2市(涟源、冷水江)、2县(新化、双峰),总面积8117平方千米、建成区面积41平方千米,据2010年人口普查,全市常住人口378.56万、户籍人口432.35万、市区人口49.71万。

娄底历史悠久,因相传是天上28个星宿中的"娄星"和"氐星"交相辉映之处而得名。秦置湘南县,西汉建平四年(前3)析置湘乡县,南宋时名神童湾,清康熙三十五年(1696)设神童乡,1944年改娄底镇,1961年设娄底市,1999年升为地级市。现规划定位为湖南省重要的铁路枢纽,以原材料生产为主导的工业基地,湘中地区区域性生态园林城市。城市远景形成"一区五片八个组团"的用地空间布局,构筑"组团布局、山水相间、城乡交融、共为一体"的山水园林城市空间形态。

娄底属于云贵高原向江浙丘陵递降的过渡带,呈山地成片、岗丘交错成串、岗地如波、平地绵展的特点,河网密布,水系完整,水量充沛。湖南黑猪、湘中黑牛、蔬菜示范基地等特色产业不断壮大。锑矿储量居世界之冠,煤炭储量居湖南全省第1,石膏、石墨、重晶石、大理石等非金属矿藏在湖南乃至全国名列前茅,素有"世界锑都""百里煤海""有色金属之乡"的美誉。经济发展迅速,形成了以冶金、建材、煤炭、化工、电力、机械为骨干的工业支柱产业。地理位置优越,交通便利,自古以来就是湖南省主要的战略腹地和南北通达、东西连贯的要衢,现已成为中国江南重要的交通枢纽和物资集散地。2012年全市实现生产总值1002.65亿元。

中国优秀旅游城市,有曾国藩故居、湄江、波月洞、黄罗湾、仙人府、大熊山、九峰山、龙山、胜仙洞等景点。历史名人有曾国藩、曾纪泽、曾国荃、陈天华、蔡和森、蔡畅、李聚奎、罗盛教等。特产有涟源精制面粉、永丰灯笼椒、涟源黑山羊、麻辣香干、落口溶乔饼、双峰碧玉绿茶等。

二、各县级市发展概况

1. 浏阳市　1993年1月撤县设市,面积4999平方千米,是湖南省最大的县级市,人口136万(2011)。位于湖南东部偏北,因县城位于浏水之阳而得名,是著名的"将军之乡"与闻名的"花炮之乡"、全国县域经济百强县(市)。为国家油菜生产重点县(市)和油菜机械化生产示范基地县(市),烤烟、花木、蔬菜、油茶、水果等种植业和生猪、黑山羊、蜜蜂等养殖业发展迅速。有被誉为"全球第一"的浏阳菊花石。经济以鞭炮烟花、生物医药、纺织服装、建筑材料、机械制造、矿产冶炼、食品加工、化工塑料、竹木加工、花卉苗木等10大产业为支撑。2012年完成生产总值811亿元,居湖南省首位。

2. 醴陵市　1985年撤县设市,面积2157.2平方千米,人口105.54万(2012)。位于湖南东部,罗霄山脉北段西沿,湘江支流渌水流域。地貌以山地、丘陵和岗地为主,江河交织,有大中小型水库193座,自然资源丰富,油茶产量居全国第四位,是全国重点粮食高产地区,长江流域第1个亩产过吨粮的县(市)。盛产陶瓷、花炮,为釉下五彩瓷原产地、中国"红官窑"所在地和花炮祖师李畋的故里,被评为"中国陶瓷历史文化名城"和"中国花炮之都"。2012年完成生产总值400.7亿元,居湖南省第2位。

3. 湘乡市　1986年9月撤县设市,面积1975平方千米,人口78.72万(2010)。古称龙城,位于湖南省中部偏东,湘军故里,长株潭城市群资源节约型、环境友好型社会建设综合配套改革实验区重要工业基地和休闲旅游城市。地属华南湘赣丘陵区,地貌以丘陵山地为主,"五山一水三分田、一分道路和庄园",土地肥沃,农业发达,是全国粮猪生产百强县(市),建有优质水稻、畜牧、水产、水果、经济林等5大类农产品基地,分割肉、皮革、饲料、蛋品已成为全国的集散地,大米、生猪、茶叶、干椒、火培鱼等饮誉海内外。形成了以冶金、建材、食品、机电、化工、制革为主体的现代工业格局。2012年完成生产总值231.75亿元。

4. 韶山市　1990年12月设市,面积247平方千米,人口12万(2012),是湖南省最小和人口最少的市。位于湖南省中部,毛泽东的故乡,全国著名革命纪念地和国家重点风景名胜区。属于湘中低山丘陵区,自然资源丰富,农业基础好,是湖南省重要的商品粮和生猪基地,工业以铸造、电子、肉食、兽药、纺织等为主,旅游业已成为韶山的主导产业。为中国优秀旅游城市,主要景区有毛泽东故居景区、滴水洞景区、韶峰景区等。2012年完成生产总值49.6亿元。

5. 耒阳市　1986年11月撤县设市,面积2656平方千米,人口140万(六普),是湖南省人口最多的县级市。地处衡阳盆地南缘向五岭山脉过渡地段,岗地、丘陵地貌为主。为世界上最伟大的发明家蔡伦的故乡、湖南省最大的县级能源基地、国家级杂交水稻制种基地、中国油茶之乡、中国楠竹之乡、中国汉白玉之乡,为全国产煤百强重点县市之一,国务院批准的湘南改革开放过渡试验区、国家级湘南承接产业转移示范区,经济发展迅速,农业建成了优质稻、优质棉、烟、板栗和瘦肉型生猪等商品基地,工业初步形成了以煤炭、电力、机械、化工、食品、造纸、建材为骨干的新兴工业体系。是湘南地区商贸中心、中华始祖神农氏发明耒耜之地、中国农耕文化发祥地之一,素有"荆楚名区""三湘古邑"的美称。2012年实现生产总值300.87亿元,居湖南省第3位。

6. 常宁市 1996年11月撤县设市,面积2052平方千米,人口97.1万(2012)。地处衡阳盆地南缘与南岭北向余脉交接地带,湘江中游南岸。茶油产量居全国县市第1,为中国油茶第1市、著名的"杉木楠竹之乡",农业形成了烤烟、有机茶、蔬菜、美国红提、优质水果、优质稻、优质早粮等特色农产品基地,被列为全省烤烟生产基地市和早粮开发示范市。矿产资源丰富,铅锌储量居全国之首,砂锡储量居全国第2,硼矿石、硅灰石储量居华南第1,黄金储量占全省一半以上,素有"有色金属之乡""非金属之乡""世界铅都"之称,矿业经济为市域工业的支柱产业。为施行公交免费的宜居城市、全国第2批商务综合行政执法试点县级城市。2012年完成生产总值198.9亿元。

7. 武冈市 1994年4月撤县设市,面积1549平方千米,人口82万(2011)。位于湖南省西南部,雪峰山东麓,南岭北缘,资水上游,为湖南湘西南中心城市,湘桂门户,素有黔巫要地之称。农业生产条件优越,名优特产品久负盛名,是国家商品粮基地市、茶叶生产基地市、"丰收计划"重点市和省瘦肉型猪、辣椒基地及铜鹅之乡、脐橙之乡、中国卤菜之都。工业已形成食品、轻纺、机械、化工、建材等支柱产业。历史上是湘西南的通商要道,现已成为湘西南最大的商品集散地。2012年完成生产总值89.45亿元。

8. 临湘市 1992年撤县设市,面积1720平方千米,人口50.21万。北临长江,西傍洞庭,东南蜿蜒着罗霄山的余脉,扼长江咽喉,是陆路交通南下湖南的第一站,故有"湘北门户"之称,为"五山一水两分田,二分道路和庄园"。资源丰富,沿江水广洲阔,是鱼米之乡,粮、棉、水产重要生产基地,全国10大产茶县(市)。初步形成化工、纺织、冶金、机械、造纸、建材、竹木、钓具等9大工业群体,是目前国内最大的氨基甲酸类农药生产基地。景点有五尖山、药姑山、龙潭湖。2012年完成生产总值159.7亿元。

9. 汨罗市 1987年9月撤县设市,面积1562平方千米,人口70万。地处洞庭湖畔,因名江汨罗江而得名,是楚湘文化的集散地、世界4大文化名人之一屈原怀沙自沉以身殉国的地方。作为全国商品粮基地县(市),水稻、玉米、红薯品质优,销路广,龙舟茶、名优果、大棚菜享誉省内外,花卉、苗木时鲜四季,鱼、蟹、虾各种水产琳琅满目,鸡、鸭、鹅和猪、牛、羊各种家畜丰富。汨罗江砂金砂储量居长江以南各县(市)之首。已形成化工、机电、建材、冶金等工业门类,再生资源深加工、农产品加工、绿色环保和农机制造4大产业群强势崛起。每年端午节举办汨罗江国际龙舟节。2012年完成生产总值234.4亿元。

10. 津市市 1950年由澧县析置津市市,1963年撤销,1979年恢复,是湖南省最早的县级市,面积558平方千米,人口25.8万(2012)。位于湖南省西北部,澧水中下游,是孟姜女的家乡、车胤的故里。历来是湘鄂边际的工业重镇,享有"江南明珠"之美誉。建有蚕桑、荸果、优质蔬菜等5个特色农产品生产基地和花桥奶牛、旺森生猪、津津鸭业等20多个特色养殖牧场。卤水储量、食盐产量属湖南之首。形成了以汽车、盐化、食品3大工业板块为支柱的工业体系,为湖南省最大的盐化工工业基地、全国最大的酶制剂生产基地、中南地区最大的糖果果冻生产基地,湘北地区重要的机械制造基地、纺纱基地、造纸基地。是湘西北水陆运输枢纽。2012年完成生产总值80.07亿元。

11. 沅江市 1988年撤县设市,面积2071平方千米,人口74.46万。因沅江流经得名,位于湖南省北部,濒临洞庭湖滨,有东方"威尼斯"之称,湖乡著名旅游城市。呈"三分水面三分洲,三分垸田一分丘",河湖相通,连续成网。是著名的农作物高产区,全国商品粮、棉、猪、橘的重要产地和全国平原绿化先进市。主要产品有粮、棉、猪、鱼、橘、苇、麻等,素有鱼米之乡、苎麻之乡、芦苇之乡的美称,鲜鱼、柑橘产量居湖南省第1位,苎麻、芦苇产量居全国第1位。工业综合优势显著,机械纺织、化工农药、轻工食品、建材造纸为支柱产业,是全国食品工业重点市和造纸基地之一。沅江港是湖南4大港口之一。2012年完成生产总值176.03亿元。

12. 资兴市 1984年12月撤县设市,面积2647平方千米,人口37.63万(2012)。位于湖南省东南部,湘江流域耒水上游,罗霄山脉西麓,茶永盆地南端,湘粤赣3省交会处。是一个集矿区、库区、林区、老区、旅游区于一体的新兴工业城市和旅游城市。资源丰富,素有"水乡、电城、煤都、林海、粮仓、基因库、游乐园"的美称,是湖南省重要的林业基地和建材基地。为湖南省老工业基地、煤炭大市、国家资源枯竭转型城市,新能源、新材料、绿色产业、电子信息、现代物流等5大新兴产业迅速崛起。农业产业化快速发展。2012年完成生产总值222.61亿元。

13. 洪江市 1979年9月设县级市,面积2173.54平方千米,人口43.6万(2012)。位于湖南省西部,沅水上游,云贵高原东部边缘的雪峰山区,山地夹丘陵与河谷平原相连,是一个多民族聚居的地区,湘楚苗地边陲重镇,素有"滇黔门户"和"湘西第一古镇"之称。水资源居全省之冠,有水电站52座,是重要的能源基地和闻名全国的竹木之乡。建立了优质杂交稻、优质冰糖甜橙、高效工业原料林、优质杂交猪等标准化生产基地,是杂交水稻的发源地、中国冰糖橙之乡。2012年完成生产值73.56亿元。

14. 冷水江市 1960年从新化县析置冷水江市,后经撤、复,面积439平方千米,人口36.9万(2012)。位于资江中游,雪峰山东麓,是湖南的几何中心,地势南北高、中部低,呈不对称马鞍形。矿产资源富集,堪称全国绝无仅有的一块宝地,是湖南省重要的能源、原材料基地,享有"世界锑都""江南煤海""金属之乡""硅石宝库"等美誉。农业以"城郊型"农业为基本特点,养殖、水果、蔬菜、药材等农产品发展较快,形成畜牧、蔬菜、果品3大支柱产业。形成能源、生物技术、新材料等工业产业,是在世界锑都锡矿山的基础上崛起的新兴工业城市。2012年完成生产总值212.4亿元。

15. 涟源市 1987年撤县设市,面积1897平方千米,人口117万(2011)。地处湖南省几何中心,涟水源头,是沟通经济走廊的咽喉之地,为中部隆起、朝东敞口的"E"字形地貌轮廓。自然资源丰富,河网密布,素称"煤海""建材之乡""有色金属之乡"和"非金属之乡",是湖南的能源原材料基地、世界最大的触煤生产基地、全国最大的保温瓶生产基地、全国知名的煤机生产基地和锻造铸造之乡,全国茶叶和商品粮生产基地县(市),全国蔬菜、瘦肉型猪生产基地。县域经济跻身全国中部百强县市行列,已形成了采掘、机械、建材、冶金、制药、化工、食品加工、日用产品生产8大体系。2012年完成生产总值183.4亿元。

16. 吉首市 1982年11月撤县设市,面积1062平方千米,人口29.57万(2012)。位于湖南省西部,武陵山脉东麓,毗邻鄂渝黔3省市,多民族汇聚,是湘西土家族自治州首府,被誉为武陵山区的明珠城市。以中低山为主,山峰林立,溪河纵横,溶洞广布。主要物产有稻谷、玉米、豆类、桐茶油、烟叶、生姜、苎麻、柑橘、凉薯、木材、药材、石灰石、重晶石等,桐油、生姜、椪柑、苎麻、药材闻名全国;酒鬼酒、金银饰品、乾州板鸭、河溪香醋等名优产品蜚声中外,形成了果、畜、烟、菜等4大支柱产业。工业以轻纺、医药、绿色食品、建材、冶化为支柱。是湖南省10大重点旅游景区。2012年完成生产总值96.1亿元。

第四节 广东省

广东省地处中国大陆最南部,东邻福建,北接江西、湖南,西连广西,南临南海。古时称南越,越与粤通,也简称粤,泛指岭南一带地方。陆地面积17.98万平方千米,其中岛屿面积1592.7平方千米。境内地貌类型复杂多样,地势总体北高南低;降水充沛,水系发达,水资源相当丰富。地处太平洋多金属成矿带,是国内具有丰富矿产资源的省份之一,有稀有金属和有色金属之乡称号。截至2010年底,全省共有44个城市,2个副省级市(广州、深圳)、19个地级市(珠海、汕头、佛山、韶关、湛江、肇庆、江门、茂名、惠州、梅州、汕尾、河源、阳江、清远、东莞、中山、潮州、揭阳、云浮)、55个市辖区、23个县级市、41个县、3个自治县。从城市规模看,副省级市和地级市中有4个超大城市、7个特大城市、6个大城市及4个中等城市。2010年第6次全国人口普查显示,全省常住人口10 430.31万,居全国第1位,城镇人口为6902.78万,占66.18%。2012年完成生产总值57 067.92亿元,居全国首位。

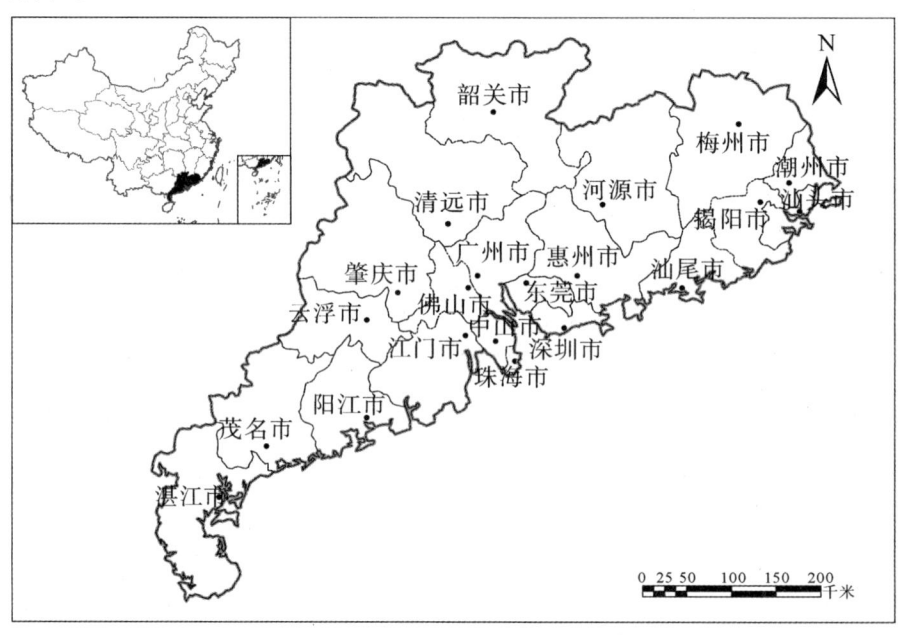

图 3-4-4　广东省区位及行政区划图

一、各副省级市和地级市发展情况

1. 广州市

广州市简称"穗",又称"花城""羊城",位于广东省中部,珠江出海口,濒临南中国海,是中国最主要的对外开放城市之一,具有历史魅力和现代色彩的省会城市,集政治、经济、科技、文化和教育中心为一体。辖10区(天河、越秀、荔湾、海珠、白云、黄埔、番禺、花都、南沙、萝岗)、2市(增城、从化)。总面积7434.4平方千米、市区面积3843.43平方千米,常住人口1270.08万(六普)、中心城区人口772.7万(六普)。是全国著名的华侨之乡,全国华侨最多的大城市。

广州有2200多年悠久历史的文化名城,公元前214年始建任嚣城,周夷王八年建"楚庭",三国吴为广州治,1918年设立市政局,1925年改自治市,1949年为中央直辖市,1954年改为省辖市,现为副省级市。城市以"云山珠水"的自然格局为基础,形成了沿珠江水系发展的多中心组团式网络型的空间结构。现规划定位为国际城市(国家级中心城市)、中国南方经济中心、文化中心、国际航运中心和对外交往中心,国家级历史文化名城,广东省省会。初步形成由中心主城区、南沙副城区、花都副城区、萝岗副城区、荔城组团、街口组团组成的"一主三副两组团"的城市空间布局。

地处丘陵地带,南部是珠江三角洲冲积平原,西江、北江、东江水道在此汇合。粮食作物以籼稻为主,一年两熟;经济作物以蔬菜、水果、花卉等为主,是"水果之乡",主要产荔枝、龙眼、香蕉、菠萝、木瓜、杨桃等,花卉和盆景远近驰名。是全国重要的工业基地、华南地区的综合性工业制造中心,汽车制造、电子通信和石油化工为3大支柱产业,轻纺、食品、医药、建材等为传统行业,电子通信、家电、精细化工、石油化工等新兴产业及高科技产业迅速发展。地处城市竞争力最强10省区第1名的粤港澳都市圈,是珠三角都市圈中心城市、粤港澳世界城市群的重要城市之一,地理位置优越,秦汉以来便是繁荣都会,汉唐时期是海上"丝绸之路"的始发港,是中国历史上最悠久、最大的对外通商口岸,中国重要的交通枢纽,素有"中国南大门"之称。作为中国最早对外通商贸易的口岸,在世界上占有相当重要的地位,享誉全球的中国进出口商品交易会(简称"广交会"),从20世纪50年代至今一直在广州举行,被誉为"南国商都"。2012年完成地区生产总值13 551.21亿元。

广州是岭南文化的中心地、中国首批历史文化名城、国际花园城市、国家森林城市,有白云山、莲花山、陈家祠、越秀公园、长隆乐园、番禺宝墨园等景点。2010年成功举办了第16届亚洲运动会。历史名人有洪秀全、洪仁玕、冯云山、邓世昌、许广平、冼星海、潘振承、潘达微、曾养甫、金曾澄、黄飞鸿、林世荣、铁桥三、马师曾、任白等。

2. 深圳市

深圳市又称"鹏城",位于广东省南部,珠江口东岸,毗邻香港,是中国最早设立的经济特区城市。辖6区(罗湖、福田、南山、盐田、宝安、龙岗)、4新区(光明、坪山、大鹏、龙华)和前海湾保税港区,总面积1953千米、建成区面积813平方千米,常住人口1035.79万(六普)、户籍人口251.03万(六普)。

深圳自古以来为南越部族的栖息地,前身为宝安县,1973年建深圳市,1980年成立经济特区。现规划定位为全国经济中心城市、国家自主创新城市、中国特色社会主义示范市和国际化城市。规划形成"三轴两带多中心"的轴带组团式城市空间布局结构。

经过30年的建设和发展,深圳由一个昔日的边陲小镇发展成为具有一定国际影响力的新兴现代化城市,创造了举世瞩目的"深圳速度"。高新技术、金融服务、现代物流、文化产业等为四大支柱产业,高新技术、先进制造业为基础,生物、互联网、新能源3大新兴产业迅速崛起,已建设成为中国高新技术产业重要基地、全国性金融中心、信息中心和华南商贸中心、运输中心及旅游胜地,深圳与上海、北京是国内公认的内地3大金融中心。是国家综合配套改革试验区、国家创新型城市、中国口岸最多和唯一拥有海陆空口岸的城市、中国与世界交往的主要门户之一、中国最大的对外贸易基地,外贸出口连续13年超过上海居全国第1,有着强劲的经济支撑与现代化的城市基础设施。2012年地区生产总值达12 950.08亿元。

深圳作为海滨城市和改革开放窗口,具有开放、创新、包容的移民文化特色,为国际花园城市、环境保护全球500佳、国家园林城市、中国优秀旅游城市、南方有名的旅游胜地,有华侨城旅游度假区、东部华侨城、野生动物园、大梅沙和小梅沙海滨旅游区等50多处特色旅游景点。2011年成功举办第26届世界大学生运动会。特产有龙岗"三黄鸡"、南头荔枝、南山桃、石岩沙梨、金龟橘、龙华方柿、沙井蚝。

3. 珠海市

珠海市位于珠江出海口西岸,濒临南海,南邻澳门,辖4区(香洲、斗门、金湾、横琴新区)、5个功能区(高栏港经济区、高新区、横琴经济开发区、保税区、珠海万山海洋开发试验区),陆地1701平方千米、海域6135平方千米、建成区面积118平方千米,常住人口156.02万(六普),为广东省人口规模最小的城市。

珠海历史上曾是渔村,1952年成立渔民县,1953年更名为珠海县,1979年撤县设市,1980年设立经济特区。现规划定位为经济特区,珠江三角洲中心城市之一,东南沿海重要的风景旅游城市。规划形成由"主城区—次中心—外围新城—中心镇"构成的组团型城镇空间布局结构。

珠海地形多样,以平原、丘陵为主,兼有低山、滩涂等。地势平缓,倚山临海,海域辽阔,有奇峰异石和秀美的海湾、沙滩,有大小岛屿146个,故有"百岛之市"的美誉。水产资源丰富,鱼、虾、蟹、贝、藻类齐全,淡水养殖有鲩、鲢、鳙、鲮、鲤鱼、非洲鲫、福寿鱼等。抑制重工业发展,形成以电子、食品、轻纺、建材和外向型农渔业为主的经济体系,以高科技为重点的工业体系,综合发展的外向型经济。设有拱北、九州、珠海港、万山、横琴、斗门、湾仔、跨境工业区8个国家一类口岸,是仅次于深圳的中国第2大口岸城市。2012年全市实现地区生产总值1503.81亿元。

珠海为全国著名旅游城市、国家园林城市、国家级生态示范区,被授予"联合国改善人居环境最佳范例奖",素有"浪漫之都"的美称,有海泉湾温泉度假村、圆明新园、珠海渔女、东澳岛、鹅岭共乐、飞沙滩、黄杨山、淇澳岛等著名旅游景点。历史名人有容闳、陈芳、徐润、黄宽、唐绍仪、唐国安、唐宝锷、杨匏安、苏兆征、苏曼殊等。特产有叠石蚝油、横琴鲜蚝、湾仔咸鱼、黄金凤鳝、小托山桔、黄杨荔枝、对虾等。

4. 汕头市

汕头市位于广东省东部,韩江三角洲南端,濒临南海,是沿海开放城市和著名侨乡。辖6区(金平、龙湖、澄海、濠江、潮阳、潮南)、1县(南澳),总面积2248平方千米、建成区面积172平方千米,常住人口539.1万(六普)。

汕头市区古为潮汕滨海冲积地,宋朝已形成村落,清康熙年间建沙汕头炮台,雍正年间简称汕头,咸丰十年(1860)对外开市,1919年设汕头市政局,1921年成立市政厅,1930年设汕头市,1949年为省辖地级市,1981年设经济特区。现规划定位为经济特区,东南沿海重要港口城市,粤东中心城市。逐步形成"一市两城、多组联片"的城市布局。

地处韩江、榕江、练江中下游海滨冲积平原,属亚热带,北回归线从汕头市区北域通过。依海而立,靠海而兴,海岸线曲折,岛屿多,适宜海水养殖,海、淡水产品十分丰富,滨海盛产海盐。是全国人口最稠密、人均耕地面积最少的地区之一,素以精耕细作闻名遐迩,水稻、花生、甘蔗、黄麻是传统大宗产品,盛产各种岭南佳果,享有"蔬菜王国"。处于"大珠三角"和"泛珠三角"经济圈的重要节点,是珠三角和海峡西岸经济带的重要连接点,拥有亚太地缘门户的独特区位优势。近代中国最早对外开放的港口城市,粤东、赣南、闽西南一带的重要交通枢纽、进出口岸和商品集散地,有"岭东门户、华南要冲"的美称。2012年地区生产总值达到1415.01亿元。

汕头文化底蕴深厚,潮剧、潮乐、潮菜和功夫茶等享誉海内外,有"海滨邹鲁"之称。是中国优秀旅游城市、国家园林城市、国家卫生城市,有礐石、青澳湾、澄海塔山、科隆千树园、莲花山温泉度假村、老妈宫（天后宫）和关帝庙、莲花峰、陈慈簧故居、潮阳大峰、妈屿岛、北山湾、桑浦山、青云岩、北回归线标志塔等景观。历史名人有唐伯元、翁万达、卢侗、张夔、林大春、郑之侨、郑信等。特产有林檎、龙眼、荔枝、橄榄、杨梅、油甘、澳榴、潮汕抽纱、潮汕金漆木雕、玩具礼品、彩瓷、珠绣等。

5. 佛山市

佛山市简称"禅"，位于广东省中南部，南邻港澳，著名侨乡，辖5区（禅城、南海、顺德、高明、三水），总面积3848平方千米、都市区（禅城）面积1513.69平方千米，常住人口719.43万（六普）、都市区（禅城）人口110.1万（六普）。

佛山古称季华乡。唐贞观二年（628）在塔坡岗发掘出3尊铜佛，故名佛山，又称禅城。北宋置佛山镇，明清时代为中国4大名镇之一，1949年设佛山市，1983年实行市管县制。现规划定位为全国重要的现代制造业基地，区域性专业物流中心之一，具有岭南风貌特色的国家历史文化名城。市域城镇为"多级、网络化、组团式"的空间结构；中心城区为"多级组团、轴向发展"的空间结构。

自然资源主要有陶土、岩石、玻璃砂、稀有金属和塘鱼、水稻、甘蔗及品种繁多的水果、花卉等。为中国近代民族工业的发源地之一，经济实力雄厚，已形成以家用电器、光机电一体化、电子信息及装备制造、陶瓷及其他建材、纺织服装、金属材料加工与制品、塑料制品、精细化工及医药、食品饮料、家居用品制造等10大优势行业为主体的发展格局，是目前中国也是世界大型的制造业基地之一。位于亚太经济发展活跃的东亚和东南亚的交会处，是珠三角的经济重地，商业发达，是一个荣耀千年的商贸名城、10大"中国大陆最佳商业城市"之一，现已形成遍布城乡、辐射国内外的多成分、多层次、多渠道、多形式的商业流通网络。2012年地区生产总值为6709.02亿元。

佛山为历史与现代融合发展的文化名城，素有陶艺之乡、粤剧之乡、武术之乡、岭南成药之乡、狮艺之乡、民间艺术之乡等美誉。有佛山祖庙、西樵山、梁园、顺德清晖园等著名旅游景点。历史名人有伦文叙、黄飞鸿、梁璧、叶问、康有为、詹天佑、吴趼人、何香凝、李小龙等。特产有佛山扎蹄、大良野鸡卷、大良礌砂、佛山木版年画、南海鱼生、大福饼、九江煎堆、三水狗仔鸭、水晶饺、甘笋蒸饼、石湾鱼脯等。

6. 韶关市

韶关市位于广东省北部，湘赣粤3省交界，素有"广东北大门"之称，辖3区（浈江、武江、曲江）、2市（乐昌、南雄）、5县（仁化、始兴、翁源、新丰、乳源瑶族自治县），总面积18 385平方千米、建成区面积78平方千米，常住人口282.66万（六普）、市区人口92.09万。

韶关古称"韶州"，有2100多年历史。汉置曲江县，隋开皇九年（589）始称韶州，1949年设韶关市，1975年升为地级市。现规划定位为粤北和粤湘赣边界地区的中心城市，现代化的工业城市，区域交通、物流和旅游服务中心，有鲜明文脉特色的山水园林城市。中心城区形成"一心五组团"的空间布局结构。

地处南岭山脉南部，地质构造复杂，喀斯特地貌广布，是中国典型的"丹霞地貌"所在地和命名地。物种资源丰富，森林资源居广东省首位，是全国重点林区、广东省最大的再生能源基地和天然生物基因库、广东省重要的电力生产基地，被誉为华南生物基因库、"中国有色金属之乡"。是特色鲜明的农业大市，已形成优质稻、优质蔬菜、优质畜禽、优质鱼、烟草、特色水果、竹类等7大主导产业，每年生产大量的优质农产品和轻工业原材料。作为广东的重工业城市，工业基础雄厚，形成了钢铁、有色金属、电力、烟草、机械制造、制药、电子信息等支柱产业。是中国北方及长江流域与华南沿海之间最重要的陆路通道，粤北政治、经济、文化中心和交通枢纽，粤湘赣交界地区商品集散中心,区位交通综合优势十分明显。2012年地区生产总值为888.48亿元。

韶关市是马坝人的故乡、石峡文化的发源地、中国优秀旅游城市、国家园林城市是广东省旅游资源最丰富、旅游文化品位最高的地区之一,有丹霞山世界地质公园、南华禅寺、马坝人遗址、乳源大峡谷等著名旅游景点。历史名人有侯安都、张九龄、余靖、廖燕等。特产有北江香菇、冬笋、笋干、白毛茶、北乡马蹄、南华李、甘木通、龙脑等。

7. 惠州市

惠州市简称鹅城,位于珠江三角洲东北端,南临南海大亚湾,与深圳、香港毗邻,自古即有"岭南名郡"和"粤东门户"之称,著名侨乡。辖2区(惠城、惠阳)、3县(惠东、博罗、龙门)和2个国家级开发区(大亚湾经济技术开发区、仲恺高新技术产业开发区),陆地面积11 356平方千米、海域面积4520平方千米,建成区面积161平方千米,常住人口459.7万(六普)、市辖区人口173.68万(六普)。

惠州是广东省历史名城,有1700多年的历史。隋开皇九年(589)置循州,宋天禧四年(1020)改称惠州,1912年设惠阳县,由惠阳县析惠州镇置惠州市,1988年升为地级市。现规划定位为珠江三角洲地区性中心城市,以电子信息、石油化工为主的制造业基地,风景旅游城市和历史文化名城。规划市域空间格局为"一区四核五轴七节点"的"核心—网络—放射"状。

境内北部多山地,中部、西部和沿江地带多冲积平原,东部和南部为丘陵、台地,为"半城山色半城湖"。海岸线长223千米,水深港湾多,惠州港为国家一级口岸。为供给港蔬菜、生猪的主要生产基地。形成"2+4"的工业支柱产业格局,即数码、石化2大支柱和服装、制鞋、水泥和汽车及零部件的4个具有区域比较优势的产业,已成为世界最大的电池和镭射光头生产基地,亚洲最大的电话机、电脑主板生产基地,中国最大的电视机、汽车音响、高级电工产品、照相机生产基地之一。2012年地区生产总值为2368亿元。

为广东省历史文化名城,独具"东江、东坡、东征、东纵"等四东文化特色,如今有惠民之州的美誉,为中国优秀旅游城市、国家园林城市、国际花园城市,获中国人居环境范例奖,旅游资源非常丰富,集山、江、湖、海、泉、瀑、林、涧、岛为一体,有罗浮山、惠州西湖、平海海龟自然保护区和南昆山国家级景区。历史名人有陈孝女、张昭远、叶梦熊、翟火姑、叶挺、邓演达、廖仲恺、廖承志等。特产有"惠州三宝"(东江盐焗鸡、酿豆腐、梅菜扣肉)、惠州梅菜、罗浮山酥醪菜、罗山泉豆腐花、罗浮山百草油、东江糯米酒、南昆山观音菜、龙门竹笋、博罗酥糖等。

8. 河源市

河源市位于广东省东北部,地处东江中上游,是国家沿海经济开放区、目前中国大陆唯一一个纯客家的地级市,辖1区(源城)、5县(东源、龙川、紫金、连平、和平),总面积15 642平方千米、建成区面积28平方千米,常住人口295.3万(六普)、市区人口46.48万(六普)。

河源源远流长,历史悠久,是个有着2200多年历史的客家古邑。秦始皇三十三年(前214)置龙川县,南齐永明元年(483)龙川析土置河源县,1988年设地级河源市。现规划定位为环珠三角地区性中心城市,广东省新兴的产业基地,粤北赣南区域物流中心,适宜居住、适宜创业、适宜休闲的现代化生态园林城市。中心城区形成"一带两心两轴四廊六组团"的空间布局结构。

处于粤东北山区与珠江三角洲平原地区的结合部,属山地丘陵地区,东江、新丰江纵贯全境。平原河谷地区土层深厚,土壤肥沃,适宜种植粮食作物、蔬菜、甘蔗、亚热带水果等。动植物资源、水力资源丰富,是全省重点林业基地,新丰江水库为华南地区最大水库。铁、钛、钨、锡、稀土、萤石、高岭土、陶瓷土、矿泉水和地热为优势矿产资源,大顶铁矿是全省第一大铁矿,连平锯板坑钨矿为目前全省最大型钨矿。形成矿产冶金、食品饮料、轻纺服装、医药制造、建材陶瓷、机械制造、电子电器等7大主导产业,为国家信息化试点城市、国家电子信息产业基地、粤东北重要的交通枢纽,居全国综合增长竞争力首位。2012年全市完成生产总值615.26亿元。

城市山清水秀,有中国绿色明珠之称,客家文化浓厚,是东江流域客家人的聚居中心,为中国绿色经济10大城市、国家园林城市、中国优秀旅游城市,著名旅游景点有万绿湖、新丰江国家森林公园、苏家围客家乡村旅游区、佗城、连平内莞山水、黄龙岩等。历史名人有韦昌明、古成之、颜伯焘、阮啸仙、黄居仁、黄克、萧殷等。

9. 梅州市

梅州位于广东省东北部,闽粤赣3省交界处。辖1区(梅江)、1市(兴宁)、6县(梅县、平远、蕉岭、大埔、丰顺、五华)、1个梅州高新技术产业开发区,总面积15 876平方千米、建成区面积42平方千米,常住总人口424.01万(六普)、市区人口38.07万(六普)。

南汉乾和三年(945)置敬州,宋开宝四年(971)改为梅州,清雍正十一年(1733)为嘉应州,宣统三年(1911)复名梅州,1912年废州设梅县,1979年设梅州市,1988年升为地级市。现规划定位为粤闽赣边区及粤东北地区中心城市,国家历史文化名城和客家人文化活动中心。现规划形成"一核二轴三组团"的特色城市格局。

梅州地处五岭山脉以南,为丘陵山地,土地肥沃,含钾丰富。水资源丰富,是广东省的重要电力基地之一,梅城"一江两岸"工程被水利部誉为城市堤防建设"梅州模式"。有优质水果、茶叶、油茶、南药、畜牧水产养殖等特色农业生产基地,围绕金柚、脐橙、水稻、茶叶、蔬菜、水产等大宗农产品大力推广农业标准化,为金柚之乡、中国仙草之乡。煤储量丰富,居全省第2。已初步形成了以建材、卷烟、电力、电子信息、铜冶炼、电声、机械、生物农药、农林产品为主的生产、加工基地。梅州背靠内陆,毗邻沿海,具有独特的区位优势,是闽粤赣3省的经济转承地带、交通枢纽和物资聚集地。2012年全市生产总值为745.98亿元。

梅州是历史上客家民系的最终形成地、聚居地和繁衍地,世界客家华侨的祖籍地和精神家园,被尊为"世界客都",曾举办世界客属恳亲大会和世界客家联谊会,2009年成功举办梅州世界客商首届大会。是中国历史文化名城、中国优秀旅游城市、文化之乡、华侨之乡、足球之乡及山歌之乡、客家菜之乡、单丛茶之乡,荣获联合国人居环境项目优秀范例奖,有雁鸣湖旅游度假村、阴那山省级风景区、汤坑温泉、兴宁合水湖山等国家级旅游景区。梅州标志性传统建筑——围龙屋是中国5大特色民居之一。历史名人有宋湘、吴元盛、罗芳伯、丘逢甲、黄遵宪、张弼士、何子渊、邹鲁、叶剑英、他信、英拉、李光耀、李显龙、钟亚瑟、曾宪梓、田家炳等。

10. 汕尾市

汕尾市位于广东省东南沿海,南临南海,辖1区(城区)、1市(陆丰)、2县(海丰、陆河)、2个开发区(华侨管理区、红海湾开发区),总面积4902平方千米、建成区面积14平方千米,常住人口293.57万(六普)、市区人口52.45万(六普)。

汕尾是原来的海陆丰地区,原名"汕美",历史悠久。秦置傅罗县,东晋咸和六年(331)析置海丰县,清雍正九年(1731)析置陆丰县,1988年设地级汕尾市。现规划定位为粤东沿海结点城市,以工业为基础、休闲度假特色浓厚的现代化滨海城市。规划中心城区形成"一心一轴、一带三(片)区"的空间布局结构。

地处丘陵地带,依山面海,江河纵横,塘库密集,水域辽阔,水产、矿产、水力和动植物资源丰富,粮食作物主要有水稻、番薯、小麦、玉米等,经济作物有甘蔗、花生、大豆、芝麻、莲藕、茨菇等,水果主要有荔枝、龙眼、香蕉、柑、橘等。海洋渔业是汕尾经济发展的一大优势产业,形成了20个海水养殖基地和18个淡水养殖基地,是中国"4大渔场"之一、中国"4大贝雕产地"之一。创建了粮食、林、果、菜、水产、畜牧、蔬菜等10大"三高"农业基地,形成了以电子、家具、食品、饮料、服装、制鞋、化工、工艺等多种行业为支柱产业的工业体系。为广东省珠三角地区和潮汕地区两大版块的重要连接点,素有"粤东桥梁"之称。拥有10个港口,其中汕尾、甲子港是国家外贸口岸和国家一级渔港。2012年地区生产总值为610.41亿元。

汕尾是著名的海陆丰革命根据地,拥有神、海、沙、石、湖、岛、湾、岬、峰、泉、岩、洞等自然风光及历史古迹和革命文物辉映的旅游资源,有玄武山—观音岭海滨旅游区、凤山祖庙旅游景区、莲花山、红海湾旅游景区等。历史名人有陈炯明、彭湃、刘廷波、马思聪、钟敬文等。特产有海鱼、海盐、龙虾、膏蟹、鲍鱼、鱼钩、大白虾、枪鱼、大鱿鱼、大白带鱼、石斑鱼、柿饼、青梅、黄榄等。

11. 东莞市

东莞市,又名"莞城""浪都",位于珠江口东岸,毗邻港澳,是著名的侨乡。辖4街道、28镇,是全国4个不设市辖区的地级市之一,陆地面积2465平方千米、建成区面积87平方千米,常住人口822.03万(六普)、户籍人口181.77万(2010)。

东莞因地处广州东面(今东南面)及盛产水草(莞草)而得名。东晋咸和六年(331)置宝安县,唐至德二年(757)更名东莞县,1985年撤县建市,1988年升为地级市。现规划定位为珠江三角洲地区性中心城市,东莞市的政治、经济、科技和文化中心,全国重要的信息技术研发和产业化基地,环境优美的现代化城市。规划市域城镇空间布局维持"一中心多支点"的城镇空间结构形态和"一个中心连接东西两翼"的城镇发展形态。

地貌以丘陵台地、冲积平原为主,大部地区地势低平、水网纵横,有东深供水工程、东江引水工程,沙角电厂是全国最大的火力发电基地之一。为"广东四小虎",拥有一批国家级产业基地。以外向型经济为主,大部分的资金、原材料和产品销售都离不开国际市场,形成以电子信息、电气机械、纺织服装、家具、玩具、造纸及纸制品业、食品饮料、化工等8大产业为支柱的现代化工业体系,制造业实力雄厚,是全球最大的制造业基地之一。2012年地区生产总值为5010.14亿元。

东莞是广东历史文化名城、中国优秀旅游城市、国家篮球城市、全国体育先进市、国家卫生城市、中国近代史的开篇地和改革开放的先行地,有历史上著名的林则徐虎门销烟,是东江纵队的抗日根据地之一。城市发展中保留了多彩的民间艺术,素有粤曲、粤剧之乡的美誉。有中外闻名的林则徐销烟池、威远炮台、可园、村头村遗址、仙鹅湖、石排燕岭、清溪山等名胜古迹。历史名人有袁崇焕、卢子枢、邓尔雅、蒋光鼐、陈镜开等。特产有冼沙鱼丸、蟛蜞粥、鸭尾鱼包、石龙麦芽糖、麦芽糖柚皮、三禾宴、白沙油鸭、麻涌香蕉、石碣龙眼、企石梅菜、道滘裹蒸粽、莞香、东莞荔枝、道滘肉丸粥、谢岗豉油鹅、谢岗鹧鸪饭、厚街腊肠、虎门麻虾、东坑阴菜牛展汤、东坑糖不甩。

12. 中山市

中山位于广东省中南部,珠江三角洲西部出海处,毗邻港澳,是孙中山诞生地。辖6街道、18镇、1个国家级火炬高技术产业开发区,是全国4个不设市辖区的地级市之一。总面积1800平方千米、建成区面积40平方千米,常住人口312.09万(六普)。

中山旧称"香山",因境内五桂山多奇花异卉而得名。在距今5000多年前的新石器时代是珠江口伶仃洋上的一个岛屿,唐属东莞县辖地,北宋元丰五年(1082)设香山寨,南宋绍兴二十二年(1152)设香山县,1925年为纪念孙中山易名为中山县,1983年撤县设市,1988年升为地级市。现规划定位为珠江口西岸的地区性中心城市,广东省生态、投资环境良好的宜居创业城市,以伟人故里为特色的旅游城市。主城区形成"单核双城多片区"的城市布局结构。

南部是以五桂山为主的低山丘陵区,北部是平原河网区,水资源、生物资源、太阳能资源丰富,水稻栽培历史悠久。是珠江口西岸重要的先进制造业城市和现代服务业基地、广东省产业集群升级创新试点城市,拥有国家级产业基地27个、省级技术创新专业镇15个,装备制造、健康医药、电子电信、灯饰光源、家用电器、金属制品、纺织服装、家居家具、精细化工、特色食品等10大产业集群蓬勃发展,3大中心商务区、4大集聚商圈具有全方位的现代产业服务功能。中山港的集装箱年吞吐量更是跻身全国10强、世界百强。2012年全市实现生产总值2441.04亿元。

中山是全国著名的宜居城之一、中国和谐之城、中国大陆10大最具幸福感城市、全国文明城市、国家卫生城市、全国园林城市、中国优秀旅游城市、全国环保模范城市、全国生态市,获联合国人居奖,有翠亨孙中山故居、三乡泉林旅游山庄、孙中山纪念堂等旅游景点。历史名人有陈临、郑愚、黄瑜、黄畿、李孙宸、何吾驺、何士祥、何璟、孙中山、孙科、阮玲玉等。特产主要有三月红荔枝、神湾菠萝、小榄菊花肉、中山杏仁饼、石岐乳鸽、长江脆肉鲩、荼薇花制品、三乡濑粉、黄圃腊肠等。

13. 江门市

江门位于珠江三角洲西岸,东邻佛山,南濒南海,毗邻港澳,著名侨乡。现辖3区(蓬江、江海、新会)、4市(台山、开平、鹤山、恩平),总面积9541平方千米、市区面积1818平方千米、建成区面积139平方千米,常住人口444.88万(六普)、市区人口137.57万(六普)。

江门因位于西江与其支流蓬江的会合处,江南烟墩山和江北蓬莱山对峙如门,故名,又称"四邑""五邑"。三国吴黄武元年(222)置平夷县,晋太康元年(280)改新夷县,后析置盆允县,隋改为新会县,1949年设江门市,1950年升为地级市。现规划定位为珠江三角洲西部地区的中心城市之一。主城区形成由中心城和外围组团组成"中心—外围"的空间布局体系。

江门北部、西北部山地丘陵广布,东部、中部、南部河谷、冲积平原、三角洲平原宽广,丘陵、台地错落其间,沿海沙洲发育,优质矿泉和温泉分布广泛。是珠江三角洲土地、海洋资源极为富饶的地区,土质肥沃,垦耕历史悠久,农产品有稻、蔗、果、茶等,海洋捕捞、海水及淡水养殖业地位重要。矿产有金、铜、锡等。是一座新兴的工业城市,机电、纺织服装、食品、造纸及纸制品、电子信息、建材等为支柱工业,有南国纺织城之称,是全国最大的纺织服装、化学纤维、皮革产品、食品、纸制生产基地之一,是广东省重要的制造业基地。位居粤西地区和西南各省通往珠三角和粤港澳的交通要道,扼西江以及粤西沿海交通之门户,是珠江三角洲经济区的中心城市之一,有江门港、新会港、台山港等多个大型江海港口。2012年完成地区生产总值1910.08亿元。

江门侨乡文化浓厚,被称为"中国第一侨乡",是中国优秀旅游城市、国家园林城市、国家卫生城市、国家环保模范城市,获中国人居范例奖,开平碉楼、圭峰山国家森林公园、古兜山温泉、金山温泉、白水带风景区、长堤风貌街为著名旅游胜地。历史名人有陈白沙、梁启超、张其光、陈少白、冯如、梁思成、梁思永及100多位香港歌影视界明星等。特产有新会陈皮、冬虫草、大蕉、果蔗、粉葛、柿饼蒂苦瓜、金山火蒜、鹤山红烟、葵扇、外海花生饼、三桁瓦菜刀、剑花、马岗鹅、濑粉、泥鸡、古井烧鹅等。

14. 肇庆市

肇庆市位于广东省中西部、西江中游,西临广西壮族自治区。辖2区(端州、鼎湖)、2市(四会、高要)、4县(广宁、德庆、封开、怀集)和肇庆国家级高新技术产业开发区,总面积14 822平方千米、建成区面积74平方千米,常住人口391.8万(六普)、市区人口为53.19万(六普)。

肇庆为历史悠久的岭南名郡,西汉置高要县,隋开皇九年(589)始置端州,宋重和元年(1118)改为肇庆府,1949年设肇庆市,1988年升为地级市。现规划定位为广东省地方性中心城市,国家级历史文化名城和风景旅游城市。规划市域城镇体系形成"一个中心,两条走廊,三个层次"的推进发展和分布格局,形成扇形的城镇和地区开放的空间结构模式;中心城区采用"一河两岸多组团"的城市结构形态。

肇庆属珠江三角洲经济区范围,既有珠江三角洲平原地带,又有粤西丘陵地带和部分山区,物华天宝,各种资源和农副土特产品十分丰富,为中国竹子之乡、中国肉桂之乡、中国柑橘之乡、中国松脂之乡和中国南药原料基地。主要矿产资源有黄金、玉石等50多种,被誉为"广东黄金之乡",传统工艺品端砚居中国"4大名砚"之首,被誉为"中国砚都"。工业有纺织服装、食品饮料、建筑材料3大传统支柱产业,电子信息、电气机械及专用设备、石油及化学3大新兴产业,森工造纸、医药、汽车及摩托车3大潜力产业。东接广佛经济圈,西连大广西,地缘区位优势突出。地处沿海与内陆的交通要冲,是沿海发达地区通往西南各省的重要交通枢纽,交通便利,四通八达,形成了水陆衔接、江河相通、客货配套的水陆运输网络。2012年实现地区生产总值1453.84亿元。

肇庆是远古岭南土著文化的发祥地之一、广府话的发源地,也是中原文化与岭南文化、西方文明与中国传统文明交会最早的地区之一,为国家历史文化名城、中国优秀旅游城市、国家园林城市、国家卫生城市,有肇庆星湖、鼎湖山、七星岩、西江小三峡、盘龙峡、白石岩、梅庵等旅游名胜。历史名人有陈钦、陈希迁、陈亢、吴大猷等。特产有端砚、高要草席、牙雕、玉雕、竹编、工艺扇、剑花、蛋花、肇实、首乌、紫贝天葵等。

15. 湛江市

湛江位于中国大陆最南端雷州半岛上,西靠北部湾,南出太平洋,与海南岛隔海相望,东濒南海,是近代兴起的一座海滨城、中国首批对外开放的沿海港口城市之一。辖4区(赤坎、霞山、坡头、麻章)、3市(雷州、廉江、吴川)、2县(徐闻、遂溪)、1个国家级经济技术开发区和6个省级经济开发区(试验区、工业区),总面积13 225平方千米、建成区面积79平方千米,常住人口699.33万(六普)、市区人口151.81万(六普)。

湛江历史悠久,隋以前为遂溪县辖,隋开皇十八年(598)改为椹川县,唐以后市区分属遂溪、吴川2县。清光绪二十五年(1899)被法国强占为租界地,统称"广州湾",1943年复为日本侵占,抗战胜利后收回,1945年设湛江市。现规划定位为中国南方大港,广东省副中心城市之一,粤西及环北部湾经济圈中心城市,具有北热带风光的现代化滨海城市。中心城区形成"一湾三片(七组团)"的海湾型组团结构形态。

湛江热带亚热带作物资源极其丰富,是中国重要的糖蔗、水果、蔬菜和最大的桉树、剑麻等热带作物生产基地,著名的菠萝、香蕉、芒果、红橙之乡。三面临海,港湾密布,有湛江港湾、雷州湾等,海洋资源十分丰富,盛产经济鱼和原盐,是全国最大的对虾交易中心和加工出口基地、全国最大的海水养殖珍珠基地。硅藻土、澎润土、泥炭土、高岭土等"四土"资源最有开发价值,濒临湛江的南海北部大陆架盆地是世界4大海洋油气聚集中心之一。处于粤桂琼3省区交会处、亚太经济圈中重要的地缘战略位置,是粤西和北部湾经济圈的经济中心、广东省西部和北部湾地区的交通中心、大西南出海通道的物流中心。港口资源优势十分明显,是中国沿海25个主要港口之一和综合运输体系的重要枢纽,是大西南出海主通道,是祖国大陆通向海南省的重要陆岛交通运输枢纽。2012年全市生产总值为1900.64亿元。

湛江是国家园林城市、中国10大休闲城市、中国城乡建设范例城市、全国首个"中国海鲜美食之都",处处洋溢着热带海滨风情,有湖光岩、玛珥湖、观海长廊等旅游景点。历史名人有郑玖、周德成、莫天赋、陈瑸、陈昌齐、乌石二、林召棠、蔡忠、张炎、陈兰彬、李晋熙、庞雄、李浴日等。特产有甘蔗、番薯、花生、红江橙、香蕉、木菠萝、龙眼、蒲草、黑芝麻、良姜、蒜头、红烟、剑麻、橡胶、桉树、珍珠、对虾等。

16. 茂名市

茂名市地处广东省西南部,南部临海,辖2区(茂南、茂港)、3市(高州、信宜、化州)、1县(电白),总面积11 425平方千米、建成区面积69平方千米,常住人口581.77万(六普)、市区人口121.77万(六普)。

茂名市名起源于人名,以西晋道士潘茂名其名命名。隋开皇八年(589)置茂名县,唐太宗贞观十八年(644)置潘州,明清为高州治,1959年设茂名市,1975年升为地级市。现规划定位为全国能源与石化工业基地,粤西地区中心城市之一,现代化港口型滨海城市。中心城区构建"二轴多廊、双中心"的组团式结构。

茂名地势由东北向西南依次为山地、丘陵、台地、平原,溪流密布,河流众多,自然资源丰富,有岛屿12个,海岸线迂回,盛产龙虾、对虾、海参、鲈鱼膏蟹等,水产品产量居全省第1。"三高"农业、石油化工和矿产经济为其特色产业。农业经济比较发达,农业总产值、粮食总产量、水果总产量、油料作物总产量、猪肉总产值在广东省地级市中均排第1位,形成了以荔枝带、龙眼带、中部香蕉生产区为特点的"两带一区"的水果种植布局,为全国最大的水果生产基地、全国重要的北运蔬菜生产基地。"南玉"、高岭土等矿产资源为主的开发、加工工业具有鲜明的优势和特色。已形成一个以石油化工、农产品加工、矿产品加工和机械电子为支柱,建材、陶瓷、轻纺、皮革、塑料、造纸、食品、医药等行业共同发展的门类较齐、结构逐步改善的工业格局,为全国最大的炼油工业基地和广东省重要的能源、重化工业基地。茂名港是国家一类对外开放口岸。2012年地区生产总值为1951.2亿元。

茂名是一座粤西风情浓厚的城市、中国优秀旅游城市、国家园林城市,当地具有丰富的海滨生态及温泉、古迹、红色旅游资源,如大雾岭、虎头山、放鸡岛、西江温泉、新时代温泉、热水温泉等。历史名人有冼夫人、潘茂名、高力士、黄十九、丁颖、甘子钊等。特产有玉雕、竹编、橘雕、角雕、茄雕、贝雕、工艺蜡烛、红心鸭蛋、山楂、笪桥黄瓜、橘红、荔枝、龙眼等。

17. 阳江市

阳江市位于广东省西南部,南临南海,是广东沿海对外开放城市之一,辖1区(江城)、1市(阳春)、2县(阳东、阳西),陆地总面积7965平方千米、建成区面积42平方千米,常住人口242.18万(六普)、市区人口67.68万(六普)。

阳江作为古高凉(即高州市)县、郡的治所,已经有1000多年历史。汉置高凉郡,隋大业二年(606)始为阳江县,1988年撤县建地级市。现规划定位为粤西重要商埠,风景旅游度假胜地,漠阳江流域的政治、经济、文化中心,宜居创业的滨海水岸新城。中心城区形成"一主五副四带组团式"的空间布局结构。

地势由北向南倾斜,依山傍海,物产丰富,盛产三鸟、水稻、甘蔗、橡胶、海盐等。正在建阳江核电站、阳西火力发电厂、华润阳西风电场、阳春抽水蓄能电站、海陵岛风力发电场、中国海上丝绸之路博物馆等。海岸线长341.5千米,主要岛屿有30个,海洋渔业资源十分丰富,海洋捕捞和海水养殖历史悠久,盛产鱿鱼、鱼翅、对虾、花蟹、马鲛、牡蛎等,建成了全国最大的吊桩牡蛎和泥蚶养殖基地,广东省重要对虾生产基地和加工出口基地。是广东省4大传统手工业基地之一,个体、私营经济发达,为中国菜刀中心、中国剪刀中心、中国小刀中心。工业已形成了五金、稀土、机电、建材、冶金、制糖、食品、纺织、服装、森工等10大工业支柱行业。2012年全市生产总值为880亿元。

以中原文化为根底融合多种外来文化,形成了独特的漠阳江文化,为中国优秀旅游城市、中国风筝之乡、中国最佳生态旅游城市,山、海、泉、湖、林、洞遍布全市,有马尾岛、海陵岛大角湾、北洛湾、闸坡大角湾、崆峒岩、龙宫岩等特色旅游景区。历史名人有阮退之、邓琳、谢绍祯、关山月等。特产有"阳江三宝"(小刀、漆器、豆豉)、"阳春三宝"(春砂仁酒、蛇鞭蛤蚧酒和三蛇酒)、东平虾酱、大八益智、阳春马水橘等。

18. 云浮市

云浮又称石城,位于广东省中西部,西邻广西,北临西江。辖1区(云城)、1市(罗定)、3县(新兴、郁南、云安),总面积7779平方千米、市区面积762平方千米、建成区面积18平方千米,常住口236万(六普)、市区人口31.42万(六普)。

云浮作为地域之名最早见于唐朝,唐天宝元年(742)设云浮郡,明万历五年(1577)置东安县,1914年改为云浮县,1992年撤县设市,1994年升为地级市。现规划定位为云浮市的政治、经济、文化中心,宜业的珠三角产业延伸区,富有岭南特色的精品宜居城市和广东富庶文明的大西关。规划构建"一江连双城,四路带三区"的"井"字型城镇空间总体架构;规划构建中心城区"一江三组团"的城镇空间结构。

云浮主要地貌为丘陵,地处亚热带,横跨北回归线,背山面海,温暖多雨、光热充足,盛产砂糖橘,有"砂糖橘之乡"的美誉。石材资源丰富,是全国有名的"石材王国""石都",是全国重要的多金属矿化集中区之一、全国最大的商品硫酸生产基地之一,素有"硫都"之称。工业有建材、机电、化工、纺织、服装、食品、制药等,是以生产花岗岩、大理石板材、水泥、石料工艺、玻璃马赛克、陶瓷等为主的全国第4大石料建材生产基地,是以罗定、新兴县为主的服装加工出口基地,罗定市是全省四大服装加工基地之一,是以郁南县为主的电池、电线生产基地和凉果加工基地,新兴县是全省重要的凉果加工基地和凉果集散地。农副产品有粮食、木材、松脂、玉桂、水果、木薯、蚕茧、竹笋、南药等。是连接广东珠三角和大西南的枢纽。2012年完成地区生产总值540.45亿元。

云浮系著名的历史文化名城、旅游风景名城,"城中有山,山中有水,绿树花香,山水相映"是云浮的特色。有国恩寺、蟠龙洞、罗定龙湾生态旅游区等旅游景点。历史名人有六祖慧能、邓发、蔡廷锴等。特产有云石、南乳花生、新兴凉果、新兴香荔、郁南蜜枣、庞寨荔枝、西塘豉油膏、沙糖橘、无籽黄皮、白石西瓜、桂皮、三黄鸡、豆豉、豆豉鸡、茶洞豆腐、托洞腐竹等。

19. 清远市

清远市位于广东省中北部,北江中游、南岭山脉南侧与珠江三角洲的结合部,北邻广西、湖南,是一座年轻而富有活力的城市,被人喻为"珠三角后花园"。辖1区(清城)、2市(英德、连州)、5县(清新、佛冈、阳山、连山壮族瑶族自治县、连南瑶族自治县),总面积19 153平方千米、建成区面积56平方千米,常住人口369.84万(六普)、市区人口64.37万。是广东省地域面积最大的地级市和广东省少数民族主要聚居地。

清远市又称"凤城",是由于清远的地图像一只凤凰。汉元鼎六年(前111)置中宿县,南梁天监年间(502~519)置清远郡,隋开皇十年(590)改清远县,1988年撤县设地级市。现规划定位为珠江三角洲后花园,以轻加工工业和旅游服务业为支柱产业的滨江山水园林城市。规划形成"两轴三组团"的空间布局结构。

以山地丘陵为主,水力资源、生物资源、矿产资源丰富。已初步形成电力、电子、电器、陶瓷、建材、纺织服装、生物医学、化工、食品加工为支柱的产业体系。以山地农业开发为突破口,重点发展"三高"农业,初步形成优质蔬菜、优质水果、优质"三鸟"、反季节蔬菜、清远麻黄鸡、乌鬃鹅、清远笋、北江水产养殖等一批较具规模的农业商品生产基地。出口产品形成以陶瓷、轻纺、机电、玩具为主的工业制成品和食品等农副特产2大出口产品体系。2012年地区生产总值达1029亿元。

清远是中国优秀旅游城市、中国宜居城市、中国漂流之乡、中国龙舟之乡、中国温泉之乡、中国奇洞之乡、中国英石之乡。独特的地理位置、奇特的地形地貌,孕育出个性鲜明的高山峡谷、河流湖泊、原始森林、溶洞温泉等奇特景观,有飞霞风景名胜区、广东第1峰、清新温矿泉、宝晶宫、英西峰林、连州地下河、湟川三峡、三排瑶寨、大旭山瀑布群等风光。特产有乌英德红茶、九龙豆腐、清远麻鸡、连州木屐、连州白茶、英石、石潭豆腐、阳山板栗、东陂腊味、丰阳牛肉干等。

20. 揭阳市

揭阳市位于广东省东南部,南濒南海。辖1区(榕城)、1市(普宁)、3县(揭东、揭西、惠来),陆地面积5266平方千米、建成区面积53平方千米,常住人口587.7万(六普)、市区人口74.17万(六普)。

揭阳为粤东古邑,得名于古五岭之一的揭阳岭。秦始皇三十三年(前214)设立揭阳戍守区,汉武帝元鼎六年(前111)置揭阳县,1991年撤县建地级揭阳市。规划形成"一心三轴五区"的星状空间布局结构;主城区形成"一体两翼、三区九片"的空间结构。

地势自西向东倾斜,低山高丘与谷地平原交错相间分布,中部和南部是榕江冲积平原和滨海沉积平原,素称"鱼米之乡",海岸线长82千米,岛屿30多个。农业生产素以精耕高产著称,是中国竹笋之乡、青梅之乡、青榄之乡、蕉柑之乡、荔枝之乡,建成农业标准化示范区47个、省级现代农业园区7个,基本形成生产有基地、加工有龙头、销售有市场的农业产业化生产格局。初步建立起轻工发达、外向带动、民营为主的工业体系,形成了五金机械、纺织服装、化工塑料、食品医药等4大支柱产业,有中国五金基地市、中国中药名城、中国纺织产业基地市、亚洲玉都、中国塑料工艺鞋之都、中国能源工业大县(惠来)等美誉。是粤东、闽西南和赣南的交通枢纽,水陆运输便捷,神泉港区为国家对外开放一类口岸。历史上是粤东地区经济较发达的地区之一,对外通商历史悠久,是粤闽赣边区主要商品集散地之一。2012年地区生产总值为1380.15亿元。

揭阳是广东省历史文化名城,主要聚居客家人和潮汕人,形成了独特的潮汕文化。倚山濒海,山川毓秀,名胜古迹甚多,主要旅游景点有榕城、双峰寺、黄歧山、桂竹园、海角甘泉和海市蜃楼、百花峰、铭湖岩、石内溪冰臼群、百潭谷、大北山、马嘶岩等。历史名人有吴复古、翁万达、林德庸、郑大进等。特产有乒乓粿、粿条、蚝烙、擂茶、狮头油甘、惠来菠萝、橄榄、埔田笋粿等。

21. 潮州市

潮州市,简称"潮",位于广东省东部、韩江中下游,东连福建省,南临南海,著名侨乡,对外开放旅游城市。辖2区(湘桥、枫溪)、2县(潮安、饶平),总面积3100平方千米,建成区面积42平方千米,常住人口266.98万(六普)、市区人口45.25万(六普)。

潮州历史悠久,秦属揭阳县地,东晋义熙九年(413)置义安郡,隋开皇十一年(591)改为潮州,1914年设潮安县,1953年设潮州市,1991年升为地级市。现规划定位为潮州的行政、经济、文化中心;国家历史文化名城;旅游业发达的以轻型、高效、外向和具有地方特色的工业门类为重点的现代化滨江城市。形成"一江两岸,依山环洲,四轴三片区"的城市空间格局。

境内群峰起伏,河流纵横,韩江是潮州市的母亲河,中国4大古桥之广济桥(俗称浮桥、湘子桥)横卧于韩江中段,韩江冲积平原肥沃的土地利于水稻、甘薯、花生、大豆、萝卜、柑、杨桃、香蕉等的栽培,历史上已是"稻得再熟,蚕也五收"的福地。海岸线长136千米,海域广,有岛屿(礁)25个,海洋鱼类繁多。潮州木雕是中国2大木雕体系之一。已形成了以陶瓷、服装、食品、电子、五金不锈钢、婚纱晚礼服、印刷包装、皮塑制鞋为支柱产业的特色工业体系,为中国婚纱晚礼服名城、国家日用陶瓷特色产业基地、中国不锈钢制品之乡、中国陶瓷出口的主要基地,有"中国瓷都"之称。自古以来是闽粤2省的交通枢纽,2省往来陆路的必经之地;潮州港是国家对外开放一类口岸和对台直航港口。潮州商人是中国3大商帮之一。2012年实现地区生产总值706.5亿元。

潮州是潮州文化的重要发源地、中国历史文化名城、国家园林城市、中国优秀旅游城市、中国潮州菜之乡、国家重点工艺美术城市、中国民族民间艺术之乡、中国工艺美术之都,盛行潮州话。历史名人有杨世略、林大钦、林德镛、刘允、饶宗颐、李嘉诚等。有广济桥、开元寺和凤凰山等著名旅游景。特产有凤凰单丛、石鼓坪乌龙、枫溪陶瓷、抽纱、金漆木雕、玉雕、金银首饰、香包、麦秆画、竹制品、水果凉果等。

二、各县级市发展概况

1. 从化市　1994年3月撤县设市,2014年2月撤市设立广州市从化区,面积1974.5平方千米,人口59.56万(2012)。位于广东省中部,地处珠江三角洲到粤北的过渡带,穿城而过的北回归线为温、热带的分界线。属半山区,川流纵横,湖泊水库星罗棋布,山、水、林、果、泉、湖为特色的山水文化资源十分丰富,是世界著名的温泉旅游度假胜地、广州市的绿色生态屏障和饮用水源的主要供给地。全国百强县(市),蔬菜、中药材、奇花异果专业生产基地已经有相当数量和规模,是中国最大的荔枝生产基地之一。大力发展生态工业、生态旅游业、生态房地产业。摩托车制造、精细化工、医药保健、钻石加工、食品、纺织服装、玩具工艺品等行业发展迅速。2012年完成生产总值246.01亿元。

2. 增城市　1993年撤县设市,2014年2月撤市设广州市增城区,面积1616.47平方千米,人口84.58万(2011)。位于珠江三角洲东北部,地处连接香港、深圳、广州3个大都市的中部,被称为"黄金走廊"。处于丘陵山地与珠江三角洲平原过渡地带,市区众山环抱,一江穿城。气候温和、土地肥沃,风调雨顺,适宜于热带、亚热带作物生长,是著名的荔枝之乡、鱼米之乡,农业以种植业、畜牧业、水产业、林业为主,优质米、荔枝、蔬菜、畜牧、水产和速生丰产林是农业6大支柱产业,农业基地星罗棋布,是珠江三角洲粮食、水果、蔬菜、禽畜和鲜活商品的主要生产基地。外向型经济和民营经济是国民经济的主导力量,重点发展汽车摩托车及其配件制造业、钢铁、精细化工、电子信息、生物工程、新材料、环保、光机电一体化等高新技术产业以及无污染、规模大的加工制造业及市场前景好的纺织制衣等传统优势产业。2012年完成生产总值850.08亿元,居广东省首位。

3. 乐昌市　1994年撤县设市,面积2421平方千米,人口53.04万(2011)。位于粤北边陲,毗邻湖南,素有"广东北大门"之称。地貌主要分流水地貌和喀斯特地貌两大类。森林资源丰富,杉木产量居全省首位。南部平原地区发展优质水稻、茶、果、蔬菜和水产养殖,中部林区发展竹、木、药、果和反季节蔬菜,已建立了水稻、玉米、黄烟、反季节蔬菜、药材、蚕桑等生产基地,是广东省玉米高产试验基地。工业基础较好,目前已形成棉麻纺织、水泥建材、制衣针织、食品饮料、机械化工、木器家具等6大支柱行业。省际边界集市贸易十分活跃。2012年完成生产总值82.25亿元。

4. 南雄市 1996年6月撤县设市,面积2361.4平方千米,人口47.48万(2012)。位于广东省东北部,大庾岭南麓,毗邻江西、湖南。南北两面群山连绵,中部丘陵沿浈江伸展,形成一狭长盆地,地质学称之为"南雄盆地",是远古时代恐龙的故乡。主要资源有矿产、森林、水力、陶土、花岗石、药材等,主要农作物有水稻、花生、大豆,主要经济作物有黄烟、银杏、田七,素有"黄烟之乡""银杏之乡"之美誉。粮食生产是基础产业,为商品粮基地;黄烟生产是支柱产业。有著名的"岭南第一关"——梅关和珠玑巷。2012年完成生产总值86.76亿元。

5. 兴宁市 1994年6月撤县设市,面积2104.85平方千米,人口中118.36万(2012)。位于粤东北山丘地带,东江、韩江上游,是中国最具代表性的客家城市之一,享有文化之乡、版画之乡、华侨之乡、足球之乡、商贸之乡、中国民间艺术杯花舞之乡、中国油茶之乡等美誉。发展农、林、果、牧、渔等得天独厚,为全国重点产茶市、全国东南沿海出口蔬菜重点区域基地市。霞岚钒钛磁铁矿储量居全国第2位,曾被国家列为重要产煤基地。形成了机电、汽车、冶金、工艺、纺织、建材、化工、食品、医药等门类齐全的工业生产体系;是粤赣闽3省陆路交通枢纽、粤东北部重要商品集散地,历来商贸非常发达。2012年完成生产总值123.47亿元。

6. 陆丰市 1995年撤县设市,面积1681平方千米,人口27.21万(六普)。地处北回归线以南,广东省东南部碣石湾畔,是全国著名的海陆丰革命根据地的重要组成部分。地势平坦,河库密布,龙潭水库为国家大型蓄水工程。海岸曲折,港湾众多,有5个港口、17个岛屿、230个海礁。农作物主要有水稻、小麦、大豆、芋头、红麻、玉米、番薯、木薯、花生、甘蔗等,海淡水养殖品种有鲫鱼、甲鱼、海马、马鲛、鲳鱼、对虾、蟹、牡蛎、扇贝、贻贝、海参、角螺、海胆、鳗鱼等。山川秀丽,古迹众多,被誉为"粤东旅游黄金海岸"。2012年完成生产总值176.75亿元。

7. 台山市 1992年4月撤县设市,面积3286平方千米,常住人口94.6万(2012)。位于珠江三角洲西南部,毗邻港澳,有全国第1侨乡、内外2个台山、排球之乡、广东音乐之乡、中国曲艺之乡、飘色艺术之乡之美誉。有山地、丘陵、平原、滩涂,幅员辽阔,土地肥沃,气候温和,物产丰饶,是农业大市、全国商品粮基地、珠江三角洲著名的"鱼米之乡",形成了水稻、水产、果蔬、畜牧4大支柱产业和水稻、海水养殖、淡水养殖、水果、蔬菜、花生、花卉、甘蔗、林木、禽畜10大农业商品生产基地。已形成了以机械、电子电器、纺织、医药、建筑材料、食品、五金、化工、制衣等行业为主的工业体系。台山发电厂是目前亚洲最大型的燃煤发电厂,台山核电项目是目前世界上单机容量最大的核电机组。2012年完成生产总值305.85亿元。

8. 开平市 1993年1月撤县设市,面积1659.5平方千米,人口70万(2010)。位于广东省中南部、珠江三角洲西南面,毗邻港澳,是中国著名的华侨之乡、建筑之乡和艺术之乡、国家园林城市、闻名遐迩的碉楼之乡。物产丰富,盛产稻谷、花生、甘蔗、大豆、大蒜、蔬菜、木薯等,是重要的商品粮生产基地,土特产金山火蒜、广合腐乳等行销世界,经久不衰。形成了化纤、纺织、制衣、食品、电子、明胶等支柱产业。素有"六都咽喉"之称,是江门五邑的交通枢纽,三埠港是国家一级口岸。素有"小武汉"之称,历来是重要商埠和货物散集地。2012年完成生产总值240.77亿元。

9. 鹤山市 1993年11月撤县设市,面积1108平方千米,人口36.4万(2012)。因市内有山形似仙鹤而得名。位于广东省南部珠江三角洲腹地,著名侨乡之一。为全国80个小康县(市)、全国综合实力百强县(市)。气候宜人,土地肥沃,耕作条件优越,物产丰富,历来是广东省商品粮基地,建成优质粮、蔬菜、西瓜、粉葛、水果、生猪、三鸟、水产、花卉苗木、木薯10大农产品基地。工业已形成纺织制衣、印刷、制鞋、电子电器、化工、五金不锈钢制造6大支柱产业。旅游、交通、房地产、商贸等第三产业发展迅猛。2012年完成生产总值198.49亿元。

10. 恩平市 1994年撤县设市,面积1698平方千米,人口50.1万(2010)。位于广东省西南部,潭江上游,属丘陵地区。市花为木棉花,恩平民众酷爱木棉花,家家有养木棉、赏木棉花的传统。农业除优质水稻、蔬菜外,其他农副产品发展迅猛,尤其以优质龙眼、荔枝等为甚,建立起脆肉皖、白鸽、活鸡、瘦肉型猪、水产品等出口基地。为中国温泉之乡、中国纳米碳酸钙产业基地,形成以纺织制衣、电声器材、化工、建材为支柱,制革、制袋、塑料、日用品、印刷、电路板、机械、食品、调味品全面发展的工业体系。2012年完成生产总值122.08亿元。

11. 四会市 1993年11月撤县设市,面积1257.6平方千米,人口43.32万(2012)。因为四水会流之地故名,位于广东省中部偏西,珠江三角洲西北边缘,西、北、绥三江下游。曾为全国农村经济百强县(市)和全国经济实力百强县(市)。土地肥沃,物产丰富,盛产柑橘、木仁、木面、塘鱼和会纸等,是全国著名的柑橘之乡、中国玉器之乡和中华翡翠(玉器)加工基地、中国民间古法造纸第一村。大力发展水产、水禽、畜牧、林业等优势产业,形成颇具特色的农业基地。工业产品IC卡、星臣牌吉他、互感器、南粤摩托车、石艺天然真石漆、家惠床垫等名牌产品,民营经济异军突起,迅猛发展,成为当地经济的重要支柱。2012年完成生产总值242.56亿元。

12. 高要市 1996年9月撤县设市,2015年4月撤市设肇庆市高要区,面积2206平方千米,人口78.73万(2012)。位于广东省中部,西江中下游,是经济发达的珠江三角洲和资源丰富的西江经济走廊结合部。河网密布,土地肥沃,素有"鱼米之乡"的美誉,是广东省重要的商品粮基地和重点蔬菜产区、新兴的水产和禽畜养殖基地、中国肉桂之乡、华南黄金之乡,水力资源丰富。主要农产品有稻谷、塘鱼、生猪、家禽、蔬菜、水果、花生、南药、商品林等,形成了重点商品粮、水产养殖、蔬菜、水果、速生丰产林及山区的肉桂、巴戟、石榴、松脂、南药生产6个农业生产区域。2012年完成生产总值301.97亿元。

13. 廉江市 1993年撤县设市,面积2835平方千米,人口172.26万(2011)。位于广东省西南部,雷州半岛北部,与广西接壤,濒临北部湾。以丘陵为主,有山塘水库2800多个,鹤地水库全国闻名。是传统农业大县和工业强县、中国粮油高产创建示范县、粤西唯一一个全国生猪调出大县,盛产水果,号称百果之乡。基本形成了红橙、香蕉、龙眼、荔枝、红杨桃、茶叶、速生林和罗非鱼、对虾、生猪、北京鸭、广海鸡等产业化基地,一品木业、安泰生物、佳鸿水产、茗皇茶、梅占茶等一批集约型农产品加工企业初具规模,成为农业产业化龙头。工业以卷烟、建材、食品、机械制造、印刷、皮革、服装、工艺品、高岭土精选、纺织、家电、陶瓷为地方特色,是中国电饭煲之乡。山嶂、水库、海滩、花岗岩、红树林被誉为廉江旅游资源中的"五朵金花"。2012年完成生产总值259.55亿元。

14. 雷州市 1994年4月撤县设市,面积3532平方千米,人口170万(2010)。位于广东省西南部的雷州半岛中部,雷州文化名列为广东4大文化之一,是粤西地区唯一的中国历史文化名城、中国大陆通向祖国宝岛海南的必经之路。地处亚热带,土地肥沃,农业资源十分丰富,以盛产水稻、糖蔗、花生、芒果、菠萝、香蕉、西瓜、蔬菜等农作物闻名于世,建立起粮食、甘蔗、水产、珍珠、畜牧、水果、蚕桑和北运菜、林业等8大基地,素有"雷州粮仓"之称,海水珍珠年产量占全国一半多,是"雷州黄牛"的繁育地、全国最大的桉树林基地之一。海域宽广,港湾众多,有雷州湾渔场、北部湾渔场2大天然渔场,海洋资源极其丰富。2012年完成生产总值157.02亿元。

15. 吴川市　1994年5月撤县设市,面积848.5平方千米,人口105.4万。因东郊有吴家地、纳三川(鉴江、袂花江、梅江)之水故名。位于广东省西南,濒临南海,地貌以平原、台地、低丘为主,河流纵横交错,水源充足。是中国羽绒之乡、中国塑料鞋之乡、网具之乡、海产品加工中心、糖酒机械设备制造基地、中国月饼之乡、体育之乡、中国民间艺术之乡、建筑之乡、粤剧之乡。农、林、牧、副、渔全面发展,建立了水果、北运菜、淡水养殖、对虾、禽畜等农业商品基地;形成了以糖酒机械、羽绒制品、家用电器、塑料制品、金属制品、日用陶瓷、烟花炮竹等为主的工业支柱行业。飘色、泥塑、花桥被誉为"吴川三绝"。2012年完成生产总值151.6亿元。

16. 高州市　1993年6月撤县设市,面积3276平方千米,人口130万(2011)。史称潘州,是古代粤西的政治、经济以及文化中心。位于广东省西南部,东近南海,南跨鉴江平原,西连广西,北靠云开大山,扼粤桂6县市要冲。分布着1江10河及众多的湖泊山塘,丘陵、盆地、平原交错,水力资源、森林资源、矿产资源极为丰富。曾获全国农村综合实力百强县(市)等。"三高"农业发展迅猛,建成了水果、蔬菜、粮食、淡水鱼、肉蛋鸡、生猪等10大农业商品生产基地,被誉为"全国水果第一市"。形成了轻工、化工、机械、纺织、建材、电力、煤炭、电子、矿产开采及食品加工等10大工业体系和果菜食品加工系列、橡胶制品系列、皮革制品系列、竹制品系列等工业产品系列。文化底蕴深厚,素有"广东4大文教之乡"的美誉。2012年完成生产总值372.8亿元,居广东省第3位。

17. 化州市　1994年7月撤县设市,面积2354平方千米,人口117.9万(2010)。位于广东省西南部,鉴江中游,地形狭长,状若坐狮,地势由北向南倾斜。地处亚热带,土地肥沃,地理环境条件优越,"三高"农业发展势头强劲,建成起了一大批颇具规模的商品生产基地,果、菜、蔗、渔、畜、药、林等8大农业支柱产业不断巩固优化,是中国著名的南菜北运基地之一、中国化橘红之乡。初步形成了以资源加工型、农副产品深加工型、劳动密集型为主的工业体系,丝绸、羽绒制品、橘红制品、农药等远销欧美、中东、日本和港澳。为连结大西南、珠江三角洲地区以及海南省的主要通道和交通要塞,是各类物资的大型集散地。2012年完成生产总值325.63亿元。

18. 信宜市　1995年9月撤县建市,面积3101.7平方千米,人口91.4万(2010)。位于广东省西南部,境内七成多是山地,称为"八山一水一分田"之地。依托丰富的水力资源、矿产资源、生物资源优势,创出了一条山区特色经济发展路子,先后发展了竹器编织、山地养鸡、水果种植、玉器加工、小水电、松香加工等6大颇具地方特色的传统支柱产业。农业产品主要有粮食、花生、蔬菜、水果、猪肉、水产品、三鸟饲养等,已初步形成了山地养鸡、水果种植、松脂生产等较具规模的支柱产业。工业主要以资源开发及资源型加工业为主。竹木器编织品、家电产品为外贸出口主要产品。2012年完成生产总值298.6亿元。

19. 阳春市　1994年5月撤县设市,面积4054.7平方千米,人口85万(2010)。位于广东省西南部,地形以山地丘陵为主,是大陆最南端的喀斯特地貌地带,漠阳江北南纵贯全市,为狭长的河谷盆地和小平原。光、热、水资源、土地、森林资源十分丰富,是广东省粮、油、藿林、生猪生产基地之一,无公害蔬菜生产基地和春砂仁、藿香等南药主要产区,建成了水果、蔬菜、甜玉米、蚕桑、香蕉、马占相思6大生产基地,红荔枝、马水橘等优质水果广销省内外。是珠三角与粤西的交通中枢,交通便利。是国家地质公园、中国优秀旅游城市、中国马水橘之乡、中国孔雀石之乡、中国春砂仁之乡、中国蚕桑之乡、中国猪苗之乡、广东民族民间艺术(根雕雅石)之乡。2012年完成生产总值

258.3亿元。

20. 罗定市　1993年4月撤县设市,面积2327.5平方千米,人口123.2万(2012)。位于广东省西部,西江之南,是千年文化古邑,素有"文化之乡"之美誉。以山地为主,喀斯特地貌广布。农林土特产以玉桂、蒸笼、松香、三黄鸡、豆豉、茶叶、蚕丝、龙眼、荔枝、芒果、木薯等为最大宗、最出名,为"中国玉桂之乡"。已建成松脂、肉桂、茶叶、萝竹、水果、蚕桑、塘鱼、蔬菜、三鸟、牲畜、肉兔等农业产业化基地,已形成电子、机械、纺织、服装、建材5大工业支柱。连接粤西北桂东南,是广东进出大西南的重要门户。2012年完成生产总值120.74亿元。

21. 英德市　1994年1月撤县设市,面积5634.21平方千米,是广东面积最大的县级市,人口111万(2010)。素称岭南古邑,位于南岭山脉东南部,广东省中北部,北江中游,珠江三角洲与粤北山区的结合部,是中国红茶之乡、水泥之乡、石灰岩溶洞之乡、中国英石之乡。土地资源、水资源、森林覆盖率、动物资源、矿产资源丰富。农业形成了优质米、油料、甘蔗、蚕桑、茶叶、蔬菜、水果、笋竹等商品生产基地,重点扶持麻竹笋、茶叶、蚕桑3大产业的发展,是国家茶叶、优质米、甘蔗生产基地,全国农业产业化试点市(县)之一。形成装备制造、电子信息、电器、精细化工、陶瓷等特色鲜明的产业集群。旅游资源非常丰富,生态观光旅游资源、喀斯特地貌旅游资源、水域风光旅游资源、英石及茶文化尤为突出。2012年完成生产总值184.31亿元。

22. 连州市　1994年4月撤县设市,面积2663平方千米,人口51.23万(2012)。位于广东省西北部,五岭南麓,连江上游。是粤湘桂3省(区)结合部的交通枢纽和商贸、文化中心,中原往南粤的主要通衢。山地面积广阔,生物资源、电力资源极丰富,是全省较大的再生能源基地和生物基因库之一。打造粤北电力能源基地、高新科技工业基地、超微新材料加工工业城、钢铁生产基地。初步建成了"810"农业产业工程和优良品种引进示范工程(即10万亩优质水果基地、10万亩反季节蔬菜基地、10万亩优质稻基地、10万亩高产绿肥基地、10万亩松脂基地、10万亩工业用材林基地、10万亩毛竹基地、10万千瓦小水电装机容量)。2012年完成生产总值97.3亿元。

23. 普宁市　1993年4月撤县建市,面积1260平方千米,人口2030万(六普),是中国人口曝多的县级单位。是位于广东省东南部潮汕平原西缘的一座中等新兴城市、中国至今唯一的中国中药名城试点城市、海峡西岸经济区城市、沿海经济开放区城市、中国纺织基地市、中药材基地、中国著名侨乡、中国共产党革命老区,拥有粤东最大陆路口岸。工业以服装、食品、塑料、机械、电子、医药化工为主,形成6家企业集团、3个工业园区、12个工业小区。农业种植水稻、水果和蔬菜,盛产蕉柑、青梅、橄榄等,为水果之乡、中国青梅之乡。商贸活跃,有布料、服装、水产、水果、蔬菜、粮食、卷烟、药材、副食品、家禽等10大专业市场。全国著名旅游城市、国际服装城。2012年完成生产总值417亿元,居广东省第2位。

第五节　广西壮族自治区

　　广西壮族自治区,简称"桂",地处中国南部,东邻广东省,北接湖南、贵州、云南3省,西连越南,南临北部湾。全区土地总面积23.63万平方千米,沿海岛屿697个,面积66.9平方千米,大陆海岸线长约1500千米。全区地势西北高、东南低,属山地丘陵盆地地貌,广布石灰岩地层。气候温暖,降水丰沛;河流众多,水力资源丰富。境内矿产资源种类多,特别是有色金属矿尤为丰富,为全国10大有色金属成矿产区之一。临近北部湾,海洋水产资源和海洋油气资源丰富。

截至2010年底,全区共有21个城市,14个地级市(南宁、柳州、桂林、梧州、北海、防城港、钦州、贵港、玉林、百色、贺州、河池、来宾、崇左)、34个市辖区、7个县级市、56个县、12个自治县,城镇化水平为18.62%。首府南宁市。从城市规模看,14个地级市中含1个超大城市、5个特大城市、4个大城市、4个中等城市。自治区内聚居了多个民族,世居民族有壮、汉、瑶、苗、侗、仫佬、毛南、回、京、彝、水、仡佬族12个。常住人口4602.66万(六普),户籍人口5159.46万(六普)。2012年完成生产总值13 031.04亿元。

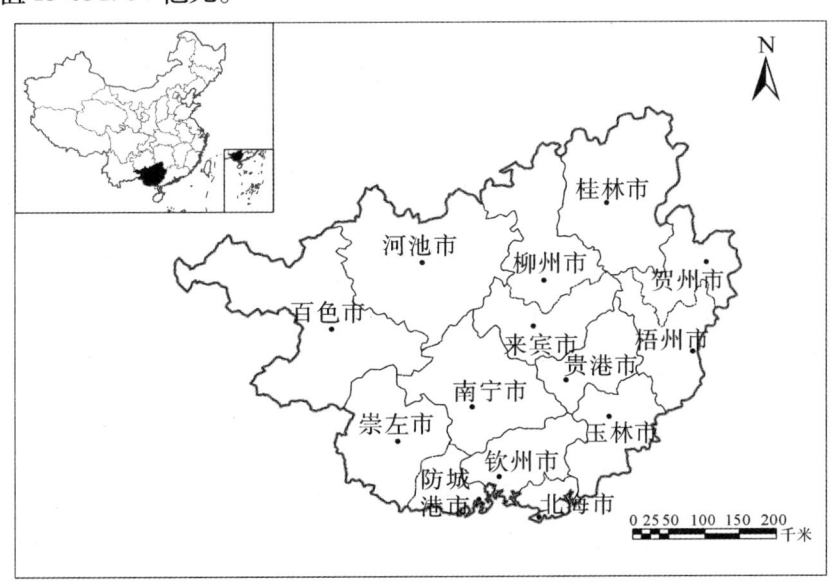

图3-4-5 广西壮族自治区行政区划图

一、各地级市发展情况

1. 南宁市

南宁市别称绿城、凤凰城、五象城,位于广西西南部,东邻港澳粤琼,是沿海开放城市,辖6区(兴宁、青秀、江南、西乡塘、良庆、邕宁)、6县(武鸣、隆安、马山、上林、宾阳、横县),总面积22 112平方千米、建成区面积190平方千米,常住人口666.16万(六普)、市区人口344万(六普),区内以壮族居民为主,多民族聚居。

南宁是一座历史悠久的边陲古城,古代属百越之地,东晋大兴元年(318)置晋兴县,隋开皇十八年(598)改为宣化县,唐朝贞观八年(634)为邕州,元泰定元年(1314)为取南疆安宁改为南宁,1913年置南宁县,1914年更名为邕宁县,1949年设南宁市。现规划定位为广西壮族自治区首府、北部湾经济区中心城市,中国西南地区连接出海通道的综合交通枢纽。规划形成"一轴两岸三中心"的城市空间布局结构。

南宁市地形是以邕江广大河谷为中心的盆地形态,水资源、生物资源、矿产资源丰富,是红豆的故乡。农业生产已形成了以粮食为基础,菜、果、蔗为龙头,种、养、加工并举的高产、高效、优质的城郊型农业格局;工业形成以制糖、造纸、机械、化工、建材为主导的体系;三产发展势头强劲,已形成以商贸、餐饮、房地产等为支柱,金融、通信、旅游、会展、仓储、服务等为新支撑点的服务体系。地理位置优越,处于中国华南、西南和东南亚经济圈的结合部,是中国—东盟合作的枢纽城市、中国—东盟博览会永久举办地、连接东南沿海与西南内陆的重要枢纽、国家级经济区——北部湾经济区建设的核心城市,为中国通往东南亚的"黄金走廊",一直以来是中国南部著名商埠和物资集散地。形成了"三基地三中心"(中国—东盟区域性物流基地、加工制造基地、商贸基地和交通枢纽中心、信息交流中心、金融中心)格局,成为一个重要的国际中心城市枢纽。2012年全市地区生产总值达2503.55亿元。

南宁市拥有深厚的文化积淀,是环境优美、适合人类居住的绿色之城,"半城绿树半城楼",为中国优秀旅游城市、国家园林城市,荣获"联合国人居奖""首届中国人居环境奖",旅游资源丰富,有青秀山、大明山、凤凰湖、良凤江、龙虎山、左江石景、林金伦洞、西津湖等旅游景点。南宁国际民歌艺术节每年举办一次。历史名人有陆荣廷、雷经天、莫文骅等。特产有各种水果、壮锦、绣球、王府牛杂、老友粉、柠檬鸭等。

2. 柳州市

柳州市又称"龙城",位于广西省中北部,北连湖南、贵州,辖4区(柳南、鱼峰、城中、柳北)、6县(柳城、柳江、鹿寨、融安、融水苗族自治县和三江侗族自治县)、2个新区(柳东新区、柳州市阳和工业新区)、3个开发区(柳州高新技术产业开发区、旧机场开发区、基隆开发区),总面积18 707.25平方千米、市区面积658.31平方千米、建成区面积131平方千米,常住人口375.87万(六普)、市区常住人口约150万(六普)。主要民族为汉族、壮族和瑶族。

柳州已有2100多年建城史,先秦为百越之地,秦属桂林郡,汉武帝元鼎六年(前111)建潭中县城,隋开皇十一年(591)改为桂林县、后又改为马平县,唐贞观八年(634)始称柳州(因柳江得名),1949年设柳州市,1961年升为地级市。现规划定位为山水风貌独特的国家级历史文化名城,广西壮族自治区中心城市之一,西南地区交通枢纽及重要的工业城市。规划形成"一轴两翼"城市发展空间布局。

地形为"三江四合,抱城如壶",亦称"壶城",属于典型的喀斯特地貌,形成了"拔地奇峰画卷开"的山水特点。工业发达,为中国西部重要的制造基地及广西工业中心,已形成以汽车、机械、冶金为支柱产业,制药、化工、造纸、制糖、建材、纺织等传统产业并存的现代工业体系,拥有一批在国内外市场上具有较强竞争力和较高市场占有率的优势企业和名牌产品,是中国第1个市区人均年生产汽车超过1辆、城市人均生产汽车最多的城市。交通运输便利,为国家一类口岸城市。是西南地区的商贸物流中心、中国西部区域性商贸物流中心,商业贸易活跃,素有"桂中商埠"的美称,已形成汽车及零部件、钢材、建材、农副产品、日用消费品等大型批发市场,食糖批发市场是全国最大的食糖实物交易市场。2012年地区生产总值为1846亿元。

柳州是古人类柳江人的发源地,是具有独特民族风情的历史文化名城、旅游名城、中国优秀旅游城市、国家园林城市,获"中国人居环境范例奖",壮族的歌、瑶族的舞、苗族的节和侗族的楼,堪称柳州"民族风情四绝"。有柳侯祠、柳州大龙潭公园、蟠龙山公园、文笔山、立鱼峰、驾鹤小桃源、龙须崖、龙壁山等旅游景点。历史名人有杨廷理、张翀、徐启明、张任民、阚维雍、刘震寰、陈烈、王拯等。特产有沙田柚、金橘、香菇、云片糕、绞股蓝、头菜、椪柑、甜竹笋、八婆豆腐等。

3. 桂林市

桂林市简称"桂",位于广西省东北部,东、北与湖南省相邻。辖5区(秀峰、象山、七星、叠彩、雁山)、12县(阳朔、临桂、灵川、全州、平乐、兴安、灌阳、荔浦、资源、永福、龙胜各族自治县、恭城瑶族自治县)和桂林高新技术开发区,总面积27 809平方千米、建成区面积61平方千米,总人口498.84万(六普)、常住人口474.8万(六普)、市区人口75.79万(六普)。

桂林历史悠久,夏商周为百越地,秦始皇(前214)置桂林郡,汉元鼎六年(前111)设始安县,唐武德四年(621)李靖修城于独秀峰南,唐贞观八年(634)改临桂县,明洪武五年(1372)设桂林府,1912年设桂林县,1940年设桂林市,1949年为地级市。现规划定位为国际性风景旅游城市,国家级历史文化名城,中国山水城市,桂北及周边地区区域性中心城市。规划中心城区形成"两带双核八组团"的城市空间结构。

桂林市地处南岭山系的西南部,典型喀斯特地貌,河流密布,有著名的漓江,水力资源丰富,已建成亚洲第1座超千米高水头电站——全州天湖水电站等一批水电站。主要农作物和经济作物有水稻、罗汉果、毛竹、柑橘、柚子、马蹄等,发展了一批白果、板栗、沙田柚等经济作物和瘦肉型生猪、高附加值水产品、竹、林、蔬菜等基地。工业主要以微电子、橡胶、机床、医药、客车、工艺美术、轻工食品为支柱产业。旅游业是其特色产业。2012年地区生产总值达1492.05亿元。

桂林是世界著名的风景旅游城市和历史文化名城、国家园林城市,自古享有"桂林山水甲天下"的美誉。尤以漓江山水和喀斯特地貌景观闻名于世,漓江、象鼻山、伏波山、叠彩山、芦笛岩、七星岩为桂林山水精华,还有龙脊梯田、兴安灵渠、猫儿山、资江漂流、五排河漂流、八角寨、宝鼎瀑布等景点,为联合国世界旅游组织/亚太旅游协会旅游趋势与展望国际论坛永久会址、国际旅游博览会永久举办地。历史名人有赵观文、曹邺、蒋冕、吕调阳、石涛、陈宏谋、陈继昌、王鹏运、况周颐、唐景崧、马君武、李任仁、白鹏飞、李宗仁、白崇禧、周祖晃、梁漱溟、黄现璠、李天佑等。特产有"桂林三宝"(三花酒、辣椒酱、豆腐乳)、美术陶瓷、玉石雕刻、竹木雕刻、瓷刻、阳朔画扇、罗汉果、白果、壮锦、马蹄、禾花鱼、腐竹、灵川狗肉、恭城月柿等。

4. 玉林市

玉林市位于广西东南部,东邻粤港澳,南接北部湾,沿海经济开放区,著名侨乡。辖2区(玉州、福绵管理区)、1市(北流)、4县(兴业、容县、陆川、博白)和玉东新区,总面积12 838平方千米、建成区面积63平方千米,总人口671.23万(六普)、常住人口548.74万(六普)、市区人口101.44万(六普)。

玉林是一座千年古城,汉元鼎六年(前111)置郁林郡,唐始置郁林州,1912年设郁林县,1956年更名玉林县,1983年设玉林,1997年升为地级市。现规划定位为国家重要动力机械制造基地和中药材生产集散中心,北部湾经济区重要物流节点城市,是以先进制造业和现代服务业为主导的宜居园林城市。形成"双城多组团"的城市空间结构。

地处桂东南丘陵台地,境内山地、丘陵、谷地、台地、平原相交错,属于典型的亚热带季风气候,是粮食、水果、禽畜重要生产基地,沙田柚原产地,全国著名的荔枝之乡、桂圆之乡、三黄鸡之乡、沙田柚之乡,优质谷产量、肉类产量、家禽饲养量均居广西第1。非金属矿产资源丰富,高岭土储量居全区第1。为广西东南地区经济实力最强的城市、泛北部湾中小企业名城,每年定期举行中国—玉林中小企业博览会(玉博会)。重点打造有区域特色的机械、健康(食品和制药)、陶瓷水泥和服装皮革4大产业集群,是全国最大的内燃机生产基地、全国最大的日用陶瓷生产出口基地之一,国家级建材生产出口基地、皮革服装基地和食品加工基地。位于泛珠三角经济区和中国—东盟自由贸易区的结合部,是中国东部西进、西部东进最便捷的通道。作为广西沿海城市群与区内经济腹地相互对接、协调发展的重要节点城市,处于多个经济合作区的相互重叠区和交叉点,是承载东部产业转移的加工基地和东部通向"东盟"的重要陆路通道和跳板,广西北部湾经济区"4+2"城市、海峡两岸农业合作试验区。历来是华南地区重要的商品集散地,被誉为"岭南都会"。2012年地区生产总值为1120.48亿元。

玉林被誉为"天然南国园林",是中国优秀旅游城市,有大容山国家森林公园、真武阁、勾漏洞、云天文化城等众多旅游景点。历史名人有朱锡昂、李明瑞、王力、俞作豫、黄旭初、党鸿辛、梁戈亮等。特产有牛巴、覃村葱花、仁东大蒜头、果蔗、三滩龙眼、沙田柚、白切猪脚、何源记豉油膏等。

5. 钦州市

钦州市,位于广西南部,南临北部湾,是西南地区最近的出海通道。辖2区(钦南、钦北)、2县(灵山、浦北)、钦州港经济开发区和钦城管理区,总面积10 843平方千米、建成区面积63平方千米,常住人口307.97万(六普)、市区人口135.85万(六普)。

钦州古称安州,南北朝宋代时期置宋寿郡,梁代设安州,隋开皇十八年(598)改为钦州,1912年为钦县,1983年设钦州市,1994年升为地级市。现规划定位为区域性国际航运中心、物流中心,北部湾沿海生产性服务中心、港口工业城市。规划形成"一区三轴"的城镇空间格局;中心城区形成"一城两区"带状组团式结构。

地形以丘陵、台地为主,河流水库众多,土壤肥沃,植物繁茂,依水临海,自然资源丰富,名优产品繁花似锦,有兴旺发达的农业和海洋捕捞养殖业,农业主产稻谷、玉米、小麦、甘蔗、花生、薯类,盛产荔枝、龙眼、芒果、柑橙、菠萝、茶叶等,海产品有大虾、大蚝、青蟹、石斑鱼、贝类,是闻名遐迩的中国荔枝之乡、中国奶水牛之乡、中国香蕉之乡、中国大蚝之乡、中国果园鸡之乡。医药、制糖、建材为3大支柱产业,发展果蔬、海产品的加工、储运和保鲜工业。是广西沿海地区重要的交通枢纽,成为"泛珠三角"经济圈内的投资热土和正在构建的中国—东盟自由贸易区的最前沿地带。港口区位优势显著,有被称为"南方第2大港"的钦州港,为国家一类口岸且商贸经济繁荣。2012年全市生产总值完成724.48亿元。

钦州作为海滨城市,拥有丰富的旅游资源,如三娘湾、八寨沟、大芦村、六峰山、五皇山、王岗山、椎林叠翠、麻蓝岛等。历史名人有刘永福、冯子材、黄明堂、陈德春等。特产有猪脚粉、黄瓜皮、荔枝、龙眼、香蕉、大蚝、对虾、青蟹、石斑鱼等。

6. 梧州市

梧州市位于广西东部,与广东省相邻,辖3区(万秀、蝶山、长洲)、1市(岑溪)、3县(苍梧、藤县、蒙山),总面积1.25万平方千米、建成区面积36平方千米,总人口327.33万(六普)、常住人口288.22万(六普)、市区人口50.02万(六普)。

梧州是一座有着2100多年悠久历史的岭南古城,汉高后五年(前183)设苍梧王城,元鼎六年(前111)置苍梧郡(因梧州多刺桐树,又称苍梧花,故以花名定郡名),唐武德四年(621)始名梧州,明成化六年(1470)设中国历史上第1个总督府,1921年设梧州市,1927年成为广西最早的省辖市。现规划定位为具有岭南山水特色、以外向型工业为主导的桂东地区中心城市,广西乃至西南地区与粤港澳联系的交通枢纽。规划形成"绿核三轴多组团"的空间结构。

北回归线从市区通过,属亚热带季风气候,青山环抱,绿水萦绕,物产丰富,气候宜人,坐拥西江"黄金水道"是梧州最大的自然优势。主要农副产品有粮食、甘蔗、柑橙、荔枝、沙田柚、西瓜、茶叶、松脂、竹、桂皮、八角、木薯、粉葛、香芋及中草药材等,是广西商品粮生产基地之一、国内重要的木材生产基地和松脂生产基地之一。是广西最早的工业基地,有纺织、化工、食品、机械、电子、塑料、制革、制药、服装、造船、轻工、印刷、石材等10多个工业门类,林化林产、轻化、食品、房地产、对外贸易已发展成为优势产业。是广西乃至西南地区接受粤港澳台地区产业、技术、资金转移的最前沿地区,交通和对外贸易发达,有"百年商埠"的美誉,梧州口岸为国家一类口岸。2012年地区生产总值为831亿元。

梧州是西江文化、岭南文化的发祥地,中国优秀旅游城市,主要旅游景点有爽岛旅游度假区、岭南骑楼城、龙母庙等。历史名人有陈钦、冯京、吴廷举、李秀成、陈玉成、李济深、梁羽生等。特产有梧州"三宝"(龟苓膏、豆浆晶、蜜枣)、龙州枧木砧板、容县沙田柚、桂林、奇石根雕、古凤荔枝、六堡茶等。

7. 北海市

北海市位于广西南端,北部湾东北岸,东邻广东,南与海南省隔海相望,西部地区唯一的沿海开放城市,辖3区(海城、银海、铁山港)、1县(合浦),总面积3337平方千米、建成区面积57平方千米,常住人口153.93万(六普)、市区人口60.42万(六普)。

北海市因市区北面濒临海而得名,始见于清康熙初年,清嘉庆年以来沿称为市(为市镇之意),1949年为合浦县辖镇,1983年升为地级市。现规划定位为区域性国际滨海旅游城市,以高新技术产业、临港工业为主的港口城市。规划中心城区构建"一城两区八组团"的城市空间结构。

地势从北向南倾斜,东北、西北为丘陵,南部沿海为台地和平原,大陆和海岛沿岸有众多天然优良海滩,港口资源、淡水资源、森林资源、海洋资源和矿产资源丰富,盛产粮食、花生、红黄麻、甘蔗、蚕桑等,亚热带水果种类繁多,主要有柑橘、龙眼、荔枝、树菠萝、芒果、香蕉等,为中国"4大渔场"之一,北部湾是中国6大油气盆地之一。工业有电子信息、石化、冶金、机械、建材等支柱产业。处于大西南、海南及东南亚的中枢位置,是西南地区对外贸易最为便捷的出海通道,是中国西部唯一具备空港、海港、高速公路和铁路的城市,中国最早的对外通商口岸和海上"丝绸之路"起点之一。2012年实现地区生产总值630.8亿元。

北海城市风光绮丽,气候宜人,是享誉海内外的旅游休闲度假胜地、国家历史文化名城,向来有"中国最适宜居住城市""北部湾畔明珠"美称,主要旅游景点有北海银滩、星岛湖、涠洲岛、冠头岭等。特产有海马、珍珠、海参、带子、鲍鱼、鱼翅、沙虫、石斑、青蟹、石鲛、鱿鱼、墨鱼、大蚝、对虾、牛角雕、贝壳工艺品、编织工艺品等。

8. 贵港市

位于广西东南部,辖3区(港北、港南、覃塘)、1市(桂平)、1县(平南),总面积10 606平方千米、建成区面积54平方千米,总人口503.31万(六普)、常住人口411.88万(六普)、市区人口149.39万(六普)。是少数民族聚居较多的地区。

贵港市又称"荷城",是一座具有2000多年历史文化的内河港口城市,汉元鼎六年(前111)置广郁县,三国改阴平县,西晋为郁平县,隋为郁林县,唐贞观九年(635)置贵州,明洪武二年(1369)为贵县,1988年设贵港市,1995年升为地级市。现规划定位为桂东南区域中心城市之一,广西重要的现代化内河港口城市,富有南国特色的宜居生态园林城市。中心城区规划为"两片、三轴、多组团"的空间布局结构。

地处广西最大的冲积平原——浔郁平原的中部,郁、黔、浔3江交汇,北回归线横贯中部,农业资源、水力资源、矿产资源、旅游资源十分丰富,是广西重要的商品粮、糖、果、肉桂、畜牧和淡水养殖生产基地,优质稻、优质水果、糖蔗、桑蚕、中药材、茶叶、蔬菜等优势产业得到快速发展,素有广西"鱼米之乡""甘蔗之乡""莲藕之乡"等美誉。电力能源、建材、糖林纸、冶金、农产品加工等5大产业基地建设初具规模,形成了制糖、水泥、电力、造纸及林板、茧丝绸、饲料、冶金、化工、制药、农产品加工等10大骨干产业。有华南内河第1大港口,国家一类对外开放口岸,为连接东盟贸易区和泛珠三角经济区与大西南的最便捷通道。建成建材、煤炭、禽畜等大型专业市场,区域性商贸中心的地位日益凸现。2012年地区生产总值为679.18亿元。

贵港自然与人文资源独特,为桂东地区宗教历史文化中心,有桂平西山风景名胜区、桂平太平天国起义金田旅游区、桂平龙潭国家森林公园和平天山国家森林公园4个国家级景区。历史名人有石达开、杨秀清、萧朝贵、韦昌辉、黄彰、罗尔纲等。特产有西山茶、团罗茶、覃塘毛尖茶、桂平香米、东津细米、罗秀米粉、金田淮山、木格白蔗、桥圩鸭绒被、社坡腐竹、麻垌荔枝、石硖龙眼、覃塘莲藕等。

9. 百色市

百色市位于滇黔桂3省区交界处,南接越南,辖1区(右江)、11县(田阳、田东、平果、德保、靖西、那坡、凌云、乐业、田林、西林、隆林),总面积36 202平方千米,建成区面积36平方千米,总人口382.63万(六普)、常住人口346.68万(六普)、市区人口34.77万(六普)。人口主要为壮族。

百色又称"鹅城",元称天州,清雍正七年(1729)设百色厅,1913年为百色县,1983年撤县设市,2002年设地级市。现规划定位为区域性国际农业合作中心,国家红色旅游名城,广西西部重要的经济中心与交通枢纽,富有地方民族特色的山水园林城市。规划市域城镇体系空间结构为"一心一带,三轴三区",中心城区的城市空间结构为"两轴两岸,三区四心"的带形组团式结构形态。

地处云贵高原与南岭丘陵的过渡地带、右江上游,属于典型的山区,矿产资源、森林资源、水力资源和旅游资源丰富,素有"土物产仓库"和"天然中药库"之称,是中国"西电东送"基地,铝土矿、铜矿、水晶、褐煤、黄金等储量居广西首位,石油天然气储量丰富,铝土矿储量占全国总量的50%以上。为全国特有的农业宝地,主要农产品有蔬菜、水果、烤烟、油料、茶叶等。主要工业产品有原煤、机制纸、水电、火电、蔗糖、铁合金、原铝(电解铝)和氧化铝等,为中国乃至亚洲重要的铝工业基地。是国家确定的南(宁)贵(阳)昆(明)经济区中心地带,是滇黔桂3省(区)边缘交通枢纽、重要的物流集散地和大西南出海通道的咽喉,中国与东盟双向开放的前沿,大西南地区通往太平洋地区出海航道的"黄金走廊",有边境口岸3个,其中龙邦口岸为国家一类口岸。2012年地区生产总值达746.22亿元。

百色是红色革命老区,有百色起义纪念馆、澄碧湖、通灵大峡谷等著名旅游景点。历史名人有:岑毓英、岑春煊、冼恒汉等。特产有旧州纯手工绣球、德保矮马、德保蛤蚧雄睾酒(神鞭酒)、大果山楂、八角茴香(茴油)、白毫茶、芒果、七里香猪、香米、香油、八渡笋等。

10. 贺州市

贺州市位于广西东部,粤湘桂3省区交界处,北接湖南,东邻广东。辖2区(八步、平桂管理区)3县(钟山、昭平、富川瑶族自治县),总面积11 855平方千米、建成区面积29平方千米,总人口223.19万(六普)、常住人口195.41万(六普)、市区人口100万(六普)。

贺州迄今已有2100多年的历史,汉武帝元鼎六年(前111)设贺县,三国吴黄武五年(226)设临贺县,隋改设贺州,1997年设贺州市,2002年升为地级市。现规划定位为广西桂东北区域中心城市,桂粤湘3省(区)通衢,以发展商贸、旅游、农林矿产品加工为主的,富有地方文化和民族特色的山水园林城市。规划城区为"一心两翼"的组团式空间布局。

有丰富的农林资源、水电资源、矿产资源,农业大力发展效益高、有特色的瘦肉型猪、楼来牛以及名优水果、无公害蔬菜、烤烟、松脂、茶叶等主导产业,建成了广西最大的脐橙、青梅、春烤烟、松脂生产基地。工业突出发展市场潜力大的电力、林产、造纸、制药、冶炼、建材、陶瓷、服装、食品等优势产业。为粤湘桂3省(区)的商品集散地。2012年地区生产总值为393.86亿元。

贺州自古以来就是多种文化的交会地,少数民族风情浓郁,有十八水景区、姑婆山国家森林公园、贺州玉石林景区、贺州温泉景区、黄姚古镇景区等,有"粤港澳后花园"的美誉。特产有大肉青梅、信都三黄鸡、信都红瓜子、姑婆山九铺香酒、贺州香芋、芳林马蹄、昭平沙田柚、钟山话梅、钟山油茶、昭平茶叶、富川脐橙、富川水牛等。

11. 来宾市

来宾市位于广西中部,素有"桂中"之称,辖1区(兴宾)、1市(合山)、4县(象州、武宣、忻城、金秀瑶族自治县),总面积13 411平方千米、建成区面积26平方千米,总人口249.82万(六普)、常住人口209.97万(六普)、市区人口91万(六普)。被誉为"世界瑶都"。

来宾是一个历史文明久远的新兴城市,西汉元鼎六年(前111)在今象州设桂林县,唐天宝二年(743)置来宾县,2002年设地级市。现规划定位为桂中经济区的副中心城市,以电力、制糖、造纸、有色金属和建材等产业为主的区域工业基地,富有地方文化和民族特色的山水园林城市,市域政治经济文化中心。规划形成"一区五轴、网络状"的市域城镇空间结构,突出"十字轴线,一城三区;青山环抱,绿水依依"的中心城区空间格局。

境内矿产、森林、畜牧、农业、水电、火电资源十分丰富,主要矿产资源有重晶石、煤炭、锰等。大米、蔗糖、花生、茶叶、水果、八角等农副产品久负盛名,有"广西煤都""中国糖都""甜蜜之乡""中国观赏石之城"的美誉。农业按照"2个135"农业丰产增效工程实施方案落实推进,逐步形成了"一县一品"的优势产业。电力、制糖、冶炼已成支柱产业,造纸、建材、制药、矿产品、农副产品加工等工业有一定规模,是全国最大的糖业基地之一、广西重要的冶金基地、电力基地、铝锰基地。深居广西腹部,经济、交通地位十分重要,地缘优势十分明显。2012年实现地区生产总值519.22亿元。

来宾是盘古文化的重要发源地,旅游资源丰富,有圣堂山、莫氏土司衙署、土司建筑群、象州花池温泉、大瑶山国家级森林公园、百崖大峡谷等。特产有金银花、金钱草、灵香草、金桔、绞股蓝、三华李、龙眼、乳鸽、粉葛等。

12. 河池市

河池市位于广西西北边陲、云南高原南麓,北连贵州。辖1区(金城江)、1市(宜州)、9县(罗城、环江、南丹、天峨、东兰、巴马、凤山、都安、大化),总面积33 508平方千米、建成区面积18平方千米,总人口399.19万(六普)、常住人口336.92万(六普)、市区人口33万(六普),有壮、汉、苗、侗等族,为广西境内聚居少数民族最多的地区之一。

河池历史悠久,先秦属百越之地,宋始设河池县,明清改为州,1983年撤县设市,2002设立地级市。现规划定位为中国重要有色金属工业基地,华南地区重要水电基地,南贵昆经济圈和西南出海通道的重要城市,桂西区域中心城市,以工贸为主的山水园林城市。规划中心城区为"一江两轴,三心互动,五个片区,带状综合发展"的空间布局结构。

地跨南亚热带和中亚热带,属举世闻名的中国西南喀斯特地区之一,山地和丘陵草地面积大、分布广,光、热、水等气候资源丰富,自然生态环境优越,生物资源丰富。河流众多,地形落差大,水力资源蕴藏量极为丰富,是全国重点水电建设基地之一,有大化电站和岩滩电站。农作物有水稻、玉米、甘蔗、桑、木薯、烟叶、蔬菜、瓜类、旱藕、菌类、水果、花生、油菜、芝麻、火麻等。地处环太平洋金属成矿带,矿产资源特别是有色金属矿产资源十分丰富,锡金属储量居全国之首,铟金属储量名列世界前茅,锑和铅金属储量居全国第2,全国著名的"有色金属之乡"。是大西南通向沿海港口的重要通道、桂黔川的交通枢纽,"南昆经济区"和"东盟自由贸易区"人流、物流、资金流、信息流聚集交会的地方。2012年全市生产总值达到497.52亿元。

河池是全国著名的右江革命根据地的重要组成部分、著名的铜鼓之乡和长寿之乡,有下枧河、九万大山、西山弄京村红七军二十一师师部旧址、南丹温泉、六甲小三峡等名胜。历史名人有韦国清、韦杰、覃健、池霸天、韦拔群等。土特产十分丰富,有"土产仓库"之称,主要有首乌、生地、茯苓、板蓝根、田七、砂仁、五倍子、八角、板栗、油茶、油桐、蛤蚧、果子狸、山瑞、蛇类等。

13. 崇左市

崇左市位于广西西南部,西与越南接壤。辖1区(江州)、1市(凭祥)、5县(扶绥、宁明、龙州、大新、天等),总面积17 351平方千米、建成区面积18平方千米,总人口234.77万(六普)、常住人口199.43万(六普)、市区人口31.67万(六普),以壮族为主,多民族聚居。

崇左为壮族先民骆越民族聚居之地,东晋大兴元年(318)设晋城县,唐贞观元年(627)置左江镇,宋皇祐五年(1053)置崇善县,1949年设左县和崇善县,1951年2县合并为崇左县,2002年成立崇左地级市。现规划定位为中国—东盟自由贸易区陆路通道上以亚热带农业、边境工业、国际商贸、边关旅游、壮族文化和山水园林为特色的桂西南现代化区域中心城市。规划城市发展布局呈沿江轴向发展与片区开发相结合的形态,采用组团发展策略。

境内山环岳绕,丘陵起伏,山多地少,以喀斯特地貌为主体。属亚热带湿润季风区,气候温和,有丰富的农业资源、水力资源、矿产资源,发展亚热带经济作物得天独厚,素有"绿色宝库"之称,全国重要的蔗糖生产基地和亚热带名优水果生产基地、苦丁茶的原产地、广西乃至中国重要的甘蔗产区、全国主要的龙眼生产基地之一,形成规模的农林产品有甘蔗、水稻、玉米、蔬菜、松香、八角、山黄皮、木薯、剑麻、油料、豆类等。锰矿储量居全国之首,膨润土储量居世界第1位,有"世界膨润土之都"美称。有制糖、采矿、冶金、木材加工、建材、水电、医药等工业产业,其中蔗糖、锰业、建材及农副产品加工业为崇左3大支柱产业。为桂西南地区的政治、经济和文化中心,沿边近海连东盟,交通便捷,区位优势明显,是边境口岸城市,有国家一类口岸3个。2012年全市地区生产总值为570.75亿元。

崇左市革命历史悠久,与独特的边关文化交相辉,有大新德天瀑布、大小连城、凭祥友谊关、大新明仕田园风光、崇左弄官生态公园、崇左石林、扶绥恐龙化石群、宁明花山岩画群、大小连城等名胜古迹。特产有指天椒、八角、茴油、桂皮、松脂、桑蚕、苦丁茶等。

14. 防城港市

防城港市地处中国大陆最西南端,背靠大西南,南临北部湾,沿海对外开放城市。辖2区(港口、防城)、1市(东兴)、1县(上思),总面积6222平方千米、建成区面积30平方千米,总人口86.01万(六普)、常住人口为86.69万(六普)、市区人口51.7万(六普)。

防城港市依港而建,因港得名,先建港,后建市。汉置合浦县,南朝置安京县,元置防城巡检司,清光绪十四年(1888)设防城县。防城港始建于1968年,1985年设地级防城港区,1993年设地级防城港市。现规划定位为中国大西南出海主通道上的枢纽港口城市,环北部湾区域重要工业基地,是工业、商贸、旅游、海洋产业综合发展的现代化滨海港口城市。规划形成"一城四区"的带状组团式结构布局。

防城港市属中低山及丘陵区,港口、海洋、矿产、农林资源丰富。拥有4万多平方千米海域,海产品远销欧美日韩等国;有世界唯一的国家级金花茶自然保护区和中国最大、最典型的海湾红树林,被联合国环境署列入中国第1、全球3大GEF红树林国际示范区,是国际间候鸟迁徙的重要通道;有丰富的锰、钛、锡、铝、锌等矿产资源。作为临海港口,新型临海工业发展迅猛,粮油加工、冶金、制糖、化工等重点行业快速发展,重点发展以钢铁、能源、石化、修造船、重型机械、食品为主的临海大工业。处于广西北部湾经济区的核心区,商贸繁荣发达。为中国西南地区最便捷的出海通道,同时是唯一一个与东盟陆海相通的城市,区位优势十分突出。有5个国家级口岸,防城港是中国的深水良港、全国25个沿海主要港口之一、中国西部地区第1大港、东进西出的桥头堡、西南地区走向世界的海上主门户。2012年实现地区生产总值457.53亿元。

防城港市是一座美丽的滨海和边关城市,海港旅游资源一枝独秀,集"山、海、边、港、民"于一体,滨海风情、边关风情、异域风情、少数民族风情十分浓郁,有十万大山、京岛金滩、北仑河口风景区、应天瀑布、九龙潭、那良古街等。历史名人有陈济棠、邓本殷、刘镇湘等。

二、各县级市发展概况

1. 北流市　1994年4月撤县设市,面积2457平方千米,人口136.26万(六普)。位于广西东南部,是广西远近闻名的特色工业城市,旧称"粤桂通衢""古铜州",历史上曾"富甲一方",素有"小佛山"和"金北流"之称,是世界铜鼓王的故乡、荔枝之乡、陶瓷之乡、水泥之乡、中国著名侨乡、建筑之乡、水稻高产之乡,中国西部百强县市。是全国粮食生产基地、商品粮基地和荔枝生产基地,优质谷、荔枝、龙眼、提子、八角、蘑菇、奶水牛、三黄鸡、优质芭蕉、中药材、无公害蔬菜等农业优势产品名声远扬,水稻免耕抛秧面积位居全国县(市)第1。工业起步早,基础雄厚,规模优势明显,已形成以日用陶瓷、水泥、兽药、罐头食品、机械、皮件等为主的工业体系。中国(北流)国际陶瓷博览会每年举办一次。2012年完成生产总值209.04万。

2. 岑溪市　1995年9月撤县设市,面积2783平方千米,人口80万。位于广西东南部,是大西南东出港、澳、粤的重要枢纽,广西著名3大侨乡之一。属云开大山北麓东段的丘陵山区,有"八山一水一分田"之称。属南亚热带湿润气候,农业比较发达,是广西出名的"吨谷市",全国商品瘦肉型猪基地;林化产品闻名全国,是中国玉桂之乡和中国古典三黄鸡之乡。盛产花岗岩,是远近闻名的"花岗岩之都"、国家"西电东送"的一个重要基地和出口。矿产选冶、建材、家电电子、纺织服装、林产林化等为优势产业,石材、土纸、竹芒编织、烟花爆竹等为乡镇特色支柱产业。2012年完成生产总值202.9亿元。

3. 桂平市　1994年5月撤县设市,面积4074平方千米。人口190.1万(2012),是广古人口最多的县级行政区。位于广西东南部,北回归线横贯市境中部,全国最早对外开放县之一,郁江、浔江沿岸是广西最大的冲积平原,池塘水库星罗棋布,物产丰富,盛产亚热带土特产品,农作物以种植水稻、甘蔗、花生等作物为主,为重要的糖、粮基地,活鸡、活猪的出口基地。工业以生物化工、机械、电子信息、建材陶瓷、纺织服装等为主。旅游资源丰富,是中国首批4A级旅游城市之一,华南地区首个以"佛教文化"为主导的旅游城市,太平天国起义的策源地。2011年完成生产总值201.78亿元。

4. 合山市　1981年6月撤县设市,面积350平方千米,人口14.8万(2010),是广西面积最小的县级市。合山市地处桂中腹地的红水河之滨,为典型的喀斯特地形,是新兴的工矿城市、广西最大的能源生产基地,素有"光热城"的美称。以盛产煤炭而为广西"煤都",是远近闻名的奇石产地和玩石市场。农作物以种植水稻为主,还有玉米、黄豆、甘蔗、花生等,大米以颗大而香名声远扬。工业以发展煤、电为主,还有建筑材料、机械修造、电器设备、水泥、电石、氧气、陶瓷、食品加工、饲料加工等。2012年生产总值33.13亿元。

5. 宜州市 1993年9月撤销宜山县,设立宜州市,面积3869平方千米,人口64.89万(2010)。位于广西壮族自治区中部偏北、龙江中游,属半山半丘陵地区。是壮族歌仙刘三姐的故乡、中国优秀旅游城市、中国最具民俗特色旅游目的地。为农业大县(市),主要农产品是水稻、玉米、甘蔗、桑蚕、沙田柚等,已形成粮食、蔗糖、桑蚕、水果、畜牧水产5大生产基地,为全国商品粮基地县和广西粮食自给工程县(市),是广西最大的桑蚕生产基地县(市)。蔗糖生产已形成一定规模,成为重要经济支柱产业。矿冶、建材、造纸、农副产品加工业、烟花爆竹成为乡镇企业的主导产业。2012年完成生产值90.3亿元。

6. 凭祥市 1956年11月从宁明县析置,面积650平方千米,人口10万,是广西设置最早、人口最少的县级市。位于广西南端的边境线上,与越南的谅山接壤,素有"祖国南大门"之称,是国家沿边对外开放城市、中国最靠近东盟国家的国际化城市。地处桂西南丘陵区西南部,以低山和喀斯特石山为主。农业主产稻谷、甘蔗、花生等,盛产经济作物。工业有木材采运、食品、建材、制塑、木器、制砖等行业。以商贸、物流、加工为主业,大力发展口岸经济和通道经济。一直是中越边境贸易的集散地,中国南方"丝绸之路"必经之地,有友谊关口岸(公路)和凭祥口岸(铁路)2个国家一类口岸。2012年完成生产总值36.37亿元。

7. 东兴市 1996年4月设市,面积548.8平方千米人口14.5万(2010)。位于中国大陆海岸线最西南端,东南濒临北部湾,西面于越南接壤,是广西乃至中国通往越南以及东南亚最便捷的通道、中国与东盟唯一海陆相连的口岸城市、国家一类口岸、国家沿海开放城市、京族的唯一聚居地。主要种植水稻、玉米、豆类、红薯、花生、木薯和蔬菜等作物,经济林木主要有肉桂、八角、橡胶、茶叶,盛产龙眼、荔枝、柑橙、菠萝、菠萝蜜、黄皮果等热带水果,肉桂和八角在国际上享有盛誉,水产养殖主要有对虾、青蟹、文蛤、珍珠等珍稀品种。已逐步形成了以橡胶加工、海产品加工、电器组装、医疗器械、农产品加工等产业为主的工业布局。2012年完成生产总值62.41亿元。

第六节　海南省

海南省位于中国最南端,东濒南海,西临北部湾,北隔琼州海峡与广东省相邻,南与菲律宾、文莱和马来西亚相望。陆地面积为3.54万平方千米,海域面积约200万平方千米,常住人口867.15万(六普)。海南岛四周低,中部高。地貌类型多样,山地、丘陵、台地及平原构成环形层状地貌。处于热带北缘,为热带海洋性气候,全年暖热,雨量充沛,长夏无冬。岛内拥有众多热带天然植物,特别是丰富多彩的热带林木、花卉、水果、天然药材,素有"绿色宝库"之称。矿产资源种类多,石油、天然气储量丰富。海南岛为优质的天然盐场,盛产海盐。有800种以上的鱼虾类、贝类、藻类等水产,品种相当丰富。自然风光与人文景观独具特色,城市旅游充满魅力。截至2012年底,全省共有8个城市,有3个地级市(海口、三亚、三沙)、4个市辖区、6个县级市、4个县、6个自治县、183个建制镇,城镇化水平为42.14%。

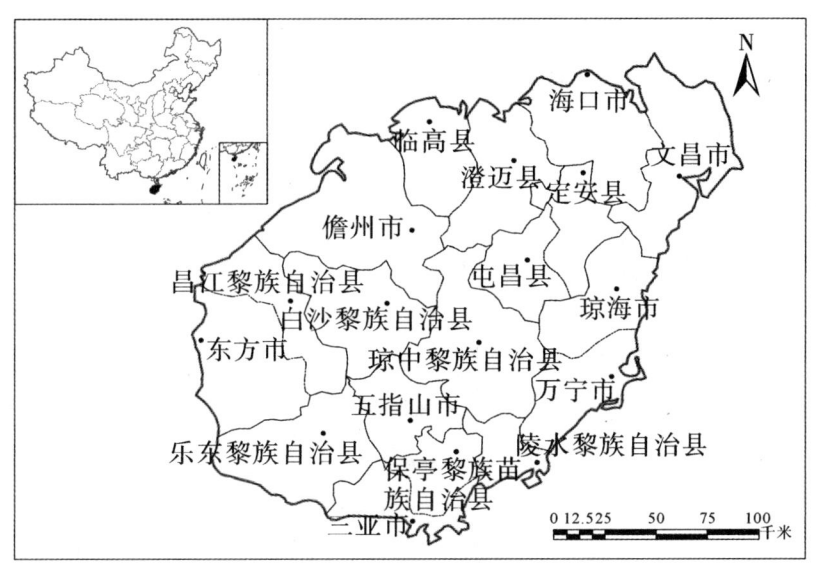

图 3-4-6 海南省行政区划图

一、省域中心城市发展情况

1. 海口市

海口市又称"椰城",地处海南省北部,北濒琼州海峡,是对外开放城市。辖4区(秀英、龙华、琼山、美兰),陆地面积2304平方千米、建成区面积91平方千米,海域面积530平方千米,常住人口204.62万(六普)。有汉族、黎族、苗族、回族等30多个民族。

海口已有近千年的历史,南宋设海口浦,明洪武二十七年(1395)开始筑城,称海口所,1912年设海口镇,1926年从琼山县析出建市,1956年为广东省直辖市,1988年海南设省成为省会。现规划定位为海南省省会,中国旅游度假胜地,国家历史文化名城。规划建立并完善中心放射式城镇空间布局结构,强化"一心四轴"的空间布局结构。

海口市略呈长心形,以滨海台阶式地貌为主,热带海洋性季风气候,处于热带滨海,热带资源多样性强,盛产各种热带植物,农作物主要有水稻、薯芋、花生、芝麻、橡胶、椰子、咖啡、甘蔗、荔枝、龙眼、菠萝、柑橘等。主要工业行业有食品饮料、橡胶制品、化纤纺织、机械制造、电子、化工、制药、建材等,汽车、医药、农副食品加工为3大支柱行业,天然椰子汁和果汁系列饮料畅销岛内外。秀英港是海南省的交通枢纽和客货集散中心,在中国沿海港口发展战略中被交通部列为主枢纽港和海南省国际集装箱干线港口,属国家一类开放口岸。处于华南经济开发带的前沿位置,毗邻港澳台、东南亚、是连接大陆和东南亚的枢纽,发展华南经济圈的区域合作和外向型经济有着得天独厚的地理优势。2012年全市实现地区生产总值820.58亿元。

海口是中国优秀旅游城市、国家园林城市、国家历史文化名城、全国城市环境综合整治优秀城市,荣获"中国人居环境奖",聚居了热带风情浓厚,海滨自然风光极具魅力。拥有众多著名旅游景点,如五公祠、秀英炮台、海南热带野生动植物园、人民公园、火山口森林公园等。历史名人有海瑞、丘浚、冯白驹、唐胄等。特产有咖啡、椰子糖、椰茸、天然椰子汁、椰子酱、香蕉、菠萝及菠萝蜜等热带水果和珍珠、黎锦、椰雕、珊瑚盆景及各种海产品。

2. 三亚市

三亚市位于海南省最南端,南临南海,海港城市。是全国没有设区的4个地级市之一,设2个虚拟管理区(河东管理区、河西管理区),辖6个镇(海棠湾、吉阳、凤凰、崖城、天涯、育才),有5个国有农场(南田农场、南新农场、南岛农场、立才农场、南滨农场),陆地总面积1919平方千米、海域总面积6000平方千米、建成区面积60平方千米,常住人口68.54万(六普),少数民族以黎、回、苗族为主。

三亚古称崖州,也称鹿城,因远离历代朝廷首都,孤悬海外,自古被称为"天涯海角"。曾是隋朝谯国冼太夫人的"汤沐邑",唐朝大和尚鉴真漂流登岸和传道讲经之地。汉置珠崖郡,隋设临振郡,唐改为振州,宋设崖州,1912年改为崖县,1984年撤崖县设三亚市,1987年升为地级市。现规划定位为国际性热带海滨风景旅游城市。规划形成"山海相连,指状生长"的市域空间结构。

三亚北靠高山,南临大海,地势自北向南逐渐倾斜,形成一个狭长状的多角形。主要港口有三亚港、榆林港、南山港、铁炉港、六道港等,主要海湾有三亚湾、海棠湾、亚龙湾、崖州湾、大东海湾、月亮湾等,有大小岛屿40个,海洋生物种类繁多,鲨鱼翅、海参、石斑鱼被誉为"崖州三珍"。西部海域蕴藏着丰富的石油天然气资源,地热资源丰富,南田温泉被誉为"神州第一泉"。逐步建立起以旅游业为龙头,以酒店地产、商贸、文化、娱乐等为载体的现代服务业,以海洋资源、旅游资源、热带资源为优势的临港物流、油气资源加工、服装加工、文体用品加工、旅游食品加工等滨海旅游都市型工业,以创新创意为先导,动漫设计、软件开发、微电子制造、科技信息加工等为基地的新兴产业,以热带和海洋资源综合利用为方向、设施大棚为支撑、以南繁科技为动力的现代热带农业,逐渐构建出城乡关联一体的现代产业体系。是海南省南部的中心城市和交通通信枢纽、中国东南沿海对外开放黄金海岸线上最南端的对外贸易重要口岸,祖国真正的南大门。2012年全市实现地区生产总值330.75亿元。

三亚是中国唯一的热带滨海旅游城市、国际著名的热带海滨旅游胜地,汇集了阳光、海水、沙滩、气候、森林、动物、温泉、岩洞、田园、风情10大风景资源,拥有最美丽动人的海滨风光,被誉为"东方夏威夷",亚龙湾、天涯海角、南山、鹿回头、大小洞天均、蜈支洲岛为典型风景名胜代表。特产有梅花参、鲍鱼、椰子食品(椰子糖果、椰丝、椰子糕、椰子酱等)、咖啡豆、速溶咖啡、椰奶咖啡、生腰果仁、食果仁、颗粒胡椒、椰雕、天然水晶、珍珠等。

3. 三沙市

三沙市位于中国南海,是中国地理纬度位置最南端的城市。为海南省第3个地级市,下辖西沙群岛、中沙群岛、南沙群岛的岛礁及其海域。涉及260多个岛、礁、沙、滩,岛屿面积13平方千米,海域面积200多万平方千米。人口444人(2010),现有600余渔民。是中国陆地面积最小、总面积最大、人口最少、中国目前地理纬度位置最南端的城市。三沙市人民政府驻地位于永兴岛,是西沙群岛同时也是整个南海诸岛中最大的岛屿。

西汉武帝元封元年(前110)海南始置珠崖、儋耳郡;唐开元十二年(724)由僧一行等人主持子午线测量,南至南海及南海诸岛,并曾在南海上对有关星座进行了测量,这是行使主权之举。1959年3月24日,中央政府批准成立"西南中沙工作委员会",并设立了西沙群岛、南沙群岛、中沙群岛办事处。2007年11月19日国务院批准设立县级三沙市,2012年6月21日国务院批准撤销海南省西沙群岛、南沙群岛、中沙群岛办事处,设立地级三沙市,是全国设有设区的4个地级市之一。

西沙群岛和中沙群岛在海南岛东南面约300多千米的南海海面上。中沙群岛大部分淹没于水下,仅黄岩岛部分露出水面。西沙群岛有岛屿22座,陆地面积8平方千米。南沙群岛位于中国南海的南部,是分布最广和暗礁、暗沙、暗滩最多的一组群岛,陆地面积仅2平方千米,其中曾母暗沙是中国最南端的领土。永兴岛面积2平方千米,是南海诸岛中面积最大的岛屿,也是三沙市军事、经济及文化中心。其地势平坦,高出海面约5米,最高处8.5米,岛西南有长约870米、宽约100米的沙堤。岛上热带植物茂盛,林木遍布,主要有麻风桐、椰子树、羊角树等。先后建有办公楼、邮电局、银行、商店、气象台、海洋站、水产站、仓库、发电站、医院等生产和生活设施。还建有环岛公路、2400米的跑道可起降波音737客机机场、可停靠5000吨级船只的码头,有班机、轮船通海南岛。岛中心是北京路。三沙市将是向外宣传自己的绝好窗口,将对海南省建设形成一个广阔的发展空间。

三沙市热带旅游资源丰富,永兴岛主要人文景点有收复西沙群岛纪念碑、南海诸岛纪念碑、西沙将军林、守岛部队军史馆、海洋博物馆、二战日军炮楼等;石岛有中国主权碑、西沙老龙头石碑等;赵述岛有中国边防警察警务碑、明清古庙遗址。

二、地方性中心城市发展概况

1. **五指山市** 位于海南岛中南部腹地,周围群山环抱,森林茂密,地形以高山和丘陵为主,为"九分山半分水半分地",是有名的"天然别墅""翡翠山城",海南省中部少数民族的聚居地。面积1169平方千米,人口10.7万(2010)。1986年6月成立通什市,2001年由通什市更名为五指山市,以海南岛上最高山峰五指山因而得名。该岛最大河流万泉河就发源于五指山市境内。为海南生态平衡的核心、生物多样性中心以及原始热带雨林的集中分布区域,也是中国乃至世界热带雨林、自然生态保存最完整的区域之一。形成了野菜、花卉、南药、藤竹、茶叶、原种畜禽等农业特色资源优势。山城景色和民族风情是五指山市最主要的旅游内容。2012年完成生产总值16.6亿元。

2. **琼海市** 1992年11月撤县设市,面积1692平方千米,人口48.3万(2010)。位于海南省东部,东邻南海,充满传奇的红色娘子军、风光旖旎的万泉河、殊惊世界的博鳌亚洲论坛,构架起琼海的与众不同。水、电资源和海洋资源丰富,有中型水库7个、官塘温泉、北岸温泉、全国最大的麒麟菜养殖场,沿海有龙湾、潭门、博鳌、青葛4个港口,龙湾港为海南最大的国际中转港,潭门港被列为国家重点渔港。是著名的侨乡、鱼米之乡,建立了冬季瓜菜、名优水果、橡胶、胡椒、槟榔、椰子、商品粮、肉鸡、生猪和水产品等10大生产基地。房地产业发展迅猛。2012年完成生产总值145.1亿元。

3. **儋州市** 1993年3月撤县设市,面积3400平方千米,人口98万(2012)。位于海南岛的西北部,濒临北部湾,是海南西部的经济、交通、通信和文化中心。有中国第四保税港区——洋浦经济开发区。森林资源居全省首位,主要海湾有后水湾、儋州湾和洋浦港,主要海岸港口有洋浦、干冲、白马井、新英、海头、排浦、峨蔓、英沙、顿积、神充等,海水养殖和海洋捕捞前景广阔。已形成了甘蔗、瓜菜、水果、橡胶、水产品、粮食等农业支柱产业和机制糖、水泥、标准胶、家具、建材、轻工、食品加工为主体的工业产业体系。2012年完成生产总值176.78亿元。

4. **文昌市** 1995年11月撤县设市,面积2347.5平方千米,人口59万(2012)。位于海南省东北部,三面临海,是海南省乃至全国有名的文化之乡、华侨之乡和将军县,是被世界誉为东方奇迹——宋氏三姐妹的故乡。属于低丘台地平原地带,热带季风岛屿型气候,光、水、湿、热条件优越,地下水蕴藏量大,矿产及海洋水产资源丰富,有大小港湾36个。形成文昌鸡、人工林、罗非鱼养殖、瓜菜种植、热带水果、椰子种植、胡椒种植7大农业基地。拥有矿产品加工、农产品加工、水产品加工、椰子加工和电线电缆等资源型产业。集阳光、海水、沙滩、植被、空气、海岛、风情、田园8

大旅游资源融于一体,是海南省旅游重地之一。建有文昌卫星发射中心。2012年完成生产总值158.55亿元。

5. 万宁市 1996年撤县设市,总面积4443.6平方千米,其中陆地面积1883.6平方千米,人口54.6万(2010)。位于海南岛东南部沿海,山地约占一半、丘陵和平原占一半,主要港湾有乌场港、港北港、东澳港、坡头港和南燕湾等。山区森林资源、土特产资源、禽畜及野生动物丰富,有大小岛屿6个,饵料生物丰富,盛产带鱼、马鲛鱼、金枪鱼、鱿鱼等,发展捕捞条件优越。是橡胶、胡椒、菠萝、椰子、槟榔、益智、咖啡、可可等重要的热带作物宜种区,为"槟榔之乡""国家槟榔示范基地"、热带瓜果和南药的生产基地,热作、反季节瓜菜、南药、海水养殖、畜牧5大农业主导产业不断发展壮大。2012年完成生产总值134.98亿元。

6. 东方市 1997年3月撤县设市,面积2266.62平方千米,人口43.5万。位于海南岛西部偏南,昌化江下游,西临北部湾,有8港7湾、7个天然渔场,八所港是国家一类口岸,是海南省对外开放较早的重要贸易口岸和深水天然良港。是海南省主要黄金产地,北部海域天然气储量丰富,东方1-1气田是中国当今第3大气田,已建和在建的大项目有大广坝水电枢纽工程、海南天然化肥厂、双吉水泥厂、全省最大液化石油气供应基地、八所火电厂、东方炼油厂、戈枕水电站、尼龙中间体等。在现有的天然气化工产业基础上,依托资源和港口优势着力发展石油化工、生物化工和硅化工。是黎族、苗族传统节日"三月三"的发源地。2012年完成生产总值114.1亿元。

第五章　西南地区

西南地区包括1个直辖市、3个省、1个自治区,即重庆市、四川省、贵州省、云南省和西藏自治区。西南地区共有1个直辖市、32个地级市、14个自治州、8个地区、33个县级市、347个县。2008年末区域总人口19 600万人,占全国总人口的14.76%;2008年末区域城市化率36.38%,占全国城市总人口的11.75%,占全国平均城市化率(45.68%)的25.7%。

西南地区的城市有着其独特的魅力与吸引力,在经济建设和工业化程度上固然不如东部城市,但是文化积淀非常深厚。重庆、成都秉承一脉,开放包容,巴蜀文化在这里孕育和繁衍;贵阳山清水秀,城在林中,夜郎文化悠远而神秘;昆明四季如春,花开不败,是西南出海枢纽,"泛湄公河流域经济圈"中的重要城市;拉萨日光之城,是藏文化孕育发展的中心。这些城市之中,重庆和成都的对外开放程度和工业化程度较高,1997年国务院恢复重庆为直辖市,也表现出国务院对"西部大开发"的决心,西南城市有着悠久的文化,当然也应该有飞速发展的经济。相信在不久的将来,西南城市必将以全新的面貌来展现自己的文化内涵,获得经济建设和精神文明建设的双丰收.

第一节　重庆市

一、重庆市区位及行政区划

重庆市是中国4个直辖市之一,位于中国较为发达的东部地区和资源丰富的西部地区的结合部,东邻湖北、湖南,南靠贵州,西接四川,北连陕西,是长江上游最大的经济中心、西南工商业重镇和水陆交通枢纽。总面积8.24万平方千米、主城建成区面积为647.78平方千米。辖19区(万州、涪陵、渝中、大渡口、江北、沙坪坝、九龙坡、南岸、北碚、万盛、双桥、渝北、巴南、黔江、长寿、江津、合川、永川、南川)、21县(綦江、潼南、铜梁、大足、荣昌、璧山、梁平、城口、丰都、垫江、武隆、忠县、开县、云阳、奉节、巫山、巫溪、石柱土家族自治县、秀山土家族苗族自治县、酉阳土家族苗族自治县、彭水苗族土家族自治县),常住人口为2884.62万(六普),城镇人口1474.92万(2009),城镇化率51.59%。以汉族为主体,少数民族有土家、苗、回、满、彝、壮、布依等49个。是中国目前行政辖区最大、人口最多、管理行政单元最多的特大型城市。

二、重庆市建制沿革

重庆市是中国著名的历史文化名城。周为巴国国都;秦惠文王更元九年(前316)筑江州城,置巴郡;魏晋南北朝时期,巴郡先后是荆州、益州、巴州、楚州的一个辖区;隋文帝开皇元年(581)以渝水(嘉陵江古称)绕城改楚州为渝州;宋崇宁元年(1102)改渝州为恭州;宋孝宗淳熙十六年(1189)升恭州为重庆府;1913年废府设巴县;1927年析置重庆特别市,1929年从巴县分离为四川省辖市;1939年南京国民政府将重庆升格为甲等中央院辖市,定位陪都;中华人民共和国成立初期曾为中央直辖市,1954年改为四川省地级市;1997年设重庆市直辖市,管辖原四川省重庆市、万县市、涪陵市和黔江地区的所连区域。

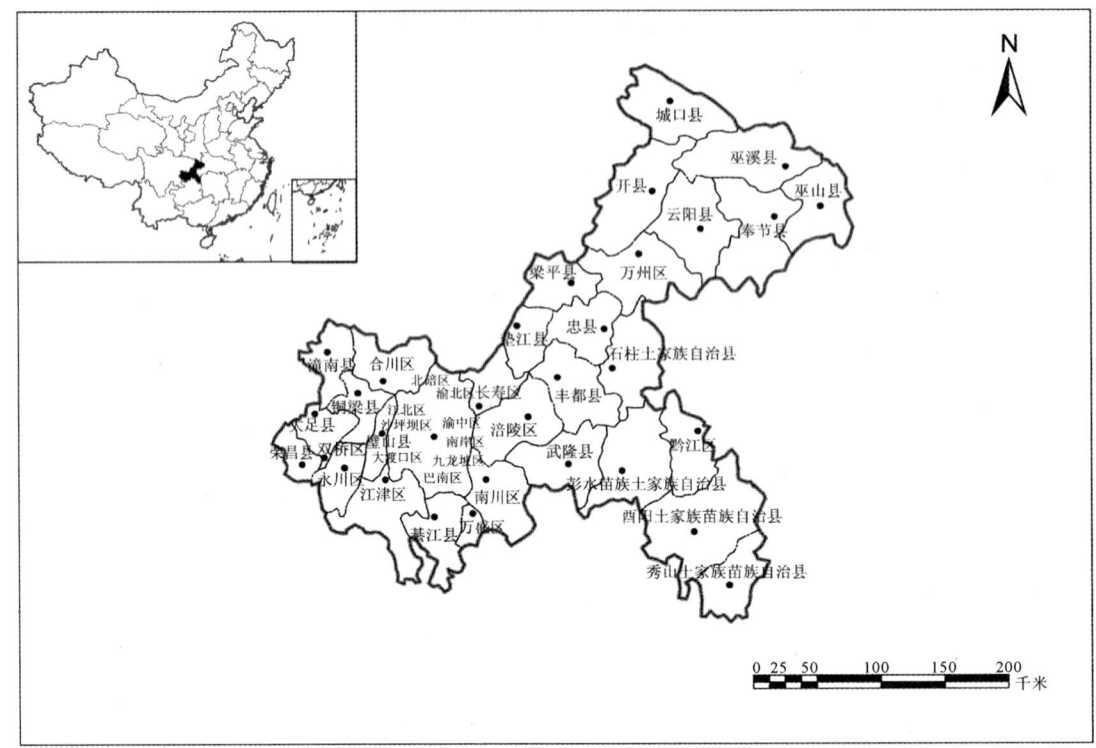

图3-5-1 重庆市行政区划图

三、重庆市城市建设与规划

重庆建于丘陵之上,《重庆市城市总体规划(2007~2020)》将城市性质定位为中国重要的中心城市,国家历史文化名城,长江上游地区的经济中心,国家重要的现代制造业基地,西南地区综合交通枢纽。规划构建"一圈两翼"的区域空间结构,即以都市区为中心的一小时经济圈,以万州为中心的三峡库区核心地带为渝东北翼,以黔江为中心的乌江流域和武陵山区为渝东南翼。一小时经济圈包括都市区23个区县,面积2.87万平方千米,依托长江水系和铁路、高速公路、机场等一体化综合交通网络,形成网络型、开放式的区域空间结构和城镇布局体系。规划都市区城市空间结构为"一城五片、多中心组团式"。

四、重庆市自然概况

重庆位于长江上游、四川盆地东南部,地貌以丘陵、山地为主,坡地面积较大,有"山城"之称。长江干流自西向东横贯全境,嘉陵江于渝中区与江北区交界处汇入长江,乌江于涪陵区汇入长江。属亚热带季风性湿润气候,夏季气温高成为"3大火炉"之一;春夏之交多夜雨,有"巴山夜雨"之说;重庆多雾,素有"雾重庆"之称。拥有丰富的自然资源。煤、天然气、锶、铝土、锰、岩盐和钡等矿产资源的储量、品位在全国占明显优势,东部发现了国内最大的天然气田。

五、重庆市经济发展

重庆是中国西部地区重要经济增长极之一,经济综合实力在西部领先。是中国生猪、烤烟、药材、蚕桑、柑橘、长毛兔的重要生产基地。工业以军事单位转型发展起来的重工业为主,汽车摩托车、化工医药2大支柱产业不断壮大,食品、建筑、旅游等新的支柱产业快速发展,重点培育电子信息、生物工程、环保工程3大高新技术先导产业。重庆为重要的机械工业基地、综合化工基地、医药工业基地和仪器仪表基地(仪器仪表仅次于上海)、中国最大的常规兵器生产基地。重庆是西南地区重要的物品集散地、中国重要的离岸金融中心和国际金融结算中心,商贸流通产业实现了规模化的发展,零售商品交易总额仅次于上海,与广州并驾齐驱,是国内零售业总额最高的城市之一。是中国长江上游地区唯一汇集水陆空交通资源的特大型城市,西南地区综合交通枢纽,拥有完善的水陆空综合交通运输体系和现代邮电通信网络。2012年全市国内生产总值11 459.00亿元,比上一年增长13.6%。

六、重庆市文化旅游

具有3000年悠久历史的重庆,人文、旅游资源得天独厚,有集山、水、林、泉、瀑、峡、洞等为一体的壮丽自然景色,古代石刻文化、巴渝文化、民族文化、移民文化、三峡文化、陪都文化、都市文化、抗战文化蜚声中外,世界文化遗产大足石刻、雄伟壮丽的长江三峡、璀璨迷人的山城夜景闻名遐迩。历史名人有邹容、刘伯承、卢作孚、聂荣臻、赵世炎、杨尚昆、秦良玉、蹇义、胡子昂等。

第二节　四川省

截止2010年底,四川省辖1个副省级市(成都)、17个地级市(自贡、攀枝花、泸州、德阳、绵阳、广元、遂宁、内江、乐山、南充、眉山、宜宾、广安、达州、雅安、巴中、资阳)、3个自治州(阿坝藏族羌族自治州、甘孜藏族自治州、凉山彝族自治州)、14个县级市(都江堰、彭州、邛崃、崇州、广汉、什邡、绵竹、峨眉山、阆中、万源、江油、华蓥、简阳、西昌)、43个市辖区、120个县、4个自治县,总面积48.5万多平方千米,全省常住人口8041.82万(六普),城市人口3044万,城市化率37.40%;2012年全省GDP达到23 849.8亿元,名列全国第8,增长15.1%。

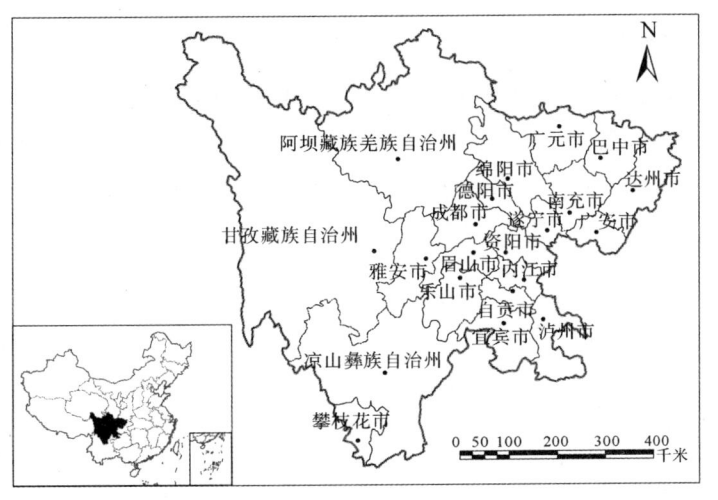

图3-5-2　四川省行政区划图

一、副省级市和各地级市发展情况

1. 成都市

成都市简称"蓉",别称"锦城",位于四川省中部,成都平原腹地。辖9区(锦江、青羊、金牛、武侯、成华、龙泉驿、青白江、新都、温江)、4市(都江堰、彭州、邛崃、崇州)、6县(金堂、双流、郫县、大邑、浦江、新津)、2个开发区(国家级高新技术产业开发区、经济技术开发区),总面积12 121平方千米、中心城区面积283.86平方千米,据第6次人口普查,全市常住人口1404.76万、户籍人口1142.7万、主城区人口529.5万,城镇化率为65.5%,有55个少数民族。

成都是一座拥有2300多年悠久历史的古城,有"天府之国""蜀中江南""蜀中苏杭"的美称。古为蜀国国都,战国秦置成都县、为蜀郡治,三国蜀汉、五代前后蜀、北宋李顺、明末张献忠农民起义军先后在此建都,唐以后为成都府、路、治所在地,1928年由成都县析置成都市,1952年恢复四川省建制为四川省省会,1994年为副省级市。现规划定位为四川省省会,全省政治、经济、文化中心,西南地区的科技、金融、商贸中心和交通、通信枢纽,是重要的旅游中心城市和国家级历史文化名城。规划中心城的布局形态逐步由密集"圈层式"发展为疏密结合的"扇叶式"布局。

成都境内地形较为复杂,东部为龙泉山脉和盆中丘陵,中部为成都平原,西部为邛崃山脉。自然生态环境多样,生物资源十分丰富,有大熊猫、小熊猫、金丝猴、牛羚等国家重点保护的珍稀动物。土地肥沃,土层深厚,气候温和,灌溉方便。在电子信息、生物医药、化学化工、家具和鞋业制造、动漫和传媒、会展、航空航天、旅游业等产业取得巨大成就。为全国统筹城乡综合配套改革试验区、金融对外开放城市、重要的商贸城市,外资零售业进入数量居全国前列,有春熙路、骡马市、天府广场、新南天地、建设路、光华、红牌楼、荷花池、磨子桥、太升路等大型商圈。科技实力雄厚,已成为中国中西部地区综合实力最强市之一,国家4大科教城市之一,在电子、生物、新技术、新材料、光学、光纤通讯、核技术应用、激光等高新技术领域具有极强的综合优势和技术能力。2012年地区生产总值达8138.9亿元。

成都市为中国历史文化名城、国家园林城市、中国最佳旅游城市、国家森林城市、中国优秀旅游目的地城市、中国现代田园城市、"美食之都",大邑鹤鸣山为中国道教之始、青城山也是道教的发源地之一,旅游资源得天独厚,有数量众多的国家级、省级的风景名胜区、森林公园、自然保护区、文物保护单位和历史文化名城、名镇,有中外闻名武侯祠、杜甫草堂、大熊猫栖息地、青城山、都江堰、西岭雪山、九龙沟、九峰山、天台山等。历史名人有卓文君、扬雄、严君平、常璩、袁天罡、薛涛、欧阳炯、黄筌、魏了翁、张俞、杨廷和、杨慎、李一氓、巴金、流沙河、刘心武等。特产有蜀绣、蜀锦及多种名吃。

2. 自贡市

自贡市地处四川盆地南部、长江上游的釜溪河畔,是对外开放城市,以"千年盐都""恐龙之乡""南国灯城""江姐故里"闻名于世。为四川省最早的省辖市,辖4区(自流井、贡井、大安、沿滩)、2县(荣县、富顺)和1个产业园区,总面积4372.6平方千米、建成区面积127平方千米,户籍人口325.46万(六普)、常住人口267.89万(六普),其中城镇人口109.89万。

自贡的称谓源于自流井和贡井,其悠久的采卤制盐史可上溯到近2000年前的东汉章帝时期(76~88),北周武帝时(561~578)因富世盐井置富世县、因大公井置公井镇,唐武德元年(618)因镇置荣州,改镇为公井县,清雍正八年(1730)在今自流井和贡井分设富顺县、荣县,1939年将自流井和贡井从富顺、荣县划出合并而建立省辖自贡市。现规划定位为国家历史文化名城,以"盐、龙、灯"为特色的文化旅游城市,以高新产业为主导的区域性特色型中心城市。规划构建"一主两副十字轴"的市域城镇空间结构,中心城区形成"一绿心、两片区、三组团"的空间布局结构。

自贡境内地形多丘陵,属于亚热带湿润季风气候,生物物种繁多,粮食作物主要有稻、麦、玉米、红苕、豆类5大系列,经济作物主要有茶、果、蔗、油、麻、菜、棉、药、桑等品种,其他作物有饲料、绿肥等品种。矿产资源主要有煤、天然气、卤水、岩盐及石灰石。在西南地区是开发较早、经济也较为发达的城市,自古以来自贡的盐业就是其支柱产业,恐龙、井盐和灯会被称为自贡的"大三绝","小三绝"是龚扇、扎染和剪纸,已发展成为一个拥有国家新材料产业化基地和一批全国知名企业及科研院所,并以机械、化工、盐业、纺织、轻工、食品、灯饰、新型建材等为支柱产业的工业城市。2012年全市实现地区生产总值884.8亿元。

自贡是国家历史文化名城、中国优秀旅游城市、对外开放城市、四川省级风景名胜区、四川省级园林城市、中国"文学之城"百强市,形成了融山、水、城为一体的"半城青山半城楼"的山林城市风貌。盐业已经发展成一种盐业文化,在自贡的历史上书写下光辉的一笔。主要景点有大山铺恐龙化石群遗址、西秦会馆、自贡市盐业历史博物馆、大佛寺、富顺文庙、自贡世界地质公园、飞龙峡等。历史名人有熊过、刘光第、赵熙、卢德铭、雷铁崖、李宗吾、吴玉章、江竹筠等。

3. 攀枝花市

攀枝花市位于中国西南川滇交界部、金沙江与雅砻江汇合处,辖3区(东区、西区、仁和)、2县(米易、盐边),总面积7440平方千米,户籍人口111.79万(六普)、常住人口121.41万(六普),其中城镇人口72.97万。

攀枝花是全国唯一以花命名的地级以上城市、年轻的新兴工业移民城市。1965年以四川会理县、盐边县和云南永仁县部分地区置渡口市,1987年改为攀枝花市。现规划定位为中国西部以资源综合开发利用为主的现代工业城市,川滇交界毗邻地区的区域性中心城市,具有南亚热带风光的山水园林城市。规划中心城区空间布局结构为"一心两轴四片"。

攀枝花地处金沙江、雅砻江交会处,是典型的资源开发型城市、工业城市、山地城市。山高谷深、盆地交错分布,以低中山和中山为主,属南亚热带为基带的立体气候类型,植物和野生动物种类繁多,一级重点保护珍稀濒危植物攀枝花苏铁举世称奇,与恐龙、熊猫一并被誉为"巴蜀三宝"。丰富的光、热资源为农业生产等提供了优越的自然条件,粮食、蔬菜、甘蔗等不但产量高而且质量好,全年可种植番茄、辣椒等喜温蔬菜,可发展香蕉、石榴、葡萄、芒果、番木瓜等热带、亚热带、温带水果。水资源、矿产资源丰富,雅砻江上建立有举世闻名的二滩水电站;钒资源占全国62.2%、居世界第3位,钛资源居世界第1位,为"中国钒钛之都"。为中国西部重要的钢铁、钒钛、能源基地。2012年全市地区生产总值740.03亿元。

攀枝花作为中国优秀旅游城市,拥有国家、省级森林公园多处,已建立了红格温泉、大黑山风景区、龙洞石林、金沙江风景区等旅游区,海子湖泊风光是区内尤为突出的旅游资源。

4. 泸州市

泸州市位于四川省东南部川渝黔滇结合部,中国著名酒城,辖3区(江阳、龙马潭、纳溪)、4县(泸县、合江、叙永、古蔺),总面积12 246.87平方千米、建成区面积82.66平方千米(2010),户籍人口421.84万(六普),其中主城区人口约84万。

泸州历史悠久,古称"江阳"。周时期属巴国,秦置巴郡,西汉建元六年(前135)始建江阳县,南北朝武帝萧衍大同年间(535~546)置泸州,隋改为泸川郡,唐为泸州,1913年设泸县,1950年设泸州市,1983年升为地级市。现规划定位为国家级历史文化名城,川、滇、黔、渝毗邻地域的中心城市,四川省重要的港口城市和工业基地。规划城市空间功能结构为"一核两副、八大功能组团"。

泸州地处四川盆地南缘与云贵高原的过渡地带、长江和沱江交汇处,是长江上游和四川重要的农业综合开发区,是全国和四川重要的商品粮、猪、牛、羊、林竹、水果、烤烟生产基地,盛产粮食(特别是水稻)、牲畜、家禽、林木(竹)、优质水果(特别是荔枝、桂圆)、优质烤烟、茶叶、蚕茧、席草、油菜籽、中药材等农副产品。酿酒业发达,支柱产业为酿酒、化工、机械,是世界级白酒产业基地、全国重要的循环型化工基地、全国重要的装备制造业基地,全国大中型全液压汽车起重机、挖掘机制造中心。有四川省第1大港口和第3大航空港,是四川省南向综合交通枢纽、长江上游重要的港口城市、成渝经济区重要的商贸物流中心,商贸发达经济繁荣由来已久。2012年全市地区生产总值为1030.45亿元。

泸州市是中国历史文化名城、国家卫生城市、国家森林城市、中国优秀旅游城市,获联合国改善人居环境最佳范例奖。景点有泸州大曲明代窖池、龙脑桥、报恩塔、春秋祠、护国岩、龙透关、玉蟾山摩崖造像、尧坝古镇、玉蟾山、丹山、方山、海潮湖、红龙湖、天仙洞、龙脑桥等。历史名人有董和、屈伯川、李大章、傅钟、蒋兆和、王朝闻等。出产闻名遐迩的名酒泸州老窖和郎酒。

5. 德阳市

德阳市位于四川盆地东北边缘,辖1区(旌阳)、3市(广汉、什邡、绵竹)、2县(中江、罗江)、1个国家级开发区(德阳经济技术开发区)、3个省级经济技术开发区(广汉经济技术开发区、什邡经济技术开发区、绵竹经济技术开发区),总面积5954平方千米、建成区面积70平方千米,户籍人口386.96万(六普)、常住人口361.58万(六普),其中市区人口73.5万。

德阳历史悠久,西汉高帝六年(前201)置广汉郡,唐高祖武德三年(620)始置德阳县,1983设地级德阳市。现规划定位为国家重大装备制造业和高新技术产业为主导的现代化工业基地,四川省重要的区域性中心城市和山水宜居城市。中心城区形成"一心两轴三带"的川字型城市空间结构。

德阳市境狭长,地势西北高东南低,地形地貌多样,水力资源、生物资源丰富。农业生产条件较好,大部分地区属都江堰自流灌区,是西部最大的现代化粮油生产基地,四川省重要的粮、棉、油、猪、蚕、苎的生产基地,已建成蔬菜、生猪、家禽、食用菌、药材等10大优质农副产品基地,是国家级苗畜、苗禽基地市、省级优质瘦肉型生猪出口基地市和省级优质粮油生产基地。主要矿产为磷矿石、天然气、石灰岩、煤炭、矿泉水,是四川省天然气和磷矿石生产基地。重装制造、化工、医药、食品、纺织服装等为支柱产业,是国家重要的工业城市、中国重大技术装备制造业基地和全国重要的磷化工基地和化肥生产基地、全国唯一的"联合国清洁技术与再生能源装备制造业国际示范城市"、西南地区电线电缆生产基地、亚洲最大的雪茄烟生产基地、西部最大的植物蛋白饮料生产基地,是中国最重要、最具竞争力的新能源生产基地、世界最大的大型铸锻钢制造基地。2012年全市实现地区生产总值1280.2亿元。

德阳是巴蜀文化发祥地之一、国家优秀旅游城市、省级园林城市,旌湖两岸生态环境获"中国人居环境范例奖"。有古蜀国三星堆遗址、中国德孝城、特级英雄黄继光纪念馆、蓥华山等。历史名人有安安、秦宓、张浚、苏易简、张师古、李调元、杨锐、黄继光、戴季陶等。特产有剑南春酒、蓝剑啤酒、蓝剑饮料、德阳酱油、天府花生、长城雪茄、德阳潮扇、果汁牛肉、绵竹年画、中江柚等。

6. 绵阳市

绵阳市是四川省的第2大城市，位于四川盆地西北部、涪江中上游地带，是国务院批准建设中国唯一的科技城。辖2区（涪城、游仙）、1市（江油）、6县（三台、盐亭、梓潼、安县、北川、平武）、7个开发区（高新区、科创园区、农科区、经开区、仙海区、游仙经济试验区、金家林区），总面积20 249.45平方千米，建成区面积113.4平方千米，常住人口461.39万（六普）、市区人口135.53万（六普）。

绵阳已有2200多年的历史，汉高祖六年（前201）置涪县，以后曾名涪城、巴西、绵州等，1913年改为绵阳县（取"绵山南面之城"意），1976年析置绵阳市，1985年升为地级市。现规划定位为中国科技城，西部研发及制造基地，四川省副中心城市，历史文化和旅游宜居城市。中心城区形成指状生长、山水间隔的多组团空间布局结构。

绵阳地貌类型为山区、丘陵、平坝，山区面积大，江河纵横，水系发达，自然资源极为丰富，有蜀道明珠、富乐之乡、西部硅谷之美誉。气候宜人，土地肥沃，是四川省重要的粮食、油料、生猪、蚕茧、水果生产基地。是中国重要的国防科研和国家重要的电子信息科研生产基地、西部重要的汽车及零部件产业集聚区，形成了以电子信息产业、汽车及零部件产业为主导，以冶金机械、材料、化工、食品等产业为支撑的完备现代工业体系，建有中国最大彩电生产基地——长虹电子集团公司的家电城。2012年实现地区生产总值1346.4亿元。

绵阳市是国家园林城市、中国优秀旅游城市、国家卫生城市、中国最佳宜居城市，荣誉曾获联合国改善人居环境最佳范例奖、中国人居环境奖，李白文化、文昌文化、三国蜀道文化、羌禹文化、白马藏族文化资源富集，李白故里、七曲山大庙、翠云廊、富乐山、越王楼历史文化底蕴深厚。有王朗国家级自然保护区、窦圌山、猿王洞、涪江六峡、小寨子沟、仙海湖、罗浮山温泉、亚洲最大风洞群、芙蓉汉城、新北川"巴拿恰"等旅游资源。历史名人有嫘祖、李白、涪翁、张亚子、文同、李调元、沙汀、黄绍辉、邓稼先等。特产有木雕漆器、仿古家具、壁挂、扎染、黄麻地毯、水磨漆器、玻璃画、扇子、竹禽、平武套枣、梅线、雪宝牛奶、中坝酱油、长虹彩电、湖山音响、茶叶、核桃、蕨菜、木耳、中药材、各种水果等。

7. 广元市

广元市位于四川省北部边缘、嘉陵江上游，处于川陕甘3省结合部，素有"女皇故里""蜀北重镇""川北门户""巴蜀金三角"之称，剑门关更是千古奇关，是对外开放城市、全国首批农科教结合示范区，辖3区（利州、元坝、朝天）、4县（青川、旺苍、剑阁、苍溪）和广元国家级经济技术开发区、广元市天然气综合利用工业园区，总面积16 313.78平方千米，户籍人口309.41万（六普）、常住人口248.41万（六普）。

广元历史古朴而又厚重，远在4000多年前就建立了西南重要的奴隶社会国家——苴国，周慎王五年（前316）秦吞灭苴、蜀，巴建葭萌县，梁为黎州，西魏为利州，元至元十四年（1277）为广元路，明置广元县，1985年撤县设地级广元市。现规划定位为连接西北、西南地区的综合交通枢纽，以发展工业、物流和旅游为主的川陕甘结合部地区的区域性中心城市，最宜人居的生态园林城市和历史文化名城。规划构建"一心两翼"的"人"字形带状组团布局结构。

广元市处于四川北部边缘山地向盆地过渡地带,山脉众多,水力资源、生物资源、煤炭、天然气丰富,有宝珠寺水电站、亭子口水利枢纽工程、紫兰坝电站和海象气田、龙岗西气田、九龙山气田3大气田,是全国中药材主产区之一。农作物以水稻、玉米、小麦、大豆、油菜为主。工业以水电、采矿、电子、机械、建材、纺织、化工、食品加工为主,着重发展建陶、水泥、劣质煤火电、玻璃硅质原料、耐火材料、炼焦、温泉疗养等产业。自古就是川陕甘毗邻地区的交通枢纽和物资集散中心。2012年全市实现地区生产总值468.66亿元。

广元是国家优秀旅游城市、四川省山水园林城市、中国人居环境范例城市、三国历史文化的重要走廊、川陕革命根据地的重要组成部分,境内旅游资源密集,有国家级的自然保护区9处、省级自然保护区18处、国家级文物保护单位8处、省级文物保护单位17处,著名景点有剑门关、皇泽寺、昭化古城、翠云廊、明月峡、白龙湖、米仓山、天曌山等。历史名人有武则天、李开湘、吴忠等。特产有木耳、蕨根、天麻、黄花、薇菜、香菇、苍溪雪梨、苍溪猕猴桃、剑门豆腐、核桃酥饼、女皇蒸凉面等。

8. 遂宁市

遂宁市位于四川盆地中部,涪江中游。辖2区(船山、安居)、3县(射洪、蓬溪、大英),总面积5326平方千米、建成区面积47.5平方千米,常住人口325.25万(六普)、户籍人口378.68万(六普)。

遂宁历史悠久,夏商时期属梁州,东晋设遂宁郡,唐置遂州,明为遂宁县,1949设遂宁专区,1958年并遂宁专区入绵阳专区,1985年撤县设省辖遂宁市。现规划定位为四川省重要交通枢纽、盆中商贸中心、区域性中心城市和生态园林城市。建成1个中心、3个副中心的组团式城市格局,同时沿江形成7大组团。

遂宁属四川盆地中部丘陵低山地区,中小河流众多,紫色土面积最大,生物资源门类繁多,盛产粮、棉、油、果、桑、蔗等,沙田柚、青苹、红橘、"贡橙"等水果享誉省内外,形成生猪、山羊、柠檬、蚕桑、优质粮油等特色产业,是四川粮食、棉花、油料、生猪、水果、蔬菜、中药材重要生产基地。有储量较多的矿藏,主要有石油、天然气、井盐等,尤以天然气和盐卤资源最为丰富。乡镇企业发达,工业以机械、电子、建材、化工、纺织、酒类等行业为主导产业,尤以纺织食品工业闻名,素有"小成都""东川巨邑""川中重镇""西部水都"之称。系四川第2大交通枢纽城市、中国金融生态城市、全国现代物流示范城市。2012年全市实现地区生产总值682.41亿元。

遂宁是国家卫生城市、国家园林城市、中国优秀旅游城市、中国人居范例奖城市、国家生态示范区、中国观音文化之乡,主要景点有广德寺、灵泉寺、中国"死海"、中华侏罗纪公园·龙凤峡、金华山、赤城湖等。历史名人有陈子昂、王灼、席书、黄峨、吕大器、李实、吕潜、李仙根、张鹏翮、张问陶、于渊等。特产有"二金条"辣椒、脐橙、白芷、矮晚柚等。

9. 内江市

内江市位于四川省东南部,沱江下游中段,东邻重庆,辖2区(市中、东兴)、3县(资中、隆昌、威远),总面积5386平方千米、城区面积40.78平方千米,户籍人口427.85万(六普)、常住人口370.28万(六普)、市中区人口50.1万(六普)。

内江市在周王朝时分属古蜀、巴两国,汉置资中县、后析置汉安县,北周天和二年(567)在汉安故址置中江县,隋开皇元年(581)更名内江县,1951年设内江市,1985年升为地级市。现规划定位为成渝经济区重要中心城市、综合交通枢纽和现代产业基地,以书画文化和山水园林为特色的滨水宜居城市。规划形成"一核三轴三极多点"的市域城镇空间结构,中心城市构建"一心两廊、三城多片"的以沱江为轴线的沿江网络化组团式空间布局结构。

内江地貌以丘陵为主,地势平缓,浅丘平坝相间,生物资源、水资源丰富,矿产资源主要有煤、天然气和石灰石。农业主产稻谷、小麦、甘蔗、蔬菜等,是全国商品粮、生猪、水果、特种水产基地。工业形成冶金建材、机械制造、化工医药、轻工纺织、食品饲料等支柱产业,尤以盛产蔗糖、蜜饯著称于世,古有"甜城"之称,是中国制糖重要基地之一。作为"川中枢纽""川南咽喉"的内江自古为商贾云集之地,是成渝经济区中的交通与物流中心之一。2012年实现地区生产总值978.18亿元。

内江有书画之乡、文化之乡、大千文化、体育之乡的美名,景点有张大千纪念馆、静宁寺、白牛寨、罗泉古镇、古宇湖、船石湖、重龙山、圣灵山地质遗迹公园等。历史名人有苌弘、赵贞吉、骆成骧、余燮阳、张大千、张善子、罗世文、喻培伦、范长江等。特产有甜城蜜饯、七星椒、周萝卜、冬尖、夏布、美术陶瓷等。

10. 乐山市

乐山位于四川省西南部,国家首批对外开放城市,辖4区(市中、五通桥、沙湾、金口河)、1市(峨眉山)、4县(犍为、井研、夹江、沐川)和2个彝族自治县(峨边、马边),总面积12 827平方千米,户籍人口354.28万(六普)、常住人口323.57万(六普)。

乐山是四川开发较早的地区之一,古称嘉州,又称海棠香国,历史上属古蜀国地,至今已有2800年以上的有文字记载的历史。巴蜀时代曾是蜀王开明部族的故都,公元前4世纪秦灭巴蜀定名南安,北周置嘉州,隋置眉山郡,南安县改名龙游县,唐复嘉州,宋设嘉定府,清雍正十二年(1734)改龙游县为乐山县,1978年设乐山市,1985年升为地级市。现规划定位为成渝西南中心、新兴产业基地、国际旅游城市,重要的区域性贸易、服务中心,国际休闲旅游城市,战略性新兴产业基地,西部综合交通次枢纽,生态宜居的山水园林城市。城市空间布局将以岷江、青衣江和大渡河为3条城市空间发展轴,形成"三江串五城"的城市结构。

乐山市地处四川盆地向西南山地的过渡地带,岷江、青衣江、大渡河中下游,地貌以山地为主,对维系长江上游生态平衡、保护三峡水利工程和促进长江流域经济、社会发展具有重要的生态战略地位。属中亚热带气候带,盛产水稻、小麦、油料、糖料、水果、棉花等多种农副产品,是四川粮食和副食品生产基地;西南山区是木材、茶叶、中药材等的主要产区。岩盐、磷矿等资源丰富,是全国卤(井)盐的主产地之一。多晶硅及太阳能光伏、冶金建材、盐磷化工、清洁能源、农产品加工5大产业集群特色鲜明、发展势头迅猛,是著名的多晶硅生产基地。2012年实现地区生产总值1037.75亿元。

乐山是著名旅游胜地、国家历史文化名城、中国优秀旅游城市、国家园林城市、世界双遗产城市、世界自然与文化遗产峨眉山—乐山大佛所在地,另有川西竹海、五马坪狩猎场、罗城古镇、美女峰、黑竹沟等景点。历史名人有海通和尚(乐山大佛缔造者)、郭沫若、熊克武、曹葆华等。特产有苦笋、雪魔芋、干姜、黄姜、白姜、黄花菜、黄连、干笋、竹叶青茶叶、独蒜、苏稽米花糖、灵芝等。

11. 南充市

南充位于四川省东北部,嘉陵江中游。辖3区(顺庆、高坪、嘉陵)、1市(阆中)、5县(南部、西充、营山、蓬安、仪陇），总面积1.25万平方千米，建成区面积81平方千米，户籍人口725.58万（六普）、常住人口627.86万（六普）、建成区人口92万（六普）。

南充已有2200年建城历史，秦置阆中县，西汉析置安汉县，北宋置果州南充县，1950年设南充市，1993年升为地级市。现规划定位为成渝经济区及川东北区域中心城市，嘉陵江畔生态、人文并蓄的山水城市，区域产业聚集、科教文卫、商贸物流和金融中心，交通信息枢纽。规划确定"北拓南延、跨江东进、以江为轴、拥江发展"的城市空间发展战略，形成"一心一带三轴"的城镇空间结构。

南充地貌以丘陵为主，河流密布，盛产多种粮食和经济作物，尤以蚕茧、柑橘、生猪等驰名，已成为名副其实的全国4大蚕桑生产基地和丝绸生产、出口基地之一，为闻名遐迩的丝绸之都、久负盛名的水果之乡。资源富集，是重要的水能开发基地，重点资源有土地、动植物、水、天然气、石油和盐卤等，拥有西部最大的天然盐矿，仪陇龙岗气田为中国最大的天然气田，建有全国首个电网异地备调中心。工业以丝绸、纺织、机械、石油、化工、皮革、服装、医药、食品为主。居于"西通蜀都、东向鄂楚、北引三秦、南联重庆"的特殊地理位置，享有"川北心脏""川北重镇"之称，是四川内陆交通通讯枢纽、川北最大商品集散地、三峡经济区重要组成部分、国家对外开放重要口岸，已经形成公路、铁路、航空、水运四位一体交通网络，拥有丝绸大世界、西门综合批发市场、川北粮油批发市场光彩大市场等一批规模大、辐射力强的商品交易场。2012年地区生产总值为1180.36亿元。

南充是三国文化的发祥地、川陕革命根据地、四川省著名历史文化名城、中国优秀旅游城市、国家园林城市、忠义之邦、"三总"故乡、中国春节文化之乡，积淀了丰厚、深邃的三国文化、丝绸文化和川北民间文化，旅游资源非常丰富，有凌云山、阆中古城、天宫院、九龙湖、西山、嘉陵第一桑梓、琳琅山等景区。历史名人有纪信、司马相如、张飞、王平、张宪、谯周、落下闳、尹枢、尹极、陈尧叟、陈尧佐、陈尧咨、朱德、罗瑞卿、张澜、张思德等。

12. 眉山市

眉山市位于成都平原西南部，岷江中游和青衣江下游的扇形地带，成都—乐山黄金走廊中段。辖1区（东坡）、5县（仁寿、彭山、洪雅、丹棱、青神），总面积7186平方千米，户籍人口348.95万（六普）、常住人口295.05万（六普）。

眉山古称"眉州""青州"，南齐建武三年（496）犍为郡武阳县境建齐通左郡，南梁太清二年（548）设青州辖齐通县，西魏废帝二年（553）改青州为眉州，北周建德元年（572）眉州改青州，大城元年（579）青州改嘉州，隋撤州建眉山郡、改齐通县为通义县，北宋太平兴国元年（976）改通义县为眉山县，2000年撤县建地级眉山市。现规划定位为成都都市圈区域性中心城市，以东坡文化为特色的历史文化名城，现代生态田园城市。规划总体形成"一环两心三片四轴多组团"的空间结构。

眉山丘陵起伏，河网密集，岷江和青衣江贯穿境内，丹霞地貌发育，气候温和，自古"山川灵秀，物产丰富，甲于西蜀"，是全国和四川省的粮食、油料、肉类、水果等商品的生产基地，"中国脐橙之乡"和"中国优质稻米之乡"。有钙芒硝、石膏、页岩等多种地下矿产。初步形成了饲料、食品、化工、建材、有色金属等支柱产业。是成都平原通联川南、川西的重要交通枢纽和物质集散中心，"国家星火计划农村信息化试点市"和"四川省制造业信息化工程重点城市"。2012年全市实现国内生产总值775.22亿元。

眉山有东坡文化、长寿文化、道教文化、佛教文化、竹文化、水文化等，每年开展东坡文化节、彭祖山寿星节、洪雅台会、瓦屋山杜鹃节、冰雪节、瓦屋山国际道教文化节、青神的竹编艺术节、橘花节、仁寿的枇杷节、仁寿羊肉美食文化节、仁寿曹家梨花节、丹棱的唢呐艺术节等。主要旅游景点有三苏祠、三苏纪念馆、瓦屋山、黑龙滩水库、彭祖山（仙女山）、老峨山、牛角寨大佛、中岩寺、中国竹艺城、东坡湖公园、龙鹄山。历史名人有李密、苏轼、苏洵、苏辙、石鲁、冯建吴等。特产有龙眼酥、东坡肘子、芝麻糕、冻粑、脐橙、东坡松花蛋、峨山茶、彭祖寿柑、江团鱼、青神碰柑、青神竹编等。

13. 宜宾市

宜宾别称"僰道""戎州""叙州城"，位于四川省南部，川滇黔3省结合部，因金沙江、岷江在此汇合，长江至此始称"长江"，故被称为"万里长江第一城"。辖2区（翠屏、南溪）、8县（宜宾、江安、长宁、高县、筠连、珙县、兴文、屏山），总面积13 298平方千米，建成区面积55.14平方千米（2010），户籍人口540.66万（六普）、常住人口447.2万（六普），苗、彝、回族为世居民族。

宜宾是长江上游开发最早、历史最悠久的城市之一。汉高后六年（前182）设僰道县（始建宜宾城），汉昭帝始元元年（前86）犍为郡移治僰道，梁武帝大同十年（544）设戎州，北周设外江县，隋复名僰道县，北宋政和四年（1114）戎州改叙州、僰道县改宜宾县，1951年撤县设市，1996年升为地级市。现规划定位为中国酒都，国家综合能源基地，国家历史文化名城，长江上游川滇黔结合部一级中心城市及综合交通枢纽。规划确立了"一核一带二线五点"的放射状城镇空间布局结构；中心城区形成"一心八组团"的紧凑型组团式布局结构。

宜宾山丘广布，平坝狭小，中山、低山、槽谷、丘陵和平坝错综交织，农业资源丰富，生物资源多样，是植物之苑、香料之都、茶叶世界、天然竹海，油樟是特色的乡土树种，素有"天然油樟植物园"之称，是全国最大的油樟基地。国家确立的水电、火电、核电综合发展的重要能源、原材料生产基地，大林业开发、水利水电改革发展、生态农业开发国家定点试验区，粮油、林竹、畜牧、茶叶、柑橘、烤烟、高粱、蚕桑、油樟、甘蔗10大商品农业基地。有食品、能源、化工、化纤、机械、造纸、旅游等为支柱产业，素有"西南半壁古戎州"和"中国酒都"的美誉，发达的酿酒工业使宜宾成为名副其实的"中国酒都"。为川南、滇东北和黔西北一带重要的物资集散地和交通要冲。2012年地区生产总值达1242.76亿元。

宜宾为著名的中国历史文化名城、南丝绸之路的起点、中国最佳文化生态旅游城市之一，特色文化有酒文化、竹文化、僰人文化、哪吒文化、茶文化等。有蜀南竹海、石海洞乡、博望山、西部大峡谷、忘忧谷、老君山、筠连岩溶、筠连古楼山、八仙山、七仙湖、金秋湖、李庄古镇、龙华古镇、流杯池等景点。历史名人有邓子均、赵一曼、阳翰笙、唐君毅、侯光炯、张文湘等。特产有芽菜、叙府糟蛋、兰香斋熏肉、石磨芝麻油、竹簧、竹雕、竹编、夏橙、荔枝、椪柑、五粮液酒。

14. 广安市

广安市位于四川省东部，辖1区（广安）、1市（华蓥）、3县（邻水、岳池、武胜），总面积6344平方千米，户籍人口466.7万（六普）、常住人口320.55万（六普）。

广安秦置巴郡宕渠县，南北朝析置始安县，隋为賨城县，唐高祖武德元年（618）复名始安县，唐玄宗天宝元年（742）改渠江县，宋太祖开宝二年（969）置广安军，元置广安府，1912年改为广安县，1998年设地级广安市。现规划定位为以邓小平故里为核心的纪念性旅游城市，山水园林型的川东地区性中心城市。规划形成"一城五区"的组团式城市布局结构，中心城区建立"一主两辅"组合型空间结构。

广安呈扇形分布于川中丘陵与平行岭谷两大地形区之间，以丘陵为主，是全国几个低日照、辐射低值区之一,有"一雨便是秋"之说。自然资源丰富,土地肥沃,灌溉便利,为生产水稻、小麦、玉米、油菜、花生、苎麻、蚕桑、烟叶、甘蔗等农作物和经济作物提供了优越的条件;畜牧业成为农业的支柱产业,建立了优质生猪、山羊、家禽、肉兔等养殖基地。煤炭、电力、建材、机械加工及装备制造为支柱产业,化工、有色金属、电子信息、生物医药、新材料、节能环保等新兴潜力产业发展迅速。2012年地区生产总值达752.2亿元。

广安是邓小平的故乡,红色旅游资源丰富独特,具有浓厚的川东民俗文化特色,有沿口古镇、邓小平故里、龙须沟、宝箴塞、御临峡、华蓥山石林、翠湖、凤山等。历史名人有安丙、石天柱、张百祥、杨森、何鲁、邓小平、陈运和等。特产有盐皮蛋、松针茶叶、龙安柚、木耳、香菇、薇菜、蕨根粉条、刺嫩芽、顾县豆腐干等。

15. 达州市

达州市位于四川省东北部,大巴山南麓。辖1区(通川)、1市(万源)、5县(达县、宣汉、开江、大竹、渠县),总面积16 591平方千米,常住人口546.8万(六普)、户籍人口682.72万(六普)。

达州上古属巴地,秦和西汉属宕渠县,自东汉和帝永元二年(90)置宣汉县,刘宋永初年间(420~422)升宣汉县为巴渠郡,梁大同二年(536)废巴渠郡置万州,西魏废帝二年(553)改万州为通州,宋乾德三年(965)改达州,1913年设达县,1976年析置达县市,1993年更名达州市,1999年升为地级市。现规划定位为中国西部天然气能源化工基地,秦巴地区交通枢纽和物流中心,川渝鄂陕结合部区域性中心城市。规划形成"以西城为城市中心,以南城和老城为城市副中心,沿州河发展轴展开"的组团式布局结构形态,形成"一城五片"的功能分区。

达州属亚热带季风气候,山地面积大,地形雄奇逶迤。水力资源、生物资源、矿产资源极为丰富,是全国、全省的苎麻、商品粮、油料、生猪、肉牛、中药材、茶叶生产基地,享有中国苎麻之乡、中国黄花之乡、中国油橄榄之都、中国富硒茶之都、中国香椿第一市的美称。富藏天然气、铁矿、石煤,是国家天然气开发的重点地区和"川气东送"工程的起点,有"中国气都"之称。是农业大市、工业重镇,有"川东明珠"之誉,已形成能源、冶金、建材、机电、食品、医药、纺织、食品加工、商贸物流等为主体的产业体系,"1+7"园区发展格局初步构建。地处川渝鄂陕四省市结合部和长江上游成渝经济带,是四川通江达海的东通道、西部重要的物流枢纽城市。2012年全市实现生产总值1135.46亿元。

达州为全国闻名的革命老区、四川省园林城市,主要名胜古迹有龙爪塔、嘎云亭、真佛山、莲花湖、太平寨、铁山森林公园、金山寺、花萼山、观音峡、八台山、百里峡、汉阙、汉代宕渠城遗址、文庙、三汇文峰塔、竹海公园等。历史名人有李特、元稹、唐瑜、李长祥、唐甄、张爱萍、陈伯钧、王维舟、庞中华等。

16. 雅安市

雅安市位于四川盆地西部边缘,长江上游。辖1区(雨城)、7县(芦山、名山、天全、荥经、宝兴、汉源、石棉),总面积15 314平方千米,户籍人口155万(六普)、常住人口150.72万(六普)。

雅安拥有2000余年的两汉文化历史底蕴,秦始置严道县,西魏废帝二年(553)置始阳县,隋仁寿四年(604)置雅州为州治所,清雍正七年(1729)升州为府并置雅安县,1951年撤县设市,2000年升为地级市。

雅安是青藏高原向成都平原的过渡地带,山川秀美,生态良好,是天然氧吧、四川降雨量最多的区域,有雨城之称。森林分布广阔,生态资源优势突出,是世界上第一只大熊猫的发现地和模式标本产地,茶栽培的发源地,全球人工栽培茶树最早的地区。矿产丰富,尤以石棉、锰、煤最为重要,雅安绿、雅安红等石材闻名全国,为全国主要石材出口基地。农副产品有稻米、杂粮、药材、汉源花椒、蒙顶茶、笋干、生漆、雪梨等;工业产品主要有矿产(石棉、云母、煤等)、电力、化工产品、制革品、机械加工产品、建材等,为国家水电基地。自古就是内地沟通西藏、云南和攀西地区的交通咽喉和商品集散地,物资贸易中心,南丝绸之路的主要通道、中国南路边茶茶马古道的起始地,有"民族走廊"之称。2011年全市实现地区生产总值350.13亿元。

雅安地处汉文化与藏民族文化结合过渡地带、现代中心城市与原始自然生态区的结合过渡地带,是革命老区、中国优秀旅游城市、四川省历史文化名城和新兴的旅游城、全省乡村度假旅游和自驾车旅游的热点地区,为大熊猫的故乡、世界茶文化发祥地、汉代文物之乡、西部生态乐园。旅游地有汉高颐阙、白马泉、碧峰峡、蒙山、唐代摩崖造像、严道古城遗址、富林文化遗址、安顺场渡口、田湾河、汉樊敏碑阙、飞仙关、蜂桶寨、大板桥、上里古镇、周公山温泉、宝兴邓池沟熊猫故乡等。历史名人有樊敏、吴理真、高颐、何崇政等。特产有"雅安三绝"(雅雨、雅鱼、雅女)、6大贡品(雅鱼、蒙顶茶、香谷米、花椒、黄连、外郎石砚)。

17. 巴中市

巴中市位于四川省东北部,川陕交界处。辖1区(巴州)、3县(平昌、通江、南江),总面积12 325平方千米,户籍人口393.98万(六普)、常住人口328.37万(六普)。

巴中历史悠久,始建于梁魏,东汉永元年间置汉昌县,北魏宣武帝延昌三年(514)首置巴州,1913年改为巴中县,1993年撤县设市,2000年升为地级市。现规划定位为历史文化名城,川陕结合部的交通枢纽和商贸物流中心,以生态农业、红色和生态旅游、清洁能源产业为主的山水园林城市。中心城区形成"一城五组团"城市空间布局结构。

地处大巴山系米仓山南麓,山河之间,田连阡陌,光热资源充足,生态优美,物产丰富,被称为"四川盆地北缘山地重要的生物基因库",骨干经济作物中的蚕桑、烟叶、茶叶、油菜、水果、甘蔗、生姜等已形成规模优势,通江"天岗银芽"获国际博览会金奖,南江大叶茶被国家列为优质品种推广,是国家粮食储备和输出基地。已有电力、煤炭、机械、食品、纺织、印刷、医药、建材、皮革、化工、缝纫、造纸、橡胶、塑料、金属制品等行业,食品饮料、建材、丝绸纺织、制药等已发展成为地方经济的支柱产业。2012年地区生产总值为390.4亿元。

巴中为全国第2大苏区——川陕革命根据地的中心和首府,素有"红军之乡"。唐代摩崖造像数量多、布局巧,被誉为"巴中盛唐彩雕全国第1",是全国10大石窟之一。自然生态旅游资源以奇峰峡谷、溶洞和原始生态为主,主要有光雾山、大坝森林公园、诺水河、阴灵山、南阳森林公园等。历史名人有张思训、晏阳初、刘伯坚等。特产有银耳、香菇、核桃、板栗、银杏、生漆、杜仲、黄柏、厚朴、蕨菜、山露菜等。

18. 资阳市

资阳市位于四川盆地中偏西部,辖1区(雁江)、1市(简阳)、2县(安岳、乐至),总面积7962.56平方千米,建成区面积37平方千米,户籍人口502.78万(六普),常住人口366.5万(六普)。

资阳历史悠久,汉武帝建元六年(前135)置资中县,北周明帝武成二年(560)因位于资水(沱江)置资阳县,1993年撤县设市,2000年升为地级市。现规划定位为成都经济区新兴的区域性中心城市,机车产业制造基地和绿色食品加工配送基地,丘陵特色鲜明的生态宜居江城。构建"一江三片十组团"的城市空间结构。

位于华夏系四川沉降带之川中褶带内,以丘陵为主,九曲河被资阳人民称之为母亲河。粮、棉、油、果、菜、中药材等生物资源较为丰富,是四川粮食主产区和经济作物重点产区、全国大型商品粮基地、生猪基地和柠檬基地,生猪、山羊、水产、蚕桑产量均居全省前列。形成了机械制造、化工、食品、医药、丝绸纺织5大支柱产业。资阳市是成渝经济区和四川省重点发展的成都经济区的重要组成部分,建设国家机车和汽车制造及出口基地、绿色食品加工配送基地、节能产品生产基地、国际会展基地及休闲度假旅游目的地。造车和医药、食品、纺织、建材及节能"1+4+1"主导产业加快培育壮大,特别是以铁路机车和商用汽车为龙头的造车产业和新兴节能产业发展势头强劲。2012年全市地区生产总值为984.7亿元。

资阳是人类文明的重要发祥地,有龙泉湖、花溪谷、三岔湖、五凤山、华严洞、安岳石刻、陈毅故居等主要特色旅游资源。历史名人有苌弘、王褒、董钧、陈毅、陈离、张云强等。特产有柠檬、通贤柚、临江寺豆瓣、简阳羊肉汤、乐至烤肉等。

二、各县级市发展概况

1. 都江堰市　1988年撤销灌县设立都江堰市,面积1208平方千米,人口61.38万(2012)。位于成都平原西北边缘、成都市城西,以著名的都江堰水利工程而得名,以都江堰—青城山世界文化遗产闻名于世。是一座新兴的工业城市、旅游城市、国家历史文化名城、中国优秀旅游城市,获首届中国人居环境范例奖。地跨川西龙门山地带和成都平原岷江冲积扇扇顶部位,素有"六山一水三分田"之说,水资源、森林资源丰富。农业有水稻、玉米、小麦、油菜籽、药材、蚕桑等多种农产品,是国家发展茶叶、川芎、红梅、黄柏、杜仲、厚朴、猕猴桃生产基地,是国家粮油生产基地县(市)。电子、机械、医药、化工、轻纺、食品等支柱产业。青城山是道教发祥地之一。2012年完成生产总值208.18亿元。

2. 彭州市　1993年12月撤县设市,面积1421平方千米,人口80.53万(2013)。位于成都市北部,是古蜀文化发源地之一,开创了湔江文化。是古蜀国建都立业的核心地区,素有"天府金盆""蜀汉名区"之美誉。成都平原与龙门山过渡地带,山、丘、坝俱全,形成了"六山一水三分坝"的自然格局。有丰富的矿藏、林业、药材、水利和旅游资源,全国商品粮大县,国家、省、市级的小麦、瘦肉型猪、彭州柚、速生丰产林、中药材等13大商品生产基地,是中国南方最大的牡丹观赏基地、中国西南最大的蔬菜批发市场、国家级南菜北运转运站。已建成以医药、建材、食品、化工4大支柱产业、涉及40余个门类的工业体系。2012年完成生产总值213.09亿元。

3. 邛崃市　1994年6月撤县设市,面积1384平方千米,常住人口61.3万(2010)。位于成都平原西南部,古称临邛,是巴蜀四大古城之一、世界上最早发现和使用天然气的地方、中国食品工业百强县(市)、国家瘦肉型猪生产基地县(市)、中国最大白酒原酒基地。地形平坦、开阔,土壤肥沃,宜种性广,灌溉便利,劳力集中,为市之粮油、果、渔、林、牧区。有金、铜、菱铁、煤、钙芒硝等矿产资源,天然气和石油储量尤为丰富。形成食品工业为龙头,医药及药用包装业与化工业为支柱,商贸、旅游、现代农业为增长点的特色经济新格局。农业形成畜牧、竹业、茶叶、蚕桑为主的四大特色产业和生猪、肉羊、粮油、水果、制种5个特色产业带。2012年完成生产总值150.43亿元。

4. 崇州市　1994年6月撤县设市,面积1090平方千米,人口66.6万(2012)。地处川西平原、四川省的腹心,有"天府粮仓"之美誉,是全国14个熊猫生态自然保护区之一、是全国商品粮基地县(市)、瘦肉型猪基地县(市)、粮棉专贷大县(市)和国家级农业综合开发区,主产川芎、郁金,为全国川芎生产基地县(市)。属山地、丘陵、平原兼有的地貌类型,形成"四山一水五分田"的土地结构,矿产、生物、水力资源丰富。工业有玻璃制品、蓄电池、复合管件、电力、水泥、机械配件、皮革皮鞋、酿酒、农产品深加工、家具、饲料等主导产品。为中国优秀旅游城市、中国人居环境范例城市。2012年完成生产总值163.43亿元。

5. 广汉市　1988年撤县设市,面积538平方千米,人口60.6万(2012)。位于四川省之腹心,古称雒县、汉州,是成都平原以北的重镇,自古有"蜀省之要衢,通京之孔道"之说。境内为沱江冲积平原地带,地势平坦,气候温和,河流纵横,水塘密布,土地肥沃,风光秀丽,被誉为"成都的后花园"。形成了优质粮油、蔬菜、水果、花卉苗木、食用菌和优质畜禽、水产品、中药材等生产基地,是国家商品粮和瘦肉型猪生产基地。广汉是"四川省经济综合实力10强县(市)"之一,成都都市圈、半小时经济圈重要组成部分。经济以工业为主,主导产业为医药、轻纺、机械、食品、旅游。2012年完成生产总值251.9亿元。

6. 什邡市　1995年撤县设市,面积864平方千米,人口43.8万(2012)。古为方国,蜀中名城,位于德阳市西南部与成都市西北部之间,素有"川西明珠"的美誉,享有"禹迹仙乡"之美誉。山区、丘陵、平原兼而有之,有"六山一水三分田"之称。拥有储量大、品位高的磷矿、原煤、石灰石、花岗石等矿藏和多种林木、药材资源,是全国重要的磷矿生产基地。全市农村已初步形成了以旅游资源开发、"三木"药材、野菜加工、优质肉羊及名优干果开发为主的山区经济格局,以食用菌、大蒜、农业综合开发为主的沿山经济格局,以水禽养殖为主的一江两河经济格局,以制种、晒烟、瘦肉猪、大棚蔬菜、小家禽苗、第三产业等为主的平坝经济格局,制种、晒烟、蔬菜、食用菌、银杏、砂梨、猕猴桃、中药材、优质猪、水禽10大基地已初具规模。目前已形成食品、化工、冶金、建材、医药5大支柱工业体系。2012年完成生产总值188.6亿元。

7. 绵竹市　1996年撤县设市,面积1245平方千米,人口50.7万(2012)。位于四川省中北部、沱江的上游、成都平原北缘,有"古蜀翘楚,益州重镇"之誉,被誉为"天下七十二洞天福地之一"。地形有"六山一水三分田"的特点,西北部山地区是境内诸河流的发源地。水能、生物、矿产资源丰富,磷、煤、白云石、石灰石储量巨大,为全国4大磷矿基地之一。剑南春酒、绵竹年画享誉国内外,是年画之乡、名酒之乡、生态旅游之乡。依托剑南春、磷矿、东汽、建材4大资源优势,不断促进食品、化工、机械加工、建材等主导产业的发展壮大。2012年完成生产总值167.7亿元。

8. 江油市　1988年2月撤县设市,面积2719平方千米,人口88.68万(2012)。位于四川盆地西北部,涪江上游,龙门山脉东南。是中国"三线"建设的重点地区之一、位于成都经济圈北端的一座正在崛起的新兴工业城市、旅游城市,素有小成都、李白故里、九寨门户、蜀道咽喉、华夏诗城之称。以平坝和丘陵的地貌为主,自然条件优越,农副产品丰富,农业的主导产业有玉米、小麦、稻谷、油菜籽等,是国家重要的商品粮基地、能源基地、冶金基地、建材基地。依据丰富的资源,逐步建立起了冶金、能源、机械、建材、化工、纺织、食品等门类为主的工业体系。2012年完成生产总值242.14亿元。

9. 峨眉山市　1988年撤县设市,面积1151.4平方千米,人口43.5万。位于四川省西南部,以著名的峨眉山风景区而得名,地处盆地到高山的过渡地带,地貌类型多样,起伏大。自然资源非常丰富,盛产茶叶、白蜡、黄连,形成了以茶叶、蔬菜、中药材、畜牧为主的四大农业产业优势,建成了全国无公害茶叶示范基地和省级茶叶、蔬菜、食用菌、黄连、优质稻、食用竹笋无公害基地,成为全国最大的草席生产基地和茶叶集散基地,中药材享誉全国,白蜡产量占全国的1/2。是西南地区主要的非金属矿区和建筑建材基地。乡镇企业成为农村经济的主体力量和国民经济的重要支柱。工业形成了冶金、建材、机械、塑料、医药、饮料等6大支柱产业。峨眉山是世界自然与文化遗产名录、中国4大佛教名山之一和旅游胜地。2012年完成生产总值163.63亿元。

10. 阆中市 1991年撤县建市,面积1878平方千米,人口88.19万(2010)。位于四川省东北部,嘉陵江中游,战国时曾为巴国国都,是中国对外开放城市、国家级生态示范市、中国优秀旅游城市、国家历史文化名城、宗教传播中心,有阆苑仙境、巴蜀要冲、天下第一江山、阆中天下稀、世界千年古县、国际最佳旅游度假胜地、中国春节文化之乡等美誉。地貌以低山丘陵为主,稻米、小麦、玉米、油菜、棉花、柑橘、蚕桑等粮经作物久负盛名,半夏、沙参、川芎、杜仲、银杏等名贵中药材种植历史悠久,是全国的商品粮、棉花、桑蚕、水果、猪肉、油桐和速生林生产基地和四川省轻工重点发展基地,丝绸、棉纺、酿造为传统产业,已形成食品加工、轻工纺织、医药化工、水电能源4大行业为支柱,机械、丝绸、皮革、包装、能源、化工、工艺美术7大行业为重点的工业结构。2013年实现地方生产总值157.3亿元。

11. 华蓥市 1985年2月撤华云工农区设华蓥市,面积470平方千米,人口36万(2010)。位于四川盆地东缘,华蓥山脉中段西麓,渠江以东,因华蓥山而得名,曾是华蓥山游击队活动的主要区域、国家"三线"建设基地之一。以华蓥山为界,西部以低丘为主,东部以山地为主,喀斯特地貌突出。蕴含着丰富的矿产资源、地热资源、水资源、森林资源、野生动物资源等自然资源,堪称"自然资源的宝库"。果业、竹业、畜牧业、劳务开发4大特色农业及建材、能源、机加、食品加工等支柱初步形成。为四川省风景名胜区、国家森林公园、国家地质公园、全国红色旅游经典景区、中国优秀旅游城市。2012年完成生产总值104.2亿元。

12. 万源市 1993年7月撤县设市,面积4065平方千米,人口60多万。是四川面积最大的县级市。位于四川东北部,大巴山腹心地带。因地处万顷池和诸水源头,故名万源。是中国南北气候的分界线和嘉陵江、汉江的分水岭,连接川陕渝经济、文化、交通的重镇,素有秦川锁钥之称。属典型的山区农业市,藏珍蓄宝,物产丰富,享有"万宝之源"的美誉。主产水稻、玉米、小麦、薯类等粮食作物,盛产茶叶、魔芋、中药材、耳菇、烟叶、蚕桑等多种经济作物,是川东北优质绿茶基地、国家星火计划无公害优质富硒绿茶生产示范基地、国家级茶叶标准化生产示范区和川东北富硒茶基地,荣获"中国富硒茶之都"称号。畜牧业是万源农业的支柱产业之一。2012年完成生产总值100.85亿元。

13. 简阳市 1994年撤县设市,面积2215平方千米,人口148万。位于四川盆地西部,龙泉山东麓,沱江中游,素有"天府雄州""蜀都东来第一州""成都东大门"之美誉。为全国商品粮、瘦肉型猪和山羊板皮等10大商品基地。地貌以浅丘为主,水资源极为丰富,经济以农业和机械工业为主,是四川省最主要的粮食产区之一,全国粮食、生猪等农产品生产百强县,盛产稻谷、小麦、棉花、油菜等,特产柑橘、水蜜桃、樱桃和山羊板皮。形成了以机械、药业药械、纺织、化工为主的工业体系。区位条件优越,处在承接延伸成都辐射的最短半径之内,是川东、川南资源要素向成都聚焦汇集的前沿端口和成都经济区的重要组成部分。境内"两湖一山"休闲度假旅游区为四川省新5大旅游区之一。2012年完成总值310.8亿元,列县级市第2位。

14. 西昌市　1979年撤县设市,是四川成立最早的县级市,面积2651平方千米,人口63.54万(2012)。位于川西高原腹地,是凉山彝族自治州首府所在地,素有有"月城"和"小春城"之美誉。北部有西昌卫星发射中心,是中国的航天城、中国优秀旅游城市、国家森林城市。地处攀西地区腹地,矿产资源、水力资源、生物资源、旅游资源富集,建成优质稻、马铃薯、蔬菜、石榴、鲜食水果、烤烟、蚕桑等特色农业基地,是四川省茧、丝、烟、果、菜、水产、花卉、优质米、瘦肉型猪等生产基地。工业企业中主要有矿石采选、食品、饮料、制茶、木材加工、家具制造、造纸及纸制品、化肥制造、塑料制品、建材制品、有色和黑色金属冶炼及加工、金属门窗制造、水力发电等,是攀西地区的政治、经济、文化及交通中心,川滇结合处的重要城市,是四川打造的攀西城市群中的核心力量。2012年完成生产总值334.05亿元,列四川省县级市第1位。

第三节　贵州省

截止到2012年底,贵州省设有6个地级市(贵阳、六盘水、遵义、安顺、毕节、铜仁)、3个自治州(黔南布依族苗族自治州、黔西南布依族苗族自治州、黔东南苗族侗族自治州)、7个县级市(都匀、兴义、凯里、福泉、清镇、仁怀、赤水)、56个县、11个自治县、13个市辖区和1个特区。面积约17.6万平方千米,占全国国土面积的1.8%。据第6次全国人口普查,全省常住人口3464.75万,城镇人口1174.78万,城镇化率33.81%。2012年贵州地区生产总值达到6802.2亿元,增长13.6%。贵州是一个山川秀丽、气候宜人、民族众多、资源富集、发展潜力巨大的省份,有黄果树瀑布、赤水风景名胜区、荔波漳江、遵义会议会址、梵净山等名胜古迹。

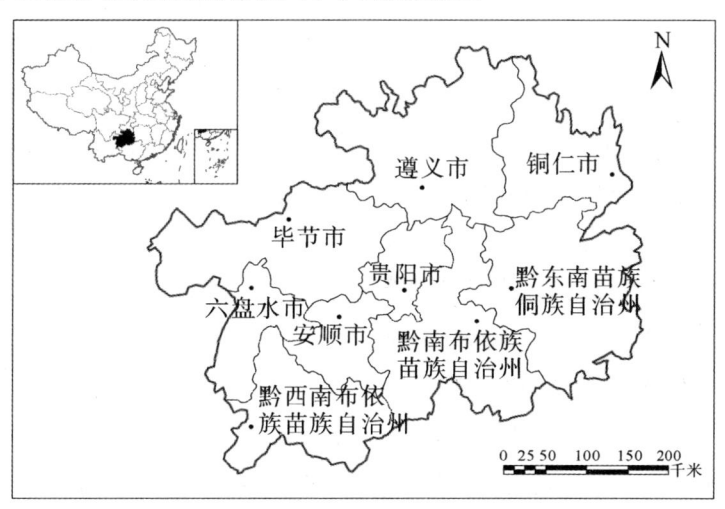

图3-5-3　贵州省行政区划图

一、各地级市发展情况

1. 贵阳市

贵阳位于位于贵州省中部,云贵高原东侧,川黔、贵昆、黔桂3铁路交点,辖6区(云岩、南明、白云、乌当、花溪、小河)、1市(清镇)、3县(修文、开阳、息烽)和1个城市新区(金阳新区)、2个国家级开发区(贵阳国家级高新技术产业开发区、贵阳国家级经济技术开发区),总面积8034平方千米、市区面积2403平方千米、城区建设面积220.31平方千米,常住人口432.45万(六普)、城镇的人口为294.63万(六普)。是一个多民族散杂居的城市,有51个民族,其中苗、布依、土家、彝、侗、仡佬、白、回、满、壮、水族为世居少数民族。

贵阳又称"金筑""筑城""林城",因位于境内的贵山之南而得名。古为夜郎国,汉元鼎六年(前111)置牂舸郡,唐武德四年(621)置矩州,北宋开宝七年(974)称贵州(省名之源),元置顺元城,明置新贵县,清设贵阳府,1914年设贵阳县,1941年设贵阳市,1949年改为地级市。现规划定位为贵州省省会,西南地区重要交通枢纽,西部地区重要中心城市之一,全国重要的生态休闲度假旅游城市。中心城区形成"一城三带多组团、山水林城相融合"的空间布局结构。

贵阳地处云贵高原东部、黔中山原丘陵中部、长江与珠江分水岭地带,地势起伏较大,喀斯特地貌大量分布,享有"山国之都"的美誉。森林覆盖率在全国省会城市中最高。水力资源丰富,是全国10大水电基地之一。铝土保有储量占全国的1/5,清镇市猫场为国内著名特大型铝土矿;磷矿储量全国70%以上,是全国3大磷矿基地之一。是一座以资源开发见长的综合型工业城市,冶金、机械、化工、食品、建筑业为地方工业的5大支柱产业,是全国最大的铝工业生产基地之一,磷矿工、精密光学仪器是全国3大生产基地之一,电子仪器仪表是全国5大生产基地之一,航天、航空、电子是全国3大国际科学工业基地之一,卷烟、磨具磨料、轮胎、钎钢、汽车配件、中成药等是全国重点生产基地。是国务院确定的"黔中产业带""成渝经济区"和"泛珠三角经济区"内的重要中心城市,西南地区重要的交通通信枢纽、工业基地及商贸旅游服务中心,国家服务业综合改革试点区域和全国"流通领域物流示范城市"。2012年实现地区生产总值1700.30亿元。

贵阳孕育了独特的夜郎文化,是一座"山中有城,城中有山,绿带环绕,森林围城,城在林中,林在城中"的城市、"避暑之都"、首个国家森林城市、中国优秀旅游城市、国家园林城市,旅游资源非常丰富,著名景点有黔灵山、弘福寺、红枫湖景区、百花湖景区、青岩古镇、甲秀楼、观山湖公园、情人谷、香纸沟、鱼洞峡、仙人洞、东山塔、天河潭。历史名人有杨龙友、姚茫父、周渔璜、陈夔龙、李端棻等。特产有本地茶叶、辣椒、贵烟、黄果树香烟、烟丝、蜡染、木雕、各色民族饰品、刺梨酒、糯米酒、杨梅酒、蜡染服饰、苗银配饰、牛角梳、牛角锤、民族面具等。

2. 六盘水市

六盘水市位于贵州省西部,川滇黔桂4省区结合部,由六枝、盘县、水城组成,故名"六盘水",有"凉都"之美誉。辖1区(钟山)、1特区(六枝)、2县(盘县、水城),总面积9926平方千米,建成面积为68平方千米(2010),常住人口285.1万(六普)、城区人口61.67万(六普)。

六盘水市境史前是古人类的重要栖息地。六枝原名郎岱县,建于清雍正八年(1730);盘县建于晋成帝时期,名西宁县,清改为盘州厅,民国时改为盘县;水城建于清雍正十年(1732)。1964年3县分别为矿区,1970年合并成立六盘水地区,3县分别为特区,1978年改为六盘水市。现规划定位为西南地区能源、原材料、煤化工生产基地和重要的铁路交通枢纽之一,贵州省西部地区中心城市。规划形成"一心四组团"的中心—组团式空间布局结构。

六盘水地处长江上游和珠江上游的分水岭,喀斯特地貌类型齐全,发育典型,山峦众多,沟壑纵横,气候宜人,水资源、生物资源、矿产资源丰富,是南方最大煤炭资源基地,有"江南煤都"和"中国凉都"之称。粮食作物有玉米、水稻、马铃薯、小麦、大豆、荞麦等,经济作物有油菜、烟草、花生、茶、麻类、棉、糖料、蚕桑、芝麻及其他油料作物。煤炭、电力、冶金、建材为支柱产业,核桃乳、马铃薯片、富硒茶、山城啤酒、矿泉水、生物制药等系列绿色产业发展迅速,是江南地区重要的煤炭钢铁工业基地。系国家确定的"攀西—六盘水地区资源综合开发区"的重要组成部分、全国国土资源重点开发的地区、国家西部大开发南贵昆经济带中的重要结点城市。2012年全市地区生产总值为738.65亿元。

六盘水是古文化(原始人文化、夜郎文化)、红色文化、民族文化、"三线"文化等多元文化的融合地,融民族风情和喀斯特地貌风光为一体的旅游别具一格,有麒麟洞、北盘江峡谷、竹海、丹霞山、滴水滩瀑布、玉舍国家森林公园和罗咪期生态旅游度假区等名胜。特产有风猪、猕猴桃、杜仲、天麻、核桃等。

3. 遵义市

遵义市位于云贵高原东北部,北依大娄山,南临乌江,辖2区(红花岗、汇川)、2市(赤水、仁怀)、8县(遵义、桐梓、习水、余庆、湄潭、绥阳、凤冈、正安)、2自治县(务川仡佬族苗族自治县、道真仡佬族苗族自治县)和新蒲新区,总面积30 762平方千米、建成区面积为45平方千米,常住人口612.7万(六普)、市区人口109.5万(六普)。

遵义古为梁州之城。商周为诸侯小国鳖国,秦始皇二十七年(前220)置邑县,西汉元光五年(前130)置鳖县,元鼎六年(前111)置牂柯郡,唐贞观十三年(639)置播州,唐贞观十六年(642)将播州罗蒙县改名遵义县,1949年设遵义市,1997年升为地级市。现规划定位为国家历史文化名城和红色旅游城市,黔北经济、文化、交通中心,西南地区重要的能源、新材料基地和全国绿色产业基地。中心城区形成"一主两副一区"的"双带+组团"式空间结构。

遵义市处于云贵高原向湖南丘陵和四川盆地过渡的斜坡地带,地形起伏大,地貌类型复杂,喀斯特地貌分布广。森林资源、水力资源丰富,正着力建设长江的生态屏障,有构皮滩电站、乌江渡电站等,为"西电东送"南线工程的重要源地。素有"黔北粮仓"之称,粮食产量占全省的1/4,是全国4大优质烟区之一、全国7大毛竹产区之一。锰、硫铁矿、硅石、镍、钼钒为优势矿产。已形成冶金、电器、卷烟、酿造等为主导支柱产业,以机械、化工、建材、食品加工等为代表的后续支柱产业,以生产名酒茅台酒而驰名中外。是属于国家规划的长江中上游综合开发和黔中产业带建设的主要区域,由黔入川的咽喉,黔北重镇。2012年全市实现地区生产总值1343.93亿元。

遵义是首批中国历史文化名城、国家园林城市、中国优秀旅游城市、中国红色旅游城市、中国酒文化名城、中国杂技之城,著名的遵义会议、四渡赤水发生地,旅游资源山、水、林、洞为主要特色,有世界自然遗产1个(赤水丹霞)、国家级风景名胜区1个(赤水)、省级风景名胜区6个(习水、娄山关、绥阳宽阔水、仁怀茅台、余庆大乌江、湄潭湄江)、国家级自然保护区3个(赤水桫椤、长江上游珍稀特有鱼类、习水中亚热带常绿阔叶林)、国家森林公园4个(九道水、竹海、燕子岩、凤凰山)、国家级地质公园1个(双河溶洞)、国家4A级旅游景区3个(遵义会议会址、赤水大瀑布、燕子岩)。历史名人有尹珍、郑珍等。特产有小叶苦丁茶、朝天椒、茅台酒、习酒、董酒等。

4. 安顺市

安顺市位于贵州省中西部,辖1区(西秀)、2县(普定、平坝)、3自治县(镇宁布依族苗族自治县、紫云苗族布依族自治县、关岭布依族苗族自治县)、3个特区(安顺经济技术开发区、贵州省黄果树风景名胜区、贵州黎阳高新技术工业园区),总面积9264平方千米、建成区面积32平方千米,常住人口229.73万(六普)、市区人口76.53万(六普)。是一个五方杂处、多民族杂居的城市。

安顺市历史悠久,源远流长,是贵州省最早设立郡治的古城。战国为夜郎国地,明洪武五年(1372)置普定府,明置安顺州、后改安顺府,1914年设安顺县,1958年设安顺市,2000年升为地级市。现规划定位为全国重要的旅游和生态宜居城市,以发展航空工业、先进制造业和加工业为主导,具有独特地域文化特色的历史文化名城。形成"一心一片,两点三轴"的城镇空间布局结构;中心城区采取"两片三轴四心"的空间布局模式。

地处长江水系乌江流域和珠江水系北盘江流域的分水岭地带,是世界上典型的喀斯特地貌集中地区,立体气候和生物多样性明显、水力资源丰富,是贵州省药材、优质大米、油菜、茶叶、生姜、油桐、烤烟、蔬菜、水果、地方名畜良禽等大宗农畜产品主要生产地和各类中草药材的生产及加工基地。煤炭为重要优势矿产,是"西电东送"工程主要依托的能源矿产。正构建能源、制药、化工、食品、汽车5大支柱产业,带动采矿、机电、种植、养殖、运输、包装、印刷等其他各业的发展。民用航空产业国家高技术产业基地,全国唯一的"深化改革,促进多种经济成分共生繁荣,加快发展"改革试验区,属于国家区域经济规划重点发展的"贵阳—遵义—安顺"黔中产业带。2012年全市实现地区生产总值352.62亿元。

安顺是中国优秀旅游城市、全国甲类旅游开放城市、世界喀斯特风光旅游优选地区、全国六大黄金旅游热线之一和贵州西部旅游中心,具有穿洞文化、夜郎文化、牂牁文化、屯堡文化、三国文化、攀岩文化、三线文化等独特的文化优势,素有中国瀑乡、屯堡文化之乡、蜡染之乡、西部之秀的美誉。有著名的黄果树大瀑布和龙宫风景区、格凸河、夜郎洞、古生物化石群、九龙山、花江大峡谷、夜郎湖、斯拉河等风景名胜区。历史名人有陈法、王若飞等。特产有蜡染、布依地毯、地戏面具、石刻木雕、安顺三刀、白酒(安酒)、山药、百花串酱菜、麻饼、波波糖、旧州辣子鸡、牛肉干等。

5. 毕节市

毕节市位于贵州省西北部,云贵川交会处,有"鸡鸣三省"之称,是黔西北的大门。辖1区(七星关)、7县(大方、黔西、金沙、织金、纳雍、赫章、威宁彝族回族苗族自治县),总面积26 853平方千米、建成区面积30平方千米,常住人口653.63万(六普)、市区人口113.69万(六普),多民族杂居。

毕节历史悠久,夏为梁州献域,三国蜀置南昌县,西晋元康元年(280)改南昌置南秦,永嘉五年(311)置平夷县,明洪武十七年(1384)置毕节卫,清康熙二十六年(1687)改毕节县,1993年设毕节市,2011年升为地级市。现规划定位为市域的政治、经济、文化和信息服务中心,川滇贵交界地区的重要节点城市,海湾商贸、物流集散地,以能源工业、循环经济产业为主,山水特色突出、生态良好的宜居城市。中心城区形成"一心五片"的组团式城市空间形态。

地处贵州高原屋脊,乌江、珠江发源地,是典型的喀斯特山区,峰峦重叠,沟壑纵横,河谷深切,土地破碎,拥有丰富的矿产资源、水力资源和旅游资源。主产玉米、大豆、小麦、稻谷、马铃薯等粮食作物,盛产烤烟、油菜、柑橘、花生、茶叶、大蒜、魔芋和名扬中外的中药材天麻、杜仲、半夏。煤、硫、铁、锌探明储量大。工业正在崛起,以烟草、卷烟生产为支柱,以轻纺工业为重点,轻纺、制革、食品、卷烟、煤炭、冶炼、建材、化工、机械、电力、医药等事业兴旺,是全国4大烟区之一。国务院批准为"开发扶贫、生态建设、人口控制"试验区。2012年地区生产总值为877.96亿元。

毕节古代是夜郎文明、水西文化繁盛之境、革命老区，民族古籍文化享誉全国，有威宁草海、织金洞、百里杜鹃、总溪河、九洞天、大屯土司庄园等景点。历史名人有奢香、丁宝桢、李世杰等。特产有主要有烤烟、天麻、白蒜、大豆、芸豆、竹荪、柑橘、半夏、杜仲、五倍子、生漆、茶叶、党参、蚕茧等。

6. 铜仁市

铜仁市位于贵州省东北部，地处湘渝鄂黔4省（市）交界处，素有"黔东门户"之称。辖2区（碧江、万山）、8县（江口、石阡、思南、德江、玉屏侗族自治县、印江土家族苗族自治县、沿河土家族自治县、松桃苗族自治县），总面积18 023平方千米、建成区面积23平方千米，常住人口309.23万（六普）。

铜仁原名铜人，元置"铜人大小江蛮夷军民长官司"，明永乐十一年（1413）置铜仁府，明万历二十六年（1598）设铜仁县，1987年撤县设市，2011年升为地级市。现规划定位为贵州东北部中心城市，中西部交通枢纽，黔湘渝鄂边区重要的商贸集散地，新型生态产业聚集区，集山水园林、民族特色、多元文化为一体的国际旅游城市。规划构筑"一心两轴三组团"的市域城镇体系空间结构，中心城区形成"两大片区和三个组团"的空间结构。

铜仁市处于云贵高原向湘西丘陵过度的斜坡地带，以山地为主，河流密布，主产水稻、玉米、红薯、马铃薯、大豆、油菜、花生、烤烟、西瓜、甘蔗等，逐步形成了以粮食生产为基础，林、牧、副、渔全面发展的新格局。汞矿和锰矿储量极为丰富，是驰名中外、最具特色的优势矿产，汞矿储量和产量均位居中国首位。产业以轻工、商贸、旅游服务为主。是云贵高原连接东部沿海地区的重要交通要道。2012年实现地区生产总值447亿元。

铜仁旅游资源独具特色，集青山、秀水、幽林、奇洞浑然一体，三江沿岸15座大小桥梁凌空两岸，傩文化是铜仁古老的文化遗产之一，为中国传统龙舟之乡，主要旅游景点有梵净山、潜龙洞、九龙洞、锦江、鸳鸯湖、中南门古商埠文化街区、楼上古寨等。历史名人有梅济鼎、周逸群等。特产有白水贡米、丹参、黄姜、黄精、青蒿、博落回、芦荟、吴茱萸、天麻等。

二、各县级市发展概况

1. 清镇市　位于贵州省中部，古为牂牁、夜郎境。1992年撤县设市，面积1383平方千米，人口46.74人（六普）。是云贵高原上一座美丽的湖滨城市，气候温和湿润，能源、矿产、生物、旅游资源丰富，被誉为"珠联璧合之地"。农产品以水稻、玉米、小麦、油菜、红薯、马铃薯等为主。全国铝土矿储量最大的高品位整体连片矿区，有丰富的水利和煤炭资源，共有大中小型电厂（站）20余个。初步形成了组团式的城市发展格局，是贵州省重要的电力、化工、磨料、磨具、冶金、纺织等工业基地和贵州西线的旅游、交通枢纽，也是贵阳市重要的饮用水源地、煤气气源地和农副产品生产基地。有红枫湖国家级风景名胜区等。2012年实现地方生产总值143.6亿元。

2. 仁怀市　1995年11月撤县设市，位于贵州省西北部，赤水河中游，是国酒茅台酒的故乡，为"中国酒都"。面积1788平方千米，人口67.96人（2012）。属云贵高原向四川盆地过渡的典型的山地地带，地形地貌复杂，土壤类型多样，属于典型的"立体农业"市，粮、油、畜、烟为传统农业的四大支柱产业，建成有机高粱和有机小麦、原料生产、烤烟、生猪、肉羊等基地。以酒立市、以酒兴市，酿酒业为特色产业、优势产业和支柱产业，并已形成电力、自来水、煤炭、建材、农机、机制纸、印刷包装、玻璃制品、瓶盖等多业并举的格局。"背靠筑遵而窥巴蜀"的地理位置,自古为黔北门户、黔北入川南之咽喉,是黔北经济区与川南经济区的连接点。2012年完成生产总值329.5649亿元。

3. **赤水市** 1990年12月撤县设市,位于贵州西北部,赤水河中下游,与四川省南部接壤,因美丽而神秘的赤水河贯穿全境而得名,更因中国工农红军"四渡赤水"以及赤水丹霞世界自然遗产而扬名中外。面积1801平方千米,人口30万人。素有川黔锁钥、黔北边城、千瀑之市、丹霞之冠、竹子之乡、长征遗址、桫椤王国之称。地形主要为高原峡谷型和山原峡谷型,森林葱郁,沟壑纵横,物种繁多,水力资源、生物资源极为丰富,天然气、煤储量大。农业以种植水稻、玉米、红薯、花生、甘蔗、豆类为主,出产油茶、茶叶、蚕桑、水果。工业主要有煤炭、化肥、水泥、造船、电力、机械、造纸、竹木加工等。历为川黔边贸纽带、经济文化重镇,是黔北通往巴蜀的重要门户,贵州最大的通江港口。景观以瀑布、竹海、湖泊、森林、桫椤、丹霞地貌等为主要特色。2012年完成生产总值49.4452亿元。

4. **都匀市** 1958年撤县设市,是贵州省最早设立的县级市。位于贵州南部偏东的剑江河畔,是贵州省黔南布依族苗族自治州的首府,贵州南部政治、经济、文化的中心,大西南出海通道重要前沿城市,东西产业转移、市场转移的中间驿站,贵州南部重要的综合性工业城市,有"高原桥城"之美誉,中国10大名茶"都匀毛尖"之乡,贵州高原"山、水、桥、园、林"生态城市。面积2274平方千米,人口49万人(2015)。农作物以水稻、小麦、玉米和油菜为主,水果有桔子、广柑、葡萄、西瓜、梨、桃、李、柿子、草莓、猕猴桃等,茶叶和烤烟是重要的经济作物。形成了以机械、电子、汽车制造、化工、建材、轻纺、矿产、药材及食品加工等为主的工业经济体系。2012年完成生产总值110亿元。

5. **兴义市** 1987年10月撤县设市,古称"黄草坝",位于贵州西南部,滇桂黔3省(区)结合部,南盘江横贯市境,是贵州省黔西南布依族苗族自治州州府所在地,黔西南的政治、经济、文化、科教中心和西南地区重要的交通通信枢纽、工业基地及商贸旅游服务中心。面积2916平方千米,人口83万人(2012)。历来就是西南地区一个重要商贸中心,素有"黔桂锁钥"之称。山峦起伏、河流纵横,喀斯特地貌发育良好,有丰富多彩的自然景观、水力资源、矿产资源、中药材和经济林木资源。主要农作物有水稻、玉米、小麦,盛产优质烤烟、油桐、芭蕉芋、生姜、板栗、甘蔗等多种特色经济作物。已建成天生桥一、二级、鲁布格大中型电站及一批小水电站。工业经济初步形成了以酿酒、建材、电力、煤炭、化工、冶金、药业、烟草为主的8大工业体系。2012年完成生产总值200.65亿元。

6. **凯里市** 1983年撤县设市,位于贵州省东南部苗岭山麓、清水江畔,是贵州省黔东南苗族侗族自治州州政府所在地,是一个以苗族为主体、多民族聚居的城市,被誉为"苗岭明珠""百节之乡"。面积1556平方千米,人口100万(2013,含流动人口)。已形成了以电子、轻纺、建材工业为主的工业体系。电子、轻纺、建材、煤炭、造纸、冶金、食品、制药、木材加工等产业,为凯里资源开发和经济发展奠定了基础。农业以水稻、玉米为主,以生猪、牛、羊为主的畜牧业,以烤烟、油菜为主的经济作物和菜篮子工程均有很大的发展并形成规模,乡镇企业高速发展,已成为农村经济的重要支柱。2012年完成生产总值51.9322亿元。

7. **福泉市** 古称"平越",位于贵州省中部,黔南布依族苗族自治州北部。享有"亚洲磷都""水果之乡""文化名城"之称。1996年12月撤县设市,面积1688平方千米,人口35万。地貌以山地为主,主要农作物有水稻、玉米、小麦、大豆、油菜、烤烟等,已开发种植果、药、桑、茶和用材林木等,梨、桃、橘、葡萄、中华猕猴桃等蜚声全国。是大西南出海的主要通道和华东、中南地区通往大西南的咽喉要道。形成了以磷化工为龙头,煤炭、冶金、建材、电力、包装等地方工业体系,跻身于全国乡镇企业500强县(市)之列。山、水、洞、泉融合与古、幽、奇、险汇聚是福泉旅游景观的特点。是贵州南下北上、东进西出重要的交通枢纽和物资集散地。2012年完成生产总值79.63亿元。

第四节 云南省

2013年底,云南省辖地级市8个(昆明、曲靖、玉溪、昭通、普洱、保山、丽江、临沧)、少数民族自治州8个(楚雄彝族自治州、大理白族自治州、红河哈尼族彝族自治州、文山壮族苗族自治州、西双版纳傣族自治州、德宏傣族景颇族自治州、怒江傈僳族自治州、迪庆藏族自治州),有县级市11个(安宁、宣威、楚雄、大理、个旧、蒙自、开远、文山、景洪、芒市、瑞丽)、市辖区13个、县76个、少数民族自治县29个。总面积约39万平方千米,常住人口4596.6万(六普)、城镇人口1618万(六普),城市化率35.20%;2013年地区生产总值10 309.8亿元,增长13.0%。

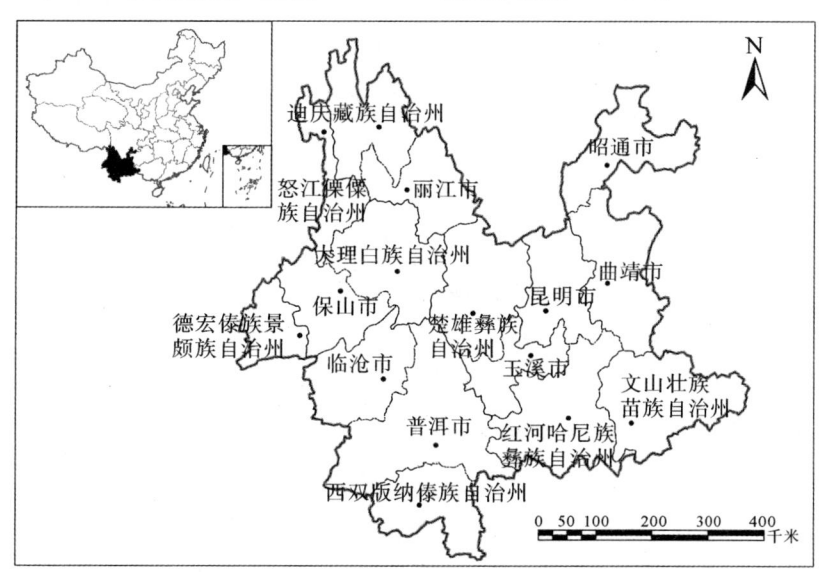

图3-5-4 云南省行政区划图

一、各地级市发展情况

1. 昆明市

昆明位于中国的西南部,云贵高原中部,南濒滇池,三面环山。辖6区(盘龙、五华、西山、官渡、东川、呈贡)、1市(安宁)、4县(晋宁、富民、嵩明、宜良)、3自治县(寻甸回族彝族自治县、石林彝族自治县、禄劝彝族苗族自治县)和3个国家级开发区,面积21 473平方千米、建成区面积269平方千米,常住人口643.22万(六普)、市区常住人口358.34万(六普),世居26个民族。形成聚居村或混居村街的有汉、彝、回、白、苗、哈尼、壮、傣、傈僳等民族。

昆明是一座拥有2200多年的悠久历史的城市,战国时期滇池周围的"滇人"建立滇国,汉置谷昌县,隋唐置益宁县,为昆州治;元世祖至元十三年(1276)置昆明县,1928年设昆明市。现规划定位为中国面向东南亚、南亚开放的门户枢纽,国家级历史文化名城,中国重要的旅游、商贸城市,西部地区重要的中心城市之一,云南省省会。以滇池为中心,实施"一湖四片""一城四区"的布局。

以湖盆岩溶高原地貌形态为主,红色山原地貌次之;有滇池、阳宗海等高原淡水湖泊及众多大小河流;因夏无酷暑、冬无严寒、气候宜人,植物资源丰富,有400多个传统花卉品种,以"春城""花城"而享誉中外。矿藏资源主要有磷、盐、铁、钛、煤、石英砂、粘土、硅石、铜等,以磷、盐矿最为丰富,为全国3大磷矿之一,地热资源分布较广。形成了卷烟、机电、生物资源、信息、商贸旅游等5大支柱产业,工业形成了以机械、冶金、烟草加工等为主的体系,是云南省的工业基地和西南地区重要的工业城市。第三产业在国民经济中的比重日益增大,商贸、旅游、信息、现代服务业快速发展。区位独特,地处"9+2"泛珠三角区域经济合作圈、"10+1"中国—东盟自由贸易区经济圈和大湄公河次区域经济合作圈的交会点,是中国面向东南亚、南亚开放的陆上"桥头堡"、中国西部最重要的交通枢纽之一、中国面向东南亚的国家一级口岸城市、国家重要的旅游商贸城市。2012年地区生产总值为3011.14亿元。

昆明是国家历史文化名城之一、联合国宜居生态城市、国家园林城市、全国10大旅游热点城市、中国优秀旅游城市,创造了独具特色的"滇文化",民族特色鲜明,旅游资源丰富,有国家级风景名胜区3个(石林、滇池、九乡)、国家级旅游度假区1个(滇池)、省级旅游度假区1个、国家级佛寺3座、国家级重点文物5项。历史名人有郑和、杨一清、聂耳、兰茂等。特产有报春花、茶花、杜鹃花、昆明牙雕、蜡染、路南挑花、木雕、撒尼挂包、乌铜走银、锡工艺品、云南斑铜、云南食用菌、云南水果、云烟、云子、扎染布等。

2. 曲靖市

曲靖市位于云南省东部,云贵高原中部,云贵桂结合部,辖1区(麒麟)、1市(宣威)、7县(沾益、马龙、富源、罗平、师宗、陆良、会泽)和1个国家级开发区,总面积29 855平方千米、建成区面积78平方千米,常住人口585.5万(六普)、市区人口74.07万(六普)。

曲靖别称麒麟城,汉置味县,西晋泰始六年(270)设宁州,治所味县,南北朝改宁州为南宁州,元至元十三年(1276)设曲靖路总管府,1913年改曲靖县,1983年设曲靖市,1997年升为地级市。现规划定位为滇东中心城市及陆路交通枢纽,全市政治、经济、文化中心,以烟草、化工、能源、机械和生物工程为主导产业的现代综合工业城市。中心城区采用延续旧城向西生长的单中心集中型城市布局结构。

曲靖地形多由山地、丘陵和盆地等组成,喀斯特地貌发育典型,为珠江的发源地,江河纵横。资源丰富,煤、铁、磷、铝、铅、锌、硫等储量在全省位居前列,有全省最大的硅藻土、硫铁矿等矿床及遍布地下的优质矿泉、温泉和热泉。是主要的粮食、油料、蚕桑、畜牧生产基地,也是全国的烟草工业和优质烤烟生产基地,素有"滇东粮仓"之称。已形成烟草、煤炭、电力、机械、化工、冶金、纺织、建材、造纸、皮革、粮油加工为主的较为完善的工业化体系。是云南连接内地的重要陆路通道、云南重要的商业基地,素有"滇黔锁钥""入滇门户""云南咽喉"之称,2012年全市实现生产总值1400.2亿元。

曲靖秀丽的风光和厚实的历史文化、浓郁的民族风情造就了丰富多彩的旅游资源,是古代爨文化的发祥地,为"雕塑之都",主要风景名胜有珠江源、爨宝子碑、爨龙颜碑、大理三十七部会盟碑、千佛塔及罗平多依河、九龙瀑布群、鲁布革风景区等。历史名人有窦序、何桂珍、唐继尧等。

3. 玉溪市

玉溪市位于云南省中部,有花灯之乡、云烟之乡、聂耳故乡的"三乡"之称。辖1区(红塔)、5县(华宁、澄江、易门、通海、江川)、3自治县(元江哈尼族彝族傣族自治县、新平彝族傣族自治县、峨山彝族自治县),总面积15 285平方千米,建成区面积20平方千米,常住人口230.35万(六普)、市区人口49.5万(六普)。

玉溪因横贯玉溪市区的珠江源头之一的玉溪大河(州大河)河水澄碧透亮,如玉带潺潺流淌在万亩田畴之中而得名。蜀汉置俞元县,唐置求州,后南诏国置温富州,元初置温富千户所、后置新兴州,1913年设新兴县,1914年改为休纳县,1916年改玉溪县,1983年撤县设市,1997年升为地级市。现规划定位为滇中城市群次中心城市,具有高原山水特色的现代宜居生态城市。规划构建"一核一区、一带三轴"的市域城镇空间布局结构,中心城区空间布局结构为"一心双核四组团"。

地貌错综复杂,山地、峡谷、高原、盆地交错分布,立体气候的特征十分明显,动植物种类繁多,物产丰富,大部分地区以种植粮食作物为主,农耕水平享有盛誉,盛产甘蔗、芒果、柑橘、咖啡、芦荟等亚热带作物和冬早蔬菜,被誉为"滇中粮仓""鱼米之乡"。矿藏储量较大的有铁矿石、煤、磷、铜、镍等。发挥矿产资源和水力资源优势,大力发展烟草、矿电、旅游3大优势产业和市域特色经济,是以卷烟工业为特色的轻工业名城,烤烟品质优良,尤以烟叶闻名中外,被誉为"云烟之乡",红塔集团是闻名全国的烟草企业。自古就有"省会屏藩"之称,是连接东盟的重要门户和交通枢纽。2012年完成地区生产总值1000.2亿元。

玉溪是中国十佳休闲宜居生态城市、国家园林城市,风景名胜有抚仙湖、映月潭、哀牢山、秀山、杞麓湖、锦屏山等。特产有豆沫糖、芝麻片、哀牢山三珍(甜菜、茨头菜、羊奶菜)、华宁干米线、通海民族银饰品、锭子眼药、元江槟榔、元江芦荟等。

4. 昭通市

昭通市位于云南省东北部、金沙江下游沿岸、云贵川3省结合部,辖1区(昭阳)、10县(永善、绥江、镇雄、大关、盐津、巧家、彝良、威信、水富、鲁甸),总面积2.3万平方千米,建成区面积23平方千米,常住人口521.35万(六普),市区人口78.78万(六普)。

昭通古称"朱提""乌蒙",西汉武帝建元六年(前135)设朱提县,宋封乌蒙,元置乌蒙路,明置乌蒙府,清雍正九年(1731)改为昭通,1913年设昭通县,1981年撤县设市,2002年升为地级市。现规划定位为连接"桥头堡"与长江经济带的门户枢纽,云南省新型工业基地,滇东北城镇群的核心,集商贸物流、旅游宜居为一体的现代化生态城市。规划形成"一心两片九组团"的城市空间结构。

昭通坐落在四川盆地向云贵高原抬升的过渡地带,属典型的山地构造地形,山高谷深,海拔高差大,青山育翠,黑土藏金,有资源"金三角"之美誉。是南方第2大褐煤田、全国五大硫铁矿矿区之一、云南有色金属3大基地之一;水力资源富甲云南,有溪洛渡、向家坝、白鹤滩3座巨型电站;生物资源种类繁多,是全国山嵛菜、马铃薯、白魔芋最适宜生长和种植面积最大的区域,南方最大的优质苹果基地,全国品质最优的野生天麻核心区域。历史上曾是云南通向川黔2省的重要门户、中原文化进入云南的重要通道、著名南丝绸之路的要冲,素有"锁钥南滇,咽喉西蜀"之称。处于昆明、成都、贵阳、重庆等中心城市经济社会发展辐射的交会点,位于国家规划的攀西—六盘水经济开发区腹心地带,是云南的北大门和滇川黔3省经济、文化的交会重地,区位优势逐步凸现。2012年全市实现生产总值555.6亿元。

早期云南文化的3大发祥地之一、诗人和将军的故乡、古象之邦,有"扎西会议"会址、中国西部千里大峡谷、大山包国家公园、黄连河、乌峰山、"鸡鸣三省"、两合岩、大雪山原始森林、天台山溶洞、铜锣坝、牛街古镇等景点。历史名人有龙云、卢汉、罗炳辉、邹若衡、姜亮夫、张维翰、曾万钟等。特产有小草坝天麻、昭通苹果、金江魔芋片、碗碗红糖、版纳地毯、昭通酱等。

5. 普洱市

普洱市位于云南省西南部,北回归线横穿中部,东南与老挝、越南接壤,西南与缅甸毗邻。辖1区(思茅)、9自治县(澜沧拉祜族自治县、墨江哈尼族自治县、西盟佤族自治县、景东彝族自治县、江城哈尼族彝族自治县、宁洱哈尼族彝族自治县、景谷傣族彝族自治县、孟连傣族拉祜族佤族自治县、镇沅彝族哈尼族拉祜族自治县),总面积45 385平方千米,是云南省面积最大的州(市),总人口为254.29万(六普)、市区人口29.65万(六普)。世居民族14个,主要有哈尼、彝、傣、拉祜、佤、布朗、瑶族等。

普洱见诸文字的历史可上溯至西汉,距今已有2000多年。清代雍正年间(1729)设普洱府辖思茅厅,1913年设思茅县,1949年设普洱专区,1953年改思茅专区,1971年改称思茅地区,2003年设地级思茅市,2007年更名为普洱市。现规划定位为中国通向东南亚国际大通道上的前沿口岸城市,滇西南区域中心城市,以茶产品等生物资源、能源、冶金、林业、旅游文化业为主导产业的具有浓郁普洱茶文化的中国茶城。规划形成"一心、一区、三通道、五组团"发展的组团式空间布局结构。

地处云贵高原西南边缘、横断山脉南段,山川相间排列,垂直气候特点明显。"一市连三国、一江通五邻",澜沧江、红河、怒江3条水道直通境外,国境线长达625千米,是祖国重要的西南门户、著名的南方丝绸之路的要冲之一。森林、水能、矿藏、热区土地资源和野生动植物种类丰富,是云南省重点林区、重要的商品用材林基地和林产工业基地,全国生物多样性最为丰富的地区之一;盛产茶叶,是世界茶源、中国茶城、普洱茶都、中国最大的产茶区之一;为云南西电东送、云电外送的重要基地;有金、铜、铁、铅锌、钾盐等多种矿产。农业主产水稻、旱稻、玉米、小麦、荞麦、豆类和薯类。工业以林产、食品、矿产、建材为主。曾是"茶马古道"上的重要的驿站,普洱港是国家级一类对外开放口岸。随着中国—东盟自由贸易区的建立、澜沧江—湄公河次区域合作的推进和昆曼大通道的全线贯通,普洱将成为面向东南亚、南亚开放的前沿。2012年全市地区生产总值为366.85亿元。

普洱旅游资源丰富,最具特色的当数茶文化旅游、原始森林旅游和少数民族风情旅游,主要景区景点有世界级"普洱茶庄"、中华普洱茶博览苑、莱阳河森林公园、墨江哈尼太阳文化园、宁洱民族团结纪念园、孟连宣抚司署、景谷树包塔塔包树、茶马古道旅游线等,主要民族节庆有彝族火把节、哈尼族十月年节、傣族泼水节、孟连神鱼节、墨江双胞胎节、西盟木鼓节等。历史名人有孙凤来、陈启周、刘钟琳、吕志伊、后晋修、吕光等。

6. 保山市

保山市地处云南省西部,与缅甸山水相连,辖1区(隆阳)、4县(施甸、昌宁、龙陵、腾冲),总面积1.96万平方千米,常住人口250.65万(六普)、市区人口93.56万(六普)。有世居少数民族13个,著名侨乡。

保山市曾是滇西最早的原始居民"蒲缥人"的栖息地,战国中期建立哀牢国,西汉置不韦县,东汉永平十二年(69)设永昌郡,明嘉靖三年(1524)设保山县,1983年设保山市,2000年升为地级市。现规划定位为滇西边境地区中心城市,中国通往南亚和东南亚大通道上的重要交通枢纽和物流中心,历史文化名城,生态旅游宜居城市。规划形成"一城三组团"的空间布局结构。

保山市地处横断山脉滇西纵谷南端,地形复杂多样,澜沧江、怒江、龙川江穿境而过,四季气候温暖湿润,素有"保山气候甲天下"的美称。土地、森林、矿藏、水能、地热、天然气、旅游资源丰富,主要有水能、煤炭、地热能、天然气、太阳能5大资源,为全国第2大热气田。粮食、油菜、甘蔗、烤烟、香料烟、茶叶、咖啡、核桃、畜产品已形成优势和拳头产品,是国家和云南省重要的农副产品及工业原料基地,小粒咖啡以其独特的品质享誉海内外,香料烟创"产量、出口量、质量"3个全国第1,为全国最大的晾晒烟基地。初步建成了以制糖、冶金、食品加工、制药、木材加工、电力等为主的工业产业群体。是滇西交通枢纽和商贸集散地、古代著名的"南方丝绸之路"的要冲,中国通往南亚、东南亚陆路大通道的重要连接点和历代中缅贸易的集散地。2012年地区生产总值为389.96亿元。

历史文化悠远,拥有独具区域特色的史前人类文明"塘子沟文化"和极富特色的哀牢文化、永昌文化、腾越文化、侨乡文化、民族民间文化、抗战文化、兰花文化、翡翠文化、玉佛文化,有高黎贡山自然保护区、腾冲火山热海、怒江大峡谷、北海湿地、松山抗战遗址、南方丝绸古道等名胜古迹。历史名人有吕凯、王宏祚、杜文秀、李根源、艾思奇等。特产有翡翠、腾药、腾宣、藤编、山珍鸡枞、腾冲农民画、蒲缥甜大蒜、香料烟、尼诺茶、芒果、清凉磨锅茶、小粒咖啡、腾冲斗笠、"云子"、茶油、永昌古织、香蓴、棕包米、水籽石榴等。

7. 丽江市

丽江市位于云南省西北部云贵高原与青藏高原的连接部位,金沙江中游,辖1区(古城)、2县(华坪、永胜)、2自治县(玉龙纳西族自治县、宁蒗彝族自治县),总面积2.06万平方千米、建成区面积19.28平方千米,总人口124.47万(六普),市区人口21.11万(六普)。多民族聚居,有12个世居民族,主要有纳西族、彝族、傈僳族等少数民族。

丽江具有悠久的历史,宋为大理善巨郡地、开始建城,元至元十三年(1276)置丽江路,清乾隆三十五年(1770)置丽江县,1961年成立丽江纳西族自治县,2003年撤地区设地级丽江市。现规划定位为世界遗产地,国家历史文化名城,滇西北中心城市,具有鲜明地方民族特色、融"山水田城村"为一体的国际精品旅游城市。中心城区形成"一廊五组团"的城市空间结构。

丽江大部为山区,地势起伏较大,最具优势和开发潜力的资源主要有旅游资源、生物资源和水力资源,是云南省重点林区之一、国家实施天保工程的重点地区,程海是中国唯一能天然生长螺旋藻的湖泊、世界最大的螺旋藻生产基地,山嵛菜、苦良姜等特色生物资源产业开发取得了初步的成效;金沙江流经丽江境内河段规划有"一库八级"大型水电站。农业以种植水稻、玉米、小麦为主,其次有油菜、花生、甘蔗、烤烟、药材、大白芸豆等。工业以煤、电、造纸、瓷器、水泥、机械、药品、食糖、皮革、食品业为主。是汉唐时代通往西藏和印度等地的南方丝绸之路和茶马古道上的重要集散地。2012年全市生产总值完成212.24亿元。

丽江为全球人居环境优秀城市、最佳人居环境优秀城市、中国优秀旅游城市,旅游资源以"二山一城一湖一江一文化一风情"为主要代表:玉龙雪山和老君山、丽江古城、泸沽湖、金沙江(代表性景观有万里长江第一湾、虎跳峡、宝山石头城、塔城唐代铁桥遗址等)、纳西东巴文化、摩梭风情,丽江古城被国务院列为国家历史文化名城、被联合国教科文组织列为世界文化遗产,丽江纳西族的东巴文化被誉为世界上唯一保留完整的"活着的象形文字",东巴古籍文献已列入世界记忆遗产名录。

8. 临沧市

临沧市位于云南省西南部,毗邻澜沧江,西南与缅甸交界,北回归线横贯。辖1区(临翔)、4县(镇康、凤庆、云县、永德)、3自治县(双江拉祜族佤族布朗族傣族自治县、沧源佤族自治县、耿马傣族佤族自治县),总面积2.4万平方千米,总人口242.95万(六普)、市区人口32.37万(六普),主要居住着彝、佤、傣、布朗、德昂、拉祜等23种少数民族。

临沧因濒临澜沧江而得名。西汉以前属益州郡哀牢地,清置缅宁厅,1913年为缅宁县,1954年改为临沧县,2003年撤地区设地级临沧市。现规划定位为滇西地区以边境开放合作、民族风情、生态经济为特色的宜居旅游城市和区域中心城市,临沧市的政治、经济、文化、信息中心。规划形成"一主两片八组团"的城市空间布局结构。

地处澜沧江、怒江中下游,横断山脉纵贯,高山峡谷相伴分布,四季如春,有"亚洲恒温城"之美称。孕育着极为丰富的自然资源,是中国西南边陲待开发之地,是云南植物王国、动物王国、金属王国、水电富矿、药物宝库、天然花园的缩影,是亚洲独具特色的水电基地,云南最大的蔗糖生产基地、"滇红"之乡、世界种茶的原生地之一。粮食生产条件优越,茶叶种植历史悠久,发展蔗糖得天独厚,分布有热带、亚热带、温带3种类型的植物,林业、畜牧、橡胶、紫胶、烤烟、烟料、热带水果、药物等均具有显著优势,有核桃、烤烟、茶叶、甘蔗、橡胶、澳洲坚果等特色产业,建有膏桐、橡胶、澳洲坚果、木瓜、木薯、桑蚕等产业基地。已建和正建漫湾、大朝山、小湾3座百万千瓦级梯型大电站。开采加工的矿藏主要有锗、铅锌、硅、高岭土等。有耿马孟定、镇康南伞、沧源3个国家二类口岸,是滇西与东南亚各国进行经济贸易的重要通道。2012年完成地区生产总值352.98亿元。

临沧是中国佤文化的荟萃之地,有着灿烂无比的民族文化和神奇的古代文明,开辟了茶文化风情游、澜沧江百里长湖游、边境跨国游、民族风情游等线路,有沧源古崖画群、漫湾百里长湖、澜沧江大峡谷、临沧大雪山、广允缅寺、耿马南汀河、翁丁佤族原始群居村落、沧源佤山、大朝山—干海子、五老山、永德大雪山等景点。

二、各县级市发展概况

1. 安宁市　1995年10月撤县设市,位于滇中高原的东部边缘,群山环绕,盆岭相间,属山地、中山、中切割地貌。面积1321平方千米,人口31万。矿藏资源有盐矿、芒硝、磷矿等,温泉"天下第一汤"自东汉就已开发利用。已建成砚山梨、烤烟、花卉、蔬菜、速生丰产林、禽蛋等7个商品基地。是环滇经济圈绿色工业城市,以温泉为主的休闲、疗养、旅游度假区,云南省最大的冶金、盐、磷化工基地,已形成了以冶金、化工为龙头,建材、机械加工、铸造、塑料、印刷等门类比较齐全的工业体系。由于得天独厚的地理自然优势,被誉为"连然金方,螳川宝地",历来是昆明的重要门户,迤西咽喉,曾是南方丝绸之路的重要站口,史称"安宁雄镇,诸爨要冲",是昆明通往滇西8个地州并经畹町直接与缅甸相连的交通重镇。2012年完成生产总值213.4亿元。

2. 宣威市　1994年2月撤县设市,面积6069.88平方千米,人口150万(2012)。地处云南省东北部,为云南高原向贵州高原过渡的斜坡地带,高山深谷纵横交错,水力资源、生物资源丰富。

农作物有玉米、稻谷、薯类、小麦、小豆,是云南重要的粮食生产基地;经济作物有烤烟、油菜,烤烟栽培历史悠久,梨、桃、苹果、板栗、核桃产量可观,宣威生漆享有盛誉。为全省重要煤炭产地之一,煤、铁、铜的挖掘采选业占据地方产业的重要位置,著名的云腿之乡(云腿是中国3大名腿之一)。工业主要有农机修造、煤炭、电力、采矿、化工、冶金、化肥、建材、食品加工、烤烟、粮油加工、酿酒、制药等。2012年完成生产总值205.9647亿元。

3. 楚雄市　位于云贵高原中部、红河水系与金沙江水系分水岭地带,是云南省楚雄彝族自治州州府所在地,素有"迤西咽喉、省垣门户"之称。1983年9月撤县设市,面积4433平方千米,人口51.3万人。地势西北高,东南低,呈倾斜葫芦形,有丰富的森林资源,并产茯苓等药材。经济以农业为主,农产品有稻、小麦、油菜籽、烟草、薯类、核桃、蚕茧等,矿产资源储量较多的有煤、油页岩、金、铜、铅、锌、石灰石。工业有化肥、农药、农机、水泥等。所产茶花为名种。名胜古迹有龙川公园、峨碌公园、灵秀湖、护法明公德运碑摩崖等。2012年完成生产总值220.8943亿元。

4. 大理市　因盛产大理石而得名。位于云南省西部,是大理白族自治州的州政府驻地、国家对外开放城市。1983年9月撤县设市,面积1468平方千米,人口61万人(2012)。是云南最早的文化发祥地之一、古代南诏国和大理国的都城、国家首批历史文化名城、中国首批10大魅力城市之首。是以白族为主体的少数民族聚居区。大理石资源丰富。旅游业和卷烟叶占据国民经济活动的主要位置,基本形成电力、食品、轻纺、机械、建材、造纸、印刷、化纤、制药、烟草加工、皮革塑料等多门类的地方民族工业体系。历史悠久,文物古迹众多,有"风花雪月"的美称,即下关风、上关花、苍山雪、洱海月。著名景点有大理古城、崇圣寺三塔、苍山洱海、洋人街、蝴蝶泉等。2012年完成生产总值255.1705亿元。

5. 个旧市　是云南省红河哈尼族彝族自治州的一个县级市,北回归线穿城而过,处于哀牢山脉之中,河流纵横,海拔差异大,立体气候明显,矿藏资源、动植物资源十分丰富。1951年1月撤县设市,是云南省最早的县级市,面积1587平方千米,人口39.29万(2012)。系以生产锡为主并产铅、锌、铜等多种有色金属的冶金工业城市、中外闻名的"锡都"、"中国冶金活博物馆",中国最大、世界上最早的产锡基地。还形成了化学工业和轻纺工业两大支柱产业和机电、建材等重要工业。生态环境良好,城市本身就是一座大花园,有高山森林、高原湖泊、龙潭清泉、悬崖瀑布,充满了自然情趣和诗情画意。2012年完成生产总值167.53亿元。

6. 蒙自市　位于云南省东南部,珠江与红河分水岭两侧,是红河哈尼族彝族自治州首府,2010年撤县设市。2010年9月撤县设市,面积2228平方千米,人口41.7万人(2012)。境内山地面积大,蒙自坝是云南省6大坝子之一,水资源丰富,适宜多种农作物生长和现代特色农业深度开发。白牛厂银多金属矿已探明为全国目前最大银矿。承载着边地文化、中原文化、党史文化、军旅文化、西方文化等多元文化的丰厚积淀,成为云南近代工商业文明的重要发祥地,为云南乃至大西南连接东盟最便捷的国际大通道枢纽,有着构建区域性国际大通道枢纽、通联国际国内2个市场、形成区域性国际物流、人流、资金流、信息流中心和建设进出口加工业基地的便利条件。培植发展特色农业、生物创新产业、矿冶加工业、房地产和建筑建材业、商贸餐饮业、文化旅游产业6大支柱产业。2012年完成产值102.85亿元。

7. 开远市　位于云南省东南部,是云南省红河哈尼族彝族自治州辖市、滇东南地区的交通要塞和中心城市、滇东南重要的工业城市。1981年1月撤县设市,面积1946.91平方千米,人口

32.27万人(2010)。地处滇东高原南部陷落盆地内,属南盘江流域,立体气候典型,水资源、生物资源丰富,为冬季农业开发和林、牧、渔业生产提供优越的自然条件。粮食以水稻、小麦、玉米为主,经济作物以甘蔗为大宗,产花生、烤烟等。蕴藏着丰富的煤炭资源。工业以采煤、发电、化肥、水泥、制糖、造纸、酿酒、食品等部门为主。2012年完成生产总值124.41亿元。

8. **文山市** 位于云南省东南部,东接广西,南邻越南,北回归线横穿市境,文山壮族苗族自治州首府,2010年撤县设市。面积3064平方千米,人口46.76万人(2012)。地貌属滇东南岩溶山区,地形复杂,喀斯特地貌突出,河谷、沟壑纵横交错。气候适宜,光照充足,雨量充沛,适宜多种植物、农作物生长。丰富的生物、水能、矿产和旅游资源,为名副其实的植物王国、天然物种基因库、有色金属王国中的王国。三七名扬四海,种植面积、产量、产值均居全国第1,为"中国三七之乡",辣椒、八角、八宝米、草果、阳荷、烤烟、油桐、茶叶等声名远播。有天保国家级口岸。2012年完成生产总值140.6亿元。

9. **景洪市** 傣语意为"黎明之城",位于西双版纳傣族自治州中部,是云南省西双版纳傣族自治州州政府的所在地。1993年12月撤县设市,面积6958平方千米,人口52万人(2011)。湄公河穿流而过,是中国进入东南亚各国的主要通道。属北热带和南亚热带湿润季风气候,长夏无冬,是云南省有名的商品粮、生猪、甲鱼生产基地。动植物、地热、矿产、水资源极其丰富,有绿色宝库、物种基因库之称,建有亚洲最大的灵长类动物研究中心、出口生产基地和中国最大的蝴蝶养殖场。风光风情旖旎浓郁,是闻名中外的旅游胜地、中国优秀旅游城市、国家园林城市。热带经济作物橡胶、砂仁、依兰香的总产量、产量居中国各县(市)前位,成为中国不可多得的热带作物宝库,绿色产业已成为全市重要的经济支柱。是普洱茶的故乡,茶叶种植已遍布全市各乡镇,为景洪的又一支柱产业。热带水果众多、药用植物丰富。2012年完成生产总值124.91亿元。

10. **芒市(原潞西市)** 傣语称为"勐焕",位于云南省西部,是德宏傣族景颇族自治州州府,古为"乘象国滇越"地,1996年10月撤潞西县设潞西市,2010年潞西市更名为芒市,素有"黎明之城""孔雀之乡""花果城"之美称。面积2897平方千米,人口39.495万人(2012)。芒市坝子宽阔平坦,坝子四周竹海茫茫,河渠纵横,湖泊如镜,村落繁星点点,佛寺林立,水利资源、生物资源极为丰富,生态环境独特。是国家粮、蔗、茶、生猪基地,中国咖啡之乡、云南茶叶生产大市,盛产菠萝等热带水果,有锡、铅、锌、铁、煤、大理石等矿藏。是云南西边的窗口,德宏的政治、经济、文化中心和中缅文化交流的窗口,中缅经济交易的门户,商务繁荣,商贾云集,是通往瑞丽、陇川、盈江、梁河直到缅甸的交通枢纽和商贸物资集散地。为中国优秀旅游城市。2012年完成生产总值63.8亿元。

11. **瑞丽市** 地处云南省西南部,西北、西南、东南三面与缅甸山水相连,隶属于德宏傣族景颇族自治州。1992年6月撤县设市,面积1020平方千米,人口18.43万人(2011)。史称勐卯。地势平缓开阔,无天然屏障,交通便捷,边境贸易繁荣,有"东方珠宝城"之称。地热资源、植物资源及动物资源丰富。瑞丽坝子土地肥沃,地势平坦,灌溉便利,是云南省重要的产粮区,盛产橡胶、甘蔗、砂仁、胡椒、草果、菠萝、烟草、油桐、茶叶、花生、柚子、芒果、菠萝蜜等经济作物。外贸、旅游、工业、农业已成为瑞丽的4大支柱产业,是中国大西南通向东南亚、南亚的金大门,拥有2个国家级口岸(瑞丽、畹町口岸)、2个国家经济合作区(瑞丽边境经济合作区、畹町边境经济合作区)以及一桥两国、一街两国、一寨两国、一院两国、一岛两国的特殊地理景观,是古代南方丝绸之路的重要通道、中缅两国贸易的中转站和集散地、发展国际陆路运输业的交通枢纽、西南沿边对外开放的国际商贸旅游城市。2012年完成生产总值39.64亿元。

12. 弥勒市 位于云南省东南部、红河州北部,是红河州"北大门"。2013年1月撤县设市,面积4004平方千米,人口52.78万(2012)。地处亚热带季风气候区,境内东西多山,中部低凹,地势北高南低,在群山环抱中,形成一狭长的坝子及丘陵地带,山脉、河流趋向多由北向南。有丰富的煤炭、水能资源及风能、太阳能、地热资源。葡萄、甘蔗、林木、花卉、烤烟等物产资源丰富,是云南省的粮食、烟草、葡萄、甘蔗主产区之一,被誉为"烤烟之乡、高原葡萄酒之乡、蔗糖之乡和滇南粮仓"。煤及煤化工、农产品加工、生物制药、葡萄酿酒、现代物流、新型建材等新型工业化平稳起步。为国家园林县城、中国最佳休闲旅游县、全国最具投资潜力中小城市百强县、云南省工业10强县,还是民族歌舞之乡、中国民间文化艺术之乡。2012年生产总值完成201.05亿元。

13. 腾冲市 2015年8月撤县设市,面积5845平方千米,国境线长148.075千米,人口65.99万(2014)。位于云南省西南部,有国家一类口岸——猴桥口岸和自治、滇滩、胆扎等16条通道,是中国通向南亚、东南亚的重要门户和节点。地处亚欧板块与印度板块相撞交接的地方,为世界罕见且最典型的火山地热并存区。属热带季风气候,境内多高山,山区、半山区面积占84%,分布着槟榔江、龙川江、大盈江3大水系。森林资源、水能资源丰富,矿产资源种类繁多、品位较高,是云南省富矿县之一。腾冲"三宝"(腾药、藤编、腾宣)远销海内外,成为云南近代工商业的发祥地之一。腾冲是著名的侨乡、文献之邦和翡翠集散地,明代还建造了石头城,称之为"极边第一城"。主要旅游景区有火山群国家公园、叠水河瀑布、北海湿地保护区、国殇墓园、艾思奇故居等。2012年生产总值完成105.05亿元。

14. 香格里拉市 位于云南省西北部,是滇川藏3省区交汇处、"三江并流"风景区腹地。2001年12月由中甸县更名为香格里拉县,2014年12月撤县设市,面积11 613平方千米,人口17.46万(2011),是云南省面积最大、人口密度最低的县级市之一。地处青藏高原东南缘横断山脉三江纵谷区东部,地貌按形态可分为山地、高原、盆地、河谷,山地面积占93.5%,河流全属金沙江水系,有大小河流244条、高山湖泊(含冰碛湖)298个,属典型的"立体农业气候",森林覆盖率达74.9%。旅游、生物、矿产、水能等自然资源十分丰富,铜、钨、钼、铍探明储量为全省第1,已探明铜矿远期达1000万吨以上,居全国第1。农业重点发展青稞、烟叶、无公害蔬菜、马铃薯、高原油菜、牦牛、尼西鸡、藏香猪等产业,以民族刀具、银器、木制品、陶制品、手工艺、刺绣为代表,具有地域文化特色的旅游产品初步形成产业化。拥有普达措国家公园、独克宗古城、噶丹松赞林寺、虎跳峡等景点。2011年实现生产总值35.96亿元。

第五节 西藏自治区

西藏自治区设4个地级市(拉萨市、日喀则市、昌都市、林芝市)、3个地区(山南地区、那曲地区、阿里地区)和73个县(市区)。全区常住人口300.22万(六普),城市人口65万人(六普),城市化率21.65%;2012年实现地区生产总值701.03亿元,比上一年增长12.3%。

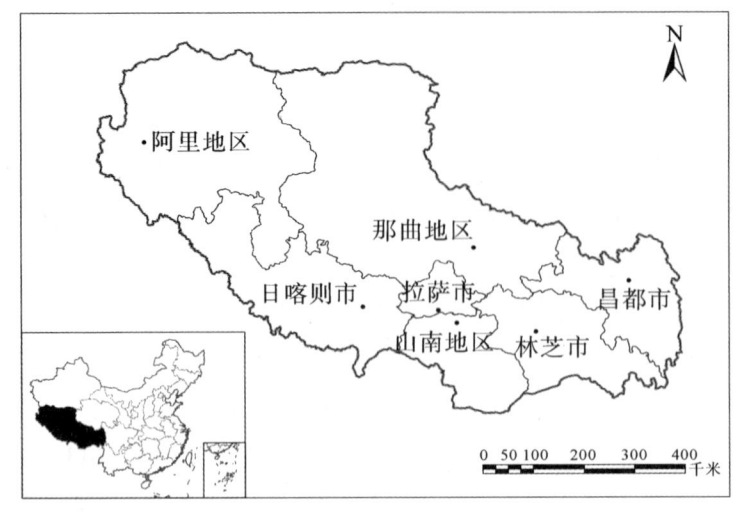

图 3-5-5　西藏自治区行政区划图

1. 拉萨市

"拉萨"在藏语中为"圣地"或"佛地"之意,位于西藏自治区东南部、喜马拉雅山脉北侧、雅鲁藏布江支流拉萨河北岸。辖1区(城关区)、7县(堆龙德庆、尼木、曲水、林周、达孜、墨竹工卡、当雄),总面积31 662平方千米、建成区面积59平方千米,常住人口55.94万(六普)、市区人口27.9万(六普),有藏、汉、回等31个民族,藏族人口占87%。

拉萨是一座具有1300年历史的古城。公元7世纪以前,这里叫卧马塘,是苏毗部落管辖的放牧场。公元7世纪,松赞干布统一西藏后,就迁都逻娑(即今拉萨),建立吐蕃王朝,并修筑了大昭寺、小昭寺和布达拉宫等寺庙宫殿,形成了以大昭寺为中心的旧城区雏形,城市改名为"惹萨"。随着佛教的传入和兴盛,前来朝佛的人日益增加,于是围绕大昭寺逐步建立旅馆、商店、民宅、官府,形成了一条环形的八廓街。由于藏族人民把这个城市视为"圣城",改名为"拉萨"。1951年拉萨市解放,1960年设市,1965年成为自治区首府。现规划定位为西藏自治区首府,国家历史文化名城,具有高原和民族特色的国际旅游城市。规划中心城区形成"东延西扩南跨、一城两岸三区"的空间结构。

拉萨地处河谷冲积平原,是世界上海拔最高的城市之一,属高原温带半干旱季风气候区,年日照时数3000小时以上,故有"日光城"美称。拥有丰富的水力资源、地热资源、动物资源和药材资源。北部属藏北草原南沿,水草丰美,牧业兴旺,盛产牛羊肉类、酥油和牛绒、羊毛;中部是著名的拉萨河谷,南部属雅鲁藏布江中游,盛产青稞、小麦、油菜籽和豆类,"拉萨一号"蚕豆饮誉中外。地热温泉遍地,刚玉、地热居中国第1位,自然硫居中国第3位,高岭土居中国第5位。旅游业是拉萨市的主要产业之一。2012年全市实现地区生产总值260.04亿元。

拉萨素以风光秀丽、历史悠久、文化灿烂、风俗民情独特、名胜古迹众多、宗教色彩浓厚而闻名于世,是国家历史文化名城之一、一座融自然景观与人文景观于一体的综合性旅游城市,著名景点有布达拉宫、大昭寺、小昭寺、宗角禄康、八角街,还相继开放了一批具有浓郁民族特色的寺庙、温泉、草原等景点。

2. 日喀则市

日喀则是从古到今的后藏重镇,藏语称"溪卡孜",意为"土地肥美的庄园"。位于西南边陲、青藏高原西南部，与尼泊尔、不丹、印度等国接壤，国境线长1753千米，面积18.2万平方千米。辖1个市辖区（桑珠孜区）、17个县（定结、萨迦、江孜、拉孜、定日、康马、聂拉木、吉隆、亚东、谢通门、昂仁、岗巴、仲巴、萨嘎、仁布、白朗、南木林县、1个口岸（樟木口岸））。人口72万（2013）。

日喀则建城至今已有600多年的历史，是西藏的第2大城市、后藏曾经的政教中心，也是历代班禅的驻锡之地。日喀则原称"年曲麦"或"年麦"（即年楚河下游的意思）。11世纪萨迦王朝时年麦已具"城镇"的雏形。14世纪初，帕竹王朝设桑珠孜宗政府，从此，日喀则的全名称溪卡桑珠孜，简称为溪卡孜，汉语译音为日喀则。明正统十二年（1447）开始兴建扎什伦布寺。1618年建立了第悉藏巴汗地方政权，首府设在桑主孜日喀则。1643年扎什伦布寺成为历代班禅的驻锡地，日喀则市也就成为后藏的政治、经济和文化的中心。1959年10月日喀则专区成立，1970年改为日喀则地区。1986年12月撤县设县级市，2014年6月升为地级。现规划着力构建"一核两翼三轴三区"城镇发展格局，逐步打造具有地域特色、民族特色、时代特色的高原新型城镇体系。

日喀则大体处于喜马拉雅山系中段与冈底斯—念青唐古拉山中段之间，南北地势较高，其间为藏南高原和雅鲁藏布江流域。日喀则地形复杂多样，基本上由高山、宽谷和湖盆组成，平均海拔在4000米以上，有世界第1高峰——珠穆朗玛峰，还有7000米以上的高峰14座。藏南谷地上段的雅鲁藏布江和年楚河流域的河谷平原，主要由拉孜—仁布宽谷和江孜—日喀则平原组成。另有喜玛拉雅山脉北侧、藏南高原上的朋曲河谷平原以及其一些零星的河谷平原。这些谷地坡度平缓，土层深厚，气候宜人，水源较充足。经济结构以农牧业为主，农牧业是其国民经济的基础和支柱产业，粮油产量占西藏自治区的40%左右。民族手工业有着悠久的历史，寺庙建筑群金碧辉煌的金顶、飞禽走兽，百姓生活中实用的金银铜铁器，高档别致的"松巴"靴，江孜的"仲丝"（卡垫）、氆氇和民族服装，谢通门、拉孜的藏刀，仁布的玉器，吉隆的木碗、竹器等。2012年地区生产总值达到124.5亿元。

日喀则市有珠穆朗玛峰为首的冰峰雪山、原始森林带，神山、圣湖、草原、名寺古刹。从拉萨沿雅鲁藏布江溯流而上，沿途有西藏3大圣湖之一的羊卓雍湖，扎什伦布寺则是日喀则的象征。土特产品有亚东鱼、帕里牦牛、岗巴羊、桑桑酥油、霍尔巴羊、江孜大蒜、"联嘎姆"高级糌粑、日喀则荞麦、艾玛岗马铃薯、拉孜优质油菜籽等。

3. 昌都市

位于西藏东部、澜沧江上游，是西藏自治区的东大门。辖1区（卡若区）、10县（江达、贡觉、类乌齐、丁青、察雅、八宿、左贡、芒康、洛隆、边坝），总面积为11万平方千米，人口71.53万（2011）。

昌都市古称"康"或"客木"。昌都卡若遗址和昌都小恩达遗址表明，早在五千年以前，昌都就已有人类繁衍生息，并已形成了初级村落。唐代，昌都地区为吐蕃王国的一部分，明清以后统称此地为康藏地区，原西藏政府称它为"朵康木"地区。1950年10月成立了昌都专区和昌都县，1970年昌都专区改为昌都地区，2014年10月撤销昌都地区和昌都县，设立地级昌都市和卡若区。昌都处在西藏与四川、青海、云南交界的咽喉部位，是川藏公路和滇藏公路的必经之地，也是"茶马古道"的要地，素有"藏东明珠"的美称。

昌都是藏语，其意为"水汇合处"，即扎曲和昂曲在昌都相汇为澜沧江。总地势西北高东南低，地形复杂，西北部山体较完整，分水岭地区保存着宽广的高原面；东南部山体被切割成星罗棋布状；谷地由北向南逐步加深，岭谷栉比，河谷深切，仅有零星残存的高原面。地处横断山脉和三江

(金沙江、澜沧江、怒江)流域,河流众多,水网发育,冰川达数百条;属高原亚温带亚湿润气候,以寒冷为基本特点。矿产资源十分丰富,以有色金属矿产占明显优势,铜储量居全国第2位、居第3位、砷和显晶质石墨居第5位、石膏居第7位、钼居第10位,丰富的水能、森林资源是国家推进建设的"西电东送"接续能源基地和藏东有色金属产业基地。昌都是西藏重要的农牧业区之一,八宿荞麦、芒康葡萄、洛隆糌粑、丁青虫草、类乌齐牦牛肉、昌都蔬菜基地及经济林木基地等特色农牧产业初具规模。盛产冬虫夏草、雪山雪莲、红景天、藏红花、草红花等高原名贵中草药;瓜、果、梨、桃等高原水果品种繁多,八宿的醉梨、察雅和八宿的苹果、芒康和左贡的石榴著名。现有电力、采矿、建材、森工、印刷、藏药等10余个行业的国有工业企业。2012年生产总值完成91.7亿元。

昌都是康巴文化的发祥地,民间文学种类众多,拥有三江流域、茶马古道、康巴文化、红色旅游4大品牌,有卡若遗址、若巴温泉、吉塘、318景观大道、芒康古盐田、然乌湖、来古冰川、然乌湖等景区。土特产主要有虫草、贝母、雪莲、核桃、氆氇、藏毯、藏香、藏刀及高原畜产品等。

4. 林芝市

林芝位于西藏自治区东南部、雅鲁藏布江中下游,南部与印度、缅甸2国接壤。辖1区(巴宜区)、6县(工布江达县、米林县、墨脱县、波密县、察隅县、朗县),面积11.7万平方千米,实际控制7.6万平方千米,人口20.3万(2014年)。

林芝古称工布,最早的文字记录见于工布第穆摩崖石刻上,已有1200多年的历史。此后许多年工布地区都由工布王统治。1960年1月成立塔工专署,同年2月改设林芝专区,专署驻林芝县;1963年10月林芝专署撤消,1986年2月恢复林芝地区;2015年3月撤销林芝地区和林芝县,设立地级林芝市和巴宜区。

林芝海拔平均3000米左右,有世界上最深的峡谷——雅鲁藏布江大峡谷,是世界陆地垂直地貌落差最大的地带,也是西藏海拔最低的一个区域,享有"西藏江南"的美誉。喜马拉雅山脉和念青唐古拉山脉由西向东平行伸展,东部与横断山脉对接,形成了群山环绕的独特地形。水力资源又占全西藏的70%以上,被联合国列为21世纪,10大超级工程的雅鲁藏布江大拐弯电站装机容量可达6000多万千瓦,是三峡电站的3倍。林芝为中国第3大林区,西藏森林的80%都集中在这里,盛产虫草、贝母、天麻、红景天、党参、三七、雪莲花、藏麻黄、灵芝、大黄等10余种名贵药材,可食用的菌类达120余种。农作物有冬小麦、春小麦、青稞和油菜。主要饲养牦牛、犏牛、黄牛、绵羊、山羊、马、驴、猪等。初步形成了以生态旅游业、水电能源业、特色农业、藏医药业和文化产业为主的"4+1"产业发展格局。2012年实现地区生产总值72.39亿元。

雪山、深谷、森林,构成了林芝与众不同的自然景观。古老的传统文化以及藏传佛教和本地兴起的本教的盛行,使林芝拥有著名的寺院等人文景点,与南迦巴瓦峰、雅鲁藏布江大峡谷、巴松措以及察隅、波密等独特的自然风光构成了丰富多彩的旅游景观。

第六章 西北地区

西北地区常被称为"西北5省(区)"或"西北3省2区",行政区划上包括陕西省、宁夏回族自治区、甘肃省、青海省和新疆维吾尔自治区,总面积304万平方千米,约占全国土地面积的32%。2010年第6次全国人口普查总人口为9664.4万人,占全国总人口的7.21%。区域内有副省级市1个、地级市29个、县级市30个,主要城市有西安、兰州、乌鲁木齐、银川、西宁、宝鸡等。大多为干旱、半干旱环境,自然环境条件总体比较严酷,降水稀少。受到环境条件、历史、人口素质等多种因素影响,整个西北地区的社会经济发展水平较中东部地区相对落后很多。西部大开发战略实施后,国家在财力物力人力及政策倾斜上给予西北地区很多优惠,西北地区社会经济发展水平也取得明显进步,尽管如此,西北地区近年来与中东部地区的发展差距呈现出进一步扩大。

第一节 陕西省

陕西简称陕或秦,也称三秦,位于中国内陆腹地,属于黄河中游和长江上游,居于连接中国东、中部地区和西北、西南的重要位置,省会设在西安市。下辖1个副省级市(西安)、9个地级市(铜川、宝鸡、咸阳、渭南、延安、榆林、汉中、安康、商洛)、1个杨凌国家示范区、3个县级市、24个市辖区、80个县和1个副省级新区(西咸新区),总面积20.56万平方千米,常住人口3732.73万(六普),城镇化率达45.7%。2012年全省生产总值达14 451.18亿元,增长12.9%。

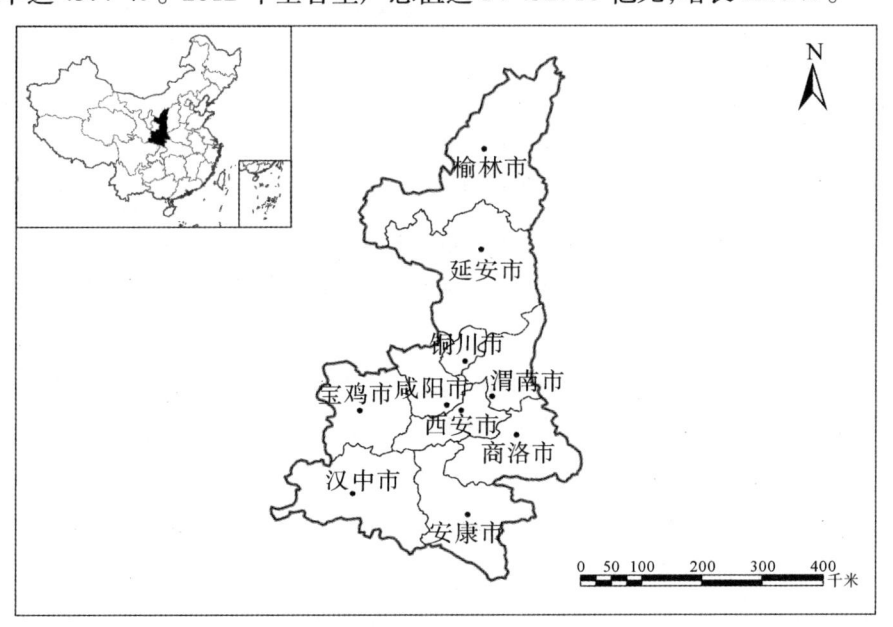

图 3-6-1 陕西省行政区划图

一、副省级市和各地级市发展情况

1. 西安市

西安古称长安,位于陕西省中部,北临渭河,南依秦岭,自古就有"京邑所居,五方辐凑"之说。辖9区(新城、碑林、莲湖、雁塔、未央、灞桥、长安、阎良、临潼)、4县(蓝田、周至、户县、高陵)、8个统筹城乡资源改革示范开发区和基地(国家级西安高新技术产业开发区、国家级西安经济技术开发区、西安曲江新区即国家级文化产业示范区和国家级生态区、西安浐灞国家级生态区即国家级水生态保护与修复试点、西安沣渭新区、西安国际港务区即国家级综合保税区、西安阎良国家航空高技术产业基地即国家级陕西航空经济技术开发区、西安国家民用航天产业基地即国家级陕西航天经济技术开发区),总面积9983平方千米、建城区面积360平方千米,常住人口846.78万(六普)、户籍人口781.67万(2010),是一个多民族散杂居的城市。

距今约115万年前的西安"蓝田猿人"曾在市域内繁衍生息。是世界著名古都,是中国历史上建都时间最长、建都朝代最多、影响力最大的都城,在《史记》中被誉为"金城千里,天府之国",由周文王营建,建成于公元前12世纪,先后有21个王朝和政权建都于此,是13朝古都,中国历史上的4个最鼎盛的朝代——周、秦、汉、唐均建都西安。现规划定位为陕西省省会,国家重要的科研、教育和工业基地,中国西部地区重要的中心城市,国家历史文化名城。规划构建"一城一轴一环多中心"的市域城镇空间布局,主城区布局凸显"九宫格局,棋盘路网,轴线突出,一城多心"的布局特色。

西安地处关中平原中部,地貌主体是秦岭山地与渭河平原,西安有"八水绕长安"之说。是中国中西部地区最大最重要的科研、高等教育、国防科技工业和高新技术产业基地,中国西部重要的中心城市和西北地区最大的城市,中国7大区域中心城市之一,亚洲知识技术创新中心,新欧亚大陆桥中国段和黄河流域最大的中心城市,中国大飞机的制造基地。经济以加工工业、高新技术产业和商贸旅游业为主导,已形成以机械、电子、纺织、国防工业为主体,包括轻工、化工、食品、冶金、建材、电力、医药等175个门类的现代化工业生产体系,微电子、机械、仪表、航空等制造业产业发展迅速,成为新兴支柱产业,旅游业、商业贸易发展迅猛。2009年国家颁布的《关中—天水经济区发展规划》中西安被列为继北京和上海之后,中国第3"国际化大都市"。自古以来就是交通要道,是中国东部通往西北和西南以及西亚各国的咽喉、古丝绸之路的起点,如今铁路、公路、航空交织成网,四通八达,有中国4大国际空港之一的西安咸阳国际机场。2012年实现地区生产总值4369.37亿元。

西安是著名的世界历史名城、举世闻名的世界4大文明古都之一、中华民族的摇篮、中华文明的发祥地、中华文化的代表、国家级旅游城市、中国优秀旅游城市、国家园林城市,有着"天然历史博物馆"的美誉,文化遗产极为丰富,目前市内国家级重点文物保护单位34处,还有国家级非物质文化遗产秦腔。著名旅游景点有秦始皇陵兵马俑坑、大雁塔、小雁塔、华清池、青龙寺、西安碑林、大唐芙蓉园、半坡遗址、曲江遗址公园、汉阳陵等。历史名人有周文王、周武王、姬旦、秦穆公、秦孝公、秦始皇、汉武帝、隋文帝、唐太宗、唐玄宗、苏武、李颙、韦应物、杜牧、王昌龄、张汤、虞庆则、史万岁、李密、王世充、吕大防、吕大忠、吕大临、刘宗敏、韦孝宽、杜预、王孝杰、怀素、杜如晦、姚思廉、吕柟、王九思、冯从吾、韦皋、杜黄裳、薛涛、鱼玄机、阎立德、韦庄、殷开山、常衮、牛兆濂、汪锋、关麟征、赵寿山、张灵甫、张耀明、赵伯平、阎立本、颜真卿、周昉、钟馗、孙蔚如等。名小吃有牛羊肉泡馍、葫芦头、肉夹馍、秦镇凉皮、西安饺子宴、老童家腊羊肉、锅盔、石子馍、肉丸胡辣汤、蜜枣甑糕及各种面食等。秦俑仿制品、仿古青铜器、秦绣、玉器、丝绸、工艺瓷器、户县农民画、唐三彩、瓷板画、景观表、麦秆画、关中剪纸等民间工艺品十分丰富。

2. 咸阳市

咸阳市位于关中平原中部和渭河断陷盆地,渭水穿南,峻山亘北,山水俱阳,故称咸阳。是中国甲级对外开放城市,以电子、纺织、精细化工为主的现代化工业城市,西安市的卫星城。辖2区(秦都、渭城)、1市(兴平)、10县(泾阳、永寿、乾县、礼泉、三原、武功、淳化、旬邑、彬县、长武),总面积10 196平方千米、主城区面积82.5平方千米,常住人口489.48万(六普)、市区人口94.53万(六普)。

咸阳是著名古都之一,周、汉、唐等11个朝代曾把咸阳作为都城或京畿之地。周称程伯国,后改名毕郢,再改岐周,春秋时称渭阳,秦为咸阳,汉高祖元年(前206)更名新城,汉武帝元鼎三年(前114)改为渭城,晋时设置灵武县,后赵时更名石安县,前秦时将长陵邑改为咸阳郡并辖灵武县,五代、两宋、金、明、清均称咸阳,1949年设咸阳县,1952年撤县设地级市。现规划定位为关中城镇群重要中心城市,陕西省重要的工业基地,国家历史文化名城和优秀旅游城市。规划构成"一带两轴多中心"的城镇体系空间结构,中心城区形成"一河两带三轴多中心"的空间布局结构。

咸阳由东南向西北呈阶梯形,表现为3个单元,即南部渭河、泾河平原,中部台塬区,北部高原丘陵区。有泾河、渭河、沣河、黑河、沮河等8条河流,气候温和,光、热、水资源丰富,利于农、林、牧、副、渔各业发展。建成了关中优质小麦、高产夏玉米产业带和渭北地膜玉米产业带,经济作物种类多,分布广,其中沙棘、黄芪、山楂等野生植物有很大的开发利用价值。已形成粮、果、畜、菜4大农业主导产业,成为全国重要的优质苹果基地、西北地区大型商品粮基地、最大的蔬菜和奶畜基地。地下水、煤炭、石灰石、地热等其他自然资源丰富。为西北最大的电子工业基地,陕西重要的畜产品生产加工基地、能源化工基地、医药保健基地、轻纺工业基地,形成了以能源化工、装备制造、电子、医药、纺织、食品、建材、航空物流、太阳能光伏等9大产业为主体的、比较完整的工业体系。咸阳位于祖国版图的中心,是中国大地原点所在地,自古就是西部战略重镇。是中原地区通往大西北的要冲、西部大开发的桥头堡、国家立体交通的新枢纽,拥有国内6大航空港之一和西北地区最大的航空港及出口产品内陆港。2012年全市实现生产总值1616.21亿元。

咸阳市身处华夏历史文化长河的发端,是秦汉文化的重要发祥地、国家级历史文化名城、国家卫生城市、首届中国魅力城市、中国地热城、全国10佳宜居城市、中国优秀旅游城市、全国精神文明创建工作先进市及中华养生文化名城,文物资源十分丰富。依托深厚的历史文化和独特的民俗资源,以礼泉、秦都、兴平、乾县等地为代表的民俗风情、秦汉文化、秦汉歌舞及社火、剪纸、皮影等民间艺术等形成了以黄土文化为特征的极具特色的民俗风情旅游。著名旅游地有乾陵、昭陵、茂陵、阳陵、沙河古桥风情园、渭滨公园、杨贵妃墓、大地原点、三原城隍庙、五陵原、后稷教稼台、郑国渠、石门山、懿德太子墓、彬县大佛寺、昭仁寺、甘泉宫遗址、爷台山、永泰公主墓、黄土民俗村、唐家大院、咸阳湖等。特产小吃有乾县豆腐脑、锅盔、三原金钱油塔、蓼花糖、臊子面等。历史名人有班超、班固、班昭、马融、贾逵、赵岐、马超、马钧、苏蕙、牛弘、李靖、窦融、马援、班彪、于右任、窦固、窦宪、耿秉、耿恭、耿弇、梁鸿、马腾、苏良嗣、窦怀贞、苏颋、刘弘基、薛万彻、侯君集、公孙述、班勇、刘瑾、李嗣业、杨良瑶、王重阳、王恕、马理、康海、胡登洲、王徵、杨双山、刘古愚等。

3. 宝鸡市

宝鸡位于陕西关中西部,地处陕甘宁川4省区结合部。辖3区(金台、渭滨、陈仓)、9县(凤翔、岐山、扶风、眉县、陇县、千阳、麟游、太白、凤县)。总面积18 172平方千米,其中市区面积555平方千米、建成区面积93.6平方千米,常住人口371.67万(六普)、市区人口84.27万(六普)。

宝鸡古称陈仓,唐肃宗至德二年(757)因市区东南鸡峰山有"石鸡啼鸣"之祥兆而始称宝鸡,1949年设宝鸡市。现规划定位为中国西部重要的地区中心城市,先进制造业基地和综合交通枢纽,独具文化特色的生态宜居城市。规划形成"一区两翼,五片多点"的市域城镇体系空间结构,中心城区以"一圈二面三线四区五团"为骨架,形成以南山、北塬为依托,渭河水系为开敞空间,生态绿地为间隔,外围组团各具特色,"山、塬、水、林、城"融为一体的"带状布局、组团结构"。

宝鸡市区环山面水,是典型的河谷型城市,以山地、丘陵为主,呈现"六山一水三分田"格局。粮食、畜产品、水果、农副产品种类繁多,是陕西重要的粮油和副食品生产基地,畜、粮、果、菜、药5大主导产业协调发展,形成了1个主体(奶牛)、3大品牌(秦川牛、布尔羊、莎能奶山羊)的畜牧业发展格局。铅、锌、金为优势矿种,太白县、凤县还是金矿富集区,太白金矿是西北地区最大的黄金生产企业之一,已探明的储量在全省占有重要地位。工业基础雄厚,是西部工业重镇,国有企业比重大是宝鸡经济结构的显著特征。装备制造业优势突出,有矿物、冶金、机械、车辆和建材等重工业,也有轻纺、食品、烟酒等轻工业,形成了机械、电子、食品、有色金属4大优势产业。目前钛材、钢桥梁、铁路道岔、灯泡产量在全国名列前茅。是关中西部地区政治、交通、文化和商业中心,陕甘川毗邻地区经济中心和通往西北和西南地区的交通枢纽以及新欧亚大陆桥上的重要交通枢纽。特殊的区位优势和便利的交通条件,促进了地方经济的快速发展,使其成为中国西北部重要的商贸中心之一。2012年地区生产总值达1409.87亿元。

宝鸡为华夏始祖炎帝的故里、周秦王朝的发祥地、国家森林城市、中国人居环境城市、全国环境优美城市、中国优秀旅游城市。境内的文物资源丰富,被誉为"青铜器之乡""民间工艺美术之乡"。主要景点有法门寺、周原遗址、北首岭遗址、炎帝陵、周公庙等、中华礼乐城、红河谷、天台山、关山牧场、嘉陵江源、太白山国家森林公园等。特产有西凤酒、好猫烟、猴王烟、岐山醋、岐山臊子面、文王锅盔、金钱肉、腊驴肉、凤县花椒、木耳、核桃、小人参、土鸡等。历史名人有炎帝、秦文公、秦襄公、秦穆公、燕伋、白起、李淳风、杨炎、段秀实、元载、张载、马钰、法真、法正、王珪、马璘、吴玠、吴璘、党崇雅、李达、史玉孝等。

4. 渭南市

渭南市地处陕西关中渭河平原东部,东濒黄河,与山西、河南毗邻,南倚秦岭,北靠桥山。素有"三秦要道,八省通衢"之称。辖1区(临渭)、2市(韩城、华阴)、8县(华县、潼关、大荔、蒲城、澄城、白水、合阳、富平)。总面积约1.3万平方千米,常住人口528.6万(六普)、市区人口81.32万(六普)。

渭南以位居渭河南岸得名,始于前秦苻坚甘露二年(360),1983年撤县设市,1994年升为地级市。现规划定位为秦晋豫黄河三角区区域中心城市,关中东部新兴工业城市,陕西省能源、化工、冶金、装备制造业基地。规划形成"一主三副、两横两纵、三大板块"的市域城镇体系结构,中心城区形成"一心两带两轴四组团"的空间布局结构。

渭南市地势以渭河为轴线,形成南北2山、2塬和中部平川5大地貌类型区,中部渭河冲积平原是八百里秦川最宽阔的地带。素以农业著称,土地广阔,气候温和,光照充足,降水适中,为全面发展农林牧副渔,实现农业的区域化、商品化、现代化提供了有利条件,其中粮食、棉花、油料总产量居全省前列,号称"陕西粮仓",历来是陕西省最优的农业生态区、全国重要的商品农业基地。目前已形成全国驰名的粮食、棉花、苹果、烤烟、花生、秦川牛、奶山羊、笼养鸡、生猪、渔业10大商品基地。储量大、易开采的矿藏有20多种,煤、钼、金为优势矿种,钼矿居全国第2位,黄金产量居陕西第1位、全国第3位,地热水和医饮兼用矿泉水资源丰富。工业已初步形成电力、煤炭、建材、纺织、机械、轻工、仪器、化工8大支柱产业为主的工业体系,已成为以能源、重化工为主的新兴工业基地。位居新亚欧大陆桥的重要地段,是陕西省和西部地区进入中东部的东大门,关中东部的行政、文化中心,农工商贸、交通运输十分发达。2012年全市实现生产总值1212.45亿元。

渭南是中华民族的发祥地之一,文化遗存丰厚。"大荔人"头骨化石,"禹门口洞穴堆积"等遗址影响深远。秦腔、同州梆子、阿宫腔等多种戏曲剧种蕴积深厚,是中国北方梆子剧声腔的发源地;石雕、木雕、皮影等民间艺术独具匠心。主要景点有西岳华山、黄河龙门旅游景区、洽川风景名胜区等。特产有苹果、酥梨、花椒、大葱、辣椒、花生、西瓜、红枣、柿子等。历史名人有仓颉、杜康、王翦、王贲、王离、司马迁、杨震、隋炀帝、徐遵明、杨炯、寇准、郭子仪、白居易、隋文帝、杨素、王忠嗣、张仁愿、白行简、胡景翼、阎景铭、胡琏、石亨、王鼎、王杰、杨虎城、李仪祉、习仲勋、屈武、张宗逊、杜鹏程等。

5. 铜川市

铜川位于陕西省中部,辖3区(王益、印台、耀州)、1县(宜君)和1个经济技术开发区、1个新区,总面积3882平方千米、建成区面积35平方千米,常住人口83.44万(六普)、市区人口41.77万(六普)。

铜川夏商属古雍州,西汉景帝二年(前155)置祋祤县,北魏太平真君七年(446)置铜官县,北周建德四年(575)改名同官县,1946年改称铜川县,1958年撤县建市,1966年改为省辖市。现规划定位为陕西重要的以能源、现代建材业为主的工业基地,开放型的产业城市、生态城市和现代化区域中心城市。规划形成"一城二区一廊,三河六园多带"的山水园林带状组团城市形态。

铜川处于关中平原向黄土高原的过渡地带,市中心区位于漆水河与支流塔尼河交汇处,东、西、北三面环山,仅南部较开阔。自然资源丰富,有利于农、林、牧综合发展,以小麦、玉米、油菜生产为主,果、牧、药、菜为4大农业主导产业,畜牧业已成为农村经济的重要支柱和农民增收的重要渠道,形成耀州、王益、印台奶牛养殖基地;以大苹果、樱桃、葡萄、桃、杏为主的名优水果发展迅速,为全国外销苹果基地。煤炭、优质石灰石、油页岩、耐火粘土等储量居全省前列。有以煤炭、建材、陶瓷、铝冶炼、纺织、机电、医药、食品、化工等为骨干的工业门类,是陕西重要的以煤炭、建材业、冶金为主的工矿城市、关中经济带重要组成部分、关中平原北部经济中心和对外开放城市、关中平原北部交通中心、通往陕北的交通咽喉。2012年地区生产总值为282.92亿元。

铜川历史悠久,是孙思邈、孟姜女的故里,主要景点有耀州唐三彩、宋耀州窑窑址遗址博物馆、柳公权墓、药王山、大香山、姜女祠、玉华宫等。历史名人有傅玄、彭祖、孟姜女、井勿幕、范宽、令狐德棻、柳公权、柳公绰、孙思邈、杨素蕴、井岳秀等。特产有铜川苹果、孟家塬桃、新区大樱桃等。

6. 榆林市

榆林市位于陕西省最北部,陕甘宁蒙晋5省(区)接壤地带,素有"九边重镇"之称。辖1区(榆阳)、11县(神木、府谷、定边、靖边、横山、佳县、米脂、吴堡、绥德、清涧、子洲),总面积43 578平方千米,常住人口335.14万(六普)、市区人口63.76万(六普)。

榆林历史悠久,东晋建大夏国,北魏设统万镇,太和十二年(488)改设夏州,明洪武二年(1369)建榆林寨,明成化九年(1473)置榆林镇,清雍正八年(1730)设榆林府,1913年设榆林道,1926年改榆林县,1988年撤县设市,2000年升为地级市。现规划定位为陕北能源化工基地的核心城市,陕甘宁蒙晋接壤区的主要中心城市,国家历史文化名城,重要的沙漠生态化城市。规划形成"三带四区,五廊九片"的空间格局。

地处陕北黄土高原和毛乌素沙地南缘的交界处,也是黄土高原和内蒙古高原的过渡区,地貌大体以长城为界,北部为风沙草滩区,南部为黄土丘陵沟壑区。北部有200多个内陆湖泊,其中红碱淖为陕西最大的内陆湖。实施现代特色农业基地建设"5695"工程,农业4大主导产业为草、羊、果、薯,形成了羊子、玉米、红枣、小杂粮、马铃薯、蔬菜、豆类特色产业规模,绿豆、小米、羊子等18项特色产业面积、产量、质量均居全省第1,马铃薯、玉米、蔬菜、小杂粮刷新7项全国最高纪录;以畜牧业、蔬菜业、水产业为龙头,大力发展"四季农业",特色产业规模覆盖面达到80%。能源矿产资源富集一地,被誉为"中国的科威特",有世界7大煤田之一的神府煤田、中国陆上探明的最大整装气田,煤炭、天然气、石油、岩盐组合配置良好,开发潜力巨大,是21世纪中国的能源接续地、正在建设的国家能源化工基地,国家西气东输、西电东送、西煤东运的重要源头。工业4大支柱产业为煤炭、油气、电力、化工,轻工产品以皮革、纺织、毛毯最为出名。2012年全市实现生产总值2769.22亿元。

榆林是国家历史文化名城、历史上兵家必争之地、著名革命老区,主要旅游景点有红石峡、镇北台、李自成行宫、易马城、榆林古城等。历史名人有赫连勃勃、李继迁、杨继业、韩世忠、李自成、张献忠、李子洲、霍世英、杜斌丞、李鼎铭、张季鸾、刘澜涛、马文瑞、郭洪涛、安子文、张达志、阎揆要、宇文恺、李显忠、韩延直、高桂滋、杜聿明、马明方、高岗、柳青、张秀山、贾拓夫、赵苍壁等。特产有榆林豆腐、马蹄酥、手抓羊肉、黄米馍馍、大红枣、横山绒山羊、洋芋、绿豆、荞麦、海红果等。

7. 延安市

延安市位于陕北南半部,人文初祖轩辕黄帝的陵寝位于市内黄陵县桥山之巅,是海内外华夏儿女寻根祭祖的民族圣地,有"塞上咽喉""军事重镇"之称,被誉为"三秦锁钥,五路襟喉"。辖1区(宝塔)、12县(吴起、志丹、安塞、子长、延川、延长、甘泉、富县、洛川、黄陵、黄龙、宜川),总面积37 029平方千米,建成区面积33平方千米,常住人口218.7万(六普)、市区人口47.52万(六普)。

秦置高奴县,隋置延安郡,改高奴县为肤施县,唐武德元年(618)改延安郡为延州总管府,元置延安路,明改设延安府,1937年设延安市,1949年改为延安县,1972复设市,1996年升为地级市。现规划定位为中国革命圣地,国家级历史文化名城,面向全国的"3大教育基地"和以发展生态农业、旅游、石化、能源产业为主的陕北现代化中心城市。规划形成"二环、双心、三轴、四区"的市域城镇空间结构,中心城区形成"一体两翼、一主三副、组团发展"的城市空间布局结构。

延安地处黄土高原中部丘陵沟壑区,城区三山环绕,依山傍水,属于典型的河谷型城市。是黄河上中游水土流失最严重的地区之一,西部大开发以来,大规模实施退耕还林还草工程使生态环境得到极大改善。盛产小麦、玉米、谷子、黄豆、红豆等粮食作物和烤烟、蔬菜、花生、薯类等经济作物,苹果、红枣、小杂粮等农产品品质优良,是世界最佳苹果优生区,林果、草畜、棚栽3大主导产业已成为农民收入的主要来源,红枣、梨、花椒、核桃、仁用杏等区域性主导产业也得到较快发展。矿产资源丰富,主要有石油、煤炭、天然气、紫砂陶土等。为中国石油工业的发祥地,大陆第1口油井位于延长县。工业以石油、卷烟、煤炭等骨干产业为主体。2012年地区生产总值为1271.02亿元。

延安是中华民族5000年文明的发祥地、革命圣地、国家历史文化名城、中国优秀旅游城市,"三黄一圣"(黄帝陵庙、黄河壶口瀑布、黄土风情文化、革命圣地)享誉中外,为"腰鼓之乡""剪纸之乡""民间美术之乡""民间绘画画乡",旅游资源非常丰富,如轩辕黄帝陵、黄河壶口瀑布、全国最大的野生牡丹群等,现存革命旧居140多处,如王家坪、凤凰山、宝塔山、杨家岭等。历史名人有高迎祥、罗汝才、刘志丹、谢子长、阎红彦、刘光世、孙可望、马进忠、刘琦、路遥等。特产有陕北大红枣、苹果、梨、名贵杂豆、紫砂陶瓷、洋芋擦擦、甘泉豆腐等。

8. 商洛市

商洛市位于陕西省东南部、秦岭南麓、丹江上游,与鄂豫2省交界。辖1区(商州)、7县(洛南、丹凤、山阳、商南、镇安、柞水),总面积19 292平方千米、建成区面积15平方千米,常住人口234.17万(六普)。

商洛历史悠久,自古就是长安城的重要门户,因境内有商山、洛水而得名。西汉置上洛县,晋泰始二年(266)设上洛郡,北魏置洛州,北周宣政元年(578)改为商州,1913年设商县,1988年改为商州市,2001年设地级商洛市。现规划定位为关中—天水经济区次核心城市,秦岭腹地现代化山水园林城市。规划形成"一核两主三辅七心"的网络状城镇空间结构,中心城区形成"一湖两城七组团"的城市布局结构。

商洛地形地貌结构复杂,素有"八山一水一分田"之称,地跨长江、黄河两大流域,属暖温带半湿润气候。森林资源和中草药资源丰富,素有"南北植物荟萃、南北生物物种库"之美誉,是陕西省木材主产区之一、全国有名的"天然药库",核桃、板栗、柿子产量居全省之首,是陕西省核桃、板栗、柿饼、木耳的集中产区。主要生产稻谷和小麦,"岭沟红米"最为出名,水貂养殖业居全省之冠。矿产资源中铁、钒、钛、银、水晶、萤石和钾长石等17种储量居全省首位,钾长石储量位居全国第1、世界第2。地处豫鄂及东南诸地的交通要道,历来为兵家必争之地、"北通秦晋,南接吴楚"的物资集散重地。2012年全市生产总值为439亿元。

商洛为豫鄂陕革命根据地的中心区域、为全国革命老区之一,地处中国地理南北的分界线,物产南北并蓄,风俗秦楚交融,文化积淀丰厚,钟灵毓秀,主要景点有金丝大峡谷、木王国家森林公园、天竺山、牛背梁、龙驹寨、丹江公园、仙娥湖、老君山、玉虚洞、柞水溶洞、道家名地三十六小洞天等。历史名人有契、相土、商高、商鞅、高山四皓等。特产有核桃、板栗、绿茶、丹凤葡萄酒、黑木耳、商芝、魔芋、龙须草、柿饼、油桐、天麻等。

9. 汉中市

汉中位于陕西西南部,北依秦岭,南屏巴山,汉江横贯东西,辖1区(汉台)、10县(南郑、城固、洋县、西乡、勉县、宁强、略阳、镇巴、留坝、佛坪),总面积2.7万平方千米、建成区面积56平方千米,常住人口341.62万(六普)、市区人口53.49万(六普)。

汉中迄今已有2300多年的历史,周置南郑邑,秦设汉中郡、郡治南郑,东汉以后曾先后称汉宁郡、梁州、汉川郡、山南西道、兴元府、汉中府等,1949年设南郑市,1953年改为汉中市,1996年升为地级市。现规划定位为以汉文化为主要特色的国家历史文化名城、陕甘川渝毗邻地区省际开放的枢纽城市,生态环境优越的宜居休闲城市和优秀旅游城市。规划中心城区形成"一江两区三组团,三轴十个功能区"的空间布局。

地处汉中盆地,有汉江、嘉陵江等567条河流,是国家南水北调中线工程的水源地,中国南北气候分界线、江河分水岭,四季分明、气候温润,形成了植物南北共生的特点和生物种群的多样性,素有"生物资源宝库""天然物种基因库"之称,林地面积居全省第1、居西部第2,朱鹮、大熊猫、金丝猴和羚牛被誉为"汉中四宝",大熊猫自然保护区、朱鹮自然保护区驰名中外,是全国重要的药材生产基地、中国著名的粮仓、西北最大的柑橘生产基地、全国第2大樱桃基地,有"秦巴天府"之称。矿产资源富集,是全国5大黄金生产基地之一,铁、锰、镍、钛、锌、磷、蛇纹岩、大理石、石膏、石棉等矿产储量分别位居全国全省前列。陕南的经济、文化中心以及汉中地区行政中心,以轻工、机械为主的工业性综合城市,自古就是连接西北与西南、东南的通道和辐射川陕甘鄂的主要物资、信息集散地之一。2012年实现地区生产总值772.26亿元。

汉中是汉家的发祥地,两汉三国文化底蕴厚重,为国家历史文化名城、中国优秀旅游城市、国家生态示范区建设试点地区、世界特色魅力城市,有"汉家发祥地,中华聚宝盆"美誉,有古汉台、南湖、南沙河、天台山等风景名胜。历史名人有褒姒、张骞、李固、杨王孙、郑子真、文同、何挺颖、杨育才等。每年举办武侯墓清明文化旅游节、张良庙旅游节、陕南民歌节、张骞旅游文化艺术节和茶叶节、樱桃节、柑橘节、荷花节等丰富多彩的旅游文化节庆活动。

10. 安康市

安康位于陕西省最南部,川陕鄂渝4省市的结合部,辖1区(汉滨)、9县(旬阳、石泉、汉阴、宁陕、紫阳、岚皋、平利、镇坪、白河),总面积23 391平方千米、建成区面积30平方千米,常住人口262.99万(六普)、市区人口87.01万(六普)。

安康市历史悠久,远在七八千年前,越河川道及汉江两岸已形成原始聚落。秦惠王更元十三年(前312)始置西城县,西魏废帝三年(554)设金州,明万历十一年(1583)改兴安州,清乾隆四十八年(1783)升州为府,下设安康县,1950年设安康市,1954年改为安康县,1988年复设市,2000年升为地级市。现规划定位为关中—天水经济区的重要辐射区,西安、成都、重庆、武汉4大都市圈的重要连接点,陕西省东南部中心城市和全省重要的交通枢纽城市,以发展旅游休闲、新型工业(清洁能源、新型材料、富硒食品、生物医药、安康丝绸)、现代物流产业为平台,建设具有生态环境优美、人文景观丰富、自然风光优美的山水园林城市。规划形成"一江两岸、一心多区,山水环绕、桥道贯通"的城市结构。

安康构成"两山夹一川(江)"的自然地貌,汉江由西向东横贯,是秦巴山地的重要组成部分和北亚热带季风地区的一部分、中国北亚热带动植物典型代表区,林木茂盛,物种丰富,尤以水力、生物、矿产、旅游资源得天独厚,是国家"南水北调"中线工程主要水源地;有羚牛、朱鹮、云豹、大鲵等珍稀动物,是陕西茶叶、蚕茧、油桐、生漆主产区,中药材黄连、吴茱萸、当归等占据很大比例;中国最大的富硒区,富硒食品产量位居全国第1,素有"秦巴万宝山""中药材摇篮"和"天然生物基因库"之美誉。在陕西和全国位居前列的矿产有汞矿、毒重石、瓦板岩、重晶石、锑矿、锌矿、天然珍稀矿泉水等,金红石、沙金、重晶石全国驰名。蚕桑、烤烟、茶叶、黄姜、魔芋、绞股蓝、葛根、畜牧等农业主导产业基地建设初具规模,以秦巴医药、富硒食品、汉江水电、安康丝绸和新型材料为主导的特色工业进一步壮大,为交通便捷、工贸发达、设施齐全、功能完善、市场繁荣的陕南重镇,是沟通西北、西南和中南的重要交通枢纽,自古为川陕鄂渝毗邻地区重要的物资集散地。2012年实现地区生产总值513.02亿元。

安康人文荟萃,名胜古迹颇多,主要景点有瀛湖、燕翔洞、岚河漂流、太极城、南宫山等。水热资源是陕西最丰富的地区。历史名人有王澄、刘文翰、王应泰、张鹏飞等。特产有安康"三宝"(桐油、蚕丝和冬桃)、宁陕豆腐干等。

二、各县级市发展情况

1. 兴平市　位于关中平原腹地,北依莽山,南临渭水,是一个以大中城市为依托的"卫星城"。封建王朝曾2次在此建都,唐至德二年(757)置兴平县。1993年撤县设市。面积496平方千米,人口62万。地势平坦,土壤肥沃,水利条件优越,物产资源丰富。盛产小麦、玉米、蔬菜、果品,肉、蛋、果、奶、菜5大产业体系初具规模,已形成了南部水果水产、中部肉蛋菜、北部畜牧业3大基地的农业经济新格局,有"白菜心""平原米粮仓"和"辣蒜之乡"的美称,是国家商品粮基地县(市)之一。工业实力雄厚,国有大中型企业集中,初步形成了化工、造纸、机械、建材、食品5大支柱产业。商贸市场发达,自古就是商贾云集之地,已兴办了粮食、蔬菜、服装、木材、副食品等30余处专业和综合市场,形成了多层次、多渠道、多种经济成分的商贸流通网络。旅游资源得天独厚,著名景点有茂陵、杨贵妃墓、霍去病墓等。2012年完成生产总值145.2亿元。

2. 韩城市　韩城市位于关中平原东北隅,黄河西岸,是国家对外开放城市、国家历史文化名城、中国优秀旅游城市,重要的能源工业城市。地形地貌为"七山一水二分田"。面积1621平方千米,人口40万。1983年10月撤县设市。农业生产条件良好,主要农作物有小麦、玉米、棉花、高粱等,盛产花椒、核桃、柿子、苹果,已形成了椒、果、菜、畜4大农业主导产业,为全国最大的花椒生产基地。矿产资源丰富,有煤、铁、石灰石、铁矿石、铝矾土、粘土矿等。工业发展起步较早,形成了煤炭、电力、焦化、冶金、建材等为支撑的工业生产体系,为陕西重要的煤炭、电力能源工业城市之一。历史人物众多,文物古迹荟萃,有"文史之乡"和"关中文物最韩城"之美誉。旅游景点有司马迁祠、韩城古城、毓秀桥、普照寺、党家村、赳赳寨塔、龙门大桥、大禹庙、八路军东渡黄河纪念碑、黄河龙门、禹甸园、太史园、三义墓、魏长城、象山、梁山等。现为陕西省计划单列市,2012年完成生产总值233.2亿元。

3. 华阴市　华阴市位于关中平原东部,秦晋豫3省结合地带,南依秦岭,北临渭水,是国家级风景名胜区华山所在地,西北地区首家国家可持续发展综合实验区。面积817平方千米,人口26万。1990年12月撤县设市。华阴春秋设邑,战国置县。自古有"三秦要道、八省通衢"之称,是中原通往西北的必经之地。地形南高北低,山奇水秀,古有"山川形胜,甲于关中"之说。土壤肥沃,粮食作物以小麦、玉米为主,经济作物以棉花为主。矿产资源多种多样,金、铁、铝、稀土、石板材、矿泉水、地热等颇具优势,热资源异常丰富。已形成了以电力、机械、医药、化工、采冶、棉纺、建筑等为主的较为完整的工业产业体系。历代才人辈出,著书立说者层出不穷,被汉相张良誉为"物华天宝,地灵人杰"之地。2012年实现生产总值67.63亿元。

第二节　甘肃省

甘肃简称甘或陇,贯通东亚与中亚、西亚与欧洲之间的陆上交通通道,有12个地级市(兰州、嘉峪关、金昌、白银、天水、武威、张掖、酒泉、平凉、庆阳、定西、陇南)、2个自治州(临夏回族自治州、甘南藏族自治州),17个市辖区、4个县级市、58个县、7个自治县,总面积45.5万平方千米,全省常住人口为2557.52万(六普)、城镇人口为923.66万(六普),城镇化率36.12%。民族主要有汉、回、藏、东乡等民族,其中裕固、保安、东乡族是甘肃的独有民族。2012年全省实现生产总值

5650.2亿元,增长11.7%。

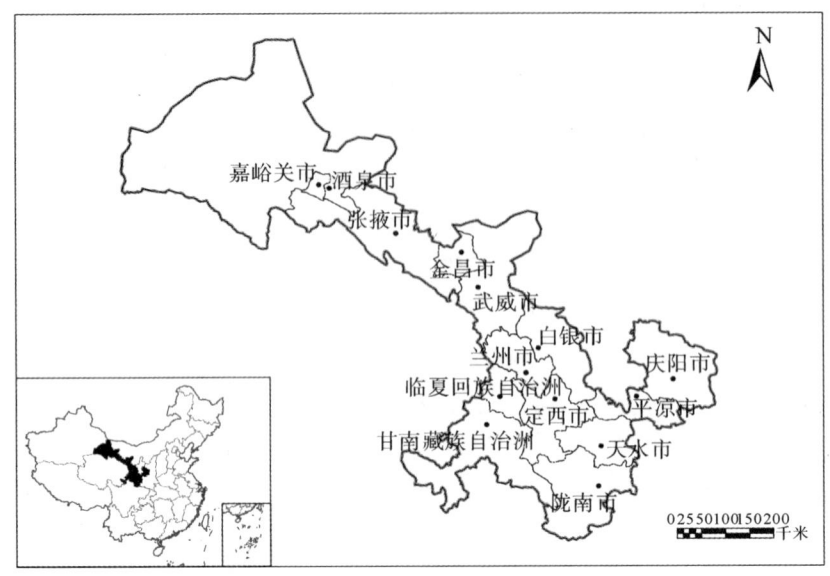

图 3-6-2　甘肃省行政区划图

一、各地级市发展情况

1. 兰州市

兰州市位于甘肃省中部,中国陆域版图的几何中心,辖5区(城关、七里河、安宁、西固、红古)、3县(永登、榆中、皋兰)、2个国家级开发区(兰州高新技术产业开发区、兰州经济技术开发区)和兰州新区,总面积1.31万平方千米、建成区面积182平方千米,常住人口361.61万(六普)、市区常住人口251万,有汉、回、满、藏、东乡、裕固等36个民族。

兰州市古称金城,春秋战国为羌人驻牧地,汉昭帝始元元年(前86)设金城县,隋开皇三年(583)设立兰州总管府,清乾隆三年(1738)改为皋兰县,1941年析置兰州市,1949年为省辖地级市。现规划定位为甘肃省省会,西部地区重要的中心城市,国家重要的工业基地和综合交通枢纽。规划形成"双城五带多点"的城镇体系空间结构;中心城区形成"一河两岸,三心六组团"的多中心组团型的空间结构。

兰州处于黄土高原、蒙古高原、青藏高原交会处,黄河穿城而过,是典型的河谷盆地型城市。复杂多样的土地类型,适宜发展农、林、牧、副、渔,野生动植物资源较丰富,是闻名全国的"瓜果城"。水力资源丰富,已建成的刘家峡、八盘峡、盐锅峡、大峡水电站。已形成以石油、化工、机械、冶金4大主体行业,通用机械制造、电工电器、仪表仪器、汽车产业发展迅速,成为兰州市的重要经济支柱之一,为中国主要的重化工、能源和原材料生产基地之一。在西北地区处于"座中四联"位置,是黄河上游经济区重要的经济中心和西陇海兰新经济带重要的支撑点和辐射源、东中部地区联系西部地区的桥梁和纽带、大西北的交通通信枢纽、对外开放一类陆运口岸、西北地区最大的货运站和新亚欧大陆桥上重要的集配箱转运中心、西部地区通信枢纽和信息网络中心、西部地区重要的商品集散中心。2012年完成地区生产总值1564.41亿元。

兰州是古丝绸之路上的重镇,中国牛肉拉面之乡,名胜古迹众多,有五泉山、白塔山、白云观、白衣寺、鲁土司衙门、兴隆山、吐鲁沟等。特产有白兰瓜、黄河蜜瓜、软儿梨、百合、黑瓜子、玫瑰、甘草、当归、党参、麻黄、秦艽、鬼臼、祖师麻等。

2. 嘉峪关市

嘉峪关市位于甘肃省西北部的河西走廊中段,素有"天下第一雄关""边陲锁钥"之称。辖3区(长城、镜铁、雄关),总面积2935平方千米、建成区面积60平方千米,常住人口23.18万(六普)。

嘉峪关市历史上无郡县设置,是1958年伴随着国家"一五"重点建设项目"酒泉钢铁公司"的建设而逐步发展起来的一座新兴的现代化城市,1965年设市,1971年为省辖市。现规划定位为工业旅游城市,经济繁荣、环境和资源协调可持续发展、生态良好的现代化城市。规划采用"点—轴布局模式"。形成"一心三点"的城镇发展战略布局。

嘉峪关境内地势平坦,土地类型多样,中西部多为戈壁,是市区和工业企业所在地;东南、东北为绿洲,是农业区。铁、锰、铜、造型粘土、重晶石等为优势矿产。嘉峪关市现已形成以冶金工业为主体,旅游、商贸、城郊型农业为重点的经济格局,已形成以冶金工业为主体,化工、电力、建材、机械、轻纺、食品为辅的工业体系,是西北地区最大的钢铁基地。嘉峪关—酒泉是甘肃城镇体系规划中重点培育发展的省域次中心城市和城镇群。2012年全市生产总值实现269.1亿元。

嘉峪关是古丝绸之路的交通要道和明代万里长城的西端起点、中国丝路文化和长城文化的交会点、中国优秀旅游城市,旅游资源丰富,有嘉峪关关城、长城第一墩、悬壁长城、七一冰川、魏晋壁画墓、紫轩葡萄酒庄园、黑山摩崖石刻、嘉峪关国际滑翔基地、讨赖河大峡谷等特色西部风光。

3. 金昌市

地处甘肃省河西走廊东段,祁连山北麓,阿拉善台地南缘。辖1区(金川)、1县(永昌),总面积8896平方千米、建成区面积61平方千米,常住人口46.4万(六普)、市区人口22.85万(六普)。

金昌市汉置番和县,隋为番禾县,西夏置永州,元设永昌路,明置永昌卫,清置永昌县,1958年随镍矿开采建金川镇,1981年设金昌市。现规划定位为政治、经济、文化、科技、商贸中心,以有色金属生产、科技开发为主,重化工、建筑和其他辅助工业配套的园林现代化工业城市,祖国的"镍都",甘肃省河西地区经济中心城市之一。规划形成"一心三轴三区"的结构形式。

金昌市地形以山地、平原为主,山地平川交错,绿洲荒漠相间。属多日照区,光能资源充足,水资源较为匮乏,是甘肃省重要的商品粮油基地,已初步形成种植业、养殖业、林果业、农副产品加工业4大类支柱产业和粮油、肉蛋奶、啤酒大麦、蔬菜、甜菜、瓜类、果品、水产8大主导产品,甜菜、西瓜、葵花子、黑瓜子等经济作物驰名中外。镍矿储量丰富,规模巨大,是著名"镍都",铜、钴等矿产储量较大。是以有色金属、重化工为主体的重工业城市,中国最大的镍钴生产基地和铂族金属提炼中心,有色金属、化工、电力能源、建筑建材等为传统优势产业,培育发展硫化工、磷化工、氯碱化工、煤化工、氟化工和新能源、新材料、装备制造等新兴接续产业,为全国3大资源综合利用基地、国家级新材料产业化基地、国家新材料高技术产业基地、国家新型工业化示范基地和全国工业固废综合利用示范基地。2012年地区生产总值为243.39亿元。

金昌文物古迹较多,有鸳鸯池、二坝遗址、汉明长城和被誉为"河西中天一柱"的明代永昌钟鼓楼等。

4. 酒泉市

酒泉市地处河西走廊西端的阿尔金山、祁连山与马鬃山(北山)之间,甘肃省名"肃"字由来地。辖1区(肃州)、2市(玉门、敦煌)、4县(金塔、瓜州、肃北、阿克塞),总面积19.39万平方千米、建成区面积70平方千米,常住人口109.59万(六普)、市区人口42.83万(六普)。

酒泉地区是西部土地开发利用最早的区域之一,汉初设禄福县,元鼎二年(前115)设酒泉郡,唐高祖武德七年(624)始置酒泉县,隋仁寿二年(602)置肃州,1913年改为酒泉县,1985年撤县设市,2002年升为地级市。现规划定位为甘新青蒙交界处的区域性商贸中心,中国著名的航天城和历史文化名城,以商贸物流、旅游服务和特色农产品深加工为主导的绿洲城市。中心城区规划形成"一心二翼二带五区"的组团式布局结构。

酒泉地处祁连山北麓的缓坡地带,平原盆地、河谷、沙漠、戈壁、沼泽、冰川等多种地貌相间,有发源于祁连山冰川积雪区的3大河系、16条河流,风能和太阳能资源丰富,是全国最具开发潜力的清洁能源基地。属典型的温带大陆性气候,农副产品种类多,是全国商品粮棉基地、畜牧业基地、瓜果蔬菜基地和最具优势的对外瓜菜制种、花卉制种基地、全国重要的玉米繁种基地、全国最大的制种基地之一和重要的草产业基地。塔尔沟钨矿为亚洲第1大钨矿、大道尔吉铬矿储量居全国第3、黄金开采量居甘肃省首位、石棉储量居全国第3、菱镁储量居甘肃省第1,玉门油田是中国最早的石油基地。以商贸物流、旅游服务和特色农产品深加工为主导的绿洲城市,已有造纸、印刷、制箱、石棉制品、酿造、建筑材料、轻纺、五金、工艺美术、橡胶制品、日用化工、机械加工、食品饮料、服装鞋帽、木器家具等工业行业。地处西北边陲要塞,是著名的河西4郡之一、军事交通重镇、河西保障之襟喉,是祖国中部通往新疆、青海、内蒙古、西藏的陆路要冲,西北对外贸易口岸。2012年地区生产总值达574.6亿元。

酒泉是中国著名的航天城和历史文化名城,旅游资源得天独厚,全市有国家级文物景点14处、省级208处,主要有敦煌莫高窟、阳关、玉门关、鸣沙山、月牙泉、酒泉卫星发射中心等景区。历史名人有张议潮、张淮深、张承奉等。特产有锦丰梨、早酥梨、鸣山大枣、李广杏、瓜州蜜瓜、锁阳等。

5. 张掖市

张掖市位于甘肃省西北部、河西走廊中段,甘肃省名"甘"字由来地。辖1区(甘州)、5县(山丹、民乐、临泽、高台、肃南),总面积4.1万平方千米、建成区面积58平方千米,常住人口119.95万(六普)、市区人口50.74万(六普),有汉、回、藏和裕固等38个民族,其中裕固族是全国唯一集中居住在张掖的一个少数民族。

张掖以"张国臂掖,以通西域"而得名,汉武帝元狩六年(前121)置张掖郡,北朝西魏改为甘州,1927年置张掖县,1985年撤县设市,2001年升为地级市。现规划定位为中国历史文化名城,张掖市的政治、经济、文教中心,河西地区重要的商贸流通中心和旅游服务中心,甘肃省农副产品加工、能源基地之一。规划形成"一心三区四轴"的轴向多心式的组团形态城市结构。

张掖南枕祁连山,北依合黎山、龙首山,黑河贯穿全境,形成了特有的荒漠绿洲景象。境内地势平坦、土地肥沃、林茂粮丰、瓜果飘香,是全国商品粮、蔬菜瓜果基地之一,自古有"金张掖、银武威"之美誉,盛产小麦、玉米、水稻、豆类、油料、瓜果、蔬菜。煤、铁、锰、钛、石灰石、芒硝等矿藏储量大、品位高,甘肃省农副产品加工、能源基地之一。形成了以采矿、冶金、电力等行业为主体,煤炭、机械、纺织、酿造等10余个部门为支撑的地方工业体系。地处河西走廊腹地,为新亚欧大陆桥沟通国内东西交通的咽喉要道,是国家西部大开发的重点地区之一、河西地区重要的商贸流通中心和旅游服务中心。2012年实现地区生产总值291.89亿元。

张掖是国家历史文化名城、古丝绸之路上的枢纽,境内古迹遍布,有全国最大的室内泥塑卧佛、木塔寺、山丹军马场和彩色丘陵等景观。特产有元葱、苹果梨、乌江米、红枣、发菜、丝路春酒等。

6. 武威市

位于甘肃省中部,河西走廊东端,对外开放城市,自古有"银武威"之称。辖1区(凉州)、3县

(民勤、古浪、天祝),总面积3.3万平方千米、建成区面积57平方千米,常住人口181.5万(六普)、市区人口101万(六普),聚居着汉、回、蒙、土等38个民族。

武威市古称凉州,西汉时期,霍去病征西,为显示军功军威,由此得名"武威",设武威郡。1985年撤县设市,2001年升为地级市。现规划定位为国家历史文化名城,河西走廊的区域性中心城市。规划构建"一轴双城三组团"的城镇空间开发格局。

武威市位于青藏、黄土、蒙古3大高原的交会地带,自古就是"人烟朴地桑柘稠"的富饶之地,地势平坦,光热土资源丰富,是全国重要的商品粮油基地以及全省瓜果蔬菜和肉类繁育生产基地,建成加工型玉米、商品蔬菜、优质瓜类、繁育制种、酿造葡萄及微藻生产示范基地、人参果基地、畜牧业基地、花卉基地、食用菌基地、马铃薯基地、中药材基地等农业产业化基地,出产滩羊、骆驼、红柳、发菜、沙米等几十种沙生动植物及甘草、麻黄草、锁阳等10多种中药材,为世界白牦牛唯一产地、中国葡萄酒的故乡。钛铁矿、石墨矿属国内特大型矿产。依托丰富的农副产品资源,已形成以玉米淀粉、酿造、面粉、熏醋、药品、肉类等加工业为主的食品工业体系和以纺织、煤炭、建材、制药等行业为主体的地方工业体系。地处亚欧大陆桥的咽喉位置,是兰新线与包兰线、包中线的交会点,处于兰州、西宁、银川经济发展三角形的重心位置和陇海兰新线经济的中心地,是甘肃省比较繁华的商贸集散地。2012年地区生产总值为272.85亿元。

武威是全国历史文化名城、西藏归属祖国的历史见证地、中国旅游标志之都、古丝绸之路的必经之地,一度为北方佛教的中心,孕育了灿烂绚丽的五凉文化、西夏文化、佛教文化和民族民间地域文化,名胜古迹众多,著名景观有中国旅游标志——铜奔马、天梯山石窟、武威文庙、祁连冰川雪景、天祝高山草原等。

7. 白银市

白银市又称铜城,位于甘肃省中部,黄河上游,辖2区(白银、平川)、3县(会宁、靖远、景泰),总面积2.12万平方千米、建成区面积78.56平方千米,总人口170.87万(六普)、市区人口19.24万(六普)。

白银是全国唯一以贵金属命名的城市,矿藏的开采始于汉代,明朝洪武年间曾设办矿机构"白银厂",有"日出斗金"之说,白银由此得名。1958年曾设地级白银市,1963年为兰州市白银区,1985年恢复地级市。

白银市地处黄河上游甘肃省中部干旱地区、黄土高原和腾格里沙漠之间的过渡地带,水资源丰富,拥有中国最大的高扬程电力提水灌溉区,农作物品种资源丰富,优质农产品种类繁多,粮食作物有小麦、玉米、马铃薯、水稻、荞麦、糜谷、荞麦、豆类等,经济作物有油料、啤酒大麦、甜瓜籽等,瓜果类有西瓜、甜瓜、苹果、梨、桃、杏、葡萄、红枣等,形成了以节能日光温室为主的蔬菜种植业、以猪羊鸡牛为主的养殖业、以名优特新品种为主的林果业等3大支柱产业。是典型因有色金属开发而兴起的矿产资源型工业城市,有铜、铅、金、银等金属矿产及硫磺、煤炭等非金属矿产,为全国瞩目的有色金属生产基地,形成了电力、煤炭、稀土、化工、纺织、加工、建材等比较全面的工业体系。改革开放以来,被列为国家第1批因资源枯竭经济转型城市。2012年全市实现地区生产总值433.77亿元。

白银历史遗迹散布境内。建立在会宁县城的三军会师纪念塔、共和国将帅碑林等被国家确定为爱国主义教育基地,境内的黄河石林、铁木山等更是近年崛起的旅游热点。特产有黑瓜籽、白兰瓜、发菜、滩羊皮等。

8. 天水市

天水市位于甘肃省东南部、陕甘川3省交界,是甘肃"东大门"。辖2区(秦州、麦积)、5县(甘谷、武山、秦安、清水、张家川回族自治县),总面积1.43万平方千米、建成区面积72平方千米,常住人口326.25万(六普),市区人口119.7万(六普),有汉、回、满等28个民族。

天水之名源于"天河注水"的传说,传说人文始祖伏羲和女娲均出生于此。古称成纪、秦州,汉武帝元鼎三年(前114)得名天水,魏文帝元年(220)置秦州,1913年设天水县,1950年设天水市,1985年升为地级市。现规划定位为国家级历史文化名城,西北地区宜居城市,以制造业、物流业及旅游产业为发展重点的陇东南地区中心城市。规划市区形成"一带多心,轴向强化,组团发展,山水连城"的空间布局结构。

天水境内山脉纵横,有黄土丘陵地貌、渭河河谷地貌,横跨长江、黄河两大流域,四季分明,气候宜人,物产丰富,适宜多种粮食作物、经济作物和林果瓜菜生长,素有西北"小江南"之美称,为全国10大苹果基地之一、西北最大的天然林基地之一、重点水土保持与荒漠化防治实验基地,林果、畜禽、蔬菜3大支柱产业和中药材、花卉等优势产业形成了一定规模,发展种植业和农林产品深加工业前景广阔。形成了以加工制造业为主体,电子电器、机械制造、轻工纺织3大行业为主导,食品、建材、化工、冶金、皮革、烟草、塑料等行业竞相发展的区域工业体系。是西陇海线经济带甘肃段的东部起点、陇东南经济文化物流中心。2012年地区生产总值为413.9亿元。

天水是中华民族和中华文明最重要的发祥地、中国古代文化的发祥地、中国神话传说最多的地方、国家历史文化名城,有"羲皇故里"之称。主要有伏羲文化、大地湾原始部落文化、秦国早期文化、石窟艺术文化和三国古战场文化。举世闻名的全国4大石窟之一的麦积山石窟也坐落于此,有伏羲庙、卦台山、武山水帘洞、大象山大佛、石门山、麦积山等景点。历史名人有伏羲氏、轩辕氏、石作蜀、李广、赵充国、段会宗、赵壹、姜维、苻坚、李思训、李翱、张俊、邓宝珊、胡缵宗等。

9. 平凉市

平凉市位于甘肃省东部,六盘山东麓,泾河上游,陕甘宁3省(区)交会处,辖1区(崆峒)、6县(泾川、灵台、崇信、华亭、庄浪、静宁),总面积1.1万平方千米、建成区面积60平方千米,常住人口206.8万(六普)、市区人口50.48万(六普),有汉、回、蒙等20多个民族。

平凉历史悠久,前秦永兴二年(358)置平凉郡,北周武帝建德元年(572)置平凉县,1950年设平凉市,2002年撤地建市。现规划定位为西陇海兰新经济带东段、陕甘宁接壤处重要的工贸旅游型中心城市。规划形成"六组二心四轴二屏"的布局结构。

平凉气候温和、雨量充沛、林草茂盛、土壤肥沃,是中国果蔬无公害十强市、西北重要的畜牧业基地和皮毛集散地、全国苹果出口基地、甘肃省主要农林产品生产基地和畜牧业、经济作物主产区,盛产小麦、玉米、谷类、油菜、胡麻、林果、烤烟等,以"陇东粮仓"闻名遐迩,林业资源在省内有较大优势。华亭煤田主产优质动力用煤和目前中国最好的气化用煤,是甘肃省第1大煤田、全国大型煤炭基地之一。已逐步形成了以煤炭、轻纺、皮毛加工、机械、电子等门类为主的工业体系。历史上是陇东传统的商品集散地,素有陇上"旱码头"之称。地处西陇海兰新经济带东段,为陕甘宁接壤处重要的工贸旅行型中心城市、欧亚大陆桥第2通道的重要中转站。2012年地区生产总值为325.36亿元。

平凉是中华民族发祥地之一,为古丝绸之路北线东端重镇,发现齐家、仰韶等各个时期的古文化遗址465处,有道教名山崆峒山、回中山、古灵台、佛舍利金银棺、王母宫、温泉、柳湖、南石窟寺、龙泉寺、莲花台、紫荆山、云崖寺等风景名胜。历史名人有皇甫谧、牛僧孺、吴玠、吴璘、赵时春等。特产有临洮干甜醅、临洮凉面、平凉皮毛、山药、蕨菜、甲鱼等。

10. 庆阳市

庆阳市位于甘肃省东部,陕甘宁3省区的交会处,习称"陇东",有"岐黄故里"之称。辖2区(庆城、西峰)、6县(华池、宁县、镇原、合水、正宁、环县),总面积27 119平方千米、建成区面积65平方千米,常住人口252.68万人(六普),有少数民族30余个。

庆阳在7000多年前就有了早期农耕,夏商为周先祖公刘邑地,春秋战国曾属义渠戎国,秦置北地郡,西魏改置朔州,隋开皇十六年(596)置庆州,炀帝大业年间改为弘化郡,唐初复为庆州,宋宣和七年(1119)改为庆阳府,1935年设庆阳县,1985年设西峰市,2002年撤地区和西峰市建地级庆阳市。现规划定位为区域中心城市,发展活力城市,人文魅力城市,黄土生态城市。规划城市布局为"两轴两心三带五区"。

庆阳地处黄土高原,董志塬是世界上面积最大、土层最厚、保存最完整的黄土原面,子午岭次生林为黄土高原上面积最大、植被最好的水源涵养林,有"天然水库"之称。素有"陇东粮仓"之美誉,盛产小麦、玉米、油料、荞麦、小米、燕麦、黄豆等,特色小杂粮久负盛名,是全国最大的杏制品加工基地和白瓜籽、黄花菜示范基地、中国优质苹果之乡、中国黄花菜之乡、中国小杂粮之乡、中国杏乡、中医药之乡。石油和天然气蕴藏丰富,是甘肃重要的石油天然气化工基地、长庆油田的主产区。为陇东地区中心城市、发展活力城市、人文魅力城市、黄土生态城市,主攻石油天然气和煤炭资源开发、绿色农畜产品加工、特色文化产业开发"一黑一绿一文"3大产业,建设陇东能源石化基地、农畜土特产品加工创汇基地。2012年完成地区生产总值530.29亿元。

为华夏始祖轩辕黄帝部落的发祥地、陕甘宁边区的重要组成部分,为香包刺绣之乡、皮影之乡、徒手秧歌之乡、窑洞民居之乡、周祖农耕文化之乡、荷花舞之乡、民俗文化及民间工艺美术调研基地、华夏公刘第一庙等,刺绣、剪纸、皮影、道情和民歌堪称庆阳"五绝",重点景观有秦直道、秦长城、小崆峒等。历史名人有歧伯、不窋、鞠陶、公刘、王符、傅玄、李梦阳、米万钟、郭学礼等。

11. 定西市

定西市地处黄河上游,甘肃省中部,辖1区(安定)、6县(通渭、陇西、临洮、渭源、漳县、岷县),总面积20 330平方千米、建成区面积38平方千米,常住人口269.86万(六普)、市区人口42万(六普)。

定西历史悠久,秦昭襄王二十八年(前279)始置陇西郡,取"安定西边"之意而得名,是甘肃最早的行政区。宋置定西寨,金皇统二年(1142)设定西县,金宣宗贞右四年(1216)升为定西州,元惠宗至正十二年(1352)因地震改定西州为安定州,明洪武十年(1377)改为安定县,1914年复为定西县,2003年撤区设地级定西市。现规划城市中心区形成"一轴四区八片"的布局结构。

定西市以渭河为界,大致分为北部黄土丘陵沟壑区和南部高寒阴湿区2种自然类型。资源丰富,开发前景广阔,土壤气候极适合中药材、马铃薯生长,中药材资源十分丰富,尤以岷归、党参驰名中外。黄金、地热水、红柱石、大理石、花岗岩等矿产资源储量较大,水力资源蕴藏量大。是以加工业和现代制药业为支撑的生态型新兴综合城市,也是兰州都市圈内的重要城市。以打造"中国药都""中国薯都"为目标,大力扶持良种繁育、精深加工和市场建设,马铃薯、中药材、畜草等特色优势产业开发水平不断提升。自古就是丝绸之路的"重镇",是新欧亚大陆桥的必经之地、兰州市的东大门。2012年完成地区生产总值224.12亿元。

定西是黄河上游文明的重要发祥地,有新石器时代著名的马家窑文化、齐家文化、寺洼文化和辛甸文化,境内贵清山、遮阳山、莲峰山、通渭温泉等都极具旅游开发价值。历史名人有建立后秦政权的姚苌、姚兴等。特产有"陇原三绝"(金钱肉、口条、火腿)、腊羊肉、腌驴肉、荞粉、烧鸡粉、"清吉"牌洋芋、"雪川"牌精淀粉、"效灵"牌和"星月"牌中药材、"足赤"牌肉制品和"陇原岁月"牌白酒等。

12. 陇南市

陇南市位于甘肃省东南部,陕甘川交界处,辖1区(武都)、8县(成县、徽县、两当、宕昌、文县、康县、西和、礼县),总面积2.79万平方千米、建成区面积32平方千米,总人口256.77万(六普)、市区人口55.5万(六普)。

陇南历史悠久,早在7000多年前就有人类繁衍生息。汉武帝元鼎六年(前111)始设武都郡,唐景福元年(892)改为阶州,1913年复名武都县,2004年撤地设地级陇南市。中心城区规划形成"水系五城,绿满两岸"的城市空间布局。

陇南地处秦巴山区,高山、河谷、丘陵、盆地交错,河网纵横,气候垂直分布,地域差异明显,是甘肃唯一的长江流域地区和北亚热带气候区。形成了典型的垂直农业。森林覆盖面积大,是甘肃唯一的油橄榄、茶叶等亚热带作物产地,有包括大熊猫、金丝猴在内的350多种野生动物,中药材丰富,还有银耳、木耳、香菇、猴头、薇菜、蕨菜等100多种食用菌和山野菜。水力资源、矿产资源富集,有铅、锌等金属和非金属矿34种,其中西成铅锌矿带为全国第2大矿体。扼甘陕川3省要冲,是大西北通往大西南的交通孔道,素称"秦陇锁钥,巴蜀咽喉""陇上江南"。2012年实现地区生产总值226.0亿元。

陇南既是秦人的发祥地,又是中国古代西部氐、羌等民族活动的核心,旅游资源独特,主要景点为《西狭颂》摩崖石刻、哈达铺红军长征纪念馆、文县天池、万象洞、鸡峰山和官鹅沟等。特产有油橄榄、花椒、茶叶、黄(红)芪、香菇等。

二、各县级市发展概况

1. 玉门市 位于甘肃省河西走廊西部,素有"塞垣咽喉、表里藩维"之称,是中国石油工业的摇篮,诞生新中国第1口油井、第1个油田、第1个石化基地的地方,"铁人"王进喜的故乡。面积1.35万平方千米,人口19万。物产丰富,盛产小麦、大麦、玉米、黄豆、西瓜、甜菜、甘草、麻黄、锁阳、啤酒花等作物和名贵药材,培育开发了啤酒原料、饲草、棉花、绿色保健食品等新兴产业。除丰富的石油资源外,还有煤炭、芒硝、石膏、重晶石、金刚砂、金、铁、锰等矿产资源。工业有电力、煤炭、石油、机械、化工、建材、服装、食品等部门。土特产品有元明粉、羊毛、驼毛、蚕豆、花海瓜等。1955年设市,2012年完成生产总值138亿元。

2. 敦煌市 位于甘、青海、新疆3省(区)的交会点,被沙漠戈壁包围,有"戈壁绿洲"之称。面积3.12万平方千米,人口18万多。为古代中国通往西域、中亚和欧洲的交通要道——丝绸之路上,曾经拥有繁荣的商贸活动。以敦煌石窟、敦煌壁画闻名天下,是世界遗产莫高窟和汉长城边陲玉门关、阳关的所在地。经济主要以农业为主,旅游服务业次之。主要农作物有棉花、西瓜、甜瓜、蔬菜、小麦、玉米等,出名的野生药材有锁阳、枸杞、罗布麻、甘草等。由于光照充足,昼夜温差大,为全省最大的棉花生产基地和瓜果之乡。是飞天艺术的故乡、佛教艺术的殿堂、古丝绸之路上的黄金旅游胜地、国家历史文化名城、中国优秀旅游城市,有"戈壁绿洲""西部明珠"之称。1987年设市,2012年完成生产总值78.26亿元。

3. 临夏市 1950年6月从临夏县析置,1973年12月撤销,1983年8月恢复。位于黄河上游,为甘肃省西南部中心城市、临夏回族自治州的首府,史称枹罕、河州,素有茶马互市、西部"旱码头"、河湟雄镇、花儿之乡、彩陶之乡、牡丹之乡的美誉。面积88.6平方千米,人口27.4万。地处黄土高原与青藏高原、中原农区与高原牧区、温带与寒带的过渡地带的中心和枢纽位置,甘南牧区和中原农区2大经济板块的交错地带,气候温润,农畜产品市场资源极为丰富,为全国最大的畜产品集散地之一。是以民族特色产品生产、加工和旅游业为主导,商贸流通发达,有回族文化特色的商贸、生态园林城市,素有"中国小麦加"之称。2013年实现生产总值44.32亿元。

4. 合作市 位于甘肃省西南部,是甘南藏族自治州首府,全州的政治、经济、文化中心,也是甘、青、川藏区唐蕃高原交往的重要门户,历史上藏汉交流、东进西出、南来北往的重要商贸集散地。面积2070平方千米,人口8.5万。风土人情浓郁,自然景观独树一帜,有安多藏区佛教名刹米拉日巴佛阁、当周草原生态公园、太子山,与晒佛节、插箭节、太子山登山运动会、九色甘南香巴拉旅游艺术节交相辉映。畜牧业是全市的支柱产业,牦牛、藏羊、蕨麻猪、酥油是当地优势产品。以生态、旅游、商贸、畜牧业、畜产加工业、藏药和矿业6大产业为主,逐步形成了独具特色的高原生态旅游商贸城。1998年1月设市,2014年完成生产总值27亿元。

第三节 青海省

青海古称西海、鲜水海、卑禾羌海,自十六国时期称青海。民国初年设青海办事长官,之后建青海省。现辖2市(西宁、海东)、6州(海北藏族自治州、黄南藏族自治州、海南藏族自治州、果洛藏族自治州、玉树藏族自治州和海西蒙古族藏族自治州),5个市辖区、3个县级市、30个县、7个自治县,总面积72.23万平方千米,常住人口562.67万(六普),城镇人口251.62万(六普)、占44.72%。有汉、藏、回、撒拉、蒙古、哈萨克等民族。2012年全省生产总值1884.5亿元,增长15.3%。

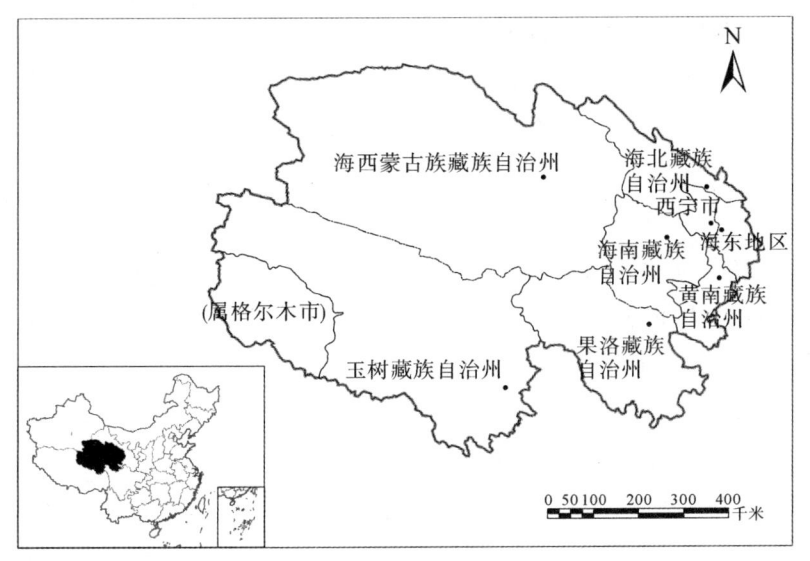

图3-6-3 青海省行政区划图

一、各地级市发展概况

1. 西宁市

西宁市简称宁,因取"西陲安宁"之意而得名。地处青海省东部,黄河支流湟水上游,内陆开放城市,辖4区(城东、城中、城西、城北)、3县(大通、湟中、湟源)及西宁国家级经济技术开发区、城南新区(属城中区)、高新技术开发区(生物科技产业园区)、海湖新区,总面积7665平方千米、市区面积350平方千米,常住220.87万(六普)、城镇人口140.69万(六普)。是典型的移民城市,多民族聚集、多宗教并存。

西宁早在四五千年以前就有人类在此繁衍生息,古为羌地,西汉置西平亭,神爵初属金城郡临羌县,汉武帝元狩二年(前121)筑西平亭,东汉建安中置西平郡、治西都县,北宋崇宁三年(1104)改为西宁州,1929年设西宁县,1946年成立西宁市。1949年为省辖市。现规划定位为青海省省会,西北地区重要的中心城市,青藏高原生态宜居城市。中心城市构建"主城加三个外围组团"的总体布局结构。

西宁市地处青藏高原河湟谷地南北两山对峙之间,黄河支流湟水河自西向东贯穿市区,是典型的河谷型城市,属高原高山寒温性气候,有"中国夏都"之称。河流纵横,落差较大,蕴藏着丰富的水力资源,尤以黄河、长江水力资源最为集中,有龙羊峡水电站、李家峡水电站;植物种类较为丰富,大黄、冬虫夏草、雪莲、贝母、甘草、藏茵陈、黄芪、麻黄、枸杞等畅销国内外;有国家级保护动物野骆驼、野牦牛、野驴、盘羊、白唇鹿、雪豹、黑颈鹤、苏门羚、黑鹳等。建成了一批油料、蚕豆、马铃薯生产基地。主要矿产有盐湖、石油、天然气及多种金属和非金属,察尔汗盐湖是全国最大的钾镁盐矿区,东台吉乃尔湖锂矿区全国独一无二。已形成以机械、轻纺、化工、建材、冶金、皮革皮毛、食品为支柱的工业体系。地处黄土高原与青藏高原、农业区与牧业区、汉文化与藏文化的3大结合部,是古丝绸之路南路和唐蕃古道的必经之地,自古就是西北交通要道和军事重镇,素有"海藏咽喉"之称,是全省最大的商品集散地和商业贸易中心。2012年完成地区生产总值851.09亿元。

西宁是中国黄河流域文化的组成部分、河湟文化的发祥地之一,自古就是一颗璀璨的"高原明珠",是中国优秀旅游城市、全国园林绿化先进城市、国家卫生城市、国家园林城市、中国十大避暑城市,既有塔尔寺、青海湖、原子城、日月山等著名自然和人文景观,又有富有青藏高原魅力的民族风俗文化,藏传佛教圣地塔尔寺的酥油花、堆绣、壁画被誉为"艺术三绝",黄南州的热贡艺术和湟中农民画也在国内外享有盛誉。每年举办"中国郁金香节""青洽会""环青海湖国际公路自行车赛"等活动。

2. 海东市

海东因位于青海湖以东而得名。辖2个市辖区(乐都区、平安区)、4个自治县(民和、互助、化隆、循化)。总面积1.32万平方千米,人口139.68万(2010)。

海东历史源远流长,在漫长的历史演进中,河湟地区由"逐水草而居"的原始游牧状态进入较发达的农耕文明。汉武帝元狩二年(前121)在今海东地区先后设置1郡3县,即移金城郡治于允吾县(今民和县下川口)、安夷(今平安县)、破羌(今乐都区)、允吾(今民和县)等县;北宋建宗哥城(今平安);明洪武六年(1373)设碾伯千户所;清雍正三年(1725)置碾伯县;1929年改碾伯县为乐都县;1978年10月从湟中县析置平安县,设置海东地区;2013年2月撤地设市,市政府由平安县(今平安区)迁至新成立的乐都区。

海东位于西宁市与兰州市2个省会城市之间的河湟谷地，属半干旱大陆性气候，矿藏资源和水能资源丰富，黄河、大通河、湟水河可建大、中、小型水电站49座，截至2012年已建成27座，装机容量448万千瓦，是青海重要的能源基地。农作物主要有小麦、青稞、大麦、玉米、荞麦、燕麦、油菜、蚕豆、豌豆、黄豆、扁豆、香豆、马铃薯、胡麻、红花、甜菜等，盛产"三红"苹果（红元帅、红星、红冠）、接杏、桃、花椒、辣椒久负盛名；主要药用植物有冬虫夏草、大黄、贝母、枸杞、甘草等；野果和蔬用植物有发菜、草莓、山桂、山葡萄、称猴桃等。食用菌类有蘑菇、黑木耳、鹿角菜、柳花菜等，是青海重要的农牧业经济区和乡镇企业较发达地区之一。海东地理位置十分重要，自古就有"海藏咽喉"之称。2012年实现生产总值274.1亿元。

海东地处华夏民族摇篮——黄河上游及其重要支流湟水之间，是青海省开发较早、文化历史悠久的城市。这里史称"河湟间"或"河湟地区"。有孟达自然保护区、互助北山国家森林公园；有青海"花儿"，土族"安昭舞""纳顿会"，撒拉族服饰、饮食等民俗风情，藏族射箭会、赛马会、锅庄舞等传统节庆民俗；有瞿坛寺、文都大寺、班禅故居等著名景点30多处。

二、各县级市发展概况

1. 格尔木市　蒙古语意为河流密集的地方，位于青海省海西蒙古族藏族自治州境南部，与新疆、西藏毗邻，市区位于柴达木盆地中南部的格尔木河冲积平原上，地处青藏高原腹地，辖区由柴达木盆地中南部和唐古拉山地区2块互不相连的区域组成，是世界上辖区面积最大的城市。面积12.45万平方千米，人口30万。1960年设市，现为副地级市。自然资源十分丰富，广泛分布着钾、钠、石油、天然气等50余种矿产资源，其中钾、钠、镁、锂总储量占全国第1位。察尔汗盐湖是全国最大的钾镁盐矿床，涩北天然气田是全国4大天然气田之一。农牧业发达，主产小麦、青稞、马铃薯、甜菜和绵羊。盐化工业和石油化工初具规模，是中国生产钾肥的最大基地，青海西部以电力、建材、化工、皮革、盐业、食品、汽车修配等工业为支柱的新兴工业城市，被称为"中国的盐湖城"。2012年完成生产总值290亿元。

2. 德令哈市　蒙古语意为"金色的世界"，位于举世闻名的柴达木盆地东北边缘，是海西蒙古族藏族自治州州府所在地，全州的政治、教育、科技、文化中心，海西东部经济区中心。面积2.77万平方千米，人口近10万（2012）。资源富集，野生动植物资源主要有草豹、熊、麝、野牦牛、野驴、黄羊、石羊、雪鸡和沙棘、枸杞、锁阳、大黄、羌活等，农作物品种主要有小麦、青稞、豌豆、马铃薯、油菜等，是青海省生态绿洲农牧业的重点地区、柴达木优质绒山羊的繁育基地。矿产资源已开采的有煤、石灰石、粘土、金、铅、铜等。重点发展盐碱化工、建材、中藏药3大产业，着力培育和构筑6大特色产业链。青藏铁路、青新公路横穿全境，是南进西藏、北连甘肃、西通新疆、东接省会的交通枢纽。1988年4月设市，2013年实现生产总值49.6亿元。

3. 玉树市　位于青海省的西南部、青藏高原东部，2013年10月撤县设市，总面积1.57万平方千米，人口为10.93万（2012），是青海省内藏族分布最集中的地区。地质构造复杂，地形以山地高原为主，通天河、扎曲、巴曲在玉树市境内流过，是长江、黄河、澜沧江3大河流均发源于该地，素有江河之源和中华水塔之美誉。属典型的高原高寒气候，是一个以牧为主，农牧结合的半农半牧城市。出产的冬虫夏草、知母、贝母、鹿茸、麝香、大黄、羌活等中药材驰名中外，白菌、真菌（藏语"色雪"）被誉为"菌中之王"；人参果、红景天、雪莲花等野生植物产量极高，其食用、药用价值广为人知。矿种多，门类全，储量丰富，主要有金矿、铜矿、石膏矿以及其他多金属矿藏。农业以种植青稞、油菜、洋芋为主。结古镇为历史上唐蕃古道的重镇,也是青海、四川、西藏交界处的民间贸易集散地。2012年完成地区生产总值9.04万元。

第四节　宁夏回族自治区

宁夏全称宁夏回族自治区,简称宁,是中国5大自治区之一,处在中国西部的黄河上游地区,东邻陕西省,西部、北部接内蒙古自治区,南部与甘肃省相连。自古以来就是内接中原,西通西域,北连大漠,各民族南来北往频繁的地区。辖5地级市(银川、石嘴山、吴忠、中卫、固原),9市辖区、2县级市、11县、1个县级移民开发区。总面积为6.6万多平方千米,全区常住人口为630.13万(六普),城镇人口301.83万(六普)、占47.90%。是一个多民族聚居的地方,有回族、维吾尔族、东乡族、哈萨克族、撒拉族和保安族等少数民族。2012年实现地区生产总值2326.64亿元,增长13.4%。

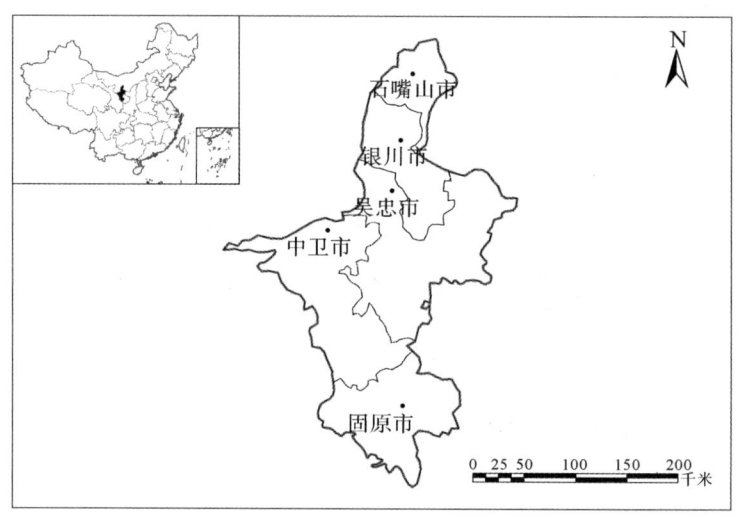

图3-6-4　宁夏回族自治区行政区划图

一、各地级市发展情况

1. 银川市

银川市地处宁夏平原中部,西依贺兰山,东临黄河,西、北接内蒙古自治区,自古就有"凤凰城""塞上江南"的美称。辖3区(兴庆、金凤、西夏)、1市(灵武)、2县(永宁、贺兰)和银川经济技术开发区,总面积9491平方千米、建成区面积为107平方千米,常住人口199.3万(六普)、市区人口129万(六普),其中回族人口45.96万。

银川3万年以前的新石器文化遗址是银川地区发现最早的居民点。汉成帝建北典农城,南北朝置怀远郡、怀远县,唐筑怀远新城,宋改为怀远镇,西夏置兴州、兴庆府,元置中兴路、后改宁夏府,1929年为宁夏省会,1944年始称银川市,1958年为自治区首府。现规划确定了"三纵两横"的市域城镇空间结构和"四轴两带多中心"的中心城市布局形态。

银川自西向东分为贺兰山地、洪积扇前倾斜平原、洪积冲积平原、冲积湖沼平原、河谷平原、河漫滩地等,地势平坦开阔,沟渠成网,湖泊众多,水利资源丰富,光、热、水、土等自然环境在西部地区得天独厚,主要粮食作物有水稻、小麦、玉米、豆类,是重要的农林牧渔生产区、北方重要的商品粮基地、西北最大的商品鱼基地。煤炭、石油、天然气、水源、土地的组合优势在全国少有,所产贺兰石为中国"5大名砚"之一。已形成石油天然气化工、能源重化工、橡胶轮胎、机电一体化、新材料、生物制药、绿色清真食品加工等为主的产业体系。位于"呼包银兰青经济带"的中心地段,是宁蒙陕甘周边的区域性中心城市、新亚欧大陆桥沿线的重要商贸城市。2012年全市实现地区生产总值1140.43亿元。

银川市是国家历史文化名城,西北地区蒙、回、藏少数民族风情线上的重要旅游城市,中原文化、边塞文化、河套文化、丝路文化、西夏文化、伊斯兰文化等多种文化在此激荡交融,大漠风光、塞上水色构成了"雄浑贺兰、多彩银川"的城市形象,形成了"塞上湖城、西夏古都、回族之乡"的鲜明特色,有多处古代文化遗迹和风景游览区,著名的有西夏王陵、镇北堡西部影视城、贺兰山岩画、清真寺、承天寺塔等。城区内多穆斯林风格建筑。历史名人有李元昊、胡汝砺、赵良栋、马福祥、高士秀等。特产有宁夏枸杞、宁夏甘草、滩羊二毛皮、贺兰石、发菜、宁夏地毯等。

2. 石嘴山市

石嘴山市位于宁夏回族自治区北部,黄河西岸,辖2区(大武口、惠农)、1县(平罗),总面积4703平方千米、建成区面积100平方千米,常住人口72.55万(六普),有汉、回、蒙、满等24个民族,回族占总人口的19.44%。

石嘴山市历史悠久,因贺兰山脉与黄河交会之处"山石突出如嘴"而得名。秦汉为北地郡,唐属警州,西夏至元属定州,明属平罗城,清属平罗县,1941年析置惠农县,1960年撤县设石嘴山市,1975年升为地级市。移民城市、工业城市、湖泊城市、奇石城市、森林城市、内陆口岸城市是石嘴山市6大显著特点,被誉为"西北重工基地,塞上湖泊水乡"。现规划定位为呼包银经济带上的重要节点,宁蒙接壤区的中心城市,宁夏沿黄城市带副中心城市,以装备制造、新材料、陆港物流、能源化工为主的西北地区重要工业基地,山水园林新型工业城市。规划构建"一城三核,一带三轴"的空间结构。

地形地貌可分为贺兰山山地、贺兰山东麓洪积扇冲积平原、黄河冲积平原和鄂尔多斯台地4类型,典型的温带大陆性气候,湖泊湿地星罗棋布,日照充足,土地肥沃,沟渠配套,林网交错。以煤、硅石、粘土等矿藏蕴藏量大,号称"塞上煤城",生产的无烟煤闻名中外。是一座因煤而建,因工而兴的新兴工业城市,已初步形成了以能源开发利用为特征,以煤炭、冶金、电力、机械、化工、陶瓷、建材及非金属制品为主的重型工业经济体系,以及高科技新材料、精细化工、电力及相关产业、机械制造、"清真"品牌农副产品加工、特色旅游6大特色产业。为全国第2批循环经济试点城市和国家首批资源枯竭经济转型城市试点。2012年实现地区生产总值409.21亿元。

石嘴山民族风情浓郁,呈现出鲜明的地域文化特征,贺兰山岩画文化、古生物化石文化、西夏文化、长城文化、黄河文化、大漠文化、宗教文化、民族风情文化交相辉映,景点有沙湖景区、北武当、星海湖、贺兰山岩画、古长城遗址、陶乐兵沟汉墓等。

3. 吴忠市

吴忠市位于宁夏回族自治区中部,毗邻陕、甘、内蒙古,辖2区(利通、红寺堡)、1市(青铜峡)、2县(盐池、同心),总面积19 662平方千米、建成区面积58平方千米,常住人口127.38万(六普),回族占51.76%,是中国回族主要聚居区之一。

吴忠有着悠久的历史,秦设富平县,宋为西夏国临时首都,元为灵州,明洪武初年筑吴忠堡,

1950年设吴忠市,1998年升为地级市。现规划定位为沿黄经济区副中心、内陆对外开放的重要城市,以回族文化和穆斯林产业为特色的滨河生态水韵城市。

地处宁夏平原腹地,引黄灌区的精华地段,土地肥沃,沟渠纵横,林带成网,农业发达,素有"塞上江南""塞上明珠"等丰富多彩之美誉,盛产小麦、水稻、瓜果、蔬菜,是宁夏主要商品粮生产基地,宁夏滩羊、沙毛山羊的重要产地。农业初步实现"园区+企业+基地+农户+市场"的产业格局,以牛奶、大米、葡萄酿酒、马铃薯等为支柱产业的农业产业形成规模化经营,清真牛羊肉、夏进奶、珍珠贡米、雄鹰裘皮、滩羊皮等农副产品深加工产品远销国内外。矿产资源主要有石油、煤炭、矿石、天然气等,是陕甘宁油田的核心部分。水电、火电资源丰富,是宁夏重要的能源基地。初步形成了以能源、电力、新材料、造纸、乳制品、葡萄酒、皮毛绒、建材等产业为主的工业体系,成为宁夏重要的工业基地。2012年实现地区生产总值312.05亿元。

吴忠是中华文明的发祥地之一、河套文化的重要组成部分,有灵武水洞沟遗址、关马湖汉墓群、金积堡、古长城遗址、青铜峡108塔、青铜峡水利枢纽工程、青铜峡鸟岛、黄河十里长堤、牛首山寺庙群、金沙湾、罗山、中华黄河坛等名胜古迹。

4. 中卫市

中卫市位于宁夏中西部,黄河前套之首,宁甘内蒙古3省区交界点上,辖1区(沙坡头)、2县(中宁、海原),总面积1.69万平方千米、建成区面积32平方千米,常住人口108.08万(六普)、市区人口37.86万(六普),回族占总人口的34.63%。

中卫历史悠久,秦属北地郡,北魏属灵州鸣沙郡,北周置会州,隋置鸣沙县和丰安县,明永乐年间(1403)置宁夏中卫,清雍正年间(1724)改中卫县,2003年撤县设地级中卫市。现规划定位为宁夏中西部中心城市,沿黄城市带南部副中心,西北地区重要铁路交通枢纽,以发展商贸、旅游业为主导的滨河生态文化城市。规划中心城市逐步形成"三组团三轴三中心"的沿黄铁路带状城市空间格局。

中卫地形复杂,南部地貌多属黄土丘陵沟壑,是水土流失较为严重的地区之一;北部为低山与沙漠;中部黄河冲积平原——卫宁平原得黄河灌溉之利,土地肥沃,沟渠纵横,排灌畅通,物产丰饶,盛产粮油、枸杞、瓜果、畜禽等,是全国有名的商品粮、枸杞、果菜、畜牧水产品生产基地,素有"塞上江南""鱼米之乡""中国枸杞之乡"的美誉。水利水力资源充沛,是黄河自流灌溉第一地,建设中的大柳树水利工程为黄河干流3大骨干梯级开发大型水资源工程之一。矿产资源主要有石膏、硅石、煤炭、陶土、石灰岩、黏土及金、银、铜、铁等,煤炭资源最为丰富,石膏储量居全国第2位。已初步形成以造纸、酿酒、冶金化工、建筑建材、农副产品加工为支柱的工业体系。为古丝绸之路边陲要塞、西北地区第3大铁路交通枢纽,是新疆、河西走廊通往东部地区最便捷的高速陆路通道,也是承东启西、北拓南展的人流、物流、信息流集散中心。2012年实现地区生产总值250.41亿元。

中卫自古倡儒兴学、崇文重道,旅游资源有沙坡头、寺口子、一碗泉旧石器遗址、古代岩画、高庙、双龙山石窟等。

5. 固原市

固原地处宁夏南部,辖1区(原州)、4县(西吉、隆德、泾源、彭阳),总面积1.4万平方千米、建成区面积34.62平方千米,常住人口122.8万(六普),回族人口占44.38%,是全国主要的回族聚居区之一。

固原市历史悠久,汉元鼎三年(前114)置安定郡、治高平城(即今固原县城),北周天和四年(569)新筑原州城,明弘治十五年(1502)置固原州,1913年改设固原县,2001年设地级固原市。现规划定位为宁夏南部及周边地区区域中心城市,建设具有民族特色的生态、文化、旅游宜居城市。规划形成"四区五园多中心"的布局形态。

固原市有清水河、泾河等河水和宏大的引黄灌溉,农作物有小麦、马铃薯、豆类、糜、谷、荞麦等,经济作物以胡麻为主,生产大量无污染的绿色农副产品,是中国最大的马铃薯生产基地之一,有枸杞、党参、黄芪、沙棘等400多种名贵药材和野生植物资源,开发潜力巨大。主要矿产有煤炭、硫铁矿、铜、磷、石英、石膏、石灰石、岩盐等,为国家大型盐矿。形成了电力、冶金、机械、建材、造纸、化工、纺织、皮革、印刷、服装、食品等诸多具有地方特色的工业门类,初步形成了以马铃薯为原料的淀粉系列开发,以亚麻为主原料的油品、造纸、麻纺系列开发,以畜牧产品为主的肉类、皮革、皮毛系列开发,以石灰石石膏为原料的建材系列开发,以及以六盘山区中药材资源为原料的天然野生资源开发的支柱产业。是古代丝绸之路东段北道上的重镇,地处西安、兰州、银川3省会城市所构成的三角地带中心,曾是经济重地、交通枢纽、军事要地。2012年全市实现地区生产总值158.74亿元。

固原是历史文化名城,伊斯兰文明与中原文化交会处,主要名胜古迹有六盘山、泾源、须弥山石窟、超那城、火石寨、无量山石窟、老龙潭等。特产有白豌豆、燕麦、荞麦、旱地西瓜、香水梨等。

二、各县级市发展概况

1. 灵武市　古称灵州,地处宁夏引黄灌区的精华地带,素有"塞上江南"之美誉。倚黄河之利,农业、水利资源十分丰富,盛产水稻、小麦、玉米、甘草等,是国家重要的商品粮基地。面积4539平方千米,人口23.7万。1996年5月撤县设市。矿产资源极其丰富,尤以煤炭、石油和天然气最为可观。是国家重要的煤电化基地、羊绒产业基地及宁夏沿黄城市带经济核心区重要城市,是西电东送的电源点。初步构建了以煤电化、羊绒、有色金属冶炼、长枣、粮食加工为主的优势特色产业体系。跻身中国中小城市科学发展百强、中国最具投资潜力中小城市百强和中国最具区域带动力中小城市百强,成为全国发展速度最快的县(市)之一。水洞沟古文化遗址、三道沟文化、横城堡、汉墓群、马鞍山甘露寺、阵河塔、鸳鸯湖及众多的清真寺等旅游景点遍布山川。2012年完成生产总值251.1亿元。

2. 青铜峡市　位于宁夏回族自治区中部、银川平原之南、黄河之滨,举世闻名的青铜峡拦河大坝坐落于境内。面积1892平方千米,人口26.1万。有山地、丘陵、平原3大地貌,地域广阔,具有丰富的土地、水利、电力、矿产、旅游等资源,盛产小麦、水稻、玉米及油料、肉奶、禽蛋、蔬菜、果品等农产品,是宁夏主要的产粮区、全国商品粮生产基地之一,大米、西瓜、苹果被称为青铜峡"农业三宝"。主要矿藏资源有煤、铁、石膏石、石灰石等。形成了具有能源优势和地方特色的工业生产体系,主要工业有电力、冶金、煤炭、机械、化工、食品等。1960年8月设市,2012年完成生产总值119.6亿元。

第五节　新疆维吾尔自治区

新疆维吾尔自治区简称新,古称西域,位于亚欧大陆中部,中国西北边陲。山脉与盆地相间排列,盆地与高山环抱,喻称"三山夹二盆"。截止2013年底,辖3个地级市(乌鲁木齐、克拉玛依、吐鲁番)、6个地区(哈密、阿克苏、喀什、和田、塔城、阿勒泰)、5个自治州(博尔塔拉蒙古自治州、昌吉回族自治州、伊犁哈萨克自治州、克孜勒苏柯尔克孜自治州、巴音郭楞蒙古自治州)、12个市辖区、23个县级市(其中石河子、阿拉尔、图木舒克、五家渠、北屯、铁门关、双河、可古达拉8个直辖县级市)、62个县、6个自治县。2014年7月10日,国务院下发通知,批复设立县级雅尔果斯市,由伊犁哈萨克自治州管辖,周边与俄罗斯、哈萨克斯坦、吉尔吉斯斯坦、塔吉克斯坦、巴基斯坦、蒙古、印度、阿富汗等8个国家接壤,陆地边境线长达5600多千米。总面积达166.49万平方千米,是中国面积最大、陆地边境线最长、毗邻国家最多的省区。常住人口2181.33万(六普),是一个多民族聚居的地区,共有47个民族,以维吾尔、汉、哈萨克、回、柯尔克孜、蒙古、塔吉克、锡伯、满、乌兹别克、俄罗斯、塔塔尔等13个民族为主。2012年实现生产总值7530.32亿元,增长12.0%。

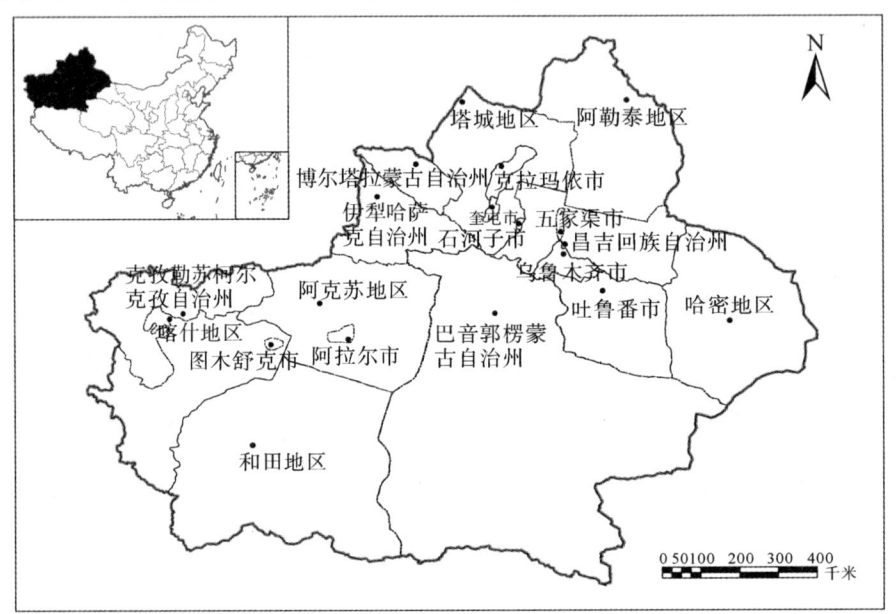

图3-6-5　新疆维吾尔自治区行政区划图

一、各地级市发展情况

1. 乌鲁木齐市

乌鲁木齐地处亚洲大陆地理中心、新疆维吾尔自治区中北部、天山中段北麓、准噶尔盆地南缘,中国较早的对外开放城市之一。辖7区(天山、沙依巴克、新市、水磨沟、头屯河、达坂城、米东)、1县(乌鲁木齐)、2个国家级开发区和1个出口加工区,总面积11 440平方千米、建成区面积235.9平方千米,常住人口311.03万(六普),是一个多民族聚居的城市,世居民族13个,有维、汉、回、哈等38个民族。

乌鲁木齐远在新石器时代就有人类的足迹,城市雏形始于清代的"迪化"城。唐置庭州,清初设乌鲁木齐厅,清代乾隆十八年(1753)置迪化州,光绪十二年(1886)升为迪化府、并置迪化县,1945年设迪化市,1953年更名为乌鲁木齐。现规划定位为新疆维吾尔自治区的首府,中国西部地区的中心城市,中国面向中西亚的国际商贸中心。中心城区按照"多中心组团式"的空间发展思路,构筑"一轴双核多心"的空间结构。

地势起伏悬殊,山地面积广大;深处大陆腹地,属于中温带大陆干旱气候区。自然资源十分丰富,境内天山冰川和永久性积雪被称为"天然固体水库"。山区有繁茂的天然森林和天然草场,可利用的野生植物300余种。盛产粮食、油料、蔬菜、瓜果、木材以及药用植物、野生动物等。北有准东油田,西有克拉玛依油田,南有塔里木油田,东有吐哈油田,且地处准噶尔储煤带的中部,市辖区内煤炭储量就达100亿吨以上,被称为"油海上的煤船";还蕴藏丰富的各种有色、稀有的矿产资源。光、热和风力资源也极为丰富,有亚洲最大风力发电厂。已形成石化、冶金、纺织、机械、高新技术、建材、制药等10大产业集群,石化、冶金等产业的发展在同行业内处于领先地位。是中国西部对外开放的重要门户、新欧亚大陆桥中国西段的桥头堡、欧亚大陆中部重要的都市、陆空运型综合性交通运输枢纽、对外开放一类空运口岸,打造新疆最大的、面向周边各国的出口加工贸易基地和中亚国际物流港。2012年实现地区生产总值2060亿元。

新疆古称西域,历史上是古丝绸之路新北道上的重镇、东西方经济文化的交流中心、西方文化和中国文化的荟萃之地,呈现出多元文化的特质,各民族的文化艺术、风情习俗,构成了具有浓郁民族特色的旅游人文景观,独特的服饰和赛马、叼羊、姑娘追、达瓦孜表演、阿尔肯弹唱等民族文化活动,国际大巴扎、二道桥民族风情一条街等带有浓郁民俗风情的景区景点,享誉国内外。自然风光优美,天山山脉分布着高山冰雪景观、山地森林景观、草原景观。特产有花帽、手工刺绣、金银首饰、玉雕制品、地毯、木雕、羊角鞭、锡伯族烟袋、皮靴、艾得里斯绸、英吉沙小刀、和田地毯、鹿茸、阿胶、鹿血酒、伊力特曲、葡萄酒、葡萄、哈密瓜、石榴、无花果、蟠桃、库尔勒香梨、库车小白杏、伊犁苹果等。

2. 克拉玛依市

克拉玛依市位于准噶尔盆地西北缘、加依尔山南麓,辖4区(克拉玛依、独山子、乌尔禾、白碱滩),总面积8654.07平方千米、市区面积16平方千米,常住人口39.1万(六普),其中维吾尔族有4.2万人。

克拉玛依系维吾尔语"黑油"的音译,得名于市区附近的一座天然沥青丘——黑油山。1955年正式开发,1958年设克拉玛依市,1982年升为地级市。现规划定位为克拉玛依市域的政治、经济、文化中心,以生活服务、生产管理、交通物流为重点,以石油文化和戈壁生态为特色的现代化综合服务型城市。城市布局结构由阿依库勒水库由西向东穿过中心城区,划分城区为南北2部分,与城区的南北向公共发展轴线相垂直。

克拉玛依地形呈斜条状,绝大部分地区为戈壁滩,属内流区。由于受水资源和草场资源的影响,农牧业生产和发展受到很大限制,主要农作物有小麦、玉米、棉花、蔬菜等,主要畜牧及养殖业有牛、羊、马、猪、鸡、鸭、鱼等。石油和天然气是克拉玛依的主要矿产资源,为中国西部第1个千万吨级大油田。石油为支柱产业,有克拉玛依和独山子等4个主要石油生产基地,已建成为一个具有勘探、钻井、采油、输油、炼油、建筑、运输、机修制造等门类比较齐全的石油工业生产基地和科研、文教卫生、商业贸易、公共事业基本配套的石油工业新城。地方工业规模小、数量少,主要是面粉加工、食品加工、服装加工和木器制作等轻型工业。2012年完成地区生产总值810亿元。

克拉玛依拥有驰名中外的魔鬼城、黑油山、泥火山等自然景观和有在中国石油勘探史上具有里程碑意义的克拉玛依1号井、独山子第1口油井以及矿史陈列馆等人文资源。

3. 吐鲁番市

吐鲁番位于新疆中东部,天山东部山间盆地,又称"火洲"。辖1区(高昌区)2县(鄯善、托克逊),面积70 049平方千米,人口63万(2010)。

吐鲁番是古丝绸之路上的重镇,有4000多年的文化积淀,曾经是西域政治、经济、文化的中心之一。据《史记》的记载,土著居民姑师人在吐鲁番盆地上建立了姑师(后称车师)国、狐胡国、小金附国、车师后城长国、车师都尉国。明正统十三年(1448)王都安乐城(今吐鲁番市东郊安乐故城)开始形成;清光绪十年(1884年)成立吐鲁番直隶厅,1913年改置为吐鲁番县;1984年12月撤县设市;2015年4月升为地级吐鲁番市。现规划定位为国际著名旅游城市、国家历史文化名城和新能源利用示范基地、乌鲁木齐都市圈次中心城市、吐鲁番地区中心城市。规划形成"一核两心三组群一带"的地区城镇空间结构。

吐鲁番市是天山东部的一个东西横置的形如橄榄状的山间盆地,四面环山,中部有火焰山和博尔托乌拉山余脉横穿境内,盆底艾丁湖水面,低于海平面155米,是中国最低的盆地、世界第2低地。吐鲁番属独特的暖温带大陆性干旱荒漠气候,形成了日照长、气温高、昼夜温差大、降水少、风力强5大特点,素有"火州""风库"之称。矿产资源富集,钠硝石、蒙皂石、花岗岩储量不仅居全疆首位,也是中国的特色矿产资源;石油、天然气、煤炭、黄金、铁、铜、芒硝、钾硝石、硼润土等矿产储量大、品位高、极具现实开发价值和潜力。盛产葡萄、哈密瓜、反季节蔬菜等经济作物,被誉为"瓜果之乡"。是中国内地连接中国新疆、中亚地区及南北疆的交通枢纽,兰新铁路、南疆铁路在吐鲁番交汇。2012年实现地区生产总值243.9亿元。

吐鲁番是世界上影响深远的中国文化、印度文化、希腊文化、伊斯兰文化4大文化体系和萨满教、祆教、佛教、道教、景教、摩尼教、伊斯兰教7大宗教的交融交汇点。截至2013年末,吐鲁番已开发旅游景点16个,其中国家5A级景区1处、4A级景区4处、3A级景区3处;有国家级文物保护单位13处,自治区级文物保护单位36处。交河故城、高昌故城于2014年6月成功申报为世界文化遗产。

二、各县级市发展概况

1. **石河子市**　位于新疆维吾尔自治区北部、天山北麓、准噶尔盆地南缘,是新疆生产建设兵团直辖的县级市。面积456.84平方千米,人口80万。1950年有着独特的军垦文化特色的石河子新城建立,1976年1月成立石河子市。现在已形成"以大型农牧团场为依托、以石河子市为中心,农林牧副渔全面发展,工交建商服综合经营,工农结合、城乡结合、贸工农一体化"的新型经济联合体,以"戈壁明珠"的美誉著称。石河子垦区系典型的灌溉农业,水土光热资源较为丰富,宜农宜林宜草宜牧,棉花、甜菜、瓜果质优产量高,畜牧业以牛、羊、猪为主,建成了全国天然彩色棉花生产基地,盛产优质瓜果,"花园"蟠桃、"下野地"西瓜闻名遐迩。以棉花产业化、节水灌溉技术产业化、绿色环保食品产业化和电力基础设施区域化为主体的工业布局日趋完善。2012年完成生产总值293.41亿元。

2. **阿拉尔市**　地处天山南麓、塔克拉玛干大沙漠北缘,是新疆生产建设兵团直辖的县级市。面积6180平方千米,人口29.8万(2012)。属塔里木河冲积细土平原,原是一片人迹罕至的万古荒原,1957年新疆生产建设兵团农一师进驻屯垦戍边。灌溉水源主要引自阿克苏河和塔里木河,已建有多浪、胜利、上游3大平原水库,水土资源充沛,光照时间长,气候宜人,适宜棉花栽培,为全国重要的细绒棉和最大的长绒棉生产基地以及新疆特色农副产品转化增值的示范基地,已建成具有一定规模的优质棉花、稻米、畜牧、果品、水产5大商品基地。形成以电力、机械、纺织等多门类为主体的工业体系。2002年9月成立阿拉尔市,2012年完成生产总值161.39亿元。

3. **图木舒克市**　位于塔里木盆地西北边缘、天山西段南麓、塔克拉玛干沙漠边缘,是新疆生产建设兵团直辖的县级市,面积1901平方千米,人口21.49万(2012),2002年9月成立。唐代屯垦空前兴盛,并成为古丝绸之路必经要道和兵家必争之地,是西域"城廓之国"。地貌特征表现为平原、沙丘等,资源丰富,有西北地区最大平原水库,盛产棉花、特色林果和各类畜产品,是国家优质商品棉基地。盐矿和石灰岩矿产富蕴,野生中草药种类众多。在建设中突出大绿地、大空间、大水面,市区绿化率达42%以上。拥有独特的绿洲风情、大漠风情和浓郁的民族风土人情。是小海子垦区政治、经济、文化中心,农副产品集散地、加工中心,具有军垦特色及旅游风光的生态园林城市。2012年完成生产总值59.71亿元。

4. 五家渠市　是共和国最年轻的城市之一,新疆生产建设兵团直连县级市。位于乌鲁木齐市北郊、地处天山博格达峰西北麓、准噶尔盆地东南缘,面积710平方千米,人口33.18万(2012),2004年1月成立。地势平坦,南高北低,主要有老龙河、猛进水库、八一水库、沙山子水库、新城子水库等水系。具有独特的水土光热等自然资源优势,是典型的大陆性气候,水资源丰富,矿产种类全、储量大,形成了5个各具特色和优势的经济发展区域。为特色农副产品的输送基地、产业转移承接区和农副产品加工基地、旅游休闲的"后花园",形成了以资源优势为依托的结构合理的第一产业,以纺织、食品、塑化、旅游消费品和中心城市转移产业为主体、以工业园区为基地的发展强劲的第二产业,以旅游、房地产、教育、文化等为龙头的相互协调的第三产业。2012年完成生产总值156.51亿元。

5. 双河市　地处原博乐市境内、与哈萨克斯坦国接壤,属自治区直辖县级市,由新疆生产建设兵团第五师进行管理。2014年1月由博乐市析置,面积742.18平方千米,人口5.38万人(2014)。地处阿拉套山和岗吉格山间谷地、博尔塔拉河畔,地势西部高、东部低,高山、中山、低山丘陵和谷地平原呈阶梯状分布,属于典型的温带大陆性气候。北疆铁路和312国道横贯垦区,与博乐市、阿拉山口市构筑起区域经济的"金三角"和城市群。建设了粮食、棉花、葡萄、番茄、制种、色素菊花、牛羊肉和饲草料8大农产品基地,形成了"棉花、红提葡萄、制种、畜牧"4大支柱产业,构筑以纺织服装、食品饮料、能源电力、矿产加工、新型建材、农用装备等6大产业为支柱的工业框架体系。有著名的赛里木湖、艾比湖、夏尔西里草原、怪石峪风景名胜区。2014年实现生产总值67.12亿元。

6. 哈密市　位于新疆东部、天山东段南麓,是哈密地区政治、经济和文化中心,行政公署驻地。汉代时称伊吾卢,明置哈密卫,1961年设哈密市。面积8.5万平方千米,人口46.55万。自古就是丝绸之路上的重镇,素有"西域襟喉""中华拱卫""新疆门户"之称,是新疆的东大门、新疆连接内地的交通要道、新疆东部最大城市和交通中心,设有老爷庙国家一类口岸,是新疆与蒙古国发展边贸的重要开放口岸之一。典型的温带大陆性干旱气候,昼夜温差大,民间流传有"早穿皮袄午穿纱,晚间围着火炉吃西瓜"的谚语。采用雪水和坎儿井灌溉农业,农作物主要有小麦、玉米、高粱、棉花、胡麻和瓜果,哈密瓜、无核白葡萄誉满中外。矿产资源丰富,是新疆最大煤炭工业基地之一。已建成以煤炭工业为主体,兼有钢铁、机械、电力、化工等门类的工业体系,旅游业已成为重要的经济来源之一。历史悠久的屯垦文化、丝路文化、多彩的草原文化、丰富的民俗文化、灿烂的汉文化,以及哈密瓜文化、大枣文化、奇石文化与十二木卡姆共同构成了特色鲜明的东天山文化。主要旅游景点有哈密王墓、沁城壁画、鸣沙山及西黑沟风景区等。2012年完成生产总值209.44亿元。

7. 昌吉市　位于天山北麓、准噶尔盆地南缘,是古丝绸北道上的重镇,东联内地、西接中亚、欧洲市场的黄金通道,建有乌拉斯台国家一类季节性口岸和亚中商城国家二类通商口岸,是昌吉回族自治州首府,面积8215平方千米,人口37.04万(2012)。公元800年回鹘在高昌建立回鹘汗国,自此这里便成了回族聚居区之一,1983年成立昌吉市。地处天山北坡,有冰川1319条。气候受山地垂直分布影响,盛产小麦、玉米、水稻和各类水果,初步形成粮食、棉花、番茄、瓜菜等10大产业链。矿产资源主要有煤炭、石油、石灰岩、芒硝、石墨、碧玉等50多种,都具备很高的开采价值。有农副产品加工、机电制造、石油化工、新型建材、矿产资源深加工、高新技术6大支柱产业。旅游资源独具特色,有天山天池、北庭都护府遗址、石门子岩画等人文和自然奇观。2012年完成生产总值260.36亿元。

8. **阜康市** 位于天山东段北麓、准噶尔盆地南缘,地处丝绸之路北道主要地段,面积1.17万平方千米,人口16.86万(2012),1992年11月撤县市。地貌南部为天山支脉博格达山、中部为山前冲积平原、北部大部分为古尔班通古特沙漠。地处中温带大陆性干旱气候区,四季分明、光照充足、昼夜温差大,适合小麦、玉米、瓜果、蔬菜、棉花等多种农作物生长。矿藏有煤、石油、铁、石灰石等上百种,有丰富的水利、水电资源。以有色金属冶炼、煤电、煤焦化、煤化工等优势产业为支柱的工业经济保持健康快速发展,以旅游业为龙头的第三产业健康发展。为中国优秀旅游城市、中国最佳休闲旅游城市,呈现出冰川雪山、湿地草甸、森林峡谷、湖泊山峦、平原绿洲和戈壁沙漠等不同的自然景观,形成了国内外罕见的垂直自然景观带,有天山天池、梧桐沟沙漠、六运古城、五运清真寺、西王母瑶池等风景名胜。2012年完成生产总值118.9亿元。

9. **博乐市** 位于新疆西北部,与哈萨克斯坦共和国接壤,是对外开放城市、闻名世界的亚欧大陆桥的西桥头堡,阿拉山口口岸是全国唯一的铁路、公路和管道运输兼有的国家一类开放口岸。面积7790平方千米,人口26.56万(2012),是博尔塔拉蒙古自治州首府,1985年撤县设市。地形西高东低,属中温带干旱半干旱气候,农产以棉花、小麦、玉米、稻谷、瓜果、蔬菜为主,是自治区粮棉生产基地之一、著名的优质棉产地。优势矿产为石灰岩和花岗岩。初步形成了以纺织、轧花、粮油、建材、酿酒、制糖、服饰、食品、塑料制品等为主的工业体系。有著名的赛里木湖、夏尔希里自然保护区、阿拉山口风口第一哨、怪石沟等。2012年完成生产总值127.33亿元。

10. **库尔勒市** 位于新疆中部,天山南麓,塔里木盆地东北边缘,是进出南疆的要塞、新疆的南北疆分水岭、巴音郭楞蒙古自治州的首府、新疆第2大城市。面积7116.9平方千米,人口60.17万(2011),1979年9月设市。气候温和,土质肥沃,有中国最长的内陆河塔里木河和库尔勒市的母亲河孔雀河,良好的水土光热资源十分适宜香梨、瓜果、棉花、番茄、红花等经济作物的生长,形成了特有的农产品资源优势,有"梨城""瓜果之乡"之称,为国家百强产棉市。红柱石储量为全国之首,毗邻蕴藏着丰富的石油天然气资源的塔克拉玛干沙漠,以石油石化为主导的新一代支柱产业正在形成,拥有石油、纺织、电力、水泥、矿产、造纸、建材等初具规模的工业,香梨、棉花、畜牧业等具有明显特色的农业产业,以及建筑、交通、商贸、旅游协调发展的综合经济体系。是中国优秀旅游城市、国家园林城市,有博斯腾湖、巴音布鲁克草原、天鹅湖、罗布泊、巩乃斯、天山石林、雅丹奇观、木孜塔格峰等著名风景区。2012年完成生产总值581.3亿元。

11. **阿克苏市** 阿克苏维语意为"白水城"。位于新疆西部、天山南麓,塔里木盆地的西北部。是阿克苏地区行政公署驻地,面积2.33万平方千米,人口56万,1983年撤县设市。是新疆水资源最为丰富的地区之一,也是矿产资源富集的地区,岩盐储量尤其巨大。素有"塞外江南"之美誉。近年来着力建设森林、防护林体系,在取得良好生态效益的同时,经济和社会效益也迅速提高。经济以农业为主,农业中又以棉花尤其是长绒棉为核心,盛产粮食、水果、油料、甜菜等,形成了红枣、薄皮核桃、红富士苹果、香梨4大果品生产基地,是国家重要的商品粮、商品棉基地和优质果品基地、优质畜产品基地,享有中国白杏之乡、中国红富士之乡、中国沙棘之乡、中国长绒棉之乡、中国卡拉库尔羊之乡、新疆细毛羊之乡之殊誉。工业则有纺织、水泥、化工等门类,已成为新疆重要的棉花交易集散地、轻纺工业聚集地。为古丝绸之路上的重要驿站、龟兹文化和多浪文化的发祥地、国家森林城市、中国优秀旅游城市。2012年完成生产总值124亿元。

12. 阿图什市 位于新疆维吾尔自治区西南部、天山南麓、塔里木盆地西缘,毗邻吉尔吉斯斯坦共和国。是克孜勒苏柯尔克孜自治州首府,面积1.55万平方千米,人口25.1万(2010),1986年撤县设市。以山地、戈壁、荒滩为主,耕地少,水资源储量丰富,光热气候资源独特,无霜期长。党参、麻黄、甘草等10多种野生植物药用价值极高,木纳格葡萄、无花果、卡拉库赛甜瓜、胡安纳杏、石榴等特色果品驰名海内外,有中国木纳格葡萄之乡、无花果之乡的美称。经济以种植业为主,畜牧次之。已探明铁、铅锌、盐等30多种矿产资源,极具开采价值。旅游资源有三仙洞、莫尔佛塔、喀喇汗王朝王庭遗址等一批文物古迹,以及苏盖特阿塔木泉、硝尔库勒盐湖等自然景观。2012年实现生产总值36.6亿元。

13. 喀什市 位于新疆维吾尔自治区西南缘,中国最西边的城市,是喀什地区行政公署驻地,西部与塔吉克斯坦相连、西南与阿富汗、巴基斯坦、吉尔吉斯斯坦接壤,是新疆南部政治、经济、文化中心,农牧产品最大集散地、国家乙级对外开放城市。面积294.2平方千米人口55.34万(2012),1952年设市。地形复杂,气候差异大,形成较集中的喀什噶尔和叶尔羌河两大著名绿洲。适于粮、棉、瓜、果和其他经济作物生长,杏子、核桃、石榴、巴旦木、酸梅、开心果等优质特色干鲜果品形成规模,是全国最大的地区级商品棉基地,素称瓜果之乡。矿产富集,玉石丰富,还蕴藏有金、铜、锌等矿产,其中石膏和蛇纹岩储量居全国前茅。工业主要有纺织、农机、皮革、食品加工、制盐等,传统民族工业有维族小花帽、地毯、小刀等。喀什至伊斯兰堡国际航空港已开通,进一步成为中国对外开放的重要门户。旅游资源十分丰富,古老人文景观和大漠、绿洲、冰河、雪岭、原始森林等独特自然景观交相辉映,名胜古迹有艾提尕尔清真寺、喀什巴札及英尔古佛塔、艾斯克沙尔古城遗址、慕士塔格峰、棋盘千佛洞、特拉木坎力冰川等。2012年完成生产总值132.01亿元。

14. 和田市 位于昆仑山脉北麓、塔克拉玛干大沙漠南缘,西南与印度、巴基斯坦毗邻,古称于阗,地处丝绸之路南道要冲,为古代中西陆路必经之地。为和田地区行政公署驻地,面积154平方千米,人口32.14万(2011),1984年设市。一半为盆地、一半为山区山地,属于暖温带极端干旱荒漠气候。天然气、煤炭、石灰石、石膏、硫磺、花岗岩、大理石、玉石等储量较大,素以"玉石之都、地毯之乡"著称于世,玉、地毯、丝绸作为和田的"老三宝"闻名遐迩;维吾尔医药、大芸、阿胶被誉为和田的"新三宝",潜力巨大。经济以农业为主体,一方面大力发展防风固沙林和绿洲经济林,另一方面以农业水利建设为中心,不断加大投入"两高一优"农业,并以高温无滴塑料大棚菜为龙头,牛羊育肥、水产养殖等"菜篮子"建设蓬勃发展,花、瓜、菜、果基地建设初具规模。电力、酿造、水泥、丝绸、棉纺、地毯、农机、食品加工、塑料、皮毛制品、印刷、工艺美术、服装、建材等多元化发展的工业新格局初步形成。乡镇企业已形成加工业、商业、运输业、建筑业、旅游服务业五业并举的经济体系。2012年完成生产总值40.7亿元。

15. 伊宁市 古称西域,横亘于伊犁河谷中部,是伊犁哈萨克自治州的首府,伊犁河谷的政治、经济、文化、交通中心和重要的物资集散地和工业中心、西部最大的沿边开放城市、霍尔果斯特殊经济开发区的重要组成部分、向西开放的门户城市和天山北坡经济带西部中心城市、中国优秀旅游城市、中国园林城市、中国10大新天府,连接霍尔果斯口岸、都拉塔口岸、木扎尔特口岸的中心城市。面积521平方千米，人口51.5万(2012)，1952年设市。地势北高南低，北部为科古琴山，南部为伊犁河冲积平原，农业、畜牧业资源丰富，优势畜禽品种有哈萨克马、伊犁马、伊利驴等。特色农副产品加工、汽车组装、建材、煤电煤化、轻加工5大支柱产业的发展和正在加紧建设的"三园一区"（建材园、轻工业园、汽车园、国际商贸物流区）将为中亚区域经济合作中心的打造提供强大的产业支撑。2012年完成生产总值133.5亿元。

16. 奎屯市　位于天山北麓，准噶尔盆地西南缘，是伊犁哈萨克自治州直属市，新疆北部交通、商贸、邮电、金融、信息和娱乐休闲区域中心，以"戈壁明珠"而闻名。面积1171平方千米，人口15.48万(2012)，1975年8月设市。地势西南高、东北低，大部分是山前冲积平原，奎屯河纵贯西部，市区多渠道，是新疆主要的粮棉油基地之一，农作物主要有小麦、玉米、水稻、棉花、胡麻、油菜、向日葵、蔬菜、瓜果等，畜牧物产主要有牛、羊、猪、马、奶制品、皮毛等。矿产资源主要有粘土、砂石、砂金、石膏等。是以轻工业为主的新兴工业城市，有酿酒、卷烟、针织、毛纺、棉纺、化工、印刷、造纸、塑料、食品等工业。第2条亚欧大陆桥由此贯通，使奎屯扇形辐射新疆北部所有边境口岸，成为国家和自治区对外开放的桥头堡，建有粮油、棉花、茶畜、生产资料、建材等10个物资中转库，商贸流通发展迅速，第三产业初具规模，已逐步成为新疆北部的客货流集散地。2012年完成生产总值106.06亿元。

17. 塔城市　位于中国的西北角、新疆西北部，是离海洋最远的城市、沿边开放城市，巴克图口岸为国家一类口岸。面积4010平方千米，人口15.3万(2012)，1984年11月撤县设市，是塔城地区行政公署驻地。北部为西准噶尔山地，南部为北天山山地，东、中部属准噶尔盆地。幅员辽阔，物产丰富，宜农宜牧，主要农作物有大麦、小麦、玉米、水稻、甜菜、棉花、豌豆、黄豆、胡麻、油菜、葵花、红花、啤酒花、打瓜及各种瓜果，新疆细毛羊和裕民巴什拜大尾羊闻名全国，素有新疆的"粮仓、油库、肉库"之称，为自治区主要的粮、油、甜菜、新疆细毛羊、塔城褐牛生产基地，自治区重要的农牧业生产基地和矿产业、新兴轻工业地区。矿产主要有铁矿和铬铁矿，其中萨尔托海大型铬铁矿床储量居全国第2。初步形成了以食品、轻纺、能源、建材、化工等骨干的支柱产业。2012年完成生产总值58.7亿元。

18. 乌苏市　位于新疆维吾尔自治区西北部、天山北麓、准噶尔盆地西南缘。面积1.44万平方千米，人口22.89万(2012)，1996年撤县设市。跨准噶尔盆地和北天山山地两大地貌单元，地势南高北低，依次分为高山、中低山、丘陵、平原、沙漠5个地形带。有品位较高的金、铜、钾、铅、铁、石油、煤炭、石墨等矿藏资源，珍禽、异兽、森林、草原、稀有树种、药材等动植物资源，奎屯河、四棵树河、古尔图河3大河系为主干的地表水及丰富的地下水资源。以农业经济为主，农作物有小麦、玉米、水稻、棉花、油葵和西红柿，畜禽有羊、猪、牛、马、鸡、兔等，为自治区和国家粮食、棉花、商品牛、细毛羊和生猪基地。工业以煤炭、电力为依托，有从事酿酒、食品、纺织、冶金、建材、制革、机械等行业的企业。2012完成生产总值126.68亿元。

19. 阿勒泰市　位于新疆维吾尔自治区北部边缘、阿尔泰山南麓、额尔齐斯河北岸，北与蒙古国接壤，是阿勒泰地区政治、经济和文化中心，行政公署驻地。面积1.14平方千米，人口19.62万(2012)，1984年撤县设市。植被生长繁茂，水系发达，大小湖泊上百个，森林资源、矿产资源和野生动植物资源十分丰富。农作物有小麦、油葵、玉米、豆类、水稻；盛产甘草、大芸、麻黄、党参、雪莲等中药材；畜牧业历史悠久，主要牧养牛、羊、马、驼，尤以阿勒泰羊驰名，是新疆的重要林区、畜牧业生产主要基地之一。是新疆重点有色金属开发带，矿产资源品种多、储量丰富，矿业开发前景广阔。培育壮大畜牧、矿产、旅游、能源等特色优势产业,工业有电力、皮革、毛纺、造纸、制药、水泥、采金、宝石、粮油加工、乳品加工等,尤以皮革、宝石、金饰闻名。有塔克什肯、红山嘴、吉木乃、阿黑吐别克4个开放口岸。该市四面环山,地形奇异,旅游资源丰富,有"金山银水""额河奇石主产地""哈萨克民俗文化集中表现地""千里岩画长廊"等旅游品牌。2012年完成生产总值45.37亿元。

20. 北屯市　位于新疆北部阿勒泰市和福海县之间、阿尔泰山南麓、准噶尔盆地北缘,辖区由北屯建成区(含北屯镇)和3个农牧团场组成,市域面积910.5平方千米,人口8万(2013)。北屯市原名北屯镇,是新疆生产建设兵团第十师的师部,始建于1958年,2011年12月28日正式设立县级市。为阿勒泰地区的地理中心和交通枢纽。耕地、林地、牧草地以及水面及水利设施用地的比重相对均衡,具有较好的生态农业综合开发条件,已经形成了包括粮食作物、棉花、油料、打瓜和青贮玉米5大产品体系。区域水资源和矿产资源丰富,已有工业企业共142家,主要涉及节水器材、农产品加工、新兴建材、电力、自来水、矿业开发、热力等领域。工业支柱产业是农副产品精深加工和煤化工。北屯与喀纳斯湖风景区相毗邻,垦区内有以"成吉思汗点将台"冠名的顶山植物园,有南湖、布伦托海风情园、白沙湖、鸣沙山、红叶林、额尔齐斯河河谷林等多处旅游景点。红色旅游独具特色,有一八五团抗洪守边纪念碑、边防瞭望塔、西北边境第一连、国门、界碑、口岸、一八一团屯垦戍边纪念馆等。2013年北屯市完成生产总值212 990万元。

21. 铁门关市　位于巴音郭楞蒙古自治州境内,是天山南麓和昆仑山北坡交汇的交通要冲,古丝绸之路中段的必经之地,中国古代26名关之一。由"一区二镇"组成,面积590.27平方千米,人口5万(2013)。铁门关市是从库尔勒市划出,2012年12月29日成立,与兵团第二师实行"师市合一"管理模式。铁门关市地处库尔勒绿洲平原西南部、塔克拉玛干沙漠边缘,有孔雀河穿越,蕴藏着丰富的石油、天然气等矿藏。天然植被类型少、结构单纯,是中国植物种类最贫乏的地区之一。现拥有规上工业企业68家,已经形成以农业和农产品加工为基础,医药、轻工、非金属矿产开采与加工等产业基础门类较为齐全的产业体系。全师分为4个垦区:焉耆垦区以生产小麦、玉米、甜菜、辣椒、番茄、苹果、酒花、绵羊为主;库尔勒垦区以发展水稻、棉花、香梨、猪、牛、羊、鹿等为主;塔里木垦区以生产棉花、香梨、红枣、马鹿为主;若(羌)且(末)垦区以生产小麦、棉花、红枣、桃、梨和石棉等为主。铁门关峡谷为著名风景旅游区。2013年全市实现生产总值19.3亿元。

22. 阿拉山口市　位于阿拉套山与巴尔鲁克山之间,北邻哈萨克斯坦,隶属新疆博尔塔拉蒙古自治州。设市规划面积1204平方千米,规划城市建设面积42.5平方千米,辖艾比湖镇和阿拉套街道。2013年常住人口1.1万人。2011年5月国务院批准设立阿拉山口综合保税区;2012年12月成立阿拉山口市。地貌由坡积—洪积平原及冲积平原组成,属极端干旱的温带荒漠类型,日照时间长,热量丰富。主要矿产资源为硫磺、球团矿、铁精粉、铁矿石、锰精矿、铬矿、砂等。阿拉山口口岸已发展成为集铁路、公路、管道、航空4种运输方式于一体的国家重点建设和优先发展一类口岸,2011年口岸过货量突破2600万吨,成为中国过货量最大的陆路口岸。现已发展成为集通关、贸易、物流、加工、仓储、金融、旅游等多功能于一体的沿边新兴城市,是新疆对外贸易的先导区,成为中国开拓欧亚市场的枢纽港和"丝绸之路经济带"重要节点。旅游资源有艾比湖湿地国家级自然保护区、夏尔西里自然保护区、怪石峪风景名胜区、赛里木湖、甘家湖白梭梭自然保护区等。2014年实现地方生产总值42.7亿元。

23. 可克达拉市　地处伊犁河谷地,南拥都拉塔口岸,北依天山支脉科古琴山。属自治区直辖县级市,由兵团进行管理。2015年3月建市,是新疆兵团的第8座城市。面积979.71平方千米,人口7.5万(2014)。属于温带大陆性气候,伊犁河贯穿其中,北、东、南3面环山,构成"三山夹两谷"的地貌轮廓。植被丰富,山清水秀,历史上为天山伊犁丝绸古道。市区域是四师农业现代化示范区,先后建成全国最大的薰衣草种植基地、国家级水稻标准化示范团场、新疆首家无公害大米质量追溯体系示范基地,已成为新疆重要的优质粮油、天然香料、玉米制种、果蔬等特色农产品生产、加工和出口基地。已经形成了以电力、建材、能源(矿业)、生物工程、食品、农副产品深加工等为主的产业体系。有可克达拉草原、那拉提大草原、惠远古城等风景名胜。2013年实现生产总值25.77亿元。

24. 霍尔果斯市 位于伊犁哈萨克自治州、欧亚大陆桥中国的最西端,是集边境区、口岸城、商贸型、国际化特点为一体的综合性城市。2014年6月设市,面积1908.55平方千米,人口8.5万。地势由北向南倾斜,较平坦,霍尔果斯河、卡拉苏河和东风干渠流经。霍尔果斯是集公路、铁路、管道、航空运输"四位一体"的国际综合交通枢纽,是古丝绸之路上的重要驿站、世界首个跨境自由贸易区——中哈霍尔果斯国际边境合作中心、国家级经济开发区。霍尔果斯口岸是中国西部历史上最长、综合运量最大、自然环境最好、功能最为齐全的国家一类陆路公路口岸,为中苏贸易的西部最大口岸。计划着力将其打造成为"国际物流港""国际金融港""国际航空港""国际信息港"及"国际旅游谷"。

第七章 港澳台地区

第一节 香港特别行政区

一、区位与自然地理特征

香港位于中国南海之滨,珠江口的东岸,西与澳门遥遥相对,北与深圳市接壤。由香港岛、九龙半岛、新界内陆地区以及 262 个大小岛屿(离岛)组成。陆地面积 1104.32 平方千米,水域面积 1650.64 平方千米。郊野公园及自然保护区的面积达 40%。因人多地少,填海造地成为扩展城市建设用地的重要方式之一。

属典型的滨海丘陵地形,山岭多,平地少,地貌多样,大面积天然平地集中在新界北部,是由河流自然形成的冲积平原,土地肥沃,适合耕种;其余仅有的平地多位于九龙半岛及香港岛北岸,是近百年填海造陆的结果。中国香港世界地质公园包括西贡火山岩和新界东北沉积岩 2 个园区,展现了香港独特的地貌。香港是一个优良的深水港,曾被誉为世界 3 大天然海港之一。香港属海洋性亚热带季风气候,全年的气温较高,夏天炎热且潮湿,冬天凉爽而干燥,夏秋之间时有台风吹袭。

香港受自然环境的限制,自然资源匮乏。食用淡水的 60% 以上依靠广东省供给。矿藏有少量铁、铝、锌、钨、绿柱石、石墨等。香港渔业生产的地理环境得天独厚,有超过 150 种具有商业价值的海鱼,主要是红衫、九棍、大眼鱼、黄花鱼、黄肚和鱿鱼。

二、行政区划与历史

全港分为香港岛、九龙、新界东、新界 4 部分,详细一点则可以分为 18 个区(和中国内地不同,这些区是纯粹非政权性的区域)。

秦始皇二十三年(前 214),秦朝派军平定百越,置南海郡,香港属番禺县管辖。由此开始,香港便置于中央政权的管辖之下。汉朝隶属南海郡博罗县。汉武帝时期在番禺设置盐官,香港地区为当时主要盐场之一,从此进入较大的发展期。东晋咸和六年(公元 331)隶属东莞郡宝安县。隋隶属广州府南海郡宝安县。唐朝至德二年(公元 757)改宝安县为东莞县,香港仍然隶属东莞县。宋元时期,内地人口大量南迁香港,促使香港的经济、文化得到很大发展。明朝万历元年(1573)隶属新安县。到了清代,除了在康熙年间(1662~1722)曾一度被并入东莞县外,香港地区仍属新安县管辖。道光二十三年(1842)~1997 年 6 月 30 日,香港是英国的殖民地。1997 年 7 月 1 日,香港回归中国。一国两制是当年解决香港问题的创举,也是香港持续繁荣的基石。香港拥有自己区旗和区徽,拥有与中国内地有别的社会形态和经济模式。

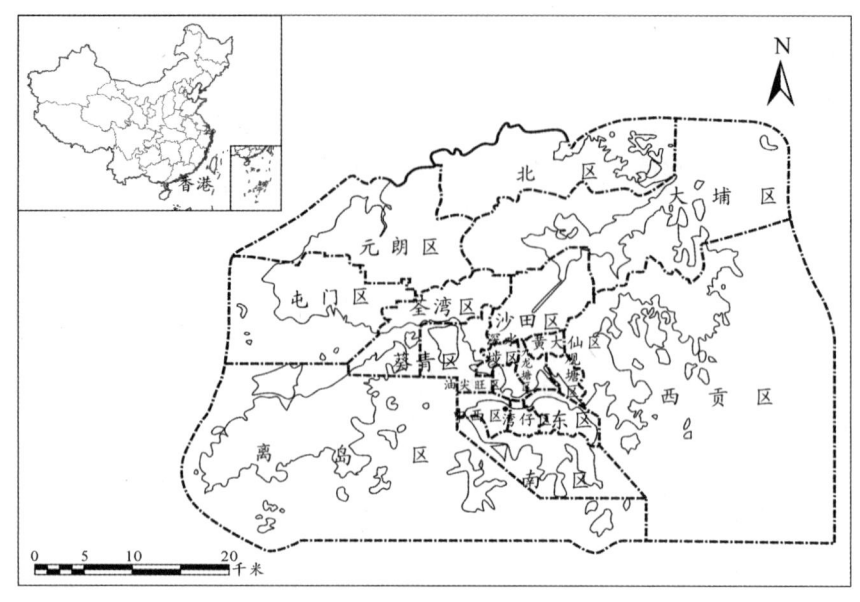

图 3-7-1 香港行政区划图

三、人口与语言

香港特区政府统计处数字显示,2011 年年中人口为 711 万,2008 年底~2009 年底的人口自然增长为 4.19 万人。2010 年初总人口 709.76 万,包括约 21 万名流动居民,人口密度为每平方千米 6420 人,是世界上人口最稠密的城市之一,市区人口密度平均高达每平方千米 2.1 万人。目前香港的法定语言(不称作"官方语言")是中文和英文,而政府的语文政策是"两文三语",即书面上使用中文白话文和英文、口语上使用粤语(俗称广州话)、普通话和英语。香港华裔人口中主要使用广东话,而非华裔人口则多以英语作交际语。香港大部分居民都并非本地原居民,从中国内地、以至世界各地迁居的人,都会把自己故乡的语言带到香港。居于香港的外籍人士数目相当多,人数最多的国籍前 3 分别是菲律宾、印尼和泰国。

四、经济发展

香港面积狭小,自然资源匮乏,制约了其经济的发展,但是,香港凭借其优良的港口和适当的区位,以及有利的历史条件,通过与其他国家和地区开展经贸活动,走出了一条属于自己的经济发展之路。战前香港整体经济主要以对外贸易(尤其是转口贸易)为主。第二次世界大战以后,香港经济和社会迅速发展,不仅成为"亚洲四小龙"之一,也是全球最富裕、经济最发达和生活水准最高的地区之一。香港是亚洲重要的金融、服务和航运中心,以廉洁的政府、良好的治安、自由的经济体系以及完善的法治闻名于世。历史的变迁,让香港从一个当年人口只有 5000 人的小渔村,演变成今天有着"东方之珠"美誉的国际大都会。主要产业包括零售业、旅游业、地产业、银行及金融服务业、工贸服务业、社会和个人服务业。香港是中西文化交融的地方,香港把华人的智慧与西方社会制度的优势合二为一。农业主要经营少量的蔬菜、花卉、水果和水稻,饲养猪、牛、家禽及淡水鱼,农副产品近半数需中国内地供应。香港是亚太地区乃至国际的金融中心、国际航运中心、地区贸易中心,拥有邻近很多国家和地区不可替代的优越地位,已成为世界第 11 大贸易实体、第 6 大外汇市场及第 15 大银行中心。股票市场规模之大,在亚洲排名第 2。也是成衣、钟表、玩具、游戏、电子和某些轻工业产品的主要出口地,出口总值位列全球高位。2010年地区生产总值17 847亿港元,按汇率计算大约为2296.17亿美元,同比实际增长6.8%,人均GDP31 835美元。

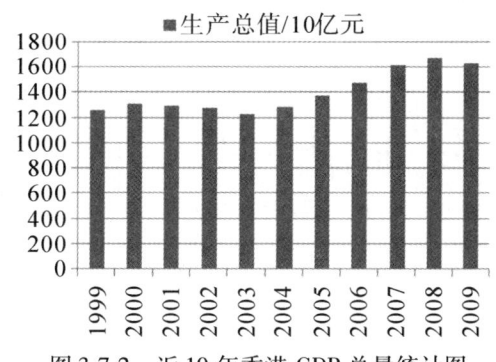

图3-7-2 近10年香港GDP总量统计图

(据《香港统计年鉴2005》和《香港统计年鉴2010》整理)

五、城市建设与交通发展

今日香港的城市形态是有其历史原因的,当年殖民统治政权建立时,即以维多利亚港为发展贸易中心,而香港岛的地理环境同样是发展上很大的障碍。香港山多平地少,城市不是受海所隔即为山所阻,以致形成今日港岛北岸城市形态的横向带状、九龙半岛的扇形及新界的割裂式聚落。为克服地理上的发展障碍,香港不断的移山填海,并且开拓道路网,包括铺设海底隧道贯通南北交通要道。香港的城市规划概念直至20世纪70年代都借鉴于外国,尤其受英国的影响。《城市规划条例》及其修正案是香港规划体系的核心。该条例于1939年首次颁布,大约于1951年才正式运作,直到至1974年、1991年、1996年才进行数项重要的修订,1996年修订的规划条例几乎纳入了所有内容。展望未来,香港金融及商业中心仍在中环,所引致的南北交通挤塞将持续下去。不久的将来,市区里的军事用地会全部撤除,空出的地方可作民生建设用途。总之,港府在发展都会区之余,必须勿忘一并考虑新界与主要市区之间的配合发展,勿光着眼分区规划缺忽略整体协调,并应兼顾香港与珠江三角洲其他地区的周边关系。

香港是重要的国际商港,航运业发达。目前已与186个国家和地区的472个港口有航运往来,形成了以香港为枢纽,航线通达五大洲、三大洋的完善的海上运输网络。从香港到世界各地有28条航线,也是进入内地经商和旅游的大门。香港的货柜(集装箱)港口是全球最繁忙的货柜港口之一,香港国际机场是世界最繁忙的机场之一。香港作为一个人口稠密、工商业繁荣、山多平地少、市区为海港所分割等特殊环境的城市,其内部交通是一个极为复杂的课题。香港公共交通十分便利,公共交通系统以铁路、小轮、公共汽车等组成的运输网,几乎伸展到港内每一角落。香港的地铁是世界上最繁忙的地铁之一。目前香港地铁由9条市区线,共80个车站组成,全长168.1千米。另外还有一条由九龙尖东伸展至深圳罗湖的东铁线,沿途设有14个车站。

六、文化旅游

香港文化和历史遗迹遍布每个角落,有传统的祖先宗祠、新界氏族围村,以至坐落闹市的庙宇。风景名胜众多,如被称为香港八景的旗山星火、仙桥雾锁、赤柱朝曦、鸭洲帆影、宁台怀古、扶林曲径、浪湾水软、鲤鱼夜月。香港的新10景指天坛大佛、山顶广场、半岛酒店、美孚填海区、黄金海岸、红山半岛、九龙城寨、中区行人电梯、科技大学、香港新机场。著名的公园有海洋公园、动植物公园、香港迪斯尼乐园等。香港每年都主办各种类型文化、康乐、体育活动,较大型的活动包括香港艺术节、香港国际电影节、国际综艺合家欢、香港国际七人榄球赛、六人木球赛和有影响力的国际赛马。香港运动员也积极参与过多个大型国际运动会,如亚运会、东亚运动会等。

第二节 澳门特别行政区

一、区位与自然地理特征

澳门位于中国东南沿海的珠江三角洲西侧,西与同属珠海市的湾仔和横琴对望,东面与香港相距60千米,中间以珠江口相隔,由澳门半岛、氹仔岛、路环岛和路氹城4部分组成。其中澳门半岛北面与中国大陆连接,而氹仔和路环本是2个分离的离岛,但后期填海工程把2离岛完全连接成称为路氹城的地段。土地面积32.8平方千米(已包含2009年11月29日国务院批复澳门填海造地360公顷建造新城的澳门新城区在内),澳门的总面积因为沿岸填海造地而一直扩大,海岸线总长44千米。

澳门属亚热带气候,同时亦带有温带气候的特性,年平均气温约20℃,全年温差变化在16℃～25℃。春、夏季潮湿多雨,秋、冬季的相对湿度较低且雨量较少。台风季节为5月～10月,以7月～9月最为频密。

二、行政区划与历史

澳门以"堂区"作为行政区划单位,每一个堂区以其代表性的教堂作为堂区名称。但是,行政区划并非正式的行政机构建置,没有法人地位。现有7个堂区,澳门半岛有5个堂区(包括花地玛堂区、花王堂区、望德堂区、风顺堂区、大堂区),氹仔岛属于嘉模堂区,路环岛属于圣方济各堂区,此外还有一个路氹填海区。

约前3世纪(即秦始皇一统中国之时),澳门被正式纳入中国版图,属南海郡番禺县地。晋元熙二年(420)属新会郡封乐县地。隋开皇十年(590)废新会郡改属宝安县地,唐朝至德二年(757)废宝安县改为东莞县辖。自南宋开始,澳门属广东省香山县。从明朝嘉靖三十六年(1557)开始被葡萄牙人租借。直至清光绪十三年(1887)葡萄牙政府与清朝政府签订了有效期为40年的《中葡和好通商条约》(至1928年期满失效)后,澳门成为葡萄牙殖民地,也是欧洲国家在东亚的第1块领地。1974年4月25日,葡萄牙革命成功,新政府实行非殖民地化政策,承认澳门是被葡萄牙非法侵略的,是当前葡国管治下的一个中国领土,澳门的主权属于中国。直至1999年12月20日,中华人民共和国对澳门恢复行使

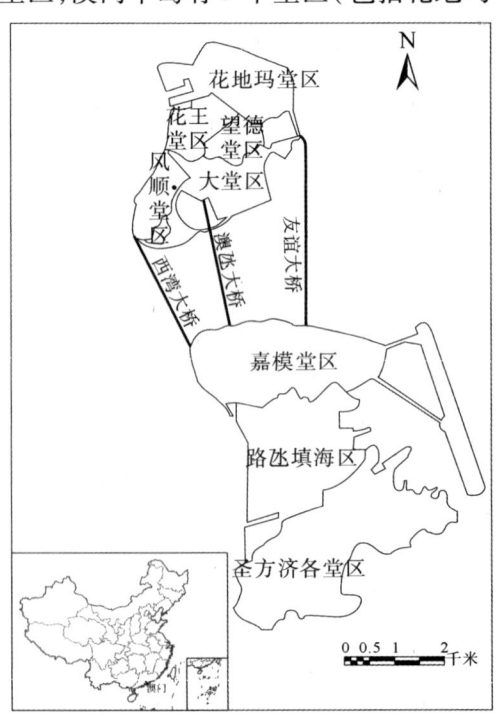

图3-7-3 澳门行政区划图

主权。

三、人口和语言

全区人口552.3万(全国第六次人口普查最新数据)。据《澳门统计年鉴2010》统计,2009年年中人口为542.2万,较2008年减少7万,减少率为1.27%。人口密度为183 796人/平方千米,是世界上人口最稠密的城市之一。澳门本地人口女多男少,至2009年年末,女性居民279.7万人,男性居民269.5万人。澳门语言和方言种类繁多,有汉语、葡语、英语、西班牙语、马来语、印尼语、印第语等语种,汉语里有普通话、粤语、闽语、吴语等各地方言。官方语言为中文、葡文。

四、经济发展

澳门的经济发展,可以概括为以下几个时期:明清时期,16世纪中期,在明政府的管辖下,葡萄牙人进入澳门,积极开展东西方贸易,发展澳门与印度果阿至里斯本、澳门与日本长崎、澳门与马尼拉至墨西哥的国际贸易,形成16世纪70年代到17世纪40年代以澳门为中转港的国际"大三角贸易"。澳门很快从一个小渔村发展为商业繁荣的城市。

民国时期,澳门传统的渔业生产获得了较快发展。1921年全澳渔民达到6万多人,占全澳门人口的71%左右。澳门渔业大部分出口,1930年鱼类出口值为250万葡元,占当年出口总额的26%。同期,澳门手工业发展成形,以造船业、爆竹业、火柴业、神香业4大传统手工业为主,此外还有锯木制木业、酿酒业、酱油业、烧砖业、烧炭业、香烟业等。民国期间,对外贸易中心被香港稳占,澳门的外贸范围大为缩小,仅限于香港和广州等地,外贸不景气。

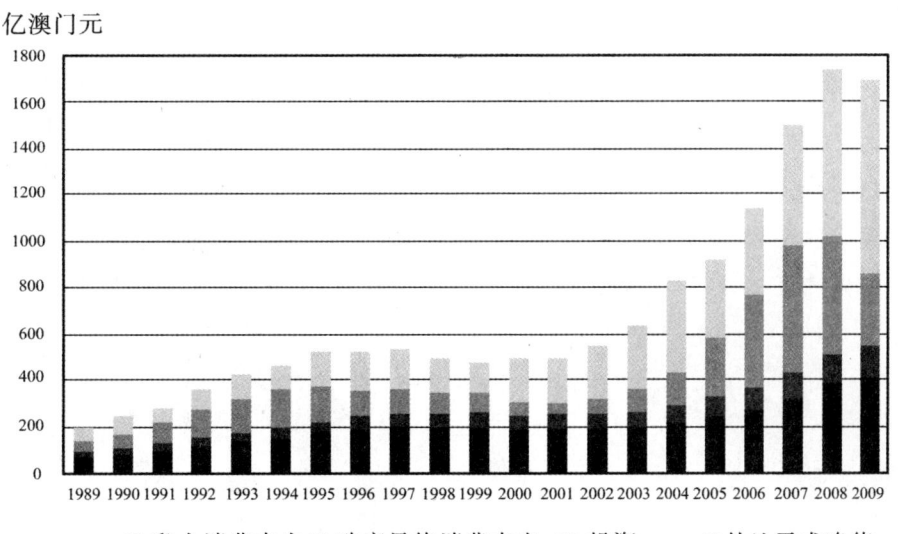

图3-7-4　1989年~2009年澳门本地生产总值(当年价格)

新中国时期,1950年6月,美国发动侵略朝鲜战争;1951年联合国实施禁运政策;1952年6月,美国对香港、澳门贸易实行贸易管制;1953年4月,澳门"商务调整委员会"公布征收进口货物5%的消费税和按金,澳门进入经济困难时间(1950~1956)。1957年,葡萄牙国内通过法例,允许澳门的产品免税进入葡属地区,对澳门开放葡属地区的市场。1957年~1962年,澳门工业开始复苏。自1962年起,澳门旅游娱乐公司投得赌博专利权,促进澳门旅游博彩业的发展,带动澳门交通和其他经济的发展。1963年~1966年,澳门经济发展较快,出口至欧洲的货值增至4070万元,比

1963年的2280万元增加44%。1967年~1968年,澳门经济不景气,资金外流,市场萧条,人口减少。1969年~1975年,澳门经济逐步上升,人口增加,旅游旺盛,外贸增速加快。1975年对外贸易总额增至167 231万元,比1969年的63 537万元增加1.6倍。1976年~1993年,澳门经济全面发展,加工制造业、旅游业、房地产业、金融业空前发展,经济腾飞,人口剧增。1999年12月20日澳门回归中国之后,经济迅速增长,比往日更繁荣,是一国两制的成功典范。其著名的轻工业、美食、旅游业、酒店和娱乐场使澳门长盛不衰,是全球最富裕的城市之一。至2009年,澳门本地生产总值达1693.43亿澳门元(当年价格),货物及服务出口1554.94亿澳门元,货物及服务进口730.73亿澳门元。

五、城市建设与交通发展

1. 城市建设

天主教城,城市规划的萌芽期:明嘉靖三十六年至清道光二十年(1557~1840) 16世纪,葡萄牙人拥入澳门,带来了西方中世纪城市规划与建设技术,产生了澳门近现代城市规划的萌芽。澳门城市形成了以西方中世纪模式为主体的城市骨架又生成了受中国影响的城市组织。从澳门的历史地图(图3-7-5)中可以看出,澳门的城市空间结构主要是延续了葡萄牙城市空间结构特点,表现为特有的一条主要的"直街"的线性与不规则的结构,而且有一连串的由教堂来画龙点睛的"前地"。这一时期澳门已经基本形成了以花地玛堂、花王堂、望德堂、大堂和圣老楞佐堂为中心的5个堂区,以堂区为中心不断发展居民区,至今澳门城市行政分区仍沿用这5个堂区(图3-7-6),同时形成了以圣玫瑰堂和水坑尾城门为主的商业中心。

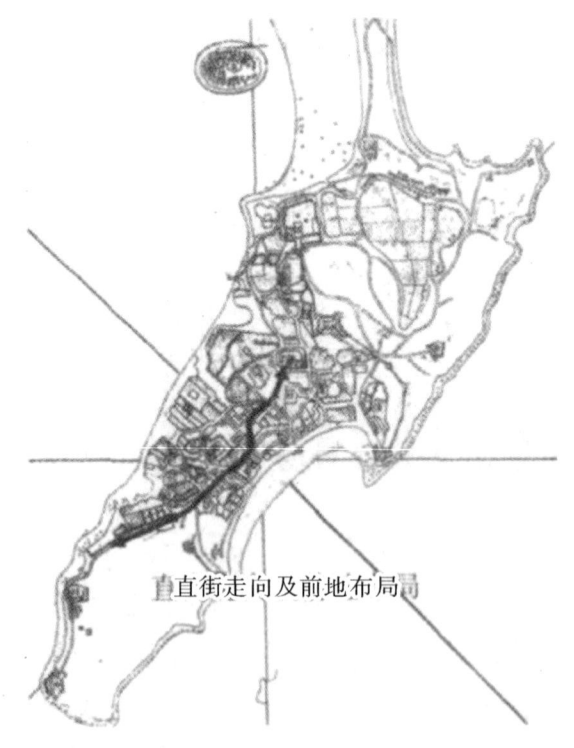

图3-7-5 1780年澳门半岛

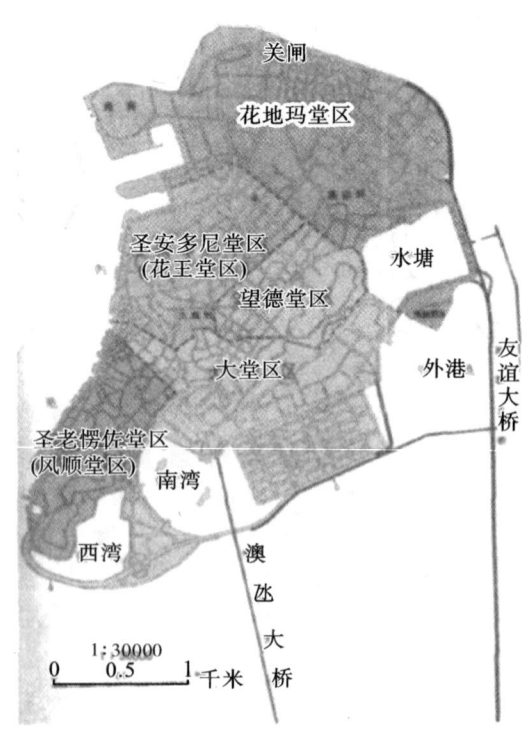

图3-7-6 澳门半岛教堂分区图

殖民开发,城市改造与扩张规划期:清道光二十年至宣统三年(1840~1911) 这一时期,"澳门城市改善研究委员会"提交了一份报告,以文字的形式对澳门城市进行了总体规划,该报告中包含城市建设12个方面的指导性纲要,制定了许多与澳门居民生活息息相关的措施,其中包括:改善街道宽度和建筑物高度、制定未来道路线路、清除粪便、铺设管道、净化水源、改善居民内部卫生条件、外墙粉刷、道路绿化、花园整洁等。葡人称这些法令和措施为"改良风景"。这一时期,澳门通过南北拓展、填海造地的水陆并进式模式进行城市扩张,将澳门、青洲、氹仔、路环4岛结合起来统一规划。澳门土地利用模式反映了殖民城市特色,半岛核心地带是殖民地的行政中心,商业区位于葡人居住区和华人居住区之间。北部是华人居住区和工业用地。氹仔和路环2岛以郊区农村为主。

制定法规,城市规划制度完善时期(1911~1974) 二战以后澳门经济发展疲弱,只是进行一些局部性规划。1963年7月31日,经过不断修订、废止、重编、审议通过了《都市建设总规章》,这部法规一直到今天仍具有法律效用。1920年制定澳门港工程总规划,此后不断地对澳门港口以及新的填海区进行规划。

自治规划,城市规划的本地化发展时期(1974~1999) 1980年澳门自行制定了土地法,相关领域法律的本地化逐渐展开。这一时期澳门进行了土地利用的分区规划及港口规划,根据规划需要将澳门半岛分为8个分区,氹仔分为6个分区,针对不同分区制定土地规划。澳门西北区土地主要为政府地,用途是工业用地。澳门东北区主要为填海新区。外港区发展和用途根据外港新填海区规章发展。南湾区主要作为商业和旅游用地。新马路、松山、西望洋山区主要是以往的商业贸易活动区,保留着许多本世纪初的建筑物,因此大部分作为文物保护区。氹仔分为市中心区、西北区、旧城区、圣母湾区和东北区。其中旧城区保留原有村落的结构形式,尽量保留历史风貌。路环主要是作为澳门休闲旅游开发区,设置了保护区加以控制规划。而且这一时期澳门城市对外交通的发展,也为澳门城市空间发展带来了新的契机,如嘉乐庇大桥、路氹连贯公路、澳氹大桥、横琴大桥、澳门国际机场的启用等等。

2. 交通概况

1995年11月正式投入运作的澳门国际机场是澳门乃至整个珠江三角洲与世界各地之间的重要桥梁,是继日本大阪关西机场之后,全球第二个、中国第一个完全由填海造陆而建成的机场。长期以来,由于澳门既无铁路,又无深水码头,人员出入和经贸往来主要通过香港和珠海。澳门国际机场的运营,结束了澳门与世界不能直接通航的历史。目前,澳门国际机场共有24个停机坪,2007年统计乘客流量550万人次,货运量18万吨。经香港到澳门有24小时开放的喷射船,只需1小时就到。另外还有直升机穿梭港澳2地,航程只需20分钟。

至2009年,澳门道路行车线有413.1千米,其中澳门半岛198.2千米,离岛214.9千米。行驶车辆总数为189 350辆。澳门有出租车、公共汽车穿梭于澳门半岛、氹仔、路环以及澳门市区的大街小巷间。另外,人力三轮车是澳门最富特色的交通工具,大多集中在澳门码头、葡京和海事博物馆。

六、文化旅游

澳门文化是有深厚传统内涵的中华文化和以葡萄牙文化为特质的西方文化共存的并行文化,是一种以中华文化为主、兼容葡萄牙文化的具有多元化色彩的共融文化。澳门曾经是宗教文化中心,宗教文化的多元化在澳门也得到了充分表现,天主教、基督教、佛教、道教、妈祖在这里都有保留。旅游博彩业是澳门主要的经济动力之一,其中包括作为澳门最大直接税来源的博彩业,及其他如酒店、饮食、零售等行业,对推动澳门经济的发展相当重要。迅速发展的旅游业及服务业是澳门最重要的外汇来源,20世纪90年代以来,澳门旅游业进入蓬勃发展的阶段,自1992年起,旅游业的收入已经超过出口产值。特区政府成立后,旅游业发展步伐更为迅速。旅游景点有大三巴牌坊、妈阁庙、离岛、赛马会、观光塔、金莲花广场、渔人码头、葡京赌场、和记娱乐城、谭公庙、孙中山市政纪念公园、九澳七苦圣母小堂、望厦圣方济各小堂、望德圣母堂、圣若瑟修院、菩堤园、圣奥斯定堂、融和门、圣弥额尔小堂、圣母雪地殿教堂、龙头环、南湾人工湖、澳氹大桥、松山、路环圣方济各小堂、圣雅各伯小堂、螺丝山公园、石排湾公园、澳门半岛、澳门历史城区、澳门文化中心、白鸽巢公园、澳门包公庙、澳门大炮台、市政厅、澳门威尼斯人度假村。

第三节　台湾省

台湾是中国神圣领土不可分割的一部分。台湾岛是中国的第1大岛,位于祖国东南沿海的大陆架。台湾扼西太平洋航道的中心,是中国与太平洋地区各国海上联系的重要交通枢纽。目前台湾有5直辖市(新北、台北、台中、台南、高雄)、3省辖市(基隆、新竹、嘉义)、12县(桃园、新竹、苗栗、彰化、南投、云林、嘉义、屏东、宜兰、花莲、台东、澎湖)、17个县辖市(桃园、中坜、平镇、八德、杨梅、竹北、苗栗、彰化、南投、斗六、太保、朴子、屏东、宜兰、花莲、台东、马公)。陆地面积36 008.14平方千米。据《台湾统计年鉴2010》,至2010年,台湾省人口为2312万人,其中原住民50.44万,占总人口的比重为2.2%。人口密度为638.8人/平方千米。人口主要集中在西部平原,东部人口仅占全部人口的4%。汉族约占总人口的98%;少数民族占2%,约38万人。少数民族分为阿美、泰雅、排湾、布农、卑南、鲁凯、曹、雅美和赛夏等9族。

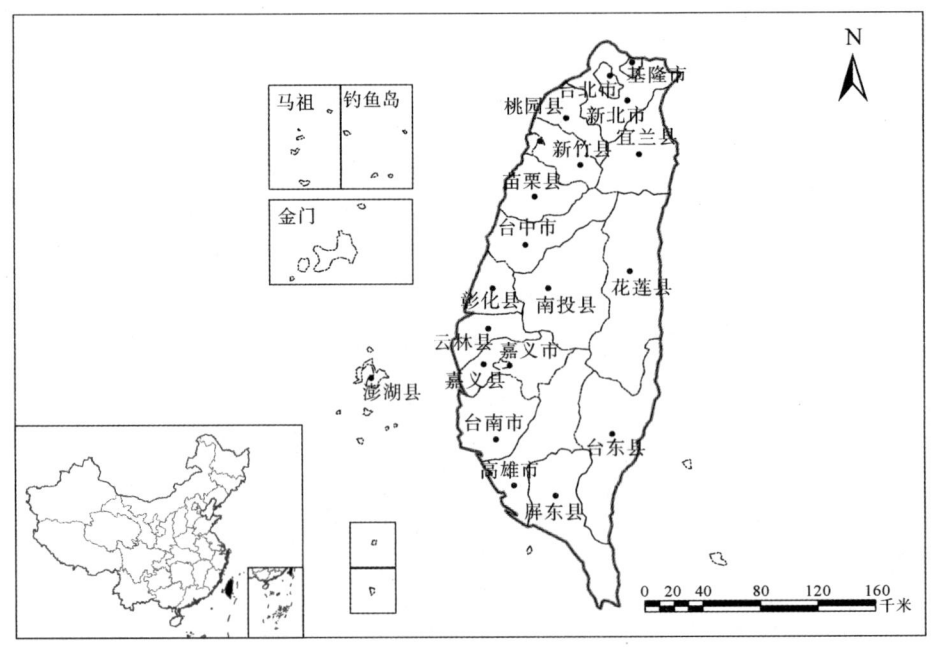

图3-7-7　台湾省行政区划图

一、直辖市发展情况

1. 台北市

台北市为台湾省省会城市,其位于台湾岛北部的台北盆地,四周均与台北县接壤,是台湾人口最多的城市,也是台湾政治、文化、商业与传播等的中心。辖12区(中正、万华、大同、中山、松山、大安、信义、内湖、南港、士林、北投、文山)和68个次分区,总面积271.80平方千米,总人口267万(2010),人口密度9673.55人/平方千米。

清光绪元年(1875)设台北府,1920年以艋舺、大稻埕、城内三市街为基础,设立台北市。台北的城市建设由最早的东面淡水河畔开始,历经了向北、向南、向西的扩展过程,形成了近似圆形的平面空间城市形态,竖向空间城市形态较为舒缓,起伏不大。现状主导功能布局为东商业行政、西商务行政、北居住文化、南综合。

台北市中心区域位于台北盆地底部,大屯火山群(休眠火山)位于市区北边与新北市接壤处,整个山系于市区内大致向南延伸并趋缓,直抵圆山、大直与内湖等地,是台北市境内最大的山系;市区东边的内湖、南港与南边的木栅多为丘陵地形。境内的河流属于淡水河流域。台北市在台湾经济体系中,扮演金融、媒体、电信营运中心的关键性的角色。随着经济快速发展、随着高所得而来的高消费能力及产业结构变迁,统称为服务业的第三级产业占台北市整体产业比重近达九成。当中包含批发、零售、贸易、餐饮、金融服务、运输仓储、通信、工商服务等。服务业的盛行,让台北市成为一座生活必需品相当容易取得的城市。产业分布于台湾其他都市(如新竹、高雄等地)的中、大型企业,大部分都将总公司设于台北市,形成了台湾最大的工业生产区和商业区。为台湾大众运输最发达的都市,整个大台北地区的营运中的公车路线共有421条;台北一天接近200列火车北上南下,纵贯线经过台北市;建有台北松山机场。科技接受度相当高,以资讯高速公路为目标的台北,有线上网率、无线上网率等指标,都在世界主要城市中名列前茅。

台北市是台湾北部的游览中心,除阳明山、北投风景区外,还有省内最大、建成最早占地8.9万平方米的台北公园和规模最大的木栅动物园。此外,由私人经营的荣星花园规模也相当可观。剑潭、北安、福寿、双溪等公园,也都是游览的好地方。台北市名胜古迹颇多,其中台北城门、龙山寺、保安宫、孔庙、指南宫、圆山文化遗址等处,均为风景优美、适宜游览的好地方。

2. 高雄市

高雄市位于中国台湾西南隅,西扼台湾海峡,南临巴士海峡。2010年12月25日与高雄县合并,原高雄市11个区与原高雄县27个乡镇市合共成38个区、651个里、18584个邻,大高雄传统上分为4个地区,即高雄、凤山、冈山、旗山,总面积达2946平方千米,总人口277万,市区人口152万,为台湾第2大城市。

高雄市原名打狗(又作打鼓)或西港。早期原为平埔族原住民(马卡道族)的居住地,其语称竹林为"takau",后经汉人音译为"打狗"(鹤佬语音)。明永历十五年(1661)郑成功驱逐荷兰东印度公司后设1府2县,其中万年县为现在的高雄,县治设于埤子头(左营区)。康熙三年(1664)更名为万年州。自光绪三十四年(1908)起,日本人大力整建高雄港成为现代化港口,1924年设立高雄市。城市建筑风格逐步形成东西风格兼具古今建筑交融。作为国际大都市,高耸的摩天大楼栉比鳞次,拥有众多的现代摩天大楼和大大小小的桥梁。

高雄市区大多为冲积平原地形,地势较高处只有位于西子湾北侧,西侧紧临海岸,高雄港大致是基于该区域过去原始的潟湖地形整建而来。主要的河川为发源自高雄仁武乡八卦寮一带田野地,有莲花潭和金狮湖。一级产业主要为渔业与农业。渔业主要分布于旗津区、鼓山区、前镇区与小港区,渔港是台湾岛最大的渔业区,水产养殖业十分发达,海港内分布有前镇渔港、鼓山渔港,是台湾岛远洋渔业基地;农业地带则多分布于市区边缘。二级产业兼有重工业与制造业,工业地带大多位于楠梓区、前镇区与小港区。以服务业为主体的三级产业集中于盐埕区、前金区、新兴区、苓雅区与三民区,部分区块有朝着商圈化方向发展的趋势;此外也沿着高雄港第1港口东侧的廊带规划了"高雄多功能经贸园区"。近30年来,高雄被列为台湾工业建设的重点,其中炼油、钢铁、造船在全省都属于规模最大企业。这里还是台湾南部地区重工、化工、机械、建材、炼铝等工业的基地。全市已形成临海工业区、石油化学工业区和加工出口工业区。于20世纪初建立并迅速茁壮的高雄市,是台湾人口密度最高与重工业最发达的都市,台湾最大的国际港高雄港和第2大机场高雄国际机场亦位于高雄市境内。市区的交通流量十分庞大。扼台湾海峡南口,是台湾南部的海路大门。

高雄风光以"高雄八景"为最,包括旗山夕照、埕埔晓鹭、猿峰夜雨、戍楼秋月、江港归帆、鼓湾涛声、苓湖晴风和江村渔歌。主要旅游景点澄清湖、爱河、莲池潭、西子湾、春秋阁、高雄都会公园、高雄孔庙、三凤宫、少年溪、阿公店水库、不老温泉、旗津半岛、六龟彩蝶谷。特产有旗鼓饼、火狮饼、栗子酥、木棉酥、象棋绿豆糕及眷村豆腐乳、芭乐、香蕉、枣、荔枝、凤梨和木瓜等。

3. 台中市

台中位于台湾省西中部,乌溪(大肚溪)下游北侧,是台湾5大城市之一,台湾中西部经济、文化、交通中心。共辖29区、625里、13 004邻,面积163平方千米,2011年统计人口约265万,是台湾的第3大城市。

台中市昔称"东大墩",建于清朝,清光绪十二年(1886)曾一度为台湾首府。后省会改设台北府(今台北市),改名台中县,1920年设市。2010年12月25日台中市正式升格改制为直辖市。台中—彰化大都会区是台湾南北交通的中点,台湾3大都会圈之一。

台中位于台湾岛西部的台中盆地中央,筏子溪、旱溪一西一东流经市郊,并有柳川、绿川、梅川贯穿市区。因气候温和,环境优美,有"宁静之都"的美称。郊区气候适宜,地势平缓,兼有灌溉之利,农业发达,以产稻米、甘薯、花生、玉米、大豆、柑橘等为主,为台湾西部著名农业区。农业转型为科技型、精致型产业之后,至今依然保有相当高的竞争力。工商业日渐发达,以制糖、食品、机械修配、化学工业等为主。随着高铁、中部科学园区等重大工程的陆续完成,使得台中市的第二级产业,由轻工业为主转向高科技产业发展,此外也是台湾中小企业与精密机械最重要的聚集地,嘉理大荣物流、巨大机械(捷安特)、台中精机、宝成集团、汉翔工业等著名的精致型国际企业皆在台中市为营运中心的所在。为南北高速公路重要的中途站,有纵贯铁路"山线"通过境内南部等,对外交通便利。台中市内部有交流道通市区和西海岸的台中港,其中台中港是台中出海门户。

四季如春的气候,使台中被认为是台湾最适于居住的城市。有岛内"文化城"之称,主要有中兴大学、东海大学、逢甲大学、中山医学院、中国医药学院等,为台湾公私立高等院校重要分布区之一。有很多自然与人文景点,如雪霸国家公园、太鲁阁国家公园、梨山风景区、大坑风景区、铁砧山风景区、高美湿地、国立自然科学博物馆、国立台湾美术馆、月眉育乐世界、台中公园等;以及知名的夜市与商圈,如逢甲商圈、一中商圈、庙东夜市、中华路夜市、忠孝路夜市等。

4. 台南市

台南位于台湾西南部嘉南平原,为台湾全岛开发最早的区域,西临台湾海峡与澎湖相望。现辖共37个区、711个里、14 730个邻,都市核心区域为中西区、东区、北区、永康区。总面积2192平方千米,人口约187万,是台湾第4大城市。

台南市旧名赤崁。现地域在前现代史上曾是台湾平地原住民西拉雅族的生活领域;17世纪时荷兰东印度公司曾以大员为其国际贸易据点,并以赤崁为行政中心支配周边原住民部落及汉族移民。明清为台湾首府。2010年12月25日台南市和台南县合并升格改制为直辖市。台南市为台湾5大都市之一,拥有众多的现代摩天大楼,已经逐步形成东西风格兼具古今建筑交融的城市建筑风格。

全区地势平坦,地形北阔南尖,曾文、鹿耳门、盐水、二仁四溪流贯其境,形成平原与沼地交错的低缓地带。产业以二级产业和三级产业为主,一级产业主要为渔业与农业,是台湾重要农业及蔗糖产区,为台湾的鱼米之乡。沿海渔场养殖尤盛,并有晒盐业。有渔港8个,其中安平渔港曾为台湾最大港,属于远洋渔业或全台渔业,是台南市捕渔获量最多,也是船舶吨位最大的渔港。农业条件优良,土地平坦适合农作,耕地面积排名第1,市郊及其近邻地区农业发达,以水稻、芒果、莲子、文旦、甘蔗、凤梨等闻名全台,多数地区稻米可2获,屏东以南则可3获。二级产业兼有高科技、工业与其他制造业,工商业较发达,但工厂多属中小型,有橡胶、化学、机械、电器、金属制品、纺织、食品等工业。服务业为台南市经济结构之主力,以金融业、批发与零售业居多,尤其以金融业为盛。是台湾南部地区重要的交通枢纽之一,市内同时拥有海上交通、陆上交通和空中交通三大交通运输网络,市区内的交通网络更为发达呈放射型之格局。海运与空运分别以安平港与台南机场为主要据点。近年已筑安平新港,主要为渔业基地,有运河与市西区相通。

台南市是著名的历史古城,拥有多项地方特有的民俗传统技艺及文化活动,素有"台湾文化古都""台湾汉文化起点"之称,有"五步一神""三步一庙"之喻。以台南火车站为界,市区西南部是古迹汇集处,昔日的行政中心赤崁楼、全台首学孔庙、延平郡王祠等历史旧构都分布于此;东区市容深受日据市区改正的影响,成大校园、台南神学院等学术机构连成一片,是为府城文教重镇。此外,清代所砌筑的城楼、城垣,仍可在此寻获踪迹;西区一带车水马龙商铺林立;西郊安平地区为台湾发祥地,此地虽已退出历史舞台,但安平老街、旧聚落、古堡、炮台、行商洋楼、渔港,依然散发着幽幽古意。

5. 新北市

新北市位于中国台湾本岛最北端,全境环绕台北市,其所辖石门区富贵角地处台湾本岛最北端,贡寮区三貂角地处台湾本岛最东端。与台北、基隆共同构成大台北都会区。辖29个区,总面积2052平方千米,总人口390.02万(2011年4月),是台湾人口最多的都市。

17世纪上半叶(荷西时期)由西班牙统治的台北地区主要为原住民族的生活范围,台北盆地主要居住着凯达格兰族,而乌来三莺山区则有泰雅族出没其间。明永历十五年(1661)郑成功驱逐荷兰人,设1府2县,台北地区属于北路天兴县。清康熙二十三年(1684)隶属台湾府诸罗县。1946年设台北县,2010年12月25日改制为直辖市,定名新北市。辖区主要是以台北市区为中心而发展的卫星市镇构成,是台湾组团式都市的代表。

境内地形丰富多变,有山地、丘陵、台地及盆地。除北海岸多独立入海之小型河川及市境东南端一小部分属于兰阳溪流域外,其余地区均属于淡水河流域,大小支流错综交织,海岸线全长达120千米。大屯火山群盘踞北端,为台湾唯一的火山活动残迹,地质、动植物生态丰富。基隆河流域过去是台湾主要的金、煤、铜矿产地,造就出九份、金瓜石等繁华一时的重要聚落;位于出海口的淡水镇是历史上重要的老海港聚落；坪林是台湾北部重要的包种茶产地,近年重点发展"茶之旅"；西南的莺歌镇拥有历史悠久而发展蓬勃的陶瓷业,早有"台湾景德镇"之誉。经济原以农、矿业为主,东部有瑞芳等矿区,以产金、铜、煤著称；农业则以茶和柑橘种植为盛。水稻种植面积不大,粮食生产不能自给。雪山林场为台湾主要木材产区之一。渔业发达。因受台北市工商业发展影响,促成县境邻近台北市区工业卫星城市兴起,为台湾北部重要工业区之一。

新北市多山及环海的地理条件,孕育了无数秀丽峻伟的自然之美,公园及大小风景区就环绕在市镇外围,人为的高度开发与自然的原始风貌,杂揉出多层次的丰富面貌。主要景点有乌来风景区、云仙乐园、云森三瀑、汐止大尖山、东北角海岸、北关公园等,史前文化遗址有大坌坑遗址、圆山遗址、芝山岩遗址及植物园遗址。特产有石花菜、贝类、虾蟹、软丝、花枝、透抽等。

二、省辖市发展情况

1. 基隆市

基隆市位于台湾岛东北角,三面环山,一面临海,曾是台湾万商云集的重要港口。辖下仁爱、安乐、信义、七堵、中山、中正、暖暖等7区,总面积133平方千米,人口38.86万(2009)。

基隆古名鸡笼,一说因基隆山象鸡笼形状而得名,又一说认为该地以前为高山族凯达喀兰人住地,"鸡笼"是"凯达喀兰"的闽南方言译音。明万历四十五年(1617),张燮著的《东西洋考》就有鸡笼社、鸡笼港、鸡笼城、大鸡笼街等记载。清光绪元年(1875)设基隆厅时,才把鸡笼改为基隆,其含意是"基地昌隆"。1924年设基隆市。

基隆市地形多丘陵而少平地,东侧及西侧各被基隆火山群及五指山山脉环绕。以狮球岭为分水岭,主要分为基隆港水系、基隆河水系两大流域,是个多山又多水的都市。境内岛屿、港湾、山陵兼具,是台湾开发较早的工业城市,也是台湾最早的省辖市之一,曾以煤矿开发与港口运输而闻名。其现代工业主要有造船、化工煤炭、水产加工等。基隆沿岸为曲折的岩岸湾澳,大小渔港密集,为台湾北部重要的国际商港。基隆港的修建奠定了基隆市的繁荣,自日据时期起,基隆港四周一直是政治、商业、人文活动之中心。繁华的港都则局促于山海之间,无论功能及形态上皆具香江风情,犹如一个"小香港"。

基隆因过去的战役而留下不少古炮台,如海门天险、白米瓮炮台等。也因开发甚早而形成历史悠久的人文活动,如中元祭放天灯等。自然景观方面,和平岛、八斗子望幽谷等海岸地质景观,情人湖、泰安瀑布、暖东峡谷等山林景观各具特色。

2. 新竹市

新竹市是位于台湾省西北部的一个省辖市,为台湾地区第7大都市,辖东区、北区、香山区,面积104.1平方千米,人口40.8万。

新竹市原为道卡斯族竹堑社的居住地。汉人有系统的开垦始于18世纪初期,清雍正十一年(1733)以莿竹建城,乾隆二十一年(1756)淡水厅设治竹堑。道光六年(1826)竹堑进士郑用锡等人奏请兴建竹堑城获准,于道光七年(1827)兴工,筑造砖石造城墙与4座城楼。清光绪元年(1875)废淡水厅,竹堑改称新竹并设县治。1930年1月改制为新竹市,1982年7月改为省辖市。由古至今,新竹市一直是当地的行政中心和地方生活圈中心城市,为新竹次都会区的核心都市。

新竹市位于头前溪南侧冲积平原至客雅溪附近的丘陵间,北半部位于头前溪、凤山溪、客雅溪冲积成的新竹平原上,地势低平；南半部为竹东丘陵的西侧延伸；西部沿海地区有狭长的海岸平原。四季温和,冬天盛行强劲的东北风,因而有"风城"之别称。相对于台湾其他县市来说灾害较少,但都市更新、旧市区振兴、交通生活圈道路开辟的相关建设较为缓慢。自本市沿纵贯铁路至台北市78千米,并有省第1号公路及南北高速公路过境。因距离台北市较近,城市发展历史较北部各地为早,近年经济和文化发展亦较快。市西南有香山工业区,东南部有"科学工业园区",旧港附近河口南侧海滨有南寮海水浴场。新竹科学工业园区设立之后成为台湾的高科技重镇,有台湾硅谷之称。

市街东南部的十八尖山现已成为重要文化区,有台湾的交通大学和清华大学及联合工业研究所等。十八尖山迤南至青草湖一带有古奇峰、灵隐寺、法王寺等,均为著名旅游点。

3. 嘉义市

嘉义市位于嘉南平原东隅,背山面海,辖东、西两区,面积60平方千米,人口27.4万(2009)。

嘉义古名"诸罗山",系源自平埔族原住民洪雅族社名之译音,又名"桃城",因清代兴筑之古城形如桃而名。明永历十五年(1661)郑成功驱逐荷兰人设天兴县,清康熙二十三年(1684)改为诸罗县,清乾隆五十二年(1787)易称"诸罗"为"嘉义",1930年设嘉义市,1945年为省辖市。为嘉义次都会区的核心都市,也为该地的政经、生活与消费中心。

嘉义市地处嘉南平原北端,有北回归线经过。全境除东部属丘陵地带外,其余为平原,多河川平原,土地肥沃,灌溉便利,又因邻近温热带,故四季如春,景物天成,开发较早。因此农业生产占有极重要地位,是典型的农业市,素有"鱼米之乡"之称。除稻米外,尚有菠萝、水柿、柑橘、小番茄、甜玉米、丝瓜、菱角、及山葵、竹荀、茶、花卉等作物,农特产十分丰富。现在农产多元化,包括凤梨、柳丁、柑橘等等,在国内皆占有一席之地。沿海地区养殖牡蛎与虱目鱼,为国内重要产地。东部高山峻岭,森林资源丰富,是阿里山森林铁路的起点,过去曾因林业的发展而繁荣。酿酒业和商业发达。位居全省中部要塞,东滨仁义潭,西临水上机场,南界八掌溪,北接朴子溪,交通便利。

嘉义在日治时期以绘画最为著名,曾有"画都"之美誉;近年来则以管乐节最为兴盛。境内名胜古迹甚多,如半天岩、奉天宫、梅山公园、北回归线标志,和阿里山铁公路周边的吴凤庙、水社寮、奋起湖、瑞峰、瑞里、太平、太和、丰山、来吉、达娜伊谷、达邦、特富野、阿里山、玉山等风景区;极具湖光山色之美的曾文水库;乡土风情的船仔头休闲艺术村、德兴里老厝;与渔村风光的东石、布袋小镇,极具风情。地方特产以方块酥与火鸡肉饭最为人所知。

三、县辖市发展概况

1. 桃园市　旧称虎茅庄、桃仔园,为台湾省桃园县的县辖市,桃园县县治所在地,为全台湾第九大都市,桃园中坜都会区的核心都市之一,也是桃园县人口最多的城市及台湾人口最多的县辖市,人口密度极高。面积34.8平方千米,人口41万,人口密度达1978人/平方千米。1971年7月设市。因都市化迅速,人口聚集,商业鼎盛,纺织以及日用品工业兴盛,成为北台湾最重要的工商都市之一。市区可大致以站前商圈由辐射状的街道向外延伸,市内有大小66座公园,包括有虎头山公园、虎头山环保公园、中正公园、朝阳森林公园、阳明公园、三民公园、玉山公园等。南部有纵贯铁路和纵贯公路横贯,西北部有高速公路横贯,且支线交织,更可从高速公路通往桃园国际机场,交通便利,是北台湾一大交通中心。

2. 中坜市　为台湾桃园县的县辖市,1967年设市。全市大致可以区分成市中心、内坜、龙冈、大仑4部分,面积76.52平方千米,人口超过37万,为全台湾第2大县辖市。境内水渠丰沛,老街溪、新街溪以及桃园和石门大圳灌溉的便利,让中坜在精致农业的发展上成果丰硕。原为一传统农业及小型商业聚落,但在1974年成立中坜工业区之后,经济开始快速成长,并吸引大量外移人口,成为北台湾最重要的工商都市之一。中坜市在发展史中,商业和交通地位重要,南来北往的货物和信息交换,让中坜丰富又多彩;族群的多元与融合,让中坜市成为璀璨亮眼的国际都会之星。

3. 平镇市 旧称"张路寮",因寮的设置,地方渐安,被称为安平镇,1920年改称为平镇,1992年升为县辖市。为桃园县的一个县辖市,面积47.75平方千米,人口近20万,北临中坜市,西邻杨梅镇,东邻大溪镇,东北连八德市,南接龙潭乡,境内有平镇工业区、褒忠义民庙,市区与中坜市区连在一起,为中坜市的卫星市镇。因居桃园县平地中央地带,纵贯铁路、公路与高速公路穿越西北,加上中新公路、中丰公路、外环道路、东西向快速公路交错衔接,占有居中发展的优势,也是利用公路运输北上、南下的重要交通据点。现已开发完成的公园有24座。

4. 八德市 旧名"八块厝",位于桃园县的东北方,北邻桃园市,东邻新北市莺歌区,西邻中坜市,西南连平镇市。为台湾桃园县的县辖市,1995年设市,面积33.71平方千米,人口17.7万。地处八块台地上,境内全为台地地形,地势平坦,有茄苳溪贯穿南北,埤塘遍布亦是一大地理特征。早期农业发展均以此地为重,除少数的旱地之外,大多为肥沃的良田,土壤适宜栽种水稻以及各类蔬菜。有北二高内环线经过及大湳交流道之设置,交通便利,商业繁荣,各项公共设施完善,目前八德扩大都市计划已通过,即将成为一新兴都会区。

5. 杨梅市 旧名"杨梅坜",位于台湾桃园县南部,现今最大住民族群为客家族群。是桃园县县辖市,分为杨梅、埔心、富冈、高山顶4区域,2010年8月设市,面积89.12平方千米,人口约15.2万。北部是2块向北缓降的单面山台地,社子溪由此向北注入台湾海峡;中部是一块略呈东南—西北向的长形盆地,杨梅市街位在中央偏东;南部是店子湖台地。境内有桃园幼狮工业区、杨梅工业区、秀才科技园区。有纵贯公路、铁路、中山高速公路等贯穿,交流道与幼狮交流道分设在铁路两旁,交通极为便利,东西向快速道路建成后,交通更为便捷。旅游资源丰富,有鹭鸶园、杨梅观光茶园、杨梅贵山公园、马奇园、味全埔心牧场、儿八公园等。

6. 竹北市 位于台湾本岛西北部,北屏湖口台地,南倚竹东丘陵,属新竹平原北半部,是新竹县西侧沿海的行政区,也是县政府(县治)所在地。1982年7月设市,面积48.75平方千米,人口11.4万(2006年3月)。北有凤山溪,南有头前溪,居两河下游之冲积扇,土壤肥沃适宜农业栽培,是新竹县的米仓。农业主要以转型观光农业发展为主(经济蔬菜水果与花卉产业),西部乌鱼产销班养殖乌鱼,并生产乌鱼子等高价经济鱼类加工产品。工业以电子封装技术后段制程、精密机械、PCB、模具业类为主。作为新竹市的卫星城市,且地近新竹科学园区,加上各项交通建设陆续完成,以及大专院校与研究机构的进驻计划,近年来房地产交易热络,人口成长极为迅速。

7. 苗栗市 旧名猫里,位于台湾省西北部,为苗栗县治所在地。1981年12月设市,总面积约37.9平方千米,人口9.1万(2013)。最大住民族群为客家人,通行语言为四县腔客家话及国语。河谷平原广阔,丘陵地低而平缓,加以气候温和、水资源丰沛,适合农牧业发展,平原上农田作物以水稻为主,间或培植有机蔬菜、芋头;山坡地则多种植文旦、柑橘、菇类,茶叶亦为生产大宗,近年来更逐渐以"有机茶"打出市场知名度;在西部及西北部山坡地为主要酪农区,有多处乳牛、山羊、乳羊的牧场,其中肉羊饲养数量不断增加。近年来致力于推展休闲产业,致力于农村风貌改善。天然气与石油气丰富。其传统制造业以陶瓷业、手工业为主;商业以南苗三角公园商圈最为热闹,火车站、市公所附近的商业机能也相当强。旅游资源极为丰富,主要的观光景点有猫狸山公园、苗栗铁道文物展示馆、文昌祠、赖氏节孝坊、功维叙隧道、玉清宫等。

8. **彰化市** 古有"竹城"雅称，位于台湾省中部偏西，为彰化县县治所在地，为彰化县人口最多的乡镇市，辖73个里。1933年设市，面积65.7平方千米，人口23.6万（2013年10月）。东南部为八卦台地区，西北、东北部为平原区，东北面以大肚溪及其支流猫罗溪与台中县为界，西南面则有洋仔厝溪，并有东西二圳及东西三圳流贯市区。是彰化县辖下都市化较高的城市，自1970年代开始农业耕地面积逐年减少，现仅有2000余公顷，主要作物为稻米。随着都市化的调度，三级产业零售、服务业领先二级产业制造业，一级产业农林渔牧业所占比重较低。地处内陆，联外交通悉赖陆路。目前行政院已经通过"扩大彰化市东区都市计划范围案"，都市计划区域将由现有的1235公顷再增加1026.5公顷。八卦山为台湾著名的观光胜地。彰化肉圆与爌肉饭、猫鼠面素有"彰化三宝"之称，彰化市徽并且以此为象征意涵。

9. **南投市** 位于台湾南投县西北部，为南投县县治所在地，是南投县唯一的县辖市，为南投县之政治中心，有东方瑞士之称。依发展大致可分为南投、南岗、中兴新村、八卦台地、军功寮5个区域，面积71.2平方千米，人口10.4万（2011年4月），1981年设市。地形略呈方形，东西丘陵台地，中部低洼，形成狭长谷地，谷地西有同源圳，与东侧贯穿南北之猫罗溪构成辖内沟渠纵横，而为南投市水网基础。农产品有稻米、番茄、茶叶、凤梨、姜、金瓜、荔枝、龙眼、香蕉、柚子等。商业区由民生街、三和一路所切院之区域里，以民族路最为繁荣之带状购物商圈。旅游景点主要有中山公园、南投酒厂、南投县文化园区、中兴新村、猴探井游憩区、军功绿美桥、碧山岩寺、八卦山青山茶园、小半山休闲林场、虎山农场、家乐福和县立体育场等。

10. **斗六市** 位于台湾省云林县东部，为云林县政府所在地，也是云林县的政治、经济、文化、商业中心。辖有38里、736邻，1981年设市，总面积93.71平方千米，总人口10.8万（2013年10月），为全县各乡镇之冠。地处嘉南平原北端与中央山脉西麓丘陵之衔接地带，古坑山区、嘉南平原、浊水溪流域、南投山区等交会要冲，气候温和，平原沃野，水利兴盛，自古以来农业发达，农产品有水稻、甘蔗、柳橙、玉米、烟叶、地瓜、马铃薯等。都市服务机能充足，人力资源丰沛，交通运输迅速便利，为配合社会经济的快速变迁及工业发展的殷切需求，致力于改善投资环境，全力推动工业区开发，同时积极引进产业，期望转变为全国工商业的重镇。未来产业结构将以引进高科技产业及提高传统产业之技术为主，有斗六工业区、云林科技工业区2大工业区，以塑料、金属、食品与纺织为主。特产有茂谷柑、丝瓜、菠萝、文旦、无花果、木瓜等。

11. **太保市** 旧名"沟尾庄"，位于台湾嘉义县中西部，为嘉义县政府所在地、国立故宫博物院南部院区和台湾高速铁路嘉义站所在地。辖太保里、后潭里等18里，1991年设市，总面积66.9平方千米，人口3.7万（2013年10月），为台湾人口最少的县辖市。位属嘉南平原水源灌溉区域，地势平坦，大部分居民均以务农为业，民情温和勤俭而朴实，以种植水稻为主，部分农田转作洋香瓜、甜玉米、番茄、蔬菜等，其中洋香瓜、甜玉米、番茄堪称本市特产。有嘉太工业区。主要旅游景点有圣恩宫、王氏家庙、嘉义县立棒球场、国立故宫博物院南部院区等。

12. **朴子市** 位于台湾嘉义县西部，一个因妈祖而兴起的乡镇，是嘉义县沿海诸乡镇的经济、文化中心，也是嘉义县议会的所在地。辖27里，1992年9月设市，总面积49.57平方千米，人口4.37万（2013年10月）。有朴子工业区、马稠后工业园区。旅游资源丰富，有双溪灵隐寺、朴子配天宫、体育馆夜市、嘉义县立体育馆、朴子镇安宫、朴子铁支路公园、朴子艺术公园、方便面之父故居（安藤百福故居）、朴子水道头（市徽）、朴子火车头公园、朴子溪生态步道、朴子老街、牛挑湾埤、朴子刺绣文化馆、下寮石码宫等。

13. 屏东市 旧名"阿猴"或"雅猴",原为平埔族阿猴社的故地。位于台湾屏东县西方偏北,为屏东县的县治及首善之区。1933年设市,总面积约为65.067平方千米,人口21.557万。地处屏东平原,地势平坦,物产丰富,为南台湾的骄阳以及全台湾日照时数最长的城市,有"太阳城"的封号。在迈向国际化都市的同时,对传统农业发展也相当重视,地下水源丰沛,加上气候宜人,极适合农耕,热带水果椰子、莲雾、凤梨和香蕉以及其他蔬果如叶菜、绿竹笋、茄子、牛蒡等闻名全台,是屏东市农产量的最大宗,牛蒡更深受日本、香港等地欢迎。腹地辽阔,都市发展的空间大,加上便捷的铁公路运输网、民航机场的启用、高铁及捷运的筹设等,产业由农工并进,迈向精进、专业、科技化,经济部在头前溪筹设二代加工出口区并已进入开发招商阶段。旅游景点有阿猴城门(朝阳门)、屏东书院、下淡水溪铁桥、东山禅寺、崇兰萧家古厝、孙立人行馆、中山公园、河滨公园、屏东乡土艺术馆、三山国王庙、宗圣祠堂、慈凤宫、东山禅寺、武庙玉皇宫等。

14. 宜兰市 位于台湾岛东北部,兰阳平原精华区的中央,为宜兰县的核心都市、交通枢纽。辖40里、543邻,1940年设市面积29.4平方千米,人口9.6万(2013年10月)。自古以多雨闻名,有俗谚"竹风兰雨"。农业一向是宜兰的重要产业,主要作物为稻谷;渔业是宜兰另一项重要产业。龙德工业区属大型综合工业区,以从事化工、机械、食品、冷冻、渔产加工等为主。著名的商圈有东门商圈,新民商圈和神农商圈3处。宜兰以山水胜景取胜,北关、太平山、翠峰湖、栖兰、明池、松萝湖、神秘湖、福山植物园最为代表;人文风情则有头城牵罟、二龙村赛舟、本地歌仔戏,还有致力田园乡土体验的头城、北关、香格里拉等休闲农场,以及南澳纯朴的泰雅风情;而规划设计精良的冬山河游憩区、罗东北成运动公园,更是近年台湾公共艺术、建设的里程碑。

15. 台东市 原名"宝桑庄",是高山族卑南人的聚居区、台湾台东县治所,也是台东县经济、交通、文教中心。辖共46里、1035邻,1976年设市,面积约109.77平方千米,2010年县市合并升格后,成为本岛总面积最大的县辖市(原为台中县太平市)。人口约11万人,为全台原住民人口比例最高的城市。其位在台东县中部的台东平原上,为卑南溪所冲积而成,东临太平洋,有太平洋暖流经台湾岛东部北上,因此有"热带之都"的美称。台湾光复时曾被称为是一个具有"边疆风味"的地方,随着对外交通条件的改善,人口逐渐增加,近30年才得到较快发展。重要农产品有释迦、油菜花、梅子、柚子等,郊区生产稻米、甘蔗、菠萝、槟榔等,是全省主要粮食产区。有罐头厂、鱼类加工厂、木材加工厂、宝石加工厂、食品加工厂等,是全县工业最发达的地方。商业服务业公司数量占全县的一半以上。重要观光景点有小野柳、天后宫、海山寺、梦幻湖、台东滨海公园和国立台湾史前文化博物馆。

16. 花莲市 原名"崎莱",位于台湾花莲县东部北段沿海,地处台东纵谷北端,地势枕山面海,东滨太平洋,是台湾最后一个被汉人移居的地方之一,花莲县县治所在,也是花莲县及东台湾的政治、经济、交通、文化中心。1940年设市,面积29.4平方千米,人口10.7万(2013年10月),是全县也是台湾东部地区人口最稠密的地方。花莲县是一个经济落后的农业县,交通不便。矿产较为丰富,尤以矿石闻名遐迩,盛产大理石,矿业为主要产业。随着花莲被辟为国际港口、北回铁路通车、东线道路拓宽完成、花东海滨公路建成等,成为东部地区海陆空交通的枢纽,带动了工商业的较快发展。尤其是花莲港对该市的经济发展更为重要。美仑工业区有木竹加工、玉石宝石加工、皮革、食品等工厂。全市还有酿酒、烟草、水泥、化肥、造纸等工业。市区最热闹的地段莫过于中正路、中华路、中山路的"金三角商圈",另结合周遭的沟仔尾、一心街、光复街、大禹街、旧铁道商圈而形成的商业区域。具有丰富的旅游资源,是台湾观光旅游胜地。

17. 马公市　旧称为"妈宫城",为台湾澎湖县县治及该县唯一县辖市,是台湾最早的汉人聚落所在地。位于澎湖列岛西部,辖33里、625邻,1981年设市,面积33.99平方千米,人口5.93万(2013年10月)。有商港、渔港、军港,有发电、船舶修造、食品加工等小型工厂。有飞机和客轮往来各主要城市和望安、七美等岛屿。水产资源丰富,多底栖鱼类、珊瑚和贝类。由于澎湖观光业发达,因此主要的观光资源如旅馆等也都集中在马公市里。名胜古迹有天后宫(妈祖庙)、城隍庙、文石书院和观音亭等。

参考文献:

[1] 香港统计年鉴2010.
[2] 香港统计年鉴2006.
[3] 澳门统计年鉴2009.
[4] 台湾统计年鉴2010.
[5] 王赓武.香港史新编(上册)[M].香港:三联书店(香港)有限公司,1997.
[6] 李泽沛,周新铭,李忠武.香港法律概述(增订本)[M].香港:三联书店(香港)有限公司,北京:法律出版社联合出版,1988.
[7] 黄启臣.澳门历史(自远古~1840年)[M].澳门历史学会出版,1995.
[8] 邓开颂.澳门历史(1840~1949)[M].澳门历史学会出版,1995.
[9] 黄启臣、郑炜明.澳门经济四百年[D].澳门:澳门基金会出版,1994.
[10] 元邦建.台湾史略[M].香港:中流出版社有限公司出版,1990.
[11] 黄国林.香港经济边缘化问题研究[D].广州:暨南大学,2007.
[12] 梁应添.香港城市交通规划设计概况——一位建筑师对香港交通的审视[J].中外建筑,2003(5):1-4.
[13] 童乔慧,盛建荣.澳门城市规划发展历程研究[J].武汉大学学报(工学版),2005,38(6):115-119.
[14] 钱学陶,张效通.台湾城市建设之山水观与实践[J].科学中国人,2010(11):30-33.
[15] 郑定.略论台湾法律制度的渊源与变迁[J].中国人民大学学报,1994(1):110-118.
[16] 吴平易.台湾加快发展城市轨道交通[J].现代城市轨道交通,2008(2):27-28.
[17] 仇志群.台湾语言现状的初步研究[J].中国语文,1994(4):254-261.

第四篇

中国城市科学信息要览

- 中国城市科学研究单位
- 中国城市科学研究学术期刊
- 中国普通高校城市科学专业
- 中国城市科学大事记
- 中国城市科学主要文献

第一章 中国城市科学科研究单位

北京市

中国城市规划设计研究院(城市规划设计所、城市与区域规划设计所、城市规划与历史名城规划研究所、城市建设规划设计研究所、城市环境与景观规划设计研究所、城市与乡村规划设计研究所、城市规划与住房研究所、城市交通研究所、风景园林规划研究所) 地址:北京市三里河路9号 邮政编码:100037/ 网址:http://www.caupd.com/ 电话:010-68336955 传真:010-58322000 E-mail:caupd@caupd.com caupd@China.com

中国科学院地理科学与资源研究所城市地理与城市发展研究室 地址:北京市朝阳区大屯路甲11号 邮政编码:100101 网址:http://www.igsnrr.cas.cn/ 电话:010-64889276 E-mail:weboffice@igsnrr.ac.cn

中国城市建设研究院(城市规划设计研究所、建筑设计研究所、风景园林专业设计研究院、道路与桥梁设计研究所、城镇建设标准与信息研究所、城市规划设计研究所、城市设计研究所、工业环保研究所、城市发展研究中心) 地址:北京市西城区德胜门外大街36号 邮政编码:100120 网址:http://www.cucd.cn/ 电话:010-57365736 传真:010-64944054 E-mail:cucd@cucd.cn

中国科学院生态环境研究中心城市与区域生态国家重点实验室 地址:北京市海淀区双清路18号 邮政编码:100085 网址:http://dse.rcees.ac.cn/ 电话:010-62941033 E-mail:zyouyang@rcees.ac.cn sklure@rcees.ac.cn

中国科学院生态环境研究中心北京城市生态系统研究站 地址:北京市海淀区双清路18号 邮政编码:100085 网址:http://www.bjurban.rcees.cas.cn/ 电话:010-62943822 E-mail:wangxk@rcees.ac.cn

北京中社科城市与环境规划设计研究院 地址:北京市鼓楼西大街甲158号 邮政编码:100720 网址:http://www.cass-up.com/ 电话:010-64040238 传真:010-64062122 E-mail:office@cass-up.com

中国社会科学院城市发展与环境研究所 地址:北京市东城区建国门内大街先晓胡同10号 邮政编码:100005 网址:http://iue.cass.cn/ 电话:010-65252160 传真:010-65238909 E-mail:city-bgs@cass.org.cn

中国社会科学院城市与竞争力研究中心 地址:北京市西城区阜外月坛北小街2号财贸经济研究所 邮政编码:100836 网址:http://cms.cass.cn/ 电话:010-68027438 E-mail:ni_pengfei@163.com

中国城市科学研究会绿色建筑研究中心 地址:北京市海淀区首体南路9号主语国际7座1201室 邮政编码:100048 网址:http://www.csus-gbrc.org/ 电话:010-68720069 传真:010-68722119 E-mail:greenbuilding@21cn.com

北京市社会科学院城市问题研究所/城市管理研究基地 地址:北京市朝阳区北四环中路33号 邮政编码:100101 网址:http://www.bass.gov.cn/ 电话:010-64871441 E-mail:bassrsc@bass.gov.cn renshichu9050@163.com

北京市社会科学院城市问题研究所 地址:北京市朝阳区北四环中路33号 邮政编码:100101 网址:http://www.bass.gov.cn/8427/ 电话:010-64871441 E-mail:renshichu9050@163.com

北京市城市规划设计研究院 地址:北京市南礼士路60号 邮政编码:100045 网址:http://www.bjghy.com.cn/ 电话:010-68022523 传真:010-68031173 E-mail:bjccca@126.com Ed@bmicpd.com.cn

北京城建设计研究总院 地址:北京市西城区阜成门北大街5号 邮政编码:1000376 网址:http://www.buedri.com/ 电话:010-88336666 传真:010-68300793 E-mail:zhangshaoyan@buedri.com dingliqian@

buedri. com

北京城市系统工程研究中心　　地址：北京市海淀区西三环北路27号　　邮政编码：100010　　网址：http://www.xtgc.org.cn/　　电话：010-68487558　　E-mail：xtgc@xtgc.org.cn

北京城市景观研究院　　地址：北京市西城区安德里北街2号　　邮政编码：100011　　网址：http://www.iula.cn/　　电话：010-82023515　　E-mail：iulazhp@126.com

北京土人景观与建筑规划设计研究院　　地址：北京市海淀区中关村北大街北大科技园　　邮政编码：100080　　网址：http://www.turenscape.com/　　电话：010-62745678　　E-mail：turen@turenscape.com

北京市地质工程勘察院城市生态工程开发中心　　地址：北京市海淀区北洼路90号　　邮政编码：100037　　网址：http://www.bjdky.cn/　　电话：010-68424943/51166518　　传真：010-68428346　　E-mail：bjdky@bjdky.com

北京市环境保护科学研究院国家城市环境污染控制工程研究中心　　地址：北京市西城区北营房中街59号　　邮政编码：100037　　网址：http://www.cee.cn/　　电话/传真：010-68314675　　E-mail：kjb–iep@vip.163.com　　hkkjb@163.com

北京首商城市规划设计研究院　　地址：北京市朝阳区望京路4号院7号楼　望京大厦F座4层　　邮政编码：100102　　网址：http://www.bjccca.com/　　电话：010-85584648　　传真：010-85584647　　E-mail：client@bjccca.com

亚泰都会(北京)城市规划设计研究院　　地址：北京市朝阳区酒仙桥路甲4号宏源大厦1105室　　网址：http://www.yataiduhui.com/　　电话：010-85755505　　传真：010-85754966　　E-mail：yataiduhui@126.com

王志纲工作室　　地址：北京市朝阳区朝阳北路星河湾　　邮政编码：100123　　网址：http://www.wzg.net.cn/　　电话：010-85560270　　E-mail：wzg_office@126.com

北京大学中国都市经济研究基地　　地址：北京市海淀区中关村北大街经济学院　　邮政编码：100871　　网址：http://econ.pku.edu.cn/　　电话：010-62754237　　传真：010-62751460　　E-mail：lj@pku.edu.cn　　xzhh@pku.edu.cn　　jixy@pku.edu.cn

北京大学城市规划设计中心　　地址：北京市海淀区颐和园路5号逸夫二楼城市与环境学院　　邮政编码：100871　　网址：http://www.urban–environ.pku.edu.cn/　　电话：010-62751172　　E-mail：hjjf@pku.edu.cn　　xjm@urban.pku.edu.cn

北京大学—林肯研究院城市发展与土地政策研究中心　　地址：北京市海淀区颐和园路5号廖凯原楼508室　　邮政编码：100871　　网址：http://plc.pku.edu.cn/　　电话：010-62756535　　传真：010-62757884　　E-mail：plc@plc.pku.edu.cn

北京大学中国城市管理研究中心　　地址：北京市海淀区颐和园路5号廖凯原楼210室政府管理学院　　邮政编码：100871　　网址：http://www.city.pku.edu.cn/　　电话：010-62751154　　E-mail：urbanmanage@gmail.com　　sgpku@pku.edu.cn

清华大学建筑与城市规划研究所　　地址：北京市海淀区清华园建筑馆建筑学院　　邮政编码：100084　　网址：http://arch.tsinghua.edu.cn/IAUS/　　电话：010-62785693　　传真：010-62783328　　E-mail：zhuwy@tsinghua.edu.cn　　jzxy@tsinghua.edu.cn

清华大学人居环境研究中心　　地址：北京市海淀区清华园建筑学院　　邮政编码：100084　　网址：http://www.cshs.tsinghua.edu.cn/　　电话/传真：010-62783328　　E-mail：wuly@public.bta.net.cn　　qizhi@tsinghua.edu.cn

北京清华城市规划设计研究院(总体规划研究所、详细规划设计研究所、历史文化名城研究中心、文化遗产保护规划研究所、公共安全研究所、城市更新与建筑设计研究所、住宅规划设计研究所、乡土建筑研究所、风景园林规划设计研究所、景观学与设计学研究中心、风景旅游规划研究所、城市与空间艺术设计研究所、环境与市政研究所、声学设计研究所、交通规划设计研究所、消防科学技术研究所、光环境设计研究所、能源规划设计研究所、城市建筑环境与能源研究所、数字城市研究所)　　地址：北京市海淀区清河中街清河嘉园东区甲1号楼16层　　邮政编码：100085　　网址：http://www.thupdi.com/　　电话：010-82819000　　传真：010-62771154　　E-mail：thupdi@thupdi.com　　zg@thupdi.com

清华大学区域与城市发展研究中心　地址:北京市海淀区清华园伍舜德楼公共管理学院　邮政编码:100084　网址:http://www.sppm.tsinghua.edu.cn/　电话:010-62783055　传真:010-62782605　E-mail:sppm@tsinghua.edu.cn

中国人民大学城乡发展规划与管理研究中心　地址:北京市海淀区中关村路59号公共管理学院　网址:http://www.mparuc.edu.cn/　电话:010-62511122　传真:010-62516240　E-mail:pengxiaoyan@mparuc.edu.cn

北京交通大学创新城市研究所　地址:北京市海淀区上园村3号思源东楼经济管理学院　邮政编码:100044　网址:http://sem.bjtu.edu.cn/　电话:010-51687040　传真:010-51684925　E-mail:liuyanp@bjtu.edu.cn　mingyuzhang@263.net

北京交通大学城市交通复杂系统理论与技术教育部重点实验室　地址:北京市海淀区上园村3号8号教学楼交通运输学院　邮政编码:100044　网址:http://trans.bjtu.edu.cn/　电话:010-51683917　E-mail:jliu@bjtu.edu.cn　sunquanxin@jtys.bjtu.edu.cn

北京交通大学城市轨道交通研究中心　地址:北京市海淀区上园村3号8号教学楼土木建筑工程学院　邮政编码:100044　网址:http://civil.bjtu.edu.cn/　电话:010-51683660　传真:010-51683764　E-mail:qcwei@bjtu.edu.cn　qshyang@bjtu.edu.cn

北京师范大学城市与区域规划研究所/生态模拟与城市生态研究所　地址:北京市海淀区新街口外大街19号地理学与遥感科学学院　邮政编码:100875　网址:http://geog.bnu.edu.cn/　电话:010-58807657　E-mail:twizsy@163.com

北京师范大学遥感与数字城市北京市重点实验室　地址:北京市海淀区新街口外大街19号地理学与遥感科学学院　邮政编码:100875　网址:http://geog.bnu.edu.cn/hjyg/　电话:010-58805034　E-mail:yangshengtian@bnu.edu.cn

北京师范大学中国城镇发展研究中心　地址:北京市海淀区新街口外大街19号资源学院　邮政编码:100875　网址:http://irs.bnu.edu.cn/　电话/传真:010-58808460　E-mail:xbli@ires.cn　hasi@bnu.edu.cn

中央财经大学城市经济研究所　地址:北京市海淀区学院南路39号　邮政编码:100081　网址:http://mse.cufe.edu.cn/　E-mail:zhujiguang1999@163.com

中国地质大学(北京)城市生态与土地研究中心　地址:北京市海淀区学院路29号土地科学技术学院　邮政编码:100083　网址:http://dept.cugb.edu.cn/landsoil/　电话:010-82321807　E-mail:baizk@cugb.edu.cn　shixueyi@eyou.con

北京联合大学人居研究中心/城市与区域发展研究所　地址:北京市海淀区北土城西路197号应用文理学院城市科学系　邮政编码:100083　网址:http://www.casbuu.edu.cn/　电话:010-62004525　E-mail:chengshi@ygi.edu.cn

北京工业大学城市规划与设计研究所　地址:北京市朝阳区平乐园100号　邮政编码:100022　网址:http://jzcg.bjut.edu.cn/　电话:010-67392154　E-mail:bjutcaup@126.com

北京建筑工程学院城市研究所　地址:北京市西城区展览路1号　邮政编码:100044　网址:http://jzxy.bucea.edu.cn/　电话:010-68322397/68322399　传真:010-68322333　E-mail:jianzhuxueyuan@bucea.edu.cn

北京城市学院北京城市经济研究所/城市信息应用研究所　地址:北京市海淀区永丰高科技园区航天城校区　邮政编码:100094　网址:http://dep.bcu.edu.cn/ggglxb/　电话:010-62474669/62442572　E-mail:copyright@bcu.edu.cn

天津市

天津市城乡规划设计研究院　地址:天津市河西区黄埔南路81号　邮政编码:300210　网址:http://www.tjcityplan.com/　电话:022-28012320　E-mail:tjghy999@sohu.com

天津市建筑设计院　地址:天津市河西区气象台路95号　邮政编码:300074　网址:http://www.tadi.net.cn/　电话:022-23543000　E-mail:tadi@tadi.net.cn

天津社会科学院城市经济研究所　地址:天津市南开区迎水道7号　邮政编码:300191　网址:http://www.tass-tj.org.cn/chengshijingjiyanjiusuo/　电话:022-23368739　传真:022-23362739　E-mail:rsc306@sina.com

天津市渤海城市规划设计研究院　地址:天津市塘沽区中心北路阳光金地2-1-02号　邮政编码:300450　网址:http://www.tjbupd.com/　电话:022-65270368　E-mail:rencai09@126.com

南开大学中国城市与区域经济研究所(国家哲学社会科学创新基地)　地址:天津市卫津路94号　邮政编码:300071　网址:http://economics.nankai.edu.cn/　电话:022-23503746　传真:022-23500216　E-mail:jjxy@nankai.edu.cn　nkjydw@nankai.edu.cn

天津大学城市规划与设计研究院　地址:天津市南开区卫津路92号建筑学院　邮政编码:300072　网址:http://www2.tju.edu.cn/colleges/architecture/　电话:022-27403973　传真:022-27829009　E-mail:stzhang@vip.sina.com　workhou@126.com

天津师范大学城市与区域研究中心　地址:天津市西青区宾水西道393号主校区博理楼D区　邮政编码:300387　网址:http://59.67.75.245/college/chxy/　电话:022-23766028　E-mail:tj89988633@163.com　maryarjingyuan@163.com

河北省

河北省城乡规划设计研究院　地址:河北省石家庄市槐中路234号　邮政编码:050021　网址:http://www.hebghy.com/　电话:0311-85818122　E-mail:ghyzgb@126.com

保定市城乡规划设计研究院　地址:河北省保定市五四西路329号　邮政编码:071000　网址:http://www.bdghsj.com/　电话:0312-2081128　传真:0312-2023515　E-mail:bdguihua@126.com

唐山市规划建筑设计研究院　地址:河北省唐山市华岩路30号　唐山市翔云道4号　网址:http://www.tsgjy.com　电话:0315-2821131　传真:0315-2825904　E-mail:zgtsgjy@sina.com　zgtsgjy@163.com

河北经贸大学河北省城市化研究基地　地址:河北省石家庄市学府路47号　邮政编码:050061　网址:http://web.heuet.edu.cn/ggglxy/　电话:0311-87655663

山西省

山西省城乡规划设计研究院　地址:山西省太原市新建南路9号　邮政编码:030001　网址:http://www.sxcxgh.cn/　电话:0351-5680101　E-mail:sxcxgh@sxcxgh.cn　sxghyyjs@126.com

山西城市研究所　地址:山西省太原市双塔西街牛站西巷晋城大厦北5楼　邮政编码:030012　电话:0351-7243527　E-mail:menghaigui@163.com

太原市城市规划设计研究院　地址:山西省太原市新建路70号　邮政编码:030002　网址:http://www.tyghy.com/　电话:0351-2020490　传真:0351-2020640　E-mail:tyghy@tyghy.com

山西省晋城市规划设计研究院　地址:山西省晋城市凤台西街486号规划科研中心　邮政编码:048000　网址:http://j.model.china315.com/　电话:0356-2066932　E-mail:jcghyzp@163.com

大同市规划设计院　地址:山西省大同市新开南路　邮政编码:037006　网址:http://www.sjjob88.com/　电话:0352-2038979　E-mail:dtghsjy2009@sina.com

太原师范学院城镇与区域规划研究中心　地址:山西省太原市南内环街189号城市与旅游学院　邮政编码:030012　网址:http://www.tysy.net/department/news/dlx/　电话:0351-2279366　E-mail:taiyuan12345@163.com

内蒙古自治区

内蒙古城市规划市政设计研究院　地址:内蒙古呼和浩特市如意开发区四纬路9号　邮政编码:010070　网址:http://www.nmghy.com/　电话/传真:0471-4167034　E-mail:bgs@nmghy.com

内蒙古社会科学院城市发展研究所　地址:内蒙古呼和浩特市大学东街129号　邮政编码:010010　网址:http://nmgshkxy.nmgnews.com.cn/　电话:0471-4963431　E-mail:kezuchu@sina.cn　taiyanchun7958@sina.com

内蒙古师范大学城市规划研究所　地址:内蒙古呼和浩特市昭乌达路81号　邮政编码:010022　网址:http://210.31.176.18/Academy/Geography/　电话:0471-7383376　E-mail:baoshanhu@imnu.edu.cn

辽宁省

中国科学院沈阳应用生态研究所　地址：辽宁省沈阳市沈河区文化路72号　邮政编码：110016　网址：http://www.iae.cas.cn/　电话：024-83970317　传真：024-83970300　E-mail：webmaster@iae.ac.cn

辽宁省城乡建设规划设计院　地址：辽宁省沈阳市和平区南五马路185巷3号　邮政编码：110006　网址：http://www.lncpd.com/　电话：024-23860775　传真：024-23860552　E-mail：sjy@Lncpd.com　mingnan668@sina.com.cn

辽宁省社会科学院　地址：辽宁省沈阳市皇姑区泰山路86号　邮政编码：110031　网址：http://www.lass.net.cn/　电话：024-86806061　传真：024-86806209　E-mail：lass@lass.net.cn

沈阳市规划设计研究院　地址：辽宁省沈阳市沈河区彩塔街15号　邮政编码：110015　网址：http://www.syup1960.com　电话：024-23931791　传真：024-23931197　E-mail：ghysyln@mail.sy.ln.cn

大连市城市规划设计研究院　地址：辽宁省大连市西岗区长春路186号　邮政编码：116011　网址：http://www.dlpdi.com/　电话：0411-83722706　传真：0411-83722700　E-mail：dlghy@vip.sina.com　info@dlpdi.com

抚顺市规划设计研究院　地址：辽宁省抚顺市新抚区琥珀街2号　邮政编码：113008　网址：http://www.fsghj.gov.cn/　电话：0413-2422597　传真：0413-2421278　E-mail：fsghsjyjy@163.com

锦州市规划设计研究院　地址：辽宁省锦州市凌河区解放路5段14号　邮政编码：121000　网址：http://jzghy.com/　电话/传真：0416-2127231　E-mail：lnjzghy@163.com

鞍山市城乡规划设计院　地址：辽宁省鞍山市二一九路44号　邮政编码：114001　网址：http://www.asghj.gov.cn/　电话：0412-5501278　传真：0412-5537022　E-mail：asghy@sina.com

东北大学城市管理与区域经济研究所　地址：辽宁省沈阳市和平区文化路3号巷11号（东北大学329信箱）工商管理学院　邮政编码：110004　网址：http://sba.neu.edu.cn/　电话：024-83672636　传真：024-23891569　E-mail：gsgl@mail.neu.edu.cn

大连理工大学城市设计研究所　地址：辽宁省大连市甘井子区凌工路2号　邮政编码：116024　网址：http://aaschool.dlut.edu.cn/　电话：0411-84708530　传真：0411-84707504　E-mail：aaschool@163.com

沈阳建筑大学市政与环境工程实验研究中心辽宁省高校重点实验室　地址：辽宁省沈阳市浑南新区浑南东路9号　邮政编码：110168　网址：http://depart.sjzu.edu.cn/lab/Debug/　电话：024-24690709??　E-mail：fujinxiang@sina.com

沈阳建筑大学村镇规划建设研究院　地址：辽宁省沈阳市浑南新区浑南东路9号　邮政编码：110168　网址：http://202.199.78.2/kjc/　E-mail：crs@sjzu.edu.cn

吉林省

中国科学院东北地理与农业生态研究所　地址：吉林省长春市高新区蔚山路3195号　邮政编码：130012　网址：http://www.neigae.ac.cn/　电话：0431-85542266　传真：0431-85542298　E-mail：neigae@neigae.ac.cn

吉林省城乡规划设计研究院　地址：吉林省长春市朝阳区百草路5号　邮政编码：130061　电话：0431-88925284　传真：0431-8926265　E-mail：jhyzzq@126.com　jlgh@public.cc.jl.cn

吉林省社会科学院城市发展研究所　地址：吉林省长春市自由大路5399号　邮政编码：130033　网址：http://www.jl-ss.com/　电话：0431-84638359　传真：0431-84638377　E-mail：jilinkeyanchu@163.com

长春市城乡规划设计研究院　地址：吉林省长春市同志街1893号　邮政编码：130021　网址：http://www.soci.com.cn/ biz71902.w189.bizcn.com/　电话：0431-85645875　传真：0431-85645882　E-mail：ccupd@ccupd.com

长春市社会科学院　地址：吉林省长春市天宝街3号　邮政编码：130021　网址：http://www.ccss.cn　电话：0431-5631515　传真：0431-5632780　E-mail：lskyl@vip.sina.com

吉林市城市规划设计研究院　地址：吉林省吉林市北京路63号　邮政编码：132011　网址：www.jlsghy-china.com/　电话 0432-2022723　传真：0432-2031405　E-mail：e01@jlsghy.sina.net

延吉市规划勘测设计院　地址：吉林省延边朝鲜族自治州延吉市海兰路113-3号　邮政编码：133000　网

址：http://www.yjghy.com/　电话 0433 – 2267026　E-mail：556998@qq.com

东北师范大学城乡规划设计研究院　地址：吉林省长春市人民大街 5268 号　邮政编码：130024　网址：http://city.nenu.edu.cn/　电话：0431-85099550　E-mail：wangss272@nenu.edu.cn　zhaojj662@nenu.edu.cn

延边大学城市与环境生态研究所　地址：吉林省延吉市公园路 977 号　邮政编码：133002　网址：http://iuee.ybu.edu.cn/　电话/传真：0433-2733679　E-mail：zfliu@ybu.edu.cn

黑龙江省

黑龙江省城市规划勘测设计研究院　地址：黑龙江省哈尔滨市动力区和平路 83 号　邮政编码：150040　网址：http://www.hcgy.com.cn/　电话：0451-82119700　传真：0451-82119322　E-mail：hcgy@0451.net

哈尔滨市城乡规划设计研究院　地址：黑龙江省哈尔滨市道里区地段街 165 号　邮政编码：150010　网址：http://www.hrbghy.com/　电话/传真：0451-84615434　E-mail：hrbghy@sina.com

哈尔滨市社会科学院　地址：黑龙江省哈尔滨市道里区柳树街 9 号　邮政编码：150001　网址：http://www.hrbass.cn/　电话：0451-53954604　传真：0451-55517789　E-mail：hrbass@126.com

佳木斯市城市规划设计研究院　地址：黑龙江省佳木斯市站前路 188 号　邮政编码：154002　网址：http://www.jmsghy.com　电话：0454-6050050　传真：0454-6050052　E-mail：ghy95@163.com

齐齐哈尔市城市规划设计研究院　地址：黑龙江省齐齐哈尔市建华区文化大街 203 号　电话：0452-2739061　E-mail：qqhrghy@163.com

大庆市建筑规划设计研究院　地址：黑龙江省大庆市东风新村体育街 1 号　邮政编码：163311　网址：http://www.dqsghy.com.cn/　电话：0459-4608258　传真：0459-6360913　E-mail：dqghyjsb@163.com

哈尔滨工业大学城市规划设计研究院/寒地城市建筑设计研究所/城市规划与设计研究中心　地址：黑龙江省哈尔滨市南岗区西大直街 66 号建筑学院　邮政编码：150001　网址：http://hitupdi.hit.edu.cn/　电话：0451-6281139　传真：0451-86281507　E-mail：hit_ghyzy@126.com

齐齐哈尔大学城市主题文化研究中心　地址：黑龙江省齐齐哈尔市文化大街 42 号　邮政编码：161006　网址：http://ysxy.qqhru.edu.cn/　E-mail：qqhru_art@126.com

哈尔滨理工大学城市生态环境评价研究中心　地址：黑龙江省哈尔滨市香坊区林园路 4 号 312 信箱　邮政编码：150040　网址：http://www1.hrbust.edu.cn/xueyuan/hgxy/　电话：0451-86392710　E-mail：liubo200400@vip.sina.com

东北农业大学村镇发展研究中心　地址：黑龙江省哈尔滨市香坊区公滨路木材街 59 号资源与环境学院　邮政编码：150030　网址：http://zhxy.neau.edu.cn/　电话：0451-55191170　E-mail：howard2857@hotmail.com　neaulgp@126.com

上海市

上海市城市规划设计研究院　地址：上海市铜仁路 331 号　邮政编码：200040　网址：http://www.supdri.com/　电话：021-62473288　E-mail：contact@supdri.com　supdri@online.sh.cn

上海市社会科学院城市与区域研究中心　地址：上海市淮海中路 622 弄 7 号　邮政编码：200020　网址：http://www.sass.org.cn/　电话：021-53060606　E-mail：urbanstudies@sass.org.cn　xxzx@sass.org.cn

上海市浦东新区规划设计研究院　地址：上海市浦东浦建路 241 号　邮政编码：200127　网址：http://pupdi.com/　电话：021-58899698　传真：021-58899672　E-mail：vanessa029@yahoo.cn

复旦大学城市规划与发展研究中心　地址：上海市邯郸路 220 号邯郸路校区文科楼十楼　邮政编码：200433　网址：http://environment.fudan.edu.cn/urbanplanning/　E-mail：fudan – sr@163.com

复旦大学城市与区域发展研究中心　地址：上海市邯郸路 220 号邯郸路校区文科楼十楼　邮政编码：200433　网址：http://www.ssdpp.fudan.edu.cn/　电话：021-65642735　传真：021-65107274　E-mail：ssdpp@fudan.edu.cn

复旦大学城市生态规划与设计研究中心　地址：上海市邯郸路 220 号　邮政编码：200433　网址：http://environment.fudan.edu.cn/　电话/传真：021-65643343　E-mail：xrxrwang@vip.sina.com

复旦大学城市环境管理研究中心　　地址：上海市邯郸路 220 号　　邮政编码：200433　　网址：http://www.danshanlu.fudan.edu.cn/　　电话：021-65642781/65642521　　E-mail：wcma@fudan.edu.cn

上海同济城市规划设计研究院　　地址：上海市同济大学国家大学科技园中山北二路 1111 号同济规划大厦　　邮政编码：200092　　网址：http://www.tjupdi.com/　　电话：021-65982930/65982093　　传真：021-65982100　　E-mail：net@tjupdi.com

同济大学建筑设计研究院都市建筑设计分院　　地址：上海市四平路 1239 号同济大学建筑与城市规划学院 C 楼 2 楼　　邮政编码：200092　　网址：http://www.tjurban.com/　　电话：021-65981863-13　　传真：021-5981369　　E-mail：tjdxdsfy@163.com

同济大学城市规划与建筑研究所/城市发展战略与管理研究所/国家历史文化名城研究中心/海峡城市发展研究中心　　地址：上海市四平路 1239 号　　邮政编码：200092　　网址：http://www.tongji-caup.org/　　电话：021-65983413　　传真：021-65986707　　E-mail：wucf1101@hotmail.com

同济大学发展研究院城市与产业法研究中心　　地址：上海市曹安公路 4800 号嘉定校区　　邮政编码：201804　　上海市四平路 1239 号四平校区　　邮政编码：200092　　网址：http://sem.tongji.edu.cn:6499/semCourse/fzyjy/　　电话：021-65983943/69584114　　传真：021-65986304/69584684　　E-mail：linglingli@tongji.edu.cn

同济大学教育部城市环境与可持续发展联合研究中心　　地址：上海市四平路 1239 号　　邮政编码：200092　　网址：http://geotec.tongji.edu.cn/

同济大学城市管理与城市信息化研究所　　地址：上海市四平路 1239 号四平校区　　邮政编码：200092　　网址：http://sem.tongji.edu.cn/　　电话：021-65980371　　传真：021-65986304　　E-mail：jgjw@mail.tongji.edu.cn

同济大学城市建设与灾害管理研究所　　地址：上海市四平路 1239 号四平校区　　邮政编码：200092　　网址：http://sem.tongji.edu.cn/　　电话：021-5981587　　传真：021-65986304　　E-mail：jgjw@mail.tongji.edu.cn

上海交通大学城市管理研究所　　地址：上海市法华镇路 535 号　　邮政编码：200052　　网址：http://www.acem.sjtu.edu.cn/　　电话：021-52301663　　传真：021-52301552　　E-mail：master@icedchina.com

华东理工大学—美国密西根大学中国信息中心城市与区域分析实验室　　地址：上海市梅陇路 130 号　　邮政编码：200237　　网址：http://bs.ecust.edu.cn/　　电话：021-64252303/64253886　　传真：021-64251324　　E-mail：cbe@ecust.edu.cn

华东理工大学居住形态与城市文化研究所　　地址：上海市梅陇路 130 号艺术设计与传媒学院　　邮政编码：200237　　网址：http://art.ecust.edu.cn/　　电话：021-64253213　　E-mail：gysj@ecust.edu.cn

华东理工大学都市文化与现代化研究所　　地址：上海市梅陇路 130 号人文科学研究院　　邮政编码：200237　　网址：http://ihr.ecust.edu.cn/xywz　　电话：021-64252541　　E-mail：wlxu@ecust.edu.cn

华东师范大学现代城市社会研究中心　　地址：上海市闵行区东川路 500 号闵行校区法商楼北楼 5 楼　　邮政编码：200241　　网址：http://www.soci.ecnu.edu.cn/　　电话/传真：021-54345171　　E-mail：shfz@soci.ecnu.edu.cn　jhding@re.ecnu.edu.cn

华东师范大学中国现代城市研究中心（教育部人文社会科学重点研究基地）　　地址：上海市中山北路 3663 号文科大楼 13 楼　　邮政编码：200062　　网址：http://ccmc.ecnu.edu.cn/　　电话：021-62233821　　传真：021-62223074　　E-mail：cmccs@mail.ecnu.edu.cn

华东师范大学上海市城市化过程与生态恢复重点实验室　　地址：上海市中山北路 3663 号理科大楼 B613 室　　邮政编码：200062　　网址：http://www.kluer.ecnu.edu.cn/　　电话：021-62237896　　传真：021-62237896　　E-mail：kywang@re.ecnu.edu.cn

华东师范大学城市与区域发展研究所　　地址：上海市中山北路 3663 号地理馆　　邮政编码：200062　　网址：http://www.re.ecnu.edu.cn/　　电话：021-62232597　　传真：021-62233302　　E-mail：wldai@re.ecnu.edu.cn

华东师范大学软科学研究中心　　地址：上海市中山北路 3663 号地理馆　　邮政编码：200062　　网址：http://www.re.ecnu.edu.cn/　　电话：021-62232597　　传真：021-62233302　　E-mail：wldai@re.ecnu.edu.cn

上海财经大学城市经济规划研究中心/都市农业经济研究中心　地址：上海市国定路777号财经研究所　邮政编码：200433　网址：http://ife.shufe.edu.cn/structure/　E-mail：wxb@mail.shufe.edu.cn

上海师范大学城市生态与环境修复重点实验室/城市生态与环境研究中心　地址：上海市奉贤区海思路500号城市与旅游学院　邮政编码：201418　网址：http://ww.sitsh.edu.cn/　电话：021-57126268　传真：021-57126222　E-mail：sit@shnu.edu.cn

上海师范大学中欧城市比较研究中心/中欧城市信息研究中心　地址：上海市奉贤区海思路500号城市与旅游学院　邮政编码：201418　网址：http://ww.sitsh.edu.cn/　电话：021-57126268　传真：021-57126222　E-mail：sit@shnu.edu.cn

上海应用技术学院城市文化研究所　地址：上海奉贤区海泉路100号　邮政编码：201418　网址：http://www.sit.edu.cn/　电话：021-64941200　E-mail：support@sit.edu.cn

上海第二工业大学城市化与社会变迁研究所　地址：上海市浦东新区金海路2360号　邮政编码：201209　网址：http://www.sspu.cn/web/kyc　电话：021-50215021

江苏省

江苏省城市规划设计研究院/江苏省城市交通规划研究中心（城市与交通规划所、城市设计所、规划研究所、园林市政所、建筑设计所）　地址：江苏省南京市草场门大街88号　邮政编码：210036　网址：http://www.jupchina.com/　电话：025-83739064　传真：025-83708530　E-mail：jup@jupchina.com　jscgy@china-up.com

江苏省城市发展研究院　地址：江苏省南京市中山东路300号长发中心（CFC）A幢2层A座　邮政编码：210002　网址：http://www.jscfy.com.cn/　电话/传真：025-83704779　E-mail：jscfy@163.com　jscfy@jscfy.com.cn

扬州市城市规划设计研究院　地址：江苏省扬州市文昌中路28号　邮政编码：225000　网址：http://www.yzghy.com/　电话：0514-85551818　E-mail：admin@yzvod.com　xsy@yzghy.com

南京市城市与交通规划设计研究院　地址：江苏省南京市玄武区珠江路63号　邮政编码：210008　网址：http://www.nictp.com/　电话：025-83194332　传真：025-84703642　E-mail：liubin@nictp.com

南京市规划设计研究院　地址：江苏省南京市中山路55号新华大厦37F　邮政编码：210005　网址：http://naupd.com/　电话：025-84733799　传真：025-84733849　E-mail：liyi918hr@sina.com

南京大学长江三角洲经济社会发展研究中心（国家级人文社会科学重点研究基地）城市科学研究所　地址：江苏省南京市汉口路22号安中大楼1507室　邮政编码：210093　网址：http://ccjsjz.cn/　电话/传真：025-83595262　E-mail：hwy74@nju.edu.cn

南京大学城市规划设计研究院　地址：江苏省南京市北京西路1号11楼　邮政编码：210008　网址：http://www.njuup.com/　电话：025-83593730　传真：025-83597402　E-mail：njuup@yahoo.cn

南京大学中法城市·区域·规划科学研究中心　地址：江苏省南京市汉口路22号建筑与城市规划学院　邮政编码：210093　网址：http://www.sfurp.org/Public/Default.aspx/　电话：025-83686002　传真：025-83686112　E-mail：hongyang@jlonline.com　3593786@163.com

南京大学江苏省城市现代化研究中心/城市科学研究中心　地址：江苏省南京市汉口路22号逸夫管理科学楼4层社会学院　邮政编码：210093　网址：http://sociology.nju.edu.cn/　电话：025-83592801　传真：025-83594343　E-mail：social@nju.edu.cn　xhzhou@nju.edu.cn

南京大学城市科学研究院（城市住宅经济研究所、城市文化旅游研究所、城市生态研究所、城市规划与设计研究所、城市战略研究所）　地址：江苏省南京市汉口路22号逸夫管理科学楼409室　邮政编码：210093　网址：http://ius.nju.edu.cn/　电话：025-83595711　025-83594343　E-mail：ius@nju.edu.cn　shugao@nju.edu.cn

东南大学城市工程科学国际研究中心/城市工程科学研究院　地址：江苏省南京市玄武区四牌楼2号土木工程学院　邮政编码：210096　网址：http://arch.seu.edu.cn　电话：025-83794773　传真：025-83793232　E-mail：g.wu@seu.edu.cn　xinwang@seu.edu.cn

东南大学城市规划设计研究院/城市与建筑遗产保护教育部重点实验室　地址：江苏省南京市玄武区四牌楼2

号建筑学院　邮政编码:210096　网址:http://arch.seu.edu.cn/　电话:025-83790376　E-mail:seu-arch@163.com seduanjin@263.net

南京农业大学城乡规划设计研究院　地址:江苏省南京市玄武区卫岗1号土地管理学院　邮政编码:210095　网址:http://clm.njau.edu.cn/　电话:025-8435700　E-mail:mhou@njau.edu.cn

中国矿业大学(徐州)建筑与城市规划研究所　地址:江苏省徐州市三环南路力学与建筑工程学院　邮政编码:221116　网址:http://cace.cumt.edu.cn/　E-mail:hwjing@cumt.edu.cn

苏州大学金螳螂建筑与城市环境设计研究所　地址:江苏省苏州市工业园区独墅湖高等教育园金螳螂城市建设学院　邮政编码:215021　网址:http://csxy.suda.edu.cn/　电话:0512-65880231　E-mail:hyt@suda.edu.cn zhanggy@suda.edu.cn

苏州大学中国特色城镇化研究中心(区域经济研究所、区域公共治理研究所、文化与社会研究所、国土资源与城乡规划研究所,教育部人文社会科学重点研究基地)　地址:江苏省苏州市东环路50号凌云楼18楼　邮政编码:215021　网址:http://rurc.suda.edu.cn/　电话:0512-67165282/67165286　E-mail:czhyi2004@163.com

南京财经大学南京都市圈发展研究中心　地址:江苏省南京市亚东新城区文苑路3号　邮政编码:210046　网址:http://219.219.176.3/dsq/

扬州大学城市管理研究中心　地址:江苏省扬州市四望亭路180号法学院　邮政编码:225002　网址:http://fxy.yzu.edu.cn/　电话:0514-87971617　E-mail:yzmailbox@163.com

南京工业大学城市规划研究所/都市与建筑研究所　地址:江苏省南京市中山北路200号建筑学院　邮政编码:210009　网址:http://arch.njut.edu.cn/　电话:025-83239532　E-mail:arch@njut.edu.cn

南京工业大学城市地下空间研究中心　地址:江苏省南京市中山北路200号交通学院　邮政编码:210009　网址:http://trans.njut.edu.cn/　电话:025-83587882　E-mail:gxchen@njut.edu.cn

南京工业大学城市与工业安全江苏省重点实验室　地址:江苏省南京市中山北路200号城市建设与安全工程学院　邮政编码:210009　网址:http://uis.njut.edu.cn/　电话:025-83239949

南京林业大学新农村规划建设研究所/城市规划与设计研究所　地址:江苏省南京市龙蟠路159号风景园林学院　邮政编码:21003　网址:http://yuanlin.njfu.edu.cn/　电话:025-85427781　E-mail:wh9816@126.com

徐州师范大学淮海发展研究院(江苏省社科重点研究基地)城乡规划与管理研究所　地址:江苏省徐州市和平路57号云龙校区　邮政编码:221009　网址:http://hhdri.xznu.edu.cn/　电话:0516-83867180　传真:0516-83867791　E-mail:hhfzyjy@xznu.edu.cn

徐州师范大学区域与城市研究中心　地址:江苏省徐州市铜山新区上海路101号　邮政编码:221116　网址:http://kyw.xznu.edu.cn/　电话/传真:0516-83536266　E-mail:kjcoffice@xznu.edu.cn

南京信息工程大学国土资源与城乡规划研究所　地址:江苏省南京市浦口区宁六路219号遥感学院　邮政编码:210044　网址:http://web.nuist.edu.cn/ygxy/　电话:025-58731191　E-mail:wkh@nuist.edu.cn

苏州科技学院城市与旅游研究中心　地址:江苏省苏州市环山路29号石湖校区经济与管理学院　邮政编码:215009　网址:http://ems.usts.edu.cn/　电话:0512-68418392　E-mail:ycm@mail.usts.edu.cn

苏州科技学院城市规划设计研究院/城市与建筑研究所/小城镇规划研究所/城市土地开发与利用研究所　地址:江苏省苏州市新区滨河路1701号江枫校区建筑与城市规划学院　邮政编码:215011　网址:http://aup.usts.edu.cn/　电话:0512-68247040　传真:0512-68242298　E-mail:ard@mail.usts.edu.cn

中国科学技术大学苏州市城市公共安全重点实验室　地址:江苏省苏州独墅湖高教区仁爱路166号　邮政编码:215123　网址:http://www.ustcsz.edu.cn/kedweb/　电话:0512-87161322　传真:0512-87161100　E-mail:zongrw@ustc.edu.cn

浙江省

浙江省城乡规划设计研究院　地址:浙江省杭州市保俶路238号　邮政编码:310007　网址:http://www.zjplan.com/　电话/传真:0571-85116698　E-mail:zjplanhr@163.com　zjghy@zjplan.com

杭州市城市规划设计研究院 地址:浙江省杭州市莫干山路武林巷1号易盛大厦6楼 邮政编码:310012 网址:http://hzbbs.soufun.com/ 电话:0571-88228350 E-mail:ghj.Ghy@hz.gov.cn

宁波市规划设计研究院 地址:浙江省宁波市东部新城和济街36号 邮政编码:315042 网址:http://www.nbplanning.com/ 电话:0574-87952019 E-mail:nbplanning@163.com

温州市城市规划设计研究院 地址:浙江省温州市学院中路229号 邮政编码:325027 网址:http://www.wzghy.com/ 电话:0577-88332877 传真:0577-88326027 E-mail:bgs@wzghy.com

浙江大学城市与区域发展研究所 地址:浙江省杭州市浙大路38号地球科学系 邮政编码:310027 网址:http://gs.zju.edu.cn/ 电话:0571-88273608 E-mail:ouy219@mail.hz.zj.cn

浙江大学农业现代化与农村发展研究中心/中国农村发展研究院(国家人文社科重点研究基地)小城镇发展规划研究所 地址:浙江省杭州市古墩路浙江大学紫金港校区管理楼管理学院 邮政编码:310058 网址:http://www.card.zju.edu.cn/ 电话:0571-86971857 E-mail:zhhuang@zju.edu.cn jlin@zju.edu.cn

浙江大学区域与城市发展研究中心 地址:浙江省杭州市浙大路38号玉泉校区公共管理学院 邮政编码:310027 网址:http://www.cpa.zju.edu.cn/ 电话:0571-87953824 传真:0571-87953814 E-mail:ggyb202@zju.edu.cn

浙江大学城市规划与设计研究所/城市规划工程与信息技术研究所/长江三角洲区域与城市发展国际研究中心 地址:浙江省杭州市浙大路38号玉泉校区建筑工程学院 邮政编码:310027 网址:http://www.ccea.zju.edu.cn/ 电话:0571-88206374 传真:0571-88208685 E-mail:jgoffice@zju.edu.cn

浙江大学城市规划设计研究院 地址:浙江省杭州市西溪路525号浙江大学国家科技园A楼东221 邮政编码:310027 网址:http://www.zdghy.cn/ 电话:0571-87964801 E-mail:net@zdghy.cn

浙江大学水土工程与城乡建设研究所 地址:杭州市凯旋路268号华家池校区生物系统工程与食品科学学院中心大楼北楼103室 邮政编码:310029 网址:http://www.caefs.zju.edu.cn/ 电话:0571-86971563 E-mail:lawse@zju.edu.cn

浙江大学宁波理工学院建筑设计与城市规划研究所 地址:浙江省宁波市钱湖南路1号 邮政编码:315100 网址:http://www.nit.net.cn/ 电话:0574-88130051 传真:0574-88229010 E-mail:a87168727@126.com

宁波大学城市与环境研究所/宁波市城市管理研究中心 地址:浙江省宁波市江北区风华路818号建筑工程与环境学院 邮政编码:315211 网址:http://jgxy.nbu.edu.cn/ 电话:0574-87600708 传真:0574-87600355 E-mail:jgxydt@nbu.edu.cn

浙江师范大学城市史研究中心 地址:浙江省金华市迎宾大道688号人文学院 邮政编码:321004 网址:http://rw.zjnu.edu.cn/ E-mail:rw2@zjnu.cn

浙江师范大学城乡规划与景观设计研究中心/浙中城市群发展战略研究所 地址:浙江省金华市迎宾大道688号地理与环境科学学院 邮政编码:321004 网址:http://lyxy.zjnu.edu.cn/ 电话:0579-82282273/82283595

杭州师范大学杭州国际城市学研究中心/杭州研究院 地址:浙江省杭州市西湖区三台山路161号 邮政编码:310007 网址:http://hzyjy.hznu.edu.cn/ 电话:0571-85250986 传真:0571-85250985 E-mail:hzcsxyj@163.com hzyj@hznu.edu.cn

浙江工商大学资源环境与城乡规划研究所 地址:浙江省杭州市下沙高教园区学正街18号旅游与城市管理学院 邮政编码:310018 网址:http://lvyou.zjgsu.edu.cn/

温州大学建筑设计与城乡规划研究所 地址:浙江省温州市茶山高教园区温州大学建筑与土木工程学院 邮政编码:325035 网址:http://cace.wzu.edu.cn/ 电话:0577-86689618

温州大学城市发展研究中心 地址:浙江省温州市茶山高教园区温州大学南校区城市学院 邮政编码:325035 网址:http://www.wucc.cn/ 电话:0577-86689158 传真:0577-86689588 E-mail:city@wzu.edu.cn

浙江财经学院城乡规划与环境管理研究所 地址:浙江省杭州市下沙高教园区学源街18号工商管理学院 邮政编码:310018 网址:http://cba.zufe.edu.cn/

安徽省

安徽省社会科学院安徽省城市研究中心　地址：安徽省合肥市徽州大道1009号　邮政编码：230051　网址：http://www.aass.ac.cn/　电话/传真：0551-3438353　E-mail：ahsky3438321@126.com

安徽省城乡规划设计研究院　地址：安徽省合肥市桐城南路363号　邮政编码：340022　网址：http://www.ahjst.gov.cn/ahjst/　电话：0551-3447676　传真：0551-3411005　E-mail：ahghy@china.com

安徽建苑城市规划设计研究院　地址：安徽省合肥市金寨南路856号安徽建筑工业学院产业楼　邮政编码：230022　网址：http://www.aiai.edu.cn/　电话：0551-3513105　E-mail：jy-ah@126.com

合肥城市规划设计研究院　地址：安徽省合肥市五河路217号　邮政编码：230041　网址：http://www.hupdi.com/　电话：0551-5615697　E-mail：34783164@qq.com

合肥工业大学城市规划研究中心　地址：安徽省合肥市屯溪路193号南校区建筑与艺术学院　邮政编码：230009　网址：http://www1.hfut.edu.cn/department/arch/　电话：0551-2901517　E-mail：jzxy2010@sina.cn　jzxy@hfut.edu.cn

安徽工业大学皖江城市带承接产业转移与区域发展研究中心　地址：安徽省马鞍山市湖东路59号　邮政编码：24300　网址：http://wjyjzx.ahut.edu.cn/　电话：0555-2311071　E-mail：wxpillar@163.com

安徽师范大学城市与区域规划研究中心　地址：安徽省芜湖市九华南路花津校区国土资源与旅游学院　邮政编码：241003　网址：http://www.ahnu.edu.cn/site/tourism/　电话：0553-5910688　E-mail：zhangzzmt@163.com

安徽建筑工业学院城市规划设计所　地址：安徽省合肥市金寨南路856号建筑与规划学院　邮政编码：230022　网址：http://www.aiai.edu.cn/jgxy/　电话：0551-3521383　E-mail：ryliu1020@sina.com

安徽建筑工业学院城市规划研究院　地址：安徽省合肥市金寨南路856号建筑与规划学院　邮政编码：230022　网址：http://www.aiai.edu.cn/kjc/　电话：0551-3828060　E-mail：xhhuang2@gmail.com

福建省

中国科学院城市环境研究所　地址：福建省厦门市集美大道1799号　邮政编码：361021　网址：http://www.iue.cas.cn/　电话：0592-6190979　E-mail：ygzhu@iue.ac.cn　pcai@iue.ac.cn　shchen@iue.ac.cn　wmchen@iue.ac.cn　syu@iue.ac.cn

中国科学院城市环境与健康重点实验室/城市生态健康与环境安全中心　地址：福建省厦门市集美大道1799号城市环境研究所　邮政编码：361021　网址：http://www.iue.cas.cn/　电话：0592-6190997　传真：0592-6190977　E-mail：ygzhu@iue.ac.cn　syu@iue.ac.cn

中国科学院城市环境研究所城市环境污染控制与资源化技术研究中心　地址：福建省厦门市集美大道1799号　邮政编码：361021　网址：http://www.iue.cas.cn/　电话：0592-6190785　传真：0592-6190977　E-mail：czyan@iue.ac.cn　jschen@iue.ac.cn　wmchen@iue.ac.cn

中国科学院城市环境研究所城市环境工程与循环经济研究中心　地址：福建省厦门市集美大道1799号　邮政编码：361021　网址：http://www.iue.cas.cn/　电话：0592-6190995　传真：0592-6190977　E-mail：shchen@iue.ac.cn　smwang@iue.ac.cn　kszhang@iue.ac.cn

中国科学院城市环境研究所城市生态环境规划与管理中心　地址：福建省厦门市集美大道1799号　邮政编码：361021　网址：http://www.iue.cas.cn/　电话：0592-6190999　传真：0592-6190977　E-mail：jzhao@rcees.ac.cn　rwang@iue.ac.cn　shcui@iue.ac.cn

福建省城乡规划设计研究院　地址：福建省福州市营迹路4号　电话：0591-87831770　传真：0591-87851962　E-mail：fjplan01@sina.com

福州市规划设计研究院　地址：福建省福州市湖东路188号　邮政编码：350003　网址：http://www.fzghy.com/　电话：0591-88967333　E-mail：ghy@fzghy.com

泉州市城市规划设计研究院　地址：福建省泉州市丰泽街中国银行南侧　邮政编码：362000　网址：http://www.qzghsjy.cn/　电话/传真：0595-22111065　E-mail：qzghsjy@sina.com

厦门市城市规划设计研究院　地址:福建省厦门市斗西路156—158号祥和广场6层　邮政编码:361000　网址:http://www.xmghy.com.cn/　电话:0592-2273353　传真:0592-2273356　E-mail:master@xmghy.com　xmghy@public.xm.fj.cn

漳州市城乡规划设计院　地址:福建省漳州市新浦东路137号　邮政编码:363005　网址:http://www.zzghy.com/　电话:0596-2638887　E-mail:zzghy@zzghj.gov.cn

福建农林大学城乡规划研究所　地址:福建省福州市仓山区洪山桥上店路15号石仓楼林学院　邮政编码:350002　网址:http://210.34.80.217/lxy/　电话:0591-83706551　E-mail:zys1960@163.com

集美大学城市与区域发展研究所　地址:福建省厦门市集美镇嘉庚路10号理学院　网址:http://sci.jmu.edu.cn/　电话:0592-6181892/6181076　E-mail:shuilichen@vip.sina.com

福建师范大学城乡规划设计研究所　地址:福建省福州市旗山校区地理科学学院　邮政编码:350108　传真:0591-22868223　福建省福州市仓山区上三路8号仓山校区地理科学学院　邮政编码:350007　网址:http://geo.fjnu.edu.cn/　传真:0591-83465397　E-mail:linn_xie@163.com

福建工程学院城市与建筑研究所、规划设计研究院　地址:福建省福州市闽侯县上街镇学园路3号建筑与规划系　邮政编码:350108　网址:http://jzx.fjut.edu.cn/　电话:0591-22863125　E-mail:lchlxrlg@126.com

江西省

江西省城乡规划设计研究院　地址:江西省南昌市东湖区二七北路610号　邮政编码:330077　网址:http://www.jxcg.net/　电话:0791-8626041　传真:0791-6772518　E-mail:111@163.com

江西省城建设计研究院　地址:江西省南昌市青山湖区湖滨东路55号金色水岸1004　邮政编码:332300　网址:http://www.jxudi.com/　电话:0791-8129863-802　传真:0791-8129863-807　E-mail:55440273@qq.com

江西省社会科学院城市化研究所　地址:江西省南昌市洪都北大道649号　邮政编码:330077　网址:http://www.jxsky.org.cn/　电话:0791-8596381　传真:0791-8596284　E-mail:nc0791@126.com　jxskybgs@163.com　keyanchu752@163.com

南昌市城市规划设计研究总院　地址:江西省南昌市民德路411号经济大楼十楼　邮政编码:330008　网址:http://www.21sjzg.com/zgjx2/397.htm　电话:0791-6772518　E-mail:ncghsjy@pubcic.nc.jx.cn

南昌大学城市规划研究所　地址:江西省南昌市红谷滩新区学府大道999号建筑工程学院　邮政编码:330031　网址:http://jgxy.ncu.edu.cn/　电话/传真:0791-3969655　E-mail:gqsong@ncu.edu.cn

南昌大学设计研究院　地址:江西省南昌市北京东路339号　邮政编码:330029　网址:http://www.ncu.edu.cn　电话:0791-8304406　E-mail:ndsjy@ncu.edu.cn

江西农业大学城市规划研究所　地址:江西省南昌市昌北经济技术开发区志敏大道园林与艺术学院　邮政编码:330045　网址:http://yuanlin.jxau.edu.cn/　电话/传真:0791-3813243　E-mail:yuanlinyuan@163.com

江西师范大学城市与人口研究所　地址:江西省南昌市紫阳大道99号方荫楼2区地理与环境学院　邮政编码:330022　网址:http://dlxy.jxnu.edu.cn/　电话:0791-8120440

江西师范大学城市规划设计研究院　地址:江西省南昌市紫阳大道99号城市建设学院　邮政编码:330022　网址:http://cjxy.jxnu.edu.cn/　电话/传真:0791-8120430　E-mail:chengjian@jxnu.edu.cn

山东省

山东省城乡规划设计研究院　地址:山东省济南市解放路9号　邮政编码:250013　网址:http://www.sdghy.com/　电话:0531-88542013　传真:0531-88935535　E-mail:sdsghy@hotmail.com　sdsghy@126.com　pan1@vip.sina.com

济南市规划设计研究院　地址:山东省济南市高新区舜华路2000号舜泰广场9号楼　邮政编码:250101　网址:http://www.jnghy.com/contact.asp　电话:0531-86910650　E-mail:herolct@163.com

青岛市社会科学院城市化研究所/青岛市城市发展研究中心　地址:山东省青岛市山东路12号甲　邮政编码:266071　网址:http://sky.qingdao.gov.cn/　电话:0532-80798015　E-mail:qdskybgs@163.com　qdzwlt@yahoo. com. cn

青岛市城市规划设计研究院　地址:山东省青岛市香港西路55号　邮政编码:266071　网址:http://qdghy.com/　电话:0532-83893298　传真:0532-83893299　E-mail:qdghy@ vip. 163. com

淄博市规划设计研究院　地址:山东省淄博市张店区人民西路15号　邮政编码:255037　网址:http://www.zbghy.com/　电话:0533-2305373　E-mail:zbghy@ vip. 163. com

山东大学城市发展与公共政策研究所　地址:山东省济南市洪家楼5号洪家楼校区1号楼政治学与公共管理学院　邮政编码:250100　网址:http://www.pspa.sdu.edu.cn/　E-mail:tianmeng@ sdu. edu. cn

中国海洋大学城市文化研究所　地址:山东省青岛市崂山区松岭路238号文学与新闻传播学院　邮政编码:266100　网址:http://www3.ouc.edu.cn/artcollege/　电话/传真:0532-66787565　E-mail:wxyz@ mail. ouc. edu. cn

山东科技大学城市规划与建筑设计研究所　地址:山东省青岛经济技术开发区前湾港路579号土木建筑学院　邮政编码:266510　网址:http://fcea.sdust.edu.cn/　电话:0532-86057650　E-mail:Tjxyyb@ 126. com

山东理工大学城市规划与设计研究所　地址:山东省淄博市张店区张周路12号建筑工程学院　邮政编码:255049　网址:http://jgxy.sdut.edu.cn/　电话:0533-2782175　E-mail:jgxy@ sdut. edu. cn

烟台大学都市建筑城市规划研究中心　地址:山东省烟台市莱山区清泉路32号建筑学院　邮政编码:264005　网址:http://aa.ytu.edu.cn/　电话:0535-6902084

青岛科技大学城市可持续发展研究中心　地址:山东省青岛市松岭路69号(崂山校区)经济与管理学院　邮政编码:266061　网址:http://jg.qust.edu.cn/　电话/传真:0532-88958952　E-mail:li11982002@ 126. com　jgxy@ qust. edu. cn

青岛理工大学城市规划与城市设计研究所/城市规划与景观设计中心　地址:山东省青岛市四方区抚顺路11号土木工程学院　邮政编码:266033　网址:http://jianzhu.qtech.edu.cn/　电话:0532-85071227

济南大学城市环境岩土工程研究所　地址:山东省济南市济微路106号　邮政编码:250022　网址:http://tj.ujn.edu.cn/　电话:0531-89736600　E-mail:cea_yuyz@ ujn. edu. cn　xurunihao@ 163. com

济南大学山东省城市发展研究基地　地址:山东省济南市济微路106号 舜耕路13号经济学院　邮政编码:250022　网址:http://se.ujn.edu.cn/　电话:0531-82769271　E-mail:ss_liuc1@ ujn. edu. cn

山东建筑大学城市问题研究所　地址:山东省济南市临港开发区凤鸣路法政学院　邮政编码:250101　网址:http://sites.sdjzu.edu.cn/fazhengxueyuan/　电话:0531-86361280　E-mail:fzxy@ sdjzu. edu. cn

山东建筑大学山东省城市规划与设计工程技术研究中心　地址:山东省济南市临港开发区凤鸣路商学院　邮政编码:250101　网址:http://202.194.86.172:8080/　电话:0531-86361260　E-mail:sunhaosen@ sdjzu. edu. cn

鲁东大学城乡规划设计研究所　地址:山东省烟台市红旗中路186号地理与规划学院　邮政编码:264025　网址:http://www.geo.ldu.edu.cn/　电话:0535-6681043　E-mail:andingzhang@ sina. com

滨州学院滨州市城市管理研究中心　地址:山东省滨州市黄河五路391号城市与环境系　邮政编码:256600　网址:http://ue.bzu.edu.cn/　电话:0543-3190133　E-mail:keyanchu319@ 163. com

河南省

河南省城市规划设计研究院　地址:河南省郑州市市民新村北街2号　邮政编码:450001　网址:http://www.hnghy.com/　电话:0371-66230643　传真:0371-66230642　E-mail:yixingcx@ 163. com　tanxiongyan@ 126. com

河南省地理研究所城市与旅游规划研究中心　地址:河南省郑州市陇海中路64号　邮政编码:450052　网址:http://www.hagis.cn/　电话/传真:0371-67447875　E-mail:songls@ 163. com　henas@ sina. com

河南省社会科学院城市发展研究所　地址:河南省郑州市文化路50号　邮政编码:450002　网址:http://www.hnass.com.cn/　电话:0371-63948154　E-mail:hnass@ 371. net　zzhnass@ 126. com

郑州市规划勘测设计研究院　地址:河南省郑州市嵩山北路6号　邮政编码:450052　网址:http://www.zzghkcy.cn/　电话/传真:0371-67449122　E-mail:zzghy1984@ 126. com

郑州大学城乡建研究院　地址:河南省郑州市文化路97号老校区 郑州市国家高新技术开发区科学大道100

号新校区　邮政编码:450001　网址:http://tm.zzu.edu.cn/　电话:0371-67781680　E-mail:chenh@zzu.edu.cn　xsyang@zzu.edu.cn

河南大学河南省区域发展与规划研究中心城市经济研究所/旅游与城乡规划中心/规划设计研究院　地址:河南省开封市河南大学金明校区环境与规划学院　邮政编码:475004　网址:http://218.196.194.3:8080/site/　电话:0378-3881850/3881864

河南财经政法大学城市发展研究中心　地址:河南省郑州市金水东路工程管理与房地产学院　邮政编码:450002　网址:http://gc.huel.edu.cn/　电话:0371-63519135/86159225　传真:0371-63518451

华北水利水电学院城乡规划设计研究所　地址:河南省郑州市北环路36号建筑学院　邮政编码:450011　网址:http://www5.ncwu.edu.cn/jianzhu/

湖北省

中国市政工程中南设计研究院　地址:湖北省武汉市解放公园路41号　邮政编码:430010　网址:http://www.znszy.com.cn/znszy/　电话:027-82865081　E-mail:zhangqi@znszy.com.cn

湖北省城乡规划设计研究院　地址:湖北省武汉市武昌区中南一路47号　网址:http://www.hbsghy.com/　电话:027-87822213　传真:027-87827975　E-mail:shihll1000@Yahoo.com.cn

湖北省社会科学院　地址:湖北省武汉市东湖路165号　邮政编码:430077　网址:http://www.hbsky58.net/　电话:027-86780503　E-mail:hbsky@hbsky.cn

武汉市土地利用和城市空间规划研究中心　地址:湖北省武汉市江岸区胜利街218号　邮政编码:430014　网址:http://www.wlsp.org.cn/　电话:027-82814128　传真:027-82788745　E-mail:public@plan-consulting.cn　public@wlsp.org.cn

武汉市城市规划设计研究院　地址:湖北省武汉市京汉大道1250号　邮政编码:430014　网址:http://www.whplan.cn/　电话:027-82833789　传真:027-82824024　E-mail:hr@wpdi.cn　business@wpdi.cn　hr@whplan.com.cn

武汉大学数字城市研究中心/城市设计研究中心　地址:湖北省武汉市武昌区珞珈山城市设计学院　邮政编码:430072　网址:http://sud.whu.edu.cn/2010/　电话/传真:027-68773062　E-mail:sud@whu.edu.cn

华中科技大学数字化工程与仿真中心数字城市与规划设计研究所　地址:湖北省武汉市洪山区珞瑜路1037号水电与数字化工程学院　邮政编码:430074　网址:http://desc.hust.edu.cn/　电话:027-87540113　E-mail:wfhbzy@163.com

华中科技大学建筑设计与城市规划研究院　地址:湖北省武汉市洪山区珞瑜路1037号建筑与城市规划学院　邮政编码:430074　网址:http://www.adri-hust.com/　电话:027-87542256/87792048　传真:027-87547033　E-mail:yubochun@163.com　chief-adri@mail.hust.edu.cn

武汉理工大学武汉·中国城市科技政策与科技管理研究中心　地址:湖北省武汉市洪山区珞狮路122号马房山校区东院教四大楼管理学院　邮政编码:430070　网址:http://gl.whut.edu.cn/　电话:027-87859059　传真:027-87859231　E-mail:dmr@whut.edu.cn　innovation@whut.edu.cn

武汉理工大学数字城市研究中心　地址:湖北省武汉市洪山区珞狮路122号马房山校区　邮政编码:430070　网址:http://kfy.whut.edu.cn/　电话:027-87883591　传真:027-87880261　E-mail:kfy@whut.edu.cn

中国地质大学(武汉)城市遥感信息技术研究所　地址:湖北省武汉市洪山区鲁磨路388号地球科学学院　邮政编码:430074　网址:http://dxy.cug.edu.cn/　电话:027-67883001　传真:027-67883002　E-mail:xllai@cug.edu.cn　dxb@cug.edu.cn

华中师范大学城市与不动产经济研究中心　地址:湖北省武汉市珞喻路152号经济管理学院　邮政编码:430079　网址:http://econ.ccnu.edu.cn/　电话:027-67868310　传真:027-67865413　E-mail:tuzhengge@163.com　28581993@qq.com

华中师范大学城市社区建设研究中心　地址:湖北省武汉市珞喻路152号社会学院　邮政编码:430079　网

址:http://www.cucc.org.cn/ 电话:027-62188765 E-mail:sociology@mail.ccnu.edu.cn webmaster@cucc.org.cn

江汉大学城市研究所 地址:湖北省武汉市沌口经济技术开发区三角湖路8号J16B区402室 邮政编码:430056 网址:http://researchd.jhun.edu.cn/kyjd/ 电话:027-84225691

武汉工业学院城市环境研究所 地址:湖北省武汉市常青花园学府南路68号土木工程与建筑学院 邮政编码:430023 网址:http://tm.whpu.edu.cn/ 电话:027-83923235 E-mail:donge648@sina.com

孝感学院湖北小城镇发展研究中心(湖北省高校人文社科重点研究基地)/城市规划与设计研究院 地址:湖北省孝感市文化路278号 邮政编码:432000 网址:http://dept.xgu.cn/keji/ 电话:0712-2345797 E-mail:kjc@xgu.cn

湖北省社会科学院黄石分院城市发展研究所 地址:湖北省黄石市磁湖路11号湖北师范学院 邮政编码:435002 网址:http://www.kyc.hbnu.edu.cn/ 电话:0714-6571396 E-mail:jichengp@yahoo.cn hskyc2010@163.com

湖南省

湖南省经济地理研究所公交城市地理研究室 地址:湖南省长沙市天心区青园路506号 邮政编码:410004 网址:http://www.hnkxy.com/ 电话:0731-82829479 E-mail:kxydls@hnst.gov.cn moeg@public.cs.hn.cn

湖南省城市规划研究设计院 地址:湖南省长沙市人民中路65号 邮政编码:410011 网址:http://www.hnadi.com.cn/ 电话:0731-85160473 传真:0731-85163176 E-mail:office@hnadi.com.cn pm@hnadi.com.cn hnjgy@yahoo.cn

湖南省社会科学院城市发展研究所 地址:湖南省长沙市德雅村 邮政编码:410003 网址:http://www.hnass.cn/ 电话/传真:0731-84219173 E-mail:Csfzhn2009@163.com

湖南省社会科学院湖南省长株潭城市群研究中心 地址:湖南省长沙市德雅路浏河村7号 邮政编码:410003 网址:http://www.hnass.cn/ 电话:0731-4221969 传真:0731-4211763 E-mail:hnass2008@126.com

长沙中建建筑设计院 地址:湖南省长沙市井奎路80号 邮政编码:410004 网址:http://www.21-cic.com/hnxm/26.htm/ 电话:0731-5595129

中南大学中国城市竞争力研究所 地址:湖南省长沙市韶山南路68号铁道校区办公楼 邮政编码:410075 网址:http://www.csuspa.net/ 电话:0731-2656447 传真:0731-2655537 E-mail:cucp777@126.com

湖南大学城市建筑研究所 地址:湖南省长沙市岳麓山建筑学院 邮政编码:410082 网址:http://arch.hnu.cn/ 电话:0731-88821002 E-mail:chunyu_wei@126.com liusu001@163.com

湖南大学城镇发展规划研究所 地址:湖南省长沙市岳麓山金融与统计学院 邮政编码:410082 网址:http://jt.hnu.cn/ 电话:0731-88684772 E-mail:jty226@126.com

长沙理工大学城乡发展规划研究所 地址:湖南省长沙市云塘校区土木与建筑学院 邮政编码:410114 网址:http://www.csust.edu.cn/pub/tuyjzxy/ 电话:0731-85258698 传真:0731-85256006 E-mail:lichuanxi2@163.com chenrl@csust.edu.cn qiaojie@csust.edu.cn

湖南师范大学城乡规划勘察设计研究院 地址:湖南省长沙市麓山路36号资源与环境科学学院 邮政编码:410081 网址:http://zhxy.hunnu.edu.cn/ 电话:0731-8872377/8873030 E-mail:zhxy@hunnu.edu.cn

湖南科技大学生态城市研究所 地址:湖南省湘潭市桃源路建筑与城乡规划学院 邮政编码:411201 网址:http://www.hnkdjz.cn/xyw/ 电话:0731-58290066 E-mail:wlb0708@163.com

吉首大学财政部与湖南省共建的省级实验室——规划与设计基础实验室 地址:湖南省张家界市永定区三角坪城乡资源规划学院 网址:http://cxzy.jsu.edu.cn/ 电话:0744-2115318 传真:0744-8202073 E-mail:jsdxcxzy@163.com

湖南工业大学区域经济与城市管理研究所 地址:湖南省株洲市文化路商学院 邮政编码:412008 网址:http://218.75.208.58:82/ftp/jingguan/ 电话:0731-22182267 E-mail:oushaohua@yahoo.com.cn

湖南城市学院城市规划研究所 地址:湖南省益阳市益阳大道238号建筑与城市规划学院 邮政编码:

413000　网址:http://ghx.hncu.net/　电话:0737-4233101　传真:0737-4244250　E-mail:cysjy@vip.163.com

邵阳学院城市园林研究所　地址:湖南省邵阳学院七里坪校区城市建设系　邮政编码:422000　网址:http://www1.hnsyu.net/cjx/　电话:0739-5306188

广东省

中国城市规划设计研究院深圳分院　地址:广东省深圳市福田区深南大道7006号万科富春东方大厦26楼　邮政编码:518040　电话:0755-83037501　E-mail:upd0001@public.szptt.net.cn　gxd1990@163.com　meix@sz-caupd.com

环境保护部华南环境科学研究所城市环境研究中心/城市环境生态国家环境保护重点实验室　地址:广东省广州市员村西街7号大院　邮政编码:510655　网址:http://www.scies.org/v　电话:020-85524440　传真:020-85538234　E-mail:bgs@scies.org　xxzx@scies.org　kyc@scies.org

广东省城乡规划设计研究院　地址:广东省广州市南洲路483号　邮政编码:510290　网址:http://www.gdupi.com/　电话:020-34399129　传真:020-3447885　E-mail:office@gdupi.com　pd01@gdupi.com

广东省建筑科学研究院　地址:广东省广州市先烈东路121号　邮政编码:510500　网址:http://www.gdjky.com/　电话:020-87250096　E-mail:bgs@gdjky.com

广州地理研究所城市与区域规划中心　地址:广东省广州市先烈中路100号大院　邮政编码:510070　网址:http://www.gzb.ac.cn/　电话/传真:020-87685006　E-mail:hozhang@gdas.ac.cn

广州市城市规划勘测设计研究院　地址:广东省广州市建设大马路10号珠江规划大厦　邮政编码:510060　网址:http://www.gzpi.com.cn/　电话:020-83762533　传真:020-83762723　E-mail:gzpi_cupr@126.com　Studio_1@126.com　udi@vip.163.com

广州市社会科学院城市管理研究所　地址:广东省广州市白云区新市萧岗润云路119号　邮政编码:510410　网址:http://www.gzass.gd.cn/　电话:020-86464130　E-mail:hsd@gzass.net

深圳市城市规划设计研究院　地址:广东省深圳市福田区振兴路3号建艺大厦十楼　邮政编码:518031　网址:http://www.upr.cn/　电话:0755-83785004　传真:0755-83788339　E-mail:xxs@upr.cn　szup@upr.cn　zhanglr1988@vip.qq.com

深圳市社会科学院国际化城市研究所　地址:广东省深圳市上步中路1023号市府二办　邮政编码:518028　网址:http://www.szass.com/　电话:0755-82104900　传真:0755-82099335　E-mail:szass@szass.net.cn

珠海市规划设计研究院　地址:广东省珠海市新香洲健民路185号~205号　邮政编码:519002　网址:http://www.zhghy.com/　电话:0756-2651666　传真:0756-2651600　E-mail:info@zhghy.com

中山大学城市治理与城市发展研究所　地址:广东省广州市海珠区新港西路135号东北304栋政治与公共事务管理学院　邮政编码:510275　网址:http://iug.sysu.edu.cn/　电话/传真:86020-84110951　E-mail:2006HYL@163.com

中山大学城市社会研究中心(广东省人文社科重点研究基地)　地址:广东省广州市海珠区新港西路135号东北区304栋政治与公共事务管理学院　邮政编码:510275　网址:http://iug.sysu.edu.cn/　电话/传真:020-84110951　E-mail:2006HYL@163.com

中山大学规划设计研究院　地址:广东省广州市新港西路135号地环大楼地理科学与规划学院　邮政编码:510275　网址:http://gp.sysu.edu.cn/　电话:020-84032834　传真:020-84112593　E-mail:liulin2@mail.sysu.edu.cn　zuozhl@mail.sysu.edu.cn

中山大学城市与区域研究中心　地址:广东省广州市新港西路135号地环大楼地理科学与规划学院　邮政编码:510275　网址:http://gp.sysu.edu.cn/　电话:020-84032834　传真:020-84112593　E-mail:liulin2@mail.sysu.edu.cn　zuozhl@mail.sysu.edu.cn

香港大学—华南理工大学城市建设研究中心(城市建设研究所、建筑与城市设计研究所)　地址:广东省广州市天河区五山路381号土木与交通学院　邮政编码:510641　网址:http://www2.scut.edu.cn/jtxy/　电话:020-

87111030　传真:020-87114460　E-mail:cvchsu@ scut. edu. cn　Emqhan@ scut. edu. cn　x2tj@ scut. edu. cn

北京大学深圳研究生院景观生态学与数字城市研究中心　地址:广东省深圳市南山区深圳大学城北北大校区E栋城市规划与设计学院　邮政编码:518055　网址:http://urban. szpku. edu. cn/　电话/传真:0755-26032259　E-mail:Ligc@ szpku. edu. cn　huw@ szpku. edu. cn

北京大学深圳研究生院中国城市设计研究中心　地址:广东省深圳市南山区深圳大学城北大校区E栋城市规划与设计学院　邮政编码:518055　网址:http://lupdi. szpku. edu. cn/　电话:0755-26032784　传真:0755-26032801　E-mail:Ligc@ szpku. edu. cn　huw@ szpku. edu. cn

暨南大学城市与区域经济研究中心　地址:广东省广州市黄埔大道西601号经济学院　邮政编码:510632　网址:http://portal. jnu. edu. cn/portal/group/ec　电话:020-85220174　E-mail:ojjy@ jnu. edu. cn　ojj@ jnu. edu. cn　ljjx@ jnu. edu. cn

深圳大学城市规划设计研究院　地址:广东省深圳市南山区南海大道3688号建筑与城市规划学院　邮政编码:518060　网址:http://caup. szu. edu. cn/　电话:0755-26732848

深圳大学市政与交通研究中心　地址:广东省深圳市南山区南海大道3688号土木工程学院　邮政编码:518060　网址:http://ce. szu. edu. cn/　电话:0755-26732850　传真:0755-26732842　E-mail:huangzw@ szu. edu. cn　wangjy@ szu. edu. cn

华南师范大学三农与城镇化研究所　地址:广东省广州市大学城经济与管理学院　邮政编码:510006　网址:http://www. snsnsn. net/　电话:020-39310072　E-mail:huj26@ 163. com

华南师范大学区域和城镇规划研究中心　地址:广东省广州市石牌地理科学学院　邮政编码:510631　网址:http://geography. scnu. edu. cn/　电话:020-85211380　传真:020-85215910　E-mail:zhangzsh@ yahoo. cn　dl06@ scnu. edu. cn　DL01@ scnu. edu. cn

广州大学土地开发与城镇建设研究所　地址:广东省广州市番禺区大学城外环西路230号地理科学学院　邮政编码:510006　网址:http://geo. gzhu. edu. cn/　电话/传真:020-39366890　E-mail:cjf@ gzhu. edu. cn

广州大学城市规划设计研究所　地址:广东省广州市番禺区大学城外环西路230号建筑与城市规划学院　邮政编码:510006　网址:http://portal. gzhu. edu. cn/web/jcxy/

广州大学城市文化研究院　地址:广东省广州市番禺区大学城外环西路230号人文学院　邮政编码:510006　网址:http://portal. gzhu. edu. cn/web/rw/　电话/传真:020-39366708　E-mail:rw_kyk@ 21cn. com

仲恺农业工程学院城市规划与设计研究所　地址:广东省广州市海珠区东沙街24号城市建设学院　邮政编码:510225　网址:http://www. zhku. edu. cn/depa/csjs/　电话/传真:020-89002073　E-mail:csjs@ zhku. edu. cn

佛山科学技术学院佛山文化名城建设研究中心　地址:广东省佛山市江湾一路18号　邮政编码:528000　网址:http://www. fosu. edu. cn/keyan/　E-mail:keyan@ fosu. edu. cn

广西壮族自治区

广西城乡规划设计研究院　地址:广西南宁市东葛路30号　邮政编码:530022　网址:http://www. gxupdi. com/　电话:0771-5863864　传真:0771-5866557　E-mail:gh@ gxupdi. com　zhb@ gxupdi. com

广西建筑科学研究设计院　地址:广西南宁市北大南路17号　邮政编码:530011　网址:http://www. gar. com. cn/　电话:0771-3153601　E-mail:gar1958@ 163. com

广西交通规划勘察设计研究院　地址:广西南宁市人民路北一里1号　邮政编码:530011　网址:http://www. gxjtsjy. com/　电话:0771-2437052　E-mail:gxjtsjy@ 163. com

广西壮族自治区国土资源规划院　地址:广西南宁市竹溪大道39号　邮政编码:530022　网址:http://www. chinamapping. com. cn/　电话:0771-5560308　E-mail:ghybg2007@ 126. com

南宁市城市规划设计院　地址:广西南宁市竹溪大道11号　邮政编码:530022　网址:http://www. nnghy. com/　电话:0771-2828431　传真:0771-2808512　E-mail:nnghy@ vip. 163. com

桂林市城市规划设计研究院　地址:广西桂林市临桂路12号　邮政编码:541002　网址:http://www. glghy.

com/ 电话:0773-2828790 E-mail:glghy@163.com

广西大学城市发展研究所 地址:广西南宁市大学路100号商学院 邮政编码:530004 网址:http://bs.gxu.edu.cn/shang/ 电话/传真:0771-3232880/3232304 E-mail:sxyyzxx@gxu.edu.cn sxy@gxu.edu.cn xiaoglh@163.com

广西师范大学西南城市与区域发展研究中心(广西壮族自治区重点建设基地) 地址:广西桂林市王城1号王城校区经济管理学院 邮政编码:541001 网址:http://www.em.gxnu.edu.cn/ 电话:0773-2803588/5816858/3698036 E-mail:jgxy@mailbox.gxnu.edu.cn

广西师范大学城乡一体化发展研究院 地址:广西桂林市王城1号王城校区经济管理学院 邮政编码:541001 网址:http://www.em.gxnu.edu.cn/ 电话:0773-2803588/5816858/3698036 E-mail:jgxy@mailbox.gxnu.edu.cn

广西财经学院广西区域与城市经济发展研究中心 地址:广西南宁市明秀西路100号经济系 邮政编码:530003 网址:http://www1.gxufe.cn/jjx/

钦州学院城市与环境研究中心 地址:广西钦州市西环南路89号资源与环境学院 邮政编码:535000 网址:http://218.21.78.7:8080/qzxyhjx/bxjj.htm/ 电话:0777-2808122 E-mail:hjx2808122@163.com

海南省

中国(海南)改革发展研究院 地址:海南省海口市人民大道57号 邮政编码:570208 网址:http://www.cird.cn/ 电话:0898-66180000 E-mail:idcirdl@public.hk.hi.cn

中国城市规划设计研究院海南分院 地址:海南省海口市新华区滨海大道花园新村CD2501 邮政编码:5701055 网址:http://spvpkzs.rsstop.com/ 电话:0898-66775885

海南省建筑设计院 地址:海南省海口市琼山区红城湖路 邮政编码:571101 网址:http://www.hncic.net/ 电话:0898-65884427 E-mail:bgs65884427@sina.com

海口市城市规划设计研究院 地址:海南省海口市滨大道49号 邮政编码:570105 网址:http://www.hkghsj.com/ 电话:0898-66768232 传真:0898-66750391 E-mail:hkguihua@126.com

重庆市

重庆市规划设计研究院 地址:重庆市渝北区新南路7号碧海金都5层~9层 邮政编码:401147 网址:http://www.cqghy.com.cn/ 电话:023-67912310 E-mail:zgcqghy@cta.cq.cn

重庆三峡研究院 地址:重庆万州区五桥百安坝纵二路中段 邮政编码:404000 网址:http://www.cqsxyjy.org/ 电话:023-58550165 E-mail:cqsxyjy@hotmail.com

重庆市社会科学院城市建设与管理研究所/城乡统筹发展研究所 地址:重庆市江北区桥北村270号 邮政编码:400020 网址:http://www.cqass.net.cn/ 电话:023-86856411 传真:023-86856414 E-mail:skykyc@tom.com

重庆大学城市规划与设计研究院/山地城镇建设与新技术教育部重点实验室 地址:重庆市沙坪坝区沙正街174号建筑城规学院 邮政编码:400030 网址:http://www.cdghy.com/ 电话:023-6512093 传真:023-65124645 E-mail:cquguihau@cqu.edu.cn master@chongjia.com shuji@chongjia.com

重庆大学市政与环境工程实验研究中心 地址:重庆市沙坪坝区沙正街174号城市建设与环境工程学院 邮政编码:400030 网址:http://chenghuan.cqu.edu.cn/ 电话:023-65120811 E-mail:puqingping@sohu.com zhzh.163@163.net

西南大学统筹城乡发展研究院统筹城乡发展与规划研究中心 地址:重庆市北碚区天生路2号 邮政编码:400716 网址:http://tccxyjy.swu.edu.cn/tccsfzyjy/ 电话:023-68254475/68250762 E-mail:yangpan@swu.edu.cn

重庆师范大学城乡规划与人居环境研究所/城市地理研究所 地址:重庆市沙坪坝区天陈路12号地理科学学院 邮政编码:400047 网址:http://geo.cqnu.edu.cn/geoweb/ 电话:023-65362776 E-mail:csgeo@cqnu.edu.cn

重庆工商大学城乡规划设计研究中心　　地址:重庆市南岸区学府大道19号旅游与国土资源学院　　邮政编码:400067　　网址:http://ts.ctbu.edu.cn/　　E-mail:admin@yourdomain.com

重庆三峡学院三峡库区可持续发展研究中心城乡统筹发展研究所　　地址:重庆市万州沙龙路二段780号经济与管理学院　　邮政编码:404000　　网址:http://kcxfz.sanxiau.edu.cn/　　电话:023-58107729/58107725

四川省

四川省城乡规划设计研究院　　地址:四川省成都市马鞍街11号　　邮政编码:610081　　网址:http://www.sciup.com/　　电话:028-83377747　　传真:028-83393638　　E-mail:365488016@qq.com　sccxghy@sciup.ce.net.cn

重庆市规划设计研究院四川分院　　地址:四川省成都市金牛区一环路北三段顺沙巷23号南玻公寓C座6楼　　邮政编码:610081　　网址:http://www.cpdisc.com/　　电话:028-83332601　　传真:028-83385724　　E-mail:info@cpdisc.com　wangting591@163.com

成都市规划设计研究院　　地址:四川省成都市五丁路2号　　邮政编码:610081　　网址:http://www.cdipd.com/　　电话:028-83178384　　E-mail:cdipd@vip.163.com　keketxj@163.com

四川大学城市研究所　　地址:四川省成都市望江路29号望江校区文科楼历史旅游学院　　邮政编码:610064　　网址:http://historytourism.scu.edu.cn/　　电话:028-85412312　　传真:028-85412804　　E-mail:scu85412804@163.com　scu85415310@163.com

西南交通大学区域经济与城市管理研究中心　　地址:四川省成都市二环路北一段111号九里校区中心教学楼公共管理学院　　邮政编码:610031　　网址:http://gg.swjtu.edu.cn/　　电话:028-87600174　　传真:028-87600175　　E-mail:gggl_swjtu@163.com　lxc@home.swjtu.edu.cn

西南交通大学数字化城市交通四川省高校综合实验室　　地址:四川省成都市二环路北一段111号九里校区信息楼交通运输与物流学院　　邮政编码:610031　　网址:http://ctt.swjtu.edu.cn/　　电话:028-87600165　　E-mail:qiyuan-peng@home.swjtu.edu.cn　haojianping@swjtu.cn

西南交通大学城市规划研究所　　地址:四川省成都市二环北一段111号九里校区1号教学楼　　邮政编码:610031　　网址:http://www.swjtu.edu.cn/　　电话:028-87600683　　E-mail:swjtu_arch_webmaster@126.com

西南民族大学旅游与城乡规划设计研究院　　地址:四川省成都市一环路南四段旅游与历史文化学院　　邮政编码:610041　　网址:http://222.210.17.141:90/lvyou/　　电话:028-85707993

西华大学城市规划研究所　西华大学园林景观研究所　　地址:四川省成都市金牛区金周路999号第六教学楼D区建筑与土木工程学院　　邮政编码:610039　　网址:http://www.xhu.edu.cn　　电话:028-87724578　　传真:028-87725298　　E-mail:jiangyi1979@163.com　jzytmw@126.com　ben007@foxmail.com

四川师范大学城乡规划与景观设计研究所　四川师范大学城镇土地经济评价研究所　　地址:四川省成都市龙泉驿区成龙大道二段1819号地理与资源科学学院　　邮政编码:610101　　网址:http://geo.sicnu.edu.cn/　　电话/传真:028-84480707　　E-mail:huaill@163.com　zhaojf@ms.xjb.ac.cn　geogeo@sicnu.edu.cn

四川师范大学旅游与城乡规划研究院　　地址:四川省成都市锦江区静安路5号　　邮政编码:610068　　网址:http://kyc.sicnu.edu.cn/　　电话:028-84764405/84760695　　E-mail:scsdkyc@sicnu.edu.cn

四川理工学院城市信息化建设研究中心　　地址:四川省自贡市汇兴路学苑街180号计算机学院　　邮政编码:643000　　网址:http://jkx.suse.edu.cn/　　电话:0813-5505878　　传真:0813-5505879　　E-mail:jkx@suse.edu.cn

贵州省

贵州省城乡规划设计研究院　　地址:贵州省贵阳市安云路19号　　邮政编码:550000　　电话:0851-6824258　　传真:0851-6825006　　E-mail:504037753@qq.com　cylcz@126.com

贵州省社会科学院城市经济研究所　　地址:贵州省贵阳市南明区梭石巷19号　　网址:http://www.gzass.net.cn/　　电话:0851-5933891　　E-mail:hxd8876@163.com

贵州省建筑设计研究院　　地址:贵州省贵阳市遵义路48号　　邮政编码:5550002　　网址:http://www.gadri.cn/frontPages/　　电话:0851-5570566　　E-mail:gzjy-hr@163.com

六盘水市规划设计研究院　　地址：贵州省六盘水市钟山西路　　邮政编码：553001　　电话：0858-8222242　　E-mail：hyjs8932@163.com

贵州大学城市规划设计研究院　　地址：贵州省贵阳市蔡家关校土木建筑工程学院　　邮政编码：550003　　网址：http://ca.gzu.edu.cn/　　电话：0851-8292178　　传真：0851-3621956　　E-mail：po@gzu.edu.cn　　Baotai2000@sina.com

贵阳学院生态文明城市建设研究中心（植物与环境生态研究所、环境保护与动物生态研究所、网络生态文明与安全研究所、天然药物研究所、生态经济研究所、社会发展与生态文明建设研究所、环境监测与污染控制研究所、环境艺术与生态景观研究所）　　地址：贵州省贵阳市见龙洞路103号　　邮政编码：550025　　网址：http://stwm.gyu.cn/zxjs/　　电话：0851-5400096　　E-mail：gyxyxf@sina.com

云南省

云南省城乡规划设计研究院　　地址：云南省昆明市滇池路1008号　　邮政编码：650228　　网址：http://www.yncityplan.com/　　电话：0871-4315795　　传真：0871-4316705　　E-mail：yncityplan3@163.com　　1121533162@qq.com　　js@yncityplan.com

昆明市规划设计研究院　　地址：云南省昆明市尚义街213号　　邮政编码：650041　　网址：http://www.kupdi.com/　　电话：0871-3195068　　E-mail：ghy@kupdi.com

昆明理工大学城乡规划设计研究院　　地址：云南省昆明市东郊白龙寺296号建筑工程学院　　邮政编码：650224　　网址：http://www.kmustjg.com.cn/　　电话：0871-3801768　　E-mail：dyywt@yahoo.com.cn　　ynkmwsy@126.com　　Shiwk3000@126.com　　linquanhj@163.com

昆明理工大学山地城镇与区域环境研究中心

云南财经大学城乡经济研究所　　地址：云南省昆明市龙泉路237号城市管理与资源环境学院　　邮政编码：650221　　网址：http://web.ynufe.edu.cn/xueyuan/csxy/　　E-mail：xxx@ynufe.edu.cn

西南林业大学滇派园林研究院　　地址：云南省昆明市白龙寺园林学院　　邮政编码：650224　　网址：http://www.swfc.edu.cn/　　电话：0871-3863935

西南林业大学城市林业规划与城乡规划研究所　　地址：云南省昆明市白龙寺300号　　邮政编码：650224　　网址：http://yx.swfu.edu.cn/kjc/　　电话：0871-3863025　　传真：0871-3862178　　E-mail：wcmkjc@swfc.edu.cn　　ybkjc@swfc.edu.cn　　liuxy11@126.com

曲靖师范学院珠江上游地区城乡一体化研究基地　　地址：云南省曲靖市麒麟区三江大道　　邮政编码：655011　　网址：http://kjc.qjnu.edu.cn/　　电话：0874-8998616

陕西省

陕西省城乡规划设计研究院　　地址：陕西省西安市金花北路8号　　邮政编码：710032　　网址：http://www.sxsghy.cn/　　电话：029-83223249　　传真：029-83232942　　E-mail：ghy@sxsghy.cn

中国建筑西北设计研究院技术经济所　　地址：陕西省西安市西七路291号　　邮政编码：710004　　网址：http://www.cscecnwi.com/　　电话：029-68519128　　E-mail：Xbyjjs@cscecnwi.com

陕西省建筑设计研究院　　地址：陕西省西安市北大街209号　　邮政编码：710003　　网址：http://www.sadria.com　　电话：029-87271682　　E-mail：sadria@163.com

陕西省建材工业设计研究院　　地址：陕西省西安市金花北路169号天彩大厦B座25层　　邮政编码：710032　　网址：http://sjyy.snjcy.com.cn/　　电话：029-82501345　　E-mail：she_jiyuan@126.com

陕西现代建筑环境设计研究院　　地址：陕西省西安市高新区高新一路5号正信大厦a座1201室　　邮政编码：710075　　网址：http://sina.dichan.com/71655des091221/　　电话：029-83151815　　E-mail：mbebzhang@126.com

西安市社会科学院城市规划与发展研究所　　地址：陕西省西安市西影路74号　　邮政编码：710054　　网址：http://www.xass.gov.cn/　　电话：029-85539728　　传真：029-85525011

西安市城市规划设计研究院　　地址：陕西省西安市劳动南路178号　　邮政编码：710000　　网址：http://www.ccdu.com.cn/　　电话：029-84790451　　E-mail：YD6969@126.com

西安交通大学城市气候与人居环境研究中心 西安交通大学环境科学与工程研究中心 地址:陕西省西安市咸宁西路28号人居环境与建筑工程学院 邮政编码:710049 网址:http://hsce.xjtu.edu.cn/ 电话:029-83395100 传真:029-82665111 E-mail:dian-z@mail.xjtu.edu.cn guzhaoln@mail.xjtu.edu.cn fhwang@mail.xjtu.edu.cn

长安大学城市规划设计研究院/城市研究所 地址:陕西省西安市长安中路161号建筑学院 邮政编码:710054 网址:http://jzx.chd.edu.cn/ 电话/传真:029-82337375 E-mail:Wangshengxue@163.com

长安大学人居环境研究所 地址:陕西省西安市长安中路161号建筑学院 邮政编码:710054 网址:http://jzx.chd.edu.cn/ 电话:029-82337379

长安大学历史文化名城保护研究所 地址:陕西省西安市长安中路161号建筑学院 邮政编码:710054 网址:http://jzx.chd.edu.cn/ 电话:029-82337379

长安大学市政与人工环境研究所 地址:陕西省西安市雁塔路126号环境科学与工程学院 邮政编码:710054 网址:http://esec.chd.edu.cn/ 电话:029-82339952 传真:029-85585485 E-mail:yhb1997@chd.edu.cn lyfphd@163.com zhiyuanma56@163.com

陕西师范大学城市规划研究中心 地址:陕西省西安市长安南路199号旅游与环境学院 邮政编码:710062 网址:http://geog.snnu.edu.cn/ 电话:029-85310525 传真:029-85310528 E-mail:xuedq@snnu.edu.cn chenying@snnu.edu.cn yanjp@snnu.edu.cn

西北大学城市与区域发展研究院 地址:陕西省西安市郭杜教育产业园区学府大道1号经济管理学院 邮政编码:710118 网址:http://ems.nwu.edu.cn/ 电话:029-88308227 传真:029-88308261 E-mail:jgxymail@163.com

西北大学城市与区域规划研究中心/城乡规划与西部开发研究所 地址:陕西省西安市长安区郭杜教育科技产业园学府大道1号城市与环境学院 邮政编码:710127 网址:http://mainpage.nwu.edu.cn/unit/uczx/ 电话:029-88308427 E-mail:chengshi@nwu.edu.cn yangxj@nwu.edu.cn dlxgis@nwu.edu.cn

西安理工大学陕西省城市战略研究所 地址:陕西省西安市金花南路5号 邮政编码:710048 网址:http://std.xaut.edu.cn/ 电话:029-82312218 E-mail:kfb@xaut.edu.cn

西安建筑科技大学城市规划设计研究院 地址:陕西省西安市雁塔路13号 邮政编码:710055 网址:http://www.jdhcsj.com/ 电话:029-82202043

渭南师范学院城市与区域发展研究中心 地址:陕西省渭南市朝阳大街西段政治经济系 邮政编码:714000 网址:http://www.wntc.edu.cn/ E-mail:1091414086@qq.com csswntc@tom.com bzf1964@163.com 630529606@qq.com

甘肃省

甘肃省城乡规划设计研究院 地址:甘肃省兰州市城关区五泉路51号 邮政编码:730000 网址:http://www.gansuplan.com.cn/ 电话:0931-8122963 传真:0931-8123525 E-mail:934974739@qq.com 86147635@qq.com

甘肃省社会科学院 地址:甘肃省兰州市安宁区健康路62-69 邮政编码:730070 网址:http://www.gsass.net.cn/ 电话:0931-7768029 E-mail:huaxunzaixian@163.com

兰州市城乡规划设计研究院 地址:甘肃省兰州市城关区通渭路127号 邮政编码:730000 网址:http://lzgh.net.cn/ 电话:0931-8486250 E-mail:lzgh@126.com

兰州市城市建设设计院 地址:甘肃省兰州市城关区南滨河东路 邮政编码:730000 网址:http://www.lzcjy.com.cn/ 电话:0931-8465166 E-mail:lzcjy50@163.com

兰州大学城市规划研究院/社区发展中心/城市科学与旅游研究中心/城乡建设研究中心 地址:甘肃省兰州市天水南路222号资源环境学院 邮政编码:730000 网址:http://geoscience.lzu.edu.cn 电话:0931-8912627 传真:0931-8912449 E-mail:zhangwf@lzu.edu.cn cees@lz.edu.cn

兰州交通大学城市总体规划研究所/城市详细规划研究所/城市与环境设计研究所/园林景观规划设计研究所/区域与城市发展规划研究所　地址：甘肃省兰州市安宁区安宁西路88号807号信箱建筑与城市规划学院　邮政编码：730070　网址：http://jzxy.lzjtu.edu.cn/　电话：0931-4956535　传真：0931-4956534　E-mail：jzxy@mail.lzjtu.cn

甘肃农业大学城乡规划研究所　地址：甘肃省兰州市安宁区营门村1号资源与环境学院　邮政编码：730070　网址：http://zh.gsau.edu.cn/　电话：0931-7631176　传真：0931-7631741　E-mail：chen-nl@sohu.com　sungy@gsau.edu.cn　cheny@gsau.edu.cn

西北师范大学国土资源与城乡规划研究院　地址：甘肃省兰州市安宁东路967号地理与环境科学学院　邮政编码：730070　网址：http://www3.nwnu.edu.cn/dept/dhxy/　电话：0931-7971565　E-mail：wuyongwei@nwnu.edu.cn

天水师范学院城市经济研究所　地址：甘肃省天水市秦州区连亭路60经济与社会管理学院　邮政编码：741001　网址：http://nat.tsnc.edu.cn:8080/pub/jgxy/　E-mail：barnstormer@sina.com

兰州城市学院甘肃省城市发展研究院/城市经济与城市管理研究所　地址：甘肃省兰州市安宁区街坊路11号　邮政编码：730070　网址：http://www.lzcu.edu.cn/nought.htm　E-mail：president@lztc.edu.cn

宁夏回族自治区

宁夏建筑设计研究院　地址：宁夏银川市城区文化西街7号　邮政编码：750001　网址：http://www.93soso.com/ningxia/　电话：0951-5049929　E-mail：o5ka5af9807g@yahoo.com

宁夏社会科学院　地址：宁夏银川市新风巷8号　邮政编码：750000　网址：http://www.nxass.com/　电话：0951-2074545　E-mail：nxskywz@163.com

宁夏大学西部发展研究中心　地址：宁夏银川市西夏区贺兰山西路489号　邮政编码：750021　网址：http://xbyjzx.nxu.edu.cn:8585/　电话：0951-2061909　E-mail：xbyjzx@nxu.edu.cn

青海省

青海省社会科学院　地址：青海省西宁市上滨河路1号　邮政编码：810000　网址：http://www.qhass.org/　电话：0971-8452119　E-mail：qinghaisky@126.com

青海省建筑勘察设计研究院　地址：青海省西宁市胜利路34号　邮政编码：810000　网址：http://www.5izixun.com/　电话：0971-6146497　E-mail：yzyan@china..com

新疆维吾尔自治区

新疆城乡规划设计研究院　地址：新疆乌鲁木齐市光明路26号建设广场（七彩楼）七层　邮政编码：830002　网址：http://www.urpdr.com/　电话：0991-8855972　传真：0991-8858909　E-mail：xj-design@263.net.cn

乌鲁木齐市城市规划设计研究院　地址：新疆乌鲁木齐市西虹东路52号政府联合办公大楼5号楼5楼　邮政编码：830002　网址：http://210.74.184.3/hdwiki　电话：0991-219517　E-mail：planweb@tom.com

新疆社会科学院经济研究所　地址：新疆乌鲁木齐市新市区北京南路246号　邮政编码：830011　网址：http://www.xjass.com/　电话：0991-3824404　E-mail：xjshkx@126.com

新疆建筑设计研究院　地址：新疆乌鲁木齐市光明路26号　邮政编码：830002　网址：http://www.xadi.com.cn　电话：0991-8878901　E-mail：xadi@vip.163.com

第二章 中国城市科学研究学术期刊

北京规划建设　刊期:双月刊　主管单位:北京市城市规划设计研究院　主办单位:北京市城市规划设计研究院　主编:马良伟　地址:北京市复兴门外南礼士路60号　邮政编码:100045　网址:http://www.bjghjs.com/　电话:010-68023417　E-mail:bjghjs@263.net　国际标准刊号:ISSN1003-627X　国内统一刊号:CN11-2882/TU　国内邮发代号:自办发行　开本:大16开　定价:30元/期　创刊日期:1987-01-01　宣传首都规划建设成就,探讨北京规划建设中的理论与实践,宣传政府有关规划、设计、治理的方针、政策、法律法规,推广规划治理经验,介绍国内外规划、设计的新理论、新方法,普及城市规划科学知识。

城市　刊期:月刊　主管单位:天津市规划局　主办单位:天津市城乡建设研究所　主编:王明浩　地址:天津市河西区南昌路116号　邮政编码:300201　网址:http://tjheping05731.11467.com　电话:022-23243279　国际标准刊号:ISSN1005-278X　国内统一刊号:CN12-1225/C　国内邮发代号:6-72　开本:大16开　定价:10元/期　创刊日期:1988-01-01　刊登内容包括国内外城市的人口、经济、空间结构、城市的协调发展、城市基础设施、建筑、房产、城市的生态环境、城市文化艺术等属于城市范畴的各方面的信息、动态、学术报告、工作经验以及文摘、译文等。

城市地理　刊期:月刊　主管单位:重庆市规划局　主办单位:重庆市规划展览馆　主编:刘东灵　地址:重庆市渝中区朝东路1号一层　邮政编码:400011　网址:http://www.zcom.com/mag/lvyou/chengshidili/　电话:023-63105900　国际标准刊号:ISSN 1674-2508　国内统一刊号:CN50-1192/K　国内邮发代号:78-138　开本:大16开　定价:16元/期　以城市为核心,融汇城市规划、建设、生态、人文等内容,报道城市规划、建设方面的成就,介绍城市地理变迁、文化风貌,普及城市地缘文化知识。

城市地质　刊期:季刊　主管单位:北京市地质矿产勘查开发局　主办单位:北京市地质矿产勘查开发局　主编:吕晓俭　地址:北京西四环北路123号　邮政编码:100195　网址:http://csdz.periodicals.net.cn/default.html/　电话:010-51560338　传真:010-51560122　E-mail:YUCL901011@yahoo.com.cn　国际标准刊号:ISSN1007-1903　国内统一刊号:CN11-5519/P　开本:大16开　定价:12元/期　创刊日期:2006-01-01　主要栏目有理论研究、分析探讨、方法应用、资源地质、环境地质、工程地质、灾害地质、建议等。

城市发展研究　刊期:月刊　主管单位:中国科学技术学会　主办单位:中国城市科学研究会　主编:鲍世行、李迅　地址:北京海淀区三里河路9号住房和城乡建设部内　邮政编码:100835　网址:http://www.cityup.org/chinasus/　www.urbanstudies.org.cn/　电话:010-68393972　传真:010-68394190　E-mail:cxqk2009@126.com　Ebuds@263.net　国际标准刊号:ISSN1006-3862　国内统一刊号:CN11-3504/TU　国内邮发代号:82-74　国际发行代号:BM4599　开本:16开　定价:16元/期　创刊日期:1994-01-01　主要刊载国内外城市科学研究成果,最新城市发展理论和城市发展趋势。主要栏目有城市化、城市管理、城市规划、城市生态、城市景观、城市交通等。

城市管理与科技　刊期:双月刊　主管单位:北京市市政市容管理委员会　主办单位:北京市市政管理委员会信息中心　主编:辛向阳　地址:北京西城区三里河北街甲3号　邮政编码:100045　网址:http://csglykj.periodicals.net.cn/default.html/　电话:010-68529005/68529718　E-mail:csgl@bjmac.gov.cn/csglykj@sina.com　国际标准刊号:ISSN1008-2271　国内统一刊号:CN11-3931/T　国内邮发代号:2-400　开本:大16开　定价:12元/期　创刊日期:1999-01-01　旨在宣传报道国内外城市管理方面科学与技术最新研究成果和业务动态,提高国内城市管理的科技水平。主要栏目有特稿、城市运行管理、城市法制管理、城市管理前沿、城市管理技术、人物访谈、交流平台、城市之窗等。

城市轨道交通研究　刊期:月刊　主管单位:教育部　主办单位:上海同济大学　主编:孙章　地址:上海市真南路500号同济大学沪西校区　邮政编码:200331　网址:http://www.umt-cn.com/　电话:021-51030704　传真:

021-51030584   E-mail:umt1998@vip.163.com/fb59165@126.com   国际标准刊号:ISSN1007-869X   国内统一刊号:CN31-1749/U   国内邮发代号:4-736   开本:大16开   定价:20元/期   创刊日期:1998-01-01   旨在宣传党和国家有关城市轨道交通领域的方针政策,交流学术动态,传播科技信息,提供市场服务,为城市轨道交通事业的快速、健康、有序发展提供更新、更快、更好的服务。

城市规划   刊期:月刊   主管单位:住房和城乡建设部   主办单位:中国城市规划学会   主编:吴良镛   地址:北京市三里河路9号中国城市规划设计研究院内小西楼   邮政编码:100037   网址:http://www.lunwenshijie.cn/   电话:010-58323857   传真:010-58323850   E-mail:cityplan@china.com   bjb@planning.gov.cn   国际标准刊号:ISSN1002-1329   国内统一刊号:CN11-2378/TU   国内邮发代号:82-72   国外发行代号:M672   开本:大16开   定价:22元/期   创刊日期:1977-01-01   内容涉及城市研究、城市规划、城市建设、城市交通、城市管理、城市地理、城市经济、城市环境等。主要栏目有规划研究、研究综述、高层信息、独家专稿、本刊特稿、热点追踪、海外快递、国外规划研究等。

城市规划(英文版)   刊期:季刊   主管单位:住房和城乡建设部   主办单位:中国城市规划学会、中国城市规划设计研究院   主编:吴良镛   地址:北京市三里河路9号中国城市规划设计研究院内小西楼   邮政编码:100037   网址:http://www.lunwenshijie.cn   电话:010-87482727   E-mail:bjb@planning.gov.cn   国际标准刊号:ISSN1002-8447   国内统一刊号:CN11-1735/TU   邮发代号:440731-3   开本:16开   定价:元/期   创刊日期:1985-01-01   介绍中国城市发展总体情况、出现问题、发展趋势以及相关政策。

城市规划学刊   刊期:双月刊   主管单位:教育部   主办单位:同济大学建筑与城市规划学院   主编:董鉴泓   地址:上海市四平路1239号   邮政编码:200092   网址:http://www.upforum.org/   电话:021-65983507   传真:021-65975019   E-mail:upforum@shtel.net.cn   upforum@126.com   国际标准刊号:ISSN1000-3363   国内统一刊号:CN31-1938/TU   国内邮发代号:4-465   国外发行代号:BM3196   开本:大16开   定价:25元/期   创刊日期:1957-01-01   主要刊登城市发展理论和政策、城市空间规划理论研究与城市设计、城市经济发展与规划研究、城市社会学与社区规划研究、城市交通规划与工程研究、城市环境景观规划设计与研究、城市开发管理与法规规划研究、城市建设史与历史文化名城保护规划研究、城市规划现代技术、城市规划著作书评等。

城市环境设计   刊期:双月刊   主管单位:北方联合出版传媒集团   主办单位:中国建筑文化中心、辽宁科学技术出版社   主编:彭礼孝   地址:北京市海淀区三里河路13号中国建筑文化中心   邮政编码:100037   网址:http://www.lnkj.com.cn/   电话:010-88084420   传真:010-88084405   E-mail:U_EN@163.com   tad4356@mail.lnpgc.com.cn   国际标准刊号:ISSN1672-9080   国内统一刊号:CN21-1508/TU   国内邮发代号:8-575   开本:大16开   定价:28元/期   创刊日期:2004-01-01   重点报道城市规划建设、新农村建设取得的成果和先进经验,先进的城市发展理念、城市可持续发展研究、生态城市建设、绿色生态建筑应用的先进技术、新型材料,新技术在城市建设中的应用,工程项目管理经验和工程项目建设信息等。主要栏目有生态城市设计与实践、绿色生态建筑新技术应用、居住空间、城市公共艺术、城市杂谈、城市设计、城市照明、城市可持续发展研究等。

城市环境与城市生态   刊期:双月刊   主管单位:天津市环境保护局   主办单位:天津市环境保护研究院、天津市环境监测中心、天津市环境工程评估中心、天津市环境影响评价中心   主编:郑高泽   地址:天津市南开区复康路17号   邮政编码:300191   网址:http://www.taes.org   电话:022-23051701   E-mail:lxcsst@tisti.ac.cn   bianjibu159@126.com   tj23051701@eyou.com   国际标准刊号:ISSN1002-1264   国内统一刊号:CN12-1128/X   国内邮发代号:18-111   国外发行代号:BM4804   开本:大16开   定价:15元/期   创刊日期:1988-03-01   主要内容有:环境工程、生态工程、城市生态系统以及城市资源开发与利用、环境管理、景观生态、产业生态、环保产业、固体废物、噪声等方面的科研成果、实践经验及科学管理,学术论文、研究报告、专论、综述、学术动态、新书评介和科技简讯、会议信息等。

城市建设   刊期:旬刊   主管单位:中国商业联合会   主办单位:国资委商业网点建设开发中心   总编辑:蔡强   地址:北京市丰台区三路居路骆驼湾37号   邮政编码:100073   网址:http://www.zgcsjs.org.cn/   电话:010-63257761   传真:010-63257791   E-mail:zgcsjsw@126.com   csjsllbjb@126.com   国际标准刊号:ISSN2095-2104

国内统一刊号:CN11-9313/TU　开本:大16开　定价:48元/期　创刊日期:2008-01-01　主要栏目设置:上旬有大家箴言、城市新地标、市长访谈、热点透视、商界霓虹、房地产、人车路、依法治市、环保前沿、悠悠母亲河、大街小巷、文化瑰宝、小城镇、农民工、人物专访、城市热点、城市观;中旬有财经论坛、高校科研、管理观察、社科纵横、工程管理、建筑设计、科学技术等;下旬有非常声音、非常数字、城市在线、商界霓虹、热点透视、社会纵横、记者观察、城市论坛、旅游视点、环球视线、财智人物、艺海写真等。

城市建设理论研究(电子版)　刊期:旬刊　主管单位:中国商业联合会　主办单位:国资委商业网点建设开发中心　总编辑:蔡强　地址:北京市丰台区三路居路骆驼湾37号　邮政编码:100073　网址:http://www.csjsll.com/　电话:010-89365433　E-mail:cjllyj@126.com　ksj0476@163.com　国际标准刊号:ISSN2095-2104　国内统一刊号:CN11-9313/TU　开本:大16开　定价:16元/期　创刊日期:2011-03-01　围绕科学发展观与建设和谐社会为指导,广泛结合政治、经济、科技、教育等诸多方面的学术成就。致力于报道城市建设发展相关领域的理论研究与科学研究成果,为经济建设和社会发展提供服务。开设有教育创新、学科探索、经验交流、经济纵横、信息技术、企业管理、科学论坛、应用技术、建筑工程、机械与电子、管理观察等栏目。

城市建筑　刊期:月刊　主管单位:黑龙江科学技术出版社　主办单位:哈尔滨工业大学建筑设计研究院、哈尔滨工业大学建筑学院　主编:梅洪元　地址:黑龙江哈尔滨市南岗区海河路202号2545信箱　邮政编码:150090　网址:http://www.ua2004.com/　电话:0451-86283778　传真:0451-86289326　E-mail:ua@ua2004.com　国际标准刊号:ISSN1673-0232　国内统一刊号:CN23-1528/TU　国内邮发代号:14-23　国外发行代号:M1941　开本:大16开　定价:25元/期　旨在从城市、建筑设计及其理论研究等方面,探讨城市、建筑、城市与建筑问题。

城市交通　刊期:双月刊　主管单位:住房和城乡建设部　主办单位:住房和城乡建设部城市交通工程技术中心、中国城市规划设计研究院　主编:王静霞　地址:北京市三里河路9号中国城市规划设计研究院　邮政编码:100037　网址:http://www.chinautc.com/　电话:010-58323223　传真:010-58323220　E-mail:zyutc@263.net csjt@vip.163.com/　国际标准刊号:ISSN1672-5328　国内统一刊号:CN11-5141/U　国内邮发代号:80-173　国外发行代号:Q1828　开本:大16开　定价:18元/期　创刊日期:2003-11-01　刊载内容包括交通战略与政策、交通规划、交通设计、交通新技术、交通安全与环境、交通管理与控制、交通经济、公共交通、轨道交通、静态交通、智能交通等方向的学术论文、科研报告或者技术成果,国内外交通领域先进理论技术和各地成功经验的推广介绍,城市交通从宏观到微观各个层面问题的思考与建议等。

城市·空间·设计　刊期:双月刊　主管单位:新闻出版署　主办单位:天津大学建筑设计规划研究总院　主编:王明贤　地址:北京市朝阳区十里堡甲2号院爱这城2号楼4单元301室　邮政编码:100025　网址:http://edu.sinoaec.com/emag/issue.asp id=6/　电话:010-85912794　传真:010-85912701　E-mail:urbanflux_p@yahoo.cn　国际标准刊号:ISS1008-2832　国内统一刊号:CN11-3909/J　国内邮发代号:自办发行　开本:大16开　定价:35元/期　创刊日期:2008-01-01　全方位介绍城市规划、建筑设计及艺术景观设计的新方法、新理念,多视点聚焦城市话题,捕捉政策走向及行业信息。主要栏目有特别报道、城市演进、城市流、建筑教育、事务所档案、学术研究等。

城市开发　刊期:月刊　主管单位:北京城市建设开发集团总公司　主办单位:北京城市开发集团有限责任公司、北京市科学技术情报研究所　主编:赵康　地址:北京市西城区月坛北街26号恒华国际商务中心3座811室　邮政编码:100045　网址:http://cskf.periodicals.net.cn/default.html　电话:010-58565548　E-mail:chengshikaifa@163.com　国际标准刊号:ISSN1002-3062　国内统一刊号:CN11-2373/TU　国内邮发代号:82-218　开本:大16开　定价:13元/期　创刊日期:1981-01-01　主要栏目有特别关注、业内动态、要章要闻、专题专论、城市发展战略、城市规划、城镇建设、市长论坛等。

城市问题　刊期:月刊　主管单位:北京市社会科学院　主办单位:北京市社会科学院　主编:戚本超　地址:北京市北四环中路33号　邮政编码:100101　网址:http://www.bass.gov.cn/　电话:010-64870894　E-mail:cswt2001@vip.sohu.com　国际标准刊号:ISS1002-2031　国内统一刊号:CN11-1119/C　国内邮发代号:82-485　开本:大16开　定价:12元/期　创刊日期:1982-01-01　旨在反映国内外城市科学研究的最新成果,反映城市规划、建设、发展、管理中存在的问题,探讨解决问题的对策。内容涉及城市地理学、城市经济学、城市社会学及相关学科、包括中国城市化及城市发展中问题的分析,有关城市发展战略、城市管理机能、城市政策的探讨等。主要栏目有城市科学、城市建设与发展、经社问题、城市管理、外国城市等。

城市与减灾 刊期:双月刊 主管单位:中国地震局 主办单位:北京市地震局 主编:吴卫民 地址:北京市西城区莲花池东路白云时代大厦东塔1910-1室 邮政编码:100080 网址:http://www.csyjzqikan.com 电话:010-82613822 E-mail:csyjzqikan@csyjzqikan.com 国际标准刊号:ISSN1671-0495 国内统一刊号:CN11-4652/P 国内邮发代号:82-860 开本:大16开 定价:8元/期 创刊日期:1998-01-01 结合城市规范建设、环境保护及城市管理等问题,宣传党和政府有关防灾减灾政策、法律和法规;介绍国内外减灾技术与方法;讨论、交流城市减灾工作经验和教训,普及防灾减灾科学知识,提高社会公众的减灾意识,达到提高城市抵御自然灾害能力的目的。

城市中国 刊期:双月刊 主管单位:中国出版集团 主办单位:中国对外翻译出版公司 总编:匡晓明 地址:上海市杨浦区中山北二路1121号同济科技大厦7楼 邮政编码:200092 网址:http://www.urbanchina.com.cn/ http://www.upla.cn/mag/cszg/ 电话:021-65982080 E-mail:info@urbanchina.com.cn 国际标准刊号:ISSN1672-9269 国内邮发代号:CN11-5299/G0 开本:大16开 定价:25元/期 创刊日期:2005-01-01 从政治、人文、经济、规划、建筑、艺术、社会生态、商业形态等学科的各层面介绍当代中国在全球化权力空间背景下的发展现状,是对城市生态、经济、文化等方面发展脉络的理性呈现。

城市住宅 刊期:月刊 主管单位:住房和城乡建设部 主办单位:亚太建设科技信息研究所、中国建筑设计研究院 主编:阳小虎 地址:北京市昌平区回龙观龙锦苑东一区19号楼10单元302室 邮政编码:102208 网址:http://www.chengshizhuzhai.com/ 电话/传真:010-80740109 E-mail:chengshizhuzhai@163.com 国际标准刊号:ISSN1006-6659 国内统一刊号:CN11-3679/TU 国内邮发代号:82-691 开本:大16开 定价:23元/期 创刊日期:1994-01-01 主要栏目有建筑科学、工程技术、规划设计、材料技术、工程管理、企业经济、学术论坛等。

城乡建设 刊期:月刊 主管单位:住房和城乡建设部 主办单位:建筑杂志社 主编:贾衍邦 地址:北京市海淀区三里河路9号 邮政编码:100835 网址:http://www.cnqikan.com/ 电话:010-58933705 传真:010-58934862 E-mail:cxjs1956@126.com zgkj8@163.com 国际标准刊号:ISSN1002-8455 国内统一刊号:CN11-1618/D 国内邮发代号:2-217 开本:大16开 定价:15元/期 创刊日期:1956-01-01 主要栏目有特别策划、高层访谈、建设经纬、城乡规划、城市建设、村镇建设、住宅与房地产业、风景园林、市长园地、专家论坛、理论探讨、城市文化等。

地域研究与开发 刊期:双月刊 主管单位:河南省科学院 主办单位:河南省科学院地理研究所 主编:冯德显 地址:河南省郑州市陇海中路64号 邮政编码:450052 网址:http://www.henaninfo.com 电话:0371-7939201 E-mail:yjkf@371.net 国际标准刊号:ISSN1003-2363 国内统一刊号:CN41-1085/P 国内邮发代号:36-109 开本:大16开 定价:15元/期 创刊日期:1982-01-01 主要版块栏目:重大问题专论、理论与方法、区域开发与发展、可持续发展研究、城市研究、农业研究、旅游研究、环境研究、地图与遥感研究。

广西城镇建设 刊期:月刊 主管单位:广西壮族自治区建设厅 主办单位:广西建设信息中心 主编:黄杰斌 地址:广西南宁市金湖路58号建设大厦14楼 邮政编码:530028 网址:http://www.gxcic.net/ 电话:0771-2260116 传真:0771-2260182 E-mail:gxcic@163.net gxcic@@tom.com 国际标准刊号:ISSN1672-7045 国内统一刊号:CN45-1314/TU 国内邮发代号:自办发行 开本:大16开 定价:26元/期 创刊日期:1974-01-01 内容涵盖建设工程、勘察设计、建设科技、村镇建设、规划园林、城市建设、房地产、建筑安全、工程造价、墙体革新、建设论坛等。设置的论文类栏目有城镇化研究、城镇规划、区域城市、住宅与房地产、建筑文化、建筑节能、建筑勘测、建筑结构、建筑材料、工程技术、园林绿化、工程管理、建设论坛等。

规划师 刊期:月刊 主管单位:广西壮族自治区建设厅 主办单位:广西建筑综合设计研究院 主编:雷翔 地址:广西南宁市华东路39号 邮政编码:530011 网址:http://www.planners.com.cn/ 电话:0771-2437582 传真:0771-2436269 E-mail:planner@21cn.net xueshutougao@126.com 国际标准刊号:ISSN1006-0022 国内统一刊号:CN45-1210/TU 国内邮发代号:48-79 开本:大16开 定价:25元/期 创刊日期:1985-01-01 以理性开

放的视野,关注世界当今特别是中国城市化进程中规划理论创新与实践的状态与过程,关注实践经验,传递资讯信息,强调理论与实践结合,学术性与可读性并重。栏目主要分理论、实践和人物三大版块,具体包括规划师论坛、规划设计、优秀作品鉴析、规划管理、规划广角、规划评论、城市专版、专题研究、随想杂谈、信息动态、理事单位资讯等。

国际城市规划 刊期:双月刊 主管单位:住房和城乡建设部 主办单位:中国城市规划设计研究院 主编:王静霞 地址:北京三里河路9号中国城市规划设计研究院学术信息中心 邮政编码:100037 网址:http://admin.chinajournal.net.cn/ 电话:010-68343240 传真:010-58323825 E-mail:upi@vip.163.com dofup@public.bta.net.cn 国际标准刊号:ISSN1673-9493 国内统一刊号:CN11-5583/TU 国内邮发代号:82-363 开本:大16开 定价:20元/期 创刊日期:1979-01-01 全面介绍世界城市规划理论与实践的专业学术刊物,提供中外对比研究的平台。主要栏目有规划研究、城市研究、实践综述、专访、资讯中心等。

江苏城市规划 刊期:月刊 主管单位:江苏省住房和城乡建设厅 主办单位:江苏省城市规划协会 主编:张泉 地址:江苏省南京市草场门大街88号307室 邮政编码:210036 网址:http://www.jsurp.org/jscsgh/bjcb/ 电话:025-83751601 传真:025-83701880 E-mail:jsacp2005@hotmail.com upsjs2005@hotmail.com 国际标准刊号:ISSN1006-0022 国内统一刊号:CN11-2477/TU 国内邮发代号:6-72 开本:大16开 定价:20元/期 创刊日期:1996-01-01 内容涵盖城市规划、村镇规划、城市交通、规划测绘、历史文化保护等众多专业。

南方建筑 刊期:双月刊 主管单位:广东省建工集团 主办单位:广东省土木建筑学会、华南理工大学建筑学院 主编:郑振纮 地址:广东省广州市东风东路555号粤海大厦706室 邮政编码:510050 网址:http://www.scut.edu.cn/ 电话:020-86676522 E-mail:nfjz@vip.163.com 国际标准刊号:ISSN1000-0232 国内统一刊号:CN44-1263 国内邮发代号:46-27 开本:大16开 定价:10元/期 创刊日期:1981-01-01 刊登建筑学科学术的动态信息,探讨建筑学科相关理论方法。栏目有:建筑名人堂、岭南地域建筑、住区与住宅建筑研究、建筑创作、设计机构与作品、译文与撷英、世界遗产研究。

上海城市管理 刊期:双月刊 主管单位:上海市建设与管理委员会 主办单位:上海城市管理职业技术学院 主编:王震国 地址:上海市虹漕南路123号 邮政编码:200233 网址:http://www.umcollege.com 电话:021-64367400-2176 E-mail:shanghai-urban@sina.com 国际标准刊号:ISSN1674-7739 国内统一刊号:CN31-2044/Z 国内邮发代号:4-736 开本:大16开 定价:16元/期 创刊日期:1998-01-01 城市建设与管理领域内的综合性理论刊物,重点反映上海及国内外其他城市建设与管理的先进经验、方法和理念。

上海城市规划 刊期:双月刊 主管单位:上海市规划和国土资源管理局 主办单位:上海市城市规划设计研究院 主编:赵天佐 地址:上海市铜仁路331号上海市城市规划设计研究院711室 邮政编码:200040 网址:http://www.supdri.com/xsqk_list.asp 电话:021-62473288 传真:021-62472771 E-mail:sh_upr@yahoo.com.cn 国际标准刊号:ISSN1673-8985 国内统一刊号:CN31-1706/TU 国内邮发代号:4-803 开本:大16开 定价:10元/期 创刊日期:1991-07-01 传播大量规划建设信息,包括重大建设工程规划,重点地区开发管理及开发动态追踪等内容。刊登有关的实例评析、动态报导。主要版块栏目:规划研究、工作探讨、他山之石、城乡法规、信息窗。

现代城市研究 刊期:月刊 主管单位:南京市建设委员会 主办单位:南京城市科学研究会 主编:叶菊华 地址:江苏省南京市广州路183号 邮政编码:210024 网址:http://www.mur.cn/ 电话:025-84785410 传真:025-83730884 E-mail:editor@mur.cn urbnrech@163.com 国际标准刊号:ISSN1009-6000 国内统一刊号:CN32-1612/TU 国内邮发代号:28-275 国外发行代号:BM5338 开本:大16开 定价:18元/期 创刊日期:1986-01-01 以城市发展、规划、建设和管理等为主要研究对象的综合性学术期刊,内容涉及城市与区域规划、城市经营、城市形象与城市设计、城市建设与管理、城市经济、城市房地产、城市生态、城市交通等,主要栏目有城市与区域规划、城市特色、城市设计、城市建设与管理、城市经济、房地产、城市交通、城市生态等。

小城镇建设 刊期:月刊 主管单位:住房和城乡建设部 主办单位:中国建筑设计研究院 主编:高潮 地址:北京市车公庄大街19号 邮政编码:100044 网址:http://www.cadreg.com.cn 电话:010-68340120 E-mail:shijilunwen@163.com 国际标准刊号:ISSN1002-8439 国内统一刊号:CN11-4418/TU 国内邮发代号:2-556 开

本:大16开　定价:18元/期　创刊日期:1983-01-01　旨在宣传党和政府对村镇建设的方针政策,普及村镇建设的科学知识,交流村镇建设的经验。

中国城市经济　刊期:半月刊　主管单位:中国社会科学院　主办单位:中国城市经济学会　主编:杨重光　地址:北京市海淀区车道沟8号居安写字楼428　邮政编码:100089　网址:http://www.zgcsjjzzs.com/　电话:010-59464576　传真:010-68428938　E-mail:zhongguocsjj@163.com　cityeconomy@126.com　国际标准刊号:1008-9721　国内统一刊号:11-4085/F　国内邮发代号:2-549　开本:大16开　定价:15元/期　创刊日期:1999-01-01　以经济理论、城市管理、城乡建设、改革创新、旅游服务、教育科技、文化产业等为主要内容的综合性理论专刊。栏目设置有科学发展篇、城市经济篇、城乡统筹篇、城市管理篇、企业管理篇、财政金融篇、人文社科篇等。

中国名城　刊期:月刊 主管单位:中国科学技术学会　主办单位:中国城市科学研究会历史文化名城委员会　主编:张鸿雁　地址:江苏省扬州市文昌路411号市建设局内　邮政编码:225002　网址:http://ius.nju.edu.cn/　http://www.chinaac.net/　电话:0514-87329548　传真:0514-87329540　E-mail:cac7329540@msn.cn y7329540@126.com　国际标准刊号:ISSN1674-4144　国内统一刊号:CN32-1793/GO　国内邮发代号:28-155　开本:大16开　定价:18元/期　创刊日期:2008-05-01　主要栏目有城市理论前沿、城市文化资本与市场价值、世界历史文化名城保护、中国历史文化名城保护、历史文化名城保护技术与创新、名城保护案例、中国历史文化名城指标评审、文化名城地理探索、城市文化批判——城市建设的文化误区、城市品位与性格、城市记忆与城市意象等。

中外建筑　刊期:月刊　主管单位:建设部　主办单位:建设部信息中心、长沙市建设信息中心　主编:李文华　地址:湖南省长沙市芙蓉区德正街167号　邮政编码:410001　网址:http://www.coanew.com/　电话:0731-84117537　E-mail:c-oa@vip.sina.com　国际标准刊号:ISSN1008-0422　国内统一刊号:CN43-1255/TU　国内邮发代号:42-149　开本:大16开　定价:28元/期　创刊日期:1995-01-01　旨在推介学术创新成果,展示优秀设计作品,宣传建筑行业成就,提供中外建筑资讯。常设栏目有视点、作品、游踪、论文、观点、声音、快讯、空间等。

第三章 中国普通高校城市科学专业

北京市

北京大学城市与环境学院城市规划专业、资源环境与城乡规划管理专业 地址：北京市海淀区颐和园路5号逸夫二楼 邮政编码：100871 网址：http://www.environ.pku.edu.cn/ 电话：010-62751407 E-mail：hjjf@pku.edu.cn beijingzs@pku.edu.cn

北京大学政府管理学院城市管理专业 地址：北京市海淀区颐和园路5号廖凯原楼 邮政编码：100871 网址：http://www.sg.pku.edu.cn/ 电话：010-62751641 传真：010-62756461 E-mail：sgpku@pku.edu.cn

中国人民大学公共管理学院城市管理专业 地址：北京市海淀区中关村路59号 邮政编码：100872 网址：http://www.mparuc.edu.cn/ 电话：010-62511122 传真：010-62516240 E-mail：zsb@ruc.edu.cn pengxiaoyan@mparuc.edu.cn

清华大学建筑学院城市规划专业 地址：北京市海淀区清华园1号 邮政编码：100084 网址：http://tsinghua.edu.cn/ 电话：010-62770334 E-mail：wwjwu@tsinghua.edu.cn zsb@tsinghua.edu.cn

北京师范大学地理学与遥感科学学院资源环境与城乡规划管理专业 地址：北京市新街口外大街19号 邮政编码：100875 网址：http://www.bnu.edu.cn/ 电话：010-58807962 E-mail：zsb@bnu.edu.cn

中央财经大学管理科学与工程学院城市与房地产管理系 地址：北京市海淀区学院南路39号 邮政编码：100081 网址：http://mse.cufe.edu.cn/ E-mail：zhujiguang1999@163.com

北京工业大学建筑与城市规划学院城市规划专业 地址：北京市朝阳区平乐园100号 邮政编码：100022 网址：http://jzcg.bjut.edu.cn/ 电话：010-67392154 E-mail：bjutcaup@126.com

北方工业大学建筑工程学院城市规划专业 地址：北京市石景山区晋元庄路5号 邮政编码：100144 网址：http://219.224.61.22/chs/ 电话：010-88803279 E-mail：qtj@ncut.edu.cn arch@ncut.edu.cn

北京林业大学水土保持学院资源环境与城乡规划管理专业 地址：北京市海淀区清华东路35号 邮政编码：100083 网址：电话：010-62338279 E-mail：blzsb@bjfu.edu.cn

北京林业大学园林学院城市规划专业 地址：北京市海淀区清华东路35号 邮政编码：100083 网址： 电话：010-62338279 E-mail：blzsb@bjfu.edu.cn

中国矿业大学（北京）资源环境与城乡规划管理专业 地址：北京市海淀区学院路丁11号 邮政编码：100083 网址：http://www.cumtb.edu.cn/ 电话：010-62331534 E-mail：cumtbzb@cumtb.edu.cn

北京联合大学应用文理学院建筑与城市规划学院资源环境与城乡规划管理专业 地址：北京市海淀区北土城西路197号 邮政编码：100083 网址：http://www.casbuu.edu.cn/ 电话：010-62004525 E-mail：chengshi@ygi.edu.cn zsb@ygi.edu.cn

北京建筑工程学院建筑与城市规划学院城市规划专业 地址：北京市西城区展览路1号 邮政编码：100044 网址：http://jzxy.bucea.edu.cn/ 电话：010-68322397 传真：010-68322333 E-mail：jianzhuxueyuan@bucea.edu.cn

首都经贸大学城市学院城市管理专业 地址：北京市丰台区花乡张家路口121号 邮政编码：100070 网址：http://cjx.cueb.edu.cn/ 电话：010-83952082/83952048

北京城市学院公共管理学部城市公共管理专业 地址：北京市海淀区永丰高科技园区（航天城校区） 邮政编码：100094 网址：http://dep.bcu.edu.cn/ggglxb/ 电话：010-62474669/62442572 E-mail：copyright@bcu.edu.cn

北京城市学院城市建设学部城市规划专业、资源环境与城乡规划专业 地址：北京市海淀区北四环中路269

号 邮政编码:100083 网址:http://dep.bcu.edu.cn/cjxb/ 电话:010-62335350/62335352 E-mail:suggestionbox@bcu.edu.cn nic@bcu.edu.cn

天津市

天津大学建筑学院城市规划专业 地址:天津市南开区卫津路92号 邮政编码:300072 网址:http://www2.tju.edu.cn/colleges/architecture/ 电话:022-27404491/27403973 E-mail:chentian5561@vip.sina.com yunyx@126.com

天津师范大学城市与环境科学学院资源环境与城乡规划管理专业 地址:天津市西青区宾水西道393号 邮政编码:300387 网址:http://www.tjnu.edu.cn 电话:022-23766666 E-mail:shidazhaoban@126.com

天津城市建设学院城市规划专业、资源环境与城乡规划管理专业 地址:天津市近郊西青区津静公路26号 邮政编码:300384 网址:http://www.tjuci.edu.cn/ 电话:022-23085000 传真:022-23085555 E-mail:zyz@tjuci.edu.cn ybgs@tjuci.edu.cn

河北工业大学建筑与艺术设计学院城市规划专业 地址:天津市北辰区双口工业园河北工业大学北辰校区管理楼 邮政编码:300401 网址:http://jzys.hebut.edu.cn/ 电话:022-26564029 E-mail:yzb@hebut.edu.cn

河北工业大学城市学院 地址:天津市红桥区光荣道29号 邮政编码:300132 网址:http://cc.hebut.edu.cn/ E-mail:csxy@hebut.edu.cn

河北省

河北工程大学建筑学院城市规划专业 地址:河北省邯郸市中华南大街199号 邮政编码:056000 网址:http://jianzhu.hebeu.edu.cn/ 电话:0310-8578704

河北工程大学城市建设学院 地址:河北省邯郸市光明南大街199号 邮政编码:056038 网址:http://chengjian.hebeu.edu.cn/ 电话:0310-8578751/8579735 E-mail:zhangziping@bebeu.edu.cn wang10751@hotmail.com

河北工程大学科信学院(独立)城市规划专业 地址:河北省邯郸市光明南大街199号 邮政编码:056038 网址:http://kexin.hebeu.edu.cn/ 电话:0310-8579259 E-mail:kexin@hebeu.edu.cn kexinxueyuan@hebeu.edu.cn

河北师范大学资源与环境科学学院资源环境与城乡规划管理专业 地址:河北省石家庄市裕华东路113号 邮政编码:050016 网址:http://www.hebtu.edu.cn/ 电话:0311-86269347 E-mail:zhxyjyb@163.com

河北农业大学城乡建设学院城市规划专业 地址:河北省保定市灵雨寺街289号 邮政编码:071001 网址:http://tch.hebau.edu.cn/chjian/ 电话:0312-7521275 E-mail:cjhhl@hebau.edu.cn

河北农业大学农村发展学院城市规划专业 地址:河北省保定市建设南路215号 邮政编码:071000 河北保定乐凯南大街2569号(西校区) 邮政编码:071001 网址:http://tch.hebau.edu.cn/nongcunfzh/ 电话:0312-7526150

河北建筑工程学院建筑系城市规划专业 地址:河北省张家口市建国路33号 邮政编码:075024 网址:http://www.hebiace.edu.cn/ 电话:0313-2050877 E-mail:jzx01@hebiace.edu.cn netcenter@hebiace.edu.cn

邢台学院地理系资源环境与城乡规划管理专业 地址:河北省邢台市泉北大街 邮政编码:054001 网址:http://dlx.xttc.edu.cn/ 电话:0319-3650111 传真:0319-3226566 E-mail:yb@xttc.edu.cn

唐山师范学院资源管理系资源环境与城乡规划管理专业 地址:河北省唐山市建设北路156号 邮政编码:063000 网址:http://zygl.tstc.edu.cn/ E-mail:zyglx@tstc.edu.cn

唐山学院环境与化学工程系资源环境与城市管理专业 地址:河北省唐山市路北区华岩北路38号 邮政编码:054001 网址:http://www.tsc.edu.cn/col2/col19/ 电话:0315-2010649/2055264 E-mail:tsc@tsc.edu.cn

石家庄学院资源与环境系资源环境与城乡规划管理专业 地址:河北省石家庄市高新技术开发区珠峰大街288号 邮政编码:050035 网址:http://210.31.249.4/ 电话:0311-66617230 E-mail:zyyhjx2010@126.com

河北科技师范学院城市建设学院城市规划专业 地址:河北省秦皇岛市海港区河北大街西段360号 邮政编

码:066004　网址:http://w3.hevttc.edu.cn/　电话:0335-8047135　E-mail:csjsxybgs@126.com

张家口教育学院地理与旅游系资源环境与城乡规划管理专业　地址:河北省张家口市平门大街副19号　邮政编码:075000　网址:http://www.zjkjyxy.cn/dlx/　电话:0313-8161219

山西省

太原理工大学矿业工程学院资源环境与城乡规划管理专业　地址:山西省太原市迎泽大街23号　邮政编码:030024　网址:http://tyut.kyxy.org/　电话:0351-6018893　E-mail:kygc@tyut.edu.cn

山西农业大学林学院城市规划专业　地址:山西省太谷县山西农业大学　邮政编码:030801　网址:http://www1.sxau.edu.cn/linxueyuan/　电话:0354-6288550/6289330　E-mail:Sxdsir@sohu.com　yaoyantao888@sohu.com　sxndzywok@126.com

山西师范大学城市与环境科学学院资源环境与城乡规划管理专业　地址:山西省临汾市贡院街1号　邮政编码:041004　网址:http://www.sxnu.edu.cn/　电话:0357-2051200　E-mail:xiewenjie@yeah.net　zsb@sxnu.edu.cn

山西财经大学环境经济学院资源环境与城乡规划管理专业　地址:山西省太原市坞城路696号　邮政编码:030006　网址:http://218.26.164.161:85/huanjing/　电话:0351-7666149　E-mail:hjjjx@126.com　zsb@sxufe.edu.cn

太原师范学院城市与旅游学院资源环境与城乡规划管理专业　地址:太原市南内环街189号　邮政编码:030012　网址:http://www.tysy.net/department/news/dlx/　电话:0351-2279366　E-mail:taiyuan12345@163.com　tysyzsb@sohu.com

吕梁学院建筑工程系城市规划专业　地址:山西省吕梁市离石区滨河北东路38号　网址:http://www.llhc.edu.cn/jzgcx/　电话:0358-8248746　E-mail:jzh@llhc.edu.cn

内蒙古自治区

内蒙古科技大学建筑与土木工程学院城市规划专业　地址:内蒙古包头市阿尔丁大街7号　邮政编码:014010　网址:http://sace.imust.cn/　电话/传真:0472-5951577　E-mail:nkdjgxy@163.com

内蒙古科技大学包头师范学院资源与环境学院资源环境与城乡规划管理专业　地址:内蒙古包头市青山区科学路3号　邮政编码:014030　网址:http://www.bttc.cn/　电话:0472-3993074　E-mail:xzhd@bttc.cn

内蒙古工业大学建筑学院城市规划专业　地址:内蒙古自治区呼和浩特市新城区爱民街49号　邮政编码:010051　网址:http://arch.imut.edu.cn/　电话:0471-6576326　E-mail:wypp123@yahoo.com.cn　zsb@imut.edu.cn

内蒙古农业大学生态环境学院资源环境与城乡规划管理专业　地址:内蒙古呼和浩特市赛罕区新建东街275号　邮政编码:010019　网址:http://www1.imau.edu.cn/shengtai/　电话:0471-4301371　传真:0471-4300732　E-mail:stzww@imau.edu.cn　zhaopengwu12@163.com

内蒙古师范大学地理科学学院城市规划专业、资源环境与城乡规划管理专业　地址:内蒙古呼和浩特市赛罕区昭乌达路81号　邮政编码:010022　网址:http://210.31.176.18/Academy/Geography/　电话:0471-7383376　E-mail:baoshanhu@imnu.edu.cn　519234209@qq.com

赤峰学院环境与资源系资源环境与城乡规划管理专业　地址:内蒙古赤峰市红山区迎宾路　邮政编码:024000　网址:http://www.cfxy.cn/　电话:0476-2205812　传真:0476-2205812　E-mail:cfxyzsjyc@126.com

辽宁省

东北大学资源与土木工程学院城市规划专业　地址:辽宁省沈阳市和平区文化路3号巷11号东北大学265信箱　邮政编码:110004　网址:http://www.neu.edu.cn/zitu/　电话:024-83687693　传真:024-83672617　E-mail:ddztyb@mail.neu.edu.cn

大连理工大学建筑与艺术学院城市规划专业　地址:辽宁省大连市甘井子区凌工路2号　邮政编码:116024　网址:http://aaschool.dlut.edu.cn/　电话:0411-84708530　传真:0411-84707504　E-mail:aaschool@163.com

沈阳建筑大学建筑与规划学院城市规划专业、生态学(城市生态规划方向)专业　地址:辽宁省沈阳市浑南新区浑南东路9号　邮政编码:110168　网址:http://jz.sjzu.edu.cn/　E-mail:Tianzuo@public.hr.hl.cn

沈阳建筑大学城市建设学院城市规划专业　地址:辽宁省沈阳市东陵区白塔街380号　邮政编码:110167　网址:http://www.sjcy.cn/　电话:024-23743962　E-mail:chengjian024@163.com

沈阳建筑大学管理学院城市规划专业　地址:辽宁省沈阳市浑南新区浑南东路9号　邮政编码:110168　网址:http://gl.sjzu.edu.cn/　电话:024-24692189　E-mail:lyc@sjzu.edu.cn

沈阳建筑大学城市建设学院(独立)城市规划专业　地址:辽宁省沈阳市东陵区白塔街380号　邮政编码:110167　网址:http://www.sjcy.cn/　电话:024-23743067/81721801

辽宁师范大学城市与环境学院资源环境与城乡规划管理专业　地址:辽宁省大连市沙河口区黄河路850号　邮政编码:116029　网址:http://chenghuan.lnnu.edu.cn　电话:0411-84258364　E-mail:lnnugis@163.com

辽东学院城市建设学院资源环境与城乡规划管理专业　地址:辽宁省丹东市元宝区文化路325号(金山校区)　邮政编码:118003　网址:http://www.ldxy.cn/yuanxi/19jiangong/　电话:0415-3789793　E-mail:ldxyjgxy@163.com

辽宁工程技术大学测绘与地理科学学院资源环境与城乡规划管理专业　地址:辽宁省阜新市中华路47号　邮政编码:123000　网址:http://www.lngdchxy.cn/　电话:0429-3351520　E-mail:xuzidong3350604@163.com

吉林省

吉林大学地球科学学院资源环境与城乡规划管理专业　地址:吉林省长春市建设街2199号　邮政编码:130061　网址:http://geo.jlu.edu.cn/　电话:0431-88502278　传真:0431-88584422　E-mail:geology@jlu.edu.cn

东北师范大学城市与环境科学资源环境与城乡规划管理专业　地址:吉林省长春市人民大街5268号　邮政编码:130024　网址:http://city.nenu.edu.cn/　电话:0431-85099550　E-mail:wangss272@nenu.edu.cn　zhaojj662@nenu.edu.cn

吉林农业大学资源与环境学院学院资源环境与城乡规划管理专业　地址:吉林长春新城大街道2888号　邮政编码:130118　网址:http://www.jlau.edu.cn/　电话:0431-84532980　传真:0431-84533451　E-mail:jlauzs@sina.com

吉林建筑工程学院建筑与规划学院城市规划专业　地址:吉林省长春市新城大街5088号　邮政编码:130118　网址:http://dept.jliae.edu.cn/jianzhuxi/　电话:0431-84566063　传真:0431-84566071　E-mail:tsgzxb@jliae.edu.cn　zsk@jliae.edu.cn

吉林建筑工程学院城建学院(独立)城市规划专业　地址:吉林省长春市绿园区迎宾路1666号　邮政编码:130111　网址:http://www.jlucc.net/　电话:0431-87986099　E-mail:cjxyyb@126.com

黑龙江省

东北林业大学土木工程学院城市规划专业　地址:黑龙江省哈尔滨市香坊区和兴路26号　邮政编码:150040　网址:http://civil.nefu.edu.cn/　电话:0451-82190404　E-mail:nefuwanglifeng@yahoo.com.cn

哈尔滨工业大学建筑学院城市规划专业　地址:黑龙江省哈尔滨市南岗区西大直街66号1534信箱　邮政编码:150006　网址:http://jzxy.hit.edu.cn/　电话:0451-86281060　传真:0451-86238476　E-mail:arch_yuanzhang@126.com

哈尔滨师范大学地理科学学院资源环境与城乡规划管理专业　地址:黑龙江省哈尔滨市利民经济开发区师大南路1号　邮政编码:150025　网址:http://web.hrbnu.edu.cn/dlkx/

佳木斯大学理学院资源与环境科学系资源环境与城乡规划管理专业　地址:黑龙江省佳木斯市学府街148号　邮政编码:154007　网址:http://www.lxy0454.org/　电话:0454-8610887

齐齐哈尔大学理学院地理系资源环境与城乡规划管理专业　地址:黑龙江省齐齐哈尔市文化大街30号　邮政编码:161006　网址:http://lxy.qqhru.edu.cn/　电话:0452-2738421

东北农业大学资源与环境学院资源环境与城乡规划管理专业　地址:黑龙江省哈尔滨市香坊区公滨路木材街59号　邮政编码:150030　网址:http://zhxy.neau.edu.cn/　电话:0451-55191170　E-mail:howard2857@hotmail.

com　neaulgp@126.com

黑龙江工程学院土木与建筑工程学院城市规划专业　地址:黑龙江省哈尔滨市道外区红旗大街999号　邮政编码:150050　网址:http://www2.hljit.edu.cn:8088/tm/　电话:0451-88028630/88028842　传真:0451-88028843

黑龙江科技学院建筑工程学院城市规划专业、资源环境与城乡规划管理专业　地址:黑龙江省哈尔滨市松北区糖厂街1号　邮政编码:150027　网址:http://jiangong.usth.net.cn/　电话:0451-88036165　E-mail:jhh5186@sohu.com

绥化学院旅游与资源管理系资源环境与城乡规划管理专业　地址:黑龙江省绥化市黄河路18号　邮政编码:152061　网址:http://dlx.shxy.net/

黑龙江建筑职业技术学院城市规划专业　地址:黑龙江省哈尔滨市利民开发区学院路　邮政编码:150025　网址:http://www.hcc.net.cn/　电话:0451-85915700/85915000　传真:0451-85915700　E-mail:tianwufeng@hcc.net.cn

上海市

同济大学建筑与城市规划学院城市规划与设计专业　地址:上海市四平路1239号　邮政编码:200092　网址:http://www.tongji-caup.org/　电话:021-65983413　传真:021-65986707　E-mail:wucf1101@hotmail.com

上海交通大学船舶海洋与建筑工程学院城市规划专业　地址:上海市华山路1954号　邮政编码:200240　网址:http://naoce.sjtu.edu.cn/　电话:021-34206194　E-mail:jmyang@sjtu.edu.cn　zhzhgong@sjtu.edu.cn

华东理工大学社会与公共管理学院城市规划专业　地址:上海市梅陇路130号华东理工大学社会与公共管理学院297信箱　邮政编码:200237　网址:http://cpsa.ecust.edu.cn/　电话:021-64253086　传真:021-64253086　E-mail:yongxiangxu@ecust.edu.cn

华东师范大学社会工作(城市管理与社会服务方向)专业　地址:上海市闵行区东川路500号闵行校区法商楼北楼5楼　邮政编码:200241　网址:http://www.soci.ecnu.edu.cn/　电话/传真:021-54345171　E-mail:shfz@soci.ecnu.edu.cn　jhding@re.ecnu.edu.cn

华东师范大学资源与科学学院资源环境与城乡规划管理专业　地址:上海市中山北路3663号华东师大地理馆　邮政编码:200062　网址:http://www.re.ecnu.edu.cn/　电话:021-62232597　传真:021-62233302　E-mail:wldai@re.ecnu.edu.cn

上海师范大学旅游学院资源环境与城乡规划管理专业　地址:上海市奉贤区海思路500号　邮政编码:201418　网址:http://ww.sitsh.edu.cn/　电话:021-57126268　传真:021-57126222　E-mail:sit@shnu.edu.cn

江苏省

南京大学地理与海洋科学学院资源环境与城乡规划管理专业、城市规划专业　地址:江苏省南京市汉口路22号　邮政编码:210093　网址:http://sgos.nju.edu.cn/　电话:025-83592681　E-mail:shugao@nju.edu.cn

南京大学建筑与城市规划学院城市与区域规划系城市规划与设计专业　地址:江苏省南京市汉口路22号东北楼　邮政编码:210093　网址:http://www1.nju.edu.cn/cps/site/durp/　电话:025-83596902　E-mail:xiban213@sina.com　nd_chengshiguihua@yahoo.cn

南京大学金陵学院(独立)资源环境与城乡规划管理专业、城市规划专业　地址:江苏省南京市浦口区学府路8号　邮政编码:210089　网址:http://jlxy.nju.edu.cn/　电话:025-58646684　E-mail:ndjlxy@nju.edu.cn

东南大学建筑学院城市规划专业　地址:江苏省南京市玄武区四牌楼2号　邮政编码:210096　网址:http://arch.seu.edu.cn　电话:025-83790376　E-mail:seu-arch@163.com

河海大学水文水资源学院资源环境与城乡规划管理专业　地址:江苏省南京市西康路1号严恺馆　邮政编码:210098　网址:http://shxy.hhu.edu.cn/　电话:025-83786621　E-mail:shxy@hhu.edu.cn　rrl@hhu.edu.cn

南京农业大学土地管理学院资源环境与城乡规划管理专业　地址:江苏省南京市玄武区卫岗1号　邮政编码:210095　网址:http://clm.njau.edu.cn/　电话:025-8435700　E-mail:mhou@njau.edu.cn

中国矿业大学(徐州)资源与地球科学学院资源环境与城乡规划管理专业　地址:江苏省徐州市大学路1号南

湖校区　邮政编码:221116　网址:http://sres.cumt.edu.cn/　电话:0516-83591012　E-mail:suiwanghua@cumt.edu.cn

中国矿业大学(徐州)力学与建筑工程学院建筑学(城市规划)专业　地址:江苏省徐州市大学路1号南湖校区　邮政编码:221116　网址:http://cace.cumt.edu.cn/　电话:0516-83590666　传真:0516-83590618　E-mail:hwjing@cumt.edu.cn

苏州大学金螳螂城市建设学院城市规划专业、园林(城市园林)专业、园艺(城市园艺)专业　地址:江苏省苏州市工业园区仁爱路199号　邮政编码:215021　网址:http://csxy.suda.edu.cn　电话:0512-65880193　E-mail:hyt@suda.edu.cn　zhanggy@suda.edu.cn

南京工业大学建筑学院城市规划专业　地址:江苏省南京市中山北路200号　邮政编码:210009　网址:http://arch.njut.edu.cn/　电话:025-83239532　E-mail:arch@njut.edu.cn

南京工业大学交通学院城市地下空间工程专业、交通工程(城市轨道交通方向)专业　地址:江苏省南京市中山北路200号　邮政编码:210009　网址:http://trans.njut.edu.cn/　电话:025-83587882　E-mail:gxchen@njut.edu.cn

南京林业大学风景园林学院城市规划专业、城市设计专业　地址:江苏省南京市龙蟠路159号　邮政编码:210037　网址:http://yuanlin.njfu.edu.cn/　电话:025-85427781　E-mail:wh9816@126.com

南京林业大学南方学院(独立)城市规划专业　地址:江苏省南京市龙蟠路159号8号楼　邮政编码:210037　网址:http://sc.njfu.edu.cn/　电话:025-85428488/85428499　E-mail:nanfang_2007@126.com

徐州师范大学城市与环境学院资源环境与城乡规划管理专业　地址:江苏省徐州市铜山新区上海路101号　邮政编码:221116　网址:http://uec.xznu.edu.cn/　电话:0516-83403175/83403176　E-mail:uec@xznu.edu.cn

徐州师范大学科文学院(独立)资源环境与城乡规划管理专业　地址:江苏省徐州市铜山新区上海路101号　邮政编码:221116　网址:http://kwxy.xznu.edu.cn　电话:0516-83500188/83500098　E-mail:kwxy@xznu.edu.cn　uec@xznu.edu.cn

徐州师范大学技术教育学院(社区学院)资源环境与城乡规划管理专业　地址:江苏省徐州市和平路57号云龙校区　邮政编码:221009　网址:http://www.xznu.net.cn/　电话:0516-83867126/87706528　E-mail:sqzb@xznu.edu.cn

南通大学地理科学学院资源环境与城乡规划管理专业　地址:江苏省南通市啬园路9号　邮政编码:226019　网址:http://geo.ntu.edu.cn　电话:0513-85015484　E-mail:cxp8988@ntu.edu.cn

南京信息工程大学(原南京气象学院)遥感学院资源环境与城乡规划管理专业　地址:江苏省南京市宁六路219号　邮政编码:210044　网址:http://web.nuist.edu.cn/ygxy/　电话:025-58731191　E-mail:wkh@nuist.edu.cn

西交利物浦大学城市规划系城市规划专业　地址:江苏省苏州市中国新加坡工业园区独墅湖高等教育区仁爱路111号　邮政编码:215123　网址:http://www.xjtlu.edu.cn/　电话:0512-88161004/88161012　E-mail:recruitment.hr@xjtlu.edu.cn　hr@xjtlu.edu.cn

淮阴工学院建筑工程学院城市规划专业　地址:江苏省淮安市枚乘东路1号　邮政编码:223003　网址:http://jgx.hyit.edu.cn　电话:83591148　E-mail:yzxx@mail.hyit.edu.cn

金陵科技学院园艺学院资源环境与城市规划管理专业　地址:江苏省南京市栖霞区中心村130号　邮政编码:210038　网址:http://yyx.jit.edu.cn　电话:025-85393314　E-mail:yyx@jit.edu.cn

金陵科技学院建筑工程学院城市规划专业　地址:江苏省南京市江宁区弘景大道99号工科楼　邮政编码:211169　网址:http://jg.jit.edu.cn　电话:025-86188638　E-mail:tjx@jit.edu.cn

淮阴师范学院城市与环境学院资源环境与城乡规划管理专业　地址:江苏省淮安市长江西路111号　邮政编码:223300　网址:http://geo.hytc.edu.cn/　电话:0517-83535089　E-mail:zgc.geo@gmail.com

南京晓庄学院生物化工与环境工程学院资源环境与城乡规划管理专业　地址:江苏省南京市江宁区弘景大道3601号　邮政编码:211171　网址:http://www.njxzc.edu.cn　E-mail:zhouhong@njxzc.edu.cn

盐城师范学院城市与环境资源学院资源环境与城乡规划管理专业　地址:江苏省盐城市亭湖区希望大道　邮政编码:224002　网址:http://geog.yctc.edu.cn/　电话:0515-88258298　E-mail:chenghongquan6302@163.com

苏州科技学院建筑与城市规划学院城市规划专业　地址:江苏省苏州市新区滨河路1701号江枫校区　邮政编码:215011　网址:http://aup.usts.edu.cn/　电话:0512-68247040　传真:0512-68242298　E-mail:ard@mail.usts.edu.cn

南京人口管理干部学院人口经济系资源环境与城乡规划管理专业　地址:江苏省南京市龙蟠路177号 教学楼208　邮政编码:210042　网址:http://renkouxi.ncppm.cn/　电话:025-85483049　传真:025-85483048　E-mail:kgdnju@126.com　yinqin99@sina.com

浙江省

浙江大学理学院地球科学系资源环境与城乡规划管理专业　地址:浙江省杭州市浙大路38号　邮政编码:310027　网址:http://gs.zju.edu.cn/　电话:0571-87951336　E-mail:hlchen@zju.edu.cn

浙江大学公共管理学院城市与房地产管理专业　地址:浙江省杭州市浙大路38号玉泉校区　邮政编码:310027　网址:http://www.cpa.zju.edu.cn/　电话:0571-87953824　传真:0571-87953814　E-mail:ggyb202@zju.edu.cn

浙江大学建筑工程学院城市规划专业　地址:浙江大学紫金港校区安中大楼　邮政编码:310058　网址:http://www.ccea.zju.edu.cn/　电话:0571-87951339　传真:0571-88208685　E-mail:jgoffice@zju.edu.cn

宁波大学建筑工程与环境学院城市规划专业、资源环境与城乡规划管理专业　地址:浙江省宁波市江北区风华路818号　邮政编码:315211　网址:http://jgxy.nbu.edu.cn/　电话:0574-87600708　传真:0574-87600355　E-mail:jgxydt@nbu.edu.cn

宁波大学科学技术学院(独立)城市规划专业　地址:浙江省宁波市镇海区庄市街道天圣路505号博达楼　邮政编码:315212　网址:http://www.ndkjxy.net.cn/　电话:0574-87600546/87600543　传真:0574-87608482　E-mail:kjxyzsb@nbu.edu.cn

浙江工业大学建筑工程学院城市规划专业　地址:浙江省杭州市潮王路18号　邮政编码:310014　网址:http://www.jgxy.zjut.edu.cn/jgxy/　电话/传真:0571-88320460　E-mail:jgyb@zjut.edu.cn、yangyang@zjut.edu.cn

浙江师范大学地理与环境科学学院城市规划专业　地址:浙江省金华市迎宾大道688号　邮政编码:321004　网址:http://lyxy.zjnu.edu.cn/　电话:0579-82282273　E-mail:yxh@zjnu.cn

浙江师范大学行知学院(独立)城市规划专业　地址:浙江省金华市二环北路3366号　邮政编码:321004　网址:http://xz.zjnu.edu.cn/　电话:0579-82291129　传真:0579-82282335　E-mail:zsb@zjnu.cn

浙江工商大学旅游与城市管理学院资源环境与城乡规划管理专业　地址:浙江省杭州市下沙高教园区学正街18号　邮政编码:310018　网址:http://lvyou.zjgsu.edu.cn/　E-mail:tianhui127@163.com　bianxianhong@163.com

浙江农林大学人文学院城市规划专业　地址:浙江省杭州临安市环城北路88号东湖校区　邮政编码:311300　网址:http://hc.zafu.edu.cn/　电话:0571-63740458　传真:0571-63732737　E-mail:zxf2004@zjfc.edu.cn

浙江农林大学园林学院城乡规划与设计专业　地址:浙江省杭州临安市环城北路88号东湖校区　邮政编码:311300　网址:http://laas.zafu.edu.cn/　电话:0571-63740418　E-mail:yyxyb@zjfc.edu.cn

浙江农林大学天目学院(独立)城市规划专业、资源环境与城乡规划管理专业　地址:浙江省杭州市临安市衣锦街252号　邮政编码:311300　网址:http://tmxy.zafu.edu.cn/　电话:0571-63740829　E-mail:lmhua@zjfc.edu.cn

浙江科技学院建筑工程学院城市规划专业　地址:浙江省杭州市留和路318号　邮政编码:310023　网址:http://jgxy.zust.edu.cn/　E-mail:xia815@yahoo.com.cn

浙江财经学院工商管理学院资源环境与城乡规划管理专业　地址:浙江省杭州市下沙高教园区学源街18号　邮政编码:310018　网址:http://cba.zufe.edu.cn/

浙江树人大学城建学院城市规划专业　地址:浙江省杭州市拱墅区树人街8号　邮政编码:310015　网址:http://www.zjsru.cn/　电话:0571-88297127　E-mail:xsdzsb@sina.cn　zjsrursc@yahoo.com.cn

安徽省

合肥工业大学建筑与艺术学院城市规划专业　地址:安徽省合肥市屯溪路193号　邮政编码:230009　网址:http://www1.hfut.edu.cn/department/arch　电话:0551-2901096　E-mail:jzxy@hfut.edu.cn

安徽理工大学地球与环境学院资源环境与城乡规划管理专业　地址:安徽省淮南市学院路　邮政编码:232001　网址:http://star.aust.edu.cn/zyhjx/　电话:0554-6668430　E-mail:jpyan@aust.edu.cn　zyhjx@aust.edu.cn

安徽理工大学土木建筑学院城市地下空间工程专业　地址:安徽省淮南市舜耕中路168号　邮政编码:232001　网址:http://scea.aust.edu.cn　电话:0554-6668737　传真:0554-6668693　E-mail:tmx@aust.edu.cn

安徽农业大学林学与园林学院城市规划专业　地址:安徽省合肥市长江西路130号　邮政编码:230036　网址:http://www.ahau.edu.cn/manage/department/lxy2007/　电话:0551-5781114　E-mail:lxy@ahau.edu.cn　hcl8888@ahau.edu.cn

安徽农业大学经济技术学院(独立)城市规划专业　地址:安徽省合肥市长江西路130号　邮政编码:230036　网址:http://jjjs.ahau.edu.cn/　电话:0551-5786516　E-mail:jjjsxy@ahau.edu.cn

安徽建筑工业学院建筑与规划学院城市规划专业　地址:安徽省合肥市金寨南路856号　邮政编码:230022　网址:http://www.aiai.edu.cn/jgxy/

安徽建筑工业学院环境与能源工程学院资源环境与城乡规划管理专业　地址:安徽省合肥市金寨南路856号　邮政编码:230022　网址:http://www.aiai.edu.cn/hnxy/　电话:0551-3828223　E-mail:cheng-hf@163.com

阜阳师范学院社会发展学院资源环境与城乡规划管理专业　地址:安徽省阜阳市清河东路741号　邮政编码:236041　网址:http://210.45.32.7/xiweb/lsx/　电话:0558-2596146/2591166　E-mail:lly1963@tom.com

安徽科技学院城建与环境学院城市规划专业　地址:安徽省凤阳县东华路9号(蚌埠市东郊20千米)　邮政编码:233100　网址:http://www.ahstu.edu.cn/cjxy/　电话:0550-6719202　E-mail:zbahstu@126.com　cjxy_yz@126.com

宿州学院地理与环境科学系资源环境与城乡规划管理专业　地址:安徽省宿州市汴河中路55号　邮政编码:234000　网址:http://www1.ahsztc.edu.cn/yuanxi/dlx/　电话:0557-3683182/2871038　E-mail:szxydhx@163.com

皖西学院城市建设与环境系资源环境与城乡规划管理专业　地址:安徽六安市云露桥西　邮政编码:237012　网址:http://uces.wxc.edu.cn/　电话:0564-3305034　传真:0564-3307059　E-mail:chx01@wxc.edu.cn

合肥学院旅游系资源环境与城乡规划管理专业　地址:安徽省合肥市蜀山区黄山路373号　邮政编码:230022　网址:http://www.hfuu.edu.cn/yxjs/lyx/　E-mail:49192339@qq.com

池州学院资源环境与旅游资源环境与城乡规划管理专业　地址:安徽省池州市教育园区池州学院　邮政编码:247000　网址:http://lyx.czu.edu.cn/　电话:0566-2748608　E-mail:lylmr@sohu.com　wenh1990@tom.com

福建省

厦门大学建筑与土木工程学院城市规划专业　地址:福建省厦门市思明南路422号　邮政编码:361005　网址:http://archt.xmu.edu.cn/　电话:0592-2183505　传真:0592-2186421　E-mail:archt@xmu.edu.cn

华侨大学旅游学院资源环境与城乡规划管理专业　地址:福建省泉州市城华北路269号　邮政编码:362021　网址:http://lyxy.hqu.edu.cn/　电话:0595-22690013　传真:0595-22693521　E-mail:lyxy@hqu.edu.cn

华侨大学建筑学院城市规划专业　地址:福建省厦门市集美大道668号　邮政编码:361021　网址:http://jzxy.hqu.edu.cn/　电话:0592-6162688

福建农林大学林学院资源环境与城乡规划管理专业　地址:福建省福州市仓山区洪山桥上店路15号石仓楼　邮政编码:350002　网址:http://210.34.80.217/lxy/　电话:0591-83706551　E-mail:zsk526@QQ.com

福建农林大学交通学院城市规划专业　地址:福建省福州市仓山区洪山桥上店路15号石苍楼(拓荒广场边旧

行政楼）　邮政编码：350002　网址：http://jtxy.fafu.edu.cn/　电话：0591-83732680　E-mail：kexd409@163.com　zys1960@163.com

集美大学理学院资源环境与城乡规划管理专业　地址：福建省厦门市集美镇嘉庚路10号　网址：http://sci.jmu.edu.cn/　电话：0592-6181892/6181076　E-mail：shuilichen@vip.sina.com

福州大学环境与资源学院资源环境与城乡规划管理专业　地址：福建省福州市福州大学新区学园路2号　邮政编码：350108　网址：http://er.fzu.edu.cn/　电话：0591-22866077　传真：0591-22866070　E-mail：er@fzu.edu.cn

福州大学建筑学院城市规划专业　地址：福建省福州市福州大学新区学园路2号　邮政编码：350108　网址：http://jzxy.fzu.edu.cn/　电话：0591-22866381　传真：0591-22866380　E-mail：jzxyb@fzu.edu.cn　fdzsb@fzu.edu.cn

福州大学至诚学院（独立）资源环境与城乡规划管理专业　地址：福建省福州市鼓楼区杨桥西路50号　邮政编码：350002　网址：http://210.34.52.1/　电话：0591-83769360　传真：0591-83769702　E-mail：tyf3159@163.com

福建师范大学地理科学学院资源环境与城乡规划管理专业　地址：福建省福州市旗山校区　邮政编码：350108　传真：0591-22868223　福建省福州市仓山区上三路8号仓山校区　邮政编码：350007　网址：http://geo.fjnu.edu.cn/　传真：0591-83465397　E-mail：linn_xie@163.com

福建工程学院建筑与规划系城市规划专业　地址：福建省福州市闽侯县上街镇学园路3号　邮政编码：350108　网址：http://jzx.fjut.edu.cn/　电话：0591-22863125　E-mail：lchlxrlg@126.com

泉州师范学院资源与环境科学学院资源环境与城乡规划管理专业　地址：福建省泉州市东海滨城　邮政编码：362000　网址：http://www.qztc.edu.cn/zhxy/　电话：0595-22919980　传真：0595-22919980　E-mail：zhxy@qztc.edu.cn　181445082@qq.com

莆田学院环境与生命科学系资源环境与城乡规划管理专业　地址：福建省莆田市学园中街1133号　邮政编码：351100　网址：http://202.101.111.193/　电话：0594-2692440　传真：0594-2692367　E-mail：ptuxz@126.com

闽江学院地理科学系资源环境与城乡规划管理专业　地址：福建省福州市大学城文贤路1号　邮政编码：350108　网址：http://211.80.208.41/dili/　电话：0591-83761505　E-mail：mjugeo@163.com

江西省

南昌大学建筑工程学院城市规划专业　地址：江西省南昌市红谷滩新区学府大道999号　邮政编码：330031　网址：http://jgxy.ncu.edu.cn/　电话/传真：0791-3969655　E-mail：gqsong@ncu.edu.cn　newncu@ncu.edu.cn

江西理工大学建筑与测绘工程学院资源环境与城乡规划管理专业、城市规划专业　地址：江西省赣州市红旗大道86号　邮政编码：341000　网址：http://218.87.136.37/college/jcxy/　电话：0797-8312550　传真：0797-8312550　E-mail：lxs9103@163.com

江西农业大学园林与艺术学院城市规划专业　地址：江西省南昌市昌北经济技术开发区志敏大道　邮政编码：330045　网址：http://yuanlin.jxau.edu.cn/　电话/传真：0791-3813243　E-mail：yuanlinyuan@163.com

江西师范大学城市建设学院城市规划专业　地址：江西省南昌市紫阳大道99号　邮政编码：330022　网址：http://cjxy.jxnu.edu.cn/　电话/传真：0791-8120430　E-mail：chengjian@jxnu.edu.cn

江西财经大学旅游与城市管理学院资源环境与城乡规划管理专业、城市规划专业　地址：江西省南昌市北郊庐山南大道蛟桥园　邮政编码：330013　网址：http://lyxy.jxufe.cn/　电话：0791-3842930　E-mail：wuzhijun6988@sina.com　zouyongwen@163.com

东华理工大学（原华东地质大学）地球科学学院资源环境与城乡规划管理专业　地址：江西省抚州市学府路56号　网址：http://dcy.ecit.edu.cn/　电话：0794-8250720　传真：0794-8258309　E-mail：liufujun14@163.com

南昌工程学院土木与建筑工程学院城市规划专业　地址：江西省南昌市天祥大道289号　邮政编码：330099　网址：http://envo.nit.jx.cn/Article/Index.asp　电话：0791-8126666　传真：0791-8126772　E-mail：zjb@nit.edu.cn

南昌理工学院机电工程学院城市热能应用技术专业　　地址:江西省南昌市昌北经济技术开发区枫林大道　邮政编码:330013　网址:http://gcx.nclg.com.cn/　电话:0791-3865124　E-mail:nclg@nclg.com.cn

南昌理工学院建筑工程学院城市规划专业　　地址:江西省南昌市英雄经济开发区英雄大道288号　邮政编码:330044　网址:http://www.jianzhuxi.cn/　电话:0791-2866688　E-mail:nclg@vip.qq.com

赣南师范学院历史文化与旅游学院资源环境与城乡规划管理专业　　地址:江西省赣州市开发区黄金校区　邮政编码:341000　网址:http://wlxy.gnnu.cn/　电话:0797-8393648/8393647　E-mail:wenlvxueyuan@gnnu.cn

九江学院土木工程与城市建设学院城市规划专业、城市规划专业　　地址:江西省九江市前进东路551号　邮政编码:332005　网址:http://www.jju.edu.cn/tmxy/　电话:0792-8311034　E-mail:tjxy@jju.edu.cn　cocms@163.com

九江学院旅游学院资源环境与城乡规划管理专业　　地址:江西省九江市前进东路551号　邮政编码:332005　网址:http://lyxy.jju.edu.cn/　电话:0792-8311117　传真:0792-8311036/8311037　E-mail:zhangxm@jju.edu.cn

宜春学院生命科学与资源环境学院资源环境与城乡规划管理专业　　地址:江西省宜春市学府路576号　邮政编码:336000　网址:http://sm.ycu.jx.cn/　电话:0795-3202591　E-mail:ycxyzsjy@vip.163.com

新余学院数学与信息科学系资源环境与城乡规划管理专业　　地址:江西省新余市高新区阳光大道2666号　邮政编码:338004　网址:http://www.shulixi.com/　电话:0790-6432182

景德镇高等专科学校资源环境与城乡规划管理专业　　地址:江西省景德镇市瓷都大道838号　邮政编码:330000　网址:http://www.jcc.jx.cn/　电话:0798-8336008　传真:0798-8674044　E-mail:xdg@jcc.jx.cn　jcc_zjc6008@163.com

山东省

山东大学建筑与水利学院城市规划与设计专业　　地址:山东省济南市经十路17923号　邮政编码:250061　网址:http://www.tjsl.sdu.edu.cn/　电话:0531-88392446　E-mail:tjyuanzhang@sdu.edu.cn

山东科技大学测绘科学与工程学院资源环境与城乡规划管理专业　　地址:山东省青岛开发区前湾港路579号　邮政编码:266510　网址:http://gc.sdust.edu.cn/　电话/传真:0532-86057276　E-mail:wangsdk@163.com

山东科技大学土木建筑学院城市规划专业、城市地下空间工程专业　　地址:山东省青岛经济技术开发区前湾港路579号　邮政编码:266510　网址:http://fcea.sdust.edu.cn/　电话:0532-86057650　E-mail:Tjxyyb@126.com

山东理工大学建筑工程学院城市规划专业　　地址:山东省淄博市张店区张周路12号　邮政编码:255049　网址:http://jgxy.sdut.edu.cn/　电话:0533-2782175　E-mail:jgxy@sdut.edu.cn

山东理工大学资源与环境工程学院资源环境与城乡规划管理专业　　地址:山东省淄博市张店区张周路12号　邮政编码:255049　网址:http://ziyuan.sdut.edu.cn/　电话:0533-2781766　E-mail:yslb_3@163.com

聊城大学环境与规划学院资源环境与城乡规划管理专业　　地址:山东省聊城市湖南路1号　邮政编码:250000　网址:http://hjxy.lcu.edu.cn/　电话:0635-8239914

青岛科技大学经济与管理学院城市管理专业　　地址:山东省青岛市松岭路69号(崂山校区)　邮政编码:266061　网址:http://jg.qust.edu.cn/　电话/传真:0532-88958952　E-mail:lil1982002@126.com　jgxy@qust.edu.cn

青岛理工大学建筑学院城市规划专业、资源环境与城乡规划管理专业　　地址:山东省青岛市四方区抚顺路11号土木工程学院　邮政编码:266033　网址:http://jianzhu.qtech.edu.cn/　电话:0532-85071227

济南大学土木建筑学院城市规划专业　　地址:山东省济南市济微路106号　邮政编码:250022　网址:http://tj.ujn.edu.cn/　电话:0531-89736600　E-mail:cea_yuyz@ujn.edu.cn　xurunihao@163.com

济南大学资源与环境学院资源环境与城乡规划管理专业　　地址:山东省济南市济微路106号　邮政编码:250022　网址:http://csfz.ujn.edu.cn/　电话:0531-8276923　E-mail:stu_mazm@ujn.edu.cn

济南大学泉城学院(独立)城市规划专业、公共事业管理(城市管理方向)专业　　地址:山东省济南市舜耕路13

号 邮政编码:250022 网址:http://jdqy.ujn.edu.cn/ 电话:0531-82767757 E-mail:liurj7567@sina.com.cn lo_haoj@ujn.edu.cn

山东建筑大学建筑城规学院城市规划专业 地址:山东省济南市临港开发区凤鸣路 邮政编码:250101 网址:http://sites.sdjzu.edu.cn/jianzhuchenggui/4/ 电话:0531-86362000 E-mail:gongshuoshi@163.com sdaiweb@djzu.edu.cn

山东师范大学人口·资源与环境学院资源环境与城乡规划管理专业 地址:山东省济南市文化东路88号 邮政编码:250014 网址:http://www.pre.sdnu.edu.cn/ 电话:0531-86182550/89610932 E-mail:yuetongxu@sina.com caoxy@sdnu.edu.cn

曲阜师范大学地理与旅游学院资源环境与城乡规划管理专业、地理科学(城市与区域发展方向)专业 地址:山东省曲阜市静轩西路57号 邮政编码:273165 网址:http://geo.qfnu.edu.cn/ 电话:0537-4455524 E-mail:dhzh@qfnu.edu.cn qfnulk@163.com

鲁东大学地理与规划学院资源环境与城乡规划管理专业 地址:山东省烟台市红旗中路186号 邮政编码:264025 网址:http://www.geo.ldu.edu.cn/ 电话:0535-6681043 E-mail:andingzhang@sina.com

德州学院地理科学系资源环境与城乡规划管理专业 地址:德州市大学西路566号 邮政编码:253023 网址:http://211.64.32.2/bumen/dzxydlx/ 电话:0534-8985841/8985620/ E-mail:dzxydlx@dzu.edu.cn

山东经济学院经济与城市管理学院城市管理专业 地址:山东省济南市历下区二环东路7366号 邮政编码:250014 网址:http://web.sdie.edu.cn/jjcg/ 电话:0531-88583186 E-mail:rcetp@126.com

菏泽学院资源与环境系资源环境与城乡规划管理专业、城市规划专业 地址:山东省菏泽市东方红西街265号 邮政编码:274000 网址:http://zyhj.hezeu.edu.cn/ 电话:0530-5668076 E-mail:zyyhjx8076@yahoo.cn

滨州学院建筑与城乡规划系地理科学(城乡规划管理)专业 地址:山东省滨州市黄河五路391号 邮政编码:256600 网址:http://dlly.bzu.edu.cn/ 电话:0543-3190099 E-mail:bzxydlx@126.com

河南省

郑州大学建筑学院城市规划专业 地址:河南省郑州市高新技术开发区科学大道100号 邮政编码:450001 网址:http://www4.zzu.edu.cn/arch/ 电话:0371-67781760 E-mail:jiantao@zzu.edu.cn zsb@tsinghua.edu.cn

河南大学环境与规划学院资源环境与城乡规划管理专业 地址:河南省开封市河南大学金明校区 邮政编码:475004 网址:http://218.196.194.3/ 电话:0378-3881850 E-mail:chtzh@163.com ligc@henu.edu.cn

河南理工大学测绘与国土信息工程学院资源环境与城乡规划管理专业 地址:河南省焦作市高新区世纪大道2001号 邮政编码:454000 网址:电话:0391-3987669/3987661

河南理工大学建筑与艺术设计学院城市规划专业 地址:河南省焦作市高新区世纪大道2001号·邮政编码:454000 网址:http://218.196.247.253/ 电话:0391-3986601 E-mail:jzys@hpu.edu.cn

河南理工大学万方科技学院(独立)资源环境与城乡规划管理专业 地址:河南省焦作市解放中路142号 邮政编码:454000 网址:http://202.196.225.55/ 电话:0391-3981688 E-mail:sm1@hpu.edu.cn

河南财经政法大学资源与环境科学系资源环境与城乡规划管理专业 地址:河南省郑州市文化路80号 邮政编码:450002 网址:http://www3.huel.edu.cn/jxky/zh/ E-mail:xxx@hotmail.com

华北水利水电学院资源与环境学院资源环境与城乡规划管理专业 地址:河南省郑州市北环路36号 邮政编码:450011 网址:http://210.43.130.137/ 电话:0371-69127351 传真:0371-65790279

华北水利水电学院建筑学院城市规划专业 地址:河南省郑州市北环路36号 邮政编码:450011 网址:http://www5.ncwu.edu.cn/jianzhu/ 电话:0371-65790989 E-mail:xzhsb@ncwu.edu.cn

焦作工学院城市规划专业 地址:河南省焦作市高新区世纪大道2001号 邮政编码:454000 网址:http://218.196.240.19/ 电话:0391-3986604 E-mail:zhangzhou@hpu.edu.cn

安阳工学院建筑工程学院城市规划专业 地址:河南省安阳市黄河大道 邮政编码:45598000 网址:http://jzgcx.anyangedu.com/

黄河科技学院工学院城市规划专业　地址：河南省郑州市航海中路94号北校区　郑州市南三环与花寨路交叉口向南500南校区　网址：http://www2.hhstu.edu.cn/gxy/　电话：0371-68782266/68782637　E-mail：gxy@hhstu.edu.cn

郑州航空工业管理学院土木建筑工程学院城市规划专业　地址：河南省郑州市大学中路2号　邮政编码：450015　网址：http://www2.zzia.edu.cn/9/　E-mail：trumpetzj@126.com

河南城建学院城市规划与建筑系城市规划专业　地址：河南省平顶山市新城区明月路　邮政编码：467036　网址：http://upa.hncj.edu.cn/　电话：0375-2089031　E-mail：guijianxi@hncj.edu.cn

信阳师范学院城市与环境科学学院资源环境与城乡规划管理专业　地址：河南省信阳市长安路237号　邮政编码：464000　网址：http://210.43.24.222/chy/　电话：0376-6391700　E-mail：chx1700@126.com

信阳师范学院华锐学院（独立）资源环境与城乡规划管理专业　地址：河南省信阳市长安路237号　邮政编码：464000　网址：http://www.hrxy.edu.cn/home/　电话/传真：0376-6391196　E-mail：hrxyzsb@163.com

安阳师范学院资源环境与旅游学院地理科学（城镇规划与管理）专业　地址：河南省安阳市开发区黄河大道　邮政编码：455000　网址：http://dlx.aynu.edu.cn/　电话：0372-2900043　E-mail：aytcyxq@126.com

河南科技学院园林学院城市规划专业　地址：河南省新乡市华兰大道东端　邮政编码：453003　网址：http://yuanlin1.hist.edu.cn/　E-mail：xiaozhang@hist.edu.cn

平顶山学院环境与地理科学系资源环境与城乡规划管理专业　地址：河南省平顶山市建设西路240号　邮政编码：467000　网址：http://xszy.pdsu.edu.cn/dlx/　电话：0375-2077263　E-mail：wsj0601@163.com

河南工程学院资源与环境工程系资源环境与城乡规划管理专业　地址：河南省新郑市龙湖中山北路1号　邮政编码：451191　网址：http://zyhj.haue.edu.cn/　电话：0371-62508218　E-mail：hngcxy@gmail.com

商丘师范学院环境与规划系城市规划专业　地址：河南省商丘市文化中路298号　邮政编码：476000　网址：http://huanjing.sqnc.edu.cn/　电话：0370-2592902　E-mail：kuicao@sqnc.edu.cn　xxli70@yahoo.com.cn

开封大学土木建筑工程学院城市规划专业　地址：河南省开封市大梁路第一教学楼　网址：http://www3.kfu.edu.cn/yxzd/tmxy/　电话：0378-3810031　E-mail：teebo@126.com

湖北省

武汉大学资源与环境科学学院资源环境与城乡规划管理专业　地址：湖北省武汉市武昌珞喻路129号　邮政编码：430079　网址：http://sres.whu.edu.cn/　电话：027-68778381　传真：027-68778893　E-mail：awlin@263.net　bbgs@whu.edu.cn

武汉大学城市设计学院城市规划专业　地址：湖北省武汉市武昌区珞珈山　邮政编码：430072　网址：http://sud.whu.edu.cn/2010/　电话/传真：027-68773062　E-mail：sud@whu.edu.cn

中南财经政法大学公共管理学院城市经济管理专业　地址：湖北省武汉市洪山区南湖南路1号　邮政编码：430074　网址：http://ggglxy.znufe.edu.cn/　电话：027-88386936　E-mail：zhaoman5202@263.net

华中科技大学建筑与城市规划学院城市规划专业　地址：湖北省武汉市洪山区珞喻路1037号　邮政编码：430074　网址：http://aup.hust.edu.cn/　电话：027-87543256　传真：027-87556714　E-mail：gillian_zhang513@163.com　yubochun@163.com

华中科技大学文华学院（独立）城市规划专业　地址：湖北省武汉市光谷创业街文华路1号　邮政编码：430074　网址：http://www.hustwenhua.net/　电话：027-87583391/87583392　传真：027-87599727　E-mail：whxyyuanzhang@163.com

武汉理工大学资源与环境工程学院资源环境与城乡规划管理专业　地址：湖北省武汉市洪山区珞狮路122号马房山校区西院　邮政编码：430070　网址：http://public.whut.edu.cn/zhxy/　电话：027-87651816　E-mail：zym126135@whut.edu.cn　zym126135@126.com

武汉理工大学华夏学院（独立）城市规划专业　地址：湖北省武汉市东湖新技术开发区关山大道589号　邮政编码：430223　网址：http://www.1957.cn/　电话：027-81695660　传真：027-81695555　E-mail：hxzs@1957.cn

中国地质大学(武汉)地球科学学院资源环境与城乡规划管理专业　　地址:湖北省武汉市洪山区鲁磨路388号　　邮政编码:430074　　网址:http://dxy.cug.edu.cn/　　电话:027-67883001　　传真:027-67883002　　E-mail:xllai@cug.edu.cn　　dxb@cug.edu.cn

华中农业大学园艺林学学院城市规划专业　　地址:湖北省武汉市洪山区南湖狮子山街1号　　邮政编码:430070　　网址:http://linx.hzau.edu.cn/　　电话:027-87286969　　传真:027-87282010　　E-mail:yylx@mail.hzau.edu.cn

华中师范大学经济管理学院城市经济管理专业　　地址:湖北省武汉市珞喻路152号　　邮政编码:430079　　网址:http://econ.ccnu.edu.cn/　　电话:027-67868310　　传真:027-67865413　　E-mail:tuzhengge@163.com　　28581993@qq.com

华中师范大学城市与环境科学学院资源环境与城乡规划管理专业　　地址:湖北省武汉市珞喻路152号　　邮政编码:430079　　网址:http://ccnucity.ccnu.edu.cn/　　电话:027-67861445　　E-mail:ccnucity@ccnu.edu.com

湖北大学资源环境学院资源环境与城乡规划管理专业　　地址:湖北省武汉市武昌学院路11号　　邮政编码:430062　　网址:http://zhxy.hubu.edu.cn/　　电话:027-88661699　　E-mail:zli@hubu.edu.cn　　skysky@hubu.edu.cn

长江大学城市建设学院城市规划专业　　地址:湖北省荆州市南环路1号　　邮政编码:434023　　网址:http://chengjian.yangtzeu.edu.cn/　　电话:0716-8060550　　E-mail:gfd_1125@126.com　　jxyjk@yangtzeu.edu.cn

长江大学工程技术学院(独立)城市规划专业　　地址:湖北省荆州市南环路199号　　邮政编码:434020　　网址:http://gcxy.yangtzeu.edu.cn/　　电话:0716-8067580/8067518　　E-mail:gcxy@yangtzeu.edu.cn

三峡大学土木与建筑学院城市规划专业　　地址:湖北省宜昌市大学路8号　　邮政编码:443002　　网址:http://tmjzxy.ctgu.edu.cn/　　电话:0717-6392634　　E-mail:zgd@ctgu.edu.cn　　phm@ctgu.edu.cn

江汉大学机电与建筑工程学院城市规划专业　　地址:湖北武汉经济技术开发区　　邮政编码:430056　　网址:http://210.42.72.135:8080/jdxy/

武汉科技大学资源与环境工程学院资源环境与城乡规划管理专业　　地址:湖北省武汉市青山区建设一路　　邮政编码:430081　　网址:http://cree.wust.edu.cn/　　电话:027-86483758　　E-mail:zym126135@126.com　　yyc60@126.com　　cree@wust.edu.cn

武汉科技大学城市学院(独立)城市规划专业、园林工程技术(城市园林规划)专业　　地址:湖北省武汉市东湖生态风景区黄家大湾特1号　　邮政编码:430083　　网址:http://www.city.wust.edu.cn/　　电话:027-85490576　　传真:027-86490575　　E-mail:citycollege@sina.com　　cityzb@126.com

武汉工程大学环境与城市建设学院城市规划专业　　地址:湖北省武汉市洪山区楚雄大街693号　　邮政编码:430074　　网址:http://ece.wit.edu.cn/　　电话:027-87194698　　传真:027-87194823　　E-mail:anonymous@163.com

孝感学院城市建设学院城市规划专业　　地址:湖北省孝感市交通大道272号经法楼　　邮政编码:432000　　网址:http://dept2.xgu.cn/csjs/　　电话:0712-2345123　　E-mail:xgxyTyz@163.com　　1963wyf@163.com

湖北师范学院地理科学系资源环境与城乡规划管理专业　　地址:湖北省黄石市磁湖路11号　　邮政编码:435002　　网址:http://www.geog.hbnu.edu.cn/　　电话:0714-6571579　　E-mail:317910454@qq.com　　315877062@qq.com

湖北民族学院生物科学与技术学院资源环境与城乡规划管理专业、城市规划专业　　地址:湖北省恩施市学院路39号　　邮政编码:445000　　网址:http://sky.hbun.org/　　电话:0718-8439741　　E-mail:sws0048@163.com

湖北民族学院科技学院(独立)资源环境与城乡规划管理专业、城市规划专业　　地址:湖北省恩施市学院路39号　　邮政编码:445000　　网址:http://www.hbmykjxy.com/　　E-mail:kjxybgsh@126.com　　kjxyzb@163.com

武汉生物工程学院城市园林规划与设计专业、资源环境与城乡规划管理专业　　地址:湖北省武汉市阳逻经济开发区汉施路1号　　邮政编码:430415　　网址:http://www.whsw.net/　　电话:027-89649818　　E-mail:wsydzb@sina.com

湖南省

中南大学土木建筑学院城市规划专业　地址:湖南省长沙市中南大学铁道校区　邮政编码:410075　网址:http://civil.csu.edu.cn/　电话:0731-82656194　E-mail:tjyxwzx@126.com

湖南大学建筑学院城市规划专业　地址:湖南省长沙市岳麓山　邮政编码:410082　网址:http://arch.hnu.cn/　电话:0731-88821002　E-mail:xiaoban@hnu.edu.cn　chunyu_wei@126.com

长沙理工大学土木与建筑学院城市规划专业、资源环境与城乡规划管理专业　地址:湖南省长沙市云塘校区　邮政编码:410114　网址:http://www.csust.edu.cn/pub/tuyjzxy/　电话:0731-85258698　传真:0731-85256006　E-mail:lichuanxi2@163.com　chenrl@csust.edu.cn　qiaojie@csust.edu.cn

湖南师范大学资源与环境科学学院资源环境与城乡规划管理专业　地址:湖南省长沙市麓山路36号　邮政编码:410081　网址:http://zhxy.hunnu.edu.cn/　电话:0731-8872377/8873030　E-mail:zhxy@hunnu.edu.cn

湖南师范大学树达学院(独立)资源环境与城乡规划管理专业　地址:湖南省长沙市岳麓区桃花坪1号　邮政编码:410012　网址:http://sdw.hunnu.edu.cn/　电话/传真:0731-88653759　E-mail:newshuda@163.com　sdxyjyb@163.com

湖南科技大学建筑与城乡规划学院资源环境与城乡规划管理专业　地址:湖南省湘潭市桃源路　邮政编码:411201　网址:http://www.hnkdjz.cn/xyw　电话:0731-58290066　E-mail:wlb0708@163.com

吉首大学城乡资源规划学院城市规划专业、资源环境与城乡规划管理专业、园林专业　地址:湖南省张家界市永定区三角坪　邮政编码:427000　网址:http://cxzy.jsu.edu.cn/　电话:0744-2115318　传真:0744-8202073　E-mail:jsdxcxzy@163.com

吉首大学张家界学院(独立)资源环境与城乡规划管理专业　地址:湖南省张家界市吉首大学张家界学院　邮政编码:427000　网址:http://zjj.jsu.edu.cn/　电话:0744-2116376　传真:0744-2116316　E-mail:zjjzsb@jsu.edu.cn

湖南农业大学工学院城镇建设与规划专业　地址:湖南省长沙市芙蓉区马坡岭　邮政编码:410128　网址:http://220.169.45.179/gcxy/　电话:0731-84618190　E-mail:3741356@qq.com

湖南农业大学资源环境学院资源环境与城乡规划管理专业　地址:湖南省长沙市芙蓉区马坡岭　邮政编码:410128　网址:http://61.187.55.45/zhxy/　电话:0731-84617803　E-mail:duanjn@hunau.net　tiebq@yahoo.com.cn

湖南农业大学东方科技学院(独立)资源环境与城乡规划管理专业　地址:湖南省长沙市芙蓉区马坡岭　邮政编码:410128　网址:http://www.hnaues.com/　电话:0731-84673790/84673942　E-mail:dfjyzx@hunau.net

中南林业科技大学林学院资源环境与城乡规划管理专业　地址:湖南省长沙市韶山南路498号长沙校区　邮政编码:410004　网址:http://zhxy.csuft.edu.cn/　电话/传真:0731-85623450　E-mail:wenshizhi@csuft.edu.cn　chenjianhua@csuft.edu.cn

中南林业科技大学环境艺术设计学院城市规划专业　地址:湖南省长沙市韶山南路498号长沙校区　邮政编码:410004　网址:http://hyxy.csuft.edu.cn/　电话:0731-85623023

湖南城市学院建筑与城市规划学院城市规划专业　地址:湖南省益阳市益阳大道238号　邮政编码:413000　网址:http://ghx.hncu.net/　电话:0737-4233101　传真:0737-4244250　E-mail:cysjy@vip.163.com

湖南城市学院城市管理学院城市规划专业　地址:湖南省益阳市益阳大道238号　邮政编码:413000　网址:http://csgl.hncu.net/　电话:0737-6353151　E-mail:hncjxs@163.com

衡阳师范学院资源环境与旅游管理系资源环境与城乡规划管理专业　地址:湖南省衡阳市黄白路165号　邮政编码:421008　网址:http://zlx.hynu.cn/　电话:0734-8486664　E-mail:Luowen3331@126.com　wangpengnju@163.com　XDONGX520@126.com

衡阳师范学院南岳学院(独立)资源环境与城乡规划管理专业　地址:湖南省衡阳市黄白路179号　邮政编码:421008　网址:http://nyxy.hynu.cn/　电话:0734-8484960　传真:0734-8484226　E-mail:nyxybgs@126.com

湖南文理学院土木建筑工程学院城市规划专业　地址:湖南省常德市洞庭大道西段170号　邮政编码:

415000　网址:http://tjx.huas.cn/　电话:0736-7187627　E-mail:huastjx@yahoo.cn

邵阳学院城市建设系城市规划专业　地址:湖南省邵阳学院七里坪校区　邮政编码:422000　网址:http://www1.hnsyu.net/cjx/　电话:0739-5306188

广东省

中山大学地理科学与规划学院城市规划专业、资源环境与城乡规划管理专业、市政管理专业　地址:广东省广州市新港西路135号地环大楼　邮政编码:510275　网址:http://gp.sysu.edu.cn/　电话:020-84032834　传真:020-84112593　E-mail:webmaster@mail.sysu.edu.cn　liulin2@mail.sysu.edu.cn

华南理工大学建筑学院城市规划专业　地址:广东省广州市天河区五山路381号　邮政编码:510641　网址:http://www.scut.edu.cn/architecture/　电话:020-87111321　传真:020-87112365　E-mail:arymsun@scut.edu.cn　scut022@scut.edu.cn

深圳大学建筑与城市规划学院城市规划专业　地址:广东省深圳市南山区南海大道3688号　邮政编码:518060　网址:http://caup.szu.edu.cn/　电话:0755-26732848　E-mail:szuxb@szu.edu.cn

广东工业大学建筑与城市规划学院城市规划专业　地址:广东省广州市东风东路729号　邮政编码:510090　网址:http://arc.gdut.edu.cn/　电话:020-37627677　E-mail:zhuxm@gdut.edu.cn　zwebmaster@mail.gdufs.edu.cn

华南农业大学林学院林学(含城市林业方向)专业、园林(城市园林与景观设计方向)专业、城市规划专业　地址:广东省广州市天河区五山路284号　邮政编码:510640　网址:http://xy.scau.edu.cn/linxue/　电话:020-85280962　E-mail:zcxu@scau.edu.cn　office@scau.edu.cn

华南农业大学公共管理学院城市管理专业　地址:广东省广州市天河区五山17号楼　邮政编码:510640　网址:http://xy.scau.edu.cn/gongguan/　电话:020-85283291　传真:020-85283291　E-mail:shdczx@scau.edu.cn　ggglxy@scau.edu.cn

华南师范大学地理科学学院资源环境与城乡规划管理专业　地址:广东省广州市石牌　邮政编码:510631　网址:http://geography.scnu.edu.cn/　电话:020-85211380　传真:020-85215910　E-mail:zhangzsh@yahoo.cn　dl06@scnu.edu.cn　DL01@scnu.edu.cn

广州大学建筑与城市规划学院城市规划专业　地址:广东省广州市番禺区大学城外环西路230号　邮政编码:510006　网址:http://portal.gzhu.edu.cn/web/jcxy　电话:020-39366998　E-mail:zhaozb@gzhu.edu.cn

肇庆学院生命科学学院园林(城市景观规划与设计)专业　地址:广东省肇庆市端州区迎宾大道　邮政编码:526061　网址:http://swx.zqu.edu.cn/　电话:0758-2716359

仲恺农业工程学院城市建设学院城市规划专业　地址:广东省广州市海珠区东沙街24号　邮政编码:510225　网址:http://www.zhku.edu.cn/depa/csjs/　电话/传真:020-89002073　E-mail:csjs@zhku.edu.cn　zhku@zhku.edu.cn

广东商学院资源与环境学院资源环境与城乡规划管理专业　地址:广东省广州市海珠区仑头路21号　邮政编码:510320　网址:http://www.gdcc.edu.cn/　电话:020-84096844　传真:020-84096069　E-mail:xiaozhang@gdcc.edu.cn　shuji@gdcc.edu.cn

佛山科学技术学院环境与土木建筑学院资源环境与城乡规划管理专业　地址:广东省佛山市江湾一路18号基础实验楼　邮政编码:528000　网址:http://www.fosu.edu.cn/hjtmjz/　电话:83961117　E-mail:hjxym@fosu.edu.cn

广西壮族自治区

广西大学土木建筑工程学院城市规划专业　地址:广西南宁市大学路100号　邮政编码:530004　网址:http://www2.gxu.edu.cn/tmxy/　电话:0771-3232894　传真:0771-3236273　E-mail:tmjb@gxu.edu.cn　tmyb6464@163.com

广西师范大学政治与行政学院城市规划专业　地址:广西桂林市育才路15号　邮政编码:541004　网址:http://www.zxxy.gxnu.edu.cn/　电话:0773-3871880　E-mail:chunyilinhe@163.com　huangxzh@189.cn　wuguoping@mailbox.gxnu.edu.cn

桂林理工大学地球科学学院资源环境与城乡规划管理专业　地址:广西桂林市建干路12号　邮政编码:541004　网址:http://dparts.glite.edu.cn/zhx/　电话:0773-5896341　传真:0773-5897019　E-mail:fzh@glite.edu.cn　dyz@glite.edu.cn

桂林理工大学土木与建筑工程学院城市规划专业　地址:广西桂林市建干路12号　邮政编码:541004　网址:http://departs.glite.edu.cn/tmx/　电话:0773-5896372　传真:0773-5897032　E-mail:lingrifei@glite.edu.cn　gutdz@glite.edu.cn

北京航空航天大学北海学院规划与生态学院城市规划专业　地址:广西北海市银滩大道88号　邮政编码:536000　网址:http://www.bh.buaa.edu.cn　电话:0779-3968016　E-mail:bhbhzs@163.com　bhuzhu@126.com

钦州学院资源与环境学院地理科学(资源环境与城乡规划方向)专业　地址:广西钦州市西环南路89号　邮政编码:535000　网址:http://218.21.78.7:8080/qzxyhjx/bxjj.htm　电话:0777-2808122　E-mail:hjx2808122@163.com

广西生态工程职业技术学院城市规划专业　地址:广西柳州市柳北区君武路168号　邮政编码:545004　网址:http://www.gxstzy.cn/　电话:0772-2725133　传真:0772-2726686　E-mail:stxy1010@163.com　anjiachenglz@163.com

广西交通职业技术学院城市规划专业　地址:广西南宁市园湖北路12号　邮政编码:530023　网址:http://www.gxjzy.com/　电话:0771-5626108　传真:0771-5624699　E-mail:gxjzy0221@163.com

海南省

海南师范大学地理与旅游学院资源环境与城乡规划管理专业　地址:海南省海口市龙昆南路99号　邮政编码:571158　网址:http://second.hainnu.edu.cn/yuanxisz/Dili/　电话:0898-65884244　E-mail:bh@hainnu.edu.cn　tangban@sina.com

海南大学三亚学院理工分院城市规划专业　地址:海南省三亚市迎宾大道学院路　邮政编码:572022　网址:http://www.syxyhn.com/　电话:0898-8836600　E-mail:syxyzs@126.com

重庆市

重庆大学建筑城规学院城市规划专业　地址:重庆市沙坪坝区沙正街174号　邮政编码:400030　网址:http://www.chongjian.com/　电话:023-65120700　E-mail:master@chongjia.com　shuji@chongjia.com

西南大学园艺园林学院城市规划专业　地址:重庆市北碚区天生路1号　邮政编码:400715　网址:http://yyyl.swu.edu.cn/　E-mail:zqzhoubj@yahoo.com　swausongm@yahoo.com.cn

重庆工商大学旅游与国土资源学院资源环境与城乡规划管理专业　地址:重庆市南岸区学府大道19号　邮政编码:400067　网址:http://ts.ctbu.edu.cn/　E-mail:admin@yourdomain.com

四川省

四川大学建筑与环境学院城市规划专业　地址:四川省成都市武侯区望江路29号　邮政编码:610064　成都市双流县川大路江安校区　邮政编码:610207　网址:http://acem.scu.edu.cn/　电话:028-85990967　E-mail:acemscu6679@sina.com　scu99sbl@scu.edu.cn

西南交通大学建筑学院城市规划专业　地址:四川省成都市二环路北一段111号1号教学楼　邮政编码:610031　网址:http://jzxy.swjtu.edu.cn/　电话:028-87600683　E-mail:swjtu_arch_webmaster@126.com

西南民族大学城市规划与建筑学院城市规划专业　地址:四川省成都市一环路南四段　邮政编码:610041　网址:http://222.210.17.141:90/jz/　电话:028-85522056/85928121

成都理工大学旅游与城乡规划学院资源环境与城乡规划管理专业　地址:四川省成都市成华区二仙桥东三路1号　邮政编码:610059　网址:http://www.turp.cdut.edu.cn/www/default.aspx　电话:028-84075128　E-mail:zcycdut@163.com

西华大学建筑与土木工程学院城市规划专业　　地址:四川省成都市金牛区金周路999号第六教学楼D区　　邮政编码:610039　　网址:电话:028-87724578　　传真:028-87725298　　E-mail:jzytmw@126.com　　ben007@foxmail.com　　ytc8772@163.com

西南科技大学土木工程与建筑学院城市规划专业　　地址:四川省绵阳市涪城区青龙大道中段59号　　邮政编码:621010　　网址:http://civil.swust.edu.cn/　　电话:0816-2419236/2419229　　E-mail:wangruheng@swust.edu.cn　　cc15811@yahoo.com.cn

四川农业大学资源环境学院资源环境与城乡规划管理专业　　地址:四川省成都市温江区东北路555号成都校区　　邮政编码:611130　　网址:http://zhy.sicau.edu.cn/　　电话:0835-2885844　　传真:0835-2885822　　E-mail:wcquan@sicau.edu.cn　　rsz01@163.com

四川农业大学城乡建设学院城市规划专业　　地址:四川省成都市都江堰市建设路288号　　邮政编码:611830　　网址:http://202.115.191.10/2012/　　电话:028-87127472　　传真:028-87123357　　E-mail:cnzsjy@sicau.edu.cn

四川农业大学(都江堰校区)城乡建设学院园林专业、城市规划专业　　地址:四川省成都市都江堰市建设路288号　　邮政编码:611830　　网址:http://djy.sicau.edu.cn/　　电话:028-87127472　　传真:028-87133366　　E-mail:headmaster@scfc.edu

四川师范大学地理与资源科学学院资源环境与城乡规划管理专业　　地址:四川省成都市龙泉驿区成龙大道二段1819号　　邮政编码:610101　　网址:http://geo.sicnu.edu.cn/　　电话/传真:028-84480707　　E-mail:huaill@163.com　　geogeo@sicnu.edu.cn

西南石油大学资源与环境学院资源环境与城乡规划管理专业　　地址:四川省成都市新都区新都大道8号　　邮政编码:610500　　网址:http://zhy.swpu.edu.cn/　　电话:028-83032057　　E-mail:nchujun@sina.com　　goowell@gmail.com

内江师范学院地理与资源科学学院资源环境与城乡规划管理专业　　地址:四川省内江市东桐路705号　　邮政编码:641112　　网址:http://dlzy.njtc.edu.cn/　　电话:0832-2340771

四川民族学院环境与生命科学系资源环境与城乡规划管理专业　　地址:四川省康定县姑咱镇文化路4号　　邮政编码:626001　　网址:http://hsx.scun.edu.cn/　　电话:0836-2857779　　E-mail:smgc@scun.edu.cn　　lnw@scun.edu.cn　　hzg@scun.edu.cn　　lingli@scun.edu.cn

绵阳师范学院城乡建设与规划学院园林(园林景观设计)专业　　地址:四川省绵阳市仙人路一段30号　　邮政编码:621000　　网址:http://cjy.mnu.cn/　　电话:0816-2202681/2202691　　E-mail:cjy-mnu@163.com

宜宾学院化学与化工学院资源环境与城乡规划管理专业　　地址:四川省宜宾市五粮液大道酒圣路8号　　邮政编码:644000　　网址:http://dep.yibinu.cn/hxhgx/　　电话:0831-3545095　　E-mail:ybxyhxyhgxy@163.com

西昌学院农业科学学院资源环境与城乡规划管理专业、城市规划专业　　地址:四川省西昌市北工业园区西昌学院(北)　　邮政编码:615013　　网址:http://aee.xcc.edu.cn/　　电话:0834-2580037

贵州省

贵州大学土木建筑工程学院城市规划专业　　地址:贵州省贵阳市蔡家关校区　　邮政编码:550003　　网址:http://ca.gzu.edu.cn/　　电话:0851-8292178　　传真:0851-3621956　　E-mail:po@gzu.edu.cn　　Baotai2000@sina.com

贵州师范大学地理与环境科学学院资源环境与城乡规划管理专业　　地址:贵州省贵阳市宝山北路116号　　邮政编码:550001　　网址:http://dhxy.gznu.edu.cn/　　电话:0851-6702135　　传真:0851-6750047/6702162　　E-mail:anyulun@126.com

贵州师范学院地理与旅游学院资源环境与城乡规划管理专业　　地址:贵州省贵阳市乌当区高新路115号　　邮政编码:550018　　网址:http://dili.gzhnc.edu.cn/　　电话:0851-5811045　　E-mail:fangshanglil@21cn.com　　lejingli987@sina.com.cn　　xuqiangluo@163.com　　jyxydlx@163.com

安顺学院资源管理与环境科学系地理科学(资源管理与城乡规划)专业　　地址:贵州省安顺市西秀区学院路25号　　邮政编码:561000　　网址:http://zhx.asu.edu.cn/　　电话:0853-3459718　　E-mail:Fkyu5822@163.com

云南省

云南大学资源环境与地球科学学院资源环境与城乡规划管理专业　　地址:云南省昆明市翠湖北路2号　邮政编码:650091　网址:http://www.srees.ynu.edu.cn/structure/　电话:0871-5033733　E-mail:shchguo@ynu.edu.cn

云南大学城市建设与管理学院城市规划专业、城市规划专业　　地址:云南省昆明市翠湖北路2号　邮政编码:650091　网址:http://www.sucm.ynu.edu.cn/　电话:0871-5033819　E-mail:sucmynu@gmail.com　office@ynu.edu.cn

昆明理工大学国土资源工程学院资源环境与城乡规划管理专业　　地址:云南省昆明市学府路　邮政编码:650093　网址:http://gzy.kmust.edu.cn/　电话:0871-5154456/5153379　传真:0871-5153408

昆明理工大学建筑工程学院城市规划专业　　地址:云南省昆明市东郊白龙寺296号　邮政编码:650224　网址:http://www.kmustjg.com.cn/　电话:0871-3801768　E-mail:dyywt@yahoo.com.cn　ynkmwsy@126.com

昆明理工大学津桥学院(独立)城市规划专业　　地址:云南省昆明市国家高新技术产业开发区海源北路1268号　邮政编码:650106　网址:http://www.oxbridge.cn/　电话/传真:0871-8321951　E-mail:yuanzhang@oxbridge.cn　shuji@oxbridge.cn　office@oxbridge.cn

云南农业大学水利水电与建筑学院资源环境与城乡规划管理专业　　地址:云南省昆明市北郊黑龙潭　邮政编码:650201　网址:http://sy.ynau.edu.cn/　E-mail:ynndslsd@yahoo.com.cn

云南师范大学文理学院(独立)城市学院城市规划专业　　地址:云南省昆明市龙泉路岗头村627号　邮政编码:650222　网址:http://www.ysdwl.cn/　电话/传真:0871-5843317　E-mail:ynwlzb@163.com

云南财经大学城市管理与资源环境学院资源环境与城乡规划管理专业　　地址:云南省昆明市龙泉路237号　邮政编码:650221　网址:http://web.ynufe.edu.cn/xueyuan/csxy/　E-mail:xxx@ynufe.edu.cn

西南林业大学园林学院城市规划专业、资源环境与城乡规划管理专业　　地址:云南省昆明市白龙寺　邮政编码:650224　网址:http://www.swfc.edu.cn/　电话:0871-3863023

玉溪师范学院资源环境学院资源环境与城乡规划管理专业　　地址:云南省玉溪市凤凰路134号　邮政编码:653100　网址:http://zyhj.yxtc.net/　电话:0877-2052169　E-mail:yxgis@yxtc.net

楚雄师范学院地理科学与旅游管理系资源环境与城乡规划管理专业　　地址:云南省楚雄市鹿城南路461号　邮政编码:675000　网址:http://dlx.cxtc.edu.cn/　电话:0878-3100525

昆明学院城镇建设与工程管理系城镇建设规划专业　　地址:云南省昆明市昆明经济开发区浦新路2号　邮政编码:650214　网址:http://arch.kmu.edu.cn/　E-mail:sf@kmu.edu.cn　yj5812@163.com

昆明学院农学院城市园林专业　　地址:云南省昆明市昆明经济开发区浦新路2号　邮政编码:650214　网址:http://www.kmsnx.com/kmedu/　电话:0871-6338066　传真:0871-7353832　E-mail:kmsnx@kmsnx.com

西藏自治区

西藏大学工学院城市规划专业　　地址:西藏拉萨市江苏路36号　邮政编码:850000　网址:http://gxy.utibet.edu.cn/　电话:0891-6981912　E-mail:gxy@utibet.edu.cn?

西藏大学农牧学院资源与环境学院资源环境与城乡规划管理专业　　地址:西藏林芝地区八一镇学院路8号　邮政编码:860000　网址:http://www.xza.cn/yxsz/zihuanxy/　电话:0894-5822668/5822481　E-mail:caitw21@sohu.com　xzzhangmin84@126.com　xiaoliny66@.126.com　xztibetan@163.com

陕西省

长安大学地球科学与资源学院资源环境与城乡规划管理专业　　地址:陕西省西安市雁塔路126号　邮政编码:710054　网址:http://zyonline.chd.edu.cn/　电话:029-82339059　E-mail:zyxybgs@chd.edu.cn　xaqzz@126.com　dzkcx@chd.edu.cn

长安大学建筑学院城市规划专业　　地址:陕西省西安市长安中路161号　邮政编码:710054　网址:http://jzx.chd.edu.cn/　电话:029-82337379

西北农林科技大学水利与建筑工程学院城市规划专业　　地址:陕西省杨凌区渭惠路3号　邮政编码:712100

网址：http://sjxy. nwsuaf. edu. cn/　　电话：029-87082902　　传真：029-87082901　　E-mail：sjxy208@ 163. com　　xiaoyimasl@ yahoo. com. cn

西北农林科技大学资源环境学院资源环境与城乡规划管理专业　　地址：陕西省杨凌区邰城路3号　　邮政编码：712100　　网址：http://zhxy. nwsuaf. edu. cn/　　电话：029-87080055　　E-mail：jialongluw@ yahoo. com　　wanghongwu371@ 163. com

西北大学城市与环境学院城市规划专业、资源环境与城乡规划管理专业　　地址：陕西省西安市长安区郭杜教育科技产业园学府大道1号　　邮政编码：710127　　网址：http://mainpage. nwu. edu. cn/unit/uczx/　　电话：029-88308427　　E-mail：chengshi@ nwu. edu. cn　　yangxj@ nwu. edu. cn

西安理工大学水利水电学院城市规划专业　　地址：陕西省西安市金花南路5号　　邮政编码：710048　　网址：http://whe. xaut. edu. cn/　　电话：029-82312906　　传真：029-83230217　　E-mail：syb@ mail. xaut. edu. cn

西安理工大学土木建筑工程学院城市规划专业　　地址：陕西省西安市金花南路5号　　邮政编码：710048　　网址：http://tmjz. xaut. edu. cn/　　电话：029-82312116　　传真：029-82312113　　E-mail：mxgb@ xaut. edu. cn　　tmjz@ xaut. edu. cn

西安建筑科技大学建筑学院城市规划专业　　地址：陕西省西安市雁塔路13号　　邮政编码：710055　　网址：http://www. xauat. edu. cn/jdzy/　　E-mail：zhb@ xauat. edu. cn

西安科技大学建筑与土木工程学院城市规划专业　　地址：陕西省西安市雁塔路58号　　邮政编码：710054　　网址：http://202.200.48.16/tumu/　　电话：029-85583153

西安工业大学建筑工程学院城市规划专业　　地址：陕西省西安市未央湖旅游开发区未央校区　　邮政编码：710021　　网址：http://xagdjg. xatu. cn/　　电话：029-86173264　　E-mail：xatujgx@ xatu. edu. cn

西安外国语大学旅游学院资源环境与城乡规划管理专业　　地址：陕西省西安市郭杜教育科技产业开发区文苑南路　　邮政编码：710128　　网址：http://222.90.76.146/lyxy/　　电话：029-85319374　　传真：029-85319424　　E-mail：wanglixia@ xisu. edu. cn　　lixishe@ xisu. edu. cn

陕西学前师范学院环境与资源管理系资源环境与城乡规划专业　　地址：陕西省西安市雁塔区兴善寺东街69号雁塔区校区　　邮政编码：710061　　西安市长安区南长安街神禾大道长安区校区　　邮政编码：710100　　网址：http://hjzy. snie. edu. cn/　　电话：029-81530153　　E-mail：rwhj@ snie. edu. cn

西安思源学院城市景观设计专业　　地址：陕西省西安市东郊水安路28号　　邮政编码：710038　　网址：http://www. xasyu. cn/　　电话：029-82601888　　E-mail：xsxiang@ xasyu. cn　　zhaihong@ vip. 163. com　　zb@ xasyu. cn

甘肃省

兰州大学资源环境学院资源环境与城乡规划管理专业　　地址：甘肃省兰州市天水南路222号　　邮政编码：730000　　网址：http://geoscience. lzu. edu. cn/　　电话：0931-8912627　　传真：0931-8912449　　E-mail：wangna@ lzu. edu. cn　　cees@ lz. edu. cn

兰州交通大学建筑与城市规划学院城市规划专业　　地址：甘肃省兰州市安宁区安宁西路88号807号信箱　　邮政编码：730070　　网址：http://jzxy. lzjtu. edu. cn/　　电话：0931-4956535　　传真：0931-4956534　　E-mail：jzxy@ mail. lzjtu. cn

甘肃农业大学资源与环境学院资源环境与城乡规划管理专业　　地址：甘肃省兰州市安宁区营门村1号　　邮政编码：730070　　网址：http://zh. gsau. edu. cn/　　电话：0931-7631176　　传真：0931-7631741　　E-mail：chen-nl@ sohu. com　　sungy@ gsau. edu. cn　　cheny@ gsau. edu. cn　　cailq@ gsau. edu. cn

西北师范大学地理与环境科学学院资源环境与城乡规划管理专业　　地址：甘肃省兰州市安宁东路967号　　邮政编码：730070　　网址：http://www3. nwnu. edu. cn/dept/dhxy/　　电话：0931-7971565　　E-mail：wuyongwei@ nwnu. edu. cn

陇东学院土木工程学院资源环境与城乡规划管理专业　　地址：甘肃省庆阳市西峰区南大街137号　　邮政编码：745000　　网址：http://tmgcx. ldxy. edu. cn/　　电话：0934-8651845　　E-mail：ldxyhjh@ sohu. com

兰州商学院农林经济管理学院资源环境与城乡规划管理专业　地址：甘肃省兰州市段家滩路418号　邮政编码：730070　网址：http://aem.lzcc.edu.cn/　电话：0931-4861728

兰州城市学院城市经济与旅游文化学院地理科学（城乡规划管理）专业　地址：甘肃省兰州市安宁东路180号　邮政编码：730000　网址：http://www2.lzcu.edu.cn/dept/cjgx/　电话：0931-7601078　E-mail：yyqtinkle@126.com

兰州城市学院美术学院城市规划专业　地址：甘肃省兰州市安宁东路180号　邮政编码：730000　网址：http://www2.lzcu.edu.cn/dept/msx/　电话：0931-7612369　E-mail：81610059@99.com

青海省

青海大学土木工程学院城市规划专业　地址：青海省西宁市宁大路251号　邮政编码：810016　网址：http://210.27.177.199/　电话：0971-5310405/5312509　E-mail：qhdxllx@126.com　qdzwy@163.com

青海大学昆仑学院（独立）城市规划专业　地址：青海省西宁市宁张公路175号　邮政编码：810016　网址：http://klc.qhu.edu.cn/　电话：0971-5311070　传真：0971-5366253　E-mail：zhao_kejian0826@sohu.com

青海师范大学生命与地理科学学院资源环境与城乡规划管理专业　地址：青海省西宁市五四路38号　邮政编码：810008　网址：http://sdxy.qhnu.edu.cn/　电话：0971-6307616　传真：0971-6307617　E-mail：chenzhi@qhnu.edu.cn　sdxybgs@126.com

宁夏回族自治区

宁夏大学土木与水利工程学院城市规划专业　地址：宁夏银川市西夏区贺兰山西路539号　邮政编码：750021　网址：http://tmsl.nxu.edu.cn/　电话：0951-2062005　E-mail：slxtjc@163.com　slxwbin@163.com

新疆维吾尔自治区

新疆大学资源与环境科学学院资源环境与城乡规划管理专业　地址：新疆乌鲁木齐市胜利路14号　邮政编码：830046　网址：http://202.201.249.144/zhx/　电话：099-8582318　E-mail：zhy_wgs2010xju@sina.com

新疆大学建筑工程学院城市规划专业　地址：新疆乌鲁木齐市胜利路14号　邮政编码：830046　网址：http://202.201.252.218/jgxy/　电话/传真：0991-4558378　E-mail：yujiang8534@126.com　Zgtlxh@126.com

石河子大学师范学院资源环境与城乡规划管理专业　地址：新疆石河子市北四路　邮政编码：832003　网址：http://sfxy.shzu.edu.cn/structure/sfindex　电话：0993-2057553/2058331　E-mail：cwb_sfxy@yeah.net

新疆农业大学水利与土木工程学院资源环境与城乡规划管理专业　地址：新疆乌鲁木齐市南昌路42号　邮政编码：830052　网址：http://wcc.xjau.edu.cn/　电话：0991-8762805　E-mail：xysllc@xjau.edu.cn

塔里木大学水利与建筑学院城市规划专业　地址：新疆阿拉尔市　邮政编码：843300　网址：http://sjy.taru.edu.cn/　电话/传真：0997-4680399

第四章　中国城市科学大事记

新石器时代　中国传统城市特征的城墙开始出现。据考证,河南淮阳平粮台城址部分城墙是迄今考古发掘中最古老的城墙。　随着考古的不断发现,在陕西高陵杨官寨发现距今6000多年的聚落遗址,处于同一时期的还有陕西临潼姜寨、河南灵宝西坡、湖南澧县南岳村的城头山等遗址。

夏代　中国最早的城市出现。据考古发现,河南偃师二里头、淮阳平粮台、登封王城岗、禹州瓦店及山东章丘城子崖、寿光边线王等均为夏代古城遗址,是为中国早期的"城市雏形"。　史载夏代都城:禹——阳城(河南登封县告城镇);启——阳城(夏邑、钧台,河南登封告城镇、禹县);太康——阳翟、斟寻(河南禹县、巩县与偃师县之间);少康——原老丘(河南济源市陈留县);廑——西河(河南浚县与滑县之间);桀——洛汭(河南洛阳附近)。

商代　据考古推测,河南偃师西村发现的商城遗址,被确认为中国最早的商城址,距今约有4000多年。　商末,中国已有26座城市,主要分布于黄河中下游地区,其中以豫北、豫东、晋南最为集中。　史载商代都城:契——商(河南商丘)、蕃(山东滕县)、砥石(河北隆平、宁晋县间);昭明——商(河南商丘)、东都(山东泰山下);相土——商(河南商丘);商侯履(汤)——殷(河南安阳)、商(河南商丘);商王汤——南亳(山东曹县)、西亳(河南偃师);商王仲丁——隞(河南荥阳);商王河亶甲——相(河北内丘);商王祖乙——邢(山西河津县);商王阳甲——奄(山东曲阜);盘庚——西亳(河南偃师);盘庚—帝乙——殷(河南安阳);商王纣——殷(河南安阳)、朝歌(河南淇县)。

西周　初年(前1066),从岐山遗址发现陶瓦开始用于屋顶。《尚书·洛诰》对西周初年所创建的洛阳城,从勘测、设计到城建竣工的完整工程作了明确记载。　西周中晚期,开始烧造砖。　西周是中国第1次城市建设高潮。西周重要都城:文王、武王——丰京、镐京(陕西长安);周成王——镐京、雒邑(长安、洛阳);周穆王——南郑(陕西华县北);周懿王——犬丘(陕西兴平)。

春秋战国　《周礼·考工记》问世,书中有"匠人营(即规划都城)国,方九里,旁三门。国中九经、九纬,经涂(涂即道路)九轨,环涂七轨""左祖右社,面朝后市"的记载,反映了当时都城规划的思想。春秋战国掀起了中国第2次城市建设高潮。春秋战国各国都城:东周都城——雒邑;秦国都城——雍(陕西凤翔县)、栎阳(陕西临潼武屯乡关庄和王宝屯一带);晋国都城——绛城(山西洪洞县东南故绛城)、新绛(山西侯马市);赵国都城——邯郸;魏国都城——魏邑(山西芮城县北)、霍邑(山西霍县)、安邑(山西夏县西北)、新里(河南开封西南)、大梁(河南开封西北);韩国都城——新郑;郑国都城——新郑;齐国都城——临淄;宋国都城——商丘;鲁国都城——曲阜;楚国都城——郢(湖北江陵纪南城);燕国都城——武阳(燕下都,河北易县南)。

西汉　汉惠帝元年(前194)开始修建长安城墙。汉武帝太初元年(前104)兴建北宫、桂宫、明光宫、建章宫,开凿昆明池和上林苑,前后历时90年。城墙全部用黄土夯筑而成,高12米、宽12米~16米,总长约25.7千米,城域面积36平方千米;墙外有壕沟,宽8米,深3米。汉长安城是中国历史上第1座规模庞大、居民众多的城市。　西汉末年,全国以行政中心为主的城市达1690个。

东汉　建武元年(公元25)光武帝建都洛阳。洛阳城是在周公所建周城的基础上扩建而成。　东汉时中国县城以上城市达1076个,城镇体系已基本形成了首都—刺史部驻所—郡级城市—县城4级城市等级系列。

5世纪~6世纪　郦道元著《水经注》,记载了上古至北魏时期的约3000处城邑,其中古都约180处。

582年　隋开皇二年(582)隋文帝令高颎、宇文恺等在汉长安城东南兴建大兴城,翌年三月竣工。大兴城的平面布局整齐划一,形制为长方形。全城由宫城、皇城、外郭城3部分组成,完全采用东西对称布局。外郭城面积约占全城总面积的88.8%,居民住宅区的大幅度扩大是大兴城建筑总体设计的一大特点。大兴城在当时的世界上是最为巨大的城市,是汉长安城的2.4倍。

隋朝 隋开皇九年(589)隋文帝杨坚平定南朝的陈,把钱塘郡改为杭州,杭州之名始由此起。隋大业元年(605)隋炀帝令杨素、宇文恺等营建东都洛阳城(作为陪都),次年完工。地分宫城、皇城、外廓城3道,包括皇宫、文武衙司、三市、132个坊,规模宏大。洛阳城几乎与长安城地位相等,是隋政治、经济、文化的一个重要中心。

唐代 将大兴城更名为长安城,并于贞观八年(634)在大兴城的东北禁苑内增建了大明宫,开元时期(713~741)又对曲江"芙蓉园"加以疏浚整修,天宝元年(742)增开漕渠,中唐时期修建兴庆宫。唐长安城的面积达83.1平方千米,按中轴对称布局,由外郭城、宫城和皇城组成。城内街道纵横交错,划分出110座里坊。此外还有东市、西市等大型工商业区和芙蓉园等人工园林。城市总体规划整齐,布局严整,堪称中国古代都城的典范。盛唐年间,它已是当时世界上最大最繁华的国际大都市之一,人口约有50万(有资料认为,长安城的人口极盛阶段超过100万)。 唐太宗贞观九年(635),在实行乡里制的同时,为强化府、州、县驻地及邻近地域的管理,在镇廓内设坊,500户以上的市镇亦设坊,在城郊设村里。坊和村里属县下自治组织,不属于州、县行政组织系统,这是中国历史上第1次将乡村与城镇、乡镇分而治之。 据资料统计,唐代亦形成了由都城2座(长安城、洛阳)、道驻所城市12个、府州驻所城市314个、县级及县级州驻所1348个,全国合计1676座城市(镇)。

北宋 宋建隆元年(960)赵匡胤建立宋朝,定都汴梁(今开封),称东京。唐建中二年(781)宣武军节度使李勉筑汴州城,有外城、内城、皇城三重城墙,有城门和水门21座,开宝寺塔、相国寺和近年来发现的古州桥为古汴梁重要建筑。皇城或皇宫城在内城中部,今开封市龙亭一带。布局仿唐洛阳皇宫,砖砌城墙,呈南北长的长方形。汴梁是北宋最大的经济、工商业、文化中心,人口最多时达120万,是当时世界第1大都会。 宋元符三年(1100)李诫著《营造法式》一书,对历代工匠传留的经验及当时建筑技术成就作了全面系统地总结。

南宋 宋绍兴八年(1138)宋高宗赵构正式把临安(今杭州)定为都城。整座城市街区在北,形成了"南宫北市"的格局,而自宫殿北门向北延伸的御街贯穿全城,成为全城繁华区域。城内河道有4条,其中盐桥河为主要运输河道,沿河两岸多闹市。城外有多条河流,与大运河相连。临安不仅将城市与优美的风景区相结合,而且还有许多园林点缀其间。临安城是当时4大海港之一。到南宋末人口达124万。 宋代形成了首都—路城—府州城(监、军城)—县城—镇—市6级城镇体系。

1153年 金主完颜亮于贞元元年(1153)正式迁都中都(今北京),北京作为中国封建王朝的统治中心的历史由此开始。

元代 元至元四年(1267)元世祖忽必烈决定在旧中都城北修建新城,并取名大都。至元十三年(1276)大都城垣建成,周长28.6千米,四隅建角楼,平面布局呈长方形。城墙基宽2.4米,墙体为夯土筑成,故又称土城。作为京师的元大都城,因是政治中心和文化中心,人烟茂盛,商业经济十分繁荣。 元代形成了首都—省会—路城—府城—州城—县城—镇—市8级城镇等级体系。

明代 明洪武元年(1368)明太祖朱元璋建都南京,开始就旧城扩建,并建造宫殿。南京自此第一次成为全国的首都。明南京城为南北长、东西窄的不规则形,面积55平方千米,城区包括六朝建康城、石头城、南唐金陵城。城墙用大石条奠基,完全用青砖包砌,长33.68千米。城墙之外,又修筑了一座长达50余千米的外郭城,把钟山、玄武湖、幕府山等大片郊区都围入郭内,并辟有外郭门16座,从而形成保卫明皇宫的四道防御线,即外郭、都城、皇城、宫城,成为14世纪世界第1大城。 永乐元年(1403)明朱棣将北平改为北京,此乃北京城定名的由来。永乐五年至永乐十九年(1407~1421)营建北京。永乐十九年(1421)朱棣将都城从南京迁至北京。明北京城分为内城和外城,成现在的凸字形,基本形成了现今北京城的轮廓。内城中央为皇城,即紫禁城。紫禁城外有条石砌岸的护城河。6座象征最高统治权力的雄伟大殿自南而北排列在宫城的中央。明北京城体现了中国传统的城市建筑思想,是建筑史上一大杰作。 崇祯十四年(1641)五世达赖喇嘛重修布达拉宫,前后历时50余年,建屋2000余间。该宫依山而建,共砌平顶13层,上有宫殿3座,金碧辉煌。 明末,造园家计成著《园冶》一书出版,这是一部造园理论著作,系统总结了江南一带造园技术的成就,并提出应因地制宜,使之富有天然特色,即"虽由人作,宛自天开"。是一部研究古代园林的重要著作,为后世的园林建造提供了理论框架以及可供模仿的范本。

1709年 清康熙开辟圆明园。乾隆年间进行大规模营建,形成了圆明园、长春园、绮春园"三园",有所谓"四十景"。

1913 年 《江苏省暂行市乡制》颁布,规定凡是县治所在地以及人口达 5 万以上的城、镇和村庄均为"市"。这是市制概念在中国行政区划史上的第 1 次出现,对后来产生了深远影响的是将城统称为市,使"市"的名称逐渐被普遍采用。

1921 年 北洋政府以教令第 16 号公布《市自治制》,规定全国开始建立市的行政体制,并将市分为特别市和普通市 2 种。 中国最早的建制市——广州市建立。

1925 年 建石门市(今石家庄市),为中国第 2 个设置的建制市。

1926 年 北伐战争时期的广州由孙科主持颁布实行的《广州市暂行条例》,以此为标志,中国近代史上真正意义的城市改革拉开了大幕。

1928 年 7 月 3 日,南京国民政府公布《特别市组织法》和《市组织法》,正式将城市纳入国家行政序列,中国城市终于有了一个正式名份。

1929 年底 年底,民国国都设计技术办事处编制的《首都计划》出版,这是中国最早的现代城市规划。今时南京内城的基本格局,仍有彼时规划排布的沿袭与留存。

1933 年 颁布《中华苏维埃共和国中央苏维埃暂行组织法(草案)》中,将市的建制分为中属市、省属市、县属市、区属市 4 等。

1950 年 为了保证旅大市(现大连市)的蔬菜、副食品供应,经政务院批准辽宁省的金县、长海县归入旅大市域范围,旅大市领导旅顺市和金县、长海县 2 县。这是中国现知的最早试行的市管县制。

1951 年 8 月 8 日,政务院公布《城市房地产税暂行条例》。年底,政务院在《关于调整机构和紧缩编制的决定》中规定,"凡人口在 9 万人以下,一般不设市"。

1952 年 8 月 24 日,建筑工程部成立,主管全国建筑工程和城市建设工作。 9 月,建工部召开城市建设座谈会,讨论《中华人民共和国编制城市规划设计与建设程序(草稿)》。

1954 年 南京大学在全国率先成立自然地理学和经济地理学专业。

1955 年 6 月 9 日,国务院第 1 次颁布《关于设置市镇建制的决定》,规定聚居人口 10 万以上的城镇可以设市,聚居人口不足 10 万,但属重工矿基地、省级地方国家机关所在地、规模较大的物资集散地或边远地区的重要城镇,并确有必需时,可以设市。镇的设置人口需在 2000 人以上。这一规定使城镇人口统计有了依据。

1956 年 5 月 12 日,城市建设部成立。 中国建筑学会城市规划学术委员会(中国建筑学会城乡规划学术委员会)在北京成立。

1957 年 《城市规划汇刊》杂志创刊。

1958 年 6 月下旬,全国城市规划工作座谈会在青岛召开,主要任务是交流各地城市规划建设经验,部署今后城市规划工作。同时,中国建筑学会在青岛举行专题学术研讨会,分析总结青岛的城市规划和建筑特色。

1962 年 10 月 6 日,中共中央、国务院作出"关于当前城市工作若干问题的指示",要求逐步改善城市人民的居住条件,对房租金专款专用,以保证房屋的经常维修和改建、扩建,并逐步新建一些居民住宅。

1963 年 12 月 7 日,国务院颁布《关于调整市镇建制、缩小城市郊区的指示》,指导思想是压缩城镇人口,减少就业压力。严格掌握 10 万人口指标从严设市。强调市的郊区应尽量缩小,市总人口中农业人口比重一般不应超过 20%。将设镇的人口下限提高到 3000 人。由于门槛的提高,按行政建制统计的城镇人口开始偏小,国家统计部门也开始以城镇非农业人口表示城镇人口,并将这一标准延用了 18 年。

1964 年 5 月中旬~6 月 17 日,中共中央在北京召开工作会议,提出了一二三线的战略布局和建设"大三线"的方针。

1965 年 2 月 26 日,中共中央、国务院发布《关于西南"三线"建设体制问题的决定》,决定成立三线建设委员会。 8 月 28 日,国务院颁发《关于改进设计工作的若干规定(草案)》,提出:城市规划要依据城市为生产建设,为劳动人民服务的方针和工农结合、城乡结合有利生产、方便生活的原则进行。

1969年　10月,北京市建成了中国第1条城市地下铁道。

1970年　9月8日,国务院提出第4个五年国民经济计划纲要,提出工业建设要大分散、小集中,不搞大城市。

1972年　5月30日,国务院批转《关于加强基本建设管理的几项意见》,强调指出:城市的建设和扩建要做好规划,经过批准,纳入国家计划。

1973年　6月,国家建设委员会建筑科学研究院成立城市建设研究所。

1977年　5月14日,中共中央、国务院批复《关于恢复和建设唐山规划的报告》。　9月,《城市规划》杂志创刊。

1978年　2月11日,国务院批复加快重建唐山市的报告,要求体现中国70年代的建筑水平,唐山市的住宅建设规模、投资、速度、质量和管理都是中国城市住宅建设史上罕见的。　3月,国务院《关于加强城市建设工作的意见》指出:要狠抓现有设施的维修养护和旧城区改造,加速住宅及市政公用设施建设,对民用建筑逐步实行"六统一"。

1979年　3月,城市规划学术委员会大城市交通规划学组在北京成立。　3月20日~29日,第1次大城市交通规划学术讨论会在北京召开。　5月10日,国家城市建设总局成立。　5月,国家建设委员会建筑科学研究院城市建设研究所更名为城市规划设计研究所,由国家城市建设总局领导。　南京大学率先将城市化的研究引入中国,发表了国内第1篇研究城市化的论文。

1980年　1月,中国建筑学会城市规划学术委员会1980年年会在天津举行。　南京大学举办了有关中国城市化的第1次国际会议(第二届亚洲城市化国际学术讨论会)。率先提出城镇体系"三结构一网络",对中国的城市规划编制产生了重大的影响。其基本思想被纳入《中华人民共和国城市规划法》以及国家建设部《城市规划编制办法》。　10月,国家建委在北京召开的全国城市规划工作会议,这是拨乱反正、具有划时代意义的会议。会议对城市规划的地位和作用、城市发展的方针、城市规划的编制审批和实施等提出了明确的指导意见。确定了中国城市发展的"控制大城市规模、合理发展中等城市、积极发展小城市"22字方针。

1981年　1月,《城市规划》编辑部成立。　11月,第3次大城市交通规划学术讨论会在北京召开。　同济大学等著《城市规划原理》一书由中国建筑工业出版社出版。

1982年　4月,城市规划学术委员会居住区规划学组在天津成立。　5月4日,城乡建设环境保护部成立。　7月,中国建筑学会城市规划学术委员会的挂靠单位由建设部规划局改为中国城市规划设计研究院。　12月,国务院决定成立上海经济区,并成立上海经济区规划办公室。　1982年,费孝通教授主持的小城镇研究,费孝通从家乡吴江"破题",采用实地考察、类型比较、功能分析等研究方法,重点对吴江小城镇进行了分析解剖。提出了"类别、层次、兴衰、布局、发展"这10字研究课目,研究探析中国城乡结构、人口分布以及农村工业化、城市化等社会主义建设中的重大问题。

1983年　1月,国务院批准江苏省撤销所有地区,地区所辖各县划归11个市领导。之后,全国各地全面推开。华东师范大学于洪俊、宁越敏撰写的国内第1本城市地理学著作《城市地理概论》由安徽科学技术出版社出版。

1984年　1月20日,中国城市科学研究会在北京召开成立大会。　1月,在烟台召开了"城镇合理规模"科研成果评议会。　1月22日,城市规划学术委员会年会在北京举行。　2月,国务院上海经济区规划办公室和建设部联合发出通知,决定开展上海经济区城镇布局规划工作。　7月,天津召开了"天津市居民出行调查研究"成果评议会。　10月,城市规划学术委员会咨询服务部成立。　11月,中国城市规划学会咨询服务部就经济中心城市规划改革、沿海14个开放城市问题进行了调研。

1985年　3月,在太原市举办了"城市干道及步行街建设座谈会"。　10月,《全国2000年城镇发展布局规划纲要》成果完成,报国家计委纳入全国国土规划纲要,同时发各地作为各省编制省域城镇体系规划和修改、调整城市总体规划的依据。　12月,《城市规划》英文版编委会成立。　南京大学林炳耀撰写的国内第1部《计量地理学概论》著作由高等教育出版社出版。

1986年　1月,中国城市规划学术委员会在对外进行学术交流中采用中国城市规划学会名义。　年初,由建设部城市规划局组织编制了《长江沿江地区城镇发展和布局规划要点》。 4月19日,国务院批转《关于调整设施标准和市领导县条件的报告》。 9月,在北京组织了以"大都市管理与规划"为题的座谈会。 11月,在石家庄市召开了第4次全国城镇化学术讨论会。 11月,召开了"京津唐地区国土规划纲要城市课题研究"科研成果评议会。

1987年 9月,"中国城市问题学术研讨会"在北京举行。

1988年 5月,德国著名城市规划学家格德·阿尔伯斯教授在北京作学术报告。 6月,在唐山市举办分区规划与规划实施比较研究班。 9月,云南工学院在原建筑学专业基础上成立建筑学系,该系开设建筑学与城市规划2个本科专业。 11月,中国城市规划学会代表团参加东京国际学术讨论会和第3届城市规划史国际会议。 12月,城市规划学术委员会成立了小城镇规划学组。 12月,城市规划委员会国外城市研究学组成立。

1989年 5月,在北京举办了全国城市规划设计、管理等计算机应用软件展示会。 11月,日本都市计划学会代表团在北京进行学术访问。 11月,转变中的亚洲城市与建筑国际学术研讨会在清华大学召开。 12月26日,第七届全国人大第十一次常委会通过《中华人民共和共城市规划法》,自1990年4月1日起施行。这是中国在城市规划、城市建设和城市管理方面的第1部法律。

1990年 4月,中国城市科学研究会历史文化名城委员会在洛阳市召开第四次研讨会,会议就《城市规划法》公布后,历史文化名城的保护规划问题进行了讨论。 5月,长江三角洲地区城市科学研究会联系中心第四次研讨会在扬州举行,会议主题是"新区开发和旧区改造"。 10月,中国城市规划学会代表团访问了加拿大。 11月22日~25日,"第2次大城市流动人口学术研讨会"在郑州市召开,较系统地探讨了城市流动人口的含义、现状特征,分析了城市流动人口急剧增长的原因,以及对城市社会、经济发展带来的影响,提出了在新形势下对城市流动人口应采取的管理方针、对策和建议。 11月,唐山市政府因灾后重建的巨大成就荣获联合国人居中心颁发的"人居荣誉奖"。国家体制改革委员会编撰的《中国城市》一书由北京改革出版社出版。 12月,建设部城市规划司与国家计委国土规划司共同组织开展陇海兰新地带城镇发展与布局规划工作。 国家统计局城市调查大队编辑的《中国城市年鉴》由中国经济出版社出版。

1991年 6月19日~21日,"城市基础设施与经济、社会协调发展研讨会"在上海举办,会议讨论起草了《关于加快我国城市基础设施建设的建议书》。 7月,海峡两岸城市建设开发研讨会在北京隆重召开。 9月3日,建设部颁布《城市规划编制办法》,自10月1日施行。 10月,华北地区青年规划论文研讨会在天津举行。

1992年 1月,《城市规划通讯》和《城市规划动态》合并刊名定《城市规划通讯》。 10月,建设部与国家计委在乌鲁木齐联合召开会议研究规划的初步成果,并经修改形成《陇海兰新地带城镇发展与布局规划要点》。 11月,中国建筑学会城市规划学会更名为中国城市规划学会。 12月,中国城市规划设计研究院代表团赴港参加"高度集中发展研讨会"。 1992年,深圳市住宅局获"联合国人居奖"。

1993年 1月,河北省城市规划学会在石家庄市成立。2月,天津市城市规划学会历史文化名城专业委员会在天津成立。5月17日,国务院批转《关于调整设市标准的报告》,对设立县级市和地级市的标准进行了调整。 6月,黄秉维等主编的《中国大百科全书·中国地理》出版,对全国重要城市和县、镇作了详细介绍。 8月,内蒙古自治区城市规划学会在锡林郭勒盟锡林浩特市成立。12月,华北地区城市规划学术交流会在山西省太原市召开。

1994年 1月,河北省城市规划学会小城市规划学术委员会成立。 1月,北京城市规划学会城市设计与古都风貌保护规划学术委员会成立。 6月20日~24日,风景环境规划设计学术委员会年会在辽宁省丹东市召开。 8月,北京市城市规划学会在北京成立。

1995年 3月,北京城市规划学会城市规划管理学术委员会成立。 9月,河北省小城市规划学术委员会召开了"小城市规划研讨会"。 11月8日,引大入秦工程建成通水,把甘肃、青海2省交界处的大通河水,跨流域东调120千米,引到兰州市以北60千米处干旱缺水的秦王川盆地。 1995年,上海市因实施解决居住特困户项目而荣获"人居荣誉奖"。

1996年 3月,北京市城市规划学会卫星城镇基地与规划学术委员会成立。 8月底,天津市城市规划学会历史文化名城研究会在塘沽召开。 12月,环境保护和园林绿化规划学术委员会在北京成立。 1996年,建设部长侯捷荣获人居奖"特别荣誉奖",这是中国首次以个人名义获奖。

1997年 3月14日,经八届全国人大五次会议审议批准,重庆正式成为中国第4个、西部地区唯一的直辖市,管辖原重庆市、万县市、涪陵市和黔江地区所辖区域,共43区市县,这是重庆第3次成为中央直辖市,掀开了重庆建设与发展史上崭新的一页。 11月,在北京召开了"保护历史文明城与精神文明建设研讨会"。 全国高校城市规划专业实行理工并轨,统一设立工科城市规划专业,南京大学在国内综合性大学中第1个取得工科城市规划本科、硕士点。 1997年,中山市长黄子强获"联合国人居奖"。

1998年 2月,北京城市规划学会卫星城镇基地与规划学术委员会在北京市举办学术报告会。 7月,北京城市规划学会城市基础设施学术委员会召开年会。 9月,山西省平遥举办"世界历史文化名城保护规划与建设管理研究班"。 11月3日,成都市府南河综合整治工程获得了1998年度联合国人居奖。 11月,在北京举办"面向21世纪的首都绿化学术研讨会"。 12月,第5届首都建筑设计汇报展览会在北京举行。 截止12月31日,中华人民共和国行政区划统计显示,全国城市设置总数为664座,其中地级市以上227座,县级市437座。 1998年新增的地级市有安徽宿州市、江西赣州市、河南信阳市、湖北咸宁市、四川广安市、宁夏吴忠市。1998年,沈阳市市长获"联合国人居奖"。

1999年 4月15日,内地与香港工程建设管理体制及城乡规划研讨会在北京召开。 4月,在北京组织召开了控制性详细规划学术研讨会。 5月1日,世界第22届园艺博览会在昆明开幕,这是第1次由发展中国家主办的大型世界园艺博览会,对推动中国尤其是昆明市今后的旅游业以及经济发展意义重大。 6月,中国城市规划学会组织了赴日考察访问团。在国际建协大会期间组织了"城市设计论坛""女建筑师、规划师论坛"。《城市规划》光盘版出版。 10月,《50年回眸——新中国城市规划的理论与实践》出版。杭州大学与浙江大学合并,原杭州大学区域与城市科学系并入浙江大学建工学院,更名为区域与城市科学系。 1999年,在山地城市的基础上,杨永春提出了河谷型城市的概念,并随之展开了连续且多方位的研究工作。西陇海兰新经济带研究。振兴陇海—兰新经济带的产业,是中国"十五"计划乃至21世纪重点考虑的战略问题。陇海—兰新经济带开发开放要采取点—轴方式推进,具体构想是:以陇海—兰新铁路和同方向的高速公路、通信干线为轴线,以沿线的省会城市和地级城市为节点城市,呈串珠状展开。 12月31日,民政部统计中国城市数量为667座,其中直辖市4座、副省级市15座、地级市211座、县级市437座。 本年度新设的地级市有山西晋中市、内蒙古通辽市、黑龙江绥化市、安徽巢湖市、安徽六安市、福建宁德市、湖南娄底市、四川达州市、陕西榆林市。

2000年 1月,中国城市规划学会就"经济转型时期的规划建设问题"赴俄罗斯考察。中国城市规划学会和中国土地学会代表就加强合作问题进行了商谈。"西部大开发与空间布局"研讨会在北京举行。原昆明理工大学建筑学专业和原云南工业大学建筑工程学院合并,成立昆明理工大学建筑工程学院。 5月,原重庆大学、重庆建筑大学、重庆建筑高等专科学校3校合并组建成新的重庆大学,原重庆建筑大学城市规划专业并入重庆大学,并成立了重庆大学建筑城规专业。 8月,"城市设计实施制度框架研究"专家座谈会在北京召开。 9月,浙江工业大学依托建筑学专业创办城市规划专业,开始招收五年制本科学生。 10月,"沿海5城市功能与设施比较研究"课题第2次协调会在北京召开。 12月,《中国当代城市设计精品集》出版。 截止2000年底,中国大陆共有城市数663座,其中直辖市4座、副省级市15座、地级市244座、县级市400座。新增加的地级市有山西运城市、山西忻州市、山西临汾市、浙江丽水市、安徽亳州市、安徽池州市、安徽宣城市、江西吉安市、江西宜春市、江西抚州市、江西上饶市、山东滨州市、山东菏泽市、河南周口市、河南驻马店市、湖北随州市、四川眉山市、四川雅安市、四川巴中市、四川资阳市、贵州安顺市、云南保山市、陕西安康市。原淮阴市改为淮安市(原淮安市改为楚州区)。

2001年 1月8日,美国著名水资源保护专家贝茜·达蒙(Betsy Damon)在北京就生态保护等问题进行了座谈。 4月,国际住宅和规划联盟(IFHP)秘书长 ElsbethE. van Hylckama Vlieg 来中国访问。 7月13日,北京申奥成功。 9月19日,"新世纪居住区规划设计研讨会"在天津召开。 10月10日,在北京举办了"当代小城镇规划建设"研讨班。 11月,中国城市规划学会代表团访问英国。中国城市规划学会区域规划与城市经济学术委员会在北京举行。英国皇家规划学会会长访问北京。 12月,中国城市规划学会城市设计学术委员会成立。 12月12日,"海峡两岸城市建设与发展研讨会"在上海召开。 2001年,杭州市政府获"联合国人居环境奖"。

2002年 2月,中国城市规划学会代表团在韩国参加东北亚委员会学术研讨会。 2月25日,国家《"十五"西部开发总体规划》颁布,首次提出要加快发展兰州白银经济区。 4月27日,21世纪的建筑与城市学术研讨会在清华大学举行。 5月,加拿大规划师学会(CIP)代表团访问北京。美国规划师协会(APA)秘书长Jeffrey Soule先生来北京访问。 6月,中英规划建筑论坛在北京举行。当代城市规划建设高级研讨班在清华大学举行;《城市规划原理》正式出版;"城镇体系规划、城市总体规划与国民经济和社会发展规划之间的关系及衔接机制"研讨会在北京举行。 7月1日,联合国开发计划署"21世纪城市规划、管理与发展项目"正式启动。联合国开发计划署在中国挑选了6个具有典型性的城市作为项目援助城市,柳州、济南、太原、贵阳、三门峡和眉山6市入围。 7月,《城市规划读本》出版发行;中国城市规划学会组织会员赴俄罗斯、瑞典、丹麦、芬兰、挪威进行历史保护专题学术考察。 9月8日~12日,国际规划和住宅联盟(IFHP)第46届年会在天津举行。 10月7日,包头市政府获联合国人居环境奖。 11月,风景环境规划设计学术委员会2002年学术研讨会在北京召开。11月,"包头市创建现代化园林城市研讨会"在包头举行。 云南大学理学院创建城市科学系。 2002年,陕西提出强力打造关中产业带。

2003年 10月26日~30日,"全国中小城市发展研讨会暨中国城市科学研究会中小城市委员会第14次年会"在湖南郴州召开。 10月27日,中共中央、国务院下发《关于实施东北地区等老工业基地振兴战略的若干意见》。 10月27日~28日,在太原市召开了"数字时代城市规划政务公开与公众参与"年会,主要议题包括城市规划电子政务机制与应用技术、城市规划政务公开与公众参与。 11月,中国城市规划学会考察团访问了日本和韩国。 12月,由国家基金委主办、南京大学承办的第1届"人文地理学前沿问题学术沙龙"在南京召开。 12月6日,"2003年中国城镇建设发展论坛"在浙江绍兴县召开。 2003年,威海市政府获"联合国人居环境奖"。

2004年 1月,中国城市规划学会组团对德国、意大利、奥地利进行考察。 6月30日~7月1日,"21世纪的城市变化国际学术会议"在上海华东师范大学召开。此后华东师范大学组织召开了一系列国际会议,大力推进了中国城镇化、城市地理理论研究的创新。 7月14日,宏观调控与城市规划自由论坛在北京召开。 9月11日~12日,当代法国城市规划与建设国际研讨会在清华大学举行。 10月,《中国城市规划学会和美国规划协会合作备忘录》在北京签订。 9月18日,2004年度"最佳中国魅力城市"评选活动在中央电视台揭晓,评出的10大魅力城市是:河南洛阳、四川都江堰、浙江绍兴、山东烟台、福建泉州、江苏昆山、广东东莞、广西桂林、海南三亚、云南大理。评选魅力城市的标准包括科学的城市发展规划、充满活力的经济、富有创造力的城市建设、优雅的城市环境、悠久的历史文化、积极向上的精神风貌等7个方面。 10月,中国城市规划学会考察团赴北欧4国进行专业考察。 10月30日,2004年中国综合实力百强城市揭晓,上海、北京、深圳、广州、天津位居前5位,这是由国家统计局城市社会经济调查总队根据大陆地区城市人口与劳动力、经济、社会、基础设施、环境等5个一级大指标、19个二级子系统、50个三级小指标体系综合评定。 11月3日,在八大古都城市代表暨古都学会会长座谈会上,中国古都学会会长单位陕西师范大学宣布:"中国古都学会正式确认郑州为第8大古都"(中国其他7大古都为西安、北京、南京、洛阳、杭州、开封、安阳)。 南京大学取得了地理学一级学科下"城市与区域规划"自审博士点。 2004年,厦门市政府获"联合国人居环境奖"。

2005年 1月7日~9日和11日~12日,中英城市复兴高层论坛分别在哈尔滨、北京举办。 1月19日~21日,"节约型城市创新发展"论坛在海南博鳌举行。 3月17日,中国社会科学院举办《2005年城市竞争力蓝皮书》首发暨2005中国城市竞争力研讨会,发布2004年度中国200个主要城市的综合竞争力和各单项竞争力的排名,并对中国城市发展进行研讨。综合竞争力居前10位的城市是上海、深圳、广州、北京、杭州、宁波、苏州、无锡、厦门和天津。 5月9日,"世界城市论坛——地方政府组织会议"在北京召开。 5月28日,健康城市化与城市土地利用研讨会在北京召开。 6月7日,河西风沙治理首次建立了由"前沿防风阻沙林带→固沙林带→植物活体沙障阻沙带→封沙育林育草带"组成的"四带一体"绿洲边缘防风固沙治理模式。 6月,"21世纪城市规划、管理与发展"项目研讨会在北京召开。 8月11日,国务院召开东北资源型城市可持续发展座谈会。 8月21日~24日,中国城市规划学会小城镇学术委员会在内蒙古呼伦贝尔市召开年会。 9月13日,国内首部《中国城市生活质量报告》在"2005年中国城市论坛北京峰会"上发布,城市生活质量排在前4位的城市是深圳、东莞、上海、北京。 9月22日~24日,中国古村镇保护与发展碛口国际研讨会在山西碛口古镇召开。 10月9日,山东烟台市政府获得"2005年度联合国人居环境奖"。 10月12日,"2005年亚太城市市长高峰会议"在重庆市召开,这是此类会议首次在中国举行。 11月26日~27日,复旦大学日本研究中心第15届国际学术研讨会召开,主题是"世博会与国际大都市的发展"。 12月,在国家自然科学基金重点项目"中国城市化格局、过程、机制"的支持下,南京大学举办了中国城市化海内外研究组专题研讨会。 12月31日,建设部颁布《城市规划编制办法》,自2006年4月1日起施行,建设部1991年9月颁布的旧《办法》将同时废止。 2005年,兰州学者贺应钦率先提出兰西银经济区(西兰银经济区、兰州—西宁—银川经济区)的概念。

　　2006年　1月25日,建设部发布《关于河北省城镇体系规划的函》,原则同意修订后的《河北省城镇体系规划(2006~2020)》。 2月21日,国务院发布《关于发展城市社区卫生服务的指导意见》,为深化城市医疗卫生体制改革,优化城市卫生资源结构,发展社区卫生服务,努力满足群众的基本卫生服务需求,制定该指导意见。 2月23日,国务院办公厅转发建设部《关于加强城市总体规划工作意见》的通知,为适应经济社会发展的新形势,进一步明确城市总体规划工作的指导思想,规范规划编制、审查和监督管理,增强城市总体规划的科学性、严肃性和权威性,促进城市健康发展,提出指导意见。 3月7日,经国务院同意,建设部函复山西省人民政府,原则同意《山西省城镇体系规划(2006~2020)》。 3月14日,十届全国人大四次会议表决通过《关于国民经济和社会发展第十一个五年规划纲要》的决议,规划第二十一章以"促进城镇化健康发展"为题,其中指出:要坚持大中小城市和小城镇协调发展,提高城镇综合承载能力,按照循序渐进、节约土地、集约发展、合理布局的原则,积极稳妥地推进城镇化,逐步改变城乡二元结构。 3月19日,广东省统计局发布公报称,广州市常住人口已达949.68万,已接近1000万都市人口大关。 3月20日,中国社会科学院发布2006年《城市竞争力蓝皮书》,排在前20位的城市是香港、台北、上海、北京、深圳、广州、高雄、澳门、新竹、基隆、杭州、宁波、苏州、台南、天津、大连、无锡、沈阳、青岛。 4月1日,《城市规划编制办法》开始施行。 4月5日,建设部、科学技术部联合下发《关于印发小城镇建设技术政策的通知》,加强对小城镇建设技术发展的指导。 5月17日,国务院总理温家宝主持召开国务院常务会议,研究促进房地产业健康发展措施等,会议指出进一步采取有针对性的六条措施,即"国六条"。 5月,在国家自然科学基金重点项目"中国城市化格局、过程、机制"的支持下,南京大学主办了"中日城市化会议"。 5月26日,国务院印发《关于推进天津滨海新区开发开放有关问题的意见》,批准天津滨海新区为全国综合配套改革试验区。 5月26日~28日,以"加强区域合作,建设绿色通道"为主题的第3届"泛珠三角省会城市市长论坛"在南昌举行。 6月,西安被国家列为重点要建设成为世界一流科技园区的6个高新区之一。 6月14日~16日,在北京举办2006年首届中国城市发展与规划国际年会,主题为"资源节约型、环境友好型的中国城镇化发展之路"。 6月30日,建设部、国家发展和改革委员会印发修订后的《节水型城市申报与考核办法》和《节水型城市考核标准》。 7月1日,青藏铁路全线胜利建成通车。拉萨成为全国最后一个通铁路的省会(首府)城市,大大促进了城市现代化进程。 7月26日~28日,第1届全国城市与工程安全减灾研讨会在唐山市召开。 7月27日,国务院发布《关于天津市城市总体规划的批复》,同意修编后的《天津市城市总体规划(2005~2020)》。 8月3日,《国务院关于宁波市城市总体规划的批复》,原则同意修订后的《宁波市城市总体规划(2006~2020)》。 8月22日,中国市长协会第4次市长代表大会暨"2006中国市长论坛"在北京召开,主题为"落实科学发展观,转变城镇发展模式"。 8月28日,国务院发布《国务院办公厅关于批准株洲市城市总体规划的通知》,原则同意修订后的《株洲市城市总体规划(2006~2020)》。 9月,国际城市与区域规划学会(ISoCaRP)秘书长来中国访问。 9月,中国城市规划学会和国际区域与城市规划师学会举行了签约仪式。 9月20日,联合国人类住区规划署正式宣布2006年度"联合国人居奖"获奖名单,江苏省扬州市由于较好地保存了旧城并改善了市民的居住环境而榜上有名。 10月4日,"联合国人居奖"颁奖仪式在俄罗斯伏尔加河沿岸城市喀山举行。 9月21日~23日,中国城市规划年会在广州举行,通过了《中国城市规划广州宣言》，这是中国规划界第1次以宣言的形式公示自己的立场。 9月28日，"2006城市信息化建设论坛"在北京召开，由中国信息产业商会和中国市长协会联合主办，主题为"大力推广信息技术在城市建设和管理中的应用，推动信息产业界与城市信息化建设的融合互动"。 10月11日，中共十六届六中全会通过了《中共中央关于构建社会主义和谐社会的决议》。在城市建设方面要求：推进社区建设，完善基层服务和管理网络；全面开展城市社区建设，积极推进农村社区建设，健全新型社区管理和服务体制，把社区建设成为管理有序、服务完善、文明祥和的社会生活共同体。 10月12日，国务院发布《关于批准大同市城市总体规划的通知》，原则同意修订后的《大同市城市总体规划(2006~2020)》。 10月20日~23日，建设部高等城市规划学科专业指导委员会(以下简称专指委)年会在浙江大学召开。 10月21日~22日，第3届中国城市森林论坛在湖南长沙举行，全国政协副主席、关注森林活动组委会主任张思卿强调，要强化对城市森林建设重要性的认识，进一步加大投入，加快城市森林建设，促进构建和谐城市。本届论坛主题是"绿色·城市·文化"。 11月1日，国务院发布《国务院办公厅关于批准鹤岗市城市总体规划的通知》，原则同意修订后的《鹤岗市城市总体规划(2006~2020)》。 11月6日，国务院发布《国务院办公厅关于批准淮北市城市总体规划的通知》，原则同意修订后的《淮北市城市总体规划(2006~2020)》。 11月17日，国务院发布《国务院办公厅关于批准衡阳市城市总体规划的通知》，原则同意修订后的《衡阳市城市总体规划(2006~2020)》。 11月18日~19日，国际地下空间学术大会在北京召开，来自美国、日本、法国等10多个国家的320多名专家学者围绕"节约型城市与地下空间开发利用"的主题展开了学术讨论。 12月1日，建设部、发改委、财政部和劳动与社会保障部联合发布《关于优先发展城市公共交通若干经济政策的意见》，要求加大城市公共交通的投入，建立低票价的补贴机制，认真落实燃油补助及其他各项补贴，规范专项经济补偿。 12月，由国家基金委主办、华东师范大学承办的第3届"人文地理学前沿问题学术沙龙"在南京召开。

2007年 1月15日，北京市信息化工作领导小组办公室发布关于印发《北京市提高全民信息能力行动纲要》的通知，贯彻落实《2006~2020年国家信息化发展战略》精神，实现"新北京、新奥运"战略构想，使北京市全民信息能力满足加快首都信息社会建设的需要。 2月14日，建设部印发《2007年城乡建设档案工作要点》通知。 2月16日，国务院发布《关于杭州市城市总体规划的批复》(国函[2007]19号)，批复原则同意修订后的《杭州市城市总体规划(2001~2020)》。 3月8日，建设部印发《关于加强中小城市城乡建设档案工作的意见》。 3月9日，国务院发布《关于同意将山东泰安市列为国家历史文化名称的批复》，同意将泰安市列为国家历史文化名城。

3月13日，国务院发布《关于同意将海南省海口市列为国家历史文化名城的批复》，同意将海口市列为国家历史文化名城。 3月18日，国务院发布《关于同意将浙江省金华市列为国家历史文化名城的批复》，同意将金华市列为国家历史文化名城。 3月18日 国务院发布《关于同意将安徽省绩溪县列为国家历史文化名城的批复》，同意将绩溪县列为国家历史文化名城。 3月25日，中国社会科学院公布的《2007年中国城市竞争力蓝皮书》显示，中国台湾地区城市竞争力排名显著下滑，而环渤海区域竞争力上升。 3月27日，湖南省人大常委会审议并通过了《长株潭城市群区域规划》。 4月2日~3日，"创意产业与城市发展"国际研讨会在香港召开。 4月8日，云南思茅市正式更名为普洱市。 4月17日，由中国市长协会和国际欧亚科学院中国科学中心编写的《中国城市发展报告》首发式在北京新大都饭店举行。 4月20日，建设部部长汪光焘在成都出席成渝城镇群规划座谈会，宣布《成渝城镇群协调发展规划》编制工作正式启动。此前建设部曾编制了长江三角洲、珠江三角洲、环渤海湾和海西两岸4个城镇群规划。 4月21日~22日，首届中国居住区规划与开发高峰论坛暨第6届中外建筑师创作与执业论坛在北京举办。 4月28日，建设部发布了《城市生活垃圾管理办法》，自2007年7月1日起施行。 5月9日，第4届中国城市森林论坛在成都开幕，国家林业局在论坛上公布了重新修订的《国家森林城市评价指标》。 5月21日，建设部公布《关于发布国家标准城市绿地设计规范的公告》，自2007年7月1日起施行。 6月9日~11日，城市文化国际研讨会在北京举行。 5月30日，由中国城市科学研究会编订的中国《宜居城市科学评价标准》正式发布。 6月7日，国家发展和改革委员会下发《关于批准重庆市和成都市设立全国统筹城乡综合配套改革试验区的通知》；建设部发布《关于公布国家生态园林城市试点城市的通知》，研究确定青岛市、南京市、杭州市、威海市、扬州市、苏州市、绍兴市、桂林市、常熟市、昆山市、张家港市为国家生态园林城市试点城市。6月9日~11日,建设部、文化部、国家文物局共同举办城市文化国际研讨会暨第2届城市规划国际论坛暨城市规划设计展览会,会议主题:"全球化背景下的城市文化转型、历史文化名城保护和创新文化培育"。 6月10日,以"共享优势资源,促进和谐发展"为主题的第4届"泛珠三角省会城市市长论坛"在长沙举行。 6月11日,建设部下发了《关于同意设立江苏省南京市绿水湾等4处国家城市湿地公园的通知》,4处分别是:江苏省南京市绿水湾国家城市湿地公园、山东省临沂市双月湖国家城市湿地公园、山西省长治市长治国家城市湿地公园、河南省南阳市白河国家城市湿地公园。 6月16日~17日,中国城市规划协会在武汉成功举办了"城市规划信息化建设武汉论坛",主题是"推进共享、提升服务"。 6月29日~30日,"中国城市转型和城市规划国际会议"在英国卡迪夫市召开。 7月,专家提出构建大西安为中心的大关中城市群的观点。 7月15日,拉萨市颁布了《拉萨市城市规划条例实施细则》,该细则由2007年6月30日拉萨市人民政府常务会议审议通过,自2007年8月1日起施行。 8月2日,"CPN首届中国城市交通国际年会"(又名中国城市化与交通发展国际年会)全体会议在人民大会堂召开,宗旨是探讨中国城市交通持续健康发展的可行模式、深化中国城市管理及城市交通发展国际合作、引领城市交通领域世界最前沿技术解决策略的本土化发展方向、推动城市交通相关产业、技术、项目及投资的市场推广与资源整合、探索世界未来城市交通发展及由其引导的城市发展的模式范例。 8月12日,第2届中部6省城市规划会商会在郑州举行,会议形成《中部地区城镇群发展郑州共识》。 8月24日~25日,全国城市住房工作会议在北京召开。提出要积极采取措施,加强廉租住房制度建设,解决好城市低收入家庭住房困难;继续调整住房结构,稳定住房价格,促进房地产市场健康发展。 8月25日,"2007年中国市长论坛"在包头市举行,本次论坛的主题是"科学发展、创新管理、和谐城市"。 8月30日,《全国人民代表大会常务委员会关于修改〈中华人民共和国城市房地产管理法〉的决定》已由中华人民共和国第十届全国人民代表大会常务委员会第二十九次会议通过,自公布之日起施行。 8月30日,建设部发布《关于建设节约型城市园林绿化的意见》。 9月7日,第2届海峡西岸经济区论坛关于《海峡西岸城市群协调发展规划》专题讨论会在厦门召开。 9月13日,2007中国城市规划年会在哈尔滨举行。 9月15日,国务院发布《关于同意江苏省无锡市列为国家历史文化名城的批复》。 9月16日~22日,全国范围内,北京、上海、天津、深圳等108个城市同时进行首届中国城市公交周及无车日活动,活动主题为"绿色交通与健康",其中,9月22日为"无车日"。 9月20日,国务院发布《国务院关于重庆市城乡总体规划的批复》,原则同意修订后的《重庆市城乡总体规划(2007~2020)》。 10月5日,南宁市政府获"联合国人居环境奖"。 10月15日,党的十七大报告提出"更好发挥经济特区、上海浦东新区、天津滨海新区在改革开放和自主创新中的重要作用"。 10月28日,十届全国人大常委会第三十次会议审议通过《中华人民共和国城乡规划法》,于2008年1月1日起施行。 10月,《中国城市竞争力年鉴》一书出版。 11月14日,国务院发布《关于徐州市城市总体规划的批复》,原则同意修订后的《徐州市城市总体规划(2007~2020)》。 11月18日,国务院总理温家宝在新加坡与新加坡总理李显龙共同签署了中新2国政府关于在中国天津建设生态城的框架协议。 11月24日,"中国新住区论坛"在清华大学举行。 11月28日,温家宝主持国务院常务会议部署资源型城市可持续发展问题。 11月28日,国家旅游局发布《关于命名钦州市等31个城市为"中国优秀旅游城市"的决定》。 12月6日~7日,在北京举办了《城乡规划法》首期培训班。 12月13日,亚太总裁与省市长国际合作大会在广州举行,主题是"亚太合作,全球共赢"。 12月13日,国家旅游局发布《关于命名唐山市等4个城市为"中国优秀旅游城市"的决定》,命名唐山市、泰州市、安顺市、赤水市为"中国优秀旅游城市"。 12月14日,国家发展和改革委员会下发《关于批准武汉城市圈和长株潭城市群为全国资源节约型和环境友好型社会建设综合配套改革试验区的通知》。 12月18日,国务院发布《关于促进资源型城市可持续发展的若干意见》,意见指出要在2015年前,在全国范围内普遍建立健全资源开发补偿机制和衰退产业援助机制,使资源型城市经济社会步入可持续发展轨道。 厦门大学正式成立城市规划系,开始招收城市规划专业本科(5年制)及城市规划与设计专业方向硕士研究生。

2008年 1月,中英在北京签署了可持续城市的合作备忘录。 1月31日,中新天津生态城联合工作委员会第1次会议在天津召开,审议通过了中新天津生态城指标体系。 2月,《中国城市年鉴2008》出版。 3月11日,国务院组建住房和城乡建设部,不再保留建设部。 3月28日,中国社会科学院发布《2008年中国城市竞争力蓝皮书》,中国城市综合竞争力前10位的是香港、深圳、上海、北京、台北、广州、高雄、苏州、杭州、天津。 3月31日,《中国城市发展报告2007》首发式暨报告会在北京举行。 4月10日,2008中国郑州世界旅游城市市长论坛举行,并发表了世界旅游城市《郑州宣言》。 5月6日,国务院发布《国务院关于西安市城市总体规划的批复》,原则同意修订后的《西安市城市总体规划(2008~2020)》。 5月17日,城乡统筹与"两规"协调高层论坛在北京召开。

6月12日,国家发改委批准将深圳列为全国第1个创建国家创新型城市试点。 6月17日,汶川大地震灾后重建规划专家座谈会在北京召开。 6月19日~20日,由国家城乡建设部和河北省政府主办的2008城市发展规划国际论坛暨河北省首届城市规划建设国际博览会在河北省廊坊市召开。 6月24日,中国地级以上城市经济总量排名发布,以2007年全年经济总量计,排名前10位的城市是上海、北京、广州、深圳、苏州、天津、重庆、杭州、无锡、青岛。 7月20日~21日,中日城乡灾后重建相关问题学术研讨会在北京召开。 7月31日,青海三江源生态保护和建设工程开始招标。 8月8日~24日,第29届奥林匹克运动会在北京举行。 9月6日~17日,残奥会在北京举行。 8月12日,国务院发布《关于做好免除城市义务教育阶段学生学杂费工作的通知》。 9月28日~30日,全国高等学校城市规划指导委员会第2届第4次会议于于山东建筑大学召开。 9月10日,"武汉城市圈"综改方案获得国务院的正式批复,成为国内第1个启动综改试点的城市圈(群)。"武汉城市圈"由"1+8"9座城市组成,是指在以武汉市为中心的100千米半径内,整合黄石、鄂州、黄冈、孝感、天门、潜江、仙桃、咸宁8个中小城市,形成湖北乃至长江中游最大、最密集的城市群。 9月19日~21日,2008中国城市规划年会暨第44届国际规划大会在大连举行,主题是"生态文明视角下的城乡规划"。 10月6日,第23个"世界人居日"全球庆典活动在安哥拉首都罗安达举行,主题是:"和谐城市",浙江省绍兴市和江苏省张家港市获得"联合国人居奖荣誉奖"(张家港市成为全国第1个荣膺联合国人居奖的县级市),南京市荣获"联合国人居奖特别荣誉奖",沈阳市铁西区获得"联合国全球宜居城区示范奖"。 10月18日,2008年中国市长论坛暨中国市长协会4届2次常务理事扩大会议在深圳开幕。本次论坛的主题是"科学发展,民生为本,城市安全"。 10月21日,"转型期城市规划与公共政策国际研讨会"在北京举行。 10月,由建设部主编的《中国城市建设统计年鉴2007》出版。 11月3日,南京大学第1届中法城市与区域规划论坛举行。 11月17日~18日,第5届中国城市森林论坛在广州召开,论坛以"城市森林与生态文明"为主题。论坛期间,全国绿化委员会、国家林业局授予广东省广州市、河南省新乡市、新疆维吾尔自治区阿克苏市"国家森林城市"称号。 11月27日,中国城市规划专业人员参加在日本东京举行的"东亚国家城市区域规划新趋势"学术研讨会。 12月11日,"城市规划与公共政策研讨会"在澳门召开。

2009年 1月2日,国务院回函《关于同意将江苏省南通市列为国家历史文化名城的批复》,同意将江苏省南通市列为国家历史文化名城。 1月10日~11日,同济大学主办了"第3次空间与行为研究会"。 1月26日,国务院发布《关于推进重庆市统筹城乡改革和发展的若干意见》。 3月6日,建设部印发《2009年城乡建设档案工作要点》通知。 3月12日,国务院发布《关于拉萨市城市总体规划的批复》,原则同意修订后的《拉萨市城市总体规划(2009~2020)》。 3月16日,国务院发布《关于批准无锡市城市总体规划的通知》,原则同意修订后的《无锡市城市总体规划(2001~2020)》。 3月20日,工业和信息化部下发《关于支持服务外包示范城市国际通信发展的指导意见》。 3月28日,国务院发布《关于批准辽阳市城市总体规划的通知》,原则同意修订后的《辽阳市城市总体规划(2001~2020)》。 5月7日~8日,第6届中国城市森林论坛在浙江省杭州市召开。本届论坛以"城市森林·品质生活"为主题。在论坛开幕式上,全国绿化委员会、国家林业局授予杭州市、威海市、宝鸡市、无锡市"国家森林城市"称号。 5月22日,"广州2020:城市总体发展战略规划"专家研讨会在广州召开。 6月10日,国务院总理温家宝主持召开国务院常务会议,讨论并原则通过《江苏沿海地区发展规划》。 6月18日~20日,华东师范大学主办了"全球化、创新与城市—区域发展"国际会议。 6月21日~24日,南京大学主办了"转型期的中国城市与区域规划国际会议暨国际中国城市规划学会第3届年会"。 6月25日,国务院正式发布《关中—天水经济区发展规划》,提出将把关中—天水经济区打造成为"全国内陆型经济开发开放的战略高地"。 7月6日,财政部、住房和城乡建设部发布《关于印发可再生能源建筑应用城市示范实施方案的通知》。 8月16日,2009中国市长论坛在银川开幕。本次论坛主题为"全球经济危机下中国城市的机遇与挑战"。 9月12日~14日,中国城市规划年会在天津举行,以"城市规划和科学发展"为主题,来自国内外的规划师们就住房建设与社区规划、城市生态规划、历史文化保护与城市更新、园林绿化与风景环境、产业发展与园区规划、国际最新学术进展等议题展开讨论。

9月17日,国家统计局发布《新中国60周年系列报告之10:城市社会经济发展日新月异》。报告中称,中华人民共和国成立60年来,城市化进程快速推进,城市个数由建国前的132个增加到2008年的655个,城市化水平由1949年的7.3%提高到2008年的45.68%。中国的城市化进程已经历了5个阶段:1949年~1957年为中国城市化起步阶段。1949年,全国仅有城市132个,城市市区人口3949万,城市市区人口占全国总人口比重7.3%。到1957年末,中国城市发展到176个,比1949年增长33.3%,平均每年增长10%;城市市区人口增加到7077.27万,比1949年增长79.2%,平均每年增长19.9%;城市市区人口占全国人口的比重提高到10.9%,比1949年增加3.6个百分点。1958年~1965年为城市化波动较大阶段,1966年~1978年为城市化停滞发展阶段,1979年~1991年为城市化快速发展阶段。1992年~2008年为城市化稳定发展阶段,到2008年底,全国城市总数达655个,比1991年增加176个,增长36.7%,平均年增加11个;城镇人口比1991年增加90.3%,平均每年增长5.6%。城市化率提高到45.68%,比1991年提高19个百分点。 9月20日~21日,由住房和城乡建设部主办、湖北省住房和城乡建设厅和宜昌市人民政府共同承办的第四届中部6省城市规划会商会在湖北宜昌举行,会议主题是"研究重大项目建设与城市规划的关系"。 10月5日,第24个"世界人居日",主题为"规划我们城市的未来",山东省日照市因出色的人居环境和生态环境规划而获"联合国人居环境奖"。 10月20日,第6届中国—东盟博览会开幕式在南宁举行。 11月10日~12日,2009年全国规划院院长会议暨2007年度全国优秀城乡规划设计奖颁奖大会在上海召开。 12月10日~11日,中国城市规划学会区域规划与城市经济学术委员会年会在北京举行,主题为"探讨'三规合一'的新方法、新途径"。 12月24日,国务院正式批复了《甘肃省循环经济总体规划》,这是中国第1个由国家批复的区域循环经济发展规划,实现了循环经济由理论到实践的重大突破。

2010年 1月6日,国家发展改革委发布《国家发展改革委关于推进国家创新型城市试点工作的通知》,原则同意大连、青岛、厦门、沈阳、西安、广州、成都、南京、杭州、济南、合肥、郑州、长沙、苏州、无锡、烟台等城市申报的创建国家创新型城市总体方案,支持以上16个城市开展创建国家创新型城市试点。 1月16日,住房城乡建设部与深圳市人民政府在深圳举行共建国家低碳生态示范市合作框架协议签字仪式。 1月20日,国家发展改革委发布《国家发展改革委关于印发皖江城市带承接产业转移示范区规划的通知》。 2月5日,国务院发布《关于批准湘潭市城市总体规划的通知》,原则同意修订后的《湘潭市城市总体规划(2010~2020)》。 2月9日,环境保护部发布《关于宜昌市创建成为国家环境保护模范城市的公告》《关于佛山市创建成为国家环境保护模范城市的公告》《关于临安市创建成为国家环境保护模范城市的公告》《关于淮安市创建成为国家环境保护模范城市的公告》,经国家环境保护模范城市考核组考核验收、环境保护部公示和审议,宜昌市、佛山市、临安市、淮安市均已经达到国家环境保护模范城市考核指标要求,决定授予"国家环境保护模范城市"称号。 2月23日,广州市常务会议通过"广州白鹅潭地区城市设计"和"广州新城市中轴线南段设计"2大规划设计方案,广州将依托5大功能区建设"塑身"成为国家中心。 3月8日,国务院发布《关于武汉市城市总体规划的批复》,原则同意修订后的《武汉市城市总体规划(2010~2020)》。 3月12日,环境保护部发布《关于召开全国创建国家环境保护模范城市工作现场会的通知》。 3月25日,甘肃省工商联和甘肃农业大学"兰州—西宁—银川经济区"课题组发布了《兰州—西宁—银川经济区研究报告》,完整的论述了经济区的发展战略。 3月29日,中英在北京签署合作备忘录,双方将在政府间可持续城市合作谅解备忘录的框架下,加强在绿色和节能建筑以及生态城市领域的合作。 4月6日,科学技术部发布《关于印发〈关于进一步推进创新型城市试点工作的指导意见〉的通知》,为充分发挥城市在建设创新型国家进程中的重要作用,加强对创新型城市试点工作的推动和指导,特制定了《关于进一步推进创新型城市试点工作的指导意见》和《创新型城市建设监测评价指标(试行)》。 4月6日,经国务院同意,国家发改委正式批复沈阳经济区为国家新型工业化综合配套改革试验区,这标志着沈阳经济区成为继上海浦东、天津滨海新区、成都、重庆、武汉城市圈、长株潭城市群和深圳等7个地区后,国务院批准设立的第8个国家综合配套改革试验区。 4月20

日,全国首届城市民族区域发展论坛在河南省郑州市举行,本次论坛的主题是"团结和谐,繁荣发展"。 4月9日~11日,博鳌亚洲论坛2010年年会在海南博鳌圆满举行,主题为"绿色复苏:亚洲可持续发展的现实选择"。 4月30日,上海世博会由国家主席胡锦涛宣布正式开幕。此次世博会以"城市,让生活更美好"为主题,以"城市多元文化的融合""城市经济的繁荣""城市科技的创新""城市社区的重塑""城市和乡村的互动"为副主题。 5月11日,中国市长协会在北京发布的《中国城市发展报告》2009年卷指出,中国已进入城镇化加速时期,预计到2020年将有50%的人口居住在城市,2050年则有75%的人口居住在城市。中国目前已形成长三角、珠三角、京津冀3大城镇密集地区,以及辽中南、中原、武汉、长株潭、成渝、闽东南、山东半岛、北部湾等城镇群,其中长三角、珠三角、山东半岛、海峡西岸等6大区域的面积占全国国土面积的12.38%,人口占全国的22%,产出GDP则占到全国的50.01%,引进外资占全国的78.86%,人口密度和人均GDP均在全国前列。 5月15日~16日,由中国工业和信息化部、国际电信联盟、上海世博会执委会和宁波市政府共同主办的中国2010年上海世博会首场主题论坛——"信息化与城市发展"论坛在宁波市举行。 5月15日~17日,"世博中国年·2010城市经济可持续发展高峰论坛"在上海举行,主题为"布局低碳经济,塑造城市品牌;优化金融生态,助推经济发展;点燃城市梦想,谱写世博辉煌",倡导城市经济的可持续发展模式。 5月26日,中华人民共和国住房和城乡建设部发布《关于印发城市综合交通体系规划编制导则的通知》,以指导各城市做好城市综合交通体系规划编制工作。 5月,喀什当地政府实施酝酿多年的老城改造计划,将陆续拆除85%的老城区,涉及5.1万户20多万维吾尔族民众。 6月13日,"文化遗产日五周年纪念大会"暨首批自治区级文化生态保护区授牌仪式在南宁举行,河池、百色2市成为广西首批自治区级文化生态保护区。 6月18日~20日,"上海世博·低碳宜居城市发展论坛"在同济大学举行,此次论坛由中国城市规划学会、美中城市协会和同济大学联合主办。 8月4日,兰州市决定建设秦王川新城区。 8月19日,国务院关于郑州市城市总体规划的批复,同意修订后的《郑州市城市总体规划(2010~2020)》。 10月5日,江苏昆山市获"联合国人居环境奖"。 10月,南京地理与湖泊研究所在南京举办了中德极化区域研究学术会议。 11月1日~3日,第12届中国科协年会第23分会场会议——城市发展与和谐社会建设学术研讨会在福建师大举办。会议由中国地理学会、中国城市科学研究会、福建师范大学、福建师范大学地理科学学院和福建省地理学会联合承办。 11月19日,全国城市规划编制研究中心年会暨亚运会与广州城市规划发展在广州召开。 12月21日,国务院发布《全国主体功能区规划》,规划着力构建中国国土空间的"三大战略格局",其中构建"两横三纵"为主体的城市化战略格局。构建以陆桥通道、沿长江通道为2条横轴,以沿海、京哈京广、包昆通道为3条纵轴,以国家优化开发和重点开发的城市化地区为主要支撑,以轴线上其他城市化地区为重要组成部分的城市化战略格局。推进环渤海、长三角、珠三角地区的优化开发,形成3个特大城市群;推进哈长、江淮、海峡西岸、中原、长江中游、北部湾、成渝、关中—天水等地区的重点开发,形成若干新的大城市群和区域性的城市群。 12月27日,中卫市黄河湿地保护项目已向联合国申报迪拜国际改善居住环境最佳范例。 2010年,舟曲泥石流灾害重建。舟曲县灾后重建旅游规划本着民生优先、供需并重、重建为主、政府主导、特色品牌、区域协作开发、产业辐射联动的原则设计。总体思路是,解决舟曲旅游灾后重建的基本问题,全面整合舟曲县各类自然景观和文化资源,在现有拉尕山国家4A级旅游景区的基础上,今后将全力打造翠峰山景区、沙滩森林公园、大峡沟森林公园及泉城舟曲成为4A级景区,全力打造和提升"藏乡江南、梦幻拉尕、泉城舟曲"旅游品牌,将舟曲建成一个极富特色的高原生态旅游强县。 2010年,青海玉树重建,计划将玉树重建成高原生态旅游城市。 甘肃省确定了"中心带动、两翼齐飞、组团发展、整体推进"的区域发展战略。

2011年 1月26日,为进一步做好房地产市场调控,国务院常务会议确定8项政策措施,涉及进一步落实地方政府责任、强化差别化住房信贷政策等内容,被称作"国八条"。据此,北京、上海、重庆等地相继推出"京十五条"、"沪渝房产税"等地方政策。 4月28日,在西安市举行了世界园艺博览会。此次园艺博览会也是由中国第3次举办认可性A2+B1级世界园艺博览会。西安世园会以"天人长安,创意自然"为主题,以"绿色引领时尚"为宣传口号。总会期为178天,于10月22日闭幕,共有1572万人次参观此次盛会。 4月28日,国家统计局正式发布第6次全国人口普查数据,全国总人口为1 370 536 875人。其中居住在城镇的人口为665 575 306人,占

49.68%;居住在乡村的人口为 674 149 546 人,占 50.32%。同 2000 年第 5 次全国人口普查相比,城镇人口增加 207 137 093 人,乡村人口减少 133 237 289 人,城镇人口比重上升 13.46 个百分点。同 2000 年第 5 次全国人口普查相比,居住地与户口登记地所在的乡镇街道不一致且离开户口登记地半年以上的人口(流动人口)增加 116 995 327 人,增长 81.03%。 5 月 23 日,经国务院批准,原则同意修订后的《江门市城市总体规划(2011～2020 年)》。在总体规划确定的 1786 平方千米的城市规划区范围内,实行城乡统一规划管理。合理控制城市规模。到 2020 年,主城区城市人口控制在 160 万人以内,城市建设用地控制在 156 平方千米以内。 6 月 11 日,中国社科院经济所和首都经贸大学联合发布首个《中国城市生活质量指数报告》。在生活质量指数排名中,广州位列第 1。 6 月 23 日,北京遭遇年度最强降雨,暴雨让北京城狼狈不堪,城区多处积水,道路瘫痪。地铁 13 号线、亦庄线、1 号线、四号线等出现停滞、漏水等现象,76 条地面公交线路受到不同程度影响。 6 月 30 日,全长 1300 多千米的京沪高速铁路开通运营。这条串联中国经济最活跃板块的黄金通道,必将越来越显著地协调区域平衡发展、加快产业转移优化、提升轨道交通建设能力。 7 月 5 日,北京地铁自动扶梯逆行事故震惊全国,事故造成 1 死 30 伤。 7 月 11 日,深圳地铁 4 号线再次发生扶梯逆行造成 4 名乘客受伤。在全球气候变暖和快速城市化的双重作用下,频发的城市公共安全事故暴露出在城市日益扩张过程中城市规划、市政基础设施方面的存在的诸多问题。 7 月 28 日,重庆地铁 1 号线投入运营,进入载客试运营阶段。重庆地铁一号线东起朝天门,西至大学城,远期延伸至璧山。一号线采用"分段建设、分段运营"的原则,分 2 阶段进行建设。第 1 阶段建设朝天门沙坪坝段,线路长约 16.5 千米,设车站 14 座。第 2 阶段建设沙坪坝—大学城段,线路长约 20.2 千米,设车站 9 座,计划于 2012 年建成通车。 8 月 12 日,《西安市城乡建设"十二五"规划》原则获得通过。西安将全面提升城乡基础建设水平,打造"一城多心"的城市空间布局,建设四级城镇体系。根据《规划》,"十二五"时期,西安将大力建设和提升城乡基础设施水平,全市城市基础设施投资总规模达 1650 亿元;以新城、莲湖、雁塔等为重点的主城区,阎良、临潼、户县 3 个副中心城市,周至、蓝田、常宁、高陵、洪庆 5 个城市组团以及 60 个市级小城镇,打造"一城多心"的城市空间结构,形成"13560"四级城镇体系布局。 8 月 12 日,四川省推进新型工业化新型城镇化工作会议上提出到"十二五"末,全省城镇化率将达到 48% 左右,18 个地级市和有条件的县级市发展成为 50 万人口以上的大城市,10 个左右城市跨入百万人口以上特大城市行列,建立起以成都特大城市为核心、4 大城镇群为主体形态、20 个区域中心城市为依托、300 个左右中小城市和重点镇为骨干、1500 个左右小城镇为基础、布局合理、层级清晰、优势互补、功能完善、大中小城市和小城镇协调发展的城镇体系。 8 月 15 日,根据湖北省政府日前批准的《湖北省住房和城乡建设事业"十二五"规划纲要》,"十二五"期间,全省城镇化水平将达到 52% 以上,其中武汉城市圈城镇化率达到 58% 以上,转移农村人口 300 万人。特大城市和大城市增至 15 个左右,中小城市增至 50 个左右,3 万人口以上的建制镇增至 100 个左右。 9 月 2 日,青海省西宁市政府审议并通过了《西宁市 2030 年城市空间总体发展规划》。该规划明确了西宁未来 20 年的规划市域范围、城市发展目标与战略,将以西宁为中心的东部城市群范围划定为"一核一带一圈"。总体目标是打造"更加繁荣、更加美丽、更加宜居"的青藏高原中心城市,带动区域发展的西北经济高地,自然人文有机融合的区域服务中心,具有国际知名度的高原旅游名城,宜居宜业、保障完善的生活之城和幸福之城。 9 月 16 日,由中国国际广播电台国际在线主办的 2011"中国城市榜"颁奖典礼在北京举行。北京、成都、西安、南京、拉萨、大理、广州、桂林、平遥、青岛等十座城市获得全球网民推荐的"最中国文化名城"称号。 8 月 23 日,根据各地统计局公布的数据,目前全国 22 个省会城市和 4 大直辖市已经公布了 2011 年城镇单位在岗职工平均工资。其中,广州以 57 473 元居首,北京 56 061 元排名第 2,南京则以 54 713 元排名第 3。 10 月 11 日,第 8 届全国残疾人运动会在杭州举办。 10 月 16 日～25 日,中华人民共和国第七届城市运动会在江西省南昌市举行,共有来自全国 31 个省、自治区、直辖市,新疆生产建设兵团和香港、澳门特别行政区的 57 个代表团参加,其中,运动员达到 6034 名。 10 月 21～26 日,第 8 届中国—东盟博览会在南宁举行。重点主题为"环保合作",主题国为马来西亚。 11 月 16 日,在北京举行了第 5 届中国城市化国际峰会,湖南长沙县、日照岚山区、淮安市清河区、金阳.重庆映像、正大平谷 300 万只蛋鸡项目、北京怀柔杨宋镇、营口德润.峰汇、北京华贸中心、国瑞购物中心等 11 个案例荣膺 2011 年中国城市化典范案例称号。正大集团、北京国华置业、卓越集团、中体地产、北京万通立体之城投资有限公司、综合开发研究院(中国深圳)和皇明太阳能股份有限公司、金螳螂建筑装饰股份有限公司荣膺2011中国城市化影响力机构。以上海、北京、广州为代表,包括深圳、青岛、西安、重庆、成都、南京和沈阳等在内的10城市荣膺"2011年中国10大省会(含直辖市,副省级城市)活力城市"称号。苏州、连云港、佛山、无锡、唐山、德州、盘锦、株洲、齐齐哈尔、芜湖市等荣膺"2011年中国10大地级活力城市"称号。昆山领衔,张家港市、溧阳市、平湖市、都江堰市、莱西市、英德市、高要市、福鼎市和宜都市荣膺"2011年中国10大县级"活力城市称号。 12月22日,重庆市公布了户改一年多来的数据显示,全市"农转城"转户人数超过310万人,平均每天6299名农村居民转户当上城里人。全市户籍人口城镇化率提高8.6个百分点,达到37.8%。

2012年 1月3日,第12届全国冬季运动会在长春隆重开幕。以"办一流盛会,颂和谐中国"为主题,以"和谐、进步、文明、发展"为宗旨,共有来自全国的44支代表队的1400名运动员参赛。 1月8日,四川省召开专题会议,研究4大城市群规划和建设工作。"十一五"以来,四川省以成都平原、川南、川东北和攀西四大城市群为重点加速推进城镇化进程,全省城镇化率年均提高1.44个百分点。但是从总体看,四川省2011年城镇化率仅为41.8%,比全国平均水平低9.5个百分点。 2月11日,内蒙古自治区进一步加强城镇规划和管理,组织实施《呼包鄂城市群规划》《乌海及周边地区城镇规划》和《锡林郭勒南部区域中心城市建设规划》。推动有条件的城镇把有稳定职业和收入的农民工及其子女转变为城镇居民,并纳入城镇社会保障、医疗卫生、文化教育、住房保障等公共服务体系。 2月28日,随着"数字海南"国际旅游岛数字地理空间框架建设的完成,海南将正式启动"数字城市"建设,计划"十二五"期间完成全省18个市县数字城市地理空间框架建设,搭建市县统一、权威、标准的城市地理信息公共平台。 3月17日,湖北省南水北调丹江口库区移民内安工作现场会在十堰市召开。 3月25日,香港特别行政区第四任行政长官选举结果揭晓。梁振英获得689张有效票,当选为香港特区第四任行政长官人选。 3月27日,苏州获得2015年第53届乒乓球世锦赛举办权。 6月21日,国务院批准撤销海南省西沙群岛、南沙群岛、中沙群岛办事处,设立地级三沙市,管辖西沙群岛、中沙群岛、南沙群岛的岛礁及其海域。涉及岛屿面积13平方千米,海域面积200多万平方千米,它是中国面积最大、人口最少的城市。三沙市人民政府驻西沙永兴岛。 7月24日,海南省三沙市(西沙、中沙、南沙)成立大会在永兴岛举行。 7月6日~7日,全国科技创新大会在北京举行。这是中华人民共和国成立以来,中国首次召开的以"科技创新"为主题的大会。会议提出到2020年使中国进入创新型国家行列。 7月21日,北京城遭遇今年以来最大的雨,总体达到特大暴雨级别。一天内,市气象台连发五个预警,暴雨级别最高上升到橙色。截至22日2时,全市平均降雨量164毫米,为61年以来最大。其中,最大降雨点房山区河北镇达到460毫米。暴雨引发房山地区山洪暴发,拒马河上游洪峰下泄。除海淀区、西城区、顺义区外,"7·21"特大暴雨造成其他13区县全部受灾,经济损失共93.5133亿元。其中房山区受灾人口达80万人,经济损失超过61亿元,77人遇难。 8月28日,《三亚市城市总体规划(2012~2020)》环境影响报告书专家论证会在海南省三亚市召开。报告书深入分析了三亚市域生态空间和资源承载力约束,预测和评价了城市发展对三亚的水、能源交通和城市生态系统的影响,依据"生态优先、海陆统筹、空间优化、设施先进"的原则,按照国际先进滨海旅游城市规划建设与环境保护要求,提出了合理的城市发展策略和对策建议。报告书通过评审,对保护三亚独特的"山、河、海、城"资源生态环境、实现城市可持续发展、保障建设国际热带海滨风景旅游城市目标的实现具有重要意义。 9月28日,京广高铁郑州至武汉段开通运营。动车组列车运行时速300千米,武汉到郑州东最快只需116分钟。 10月16日,《哈尔滨历史文化名城保护规划(2011~2020年)》获黑龙江省人民政府正式批准实施。规划系统研究了哈尔滨市历史文化价值,提出了名城保护原则、规划目标和框架,明确了城市整体格局和风貌保护要求,确定了3个历史城区、13个历史文化街区、9个历史文化风貌区、18处历史性绿地环境保护区、415处历史建筑的保护范围和保护措施。规划获批对于加强哈尔滨市历史文化名城的保护与管理、统筹协调经济社会发展、妥善处理城市建设与历史文化名城保护之间的关系具有重要意义。 10月17~19日,"2012年中国城市规划学会年会"在昆明召开,本次年会的主题是:多元与包容。来自全国各地3800多名代表参加了年会。 12月1日,世界上第一条高寒地区的长大高速铁路——哈大高铁正式开通运营。 12月6日,青海省出台"十二五"城镇发展规划,到2015年,青海东部城市群地区城镇化水平有望达到52%,其中西宁市城镇化水平将达到67.5%。"十二五"

期间,青海东部城市群将按照"一核一带一圈"空间布局建设,强化西宁"核心"城市的聚集辐射带动作用,加快推进平安、乐都、民和、互助沿湟"带"城市进程,着力提升大通、湟中、湟源等1小时"圈"的城市功能。 12月19日《廊坊市城市总体规划(2011~2030)纲要》通过省住房城乡建设厅组织的专家审查。《纲要》着眼于适应京津冀区域经济一体化、首都经济圈建设等国家战略机遇,以北京新机场和天津南港建设为契机,全面对接京津,提出了廊坊市实施"中心扩容、两翼并驱,服务带动、工业支撑,分区统筹、区域联动"的总体发展策略。同时,力求打造"一主一副、三轴两带"的市域空间发展结构,推动中心城市由"小三点""大三点"向"小四点""大四点"空间组团拓展,拉开城市发展框架,全面提升城市综合承载能力。 12月26日,世界最长高铁——京广高铁开通运营。 12月30日,北京地铁6号线一期、10号线二期(C型开通)、8号线二期南段、9号线北段通车。

2013年 1月17日,《石家庄森林城市建设总体规划》正式通过专家评审向外界公布。《规划》提出,石家庄市将利用2年时间使森林覆盖率达到32%,水岸绿化率提高至83%,新建地面停车场树冠覆盖率升至30%,城区人均公园绿地面积达14.8平方米,城区绿化覆盖率达48.5%,新建生态文化示范基地4处,全面达到国家森林城市指标,建成国家森林城市。 1月18日前,住房城乡建设部和国家文物局联合下发通知,对山东省聊城市、河北省邯郸市、湖北省随州市、安徽省六安市寿县、河南省鹤壁市浚县、湖南省岳阳市、广西壮族自治区柳州市、云南省大理市因保护工作不力,致使名城历史文化遗产遭到严重破坏,名城历史文化价值受到严重影响的情况进行通报批评。 3月12日,宿州市城市总体规划(2012~2030)前获省政府正式批复。根据规划,到2030年宿州市中心城区城市人口控制在110万人以内。在批复中,省政府要求宿州市要加强与中原经济区、沿淮经济带及皖北城镇群其他城市的联系,融入区域发展。加快现代加工制造业基地建设,立足宿州市资源优势、技术水平和发展潜力,按照宿(州)淮(北)城市组群建设的要求,合理选择主导产业,壮大优势产业。 4月1日,国务院办公厅发出通知,要求做好城市排水防涝设施建设工作。2013年汛期前,各地区要认真排查隐患点,采取临时应急措施,有效解决当前影响较大的严重积水内涝问题。2014年底前编制完成城市排水防涝设施建设规划,力争用5年时间完成排水管网的雨污分流改造,用10年左右的时间,建成较为完善的城市排水防涝工程体系。 4月16日,江西省住房和城乡建设厅组织召开专家评审会,审议通过了《赣州都市区总体规划》。按照规划,赣州市将构建"一带、三轴、六区"的城市空间发展总体结构,包括沿江文化旅游功能发展带;都市服务拓展轴、新兴产业拓展轴、国家级产业发展轴;赣州古城文化振兴区、蓉江新城现代服务业聚集区、北部高端产业聚集区、南康产业聚集区、赣县产业聚集区、上犹生态休闲旅游区。规划目标是把赣州中心城市建设成为江西省域副中心城市、赣粤闽湘四省通衢的区域性中心城市、重要的区域性综合交通枢纽城市、国家稀有金属产业基地和先进制造业基地、国家历史文化名城。 7月12日,国务院总理李克强主持召开国务院常务会议,研究部署加快发展节能环保产业。要推动节能环保和再生产品消费,到2015年,使高效节能产品市场占有率提高到50%以上;提升产业技术装备水平;加快节能环保重点工程建设,完善污水管网等城镇环境基础设施;营造有利的市场和政策环境;加大中央预算内投资和节能减排专项资金支持力度。 7月31日,国务院总理李克强主持召开国务院常务会议,部署加强城市基础设施建设。会议确定:加强市政地下管网建设和改造;加强污水和生活垃圾处理及再生利用设施建设,"十二五"末,城市污水和生活垃圾无害化处理率分别达到85%和90%左右;加强燃气、供热老旧管网改造,到2015年,完成8万千米城镇燃气和近10万千米北方采暖地区集中供热老旧管网改造任务。 8月20日,湖北省武汉市全面启动《后官湖绿楔保护与发展规划》的编制工作,这是武汉生态框架体系启动的首个绿楔规划。绿楔,是指从城市外围由宽逐渐变窄楔入城市的大型绿地,可以将城郊生态信息导入城市,对于缓解城市热岛效应、提高生态环境质量作用显著。后官湖"绿楔"位于武汉市郊尾部,宽23千米,而深入武汉主城区的顶部宽仅7千米。在总面积172平方千米的范围内,规划划定了严禁开发建设的生态底线区143平方千米,经过批准后可以有限制开发的生态发展区22平方千米。 8月31日下午,中华人民共和国第12届运动会在辽宁省沈阳市隆重开幕。第12届全运会主赛区设在沈阳市,辽宁省内其他13个地市均设有分赛区,共有9000多名运动员参加31个大项、350个小项的比赛。全运会将于9月12日闭幕。 9月29日,中国(上海)自由贸易试验区正式挂牌成立。国务院此前印发的《中国(上海)自由贸易试验区总体方案》提出,要坚持先行先试,以开放促改革、促发展,率先建立符合国际化和法制化要求的跨境投资和贸易规则体系,成为中国进一步融入经济全球化的重要载体,力争经过 2 年~3 年的改革试验,建设具有国际水准的投资贸易便利、货币兑换自由、监管高效便捷、法制环境规范的自由贸易试验区。 10 月 6 日~10 月 15 日,第六届东亚运动会在中国天津市举行,这是天津市第 1 次举办国际性综合运动会,来自中国、韩国、朝鲜、蒙古国、日本、中国香港、中国澳门、台北和关岛(会友)等 9 个国家和地区的 7000 多名运动员、教练员、裁判员、媒体记者和政府官员莅临天津。天津东亚运动会以"和平、友谊、和谐、发展"为主题,主题口号是:"分享快乐,创造精彩"。 10 月 16 日,国务院日前公布《城镇排水与污水处理条例》,规定县级以上人民政府应当将城镇排水与污水处理工作纳入国民经济和社会发展规划。条例自 2014 年 1 月 1 日起施行。 11 月 12 日~13 日,中央城镇化工作会议在北京举行。会议提出了推进城镇化的主要任务,包括推进农业转移人口市民化;提高城镇建设用地利用效率;建立多元可持续的资金保障机制;优化城镇化布局和形态;提高城镇建设水平;加强对城镇化的管理。会议指出,走中国特色、科学发展的新型城镇化道路,核心是以人为本,关键是提升质量,与工业化、信息化、农业现代化同步推进。 11 月 18 日,山西省 11 个设区市的中心城市或市辖区试点推进城市规划"五规合一"工作启动。 11 月底,各市将完成规划文本、附图及展示沙盘制作。据了解,"五规合一",是将国民经济和社会发展、城镇规划、国土规划、产业规划、环保规划的核心要素进行重组和整合,用以解决现行规划体制下各种规划各自为政、目标抵触、内容重叠、项目重复建设以及管理分割、指导混乱等系列问题。

2014 年 2 月 20 日,为全面推动城乡发展一体化,住房城乡建设部下发通知,决定在全国开展县(市)城乡总体规划暨"三规合一"试点工作。通知要求,各地要以科学发展观为指导,全面落实新型城镇化的战略要求,坚持以人为本、优化布局、生态文明、传承文化的原则,按照城乡一体、全域管控、部门协作的要求,编制县(市)城乡总体规划,实现经济社会发展、城乡、土地利用规划的"三规合一"或"多规合一",逐步形成统一衔接、功能互补的规划体系。 7 月 10 日,国务院下发通知,批复新疆维吾尔自治区设立县级霍尔果斯市,霍尔果斯市由伊犁哈萨克自治州管辖。霍尔果斯经济开发区位于亚欧大陆桥中国最西端,处于上海合作组织成员国与观察国整体区域在西部的核心位置。开发区面积约 73 平方千米(含兵团分区),其中霍尔果斯口岸 30 平方千米、伊宁园区 35 平方千米、清水河配套产业园区 8 平方千米。

第五章　中国城市科学主要文献

臧励酥. 中国古今地名大辞典[M]. 香港:商务印书馆香港分馆. 1931.

建工部城市规划局. 中小城市规划的一般原则和方法[M]. 北京:建筑工程出版社,1958.

开封师范学院地理系,中国科学院河南地理研究所. 中国城市地理资料选辑[M]. 北京:商务印书馆,1959.

建工部城市规划设计院. 城市园林规划[M]. 北京:建筑工程出版社,1960.

(清)李斗. 扬州画舫录. 北京:中华书局,1960.

侯仁之. 历史上的北京城[M]. 北京:中国青年出版社,1962.

(明)张爵,(清)朱一新. 京师五城坊巷胡同集京师坊巷志稿[M]. 北京:北京出版社,1962.

(明)刘侗,于奕正. 帝京景物略[M]. 北京:古籍出版社,1980.

刘敦桢. 中国古代建筑史[M]. 北京:中国建筑工业出版社,1980.

同济大学. 城市规划原理[M]. 北京:中国建筑工业出版社,1981.

李洁萍. 中国古代都城概况[M]. 哈尔滨:黑龙江人民出版社,1981.

(清)潘荣陛. 帝京岁时纪胜[M]. 北京:古籍出版社,1981.

南京师范学院地理系江苏地理研究室. 江苏城市历史地理[M]. 南京:江苏科学技术出版社,1982.

薛凤旋. 中港经济与香港前途[M]. 香港:广角镜出版社,1982.

同济大学城市规划教研室. 中国城市建设史[M]. 北京:中国建筑工业出版社,1982.

(清)缪荃孙. 顺天府志[M]. 北京:北京大学出版社,1983.

陈桥驿. 中国六大古都[M]. 北京:中国青年出版社,1983.

赵士绮. 城市规划的任务与编制方法[M]. 北京:中国建筑工业出版社,1983.

于洪俊,宁越敏. 城市地理概论[M]. 合肥:安徽科技出版社,1983.

李忠凡. 城市和经济区[M]. 福州:福建人民出版社,1984.

王慧炯,杨光辉. 城镇化:国际经验和中国的前景[M]. 北京:气象出版社,1984.

梁筠,何杨. 中国历史名城巡礼[M]. 福州:福建教育出版社,1984.

童大林,于光远. 中等城市发展战略[M]. 合肥:安徽人民出版社,1984.

北京市人民政府研究室. 北京城市发展若干问题[M]. 北京:北京市人民政府研究室,1985.

北京市人民政府研究室. 北京城市就业问题研究[M]. 北京:北京市人民政府研究室,1985.

薛凤旋. 香港的小型工业[M]. 香港:香港大学亚洲研究中心,1985.

中国古都学会. 中国古都研究[M]. 杭州:浙江人民出版社,1985.

中国地理学会. 城市气候与城市规划[M]. 北京:科学出版社,1985.

宋家泰. 城市总体规划[M]. 北京:商务印书馆,1985.

(清)徐松. 唐两京城坊考[M]. 北京:中华书局,1985.

中国自然辩证法研究会. 城市发展战略研究[M]. 北京:新华出版社,1985.

同济大学城市规划教研室. 小城市总体规划[M]. 北京:中国建筑工业出版社,1986.

贺业钜. 中国古代城市规划史论丛[M]. 北京:中国建筑工业出版社,1986.

江苏省小城镇研究课题组. 小城镇,大问题[M]. 南京:江苏人民出版社,1986.

江苏省小城镇研究课题组. 小城镇,新开拓——江苏省小城镇研究论文选(第2集)[M]. 南京:江苏人民出版社,1986.

李铁映. 城市问题研究[M]. 北京:中国展望出版社,1986.

北京建设史书编辑委员会编. 建国以来的北京城市建设[M]. 北京:北京建设史书编辑委员会编辑部,1986.

屋宇地政署. 香港城市规划[M]. 香港:屋宇地政署城市设计处,1986.

林初升. 广州城市发展分析[M]. 广州:广东人民出版社,1986.

阎崇年. 中国历代都城宫苑[M]. 北京:紫禁城出版社,1987.

刘石吉. 明清时代江南市镇研究[M]. 北京:中国社会科学出版社,1987.

陈桥驿. 当代中国名城[M]. 杭州:浙江人民出版社,1988.

许学强,朱剑如. 现代城市地理学[M]. 北京:中国建筑工业出版社,1988.

城建编辑室. 当代河南城市建设[M]. 郑州:河南教育出版社,1989.

薛凤旋. 香港工业:政策、企业特点及前景[M]. 香港:香港大学出版社,1989.

隗瀛涛. 重庆城市研究[M]. 成都:四川大学出版社,1989.

成都城市科学研究会. 成都城市研究[M]. 成都:四川大学出版社,1989.

当代山西城市建设编辑委员会. 当代山西城市建设[M]. 山西:山西科学教育出版社,1990.

国家经济体改委. 中国城市[M]. 北京:改革出版社,1990.

樊树志. 明清江南市镇探微[M]. 上海:复旦大学出版社,1990.

徐纯性. 河北城市发展史[M]. 石家庄:河北教育出版社,1991.

卫富仓. 山西城市概况[M]. 太原:山西经济出版社,1992.

赵德滋. 县级区域外向型经济发展战略决策模型——以江苏省吴江县为例[M]. 南京:南京大学出版社,1992.

严重敏. 中国城市辞典[M]. 成都:四川辞书出版社,1992.

崔功豪. 中国城镇发展研究[M]. 北京:中国建筑工业出版社,1992.

劳炯基,蔡穗声. 香港城市建设与管理[M]. 广州:广东人民出版社,1992.

苏世荣,李润田. 中国城市通览[M]. 南京:江苏科学技术出版社,1992.

国务院发展研究中心《中国城市发展研究》课题组. 中国世纪之交的城市发展[M]. 沈阳:辽宁人民出版社,1992.

沈关宝. 一场静悄悄的革命[M]. 昆明:云南人民出版社,1993.

北京市东城区规划管理局. 北京市东城区规划志[M]. 北京:北京科学技术出版社,1993.

中国城市地图集编委会. 中国城市地图集(上下)[M]. 北京:中国地图出版社,1994.

天津市城市规划志编纂委员会. 天津市城市规划志[M]. 天津:天津科学技术出版社,1994.

吴良镛. 北京旧城与菊儿胡同[M]. 北京:中国建筑工业出版社,1994.

王发曾. 省域新设城市综合研究[M]. 开封:河南大学出版社,1994.

闫小培,林初升,许学强. 地理·区域·城市——永无止境的探索[M]. 广州:广东高等教育出版社,1994.

中国科学院国情分析研究小组. 城市与乡村——中国城乡矛盾与协调发展研究[M]. 北京:科学出版社,1994.

周一星. 城市地理学[M]. 北京:商务印书馆,1995.

庄仁兴. 江苏省乡村经济类型及其形成、演变特点的研究[M]. 南京:南京大学出版社,1996.

左川,郑兴中. 北京城市规划研究论文集[M]. 北京:中国建筑工业出版社,1996.

吴良镛. 吴良镛城市研究论文集:迎接新世纪的来临 1986~1995[M]. 北京:中国建筑工业出版社,1996.

政协吴江市委. 江村——江镇[M]. 北京:中国文史出版社,1996.

朱铁臻. 城市发展研究[M]. 北京:中国统计出版社,1996.

顾朝林. 中国城镇体系——历史·现状·展望[M]. 北京:商务印书馆,1996.
薛凤旋. 北京:由传统国都到社会主义首都[M]. 香港:香港大学出版社,1996.
张敬淦. 北京规划建设纵横谈[M]. 北京:北京燕山出版社,1997.
许学强,周一星,宁越敏. 城市地理学[M]. 北京:高等教育出版社,1997.
卢惠明,陈立天. 香港城市规划导论[M]. 香港:三联书店(香港)有限公司,1997.
叶舜赞,叶嘉安. 京九铁路沿线地区开发与香港发展[M]. 北京:科学出版社,1997.
毕福臣. 台湾城市与县乡镇总览[M]. 北京:中国统计出版社,1997.
黎伟聪. 香港城市规划检讨[M]. 香港:商务印书馆(香港)有限公司,1998.
包伟民. 江南市镇及其近代命运[M]. 北京:知识出版社,1998.
毛德华. 塔里木河流域水资源、环境与管理[M]. 北京:中国环境科学出版社,1998.
许学强,薛凤旋,闫小培. 中国乡村——城市转型与协调发展[M]. 北京:科学出版社,1998.
夏清,叶冬青. 农村城市化研究[M]. 南京:南京大学出版社,1998.
杨真祝,宋佰谦. 广西经济与社会可持续发展研究[M]. 南宁:广西人民出版社,1999.
沈建法. 城市化与人口管理[M]. 北京:科学出版社,1999.
程建权. 城市系统工程[M]. 武汉:武汉测绘科技大学出版社,1999.
杨汝万,陆大道,沈建法. 迈向21世纪的中国:城乡与区域发展[M]. 香港:香港中文大学亚太研究所,1999.
闫小培. 信息产业与城市发展[M]. 北京:科学出版社,1999.
陈述彭. 城市化与城市地理信息系统[M]. 北京:科学出版社,1999.
顾朝林. 集聚与扩散——城市空间结构新论[M]. 南京:东南大学出版社,2000.
冷晓. 杭州城市发展研究[M]. 北京:当代世界出版社,2000.
方可. 当代北京旧城更新:调查·研究·探索[M]. 北京:中国建筑工业出版社,2000.
周一星,孟延春. 北京的郊区化及其对策[M]. 北京:科学出版社,2000.
樊杰. 京津冀都市圈区域综合规划研究[M]. 北京:科学出版社,2000.
黄宗智. 长江三角洲小农家庭与乡村发展[M]. 北京:中华书局,2000.
施坚雅. 中华帝国晚期的城市[M]. 叶光庭,译. 北京:中华书局,2000.
段汉明. 城市学基础[M]. 西安:陕西科学技术出版社,2000.
国家统计局. 2000年中国城市发展报告[M]. 北京:中国统计出版社,2000.
张敬淦. 北京规划建设50年[M]. 北京:中国书店出版社,2001.
王守中,郭大松. 近代山东城市变迁史[M]. 济南:山东教育出版社,2001
吴启焰. 大城市居住空间分异研究的理论与实践[M]. 北京:科学出版社,2001.
江曼琦. 城市空间结构优化的经济分析[M]. 北京:人民出版社,2001.
陈怀录. 西部贫困地区可持续发展理论与方法:以甘肃省定西地区为例[M]. 兰州:兰州大学出版社,2001.
姚士谋,朱英明,陈振光,等. 中国城市群[M]. 合肥:中国科学技术大学出版社,2001.
张新长. 城市地理信息系统[M]. 北京:科学出版社,2001.
黄光宇. 山地城市学[M]. 北京:中国建筑工业出版社,2002.
黄光宇,陈勇. 生态城市理论与规划设计方法[M]. 北京:科学出版社,2002.
尹钧科. 古代北京城市管理[M]. 北京:同心出版社,2002.
朱铁臻. 城市现代化研究[M]. 北京:红旗出版社,2002.
汤宇卿. 城市流通空间研究[M]. 北京:高等教育出版社,2002.
柴彦威. 中国城市的时空间结构[M]. 北京:北京大学出版社,2002.

朱喜钢. 城市空间集中与分散论[M]. 北京:中国建筑工业出版社,2002.

姜崇洲. 城市土地使用的外部效果与规划控制研究[M]. 广州:中山大学出版社,2002.

刘豪兴,冯月根. 乡镇社区的当代变迁——苏南七都镇[M]. 上海:上海人民出版社,2002.

中国城市规划设计研究院. 小城镇规划标准研究[M]. 北京:中国建筑工业出版社,2002.

顾朝林. 产业结构重构与转移:长江三角洲地区及主要城市比较研究[M]. 南京:江苏人民出版社,2003.

朱明德. 北京古都风貌与时代气息研讨会论文集[M]. 北京:燕山出版社,2003.

石忆邵. 商人迁徙与城市化发展[M]. 上海:同济大学出版社,2003.

中国城市规划设计研究院. 城市规划资料集(第1分册,总论)[M]. 北京:中国建筑工业出版社,2003.

周绍森,王建农. 再论江西崛起——中部地区6省经济社会发展态势之比较/江西省社会科学研究文库[M]. 南昌:江西人民出版社,2003.

程国栋. 西北地区发展战略与对策研究[M]. 北京:海洋出版社,2003.

杨永春. 中国西部河谷型城市的发展与空间结构研究[M]. 兰州:兰州大学出版社,2003.

高向东. 大城市人口分布变动与郊区化研究:以上海为例[M]. 上海:复旦大学出版社,2003.

刘武君. 大都会——上海城市交通与空间结构研究[M]. 上海:上海科学技术出版社,2004.

华斌. 数字城市建设的理论与策略[M]. 北京:科学出版社,2004.

吴建雍,王岗. 北京城市发展史[M]. 北京:燕山出版社,2004.

陈新华,李婉萍. 经济世界思考录——以江西经济发展为例[M]. 北京:经济管理出版社,2004.

朱英明. 城市群经济空间分析[M]. 北京:科学出版社,2004.

李和平,李浩. 城市规划社会调查方法[M]. 北京:中国建筑工业出版社,2004.

北京城市规划建设与气象条件及大气污染关系研究课题组. 北京城市规划建设与气象条件及大气污染关系研究[M]. 北京:气象出版社,2004.

范炜. 城市居住用地区位研究[M]. 南京:东南大学出版社,2004.

浙江城市社会经济调查队. 浙江城市社会问题研究[M]. 杭州:浙江人民出版社,2004.

戴一峰. 区域性经济发展与社会变迁:以近代福建地区为中心[M]. 长沙:岳麓书社,2004.

党明德,林吉玲. 济南百年城市发展史:开埠以来的济南[M]. 济南:齐鲁书社,2004.

王开玉. 中国中部省会城市社会结构变迁——合肥市社会阶层分析[M]. 北京:社会科学文献出版社,2004.

马传栋. 山东半岛城市群的崛起与建设[M]. 济南:山东人民出版社,2004.

何一民,王毅,蒋成. 文明起源与城市发展研究[M]. 成都:四川大学出版社,2004.

杨永春. 兰州城市概念规划研究[M]. 兰州:甘肃人民出版社,2004.

石培基. 王录仓,甘川青交接区域民族经济发展研究[M]. 北京:科学出版社,2004.

陈兴鹏. 甘肃水土资源与社会经济可持续发展研究等[M]. 北京:民族出版社,2004.

杨汝万. 全球化背景下的亚太城市[M]. 北京:科学出版社,2004.

冯健. 转型期中国城市内部空间重构[M]. 北京:科学出版社,2004.

广东省城市规划设计院、中国城市规划设计研究院. 城市规划资料集(第二分册,城市总体规划与城镇体系规划)[M]. 北京:中国建筑工业出版社,2004.

薛惠锋,寇晓东,秦丕栋. 城市系统工程探索[M]. 西安:西北工业大学出版社,2004.

姚士谋,汤茂林,陈爽、陈雯. 区域与城市发展论[M]. 合肥:中国科技大学出版社,2004.

李俊夫. 城中村的改造[M]. 北京:科学出版社,2004.

曾赛丰. 中国城市化理论专题研究[M]. 长沙:湖南人民出版社,2004.

胡辉,徐晓林. 现代城市环境保护[M]. 北京:科学出版社,2004.

张家安. 裂变：中国城市化与人居环境论坛扫描[M]. 长沙：湖南地图出版社, 2004.

朱铁臻. 城市魅力研究[M]. 北京：红旗出版社, 2004.

石英. 西安城市社会问题研究[M]. 兰州：兰州大学出版社, 2004.

中国城市规划设计研究院. 中国城市规划设计研究院50周年成果集（共2卷）[M]. 北京：中国建筑工业出版社, 2004.

王兴中. 中国城市生活空间结构研究[M]. 北京：科学出版社, 2004.

李百岁. 基于GIS的蒙中经济区城市可持续发展研究[M]. 呼和浩特：内蒙古教育出版社, 2004.

谭纵波. 城市规划[M]. 北京：清华大学出版社, 2005.

程道平. 现代城市规划[M]. 北京：科学出版社, 2005.

荆其敏. 生态的城市与建筑[M]. 北京：中国建筑工业出版社. 2005.

王富臣. 形态完整：城市设计的意义[M]. 北京：中国建筑工业出版社, 2005.

阎勤, 张华, 林崇建, 等. "汽车时代"到来与宁波城市发展[M]. 宁波：宁波出版社, 2005.

周子峰. 近代厦门城市发展史研究(1900~1937)[M]. 厦门：厦门大学出版社, 2005.

章征科. 从旧埠到新城：20世纪芜湖城市发展研究[M]. 合肥：安徽人民出版社, 2005.

孙海鸣, 赵晓雷. 2005中国区域经济发展报告——长江三角洲区域规划及统筹发展[M]. 上海：上海财经大学出版社, 2005.

王兴平. 中国城市新产业空间：发展机制与空间组织[M]. 北京：科学出版社, 2005.

戴光全. 重大事件对城市发展及城市旅游的影响研究：以99昆明世界园艺博览会为例[M]. 北京：中国旅游出版社, 2005.

丁成日, 宋彦. 城市规划与空间结构：城市可持续发展战略[M]. 北京：中国建筑工业出版社, 2005.

王雅红. 西北民族地区城市发展研究[M]. 北京：民族出版社, 2005.

（美）诺克斯, 平奇. 城市社会地理学导论[M]. 柴彦威, 张景秋, 译. 北京：商务印书馆, 2005

汪光焘. 北京历史文化名城的保护与发展[M]. 北京：五洲传播出版社, 2005.

梁思成. 梁陈方案与北京[M]. 沈阳：辽宁教育出版社, 2005.

杨培峰. 城乡空间生态规划理论与方法研究[M]. 北京：科学出版社, 2005.

赵运林, 邹冬生. 城市生态学[M]. 北京：科学出版社, 2005.

汪冬梅. 中国城市化问题研究[M]. 北京：中国经济出版社, 2005.

杨汝万, 沈建法. 泛珠三角与香港互动发展[M]. 香港：香港中文大学香港亚太研究所, 2005.

郑卫民. 城市生态规划导论[M]. 长沙：湖南科学技术出版社, 2005.

董伟. 大连城市空间结构演变趋势研究[M]. 大连：大连海事学院出版社, 2006.

魏达志, 邓雪丽, 曾详炎, 陆麒麟. 城市群与城市国际化[M]. 深圳：海天出版社, 2006.

谢永琴. 城市外部空间结构理论与实践[M]. 北京：经济科学出版社, 2006.

黄隆规, 陶满德. 江西房地产"十五"回望[M]. 北京：中国建筑工业出版社, 2006.

熊国平. 当代中国城市形态演变[M]. 北京：中国建筑工业出版社, 2006.

黄光宇. 山地城市学原理[M]. 北京：中国建筑工业出版社, 2006.

罗海藩. 省域城镇化战略——湖南城市蓝皮书1[M]. 北京：社会科学文献出版社, 2006.

傅晨. 广东城市化发展战略[M]. 广州：广东人民出版社, 2006.

隆少秋. 国外大城市发展规律与广州城市规划建设管理[M]. 广州：华南理工大学出版社, 2006.

胡纹. 居住区规划原理与设计方法[M]. 北京：中国建筑工业出版社, 2006.

张丽君. 毗邻中外边境城市功能互动研究[M]. 北京：中国经济出版社, 2006.

任雨来.天津市规划和土地利用运行分析体系研究[M].北京:地质出版社,2006.

白德懋.漫步北京城:一位建筑师的体验[M].南京:东南大学出版社,2006.

北京市城市规划设计研究院.20年求索创新路:北京市城市规划设计研究院实践案例集[M].北京:中国建筑工业出版社,2006.

北京旧城历史文化保护区市政基础设施规划研究课题组.北京旧城历史文化保护区市政基础设施规划研究[M].北京:中国建筑工业出版社,2006.

包俊臣.内蒙古城市发展的战略思考上下[M].内蒙古:内蒙古人民出版社,2006.

李廉水.都市圈发展——理论演化·国际经验·中国特色[M].北京:科学出版社,2006.

苏伟忠,杨英宝.基于景观生态学的城市空间结构研究[M].北京:科学出版社,2006.

张文忠.中国宜居城市研究报告(北京)[M].北京:社会科学文献出版社,2006.

黄志宏.城市居住区空间结构模式的演变[M].北京:社会科学文献出版社,2006.

邰艳丽.东北地区城市空间形态研究[M].北京:中国建筑工业出版社,2006.

何心展.中国沿海城市突发公共事件应急机制:以浙江省宁波市为例[M].北京:经济科学出版社,2006.

金凤君.东北地区振兴与可持续发展战略研究[M].北京:商务印书馆,2006.

北京清华城市规划设计研究院媒体中心.北京清华城市规划设计研究院作品集1[M].北京:清华大学出版社,2006.

傅兰妮,胡光宇.全球化世界中的城市:治理绩效与可持续发展[M].北京:清华大学出版社,2006.

裴瑱.长江三角洲产业分工与整合[M].上海:上海财经大学,2006.

纪晓岚.长江三角洲区域发展战略研究[M].上海:华东理工大学出版社,2006.

杨晓光,周雪梅,滕靖.公共交通与城市发展研究及实践[M].上海:同济大学出版社,2006.

左学金.长江三角洲城市群发展研究[M].上海:学林出版社,2006.

左学金,权衡.科学发展与城市国际竞争力:上海发展前景与政策选择研究[M].上海:上海社会科学院出版社,2006.

侯鑫.基于文化生态学的城市空间理论:以天津、青岛、大连研究为例[M].南京:东南大学出版社,2006.

赵红英.中国区域经济发展观察——浙中城市群的崛起[M].北京:中国经济出版社,2006.

姚亦峰.南京城市地理变迁及现代景观[M].南京:南京大学出版社,2006.

吴良镛.张謇南通"中国近代第一城"[M].北京:中国建筑工业出版社,2006.

张小雷.新疆城镇体系的理论与实践[M].乌鲁木齐:新疆人民出版社,2006.

许学强,叶嘉安,林琳.全球化下的中国城市发展与规划教育[M].北京:中国建筑工业出版社,2006.

陈泳.城市空间:形态、类型与意义——苏州古城结构形态演化研究[M].南京:东南大学出版社,2006.

张勇强.城市空间发展自组织与城市规划[M].南京:东南大学出版社,2006.

城市土地研究学会.都市滨水区规划[M].马青,马雪梅,李殿生,译.沈阳:辽宁科学技术出版社,2006.

周干峙,邵益生.东北地区城镇化与资源环境协调发展研究(城镇卷)/东北地区有关水土资源配置、生态与环境保护和可持续发展的若干战略问题研究.北京:科学出版社,2007.

何一民.近代中国衰落城市研究[M].成都:巴蜀书社,2007.

刘吕红.清代资源型城市研究[M].成都:巴蜀书社,2007.

梁江,孙晖.模式与动因——中国城市中心区的形态演变[M].北京:中国建筑工业出版社,2007.

单霁翔.从"功能城市"走向"文化城市"[M].天津:天津大学出版社,2007.

张颢瀚.长江三角洲一体化进程研究:发展现状障碍与趋势[M].北京:社会科学文献出版社,2007.

钱文荣,黄祖辉.转型时期的中国农民工:长江三角洲16城市农民工市民化问题调查[M].北京:中国社会科学出版社,2007.

郁鸿胜.长江三角洲城市综合竞争力报告[M].上海:学林出版社,2007.

上海市城市规划设计研究院.上海城市规划演进[M].上海:同济大学出版社,2007.

刘志峰.城市对话国际性大都市建设与住房探究(纽约·伦敦·东京·上海)[M].北京:企业管理出版社,2007.

上海财经大学人文学院经济与社会发展研究中心.2006上海暨长三角城市社会发展报告:健康城市与社会发展[M].上海:上海财经大学出版社,2007.

郭定平.世博会与国际大都市的发展[M].上海:复旦大学出版社,2007.

周焜民.泉州古城踏勘[M].厦门:厦门大学出版社,2007.

薛占胜,戴桂林.融入全球产业链的山东沿海经济带发展战略研究[M].济南:山东大学出版社,2007.

聂家华.对外开放与城市社会变迁:以济南为例的研究(1904~1937)[M].济南:齐鲁书社,2007.

周春山.城市空间结构与形态[M].北京:科学出版社,2007.

张京祥.体制转型与中国城市空间重构[M].南京:东南大学出版社,2007.

徐明宏.杭州茶馆——城市休闲方式的社会学分析[M].南京:东南大学出版社,2007.

曾向东.区域和谐与南京城市空间发展[M].南京:东南大学出版社,2007.

朱东风.城市空间发展的拓扑分析:以苏州为例[M].南京:东南大学出版社,2007.

李建华.资源型城市可持续发展研究[M].北京:社会科学文献出版社,2007.

李弘毅.转型社会的职业分层结构——无锡城市实证研究[M].北京:社会科学文献出版社,2007.

任银睦.青岛早期城市现代化研究[M].北京:生活.读书.新知三联书店,2007.

唐晓岚.城市居住分化现象研究——对南京城市居住社区的社会学分析[M].南京:东南大学出版社,2007.

陈修颖,章旭健.演化与重组:长江三角洲经济空间结构研究[M].南京:东南大学出版社,2007.

赵万民.城市化进程中的江津现代人居环境建设[M].南京:东南大学出版社,2007.

吴伟.城市特色研究与城市风貌规划[M].上海:同济大学出版社,2007.

邢忠.边缘区与边缘效应:一个广阔的城乡生态规划视域[M].北京:科学出版社,2007.

毕凌岚.城市生态系统空间形态与规划[M].北京:中国建筑工业出版社,2007.

罗海藩.长株潭城市群转型——湖南城市蓝皮书2[M].北京:社会科学文献出版社,2007.

方向新.湖南城镇化健康发展研究[M].北京:中央文献出版社,2007.

Terry Mcgee, George C. s. Lin, Mark Wang, Andrew Marton, Jiaping Wu (2007) China's Urban Space: Development under Market Socialism. London: Routledge.

白友涛.引入与融合——城市国际化研究[M].南京:东南大学出版社,2008.

肖金成,高国力.中国空间结构调整新思路[M].北京:经济科学出版社,2008.

丁成日.城市经济与城市政策[M].北京:商务印书馆,2008.

周振华.崛起中的全球城市:理论框架及中国模式研究[M].上海:上海人民出版社,2008.

胡序威.区域与城市研究(增补本)[M].北京:科学出版社,2008.

朱有志,童中贤.长株潭城市群重构:"两型社会"视域中的城市群发展模式[M].北京:社会科学文献出版社,2008.

刘平量,曾赛丰.海南特区城市化进程与对策研究[M].海口:南方出版社/海南出版社,2008.

闫小培,曹小曙.城市·区域·可持续发展:港澳珠江三角洲可持续发展研究(修订版)[M].广州:中山大学出版社,2008.

袁奇峰.改革开放的空间响应——广东城市发展30年(广东改革开放30年研究丛书)[M].广州:广东人民

出版社,2008.

梁争平,李树人.资源型城市新型产业规模化研究[M].太原:山西经济出版社,2008.

孙昭民.山东省城市自然灾害综合研究[M].北京:地震出版社,2008.

申小蓉.国际视野下的中外科技型城市研究[M].成都:巴蜀书社,2008.

徐坚.山地城镇生态适应性城市设计[M].北京:中国建筑工业出版社,2008.

君稚.北京清华城市规划设计研究院作品集2[M].北京:清华大学出版社,2008.

袁熹.北京城市发展史近代卷[M].北京:北京市社会科学院,2008.

何格.城市增长的土地利用规划调控研究[M].北京:中国农业出版社,2008.

黄贤金.城市土地利用变化及其响应:模型构建与实证研究[M].北京:商务印书馆,2008.

陈玉梅.东北地区城镇化道路[M].北京:社会科学文献出版社,2008.

陈剑峰.长江三角洲区域经济发展史研究[M].北京:中国社会科学出版社,2008.

韩林飞,麦瑞吉.北京米兰:当代城市的异质空间[M].北京:中国电力出版社,2008.

童乔慧.澳门城市环境与文脉研究[M].广州:广东人民出版社,2008.

季任钧.中国沿海地区乡村—城市转型与协调发展研究[M].北京:商务印书馆,2008.

林耿,周锐波.大城市商业业态空间研究[M].北京:商务印书馆,2008.

方远平,闫小培.大都市服务业区位理论与实证研究[M].北京:商务印书馆,2008.

曾明星.极化增长区域人力资源优化配置研究——以长江三角洲大都市圈为例[M].杭州:浙江大学出版社,2008.

高鸿鹰.城市化进程与城市空间结构演进的经济学分析[M].北京:对外经济贸易大学出版社,2008.

侯光明,李金昆.黄河三角洲创新型城市系统思维——东营的探索与实践[M].北京:中国经济出版社,2008.

毛丹.村庄大转型:浙江乡村社会的发育[M].杭州:浙江大学出版社,2008.

叶功富,倪志荣.厦门城市森林研究[M].厦门:厦门大学出版社,2008.

杨哲.城市空间:真实·想象·认知——厦门城市空间与建筑发展历史研究[M].厦门:厦门大学出版社,2008.

金钟范.中国城市体系外向性网络发展与结构特征[M].上海:上海财经大学出版社,2008.

江莹.互动与整合:城市水环境污染与治理的社会学研究[M].南京:东南大学出版社,2008.

周游.江苏城市建设的反思与重构[M].南京:东南大学出版社,2008.

当代上海研究所.当代上海城市发展研究[M].上海:上海人民出版社,2008.

周明伟.厦门与台湾关系发展30年研究[M].厦门:厦门大学出版社,2008.

崔宁.重大城市事件下城市空间再构——以上海世博会为例[M].南京:东南大学出版社,2008.

刘冰.山东半岛经济社会发展概论[M].北京:经济管理出版社,2008.

叶继红.生存与适应:南京城郊失地农民生活考察[M].北京:中国经济出版社,2008.

苏州市规划局.苏州古村落保护规划[M].上海:同济大学出版社,2008.

孟建.城市形象与软实力:宁波市形象战略研究[M].上海:复旦大学出版社,2008.

史晋川,钱陈.空间转型:浙江的城市化进程[M].杭州:浙江大学出版社,2008.

曹雪娟,张明.城乡协调发展的实践——江苏吴江市调查[M].上海:上海人民出版社,2008.

刘豪兴,冯月根.以工兴镇——苏南七都镇再调查[M].上海:上海人民出版社,2008.

刘士林,耿波,李正爱.中国脐带:大运河城市群叙事[M].沈阳:辽宁人民出版社,2008.

顾朝林,于涛方,李王鸣.中国城市化:格局?过程?机理[M].北京:科学出版社,2008.

岳文泽.基于遥感影像的城市景观格局及其热环境效应研究[M].北京:科学出版社,2008.

周勤,韩艳红.江苏地理新论[M].南京:南京大学出版社,2008.

袁雁.全球化视角下的城市空间研究以上海郊区为例[M].北京:中国建筑工业出版社,2008.

苏则民.南京城市规划史稿——古代篇、近代篇[M].北京:中国建筑工业出版社,2008.

卞显红.长江三角洲城市旅游空间结构形成机制[M].上海:格致出版社,2008.

肖林,王方华.中国都市圈服务经济与全球化竞争战略[M].上海:格致出版社,2008.

高汝熹,吴晓隽,车春鹂.2007中国都市圈评价报告[M].上海:格致出版社,2008.

胡惠林,陈昕.中国都市文化研究[M].上海:上海人民出版社,2008.

郭力君.知识经济时代的城市空间结构研究[M].天津:天津大学出版社,2008.

王庆生.都市旅游国际化及其产业集群问题研究[M].天津:天津人民出版社,2008.

王小明.城市区域生态要素的研究和信息数据库的构建:以上海世博区域为例[M].北京:科学出版社,2008.

长江三角洲城市市场信息协作网.2008长江三角洲城市商业发展报告[M].上海:上海科学技术文献出版社,2008.

王川兰.竞争与依存中的区域合作行政:基于长江三角洲都市圈的实证分析[M].上海:复旦大学出版社,2008.

左学金.走向国际大都市[M].上海:上海人民出版社,2008.

北京市规划委员会.2008奥运·城市[M].北京:中国建筑工业出版社,2008.

王廉.全球城市集团与中国城市国际化[M].广州:暨南大学出版社,2008.

季斌,沈红军.城市发展的可持续性——经济·环境·协调机理研究[M].南京:东南大学出版社,2008.

王春萍.可行能力视角下城市贫困与反贫困研究[M].西安:西北工业大学出版社,2008.

李玉江,陈培安,吴玉麟.城市群形成动力机制及综合竞争力提升研究:以山东半岛城市群为例[M].北京:科学出版社,2009.

刘欣葵.首都体制下的北京规划建设管理——封建帝都600年与新中国首都60年[M].北京:中国建筑工业出版社,2009.

鲍涌波.城市地质环境问题综合影响评价及区域可持续发展——以廊坊市城市规划区为例[M].北京:中国大地出版社,2009.

宋冬林.东北老工业基地资源型城市发展接续产业问题研究[M].北京:经济科学出版社,2009.

孙斌栋.我国特大城市交通发展的空间战略研究——以上海为例[M].南京:南京大学出版社,2009.

张浪.特大型城市绿地系统布局结构及其构建研究[M].北京:中国建筑工业出版社,2009.

朱喜钢.规划视角的中国都市运动:城市转型与有机集中[M].北京:中国建筑工业出版社,2009.

中国城市科学研究会.中国低碳生态城市发展新战略[M].北京:中国城市出版社,2009.

刘士林.2008中国都市化进程报告[M].上海:上海人民出版社,2009.

邹农俭.江苏农民工调查报告[M].北京:社会科学文献出版社,2009.

傅崇兰,白晨曦,曹文明.中国城市发展史[M].北京:社会科学文献出版社,2009.

许学强,周一星,宁越敏.城市地理学(第2版)[M].北京:高等教育出版社,2009.

王志凯.中国民营经济区域发展研究——江苏、浙江实证分析[M].杭州:浙江大学出版社,2009.

王玲玲.从细节品味城市——杭州"生活品质之城"形象研究[M].杭州:浙江大学出版社,2009.

王列辉.驶向枢纽港——上海、宁波两港空间关系研究(1843~1941)[M].杭州:浙江大学出版社,2009.

贺可强.山东半岛城市群地区地质资源与环境及其承载力综合分析与评价[M].济南:山东大学出版社,2009.

王茂军.中国沿海典型省份城市体系演化过程分析——以山东为例[M].北京:科学出版社,2009.

毕腓力.厦门纵横——一个中国首批开埠城市的历史[M].何丙仲,译.厦门:厦门大学出版社,2009.

廖荣富. 山陬海隅客家歌——厦门客家古村落研究[M]. 厦门:厦门大学出版社,2009.

戴志坚. 福建民居[M]. 北京:中国建筑工业出版社,2009.

车纯滨. 生态文明建设的实践——山东生态省建设[M]. 北京:中国环境科学出版社,2009.

黄小晶. 青岛新巢——科学发展中的新型城市化[M]. 北京:中央文献出版社,2009.

李国平. 网络化大都市——杭州市域空间发展战略[M]. 北京:中国建筑工业出版社,2009.

郭竞成. 1949~2009浙江社区的建设与发展[M]. 杭州:浙江工商大学出版社,2009.

凌善金. 旅游地形象设计研究——以安徽为例[M]. 合肥:安徽人民出版社,2009.

孔晓宏,汪家权. 生态安徽建设研究[M]. 合肥:合肥工业大学出版社,2009.

孙倩. 上海近代城市公共管理制度与空间建设[M]. 南京:东南大学出版社,2009.

余宏. 上海城市居民生活质量研究[M]. 北京:中国财政经济出版社,2009.

徐红玳. 浙江城市化与农业资源优化配置研究[M]. 北京:中国农业科学技术出版社,2009.

高玲芬. 浙江省城乡收入差距及其应对策略研究[M]. 北京:科学出版社,2009.

白华山. 上海政商互动研究(1927-1937)(上海城市社会生活史丛书)[M]. 上海:上海辞书出版社,2009.

周易,王惠初. 2009长江三角洲经济社会发展报告[M]. 上海:上海社会科学院出版社,2009.

盛九元,胡云华. 台湾的都市化与经济发展[M]. 北京:九州出版社,2009.

高峰,刘全根,张健. 资源型城市科学发展实证研究[M]. 郑州:黄河水利出版社,2009.

芒福德,宋俊岭. 城市文化[M]. 北京:中国建筑工业出版社,2009.

袁增伟. 中部地区资源型城市产业转型与产业升级实证研究[M]. 北京:科学出版社,2009.

林宪斋. 河南城市改革发展报告(2009)[M]. 北京:社会科学文献出版社,2009.

武汉大学发展研究院. 湖北发展研究报告2009[M]. 武汉:武汉大学出版社,2009.

韦海鸣. 广西北部湾经济区经济整合研究[M]. 北京:中国经济出版社,2009.

周昕. 昆明城市空间形态演变趋势研究[M]. 昆明:云南大学出版社,2009.

王树声. 黄河晋陕沿岸历史城市人居环境营造研究[M]. 北京:中国建筑工业出版社,2009.

吕拉昌. 中国大都市的空间创新[M]. 北京:科学出版社,2009.

陈鹏. 中国土地制度下的城市空间演变[M]. 北京:中国建筑工业出版,2009.

王崇锋. 生态城市产业集聚问题研究[M]. 北京:人民出版社,2009.

徐君,王育红. 资源型城市转型研究[M]. 北京:中国轻工业出版社,2009.

吴启焰,朱喜钢、陈涛. 城市经济学[M]. 北京:中国建筑工业出版社,2009.

杨春宇. 旅游地发展研究新思维[M]. 北京:科学出版社,2009.

倪鹏飞,姜雪梅. 澳门城市国际竞争力报告[M]. 北京:社会科学文献出版社,2009.

薛凤旋. 中国城市及其文明的演变[M]. 香港:三联书店(香港)有限公司,2009.

杨汝万,沈建法,苏文珊. "十一五"下泛珠三角与香港研究系列[M]. 香港:香港中文大学香港亚太研究所,2009.

张志斌. 西北内陆城镇密集区发展演化与空间整合[M]. 北京:科学出版社,2009.

李良,赵伟军. "两型"社会下城市发展研究[M]. 长沙:湖南大学出版社,2009.

王花兰. 中心城市—卫星城市间交通模式研究[M]. 北京:中国铁道出版社,2009.

张展新,侯亚非. 城市社区中的流动人口:北京等6城市调查[M]. 北京:社会科学文献出版社,2009.

林钧昌. 城市化进程中的城市民族问题研究[M]. 北京:中央民族大学出版社,2009.

宁越敏. 中国城市研究:第2辑[M]. 北京:商务印书馆,2009.

杨士弘. 城市生态环境学(第2版)[M]. 北京:科学出版社,2009.

高峻. 中国城市旅游发展报告(2009)[M]. 北京:中国旅游出版社,2009.

杨上广. 中国大城市经济空间的演化[M]. 上海:上海人民出版社,2009.

周武忠. 基于多元角度的城市景观研究[M]. 南京:东南大学出版社,2010.

北京国际城市发展研究院. 中国城市"十二五"核心问题研究报告1~6[M]. 北京:中国时代经济出版社,2010.

樊纲,余晖. 长江和珠江三角洲城市化质量研究[M]. 北京:中国经济出版社,2010.

龙灏. 城市最低收入阶层居住问题研究:重庆市廉租房体制及其选址与设计探析[M]. 北京:中国建筑工业出版社,2010.

宣国富. 转型期中国城市社会空间结构研究[M]. 南京:东南大学出版社,2010.

张国庆. "十一五"期间北京城市管理的观念、体制、机制研究[M]. 北京:北京大学出版社,2010.

王志锋. 城市治理的经济学分析[M]. 北京:北京大学出版社,2010.

吴必虎,俞曦、严琳. 城市旅游规划研究与实施评估[M]. 北京:中国旅游出版社,2010.

王昊,杨杉. 中国城市信息化研究[M]. 贵阳:贵州人民出版社,2010.

卓健. 城市街道研究与规划设计[M]. 北京:中国建筑工业出版社,2010.

汤放华,陈修颖. 城市群空间结构演化:机制·特征·格局和模式[M]. 北京:中国建筑工业出版社,2010.

王茂生. 从盛京到沈阳——城市发展与空间形态研究[M]. 北京:中国建筑工业出版社,2010.

马晓河. 哈尔滨发展战略研究[M]. 北京:经济科学出版社,2010.

曾万涛. 中国城市群联市制研究——以长株潭为例[M]. 南京:东南大学出版社,2010.

王贻志,马学新. 长江三角洲发展报告2009[M]. 上海:上海人民出版社,2010.

曾光. 长三角城市经济增长的收敛性研究[M]. 北京:科学出版社,2010.

徐从才. 2009年南京都市圈发展报告[M]. 北京:中国物资出版社,2010.

吴滔. 清代江南市镇与农村关系的空间透视——以苏州地区为中心[M]. 上海:上海古籍出版社,2010.

吴敬琏. 无锡经验:中国经济发展转型的个案研究[M]. 上海:上海远东出版社,2010.

张丽. 非平衡化与不平衡:从无锡近代农村经济发展看中国近代农村经济的转型(1840~1949)[M]. 上海:中华书局,2010.

诸大建. 上海建设低碳经济型城市的研究[M]. 上海:同济大学出版社,2010.

周振华. 上海:城市嬗变及展望(1949~1978,上卷)[M]. 上海:格致出版社,2010.

周振华. 上海:城市嬗变及展望(1949~2009,中卷)[M]. 上海:格致出版社,2010.

周振华. 上海:城市嬗变及展望(2010~2039,下卷)[M]. 上海:格致出版社,2010.

周振华. 城市发展:愿景与实践(基于上海世博会城市最佳实践区案例的分析)[M]. 上海:格致出版社,2010.

杨小波. 城市生态学[M]. 北京:科学出版社,2010.

吴良镛. 城市与区域规划研究:人居环境科学[M]. 北京:商务印书馆,2010.

黄鹤,吴良镛. 文化规划:基于文化资源的城市整体发展策略[M]. 北京:中国建筑工业出版社,2010.

杨小波,吴庆书. 城市生态学[M]. 北京:科学出版社,2010.

牛文元. 中国新型城市化报告2010[M]. 北京:科学出版社,2010.

王祥荣,王原. 全球气候变化与河口城市脆弱性评价——以上海为例[M]. 北京:科学出版社,2010.

叶中强. 上海城市社会生活史·上海社会与文人生活(1843~1945)[M]. 上海:上海辞书出版社,2010.

邱国盛. 中国城市的双行线:20世纪北京、上海发展比较研究[M]. 成都:巴蜀书社,2010.

陈飞. 低碳城市发展与对策措施研究——上海实证分析[M]. 北京:中国建筑工业出版社,2010.

余佳. 全球城市:经济特质与二元劳动力市场——上海的实证分析[M]. 上海:学林出版社,2010.

程开明.从城市偏向到城乡统筹:城乡关系演进特征研究[M].杭州:浙江工商大学出版社,2010.

边经卫.当代城市交通规划研究与实践——以厦门市为例[M].北京:中国建筑工业出版社,2010.

甄延临,陈怀录、董玉良.我国区域首位城市周边地区发展规划研究[M].北京:清华大学出版社,2010.

吴智刚.城市新区土地运营模式研究[M].广州:华南理工大学出版社,2010.

慈福义.城市与区域循环经济发展研究报告[M].北京:中国经济出版社,2010.

范红忠.中国的城市化与区域协调发展:基于生产和人口空间分布的视角[M].北京:中国社会科学出版社,2010.

中国科学院城市环境研究所.2010中国可持续城市发展报告[M].北京:科学出版社,2010.

中国城市科学研究会.中国低碳生态城市发展报告(2010)[M].北京:中国建筑工业出版社,2010.

倪鹏飞.中国城市竞争力报告NO.8(2010)[M].北京:社会科学文献出版社,2010.

倪鹏飞.青岛城市国际竞争力报告[M].北京:社会科学文献出版社,2010.

潘家华,魏后凯.中国城市发展报告NO.3(2010)[M].北京:社会科学文献出版社,2010.

顾杰.城市空间增长与城市土地、住宅价格空间结构演变:理论分析与杭州经验[M].北京:经济科学出版社,2010.

高鸿鹰.城市化进程与城市空间结构演进的经济学分析[M].北京:对外经济贸易大学出版社,2010.

陈雳.楔入与涵化——德租时期青岛城市建筑[M].南京:东南大学出版社,2010.

鲍德威.中国的城市变迁:1890~1949年山东济南的政治和发展[M].张汉,译.北京:北京大学出版社,2010.

刘兆德,陈素青.山东半岛城市群可持续发展研究[M].北京:科学出版社,2010.

虞晓芬,陈前虎,吴一洲.城市公共建筑规模与空间分布研究——以杭州为例[M].北京:中国建筑工业出版社,2010.

罗小龙.长江三角洲的城市合作与管治[M].北京:商务印书馆,2010.

本书编委会.文化:城市发展的引擎——宁波文化建设的路径与对策[M].北京:中国社会科学出版社,2010.

周岚.集约型发展——江苏城乡规划建设的新发展[M].北京:中国建筑工业出版社,2010.

侯风云.传统、机遇与变迁——南京城市现代化研究(1912~1937)[M].北京:人民出版社,2010.

樊纲,余晖.长江和珠江三角洲城市化质量研究[M].北京:中国经济出版社,2010.

杨之懿,孙哲.城市发展进行时——上海城市节点案例集[M].上海:同济大学出版社,2010.

陈建华.信息化、产业发展与城市空间响应[M].北京:社会科学文献出版社,2010.

刘筱,闫小培.转型期中国城市公共服务业管治研究[M].北京:商务印书馆,2010.

刘凯.晚清汉口城市发展与空间形态研究[M].北京:中国建筑工业出版社,2010.

范恒山.皖江城市带承接产业转移示范区研究[M].北京:中国发展出版社,2010.

傅娟.近代岳阳城市转型和空间转型研究[M].北京:中国建筑工业出版社,2010.

国家信息中心.西部大开发中的城市化道路——成都城市化模式案例研究[M].北京:商务印书馆,2010.

薛东前.西安城市化与环境互动作用机理研究[M].西安:陕西师范大学出版社,2010.

米文宝.西北地区国土主体功能区划研究[M].北京:中国环境科学出版社,2010.

范少言.丝绸之路沿线城镇的兴衰[M].北京:中国建筑工业出版社,2010.

促进城市低碳发展课题组.促进城市低碳发展:银川市案例研究[M].北京:中国环境科学出版社,2010.

艾伯亭.城市文化与城市特色研究——以天津市为例[M].北京:中国建筑工业出版社,2010.

李辉.城市生态安全评价的理论与实践[M].北京:化学工业出版社,2010.

董晓峰.宜居城市评价与规划理论方法研究[M].北京:中国建筑工业出版社,2010.

宋小冬,叶嘉安、钮心毅.地理信息系统及其在城市规划与管理中的应用[M].北京:科学出版社,2010.

袁占亭.资源型城市空间结构转型与再城市化[M].北京:中国社会科学出版社,2010.

谢健.东部发达城市的欠发达地区发展研究:以温州为例[M].上海:三联书店,2010.

Wang, Jixian (2010) "Port – City Interactions and Development in China"《中国港口城市的互动与发展》,Southeast University Publishing House, Nanjing. China.

冯云琴.工业化与城市化:唐山城市近代化进程研究[M].天津:天津古籍出版社,2010.

杨健强.城市水资源研究和滇池治理[M].北京:民族出版社,2010.

杨红.城市土地整治潜力研究[M].北京:知识产权出版社,2010.

魏后凯,叶裕民.城市与区域规划研究:城市与区域发展转型[M].北京:商务印书馆,2011.

孟祥林.京津冀"双核+双子"模式城市化进程研究[M].成都:西南财经大学出版社,2011.

杨保军.城市与区域规划研究:新城与村镇[M].北京:商务印书馆,2011.

倪鹏飞.南京城市国际竞争力报告[M].北京:社会科学文献出版社,2011.

巴音韩鲁.科学发展与城市转型——宁波的实践和思考[M].北京:人民出版社,2011.

徐旳.城市空间演变与整合:以转型期南京城市社会空间结构演化为例[M].南京:东南大学出版社,2011.

王承慧.转型背景下城市新区居住空间规划研究[M].南京:东南大学出版社,2011.

聂晓晴.三峡库区城市居住空间重构研究[M].南京:东南大学出版社,2011.

李志刚,顾朝林.中国城市社会空间结构转型[M].南京:东南大学出版社,2011.

杨永春.中国(西部)城市转型的多维透视[M].兰州:兰州大学出版社,2011.

城市学研究编委会.城市学研究[M].北京:中国社会科学出版社,2011.

朱文一.微观北京[M].北京:清华大学出版社,2011.

朱文一.微观北京 & 广角北京[M].北京:清华大学出版社,2011.

金秋野.宗教空间北京城[M].北京:清华大学出版社,2011.

王辉.行政空间北京城[M].北京:清华大学出版社,2011.

高巍.纪念空间北京城[M].北京:清华大学出版社,2011.

徐井宏.转型—国际创新型城市案例研究[M].北京:清华大学出版社,2011.

韩光辉.宋辽金元建制城市研究[M].北京:北京大学出版社,2011.

肖建武.城市森林服务功能分析及价值研究[M].北京:经济科学出版社,2011.

邵晖.城市产业空间结构演变机理:基于分工视角的研究[M].北京:北京师范大学出版社,2011.

于志光.武汉城市空间营造研究[M].北京:中国建筑工业出版社,2011.

刘露.天津城市空间结构与交通发展的相关性研究[M].天津:天津大学出版社,2011.

毛保华.城市综合交通结构演变的实证研究[M].北京:人民交通出版社,2011.

汪忠满.都市旅游与宜游城市空间结构研究[M].北京:中国建筑工业出版社,2011.

唐桂娟.城市自然灾害应急能力综合评价研究[M].上海:上海财经大学出版社,2011.

叶立生.淮安苏北重要中心城市建设研究[M].南京:河海大学出版社,2011.

尹潘.城市风貌规划方法及研究[M].上海:同济大学出版社,2011.

柴彦威.城市地理学思想与方法[M].北京:科学出版社,2012.

牛强.城市规划GIS技术应用指南[M].北京:中国建筑工业出版社,2012.

龙昱.城市地理分析[M].北京:中国地质大学出版社,2012.

董黎明.城市土地利用与规划[M].北京:科学出版社,2012.

栾峰.城市经济学.北京:中国建筑工业出版社,2012.

刘皆谊,卢济威,金广君.城市立体化发展与轨道交通[M].南京:东南大学出版社,2012.

《中国信息化城市发展指南》编写组.中国信息化城市发展指南(2012年)[M].北京:经济管理出版社,2012.

季松,段进.空间的消费:消费文化视野下的城市发展新图景[M].南京:东南大学出版社,2012.

林家彬,王大伟.城市病:中国城市病的制度性根源与对策研究[M].北京:中国发展出版社,2012.

宋振春,李秋.文化旅游产业与城市发展研究[M].北京:经济管理出版社,2012.

李国平.面向世界城市的北京发展趋势研究[M].北京:科学出版社,2012.

中华人民共和国交通运输部.2011中国城市客运发展报告[M].北京:人民交通出版社,2012.

蔡博峰,冯相昭,陈徐梅.交通二氧化碳排放和低碳发展[M].北京:化学工业出版社,2012.

关海玲.低碳生态城市发展的理论与实证研究[M].北京:经济科学出版社,2012.

沈奎.广州新型城市化发展的实践与探索2[M].北京:广州出版社,2012.

庄林德.中国城市发展与建设史[M].南京:东南大学出版社,2012.

张萍.长株潭城市群发展报告:2012两型社会建设与转型创新发展[M].北京:社会科学文献出版社,2012.

潘家华,魏后凯.中国城市发展报告NO.5:迈向城市时代的绿色繁荣(2012版)[M].北京:社会科学文献出版社,2012.

屠启宇.国际城市发展报告2012[M].北京:社会科学文献出版社,2012.

冯俊新.经济发展与空间布局:城市化、经济集聚和地区差距[M].北京:中国人民大学出版社,2012.

郭爱军,王贻志,王汉栋,等.2030年的城市发展:全球趋势与战略规划[M].上海:格致出版社,2012.

姜雪梅.中国城市的可持续发展住宅政策与住宅市场研究:基于城市经济学理论模型分析.北京:经济管理出版社,2012.

沈奎.广州新型城市化发展政策读本[M].广州:广州出版社,2012.

李国平,陈红霞,杨开忠,等.协调发展与区域治理:京津冀地区的实践[M].北京:北京大学出版社,2012.

厉以宁.中国道路与新城镇化[M].北京:商务印书馆,2012.

张胜冰.文化产业与城市发展:文化产业对城市的作用及中国的发展模式[M].北京:北京大学出版社,2012.

牛继舜.世界城市文化力量[M].北京:经济日报出版社,2012.

苗长虹.沿黄三城市群发展机制研究[M].北京:科学出版社,2012.

中国城市科学研究会.中国低碳生态城市发展报告2012[M].北京:中国建筑工业出版社,2012.

秦波.企业区位选择与城市空间重构:以上海为例[M].北京:中国建筑工业出版社,2012.

吕尚彬,钱广贵,兰霞、谢湖伟.中国城市形象定位与传播策略实战解析:策划大武汉[M].北京:红旗出版社,2012.

林家彬,王大伟.城市病:中国城市病的制度性根源与对策研究[M].北京:中国发展出版社,2012.

林森.城市群一体化发展研究[M].大连:东北财经大学出版社,2012.

经济合作与发展组织,蔡博峰,陆军,刘兰翠.城市与气候变化[M].北京:化学工业出版社,2012.

顾朝林.北京首都圈发展规划研究:建设世界城市的新视角[M].北京:科学出版社,2012.

中国科协学会学术部.城市发展与交通方式创新[M].北京:中国科学技术出版社,2012.

《中国城市发展报告》编委会.中国城市发展报告(2011)[M].北京:中国城市出版社,2012.

李景源,孙伟平,刘举科.中国生态城市建设发展报告(2012)[M].北京:社会科学文献出版社,2012.

中国城市发展研究院.中国城市科学发展综合评价报告:城市与人(2012).北京:中国社会科学出版社,2012.

罗震东,张京祥,韦江绿.城乡统筹的空间路径:基于公共服务设施均等化发展研究[M].南京:东南大学出版社,2012.

阿瑟·格蒂斯(Arthur Getis),朱迪丝?格蒂斯(Judith Getis),杰尔姆·D·费尔曼(Jerome D. Fellmann),黄润华.地理学与生活[M].北京:世界图书出版公司北京公司,2013.

张庭伟,田莉.城市读本(中文版)[M].北京:中国建筑工业出版社,2013.

陈甬军,宣超.新时期中国特色城市化理论研究[M].北京:中国人民大学出版社,2013.

张鸿雁,顾华明.城市地理学核心概念[M].南京:江苏教育出版社,2013.

杜忠潮.咸阳小城镇建设与发展研究[M].成都:西南交通大学出版社,2013.

李国平.京津冀区域发展报告(2012)[M].北京:中国人民大学出版社,2013.

仇保兴.中国智慧城市发展研究报告(2012－2013年度)[M].北京:中国建筑工业出版社,2013.

牛凤瑞,白津夫,杨中川.中国中小城市发展报告(2013新型城镇化中小城市的路径选择与成功实践)[M].北京:社会科学文献出版社,2013.

铃木博明,罗伯特·瑟夫洛,井内加奈子,赵晖.公交引导城市转型:公交与土地利用整合促进城市可持续发展[M].北京:中国建筑工业出版社,2013.

潘家华,魏后凯.中国城市发展报告(No.6农业转移人口的市民化2013版)[M].北京:社会科学文献出版社,2013.

刘士林,刘新静.中国城市群发展指数报告(2013版)[M].北京:社会科学文献出版社,2013.

中国城市科学研究会.中国城市规划发展报告2012~2013[M].北京:中国建筑工业出版社,2013.

陆铭.空间的力量:地理、政治与城市发展[M].上海:格致出版社,2013.

上海财经大学区域经济研究中心,张学良.2013中国区域经济发展报告—中国城市群的崛起与协调发展[M].北京:人民出版社,2013.

孙伟平,刘举科.2013中国生态城市建设发展报告.北京:社会科学文献出版社,2013.

陈彦,阎敏,白丽.城镇化:中国与欧洲[M].北京:金城出版社,2013.

廉思.中国青年发展报告(2013):城市新移民的崛起[M].北京:社会科学文献出版社,2013.

隋广军,甘新.广州建设国际商贸中心的实践与探索[M].广州:广州出版社,2013.

屠启宇.国际城市发展报告(2013版)[M].北京:社会科学文献出版社,2013.

《南通》编委会.当代中国城市发展丛书·南通[M].北京:当代中国出版社,2013.

中国城市科学研究会,住房和城乡建设部村镇建设司,中国城镇规划设计研究院.中国小城镇和村庄建设发展报告(2011)[M].北京:中国城市出版社,2013.

冯奎,郑明媚,李铁.中外都市圈与中小城市发展[M].北京:中国发展出版社,2013.

金江军.迈向智慧城市:中国城市转型发展之路[M].北京:电子工业出版社,2013.

方创琳,刘毅,林跃然,等.中国创新型城市发展报告[M].北京:科学出版社,2013.

中华人民共和国交通运输部.中国城市客运发展报告(2012)[M].北京:人民交通出版社,2013.

中国社会科学院城市发展与环境研究所.重构中国低碳城市评价指标体系——方法学研究与应用指南[M].北京:社会科学文献出版社,2013.

中国城市科学研究会中小城市分会,上海现代城科规划建筑设计有限公司.健康养生综合社区开发研究与实践[M].上海:上海科学技术出版社,2013.

谢学宁.广州智慧城市建设[M].广州:广州出版社,2013.

王笛.走进中国城市内部:从社会的最底层看历史[M].北京:清华大学出版社,2013.

中国旅游研究院,成都市旅游局.旅游与城市的融合发展:以成都为例[M].北京:中国旅游出版社,2013.

上海发展研究基金会.新型城市化:抉择和路径[M].上海:格致出版社,2013.

李东泉.简明城市规划与设计教程[M].北京:清华大学出版社,2013.

姜杰,张晓峰,宋立焘,等.城市更新与中国实践[M].济南:山东大学出版社,2013.

中国城市和小城镇改革发展中心课题组.中国城镇化战略选择政策研究[M].北京:人民出版社,2013.

上海大学城市社会转型与幸福感变迁课题组.城市社会转型与幸福感变迁(1978~2010)[M].北京:社会科学文献出版社,2013.

邓卫,张杰,庄惟敏,等.2011~2012年度中国城市住宅发展报告[M].中国建筑工业出版社,2013.

谷建全,王建国.河南城市发展报告(2013新型城镇化引领三化协调科学发展)[M].北京:社会科学文献出版社,2013.

于敏,郭虹.武汉城市圈发展进程研究[M].北京:经济科学出版社,2013.

福川裕一.我们的理想城市:让城市返回大自然[M].北京:清华大学出版社,2013.

冯艳,黄亚平.大城市都市区簇群式空间发展及结构模式[M].北京:中国建筑工业出版社,2013

华生.城市化转型与土地陷阱[M].北京:东方出版社,2013.

鲁勇,周正宇.新型城镇化与旅游发展:可持续的城市发展与北京旅游转型升级讨论[M].北京:旅游教育出版社,2013.

文国玮.城市交通与道路系统规划[M].北京:清华大学出版社,2013.

郑杭生.中国社会发展研究报告(2013):走向包容、公平、共享的新型城镇化[M].北京:中国人民大学出版社,2013.

忻平.上海城市发展与市民精神[M].北京:社会科学文献出版社,2013.

《中国城市发展报告》编委会.中国城市发展报告(2012[M]).北京:中国城市出版社,2013.

叶凯.中国城市会展经济系统建构与城市发展[M].哈尔滨:哈尔滨工业大学出版社,2013.

王珺,丘海雄.珠三角产业集群发展模式与转型升级(港澳珠三角区域研究)[M]. 北京:社会科学文献出版社,2013.

陈鸿宇.城乡一体发展与新型城市化[M].广州:广州出版社,2013.

忻平.上海城市发展与市民精神[M].北京:社会科学文献出版社,2013

《中国城市发展报告》编委会.中国城市发展报告(2012)[M].北京:中国城市出版社,2013.

张美涛.知识溢出城市集聚与中国区域经济发展[M].社会科学文献出版社2013.

李江涛.走向善治:新型城市化背景下的城市治理[M].广州:广州出版社,2013.

彭翔.中国城市文化产业发展评价体系研究(图文版)[M].北京:中国人民大学出版社,2013

李铁,邱爱军.促进城镇健康发展的规划研究[M].北京:中国发展出版社,2013

《城乡规划》编委会.城乡规划:城市发展中国模式[M].北京:中国建筑工业出版社,2013.

罗纳德·科斯,黄亚生,茅于轼,陈志武.真实的中国:中国模式与城市化变革的反思[M].北京:中信出版社,2013.

庞瑞秋.中国城市社会空间演化与分异——以长春市为例[M].北京:中国建筑工业出版社,2013.

蒋丽.城市形象的理论和实践——以广州市为例[M].北京:世界图书出版公司,2013.

李强.多元城镇化与中国发展(战略及推进模式研究)[M].北京:社会科学文献出版社,2013.

边经卫.城市形态:演变与发展—厦门城市空间发展规划研究[M].北京:中国建筑工业出版社,2013.

《中国小城镇及区域发展规划回顾》课题组.中国小城镇及区域发展规划回顾[M].北京:中国发展出版社,2013.

汝信,付崇兰.中国城乡一体化发展报告(2013版)[M].北京:社会科学文献出版社,2013.

李培林.当代中国城市化及其影响(当代中国调查报告)[M].北京:社会科学文献出版社,2013.

雷蒙·威廉斯(Raymond Williams),韩子满,刘戈,徐珊珊.乡村与城市[M].北京:商务印书馆,2013.

刘驰,郑双怡.城市发展与环境效应研究[M].北京:中国地质大学出版社,2013.

仇保兴.中国数字城市发展研究报告(2011~2012年度)[M].北京:中国建筑工业出版社,2013.

段霞.世界城市发展战略研究:以北京为例[M].北京:中国经济出版社,2013.
张平,康健.生态文明视域下的湖南城市发展战略研究[M].杭州:浙江工商大学出版社,2013.
徐俊忠,甘新.广州培育世界文化名城探索[M].广州:广州出版社,2013.
文宗川,文竹,侯剑.生态城市的发展机理[M].北京:科学出版社,2013.
王列军,李伟.完善城镇化进程中的社会政策(2013)[M].北京:中国发展出版社,2013.
仇保兴,邹经宇,李秉仁,许溶烈.可持续城市发展与保障性住房建设[M].北京:中国建筑工业出版社,2013.
褚祝杰.生态文明背景下的黑龙江省低碳型生态城市发展机制研究[M].北京:清华大学出版社,2013.
程光华,翟刚毅,庄育勋,等.城市地质与城市可持续发展[M].北京:科学出版社,2013.
广州市人民政府地方志办公室.地方史志与广州城市发展研究[M].广州:广州出版社,2013.
林昆勇.魅力南宁城市发展研究[M].北京:知识产权出版社,2013.
《当代贵州城市发展》编辑委员会.当代贵州城市发展[M].北京:当代中国出版社,2013.
金天明.低碳环保:城市发展的必然选择[M].北京:中国民主法制出版社,2013.
谈月明.新型城市化的新发展[M].杭州:浙江大学出版社,2013.
许学强.珠江三角洲研究:城市·区域·发展[M].北京:科学出版社,2013.
屠启宇,苏宁,张剑涛.国际城市发展报告(2014)[M].北京:社会科学文献出版社,2014.
平势隆郎.从城市国家到中华:殷周春秋战国[M].桂林:广西师范大学出版社,2014.
谷建全,王建国.河南城市发展报告(2014科学推进新型城镇化)[M].北京:社会科学文献出版社,2014.
肖金成,党国英.国家发展战略研究丛书:城镇化战略学习[M].海口:海南出版社,2014.
吴尧,朱蓉.澳门城市发展与规划[M].北京:中国电力出版社,2014.